2012

首都经济贸易大学出版社
Capital University of Economics and Business Press
·北 京·

8月30日，北京市副市长洪峰一行到首经贸调研

4月21日，教育部高等教育司司长张大良一行到首经贸考察OTA

2012

6月29日，首经贸举办庆祝建党90周年大会暨文艺演出

6月29日，首经贸庆祝建党90周年文艺演出精彩纷呈

5月31日，首经贸举办庆祝建党90周年主题演讲会

6月1日，首经贸召开纪念建党90周年专题报告会

6月17日，首经贸召开庆祝建党90周年座谈会

5月3日，首经贸举办喜迎建党90周年红色诗词朗诵比赛

6月17日，首经贸关工委老党员与青年学子座谈共同纪念建党90周年

2012

11月20日，百余名校友回家，同庆母校55华诞

10月11日，首经贸举行庆祝建校55周年图书馆宣传月活动

10月28日，首经贸召开55周年校庆离退休校领导座谈会

4月29日，北京地区本科院校教学业务会在首经贸召开

6月13日，首经贸召开研究生培养工作会

7月2日，首经贸举行2011届本科生毕业典礼暨学位授予仪式

8月31日，首经贸举行2011级本科新生开学典礼

7月4日，首经贸举行2011届研究生毕业典礼暨学位授予仪式

9月2日，首经贸举行2011级研究生开学典礼

7月10日，首经贸召开第二十一次函授工作会

12月24日，首经贸召开研究生培养——博士点建设研讨会

4月26日，首经贸召开学科建设专题会议

11月1~2日，首经贸举办中欧高校科学管理比较研究与合作研讨班

5月22日，首经贸举办第三部门与公共治理学术研讨会

5月11日，首经贸第六届统计周开幕

11月16日，首经贸举行中国经济实验研究院成立大会暨宏观经济形势研讨会

10月17日，首经贸社会计算研究院正式成立

3月16日，上海财经大学田国强教授为首经贸作“以国际化推动大学改革、发展与创新”的报告

9月7日，首经贸召开教师节表彰大会。图为学校国家级教学名师杨河清教授（中）和北京市教学名师张学平教授（左一）、米新丽教授（右一）受表彰

4月13日，中国邮政储蓄银行副行长吕家进教授聘任仪式暨学术报告会举行

6月20日，台湾国硕工业科技股份有限公司张昭焚董事长受聘为首经贸客座教授

11月7日，西敏大学商学院院长王进、旅美科协犹他分会会长彭伟访问首经贸

11月1日，首经贸与美国天普大学签订合作协议

6月10日，福建省委教育工委考察团到首经贸考察交流

11月10日，北京环卫集团董事长梁广生一行到首经贸座谈交流

7月12日，江西财经大学等4所财经类高校领导到首经贸交流

1月10日，吉林财经大学书记、校长一行到首经贸考察交流

11月8日，首经贸两校区人大代表换届选举投票工作顺利进行

11月29日~12月30日，市委第六巡视组进驻首经贸开展巡视工作

3月16日，市委教育工委常务副书记刘建点评学校创先争优活动

4月15~16日，首经贸党委理论中心组走访考察革命圣地西柏坡等地

12月29日，校级领导班子和领导干部年度考核述职测评会举行

11月5日，首经贸召开两委全委扩大会议研究2011年主要工作

照片提供：刘增荣　马　荔

《首都经济贸易大学年鉴(2012)》编纂委员会

《首都经济贸易大学年鉴（2012）》编辑部

编 辑 说 明

一、《首都经济贸易大学年鉴》是一部综合性资料工具书，是学校教育全面发展的史料文献；在学校党委领导下，由首都经济贸易大学年鉴编纂委员会主持编写。

二、本年鉴以学校各单位、各部门的基本面貌、状况和工作概况，以及大事、要事、新事、特事为主要内容。年鉴的编写采用文章和条目相结合，以条目为主体的编纂体例；坚持实事求是的原则，力求科学地反映学校发展的客观情况；用规范的语体文、记述体直陈其事，文字表达力求简明扼要。

三、本年鉴从2011年开始，逐年编辑出版。当年编写的年鉴，汇集上一年内学校发生的重大事件、重要活动、所取得的经验和成果等重要信息；为学校领导科学决策提供参考依据，为学校保存有价值的文献资料和历史记录，为各方面人士了解首都经济贸易大学最新情况提供服务。

四、本年鉴以教育教学、学科建设与科学研究、人才队伍建设、对外交流与合作、学校管理、党建与群团工作等为主要框架，采取分类编纂的方法，设篇目（分目）、类目、条目层次及附录。重大活动的图片集中编排，篇目正文前穿插相关图片。

五、本年鉴选入的文章、条目、图表均由学校各单位、各部门信息员（特约编辑）组织编写和提供，并经本单位主管领导审核确认。统计数据由学校各职能部门提供。学校重要事件、重要活动的主题图片由党委宣传部等提供。

六、《首都经济贸易大学年鉴（2012）》是学校的第二部年鉴，反映2011年1月1日至12月31日期间的情况；并对2006年至2009年的重要事件进行了追溯，编写成大事记，设在附录篇目中。本年鉴由党政办公室策划整体方案并组织实施，学校综合档案室（编辑部办公室）承担稿件收集、组织编辑、统稿以及出版、印刷等具体工作。

年鉴的编写和出版工作得到了学校各级领导的高度重视和各单位的大力协助，在此表示衷心感谢。受编者经验、水平所限，《首都经济贸易大学年鉴(2012)》仍有一些不尽如人意之处，敬请广大师生和读者批评指正。我们将在今后的编纂中不断改进和提高，力争使每年一卷的《首都经济贸易大学年鉴》成为学校最重要的历史文献。

《首都经济贸易大学年鉴》编辑部

2012 年 11 月

目 录

第一篇

首都经济贸易大学概况

首都经济贸易大学地址：

北京市丰台区花乡张家路口 121 号(校本部)

北京市朝阳区金台里 2 号(红庙校区)

首都经济贸易大学创建于 1956 年，是由原北京经济学院和原北京财贸学院于 1995 年 6 月合并、组建的北京市属重点大学。55 年来，学校以培养“崇德尚能，经世济民”之才为己任，经过几代首都经济贸易大学人自强不息地开拓和建设，已经成长为拥有经济学、管理学、法学、文学、理学和工学等六大学科，以经济学、管理学为重要特色和突出优势，各学科相互支撑、协调发展的现代化、多科性财经类大学。

学校本部位于丰台区花乡，地处中关村高科技园区丰台园内，以全日制本科生和研究生教育为主；红庙校区位于朝阳区红庙，地处中央商务区(CBD)，以留学生和成人教育为主。校园占地总面积 595 亩，建筑总面积35.6 万平方米，图书馆藏书161 万余册，拥有中外文期刊2 600 多种。

近年来，学校稳步扩大办学规模，已形成以本科生、研究生培养为主，成人教育、留学生教育等多层次的较为完善的人才培养体系。本科教育设有 41 个专业，本科招生专业(方向)共 52 个，拥有应用经济学、管理科学与工程、工商管理、统计学等 4 个博士学位授权一级学科，应用经济学博士后科研流动站，10 个硕士学位授权一级学科，13 个专业硕士学位授权点。设有城市经济与公共管理学院、工商管理学院、经济学院、会计学院、劳动经济学院、文化与传播学院、信息学院、安全与环境工程学院、财政税务学院、法学院、金融学院、统计学院、外语系、华侨学院、马克思主义学院、体育部、国际学院、继续教育学院、专业硕士教育中心等教学单位。

学校重点学科建设实现历史性跨越，劳动经济学获批国家级重点学科，并入选教育部“特色重点学科项目”，处于国内同领域的先进水平；应用经济学获批一级学科北京市重点学科，企业管理获批二级学科北京市重点学科，管理科学与工程等 9 个学科获批北京市重点建设学科。获批国家级特色专业 4 个，国家级教学团队 2 个，国家级精品课程 3 门、双语教学示范课程 3 门，国家级实验教学示范中心 1 个、人才培养模式创新实验区 1 个，并获得多项北京市级教育教学成果奖。

截至 2011 年 12 月 31 日，学校共有在籍学生20 436人。其中，本科生 9 528 人，高职生 392 人，硕士研究生 2 310 人，博士研究生 170 人，留学生 421 人，各类成人教育学生 7 615 人。本科招生录取分数始终在市属市管高校中名列前茅；学生考研率、出国留学比例不断提高；毕业生受到社会广泛认可，就业率连续 5 年保持在 95% 以上，毕业生就业满意度不断提高；涌现出全国先进班集体、全国三好学生、中国大学生自强之星等一系列优秀学生代表和学生群体。

学校拥有一支力量较强、水平较高、结构合理的教学科研队伍。截至 2011 年 12 月 31 日，学校共有教职工 1 459 人，专职教师 750 人，教师中具有博士学位的比例近 40%，其中教授、教研员等正高职专业技术人员 127 人，副教授、副研究员等副高职专业技术人员 312 人。博士生导师 54 人，硕士生导师 333 人。国家级教学名师奖获得者 1 人，北京市教学名师奖获得者 8 人。

学校鼓励、支持并积极组织专家、学者投身首都经济建设理论与实践问题的研究与探讨，通过产学研相结合的科研工作，为首都经济发展服务。学校承担了众多国家、各省部委和北京市的科研项目，取得了一大批有较高学术价值或应用价值的研究成果，重点打造了 CBD 发展研究、北京市经济社会发展政策研究、都市国际化、经济增长与经济周期、首都市情民意指数调查研究平台等 10 余个科研平台。学校设有人口研究所、经济研究所、首都经济研究所、不动产研究所以及 CBD 研究中心、世界贸易组织(WTO)研究中心、企业发展研究中心、中国产业经济研究中心、公司研究中心、社会保障研究中心等 27 个研究机构。学校主办的《经济与管理研究》是全国中文核心期刊、CSSCI 来源期刊，主办的《首都经济贸易大学学报》、《人口与经济》、《当代经理人》等学术刊物，面向国内外发行。

学校已与国外 50 多所大学正式建立了校际交流关系，与 50 多个国家和地区的大学、研究机构、社会团体等有学术交流与合作往来。同澳大利亚迪肯大学和澳大利亚注册会计师公会及中国注册会计师协会合作举办的会计学硕士(MPA)项目和注册会计师项目，是经国务院学位办和北京市教委批准的第一个在我国境内将学位教育与职业资格教育结合为一体的中外合作办学项目。学校非常重视留学生教学，自 1986 年开始招收留学生，目前每年来学校学习汉语及经济类课程的长短期留学生近 600 名。针对留学生的学习需求，学校在留学生教学与管理方面不断探索，总结经验，使其规范化、特色化，如为学习经贸专业的留学生专门开设了经贸方向的对外汉语课程，并配备了中国书法、中国舞蹈、中国武术等门类齐全的选修课程。

学校坚持“立足北京、服务首都”的办学宗旨，以学科建设为龙头，以教学工作为中心，以培养适应当代经济和社会发展需要、德智体全面发展、理论基础扎实、知识面较宽、富有创新精神和实践能力的高素质应用型人才为目标,实施质量立校、人才强校、科研兴校战略,努力提高自主创新能力,大力改善办学条件,朝着建设“现代化、国际化、多科性、有特色的国内一流、国际知名财经大学”的目标开拓奋进。

(供稿单位:宣传部)

第二篇

特　载

第二届学科建设与科学研究大会

首都经济贸易大学2009～2010年科研工作总结

（2011年3月23日）

2011年是“十二五”规划的第一年，也是全面贯彻落实学校中长期事业发展规划和第三次党代会精神的第一年。如何开局、怎样起步，关系到学校未来五年甚至更为长远的发展。已经过去的2009～2010年对我校来说是极不平凡的两年，是我校实现跨越式发展的两个重要年份，同时也是我校科研工作不断取得进步和突破的两年。因此，对我校2009～2010年科研工作进行认真总结、积极表彰和确定下一步发展新思路显得尤为重要，这对我们落实学校中长期发展目标和“十二五”规划目标具有特别重大的意义。

一、2009～2010年我校科研工作取得的主要成绩

2009～2010年我校的科研工作在学校整体发展思路和“十一五”规划的指导下，在提高科研成果的质量和数量、提升学术队伍的整体素质和研究活力、加强科学研究服务社会的能力和研究质量、提高科学研究管理水平等多个方面都迈出了坚实的步伐，取得了可喜的成绩和突破性进展。

（一）科研项目立项数和科研经费数均实现较大增长，科研成果转化工作初见成效

2009～2010年是国家“十一五”规划的收官之年，许多科研项目在这两年启动。各院系紧抓这一立项机遇，发动全体教研人员，汇聚骨干力量，抓住各种机会，积极申报各类项目。2009～2010年学校共获批528项研究课题项目，其中，国家社会科学基金项目10项，国家自然科学基金项目3项，全国教育科学规划项目1项，教育部、北京市社科规划、北京市自然科学基金等省部级项目86项，北京市教委科研计划面上项目、北京市教育科学、市委组织部项目、市科委软科学项目等纵向委办局项目57项，横向合作委办局项目95项，首都经济贸易大学校级科研项目52项，其他企事业单位委托项目224项。

1. 科研立项实现大跨越，科研经费两年均突破1 500万元

2009～2010年两年共有528项科研课题获得资助，比2007～2008年的339项提高了55.8%；其中，省部级以上课题100项，比2007～2008年的47项提高了112.8%；两年项目经费总计3 746.18万元，比2007～2008年的2 739.45万元提高了36.75%。科研立项的跨越式发展为我校“十一五”科研工作的进一步发展提供了可靠的经费保障，为我校学科水平的提升奠定了坚实的基础。

2. 课题研究产学研用相结合取得新进展，科研成果转化工作初见成效

学校积极争取各级政府和企事业单位的科研项目，鼓励教研人员结合首都经济建设发展的需要，对北京市经济建设与发展中的重大理论与实践问题进行深入的研究，集中力量搞好一批标志性的重点科研课题，以实力拓展科研服务领域。近两年来，我校广大教研人员通过多种途径，积极开展为经济建设和社会进步服务的研究项目，并取得一批受到党和政府关注的研究成果。

（二）科研成果数量激增，质量提升，学术成果奖励硕果累累

2009～2010年我校科研人员出版专著、编著、译著、教材共计366部。其中，专著120部。发表论文2 614篇。其中，权威A类期刊20篇（占论文总数的0.8%），权威B类期刊207篇（占论文总数的7.9%），核心期刊1 100篇（占论文总数的42.1%），一般期刊1 287篇（占论文总数的49.2%）。被SCI、EI、ISTP、ISSHP四大检索机构收录的论文达126篇，是2007～2008年的3倍。

在论文级别方面，科研处加大了引导力度，取消了对一般期刊论文的奖励，并逐步提高高层次论文的奖励力度，这极大地激励和促进了教师高层次学术论文的发表。目前，科研成果的质量意识已深入人心。2009～2010年著作类成果中学术专著数比2007～2008年的107部增长了16.5%；核心以上期刊论文数共计1 327篇，比2007～2008年的1 020篇增长了30.1%，其中，权威A类期刊论文、权威B类期刊论文和核心期刊论文数比2007～2008年的数据分别增长了5.26%，42.8%和28.5%。一般期刊论文数与2007～2008年相比逐渐下降。

由于我校教研人员科研成果的研究质量和水平不断提高,成果奖励再结硕果。2009～2010年,我校教师共获得省部级以上奖励22项,比2007～2008年的省部级奖项(19项)增长了16%。2009年由我校工商管理学院郑海航教授主编的专著《中国企业家成长问题研究》获得教育部高等学校科学研究优秀成果奖(人文社会科学)三等奖。2010年第十一届北京市哲学社会科学优秀成果奖,我校共获奖3项,我校劳动经济学院纪韶教授和法学院沈敏荣副教授分别获得第十一届哲学社会科学优秀成果奖经济学类、法学类一等奖;金融学院蒋三庚教授获得经济学类二等奖。这是近年来我校参加北京市哲学社会科学优秀成果奖评选成绩最好的一届。

(三)社科研究基地取得良好成绩,科技创新平台建设全面发展

2009～2010年我校CBD发展研究基地和北京市经济社会发展政策研究基地以较好的成绩相继通过了北京市社科规划办公室的验收。这表明,经过又一轮三年的建设,两个研究基地的建设稳步推进,学术理论成果丰硕,学术交流合作活跃,成果转化应用也收到较好的成效,为首都经济社会发展发挥了积极作用。目前学校正积极筹备申报国家级社科研究基地,这将为学校科研水平的提升奠定良好的基础。

我校在市教委和市财政局的大力支持下,利用财政专项经费,陆续建设了一批科技创新平台。2009～2010年,我校共承担北京市教委科研专项54项,涉及经费1 803.75万元。近两年来,学校按照"整合、共享、完善、提高"的思路,继续巩固发展特色基地平台建设,重点打造"北京市哲学社会科学CBD发展研究基地"、"北京市经济社会发展政策研究基地"、"经济增长与经济周期研究平台"、"京津冀都市圈研究平台"、"北京社会经济调查研究基地"、"北京劳动力市场与民生发展研究中心"等一批具有品牌效应的特色科研基地和科技创新平台。科技创新平台的建设进一步完善了我校科研实验条件及环境,增进了我校教研人员与其他高校学者之间的学术交流,促进了我校教研人员追踪学科前沿信息,为深入开展学术研究奠定了坚实的基础。

(四)依托校内制度建设和校外环境支持,科研人才队伍建设日趋完善

学校历来都非常重视高端人才的科研进展,同时也很关注科研新秀的培养与成长,科研人才队伍不断壮大。2004年以来我校启动了3年滚动式的科研标兵的评选制度,每年评选出10名科研标兵,2009～2010年又评出第六届、第七届科研标兵。在七届科研标兵评选中,共评出70人次科研标兵,其中3人获得三届科研标兵,他们分别是经济学院王文举教授、劳动经济学院黄荣清教授和金融学院庹国柱教授;有10人获得两届科研标兵,他们分别是经济学院文魁教授、李婧教授;劳动经济学院杨河清教授、童玉芬教授、朱俊生教授;工商管理学院郑海航教授、戚聿东教授、邹昭晞教授;金融学院蒋三庚教授和城市学院张强教授。

学校通过各种渠道,为科研骨干提供必要的研究经费,为青年教师学术生涯的发展创造良好的开端。2009～2010年,学校支持的校级课题中有近80%是对40岁以下的青年教师进行资助的,他们当中多数是博士或者是在读博士。通过经费支持,进一步激发了他们的科研积极性,促进了青年人才在学术上的快速成长,鼓励他们开辟新的研究领域和追求更高的研究目标。

(五)增进学术交流,活跃学术气氛

两年来,学校举办了知名学者论坛、青年学者论坛、企业家论坛等多个主题形式的高层研讨会、报告会等学术活动。各类学术活动不但丰富了学校的校园文化,拓展了在校学生的知识,而且还提高了我校在学术界和社会上的知名度和影响力。学校举办的各类学术会议始终紧跟国家和社会经济发展的热点,坚持为首都经济和社会发展服务这一宗旨,充分发挥学校经济学、管理学学科优势的特色,围绕服务首都这一中心,为首都经济和社会发展建言献策。

(六)科学发展,提高科研管理水平

2009～2010年,学校根据科研发展的新要求,提出了科研论文和经费的目标管理机制。在具体实施过程中应用目标管理的方法,逐层分解目标,层层抓落实。各院系领导高度重视此项工作,目前已初步形成齐抓共管、科学发展的良好势头。两年来,科研论文指标完成较好的单位有经济学院、金融学院、信息学院、财政税务学院、法学院和外语系;科研经费指标完成较好的单位有城市学院、经济学院、劳动经济学院、财税学院、安全与环境工程学院和法学院。

二、2009～2010年我校科研工作存在的主要问题

(一)科研成果的质量仍需提高,国际影响力亟待加强

近年来,我校教师出版专著的数量,在核心及权威期刊上发表论文的数量,获得省部级以上奖励的数量,均较"十五"期间有大幅度增长。但应该看到的是,教师科研成果的层次和质量仍需提高。我校目前采用的是宽口径的计量方法,与国内其他同类院校相比,学校高层次、标志性的科研成果依然偏

少，在权威期刊、核心期刊上发表的论文所占比重仍需进一步提高。学校正开始进入国际化发展时代，科研国际化举足轻重，国际科研合作项目日渐增多，国际化的学术交流日渐频繁，但从国际期刊和国际论文发表的情况来看，我们的差距还很大，这方面的工作必须进一步加强。

（二）科研项目完成进度与完成质量还存在一些长期遗留的问题

2009～2010年，我校科研项目数量和项目经费虽然大幅度提高，但科研项目完成进度与完成质量上还存在一些问题。2010年科研处对2006～2009年3年中立项的纵向项目进行了督促检查，截至2010年12月底，我校3年立项且达到计划结项时间的378项纵向项目中，延期结项的项目有107项，其中延期时间最长的达42个月，科研项目不能按时结项问题较为突出。我们认为，项目负责人应当按预定计划抓紧开展研究工作，这不仅是项目负责人的科研信誉问题，也是我校的科研信誉问题。

（三）科研考核和评价制度有待进一步创新和完善

学校事业发展的整体规划和科研发展的新阶段向管理制度提出了新的要求，我们将进一步创新、完善科研考核和评价制度，积极引导高级别项目获批立项，鼓励标志性成果的产出，促进国际顶尖期刊论文的发表。

三、下一步发展的新思路

（一）创新科研机制，激发科研活力

我们要进一步解放思想，通过管理制度的创新激发科研活力。这次会议之前，针对我校未来科研发展的需要和工作中遇到的问题，科研处提出了科研奖励管理办法、校级项目管理办法和编制外学术研究机构管理办法等制度草案，这些办法要听取方方面面意见，然后再进一步修改完善，提交学校讨论通过后付诸实施。下一步，校院两级都要在科研工作的组织、管理和激励等体制机制方面积极探索，充分调动大家科研工作的积极性。

（二）形成科研特色和品牌，提升学校服务社会的水平

科研水平是体现学校总体实力的重要标志，服务社会是学校的重要职责。我们要面向国家和北京市的发展战略需求，努力提高科研实力，形成科研特色和品牌，进一步增强学校服务社会的能力。

（三）开拓学术视野，加快科研国际化进程

在我校创建国内一流、国际知名财经大学的进程中，要汲取世界一流大学和同类商学院科研国际化发展的思路，借鉴其培养具有全球视野的高素质创新型科研人才的理念，将其作为自身国际化发展的参照系，制定符合我校发展阶段特点和需求的国际化进程和规划；要鼓励教师更多地瞄准国际前沿和国家需求，不断凝练研究方向；鼓励教师在世界顶尖杂志上发表论文，在国际知名学术出版社出版学术著作，扩大学校在国际上的学术影响力。建立具有国际视野的研究团队，加强多边合作，建立合作研究中心，争取使我校部分重点学科领域的成果在国际研究前沿占有一席之地，逐步建立起首都经济贸易大学的核心竞争力和国际知名度。

综上所述，我校未来的科学研究事业需要走“顶天立地”的发展路线。“顶天”就是要瞄准国际先进水平和国内一流水平，取得一流的科研成果，推进以高层次、高质量为导向的科学研究；“立地”就是要求科学研究的成果要服务于地方经济社会的发展，为首都北京建设“国际化城市”贡献智慧和力量，还有最重要的一点是科学研究需要良好的学风，需要有埋头做学问、十年磨一剑的精神，要始终站在经济社会发展的前列，直面现实，能够及时地为经济社会发展提出各种具有战略性意义的思想和观点，发出首都经济贸易大学人自己的声音。

最后，非常感谢学校党委、各部门、各院系及广大教师一直以来对科研管理工作的大力支持。我们将振奋精神，齐心协力，在“十二五”期间全面贯彻落实科学发展观，创新工作思路，提升工作水平，为建设国内一流、国际知名的财经大学做出新的贡献。

贯彻落实科学发展观，努力开创学科建设工作新局面——校长王稼琼在第二届学科建设与科学研究大会上的讲话

（2011年3月23日）

各位老师：

上午好！

今天，我们大家欢聚一堂，迎来了首都经济贸易大学第二届学科建设与科学研究大会。首先，我要对大会的胜利召开表示热烈的祝贺！对多年来脚踏实地、孜孜不倦地奋战在我校学科建设和科学研究工作第一线的老师们表示崇高的敬意和衷心的感谢！

本次大会的主题是：深入贯彻落实科学发展观，全面、系统地总结两年来我校学科建设和科学研究的实践经验，表彰先进，进一步激发广大教师的工作热忱，使我校的学科建设和科学研究工作迈上新台

阶,铸就新辉煌,为把我校建设成为国内一流、国际知名的财经大学而努力奋斗。

下面,请允许我代表学校作学科建设工作报告。

一、两年来我校学科建设取得的成绩

两年来,学校始终把学科建设作为推进学校全面发展的第一要务,把重点学科建设作为学科建设的核心任务,以师资队伍建设为重要支撑,目标明确,措施得力,在学科建设方面取得了丰硕的成果。

(一)学科授权点数量大幅增加

两年来,学校各级领导、各部门、各院系以及广大教职工对学科点的申报与建设工作倾注了大量的心血。在大家的共同努力下,我校学科点建设实现了跨越式发展——学科授权点数量大幅增加。

继2006年我校取得应用经济学一级学科博士学位授予权之后,我校2010年申报的工商管理、管理科学与工程两个一级学科博士授予权也获得了批准。这是我校学科建设中具有实质性的突破,充分展现了我校学科建设的综合实力,对学校整体办学水平的提升具有重要意义。

在硕士授权点方面,2010年,我校一次性取得了理论经济学、法学、公共管理、马克思主义理论、外国语言文学5个一级学科硕士学位授予权,学术硕士授权点已经达到55个。同时,我校的专业硕士学位点也取得了突破性发展。2009年,我校获批社会工作硕士和法律硕士,2010年又先后获批工程硕士等9个专业硕士学位授权点,授权点总数达到了12个。硕士学位授权点已经涵盖了经济学、管理学、法学、文学、理学和工学六大学科门类。

(二)学科特色进一步彰显

在50多年的办学历程中,学校形成了以经济学和管理学为主体,经、管、法、文、理、工多学科相互支撑、协调发展的局面。

两年来,我校部分学科特色得以进一步彰显,并成功打造出品牌。劳动经济学学科作为国家级重点学科,多项成果获得省部级以上奖励;数量经济学学科在博弈理论与经济仿真方向上的成果为北京市社会保险事业的发展提供了重要的理论基础,在投入产出分析方向上的有关成果为北京市政府决策提供了智力支持,并荣获北京市哲学社会科学优秀成果二等奖;区域经济学学科先后承担了10余个重大和一般社科规划项目,有关成果得到了北京市领导的批示或直接被相关政府部门吸收和采纳;产业经济学在产业战略、流通经济、黄金期货以及垄断经济方向上形成了较大的社会影响力,特别是2010年11月27日我校率先在国内成立了首个中国黄金市场研究中心;统计学学科编制并定期发布的“北京市社会生活指数体系”已经成为综合反映北京市社会生活状况的重要指标之一,“两岸四地消费者信心指数”的定期发布会也吸引了多家媒体、电台网站的专题报道;国民经济学学科自2007年起连续举办的“中国经济增长与经济周期”论坛也在学术界引起了广泛的关注,2010年,“经济周期理论与中国宏观经济波动研究”团队被评为北京市教委创新团队。

(三)重点学科建设成果丰硕

我校在北京市重点学科建设工作方面取得了丰硕的成果。2010年,西方经济学、技术经济与管理被评为北京市二级学科重点建设学科。目前,我校二级学科硕士点中,北京市级及以上重点学科已有19个,覆盖了学科点总数的70%。在2010年北京市教委组织的重点学科中期检查中,我校应用经济学一级学科被评为优秀。这一结果更加充分肯定了我校重点学科建设的成就。

重点学科建设作为体现我校办学特色和水平的重要标志,对学科的整体发展起着极为重要的战略先导作用,对于加强我校学术队伍建设,提高人才培养质量和科研水平将产生重要的促进作用。

(四)学科的科研竞争力不断提升

1.我校科研立项、著作、学术论文等成果数量同比有显著增长,档次得到提升。两年来,我校共承担各类研究课题466项。其中,国家级研究项目14项,教育部人文社会科学研究项目36项,并有3项科研成果获得北京市第十一届哲学社会科学优秀成果奖;我校教师被SCI、SSCI、EI三大检索收录的论文数也呈现明显上升的趋势。科研成果的数量和质量都在北京市市属高校中名列前茅。

2.科研项目的层次得到显著提高。在社会科学基金项目方面,2010年,我校申报的57项国家社科基金项目中获批9项(包括重点项目1项),成功率为15.8%,大大高于8.42%的全国平均立项率。项目涵盖了我校多个学科,展现出我校在经管学科上的传统优势,立项中还包括青年项目5项,这一结果既展现了我校青年教师的科研实力,也充分肯定了我校青年教师培养工作的成绩;在自然科学基金项目方面,我校获得2项国家自然科学基金项目立项资助,这一结果充分显示了我校日益提升的科研实力,这为我校学科建设在跨越式发展的道路上写下了辉煌的一页。

3.实现科研成果更好地为首都经济社会发展服务。两年来,我校的部分研究成果受到党和政府有关部门的关注和重视。课题研究产学研相结合的趋势日益凸显,科研成果转化工作卓有成效。

（五）学科队伍不断壮大

两年来，学校坚持人才强校的战略，坚持党管人才的原则，从学科建设的实际出发，以全面提高教师队伍素质为中心，以培养优秀年轻骨干教师为重点，不断加大对学科队伍的投入力度，取得了显著成效。主要表现为：

1. 学科队伍结构进一步优化。目前，学校专任教师中 45 岁以下的中青年教师比例达到 64%，45 岁以下教授占教授总数的 30%，一批年轻有为的后起之秀迅速成长，逐步担当起教学和科研工作的重任。教师的学历层次也有较大幅度提高。在专任教师中，具有硕士以上学位的教师 508 人，占教师总数的 80.6%，具有博士学位的教师 254 人，占教师总数的 40.4%。

2. 人才引进政策进一步完善。我校进一步完善了人才引进政策，加大了专项资金的投入力度，有计划、有重点地引进了一批学科带头人和骨干教师，切实加强了学科建设，提高了师资队伍的水平。我校还建立起柔性引进机制，以“不求所有，但求所用”的新的用人观念，将引进专家和引进智力结合起来，促进了校内外高层次人才资源的优化配置。

3. 对中青年骨干教师的培养力度进一步加大。学校通过支持和资助青年教师岗前培训，中青年骨干教师出国进修和参加学术交流，青年骨干教师在职提升学位层次、提高外语水平和利用计算机及现代教育教学手段的培训等措施，不断提高师资队伍的整体素质。同时，学校还通过建立有效的制度激励优秀拔尖人才脱颖而出。2010 年，我校进行了首次后备学科带头人、中青年骨干教师的遴选工作，共选出了后备学科带头人 16 人和中青年骨干教师 30 人。

二、目前我校学科建设存在的主要问题

在取得成绩的同时，我们还必须清楚地认识到我校与国内一流财经大学相比存在的较大差距。目前我校学科建设存在的主要问题是：

（一）学科队伍尚不能满足学校发展需要

我校学科队伍总量仍相对不足，结构也不尽合理。具有博士学位的教师占在职在岗专任教师的比例有待进一步提高；具有海外学历、学位的教师占专任教师的比例尚不足 6%；在国内外学术界具有重要影响的学术领军人物匮乏，45 岁以下的学术带头人偏少；学科人才断层的现象非常突出。

（二）学科布局还有待进一步优化

学科布局对于学校的特色具有决定性作用，同时也影响着学科建设水平的提升。而目前我校尚未形成综合实力强、学科间优势互补、发展空间较大的学科群，部分国家和首都经济发展急需的新兴学科、交叉学科的培育工作仍显得比较滞后，学科间的整体融合仍待加强。

（三）学科科研水平仍需提高

目前我校的国家级研究项目和获得高等级奖励仍然偏少，教育部人文社会科学重点研究基地也处于空白状态，体现学科前沿的具有重大影响的标志性成果缺乏。科研成果未能体现学科发展和研究主流的现象仍较普遍，科研成果转化力度也需要进一步加强。科学研究的成果、影响力与学科建设的总体目标还不够相称。

三、今后我校学科建设工作的主要目标和任务

今后，我校学科建设工作的主要目标是：增强我校以经济学、管理学为主干，文、法、理、工相互支撑、协调发展的学科体系的综合实力。若干学科处于国内先进水平，部分优势重点学科跻身国内领先行列，学科整体布局更为合理，结构更加完善，学科体系发展方向的国际化特色越发突出。

（一）不断加强学科队伍建设

1. 建设结构合理的高素质学科队伍。适当扩大现有师资队伍规模，其中教师占全体教职工比例不低于 55%，每年引进的专任教师保持在 65 人左右。到“十二五”末期，争取专任教师总数达到 900 人左右，45 岁以下具有博士学位教师的比例突破 70%，教师中教授、副教授岗位的比例控制在 55% 左右。实现新接收教师中 20% 以上具有海外博士学位或海外留学（访学）经历的目标。

2. 实施学科领军人物成就计划。以国家级和北京市级重点学科为依托，设置首席专家、特聘教授和讲座教授岗位，力争在“十二五”期间，面向海内外重点引进 20 名左右在学科研究领域具有一定影响力的杰出人才。在学校现有的学科骨干中，选拔和培养 50 名学术领军人物。通过造就一支能够带动本学科冲击国内领先水平的学术带头人队伍，引导我校学科专业建设实现质的提升。

3. 加强对中青年学术骨干和后备学科带头人的培养。加强学科梯队建设，形成鼓励和支持拔尖人才成长的机制。实施后备学科带头人和中青年骨干教师培养工程，选拔和培养 150 名左右后备学科带头人和中青年骨干教师，为学科发展提供优秀的后备人才。充分发挥 OTA 的作用，帮助中青年学术骨干、后备学科带头人做好职业生涯规划，鼓励其踊跃申报与学科前沿研究、交叉及新兴学科领域或者与国家和北京经济社会重大需求相关的项目，并给予相应的资助。

4. 实施海内外人才引进计划。通过吸引优秀留学归国人员、向社会公开招聘高水平教师、引进关键岗位急需人才等措施,引进一批优秀人才充实我校学科与科研队伍。完善人才引进分类标准及管理体制,建立符合学科、专业建设需要的人才引进机制,提高引进人才的整体水平。积极引进海外高层次人才,探索“年薪制+聘用制”,引进和招聘50~80名优秀留学归国人员,提升学科与科研队伍的国际化水平。

5. 加大对学科学术团队的支持力度。拓展科研团队建设经费的筹资渠道,不断创新科研学术团队的管理方式,采取重点培养扶持和人员动态配置常态化相结合的模式,引入学术队伍的淘汰机制。支持跨学科学术团队的组建,积极学习总结已有优秀科研学术团队的建设经验,争取在“十二五”末期形成20个左右的学术创新群体。

6. 改善学科队伍发展的制度环境。深化教师职务聘任制度的改革,按照人尽其才、分类管理的原则,科学、合理地设定教师各级职务岗位,使岗位设置与学校发展目标紧密结合。坚持以公开、公正、公平原则,通过竞争择优聘任,实行教师职务聘任制,结合学科特点,逐步探索建立一整套合理的人才综合评价体系,加强聘期管理和考核。

(二)进一步调整和完善学科布局

学科布局对学校的发展具有战略性和全局性的影响,因此,要从内涵建设出发,不断完善学科布局。学科布局调整的出发点是:一要体现学校人才培养的目标;二要结合学校的发展历史和学科基础;三要满足国家和北京市经济建设和社会发展的需要。

1. 从数量和质量上加强学位点的建设。

首先,要力争在学科授权点数量上有进一步发展。结合财经院校发展规律和学校现有的学科结构以及北京市社会经济发展的实际需求,做好下一轮学位点的申报准备工作。力争到“十二五”末期实现我校一级学科博士点达到6~7个,二级学科博士点达到30个;学术硕士授权点增加至60个左右,专业硕士授权点增加至14个的目标,并建立起工商管理博士后流动站。

其次,现有学位点要更加注重内涵建设。

今后,要把学科建设的重点从外延扩张转移到内涵建设的轨道上,学科既有的优势方向要始终把握学科研究的国际前沿,对处于学科前沿或具有良好经济社会应用前景的交叉方向、边缘方向要大力予以扶持,积极鼓励基础研究向应用方向延伸,使各学科点的内涵不断得到革新与充实,水平得到切实提高。

2. 加大对重点学科和特色学科的建设力度。重点学科和特色学科的建设要始终与国家和北京市经济社会发展的重大需求相结合。要以北京市重点学科中期检查为契机,认清形势,查找学科建设中存在的问题,集中优势资源,争取到“十二五”末期,实现应用经济学一级学科或其中的数量经济学、统计学、产业经济学、区域经济学以及国民经济学等我校具有较强综合实力的二级学科成为国家级重点学科,工商管理学科建设达到相应水平,企业管理等1~2个二级学科进入国家级重点学科,北京市重点学科数目增加3~5个,一批我校起步较晚的二级学科进入北京市重点建设学科行列的目标。

3. 大力支持新兴学科和交叉学科的发展。各学院要以教育部办公厅2010年1号文件的实施为契机,结合社会经济发展需要,通力合作,打破不同学科乃至学科门类间的壁垒,探索新的学科发展方向,鼓励学科间的交叉和渗透,前瞻性、战略性地积极培育3~5个新的学科增长点。

4. 进一步凝练学科方向,推进学科群建设。以现有学科布局为基础,以国家和北京市社会经济发展需求为导向,加大对我校传统优势学科的投入力度,打破学科分类和院系划分局限,不断凝练能够彰显我校特色的学科方向,逐渐形成具有鲜明特色和较强综合实力的学科群。从我校的实际情况看,重点建设以劳动经济学学科为核心,纳入社会保障、人口学、人口、资源与环境经济学等学科作为支撑的学科群;以企业管理学科为核心,纳入包括旅游管理、技术经济及管理、会计学等学科在内的各个学科为支撑的学科群;以数量经济学、统计学学科为核心,以其分析思想方法为工具,支持包括金融学、财政学、国民经济学、国际贸易学等学科发展的学科群;发挥区域经济学在区域经济、社会以及生态研究方面的优势,并适时考虑在一级学科下增设有关二级学科,以促进包括我校人文学院、安全与环境工程学院在内的有关文、理、工学科专业的跨门类融合与相互支撑,形成以区域经济学为核心的、并逐步向区域科学扩展的学科群,最终构建若干个带头学科加支撑学科的品字形学科群结构。

(三)完善学科建设管理机制

加快制度创新步伐,建立符合学科发展规律的运行机制。建立和完善学科建设相关管理制度、学科建设管理创新体系和质量保证体系等。以学科建设为龙头,促进学校整体教学科研水平的提高。

1. 明确校、院(系)在学科建设与发展方面的管理职能。建立一套较为科学和完善的规章制度和高效、通畅的运行机制,明确分工和责任,强化学校对学科建设的调控和引导,将学科建设任务分解为校、院(系)两个层次,责任落实到人。学校学科建设职能部门要加强协调、沟通,对学科建设的有关工作统筹规划。

强化各学院负责人对学科建设重要性的认识,并结合各学院的学科专业设置,建立起相应的以一级学科和各二级学科带头人为核心的学科建设负责制,充分发挥学科带头人和各学科方向学术骨干在学术团队中的风向标作用,严格考核机制,定期对学科建设状况进行科学评估。

2. 完善有关学科建设的各项管理制度。学科建设制度对学科建设的整个过程具有重要的规范和导向作用,是学科建设工作稳步推进的保证。今后,要在严格执行并逐步完善《首都经济贸易大学学科建设管理条例》、《首都经济贸易大学重点学科管理办法》、《首都经济贸易大学学科建设绩效考评标准》、《首都经济贸易大学学科建设责任与问责规定》、《首都经济贸易大学学科建设奖励条例》、《首都经济贸易大学杰出人才岗位设置及管理办法》和《首都经济贸易大学学科带头人选拔与管理办法》等各项管理制度和规定,并建立起针对非重点学科的管理和考核制度。

3. 建立健全学科评估机制。在积极配合教育主管部门和参与社会上专业学会组织的外部评估的同时,结合学校实际情况,以提高学科的竞争力和办学水平为目的,积极开展建立学校内部学科评估的实践探索。

(四)切实加大学科建设所需资源的投入力度

根据“统一规划,分步实施,以点带面,重点突破,协调发展,持之以恒”的原则,加快数字化校园建设的步伐,实现学校信息资源的高度共享,为提高教学科研水平,推动学科建设创造良好条件。

各有关院系要进一步加强与有关企业和政府部门的沟通,充分利用校友资源,多渠道筹集学科建设经费,切实加强与学科建设相关的专业实验室、科学研究平台以及实习基地建设。从人、财、物三方面对学科建设所需的软件和硬件给予充分保障。

(五)创新管理体制和机制,激发科研活力

高水平的科研需要有适应其自身发展的管理机制与之配合。我校的科研工作要在现有基础上实现新的跨越式发展,需要在科研组织和管理、公共科研平台管理和科研绩效评估与激励等方面不断寻求体制创新和管理创新,建立和完善适应时代发展要求、符合科研创新规律的制度体系和运行机制。通过科研管理的改革创新,推动科研创新。这次大会一个重要目的,就是要进一步解放思想,努力在学术组织创新、科研激励和学科平台的建设管理方面,创造良好的科研制度环境,规范其管理和运作,提高学校科研工作的竞争力。

(六)明确建设思路,推进研究基地和科研平台建设

“十二五”期间,我校 CBD 发展研究基地和北京市经济社会发展政策研究基地要按照“注重探索理论发展前沿、注重服务经济发展实践、注重搭建人才发展队伍”的思路,组建国际研究团队,打造国际研究品牌,建立国际资源平台,注重基地科研成果的转化应用。学校要整合各院系有关科研力量,调整并夯实若干科研平台,重点创建教育部人文社会科学研究基地。围绕学校科研创新能力建设这条主线,树立大局意识,优化配置资源,发挥科研资源的最大效益,依照“整合、共享、完善、提高”的原则,密切把握国家和北京市经济社会发展的重点环节和领域,以优势特色学科群为依托,打造跨学科专业的科研平台,加大对重大理论和实践问题的研究力度,力争取得一批在国内外有重要影响的学术成果,着力促进科研成果的转化,逐步形成为首都经济发展决策服务的多层次研究方向,实现科研能力和科研水平的提升。

(七)加强合作研究,增进学术交流

要坚持开放办学,积极开展与国外知名高校和国际组织的合作与交流,逐步建立相对稳定的国内外合作交流关系,积极做好联合培养博士、硕士研究生工作,推动国际、国内合作研究项目取得实质性进展和成果,大力营造国际化的办学环境、教学环境、科研环境和学术环境;要根据学科建设、科研工作的需要,继续聘请国内外高水平专家到校讲学和开展合作研究,支持教师进修、访问和开展合作研究,要鼓励教师积极主动参加各类学术组织,积极主办或资助教师参加高水平的国际、国内学术会议,促进教师与学术界保持广泛联系与接触。

各位老师,2011 年是落实我校“十二五”规划的开局之年,直接关系到我校第三次党代会提出的战略目标和中长期规划蓝图的实现。我们要深入学习贯彻科学发展观,始终遵循学科建设和发展规律,调动一切积极因素,脚踏实地,锐意进取,推动我校学科建设和科学研究工作不断迈上新台阶。

在今后的工作中,我们要本着“立足北京、服务首都、面向全国、走向世界”的宗旨;坚持把内涵建设、提升质量作为我校发展的根本战略,增强学科实力,促进科研发展,为早日把我校建成国内一流、国际知名的财经大学而奋斗!

最后,预祝大会取得圆满成功! 谢谢大家!

科学发展　求实创新　努力开创我校学科和科研工作的新局面
——党委书记柯文进在第二届学科建设与科学研究大会上的讲话

(2011 年 3 月 23 日)

各位领导、各位老师：

大家好！新学期伊始，筹备已久的首都经济贸易大学第二届学科建设与科学研究大会胜利召开了。在此，我首先代表学校，向今天到会的各位领导、嘉宾及老师们表示衷心的感谢！向荣获 2008 ~ 2010 年科研先进单位称号的学院和获得第七届科研标兵荣誉称号的老师以及获得校级优秀成果奖的集体和个人表示诚挚的祝贺！向长期以来默默无闻工作在我校学科建设和科研一线的广大教职员工表示衷心的感谢！

此次大会全面回顾和总结了我校两年来在学科建设与科学研究上所取得的丰硕成果，进一步明确了我校未来学科建设的方向，理清了今后科研工作的思路。大会上，4 个学院与大家分享了学科建设和科学研究方面的成功经验，这为学科建设和科学研究工作今后的发展提供了良好的示范作用。大会上，学校还对长期工作在科研第一线，取得突出成绩的先进科研工作者和先进科研集体进行了肯定和表彰，希望大家再接再厉，取得更大的成绩。

今年是全国“十二五”规划的开局之年，国家将大力实施科教兴国和人才强国战略。未来的五年，是北京全面实现现代化和建设世界城市的关键时期。国家的战略支持和首都社会经济的发展，既为我校学科建设和科学研究提供了良好的机遇，也对我校学科建设和科学研究提出了更高的要求。

今年更是学校全面贯彻落实学校第三次党代会精神、中长期事业发展规划纲要和“十二五”规划的第一年。今后五年，学校发展的基本指导思想是“打基础，上水平”，其中学科建设和科学研究要在“打基础，上水平”上大有作为。为此，全面总结近两年来学科建设与科学研究工作的经验和不足，找准方向，理清思路，将对学校战略目标的实现起着重要的引领作用。

我们欣喜地看到，这两年来，在市委和市教委的领导下，在全校师生的共同努力下，我校的学科建设和科研工作呈现出良好的发展态势，取得了显著的成绩。但是，在看到成绩的同时，我们也应该认识到，与建设国内一流、国际知名财经大学的目标相比，学校的学科建设和科学研究实力还存在着一定的差距。

学科是大学存在和发展的基础，学科水平的高低决定了大学办学水平的高低。开展学科建设能有效地提高学校在人才培养、科学研究和社会服务方面的能力和水平。多年的办学经验告诉我们：“没有高质量的学科，就没有高水平的大学，更不可能产生一流的人才、成果和服务。”学科建设不仅是一种学术活动，还是一种办学行为，具有学术活动与办学行为的两重性，其已成为现代大学工作的重中之重，是学校实现可持续发展的保证。因此，切实加强学科建设将是我校向着国内知名、国际一流财经大学迈进的重要突破口，也是体现学校办学特色，提升学校学术影响力和核心竞争力的有效途径。今后，学校的学科建设工作将进一步突出学科内涵建设，加强重点和特色学科建设，加快新兴学科与交叉学科建设，争取实现学科整体水平的进一步提升。同时，要进一步加强学科管理，发挥学科管理对学科建设的指导作用。

科学研究是学科建设的重要载体，是培育新的学科增长点的动力。同时，科学研究还为全面提高人才培养和社会服务水平，彰显学校综合实力和水平提供了坚实保证。今后，我校的科研工作要始终以提升科研竞争力为导向，推进科研特色化和国际化；以提高社会服务水平为宗旨，打造品牌科研平台；以科研平台建设为抓手，加强科研队伍建设，推进科研兴校。我们要站在“立足北京、服务首都、面向全国、走向世界”的高度，把科研的重点放在国家和北京市经济社会发展的重点领域，产出为首都经济社会发展服务的标志性成果，促进科研成果转化，进一步提升学校服务社会的水平和能力。

今天的大会十分成功，通过大会的召开，我们明确了学校学科建设和科学研究工作的发展方向和工作思路。希望全体教职员工能够同心同德，科学发展，求实创新，为确保第三次党代会提出的奋斗目标和学校“十二五”规划的顺利实施，为努力开创我校学科建设和科研工作的新局面做出自己的贡献。

首都经济贸易大学
第二届工代会八次会议暨教代会九次会议

打基础，上水平，努力建设国内一流、国际知名的财经大学——首都经济贸易大学第二届工代会八次会议暨教代会九次会议校长工作报告

校长　王稼琼

（2011 年 4 月 20 日）

各位代表、同志们：

我代表学校向大会做工作报告，请予审议。

一、2010 年工作回顾

2010 年是我校事业发展的重要一年。学校深入贯彻落实科学发展观，认真学习《国家中长期教育改革和发展规划纲要》和全国教育工作会议精神，围绕“突出办学特色，加强内涵建设，推动教育创新，促进科学发展”的工作思路，以制定学校的中长期发展规划和“十二五”规划作为学校战略管理的重中之重，在教学、学科、科研、人才等中心工作中力求巩固提高，在学校内部管理工作中务求规范精细，把党的建设这一事业发展的基础打牢夯实，整合办学资源，确保安全稳定，提升办学水平，进一步推动了学校各项事业又好又快发展。

（一）学校战略管理水平稳步提升

2010 年是“十一五”的收官之年，也是我校的规划年。学校高度重视发展战略规划的制定，把制定学校中长期发展规划和“十二五”规划作为全年工作的重中之重。通过到兄弟院校调研、召开一系列的征求意见座谈会等形式，深入调查研究，充分发动群众，全校上下进行了广泛讨论，形成了《首都经济贸易大学中长期事业发展纲要》，进一步明确我校的办学定位、办学特色和发展目标；启动了《首都经济贸易大学“十二五”事业发展规划》制定工作，并着手制定“十二五”时期的学科建设规划、师资队伍建设规划和校园建设规划。同时，我们还对“十一五”规划的实施情况进行了全面的总结与评估，总的来说，我们较好地完成了“十一五”规划的各项任务，有些方面还超额完成了任务。

（二）学科建设取得新成绩

集中力量，认真准备，一级学科博士点和硕士点申报工作卓有成效。工商管理、管理科学与工程 2 个一级学科博士点，理论经济学、法学、公共管理、马克思主义理论、外国语言文学 5 个一级学科硕士点均已获批，我校的一级学科博士学位授权点增加到 3 个，一级学科硕士学位授权点增加到 8 个；获批了资产评估、国际商务等 9 个专业学位硕士点，我校的专业硕士学位授权点增加到 12 个；新增了对外汉语和商务英语两个本科专业。重点学科建设取得新成效。西方经济学和技术经济及管理两个学科获批北京市重点建设学科；应用经济学在北京市学位办组织的重点学科中期检查中获得“优秀”的评定结果，为 2012 年申报一级学科国家重点学科奠定了良好的基础。

（三）教育教学改革稳步推进

国际化人才培养模式改革积极推进。学校研究制定了 4 个试点学院的改革方案，修订了人才培养方案和教学计划；组织召开了国际合作与交流专题工作会，专题研讨推进我校国际化人才培养的相关问题。选派了 210 余名学生到美国波士顿大学、爱尔兰都柏林城市大学、日本大阪经济大学等高校进行长短期学习。制定实施了《全日制本科优秀新生转专业管理办法》和《辅修管理规定（试行）》，已有约 360 名学生报名参加辅修专业学习，进一步调动了学生学习的积极性。积极探索大类招生和大类培养以及高水平运动队招生等人才培养模式改革。质量工程建设成效显著，取得了 3 项国家级成果和 8 项北京市级成果。其中，人力资源管理专业获批国家级特色专业，经济学核心课程教学团队获批国家级优秀教学团队，“国际商务”课程获批国家级双语教学示范课程；会计学核心课程教学团队和财政学教学团队获批北京市级优秀教学团队，王曼怡、张琪两名教师获批北京市第六届教学名师；“公司治理”和“中国税制”两门课程获批北京市级精品课程；传媒实验教学中心获批北京市级实验教学示范中心；工商管理学院兰格集团实习与就业基地获批北京市级校外人才培养基地建设项目。

研究生培养模式改革进一步深化。组织修订了各专业研究生培养计划,颁布实施了《关于硕博连读研究生培养工作的若干规定》,探索构建和创新研究生培养体系。进一步推进中外研究生联合培养基地建设,2010 年共选拔 44 名研究生到美国俄亥俄大学、犹他大学进修学习,5 名研究生到南京霍普金斯中美文化交流中心研修,强化了研究生国际化人才培养特色。进一步加强研究生的科研工作,继续实施研究生科研创新项目。资助硕士研究生科研项目 100 项,博士研究生科研项目 27 项,受益人数近 400 人;研究生在核心刊物上发表学术论文近百篇,比 2009 年提高了 32%,研究生的科研水平显著提升。进一步加强导师管理,遴选了 27 名硕士研究生导师,改善了研究生教育的师生比。

留学生教育水平稳步提升。留学生总体规模持续增长,留学生春季规模达到845 名,比2010 年增长了 20%。留学生结构进一步优化,学历生达到 189 名。

不断探索继续教育模式,与区县合作共建社会建设与管理培训基地,收到了较好的社会效益。各层次成人高等教育开设专业 19 个,注册学生达到 8 846人,继续教育学员累计 2 250 余人,总规模达到 12 000 人,继续教育教学质量和管理水平不断提升。

随着教育教学改革的不断深化,我校人才培养质量进一步提升。2010 年,我校本科生北京生源一批一志愿和二批一志愿的文理科最低录取分数和平均分数位列市属市管高校前列;京外生源所占比例首次达到25%,生源质量不断提高。本科生考研与出国人数持续增加,达到 430 人,比 2009 年提高了 10%。本专科毕业生就业率达到 99.19%,研究生就业率达到 93.89%,分别比 2009 年提高了 0.51% 和 6.02%。学生在全国及北京市各类大学生科技、文艺、体育竞赛中屡获佳绩,280 余人次获得嘉奖。

(四)科学研究实力和服务社会水平显著提高

2010 年我校科研项目的申报数量明显增多,质量明显提升,国家级项目取得重大突破。在获批立项的 228 项科研项目中,国家级项目 12 项(国家社科基金项目批准立项 9 项,国家自然科学基金项目 2 项,全国教育科学"十一五"规划项目 1 项),比 2009 年增加了 10 项;教育部人文社会科学研究一般项目 21 项、专项任务项目 1 项,比 2009 年增长了 57%;北京市哲学社会科学规划项目重大项目 1 项、规划项目 8 项;北京市自然科学基金项目 3 项;市教委项目批准立项 19 项,北京市教育科学"十一五"规划项目 1 项,科研立项的获批率不断提高。科研经费总额达到 3 718 万元。其中,科研项目资助经费 1 763.3 万元,横向科研项目资助经费 1 164.3 万元。出版专著 40 部,发表论文 844 篇。其中,在权威及核心期刊上发表论文 508 篇,学术论文的质量不断提升。我校申报的北京市第十一届哲学社会科学优秀成果奖取得突出成绩,获得一等奖 2 项,二等奖 1 项,为近年来我校参加该奖项评选成绩最好的一届。举办了中国经济增长与经济周期高层论坛、城市国际化论坛等学术会议,进一步展示了我校的科研实力,提高了学校的知名度。进一步完善科研评价体系,修订了《科研奖励管理办法》、《横向课题管理办法》等一系列制度。注重科研成果转化,多项研究成果得到中央和北京市领导的批示,在为国家和北京市提供理论支撑和政策咨询等方面发挥了重要作用,学校服务社会的能力不断增强。

我校学术刊物《经济与管理研究》、《首都经济贸易大学学报》、《人口与经济》对学校科研的贡献力和社会影响力不断提升。其中,《经济与管理研究》、《人口与经济》分别举办了创刊 30 周年庆典活动,进一步提升了两个刊物在全国的学术地位。

(五)人才队伍建设进一步加强

加大高层次人才引进力度,积极探索人才引进的双轨制度,探索创新海外引才的新模式。继续加强后备学科带头人和中青年骨干教师的选拔和培养,共选拔了校级后备学科带头人 16 人,中青年骨干教师 30 人。继续支持教师参加各类国际学术会议和国外进修,共选派了 107 名教师赴美国多米尼肯大学、英国伯明翰大学等学习进修和参加国际学术会议。教师促进中心的各项工作稳步推进,围绕"案例教学的组织"、"学术研究的视角与实践"等主题举办了 12 次交流活动,参与教师达到 500 余人次,受到了教师的普遍欢迎。积极落实北京市教委人才强教计划,选拔了 2011 年讲座教授 3 人,创新团队 5 个,中青年骨干人才 20 人。人事制度改革进一步深化,完成了新一轮教师岗位聘任工作,共 593 位教师参加聘任,其中晋升 42 人,晋级 228 人,低聘或降级聘用 17 人;基本完成了事业编制人员签订聘用合同工作,共 1 342 名教职员工签订了"首都经济贸易大学事业编制聘用合同书"。

(六)大学生思想政治教育工作扎实推进

深入推进社会主义核心价值体系教育,不断丰富和完善大学生发展辅导体系。将新生发展辅导教育前移至军训,促进新生班级建设。创新毕业典礼形式,收到了较好的教育效果。建立学生发展状况调研机制,每年两次对学生发展状况进行调研,为进一步掌握学生思想动态,有效改进工作提供了科学依据。初步完成了"三色花"网络一站式教育平台建设,完善了网络思想政治教育阵地。继续开展心理健康教育和危机干预工作,在信息学院等4个学院启动低年级学生心理健康课程必选试点工作,加大第一课堂的教育力度与覆盖面,完善心理健康教育长效机制;继续全面开展新生心理普查工作。积极做好学生管理与服务工作。进一步加强辅导员队伍建设,加大培训力度,提高辅导员的工作能力和水平,7名辅导员被评为北京市优秀辅导员,1名辅导员被评为北京市十佳辅导员。

(七)办学条件持续改善

积极争取各项资金,我校2010年预算收入达到5.6亿元。其中,专项资金1.68亿元,预算收入比2009年增加了1 100余万元。创新内部审计工作模式,有效防范了管理风险,提高了资金的使用效益,保障了财务预算及相关经济业务的健康运行。教师办公用房调整工作有序进行,在实现每个正教授有一间工作室的基础上,部分院系实现了每个教师有独立的办公空间和办公设备。成立了资产管理公司,完成了出版社等单位的企业化改制工作。完成了4号大学生公寓的建设工作,确保了新学期学生的入住需求;完成了矿山实验室等6项基础设施改造工程。学校南侧和西北侧征地市教委已批复立项。积极推进"第三课堂"建设工作,不断提高后勤服务质量和工作效率。在物价持续上涨等压力下,通过联合采购、成本核算等方式,最大限度地降低了成本,确保了饭菜价格和质量的稳定;继续加强节能减排工作,水、电、气、暖消耗支出较2009年有较大幅度削减。进一步加强学校信息化建设,启动了校园一卡通系统一期工程建设,初步完成了无线网一、二期建设项目,校园大部分公共场所实现了无线上网。进一步加强图书馆信息化建设和规章制度建设,启用了红庙校区综合阅览室,图书馆服务水平和管理水平进一步提升。

(八)党的建设的科学化水平进一步提升

学校胜利召开了第三次党代会。会议全面回顾总结了第二次党代会以来的工作,谋划了未来十年学校的发展蓝图,部署了今后五年学校改革发展和党的建设的主要任务,选举产生了第三届党委和新一届纪委领导班子,为学校今后一个时期的发展建设奠定了牢固的思想基础和坚实的组织基础。党建和思想政治工作基础进一步打牢夯实。制定了我校《2010－2012年党建工作规划》,召开了党建和思想政治工作大会,进一步增强了全校师生对提高党建工作科学化水平的认识。申报参加了第六次北京市党的建设和思想政治工作先进校评选工作,北京市委教育工委高度评价了我校的党建和思想政治工作。进一步加强领导班子和干部队伍建设,完善干部选拔任用机制,加大竞争性选拔干部工作的力度,不断扩大党委选人用人视野。2010年,我们通过北京市领导干部公选产生了一名副校长,通过校内民主推荐产生了一名党委副书记,党委先后任免处级干部21人次。认真组织开展干部培训工作,制定了《关于2009－2013年党员教育培训工作的实施意见》,举办了两期赴香港理工大学"高等教育管理"等专题培训班,共41人参加;先后选派13名处级以上干部和教师党支部书记参加北京市有关培训。受市委组织部的委托,我校成功举办了以"首都经济发展"和"世界城市"为主题的三期北京市局、处级干部培训班,我校被市委确定为首批北京市干部教育培训高校基地之一,并作为唯一的高校在全市干部教育培训改革工作会议上作经验交流。深入开展党风廉政建设,深入推进廉政风险防范管理工作,重点做好向校级领导班子和具有业务处置权的工作人员的延伸工作。全校范围内共查找廉政风险点1 036个,设立风险防控流程图135个,签订风险防范责任书495份,其中,校级领导班子成员共查找廉政风险点97个,制定防范措施132个,基本建立和形成了我校廉政风险防范管理的工作机制和管理体系。

(九)和谐校园建设取得新成效

深入推进校园文化建设,对部分楼宇和校园景观进行了命名,并积极宣传推广。实施校园导视系统整体规划设计,对校园雕塑、名人墙等文化景观进行创意设计。校园媒体的舆论引导能力不断增强,新闻经纬网工作日日均发布新闻近10条;完成学校重大新闻的视频拍摄78条;校报荣获"北京高校优秀校报"称号;国内外各级各类媒体对我校的新闻报道540余篇,有效提升了学校的声誉和社会影响力。

进一步加强统战工作,广泛听取民主党派和党外代表人士的意见,充分发挥统战各界力量服务学校发展建设。进一步做好离退休工作,切实改善了退休人员的待遇,退休人员平均收入水平较2009年提高了27.11%;积极开展"学先进创五好,健身心乐晚年"主题活动,丰富老同志的文化生活。进一步做好共青团工作,继续开展"大学生就业创业见习计划",将服务青年的工作落到实处;召开了第三次学生代表大会,增强了学生自我管理的能力;加强大学生艺术团建设,繁荣了学生校园文化生活。继续加强安全稳定工作,对各项不稳定因素进行排查并制定安全稳定工作预案,积极妥善处置校内维稳突发事件,促进了校园的和谐稳定。

进一步加强工会教代会工作,顺利通过了"北京市模范职工之家"复验,全面推进二级教代会和二级单位工会建家工作。不断强化提案工作,提高了教代会提案的数量和质量,加快了提案的落实进度,切实履行了民主管理、民主监督的职责。在过去的一年中,在学校党委的领导下,我校教代会制度建设得到进一步健全和完善,教职工的主人翁地位得到进一步增强,教职工行使民主管理和民主监督的权利得到进一步保障,教职工的积极性、主动性和创造性得到进一步发挥,促进了学校各项事业又好又快地发展。

2010 年,我校各项工作有序推进,取得了可喜的成绩。在看到成绩的同时我们也应清醒地认识到我们工作中还存在着一些不足:一是学校在引进人才,特别是引进学科带头人、高层次人才方面需要迈出更大的步伐;二是学校的办学空间和办学条件还不能完全满足学校事业发展的需要;三是学校内部运行体制机制与现代大学治理的要求还存在一定距离。我们必须高度重视这些问题,不断增强责任感和紧迫感,在今后的工作中切实加以解决。

二、2011 年重点工作

2011 年是全面贯彻落实学校中长期事业发展规划和第三次党代会精神的第一年,是"十二五"的开局之年,我们还将迎来中国共产党成立 90 周年。可以说,做好今年的工作,对实现建设国内一流、国际知名的财经大学的奋斗目标至关重要。

2011 年学校工作总的要求是:深入贯彻落实党的十七届五中全会、全国教育工作会议和市委十届八次全会精神,深入贯彻落实科学发展观,全面落实国家和北京市中长期教育改革发展规划纲要,全面落实学校第三次党代会的各项工作部署,制定好学校"十二五"规划,推进学校国际化进程,加强学科内涵建设,提升科学研究水平,提高教育教学质量,立足人才队伍建设,改善学校办学条件,加强学校内部管理,夯实党建工作基础,努力建设和谐校园,为实施"十二五"规划开好局、起好步,以优异成绩迎接中国共产党成立 90 周年。学校已将 2011 年工作要点下发给各单位,在此着重强调以下几方面的工作:

一是做好"十二五"规划的制定和落实工作。根据学校第三次党代会精神和学校中长期事业发展规划纲要,编制学校"十二五"规划,同步推进总体规划和分项规划、学院规划和部门规划的制定,以此作为未来五年全面落实学校第三次党代会精神的重要举措。启动实施"十二五"规划,分解目标任务,明确责任分工,建立《首都经济贸易大学"十二五"时期发展规划》实施基本情况的年度跟踪信息数据库,制定详细的"十二五"规划实施评估考核办法。

二是加强学科内涵建设。召开学校学科建设与科学研究工作大会,全面梳理"十一五"以来学校学科建设和科学研究工作取得的成绩和经验,谋划未来五年特别是今后两年学校学科建设和科学研究的发展举措。高度重视 2012 年国家重点学科申报工作,制定相关制度,完善工作机制,认真做好各项准备工作。加强新增博士点、硕士点的建设,做好博士研究生导师的遴选工作。全面落实学科负责人制度。

三是深化教育教学改革。深化人才培养模式改革,制定系统的人才培养模式改革方案,积极筹备召开学校教育教学工作大会。深入推进本科教学质量与教学改革工程,全力做好国家级、北京市级等各类质量工程项目的组织和申报工作。继续完善和深化实践教学,加强实验课程建设,遴选 20 个左右的实验课程和实验项目,推动专业综合实验。积极推进研究生培养模式改革,探索专业硕士培养办法,做好新增专业和原有专业研究生培养方案的制定和修订工作,建立学术型和专业型硕士研究生的分类培养机制。切实做好招生、就业工作,在部分院系开展大类招生试点工作。

四是提升科研质量和水平。加强科研基地、科技创新平台建设,重点建设好 CBD 研究基地和北京市经济社会发展政策研究基地,认真做好教育部人文社会科学重点研究基地的申报工作。鼓励各学科之间的交叉融合和联合研究,形成符合学科发展方向的研究领域,形成稳定的可持续发展的学术研究团队。抓住"十二五"开局的有利契机,认真组织申报高级别科研项目和横向科研项目,有计划、有重点地抓好重大课题攻关。进一步提高科研经费的增长幅度,着力提高科研成果的数量和质量,积极做好国家级和省部级奖项的申报评审工作。

五是加强人才的引进和培养。加大人才引进力度。结合制定"十二五"师资队伍建设规划,筹备召开全校人才工作会议。结合学科建设,有重点地引进学科带头人、学术领军人物等高层次人才。制定并实施学校《海外高层次人才引进工作暂行办法》和《海外高层次人才考核管理办法》,多渠道、多方式引进海外知名教授和优秀留学人员,探索构建开放式的师资管理"双轨制"。研究制定多元化的教师考核评价办法。加强教师的培养。做好新一轮后备学科带头人和中青年骨干教师的遴选工作,形成层次鲜明、结构合理的人才梯队。充分发挥教师促进中心(OTA)的作用,继续开展教师职业生涯规划,全面提升教师的教学、科研水平。加强博士后科研流动站的建设和管理,积极稳妥地扩大博士后科研流动站研究人员的招收规模。

六是大力推进学校的国际化进程。研究制定学校国际化的总体方案。以推动教师队伍和学生培养的国际化为突破口，带动教学、科研、管理等多方面的国际化。完善国际化工作机制，在学生的招生、培养、就业的各个环节，在师资队伍的培养、引进、使用、管理的各个方面，充分调研、系统论证，制定学校国际化进程的五年规划。逐步培育并形成我校的国际化特色，进一步提升学校的总体办学水平和社会知名度。深化对外交流与合作，提高对外交流与合作的层次和水平，注重加强与国外高水平大学的实质性交流与合作。积极探索对外合作办学的新模式，拓展合作领域，丰富合作内容。

七是深化校内管理体制改革。积极稳妥地推进校院两级管理，探索建立适合我校发展目标和运行规律的现代大学制度。制定学校《二级学院（系、部）工作细则》，进一步规范二级学院（系、部）的管理，为推动校院两级管理、建立高效的管理运行机制奠定基础。加强民主管理，充分发挥学校和二级教代会对学校和本单位总体工作的评议和审议作用，加强对学校和本单位工作的监督。进一步推进党务公开、校务公开、院务公开的工作，增强师生对学校事务的了解和民主参与程度，提高依法决策、科学决策和民主决策的水平。

八是不断改善办学条件。继续加强校园基本建设，加快学校南侧和西北侧预留地的征地进度，切实推进会议中心建设，加快推进工科实验楼和后勤服务楼建设，力争今年年底交付使用。继续完善校园服务体系，继续深化后勤社会化改革，继续推进后勤标准化建设，系统开展并推进“第三课堂”建设活动。做好校园绿化美化的规划工作，加大节能减排工作力度，推进绿色校园建设。积极探索食品基地建设和物业管理模式改革。继续实施教职工健康工程，组织好教职工体检、体能测试和健康监测工作。进一步加强信息化建设，优化网络系统，确保校园网络“安全、稳定、快速”运行。

九是全面提升党的建设科学化水平。加强理论武装和宣传思想工作，进一步推进学习型党组织建设，结合学习宣传第三次党代会精神，面向全校师生开展宣讲活动。大力加强领导班子和干部队伍建设，进一步修订和完善处级领导干部选拔任用工作办法，继续探索面向校内外公开选聘干部的方式方法，完善干部选拔任用机制，扩大选人用人视野，做好第四轮干部聘任工作。扎实推进基层党组织建设，贯彻落实《中国共产党普通高等学校基层组织工作条例》，深入开展创先争优活动，以纪念中国共产党成立90周年为主题，精心设计和开展系列活动，重点抓好基层党支部建设，加强党支部书记培训，做好基层党支部考核工作。认真落实党风廉政建设责任制，落实校、院两级领导班子“三重一大”制度，深化完善廉政风险防范管理机制，进一步规范招生、基建、大型修缮、采购、专项经费、校办企业和后勤服务等工作的运行，降低学校发展的风险。

十是全力维护校园安全稳定。推进安全稳定工作体系与机制建设，巩固安全稳定工作会商机制，强化工作统筹与力量整合。着力推进安全隐患排查整治工作，全力做好各类突发事件的应急处置。继续推进“科技创安”工程，升级学校重点部位安防监控系统，加强校园“多维综合防控体系”建设，创建“平安校园”。

各位代表，展望2011年，我们还有很多工作要做，我们必须抓住机遇、乘势而上。全校师生对于学校新一届党委和行政领导班子寄予了很高的期望，对学校未来的发展充满了坚定的信心，这对我们是一种动力，更是一种鼓舞。我相信，只要我们坚定信心，扎实工作，就一定能够为建设国内一流、国际知名财经大学打下坚实的基础，并推动学校的建设和发展。

切实履行职能，为实现“十二五”规划良好开局贡献力量——首都经济贸易大学第二届工代会八次会议暨教代会九次会议工作报告

校工会常务副主席 李 民

（2011年4月20日）

各位代表、同志们：

我受首都经济贸易大学第二届工会委员会和教代会执委会的委托，向大会报告工作。

一、2010年工作回顾

2010年，首都经济贸易大学工会在市教育工会和学校党委的领导下，在学校行政的大力支持和广大教职工的共同努力下，全面落实科学发展观，深入学习和贯彻北京市委工会工作会议、北京市工会第十二次代表大会以及北京市教育工会第九次代表大会精神，服从、服务于学校改革发展大局。以推进学校民主政治建设、构建和谐校园为重点，以维护教职工合法权益为主线，以弘扬师德、提升教职工素质为核心，着力完善教职工帮扶机制，积极构建学习型、服务型、创新型工会组织，为学校的建设发展做出了应有的贡献。

(一)重视理论学习,践行科学理论指导工会工作的理念

加强工会理论学习,积极探索工会工作新思路和新举措。深入学习和贯彻北京市委工会工作会议、北京市工会第十二次代表大会以及北京市教育工会第九次代表大会精神,是当前和今后一个时期工会组织的一项重要政治任务。首都经济贸易大学工会深刻认识到工会理论学习的重要性,始终把学习理论作为工会组织的一项重要任务来抓。通过学习《关于新时期高等学校工会深入开展建设职工之家工作的意见》,结合我校的实际情况,党委召开了工会工作大会,制定并出台了《首都经济贸易大学关于加强和改进工会工作的意见》、《首都经济贸易大学关于新时期深入开展建设教职工之家工作的意见》等文件。北京市教育工会第九次代表大会之后,校工会及时向学校党委汇报会议精神。同时,组织工会专兼职干部以专题报告会的形式认真学习会议精神。通过学习,使得广大工会干部统一了思想,提高了认识,拓宽了思路,有力地促进了学校工会整体工作的开展。

(二)完善教代会制度,落实教代会职权,积极参与民主管理,促进学校民主政治建设

坚持开好双代会,切实发挥教代会的作用。2010年5月12日,学校组织召开了第二届工代会七次会议暨教代会八次会议。170余名正式代表、列席代表以及特邀代表参加了大会。大会听取并审议了校长工作报告、学校财务工作报告、工会教代会工作报告和提案工作报告;围绕四个工作报告和大会决议草案,与会代表畅所欲言,为学校的改革发展积极献言建策,提出了很多建设性意见;大会还对二届六次教代会的优秀提案、优秀提案组进行了表彰。会后,校工会印制了"教代会简报"并发放到学校各单位,使全校教职工及时了解会议情况和会议精神。

积极做好教代会提案的征集和落实工作,充分发挥教代会民主管理、民主监督的作用。做好提案的征集和落实工作,是充分发挥教代会作用的重要体现,也是广大教职工参与民主管理和民主监督的重要途径。在第二届教代会八次会议期间,共征集提案69件,立案40件,另29件作为意见向有关部门反映。提案的内容涉及教学管理、行政管理、后勤服务和教职工生活等多方面。许多提案反映的问题目前都得到了妥善解决,满足了教职工的需求,维护了教职工的权益,提案满意率达到80%以上。

全面推进二级教代会制度建设,促进基层单位的民主建设。校工会在学校党委的大力支持下,2010年我校的二级教代会工作全面展开。全校23个分工会,除校部机关分工会外,其余22个分工会都按照相应的程序要求建立了二级教代会。各分工会在建立二级教代会的过程中,学校工会给予细致地指导,确保各单位的二级教代会制度规范化、成效化。同时,学校工会还将22个分工会的二级教代会资料进行整理,装订成册。校工会通过推进全校的二级教代会制度建设,深化了学校教代会制度,丰富了基层民主管理的形式和内容,拓宽了教职工民主参与的渠道,更好地保护了教职工的合法权益,有助于构建和谐的校园环境。

(三)充分发挥工会"大学校"作用,努力提升教职工素质,为学校中心任务服务

积极开展选树和学习先进活动,以优秀教职工为榜样,发挥先进典型的导向作用,营造认真工作、无私奉献、争先进、赶先进的良好氛围。学校工会认真做好先进集体、先进个人的评选表彰工作,2010年"五一"国际劳动节前夕,组织开展了"爱岗敬业普通劳动者"的宣传教育活动,共有48名教职工荣获"爱岗敬业普通劳动者"称号。6月份,开展了"三育人"先进单位、先进个人评选活动,14个单位获得"三育人"先进单位称号,59人获得"三育人"先进个人称号。9月份,组织召开了"庆祝教师节暨先进集体、先进个人表彰大会",对各类先进单位、先进个人以及从事教育工作满30年的教职工进行隆重表彰。"评选、表彰先进"的激励措施在教师队伍建设和师德建设中发挥了显著的导向作用。

开展社会实践活动,为中青年教师成才成长搭建平台。作为学校工会的一项品牌活动,中青年教师社会实践活动已举办多年,并取得良好效果。2010年,学校工会依托社会实践专项活动经费,组织了23名中青年教师赴华东地区参观学习,组织了20名中青年教师赴新疆地区考察学习,组织了16名青年教师赴陕西延安、山西太原等地开展社会实践活动。通过走访、与当地的发改委座谈等形式,深入地了解社会、了解国情。社会实践活动为中青年教师搭建了一个开阔视野、增长知识的平台,锻炼了大家团队协作和沟通交流的能力。目前,学校工会已收集中青年教师撰写的论文183篇,出资出版了《国际区域经济合作视角下的经贸与发展问题研究》、《经济与社会发展问题研究》、《新时期经济与文化教育问题研究》、《大学文化建设》和《加强师德建设,创建一流财经大学》论文集。同时,出资18万元资助中青年教师出版专著6本。

(四)深化建家工作,加强工会组织自身建设,夯实工作基础

积极开展建家活动,形成党政工"共建一个家"

的格局。2010 年,学校工会抓住参加“北京市模范教职工之家”复验的契机,深入推进建家工作。学校工会对照《北京高等学校工会建设职工之家工作考核标准》的要求,认真开展模范教职工之家的复验准备工作。对近几年的资料进行了梳理,加强了建家设施投入;对全校 23 个分工会进行了建家考核验收,通过自查和现场考察验收的方式,评选出 2 个模范教职工之家,16 个先进教职工之家,5 个合格教职工之家。在此次建家考核验收过程中,各二级单位党政领导高度重视,从人力、物力、财力等方面给予大力支持,为整个建家验收工作的顺利开展提供了重要保障。通过建家考核验收工作,进一步规范了学校二级单位建家工作,促进了基层工会工作水平的提升。

加强工会专兼职干部队伍培训。学校工会通过培训、理论学习以及参观走访等形式,努力提高工会专兼职干部的自身素质。组织专兼职干部赴西安工业大学、西安工程大学学习二级建家工作,举办专题会学习《中共首都经济贸易大学委员会关于加强和改进工会工作的意见》。

强化工会理论研究会的作用,提升工会工作水平。理论是实践的基础,工会理论研究对于提升我校工会工作具有重要的作用。校工会长期以来高度重视工会理论研究,依托工会理论研究会积极开展工会课题研究。2010 年,结合市教育工会课题申报要求,广泛动员广大会员、教职工和工会干部参加申报。经评审,最终有 7 个工会课题获得立项。与此同时,校工会积极推荐学校优秀工会课题研究成果参加市教育工会的课题评审,并获得可喜的成绩。今年,《北京高校教师幸福感调研分析报告》获北京市调研报告一等奖,《高校工会提案工作现状调查与基层工会创新机制初步研究》获北京市调研报告三等奖;《以权力为导向的派遣劳动者组织权的实现》获北京市论文一等奖,《关于学校非在编人员入会及权益维护情况的研究与对策 》获北京市论文二等奖,《北京高校教职工体质与健康测评及干预管理模式》获北京市论文三等奖。

加强宣传工作,扩大工会、教代会的影响力。校工会定期出版《首都经济贸易大学教工》,通过增加内容、调整栏目的方式,吸引更多的教职工阅读,努力将其办成广大教职工和工会会员喜爱的刊物,截至 2010 年年底已累计出版 8 期;及时更新学校工会门户网站内容,充分发挥网络的作用,扩大宣传;结合各种专题活动制作各种宣传材料,如教代会画册、爱岗敬业普通劳动者宣传册、庆“三八”活动册等,提高活动的宣传力度;积极向市教育工会网站投稿,截至 12 月,已累计投稿 33 篇。

加强工会财务和经审工作。校工会在学校行政的大力支持下,能够及时收缴工会经费,并按照规定的比例向市教育工会上缴经费,严格按照新的《工会会计制度》要求做好工会账目。认真开展工会经费审查工作,在北京市教育工会经审工作规范化建设标准考核工作中荣获一等奖。同时,坚持工会经费“取之于民,用之于民”,坚持工会经费的普惠原则,将 80% 的工会经费直接用于广大教职工。

(五)打造“服务型”工会组织,深入开展暖心工程,关心职工生活,营造和谐氛围

组织各类教职工参加休养活动。教职工的身心健康是校工会“暖心工程”中的一个关注重点。校工会针对不同群体的教职工分批组织休养活动,充分体现工会组织对广大教职工的关怀。在寒假,组织工会积极分子代表 33 人赴广西休养;在暑假,组织老教工、爱岗敬业普通劳动者 65 人参加休养活动。休养活动为教职工创造沟通交流、愉悦身心的机会,构建了和谐的人际关系。

坚持开展扎实有效的暖心活动。2010 年,校工会继续开展在重要节假日给全校教职工发送祝福短信的活动,及时送上工会组织的关心和关怀,全年已累计发送慰问短信 10 000 余条;认真做好教职工生日慰问送蛋糕活动,全年累计发放生日蛋糕卡 1 560 张,金额 132 600 元;学校工会联合校医院为全校教职工开展体检工作,工会拨付经费 134 025 元;继续开展教职工体能、体质测试工作,持续跟踪教职工身体状况,为教职工开具相应的运动处方,建立和完善教职工健康档案;做好女教职工工作,维护女教职工权益,2010 年,500 多名女教职工参加了女工保险;在特殊时刻走访慰问特殊群体,如在“五一”国际劳动节时走访慰问学校的劳动模范,在教师节期间召开慰问高层人才座谈会,在国庆节和“两节”期间走访慰问困难职工,全年累计慰问生活困难和生病职工 29 人,发放生活困难、生病职工慰问金 2 万余元。上述各项活动,让教职工深刻感受到学校大家庭的温暖,同时也积极为玉树灾区捐款献爱心,累计金额达 148 756 元。

(六)开展丰富多彩的文体活动,活跃校园文化

2010 年成功举办了教职工春季运动会。运动会以“科学发展、以人为本、构建和谐”三个核心内容为出发点,将过去竞技性的比赛项目扩展到全员参与的常态、趣味比赛项目,培育大家庭的情感与氛围。在本届教职工运动会中,共有 1 200 多名教职工报名参赛,报名人数占全校教职工总数的 80% ;实际参加比赛的人数达到 1 100 余人,参赛人数达到报名人数

的92%左右。比赛分青年组、中年组和老年组三个级别,比赛项目设竞赛类和趣味类,共计20个,特别是增加了更多的趣味类项目和集体类项目。

积极推广工间操活动。为落实北京市全民健身纲要,学校工会在全校范围内推广工间操(第八套广播体操)活动,借助体育部的师资力量,以各分工会为单位,在全校开展工间操小教员培训活动。每个单位根据教职工人数推荐1~2名小教员,每周四中午由体育老师对其进行培训1个小时。目前,工间操小教员培训工作已经完成,工间操活动已进入在教职工中推广的环节。

依托教职工文体协会,开展文体活动。充分发挥教职工文体协会的作用,是丰富广大教职工的业余生活,推进全民健身活动的有效措施。2010年,学校工会依托各文体协会开展了系列文体活动。教工足球协会成功举办了首都经济贸易大学第二届"经贸杯"教职工点球比赛,这项活动得到了广大教职工的积极响应和大力支持,195名教职工报名参加。教工交谊舞协会积极开展交谊舞培训,组织教职工参加各种舞蹈比赛;教工羽毛球协会定期组织会员开展训练活动;教工合唱团定期开展合唱排练。这些活动的开展进一步丰富了广大教职工的业余生活,营造了文明健康、积极向上的校园文化氛围。

鼓励分工会开展各自有特色的文体活动。校工会认识到,在开展文体活动中,既要有学校工会牵头组织的全校性的大型文体活动,又要有各分工会开展的小型文体活动,只有充分发挥好各分工会在举办文体活动中的作用,才能使文体活动深入持续地开展,才能更好地吸引更多的教职工参与。为此,学校工会通过增加分工会活动经费的方式,引导各分工会积极开展丰富多彩的文体活动。2010年,各分工会陆续开展了乒乓球比赛、户外拓展训练、登山比赛、春秋游、心理学讲座等活动。

(七)认真承办各种活动,加强与兄弟院校工会之间的沟通交流,促进相互学习

校工会重视与兄弟院校工会之间的交流合作,通过承办各种活动,促进自我的提升。2010年上半年,学校工会承办了第五片组工会干部的体质测试活动,共计50余名工会同仁参加了此项活动。7月,由北京市教育工会主办、首都经济贸易大学工会承办的2010年北京市高校系统师德标兵评审会在我校召开。作为本次评审会的承办方,在市教育工会的领导下,我校工会积极组织,缜密安排,圆满完成了高校系统师德标兵评审工作。通过承办各种活动,既展示了我校良好的风貌,又锻炼了我校工会组织举办大型活动的能力。

上述工作成绩的取得,是学校党委、行政和上级工会组织关心和支持的结果,是广大教职工和基层工会组织开拓进取、共同奋斗的结果。在此,我代表学校第二届工会委员会和教代会执委会,向学校各级领导、全体教职工表示衷心的感谢!

在取得成绩的同时,我们也清醒地认识到,工会、教代会的各项工作与上级工会、校党委的要求和教职工的期望还有差距,还存在一些问题和不足,主要表现为:在发挥教代会民主参与、民主管理、民主监督的机制和深度上还需进一步探索、推进;在工会依法履行职能,主动、依法、科学维权,切实维护广大教职工的根本利益,特别是在如何维护不同利益群体的需求等问题上尚需进一步探索;在指导和协调基层分工会建设,充分发挥二级教代会作用方面,还需要进一步加强。这些问题和不足都需要在今后的工作中给予重视并采取有效措施,积极推动并逐步加以解决。

二、2011年工作思路

2011年是实施"十二五"规划的开局之年,也是全面贯彻落实学校第三次党代会精神和中长期事业发展规划的第一年。今年工会工作的总体要求是:以邓小平理论和"三个代表"重要思想为指导,全面落实科学发展观,深入贯彻党的十七届五中全会、中国工会十五届五次执委会和北京市教育系统工会工作会议精神,认真学习、落实学校第三次党代会精神。紧紧围绕学校改革发展的全局工作和中心任务,以科学发展为主题,以构建和谐校园为主线,以庆祝建党90周年为契机,以加强工会自身建设为动力,以推进学校民主政治建设、维护教职工合法权益、促进劳动关系和谐为重点,为推动"十二五"规划良好开局贡献力量,以优异的成绩、良好的精神面貌迎接我校第三次工会、教代会的召开。

(一)加强和深化教代会工作,积极推进学校民主管理、科学管理

认真组织、精心准备,完成学校"双代会"换届工作,开好学校第三次工会、教代会。根据换届工作的总体安排,今年上半年完成各基层分工会、教代会的换届工作,选举产生新的教代会代表,并做好相关培训工作;下半年,在适当的时候召开换届大会,审议第二届工会、教代会工作报告,选举产生新一届工会、教代会委员。

做好"双代会"的年会工作。2011年的"双代会"年会中心议题是讨论审议学校中长期发展规划纲要和学校"十二五"时期发展规划,要通过细致的工作,把大会开成推进学校科学发展和民主办学的大会。要利用好这个平台,充分发挥全校教职工的

聪明智慧，制定出切实可行、获广大教职工认可的规划纲要。

加强二级教代会建设，推进基层民主。要通过制定二级教代会实施细则，进一步加强对我校二级教代会建设的指导，促进二级教代会建设的规范化、程序化，充分发挥二级教代会在二级单位民主管理、民主监督中的作用。

（二）深入开展建功立业活动，提升教职工队伍整体素质

加强教职工的职业道德建设。认真做好两年一次的校级师德标兵、师德先进单位的评选表彰工作，营造师德、师风建设的良好氛围；积极开展爱岗敬业普通劳动者宣传教育活动，大力倡导爱岗敬业、甘于奉献的工作作风；做好“首都教育先锋”先进集体和先进个人的评选申报工作。

为青年教师成长搭建平台和做好服务。青年教师的健康发展是学校的未来和希望，校工会要通过多种载体和活动，努力提升青年教师队伍的素质。今年要继续联合教务处、人事处等部门举办我校第八届青年教师教学基本功比赛，促进青年教师整体业务素质和教学水平的提高；要通过推选优秀青年教师参加北京市第七届青年教师教学基本功比赛，促进我校青年教师的对外交流；要继续开展中青年教师暑期社会实践活动；要积极鼓励基层分工会结合各自单位工作的需要，广泛开展各类技能培训。

（三）维护教职工合法权益，为教职工办好实事，构建和谐校园

建立劳动关系协调机制，维护教职工合法权益。今年，工会随时关注教职工关心的热点、难点问题，积极向学校领导和有关部门反映教职工的意见，帮助教职工解决好工作、学习、生活中的实际困难，维护教职工的合法权益；要加强工会劳动争议调解能力，充分发挥教代会劳动人事争议调解专门工作委员会的作用，为教职工提供法律和多渠道维权服务，为保持学校稳定、构建和谐校园营造良好的氛围。

积极推进非在编职工入会工作，维护其合法权益。要通过广泛调研、到兄弟院校考察学习等方式，根据我校实际情况和非在编教职工的要求，通过试点的方式，探求符合我校实际的、切实可行的非在编人员入会的途径。

扎实开展教职工健康工程，维护教职工健康权。配合校医院，认真做好教职工一年一次的体检工作；要关注、了解教职工心理卫生健康状态，发现问题，及时做好心理疏导工作；要切实推进工间操活动，积极开展各种文体活动；维护女教职工的特殊权益，继续组织女教职工参加“女工保险”。

坚持开展暖心工程，努力为教职工办实事、办好事、解难事，竭力为教职工服务。继续开展生日慰问送蛋糕活动，鼓励、引导分工会开展形式多样的、温馨感人的生日庆祝活动，增强学校的凝聚力；校工会联合人事处，共同做好“关爱老教工”休养活动；积极推进全校教职工北戴河休养计划，在条件成熟的情况下，组织教职工休养；要利用各种重要节日，开展各种慰问活动，如“三八”国际妇女节慰问活动、“五一”国际劳动节劳模慰问活动、教师节高层人才慰问活动等；要继续做好生活困难职工的帮扶、生病住院职工的慰问、特殊困难职工的救助工作。

（四）努力加强工会自身建设，建立学习型工会组织，不断提高整体工作水平

加强工会干部队伍建设。要注重工会专兼职干部的理论学习和培训，通过专题学习、研讨会、考察学习等形式，不断提高工会干部的综合素质和业务水平。

深入开展“职工之家”建设。要在去年北京市模范职工之家复验的基础上，进一步巩固建家成果，丰富建“家”内容，创新建“家”机制，努力把我校的“职工之家”建设活动提高到新水平。各基层分工会要把建家工作做实做细，逐步形成动态建家模式，使建家工作常建常新。

大力开展工会理论研究工作。要发挥好工会理论研究会的作用，通过围绕党政关注、教职工关心的热点、难点问题，围绕教育工作中心和创新教育工会工作思路、工作方法等问题展开调研和理论研究，促进涉及教职工切身利益问题的解决和工会理论研究的深入发展；要通过积极参加市教育工会理论课题的研究工作，提升我校工会理论研究的水平。

加强工会财务和经审工作。要积极开展工会财务规范化建设活动；要按照“取之于民，用之于民”的原则用好工会经费；要加强工会经费预算，重视经审工作；要按规定及时足额上缴工会经费。

加强宣传和信息工作。要继续办好并充分利用好刊物、网站等媒体平台，反映教职工诉求，宣传工会主张，扩大工会影响；要充分发挥基层宣传信息员的作用，提高宣传和报道的及时性和广泛性；要不断更新完善工会门户网站，认真办好《首都经济贸易大学教工》。

（五）开展丰富多彩的教职工业余文化体育活动，营造文明健康的校园文化

抓住庆祝建党90周年的契机，积极开展各种活

动。通过举办教职工书法、摄影比赛等,激发教职工爱党、爱国、爱校的热情,提高校园文化水平;引导各基层分工会围绕庆祝建党90周年开展形式多样、有特色的活动。

建设好各类教职工文体协会。要根据教职工的不同兴趣和爱好,组建更多的教职工文体协会;要充分发挥教职工文体协会的作用,开展各种丰富多彩、寓教于乐的文体活动,陶冶教职工的情操,净化校园育人环境。

各位代表、同志们,我校第三次党代会提出了改革创新、科学发展,开创建设国内一流财经大学新局面的奋斗目标,让我们以此次教代会为契机,进一步振奋精神,全面落实科学发展观,团结进取,求实创新,为实现学校改革发展的宏伟目标而努力奋斗!

首都经济贸易大学第二届工代会八次会议暨教代会九次会议提案工作报告

提案工作委员会主任　余刘军

(2011年4月20日)

各位领导、各位代表:

我受第二届教职工代表大会提案工作委员会的委托,向各位领导、各位代表汇报教代会八次会议以来的提案工作情况,请审议。

首先,请允许我向各位领导、各位代表汇报第二届教代会八次会议提案的实施情况。二届八次教代会共收到代表提交的提案表69份,经提案工作委员会认真审核,因不符合提案要求作为意见、建议处理的有29件,最后以立案形成提案的有40件。其中,安全与环境工程学院提交10件;校部机关提交7件;统计学院提交6件;信息学院、劳动经济学院、外语系各提交5件;城市学院、经济学院、后勤管理处各提交4件;图书馆、教育技术中心、人文学院各提交3件;对外文化交流学院、工商管理学院、校医院、出版社各提交2件;财政税务学院、法学院各提交1件。

提案内容属于教学管理方面的有16件,属于行政管理方面的有23件,属于后勤服务方面的有24件,属于其他方面的有6件。

提案工作委员会根据各项意见、提案的内容分别转送到各有关领导和承办单位。提交的29件意见中,有明确答复的28件,其中,提案人对答复表示满意的有10件,基本满意的有15件,不太满意的有1件,不满意的有2件。提交的40件提案中,有明确答复的38件,其中,提案人对答复表示满意的有13件,占提案数的34%;基本满意的有19件,占提案数的50%;不太满意的有3件,占提案数的8%;不满意的有3件,占提案数的8%。提案工作委员会经分析后认为,造成提案人不太满意的原因是承办单位答复意见过于笼统,整改措施不够明确具体。造成提案人对答复不满意的主要原因是答复的内容过于原则,没有根据具体情况给予考虑和答复。在明确答复的38件提案中,提案人对于承办单位答复及实施情况表示满意和基本满意的共32件,占提案数的84%。

在提案的征集过程中,二届八次教代会上提交提案的代表组数较上一次教代会有了很大的提高,共有18个代表组提交了提案,占23个代表组的78%。

总结二届八次教代会提案的征集工作,存在的主要问题是:

1. 提交提案的代表组还有一定空白。在二届八次教代会提案的征集过程中,虽然有18个代表组提交了提案,但还有5个代表组没有提交提案,这说明代表的参政议政意识和积极性还有待于进一步提高,提案工作委员会今后的宣传和组织发动工作也有待于进一步加强。

2. 提案的整体质量还有待于进一步提高。对学校改革发展起重大推进作用的提案不多,有些提案所涉及问题的代表性不足。

3. 在提案的实施过程中,提案人和提案承办单位的沟通比较欠缺,对于相关问题的解决带来一定的困难。

对于二届八次教代会提案的征集和实施过程中存在的以上问题,提案工作委员会将会在本次大会代表提案的征集及实施过程中加以借鉴和改正。

为充分发挥"双代会"代表在学校民主管理中的参政议政作用,进一步推进学校各项工作的开展,本次大会召开之前,继续开展了提案征集工作。提案工作委员会将在大会闭幕后,对收集到的代表提案进行汇总整理,并将提案送交相关部门解决办理,把实施情况及时反馈给提案人,使提案人及时了解提案的办理情况。

首都经济贸易大学
第三届教职工代表大会暨工会会员代表大会

党委书记柯文进在首都经济贸易大学第三届教职工代表大会暨工会会员代表大会开幕式上的致词

（2011 年 11 月 18 日）

各位代表、各位来宾、同志们：

在全校教职工学习贯彻党的十七届六中全会精神、谋划学校“十二五”发展蓝图的时刻，我校第三届教职工代表大会暨工会会员代表大会隆重召开了。这是我校政治生活中的一件大事，在此，我代表学校党委和行政向大会的召开表示热烈的祝贺！向出席大会的各位领导、来宾表示诚挚的欢迎和衷心的感谢！向出席大会的各位代表表示崇高的敬意！

第二届“双代会”召开以来，在各级领导的热情关怀和大力支持下，学校的改革发展和教代会、工会工作取得了长足进步。六年来，广大教职工以科学发展观为指导，紧紧围绕学校在教学、科研、学科建设和人才队伍建设等领域的重点工作和提升学校核心竞争力的关键因素，求真务实，开拓进取，较好地完成了“十一五”规划所制定的各项目标与主要任务，实现了学校的跨越式发展，极大地增强了综合办学实力。

六年来，学校教代会和工会紧紧围绕学校中心工作，找准定位、服务大局，切实履行职能，努力发挥组织优势，团结广大教职工，为推动学校科学发展、促进学校内涵建设、维护校园和谐稳定发挥了重要作用，特别是在推进学校民主建设、加强教职工职业道德建设、提升青年教师教学能力、维护教职工合法权益、为广大教职工办实事和组织开展丰富多彩的文体活动等方面开展了大量卓有成效的工作，取得了显著成绩，积累了宝贵的经验，在广大教职工中凝聚了人心，形成了合力，极大地提高了广大教职工投身学校改革发展的热情和积极性。

这些成绩的取得，是上级领导、市教育工会关心支持的结果，是第二届工会、教代会委员会认真履行职责、扎实开展工作的结果，也是全校教职工团结一心、拼搏进取的结果。借此机会，我代表学校向长期关心支持我校发展的上级领导、第二届工会、教代会委员会委员、基层分工会委员和全校教职工表示衷心的感谢和崇高的敬意！

各位代表，同志们，本次大会是在“十二五”开局之年，在学校新一轮发展的关键时期召开的一次承前启后、继往开来、凝心聚力、促进发展的盛会。我们相信，通过这次大会，教代会、工会组织一定会更好地团结动员广大教职工围绕中心、服务大局；一定会更好地发挥民主参与、民主管理、民主监督与民主决策的作用和联系教职工的桥梁、纽带作用，切实维护教职工的合法权益；一定会更好地主动做好党的理论、路线、方针和政策的宣传引领工作，主动帮助党政做好解疑释惑的工作；一定会更好地以改革创新精神加强自身建设，拓展工作内容，创新工作方式，提升队伍素质，增强履职能力。同时，学校各级党组织一定要更加支持教代会、工会组织依法独立自主地开展工作、履行职责，共同营造推进学校健康发展的良好环境。

各位代表、同志们，今年是我校站在新起点、面临新机遇、迎接新挑战、推动新发展的重要一年，本届“双代会”的召开意义深远。各位代表满载着全校教职工的重托参加大会，一定要以满腔的爱校情、强烈的事业心和高度的责任感，认真履行代表职责，发扬识大体、顾大局、讲真话、求共识的会风，群策群力，科学绘蓝图，齐心谋发展，为首都经济贸易大学更加美好的明天而努力奋斗！

最后，预祝大会圆满成功！

北京协和医学院工会常务副主席范晓明在首都经济贸易大学第三届“双代会”开幕式上的致词

（2011 年 11 月 18 日）

尊敬的各位领导、各位代表：

上午好！今天，首都经济贸易大学第三届教职工代表大会暨工会会员代表大会隆重召开,我谨代表北京市教育工会第五组的15所高校工会同仁,向大会的召开表示热烈的祝贺!

首都经济贸易大学自1956年建校以来,以培养“崇德尚能,经世济民”之才为己任,为国家培养了一大批优秀的建设者,经过几代首都经济贸易大学人自强不息地开拓进取,首都经济贸易大学已经成长为拥有多类学科,以经济学、管理学为重要特色和突出优势,各学科相互支撑、协调发展的现代化、多科性的财经类大学。

在学校发展的征途上,首都经济贸易大学工会注重团结广大教职员工,紧紧围绕学校的中心任务开展工作,认真履行工会、教代会的职能。通过民主建设、教职工素质教育工程、教职工健康工程、教职工暖心工程等系列活动,充分发挥了工会组织作为党联系群众的桥梁和纽带作用,为学校形成“上下拧成一股劲,齐心协力谋发展”的良好局面做出了积极的贡献,取得了可喜的成绩,得到了校内外同行的广泛认可,在很多方面成为我们学习的榜样。

此次“双代会”的召开,正值贵校实施“十二五”规划的开局之年。我们相信,贵校工会必将以此为契机,在学校党委的正确领导下,通过不断创新工作方式和载体,提高工会和教代会工作的能力,团结动员广大教职工,为学校的改革发展、构建和谐校园做出更大的贡献。

也真诚希望今后我们校际之间一如既往地加强联系与合作,互相交流经验,共同促进提高,为我国高等教育事业,为中华民族的伟大复兴做出新的贡献!

最后,预祝大会取得圆满成功!

第三届教代会代表名单

序号	姓名	性别	工作单位
1	王传生	男	校部机关
2	段　霞	女	城市经济与公共管理学院
3	刘欣葵	女	城市经济与公共管理学院
4	彭文英	女	城市经济与公共管理学院
5	刘智勇	男	城市经济与公共管理学院
6	王德起	男	城市经济与公共管理学院
7	宋晓颖	女	城市经济与公共管理学院
8	石　刚	男	文化与传播学院
9	付　琳	女	文化与传播学院
10	郭媛媛	女	文化与传播学院
11	张小乐	女	文化与传播学院
12	杜文娟	女	文化与传播学院
13	杨　阳	男	图书馆
14	张桂岩	女	图书馆
15	刘海翼	男	图书馆
16	王春晖	女	图书馆
17	孟岩岭	男	出版社
18	田玉春	男	出版社
19	柯文进	男	校部机关
20	张　红	女	工商管理学院

续表

序号	姓名	性别	工作单位
21	高 闯	男	工商管理学院
22	宋克勤	男	工商管理学院
23	张学平	女	工商管理学院
24	付 晏	女	工商管理学院
25	徐 炜	男	工商管理学院
26	赵 冰	女	工商管理学院
27	丁志艳	女	信息学院
28	马 慧	女	信息学院
29	郑小玲	女	信息学院
30	姚翠友	女	信息学院
31	赵丹亚	男	信息学院
32	郝海波	男	信息学院
33	谭 洁	女	校医院
34	王浩然	男	校医院
35	李爱平	女	继续教育学院
36	王文举	男	校部机关
37	郎丽华	女	经济学院
38	马方方	女	经济学院
39	赵 涛	男	经济学院
40	王 军	男	经济学院
41	周 华	男	经济学院
42	徐 雪	女	经济学院
43	张义君	女	外语系
44	刘重霄	男	外语系
45	白云红	女	外语系
46	刘燕梅	女	外语系
47	王宏玉	女	外语系
48	金晓晨	女	法学院
49	米新丽	女	法学院
50	谢海霞	女	法学院
51	周 平	女	法学院
52	张 玮	女	专业硕士教育中心
53	范根祥	男	杂志社
54	杨世忠	男	校部机关

续表

序号	姓名	性别	工作单位
55	解小娟	女	会计学院
56	蔡立新	男	会计学院
57	李百兴	男	会计学院
58	陈　郡	女	会计学院
59	栾甫贵	男	会计学院
60	顾奋玲	女	会计学院
61	杨　娟	女	会计学院
62	刘学伟	男	后勤管理处
63	焦　勇	男	后勤管理处
64	周传忠	男	后勤管理处
65	孙和平	男	后勤管理处
66	龙　文	男	后勤管理处
67	王桂芳	女	后勤管理处
68	蒋胜利	男	后勤管理处
69	栾永平	男	后勤管理处
70	徐红霞	女	后勤管理处
71	赵　洁	女	后勤管理处
72	王国福	男	后勤管理处
73	李建国	男	后勤管理处
74	王稼琼	男	校部机关
75	王明会	男	劳动经济学院
76	冯喜良	男	劳动经济学院
77	王　静	女	劳动经济学院
78	童玉芬	女	劳动经济学院
79	余刘军	男	劳动经济学院
80	陈　红	女	劳动经济学院
81	蒋　薇	女	体育部
82	贺　慨	男	体育部
83	王长友	男	体育部
84	张小航	男	体育部
85	姚东旭	男	财政税务学院
86	李红霞	女	财政税务学院
87	刘　颖	女	财政税务学院
88	郎大鹏	男	财政税务学院

续表

序号	姓名	性别	工作单位
89	王 苹	女	金融学院
90	玉红玲	女	金融学院
91	冯瑞河	男	金融学院
92	吴世亮	男	金融学院
93	孙昊哲	男	校部机关
94	牛志伟	男	校部机关(研究生部)
95	王晓婷	女	校部机关(财务处)
96	刘玉梅	女	校部机关(人事处)
97	刘 宇	女	校部机关(组织部)
98	邢 琪	女	校部机关(人事处)
99	张 彤	男	校部机关(团委)
100	张 琪	女	校部机关(教务处)
101	李 民	男	校部机关(校工会)
102	邸燕茹	女	校部机关(宣传部)
103	房永明	男	校部机关(基建处)
104	金京虎	男	校部机关(学生处)
105	姜 红	女	校部机关(组织部)
106	夏 颖	女	校部机关(审计处)
107	商筱辉	女	校部机关(党政办公室)
108	翟连琦	男	校部机关(离退休工作处)
109	傅 星	男	教育技术中心
110	王利人	男	校办工厂
111	李 强	男	校办工厂
112	赵凤启	男	校部机关
113	高建平	男	统计学院
114	刘 娟	女	统计学院
115	吴启富	男	统计学院
116	张玉春	男	统计学院
117	刘 强	男	统计学院
118	林 卫	男	安全与环境工程学院
119	王勇毅	女	安全与环境工程学院
120	陈润源	男	安全与环境工程学院
121	刘志敏	女	安全与环境工程学院
122	王 庆	男	安全与环境工程学院

续表

序号	姓名	性别	工作单位
123	王小莹	女	马克思主义学院
124	周宇宏	女	马克思主义学院
125	李久林	男	马克思主义学院
126	杨春风	女	马克思主义学院
127	张旭红	女	对外文化交流学院
128	朱　红	女	对外文化交流学院
129	李林立	男	对外文化交流学院
130	许晓华	女	对外文化交流学院

改革创新　科学发展　努力建设国内一流财经大学——校长王稼琼在首都经济贸易大学第三届教职工代表大会暨工会会员代表大会上的报告

（2011年11月18日）

各位代表：

首都经济贸易大学第三届教职工代表大会暨第三届工会会员代表大会今天隆重开幕了，这是我校事业发展中的一件大事。下面，我代表学校向大会作工作报告，请予审议。

第一部分　过去六年的工作回顾

2005年6月，学校召开了第二届教代会暨工代会。过去的六年，正值学校“十一五”发展时期，广大师生员工以科学发展观为指导，求真务实，开拓进取，较好地完成了“十一五”规划所制定的各项目标与主要任务，为开创建设一流财经大学的新局面打下了坚实的基础。

一、全面谋划学校未来发展，学校的奋斗目标和发展战略进一步明确

学校高度重视战略规划的研究制定。2006年，学校制定“十一五”时期发展规划，明确了“立足北京、服务北京、面向全国、融入世界”的办学定位；2009年，随着高等教育发展形势的新变化和我校发展面临的新任务，学校着手研究制定《中长期事业发展规划纲要》，从战略和全局的高度谋划未来10年我校事业改革和发展蓝图。经过深入的调查研究和广泛听取各方面意见，最终确立了“立足北京、服务首都、面向全国、走向世界，努力把学校建设成为国内一流、国际知名的财经大学”的总体战略目标，以及“1234”的战略重点，并提出了实现这一目标“两步走”的发展步骤。2010年，学校在《中长期事业发展规划纲要》的基础上，制定了“十二五”时期发展规划。在规划的制定过程中，学校充分调动广大师生的积极性，每一个规划都经过多次讨论和修订，把规划制定的过程真正变成了统一思想、达成共识、凝聚智慧、集中力量的过程。

二、深化教育教学改革，人才培养质量全面提升

学校始终把提高人才培养质量作为学校办学的根本任务。六年来，人才培养质量进一步提高，人才培养特色进一步强化，取得了一批国家级教育教学改革的成果。六年来，新增国家级特色专业4个，国家级优秀教学团队2个，国家级精品课程3门、国家级双语教学示范课程3门，国家级人才培养模式创新实验区1个、国家级实验教学示范中心1个。我校本科生招生录取分数近年来始终在市属市管高校中名列前茅；毕业生就业率连年在95%以上，位于北京高校前列；学生多次在“挑战杯”全国和北京市大学生课外学术科技作品竞赛、全国大学生数学建模大赛等高级别赛事中获奖。

学校采取多项措施提升研究生培养质量。建立了多个“产学研”联合培养研究生基地，进一步完善中外联合培养研究生的制度和机制，学校被首批确定为“北京高等学校国内外联合研究生培养基地”。积极推进研究生科技创新项目，研究生的科研能力和实践创新能力不断增强，连续四年在“北京市优秀博士学位论文”评选中获得佳绩。

三、学科建设取得跨越式发展，整体水平显著提高

六年来，学校本着“有所为、有所不为”的原则，重点加强学科内涵建设，通过强化传统优势学科、扶持新兴交叉学科、建设基础薄弱学科，我校整体学科实力不断增强。

经过六年的发展，学校新增应用经济学、工商管理、管理科学与工程、统计学4个一级学科博士学位授权点；新增理论经济学、法学、安全科学与工程等8个一级学科硕士学位授权点；新增金融、审计等12个专业硕士学位授权点。劳动经济学获批国家级重点学科，并入选教育部“特色重点学科项目”；应用经济学获批北京市一级重点学科，企业管理获批北京市二级重点学科，管理科学与工程等9个学科点获批北京市重点建设学科，实现了我校70%的硕士学位授权点为市级以上重点学科。

四、科学研究取得丰硕成果，服务社会能力不断增强

学校紧紧围绕国家和北京市经济社会发展的相关领域，依托CBD发展研究基地、北京市经济社会发展政策研究基地，并通过建设都市国际化、经济增长与经济周期等10余个科研平台，形成了一批具有较高学术价值和应用价值的科研成果。六年来，我校科研经费、出版专著数、发表论文数、国际著名检索系统刊载论文数逐年呈现较大幅度增长；在国家社会科学基金项目、国家自然科学基金项目等高级别科研项目上不断实现新突破，《中国失业预警》等一批学术成果获得北京市哲学社会科学优秀成果奖等省部级奖项。

学校注重科研成果转化，积极组织教师参与北京市重大发展战略的研究和制定，为国家和首都经济社会发展提供智力支持，多项研究成果被吸收到政府部门的有关决策之中，并受到了中央和北京市主要领导的肯定。如关于“加快增值税立法，建立我国税法体系框架”的建议，分别被吴邦国、李克强等党和国家领导批示，增值税立法已列入2010年全国人大立法规划；关于“进一步推进我国垄断行业改革的建议”在全国哲学社会科学规划办公室《成果要报》上刊发，并受到中央领导同志的重视；关于“奥运会之前农村有三件急事要办”的建议被市委研究室《决策参考》刊用，并得到市领导的批示，为政府决策提供了重要的政策依据，学校服务社会的能力不断增强。

五、全力推进人才强校战略，人才队伍整体实力进一步增强

六年来，学校加大了高层次人才引进力度，探索实施“双轨制”人才引进及管理模式。近年来，先后引进了国务院学科评议组专家等10余名高层次人才，并多渠道吸引海外优秀人才服务学校发展。加强了对中青年教师的培养，制定了后备学科带头人和中青年教师的遴选与培养办法，遴选出21名后备学科带头人和44名中青年骨干教师。深入开展教师职业生涯规划，充分发挥教师促进中心（OTA）的作用，全面提升教师的教学研究水平。六年来，我校获批国家级教学名师1人，获批北京市教学名师及优秀教师14人，入选省部级以上各类人才工程150余人次。与此同时，管理和其他专业技术两支队伍具有硕士、博士学位的比例大幅提高，人才队伍结构进一步优化。

六、对外交流与合作日益扩大，学校国际化程度不断提高

坚持国际化办学，是提升学校国际影响力、建设国际知名财经大学的重要途径。学校积极推进对外交流与合作，与20多个国家和地区的近50所大学建立了友好合作关系，并不断加强与国际知名大学的实质性交流与合作。六年来，累计派出教师、学生出境学习和培训达1 200余人次。留学生规模不断扩大，结构进一步优化，学历生比例不断提高。中外合作办学项目取得突破性进展，与美国克利夫兰州立大学合作建立了孔子学院，学校的国际影响进一步扩大，国际化进程迈出坚实步伐。

七、实施精细化管理，学校整体管理水平不断提高

六年来，学校进一步加强了制度建设，规范和完善了各项规章制度，初步建立起层次分明、协调高效的内部运行机制。不断深化人事制度改革，完成了两轮教职工岗位聘任工作，人力资源配置进一步优化。进一步加强财务管理和资产管理，办学效益显著提高。科学规划两校区格局，校区功能定位更加合理，资产盘活和资源配置取得明显成效。后勤社会化改革稳步推进，新型后勤服务保障体系初步建立，服务水平明显提高。监察审计、档案等基础工作有效开展，大力保障了学校中心工作。

八、着力解决师生关注的热点问题，办学条件和教职工待遇不断改善

学校始终把实现好、维护好、发展好广大师生员工的根本利益作为工作的出发点和落脚点，切实为师生办实事、办好事，努力改善师生的工作、学习和生活环境，想方设法解决涉及师生利益的各种问题。学校加强对校园的整体规划，有计划、分步骤地拓展办学空间。“十一五”期间，新建校舍8.8万平方米，教学阅览楼、学生公寓等8个新建项目相继投入使用；先后投入4 500余万元新建及改扩建实验室，实验室面积达5 900余平方米，满足了师生实践教学的需要。同时，进一步改善校园环境和校园基础设施，开展了校园绿化、美化、亮化和人文景观建设；完成了校园网络系统升级改造，推行了校园一卡通，增加了个人免费上网流量；有序推进办公用房调整，初步改善了机关和二级学院(系)的办公及教学科研条件。“十一五”期间，学校按照北京市有关精神，并结合学校的实际情况，多次调整、增加了在职人员岗位津贴和离退休人员生活补贴，2006年以来，在职职工绩效工资年均增长13.5%，退休人员工资年均增长15.1%，教职工和退休人员的福利待遇得到持续改善。在物价持续上涨的情况下，学校给每一位在职职工和学生发放了用餐补助，并采取多种措施保证了食堂饭菜价格和质量的稳定。学校高度关心教职工身心健康问题，开展全校教职工的健康监测工作，为每一位教职工建立起健康档案和体能测试档案，教职工体检由原来的两年一次改为每年一次。针对教职工子女入学困难这一问题，学校分别与北京小学万年花城分校和北京市十二中签订了合作协议，初步解决了教职工子女在校本部周边上小学和初中的难题。同时，学校不断完善学生资助体系，扎实做好家庭经济困难学生的帮扶工作。2005年以来，资助金额累计4 500余万元，资助学生3万余人次；积极开展大学生心理咨询，有效促进了学生的健康成长。学校通过扎实有效的工作，努力构建师生员工各尽其能、各得其所、和睦相处、奋发向上的和谐校园。

九、加强民主政治建设，不断推进学校民主办学进程

学校始终认真贯彻《高等教育法》、《教师法》、《工会法》，依法维护职工的合法权益。完善各项管理规章制度，做到有章可循，管理规范。充分发挥工会、教代会的作用，凡涉及教职工切身利益的重大事项，以及学校的重大决策和重要改革措施，都广泛听取教职工意见。近年来，学校实行的教师岗位聘任、岗位津贴调整、学校发展规划等重大改革和事项，均提交教代会讨论审议，有效提高了学校民主管理和科学决策的水平。学校还注重发挥统一战线、共青团、学生会、研究生会等组织的作用，调动大家参与学校事务的积极性，加强民主管理和民主监督。推进校务公开和党务公开，定期向老领导、老干部和民主党派通报学校重要工作进展情况。坚持校领导接待日制度，开通书记信箱、校长信箱，畅通与师生联系的渠道，倾听师生心声，及时解决师生反映的问题。

十、全面加强党建和思想政治工作，促进学校又好又快发展

学校党委始终坚持“围绕中心抓党建，抓好党建促发展”的指导思想，全面加强思想政治工作。制定了《2010－2012年党建工作规划》，召开了党建和思想政治工作大会，党的建设的科学化、规范化、制度化水平不断提高；按照市委的部署，学校认真开展了保持共产党员先进性教育活动、深入学习实践科学发展观活动和创先争优活动，全体党员的党性修养、科学发展的观念进一步增强。学校不断加强领导班子和干部队伍建设，加大了干部培训力度，干部队伍的整体素质有了新的提高；扎实推进基层党组织建设，出台了系列制度，基层党组织的活力不断增强；深入开展党风廉政建设，认真落实党风廉政建设责任制，积极构建惩防体系。2007年和2010年，学校分别获得“北京市党的建设和思想政治工作单项奖”及“北京市党的建设和思想政治工作先进校提名奖”。

学校深入开展大学生思想政治教育，充分发挥思想政治理论课的主渠道、主阵地作用；创新大学生思想政治教育途径，建立并逐步完善了大学生发展辅导体系，形成了育人的长效机制。学校积极培育高品位、有特色的校园文化。成功开展建校50周年庆祝活动，扩大了学校的社会影响。以50周年校庆为契机，提炼出体现学校文化传统和办学特色的“骆驼精神”，确立了“崇德尚能、经世济民”的校训和“自强不息、求实创新”的校风。不断丰富“骆驼精神”内涵，具有我校特色的学校精神已深入人心。

各位代表，过去六年，我校各项工作有序推进，取得了可喜的成绩。在此，我谨代表学校，向辛勤工作在教学、科研、管理与服务一线的广大教职员工表示崇高的敬意和衷心的感谢！

当然，在看到成绩的同时我们也应清醒的认识到，与我校建设一流财经大学的目标相比，与国内优秀大学相比，我们还存在较大的差距，主要体现在：师资队伍建设尚不能有效满足学校未来事业发展的需要；办学空间和办学条件还不能完全满足学校事业发展的需要；干部队伍的执行力还需进一步加强；学校内部运行体制机制与现代大学治理的要求还存在一定距离，等等。我们必须高度重视这些问题，不断增强责任感和紧迫感，在今后的工作中切实加以解决。

第二部分　“十二五”期间学校的主要任务

各位代表，当前，提高高等教育质量已成为我国未来十年高等教育改革的核心任务，国内重点大学都在着力于内涵发展，高校间的竞争日趋激烈，我们不进即退，小进也是退。未来五年是我校各项工作“打基础、上水平”的重要时期，是建设国内一流、国际知名财经大学的关键阶段。我们必须坚持把提高质量作为学校教育事业发展的生命线，牢固树立责任意识、机遇意识和改革创新意识，求真务实、开拓进取，集中全校智慧和力量，提高人才培养水平，增强科学研究能力，服务经济社会发展，推进文化传承创新，努力开创建设一流财经大学的新局面。

2010年年底，学校胜利召开第三次党代会，指出了今后五年学校改革发展的主要任务。今年4月，学校中长期事业发展规划纲要和"十二五"时期发展规划经第二届工代会八次会议暨教代会九次会议审议通过。两个规划对学校未来五至十年的发展战略、目标任务等都作了全面、详细的阐述，在这里，我着重强调以下七个方面的工作。

一、继续推进质量立校战略，不断提高人才培养质量

"十二五"时期，学校人才培养的定位是培养出一批适应现代经济和社会发展需要，德智体美全面发展，理论基础扎实，具有国际视野与创新精神的高素质、复合型、应用型人才。

针对我校人才培养定位，我们要进一步优化本科生、学术型硕士和专业硕士、博士研究生的人才培养方案，优化课程体系和课程设置；加强专业建设，加大新专业的培育力度，使我校的专业结构更加符合国家和首都经济社会发展的需要。继续推动教学内容、方法和手段的改革，激发学生自主学习的积极性。全面开展学分制改革，建立跨专业、跨学科的选课制度，逐步形成有利于人才培养的学分制管理机制。深入实施"本科教学工程"，力争在国家级精品开放课程、国家级教育教学成果奖等方面取得新的突破。注重研究生拔尖创新人才的培养，为全国优秀百篇博士论文培育打好基础。继续实施国际化人才培养模式改革，通过推动教学模式与国际接轨、与国外大学联合培养等多种方式，提高学生的国际化水平。强化学生的实践锻炼，提高学生的实践能力和综合素质。切实加强学风建设，提高学生工作水平。

二、继续以学科建设为龙头，不断强化学科内涵建设

"十二五"时期，我校学科建设要以"强优、扶弱、支新"为总的原则，继续增强综合实力，优化学科布局，凝练学科方向，促进多学科协调发展。

当前，我校以经济学、管理学为主干，文、法、理、工多学科相互支撑的学科体系已经形成，学科布局已经相对稳定。今后五年，我们要以应用经济学、工商管理等北京市及国家重点学科为重点，分层次、分类别地对各个学科加强建设，形成特色。其中，要进一步夯实应用经济学科这一优势学科，大力发展工商管理学科和统计学科，争取到2015年，应用经济学一级学科或其中的2～4个二级学科成为国家级重点学科，工商管理学科建设达到相应水平。同时，要振兴理论经济学科，扶持安全科学与工程等传统学科，加快法学、公共管理、马克思主义理论和外国语言文学等学科建设，努力将其建设成为在国内有重要影响的学科。此外，要大力支持交叉学科和新兴学科的发展，前瞻性、战略性地培育3～5个国家和北京市经济社会发展急需的交叉学科和新兴学科，形成新的学科增长点。

三、继续推进科研兴校工程，提升科学研究能力和服务社会水平

"十二五"时期，我校要继续以提升科研竞争力为导向，以提升服务社会水平为宗旨，争取在重大理论和实践问题研究方面取得一批标志性成果。

鼓励学校教研人员对国家和北京社会经济发展中的重大问题进行深入研究，并集中力量抓好重大课题的攻关，争取在"十二五"期间重大科研项目数、省部级以上科研项目奖项数等方面取得新的突破，力争实现科研项目总经费达到1亿元。整合学校科研力量，力争在教育部人文社会科学研究基地创建方面有所突破。应对《高等学校创新能力提升计划》（简称"2011计划"），充分发挥学校学科优势，瞄准国家发展的重大需求，整合校内外资源，成立开放式、多元化、可持续的柔性学术组织，进一步提升学校的科研创新能力。依托科研基地和科技创新平台，加强与政府部门、企业和科研机构的合作，为首都发展提供多层次、多方面的科学研究和决策咨询服务。加快安全工程、信息工程等领域的科技成果转化，推进产学研用结合，发挥学校智囊团和思想库的作用，更好地为首都经济社会发展服务。

四、继续实施人才强校战略，全力建设一支高素质的教职工队伍

"十二五"时期，我校要建设一支符合建设国内一流、国际知名财经大学的要求，结构合理、德才兼备、教学科研能力强、富有创新精神和国际视野的教职工队伍。

近年来，学校高度重视人才队伍建设，人才队伍整体水平有了新的提高，但与我们建设国内一流、国际知名财经大学的战略目标相比，人才队伍总量、结构、梯队等问题已经成为制约学校发展的瓶颈问题。未来五年，我们要切实把人才工作摆在学校改革发展的核心地位。预计到2015年，我校教职工规模将达到1 600余人，比目前增加15%左右。其中，专任教师规模将达到900人，比目前增加27%。在扩大教师队伍规模的同时，更要注重提高教师队伍的质量。我们要引进和培养一批在学科研究领域有一定影响的学科带头人,选拔培养一批优秀的后备学科带头人和中青年骨干教师,并继续实施教师职业生涯规划,加大对中青年教师的指导,帮助青年教师成长成才;同时,学校将继续实施"双轨制",积极吸引一批海外优秀人才,提升教师队伍的国际化水平。通过几年的努力,争取教师在入选国家"千人计划"、"青年千人计划",北京市"海聚工程"等方面取得突破。学校还将进一步完善教学科研考核评价制度与激励制度,用多元化的考核方式,将各类人才的优势充分发挥出来。在建设高素质师资队伍的同时,我们还要注重管理、专技和工勤队伍的建设,为学校教育事业健康快速发展提供强有力的保障。

五、积极实施国际化战略,不断提升国际化办学水平

"十二五"时期,学校将继续实施国际化战略,加快学校国际化办学进程,提升学校的国际知名度和核心竞争力。

要下大力气推动与国际知名大学、著名科研机构等多层次、实质性的交流与合作,开展教师互派、学生交换、学分互认、学位互授联授。多渠道吸引国外优秀学者来我校讲学、合作开展科学研究。鼓励教师在国际权威期刊发表学术论文,扩大学校在国际上的学术声誉。进一步加强留学生工作,在稳步扩大留学生规模的同时,重点发展学历层次的留学生教育。

六、继续实施校园建设工程,进一步改善办学条件

当前,办学空间不足仍然是当前学校发展面临的一个主要问题。"十二五"时期,学校要抓紧时间完成校本部西北侧预留地和南侧预留地的征地工作,完成华侨学院资产和赛欧大学生公寓用地的收购工作。进一步调整校园规划和布局,启动并实施国际会议中心、新图书馆、国际文化交流中心、研究生公寓、文化活动中心、第二餐厅和校医院等总计20万平方米的重点项目建设,积极改善学生住宿、就餐条件,确保院系与教师办公用房配置到位。

七、继续加强民主管理,解决师生员工实际困难

"十二五"期间,学校将进一步推进民主管理、民主决策和民主监督,继续坚持全心全意依靠教职工办学,不断深化校院两级教代会制度,积极引导广大教职工多渠道、多形式参与学校民主管理。进一步畅通师生诉求表达渠道,切实维护教职工合法权益。密切关注师生员工的实际需求,认真分析学校事业发展过程中出现的涉及师生员工的切身利益问题与普遍关心的热点问题,努力为教职工办实事、办好事,改善教职工的工作生活条件。学校还将进一步增收节支,合理调配,根据学校财力并用好北京市相关政策,稳步提高教职工的收入水平。继续实施教职工健康工程和暖心工程,并组织丰富多彩的文体活动,努力促进师生员工的身心健康。进一步关心困难职工的生活,切实为他们排忧解难。进一步转变机关工作作风,不断提高服务质量和管理水平。调动全校力量,做好毕业生就业工作,努力提高就业层次和就业质量。加大对经济困难学生的帮扶力度,进一步创新工作方式,拓展资助渠道,完善学生资助工作体系。继续关心离退休人员的生活和健康,在落实好"两个待遇"的同时,着力提高服务质量,为离退休老同志发挥作用提供平台。

各位代表,同志们!过去的六年是首都经济贸易大学人顽强拼搏、不懈奋斗的六年,也是学校综合实力大幅提高、成就辉煌的六年。未来五年,学校的发展建设依然面临着艰巨的任务,各位代表使命光荣,责任重大。我们要继续坚持以科学发展观为指导,全面推进学校各项事业蓬勃发展。我相信,在学校党委的坚强领导下,在全体教职员工的共同努力下,我们一定能够继往开来,与时俱进,早日实现建设国内一流、国际知名财经大学的奋斗目标!

工会主席赵凤启在第三届教职工代表大会暨工会会员代表大会上的报告

(2011年11月18日)

各位代表、同志们:

我受首都经济贸易大学第二届工会委员会和教代会委员会的委托,向大会报告工作,请予审议。

首都经济贸易大学第三届教职工代表大会暨工会会员代表大会是在学校实施"十二五"规划的开局之年,深化学校改革发展的关键时期召开的一次重要会议,是继学校第三次党代会之后,全面推进学校民主建设的一次重要会议。本次大会的指导思想和主要任务是:以"三个代表"重要思想和党的十七大精神为指导,深入实践科学发展观,贯彻落实学校第三次党代会精神,认真总结学校第二届工代会、教代会以来的工作,确定今后五年的主要工作任务,选举产生新一届教代会执行委员会、工会委员会和工会经费审查委员会,团结和动员全校教职工,为完成学校"十二五"规划提出的目标和任务,把学校建设成为国内一流、国际知名的财经大学而努力奋斗!

第一部　六年多来的工作回顾

二届一次工代会、教代会以来,校工会在校党委和上级工会的领导下，在学校行政的支持和关怀下，在全体会员、广大工会积极分子，特别是工会专兼职干部的积极配合、共同努力下，紧紧围绕学校中心工作，全面认真履行工会、教代会职能。以建立健全工会、教代会制度，规范完善各项工作机制为基础；以组织教职工参与民主管理、民主监督为重点；以维护教职工合法权益，构建和谐校园为根本任务；在学校改革发展过程中发挥了积极的作用，顺利完成了第二届工代会、教代会赋予的各项任务。

一、主动自觉地接受党对工会工作的领导，不断开创工会工作的新局面

（一）党的正确领导是做好工会、教代会工作的根本保证

六年多来，校工会始终坚持校党委的领导，认真贯彻执行党委的工作方针政策，服从服务于学校的工作大局，主动地围绕党委的中心工作设计开展工会工作，充分发挥工会作为党联系群众的桥梁、纽带作用，把关注教职工利益诉求，维护教职工合法权益，化解矛盾，构建和谐校园环境作为工会组织落实党的群众工作的切入点。

（二）校党委、校行政高度重视工会、教代会工作，积极地为工会、教代会工作创造良好的环境，并提供有力的支持

学校制定并出台了系列工会、教代会制度，为其提供制度保障。每年按时召开教代会，推进校务公开，加强学校民主政治建设。严格按照《工会法》的有关规定配备工会干部，提供工会经费和活动场地。能够定期听取工会工作汇报，定期研究工会、教代会工作。学校通过召开全校工会工作大会，制定《中共首都经济贸易大学委员会关于加强和改进工会工作的意见》文件，研究制定了许多加强工会工作的具体措施，切实加强了党对工会工作的领导和支持，有力地促进了学校工会工作的开展。

经过六年多的发展，逐渐形成了党委领导、行政支持、工会独立自主开展工作的良好局面。

二、发挥工会、教代会作用，推进学校民主建设

（一）健全完善制度，学校“双代会”工作进一步规范化、制度化

六年多来，学校先后制定和修订了《首都经济贸易大学教职工代表大会工作规程》、《首都经济贸易大学教代会提案工作规则》、《首都经济贸易大学教代会代表调研工作制度》、《首都经济贸易大学落实教代会提案汇报制度》等 8 个与“双代会”工作有关的规章制度。制度的建立和健全，为我校“双代会”工作的开展奠定了坚实的基础，同时，有效地促进了“双代会”工作的科学化、规范化、程序化，有力地保障了“双代会”四项职权的落实。

（二）以“教代会”为载体，依法组织教职工参与学校民主管理，促进学校科学发展

六年多来，学校坚持每年召开一次“双代会”，听取和审议每年的学校工作报告、财务工作报告以及工会教代会工作报告。对学校的发展规划、学科建设、收入分配制度改革、内部管理体制改革、职称职务评聘等一系列重大问题，都坚持通过“双代会”讨论和审议。通过这种方式，把学校的工作意图、思路和广大教职工的意愿、意见、建议充分沟通，形成统一，使学校各项重大政策和工作的出台，能够得到广大教职工的拥护和支持，从而保证学校改革发展能够不断地深入。第二届“双代会”期间，共审议通过了《首都经济贸易大学“十一五”时期发展规划》、《首都经济贸易大学关于绩效工资的实施办法》、《首都经济贸易大学 2009 - 2012 年人员编制》、《首都经济贸易大学非教学岗位聘任工作方案》、《首都经济贸易大学教师职务聘任工作实施方案》、《关于〈首都经济贸易大学绩效工资分配实施办法〉的调整意见》、《首都经济贸易大学“十二五”时期发展规划》、《首都经济贸易大学中长期事业发展规划纲要》等 8 个学校发展和涉及教职工切身利益的重大事项。教代会制度保证了教职工的知情权、参与权、表达权和监督权，保证了教职工参与学校重大问题的决策过程，充分体现了学校全心全意依靠教职工办学的方针和代表的主人翁精神。

（三）强化教代会提案工作，把教职工民主管理、民主监督的权利落到实处

学校工会历来非常重视提案工作，将提案工作作为反映教职工利益诉求、维护教职工合法权益的重要手段。每年召开教代会之前都广泛征集代表提案，六年多来，共征集到代表提案 209 件，立案 150 件，提案的内容涉及教学管理、行政管理、后勤服务、教职工生活等多方面，提案的处理率和落实率均在 97% 以上。通过提案工作，为教职工解决了一些实际困难和问题，如帮助教职工子女解决入学、教职工办公用房、教职工工作午餐补助等问题。为了鼓励教代会代表积极为学校建言献策，并且规范地撰写教代会提案，提高教代会提案的数量与质量，提案工作委员会开展了优秀提案、提案优秀组织单位和落实提案优秀单位的评选和表彰活动，取得了良好的效果。自 2008 年至今，已累计评选出 10 个优秀提案，8 个提案优秀组织单位以及 6 个落实提案优秀单位。同时，为充分反映教职工的意见和建议，校工会每年把代表们在代表团讨论时提出的意见和建议进行系统的梳理，共计梳理 256 条意见和建议，呈报校

党委、校行政领导参阅后,转交相关职能部门落实。通过提案工作,解决了许多教职工关心的重大问题和涉及教职工切身利益的实际问题,改进了学校管理,规范了相关工作,促进了机关工作作风的转变,维护了广大教职工的合法权益。

(四)全面推进学校二级教代会工作,加强基层民主建设

二级教代会制度对推进学校基层民主建设,增强教职工主人翁意识以及规范院、系二级管理起到了积极的作用,二级教代会是学校校务公开工作的深化和延伸。六年多来,我校制定了《首都经济贸易大学二级教代会实施细则》、《首都经济贸易大学二级教代会工作流程》等制度,大力推进二级教代会工作。校工会在2007年开展了二级教代会的试点工作,到2010年,我校24个部门分工会相继召开了二级教代会或教职工大会,凡是涉及二级部门工作计划、发展规划、财务情况、教职工考核、奖惩、分配等原则方案、重大问题以及党政领导干部述职述廉,均由二级教代会或教职工大会审议通过。二级教代会制度的建立,有力地促进了学校基层民主建设,进一步拓展了教职工民主参与的渠道,有助于促进决策的科学化、民主化,更好地维护教职工合法权益,保护广大教职工服务学校发展的积极性、主动性和创造性。全校二级教代会的建立健全,为进一步规范工会教代会工作,充分有效地发挥广大教职工民主管理、民主监督、民主参与、民主决策的作用提供了一个好的平台。

三、围绕中心开展工作,为学校建设发展做贡献

(一)围绕中心,服务大局,做好教职工的思想发动工作

校工会作为教职工的群众组织,在工作中始终注意发挥桥梁和纽带作用,在学校快速发展的过程中,尤其是在学校建设发展的重要和关键时期,主动积极协助学校党委做好教职工的思想教育和发动工作,凝心聚力,完成学校提出的发展任务,实现学校制定的发展目标。

(二)发挥工会优势,积极协助学校加强教职工队伍建设

提高教职工思想道德素质、科学文化素质和业务素质,促进我校教职工队伍建设,是工会工作的一项重要任务,也是工会工作围绕大局、发挥作用、突出特色、体现价值的重要表现。六年多来取得了显著成效。

一是依托先进评选活动,积极开展师德教育。在全校范围定期开展师德建设先进单位、师德标兵评选,是我校加强师德建设的重要举措。校工会主动承担起两年一次的师德建设先进单位、师德标兵的评选活动。六年多来,累计评选出校级师德建设先进单位14个,师德标兵41名,获市级师德建设先进单位2个,市级师德标兵2名,市级师德先进个人2名。创造性地开展了“师德建设月”活动,通过举办“师德风范报告会”、制作出版“师德风范专辑”等举措,大力宣传先进单位的经验,大力弘扬优秀教师的先进思想、高尚情操和优秀品质。校工会还积极组织开展“三育人”先进集体和先进个人评选表彰活动。六年多来,共评出“三育人”先进集体29个,先进个人176名。2006～2007年,学校工会组织开展了教育创新标兵和教育创新集体的评选活动,评选出校级“教育创新”标兵17名,优秀集体4个,先进单位5个。2007年获市级教育创新优秀集体1个,教育创新标兵3名。先进评选活动的深入持续地开展对于推进学习型、知识型、创新型、和谐型队伍建设,对于整体提升教职工职业道德和全员育人意识起到积极的推进作用。

二是精心设计,组织开展青年教师教学基本功比赛。青年教师教学基本功比赛对于提高我校青年教师业务素质和教学水平,促进教育教学改革,打造优秀青年教师队伍等方面发挥着重要的作用。青年教师教学基本功比赛每两年举办一次,由校工会牵头,联合人事处、教务处、学生处共同参与。整个活动分预赛和决赛两个部分。预赛由各教学单位自行组织本单位青年教师开展比赛活动,并将最优秀的青年教师推荐到学校参加比赛。经过多年的打造,青年教师教学基本功比赛已成为我校工会组织围绕学校中心工作开展的一项精品活动。截至目前,已成功举办了八届青年教师教学基本功比赛,参与的青年教师累计1 200余人次,连续七次组织优秀青年教师参加北京市青年教师教学基本功比赛,多人多次获得北京市青年教师教学基本功比赛一、二、三等奖,校工会多次获得北京市青年教师教学基本功比赛优秀组织奖。同时,一大批优秀的青年教师通过这个平台脱颖而出,成为学校骨干教师或走上领导岗位。

三是开动脑筋、创造条件,扎实推进中青年教师社会实践活动,取得新的成效。中青年教师社会实践活动是德育建设的重要组成部分,是引导广大中青年教师健康成长的有效途径。通过开展社会实践活动,可以引导中青年教师了解社会、了解国情,增强中青年教师的责任感和使命感,有利于提高中青年教师的综合素质,有利于为学校的可持续发展打造一支优秀的中青年教师骨干团队。校工会坚持每年开展中青年教师社会实践活动,组织中青年教师

深入到社会主义新农村、革命老区、西部地区、经济开发区以及企业等进行考察学习。为了做好中青年教师的社会实践活动,校工会还通过申报《中青年教师社会实践创新平台》专项的方式,为中青年教师的社会实践活动筹集到百万元的专项经费,有效地促进了我校中青年教师社会实践活动的开展。六年多来,累计400余名中青年教师参加此项活动,出版社会实践论文集5本,资助参加社会实践活动的中青年教师出版相关专著10本。

四是加强非教学岗位青年职工职业技能的培训。2009年,校工会联合人事处举办了我校首届非教学岗位青年职工基本职业技能比赛。活动吸引了校部机关各部处、院系、后勤、图书馆等各管理、服务部门的17个分工会(35个代表队)、70多名非教学岗位青年职工参加。10个代表队在知识竞赛中获奖,13名青年职工在办公自动化比赛中获奖。此项活动的举办为非教学岗位青年职工营造了“立足本岗、坚持练功,提高素质、更好服务”的氛围,激发了大家“学知识、强本领、创高效、岗位成才、岗位奉献”的积极性,切实地推动和促进我校非教学岗位职工队伍建设。

五是注重对普通教职工的引导和教育工作,努力营造“爱岗敬业,努力奉献”的良好氛围。校工会每年在“五一”国际劳动节来临前夕,通过开展“爱岗敬业普通劳动者”的宣传教育活动,大力宣传在本职工作岗位上辛勤耕耘、无私奉献的普通劳动者,激励全校教职工在各自平凡岗位上做出不平凡的业绩。截至目前,共有160余名教职工荣获“爱岗敬业普通劳动者”称号。

四、认真做好两个维护,促进和谐校园建设,营造和谐文化

维护教职工的合法权益是工会的基本职能,维护学校的改革发展与稳定是工会工作的根本任务。六年多来,校工会在维护教职工的合法权益,维护学校的改革发展与稳定,构建和谐校园方面做了大量工作。

(一)建立劳动人事争议调解机构和工作制度,切实发挥协调劳动关系的作用

为了适应高校人事管理制度的改革,我校成立了“劳动人事争议调解委员会”,办公室设在校工会,并制定了《首都经济贸易大学劳动人事争议调解工作实施规则》。通过劳动人事争议调解委员会,多次参与我校教职工在聘用合同制度实施中所产生的劳动纠纷的调解工作,化解了矛盾,促进了和谐。

(二)完善诉求表达机制,切实维护教职工合法权益

校工会源头参与学校重要事宜的研究,参加学校重大项目招投标和大宗物资采购的监督工作,六年多来,累计参加各种招投标会议140余次。校工会安排专人负责接待教职工群众的来信来访,帮助教职工化解矛盾,排忧解难,及时将教职工的意见和所反映的问题汇报给学校领导和主管部门,发挥桥梁和纽带作用,努力做好稳定队伍、依法维权的工作,切实维护教职工的合法权益。

五、全心全意为教职工服务,竭诚为教职工办实事、做好事、解难事,营造温馨和谐的“学校大家”

作为群众性组织,工会必须始终坚持从群众中来、到群众中去的工作方针,始终坚持以人为本的工作理念,始终把维护教职工切身利益作为工会组织的基本任务。通过实施健康工程、暖心工程等活动,努力营造温馨和谐的氛围。

(一)开展健康工程,关心教职工身心健康

六年多来,校工会通过独立承担或联合校医院或提供体检经费的方式,为全校教职工提供体检服务,累计已有6 500多人次在职教职工参加体检。根据学校的建议,从2008年起,我们将两年一次的教职工体检改为一年一次;在体育部的协助下校工会启动了“教职工体质体能测试活动”,对全校1 500多名教职工进行体质体能测试,根据测试报告为教职工提供现场咨询,开具相应的运动处方,逐步建立和完善教职工健康档案。

(二)开展暖心工程,为广大教职工送温暖、献爱心

校工会每年在重要的节日,及时为全校教职工发放各种福利慰问品;进一步创新暖心活动形式,2007年启动了重要节日发送慰问短信和为过生日的教职工送鲜花、送蛋糕卡活动,到2010年底,已累计发送慰问短信24 500余条,送生日鲜花1 500余束,送生日蛋糕卡4 300余张,使全校教职工真真切切地感受到了组织的温暖和学校的关怀;每年坚持组织先进教工、老教工及中青年教工等群体开展假期休养活动,为教职工创造沟通交流、愉悦身心的机会,促进和谐。校工会通过建立全校劳模和生活困难教职工档案,举办慰问座谈会、联谊会,走访慰问以及互助保险等工作,逐步形成了“两节”送温暖、“三八”慰问女教工、“五一”关爱劳模、爱岗敬业普通劳动者、教师节慰问高层人才、非在编人员新年联谊会以及日常互助互济的送温暖工作长效机制。六年多来,学校工会看望慰问各类先进、劳模、特困、困难及大病教职工1 200余人次,发放慰问金和慰问品累计达33万余元。

(三)开展社会公益活动,奉献一片爱心与真情

根据校党委和上级工会组织的部署,积极适时

组织开展社会公益活动,向灾区贫困人民奉献爱心。如汶川地震、玉树地震后,校工会积极组织教职工开展捐款献爱心活动,这两次活动累计收到教职工捐款994 756元,向灾区人民送去了诚挚的祝福与帮助。

六、开展丰富多彩的文体活动,促进校园文化和精神文明建设

校工会非常重视通过开展形式多样的文体活动来增进团结、凝聚人心、促进健康、丰富生活。

(一)打造教工文体活动场所,为教职工文体活动提供良好环境

校工会在行政的大力支持下,2006年完成了教工文化活动中心改造装饰,整个活动中心面积达到1 100平方米,包括活动大厅、会议室、卡拉OK厅、书画室、乐器室等教职工活动场所。2008年学校又投资69万元,专门打造教职工健身房,购置了跑步机、按摩椅、塑身机、拳击架、台球、沙狐球等健身娱乐设备,为全校教职工提供免费健身娱乐场所。截至2010年底,到健身房参加健身活动的教职工达到1 600多人次。目前,教职工文化活动中心与学校的羽毛球馆、乒乓球馆、新体育馆以及各分工会教职工活动场所资源相配合,构成了一个多层次、多项目、多平台,供教职工休闲、娱乐、健身和交流的场所。

(二)规范文体协会的管理,发挥文体协会的作用

校工会在原来的基础上,对我校的各种文体协会进行了整合,进一步完善了文体协会的管理办法,同时,加大对协会举办活动的经费支持。目前已经成立了羽毛球协会、足球协会、篮球协会、排球协会、摄影协会、交谊舞协会、合唱团协会等7个教工文体协会。各种协会充分利用自身优势,开展各种有特色的活动,吸引了不同群体的参与,丰富了教职工的业余文化生活,营造了和谐的氛围。各种协会还多次参加市、区比赛并多次获奖,提升了我校的影响力。

(三)围绕国家和学校大事,开展主题鲜明的文体活动

六年多来,校工会组织开展了"迎奥运全民健身"体育节、"爱我中华"庆祝建国六十周年教工歌咏比赛、教工摄影比赛、"我们共同走过"庆祝建校五十年专场文艺演出、教职工文化艺术节、教职工春季运动会、教职工游泳比赛、教职工卡拉OK大赛等大型活动,每次活动都吸引了大量的教职工参加。各种大型文体活动的举办,在丰富教职工文化生活,提高教职工健康素质,推动学校文化发展,引领社会文明风尚等方面发挥了重要作用。

七、加强工会自身建设,提高工会工作整体水平

加强工会自身建设,是工会工作适应新形势的客观要求,也是保证工会职能得以贯彻落实的重要保障。六年多来,校工会始终以建设"学习型、服务型、创新型"的工会组织为目标,不断地加强自身建设,提高工会干部的素质和能力,提高工会工作整体水平。

(一)加强和完善工会组织建设

在第二届"双代会"完成换届的基础上,组建了第二届"双代会"委员会,按照编制标准配齐工会专职干部队伍,并优化了专职工会干部队伍年龄结构。根据学校对院系建制和党总支设置的调整,校工会及时调整了部门分工会的设置,并按程序建立了相应的工会组织,保证了部门分工会工作顺利开展。目前,全校有部门分工会24个,直属工会小组1个,工会专兼职干部109名,部门分工会主席基本实现由副高以上职称或副处以上职务人员担任。

(二)加强工会制度建设,建立比较齐全的制度体系

加强制度建设、建立健全各项组织制度和工作制度是依法办会的重要内容。六年多来,校工会不断加强工会、教代会制度的制定和修订工作,并对相关的制度进行了整理汇总,编制了《工会、教代会制度汇编》,使各项工作都纳入正常的制度轨道中,使工作有规可依,有章可循。

(三)加强工会、教代会工作体系建设,基本形成比较完善的工作机制

六年多来,校工会在原有的工作基础上,不断探索总结,规范工作程序。通过定期召开工会委员会、工会委员扩大会、主席办公会、专门委员会等,逐渐形成了一套成熟的会议机制和议事规则,实现了工会、教代会重大问题都经集体协商的要求,充分体现了民主办会的原则。

(四)重视工会干部队伍建设,工会干部的自身素质和能力不断提高

校工会通过举办工会理论培训班,召开工会工作交流会,到兄弟高校工会学习工作经验等方式,提高大家的理论水平和对工会工作的认识。经过六年的打造,培养了一支素质较高、能力较强、爱岗敬业、乐于奉献的工会专职干部,培养了一批适应基层工会工作、热爱工会工作、无私奉献的工会兼职干部。

(五)积极开展教工之家创建活动,夯实工会工作基础

在学校党委、行政的支持下,校工会和各部门分工会都按照上级工会的要求建立了教工之家,充分利用教职工活动场所,开展经常性的群众活动,定期

组织各基层工会开展工作研讨交流，相互学习，相互借鉴，保证工作的平衡发展，努力打造学习型、服务型、创新型组织，不断增强基层工会组织教职工、引导教职工、服务教职工、维护教职工合法权益的能力和水平，使教职工有“家”的归属感。六年多来，校工会通过定期开展全校性的“建家”评比表彰活动，使我校的建家工作常建常新，不断促使建家工作迈向新台阶。学校已经形成了“党政工共建一个家”的工作特色。2010 年，我校以各方面的优异成绩顺利通过北京市模范职工之家的复验工作。

（六）强化工会理论研究

校工会十分重视党的十七大以来马克思主义中国化最新成果的学习和研究，不断探索中国特色的社会主义工会发展之路，坚持用党的最新理论成果来武装全体工会干部，使其能够跟上时代要求。为此，校工会专门成立了工会理论研究会，聘请了 15 位中青年学术骨干优秀教师参与每年工会理论研究。通过工会理论研究会的成员带动更多的工会专兼职干部参与到工会理论研究工作中来。目前，工会理论研究会已累计完成了 23 项工会理论的研究工作，发表的研究论文和调研报告共计 23 篇，整理出版了《工会理论研究成果》集，多篇论文和调研报告获市级奖项。通过工会理论研究，使工会干部在思想上、认识上能够不断地得到更新，思想、理论更具有时代性、科学性和前瞻性。

（七）工会的对外影响逐渐扩大

六年多来，学校工会十分重视工会宣传工作，加强信息工作通讯队伍建设，建立信息工作奖励机制，加强了工会网页建设，充分利用工会网、《首都经济贸易大学教工》和编辑专题刊物等宣传媒体，反映教职工的诉求，教育引导教职工，宣传工会工作，扩大影响。近两年来，学校工会收到各类投稿 216 篇，其中校工会网采用 176 篇，学校新闻网采用 126 篇，北京市教育工会网站录用 72 篇；出版《首都经济贸易大学教工》9 期。

六年多来，我们不辱使命，努力工作，较好地完成了各项工作任务，成果显著。校工会顺利通过了北京市模范职工之家复验工作，继续保留北京市模范职工之家称号，先后被北京市总工会授予“迎讲树”优秀集体、2009 年度工会工作综合先进单位、2010 年度重点工作考核规范化建设先进单位等称号，被北京市教育工会授予 2008 年度工会工作成果奖、2009 年度工会工作先进单位、2010 年度工会工作先进单位等称号。

这些成绩的取得，是学校党委和上级工会正确领导的结果，是学校行政高度重视、各部门大力支持以及各级工会干部、全体教职工共同努力的结果。在此，我谨代表首都经济贸易大学第二届工会委员会、教代会委员会，向关心、支持和帮助教代会、工会工作的各级领导、全校教职员工，向为我校工会工作辛勤劳动、默默奉献的各级工会专兼职干部、工会积极分子表示衷心的感谢，并致以崇高的敬意！

各位代表、同志们，回顾总结过去六年的工作，我们主要有以下几点体会：

一是必须坚持党对工会工作的领导。坚持党的领导是工会组织的政治原则和根本保证。工会组织和工会干部要增强接受党的领导的自觉性和坚定性，深刻理解党对工会工作的重要论述，切实提高运用科学发展观分析解决工会工作实际问题的能力。要坚定不移地贯彻执行党的路线、方针、政策，旗帜鲜明地表达和维护广大教职工的利益，保证党的决策在工会工作中得到贯彻落实，保证教职工的愿望和诉求及时得到反映。

二是必须坚持围绕学校中心工作，服务大局，服务基层，服务教职工。只有找准党政所需、教工所求、工会所能的工作切入点，才能得到党委和行政的重视和支持、广大教职工群众的欢迎和拥护，工会工作才有生命力。

三是必须坚持以人为本，服务职工，依法维权。只有积极反映教职工的意见和呼声，真心诚意为教职工服务，全心全意为教职工做好事、办实事、解难事，把以人为本的理念贯穿到教代会、工会的各项工作中去，才能赢得教职工的信任和支持，才能有效地发挥桥梁和纽带的作用。

四是必须坚持解放思想，勇于创新。工会工作创新发展，必须以科学发展观为指导，坚持思想观念创新、工会理论创新、工作机制创新和活动载体创新，这样工会工作才能解决前进道路上出现的新情况、新问题，才能充满生机和活力。

回顾过去，我们也清醒地认识到，校工会的工作与校党委、上级工会组织的要求和教职工的期望还有差距，还存在一些问题和不足：第一，适应现代大学制度的工会工作模式还有待于进一步探索和完善，在发挥教代会民主参与、民主管理、民主监督的机制和深度上还需进一步探索；第二，我们的思想观念、工作作风和工作方式有待于进一步转变；第三，在工会依法履行职能，主动、科学、依法维护教职工权益的意识、机制、方法上还需进一步探索；第四，在发挥二级教代会作用，促进基层民主上还需加强；第五，工会自身建设还有待进一步加强，专兼职干部的整体素质和业务知识有待进一步提高。

第二部 今后五年教代会、工会工作的主要任务

各位代表、同志们,今后五年,是我校发展的关键时期,是全面落实学校第三次党代会精神,实现学校"十二五"发展规划目标的重要五年,任务光荣而艰巨。面对新形势、新任务、新目标、新要求,工会、教代会工作要抢抓机遇、开拓创新,以"三个代表"重要思想为指导,深入学习实践科学发展观,深入贯彻党的十七大以来党对工会工作的精神,深刻领会中国工会十五大、北京市工会十二大以及北京市工会工作会议精神。在党委的领导下,围绕中心、服务大局,履行职能、服务教职工,不断丰富工会工作内涵,不断创新工会工作体制和机制,不断适应时代发展和广大教职工的要求,积极开创工会、教代会工作新局面,为实现学校"十二五"规划目标而努力奋斗。

一、坚持党的领导,使工会工作更好地围绕学校工作中心,服务学校发展大局

工会工作是党的群众工作的重要组成部分,加强党的领导,是做好工会工作的根本保证。

(一)坚持党对工会的领导,是工会不可动摇的政治原则,也是做好新时期工会工作的根本保证

工会组织和工会干部要增强接受党的领导的自觉性和坚定性,深刻理解党对工会工作的重要论述,切实提高运用科学发展观分析解决工会工作实际问题的能力。要坚定不移地贯彻执行党的路线、方针、政策,旗帜鲜明地表达和维护广大教职工的利益,保证党的决策在工会工作中得到贯彻落实,保证教职工的愿望和诉求及时得到反映。要进一步完善工作的体制和机制,继续坚持定期向党委常委会汇报制度、党政工联席会议制度,使工会工作带有方向性、全局性的问题及时得到研究和解决。要积极争取党组织的支持,让党组织把更多的资源和手段赋予工会组织,更好地开展"党政所需、职工所急、工会所能"的各项工作,不断扩大工会组织的影响力。

(二)牢牢把握工会工作围绕中心、服务大局的工作思路

学校工会要积极落实第三次党代会的精神,抓住机遇,应对挑战,继承优良传统,致力改革创新,坚定不移地服从、服务于学校工作大局。要紧紧围绕学校改革发展这一中心任务,团结动员广大教职工主动投身到学校事业发展中,积极探索服务学校中心任务的新思路、新途径、新载体,更多地发挥工会组织在学校建设中的作用。

二、发挥工会优势,团结和引导广大教职工建功"十二五"

未来几年,是我校实现"十二五"发展规划,加快发展的重要时期,我们将面临新的发展机遇和挑战。工会组织要充分发挥自身的特点和优势,进一步激发教职工的工作热情和创造活力,团结动员广大教职工在实现学校"十二五"发展规划目标中发挥聪明才智。

(一)广泛开展学校"十二五"发展规划的宣传、学习活动

学校工会要利用自身组织的特点,通过举办学习研讨会、报告会等形式,使学校"十二五"规划深入广大教职工心中,形成"凝心聚力,共谋发展"的良好氛围,共同为实现学校"十二五"规划目标出谋划策。

(二)坚持用社会主义核心价值体系引领教职工

要用中国特色社会主义共同理想凝聚教职工,用以爱国主义为核心的民族精神和以改革创新为核心的时代精神激励鼓舞教职工,引导广大教职工树立正确的世界观、人生观、价值观。校工会要通过师德标兵评选活动、"三育人"评选活动、爱岗敬业普通劳动者宣传教育活动等载体,积极构建完备的师德建设体系,把开展师德教育活动与深化教育教学改革紧密结合起来,不断探索和创新师德建设的新途径和新方式。

(三)深入开展"当好主力军、建功'十二五'"劳动竞赛活动

学校工会要为教职工素质提高和成长发展搭建舞台,在实现教职工个人的全面发展中充分发挥工会组织的作用。要围绕提高教师授课水平的目的,积极组织开展课件比赛。要继续开展好青年教师教学基本功比赛,在原有的基础上进一步扩大参与面,通过比赛活动,提高广大青年教师的教学水平和能力。要主动联合教务处、人事处等部门,通过非教学岗位职工的业务技能比赛等活动,促进教职工队伍素质的提高。

三、进一步完善教代会制度,推进学校民主政治建设

(一)充分发挥教代会执行委员会参校政、议校事、督校务的作用

教代会是教职工参与学校民主管理、民主决策和民主监督的基本制度和重要形式。教代会执行委员会作为教代会闭会期间的领导机构,要切实发挥职能,代表好教职工主动参与学校民主管理和民主监督工作,认真落实教代会职权,发挥维护、桥梁和纽带作用,促进学校的改革、发展和稳定。

(二)继续重视和加强教代会自身的建设

要进一步健全和完善两级教代会制度,设计好教代会的运行机制和程序,规范教代会工作。要积极配合校、院两级管理体制改革,加强和规范二级教代会建设,强化二级教代会制度的落实,充分发挥二级教

代会在院系改革发展和维护教职工合法权益中的积极作用。同时,要针对二级教代会发展不平衡的现状,分类指导,促进基层民主政治建设的平衡发展。

(三)进一步加强提案的落实工作

要继续完善教代会提案制度,改进提案的形式。要建立和完善提案处理的期限制、驳回制和问责制,督促提案的办理落实。要继续开展优秀提案、提案优秀组织单位和落实提案优秀单位的评选和表彰活动,提高教代会提案的质量和数量。

(四)进一步推进校务公开工作

要坚持校(院、系)务公开报告制度,通过多种途径逐步扩大校(院、系)务公开的内容和范围,保障落实教职工对校(院、系)重大事务的知情权、参与权和监督权。要坚持行政领导向教代会报告工作的制度,坚持把重大问题和与教职工切身利益相关的问题提交教代会审议的制度。要积极推进民主评议干部制度、学校职能部门向教代会报告工作制度以及教代会代表问询制度。

四、创新发展维权机制,构建工会服务体系

(一)加大维权力度,努力保障和维护教职工合法权益

要坚持维护学校整体利益与维护教职工利益相统一的原则,坚持和谐发展、互利共赢的维权理念,依法维权。要认真探索劳动争议调解和维权监督保障机制建设的新课题。要进一步加大源头参与力度,主动加强与党政有关职能部门的联系沟通,准确表达教职工的要求和呼声。要做好教职工来信来访工作,加强现实问题和实际困难的协调解决,及时处理、化解各种矛盾。要积极引导教职工通过合理方式表达利益诉求。要着眼教职工的生命健康权益,积极开展互助保险工作。

(二)积极做好非在编人员的入会工作,维护其合法权益

随着我校用人制度改革的不断深入,越来越多的非在编人员投入到学校建设发展的进程中来,这就要求工会组织高度重视这部分人员的权益维护。要通过定期调研活动,及时掌握非在编人员的思想动态。要积极做好非在编人员的入会工作,使他们成为工会正式会员,让他们享有正式会员一样的权利。要及时关心、了解他们的需求,切实维护好他们的权益,增强他们的归属感,使其成为学校建设发展的一支重要力量。

(三)构建完善的工会服务体系

要把工会服务体系努力建成教职工向学校党政反映意见和建议的渠道,成为行政向教职工提供公务服务的平台,成为工会为教职工办实事、解难事的载体。学校工会要从党政所需、职工所急、工会所能出发,关注和解决教职工的工作、生活困难。要继续广泛开展健康工程、暖心工程,建立困难职工帮扶机制。要及时了解和反映教职工关心的热点、难点问题,随时掌握和了解教职工的思想动态,对教职工队伍稳定不利的情况要早发现、早报告,协助党政妥善处理,充分发挥工会协调关系、化解矛盾的功能。

五、投身学校文化建设,营造和谐校园环境

(一)抓住契机,主动投身到学校文化建设中

党的十七届六中全会提出了深入开展文化体制改革,推动社会主义文化大发展的目标。工会要以此为契机,积极、主动地参与学校文化建设 ,要通过组建教代会文化建设工作委员会的形式,加强参与学校文化建设的力度和深度。要充分发挥工会组织的教育职能作用,通过评选表彰先进人物,开展职业道德教育、理想信念教育以及爱国主义教育等方式,加强教师的师德、师风、教风建设,进一步激励教职工奋发进取,用榜样的力量带动全体,从而使教职工队伍充满向上的活力,促进教学上质量,科研上水平。

(二)进一步丰富教职工的文化生活

工会要从校园文化建设的高度设计开展各种文体活动,要通过创新内容形式来吸引更多的教职工积极参加各种健康向上的活动。要大力支持各类教职工文体协会的组建和发展,鼓励教职工参与各种文体协会活动。要通过举办书画摄影比赛、合唱比赛、交谊舞比赛等活动,丰富教职工的业余文化生活,引导和塑造高尚、健康、文明的校园文化。

六、加强自身建设,努力提高工作水平

(一)深入学习、科学发展,建设学习型工会

工会作为党领导的群众组织,要围绕中心、服务大局,创新工作,就必须提高认识,善于学习,充分发挥工会"大学校"的作用,建设学习型工会组织。学校工会要通过定期组织工会专兼职干部学习和培训,加强工会干部对党的执政理念和工会业务知识的学习,提高工会工作者的工作能力和认识水平。要进一步加强工会理论研究工作,提升工会理论研究的能力,深入理解和掌握工会工作规律,促进工会工作创新,特别是要进一步发挥好工会理论研究会的作用。

(二)加强工会工作的改革和创新,提升工作水平

面对新形势、新任务,学校工会要积极推进工会的组织体制、运行机制、活动方式、工作评价体系和工作载体的改革和创新。积极转变工作作风,强化服务意识,提高服务能力,根据基层工会组织和广大教职工的实际需求开展工作,不断增强工会的吸引力和凝聚力。

（三）加强学校职工之家建设

要继续加强"教职工之家"和"教职工小家"的建设，增强工会组织的活力和凝聚力，提高工会工作的内在活力和整体水平。要在"北京市模范职工之家"的基础上，通过努力，积极申报"全国模范职工之家"。

（四）加强工会宣传工作

重点抓好校工会网页和《首都经济贸易大学教工》刊物的建设，要办出特色和风格，充分发挥其作用和功能。要积极做好与兄弟院校工会之间的学习交流，进一步加强对外宣传，提高影响力。要重视日常宣传活动，特别是要做好对优秀教职工、普通教职工的宣传活动。

各位代表、同志们，学校第三次党代会提出了把学校建设成为国内一流、国际知名的财经大学的目标，学校"十二五"规划描绘了学校新时期建设和发展的宏伟蓝图。在学校改革和发展的历史新起点上，我们要进一步振奋精神，自觉肩负起时代赋予的光荣使命，不负学校和教职工的厚望，努力开创我校工会、教代会工作的新局面，为实现学校的"十二五"规划目标而奋斗！

首都经济贸易大学
第二届教代会提案工作委员会在
第三届教职工代表大会暨
工会会员代表大会上的报告

余刘军

（2011年11月18日）

各位代表：

教代会提案工作是教代会对学校工作行使民主管理和民主监督职能的一项重要工作；是进一步促进学校决策和管理民主化、科学化的重要渠道；是教代会代表履行职责、行使民主权利的一项重要内容。

提案工作委员会是教代会闭会期间的专门工作机构，主要负责代表提案的征集、审查及立案，并检查、督促提案承办单位对提案的处理情况。我受第二届教代会提案工作委员会的委托向本届教代会报告第二届教代会期间的提案征集和落实情况。

一、广泛征集，认真做好提案办理工作

提案的办理和落实是提案工作委员会的核心工作，第二届教代会提案工作委员会围绕学校的中心工作，努力开展务实、有效的工作。

（一）第二届教代会的提案征集

学校每年教代会年会召开前一个月左右，由教代会提案工作委员会发出征集提案的通知，并在校工会网站上向代表提供提案表。收到代表递交的提案后，提案工作委员会对提案逐一进行认真登记、审查，并根据提案内容进行分类整理。第二届教代会共召开了9次会议，共收到代表递交的提案209件。提案内容涉及教学、科研、行政管理、教学管理和后勤服务等方面。

为了提高提案质量及代表对提案的关注度，第二届教代会期间专门组织教代会代表就"如何当好代表、撰写好提案"为主题进行了专题培训，取得了明显的效果。第二届二次会议有8个代表组递交了提案，递交提案代表组占23个代表组的35%。到第二届八次会议时，共有17个代表组递交了提案，递交提案代表组占23个代表组的74%。这说明，代表们对提案越来越重视，提案中的关注点也由最初较多地关心生活福利转向更多地关心学校的发展、人才培养和为教学科研工作积极建言献策。与培训前相比，培训后代表们递交的提案在数量和质量方面都有了明显提高。

（二）提案的审查与立案

第二届教代会期间，每次接到大会代表递交的提案表后，提案委员会都召开全体会议，讨论提案的立案及办理问题。在提案立案之前，提案工作委员会对征集到的提案，首先逐一进行认真的审查和分类，并根据《首都经济贸易大学教代会提案工作规则》仔细研究是否立案。第二届教代会代表递交的209件提案中，经提案委员会认真审查，符合提案规则最后正式立案150件，未立案作为意见和建议59件，未立案的主要原因是提案内容不符合提案规则，例如，提案内容没有进行充分的了解和调研，依据不够充分；提案内容的代表性不够等。提案委员会对所有未立案的代表提案也都以意见和建议的形式转交给了有关部门参考落实。

（三）提案的办理与答复情况

第二届教代会期间，经提案委员会批准立案的提案进行编号和登记后及时转交给了承办单位进行办理。各承办部门对提案工作都非常重视，接到提案后及时通过安排专人、开会研究、约见提案人等方式进一步征求意见，认真处理，并将处理结果在规定时间内以口头或书面形式反馈给提案代表。提案工作委员会对提案办理和落实情况进行督促检查。

本届提案工作委员会立案的150件提案中，承办单位未给出明确答复的提案2件，其余148件提案承办单位都以书面形式给予了明确答复并积极进行了办理。提案人对148件提案的办理情况表示满意的53件；基本满意的62件；不太满意的16件；不满意的12件;未签署意见的5件。

二、规范管理,推进提案工作制度化

为提高我校教代会提案工作水平,使我校今后的提案工作规范化、制度化、程序化,本届教代会对《首都经济贸易大学教代会提案工作规则》做了进一步修订,包括提案的界定、提案的征集、提案的审查和立案、提案的办理、提案的反馈和追踪等多项内容都作出了比较详细的规定。例如,在提案的界定及立案上,由修订前提案必须一人提议五人附议方可立案变为修订后的一人提议三人附议即可立案;在提案的征集上,由修订前单一的纸版征集提案表变为修订后的纸版和电子版两种形式的征集提案表。这些内容的修订,在征集提案时不仅方便了提案表的填写,而且提高了工作效率。为增强代表的民主意识和参与意识,及时反映教职工的意见和要求,撰写递交高质量的提案,本届教代会专门制定了《首都经济贸易大学教代会优秀提案、优秀提案代表组、落实提案优秀单位评选办法》。这些制度及办法的出台,使提案工作不仅有章可循,而且更具有可操作性,对我校提案工作的制度化及规范化起到了积极的推动和促进作用。

三、领导重视,促进代表提案的落实

教代会提案是教代会代表履行职责、行使民主权利的一项重要内容,而提案落实工作是发挥教代会作用的重要环节。为努力做好教代会提案落实工作,学校各级领导对提案工作委员会的工作给予了大力支持,每次大会之后,各个承办部门及主管领导收到提案委员会转送的提案后,都能针对提案内容积极签署书面答复意见并着手进行办理。为了及时了解教代会代表的意见要求并加快提案的落实工作,本届教代会期间,学校决定建立和开通"校长直通车",用以专门听取和研究涉及教职工重大利益的教代会提案,以保证重大问题能够得到及时解决;同时,教代会专门制定了《首都经济贸易大学落实教代会提案汇报工作》。正是由于有了领导的重视,才促进了我校提案工作的较快发展。

各位代表,第二届教代会提案工作委员会的任务已经完成,但是提案工作还将继续,我校的民主建设、民主管理、民主监督工作还将继续,教代会代表将进一步发挥主人翁精神,围绕学校的中心工作,为把我校建成国内一流、国际知名的财经大学而努力。

第二届教代会提案工作委员会,向给予提案工作指导、支持、帮助的各位领导、各有关职能部门以及各位代表表示真诚的感谢和崇高的敬意!

首都经济贸易大学第三届教职工代表大会暨工会会员代表大会决议

(2011年11月18日)

(首都经济贸易大学第三届教职工代表大会暨工会会员代表大会通过)

首都经济贸易大学第三届教职工代表大会暨工会会员代表大会于2011年11月17日至18日召开。

大会审议了王稼琼校长代表学校所作的工作报告,工会主席赵凤启代表第二届教代会、工会委员会所作的工作报告,审议了学校财务工作报告、第二届工会财务工作报告、第二届工会经费审查委员会工作报告和第二届教代会提案工作委员会工作报告。

大会按照规定程序和要求,选举产生了首都经济贸易大学第三届教代会执行委员会、工会委员会和工会经费审查委员会。

大会认为,王稼琼校长代表学校所作的工作报告,全面地总结了过去六年来学校的各项工作和取得的成绩,客观地分析了我校与国内一流财经大学存在的差距,清楚地指出学校在"十二五"期间所面临的任务。报告符合我校实际,鼓舞人心,催人奋进,充分体现了学校领导班子改革创新,科学发展,努力开创学校各项工作新局面的决心和信心。

大会认为,学校的财务工作报告,比较客观地分析了六年来学校的财务情况。在财务收支方面都有了大幅增长,结构也有了一定的改善,学校财务工作在为学校各方面的建设和发展过程中提供了有力的支持。

大会认为,赵凤启主席代表第二届教代会、工会委员会所作的工作报告,认真总结了教代会、工会六年来的工作开展情况,成绩是显著的,圆满完成了第二届"双代会"提出的各项任务,学校的教代会、工会工作水平得到了很大提升,同意报告中提出的今后五年教代会、工会的工作任务。

大会认为,六年来学校工会财务认真执行了财经纪律,财务规范管理得到进一步加强,工会经费收入有了显著增长,使用的质量效益和服务能力有了显著提升,为学校教代会、工会工作的顺利开展提供了有力的物质保障。

大会认为,六年来,第二届工会经费审查委员会认真履行了经审职责,积极开展了经费审查工作,充分发挥审查监督作用,为推动学校工会工作发挥了积极的作用。

大会认为,六年来,教代会提案工作委员会积极开展了提案征集工作,提案的数量和质量有了一定的提高,代表们通过递交提案,向学校提出很多建设性的意见和建议,有力地促进了学校决策和管理民主化、科学化。

大会号召全校工会组织在党组织的领导下,团结全体教职工和工会会员,认真落实学校第三次党代会精神,积极投身到学校改革发展的伟大事业中来,立足本职,真抓实干,开拓创新,拼搏进取,为实现学校"十二五"发展目标而努力奋斗!

纪委书记杨世忠在首都经济贸易大学第三届教职工代表大会暨工会会员代表大会闭幕式上的致词

(2011 年 11 月 18 日)

各位代表、同志们:

首都经济贸易大学第三届教职工代表大会暨工会会员代表大会,在大家的共同努力下,圆满完成各项议程,即将闭幕,在此,我代表学校,对大会的圆满成功召开表示热烈的祝贺!向各位代表的辛勤工作表示衷心的感谢!

本次大会是在我校深入学习党的十七届六中全会精神,全面推进学校"十二五"发展规划的重要时期召开的一次重要会议。大会认真总结了 2005 年以来第二届"双代会"的各项工作,审议并通过了学校工作报告、学校财务工作报告、第二届工会教代会工作报告、第二届工会财务工作报告、第二届工会经费审查报告、第二届教代会提案工作报告,严格按照程序选举产生了新一届教代会执行委员会、工会委员会和经费审查委员会。

在大会期间,代表们本着对学校事业高度负责的态度,认真履行职责,对提交大会的报告进行了认真的审议,进行了广泛的讨论,并且提出了许多富有建设性的意见和建议,这不仅反映了广大教职工的心愿,而且集中表达了大家对建设一流财经大学的期盼,对学校深化改革、加快发展的迫切愿望和坚定信心,这充分体现了教职工的主人翁意识。会后,学校将认真研究这些意见和建议,采取切实有效的措施加以落实,进一步加强和改进各项工作,畅通信息交流渠道,支持和保证教代会、工会更好地发挥作用。

各位代表、同志们,2005 年第二届工会委员会、教代会委员会成立以来,在学校党委和上级工会组织的领导下,在赵凤启主席的带领下,工会、教代会工作取得了长足发展,工会、教代会在推进学校民主建设,调动广大教职工的工作积极性,维护学校稳定,促进学校改革发展等方面做了大量卓有成效的工作。借此机会,向第二届工会委员会、教代会委员会委员们表示衷心的感谢!

希望选举产生的新一届教代会执行委员会、工会委员会和经费审查委员会在学校党委的领导下,认真履行职能,团结和动员全校教职工为学校的改革发展多谋良策、多做贡献,为实现学校"十二五"发展规划目标和实现国内一流、国际知名的财经大学的发展目标而努力奋斗!

第三届"双代会"选举结果

第三届教代会执行委员会

主　席:杨世忠

副主席:李民　米新丽

委　员:(按姓氏笔画排序)

石刚　刘强　刘颖　米新丽　李民
杨世忠　张红　赵丹亚　赵涛　段霞
焦勇　解小娟　谭洁

第三届工会委员会

主　　席:杨世忠

常务副主席:李　民

副 主 席:刘　颖(兼职)　赵　涛(兼职)

委　　员:(按姓氏笔画排序)

王苹　王浩然　刘颖　孙和平
李民　李爱平　杨世忠　杨阳
吴启富　余刘军　宋克勤
宋晓颖　张小乐　张旭红
周平　赵丹亚　赵涛　贺慨
蔡立新　翟连琦

第三届工会经费审查委员会

主　任:夏颖

副主任:李红霞

委　员:(按姓氏笔画排序)

王晓婷　李红霞　吴烨　陈郡　夏颖

共青团首都经济贸易大学第三次代表大会

共青团首都经济贸易大学第三次代表大会选举办法

根据《中国共产主义青年团章程》和《中国共产主义青年团基层组织选举规则(暂行)》的规定,制定本办法。

一、共青团首都经济贸易大学第三届委员会由共青团首都经济贸易大学第三次代表大会选举产生。经学校党委和团市委批准,共青团首都经济贸易大学第三届委员会设委员27人。选举工作在大会主席团领导下进行。

二、共青团首都经济贸易大学第三届委员会委员候选人,由共青团首都经济贸易大学第二届委员会在各院系分团委广泛提名的基础上提出建议名单,报学校党委和团市委审核同意,经大会主席团讨论通过后,交各代表团酝酿讨论,大会主席团集中多数代表的意见再提交代表大会通过后进行选举。

三、共青团首都经济贸易大学第三届委员会委员实行差额选举,委员候选人的差额不少于应选人数的20%。委员候选人33名,应选27名,差额6名,差额比例为22%。候选人不限于本次代表大会的代表。

四、大会选举采用无记名投票方式进行。候选人名单按姓氏笔画为序排列。

五、大会选举时,到会的代表超过应到会代表的4/5方可进行选举。未到会的代表不得委托他人代为投票。

六、出席本次大会的代表均有选举权。代表对于选票上的候选人,可以投赞成票或不赞成票,也可以投弃权票。不赞成的,可以另选他人;弃权的,不能另选他人。对候选人赞成的,在其姓名上边的空格内不作任何标记;不赞成的画"×";弃权的画"△";如另选他人,在画"×"候选人姓名下边另选人的空格内写上要选人的姓名。每张选票上所选的人数,等于或少于应选人数,为有效票;多于应选人数,为无效票。

七、画写选票需用蓝色或者黑色钢笔、圆珠笔或签字笔,画写符号要准确,笔迹要清楚。全部书写模糊无法辨认的选票,全票无效;部分书写模糊无法辨认的选票,可辨认部分有效,无法辨认部分无效。

八、大会选举设监票人10名,其中总监票人1名。监票人由各代表团从不是委员候选人的代表中推荐,总监票人由大会主席团从监票人中推荐提名。总监票人、监票人经大会通过后,在大会主席团的领导下,对选举全过程进行监督。大会计票工作人员由大会主席团指定。

九、投票结束后,由监票人和工作人员当众打开票箱,清点选票,并由总监票人报告清点结果。收回的选票等于或少于发出的选票,选举有效;收回的选票多于发出的选票,选举无效,应重新选举。

十、大会选举时,候选人得到的赞成票超过实到会代表的半数方可当选。得赞成票超过实到会代表半数的候选人多于应选名额时,按得票多少为序,至取足应选名额为止;如候选人得票相等无法确定谁当选时,应就票数相等的候选人重新投票,得赞成票多者当选。得赞成票超过实到会代表半数的候选人少于应选名额时,不足的名额可以由大会主席团在未当选的人中,以得票多少为序,按不少于应选人数20%的差额确定候选人,提交大会通过后再进行选举;如果当选人数接近应选名额(指差1人时),由大会主席团决定是否再次进行选举,经半数以上主席团成员同意,也可以不再进行选举。

十一、选举结束,总监票人以得票多少为序,向大会主席团和大会分别报告选举计票结果;大会主持人以姓氏笔画为序,向大会宣布当选的共青团首都经济贸易大学第三届委员会委员名单。

十二、本选举办法经共青团首都经济贸易大学第三次代表大会讨论通过后生效。

十三、本选举办法未尽事宜,由大会主席团决定。

共青团首都经济贸易大学第三次代表大会代表名单

(共10个代表团,193人)

第一代表团:经济学院 21人

团　长:王海鹏 001　副团长:王骁骥 002
代　表:丁久芳 003　王文绪 004　王丽丽 005
冯宇辉 006　关　心 007　刘新宇 008
李述晟 009　李骁飞 010　杨仕宁 011
肖江文 012　吴子伦 013　邱娉婷 014
张　莹 015　陈　飞 016　勇毅佳 017
徐　律 018　高　晨 019　雷震溶 020
魏雨豪 021

第二代表团:华侨学院　17 人
团　长:陈　思 022　副团长:魏婷婷 023
代　表:田　升 024　李　灿 025　李　玥 026
李晓丹 027　李维庭 028　杨远韬 029
杨凯明 030　宋秋桔 031　陈家伟 032
周丽婷 033　姚　昆 034　高依云 035
隗立芳 036　潘　征 037　潘鼎群 038

第三代表团:团委机关、金融学院　17 人
团　长:常　彪 039　副团长:程　男 040
代　表:田振洲 041　朱晓舟 042　李昱飞 043
李思冉 044　李晓鸥 045　杨露茜 046
金　苗 047　项碧雯 048　贾冬迪 049
贾舒蔓 050　高立志 051　郭　婧 052
郭紫嫣 053　蔡　梦 054　蔡　斌 055

第四代表团:团委机关、会计学院、专业硕士教育中心　19 人
团　长:孙庆福 056　副团长:方千春 057
代　表:丁　朗 058　王骋远 059　王馨悦 060
邓宏薇 061　刘　慧 062　孙君茹 063
李海清 064　李婧思 065　李道平 066
杨晓翊 067　宋　毓 068　张涵静 069
范晶晶 070　孟雪丽 071　高　倩 072
陶　宇 073　熊　露 074

第五代表团:团委机关、劳动经济学院、马克思主义学院　20 人
团　长:姜蓓蓓 075　副团长:刘　娟 076
代　表:马晓彤 077　仇　勇 078　乌兰托娅 079
代　云 080　刘璐宁 081　孙丽娜 082
李世一 083　李晓楠 084　杨　瑞 085
张国萍 086　陈宏蕊 087　苟梦宁 088
金　璐 089　孟　通 090　钱　程 091
高光熙 092　郭　英 093　彭雪莹 094

第六代表团:城市经济与公共管理学院、外语系　22 人
团　长:杨　曦 095　副团长:胡　文 096
代　表:王　佳 097　王其珍 098　王雅卿 099
史雁冰 100　许　上 101　苏　娟 102
李竹薇 103　杨　薇 104　何　川 105
张泽琳 106　张　涛 107　张　爽 108
张　堧 109　陈可萌 110　陈红岩 111
罗晓旭 112　孟凡超 113　姜　汉 114
茹君妍 115　徐敬尧 116

第七代表团:工商管理学院、保安中队　19 人
团　长:魏有亮 117　副团长:冯俊鹏 118
代　表:王　妍 119　王凯风 120　王晓婧 121
王晓巍 122　卢　霏 123　付　洲 124
刘金鑫 125　孙　晗 126　吴文佳 127
余海龙 128　陈百慧 129　陈梦玲 130
贺依婷 131　秦桂年 132　徐潍川 133
董　成 134　谢　存 135

第八代表团:安全与环境工程学院、文化与传播学院　17 人
团　长:季岩砚 136　副团长:陈蒲晶 137
代　表:王　晗 138　牛思雨 139　史　强 140
刘思亮 141　刘嘉伟 142　李　楠 143
张　陌 144　张　昊 145　陈一飞 146
沙　茹 147　林隽雅 148
居希宏・居来提 149　贺金龙 150
贺　超 151　樊鹏超 152

第九代表团:统计学院、信息学院　19 人
团　长:李娟婷 153　副团长:周从周 154
代　表:刘　森 155　刘延霞 156　刘凯强 157
许锐杰 158　杜　陈 159　李胜楠 160
杨雅迪 161　张双喜 162　郑　云 163
赵琳方 164　赵洁瑾 165　侯天与 166
姚　远 167　姚　烨 168　郭嘉琪 169
唐潇鹤 170　简　颖 171

第十代表团:团委机关、财政税务学院、法学院　22 人
团　长:刘　辉 172　副团长:王漪鸥 173
代　表:王天煜 174　王锐鑫 175　刘源昌 176
刘　鑫 177　池　帅 178　李慧竹 179
宋子豪 180　张天印 181　张　彤 182
苏怡霏 183　谷　月 184　邱　瑞 185
赵梦妍 186　胡琦玮 187　高　攀 188

韩天艺 189 夏天慈 190 解 玥 191
隗合佳 192 魏安琦 193

共青团首都经济贸易大学第三次代表大会列席代表名单

（共 4 人）

石梦雨（女） 杨了健 蒋 芸（女） 瞿莹佳（女）

共青团首都经济贸易大学第三次代表大会开幕词

李晓鸥

（2011 年 11 月 5 日）

尊敬的各位领导、来宾、各位代表：

在全校师生深入贯彻落实我校第三次党代会精神，向着建设国内一流财经大学不断迈进的大好形势下，我们在这里迎来了共青团首都经济贸易大学第三次代表大会的胜利召开。

这次大会从筹备到召开，得到了团市委和校党委的高度重视，学校领导多次听取筹备情况汇报，对大会的召开进行了具体指导，并给予了大力支持。今天，团市委领导、校领导、兄弟院校共青团同仁、全校各部门、各院系负责同志莅临大会，充分体现出各级领导对团员、青年的亲切关怀和对共青团工作的高度重视。在此，请允许我以大会的名义，向今天出席大会的各级领导、兄弟院校的各位嘉宾表示衷心的感谢和崇高的敬意！

第二次团代会以来的六年，我校共青团始终以邓小平理论和“三个代表”重要思想为指导，坚持解放思想，实事求是，充分发挥党的助手和后备军的作用，紧紧围绕学校中心工作和学生成长成才需求，脚踏实地、锐意进取，使我校共青团工作迈上新水平，为学校的建设和发展贡献了力量。

我校第三次党代会为全校师生绘制了建设国内一流财经大学的宏伟蓝图，也赋予了团员、青年新的历史使命。我校第三次团代会的主要任务是：认真总结第二次团代会以来全校团的工作，明确今后几年全校共青团工作的指导思想和主要任务；选举产生共青团首都经济贸易大学第三届委员会。这次大会对于动员和带领全校团员、青年积极投身国内一流财经大学建设，开创我校共青团工作新局面，必将产生积极而深远的影响。

参加本次会议的 193 名代表肩负着全校 11 000 余名团员、青年和广大学生的意愿和重托，希望大家以饱满的政治热情、高度负责的主人翁精神和严肃认真的工作态度行使代表权利，履行代表职责，圆满完成大会预定的各项任务。

我们相信，全体代表一定会齐心协力，努力工作，把本次大会开成一次求真务实、开拓创新的大会；开成一次统一思想、凝聚力量的大会；开成一次团结带领全校团员、青年满怀信心、奋勇前进的大会，推动我校共青团工作迈向新的辉煌！

预祝本次大会圆满成功。

谢谢大家！

汇聚青春智慧 积聚发展力量 努力推动共青团工作不断取得新突破——团市委副书记杨海滨在共青团首都经济贸易大学第三次代表大会上的讲话

（2011 年 11 月 5 日）

值此共青团首都经济贸易大学第三次代表大会隆重召开之际，我谨代表共青团北京市委员会向大会的召开表示热烈的祝贺！向长期以来关心、支持共青团工作的首都经济贸易大学党政领导表示衷心的感谢！向辛勤工作、不懈进取的学校各级团干部和广大团员、青年致以亲切的问候！

首都经济贸易大学在 55 年的发展历程中奠定了坚实的办学基础，创造了辉煌的办学业绩。一代又一代首经贸学子秉承“崇德尚能、经世济民”的校训，为改革开放和现代化建设做出了积极贡献。自首都经济贸易大学第二次团代会召开以来，在学校党委的正确领导下，首经贸共青团围绕中心、服务大局，在组织青年、引导青年、服务青年和维护青年合法权益方面做了大量卓有成效的工作。特别是在北京奥运会、残奥会和庆祝新中国成立 60 周年等重大活动中，首经贸广大团员、青年无私奉献、全力投入、扎实工作，用热情的服务和辛勤的汗水出色地完成了各项任务。多年来，首经贸团委积极为全市共青团工作提供有力支持，表现出强烈的政治意识，发挥了较好的作用。团市委认为，首经贸共青团的工作是卓有成效的，是北京高校共青团工作的一支重要力量。借此机会，我代表团市委向长期以来关心、重视、支持共青团工作的首都经济贸易大学各级党政领导、各位新老团干部和老师们致以共青团最崇高的敬礼!

当前,首都已进入了一个新的发展阶段。完成"十二五"规划,以更高的标准实施"人文北京、科技北京、绿色北京"战略,推动建设中国特色世界城市,离不开全市各级团组织和广大团员、青年的积极参与。借此机会,我代表团市委提几点希望,与大家共勉。

一、希望首经贸深刻认识新时期的党团特殊政治关系,不断筑牢做好高校青年群众工作的坚实基础。

共青团作为执政党的青年组织,承担着为党做好新形势下青年群众工作的重要职责。要努力为党探索政治行为和组织行为在青年中的实现路径,探索党的思想主张在青年中的传播路径和有效方式。要坚持问需于青年、问计于青年,尊重青年人的主体地位,尊重青年人的首创精神,经常深入实际,体察青年意愿,关心青年疾苦,听取青年批评,热情为青年解决各种难题,把党的要求和群众路线落实到青年群体中去。要用马克思主义中国化的最新成果武装广大青年学生头脑,深入实施"青年马克思主义者培养工程",积极引导团员、青年全面落实科学发展观,牢固树立远大理想和坚定正确的政治信念。要组织广大青年学生学习贯彻党的十七届六中全会精神,引导广大团员青年与时代同步伐、与祖国共命运、与人民齐奋斗。

二、希望首经贸竭诚服务青年学生成长,充分发挥学校共青团组织促进青年学生全面发展的重要作用。

竭诚为青年学生服务是党的全心全意为人民服务的根本宗旨在学校青年工作中的体现。加强对青年学生要求的服务和利益的维护,是进一步巩固党在青年学生中的群众基础,增强学校共青团组织的吸引力、凝聚力、战斗力的根本途径。学校各级团组织要强化服务意识,完善服务职能,提高服务能力,围绕青年学生的成长成才,竭诚为青年学生办实事,切实解决学生学习、生活、工作的实际问题。大学生的就业创业需求,已成为当今高校大学生的第一需求。学校团组织要积极做好服务大学生就业创业工作,引导大学生树立正确的择业观念,形成健康的择业心态。要充分利用团组织健全的组织网络,做好大学生就业指导和信息服务工作,提高学校团组织在帮助青年学生顺利就业过程中的贡献率。

三、希望首经贸以改革创新的精神加强团的自身建设,为共青团事业的长远发展提供可靠的组织保障。

学校共青团工作在全国处于基础性战略地位。要贯彻落实"两个全体青年"的工作要求,不断完善包括青年学生、青年教师、青年员工、留学生在内的高校青年工作格局,推动共青团工作科学发展。要始终紧紧围绕思想建设这一根本,有效引领团员、青年坚定信心跟党走;要始终抓住组织建设这一工程,不断扩大基层团组织的覆盖和影响;要始终抓住队伍建设这一关键,努力为党的事业培养后备力量;要抓住制度建设这一保障,加强共青团工作的制度化、规范化和程序化;要抓住基层基础性工作的着力点,确保基层团组织的全面持续活跃,进一步增强团的战斗力和凝聚力。

同志们、青年朋友们,宏伟蓝图振奋人心,光荣使命催人奋进。我们相信,即将选举产生的新一届共青团首都经济贸易大学委员会,一定会在校党委的正确领导下,以昂扬的斗志、不懈的努力,锐意进取,乘势而上,团结带领全校各级团组织和团员、青年在创建国内一流财经大学的宏伟事业中,在积极投身"人文北京、科技北京、绿色北京"和中国特色世界城市的建设中,谱写出新时期共青团工作的崭新篇章!

最后,预祝大会圆满成功!

谢谢大家!

党委书记柯文进在共青团首都经济贸易大学第三次代表大会开幕式上的讲话

(2011年11月5日)

今天,共青团首都经济贸易大学第三次代表大会隆重开幕了,这是全校团员、青年政治生活中的一件大事,是全面总结我校共青团工作经验,努力开创共青团工作新局面的一次盛会。在此,我代表学校党委向大会的胜利召开表示热烈的祝贺!向多年来一直关心、支持首都经济贸易大学共青团工作并莅临今天开幕式的团市委领导和兄弟单位的同志们表示衷心的感谢!向多年来战斗在共青团工作第一线的团干部和同学们表示亲切的慰问!

刚才,海滨书记对我校共青团过去六年的工作给予了充分肯定,对今后工作提出了明确的要求,对青年同志寄予了很高的期望,会后大家要认真学习领会,抓好贯彻落实。

第二次团代会以来,学校各级团组织坚持围绕中心、服务大局,在团市委和校党委的领导下,团结带领全校团员、青年开展了富有特色的共青团工作,特别是出色地完成了北京奥运会、残奥会、国庆60

周年等一系列重大活动的组织和参与工作，在活动中锻炼了干部、展示了才华。实践充分证明，我校各级团组织无愧为党的忠实助手和可靠后备军，不愧为党联系青年的牢固桥梁和纽带，我校团员、青年是富有朝气、富于创造的先进群体，是值得信赖、大有作为的青年一代！

今年是“十二五”开局之年，我校也进入了建设国内一流财经大学的重要时期。历史的机遇需要青年去把握，时代的挑战需要青年去应对，宏伟的目标需要青年去实现。学校党委希望，一定要把这次大会开成团结鼓劲的大会、继往开来的大会，积极带领全校团员、青年心系学校发展，发挥才智、奉献青春，为实现学校的发展目标而共同奋斗。借此机会，我代表学校党委对全校团员、青年和即将产生的新一届共青团委员会提几点希望：

一是要坚定信念、志存高远。坚定的信念和远大的理想是前进的强大动力。全校团员、青年要胸怀共产主义远大理想，牢固树立跟党走中国特色社会主义道路的坚定信念，牢固树立把学校建设得更加美好的信心与决心。要立为国奉献之志，立为民服务之志，自觉地把个人的成长与学校的发展紧密结合起来，把个人的抱负融入到建设国内一流财经大学的伟大实践中来，以饱满的热情、昂扬的斗志、蓬勃的朝气，在新的征程中实现远大理想和人生价值。

二是要勤奋学习、学以致用。团代会前夕，团委请我给全校团员、青年寄语，我写的是“博学、慎思、笃行”。这句话说的是学习的几个层次，或者说是几个递进的阶段。青年时代是学习的黄金时期，应该珍惜美好的青春年华，以只争朝夕、时不我待的精神，勤于学习、善于求知、敏于思考，始终把学习当做人生进步的重要阶梯和毕生的不懈追求。全校团员、青年要夯实理论功底，提高专业素养，努力学习新知识、掌握新技能，在树立现代化思维、培养国际化视野上下真功夫；还要把“学与思”、“知与行”有机结合起来，特别要向群众学习、向实践学习，了解社情，掌握民意，努力在实践中开阔视野、求得真知、提升素质，成为能够担当重任的高素质、复合型人才，为学校各项事业又好又快发展再立新功。

三是锤炼品德、弘扬新风。高尚的道德修养和顽强的意志品质，是青年立身做人和成长进步的基石。青年素有“开风气之先”的光荣传统，是引领社会风尚的重要力量。全校团员、青年要坚持用社会主义核心价值体系武装头脑，牢固树立爱国主义、集体主义和社会主义观念，带头实践社会主义荣辱观，不断提升道德素质。倡导健康文明的生活方式，争做建立文明秩序、营造文明环境、开创文明风尚的先锋，在创建和谐校园工作中贡献力量。

最后，希望新一届团委继承和发扬优良传统，积极探索新形势下共青团工作的新特点、新规律、新方法，以党群共建、创先争优为总揽，切实履行好团的基本职能，更好地肩负起带领团员、青年成长成才的重任，努力把全校团员、青年团结在党的周围。学校党委将坚定不移地支持你们的工作！

各位代表、青年朋友们！光辉的岁月记载着青年奋斗的足迹，宏伟的事业激励着青年前进的步伐。回首我校共青团走过的光荣岁月，学校党委为你们感到欣慰与自豪，展望未来发展的美好前景，又对大家寄予厚望与重托。希望全校各级团组织和团员、青年始终高扬爱国主义的光辉旗帜，以“崇德尚能、经世济民”的骆驼精神为指引，把“执著前行、勇担重负”作为指引人生的不变追求，把“博纳敏行、敢为人先”作为人生进步的重要阶梯，把“脚踏实地、自强不息”作为不懈恪守的优良品质，牢记使命，勇挑重担，在建设国内一流财经大学的伟大进程中，奏响更加壮丽的青春之歌，谱写更加灿烂、更加辉煌的青春篇章！

最后，预祝大会圆满成功！

党委常委、校长助理孙昊哲在共青团首都经济贸易大学第三次代表大会闭幕式上的讲话

（2011年11月5日）

在校党委和团市委的亲切关怀和直接领导下，经过与会代表的共同努力，共青团首都经济贸易大学第三次代表大会圆满完成了预定的各项任务，即将落下帷幕。在此，我代表学校党委，对大会的成功召开表示热烈的祝贺！

这次大会是在全校师生深入贯彻落实科学发展观，认真学习学校第三次党代会精神，齐心协力将我校建设成为国内一流财经大学的形势下召开的，是全校各级团组织和广大团员、青年承前启后、继往开来、共谋团的事业发展大计的一次盛会。大会以邓小平理论和“三个代表”重要思想为指导，实事求是地回顾和总结了第二次团代会以来共青团工作的主要成绩和基本经验，客观科学地分析了新形势下共青团事业的发展要求，并结合我校实际，明确提出了今后全校共青团工作的指导思想和主要任务，选举产生了共青团首都经济贸易大学第三届委员会。

大会始终洋溢着团结、民主、求实、活泼的气氛,可以说是一次团结进取、求真务实、催人奋进的大会。会议期间,校党委书记柯文进同志、团市委副书记杨海滨同志作了重要讲话。对全校各级团组织和广大团员、青年提出了殷切的希望和明确的要求。会后要抓好学习和落实。

下面,我代表学校党委对新一届团委的工作再强调几点意见:

第一,做好共青团工作要始终坚持"党建带团建"的基本原则。全校共青团组织要主动借助党建在基层形成的新格局和创造的新成果推动团建工作,积极探索协助党组织管理青年事务的有效途径和方式,不断增强团组织的活力。在党的领导下,从巩固党在青年中的群众基础和执政基础的高度,把青年一代紧密地团结在党团组织的周围,增强党团组织的生机和活力,确保党的事业后继有人,兴旺发达。

第二,做好共青团工作要牢固树立"育人为本"的工作理念。育人,是大学的使命,培养中国特色社会主义事业合格建设者和可靠接班人是中国高校党委的中心工作。共青团是党的助手和后备军,要从党和国家事业发展全局的战略高度,切实担负起培养合格建设者和可靠接班人的崇高使命,把育人贯穿到工作的各个环节,体现在工作的方方面面。工作设计和开展要紧密贴近青年,贴近实际,关心团员、青年的学习、生活、创业、成才等需求,进一步构建和完善育人平台建设,切实解决好为团员青年成长、成才、成功服务的问题,使广大团员、青年学习有榜样,实践有平台,困难有帮扶,发展有机遇,奉献有激励,成长有环境。

第三,做好共青团工作要高度重视团的基层组织建设。团的基层组织是团结青年、凝聚青年的战斗堡垒,是开展各项工作的生力军。共青团工作的基础在基层,活力在基层,力量在基层。团的基层组织建设是团的生命力工程,同时也是团的工作和建设的薄弱之处。抓好基层组织建设工作是推动事业长远发展的前提和关键。全校共青团组织要把目光投向广大普通青年,不断加大工作资源、工作力量、工作载体向基层倾斜的力度,积极探索支持基层、服务基层、巩固基层的新模式,实现"两个全体青年"的政治目标。

第四,做好共青团工作要切实加强团干部作风建设。团干部是配合学校党委做好青年学生工作的重要力量。要把加强党性锻炼、不断锤炼作风作为一名合格团干部的第一位要求,要用加强党员作风建设的力度去锻炼团干部的作风。通过强化学习实践和岗位贡献,不断锻炼团干部深入基层、联系青年的作风,不断历练求真务实、敢抓敢管的作风,不断磨炼敢抓矛盾、迎难而上的作风,努力打造一支政治坚定、素质全面、作风扎实、热爱共青团事业的高素质团干部队伍,使这支队伍真正成为忠诚党的事业、热爱团的工作、竭诚服务青年的骨干力量。

各位代表、同志们、同学们,共青团事业是常青的事业,是永远充满生机和活力的事业,是不断发展、继往开来的事业。新形势、新任务为共青团工作开辟了更加广阔的发展远景。希望你们认真学习、领会、传达和贯彻落实大会精神。特别是广大团干部要团结带领全校团员、青年一起,胸怀祖国、心系人民、志存高远、不懈进取、团结奋斗,努力开创我校共青团工作的新局面,为青年成才发展、为学校建设发展做出新的、更大的贡献!

求真务实　开拓创新　凝心聚力 奋发有为　为建设国内一流财经大学 贡献青春力量——共青团 首都经济贸易大学 第二届委员会工作报告

张　彤

(2011 年 11 月 5 日)

各位代表、同志们:

我受共青团首都经济贸易大学第二届委员会的委托,向大会报告工作,请审议。

共青团首都经济贸易大学第三次代表大会是在我校师生深入学习学校第三次党代会精神,在"十二五"时期开局之年,喜逢建党 90 周年和建校 55 周年之际召开的一次重要会议。本次大会的主题是:高举中国特色社会主义伟大旗帜,坚持以邓小平理论和"三个代表"重要思想为指导,深入学习实践科学发展观,贯彻落实我校第三次党代会精神,团结带领全校团员、青年为建设国内一流财经大学贡献青春力量。

一、过去六年工作的回顾

2005 年 10 月,我校召开了第二次团员代表大会。六年来,校团委在学校党委和上级团组织的正确领导和亲切关怀下,在全校团员、青年的积极参与下,充分发挥党的助手和后备军的作用,紧紧围绕学校中心工作和学生成长成才需求,紧抓奥运和国庆等重大工作机遇,扎实工作、乘势而上,提升了我校共青团整体工作水平,同时,在思想政治教育、组织建设、校园文化、社会实践等方面取得了一定的成绩，开创了共青团工作的新局面。

（一）紧抓机遇、锐意进取，以奥运会志愿者工作为契机带动共青团整体工作迈上新水平

我校团委自2006年2月承接第十一届世界女子垒球锦标赛志愿者主体工作任务，到2008年10月学校奥运会志愿者总结表彰大会隆重召开，这条奥运志愿服务之路整整走了两年零八个月。在近1 000天的时间里，我们围绕奥运这一主题，开展了一系列卓有成效的探索与尝试，不仅圆满完成了奥运工作任务，而且将奥运与思想政治教育、组织建设、干部培养、宣传阵地建设、校园文化、社会实践、志愿服务等日常工作相结合，使我校共青团整体工作水平和影响力得到显著提高。

圆满完成第十一届世界女子垒球锦标赛的志愿者主体工作任务，成功测试"馆校对接"体制。2006年，我校254名学生、5名教师圆满完成了女垒世锦赛9个业务领域、21个岗位的志愿者主体工作任务，赛会期间无一流失，46名志愿者获得了优秀志愿者的荣誉称号。同时，我校团委认真探索，与清华大学等5所高校一起成功测试了"馆校对接"体制，为后续的测试赛和奥运志愿者工作提供了可供借鉴的经验。

学校团委还紧紧抓住承担奥运会首场测试赛志愿服务工作的契机，在志愿者中全方位开展思想政治教育工作，并将这些工作形成体系贯穿于志愿服务的始终，有力地促进了我校志愿者的成长成才，探索了高校育人工作的新途径和新思路。

奥林匹克教育进入第一课堂。2007年，我校作为北京奥运会志愿者培训示范基地，"奥林匹克教育学校"挂牌成立，并以此作为新的育人平台，构建起志愿者骨干培训、通用培训和奥林匹克公共教育三级教育培训体系，培训学生近2 300人次。在学校主管领导和教务部门的大力支持下，奥林匹克教育课程作为选修课进入第一课堂。该课程注重加强学生思想道德、团队协作能力的培养，主讲教师全部由我校专职团干部担任，共开设三个学期，8个班级、1 360余名学生参与了学习，取得了良好效果。

同时，我们把志愿服务工作作为对大学生进行思想政治教育的全新抓手和平台，完成了校院两级的志愿者工作体系建设。为了让更多的同学在实践中"受教育，长才干，做贡献"，在巩固和加强原有志愿服务项目的同时，我校团委积极与宣武团区委、丰台团区委、地铁团委等兄弟单位联合，不断开拓城市志愿服务领域，开发新的服务项目，当年学生参与志愿服务工作10 400余人次。

圆满完成赛时志愿服务工作。2008年，学校设立了由一个总指挥中心和宣传、学生管理、安保、后勤、志愿者等五个分指挥中心联合构成的赛时指挥运行工作体系。校团委作为志愿者指挥中心的牵头单位，调集全校23名共青团专职团干部和部分专职辅导员，带领26名学生干部，按照承担的工作任务，组建了场馆、住宿、交通和城市四个志愿者项目团队，并以保障项目团队的组织运行为核心建立了秘书联络组、宣传信息组、运行支持组三个专门工作组，共同组成专业化、网格状的工作体系。

北京奥运会、残奥会期间，我校共派出760名奥运会赛会志愿者，231名残奥会赛会志愿者，2 000余名城市志愿者和社会志愿者，圆满完成了丰台垒球场、20家住宿服务酒店、奥林匹克公园交通场站和丰台、宣武、朝阳三个城区20个城市志愿服务站点以及地铁6个社会志愿服务站点的志愿服务工作，服务总时数达到197 798小时。同时，我校还圆满完成了残奥会文明观众拉拉队5 000人的组织管理任务；圆满完成了18名华人华侨志愿者的接待管理任务，时任共青团中央常务书记杨岳同志莅临我校调研志愿者工作情况并亲切慰问了华人华侨志愿者；圆满完成了内蒙古通勤班车运行接待工作，志愿者班车共发车453车次，接送志愿者27 180人次，累计行驶748小时，累计运行26 444公里。

完成奥运成果转化工作。在充分总结奥运会志愿者前期筹办和奥运会赛时服务工作经验的基础上，在全面梳理我校奥运会志愿者先进人物和典型事例的基础上，校团委出版了《我们一同走过——首都经济贸易大学志愿者成果集》，编印了我校奥运志愿者纪念画册——《我们与奥运共成长》和《青春与五环同飞扬》，编纂了《奥运 青春 奉献 铭记》志愿者成果集，并为获得学校授予的志愿服务工作积极贡献奖和突出贡献奖的志愿者精心制作了纪念证书和纪念品，让服务奥运的经历成为每一个志愿者心中最美好的回忆。

此外，我们还把"带出一支队伍、构建一个体系、开辟一条新路"作为志愿者成果转化的重要内容。"带出一支队伍"是指要在奥运志愿服务等重大事件的服务过程中，培养和锻造出一支政治素质过硬、能打硬仗、经历过重大考验的专职团干部队伍；"构建一个体系"是指要把志愿服务工作作为未来共青团开展思想政治教育工作的重要平台和抓手来建设；"开辟一条新路"是指要紧紧抓住完成奥运志愿服务过程中我们与区县、企业建立起来的良好合作关系，为未来学生的社会实践、志愿服务工作开辟更广阔的空间和道路。

(二)继承传统优势、强化思想教育,共青团思想引领工作取得新成效

思想政治教育工作是共青团的传统优势,也是团组织承担的重要职能。我校团委通过开展主题鲜明的思想政治教育活动,利用丰富的载体和优秀典型的示范作用,切实提高团员、青年的思想政治素质和道德情操。

思想政治教育主题鲜明。校团委组织全校团员、青年深入学习邓小平理论、"三个代表"重要思想和科学发展观,贯彻落实党的十七大、团的十六大、全国学联二十五大和我校第三次党代会等会议精神,开展了社会主义荣辱观教育、增强团员意识教育、理想信念教育和社会主义核心价值观教育等活动。以红军长征胜利70周年、北京奥运会、改革开放30周年、"五四"运动90周年、建校50周年、建国60周年、建党90周年等重大事件和历史纪念日为契机,开展了"理智爱国,健康成才"、"文明·青春·奋进"、"爱国·理想·诚信·守纪·礼仪"、"青春点燃奥运,微笑传播文明"、"弘扬五四精神"、"我与祖国共奋进"等系列主题教育活动,涵盖座谈会、征文、论坛、短信互动、模拟历史情景剧、经典诵读、知识竞赛等各种活动形式和内容,参与的本专科生、研究生超过60 000人次。此外,我们还紧紧把握时事焦点、热点,组织学生关注南方雨雪冰冻灾害,引导学生正确看待圣火传递过程中的各种不和谐因素,组织沉痛悼念四川汶川和青海玉树地震遇难者,关注西南旱灾并累计捐款15万余元等等。在稳定学生情绪,把学生的爱国热情引导到正确的途径和道路上来,取得了很好的工作效果。

思想政治教育载体丰富。团报《共青团通讯》,团刊《求学》、《我的大学》和团委网站已成为我校共青团进行思想政治教育的重要阵地,通过丰富的载体,努力营造促进全校团员、青年健康成长的舆论氛围。六年来,校团委共编印《共青团通讯》57期,《求学》27期,《我的大学》12期,发放到全校基层团组织和宿舍总计114 000余份;向团市委上报新闻1 450条,被团市委采用668条,团中央采用118条,位居北京共青团信息上报积分排行榜(大学系统)前列;团委报送的志愿服务活动系列报道被评为第十六届北京新闻类(高校新闻系列)专栏类二等奖;3名同志获得北京共青团信息工作优秀信息员称号。

先进集体和优秀个人频频涌现。校团委充分发挥学生骨干和先进人物的示范作用,在全校学生中树立品学兼优的榜样和表率,营造创先争优的良好氛围。六年来,2004级注册税务师班被授予全国先进班集体荣誉称号,49个团支部、24个班集体获得市级"先锋杯"优秀基层团支部、先进班集体称号。统计学院彭展同学荣获全国三好学生称号,工商管理学院任国清和经济学院曾盈同学分别获得2007和2009年度中国大学生自强之星提名奖,180余名学生获得各类市级奖励。

(三)夯实基础,完善机制,团的自身建设呈现新亮点

加强团的自身建设,增强团组织的吸引力、凝聚力和战斗力是共青团带领青年肩负起历史赋予的光荣使命的保证,是共青团事业不断发展的基础。

以"党建带团建"为核心,发挥优势,整合资源,紧密协作,圆满完成我校承担的国庆60周年各项工作任务。我校从2009年6月接受国庆工作任务到12月收尾工作基本结束,校团委在学校党委的领导下,配合学生工作处等部门和各院系一起圆满完成了我校承担的国庆60周年各项工作任务。3 000余名师生簇拥胡锦涛同志巨幅画像彩车,以整齐的步伐,精神饱满地走过天安门;参加广场联欢的40名师生以优美的舞姿、嘹亮的口号、蓬勃的朝气为祖国母亲六十华诞献上了深深的祝福。我校因此获得首都国庆60周年群众游行优秀组织单位和联欢晚会大学生板块优秀组织奖称号,252名同志获得国庆活动先进工作者称号。经过国庆活动的全面锻炼和重大考验,我校各级团组织建设得到加强,广大团干部的能力素质得到提高,共青团事业得到新发展。

基层团组织建设不断完善。根据学校学科和院系调整情况和工作需要,学校团委机关新设部门1个,新建分团委1个、直属团支部2个,撤销分团委2个,更名分团委6个,在奥运会志愿者指挥中心和国庆群众游行方阵中建立临时团组织20个。其中,保卫处保安中队直属团支部的成立,迈出了我校在青年员工中建立团组织探索性的一步。六年来,我校共评选红旗团支部96个,优秀共青团干部468人,优秀共青团员1 883人,优秀宣传员152人,投入奖励经费共计25万多元。

理论研究工作持续开展。校团委坚持开展理论研究工作,撰写了一批有深度、有思路的调研报告和论文,为探索工作规律、总结工作经验、创新工作思路、提升工作能力发挥了积极作用。六年来,校团委连续两年获得北京共青团基层调研工作先进单位称号,报送的《第十一届世界女子垒球锦标赛志愿者项目调研报告》和《基层组织建设调研报告及发展指导意见》获北京共青团优秀调研成果一等奖,《以特色旅游业为龙头,以采矿业为支柱的社会主义新农村建设》获得三等奖。我们还先后完成了《我校基层团组织自身建设状况调查及发展研究》、《奥运志愿服

务与大学生思想政治教育的创新途径研究》、《构建我校志愿服务长效机制研究》、《我校学生社团管理机制创新研究》等4项学校党建与管理课题，获得二等奖2项、三等奖1项。

学生会组织建设日益规范。积极发挥校学生会、研究生会的桥梁、纽带作用和自我管理、自我教育、自我服务的功能。六年来，校团委指导校学生会召开了三次学生代表大会，创建了院系主席联席会议制度，成立了学生伙食监督委员会。校团委重视对研究生的思想引领和成长服务，完成了研究生会从红庙校区到校本部的迁移，成立了院系二级研究生会，为研究生搭建了学术交流平台、资源共享平台、情感交流平台和就业服务平台。学生会组织还积极引导学生以理性合法有序的形式表达利益诉求，并采用多种渠道、通过各种手段收集同学们的诉求并反馈给学校相关部门，六年来召开各类座谈会100余场，在广大同学和学校相关部门之间起到“上情下达、下情上报”的联系和纽带作用。

学生社团健康发展。校团委重视发挥学生社团在校园文化建设中的积极作用，完善其各项规章管理制度，建立行之有效的日常活动管理和监督机制，加强对社团负责人的引导与培训，提高他们的业务水平和组织能力。截至目前，我校注册学生社团达到70个。六年来，我校获得首都高校学生社团工作先进单位称号；英语协会被评为2005年度北京高校优秀学生社团；绿色环保协会申报的“城市乐水行”活动项目被列为全国青少年环保社团二等资助项目；模拟联合国协会在中国大学生模拟APEC大会决赛中获最佳经济体奖；腰旗橄榄球社参与北京高校橄榄球联赛并最终获得第四名。

专职团干部队伍经受锻炼不断成长。全面参与奥运和国庆工作使得一批共青团干部迅速成长，为锻炼年轻的团干部队伍提供了很好的平台和机会，为学校的建设发展输送了新鲜血液。校团委每年举办新任团干部培训班、专职团干部培训班和新老团干团务工作研讨会，邀请团市委有关领导、学校各级党政领导、学科专家对团干部进行理论指导和业务培训，提高专职团干部的综合素质。我们还注重加强同兄弟院校的沟通和交流，分别同北京大学、清华大学、北京交通大学、中央财经大学、北方工业大学等院校的共青团组织进行交流学习活动，为共青团工作的开展打下坚实的基础。按照《关于从全国高等学校中选派共青团干部到县级团委挂职工作的通知》的要求，在学校党委的全力支持下，在组织部、学生工作处、人事处以及相关学院的大力配合下，我校克服目前学生工作系统人员严重不足的困难，选派了2名同志分赴新疆维吾尔自治区哈密市和内蒙古自治区赤峰市宁城县挂职团市(县)委副书记。

青年马克思主义者培养工程扎实推进。校团委充分发挥学生骨干队伍的榜样带动作用，引导他们在重大事件和重大活动中发挥先锋模范作用，让学生骨干队伍始终保持坚强的战斗力和凝聚力，在实践锻炼中迅速成长成熟。六年来，我们深入开展学生干部培训，面向全校团学干部、先进典型和积极分子等先后举办了6期学生干部理论培训班，培训人数超过2 000人次；30余名优秀学生干部被选送参加了首都大学生英才学校和研究生骨干培训班学习，开阔了视野，增长了见识。校团委还组织60余名主要学生干部赴山东青岛、东营、泰安、济南等城市以及胜利油田基地进行了参观和实地考察。

（四）积极探索，注重品牌，校园文化建设展现新气象

以学术文化节为载体助力学风建设。我校每年以不同主题举办学术文化节系列活动，“关注民生服务首都发展，提高素质促进校园和谐”、“勤学励志展风采，成才报国做贡献”、“引领学术风气，活跃校园文化”、“争创优良学风，奋发成长成才”等一个个鲜活的主题，形成了“大家讲坛”、“超越杯”校园辩论赛、商业人才大赛、博士研究生学术沙龙等一批校园学术品牌活动。各院系分团委也结合本院系学科特色继续开展了会计论坛、IT节、安全月、税收宣传月、模拟庭审、金融季、统计周等多种学术活动，举办了多场专业知识讲座。通过系列学术活动的开展，激发了学生的学术研究兴趣，在校园中营造了浓郁的学术氛围，活动累计参与人数达到54 000人次。

以文化艺术节和社团文化节为载体助力学生全面发展。我校每年举办主题鲜明、形式多样的文化艺术节和社团文化节系列活动，拓宽了同学们的视野、增长了知识，提高了欣赏水平和品位。六年来，业已形成了啦啦操、团体健身操比赛、“一二·九”新生歌咏比赛、“新生无限”校园风采大赛、“唯·音乐”校园歌手大赛、“炫彩家缘”宿舍文化节、城市文化节、“巢”文化节、人文创意节、外语文化节、MBA新年晚会等一系列品牌活动。濮存昕、英达、胡敏、六小龄童等一批社会知名人士来到我校，为我校师生呈现了一场场精彩绝伦的生动讲座。通过文化艺术节系列活动的开展，使学生得到了艺术熏陶，精神生活得到了充实，活动累计参与人数达到69 000人次。

以艺术类社团为依托助力学生艺术素质的提高。校团委注重加强艺术类社团的培育和支持力度，在没有艺术特长生招生资质的背景下，民乐团、

管弦乐团、合唱团从无到有,从小到大,艺术团成员在学校建校50周年专场文艺晚会、"宣南文化走进首都经济贸易大学"文艺晚会、建党90周年文艺演出中均有上佳表现。六年来,民乐团与到访的日本大阪经济大学的学生们举办了交流音乐会并受国家汉办和我校对外文化交流学院的选派首次走出国门,赴美国克利夫兰、匹兹堡、华盛顿等地完成了6场演出交流活动,获得了美国各界人士和当地华人的广泛赞誉。合唱团在第四届世界汉语合唱大赛上获得铜奖。民乐团、合唱团参加了由市委教育工委、市教委举办的第三届北京大学生艺术展演活动,报送的4个节目获得二等奖3项,三等奖1项。学校党委高度重视学生活动场地建设工作,先后投入专项资金310多万元用于大学生活动中心灯光、音响等设备的升级改造。校团委还购置了150多万元的乐器和服装,使艺术团硬件条件得到了较大提升。

以"周末文化广场活动"为载体助力假期留校学生文化生活。近年来,校研究生会、学生会针对我校外地学生增多的趋势,不断拓展工作时间和领域,紧抓"春节"、"中秋节"、"周末"等时点,先后组织开展了慰问春节留校学生"亲情饺子宴"活动、"中秋送福到宿舍"活动、中秋电影展映活动等。学校研究生会设立"周末文化广场"活动项目,丰富了周末在校学生的课余文化生活,促进了各年级、专业研究生群体的沟通交流。周末文化广场活动共举办了12次,活动主题涉及"电影沙龙"、"风筝节"、"运动健身"、"忆童年"趣味游艺活动、"快乐桌游"、"玩乐嘉年华"、"首图一日游"等,活动累计参与学生1 000多人次。

(五)履行基本职能,全面推进工作,共青团统筹推进各项工作的能力实现新提升

社会实践工作成效显著。从最初全部由校团委集中组队到规范的项目化运作模式,我校社会实践团队的规模逐年扩大。校团委以"奥运·成才·新一代"、"使命·责任·奋进"、"寻访改革足迹"、"信心·使命·青春"等为主题,六年来共组建社会实践团队125支,参与学生人数达到2 000余人。同学们充分发挥我校的学术和人力资源优势,把专业所学运用于实践,切实地发挥了学习的主观能动性,调动了勇于探索的积极自主性。六年来,我校在2007年度全国大中专学生志愿者暑期"三下乡"社会实践活动中荣获先进单位称号;2008年暑期社会实践服务团昌平第二分团被评为全国大中专学生志愿者"三下乡"社会实践活动优秀团队;学校团委连续六年被评为首都高校社会实践先进单位,22支团队获得首都高校社会实践优秀团队,23篇作品被评为首都高校社会实践优秀成果,24名同志获得首都高校社会实践先进工作者称号,40名同志获得首都高校社会实践先进个人称号。

志愿服务工作稳中求新。奥运会后,校团委对构建我校志愿服务长效机制提出了整体方案和具体建议,推动志愿服务工作向科学化、规范化、特色化、普及化和日常化发展。在每年的"学雷锋日"、"排队日"、"五四"青年节等重要时点,全校志愿者组织都会在校园内进行主题宣传活动。校团委按照团市委"星星火炬照耀成长"打工子弟学校关爱行动的安排,积极与丰台区康华小学、振华民生学校、蓝天丰苑小学等3所打工子弟学校联系,商讨志愿服务的方案,并与蓝天丰苑小学举办了"大手拉小手"主题志愿支教活动。118名志愿者走进空巢家中,陪伴老人聊天、给老人读报和表演小节目,活动范围覆盖到我校周边16个社区。此外,校志愿者服务团还开展了"珍惜资源,心系玉树"空瓶回收活动,"同建绿色家园,共享生态文明"义务植树活动,"我身边的节能减排"图片设计大赛,电子垃圾回收活动,"不发传单"低碳宣传活动等,充分发挥了志愿者服务团的影响力,弘扬了志愿服务精神。

就业创业见习工作稳步推进。校团委按照团中央和团市委的工作要求,从基地的建设、维护、拓展到实习岗位的公开征集,人员选拔再到学生实习状况的跟踪等一系列工作严格把关,逐项推进,取得了较好的效果。目前,我校有校外就业创业见习基地34个,岗位200余个。近年来,300余名学生通过就业创业工作走上实习岗位。我们还组织开展了职业生涯规划大赛、模拟招聘会、模拟面试等提高广大学生就业技巧的活动,为以后的就业面试奠定基础。

"挑战杯"参赛成绩不断提高。校团委以培养学生的创新能力和调动学生从事课外学术科技活动的积极性为目标,坚持为同学们提高科研能力、培养创新精神创造良好的氛围。经过不懈努力,我校金融学院2008级研究生王子博等同学的作品《中国的产出缺口与通货膨胀研究(1978~2008)》首次成功入围第十一届"挑战杯"全国大学生课外学术科技作品竞赛并获得全国三等奖,实现了历史性的突破。六年来,我校学生在三届"挑战杯"大学生课外学术科技作品竞赛中共获得全国三等奖1项,北京市一等奖4项、二等奖4项、三等奖20项;在两届"挑战杯"首都大学生创业计划竞赛中,共获得金奖1项、银奖3项、铜奖6项。

回首六年,我们深刻地体会到:要做好共青团工作,应始终做到:

——必须坚持党的领导,高举团旗跟党走,牢牢

把握坚定正确的政治方向。坚持“党建带团建”，教育引导团员、青年按照党指引的方向健康成长，充分发挥党联系青年的桥梁和纽带作用，方能保持共青团事业正确的政治方向。

——必须坚持服务学校育人工作大局，拓宽领域，强化功能，把共青团工作放在全局中进行谋划和推进，把握共青团工作的根本出发点和落脚点，方能准确解读高校共青团组织的职能定位。

——必须坚持以人为本，准确把握团员、青年的特点和需求，竭诚服务，找准工作重心和方向，取得工作实效，方能不断赢得广大团员、青年的信赖和拥护。

——必须坚持与时俱进、开拓创新，准确把握时代脉搏，不断适应新变化，用发展的眼光看待共青团工作面临的新形势，创造性地开展工作，方能永葆共青团组织的生机和活力。

——必须坚持加强团的自身建设，注重激发基层团组织的活力，增强凝聚力，提供坚实有力的组织保障，方能保证共青团事业的可持续发展。

回首六年，我们深切地感受到：首都经济贸易大学共青团事业的发展，离不开学校党委、行政和上级团组织的正确领导和亲切关怀，离不开学校各部门、各院系和广大教职员工的热忱关心与大力支持，离不开兄弟院校共青团的密切合作与坦诚交流，离不开全校各级团干部的无私奉献和全体团员、青年的共同努力。在此，请允许我代表共青团首都经济贸易大学第二届委员会，向长期以来关心我校青年成长、支持我校共青团工作的各位领导、老师和同仁表示最衷心的感谢！向辛勤耕耘、发奋学习、扎实工作的广大团干部和团员、青年致以最崇高的敬意！

回首六年，我们清醒地认识到：我校共青团工作还有很多地方需要进一步总结、完善和提高。一是在高等教育竞争日趋激烈的情况下，如何更好地发挥共青团组织的育人功能，为培养更多、更优秀的经济管理和现代服务高素质人才做出更大贡献；二是面对团员、青年群体的新特点，思想教育的难度加大，如何提高共青团的感召力和思想教育工作的实效性；三是团学工作资源还需要进一步科学规划和整合，尤其要充分调动社会资源，以更好地服务于团员、青年的成长成才；四是共青团工作在博士研究生和青年教工中还存在薄弱环节，团组织应有的活力和影响力没有得到充分发挥；五是与青年日益多样化的需求相比，服务青年的途径和手段还不够多。对于这些问题，我们必须高度重视，认真研究并努力解决。

二、今后几年工作的指导思想和主要任务

各位代表，同志们，我校第三次党代会对学校未来的发展做出了战略规划，描绘了壮美蓝图。未来十年是我校深入推进内涵建设、全面提高办学质量的关键阶段，是建设国内一流财经大学的重要时期，我校共青团事业的发展也将处在全新的历史起点上。新的任务呼唤新的作为，我们必须紧跟学校发展步伐，求真务实，开拓创新，奋力抒写首都经济贸易大学共青团新的发展篇章。

我校第三次党代会提出，培养高素质人才是学校的根本任务。在人才培养上，要培养适应现代经济和社会发展需要，德智体美全面发展，理论基础扎实，具有国际视野，通晓国际规则，具有创新精神的高素质、复合型、应用型人才。共青团作为党领导下的先进青年的群众组织，是学校育人工作的重要力量，我们要紧扣学校人才培养目标和党政工作重点来谋划团的工作布局，找准共青团工作的结合点、切入点和着力点，把共青团工作放在党政工作发展的大局中去思考和把握，明确思路，抓住机遇，坚定信心，埋头苦干，在学校各项事业的发展壮大中有所作为，推动共青团事业再上新台阶。

今后几年我校共青团工作的指导思想是：高举中国特色社会主义伟大旗帜，以邓小平理论和“三个代表”重要思想为指导，深入贯彻落实科学发展观，在校党委和上级团组织的领导下，围绕学校中心工作，加强思想引领，服务青年成长成才，深化育人职能，推进内涵发展，创新工作内容，完善服务手段，加强自身建设，充分发挥党联系青年的桥梁和纽带作用，进一步提升共青团工作的思想引领力、组织凝聚力、文化辐射力和服务影响力，开创我校共青团工作的新局面，团结带领全校团员、青年为建设国内一流财经大学贡献青春力量。

今后几年我校共青团工作的思路是：全面构建并形成我校共青团“12345”的工作格局，即坚持“党建带团建”，围绕人才培养这一中心，落实“两个全体青年”的目标要求，按照“传承创新、求真务实、服务发展”的三大工作理念，为实现共青团组织、引导、服务、维护青年合法权益的四项职能，全力搭建思想育人、组织育人、实践育人、文化育人和服务育人的“五育人”工作平台。

（一）搭建“思想育人”平台，提升共青团思想引领能力

要始终把团员、青年的思想政治教育放在首位，坚持贴近学生、贴近实际、贴近生活的原则，积极探索新形势下青年思想政治教育工作的规律，把思想政治教育做深、做细、做实、做透，不断提高思想政治

教育的时代性、针对性和实效性,科学搭建“思想育人”平台,为培养高素质、复合型、应用型人才奠定良好的基石。

实施青春引航计划,着力加强理想信念教育。紧跟时代主旋律,不断丰富思想政治教育的内容,提高思想政治教育的效果。继续抓住“五四”、“七一”、“国庆”、“一二·九”等纪念日,通过演讲比赛、纪念晚会、座谈会、主题团日活动等多种形式进行爱国主义教育,弘扬中华民族的优良传统,增强责任意识,坚定团员、青年走中国特色社会主义道路的信念。

实施青春领航计划,深入推进学生骨干培养工作。深入研究优秀学生成长成才的共性规律,探索建立分层次、多角度、全方位的学生骨干培养体系。充分调动各方资源,不断扩大培养规模、拓展培养内容、丰富培养载体、健全培养机制、提高培养质量,着力培养一大批坚定的青年马克思主义者。坚持“边培养,边使用”的原则,让学生骨干在工作岗位、校园活动和社会实践中自觉接受锻炼,切实发挥先锋模范作用。

实施青春导航计划,不断加强团属宣传阵地建设。继续发挥《共青团通讯》、《求学》、《我的大学》等平面媒体的作用,加大宣传覆盖面。大力运用微博、网络视频、即时通信、手机等新媒介,增强对团员、青年的吸引力。逐步建立起传统手段和新媒体充分融合、多层次、广覆盖的引导动员体系。进一步提升团委网站的实用性和时效性,将网站建设成为服务的窗口、宣传的阵地、工作的平台和学习的园地。加强对院系团属媒体的指导、管理和整合,突出学院和专业特色。

(二)搭建“组织育人”平台,加强共青团的自身建设

团组织自身建设是实现共青团工作内涵发展的关键环节,是共青团事业更好地为青年学生成长成才服务的基础,也是提升共青团工作凝聚力、影响力和战斗力的保障。通过搭建“组织育人”平台,实现共青团持续、快速、健康发展。

实施青春聚力计划,深入推进“党建带团建”和创先争优工作。充分发挥党的助手和后备军作用,主动借助党建工作新成果,推动基层团建与党建在工作领域和工作内容上的紧密结合。深入开展创先争优活动,切实提高共青团组织和团员、青年服务学校科学发展的贡献力。与党委组织部配合修订《关于做好推荐优秀团员做党的发展对象工作的实施办法》等文件,进一步完善和细化“推优入党”的标准和步骤。

实施青春给力计划,全面活跃基层团组织。建立校级“五四红旗团委”评选和团干部述职等制度,探索建立基层团委工作评价考核体系。不断加大工作资源、工作力量、工作载体向基层团组织倾斜的力度,充分发挥基层团组织的活力和创造力,加强团支部职能化建设,积极探索支持基层、服务基层、巩固基础的新模式。

实施青春合力计划,继续推进团建模式创新。认真贯彻“两个全体青年”的要求,推进团的多重覆盖、有效覆盖和全面覆盖。推行和完善在就业创业见习基地、社会实践团队等共青团专项工作的青年群体中建立临时团组织,探索和尝试在校级学生组织和学生宿舍建团新模式。调研分析我校不同青年群体的特点,围绕青年学生、青年教师、青年员工和外国留学生的“3+1”群体,探索建立“青年联合会”,更广泛地团结融合全校青年群体,扩大团组织的覆盖面和活动的影响力。

实施青春发力计划,着力建设研究型团组织。组织团干部进行各种形式的培训和集中学习,定期组织工作经验交流,注重完善与工作相关的知识结构。鼓励团干部深入开展工作研究,把握青年动态,广泛开展各类专题调研和热点调查,撰写高水平的研究报告,为共青团开展工作提供决策参考,努力提高共青团工作的针对性和实效性。

实施青春鼎力计划,培养造就优秀团干部队伍。与学校组织、人事部门积极协调、争取资源,分层次、分类别地将专职团干部队伍建设纳入学校的干部队伍建设整体规划中,将团干部教育培训纳入学校的干部教育培训总体规划中。注重加强团干部的理论武装和党性锻炼,培养团干部的大局意识和国际化素养,着重加强团干部的能力和作风建设,提升团干部服务大局和做好青年工作的本领,协助党委培养造就一支忠诚党的事业、热爱团的岗位、竭诚服务青年的团干部队伍,为学校发展建设和干部队伍建设提供支持保障。

实施青春协力计划,有效构建“一体两翼”的共青团工作运行格局。充分发挥校研究生会、学生会“自我服务、自我管理、自我教育”的作用,完善服务职能,围绕学生学习、生活、就业和身心健康等方面的需求,为学生干好事、办实事,努力成为学生意愿的代言人和学生合法利益的维护者。建立新时期学生社团管理机制,提高社团质量,把社团的数量优势转化为共青团对青年的引领优势。尝试建立“星级社团”评价体系,加强特色社团的布点和建设,加大对精品社团活动的扶持力度,重点抓好学生理论社团的建设。

(三)搭建"实践育人"平台,培养学生实践创新能力

按照我校第三次党代会提出的"进一步完善实践教学体系,鼓励学生深入社会调查研究,培养学生的实践能力、发现和解决实际问题的能力"以及"以培养研究生的创新能力为重点,大力实施拔尖创新人才培养计划"的要求,搭建共青团"实践育人"平台,引领团员、青年在实践中受教育、长才干、做贡献。

实施青春启智计划,以"挑战杯"为龙头,全力提高学生科技创新能力。建立"挑战杯"校内选拔赛制度,进一步加大对我校学生参加"挑战杯"大学生课外学术科技作品竞赛和创业计划竞赛的指导和支持力度,力争在北京市和全国比赛中取得更好成绩。积极协调相关部门,将"挑战杯"参赛作品的培育、申报工作与教务处"大学生科研与创新训练计划项目"和研究生部"研究生科技创新资助项目"相结合,力争从学校层面制定有关项目设置、教师指导以及资助与奖励等制度,进一步提高学生的科研能力和水平。

实施青春启航计划,大力开展学生社会实践工作。抓住我校调整完善人才培养方案的有利契机,积极整合校内外资源,将社会实践与专业实践、思想政治理论课教学实践和科技创新实践相结合,逐步扩大社会实践的规模和影响力,为首都经济社会发展提供智力支持,服务"三个北京"和世界城市建设。

实施青春启明计划,深入做好志愿者工作。按照我校志愿服务长效机制的研究成果,进一步加强志愿者队伍建设,完善志愿者注册制度,健全志愿者信息资料库和志愿者服务团运行机制。拓展志愿服务基地建设,开拓志愿服务的范围和领域。把关怀社区空巢老人、关爱农民工子女等社会弱势群体作为未来相当长一段时间志愿服务的重点,不断提升团员、青年的社会责任感和奉献精神。继续做好大学生志愿服务西部计划的选拔和跟踪服务工作。

实施青春启程计划,继续推进学生就业创业工作。通过举办就业创业大讲堂、职业规划设计大赛、职业体验活动等,引导大学生转变就业观念,拓展就业视野。整合现有见习基地资源,努力增加和提高基地的数量和质量。积极探索基地建设新模式,争取在见习职位设置上覆盖到全校所有专业,逐步推进见习基地进校园招聘工作。

(四)搭建"文化育人"平台,营造积极健康、高雅活泼的校园文化氛围

按照"充分发挥校园文化对各项工作的引领作用,不断提升校园文化品位,深入挖掘学校优良文化传统,进一步提炼'骆驼精神'的内涵,不断增强广大师生对学校文化的认同感和归属感"的要求,充分发挥共青团在校园文化建设中的优势,搭建共青团"文化育人"平台,强化大学生在创造优秀校园文化中的主人翁精神和责任意识,用健康向上的主流文化覆盖校园和影响学生,最大限度地发挥文化育人的作用。

进一步加强学风建设。充分发挥共青团在学风建设中的主导作用,通过构建学生学习动力机制,提高学生学习积极性;通过建立学习型团学工作队伍,发挥带头示范作用;通过重视校园文化建设,为学风建设营造良好氛围,提高人才培养质量。

进一步深化品牌特色活动。科学合理布局校园文化活动,注重人文、科技、艺术的融合,完善校园文化活动体系。继续增强学术文化节、文化艺术节、社团文化节和研究生学术文化节的影响力和品牌效应,着力突出思想性和学术性,着力提高活动质量,吸引更多的同学参与并能切实受到教育,不断繁荣校园文化建设。引导各基层团组织发挥自身优势,将体现学校文化传统和办学特色的"骆驼精神"寓于学生活动之中,开创出更多特色鲜明、内涵丰富、影响深远、可持续发展的品牌性校园文化活动。

进一步加大学生艺术团的建设力度。继续探索我校没有艺术特长生招生背景下的艺术团建设和管理模式,充分发挥学生艺术团文化育人的功能,积极争取将学生艺术团日常训练纳入学校公共选修课体系,实现课程化管理。

进一步增强学生的国际交流能力。与对外文化交流学院等部门加强沟通和联系,共同搭建中外学生文化活动平台。加强与我校留学生群体互动,通过双方共同关心的话题,开展共同参与的活动,为校园增添一道别样的风景。积极探索国际游学、夏令营、文化艺术交流互访项目等形式,助力学校国际化的推进步伐。

(五)搭建"服务育人"平台,充分发挥共青团的桥梁和纽带作用

按照我校第三次党代会提出的"要支持共青团、研究生会、学生会、学生社团创造性地开展工作,最大限度地调动每一个学生的主动性、积极性和创造性,服务青年学生成长成才"的要求,深入调查研究,切实对接需求,搭建共青团"服务育人"平台,切实有效地服务全校团员、青年。

服务学校育人中心。共青团作为党的助手和后备军,要充分发挥自身的优势,动员和组织广大团员、青年的力量,进一步增强主人翁意识,自觉地把个人的成长成才融入学校的事业之中,创建良好的校风和学风,为最终实现学校发展目标贡献力量。

服务青年学生合法利益诉求。开展青年学生权益重大问题调查研究,加强对普遍性利益诉求的收

集、分析,准确把握青年学生的思想动态,维护好学生的合法权益。继续开展多层面的共青团倾听活动,保持学生与学校沟通渠道的畅通,倾听青年学生的呼声,反映青年学生的愿望。

服务青年学生工作生活实际需求。建立“五四青年热线”和“校园短信咨询平台”,力所能及地解决青年学生学习生活中遇到的困难和问题。加强对青年学生的舆情监测,及时化解青年学生的矛盾纠纷,维护校园和谐稳定。

服务外地生源学生群体的需求。针对我校外地生源学生逐年增多的趋势,组织全校各级团学组织开展“周末文化广场”、“精彩假日”等活动,丰富周末和假期留校学生的课余文化生活,努力营造假期校园文化氛围。

各位代表、同志们,今年恰逢首都经济贸易大学建校55周年。55年的岁月铸就了首都经济贸易大学光辉灿烂的历史,也磨砺了我校共青团“党有号召,团有行动”的优秀品质。放眼未来,学校发展建设的宏伟蓝图让人振奋,共青团的使命依然神圣而艰巨。让我们携起手来,紧密团结在党的周围,牢固树立科学发展观,秉承“崇德尚能,经世济民”的校训,在全面建设小康社会的伟大实践中,在建设国内一流财经大学的历史进程中,用我们的青春和汗水,用我们的智慧和勇气,用我们的热情和忠诚谱写首都经济贸易大学共青团新的华美篇章。

共青团首都经济贸易大学第三次代表大会闭幕词

孙庆福

(2011年11月5日)

尊敬的各位领导、各位代表、同志们:

共青团首都经济贸易大学第三次代表大会在校党委和团市委的亲切关怀和悉心指导下,经过全体与会代表的共同努力,已经圆满完成了大会预定的各项任务,即将胜利闭幕。

在这次大会上,校领导和团市委领导分别作了重要讲话,充分肯定了六年来我校共青团工作所取得的成绩,向全校团员、青年提出了殷切期望,并向新一届团委提出了具体要求,为新形势下我校共青团工作的开展指明了方向,体现了校党委和团市委对我校共青团工作的高度重视。

大会认真审议并通过了张彤同志代表共青团首都经济贸易大学第二届委员会所做的工作报告,选举产生了共青团首都经济贸易大学第三届委员会,为今后几年我校共青团的建设和发展奠定了坚实的思想基础和组织保障。

大会期间,各位代表围绕大会的各项议题,畅所欲言,群策群力,共同探讨了共青团事业在新时期的发展大计,集中体现了全校团员、青年的意志。这是一次青春的盛会,一次集思广益、民主决策的大会,一次团结创新、展望未来的大会。这次大会必将成为我校共青团事业发展的又一个新的里程碑。

各位代表,本次团代会描绘了全校共青团工作的宏伟蓝图,既向我们展示了光辉灿烂的前景,也给我们提出了更新、更高的要求。通过这次大会,大家进一步统一了思想,振奋了精神,明确了任务,增强了信心。希望各位代表尽快把会议精神带到团员、青年中去,以饱满的热情,扎实的作风,团结带领全校团员、青年勤于学习、善于创造、甘于奉献,为实现建设国内一流财经大学的目标创造出更加辉煌灿烂的青春业绩。

谢谢大家!

共青团首都经济贸易大学第三次代表大会和第三届委员会第一次全体会议选举结果

共青团首都经济贸易大学第三届委员会委员(按姓氏笔画排序):

王海鹏(女,满族) 王漪鸥(女) 冯俊鹏
卢　霏 孙庆福 刘　娟(女)
刘　森(满族) 刘　辉 肖江文
张　彤 张　陌 李晓鸥(女)
李娟婷(女) 李慧竹(女) 陈　思(女,满族)
陈蒲晶(女) 杨　曦 杨露茜(女)
季岩砚(女) 周从周(女) 孟雪丽(女)
胡　文 姜　汉(朝鲜族) 姜蓓蓓(女)
郭　英(女) 蔡　斌 魏有亮

共青团首都经济贸易大学第三届委员会常委(按姓氏笔画排序):

孙庆福 刘　辉 肖江文 张　彤
李晓鸥(女) 李娟婷(女) 季岩砚(女)
蔡　斌 魏有亮

共青团首都经济贸易大学第三届委员会书记、副书记:

团 委 书 记:张　彤

团委副书记:李晓鸥

庆祝建党90周年

为隆重纪念中国共产党成立90周年，以回顾党的奋斗历史、讴歌党的光辉业绩为重点，创新活动方式，丰富实践载体，党委各职能部门、工会、团委及各党总支、直属党支部组织了庆祝建党90周年系列活动，进一步激发了广大党员的爱党、爱国及爱校热情，增强了责任感和使命感。继续深入开展创先争优活动，深入推进“三个工程”建设。分层分类开展党史、党性教育，组织部、宣传部、学生处、离退休工作处、工会和团委等部门分别针对不同群体组织了主题教育活动、党课、座谈会、征文比赛、知识竞赛和书画摄影作品展等丰富多彩的教育活动。由组织部牵头、党委各职能部门全力配合，各党总支、直属党支部积极参与，共同举办了庆祝建党90周年大会暨文艺演出，既展示了广大党员的风采，也是一次生动的党史、党性教育。广泛开展了评选表彰和学习先进的活动，在基层党组织和广大党员中营造“学先进、赶先进、做贡献、当表率”的良好风气。开展了党内激励、关怀、帮扶工作，从组织部、离退休工作处、工会、学团等多渠道关心慰问生活困难党员和老党员。统战部以“重温辉煌历程、共谋事业发展”为主题组织了党外代表人士座谈会。

北京市委巡视组对学校开展巡视工作

按照市委统一部署，11月29日，以杨素荣同志为组长的市委第六巡视组一行到学校开始了为期两个月的巡视工作。巡视组主要围绕五个方面开展工作：一是对学校领导班子及其成员在贯彻执行党的教育路线、方针、政策和市委关于教育的重大决定、决议和工作部署的情况，特别是对贯彻落实邓小平理论和“三个代表”重要思想以及科学发展观的执行情况进行监督检查；二是对学校领导班子及其成员贯彻落实民主集中制情况进行监督检查；三是对学校落实党风廉政建设责任制情况进行监督检查；四是对学校领导班子及其成员思想作风、工作作风、学风等情况进行监督检查；五是对学校选拔、任用干部情况进行监督检查。在驻校巡视期间，巡视组主要采用听取党委及相关职能部门汇报、个别座谈、召开专门座谈会、列席学校有关会议、受理来信来访等方式广泛听取师生员工的意见和建议。

根据巡视工作整体安排，11月29日至30日，学校党委书记柯文进、纪委书记杨世忠、党委组织部部长刘宇分别向市委第六巡视组汇报了2009～2011年学校党委工作、纪委工作和党委组织部工作。

11月29日，学校分别召开两委全委扩大会和巡视工作动员会，杨素荣组长介绍了巡视工作的主要内容和工作方式，提出了具体的工作要求，公布了巡视组校内临时办公地点和驻地电话等信息。柯文进在动员会上指出，学校要高度重视市委的巡视工作，认真领会杨素荣同志的讲话精神，提高认识，统一思想，全力配合巡视组的工作。柯文进代表学校党委就如何支持、配合巡视组开展好工作做了如下表态：以高度的政治责任感认真对待巡视工作，要把认真接受巡视作为当前一项最重要的工作任务，把思想和行动统一到市委关于巡视工作的部署和要求上来；以诚恳的态度自觉接受巡视监督，把接受监督检查的过程作为不断提高自身防腐拒变能力的过程、提高工作水平的过程和改进学校工作的过程；以巡视工作为契机，认真抓好整改工作，把巡视组宝贵的意见和建议转化为学校发展的强劲动力。学校领导班子成员、党委委员、纪委委员、学校学术委员会委员、全体教授、副处级以上干部、离退休老领导代表、部分党代表、部分区县人大代表和政协委员以及民主党派代表、无党派代表人士代表等各方面代表参加了动员会。

11月30日至12月8日,巡视组开展了个别座谈,谈话人员涉及学校领导、中层正职、教授、两委委员、党代表、党外代表人士等。12月7日、9日,巡视组先后列席了学校第14次校长办公会、第27次党委常委会。12月14日、16日,巡视组分别召开离退休人员座谈会、中青年骨干教师座谈会、红庙校区部分干部座谈会。12月21日,巡视组参加了OTA举办的“老师,您还在‘教’吗?——大众化教育背景下的导师角色再探讨”主题午餐会。12月28日,巡视组参加了校级领导班子年度考核述职述廉大会。巡视工作期间,巡视组还调阅了学校党委常委会会议记录、校级领导班子民主生活会会议记录、党委讨论决定任免干部的会议记录。根据巡视工作安排,对学校的巡视工作反馈将在2012年5月进行。

2011年校园十大新闻

由我校党委宣传部组织的“2011年首都经济贸易大学十大新闻”评选活动日前结束。本次投票于2012年1月6日开始,历经2个月,通过广大师生投票及广泛征求意见等方式,“我校学位点建设取得新突破 新增3个一级学科博士点、6个一级学科硕士点”等10条新闻入选2011年首都经济贸易大学十大新闻(以下按新闻发布顺序排列)。

1. 学位点建设取得新突破　新增3个一级学科博士点、6个一级学科硕士点

2011年,根据国务院学位委员会文件通知,我校获准新增管理科学与工程和工商管理2个博士学位授权一级学科,“理论经济学”、“法学”、“外国语言文学”、“公共管理”和“马克思主义理论”5个硕士学位授权一级学科。我校“统计学”获批调整为博士学位授权一级学科和硕士学位授权一级学科;“安全技术及工程”获批调整为“安全科学与工程”硕士学位授权一级学科。截至2011年12月,我校共有一级学科博士学位授权点4个,一级学科硕士学位授权点10个,专业硕士学位授权点12个,在经济学门类中学科布局更加完善,在工学一级学科中获得了重大突破,研究生教育的办学层次得到进一步完善和提高。

2. 学校“十二五”规划出台　全校上下广泛宣传学习

2011年,学校党委把编制学校“十二五”规划,并同步推进总体规划和分项规划、学院规划和部门规划作为未来五年全面落实学校第三次党代会精神和学校中长期事业发展规划纲要的重要举措。经过多层次、多方面座谈会的集思广益和对文本的多次研讨修改,我校的“十二五”规划已于4月20日由学校教代会审议通过。学校编写了中长期发展规划纲要和“十二五”规划的解读文本,在校报和校园网上开设了“十二五”专栏和“十二五”专题网站,把宣传和落实这两个规划作为重要任务来抓,面向广大党员、干部和师生员工广泛开展学习宣传活动,形成全校上下共同推动学校“科学发展、建设一流”的良好氛围。

3. 大力推进思想政治理论课建设　马克思主义学院成立

2011年,学校按照教育部和北京市教委对大学生思想政治理论课的有关要求,进行了学科和院系调整,将原人文学院思想政治中心设立为独立的二级机构,成立了“马克思主义学院”,将原人文学院广告学、传播学、汉语言文学系和艺术教研部成立“文化与传播学院”。马克思主义学院顺利通过了北京高校思想政治理论课的建设工作督查,有力地推动了我校思想政治理论课建设。

4. 学校举办系列活动　隆重庆祝建党90周年

2011年是中国共产党成立90周年,学校举行了一系列活动,隆重庆祝党的生日:成功举办了庆祝建党九十周年表彰大会暨文艺演出,召开了以“坚定信念做贡献,牢记宗旨当表率”为主题的座谈会,组织开展了纪念建党九十周年征文活动、教工摄影展等。

这些活动的开展集中展现了各级党组织和广大党员的风采,进一步凝聚了师生共同推动学校发展的人心。

5. 学校实行大类招生、辅修双学位、优秀新生转专业举措 深化人才培养模式改革

2011 年,我校本着以学生为本,培养跨学科、复合型人才的理念,继续深化人才培养模式改革,首次实行大类招生大类培养、专业招生按方向特色培养;修订了学校《本科生辅修专业及双学位管理办法》,实行辅修双学位制度,全年共有 652 名同学参加了辅修专业的学习;开展了优秀新生转专业工作,共有 69 名 2010 级学生完成了转专业学习。

6. 人才强校建设实现突破 杨河清荣获第六届国家级教学名师奖 李婧入选教育部 2011 年新世纪优秀人才支持计划

9 月 8 日,在教育部召开的第六届高等学校教学名师奖表彰大会上,我校杨河清教授荣获国家级教学名师奖。杨河清教授此次获奖,实现了我校国家级教学名师奖项的零的突破。11 月,我校经济学院李婧教授当选为教育部"2011 年新世纪优秀人才",实现了我校在教育部"新世纪优秀人才"申报工作中零的突破,代表着我校中青年学者科研实力的重大提升。

7. 学校加大双轨制引进人才力度 全年共引进专、兼职高级技术人员 26 人

2011 年,我校进一步加大了高层人才引进力度,研究制定了学校《海外高层次人才引进工作暂行办法》,为实现多渠道、多方式引进海外知名教授和优秀留学人员,逐步探索和构建开放式的师资管理"双轨制"提供了有效的制度保障。全年共引进专、兼职高级技术人员 26 人,其中全职引进 2 人、兼职讲座教授 5 人、兼职(客座)教授 19 人。

8. 首都经济贸易大学社会计算研究院和中国经济实验研究院成立

为加强新型学术组织建设,学校整合校内外资源,成立首都经济贸易大学社会计算研究院和中国经济实验研究院,进一步提升我校的科研创新能力。社会计算研究院的成立为高校国际化人才培养开创了一个崭新的模式,对提升我国社会计算科学的国际知名度以及促进我国社会经济计算研究领域的发展具有重大意义。中国经济实验研究院旨在推动经济实验研究,繁荣经济科学,为推进我国的经济体制改革,提高经济增长质量,促进经济发展服务。

9. 校友回家 同庆母校 55 华诞

2011 年是我校建校 55 周年,学校以"凝心聚力、共谋发展"为主题开展了系列纪念活动。11 月 20 日,庆祝建校 55 周年校友联谊会在校体育馆隆重举行,150 余名校友返校参加联谊会,大家心怀喜悦、欢聚一堂,同庆母校 55 华诞。

10. 副校长郝如玉的《个人所得税法修订难点的解决策略》荣获党和政府建言献策优秀成果奖

学校大力支持民主党派和无党派人士围绕学校中心工作和国家、北京市经济社会发展多做贡献,坚持"立足北京、服务首都",充分发挥智囊团作用。2011 年,我校郝如玉副校长的《个人所得税法修订难点的解决策略》荣获党和政府建言献策优秀成果奖,并受到中共中央统战部、人力资源和社会保障部等多部门的联合表彰。

重　要　文　件

首都经济贸易大学2011年工作要点

2011年是“十二五”的开局之年,也是全面贯彻落实学校第三次党代会精神和中长期事业发展规划的第一年。2011年学校工作总的要求是:深入贯彻落实党的十七届五中全会、全国教育工作会议和市委十届八次全会精神,深入贯彻落实科学发展观,全面落实国家和北京市中长期教育改革发展规划纲要,全面落实学校第三次党代会的各项工作部署,制定好学校“十二五”规划,推进学校国际化进程,加强学科内涵建设,提升科学研究水平,提高教育教学质量,立足人才队伍建设,改善学校办学条件,加强学校内部管理,夯实党建工作基础,努力建设和谐校园,为实施“十二五”规划开好局、起好步,以优异成绩迎接中国共产党成立90周年。

一、结合制定并实施学校“十二五”规划,全面落实学校第三次党代会精神

1.制定并实施学校“十二五”规划。根据学校第三次党代会精神和学校中长期事业发展规划纲要,编制学校“十二五”规划,同步推进总体规划和分项规划、学院规划和部门规划的制定,以此作为未来五年全面落实学校第三次党代会精神的重要举措。启动实施“十二五”规划,分解目标任务,明确责任分工,建立《首都经济贸易大学“十二五”时期发展规划》实施基本情况的年度跟踪信息数据库,制定详细的“十二五”规划实施评估考核办法。

2.结合“十二五”规划的制定,做好学校第三次党代会精神与“十二五”规划的宣传解读工作。组织编写学校第三次党代会精神与“十二五”时期发展规划解读文本,面向广大党员、干部和师生员工广泛开展学习宣传活动,形成全校上下共同推动学校“科学发展、建设一流”的良好舆论氛围。

二、进一步加强内涵建设,切实增强学科和科研实力

3.突出学科内涵建设重点。召开学校学科建设与科学研究工作大会,全面梳理“十一五”以来学校学科建设和科学研究工作取得的成绩和经验,谋划未来五年特别是今后两年学校学科建设和科学研究的发展举措。高度重视2012年国家重点学科申报工作,制定相关制度,完善工作机制,认真做好各项准备工作。加强新增博士点、硕士点的建设,做好博士研究生导师的遴选工作。全面落实学科负责人制度。

4.提升科研质量和水平。加强科研基地、科技创新平台建设,重点建设好CBD研究基地和北京市经济社会发展政策研究基地,认真做好教育部人文社会科学重点研究基地的申报工作。鼓励各学科之间的交叉融合和联合研究,形成符合学科发展方向的研究领域,形成稳定的可持续发展的学术研究团队。

抓住“十二五”开局的有利契机,认真组织申报高级别科研项目和横向科研项目,有计划、有重点地抓好重大课题攻关。进一步提高科研经费的增长幅度,着力提高科研成果的数量和质量,积极做好国家级和省部级奖项的申报评审工作。

大力营造校园学术氛围,切实提高举办学术会议与学术讲座的质量和层次,进一步展示我校的科研实力,提高我校在国内外的知名度和影响力。鼓励教师更多地参加国际高水平学术会议,邀请国内外知名学者参会、来校讲学和交流。进一步增强我校服务国家、北京市经济建设和社会发展的能力,充分发挥我校在北京市“十二五”规划制定中的重要作用。

三、创新人才培养模式与机制,持续提高人才培养质量

5.深化人才培养模式改革。上半年,围绕“如何创新和改革人才培养模式与机制”,组织开展教育思想大讨论,在此基础上制定系统的人才培养模式改革方案。积极筹备召开学校教育教学工作大会。在部分院系探索大类招生和培养模式改革。进一步完善主辅修制度,为学生提供扩展专业知识的学习平台。继续完善和深化实践教学,加强实验课程建设,遴选20个左右的实验课程和实验项目,推动专业综合实验。继续实施“大学生科研与创新训练计划项目”,支持大学生参加学科竞赛活动,着力培养学生的实践能力和科学精神。进一步推进校外实习基地建设,设立校、院二级实践基地建设项目,提升学生的校外实习质量。

6.深入推进本科教学质量与教学改革工程。制定我校“教学质量与教学改革工程二期实施方案”,全力做好国家级、北京市级等各类质量工程项目的组织和申报工作，遴选10个左右符合社会需求、富有学校特色、具备整体影响力、在全国或北京市具有竞争力的项目，全面做好申报国家级和北京市级教育教学成果奖项的准备工作。以专业建设为龙头，积极推进“二期质量工程”建设，全面开展校内本科专业评估。结合社会需求和学校实际，调整和培育部分本科专业。组织开展国家特色专业和北京市特色专业建设项目的评估验收和经验交流。

7. 深化研究生教育改革。以培养创新能力为重点，探索研究生培养模式改革。做好新增专业和原有专业研究生培养方案的制定和修订工作，建立学术型和专业型硕士研究生的分类培养机制。在部分学科试点成立博士研究生指导小组，提高博士研究生的培养质量。继续实施研究生科研创新项目，通过开展“名家进校园”、“双周学术论坛”等活动，进一步提高研究生的学术和科研水平。

8. 加强和改进大学生思想政治教育工作。深入开展多种形式的社会主义核心价值观主题教育活动。以优良学风建设为主线，加强学生党团组织建设和班集体建设。积极整合各方面力量，形成学风建设合力。做好学生心理健康普及性教育和心理危机预防与干预工作，重点加强研究生心理健康教育工作。继续完善“三色花”辅导教育网络平台。进一步加强辅导员队伍建设，研究制定辅导员专业技术职称评聘办法，规范辅导员工作绩效考核，加强兼职辅导员队伍建设。

9. 扎实做好招生就业工作。加强各类考生的招生宣传，稳定生源规模和质量。调整本科生源的京内外、文理科结构，积极争取扩大本科京外生源比例。积极推进大类招生和特色招生，切实做好高水平运动队的招生工作。全力做好2011年本科生、研究生毕业生就业工作，重点加强全程化就业指导，积极开拓就业市场，特别是京外就业市场，不断提升就业服务质量，确保完成本科生一次就业率不低于95%、研究生一次就业率不低于90%的工作目标。

10. 提高继续教育质量。推进继续教育转型，开拓包括网络教育、资格证书教育等新的培训办学领域。落实好新教学大纲和教学计划，做好专业设置的调整工作，试点学生考试和论文考核改革。做好新疆少数民族普通高校毕业生来京培养计划执行工作。

四、加强人才的引进和培养，着力提升师资队伍水平

11. 加大人才引进力度。结合制定“十二五”师资队伍建设规划，筹备召开全校人才工作会议。结合学科建设，有重点地引进学科带头人、学术领军人物等高层次人才。制定并实施学校《海外高层次人才引进工作暂行办法》和《海外高层次人才考核管理办法》，多渠道、多方式引进海外知名教授和优秀留学人员，探索构建开放式的师资管理“双轨制”。研究制定多元化的教师考核评价办法。

12. 加强教师的培养。做好新一轮后备学科带头人和中青年骨干教师的遴选工作，形成层次鲜明、结构合理的人才梯队。充分发挥教师促进中心(OTA)的作用，继续开展教师职业生涯规划，全面提升教师的教学、科研水平。加强博士后科研流动站的建设和管理，积极稳妥地扩大博士后科研流动站研究人员的招收规模。

五、提升国际交流合作的层次和水平，加快推进学校国际化进程

13. 研究制定学校国际化的总体方案。以推动教师队伍和学生培养的国际化为突破口，带动教学、科研、管理等多方面的国际化。完善国际化工作机制，在学生的招生、培养、就业的各个环节，在师资队伍的培养、引进、使用、管理的各个方面，充分调研、系统论证，制定学校国际化进程的五年规划。逐步培育并形成我校的国际化特色，进一步提升学校的总体办学水平和社会知名度。

14. 进一步推进国际化人才培养模式改革。建设国际化人才培养的品牌专业，以国际化人才培养创新试验区建设项目和国家级、北京市级特色专业为依托，探索与国外高校相近本科专业的国际合作。加大双语示范课程建设，重点扶持全英文课程，遴选20门左右具有一定基础和师资力量的课程，给予专项资金加强建设。改进和完善大学外语的教学方式，积极聘请国外教师来校从事语言教学，组织师资开设跨文化交流类课程，提升学生的国际交流能力。进一步拓宽本科生、研究生出国学习渠道，提高学生参与国际交流的比例。重点推进本科生、研究生公派出国攻读学位、与国外大学联合培养等实质性的国际合作交流项目。继续开展研究生攻读双硕士学位的中外联合培养工作。

15. 深化对外交流与合作。提高对外交流与合作的层次和水平，注重加强与国外高水平大学实质性的交流与合作。积极探索对外合作办学的新模式，拓展合作领域，丰富合作内容。继续大力支持教师到国外进修访问、参加各类国际学术会议以及与国外教授开展联合研究。扩大留学生规模，多渠道开展留学生招生工作，加大“走出去”招生的力度，充分发挥政府留学生奖学金的作用，为实现我校“十二五”时期留学生规模突破千人做好基础性工作。加强和改进留学生管理与服务，提高留学生教育质量。

继续办好海外孔子学院,进一步扩展孔子学院的功能。

六、加强学校内部管理,构建科学规范的管理体制和运行机制

16. 不断深化校内管理体制改革。制定学校《二级学院(系、部)工作细则》,进一步规范二级学院(系、部)的管理,为推动校院两级管理、建立高效的管理运行机制奠定基础。进一步加强民主管理,充分发挥学校和二级教代会对学校和本单位总体工作的评议和审议作用,加强对学校和本单位工作的监督。进一步推进党务公开、校务公开、院务公开工作,增强师生对学校事务的了解和民主参与程度,提高依法决策、科学决策和民主决策的水平。

17. 进一步做好财务工作。夯实学校财务管理基础,坚持"有保有压、以点带面"的原则,树立科学理财理念,加强预算管理,合理调配和使用资金。充分挖掘潜力,多渠道筹措学校发展资金,特别要保障学校基本建设资金。积极争取财政专项,提高专项资金的使用效益。继续探索学校二级单位财务监管模式,创新二级单位财务制度和财务监管手段。

18. 切实做好资产管理工作。通过完善制度、规范程序,不断加强资产运行安全。通过科学规划、合理调配,提高资产使用效率。重点加强对教学和科研单位的设备资源保障。根据国家政策规定和进度要求,做好教职工住房补贴发放工作。按照规划安排,做好红庙校区资源调配工作。推动华侨学院资产权益购置工作。在完成校办企业改制的基础上,建立起符合公司法人治理要求的管理体制和运行机制。

七、加大服务和保障力度,不断改善学校的办学条件

19. 继续加强校园基本建设。加快学校南侧和西北侧预留地的征地进度,争取年底前完成征地的前期手续工作。切实推进会议中心建设,年内完成程序性工作并开工建设。加快推进工科实验楼和后勤服务楼建设,力争今年年底交付使用。力争今年10月开工建设新食堂。完成红庙校区抗震加固工程及学校基础设施专项工程的实施工作。

20. 继续完善校园服务体系。继续深化后勤社会化改革,开展预算拨款标准调研,完善后勤预算管理制度。继续推进后勤标准化建设。进一步加强后勤服务工作信息反馈机制,系统开展并推进"第三课堂"建设活动。做好校园绿化美化的规划工作,加大节能减排工作力度,推进绿色校园建设。积极探索食品基地建设和物业管理模式改革。继续实施教职工健康工程,组织好教职工体检、体能测试和健康监测工作。

21. 进一步加强信息化建设,优化网络系统,确保校园网络"安全、稳定、快速"运行。大力加强"一卡通"系统建设和改造,规范"一卡通"管理。积极开展公共数据中心建设,实现全校公共数据动态交换。继续推广使用公文流转系统,全面实现公文流转的网络化和信息化。

22. 继续加强图书馆建设。加强图书采访的针对性和计划性,提高文献资源质量。组建科研查新中心,开展学术论文被引用情况的查证工作,为重大科研项目进行文献数据检索和项目跟踪服务。加大宣传力度,提高文献资源利用率。做好建设图书馆新馆的前期调研论证工作。

23. 继续做好学术刊物建设和图书出版工作。进一步试行专家匿名审稿制度,不断提高现有期刊的办刊质量。确保《经济与管理研究》再次入选中文社会科学引文索引(CSSCI)来源期刊目录,力争《首都经济贸易大学学报》入选中文社会科学引文索引(CSSCI)来源期刊目录。做好出版《经济与管理研究》英文版的前期准备工作。适度调整图书产品结构,增强精品图书和重点图书的出版策划能力,提高出版社对学校科研的贡献力。

八、全面提升党的建设科学化水平,为学校事业科学发展提供坚强保证

24. 加强理论武装和宣传思想工作。进一步推进学习型党组织建设,充分发挥校内专家和领导干部的作用,组建理论宣讲团,结合学习宣传第三次党代会精神,面向全校师生开展宣讲活动。继续以社会主义核心价值体系教育为核心,扎实推进中国特色社会主义理论体系进教材、进课堂、进头脑工作。进一步加强政治思想理论课建设和教学方法改革,提高课堂教学的实效性。着手开设思想政治教育网站和"新闻宣传与思想政治教育"手机报的调研工作,打造理论学习和思想政治教育新平台。

25. 大力加强领导班子和干部队伍建设。进一步修订和完善处级领导干部选拔任用工作办法,继续探索面向校内外公开选聘干部的方式方法,完善干部选拔任用机制,扩大选人用人视野,做好第四轮干部聘任工作。积极推进干部挂职锻炼工作,加强对青年骨干教师和优秀管理干部的培养锻炼。以"加强干部作风建设"为主题,大力开展干部教育培训,继续举办赴港培训班进行境外高等教育管理培训。修订领导班子和领导干部考核办法。扎实推进我校北京市干部教育培训基地建设工作,结合我校财经学科的优势和特色,建立一整套适应学员需求、提升干部素质、服务干部成长的有特色的基地教育培训模式。

26. 扎实推进基层党组织建设。贯彻落实《中国共产党普通高等学校基层组织工作条例》,进一步落实党代表任期制,切实发挥党代表的作用。深入开展创先争优活动,以纪念中国共产党成立90周年为主题,精心设计和开展系列活动,做好优秀共产党员、优秀党务工作者和先进基层党组织的评选表彰及学习宣传工作,切实发挥党员的模范带头作用和基层党组织的战斗堡垒作用。重点抓好基层党支部建设,加强党支部书记培训,做好基层党支部考核工作。

27. 认真落实党风廉政建设责任制。落实校、院两级领导班子"三重一大"制度,深化完善廉政风险防范管理机制,进一步规范招生、基建、大型修缮、采购、专项经费、校办企业、后勤服务等工作的运行,降低学校发展的风险。深入开展党风廉政教育,加强对党员领导干部的教育、管理和监督。认真贯彻《廉政准则》,严格执行党内监督条例,认真落实民主生活会、述职述廉、诫勉谈话等制度。强化内部控制和内部审计,做好预算执行及绩效审计、修缮项目审计、基建项目全过程跟踪审计和领导干部经济责任审计,切实提高学校资金的安全保障和使用效益。

28. 继续做好统战、离退休、群团工作。进一步调动党外人士参与首都建设和学校建设的积极性,认真做好党派工作,协助民主党派做好换届工作,注意选拔、推荐党外干部任职。贯彻落实离退休工作领导责任制,强化退休人员的二级管理,推进离退休管理服务工作制度化、规范化。健全关心下一代工作委员会、老教协等机构和组织的工作机制,充分发挥离退休老同志的积极作用。做好工会、教代会换届工作,上半年完成基层分工会的改选工作,下半年召开学校工会、教代会换届大会。积极筹备召开第三次团代会,全面加强共青团组织建设。推进基层团组织的规范化建设,开展共青团"倾听"计划,提高共青团服务青年的能力和水平。

29. 进一步加强校园文化建设。开展多种形式的建校55周年庆祝活动和校友联谊活动,增强全校师生和校友的归属感和荣誉感。继续开展校歌征集活动,争取年底前确定我校校歌。做好校园文化景观的实施工作。加强校园宣传环境的监督管理工作。制作我校新版形象画册和形象宣传片。

30. 全力维护校园安全稳定。推进安全稳定工作体系与机制建设,巩固安全稳定工作会商机制,强化工作统筹与力量整合。着力推进安全隐患排查整治工作,全力做好各类突发事件的应急处置。继续推进"科技创安"工程,升级学校重点部位安防监控系统,加强校园"多维综合防控体系"建设,创建平安校园。

首都经济贸易大学中长期事业发展规划纲要(2011~2020)

为深入贯彻落实科学发展观,认真落实国家提出的科教兴国战略和人才强国战略,抢抓机遇、迎接挑战、开拓创新、趁势而上,把学校建设成为国内一流、国际知名的财经大学,根据《国家中长期教育改革和发展规划纲要(2010~2020年)》和《国家中长期人才发展规划纲要(2010~2020年)》及北京市委、市政府有关教育工作和人才工作的一系列重要文件指示精神,结合学校实际,制定本规划。

序言

自1956年建校以来,学校以高度的使命感和责任感,坚持育人为本的办学宗旨,为国家和社会培养了一大批优秀人才。经过几代人的努力,学校已经发展成为拥有经济学、管理学、法学、文学、理学和工学等六大学科,以经济学、管理学为主体,各学科相互支撑、协调发展的现代化、多科性财经大学。

"十一五"规划实施以来,通过采取一系列的重大举措,学校各项事业取得了令人瞩目的成就,"十一五"规划确定的发展目标与主要任务已基本完成。办学规模稳步扩大,人才培养质量不断提高,学科专业适度扩展,学科布局基本合理,多学科协调发展的格局基本形成,科研实力和社会服务水平明显提升,师资队伍整体素质显著提高,办学条件明显改善,校园文化品位日益提升,学校的国际影响力和知名度日益提高,党建和思想政治工作成效显著,管理水平不断提高,办学活力显著增强。这些成绩的取得,大大提升了学校的综合实力和社会影响力,为学校未来的发展奠定了坚实的基础。

在看到成绩的同时,我们也应清醒地认识到,学校在学科建设、人才培养、科研实力、师资队伍、办学条件、管理体制和机制等方面与建设国内一流、国际知名的财经大学的目标相比,与国家和社会各界对学校的期望相比,还存在着一定的差距和明显的不足。

未来十几年,是我国基本建成创新型国家、全面实现小康社会建设目标的重要时期,是北京全面实现现代化和建设世界城市的重要时期,同时也是北京市教育事业在新的起点上实现科学发展的战略机遇期,更是我校建设国内一流、国际知名财经大学的关键时期。为全面建设小康社会、加快推进社会主义现代化,国家正在大力实施科教兴国战略和人才强国战略,并把"优先发展教育,建设人力资源强国"作为一项长期坚持的重大方针。这些战略的实施必将为学校的发展提供巨大的空间。与此同时,随着经济全球化与一体化程度的不断加深,教育的国际化趋势日益明显。我校地处首都北京,具有开展国际化教育独特的区位优势,这为学校的国际化战略提供了良好的外部环境。北京从建设世界城市的高度,正在加紧实施"人文北京、科技北京、绿色北京"发展战略。按照北京市委、市政府的要求,未来十年,首都高等教育在北京建设世界城市的过程中要大力提升人才培养能力、知识创新能力和社会贡献力,从而为国家建设和北京发展提供高端人才支撑和科技智力服务。我校作为北京市重点建设的高水平地方大学和全国知名的财经大学,理应承担这一历史赋予的重任,发挥更大的作用。

国家对高等教育的重视,首都对高等教育的期待,教育国际化的大好趋势,对我校的发展既是良好的机遇,更是严峻的挑战。与此同时,社会各界对学校的高度关注,国内高校尤其是北京地区和同类高校之间的激烈竞争,将给学校的发展带来更大的挑战。面对前所未有的机遇和挑战,我们必须站在新的起点上,增强忧患意识、竞争意识、开放意识和改革创新意识,抢抓机遇,直面挑战,坚持以人为本的办学理念,走内涵化、特色化、品牌化和国际化发展之路,大力推进学校各项事业的发展,尽早把学校建设成为国内一流、国际知名的财经大学,为国家、社会和北京建设世界城市做出更大的贡献。

一、指导思想与工作方针

(一)指导思想

高举中国特色社会主义伟大旗帜,坚持社会主义办学方向,以邓小平理论和"三个代表"重要思想为指导,深入贯彻落实科学发展观,全面贯彻党的教育方针,尊重教育规律,以科学发展为主题,以内涵提升为主线,以全面提高教育教学质量为核心,以学科建设为龙头,以科学研究为支撑,以建设高水平的师资队伍为关键,以改革创新为动力,以加强党建和思想政治工作为保证,坚持走内涵化、特色化、品牌化和国际化的发展之路,努力把学校建设成为国内一流、国际知名的财经大学。

(二)工作方针

未来十年,学校发展的工作方针是:科学发展、育人为本、改革创新、办出特色、提高质量。以科学发展统揽全局,以育人为本为一切工作的出发点和落脚点,以改革创新为强大动力,以特色办学为强校之道,以提高质量为核心任务,全面推进学校各项事业向前发展。

二、战略定位与战略目标

(一)战略定位

办学类型定位。以现有学科格局为基础,继续将学校建设成为以经济学、管理学学科为主体,经、管、法、文、理、工等学科相互支撑、协调发展的多科性财经大学。

办学规模与层次定位。稳定本科生规模,积极扩大研究生规模,大力发展学历层次的留学生教育与高层次继续教育,完善本科生、研究生、留学生与继续教育相互协调发展的多层次、多形式办学体系。

人才培养定位。培养适应现代经济和社会发展需要,德智体美全面发展,理论基础扎实,具有国际视野与创新精神的高素质、复合型、应用型人才。

(二)战略目标

到2020年,学校发展的总体战略目标是:立足北京、服务首都、面向全国、走向世界,努力把学校建设成为现代化、国际化、多科性、有特色的国内一流、国际知名的财经大学。

为实现学校发展的总体战略目标,未来十年,学校发展的重点战略目标是:力争实现"一个提升"、"两大突破"、"三个适应"和"四个一流"。

一个提升:实现党建和思想政治工作的科学化水平全面提升。

两大突破:一是争取在1~2个一级学科或3~5个二级学科国家重点学科和教育部人文社会科学重点研究基地建设上有所突破;二是争取在造就国家级教学名师和国家级学术领军人物以及全国百篇优秀博士论文培育方面有所突破。

三个适应:一是针对学校发展过程中的瓶颈和薄弱环节,建立与学校发展相适应的基础设施和公共服务体系;二是建设与学校提高核心竞争力相适应的高水平的师资队伍;三是建立与学校发展战略目标相适应的现代大学制度。

四个一流:一是5个左右的国家级特色重点学科和10个左右的国家级特色专业争创国内一流;二是高素质、复合型、应用型人才培养的质量争创国内一流;三是学校的国际化水平争创国内一流;四是校园环境和文化建设争创国内一流。

为实现上述战略定位和战略目标,未来十年学校的发展将分两步走:第一阶段(2011~2015):通过夯实基础,搭建平台,深化改革,创新机制,理顺关系,为下一阶段的快速发展创造条件,到2015年,学校整体办学实力明显提高,2个左右的国家级特色重点学科和5个左右的国家级特色专业达到国内一流水平;第二阶段(2016~2020):通过强化基础和实施一系列的顶尖计划，实现学校的大发展。到2020年，把学校全面建设成为国内一流、国际知名的财经大学。

三、战略任务和战略举措

（一）全面提高人才培养质量

以全面提高教育教学质量为核心，继续推进质量立校战略。积极实施拔尖创新人才培养计划和国际化人才培养计划，不断改革和创新人才培养模式，提高人才培养质量。

积极推进本科教学质量与教学改革工程，创新人才培养模式。以专业建设为核心，继续推进本科教学质量工程，提高教育教学质量。以内涵提升为导向，加强专业建设，争取建设一批具有鲜明特色和国内先进水平的专业；树立品牌意识，重点加强精品课程、精品教材及教学团队建设；大力提高教师教学水平，创新教育教学方法，争取国家级教学名师实现零的突破；鼓励和支持教师开展教学研究，产生一批国家级的教学研究成果，鼓励将教学研究成果应用于教学实践，提高教学成果转化率。遵循人才成长规律，探索并建立多样化的人才培养体系，改革和创新人才培养模式。加大专业和教学内容与国际接轨的程度，积极开拓国际合作办学途径，提高学生国际交流的能力，培育和形成我校国际化办学特色；坚持人才培养与社会实践相结合，积极搭建实践教学、科研训练和创新活动平台，加强国家级和北京市级实验室建设，创建一流的实践教学环境，提升学生实践能力和创新能力；建立开放的学习制度与平台，完善跨学校、跨学科、跨专业选课制度，积极开展辅修专业和双学位教育，培养宽口径、复合型的人才，提高学生就业竞争力和适应力。逐步完善与学分制相适应的教学管理制度，实现教学工作的科学化和信息化，提高教学运行效率，确保教学质量。

积极推进科学技术与研究生教育创新工程。推进研究生培养模式的改革和创新，进一步优化研究生培养方案，探索本硕博连读制度，完善硕博连读制度，大力推行“双导师制”，建设好中外研究生联合培养基地和产学研基地，实现研究生培养的国际化。实施拔尖创新人才培养计划，继续推进科学技术与研究生教育创新工程，提高研究生培养质量。建立创新拔尖人才的质量标准评价体系，把对创新能力的培养作为研究生培养工作的重中之重。完善激励与约束机制，不断提升研究生导师的学术水平和人格修养，努力提高研究生的科研创新能力。加快发展专业学位研究生教育，力争办出特色，形成品牌。加大对博士研究生培养的投入力度，力争在全国百篇优秀博士论文培育方面实现突破。

建立科学合理的教育质量评价制度。积极推进“学科和专业评估”、“教学质量评估”以及其他各教学环节的评估工作，建立健全科学合理的教育质量评价制度，并充分发挥其对提高教育教学质量的引导、激励和监督作用。

（二）进一步加强学科建设和管理

以学科建设为龙头，继续推进学科建设工程。根据“强优、扶弱、支新”的原则，进一步优化学科布局。积极实施一流学科与特色学科建设计划、新兴学科建设计划和交叉学科建设计划，力争办出特色，形成品牌。

优化学科布局，完善学科管理。根据学科现状，振兴理论经济学科，夯实应用经济学科，大力发展管理学科，加快提升法、文、理、工学科，全面提升学科建设水平。理论经济学、法学和公共管理学学科力争获批一级学科博士点。建立以首席学科带头人为中心的学科建设负责制，充分发挥学科带头人的领军作用。建立学科分类指导与管理制度，促进学科全面发展。

巩固和强化优势学科，着力建设一批国内一流学科和特色学科。在现有国家级和北京市级重点学科和重点建设学科的基础上，进一步凝练学科方向，培育学科特色，通过实施一流学科与特色学科建设计划，着力造就一批国内一流学科和特色重点学科，应用经济学、工商管理学科力争在国家级重点学科和特色重点学科建设方面有新的突破。加大博士后科研流动站建设，争取获批2~3个一级学科博士后科研流动站。

扶持新兴学科与交叉学科发展，培育新的学科增长点。通过实施新兴学科与交叉学科建设计划，大力支持低碳经济、网络经济、服务经济、集成管理等新兴学科以及人口、资源与环境，创意产业经济，金融信息技术和安全管理等交叉学科的发展，形成新的学科增长点。

（三）着力建设高素质人才队伍

以人才队伍建设为关键，继续推进人才强校战略。积极实施学术大师成就计划、海内外人才引进计划、学科梯队人才储备计划，努力建设一支高水平的教师队伍。同时，以提高效率和服务水平为宗旨，积极实施管理人才提升计划，努力建设一支政治素质好、管理水平高、专业能力强的管理人员和教辅人员队伍。

改善教职工队伍结构，提升师资队伍水平。大力补充专任教师队伍，扩大师资队伍规模，争取尽早实现生师比在18∶1以内，教师比例不低于教职工队伍的55%，管理人员比例不超过20%，其他专业技术人员比例不超过15%,工勤技能人员比例逐步缩减至10%以下,从根本上改变师资队伍不足、结构不合理的局面。以学科发展和专业发展为导向,坚持培养和引进相结合,加强师资队伍建设,全面提高教师质量。鼓励各教学单位加强教学团队和创新团队建设。

加强学科带头人和学科梯队建设。积极实施学科带头人成就计划,力争引进和造就若干名国家级学科领军人物;积极实施学科梯队人才储备计划,切实加大对中青年骨干教师的培养力度,形成层次鲜明、结构合理的高质量人才梯队;积极实施海内外人才引进计划,通过多种途径引进高层次人才。

加强管理、其他专业技术和工勤技能人员队伍的建设。本着"专业化、高层次、适当流动"的原则建设管理人员和其他专业技术人员队伍。积极实施管理人才提升计划,增强管理和其他专业技术人员的服务意识,提高工作水平。调整工勤技能人员的用工形式,鼓励编制外的工勤技能人员为学校做贡献。

深化人事制度改革。按照"人尽其才,分类管理"的原则,改革和创新人才聘用与管理制度,建立起科学、合理、多元化的用人机制与管理机制。努力营造一种乐业、敬业的人才成长环境,特别鼓励和支持拔尖创新人才的成长。建立教职工收入增长的机制,逐步提高教职工的待遇,充分调动全校教职员工的积极性、主动性和创造性,保障教职工队伍健康有序地发展。

(四)大力增强科学研究创新能力

以科学研究为支撑,继续推进科研兴校战略。以特色化和品牌化为导向,以增强创新能力为重点,通过实施科研平台建设计划和标志性成果产出计划,大力增强科学研究创新能力。

改革和创新科研管理体制,提倡创新性研究。完善科研考核评价制度,发挥科研工作考核的激励约束导向作用,引导科学研究向创新型方向转变。在科研管理中引入竞争机制,实行绩效评估,加强动态管理;从制度建设入手,加强学术管理。倡导学术诚信和规范学术行为,建立对学术不端行为的监督和惩罚机制,提升科学研究质量。

加大科研基地和科技创新平台建设。积极实施科研平台建设计划,按照"整合、共享、完善、提高"的思路推进科研基地和科技创新平台建设,坚持突出特色,创出品牌。集中资源,重点创建教育部人文社会科学重点研究基地。

推动标志性成果产出。积极实施标志性成果产出计划,以院系为基础,以重点学科和特色学科为依托,加大对重大理论与实践问题的研究,力争产生一批在国内外有重大影响的标志性成果,不断发挥学校在国家创新体系中的智库作用。

进一步推进科研国际化。鼓励教研人员通过各种途径参与国际学术交流与合作,支持教研人员在国际高水平杂志和重大国际学术会议上发表和宣读学术论文,在国外知名出版社出版学术著作,扩大学校在国际上的影响。

(五)努力提升社会贡献力

以社会服务为己任,积极实施智库工程建设计划和社会服务提升计划,增强学校对社会发展的贡献力。

实施智库工程建设计划。充分利用北京的区位优势和校友资源,创新服务方式,扩大服务范围,积极开展决策咨询,有效发挥作为政府、行业、企业的智囊团和思想库的作用,着力提高为首都服务的能力。

实施社会服务提升计划。紧密围绕国家和北京市经济社会发展面临的重大问题开展科研攻关,服务社会经济发展。开展跨学科、跨学校、跨区域、跨国界的科研合作,争取产生一批能够创造出良好经济效益和社会效益的科研成果。充分发挥高校知识文化优势,引领社会文化发展。积极为社会提供多样化、高层次的继续教育。广泛开展科学普及工作,提高社会公众科学素养和人文素养。鼓励师生面向社会开展多种类型的社会公益活动。

(六)积极改革和创新管理体制和机制

以改革创新为动力,进一步改革和创新学校的管理体制与运行机制,建立和完善现代大学制度,增强办学活力。

探索中国特色现代大学制度。依法制定学校章程,完善学校目标管理和绩效管理机制。进一步完善党委领导下的校长负责制,健全议事规则和决策程序,依法规范、明确、落实党委和校长职权。健全校务公开制度,接受师生员工和社会的监督,充分发挥工会、共青团、学生会等群众团体的作用,拓展学校民主管理的途径和渠道。扩大社会合作,探索学校与政府、企业、行业合作共建的模式,建立学校与科研院所、社会团体的资源共享、协调合作的有效机制。建立长效机制,切实加强与校友的联系和沟通,充分发挥校友在学校发展和管理中的促进作用。

完善大学治理结构。完善校院(系、部)两级管理体制,进一步明确学校与院(系、部)之间的责、权、利关系,推动管理重心下移,建立高效的管理运行机制。规范行政权力与学术权力的运行机制,充分发挥学术委员会在学科建设、学术评价、学术发展中的重要作用。探索教授治学的方法与途径,充分发挥教授在教学、学术研究和管理中的作用，尊重教学规律，提倡学术自由，营造宽松的学术环境。

探索和完善符合学校特点的管理制度和配套政策。逐步实现以优化结构和提高效益为导向的人力资源配置机制，以公开招聘和竞争择优为导向的人才遴选机制，以促进绩效提升和专业发展为导向的考核评价机制，以鼓励创新和业绩贡献为导向的薪酬激励机制，做到人尽其才。进一步改革和创新财务、资产管理与审计制度。

（七）大力推进校园规划与公共服务体系建设

以校园建设为载体，积极实施校园建设工程，加快建设与培养高素质人才相适应的办学条件与公共服务体系。

做好校园规划与建设。贯彻可持续发展的理念，充分做好两个校区校园规划和建设工作，重点做好校本部的征地和建设工作。按照“整体规划、分步实施、逐项推进”的原则，加强校园基础设施建设，争创环境优美、设施先进、功能齐全的一流办学条件。红庙校区通过整合，充分利用 CBD 的区位优势，发挥其作为 CBD 重点研究基地、继续教育、高端培训和对外交流平台的作用。

加快重点项目建设。加快图书馆建设，力争把图书馆建设成为我校的文献中心、学习中心、科研中心和信息交流中心；加快国际交流中心、国际会议中心、大学生活动中心等重点项目的建设。

加快校园信息化建设。加快学校信息化基础设施建设，不断提高其应用水平。加强教育教学资源建设，探索信息化环境中的教育教学规律，使信息化成为提高教育教学质量的重要手段。通过信息化带动学校管理的现代化，全面提高学校的信息化管理水平，打造数字化校园。

进一步完善其他公共服务体系。学校出版社、杂志社在积极为学校教学科研服务的同时，要争创品牌。校医院、体育部要继续实施教职工健康工程，为学校师生员工身心健康服务。按照有利于提高服务质量、减轻学校负担、满足办学需要、保持学校稳定的要求，进一步深化后勤社会化改革，提高后勤服务保障水平。

（八）大力加强校园文化建设

以校园文化建设为灵魂，充分发挥校园文化对各项工作的引领作用，不断提升校园文化品位，努力营造高尚、和谐、文明向上的校园文化氛围，形成与学校发展相适应、特色鲜明的校园文化。

创建绿色、环保与节约型校园。在校园整体规划和设计中，注重保护和建设相对独立的两个校区与不同时代的文化特色，校园新设施建设要注重突出学校文化内涵和财经大学的特色。校园建设要以环保和节约为基本原则，力争创建绿色校园、环保校园和节约型校园。加强对学校人文景观的规划设计，不断美化校园的文化氛围，不断完善校园导视系统、校园雕塑、文化长廊、名人格言、休闲设施等人文景观。

形成学校特色的精神文化体系。深入挖掘学校优良文化传统，以建校 60 周年为契机，建设校史陈列馆。积极培育社会主义核心价值观，大力弘扬“骆驼精神”，秉承“崇德尚能，经世济民”的校训，发扬“自强不息 求实创新”的校风，坚持把德育放在首位，以教风建设带学风建设，以学风建设促教风建设；鼓励各院（系、部）构筑特色鲜明的院（系、部）文化，形成校与院（系、部）各具特色又相互协调的精神文化体系。通过加强宣传，使独具特色的校训、校风、校歌、校标等学校品牌要素不断深入人心。

坚持以人为本的管理理念。注重管理制度和方式对学校文化的引导和示范作用，坚持以人为本的管理理念，使制度管理成为文化建设的重要推动力。建立师生广泛参与学校管理的运行机制，培育师生爱校如家的情感，增强其主人翁意识和责任感。将学校传统性与典型性活动制度化、规范化，使其得以传承。完善荣誉、名衔授予等褒奖制度，使爱岗敬业、乐于奉献的精神蔚然成风。

（九）全面提高党建和思想政治工作水平

以党的建设和思想政治工作为保证，通过进一步加强领导班子和干部队伍建设，增强基层党组织的战斗力和凝聚力，发挥党员的先锋模范作用，为学校各项事业的发展提供坚强的政治、组织保证和强大的精神动力。

全面推进党的建设。着力建设学习型党组织，加强党的思想理论建设；按照有利于发挥政治核心和战斗堡垒作用，有利于党员教育、管理、监督和服务，有利于密切联系群众的原则，加强基层党组织建设；按照科学性和合理性的原则，加强党内外民主建设；坚持党的群众路线，按照民主集中制的原则，加强党的作风建设；坚持“党委统一领导，党政齐抓共管，纪委组织协调，职能部门各负其责，依靠群众支持和参与”的领导体制和工作机制，加强党风廉政建设。

加强领导班子和干部队伍治校理教能力建设。不断提高领导班子和干部队伍的领导水平和治校理教能力。健全领导班子和领导干部考核评价体系，加强干部教育培训和管理，完善干部退出机制。

全面加强思想政治教育。以增强马克思主义理论修养、党性修养和品德修养为重点，加强领导班子思想建设;以提高教师职业道德为重点,加强教职工思想建设;以培养德才兼备人才为导向,加强和改进大学生思想政治教育。

四、战略保障与资源配置

(一)组织领导保障

学校成立规划纲要实施领导小组,强化领导,明确责任,对规划纲要中提出的各项战略任务和战略举措执行情况实行目标责任管理,以确保规划纲要中各项目标的顺利实现。

(二)经费投入保障

积极扩大融资渠道。加强与上级有关单位和部门的沟通和联系,争取获得政府对学校发展提供更多的财政资金支持;积极与银行沟通洽谈,落实校园建设资金;依托校友会,建立校友基金,扩大融资渠道;通过社会融资与捐助、项目融资、资源置换以及合作办学等,多渠道筹措学校发展所需资金。

(三)资源配置

按照轻重有序的原则和"开源节流、优化结构、保障发展"的理财方针,合理利用有限的人力、财力和物力资源。在人力和财力上,重点加大对重点学科、重点扶持学科、新兴学科和交叉学科的支持力度。

五、规划纲要实施

学校中长期事业发展规划纲要的实施将遵循"科学规划、加强领导、突出重点、狠抓落实、制度保障"的原则,通过分步实施,逐步落实。学校各单位要把贯彻落实学校中长期事业发展规划纲要作为今后工作的主要任务,充分发挥党员干部、学术骨干和管理骨干的带头作用。

学校将采取有效措施,建立科学的激励、监督和考核机制,充分调动广大师生员工的积极性和创造性,确保规划纲要全面、高质量地完成。各单位要在规划纲要框架的指导下,对战略目标和战略任务进行分解,科学合理地制定专项规划和实施计划,提出具体实施措施和保障措施,确保规划纲要目标的实现。

重 要 讲 话

围绕中心,服务大局,为推动学校"十二五"事业发展提供保证
——党委书记柯文进在2011年党风廉政建设工作大会上的讲话

(2011年3月30日)

同志们:

今天,我们在这里召开2011年党风廉政建设工作大会。这次会议的主要任务是:深入贯彻党的十七届四中、五中全会精神、十七届中央纪委六次全会和全国教育系统党风廉政建设工作会议精神,统一思想,明确任务,狠抓落实,进一步推进我校党风廉政建设和反腐败工作。

一年来,在上级纪检监察部门和校党委的领导下,校纪检监察部门认真履行职责,各级党组织和党员干部共同参与、积极配合,我校反腐倡廉建设呈现出良好的局面,为学校各项事业的发展提供了坚强有力的保证。

今年,学校党风廉政建设要围绕中心抓重点,集中力量攻难点,开拓创新出亮点,将以人为本、执政为民的要求贯穿于反腐倡廉建设的始终,努力开创我校反腐倡廉建设的新局面。

一会儿中央纪委监察部法规室副主任谭焕民同志还将结合高校案例就《廉政准则》为我们做专题辅导,希望大家认真学习领会。下面,我就加强我校党风廉政建设和纪检监察工作谈三点意见。

一、提高认识,把握形势,切实增强反腐倡廉建设的紧迫感和责任感

正确认识和判断形势是理清思路、做好工作的前提和基础。总书记在六次全会上的重要讲话中,站在党和国家事业发展全局和战略的高度,用"六个更加注重"充分肯定了过去一年全国的反腐倡廉工作,同时明确指出当前反腐败斗争面临的"五个突出问题",从正反两个方面深刻分析了当前党风廉政建设和反腐败斗争的总体态势,最后总结说:"必须清醒地看到,党风廉政建设和反腐败斗争仍然面临一些突出问题,反腐败斗争形势依然严峻、任务依然艰

巨。我们既要看到反腐倡廉建设取得的明显成效，又要看到反腐败斗争的长期性、复杂性、艰巨性，以更加坚定的决心和更加有力的举措坚决惩治腐败、有效预防腐败，进一步提高反腐倡廉建设科学化水平”。总书记的这些论述，既是对当前党风廉政建设和反腐败斗争现实状况的准确判断，又是对新形势下反腐倡廉建设规律的深刻把握。深刻理解总书记的讲话精神，准确把握形势的发展变化，对于我们始终保持清醒的政治头脑，牢牢掌握工作的主动权，具有十分重要的意义。

今年是我校启动实施“十二五”规划开局之年，我校教育改革发展项目、投入将随之增多。随着招生规模的不断加大，人才队伍建设任务日趋繁重，学科建设经费迅速增多，基建项目投资大幅增加，物资采购大量增多，与社会各层面的联系沟通范围不断扩大，经济往来日趋频繁，导致滋生腐败的各方面因素每时每刻都有可能侵蚀我们的党员领导干部，反腐败斗争的形势依然严峻。为此，我们必须始终保持强烈的忧患意识和政治责任感，坚决贯彻落实中央、教育部、北京市的决策部署，以对国家、人民和学校高度负责的态度，从服务学校发展、爱护干部成长出发，把反腐倡廉建设放在更加突出的位置，以更加坚决的态度、更加有力的措施、更加扎实的工作，扎实推进党风廉政建设各项工作，进一步提高反腐倡廉建设的科学化水平，为推动学校健康、持续发展提供有力保障。

二、端正作风，弘扬正气，扎实推进领导干部作风建设

作风问题关系人心向背，是衡量党员干部是否以人为本、执政为民的试金石。全校各级党组织要切实把作风建设摆上重要位置，加强教育、严肃纪律，大力弘扬党的优良作风。全体党员干部要端正态度，真干实干，以自身的优良业绩践行以人为本、执政为民的理念。

要坚持艰苦奋斗之风。我们的事业是靠艰苦奋斗发展起来的。艰苦奋斗是首都经济贸易大学55年来快速发展的重要保证，也是我们每个领导干部必须具备的基本政治素质。近两年，学校的整体财务状况较之以往有了一定程度的改观，少数干部出现了艰苦奋斗意识松懈的情况。在推进学校新一轮创业中，我们要始终保持谦虚谨慎、不骄不躁的作风，坚持发扬艰苦奋斗、勤俭办学的作风，坚决反对和制止各种形式的铺张浪费。

要大兴求真务实之风。求真务实是党的思想路线的核心内容。全校党员干部要把求真务实作为做好工作的基本途径，发扬科学的精神和态度，埋头苦干，真抓实干，努力取得令广大师生满意的成绩。在实际工作中，党员干部要立足当前、着眼长远，量力而行、全力而为，不搞形式主义、不做表面文章，要把全部心思用在学校建设事业上，把全部精力用在察实情、出实招、求实效上，努力创造受广大师生认可的、实实在在的业绩。

要弘扬密切联系群众之风。要坚持把师生员工关心的热点、难点问题作为我们工作的重点，一切工作都要以师生员工是否满意、是否赞成为准则，真正做到以人为本、执政为民。学校各级领导干部一定要紧密联系校情，坚持走群众路线，坚持全心全意依靠师生员工办学和全心全意为广大师生员工服务的思想。党员干部要带着感情做群众工作，从师生员工最关心、最直接、最现实的事情入手，为师生员工排忧解难，多为师生员工办实事、办好事。

要认真贯彻落实《廉政准则》，切实加强领导干部廉洁自律工作。《廉政准则》是新形势下坚持党要管党、从严治党，加强对党员干部教育监督的基础性法规，各级党组织和纪检监察处要把贯彻执行《廉政准则》作为一项重要的基础性工作来抓，与贯彻落实《关于加强领导干部反腐倡廉教育的意见》结合起来，以理想信念教育和党风党纪教育为重点，深入开展形式多样的示范教育、警示教育和岗位廉政教育，不断增强教育的针对性和实效性。学校各级领导干部要严格遵守《廉政准则》，认真落实领导干部个人有关事项报告制度，切实解决本单位党员领导干部廉洁自律方面存在的突出问题。领导班子成员要认真参加民主生活会，开展严肃认真的批评与自我批评，增强党内生活的原则性和实效性，切实提高依靠自身力量解决问题和矛盾的水平。领导班子成员要坚持述职述廉制度，如实向党组织报告个人有关事项，主动接受群众评议。这里，我还要强调一点，在座的很多领导干部都是业务、行政双肩挑的，业务工作和管理工作都很繁重，但是接受反腐倡廉教育不容放松，希望大家有所认识。

三、加强领导，落实责任，确保党风廉政建设各项工作落到实处

2010年，中共中央、国务院结合党风廉政建设的新形势，重新修订了《关于实行党风廉政建设责任制的规定》(中发[2010]19号)，这是深入推进党风廉政建设和反腐败斗争的一项重要基础性法规和重要制度保障。学校各级党组织要把落实责任制作为强化各级领导班子和领导干部抓好反腐倡廉建设的政治责任的抓手，督促党员领导干部全面履行“一岗双责”，确保反腐倡廉各项任务落到实处。

第一，要加强组织领导，确保责任到位。校纪委要协助学校党委根据《规定》的要求,结合学校实际,着力完善学校党风廉政建设责任体系,进一步健全处级单位和学院党风廉政建设领导体制机制,明确党总支(直属党支部)书记、院长(处长)以及领导班子成员的责任,形成完整的一级抓一级、层层抓落实的党风廉政建设责任体系。纪检监察处要积极协助党委行政抓好党风廉政建设责任制的组织协调、政策指导、监督检查及贯彻落实等工作,学校各职能部门要充分发挥职能作用,加强协调配合,共同完成承担分解的任务。

这里,我要特别强调两点:一是各级领导班子成员都要切实履行党风廉政建设职责,特别是班子副职要进一步明确所肩负的党风廉政建设责任,做到管业务与管党风廉政建设相结合。努力做到业务工作职责管到哪里,党风廉政建设的职责就延伸到哪里。二是今天会上下发了《2011年党风廉政建设和反腐败工作主要任务分工》,各分管领导要按照任务分工负起责任,抓好落实,各牵头单位要按照任务分工,会同责任单位认真调查研究,制定切实可行的、具体的、可操作性强的工作方案,使各项工作都能落到实处,取得实效。

第二,要加强监督检查,确保考核到位。校纪委要协助学校党委建立党风廉政建设责任制的检查考核制度,建立检查考核机制,制定检查考核的评价标准、指标体系,明确检查考核的内容、方法、程序。纪检监察处要充分发挥组织协调和监督的作用,切实按照“依靠不依赖、到位不越权、督办不包办、参与不干预”的工作原则,严格执行检查考评规定,通过落实年度考核制度、民主生活会制度、述职述廉制度以及组织检查考评、成果评审等方式进行检查考核。动员和组织党员、教职工代表、群众有序参与,广泛接受监督。

第三,要强化责任追究,确保责任制落实到位。对违反和未能正确履行党风廉政建设责任的领导班子和领导干部,对失职渎职导致损害师生员工利益的突出问题和反腐倡廉建设中师生员工反映强烈的突出问题,长期得不到有效解决的,要依纪依法严肃追究有关领导班子和领导干部的责任。要进一步规范责任追究的方式、程序,增强责任追究的科学性和操作性。要做到年初有布置,过程有检查,年终有总结。纪委要加强指导检查,确保责任制落实到位。

同志们,过去的2010年,是首都经济贸易大学事业发展的重要一年,我校胜利召开了第三次党代会,选举产生了第三届党委和新一届纪委领导班子,制定了学校《中长期事业发展纲要》,启动了《“十二五”事业发展规划》制定工作,学科建设、教学改革、科学研究等方面成绩显著,学校各项事业实现了又好又快发展。

今年是全面贯彻落实学校中长期事业发展规划和第三次党代会精神的第一年,也是实施“十二五”规划的开局之年,学校将站在一个新的历史起点上,向着建设国内一流、国际知名的财经大学的奋斗目标继续前行。

工作目标已经确定,任务已经部署,让我们携起手来,在“骆驼精神”的指引下,以脚踏实地的工作作风和只争朝夕的进取精神,全力做好2011年的各项工作,为开创学校党风廉政建设工作的新局面做出积极的贡献,以优异的成绩向中国共产党成立90周年献礼!

党委书记柯文进在纪念建党90周年表彰大会上的讲话

(2011年6月29日)

同志们:

在中国共产党成立90周年前夕,我们欢聚一堂,热烈庆祝党的生日,隆重表彰我校2009~2011年度优秀共产党员、优秀党务工作者和先进基层党组织。在此,我谨代表学校党委向全校广大共产党员致以节日的祝贺!向受到表彰的先进基层党组织和优秀共产党员、优秀党务工作者致以崇高的敬意!

中国共产党已经走过了90年不平凡的历程。在这90年里,中国共产党领导全国各族人民完成了新民主主义革命的任务,实现了民族独立和人民解放,建立了人民当家做主的新中国,中华民族的发展从此开启了新的历史纪元。在社会主义革命和建设时期,中国共产党领导全国各族人民确立了社会主义制度,实现了中国历史上最广泛、最深刻的社会变革,使古老的中国以崭新的姿态屹立在世界的东方。在改革开放和社会主义现代化建设时期,中国共产党领导全国各族人民开创了中国特色社会主义事业,我国的综合国力和人民生活水平得到大幅度提高,为实现中华民族的伟大复兴开辟了正确道路,为夺取全面建设小康社会新胜利、加快推进社会主义现代化开辟了广阔的前景。

总体来说,中国共产党90年的历史就是为中华民族的独立、解放、繁荣,为中国人民的自由、民主、幸福而不懈奋斗的历史。这90年,是我们伟大祖国发生翻天覆地变化、不断实现历史性进步的90年;是一代又一代共产党人在革命、建设、改革进程中发挥先锋模范作用，战胜各种困难和挑战，顽强奋进的90年。我们坚信，中国共产党也一定能够团结带领全国各族人民在新世纪、新阶段谱写更加壮丽的篇章。

同志们，过去的两年也是我校发展史上重要的两年。学校党委高举中国特色社会主义伟大旗帜，以邓小平理论和“三个代表”重要思想为指导，深入贯彻落实科学发展观，坚持以改革创新的精神全面推进党的建设，积极探索基层党建工作的新方法和新途径，基层党组织的创造力、凝聚力和战斗力不断增强，党的建设的科学化、规范化和制度化水平不断提高。2009年，我们深入开展了学习实践科学发展观活动，全校上下形成了科学发展的共识；2010年，我们胜利召开了第三次党代会，进一步统一了思想，为学校今后一个时期的发展建设奠定了牢固的思想基础和坚实的组织基础。两年来，我们切实加强思想理论建设，召开了党建和思想政治工作大会，制定了我校《2010－2012年党建工作规划》。我们进一步加强领导班子和干部队伍建设，积极推进党内民主，不断完善干部选拔任用制度，加大干部培训力度，领导班子和干部队伍的综合素质和领导能力明显提高。我们扎实推进基层党组织建设，认真贯彻《中国共产党普通高等学校基层组织工作条例》，调动了基层党组织开展活动的积极性。我们深入开展党风廉政建设，大力推进惩治和预防腐败体系建设，廉政风险防范管理工作取得积极进展。我们深入开展创先争优活动，大力加强作风建设，党员干部服务群众的主动性和自觉性进一步增强。在学校各级党组织和全体共产党员的共同努力下，学校党建和思想政治工作基础扎实、富有特色，在第六次北京市党的建设和思想政治工作先进校评选中获得提名奖。

两年来，通过加强党的建设的一系列举措，增强了各级党组织的生机与活力，激发了广大党员争创一流业绩的主动性和创造性，保证了学校各项事业取得新的进展。在战略规划方面，通过深入调研和集思广益，形成了《首都经济贸易大学中长期事业发展纲要》和《“十二五”时期发展规划》。在教育教学方面，继续加强质量工程建设，取得多项国家级和市级成果；积极推进国际化人才培养模式改革，人才培养质量不断提升。在学科建设和科学研究方面，召开了第二届学科建设与科学研究大会，理清了今后一个时期的科研工作思路和学科建设方向；积极申报学位点，获批了工商管理、管理科学与工程两个一级学科博士点和理论经济学、法学等5个一级学科硕士点。在人才队伍建设方面，探索实施“双轨制”，加大高层次人才的引进力度，师资队伍结构得到进一步优化。在大学生思想教育方面，通过圆满完成国庆60周年各项工作任务，激发了学生的爱国热情。在内部管理改革方面，人事制度改革继续深化，财务工作水平不断提升，资产管理工作进一步规范，校园基本建设有序推进，后勤服务水平不断提高。

这些成绩的取得，凝结了全校师生员工、各级党组织和广大党员的智慧和汗水，在此，我代表学校党委再次向你们表示衷心的感谢和崇高的敬意！希望全校各级党组织和全体党员在学校党委的领导下，继续团结和带领广大师生员工，进一步发挥党组织的政治核心和战斗堡垒作用，进一步发挥党员的先锋模范作用，为党旗增辉，为学校事业的发展做出更大的贡献！

当前，学校正处在建设国内一流、国际知名财经大学的重要历史时期，能否完成学校第三次党代会确定的奋斗目标和“十二五”规划制定的各项工作任务，使我校各项事业再上一个新台阶，关键在于能否不断加强和改进党的建设，能否充分发挥各级党组织的领导核心作用和广大党员的先锋模范作用。结合当前和今后一段时间学校党的建设工作，提出三点意见：

第一，以推进学习型党组织建设为主线，切实加强党的思想理论建设。

思想理论建设是管根本、管方向、管长远的建设，要坚持把思想理论建设放在首位。

一是要组织各级领导干部和广大党员认真学习党的十七届四中、五中全会精神和全国、北京市教育工作会议精神，深入了解“十二五”期间国家和首都经济社会发展的指导思想、总体思路、目标任务和重大举措。

二是要把各级领导干部和广大党员的思想和行动，统一到学校第三次党代会对校内外形势的判断和制定的战略部署上来，深刻认识学校发展面临的机遇、挑战、历史责任和目标任务，形成发展共识，凝聚发展智慧，真正形成建设国内一流、国际知名财经大学的发展合力。

三是要进一步落实学校党委《关于推进学习型党组织建设的实施意见》，在全校党员中树立“学以立德、学以增智、学以致用”的观念，进一步增强党员干部学习的自觉性、系统性和实践性。

第二，以深入开展“争先创优”活动为主题，切实加强党的基层组织建设。

党的基层组织建设是党执政的基础。在全党深入开展创先争优活动，是加强基层党组织建设的一项重要工作。

一是要认真贯彻落实《中国共产党普通高等学

校基层党组织工作条例》,落实好基层党组织的各项工作制度,探索教师党支部书记参与决定所在系或教研室重要问题的方式,建立健全基层党务干部选拔、培养、考核、激励机制,形成一支能够团结广大师生、推动学校发展的高素质基层党组织带头人队伍。

二是要广泛开展"创先争优"活动。在领导班子和干部队伍中实施"领航工程",引导广大领导干部成为引领学校科学发展的"火车头";在基层党组织中实施"聚力工程",引导基层党组织成为保证学校科学发展的"发动机";在党员中实施"先锋工程",引导广大党员成为推动学校科学发展的"主力军"。各单位要结合工作实际和特点,开展"党员先锋岗"、"教书育人先锋岗"、"科研攻关先锋岗"、"管理服务示范岗"、"党员志愿服务"等活动,动员和引导基层党组织和党员在推动学校科学发展中做出更大贡献。

第三,以保持共产党员先进性为目标,切实发挥共产党员的先锋模范作用。

90 年来,中国共产党之所以取得一次又一次的伟大胜利,关键在于拥有一支坚定信念的党员队伍。同样,学校的改革发展也离不开广大党员的无私奉献与辛勤劳动。当前,我校总的发展势头良好,发展成绩喜人,但相对于我们确立的战略目标,仍处于爬陡坡的攻坚阶段。学校在人才队伍建设、内部管理体制机制等方面还不能满足发展的需要。广大党员面对学校发展的新形势和新任务,必须强化党员的责任意识,弘扬艰苦奋斗的精神,保持知难而进的勇气,切实履行起党员职责,担负起应对新挑战的重任。在此,希望广大党员在推动学校事业发展的过程中,在创先争优的过程中,争做信念坚定、道德高尚的党员,引领发展、维护大局的党员,爱党敬业、服务群众的党员。

一方面,教职工党员要忠诚于党的教育事业,忠实执行党的教育方针,成为教书育人、管理育人和服务育人的标兵。教师党员要树立良好师德,不断提高教学科研水平和学术道德修养,在自身坚定共产主义信念的基础上,教育广大青年学生坚定建设中国特色社会主义的信念;管理岗位上的党员要立足本职,勤奋工作,改进作风、提升能力,努力提高管理水平与服务质量;后勤服务岗位上的党员要热爱本职工作,增强服务意识,端正服务态度,提高服务水平。

另一方面,学生党员要牢固树立共产主义远大理想和中国特色社会主义坚定信念,团结和带领广大同学共同进步,成为中国特色社会主义的合格建设者和可靠接班人。要坚持全面发展,不断提高自身的综合素质,养成良好的道德品质,成为社会需要的有用之才。要坚持把学习知识与投身社会实践统一起来,在参与志愿服务、社会实践的过程中增长本领和才干。

同志们,当前,学校正处于各项事业发展的关键时期,建设国内一流、国际知名财经大学的奋斗目标,需要全校师生员工贡献智慧和力量,广大共产党员更应率先垂范。让我们高举中国特色社会主义理论伟大旗帜,以邓小平理论和"三个代表"重要思想为指导,深入贯彻落实科学发展观,以高度的政治责任感、奋发有为的精神状态和求真务实的工作作风,团结一致,艰苦奋斗,开拓创新,为实现学校的战略目标做出新的贡献!

党委书记柯文进在创先争优活动点评会上的汇报发言

(2011 年 11 月 9 日)

尊敬的刘建书记,各位领导、同志们:

欢迎各位领导莅临我校,点评、指导我校的创先争优活动。自去年 4 月创先争优活动开展以来,学校党委认真落实市委、市委教育工委的总体部署,统一部署、认真实施,着力在谋划大局上下工夫,在服务中心上抓落实,取得了明显成效。下面将我校创先争优活动的开展情况汇报如下:

一、高度重视、精心组织,创先争优活动思路明确、扎实推进

(一)加强组织领导,形成创先争优活动的长效工作机制

学校党委深刻地认识到,深入开展创先争优活动是继学习实践科学发展观活动之后,进一步加强党的建设、推动学校事业科学发展的又一重大契机,迅速动员部署,及时成立了由党委书记、校长为组长的领导小组,建立了校领导联系基层单位制度和联系学术团队制度,提出了"围绕一个主线、把握两个关键、搭建三个平台、突出四个重点、实现五个目标"的工作思路(围绕一个主线:即围绕提高教育质量这一主线;把握两个关键,即把握"注重质量、突出特色"这两个关键;搭建三个平台:即搭建党建课题理论研究平台、党建创新项目平台、主题党日活动平台这三个平台;突出四个重点:即突出科学谋划学校发展、提升人才培养质量、增强社会服务能力、解决师生实际困难这四个重点;实现五个目标:即实现推动学校各项事业又好又快发展、提高党员思想政治素质和业务能力水平、增强基层党组织生机与活力、密

切与广大师生员工的联系、促进校园和谐稳定这五个目标),有力推动了创先争优活动的深入开展。

(二)加强分类指导,增强创先争优活动的针对性和实效性

学校党委针对高校特点,根据教师、学生、机关干部等不同党员群体,分别设计活动载体,使创先争优活动更具针对性。如在教师党员中开展"德艺双馨、求真创新"主题活动,引导教师争做教书育人的模范、科研创新的先锋、学生爱戴的老师;在学生党员中开展"全面发展、成长成才"主题活动,引导学生涵养大气品格、追求品学双优、践行责任人生;在机关党员中开展"务实奉献、率先垂范"主题活动,引导党政管理人员深入基层、改进作风,争创一流业绩、争当"奉献"先锋;在后勤职工党员中开展"爱岗敬业、服务师生"主题活动,引导他们比服务、比贡献,争当优质服务标兵;在离退休教工党员中开展"老有所为、共建和谐"主题活动,引导老同志比学习、比境界、比健康,关心学校发展,奉献余热。通过分类指导,使全校党员都真正参与进来,在各自岗位上为学校发展贡献力量,把争创目标和内容落到实处。

二、围绕中心,服务大局,创先争优活动特色鲜明、成效明显

学校党委准确把握创先争优活动的总体要求,紧密结合学校实际,把创先争优活动内化到学校改革、发展、稳定的各项任务之中,把党的政治优势转化为科学发展优势,把党的组织资源转化为科学发展资源,紧紧围绕学校中心工作,把创先争优活动与推动学校当前中心工作相结合,使创先争优活动成为推动学校科学发展的持久动力和有力保障。

(一)坚持把创先争优活动与谋划学校发展相结合

学校党委针对高等教育发展形势的新变化和我校发展面临的新任务,以学习贯彻全国教育工作会议、国家和北京市教育规划纲要为契机,研究制定了学校中长期事业发展规划纲要、"十二五"规划及各分项规划,从战略和全局高度谋划未来5~10年我校事业改革和发展蓝图,最终确立了"立足北京、服务首都、面向全国、走向世界,努力把学校建设成为国内一流、国际知名的财经大学"的总体战略目标,以及"1234"的战略重点,并提出了实现这一目标"两步走"的发展步骤。在规划的制定过程中,学校党委注重发挥领导班子成员、中层干部和专家学者的带头作用,抓调研、出思想,不断激发全校党员和师生建设一流财经大学的责任意识和忧患意识,营造了凝心聚力、共谋发展的浓厚氛围,使创先争优真正成为全校上下谋划学校科学发展的自觉行动。

(二)坚持把创先争优活动与提升人才培养质量相结合

学校党委紧密围绕提升人才培养质量开展创先争优活动,全面提高教育教学质量。学校党委引导基层党组织围绕"如何创新和改革人才培养模式与机制",组织广大党员和教师开展教育思想大讨论,并在此基础上研究制定系统的人才培养模式改革方案和专业建设标准。同时,通过实施主辅修制度和新生转专业制度,调动了学生学习的自主性和积极性。基层党支部紧紧围绕教育教学的中心任务,创造性地开创了"巅峰课堂"、"崇德课堂"等教育教学新模式;党员教师立足本职岗位,爱岗敬业,教书育人,涌现出国家教学名师杨河清教授、入选国家"千人计划"李婧教授、北京高校育人标兵贾金思教授,北京市优秀共产党员张连城教授、杨眉教授等一批优秀教师,使创先争优真正实现创造优秀业绩、培养优秀人才。

(三)坚持把创先争优活动与增强服务意识相结合

学校党委牢固树立服务理念,做好校外、校内"两个服务",着力服务首都和国家经济社会发展、服务师生群众。学校党委注重在提升学校服务国家和首都建设的贡献力中创先争优,鼓励基层党组织和党员教师把推进科研创新作为创先争优的重要内容,主动适应"三个北京"的战略需求,加强基础研究和应用研究。党员教师张杰副教授关于《土地宏观调控的理论、政策和指标研究》的研究报告得到温家宝总理的批示;学校与北京环卫集团等企业开展的合作研究取得了阶段性成果。此外,学校整合校内外资源,成立"社会计算研究院"、"中国经济发展研究院"等新型学术组织,更好地适应了国家和北京市对高校创新能力提出的新要求。学校党委注重在服务师生群众中创先争优,校领导班子成员率先垂范,深入基层,听取广大师生对学校发展的建议和意见,及时了解和掌握师生的诉求和困难;各单位深入开展转变工作作风的活动,进一步增强服务意识,提高管理服务水平。

(四)坚持把创先争优活动与提升党的建设科学化水平相结合

学校党委始终把加强和改进党的基层组织建设作为创先争优的重要内容,在创先争优活动中全面提升党建工作水平。学校党委通过完善"以党员为焦点、以支部为重点、以总支为启点"的创先争优工作格局,进一步增强了广大党员的宗旨意识和能力素质,进一步提高了基层党组织的战斗力和凝聚力。通过组织基层党组织和党员认真学习贯彻《中国共

产党普通高等学校基层组织工作条例》,初步形成了《关于推进学习型党组织建设的实施意见》、《处级领导班子和干部考核办法》、《二级学院(系)管理细则》、《党代表任期制实施细则》等一系列制度成果;通过抓住纪念建党90周年的重大契机,形成了校领导讲党课、党员教师理论宣讲团、党员学生联系后进同学等一系列好的做法和典型事迹,进一步浓郁了立足岗位学先进、讲奉献、做贡献的良好氛围,使创先争优真正为党的建设注入了生机和活力。

三、创先争优活动开展以来的几点体会

创先争优活动已开展了一年半的时间,我校创先争优活动进展顺利,并取得了初步成效。这些成绩的取得是市委和市委教育工委正确领导、悉心指导的结果,是全校各级党组织和广大党员共同努力的结果。在此,我代表学校党委向市委教育工委的各位领导和全校各级党的组织以及党员表示衷心的感谢。总结和回顾我校的创先争优活动,总的来说,有三点体会:

(一)加强领导、精心设计是创先争优活动取得成效的前提

学校党委高度重视创先争优活动,实行"双组长制",并明确各基层党组织书记为第一责任人,形成了一级抓一级、层层抓落实的良好工作机制,为活动顺利开展提供了强有力的组织保障。学校党委加强顶层设计,提出了系统推进创先争优活动的工作思路,使创先争优活动从一开始就目标明确,为活动取得实效奠定了坚实的基础。

(二)围绕中心、结合实际是创先争优活动取得成效的关键

学校党委把创先争优活动作为不断加强党员队伍建设和基层党组织建设、推动学校各项事业科学发展、促进校园和谐的重要工作来抓,紧密围绕学校人才培养、服务社会等中心工作开展活动,注重把党建工作创先争优与业务工作创先争优融为一体,注重以党组织、党员创先争优带动学校和全校师生创先争优,在全校上下形成了创先争优的浓厚氛围,有效地防止了创先争优活动和学校中心工作"两张皮"的现象。

(三)重视支部、发动党员是创先争优活动取得成效的核心

学校党委认识到,加强基层党建,重点在支部,难点也在支部。开展创先争优活动,要重点在调动和激发支部的主动性和创造性上下工夫。只有基层党支部强化"聚力",才能激发每一个党员的责任心和荣誉感,使广大党员争当"先锋"。因此,学校党委整合资源,通过搭建党建课题理论研究平台、党建创新项目平台和主题党日活动平台,充分调动基层党支部和党员的积极性,引导他们不断探索基层党组织建设的新途径、新方法,使基层活动出特色、出亮点、出实效。

四、我校创先争优活动第三阶段工作安排

当前,我校正按照市委和市委教育工委的部署和要求,认真贯彻落实刘建书记、唐立军书记在北京高校"为民服务创先争优"工作部署大会上的讲话精神,以"提高办学质量促发展、服务人民群众树形象"为主题,努力在改进服务作风上实现"两个更加",在提高教育质量上实现"四个明显提高",在加强学校管理上重点健全"五个体系",推进创先争优活动第三阶段深入开展。

下一步,我校将在以下几个方面加大工作力度,激发内在动力,推进创先争优活动向纵深发展:第一,切实把建设一流财经大学作为创先争优活动的首要任务,着力提升教育质量,推进学校科学发展;第二,切实把转变作风作为创先争优活动的核心内容,着力提高服务首都、服务师生的能力和水平;第三,切实把加强管理作为创先争优活动的重要抓手,着力健全和完善"五个体系"(教学科研管理服务体系、大学生综合服务体系、新型后勤保障体系、惩治和预防腐败体系以及"平安校园"创建体系),为学校改革、发展、稳定提供有力保障。

校长王稼琼在2011届本科生毕业典礼上的讲话

(2011年7月2日)

亲爱的同学们、老师们,各位家长、各位来宾:

今天是一个值得纪念的日子!在座的各位同学作为首都经济贸易大学又一批满载收获的学子,即将告别母校,奔赴新的人生旅程。学校专门为你们举行今天这个隆重的毕业典礼,一是要祝贺你们四年获得的成长!二是要祝福你们拥有美好的未来!同时,也借此机会,向培养你们的老师说声感谢!

大学本科的四年,是人生中最为重要和宝贵的四年。这四年,你们与首都经济贸易大学一起度过。学校不会忘记:作为最幸运的一个年级,你们有机会代表学校,在北京奥运会、国庆60周年群众游行活动中,向祖国、向世界交上了满意的答卷;学校不会忘记:在这个校园里,曾经有你们在课堂上勤奋求知的身影,在各类校园活动中有你们青春洋溢的风采,在宿舍、在班级、在社团,有你们凝聚团队、收获友谊

的付出……是你们，为母校留下了抹不去的印记和色彩。这是你们一生中最为珍贵的记忆，也是母校和老师们永远的回忆。

四年的大学生活将于此刻落幕，迎接大家的旅程没有了老师的指导，缺少了同窗的相伴。不论你现在是踌躇满志还是彷徨纠结，在即将离开母校的时候，我还是有几句由衷的嘱咐：

一是做事之前先学会做人。做好人，是为人最基本、同时也是最高的要求，是最简单、同时又是最深奥的学问，正直、诚信、感恩、宽容，是你们应该从学校带走的。二是要立大志。接受大学教育四年，你们有能力、也有责任有所担当。所谓登高才能望远，于国、于校、于己，有大志向才能做大贡献、有大发展。希望你们从学校带走的是仰望星空、拥抱世界的气度和胸怀。三是要脚踏实地。任何成功都只能从脚下开始。顶天的人必须落地才能行走，无论脚下是山是水、是沟是坎，理想只有一步一个脚印才能越靠越近，这也正是首都经济贸易大学的骆驼品格。希望你们做好人、立大志、脚踏实地，有追求但不唯利是图，创造成功但也接受平凡，立大志向，从小事做起，创造属于每一个人的阳光和灿烂！

同学们，真心希望首都经济贸易大学能够“给力”你们未来的人生。无论你们走到哪里，母校都将始终关注着你们，期待着你们的成长，期盼着你们的佳音！也请大家记住，伴随你们度过青葱岁月的母校和老师，记住母校的发展和辉煌也需要你的一份力。

最后，衷心祝愿同学们健康、顺利、幸福！希望你们常与母校联系，记住，母校是你们永远的家！

校长王稼琼在2011届研究生毕业典礼上的讲话

（2011年7月4日）

尊敬的各位来宾、老师、同学们：

又是一年毕业时，又是一夏收获季。

今天，公元2011年7月4日，是一个隆重而庄严的时刻，我们满怀激动及喜悦为2011届研究生举行毕业典礼仪式，今天共有34位博士研究生和767位硕士研究生圆满完成学业并以优异的成绩毕业。在此，我谨代表学校，向各位学子表示最热烈的祝贺！同时，我提议，全体毕业生以最诚挚的敬意和最热烈的掌声，向挥洒汗水，悉心培育你们的各位导师；向默默无闻、坚守岗位，服务你们学习生活的教职员工；向无私奉献，关爱你们生活点点滴滴的父母亲人表示深深的感谢！我也借此机会代表学校感谢他们在关心你们成长的同时，关注首都经济贸易大学的发展进步，并为学校做出的举足轻重的贡献。

今天，对于在座的各位毕业生必将是一个永恒的记忆，而我也十分荣幸能成为你们刚刚完成的这一伟大旅程的见证者。在首都经济贸易大学的图书馆里曾点燃你们多少憧憬与渴望，林荫道上曾记录你们多少凝思与遐想，田径场上曾挥洒你们多少激情与汗水，课堂内外曾展示你们多少自信与昂扬。而这些都将锁在你们的记忆中，在结束今天的毕业典礼后，同学们将开始一段新的征程。天高任鸟飞，海阔凭鱼跃，相信寒窗苦读数十载后，迈向社会的你们必将宏图大展，为自己开创一片新的天地。

古道长亭，终有一别。临行前，作为你们的师长，我想送给大家两句话，并以此共勉：

第一，谨记校训“崇德尚能、经世济民”，始终把个人的荣辱与祖国的前途、民族的进步联系在一起。天下兴亡，匹夫有责，而现代社会的发展需要的正是德才兼备的高素质人才，因此，同学们要从自身做起，加强个人的修炼，从专业素质和思想品格双方面提高自己，以适应社会的需求。今年恰逢中国共产党建党90周年，回想90年来我党历经磨砺，在摸索中不断发展壮大，而之所以在近一个世纪的时间里我党能永葆生机和活力，一个关键原因正是在于能够崇尚党员干部品德的养成，并且以民为本，时刻不忘社会与群众的需要，这与我校强调德才全面发展，强调人才服务社会的校训及办学理念不谋而合。

第二，发扬骆驼精神，脚踏实地，追逐梦想。学校校徽中的骆驼形象，同学们一定是再熟悉不过，有位哲学家曾经说过骆驼有两种精神：一是相信沙漠的那边是绿洲；二是一步一个脚印，走向希望的绿洲。它不会像骏马那样激昂地嘶鸣，更不会像耕牛那样自怜地沉重叹息，它总是默默地抬起嶙峋的身躯，负荷重物缓缓地远足。它们身上透出了一种无畏、一种坚韧、一种踏实、一种气概；没有恐惧、没有厌倦、没有躁动、没有委屈、没有怨恨、没有回头，它们稳稳健健地、一步一个脚印地走向前方，走向绿洲，走向希望。我们生活的时代需要“骆驼精神”，也唯有具备这种精神的人才更有可能实现自己的理想。希望在座的毕业生能够了解这种精神，在脚踏实地做好本职工作的同时，时刻铭记骆驼精神，坚持自己的梦想，激励自己永远向前。

同学们,你们即将作为首都经济贸易大学的新校友进入社会,你们的一点点进步和成就都牵动着母校,都是母校的莫大光荣。希望大家永远记着,首都经济贸易大学是大家共同的家,母校永远欢迎每一位学子随时回来,常回家看看。

最后,衷心地祝愿同学们带着学校、师长和同学们的祝福,在未来的岁月里乘风破浪,迎向充满光彩的未来!

校长王稼琼在2011级本科生开学典礼上的讲话

(2011年8月31日)

亲爱的2011级新同学们:

今天我们在这里隆重地举行新生开学典礼,我首先代表全校师生员工,对大家表示热烈的欢迎和衷心的祝贺!

同学们,从今天起你们将展开精彩的大学生活,这是你们人生的新起点,也为首都经济贸易大学注入了新鲜的血液,带来了新的活力与激情。首都经济贸易大学创建于1956年,是由原北京经济学院和原北京财贸学院于1995年6月合并、组建的北京市属重点大学。五十余年来,经过几代首都经济贸易大学人自强不息地开拓和建设,已经成长为拥有经济学、管理学、法学、文学、理学和工学等六大学科,以经济学、管理学为重要特色和突出优势,各学科相互支撑、协调发展的现代化、多科性财经类大学,培养出了包括2006年中国经济年度人物、中国证券监督管理委员会主席尚福林等在内的一大批优秀学子,同时学校也拥有一批在国内外有一定影响的专家、学者。今年我校共招收2 654名本科生,本科一批录取分数线为文史类536分,理工类520分,二批录取分数线为文史类514分,理工类471分,为市属高校录取分数线最高的学校之一,外地学生高考分数均在省控一批线上。由此可见学校受到了社会的广泛认可,同时,在座的你们也是今年考生中最优秀的分子。

同学们,学校以长期的文化积淀,雄厚的科研实力,较高的教学水平,丰富的校园文化生活,为你们健康成长、全面发展提供了肥沃的土壤,也希望你们牢牢把握住这难得的机会,充分发掘和利用学校的各种资源,努力地学习,努力地成长!

我也有一个正在上大学的孩子,因此,作为老师,也作为家长,在你们即将开启一段全新生活的时候,给你们提出几点建议:

一是用"骆驼精神"启迪你们的智慧,锻造你们的品格。同学们,"骆驼精神"是首都经济贸易大学人通过半个世纪的不断探索和艰苦奋斗,积累下来的最宝贵的精神财富,全面体现了首都经济贸易大学人脚踏实地、坚韧不拔、勇于开拓、善于创新的精神品格和理想追求。求学之路如负重攀登、逆水行舟,如果我们懒惰懈怠,畏惧困难,就难以前进,只能被淘汰。求学需要我们脚踏实地,不断创新,如果我们浮躁功利,墨守成规,就只能学无所成,虚度光阴。因此,希望你们秉承骆驼精神,负重前行,不畏艰辛,顽强进取,善于创新,能够在求学之路上勇攀新的高峰。

二是用"崇德尚能,经世济民"的校训指引你们的方向,实现人生价值。"崇德尚能"就是将你们培育成有高尚的道德品性、执著的创新精神,同时具有广阔国际视野的应用型、复合型经济、管理人才;"经世济民"就是要激发你们自觉探索经济运行规律,以服务于国家、社会、人民为己任的责任感,引导你们将个人的知识、能力奉献社会,将个人的成才抱负融于为人民群众造福之中。"求真问道之志,久而弥笃;经世济民之业,于斯为盛"。"经邦济世,强国富民"是历代中国有志向、敢作为的知识分子的崇高思想境界。作为未来的经济管理人才,希望你们以探求经济运行规律,服务于国家、社会、人民为己任,将个人的知识、能力奉献社会,将个人的成才抱负融于为最广大人民造福之中。

三是用"自强不息,求实创新"的校风引领你们打牢基础,实现腾飞。学习是学生的天职和使命,学会学习是上好大学的第一课。在课堂上你会不会主动发言?在课堂外你会不会主动去追寻老师?你会不会去尝试听不同主题的讲座?你会不会不放过每一个寒暑假去寻找实习的机会?大学里你的主动程度与"实践精神"在很大程度上决定着你最终会有多大的收获!希望你们不要甘当大学的旁观者,而要成为参与者;不要自诩过客,而要成为主人;不要堕为庸人,而要成为智者,不要满足于获得,而要醉心于创造;不要止步于一时的失败,而要崛起于丰厚的积淀,这都将为你们插上腾飞的翅膀。

同学们,学校为你们搭建了求学成长的广阔舞台,在这个舞台上,有的人会成功,也有的人会黯然离去,这完全取决于你们自己的态度与追求。在求学的苦旅中,只要你们始终坚持,执著前行,总有一天,你将收获登顶高峰,整个世界在你面前"豁然开朗"的欣喜。

最后,衷心祝愿同学们学习进步、生活愉快、身体健康!

校长王稼琼在2011级研究生开学典礼上的讲话

（2011年9月2日）

各位老师，亲爱的同学们：

大家好！

天高云淡，秋风送爽。今天我们在这里隆重集会，热烈庆祝2011级研究生新生入学。金秋九月是一个收获的时节，对于在座的各位同学来说，你们通过刻苦努力，成为首都经济贸易大学的一名研究生，迈上了人生发展的一个更高台阶；对于学校来说，在经过严格的选拔之后，又有911名优秀学子加入到我校发展壮大的阵营中来，你们是首都经济贸易大学收获的最宝贵的财富。在此，我谨代表全校教职员工，对同学们志存高远，顽强拼搏，能够在激烈的竞争中脱颖而出，顺利来到我校攻读研究生表示热烈的祝贺！

首都经济贸易大学创建于1956年，五十余年来，学校以培养“崇德尚能，经世济民”之才为己任，经过几代首经贸人自强不息地开拓和建设，已经成长为拥有经济学、管理学、法学、文学、理学和工学等六大学科的多科性财经类大学。尤为值得一提的是，我校学科建设及研究生教育近年来取得了长足的发展，目前拥有应用经济学、工商管理、管理科学与工程3个一级学科博士学位授予权，下设15个二级学科博士点，同时拥有8个一级学科硕士学位授予权以及12个专业硕士学位授权点。得益于此，近几年来我校研究生招生数量逐年递增，培养质量稳步提高。同学们今天到这里求学可以说是正当其时，因为现在正是我们首都经济贸易大学蓬勃发展的时期，相信大家一定能够在老师们的教导之下收益颇丰，同时你们的加入也必然对我校跨越式发展增添更强劲的力量。

同学们，在今年4月清华大学建校一百周年庆典上，国家主席胡锦涛发表了重要讲话，他强调，推动经济社会又好又快发展，实现中华民族伟大复兴，科技是关键，人才是核心，教育是基础。我们必须深入实施科教兴国战略和人才强国战略，全面贯彻落实国家中长期教育改革和发展规划纲要，加快从教育大国向教育强国迈进。他同时指出，全面提高高等教育质量，必须大力提升人才培养水平，必须大力增强科学研究能力，必须大力服务经济社会发展，必须大力推进文化传承创新。可以说，胡锦涛主席的讲话既明确了高等教育在国家建设中的重要地位，又为高等教育的发展指明了方向。作为一名高等教育工作者，我深感责任之重大。我们的教育要为国家的发展负责，要为社会的进步负责，要为同学们的前途负责，因此我们会竭尽全力为同学们提供优良的教育资源，创建良好的学习环境，搭建宽阔的发展平台，以培养博学、进取、诚信、德才兼备的人才为终极目标。

当然，完成这样宏伟的目标不可能只依靠施教者单方面的付出，更需要受教者——在座的各位同学的共同努力。在此，作为你们的师长，我想对大家提几点要求和意见，以期能够对你们今后的学习生活有所帮助：

第一，希望你们积极上进、立志创新。作为新世纪的年轻人，同学们应该深刻意识到“创新”是一个国家、一个民族、一个学校得以发展的不竭动力和源泉。“一个没有创新的民族是一个没有希望的民族，一个没有创新的国家必将被历史淘汰。”迎接知识经济的挑战，培养具有创新意识、创造能力的人才，是大学教育的神圣职责，也是教育的根本出发点。21世纪的人才必须具有创新意识和创造能力，这是知识经济时代高素质人才最重要的品质之一。正如美国哈佛大学校长普西所说：“一个人是否具有创造力，是一流人才和三流人才的分水岭。”现在，我们的学校已经在这方面营造良好的氛围，创造良好的条件。这就要求同学们敢于标新立异，打破常规，善于逆向思维，开拓进取，真正成为顺应时代发展的创新人才！

第二，恪守诚实信用准则，追求卓越的人生。个人利益最大化有一个基本前提，那就是全社会的和谐稳定。一个国家内公民间的高信任度必然会有效地降低社会的运行成本，能够极大地提高整个国民经济体系的运转效率以及国民的幸福感。这一点身为经济学人的我们理应比别人理解得更深刻。作为首都经济贸易大学培养的人才，同学们将来会在各级政府、各大企业、各大银行发挥重要作用，你们的每一个决定、每一条管理措施、每一项业务活动都可能深远地影响国计民生，如果不能秉承诚实信用准则，为满足私利而在工作中弄虚作假，在人际关系上尔虞我诈，那么你们就会成为腐败的官员、堕落的银行家、违法乱纪的会计、审计人员，这样不单会贻害社会，还会最终毁掉你们的前程。到那时，作为你们的校长，我将何颜以对国家，何颜以对人民，何颜以对你们的父母？因此在这里我要恳切地希望各位同学，从自我做起，加强个人修炼，做一个诚实守信的公民，为提高社会道德水平、维护社会诚信秩序而贡献自己的力量。

最后,完善个人人格,做一个身心健康的人。现代意义上的健康概念具有两层含义,它包括生理健康和心理健康。健康开朗的心理素质是健全人格的特征之一,是我们顺利成长的必要条件,是事业成功的内在保障。人格健全的人,善于自我调节,达到情绪、心态平衡;善于平衡自身与环境的关系,能对社会环境采取现实的态度,正视人生,适应社会的变化,有效应对人生旅途上的各种挫折与压力。从学校的角度出发,我当然希望同学们能尽快学有所成,拥有将来足以笑傲职场的更丰富的学识和更卓越的技能,首都经济贸易大学的学子能够在社会的各行各业引领风骚当然是我们的荣耀,但是,同时我更希望同学们的人生可以在健康、快乐、幸福的状态下度过,这并不与学校的声望、名誉直接相关,但却是我校全体教职员工对同学们最真挚的期望与祝福。

同学们,昨天的成就已经成为历史,它不是让人就此止步的理由。眼下你们要迎接新的生活,新的挑战,我希望大家咬定青山不放松,继续奋发进取,努力践履“崇德尚能,经世济民”的精神理念,在积极成就个人事业的同时,更能够为推进国家的建设和社会的发展贡献自己独特的力量! 预祝你们拼搏出更加多姿多彩的未来!

校长王稼琼在庆祝教师节暨先进单位、先进个人表彰大会上的讲话

(2011 年 9 月 7 日)

各位老师、同学们:

下午好!

在第二十七个教师节来临之际,我们欢聚一堂,共同庆祝属于我们自己的节日,并隆重表彰学校的先进集体、先进个人。在此,我代表学校党委和行政衷心地感谢全体教职员工,是你们的辛勤工作支撑了学校发展;衷心地感谢离退休老同志,你们的理解、关心和支持给了我们巨大的精神力量。

最近在和老师们不断座谈的过程当中,经常听到老师的议论:“普通老师有没有奔头”、“如何有奔头”的话题。今天教师节简单地谈一下。

同学们,让更多的老师们觉得有奔头,是我们学校工作的重要组成部分,我们需要加倍地努力。但老师有奔头是以学校有奔头作为前提和基础的。这些年来,大家共同努力,学校的各项工作都取得了长足的进步。一个个历史的空白被填上了,一个个重要的平台搭建了。应该说,学校的发展步伐是快的。但是,站在国内和国际教育的大环境中看,与一流财经大学的目标相比较,我们的差距又是那样的明显,我们的基础又显得那样的薄弱。因此,把“蛋糕”做大,把学校做强的工作,任重而道远。

让有能耐、想干事的人脱颖而出是我们当前师资队伍建设首先需要做的事情。我们需要建设一支高水平的学术带头人队伍,需要建设一支数量充足、质量上乘的骨干教师队伍,需要建设一支眼界开阔、乐于奉献的干部队伍,同样也需要建设一支勤勤恳恳工作的后勤职工队伍。教师节之际,谈起队伍的建设,尤感形势紧迫、责任重大。让更多的老师觉得有奔头,需要营造一个氛清绩正的工作环境,需要营造一个百花齐放、相互欣赏、宽松的学术氛围。更具体地讲,要加紧建立一个多元化的考核体系,让更多的老师发挥自己的潜能,在工作当中,体现自己的强项,共同为学校的发展贡献自己最大的力量。让更多的老师觉得有奔头,还需要采取各种措施,使我们的各级、各类机关工作人员、各级干部牢固地树立以人为本的思想,牢固地树立服务于教学、科研的中心工作的思想,彻底根除各种形式的衙门作风。为老师服好务,为学生服好务。

老师们、同学们,建设一流财经大学的目标已经明确,希望全体师生员工能够紧密地团结起来,进一步地解放思想,开阔视野,扎扎实实地做好打基础、上水平的各项工作,不断推进学校的各项事业健康发展。

教师节、中秋节来临之际,祝大家节日快乐,身体健康!

谢谢大家!

第三篇

人　物

学校党政领导

柯文进　党委常委　党委书记

1958年2月出生,江苏海安人,汉族,中共党员,教育学博士,教授,博士生导师,享受国务院政府特殊津贴专家。

1982年毕业于中国矿业大学力学专业,2004年获北京师范大学教育学博士学位。

1987年6月至1994年4月历任中国矿业大学团委副书记、团委书记、党委宣传部部长、党办主任;

1994年4月至2002年12月历任中国矿业大学副校长,中国矿业大学(北京)党委副书记、副校长、纪委书记;

2002年12月任北京建筑工程学院党委书记;

2008年6月至今任首都经济贸易大学党委书记。

主要社会兼职:中国建设教育协会副会长,中国建设教育高等教育学会会长。

分管工作:负责学校党委全面工作,分管干部工作,党政办公室工作。

联系院(系):工商管理学院。

王稼琼　党委常委　校长

1964年5月出生,山西大同人,汉族,中共党员,经济学博士,教授,博士生导师。

1985年9月毕业于南开大学,先后获得理学学士和经济学硕士学位,1995年获北方交通大学经济学博士学位。

1996年至2004年10月先后担任北京交通大学经济系副主任、经济管理学院副院长、校长办公室主任、经济管理学院院长;

2004年10月任北京交通大学副校长;

2008年3月任北京物资学院院长;

2010年3月至今任首都经济贸易大学校长。

主要社会兼职:中国市场学会副会长,中国物流与采购联合会副会长,教育部经济学教学指导委员会委员,北京市高校管理研究会理事长,中国高等教育学会高等财经教育分会副理事长。

分管工作:负责学校行政全面工作,分管财务工作,审计工作。

联系院(系):劳动经济学院。

杨世忠　党委常委　纪委书记　工会主席(2011年11月18日任)

1957年5月出生,云南思茅人,汉族,中共党员,管理学博士,教授,博士生导师。

1982年7月本科毕业于河北地质学院地质经济管理系,1988年获北京经济学院经济学硕士学位,2007年获华中科技大学管理学博士学位。

1991年6月至2004年1月历任北京经济学院财政会计系副主任,首都经济贸易大学会计学院院长;

2004年1月至2010年12月历任首都经济贸易大学党委副书记、副校长;

2010年12月至2011年4月任首都经济贸易大学纪律检查委员会书记、副校长;

2011年4月至2011年11月任首都经济贸易大学纪律检查委员会书记;

2011年11月起任首都经济贸易大学纪律检查委员会书记、校工会主席。

主要社会兼职:中国会计学会理事,中国总会计师协会理事,财政部企业内部控制标准委员会咨询专家,北京会计学会副会长,北京总会计师协会副会长,亚太地区管理会计协会APMAA指导委员会委员,《经济与管理研究(理财版)》副主编。

分管工作:分管纪检、监察工作,工会、教代会工作,协助校长分管审计工作。

联系院(系):会计学院、金融学院。

杨军　党委常委　党委副书记(2011年4月21日免)

1962年5月生于北京,汉族,中共党员,工学学士,副教授。

1984年毕业于北方交通大学铁道机械专业。

1984年以来历任北方交通大学团委干事、研究生部团总支书记、校团委副书记、校团委书记、经管学院党委副书记、校党委宣传部副部长、学生工作部(处)部(处)长兼人民武装部部长、校党委宣传部部长、新闻中心主任、党委统战部部长、党委党校常务副校长、人文社会科学学院院长、校党委组织部部长等职;

2003年12月至2011年4月任首都经济贸易大学党委副书记。

分管工作:分管组织、统战、宣传思想工作,马克思主义理论课和思想政治教育课建设工作,学生工作,安全稳定与保卫工作,就业工作。

联系院(系):金融学院、人文学院。

王文举 党委常委 副校长

1965年8月出生,吉林东丰人,汉族,中共党员,理学博士,教授,博士生导师,享受国务院政府特殊津贴专家。

1986年本科毕业于吉林师范大学数学系,1989年获东北师范大学理学硕士学位,1993年获吉林大学理学博士学位,1996年大连理工大学博士后出站。

2000年12月至2004年1月历任首都经济贸易大学科研处处长,校长助理兼科研处处长,校长助理兼科研处处长、图书馆馆长;

2004年1月起任首都经济贸易大学副校长。

主要社会兼职:中国数量经济学会副理事长兼学术委员会委员,全国数理经济学会理事长,全国博弈论与实验经济学副理事长兼秘书长,北京市经济学会常务理事。

分管工作:分管本、专科教学、招生工作,体育工作,国际合作与交流工作,华侨学院转制工作。

联系院(系):经济学院、国际学院。

郝如玉 副校长

1948年7月出生,北京人,汉族,经济学学士,教授,博士生导师,无党派人士。

1982年9月毕业于中央财政金融学院财政系,历任讲师、副教授、教授、博士生导师。

1988年4月至2004年9月历任中央财政金融学院税务系副主任、主任,中央财经大学继续教育学院院长;

2004年1月起任首都经济贸易大学副校长。

主要社会兼职:全国人大常委、全国人大财经委副主任委员、北京市人大常务委员、中国注册税务师协会副会长、北京党外高级知识分子联谊会副会长等。

分管工作:分管继续教育工作。

联系院(系):财政税务学院。

陈宁 党委常委 党委副书记(2011年3月30日任,9月28日免)

1964年11月出生,北京人,汉族,中共党员,法学硕士,教授,硕士生导师,国家精品课负责人。

1987年7月毕业于北京师范学院中文系,1998年6月获中国人民大学法学硕士学位。

1996年2月至2004年12月历任首都师范大学数学系党总支副书记、副主任,党委办公室主任,党委办公室、校长办公室主任;

2004年12月任首都师范大学党委副书记、工会主席;

2011年3月至9月任首都经济贸易大学党委副书记。

主要社会兼职:中国伦理学会德育专业委员会副会长,中国艺术教育促进会常务理事,北京高校德育研究会副理事长,北京毕业生就业工作协会副理事长,北京国防教育协会副理事长,首都大学生思想教育研究中心专家,联合国工发组织创业孵化项目成员。

分管工作:分管宣传思想工作,马克思主义理论课和思想政治教育课建设工作,学生工作,安全稳定与保卫工作,就业工作。

联系院(系):马克思主义学院。

赵凤启 工会主席(2011年11月18日起不再担任)

1952年4月出生,河北宁晋人,汉族,中共党员,大学学历,副教授。

1978年8月毕业于北京经济学院政治经济学专业。

1984年10月至2005年4月历任北京经济学院宣传部副部长、部长,组织部部长,统战部部长,机关党总支书记;

2005年4月起任首都经济贸易大学纪律检查委员会书记,6月任首都经济贸易大学工会主席。

2010年12月至2011年11月任首都经济贸易大学工会主席。

联系院(系):统计学院、体育部。

丁立宏 党委常委 副校长

1962年6月出生,江苏苏州人,汉族,中共党员,经济学硕士,教授,硕士生导师,享受国务院政府特殊津贴专家。

1984年8月毕业于北京经济学院统计专业,1997年获首都经济贸易大学经济学硕士。

1994年6月至2004年5月历任首都经济贸易大学统计系副主任、主任,学校办公室主任;

2004年5月至2006年11月历任首都经济贸易大学校长助理兼任党政办公室主任、发展规划处处长;

2006年11月至今任首都经济贸易大学副校长。

主要社会兼职:中国统计学会理事,中国投资学会理事,国家统计局全国统计教材编审委员会委员,北京市统计学会副会长,北京市人事局统计高级职称评委会委员等。

分管工作:分管科研、学科建设工作,研究生与专业硕士教育工作,发展规划工作。

联系院(系):安全与环境工程学院、专业硕士教育中心。

王传生　党委常委　副校长

1961年11月出生,辽宁北票人,汉族,中共党员,工学博士,教授,硕士生导师。

2003年4月毕业于辽宁工程技术大学采矿工程专业(矿业系统工程研究方向),1989年7月获阜新矿业学院工学硕士,2003年4月获辽宁工程技术大学工学博士。

1999年3月至2004年12月历任山东工商学院管理系副主任、教务处处长;

2004年12月任首都经济贸易大学教务处处长;

2010年7月至今任首都经济贸易大学副校长。

主要社会兼职:教育部管理科学与工程教学指导委员会委员。

分管工作:分管人事工作,图书馆、信息化建设工作。

联系院(系):城市经济与公共管理学院、外语系。

朱玉华　党委常委　党委副书记

1956年8月出生,北京人,汉族,中共党员,经济学学士,研究员。

1983年7月毕业于北京经济学院贸易经济专业。

1992年1月至2010年11月历任北京经济学院经济系党总支副书记兼副主任,首都经济贸易大学经济学院党总支书记、党委常委、组织统战部部长;

2010年11月起任首都经济贸易大学党委副书记。

分管工作:分管组织、统战工作,党校工作,离退休工作。

联系院(系):信息学院、法学院。

国家教学名师

杨河清:经济学博士、首都经济贸易大学二级教授、博士生导师、博士后合作导师、国家级教学名师、国家重点学科及北京市重点学科负责人、北京市市属市管高校拔尖创新人才、北京市教学名师、北京市优秀教师。2011年被中国校友会网评为中国杰出社会科学家。

小学就读于北京第一实验小学,“文化大革命”中在北京造纸厂做了8年工人。1977年国家恢复高考后第一批考入大学。1982年1月毕业于北京经济学院,留校工作。在劳动经济系任教的同时,先后担任过校团委副书记,劳动经济系党总支副书记、书记。1984年被评为北京经济学院优秀党员,同年被授予北京市先进工作者称号。

1988～1998年被三次公派赴日本流通经济大学进修,攻读硕士、博士学位。

1998年底留学归国后,于1999年6月出任劳动经济系主任,担负起重振我国第一个劳动经济学科点的任务。他狠抓学科建设和队伍建设,带领劳动经济系于2000年获得全国第二个“劳动经济学”博士学位授予权及社会保障硕士点授权;2000年7月组建了劳动经济学院;2001年将人力资源管理、劳动与社会保障专业提至一本招生;2002年,“劳动经济学”获批成为北京市首批重点学科之一,2007年建设成为国家重点学科。在全国第一个建立了劳动关系专业方向(2002年)和国际人力资源管理专业方向(2004),在全国率先开设了劳动关系专业(2005),在全国第一个建立了人力资源开发与人才发展博士点和硕士点(2011年),在全国第一批建立了劳动关系博士点和硕士点(2011～2012)。教师队伍也从1999年的19人(教授2人、有博士学位者1人),发展壮大至如今的59人,其中教授13人、博士生导师5人、有博士学位者54人(占比92%)、海归博士11人(占比19%)。

杨河清个人在教学科研方面也取得了丰硕的业

绩。他负责并主讲的“劳动经济学”被评为国家级精品课程,“人力资源管理”被评为北京市精品课程。他主持建设的劳动与社会保障专业、人力资源管理专业分别获批国家特色专业,人力资源管理教学团队获批国家级优秀教学团队,他主持的“劳动与社会保障专业建设”获得北京市优秀教学成果一等奖。

杨河清主编的教材《劳动经济学》、《职业生涯规划》入选国家“十一五”规划教材,《人力资源管理》入选北京市精品教材。主编的《回顾与展望:中国劳动人事与社会保障的变革》入选中央宣传部、国家新闻出版署“纪念改革开放30周年百部重点图书”(2008)以及入选“十一五”国家重点图书(2009)。

近5年,杨河清指导13名博士生获得博士学位,其中1人的博士论文入选北京市优秀博士论文,另有4人已经担任硕士生导师。指导13名硕士生获得硕士学位,其中7人考取了博士。此外,还指导了4名博士后、18名MBA。

5年来,杨河清主持完成及在研的国家级、省部级课题5项;出版著作5部;发表学术论文45篇,其中权威期刊2篇、ISTP检索2篇、ISSHP检索2篇、CSSCI来源刊16篇、核心期刊23篇。

近5年来,杨河清在教学、科研、学科专业建设方面共获得了6项省部级奖,其中一等奖两项。

杨河清还担任中国劳动学会副会长、中国人力资源开发研究会副会长、中华全国总工会法律顾问委员会委员、中国劳动和社会保障科学研究院客座研究员、教育部人文社会科学重大研究基地武汉大学社会保障研究中心专家、北京大学人力资源开发与管理研究中心专家、国家自然科学基金以及国家哲学社会科学基金重大项目立项及成果评审专家、全国优秀博士论文评审专家、教育部人文社科项目评审专家等20余项重要学术兼职,为相关领域的发展做出了贡献。

(吴伯栋)

享受国务院特殊津贴专家

序号	姓名	所在学院	获得时间
1	文　魁	经济学院	1993年
2	刘英骥	工商管理学院	1993年
3	柯文进	工商管理学院	1993年
4	吴少平	工商管理学院	1997年
5	高　闯	工商管理学院	1998年
6	丁立宏	统计学院	2000年
7	邹昭晞	工商管理学院	2001年
8	张　强	城市经济与公共管理学院	2002年
9	王文举	经济学院	2006年
10	戚聿东	工商管理学院	2008年
11	张连城	经济学院	2010年

(李玫玉)

北京市教学名师

序号	姓名	所在学院	获奖时间
1	赵　仑	财政税务学院	2003 年
2	张连城	经济学院	2006 年
3	杨河清	劳动经济学院	2007 年
4	马立平	统计学院	2008 年
5	付　磊	会计学院	2009 年
6	王曼怡	金融学院	2010 年
7	张　琪	劳动经济学院	2010 年
8	米新丽	法学院	2011 年
9	张学平	工商管理学院	2011 年

（教务处）

教学岗位正高职聘任人员

序号	部门	姓名	性别	岗位类别
1	安全与环境工程学院	吕淑然	男	教授
2	安全与环境工程学院	马　峻	男	教授
3	安全与环境工程学院	钮英建	男	教授
4	安全与环境工程学院	毛海峰	男	教授
5	安全与环境工程学院	姜　亢	男	教授
6	安全与环境工程学院	郭晓宏	女	教授
7	安全与环境工程学院	李洪枚	男	教授
8	财务处	崔也光	男	教授
9	财务处	许江波	男	教授
10	财政税务学院	李红霞	女	教授
11	财政税务学院	赵书博	女	教授
12	财政税务学院	赵　仑	男	教授
13	财政税务学院	丁　芸	女	教授
14	财政税务学院	姚东旭	男	教授

续表

序号	部门	姓名	性别	岗位类别
15	财政税务学院	蔡秀云	女	教授
16	城市经济与公共管理学院	赵韵玲	女	教授
17	城市经济与公共管理学院	蒋泽中	男	教授
18	城市经济与公共管理学院	赵秀池	女	教授
19	城市经济与公共管理学院	彭文英	女	教授
20	城市经济与公共管理学院	张贵祥	男	教授
21	城市经济与公共管理学院	张　强	男	教授
22	城市经济与公共管理学院	王德起	男	教授
23	城市经济与公共管理学院	刘欣葵	女	教授
24	城市经济与公共管理学院	祝尔娟	女	教授
25	城市经济与公共管理学院	段　霞	女	教授
26	城市经济与公共管理学院	洪亚敏	女	教授
27	发展规划处	祝合良	男	教授
28	法学院	王雨本	男	教授
29	法学院	李晓安	女	教授
30	法学院	高桂林	男	教授
31	法学院	米新丽	女	教授
32	法学院	焦志勇	男	教授
33	法学院	金晓晨	女	教授
34	工商管理学院	陈立平	男	教授
35	工商管理学院	柳学信	男	教授
36	工商管理学院	郭卫东	男	教授
37	工商管理学院	高　闯	男	教授
38	工商管理学院	张学平	女	教授
39	工商管理学院	邹昭晞	女	教授
40	工商管理学院	蔡　红	女	教授
41	工商管理学院	张映红	女	教授
42	工商管理学院	张梦霞	女	教授
43	工商管理学院	吴少平	男	教授
44	工商管理学院	赵　艳	女	教授
45	工商管理学院	宋克勤	男	教授
46	工商管理学院	吴冬梅	女	教授
47	工商管理学院	戚聿东	男	教授
48	会计学院	刘文辉	女	教授

续表

序号	部门	姓名	性别	岗位类别
49	会计学院	闫华红	女	教授
50	会计学院	马元驹	男	教授
51	会计学院	顾奋玲	女	教授
52	会计学院	栾甫贵	男	教授
53	会计学院	董力为	男	教授
54	会计学院	付　磊	男	教授
55	继续教育学院	刘　雄	男	教授
56	教务处	张　琪	女	教授
57	金融学院	龙　菊	女	教授
58	金融学院	李树生	男	教授
59	金融学院	吴世亮	男	教授
60	金融学院	方　兴	女	教授
61	金融学院	巩云华	女	教授
62	金融学院	祁敬宇	男	教授
63	金融学院	李　新	男	教授
64	金融学院	谢太峰	男	教授
65	金融学院	蒋三庚	男	教授
66	经济学院	廖明球	男	教授
67	经济学院	徐则荣	女	教授
68	经济学院	王少国	男	教授
69	经济学院	康增奎	男	教授
70	经济学院	刘　宏	男	教授
71	经济学院	马方方	女	教授
72	经济学院	徐　雪	女	教授
73	经济学院	郎丽华	女	教授
74	经济学院	田新民	男	教授
75	经济学院	李　婧	女	教授
76	经济学院	张　弘	女	教授
77	经济学院	王　军	男	教授
78	科研处	王曼怡	女	教授
79	劳动经济学院	朱俊生	男	教授
80	劳动经济学院	纪　韶	女	教授
81	劳动经济学院	童玉芬	女	教授
82	劳动经济学院	杨河清	男	教授

续表

序号	部门	姓名	性别	岗位类别
83	劳动经济学院	赵　耀	女	教授
84	劳动经济学院	吕学静	女	教授
85	劳动经济学院	朱勇国	男	教授
86	劳动经济学院	王　静	女	教授
87	劳动经济学院	吕新萍	女	教授
88	劳动经济学院	齐明珠	女	教授
89	劳动经济学院	徐　斌	男	教授
90	劳动经济学院	冯喜良	男	教授
91	马克思主义学院	杨　眉	女	教授
92	马克思主义学院	王瑞昌	男	教授
93	马克思主义学院	刘宁元	女	教授
94	马克思主义学院	李久林	男	教授
95	马克思主义学院	刘丹萍	女	教授
96	马克思主义学院	周宇宏	女	教授
97	马克思主义学院	李丽娜	女	教授
98	体育部	贺　慨	男	教授
99	体育部	庄建国	男	教授
100	体育部	蒋　薇	女	教授
101	统计学院	纪　宏	男	教授
102	统计学院	马立平	女	教授
103	统计学院	吴启富	男	教授
104	统计学院	刘　娟	女	教授
105	统计学院	郭文英	女	教授
106	统计学院	刘黎明	女	教授
107	图书馆	汪　平	男	教授
108	外语系	张义君	女	教授
109	外语系	孙　丽	女	教授
110	外语系	程　虹	女	教授
111	外语系	郝钦海	男	教授
112	文化与传播学院	杨同庆	男	教授
113	文化与传播学院	朱　琳	女	教授
114	文化与传播学院	石　刚	男	教授
115	文化与传播学院	张小乐	女	教授
116	文化与传播学院	郭媛媛	女	教授

续表

序号	部门	姓名	性别	岗位类别
117	校领导	郝如玉	男	教授
118	校领导	王传生	男	教授
119	校领导	柯文进	男	教授
120	校领导	王稼琼	男	教授
121	校领导	文　魁	男	教授
122	校领导	丁立宏	男	教授
123	校领导	杨世忠	男	教授
124	校领导	王文举	男	教授
125	校领导	陈　宁	女	教授
126	信息学院	刘克强	男	教授
127	信息学院	姚翠友	女	教授
128	信息学院	杨一平	男	教授
129	信息学院	牛东来	男	教授
130	信息学院	赵丹亚	男	教授
131	信息学院	马　慧	女	教授
132	研究生部	张　军	男	教授
133	研究生部	周明生	男	教授
134	研究生部	张连城	男	教授
135	杂志总社	焦建国	男	教授
136	杂志总社	于启武	男	教授
137	专业硕士管理办公室	刘英骥	男	教授
138	专业硕士管理办公室	赵慧军	女	教授

（纪长青）

教学岗位副高职聘任人员

序号	部门	姓名	性别	岗位类别
1	城市经济与公共管理学院	刘水杏	女	副教授
2	城市经济与公共管理学院	吴庆玲	女	副教授
3	城市经济与公共管理学院	谭善勇	男	副教授
4	城市经济与公共管理学院	张国山	男	副教授
5	城市经济与公共管理学院	马洪波	男	副教授

续表

序号	部门	姓名	性别	岗位类别
6	城市经济与公共管理学院	冯　浩	男	副教授
7	城市经济与公共管理学院	张　昕	女	副教授
8	城市经济与公共管理学院	单吉堃	男	副教授
9	城市经济与公共管理学院	徐　君	女	副教授
10	城市经济与公共管理学院	刘业进	男	副教授
11	城市经济与公共管理学院	张智新	男	副教授
12	城市经济与公共管理学院	叶堂林	男	副教授
13	城市经济与公共管理学院	刘正恩	男	副教授
14	城市经济与公共管理学院	武永春	女	副教授
15	城市经济与公共管理学院	王　晖	男	副教授
16	城市经济与公共管理学院	张　杰	男	副教授
17	城市经济与公共管理学院	赵　文	女	副教授
18	城市经济与公共管理学院	陈　及	男	副教授
19	城市经济与公共管理学院	王霖琳	女	副教授
20	城市经济与公共管理学院	邬晓霞	女	副教授
21	城市经济与公共管理学院	刘智勇	男	副教授
22	城市经济与公共管理学院	周　伟	男	副教授
23	城市经济与公共管理学院	王　文	女	副教授
24	财政税务学院	赵　琼	女	副教授
25	财政税务学院	张立彦	女	副教授
26	财政税务学院	王竞达	女	副教授
27	财政税务学院	刘　颖	女	副教授
28	财政税务学院	郎大鹏	男	副教授
29	财政税务学院	马淑艳	女	副教授
30	财政税务学院	张晓慧	女	副教授
31	财政税务学院	黄芳娜	女	副教授
32	财政税务学院	杨全社	男	副教授
33	财政税务学院	史兴旺	男	副教授
34	财政税务学院	刘　辉	男	副教授
35	财政税务学院	包　健	女	副教授
36	财政税务学院	禹　奎	男	副教授
37	财政税务学院	曹静韬	男	副教授
38	工商管理学院	曹　兰	女	副教授
39	工商管理学院	杨　震	男	副教授

续表

序号	部门	姓名	性别	岗位类别
40	工商管理学院	涂建民	男	副教授
41	工商管理学院	林　力	男	副教授
42	工商管理学院	徐　炜	男	副教授
43	工商管理学院	王西麟	男	副教授
44	工商管理学院	周永强	男	副教授
45	工商管理学院	张细群	男	副教授
46	工商管理学院	赵　冰	女	副教授
47	工商管理学院	陈　庆	女	副教授
48	工商管理学院	陶　峻	女	副教授
49	工商管理学院	李云鹏	男	副教授
50	工商管理学院	余镜怀	男	副教授
51	工商管理学院	翟佳颖	女	副教授
52	工商管理学院	程丽霞	女	副教授
53	工商管理学院	张　晗	女	副教授
54	工商管理学院	陈蔚珠	女	副教授
55	工商管理学院	范合君	男	副教授
56	工商管理学院	朱海燕	女	副教授
57	工商管理学院	李　佳	女	副教授
58	工商管理学院	翟春媚	女	副教授
59	工商管理学院	兰纪平	男	副教授
60	工商管理学院	罗　鹏	男	副教授
61	工商管理学院	温宏建	男	副教授
62	工商管理学院	宋　云	女	副教授
63	工商管理学院	尹丽萍	女	副教授
64	工商管理学院	孙用婷	女	副教授
65	工商管理学院	王春利	男	副教授
66	工商管理学院	赵　越	女	副教授
67	工商管理学院	韩光军	男	副教授
68	工商管理学院	卢志明	男	副教授
69	工商管理学院	陈　超	男	副教授
70	工商管理学院	田正甫	男	副教授
71	工商管理学院	肖　霞	女	副教授
72	工商管理学院	解永秋	男	副教授
73	会计学院	刘　瑛	女	副教授

续表

序号	部门	姓名	性别	岗位类别
74	会计学院	石彦文	女	副教授
75	会计学院	尤小雁	女	副教授
76	会计学院	王　荣	女	副教授
77	会计学院	杨　鹃	女	副教授
78	会计学院	蒋燕辉	男	副教授
79	会计学院	赵天燕	女	副教授
80	会计学院	王国生	男	副教授
81	会计学院	唐丽春	女	副教授
82	会计学院	王淑梅	女	副教授
83	会计学院	梁淑美	女	副教授
84	会计学院	蔡立新	男	副教授
85	会计学院	曹　健	男	副教授
86	会计学院	黄毅勤	男	副教授
87	会计学院	贺　宏	女	副教授
88	会计学院	段新生	男	副教授
89	会计学院	袁光华	男	副教授
90	会计学院	王凡林	男	副教授
91	会计学院	于　鹏	男	副教授
92	会计学院	李　刚	女	副教授
93	会计学院	叶　青	女	副教授
94	会计学院	陈　郡	女	副教授
95	会计学院	袁小勇	男	副教授
96	会计学院	李慧丽	女	副教授
97	会计学院	汤炳亮	男	副教授
98	会计学院	王海林	女	副教授
99	会计学院	韩文连	女	副教授
100	会计学院	邹　颖	女	副教授
101	会计学院	王海洪	女	副教授
102	会计学院	李百兴	男	副教授
103	法学院	郑文科	男	副教授
104	法学院	李长城	男	副教授
105	法学院	翟业虎	男	副教授
106	法学院	周序中	男	副教授
107	法学院	张世君	男	副教授

续表

序号	部门	姓名	性别	岗位类别
108	法学院	王显勇	男	副教授
109	法学院	尚　琤	男	副教授
110	法学院	沈敏荣	男	副教授
111	法学院	赵　鹏	男	副教授
112	法学院	王剑波	男	副教授
113	法学院	周　平	女	副教授
114	法学院	刘润仙	女	副教授
115	法学院	王德山	男	副教授
116	法学院	徐丽雯	女	副教授
117	法学院	谢海霞	女	副教授
118	金融学院	黄静茹	女	副教授
119	金融学院	张欲晓	女	副教授
120	金融学院	张小红	女	副教授
121	金融学院	王　苹	女	副教授
122	金融学院	朱　超	男	副教授
123	金融学院	李文中	男	副教授
124	金融学院	施慧洪	男	副教授
125	金融学院	梁万泉	男	副教授
126	金融学院	王雅婷	女	副教授
127	金融学院	周　晔	男	副教授
128	金融学院	王德河	男	副教授
129	金融学院	高杰英	女	副教授
130	金融学院	唐伟霞	女	副教授
131	金融学院	雒庆举	男	副教授
132	金融学院	刘妍芳	女	副教授
133	金融学院	冯瑞河	男	副教授
134	信息学院	金继东	男	副教授
135	信息学院	田　瑾	女	副教授
136	信息学院	申　蔚	女	副教授
137	信息学院	康　跃	男	副教授
138	信息学院	徐天晟	男	副教授
139	信息学院	高　迎	女	副教授
140	信息学院	白晓明	女	副教授
141	信息学院	陈　炜	男	副教授

续表

序号	部门	姓名	性别	岗位类别
142	信息学院	邱　月	女	副教授
143	信息学院	高　静	女	副教授
144	信息学院	张丽玮	女	副教授
145	信息学院	尚华艳	女	副教授
146	信息学院	娄不夜	男	副教授
147	信息学院	郭　宁	女	副教授
148	信息学院	郑小玲	女	副教授
149	信息学院	邵　丽	女	副教授
150	统计学院	孙激流	男	副教授
151	统计学院	李　峰	男	副教授
152	统计学院	陈红梅	女	副教授
153	统计学院	董寒青	女	副教授
154	统计学院	朱梅红	女	副教授
155	统计学院	梅超群	女	副教授
156	统计学院	张玉春	男	副教授
157	统计学院	刘　强	男	副教授
158	统计学院	聂高琴	女	副教授
159	统计学院	任　韬	男	副教授
160	统计学院	阮　敬	男	副教授
161	统计学院	张传宝	男	副教授
162	统计学院	张慧欣	女	副教授
163	统计学院	张　全	男	副教授
164	统计学院	李　宇	女	副教授
165	统计学院	郭洪伟	男	副教授
166	统计学院	李　锋	女	副教授
167	统计学院	姚丽芳	女	副教授
168	经济学院	赵　涛	男	副教授
169	经济学院	武晋军	女	副教授
170	经济学院	辛　宪	女	副教授
171	经济学院	于晓云	女	副教授
172	经济学院	杜　军	女	副教授
173	经济学院	沈宏亮	男	副教授
174	经济学院	汪新波	男	副教授
175	经济学院	兰　英	女	副教授

续表

序号	部门	姓名	性别	岗位类别
176	经济学院	王佃凯	男	副教授
177	经济学院	董烨然	男	副教授
178	经济学院	赵 娟	女	副教授
179	经济学院	赵家章	男	副教授
180	经济学院	汪 洋	女	副教授
181	经济学院	田 彦	女	副教授
182	经济学院	朱京曼	女	副教授
183	经济学院	蒋东生	男	副教授
184	经济学院	朱 月	男	副教授
185	经济学院	燕秋梅	女	副教授
186	经济学院	封 岩	女	副教授
187	经济学院	张桂喜	女	副教授
188	经济学院	李 雪	男	副教授
189	经济学院	周 华	男	副教授
190	经济学院	陈 江	男	副教授
191	经济学院	胡少平	男	副教授
192	经济学院	张锦冬	女	副教授
193	经济学院	胡 晖	女	副教授
194	教育技术中心	傅 星	男	副教授
195	马克思主义学院	匡长福	男	副教授
196	马克思主义学院	张晓萍	女	副教授
197	马克思主义学院	何绍铭	男	副教授
198	马克思主义学院	杨春风	女	副教授
199	马克思主义学院	梁玉秋	女	副教授
200	马克思主义学院	王 颖	女	副教授
201	马克思主义学院	白习风	女	副教授
202	马克思主义学院	宋恩平	女	副教授
203	马克思主义学院	谷 军	男	副教授
204	马克思主义学院	王 峻	女	副教授
205	马克思主义学院	王 玉	女	副教授
206	马克思主义学院	王小莹	女	副教授
207	马克思主义学院	苏世兰	女	副教授
208	马克思主义学院	周 迈	男	副教授
209	马克思主义学院	王晓红	女	副教授

续表

序号	部门	姓名	性别	岗位类别
210	马克思主义学院	王文鸾	男	副教授
211	马克思主义学院	崔　玲	女	副教授
212	马克思主义学院	成林萍	女	副教授
213	文化与传播学院	杨　伶	男	副教授
214	文化与传播学院	宫双华	男	副教授
215	文化与传播学院	杜文娟	女	副教授
216	文化与传播学院	李　毅	男	副教授
217	文化与传播学院	杨景越	女	副教授
218	文化与传播学院	张　蕾	女	副教授
219	文化与传播学院	母晓文	男	副教授
220	文化与传播学院	郑文明	男	副教授
221	文化与传播学院	陆彦明	男	副教授
222	文化与传播学院	刘建一	男	副教授
223	文化与传播学院	赵建梅	女	副教授
224	文化与传播学院	王　昕	男	副教授
225	文化与传播学院	吴三军	男	副教授
226	文化与传播学院	吴伟凡	女	副教授
227	文化与传播学院	李景强	男	副教授
228	文化与传播学院	彭利芝	女	副教授
229	劳动经济学院	曾宪新	女	副教授
230	劳动经济学院	周施恩	男	副教授
231	劳动经济学院	边文霞	女	副教授
232	劳动经济学院	黎　煦	男	副教授
233	劳动经济学院	张杉杉	女	副教授
234	劳动经济学院	陶文忠	男	副教授
235	劳动经济学院	肖周燕	女	副教授
236	劳动经济学院	刘文川	男	副教授
237	劳动经济学院	范　围	男	副教授
238	劳动经济学院	杨　波	女	副教授
239	劳动经济学院	陈　红	女	副教授
240	劳动经济学院	余刘军	男	副教授
241	劳动经济学院	唐　军	女	副教授
242	劳动经济学院	吴　江	女	副教授
243	劳动经济学院	亓　昕	女	副教授

续表

序号	部门	姓名	性别	岗位类别
244	劳动经济学院	刘丽玲	女	副教授
245	劳动经济学院	王桂胜	男	副教授
246	劳动经济学院	王　晶	女	副教授
247	劳动经济学院	黄　琦	男	副教授
248	劳动经济学院	宋　湛	女	副教授
249	安全与环境工程学院	杨　静	女	副教授
250	安全与环境工程学院	陈文瑛	女	副教授
251	安全与环境工程学院	何向军	男	副教授
252	安全与环境工程学院	李宗圣	男	副教授
253	安全与环境工程学院	杨　玲	女	副教授
254	安全与环境工程学院	许联锋	男	副教授
255	安全与环境工程学院	王　庆	男	副教授
256	安全与环境工程学院	李　伟	男	副教授
257	安全与环境工程学院	陈大伟	男	副教授
258	安全与环境工程学院	王勇毅	女	副教授
259	安全与环境工程学院	孟　超	男	副教授
260	安全与环境工程学院	陈　蔷	女	副教授
261	安全与环境工程学院	郭建中	男	副教授
262	安全与环境工程学院	李茂龄	女	副教授
263	安全与环境工程学院	岳　忠	女	副教授
264	外语系	赵海燕	女	副教授
265	外语系	石海毓	女	副教授
266	外语系	王宏玉	女	副教授
267	外语系	高悦伶	女	副教授
268	外语系	张春玲	女	副教授
269	外语系	刘燕梅	女	副教授
270	外语系	白云红	女	副教授
271	外语系	王文豹	男	副教授
272	外语系	曲文洁	女	副教授
273	外语系	王秀英	女	副教授
274	外语系	干阳阳	男	副教授
275	外语系	王丽军	女	副教授
276	外语系	王学伟	男	副教授
277	外语系	高秋萍	女	副教授

续表

序号	部门	姓名	性别	岗位类别
278	外语系	王春花	女	副教授
279	外语系	高建平	男	副教授
280	外语系	刘重霄	男	副教授
281	外语系	张慧宇	女	副教授
282	外语系	蒋立珠	男	副教授
283	体育部	刘　婷	女	副教授
284	体育部	刘　英	女	副教授
285	体育部	袁荣凯	男	副教授
286	体育部	廖彦罡	男	副教授
287	体育部	王　伟	男	副教授
288	体育部	马明非	女	副教授
289	体育部	黎　臣	男	副教授
290	体育部	吴春霞	女	副教授

（纪长青）

其他专业技术职务正高职聘任人员

序号	部门	姓名	性别	职称
1	图书馆	杨燕玲	女	研究馆员

（纪长青）

其他专业技术职务副高职聘任人员

序号	部门	姓名	性别	职称
1	出版社	陈　蔷	女	副编审
2	出版社	薛　捷	男	副编审
3	出版社	孟岩岭	男	副编审
4	教育技术中心	马亚玲	女	高级工程师
5	审计处	牛桂英	女	高级审计师

续表

序号	部门	姓名	性别	职称
6	审计处	夏　颖	女	高级审计师
7	图书馆	高志敏	女	副研究馆员
8	图书馆	张桂岩	女	副研究馆员
9	图书馆	毕振德	男	副研究馆员
10	图书馆	陈　梅	女	副研究馆员
11	图书馆	张九华	女	副研究馆员
12	图书馆	颜丽虹	女	副研究馆员
13	教育技术中心	李　宇	女	高级工程师
14	教育技术中心	沈毅直	男	高级工程师
15	安全与环境工程学院	丘波澜	女	副研究员
16	校医院	高志欣	男	副主任医师
17	财务处	于玉环	女	高级会计师
18	财务处	王京芳	女	高级会计师
19	图书馆	张　蕾	女	副研究馆员
20	图书馆	王春晖	女	副研究馆员
21	图书馆	杨　阳	男	副研究馆员
22	图书馆	刘海翼	男	副研究馆员
23	教育技术中心	赵　宇	男	高级工程师
24	审计处	刘红梅	女	高级审计师
25	图书馆	刘　卓	女	副研究馆员
26	图书馆	周　洁	女	高级工程师
27	图书馆	张　艳	女	副研究馆员
28	杂志总社	魏小奋	女	副编审
29	杂志总社	周　斌	男	副编审

（纪长青）

首都经济贸易大学组织机构及负责人名单

序号	单位	职务	姓名
1		校长助理	张衍平
2		校长助理	孙昊哲
3		校长助理	高　闯
4		校长助理	戚聿东(2011.3 任)

续表

序号	单位	职务	姓名
5	党政办公室	主　任	邢　琪(2011.3 免)
6		副主任	商筱辉
7		副主任	黄立伟
8	组织、统战部	部长兼党校常务副校长	朱玉华(2011.2 免)
9		部长兼党校常务副校长	刘　宇(2011.3 任)
10		副部长	冯华威
11		副部长	刘　威
12	宣传部	部　长	赵喜玲
13		副部长	邸燕茹
14	纪委办公室、监察处	主任、处长	李　民
15		副主任、副处长	吴　烨
16		纪检监察员(副处级)	田　宏
17	发展规划处	处　长	祝合良
18	教务处	处　长	张　琪
19		副处长	赵慧军(2011.7 免)
20		副处长	范延英
21		副处长	曾庆梅
22	科研处	处　长	王曼怡
23		副处长	姜　红
24	学生工作部(处)	部(处)长兼武装部部长	刘　宇(2011.3 免)
25		部(处)长兼武装部部长	金京虎(2011.3 任)
26		副部(处)长	王金宝(2011.7 免)
27		副部(处)长	冯　博
28		副部(处)长	崔　颖
29		副部(处)长(挂职)	王建欣(2011.3 任)
30	研究生部	主　任	张连城(2011.5 免)
31		主　任	张　军(2011.5 任)
32		副主任	牛志伟
33		副主任	周明生
34	人事处	处　长	史　简(2011.3 免)
35		处　长	邢　琪(2011.3 任)
36		副处长	李玫玉
37		副处长	李凤磊

续表

序号	单位	职务	姓名
38	财务处	处　长	崔也光
39		副处长	许江波
40		副处长	王晓婷
41	审计处	处　长	夏　颖
42	资产管理处	处　长	孙昊哲(兼)
43		副处长	赵长顺
44	基建处	处　长	房永明
45		副处长	许　纯
46	保卫处(部)	处(部)长	林　卫(2011.7 免)
47		处(部)长	王金宝(2011.7 任)
48		副处(部)长	高博平
49		副处(部)长	赵　广
50	离退休工作处	处　长	李　环
51		副处长	翟连琦
52	后勤管理处	处　长	焦　勇
53		党总支书记兼后勤管理处副处长	刘学伟
54		副处长	李双印
55		副处长	龙　文
56	工会	常务副主席	万　潮(2011.3 免)
57		常务副主席	李　民(2011.3 任)
58	校团委	团委书记	付　琳(2011.4 免)
59		团委书记	张　彤(2011.7 任)
60	校部机关党总支	党总支书记	林　卫
61	城市经济与公共管理学院	院　长	段　霞
62		党总支书记兼副院长	刘俊虹
63		副院长	张国山
64		副院长	刘欣葵
65		党总支副书记	宋晓颖
66	工商管理学院	院　长	戚聿东(2011.3 免)
67		院　长	高　闯(2011.3 任)
68		党总支书记兼副院长	张　红
69		副院长	张梦霞
70		副院长	柳学信
71		党总支副书记	刘　伟

续表

序号	单位	职务	姓名
72	经济学院	院　长	张连城
73		党总支书记兼常务副院长	郎丽华
74		副院长	田新民
75		副院长	徐　雪
76		党总支副书记	马　力
77	会计学院	院　长	付　磊
78		党总支书记兼副院长	金京虎(2011.3免)
79		党总支书记兼副院长	解小娟(2011.6任)
80		副院长	刘文辉
81		副院长	李百兴
82		党总支副书记	王银江
83	劳动经济学院	院　长	杨河清
84		党总支书记兼副院长	王明会(2011.3任)
85		副院长	冯喜良
86		副院长	张　琪(2011.7免)
87		副院长,挂职拉萨市市委党校副校长	王桂胜
88		副院长	朱俊生(2011.7任)
89		党总支副书记	刘文东(2011)
90	人文学院 (2011.4撤销)	院　长	李丽娜(2011.4免)
91		党总支书记兼副院长	韩小青(2011.4免)
92		副院长	石　刚(2011.4免)
93		党总支副书记	任伯杰(2011.4免)
94	文化与传播学院 (2011.4成立)	党总支书记兼副院长	付　琳(2011.4任)
95		副院长(主持工作)	石　刚(2011.4任)
96		副院长	郭媛媛(2011.4任)
97		党总支副书记	任伯杰(2011.4任)
98	信息学院	院　长	杨一平
99		党总支书记兼副院长	马　慧
100		副院长	姚翠友
101		副院长	牛东来
102		党总支副书记	丁志艳
103	安全与环境 工程学院	党总支书记兼副院长	李金国(2011.6免)
104		党总支书记兼副院长	林　卫(2011.6任)
105		副院长	钮英建
106		副院长	王勇毅
107		党总支副书记	陈润源

续表

序号	单位	职务	姓名
108	财政税务学院	党总支书记兼副院长	姚东旭
109		副院长	李红霞
110		副院长	蔡秀云
111		党总支副书记	王 珂
112	法学院	院 长	符启林(2011.12免)
113		党总支书记兼副院长	谢海霞
114		副院长	米新丽
115		副院长	张世君
116		党总支副书记	张溢铭
117	金融学院	院 长	谢太峰(2011.3任)
118		党总支书记兼副院长	王明会(2011.3免)
119		党总支书记兼副院长	王红玲(2011.3任)
120		副院长	谢太峰(2011.3免)
121		副院长	龙 菊
122		党总支副书记	王红玲(2011.3免)
123	统计学院	院 长	纪 宏
124		党总支书记兼副院长	高建平
125		副院长	马立平
126		副院长	刘 媚
127		党总支副书记	周广军
128	外语系	主 任	张义君
129		党总支书记兼副主任	解小媚(2011.7免)
130		党总支书记兼副主任	刘文东(2011.7任)
131		副主任	刘重霄
132	马克思主义学院(2011.4成立)	院 长	李丽娜(2011.4任)
133		党总支书记兼副院长	韩小菁(2011.4任)
134		副院长	李久林(2011.4任)
135	体育部	主 任	蒋 薇
136		直属党支部书记兼副主任(正处级)	庞志平
137		副主任	贺 慨
138	对外文化交流学院	院 长	董力为(2011.3免)
139		直属党支部书记兼副院长(正处级)	刘建平
140		副院长	张旭红

续表

序号	单位	职务	姓名
141	继续教育学院	院　长	刘　雄
142		直属党支部书记兼副院长(正处级)	杨　贡
143		副院长	王春生
144	专业硕士教育中心(MBA中心)	主　任	张　军(2011.7免)
145		主　任	赵慧军(2011.7任)
146		直属党支部书记兼副主任(正处级)	何　丽
147	图书馆	馆　长	汪　平
148		党总支书记兼副馆长	程显秋
149		副馆长	张桂岩
150	校医院	院长(副处级)	高志欣
151		直属党支部书记兼副院长(副处级)	赵文汉
152	杂志总社	总编辑	高　闯(2011.5免)
153		总编辑	戚聿东(2011.5任)
154		社　长	于启武
155		副社长	焦建国
156	教育技术中心	主　任	傅　星
157		副主任	沈毅直
158	出版社有限责任公司	董事长(享受正处级待遇)	周义军
159		副总经理(副社长)	朱志平
160		总编辑兼副总经理(副社长)	杨　玲
161	校办工厂	厂长(享受副处级待遇)	白荟民
162	校办产业	党总支书记	张建军
163		调校友会工作,保留正处级待遇	李金国(2011.6任)

(刘威)

从事教育工作满30年教职工

单位	姓名
机关	张衍平　王建军　贾卫星　施振东　阎新芳　柴兴娥　闫洁　仇丽　王力安　魏书宋
会计学院	石　军
教育技术中心	和均秀

续表

单位	姓名
图书馆	谢莉蓉　郭克田
文化与传播学院	孙国平
统计学院	赵青平
杂志总社	何　军
校办工厂	张秋花　田志军　林玉民
继续教育学院	丁永才
后勤管理处	郑伟　张京生　刘俊秀　马广贞　盛军　王黎　鲁静　王志琦　林波　武德群

（苏静）

第三届首都经济贸易大学教学名师

序号	所在单位	姓名
1	工商管理学院	张梦霞
2	会计学院	刘文辉
3	劳动经济学院	王　静
4	劳动经济学院	冯喜良
5	信息学院	杨一平
6	安全与环境工程学院	钮英建
7	财政税务学院	李红霞
8	法学院	金晓晨
9	统计学院	刘　娟
10	马克思主义学院	杨　眉

（韩泽民）

第三届首都经济贸易大学优秀主讲教师

序号	所在单位	姓名
1	城市经济与公共管理学院	叶堂林
2	工商管理学院	崔佳颖

续表

序号	所在单位	姓名
3	经济学院	周　华
4	经济学院	李　雪
5	会计学院	李百兴
6	会计学院	杨　鹏
7	会计学院	曹　健
8	会计学院	蔡立新
9	劳动经济学院	唐　军
10	劳动经济学院	杨旭华
11	文化与传播学院	李　毅
12	信息学院	高　迎
13	信息学院	高　静
14	安全与环境工程学院	李宗圣
15	财政税务学院	王竞达
16	统计学院	孙激流
17	统计学院	聂　力
18	外语系	高秋萍
19	外语系	孙　丽
20	体育部	王长友

(韩泽民)

首都经济贸易大学2010~2011年“师德标兵”

序号	所在单位	姓名
1	财政税务学院	刘　颖
2	马克思主义学院	杨　眉
3	工商管理学院	朱海燕
4	劳动经济学院	朱俊生
5	金融学院	吴世亮
6	体育部	贺　慨
7	城市经济与公共管理学院	陈季修
8	外语系	王文豹

续表

序号	所在单位	姓名
9	会计学院	王凡林
10	经济学院	赵　涛
11	文化与传播学院	刘建一

（苏静）

第八届青年教师教学基本功比赛获奖人员

奖项名称	所在单位	姓名
一等奖	法学院	赵　鹏
	外语系	栾　婷
二等奖	对外文化交流学院	姚京晶
	会计学院	王　霞
	外语系	潘　速
	财政税务学院	曹静韬
三等奖	会计学院	于　鹏
	文化与传播学院	王　冲
	劳动经济学院	范　围
	城市经济与公共管理学院	王　蕾
	学生处	常雪亮
	统计学院	聂　力
	体育部	宋旭辉
	统计学院	张贝贝
	文化与传播学院	母晓文
	马克思主义学院	汪朝晖
最受学生欢迎奖	法学院	赵　鹏
最佳课件奖	会计学院	王　霞
最佳风度奖	外语系	栾　婷

（苏静）

2011 年退休人员

序号	单位	姓名	性别	职务、职称	办理退休时间
1	马克思主义学院	卢海峰	男	教授	2011 年 1 月
2	图书馆	李援朝	男	馆员	2011 年 1 月
3	校医院	王淑芝	女	高级工	2011 年 1 月
4	校医院	胡京晖	女	主治医师	2011 年 1 月
5	校医院	王春丽	女	初级	2011 年 2 月
6	工商管理学院	汪秀英	女	教授	2011 年 2 月
7	统计学院	董春华	女	副高级	2011 年 2 月
8	校办工厂	赵文清	男	中级工	2011 年 2 月
9	开发公司	郭　静	女	高级工	2011 年 2 月
10	校办工厂	刘治玉	男	中级工	2011 年 2 月
11	图书馆	于成梅	女	中级	2011 年 2 月
12	后勤管理处	董茂山	男	副科级	2011 年 2 月
13	城市经济与公共管理学院	陈季修	男	教授	2011 年 2 月
14	保卫处	姚泽红	女	高级工	2011 年 2 月
15	人才交流中心	张善余	男	普工	2011 年 2 月
16	出版社	金静华	女	初级	2011 年 3 月
17	资产管理处	周　冰	女	高级工	2011 年 3 月
18	外语系	熊选琴	女	副高级	2011 年 3 月
19	后勤管理处	侯玉凤	女	正科、中级	2011 年 3 月
20	城市经济与公共管理学院	孙翠兰	女	教授	2011 年 3 月
21	后勤管理处	王立武	女	普工	2011 年 3 月
22	劳动经济学院	唐慧明	女	中级	2011 年 4 月
23	人事处	史　简	男	正处级、副高	2011 年 4 月
24	后勤管理处	闫淑珍	女	中级	2011 年 4 月
25	人事处	郭　敏	女	副处级	2011 年 4 月
26	学生处	魏书宋	男	正处级、副高	2011 年 4 月
27	城市经济与公共管理学院	张祥云	女	中级	2011 年 4 月

续表

序号	单位	姓名	性别	职务、职称	办理退休时间
28	后勤管理处	张同乐	男	正处级、副高	2011 年 4 月
29	工会	万 潮	女	正处级、副高	2011 年 4 月
30	资产管理处	张东才	男	中级	2011 年 5 月
31	出版社	周嘉硕	男	正处级、正高	2011 年 5 月
32	离退休处	苏志毅	男	副科级	2011 年 5 月
33	保卫处	张善银	男	普工	2011 年 5 月
34	后勤管理处	王国安	男	高级工	2011 年 6 月
35	统计学院	赵青平	女	副高级	2011 年 6 月
36	继续教育学院	安鸿章	男	教授	2011 年 6 月
37	校办工厂	王宝海	男	中级工	2011 年 6 月
38	后勤管理处	王金荣	女	高级工	2011 年 6 月
39	杂志总社	徐 坤	女	正高、副处级	2011 年 6 月
40	人才交流中心	王桂平	女	普工	2011 年 6 月
41	财务处	王凤娟	女	副科级	2011 年 7 月
42	文化与传播学院	郑 华	女	中级	2011 年 7 月
43	教务处	张 俭	女	副高级	2011 年 7 月
44	教务处	冯建中	男	副科级、中级	2011 年 7 月
45	后勤管理处	赵瑞琴	女	普工	2011 年 7 月
46	劳动经济学院	李仲生	男	教授	2011 年 8 月
47	图书馆	谭乃立	男	正高级	2011 年 8 月
48	财务处	朱丽芹	女	副科级	2011 年 8 月
49	财政税务学院	吴 敏	女	中级	2011 年 8 月
50	出版社	侯静萍	女	中级	2011 年 9 月
51	后勤管理处	宫敬平	女	高级工	2011 年 9 月
52	统计学院	王保录	男	正科级	2011 年 10 月
53	安全与环境工程学院	郑 丽	女	中级	2011 年 10 月
54	城市经济与公共管理学院	付小均	女	副高级	2011 年 11 月
55	金融学院	李 淳	女	副科级、中级	2011 年 11 月
56	校办工厂	王立军	女	副高级	2011 年 11 月
57	安全与环境工程学院	张宝菡	女	中级	2011 年 12 月
58	后勤管理处	魏 琦	女	中级	2011 年 12 月

（高源）

2011年去世人员

离休

边文儒	江平芝	缪品端	石唯一	杨英林	陈今池	孟廷为

(王楠)

退休

张天路	王秀琴	何宝利	梁文云	赵嘉春	高同欣
陈秋蓉	宋云清	刘金芳	李迪成	阎保忠	江平之
胡健康	朱占元	张靖宜			

(高源)

第四篇

教育教学

8 月 30 日，首经贸 3 500 余名新生报到

9 月 20 日，安全与环境工程学院 2011 级新生进行拓展训练

10月26日，北京毕捷电机股份有限公司总经理俞晓光到校给首经贸师生讲座

11月26日，中国兵器集团北方锦化公司党委书记刘德言给首经贸学生讲座

11月23日，信息学院起点计算机协会开展PS讲座活动

12 月 14 日，金融学院举办第二届“金融之星”表彰大会

5 月，2007 级本科毕业生进行论文答辩

11 月 23 日，劳动经济学院举办 2011 年度教学工作研讨会和学评教颁奖会

4 月 15 日，法学院召开本科人才培养模式改革研讨会

11 月 25 日，首经贸专业评估小组进行专业评估

首经贸全面推进国际化人才培养模式改革，
图为学校师生赴普林斯顿大学交流

首经贸全面推进国际化人才培养模式改革，
图为学校组织学生赴香港进行暑期社会实践活动

首经贸全面推进国际化人才培养模式改革，图为外教 John 的课堂

首经贸全面推进国际化人才培养模式改革，
图为外教 Skipper 的计算机课堂

4月6日,研究生学术文化节开幕

4月29日,首经贸举行2011年MBA职业发展导师聘任仪式

5 月 22 日，专业硕士教育中心参加首届中国 MBA 商业伦理辩论大赛

9 月 17 日，首经贸主办通胀时代与 MBA 创业论坛
暨第六届中国 MBA 北京联盟主席峰会

4 月 23 日，孔子学院学生在“汉语桥”大学生汉语比赛
美东地区分赛决赛中获低年级组二等奖

外国留学生在首经贸与中国学生互相交流、学习

12 月 22 日，首经贸举办贯彻实施学校体育工作条例汇报会

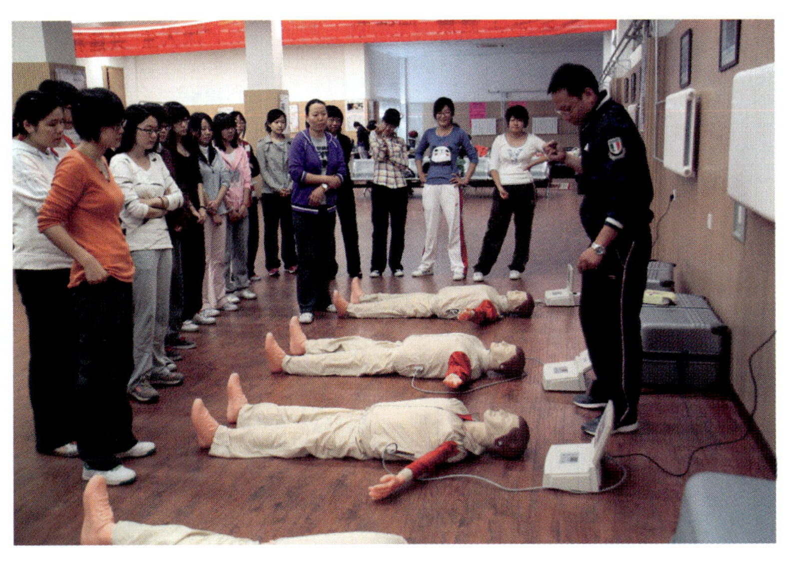

10 月 10 日，首经贸体质健康实验室开设急救知识普及实验课程

9 月 25～28 日，首经贸参加第十二届全国大学生田径锦标赛，获得 1 金、1 银

9 月 8 日，首经贸举行第一届高水平运动员中秋茶话会

12 月 3 日，首经贸承办首都高校游泳锦标赛

12 月 7 日，首经贸继续教育学院召开教学工作会

本(专)科教育

概　况

2011年,教务处在学校的正确领导下,以邓小平理论和“三个代表”重要思想为指导,深入贯彻落实科学发展观,以“提高教育质量和教学水平”为出发点,以人为本、以专业建设为龙头、以学生为中心、以培养学生能力为主,积极开展教学管理与改革,圆满完成了本科教育教学工作任务,推动了学校本科教育水平不断提升。

教学质量方面,2011年实现了重大突破——劳动经济学院杨河清教授荣获第六届国家级教学名师奖,实现了学校国家级教学名师零的突破;工商管理学院张学平教授、法学院米新丽教授荣获北京市教学名师奖;9部教材被评为北京市精品教材;学校学生参加学科竞赛获得国家级奖项1项(参赛学生3人)、市级奖项13项(参赛学生37人)。

2011年,教务处积极推动教学改革,扩大国际化试点专业和辅修专业;全面制定国际化、辅修专业、大类招生人才培养方案;首次实施大类招生、优秀新生转专业和“每院(系)一赛”活动;修订了学位授予制度、辅修(双学位)制度。同时,采取多种措施提高教学管理效率和服务水平。

(范延英)

质量工程

【杨河清荣获第六届国家级教学名师奖】　9月8日,在第27个教师节来临之际,教育部在京召开第六届高等学校教学名师奖表彰大会,中共中央政治局委员、国务委员刘延东和教育部领导为来自全国93所学校的100名高校教学名师颁奖,学校劳动经济学院杨河清教授榜上有名,实现了学校荣获国家级教学名师奖项零的突破。高等学校教学名师奖迄今已开展六届,共评选表彰了500名教学名师。

(韩泽民)

【张学平、米新丽获第七届北京市高等学校教学名师奖】　7月1日,北京市教委公布了第七届北京市高等学校教学名师奖获奖名单,学校工商管理学院张学平教授、法学院米新丽教授榜上有名。本届高等学校教学名师奖,是经学校推荐、现场教学观摩课评价、评审专家组评议、评审委员会投票、市教委审核并公示产生。截至第七届,首都经济贸易大学已有9名教授荣获北京市高等学校教学名师奖。

(韩泽民)

【9部教材被评为北京市精品教材】　12月8日,北京市教委下发京教函〔2011〕736号文件,批示学校财政税务学院赵仑教授主编的《资产评估学教程(修订版)》等9部教材被评为北京市精品教材。

2011年获评北京市精品教材一览表

序号	教材名称	所属学科	主编	主编单位
1	资产评估学教程(修订版)	经济学	赵　仑	财政税务学院
2	中国税制	经济学	刘　颖	财政税务学院
3	经济学教程	经济学	张连城	经济学院
4	期货市场——理论与实务	经济学	徐　雪	经济学院
5	理财投资策划	经济学	龙　菊	金融学院
6	会计学	管理学	赵天燕	会计学院
7	城市管理学	管理学	王德起	城市经济与公共管理学院

续表

序号	教材名称	所属学科	主编	主编单位
8	计算机会计理论与实务(第二版)	管理学	蔡立新	会计学院
9	商法学:原理与案例	法学	米新丽	法学院

(崔峰)

【校级精品课程与校级双语教学示范课程】 6月30日,学校下发首都经济贸易大学政发〔2011〕19号文件,14门课程被评为校级精品课程,4门课程被评为校级双语教学示范课程。

2011年校级精品课程一览表

序号	课程名称	负责人	单位
1	城市管理学	谭善勇	城市经济与公共管理学院
2	零售学	张　弘	经济学院
3	成本管理会计	杨世忠	会计学院
4	专业英语Ⅱ(理财学)	邹　颖	会计学院
5	劳动心理学	张杉杉	劳动经济学院
6	人力资源管理量化分析	王　静	劳动经济学院
7	社会保障国际比较	吕学静	劳动经济学院
8	人际沟通分析学	杨　眉	马克思主义学院
9	程序设计基础	申　蔚	信息学院
10	水污染控制工程	李洪枚	安全与环境工程学院
11	国有资产管理学	蔡秀云	财政税务学院
12	经济法	王德山	法学院
13	国际法	谢海霞	法学院
14	笔译	刘重霄	外语系

2011年校级双语教学示范课程一览表

序号	课程名称	负责人	单位
1	财务会计学	贺　宏	会计学院
2	国际人力资源管理	刘丽玲	劳动经济学院
3	资产定价理论基础	张晓慧	财政税务学院
4	国际经济法	金晓晨	法学院

(崔峰)

【进一步加强专业建设】 2011年,根据教育部及学校实施"本科教学工程"的意见,以专业建设为平台,以教学理念、方法、模式创新以及课程建设为基本内容,深化全校性公共基础课教学改革,促进国际化人才培养模式试点工作的开展,进一步提高本科教育教学质量,经院(系)申报,校教学指导委员会审议,最终确定行政管理等29个专业、大学英语等5类公共基础课、统计学等2个国际化人才培养模式试点等建设项目,学校对各项目予以10万~20万元的资助,资助金额共计646.20万元。

(崔峰)

【启动教育教学成果培育计划】　2011 年，为切实做好第七届国家和北京市高等教育教学成果奖建设工作，在总结 2009 年第六届国家和北京市高等教育教学成果奖励表彰工作的基础上，学校组织开展了第七届国家和市级高等教育教学成果奖培育工作，并划拨资金 90 万元用于院（系）的教育教学成果培育工作。

（崔峰）

【10 名教授被授予学校第三届教学名师称号】　12 月 30 日，经校长办公会讨论通过，决定授予张梦霞等 10 名教授第三届首都经济贸易大学教学名师称号，并予以奖励。首都经济贸易大学教学名师称号，是根据《首都经济贸易大学优秀教学人员奖励办法》，表彰能够长期从事本科生教学，教学水平高，教学效果好的教授。经本人申报、院系部择优推荐、校专家组评审并公示产生。截至第三届，已有 28 名教授荣获首都经济贸易大学教学名师称号。

（韩泽民）

【20 名教师被授予学校第三届优秀主讲教师称号】　12 月 30 日，经校长办公会讨论通过，决定授予叶堂林等 20 名教师第三届首都经济贸易大学优秀主讲教师称号，并予以奖励。首都经济贸易大学优秀主讲教师称号，是根据《首都经济贸易大学优秀教学人员奖励办法》，表彰在教学改革和教学实践中取得突出成绩、做出突出贡献的优秀教师。经本人申报、院系部择优推荐、校专家组评审并公示产生。截至第三届，已有 57 名教师荣获首都经济贸易大学优秀主讲教师称号。

（韩泽民）

教学质量管理

【30 名教师荣获“学评教”优秀课堂教学效果奖】　11 月 22 日，经校长办公会讨论通过，对 2010 ~ 2011 学年本科生网上评教得分名列前茅的 30 名教师授予首都经济贸易大学 2010 ~ 2011 学年“学评教”优秀课堂教学效果奖，并颁发荣誉证书，予以奖励。

（韩泽民）

【开展教学秘书培训】　11 月 3 ~ 6 日，学校组织教学秘书进行教务管理系统应用培训及研讨，来自 15 个院（系）的教学秘书参加了培训。培训会上，杭州正方公司的工程师讲解了教务管理系统的使用方法，教学秘书提出了在使用教务管理系统中遇到的问题及修改意见，并到浙江大学进行了参观和学习。经过培训，教学秘书的工作水平进一步提高，教务管理系统得到了完善。

（孙亮）

【首次运用教务管理系统安排期末考试】　2011 ~ 2012 学年第一学期，学校在期末考试工作中首次运用教务管理系统排考，有效避免了手工排考的弊端，使考试流程更加严谨规范。

（吕铮）

【进一步完善考试流程】　6 ~ 10 月，教务处对考试流程的各环节进行改进，对相关规定、流程及表格进行重新修订，制定了《首都经济贸易大学考试考场偶发事件处理办法》，严格规范监考教师及考生的行为，突出过程管理，增强实操性。

（吕铮）

【实施重修制度后首届毕业生顺利毕业】　6 月，学校对考试管理制度进行了重大调整，实施重修制度后首届毕业生顺利毕业，毕业人数为 2 257 人，获得学士学位人数为 2 126 人，毕业率及获得学位率分别为 96.17% 和 90.58%，与往年大体持平。

（吕铮）

【首次实施大学英语全国四、六级考试网上报名】　2011 ~ 2012 学年第一学期，为方便考生报考，提高报名效率，学校首次实施本科生英语四、六级考试网上报名，共有 3 565 名考生通过教务管理系统成功报名，其中四级报名人数为 1 262 人，六级报名人数为 2 303 人。

（吴牡兰）

【一年级新生首次提前参加英语四级考试】　3 月，学校获北京市教委批准首次组织一年级国际化办学特色专业新生提前报考全国大学英语四级考试，2010 级新生参加考试 274 人，通过 257 人，其中获得“优秀”的为 42 人。

（吴牡兰）

教学改革与创新

【制定辅修专业培养方案】　为全面推动复合型人才的培养，在充分调研辅修双学位的基础上，11 月 22 日，校长办公会讨论通过了《首都经济贸易大学本科生辅修专业（双学位）管理办法（试行）》。在原有辅修专业的基础上，增加了税务、国际经济与贸易和人力资源管理 3 个辅修专业，共有 528 名学生报名。最终，会计、法学、金融学和人力资源管理 4 个辅修专业开班上课。

（范延英）

【加大国际化、复合型专业人才培养力度】　为推进学校本科复合型人才培养,学校在2010年开设4个国际化试点专业的基础上,增加了统计学(国际班)、信息管理与信息系统(国际班)2个国际化专业,进一步增加了专业课程中的双语和全英文课程比例,加大了学生出国交换的力度。学校还编印了国际化试点专业的中英文本科人才培养方案。

(高立红)

【加强网络教学综合平台建设】 2011年,学校继续开展以院(系)为单位的网络课程教学建设项目的申报工作,共有8个院(系)、部门申报,申报的课程项目共201项,投入项目资金402 000元。网络课程教学建设项目要求教师从课程介绍、教学大纲、教学材料、课程论坛、答疑讨论、课程作业、教学博客以及个人信息等方面对网络课程进行建设。学校对项目的管理采取多次检查、分次拨款的形式,加强过程管理。12月,学校对项目建设情况进行审核,共有20%的网络课程建设达到了项目建设的要求,其余网络课程也都进行了初步的建设。

(孙亮)

【开展教育教学改革立项和验收工作】 4月,学校开展了2011年校级教改立项申报工作。全校各院(系)及有关单位共申报项目104项。经过认真评审,共有50项校级教育教学改革课题项目立项,其中,重点项目15项、青年项目25项、一般项目10项。

9月,学校组织有关专家对2010年立项的校级教改课题进行了认真的审核与鉴定,共有48项教改课题通过结题验收(其中5项为2009年延期2011年的项目),有16项未能如期结题(其中2项为2009年延期项目)。

(欧新潭)

【出版《教育教学改革研究与实践》论文集】 6月,《教育教学改革研究与实践》论文集由首都经济贸易大学出版社正式出版,书中收录了教改论坛征文活动的76份稿件,涵盖了"深入总结质量工程建设成果、积极推动学校国际化进程、全面促进人才培养模式改革工作"等主题。全书分为四篇:学分制与教学管理、教育国际化与人才培养、课程建设与教学方法、实践教学与素质教育。

(欧新潭)

实践教学与创新教育

【确定综合性实验(实训)项目、实验课程建设项目】

为了提高实验教学质量,培养学生的创新精神和实验能力,2011年,学校首次组织开展了校级综合性实验(实训)项目和实验课程建设项目,最终确定综合性实验(实训)项目10个,实验课程建设项目5个。

2011年综合性实验(实训)项目立项一览表

序号	单位	项目名称	负责人
1	工商管理学院	物流管理沙盘模拟实验	赵 艳
2	工商管理学院	企业资源规划(ERP)综合实验	佘镜怀
3	会计学院	会计、审计、财务管理综合实验项目	刘文辉
4	劳动经济学院	基于胜任能力的本科生培训与开发系统	冯喜良
5	劳动经济学院	人力资源管理综合技能实训	朱勇国
6	劳动经济学院	劳动与社会保障专业综合性实验创新	朱俊生
7	安全与环境工程学院	复杂产品生产运作综合实施	马 峻
8	文化与传播学院	品牌设计、传播与经营管理	杨同庆
9	文化与传播学院	媒体运营事务	郭媛媛
10	外语系	"英语速记"课程实训项目	刘重霄

2011 年实验课程建设项目立项一览表

序号	单位	项目名称	负责人
1	经济学院	国际商务(双语)(实验)	康增奎
2	会计学院	会计学基础(实验)	刘　瑛
3	会计学院	会计软件应用(实验)	蔡立新
4	信息学院	网络安全技术(实验)	郑小玲
5	信息学院	数据库原理(实验)	高　迎

(崔峰)

【继续开展大学生科研与创新训练计划项目】 为探索以问题和课题为核心的教学模式改革,调动学生学习和创新的主动性和创造性,4 月,学校继续开展大学生科研与创新训练计划项目立项工作。同学们积极响应,申报踊跃,经过各院(系)初步筛选及学校大学生科研与创新训练计划领导小组复核、审议,最终确定 2011 年校级大学生科研与创新训练计划项目 264 项,其中重点项目 118 项,一般项目 146 项。

9 月,学校对 2010 年立项的大学生科研与创新训练计划项目进行了验收。经学校大学生科研与创新训练计划项目评审专家组认真评审,学校大学生科研与创新训练计划领导小组复核、审议,通过了项目验收结果:项目中获得院级优秀 62 项,合格 139 项,不合格 18 项,延期 24 项。

(欧新潭)

【首次开展"一院一赛"活动】 "一院一赛"活动即首都经济贸易大学本科课外实践与创新活动,目的是提高应用型创新人才的培养质量,启迪学生的创新思维,促进学生的实践能力和自主学习能力的提高。6 月,学校启动了本科课外实践与创新活动申报工作,每个院(系)限报 1 项,申报类别可包括竞赛类、社会调查类、作品设计类等(不包括教务处已资助的各类学科竞赛)。经过专家评审,确定了 13 个活动项目,基本覆盖了各院(系),惠及绝大多数本科生。

首都经济贸易大学"本科课外实践与创新活动"一览表

序号	活动名称	活动负责人	教学单位
1	"安工杯"大学生课外学术科技作品大赛	钮英建	安全与环境工程学院
2	国际法学系列竞赛	谢海霞	法学院
3	模拟商务谈判大赛	杨　震	工商管理学院
4	CIMA 全球挑战赛	卜丽雅	华侨学院
5	本科生暑期审计仿真模拟演习	袁小勇	会计学院
6	金融技能知识比赛实践活动	龙　菊	金融学院
7	国际贸易和国际商务模拟挑战赛	田新民	经济学院
8	让我们自己招聘自己——校园招聘大比拼	张杉杉	劳动经济学院
9	思想政治理论课红色系列活动与实践创新	李久林	马克思主义学院
10	统计实践创新学科竞赛系列活动	马立平	统计学院
11	首都经济贸易大学英语文化节	刘重霄	外语系
12	"金驼杯"实践创新与展示活动	郭媛媛	文化与传播学院
13	信息学院大学生信息技术实践创新作品大赛	高　迎	信息学院

(欧新潭)

【建设开放实验室平台系统】 6 月,学校经济与管理实验教学中心建设了开放实验室管理系统,该系统整合了开放性实验室管理的业务管理、交流管理、系统管理功能,与教务系统进行无缝链接;并提供了单点登录服务(sso),改变了经济与管理实验教学中心多个业务系统互不兼容、互不通信的信息孤岛现状,解决了各学院教学软件资源不能共享、一个软件一个访问入口的难题,使得全校师生能够只通过一个入口便能使用所有教学软件,为师生搭建了更便捷的服务平台。

(张明芳)

【首次录制实验教学视频】 学校经济与管理实验教学中心是培养应用型人才的一个重要平台,9~12月,教务处录制了经济与管理实验教学中心实验教学视频共19集,这是该中心成立以来首次建立的实验教学数字资料文档,同时也丰富了经济与管理实验教学中心网站师生交流共享的内容。

(张明芳)

【评选本科校级优秀学士学位论文(设计)】 为进一步做好本科毕业论文(设计)工作,提高本科毕业论文(设计)质量,6月,按照《首都经济贸易大学优秀学士学位论文(设计)评选及奖励办法》,教务处组织开展了首都经济贸易大学2011届优秀学士学位论文(设计)评选工作。在各院(系)认真开展优秀学士学位论文(设计)评选工作的基础上,全校各院(系)共推荐75篇优秀毕业论文(设计)参加学校2011届优秀学士学位论文(设计)的评选。学校评审专家组对所有推荐的优秀论文(设计)进行了认真的审阅、评选,并以无记名投票方式进行了表决。经学校领导小组复核、审议,最终确定《企业并购价值评估方法研究》等31篇论文(设计)为首都经济贸易大学2011届优秀学士学位论文(设计)。学校对评选结果予以公告,并对获奖学生和指导教师进行了表彰。

本科校级优秀学士学位论文一览表

序号	单位	学生姓名	论文(设计)题目	指导教师姓名
1	财政税务学院	刘　辰	企业并购价值评估方法研究	王竞达
2	金融学院	刘美辰	我国车险电话销售模式探讨	张小红
3	金融学院	朱　倩	我国资信评估机制发展研究	高杰英
4	经济学院	高　晨	北京市居民消费与经济增长关系研究	李　雪
5	经济学院	胡　鑫	中国金融服务贸易国际竞争力分析	赵家章
6	经济学院	陈超敏	计划生育政策对中国经济增长的影响 ——基于世代交叠模型的理论与实证分析	马方方
7	经济学院	唐　薇	中外大型超市自有品牌营销策略的比较研究——以北京市为例	张　弘
8	劳动经济学院	王　璐	IT行业员工心理契约对离职倾向的影响分析	张　琪
9	劳动经济学院	曹　洁	北京市劳动者退休意愿及延长退休年龄利弊研究	陈　红
10	劳动经济学院	梁一童	首都经济贸易大学学生职业生涯规划现状调查	杨河清
11	工商管理学院	龚雨晴	文化价值观对奢侈品购买行为的影响 ——对北京施华洛世奇饰品市场的实证研究	张梦霞
12	工商管理学院	李　玢	基于web2.0的旅游企业网络整合营销	李云鹏
13	工商管理学院	于　欣	超市顾客非计划购买行为研究	陈立平
14	城市经济与公共管理学院	贾静涛	公共政策视角下北京郊区农民收入结构变化分析 ——以平谷区韩庄村为例	付小均
15	城市经济与公共管理学院	黄海滨	中国直辖市城市化水平比较与政策建议	谭善勇
16	会计学院	李静思	我国上市公司内控成本效益分析及对策	刘文辉
17	会计学院	许　倩	我国上市公司并构资本结构与并构绩效关系研究	闫华红

续表

序号	单位	学生姓名	论文(设计)题目	指导教师姓名
18	会计学院	刘　祎	上市央企 EVA 与股票价格相关性研究	韩文连
19	信息学院	袁　迪	基于多主体仿真的交通路口规划研究	赵丹亚
20	信息学院	张洪辰	基于虚拟现实技术的三维数字校园系统开发	申　蔚
21	法学院	韩紫微	对碳关税与 GATT 一般例外条款一致性的分析	金晓晨
22	法学院	才雨萌	论政府管制措施对公民财产权的影响及救济——以北京市尾号限行为例	张　兴
23	文化与传播学院	苏　艺	大众话语的重构——跨文化传播视阈下的微博研究	李景强
24	安全与环境工程学院	吴慧斐	壬基酚及短链壬基酚聚氧乙烯醚在污水处理 A^2O 工艺中的迁移转化规律研究	郝鹏鹏
25	统计学院	马紫薇	我国高技术产业发展的影响因素研究——基于面板数据模型的统计分析	刘　娟
26	统计学院	班宇伦	数据挖掘技术在股票市场中的应用	沈大庆
27	统计学院	冯　旸	技术指标分析在个股投资选择中的应用	钟　路
28	华侨学院	海　冬	百思买和国美的财务对比分析	贾　辉
29	华侨学院	胡　超	财务业绩对比分析——中国银行与花旗银行案例研究	贾　辉
30	外语系	韩晓晨	寻爱之路——交互作用分析学视阈下看简・爱的性格形成	潘　速
31	外语系	张顶兰	从合作原则的角度分析商务英语信函中的语用失误	郝钦海

（刘伟华）

【组织参加北京市大学生学科竞赛】　2011 年学校加大学生参加北京市大学生学科竞赛的支持力度，共组织参加了数学建模与计算机应用竞赛、模拟法庭竞赛、英语演讲比赛、物流设计大赛、广告艺术大赛、人文知识竞赛等各类学科竞赛 6 项，总计 1 000 余名学生参加了校级竞赛，100 余名学生参加了北京市竞赛。最终，共获得各类竞赛学生奖项 24 项（共 69 人），优秀指导教师 3 名。

学科竞赛获奖一览表

竞赛名称	获奖奖项	获奖人	指导教师
北京市大学生数学建模与计算机应用竞赛	全国二等奖	（经济学院）李佳南　吴琼　钱坤	指导小组
北京市大学生数学建模与计算机应用竞赛	北京市一等奖	（金融学院）杨晓升　成璐莹　赵文姝	指导小组
北京市大学生数学建模与计算机应用竞赛	北京市一等奖	（金融学院）王盛辉　曹骏飞　孙冠怡	指导小组
北京市大学生数学建模与计算机应用竞赛	北京市二等奖	（经济学院）雷维　赵骁腾　由帅	指导小组
北京市大学生数学建模与计算机应用竞赛	北京市二等奖	（金融学院）贾冬迪　廖英鹏　张洋	指导小组
北京市大学生数学建模与计算机应用竞赛	北京市二等奖	（统计学院）王心予　李璠宇　唐梦雯	指导小组
北京市大学生数学建模与计算机应用竞赛	北京市二等奖	（劳动经济学院）郝若淼　（统计学院）王今　孙栋培	指导小组
北京市大学生数学建模与计算机应用竞赛	北京市二等奖	（会计学院）张丹　戎烟平　吕牧	指导小组

续表

竞赛名称	获奖奖项	获奖人	指导教师
北京市大学生数学建模与计算机应用竞赛	北京市二等奖	(经济学院)谢思晨　刘雪洁　王荀	指导小组
北京市大学生数学建模与计算机应用竞赛	北京市二等奖	(经济学院)马博伟　白天　李雨琪	指导小组
北京市大学生数学建模与计算机应用竞赛	北京市二等奖	(经济学院)王一楠　刘爽　甄滢	指导小组
北京市大学生数学建模与计算机应用竞赛	北京市二等奖	(经济学院)唐梦　刘东丽　孟泽	指导小组
北京市大学生数学建模与计算机应用竞赛	北京市二等奖	(劳动经济学院)卢山　张骐　(统计学院)刘彤	指导小组
北京市大学生物流设计大赛	北京市一等奖	Big potato 队 团队成员:(工商管理学院)李心慧　孙靖靖　李向利　封莹	
北京市大学生物流设计大赛	北京市三等奖	Wing 之队 团队成员:(工商管理学院)廖望　王俐 宁博文　胡莹	
北京市大学生物流设计大赛	优秀方案奖	讯通物流队 团队成员:(工商管理学院)冯竹婷　李梦溪　刘震　王啸斌　陈琳	
北京市大学生物流设计大赛	优秀指导教师	(工商管理学院)周永强 (工商管理学院)张学平 (工商管理学院)赵　艳	
北京市大学生模拟法庭竞赛	北京市二等奖	团队成员:(法学院)任潮　曹建宇　辛润　孔祥稳　王雪红　王朦	
北京市大学生英语演讲比赛	北京市三等奖	(财政税务学院)祁曦	
北京市大学生英语演讲比赛	鼓励奖	(华侨学院)姜嘉南 (会计学院)纪欣 (城市经济与公共管理学院)董笑蕊 (工商管理学院)朱原正	
北京市大学生人文知识竞赛	北京市三等奖	团队成员: (文化与传播学院)葛夏树 (文化与传播学院)赵睿譞 (工商管理学院)崔海瑞 (法学院)王鑫月 (劳动经济学院)余栋梁	
北京市大学生广告艺术大赛	北京市三等奖	作品类别:平面类 作品名称:《清晨三十分》 作者单位:首都经济贸易大学、北方工业大学 作　　者:(文化与传播学院)李新、(北方工业大学)刘思	

(欧新潭)

【多举措加强本科生实习管理】　为提高本科实践教学质量,教务处采取多项措施,加强实习管理,增加经费投入,积极开展有组织的本科生实习工作。3月,教务处下发通知,要求各院(系)高度重视本科生实习工作(包括认知实习、专业实习、毕业实习),要依据学校各专业本科教学计划的要求,做到计划落实、组织落实,避免工作流于形式;要求各院(系)积极采取有效措施,调动多方力量,与社会、行业和企事业单位建立实践教学基地,为学生实习和社会调查等实践活动提供条件;要求实习工作结束后,各院(系)认真进行总结,学生实习成绩必须按优、良、中、及格和不及格五级录入教务管理系统。同时,增加经费投入,鼓励各院(系)组织学生开展集体实习活动。教务处对各院(系)与实习单位签订长期稳定的社会实习基地协议,并能安排6名以上学生开展集体实习活动的,增加经费支持。2011年,学校增加实习经费41.35万元,有11个院(系)与46家企事业单位签订了社会实习基地协议,共安排935名学生开展校外集体实习活动,收到了较好的实习效果。

(刘伟华)

招生与学籍管理

【首次实行大类招生】　为吸引高素质考生报考我校,优化本科专业设置,加宽专业基础学习,增加专业选择机会,2011年学校首次实行大类培养、专业招生方向特色培养。共开设公共管理类、工商管理类、管理科学与工程类3个大类招生专业,并制定了相应的人才培养方案。

(段莹莹)

【启动优秀新生转专业工作】　3月,学校正式启动优秀新生转专业工作,经过公布计划、学生申请、院(系)推荐、转专业考试、院(系)审核、转专业复核等环节,2010级本科生共有69名学生成功转入自己喜欢的专业学习。同时,为进一步调动学生的学习积极性,促进学生的个性发展和特长发挥,学校修订了《首都经济贸易大学全日制本科优秀新生转专业管理办法(试行)》,扩大转专业比例,优化转专业工作考核复核流程,进一步完善转专业管理制度,促进学生个性发展,并从2011级学生开始实施。

(谢飞)

【继续设立普通本科优秀新生奖学金】　2011年,为吸引高素质考生报考首都经济贸易大学,激励学生努力学习,学校设立普通本科优秀新生奖学金。2011级新生中,有28人获得一等奖学金,49人获得二等奖学金,奖学金总额为28.7万元。

(谢飞)

【开展推优保研工作】　2011年,根据《教育部关于印发〈全国普通高等学校推荐优秀应届本科毕业生免试攻读硕士学位研究生工作管理办法(试行)〉的通知》(教学〔2006〕14号)以及教育部《关于做好2012年推荐优秀应届本科毕业生免试攻读硕士学位研究生工作的通知》(教学司〔2011〕14号)的要求,经学生个人申请、资格审查、面试答辩、院(系)推荐、教务处审核,学校推荐免试硕士研究生工作领导小组认真研究决定,批准105名(学术型71人、专业型34人)优秀应届本科毕业生的推荐免试资格。

(谢飞)

【制定延长学籍及学位授予期限的补充规定】　2011年,学校制定了《首都经济贸易大学关于延长学籍及学位授予期限的补充规定》,进一步完善学籍管理制度,让学生有多元化的选择,更好地发展。9月22日,经学校学位委员会审议,决定补授杨阳等21名学生学士学位。

(谢飞)

【首批接收河北经贸大学本科生来校学习】　2011年,根据《华北五省(市、自治区)本科生交换培养办法(试行)》,首都经济贸易大学作为首期试点高校,接收河北经贸大学10名交换生来校交流学习。同时,学校积极创造有利的学习条件,于11月申请河北经贸大学交流生在本校借考大学英语六级考试获得批准,河北经贸大学8名交流生于12月17日参加了大学英语六级考试,并顺利发放了考试成绩。

(谢飞　吴牡兰)

首都经济贸易大学2011届夏季本、专科毕业生统计表

院(系)	专业名称	学历	结论	人数
总计			毕业	2 378
本科			毕业	2 257
专科			毕业	121

续表

院(系)	专业名称	学历	结论	人数
安全与环境工程学院	安全与环境工程学院合计			74
	安全工程(注册安全工程师)	本科	毕业	21
	工程管理	本科	毕业	15
	工业工程	本科	毕业	18
	环境工程	本科	毕业	20
财政税务学院	财政税务学院合计			153
	财政学(注册资产评估师)	本科	毕业	36
	税务	本科	毕业	80
	税务(注册税务师)	本科	毕业	37
城市经济与公共管理学院	城市经济与公共管理学院合计			219
	城市管理	本科	毕业	22
	公共事业管理	本科	毕业	29
	社会工作	本科	毕业	24
	土地资源管理(房地产与物业管理)	本科	毕业	73
	行政管理	本科	毕业	39
	行政管理(电子政务)	本科	毕业	32
法学院	法学院合计			100
	法学(经济法)	本科	毕业	100
工商管理学院	工商管理学院合计			194
	电子商务	本科	毕业	28
	工商管理	本科	毕业	36
	工商管理(实验班)	本科	毕业	28
	旅游管理	本科	毕业	37
	市场营销	本科	毕业	40
	物流管理	本科	毕业	25
华侨学院	华侨学院合计			290
	工商管理(管理会计)	本科	毕业	92
	信息管理与信息系统(信息技术管理)	本科	毕业	77
	财务管理	专科	毕业	33
	国际经济与贸易	专科	毕业	30
	计算机应用技术	专科	毕业	30
	旅游管理	专科	毕业	28

续表

院(系)	专业名称	学历	结论	人数
会计学院	会计学院合计			189
	财务管理	本科	毕业	24
	会计学	本科	毕业	42
	会计学(国际会计)	本科	毕业	35
	会计学(注册会计师专门化)	本科	毕业	88
金融学院	金融学院合计			200
	保险	本科	毕业	41
	金融学	本科	毕业	74
	金融学(国际金融)	本科	毕业	85
经济学院	经济学院合计			299
	国际经济与贸易	本科	毕业	115
	国际经济与贸易(国际班)	本科	毕业	1
	经济学	本科	毕业	72
	经济学(实验班)	本科	毕业	32
	贸易经济	本科	毕业	79
劳动经济学院	劳动经济学院合计			174
	劳动关系	本科	毕业	29
	劳动与社会保障	本科	毕业	37
	人力资源管理	本科	毕业	44
	人力资源管理(国际人力资源管理)	本科	毕业	37
	人力资源管理(实验班)	本科	毕业	27
文化与传播学院	文化与传播学院合计			152
	传播学	本科	毕业	99
	广告学	本科	毕业	53
统计学院	统计学院合计			101
	统计学	本科	毕业	32
	统计学(经济分析)	本科	毕业	69
外语系	外语系合计			82
	英语(经贸英语)	本科	毕业	82
信息学院	信息学院合计			151
	计算机科学与技术	本科	毕业	46
	信息管理与信息系统	本科	毕业	105

(谢飞)

首都经济贸易大学2011届夏季本科结业生统计表

院(系)	专业名称	学历	发证类别	人数
总计			结业	29
安全与环境工程学院	工程管理	本科	结业	1
	工业工程	本科	结业	1
	环境工程	本科	结业	3
城市经济与公共管理学院	城市管理	本科	结业	1
	土地资源管理(房地产与物业管理)	本科	结业	2
	行政管理	本科	结业	4
法学院	法学(经济法)	本科	结业	1
工商管理学院	电子商务	本科	结业	1
	旅游管理	本科	结业	1
	市场营销	本科	结业	1
华侨学院	信息管理与信息系统(信息技术管理)	本科	结业	2
金融学院	金融学	本科	结业	1
	国际经济与贸易	本科	结业	1
	经济学	本科	结业	3
经济学院	贸易经济	本科	结业	1
劳动经济学院	人力资源管理(实验班)	本科	结业	2
信息学院	计算机科学技术	本科	结业	2
	信息管理与信息系统	本科	结业	1

(谢飞)

首都经济贸易大学2011届夏季毕业生学士学位获得情况统计表

学位类别	获学位人数
工学学士	47
经济学学士	699
管理学学士	979
法学学士	107
理学学士	74
文学学士	220
合计	2 126

(谢飞)

首都经济贸易大学本科人才培养方案——国际化试点专业一览表

院(系)	专业名称	时间
工商管理学院 School of Business Administrator	工商管理(实验班) International Business Administrator	2010年
经济学院 School of Economics	国际经济与贸易(实验班) International Economics and Trade	2010年
会计学院 School of Accountancy	会计学(国际会计) International Accounting	2010年
劳动经济学院 School of Labor Economics	人力资源管理(国际人力资源管理方向) International Human Resource Management	2010年
信息学院 School of Information	信息管理与信息系统(国际化) International Information Management and Information System	2011年
统计学院 School of Statistics	统计学(国际统计) International Statistics	2011年
华侨学院 Overseas Chinese College	信息管理与信息系统(IT项目管理方向) Information Management and Information System in IT	2011年
	工商管理(国际会计) International Accounting	2011年
城市经济与公共管理学院 School of City	行政管理(国际班) International Administrator	2012年

(高立红)

首都经济贸易大学大类培养方案一览表

大类名称	专业名称	适用年级
工商管理类	工商管理	2010后
	市场营销	2010后
	电子商务	2010后
	旅游管理	2010后
	物流管理	2010后
公共管理类	行政管理	2010后
	行政管理(电子政务)	2010后
	公共事业管理	2010后
	土地资源管理	2010后
	城市管理	2010后
	城市管理(区域经济管理)	2010后
管理科学与工程类	信息系统与信息管理	2011后
	信息系统与信息管理(国际化)	2011后
	工程管理	2011后

续表

大类名称	专业名称	适用年级
统计学类	统计学	2011 后
	统计学(国际班)	2011 后
	统计学(统计分析)	2011 后

(高立红)

首都经济贸易大学辅修专业一览表

学院名称	专业名称	要求学分数	
		辅修毕业	双学位
城市经济与公共管理学院	城市管理(区域经济管理)	26	40
工商管理学院	旅游管理	30	42
经济学院	国际经济与贸易	28	43
会计学院	会计学	25	41
劳动经济学院	人力资源管理	24	42
文化与传播学院	传播学	25	41
信息学院	信息管理与信息系统	24	40
安全环境与工程学院	安全工程	24	42
财政税务学院	税务	25	41
法学院	法学	25	41
金融学院	金融学	24	40
统计学院	统计学(经济分析)	28	41
外语系	商务英语	27	40
华侨学院	工商管理(国际会计)	25	41

(高立红)

首都经济贸易大学 2011 年录取新生情况一览表

项目 人数 分类		北京生源											外地生源	录取总计
		文史类				理工类				总计				
		一批录取	二批录取	专科录取	录取合计	一批录取	二批录取	专科录取	录取合计	本科录取	专科录取	录取总计	录取总计	
总计		313	354	45	712	666	417	75	1 158	1 750	120	1 870	784	2 654
性别	男	90	88	5	183	235	201	31	467	614	36	650	289	939
	女	223	266	40	529	431	216	44	691	1 136	84	1 220	495	1 715
政治面貌	共产党员		1		1	1		1	2	2	1	3	2	5
	共青团员	304	328	44	676	650	400	68	1 118	1 682	112	1 794	722	2 516

续表

分类	项目 人数	北京生源											外地生源	录取总计
		文史类				理工类				总计				
		一批录取	二批录取	专科录取	录取合计	一批录取	二批录取	专科录取	录取合计	本科录取	专科录取	录取总计	录取总计	
考生类别	城市应届毕业生	262	305	20	587	550	334	41	925	1451	61	1 512	207	1 719
	农村应届毕业生	37	35	23	95	81	53	27	161	206	50	256	448	704
	城市往届毕业生	11	11	2	24	28	19	2	49	69	4	73	69	142
	农村往届毕业生	3	3	0	6	7	11	5	23	24	5	29	60	89
新生中	少数民族	32	41	4	77	62	33	3	98	168	7	175	95	270
	艺术特长生	5	8	1	14	14	12		26	39	1	40		40
	科技创新					1			1	1		1	1	2
	二级运动员												2	2
	市级三好	22	15	1	38	59	9	2	70	105	3	108	9	117
	市级优干	15	4		19	22	4		26	45		45	8	53
	华侨子女	2			2		2		2	4		4		4
	残障人员		1		1					1		1		1
	科技发明					2	1		3	3		3		3
	单科优胜	8	8	2	18	29	9	1	39	54	3	57		57
	高水平运动员	3			3					3		3	2	5
	等级运动员	7	4		11	5	4		9	20		20		20

（段莹莹）

首都经济贸易大学2011年本科录取分数一览表

省市	批次	文史			理工		
		最高分	最低分	平均分	最高分	最低分	平均分
北京	一批一	627	536	571	620	520	558
	一批二	632	593		650	597	
	二批	607	514	533	599	471	511
辽宁	一批	599	569	579	601	580	589
山东	一批	601	577	588	627	573	598
广西	一批	562	546	550	571	540	551
黑龙江	一批	590	558	573	624	554	590
云南	一批	554	539	545	547	527	535
内蒙古	一批	547	521	529	568	519	540
湖南	一批	620	611	614	611	603	607

续表

省市	批次	文史			理工		
		最高分	最低分	平均分	最高分	最低分	平均分
天津	一批	566	536	547	608	558	570
江西	一批	570	563	566	578	562	569
吉林	一批	589	579	583	613	595	603
贵州	一批	565	537	543	542	503	515
安徽	一批	588	580	581	604	588	593
海南	一批	750	727	734	737	684	702
重庆	一批	601	586	592	596	554	567
河南	一批	594	585	587	624	609	614
福建	一批	598	588	593	640	616	624
甘肃	一批	528	505	514	551	503	524
四川	一批	566	561	563	571	552	561
河北	一批	604	593	597	637	623	629
山西	一批	605	585	592	641	619	627
陕西	一批	587	569	576	613	578	591
上海	二批	467	460	464	454	442	447
宁夏	二批	—	—	—	518	503	508
广东	二批	614	588	598	584	574	578
湖北	二批	553	547	550	608	573	582
新疆	二批	569	557	564	582	533	557
江苏	二批	351	339	344	360	342	345
青海	二批	—	—	—	420	373	397
浙江	二批	541	532	536	578	515	528
港澳台	二批	483	385	402	549	386	428

（段莹莹）

首都经济贸易大学 2010～2011 学年“学评教”优秀课堂教学效果奖获奖一览表

名次	教师姓名	所在院(系)	主讲课程
1	杨　鹏	会计学院	会计学基础
2	叶　青	会计学院	税务会计
3	高　迎	信息学院	数据库原理
4	杨旭华	劳动经济学院	薪酬管理
5	李　文	会计学院	税务会计
6	李宗圣	安全与环境工程学院	有机化学及实验

续表

名次	教师姓名	所在院(系)	主讲课程
7	李　宇	统计学院	微积分Ⅱ
8	刘　强	统计学院	微积分Ⅱ
9	陈立平	工商管理学院	零售管理
10	刘　颖	财政税务学院	税务代理实务
11	刘迎泽	法学院	知识产权法
12	吕新萍	劳动经济学院	实习工作坊
13	周　琳	城市经济与公共管理学院	城市规划与管理
14	苏　威	经济学院	商业经济学
15	卢志明	工商管理学院	管理学
16	张春平	财政税务学院	税收原理
17	王振江	工商管理学院	市场营销学
18	李晓安	法学院	法理学Ⅰ
19	詹　静	劳动经济学院	劳动关系
20	殷　德	金融学院	寿险精算
21	李红霞	财政税务学院	政府预算
22	崔佳颖	工商管理学院	组织行为学
23	李景强	文化与传播学院	跨文化传播
24	叶堂林	城市经济与公共管理学院	区域经济发展战略
25	蒋　薇	体育部	女子艺术体操
26	宋旭辉	体育部	男子普通体育
27	聂　力	统计学院	微积分Ⅱ
28	高　静	信息学院	计算机原理与汇编语言
29	吴世亮	金融学院	金融市场学
30	杨述伊	外语系	英语听力Ⅱ

(韩泽民)

首都经济贸易大学2011年校级教改立项一览表

重点项目

序号	项目名称	负责人	单位
1	土地资源管理专业实习基地建设研究	赵秀池	城市经济与公共管理学院
2	国际化人才培养模式改革:国内外比较研究	段　霞	城市经济与公共管理学院
3	法学专业辅修双学位制度探索	米新丽	法学院
4	工商管理学院国际化人才培养模式改革	柳学信	工商管理学院
5	实践教学(实习)基地建设与评价	余镜怀	工商管理学院

续表

序号	项目名称	负责人	单位
6	财务会计案例教学研究	尤小雁	会计学院
7	建立健全我校本科生转专业制度的研究与实践	曾庆梅	教务处
8	人才培养方案及课程体系未来改革思路及规划设计——基于学校培养目标	崔　峰	教务处
9	对金融类专业大类招生大类培养的研究	龙　菊	金融学院
10	促进大学生高质量学习——学习取向与学习模式的视角	李　婧	经济学院
11	我校专业硕士培养模式及培养特色研究——以社会工作硕士专业学位为例	冯喜良	劳动经济学院
12	我校体育教学质量评估体系研究	贺　慨	体育部
13	统计学专业国际化人才培养模式探索	刘　娟	统计学院
14	图式理论指导下的大学英语听力教学实践研究	王宏玉	外语系
15	大类培养模式与通识教育课程体系的构建	石　刚	文化与传播学院

青年项目

序号	项目名称	负责人	单位
1	大学生职业核心能力培养的模式与路径研究	崔佳颖	工商管理学院
2	国际化教育中专业教育与语言教育的关系处理研究	王　霞	会计学院
3	我校大学生实习体系的评价与建构研究——基于学生、学校和实习单位的三方调查分析	杨旭华	劳动经济学院
4	运用跨文化敏感度量表测试大学生跨文化交际能力的实证研究	杨　静	外语系
5	应用型本科人才培养质量评价体系研究	邱　月	信息学院
6	基于胜任力模型的商务旅游人才培养模式研究	李　佳	工商管理学院
7	基于人才市场需求的双语教学模式研究——以广告专业为例	许敏玉	文化与传播学院
8	我校体育课成绩评定指标体系研究与实践	张小航	体育部
9	面向本科留学生的经贸汉语阅读教学研究——新模式、新方法、新探索	杨　颖	对外文化交流学院
10	计算机硬件课程 CPI 教学方法的探讨研究	高　静	信息学院

一般项目

序号	项目名称	负责人	单位
1	高校人力资源管理专业的教学模式研究	张杉杉	劳动经济学院
2	同伴和自我评价在研究生口语小组学习中的实证性研究	曲文洁	外语系
3	提高经济与管理实验教学中心实验室使用效益的措施研究	张明芳	教务处
4	我校学生职业发展需求下的实验教学平台建设研究——基于劳动经济学院实验室建设的探讨	吴　江	劳动经济学院

续表

序号	项目名称	负责人	单位
5	充分利用网络教学平台，提高学生自主学习英语效果	白云红	外语系
6	通过整合课程内容与教学模式建构多层次、多形式人才培养模式研究	李　伟	安全与环境工程学院
7	财经类本科课程国际化问题研究	张立彦	财政税务学院
8	学分制下高校大类招生模式探讨	周　伟	城市经济与公共管理学院
9	经济类专业本科留学生汉语课程设置研究	李林立	对外文化交流学院
10	凝练高效"精讲"教学模式研究	尚　琤	法学院
11	高校创新创业教育中新儒商精神培育研究	刘建梅	工商管理学院
12	我校讨论式教学和课外辅导制度的研究	赵天燕	会计学院
13	成人高等教育教学质量存在的问题、成因和解决途径	刘　雄	继续教育学院
14	我校实践类课程考试方式的探讨	吕　铮	教务处
15	适应创新需求，构建开放的、立体化的实践教学体系	于晓云	经济学院
16	学术交流活动在高校创新人才培养中的作用研究	张嘉艳	科研处
17	本科生转专业制度实施过程中弱势专业的保护研究	范　围	劳动经济学院
18	思想政治理论课考评体系改革探索	张晓萍	马克思主义学院
19	国际化应用型人才培养模式的大学英语教学研究	蒋立珠	外语系
20	开辟素质教育新途径——图形创意设计教学方法的改革	张　蕾	文化与传播学院
21	三维虚拟教室的开发及教学应用研究	武　装	信息学院
22	网络安全实践教学改革研究	郑小玲	信息学院
23	应用型人才培养中教师创新与实践能力探究	李　毅	文化与传播学院
24	全英文教学方法的探索与实践	赵家章	经济学院
25	会计实习基地建设研究	杨　鹛	会计学院

（欧新潭）

首都经济贸易大学2010～2011年度大学生科研与创新训练计划院级优秀项目一览表

序号	院（系）	项目名称	项目负责人
1	安全与环境工程学院	首都经济贸易大学施舍火灾安全隐患调查报告	连洁莹
2	安全与环境工程学院	基于人因学的北京东直门交通枢纽引导服务系统的研究与改善	高琦祎
3	安全与环境工程学院	北京城市植被降噪量的研究	杨亚萍
4	财政税务学院	大学生理财问题研究	冯　硕
5	财政税务学院	大学生兼职市场税收及福利待遇缺陷研究	梅晓辰
6	财政税务学院	我国个人所得税由分类型向综合性转变之探究	单雨蒙
7	财政税务学院	大学生理财情况调查	李　倩
8	财政税务学院	论我国财政政策与货币政策的配合	田菁芳

续表

序号	院(系)	项目名称	项目负责人
9	城市经济与公共管理学院	东京大都市圈形成发展历程及启示	丁旭辰
10	城市经济与公共管理学院	北京市中心城与新城教育资源比较分析	王晶晶
11	城市经济与公共管理学院	城市环境满意度调查研究	迟　雪
12	法学院	医疗纠纷举证责任之再思考	张　珊
13	法学院	刑讯逼供举证责任倒置制度之研究	张梦惠
14	法学院	关于电子眼侵犯隐私权问题的研究	王　源
15	法学院	关于高等学校对学生隐私权保护问题的讨论	刘　帆
16	工商管理学院	团购模式创新之路与未来发展	葛　悦
17	工商管理学院	从同仁堂集团看中国中医药企业国际化发展战略	王思语
18	工商管理学院	基于北京小平原旅游地理特征的遗产保护与旅游创新研究	刘冬萌
19	工商管理学院	阻碍低碳物流在中国发展的羁绊因素及其解决措施的研究分析	陈　灵
20	工商管理学院	农村小额信贷的方式研究	张碧巍
21	工商管理学院	低碳生活的大力推广对大学生生活方式的影响	魏　韦
22	工商管理学院	自主创新品牌——木瓜果汁市场前景及开发方案	张亚晶
23	华侨学院	校园 E - Learning 整合信息平台	李　钊
24	华侨学院	对于网购现状的实证分析及前景讨论	李思佳
25	华侨学院	后金融危机时代大学生就业稳定性的调研与对策研究——以北京 10 所大学工商管理大学生调研分析为例	张　然
26	华侨学院	关于完善北京市转移支付制度建设的研究——探究转移支付对北京市城乡一体化建设进程的作用	崔　旸
27	会计学院	从企业战略管理和企业价值分析角度解析中国平安并购深发展的内在价值	董　旭
28	会计学院	EPS 与股价变动关系研究——基于 A 股和创业板的数据	王菁菁
29	会计学院	企业赊销信用风险计量研究	张　妍
30	会计学院	会计准则变化对企业捐赠的影响	刘　可
31	金融学院	创业板对于中小企业的实际作用和对经济发展的影响	张易男
32	金融学院	北京地区绿色信贷业务的开展对于相关受扶植企业的影响探究	杨雨舟
33	金融学院	银行客户分层服务与管理	尹　力
34	金融学院	北京市房地产信贷政策与执行	魏伊秋
35	金融学院	女性特殊疾病互助保险的可行性研究	孙　慧
36	经济学院	首都经济贸易大学周边商务环境的调查分析	杨　柳
37	经济学院	从"山寨手机"的成败看"中国制造"的创新之路	杨　昊
38	经济学院	上海世博会对世博会品牌影响力的定量评估	雷　维
39	经济学院	中国城乡居民消费结构拓展分析	毛博生
40	经济学院	最低工资制度对农民工就业的影响分析	刘　昭

续表

序号	院(系)	项目名称	项目负责人
41	经济学院	网上书店与实体书店经营模式的比较分析及图书销售的发展趋势探究	杨　阳
42	经济学院	我国移动通信市场的寡头垄断与消费者剩余研究——以中国移动和中国联通为例	李　璇
43	劳动经济学院	低保人员就业与再就业促进的研究——基于对北京市东城区和宣武区的数据分析	王　欣
44	劳动经济学院	高校教师的组织公民行为对群体工作满意度的影响研究	仇　勇
45	劳动经济学院	首都高校大学生医疗保障制度研究	姬飞霞
46	劳动经济学院	基于满意度调查的大学生利益诉求机制的运行现状分析	蒋　芸
47	劳动经济学院	我校教师教学绩效考核现状	贾　璇
48	劳动经济学院	我校大学生专业理论学习时间与实践时间分配问题研究	王犀羚
49	统计学院	我校大学生法律素质调查研究	臧　婷
50	统计学院	我校大学生对中医的关注及认知情况的调查研究	王心予
51	统计学院	关于北京市各大高校住宿环境及宿舍收费标准的调查研究	刘颖蔚
52	统计学院	大学英语四六级成绩影响因素分析	王存一
53	统计学院	区县发展在北京世界城市建设中的功能定位分析与研究	姚　远
54	统计学院	我国上市公司“信息界圈”现象分析及其治理研究	黄　楠
55	外语系	从心理因素分析座位排布方式对英语课堂教学的影响	周嘉莹
56	外语系	从社会资源和组织情况分析志愿者活动存在的问题	文利芳
57	信息学院	Groupon 网站发展趋势及利益模式研究	左　莎
58	文化与传播学院	中国社交网站对大学生社会化的影响——以人人网为例	杨蕊竹
59	文化与传播学院	在新媒体语境下的报纸盈利模式探寻	方乐迪
60	文化与传播学院	“人人网”对北京市属高校大学生人际传播的影响	许苧文
61	文化与传播学院	北京地区公交移动传媒(公交巴士、地铁)的受众调查研究	张　晨
62	文化与传播学院	韩剧对中国大学生金钱价值观的影响	郑玉立

(欧新潭)

首都经济贸易大学2011年普通本科优秀新生奖学金一览表

序号	奖学金	地区	批次	投档志愿	科类	考生成绩	学号	姓名	院(系)	专业
1	二等	北京	本科二批	1	文史	566	32011010104	纪梦海	城市经济与公共管理学院	公共管理类
2	二等	北京	本科二批	1	文史	566	32011010192	刘阳子	城市经济与公共管理学院	公共管理类

续表

序号	奖学金	地区	批次	投档志愿	科类	考生成绩	学号	姓名	院(系)	专业
3	一等	北京	本科一批	2	文史	624	32011020175	马晓蝉	工商管理学院	工商管理(实验班)
4	二等	台湾	本科二批	1	文史	483	32011020182	宋彦辰	工商管理学院	工商管理类
5	一等	北京	本科一批	2	理工	642	32011030091	孙　媛	经济学院	经济学(实验班)
6	一等	北京	本科一批	2	理工	632	32011030241	尹　伊	经济学院	国际经济与贸易(实验班)
7	二等	北京	本科一批	2	理工	627	32011030089	唐薇伊	经济学院	经济学(实验班)
8	二等	北京	本科一批	2	理工	623	32011030226	马舒亚	经济学院	国际经济与贸易(实验班)
9	一等	北京	本科一批	1	理工	609	32011030093	郑　健	经济学院	经济学(实验班)
10	一等	北京	本科一批	1	理工	607	32011030103	高　珊	经济学院	经济学(实验班)
11	二等	北京	本科一批	1	理工	602	32011030115	闫　文	经济学院	经济学(实验班)
12	二等	北京	本科一批	1	理工	599	32011030097	佟　晨	经济学院	经济学(实验班)
13	二等	北京	本科一批	1	理工	599	32011030112	姚思远	经济学院	经济学(实验班)
14	二等	北京	本科一批	1	文史	598	32011030046	陈芳红	经济学院	经济学
15	二等	云南	本科一批	1	理工	547	32011030057	把金丹	经济学院	经济学
16	二等	贵州	本科一批	1	理工	542	32011030156	郭　瑶	经济学院	国际经济与贸易(实验班)
17	二等	贵州	本科一批	1	理工	535	32011030211	孙瑞英	经济学院	国际经济与贸易
18	二等	海南	本科一批	1	理工	707	32011040170	周佳晓	会计学院	财务管理
19	二等	海南	本科一批	1	理工	701	32011040197	王梓权	会计学院	财务管理
20	二等	北京	本科一批	2	文史	620	32011040159	江　杨	会计学院	会计学(国际会计)
21	一等	北京	本科一批	1	文史	617	32011040087	赵雨彤	会计学院	会计学(注册会计师专门化)
22	一等	北京	本科一批	1	文史	610	32011040121	梁　晓	会计学院	会计学(注册会计师专门化)
23	二等	天津	本科一批	1	理工	608	32011040144	岳　靓	会计学院	会计学(注册会计师专门化)
24	一等	北京	本科一批	1	文史	607	32011040141	陈　雯	会计学院	会计学(注册会计师专门化)
25	二等	北京	本科一批	1	理工	601	32011040143	胡文韬	会计学院	会计学(注册会计师专门化)

续表

序号	奖学金	地区	批次	投档志愿	科类	考生成绩	学号	姓名	院(系)	专业
26	二等	北京	本科一批	1	文史	601	32011040154	汤　娜	会计学院	会计学(注册会计师专门化)
27	二等	北京	本科一批	1	文史	599	32011040146	田家乐	会计学院	会计学(注册会计师专门化)
28	二等	北京	本科一批	1	文史	595	32011040073	李帅妍	会计学院	会计学(注册会计师专门化)
29	二等	北京	本科一批	2	文史	620	32011050120	王祎铭	劳动经济学院	人力资源管理(实验班)
30	二等	浙江	本科二批	1	理工	578	32011040105	夏可挺	会计学院	会计学(注册会计师专门化)
31	一等	北京	本科二批	1	文史	577	32011060034	王　梦	文化与传播学院	传播学
32	二等	北京	本科二批	1	文史	570	32011060146	陈怡如	文化与传播学院	广告学
33	二等	北京	本科二批	1	文史	566	32011060096	王　想	文化与传播学院	广告学
34	二等	北京	本科二批	1	理工	581	32011080006	付　欢	安全与环境工程学院	环境工程
35	一等	北京	本科二批	1	理工	591	32011090049	杜　淅	财政税务学院	财政学
36	一等	北京	本科二批	1	理工	589	32011090021	丁梦竹	财政税务学院	财政学
37	一等	北京	本科二批	1	理工	588	32011090015	王　灿	财政税务学院	财政学
38	一等	北京	本科二批	1	文史	582	32011090034	冯　倩	财政税务学院	财政学
39	一等	北京	本科二批	1	文史	578	32011090026	牛　洁	财政税务学院	财政学
40	二等	北京	本科二批	1	理工	578	32011090020	李迪扬	财政税务学院	财政学
41	一等	北京	本科二批	1	文史	577	32011090031	潘　玥	财政税务学院	财政学
42	二等	北京	本科二批	1	理工	577	32011090019	蔡　睿	财政税务学院	财政学
43	一等	北京	本科二批	1	文史	576	32011090001	李孔佳	财政税务学院	财政学
44	一等	北京	本科二批	1	文史	573	32011090004	王潇潇	财政税务学院	财政学
45	二等	北京	本科二批	1	理工	572	32011090011	郝苗苗	财政税务学院	财政学
46	二等	北京	本科二批	1	文史	571	32011090040	郭静宜	财政税务学院	财政学
47	二等	海南	本科一批	1	文史	750	32011100080	程　功	法学院	法学
48	一等	海南	本科一批	1	理工	737	32011110085	郑月蔚	金融学院	金融学(国际金融)
49	二等	海南	本科一批	1	理工	702	32011110077	郑伟豪	金融学院	金融学(国际金融)
50	一等	北京	本科一批	2	文史	627	32011110012	周莹琛	金融学院	金融学(国际金融)

续表

序号	奖学金	地区	批次	投档志愿	科类	考生成绩	学号	姓名	院(系)	专业
51	二等	北京	本科一批	2	理工	627	32011110069	闫子豪	金融学院	金融学(国际金融)
52	一等	北京	本科一批	1	理工	620	32011110064	马　玥	金融学院	金融学
53	二等	北京	本科一批	2	文史	620	32011110063	杨诗仪	金融学院	金融学(国际金融)
54	二等	北京	本科一批	2	文史	619	32011110133	郑一琦	金融学院	金融学(国际金融)
55	一等	北京	本科一批	1	理工	611	32011110026	王　睿	金融学院	金融学
56	一等	北京	本科一批	1	理工	606	32011110177	曹　扬	金融学院	金融工程
57	一等	北京	本科一批	1	文史	606	32011110011	刘文溪	金融学院	金融学
58	一等	北京	本科一批	1	文史	605	32011110205	刘　祎	金融学院	金融学(国际金融)
59	二等	北京	本科一批	1	理工	604	32011110040	张旭阳	金融学院	金融学
60	二等	北京	本科一批	1	理工	602	32011110022	郭方白	金融学院	金融学
61	二等	辽宁	本科一批	1	理工	601	32011110071	赵夕梦	金融学院	金融学
62	二等	北京	本科一批	1	文史	597	32011110110	邱伊帆	金融学院	金融学
63	二等	北京	本科一批	1	理工	597	32011110036	刘梦然	金融学院	金融学(国际金融)
64	二等	新疆	本科二批	1	理工	555	32011110139	林　雷	金融学院	金融学
65	二等	云南	本科一批	1	理工	547	32011110122	朱偲玥	金融学院	金融学(国际金融)
66	二等	贵州	本科一批	1	理工	533	32011110017	陶　燕	金融学院	金融学
67	二等	贵州	本科一批	1	理工	532	32011110121	月　阳	金融学院	金融学
68	二等	海南	本科一批	1	理工	699	32011120138	郑雅桐	统计学院	数学与应用数学(金融数学)
69	一等	新疆	本科二批	1	理工	582	32011120050	夏若彬	统计学院	统计学
70	二等	北京	本科二批	1	文史	570	32011130021	张　驰	外语系	英语(经贸翻译)
71	一等	北京	本科二批	1	理工	599	32011140053	白雪君	华侨学院	工商管理(管理会计)
72	一等	北京	本科二批	1	理工	595	32011140052	李　俊	华侨学院	工商管理(管理会计)
73	一等	北京	本科二批	1	理工	588	32011140129	周蓬宇	华侨学院	信息管理与信息系统(IT 项目管理)
74	二等	北京	本科二批	1	理工	584	32011140066	刘　通	华侨学院	工商管理(管理会计)
75	二等	北京	本科二批	1	理工	572	32011140095	杨硕易	华侨学院	信息管理与信息系统(IT 项目管理)
76	二等	北京	本科二批	1	文史	569	32011140021	刘安迪	华侨学院	工商管理(管理会计)
77	二等	北京	本科二批	1	文史	567	32011140019	杨凯薇	华侨学院	工商管理(管理会计)

(谢飞)

研究生教育

概 况

首都经济贸易大学从1979年开始招收硕士研究生,迄今已有30多年的历史。目前拥有应用经济学、工商管理、管理科学与工程、统计学四个一级学科博士学位授予权和应用经济学、工商管理、统计学博士后科研流动站;设有数量经济学等15个二级学科博士学位授予点;拥有应用经济学等11个一级学科硕士学位授予权;设有政治经济学等48个硕士学位授予点(包括MBA等13个专业硕士学位授权点)。

学校硕士研究生和博士研究生面向全国招生,北京就业。毕业生每年在京的就业率都高达97%以上。在校硕士研究生、博士研究生和留学生研究生近2 600人。

经中华人民共和国教育部批准,学校拥有在世界各地(包括我国港澳台地区)自主招收硕士研究生和博士研究生的权力,并由国家教育部在世界各国统一招收攻读经济学专业研究生的留学生。多年来,每年都有数十名攻读研究生的留学生在首都经济贸易大学各个专业学习。

首都经济贸易大学的劳动与社会保障专业、统计学专业是中华人民共和国教育部批准的第二批特色专业。获北京市批准的市级特色专业有经济学、劳动与社会保障、工商管理、金融学、财政学、统计学、安全工程、会计学、人力资源管理、信息管理与信息系统。此外,经济学专业还被批准为北京市品牌建设专业。

学校研究生教育具有一支水平较高、结构合理的教学科研队伍,现有博士生导师47人,硕士生导师309人。

(张玉放)

研究生招生与录取工作

【入学考试、复试与体检】 1月,学校研究生招生办公室(以下称“研招办”)组织了“2011年全国硕士研究生统一入学考试”,共有1 744人参加考试;3月,组织了2011年首都经济贸易大学博士研究生入学考试,共有227人参加考试。4月8日,研招办组织召开了研究生复试工作布置会,传达了北京市研究生招生办公室关于做好复试和招生录取工作的精神;4月15日,组织近600人参加复试资审;4月16~17日,各专业组织复试。5月4~17日,由研招办组织,各学院具体实施,完成了博士研究生的复试工作。此后,研招办协助校医院完成了800多人的新生体检工作。

(孟毅芳)

【招生录取情况】 2011年,学校硕士研究生招生计划820人,其中学术型567人,专业型253人。学校报名总数3 073人(含保送生108人),其中学术型2 434人,专业型625人,单考单招14人。2011年学校上线人数568人,其中学术型413人,专业型145人,单考单招10人。2011年学校实际录取人数851人,其中学术型541,专业型298,单考单招10人,港澳台2人;实际录取人数中经济学类352人,管理学类359人,法学类112人,理学类3人,工学类25人。

2011年,学校博士研究生招生计划57人,报名人数227人,实际录取60人(含2名港澳台学生)。录取单科分数线为:英语50分,经济学60分,专业课60分。

(孟毅芳)

【做好招生宣传工作】 5月,学校启动了2011~2012年度研究生招生宣传工作。研究生招生办公室采取以下几方面措施来加强研究生的招生宣传工作。第一,9月14日,组织各学院以及相关部门成功举办了研究生招生宣传日活动,共接待校内、校外考生1 500余人。在2010年的基础上,2011年,协同各学院主管研究生工作的教学秘书和相关部门,共同为考生解答问题。为了更好地指导考生考研,协同校研究生会派出研一的学生传授考研经验,得到了广大考生的好评。第二,学校参加了由教育部科技发展中心指导,中国教育和科研计算机网、中国教育在线承办的“2012年全国研究生招生现场咨询会”。6~7月,学校共参加了陕西、山东、黑龙江、云南、内蒙古、广东、河南、四川、江苏、湖北10场咨询会。第三,制作了2012年研究生招生简章、针对外省宣传方便携带的报考指南和宣传口袋。第四,在北京,重点走访了劳动关系学院、中华女子学院等没有硕士点的本科院校,与他们的就业部门联手,举办宣讲会,吸引他们的优秀学生。第五,继续加强网络宣传,在教育部官方网中国研究生招生信息网和中国教育在线、中国报考在线、中国研究生信息网、中国研究生教育网、中国研究生招生网、中国考研网等影响比较大的网站做宣传。

(孟毅芳)

2011年硕士研究生实际录取人数与录取分数对照表

学院	专业代码	专业名称	2011年实际录取人数	其中推免生人数	录取分数线(总分)	录取分数线(满分100分)	录取分数线(满分150分)	录取分数线(满分200分)
经济学院	020101	政治经济学	9		350	55	83	
	020104	西方经济学	11		350	55	83	
	020201	国民经济学	19	3	350	55	83	
	020205	产业经济学(商业经济)	26	5	350	55	83	
	020206	国际贸易学	28	1	350	55	83	
	020209	数量经济学	11	3	350	55	83	
劳动经济学院	020106	人口、资源与环境经济学	3		350	55	83	
	020207	劳动经济学	32	10	368	55	83	
	030302	人口学	5		325	45	68	
	120404	社会保障	30	1	368	55	83	
城市经济与公共管理学院	020202	区域经济学	24	1	350	55	83	
	120401	行政管理	12	1	350	55	83	
信息学院	020205	产业经济学(信息经济)	11	4	350	55	83	
	120100	管理科学与工程(管理学)	20	2	350	55	83	
工商管理学院	120202	企业管理	45	10	350	55	83	
	120203	旅游管理	2		350	55	83	
	120204	技术经济及管理	4		350	55	83	
安全与环境工程学院	081903	安全技术及工程	15		280	40	60	
	087100	管理科学与工程(工学)	4	1	300	40	60	
	077802	劳动卫生与环境卫生学	3	1	295	40	60	
会计学院	120201	会计学	61	12	350	55	83	
金融学院	020204	金融学	60	12	350	55	83	
财政税务学院	020203	财政学	22	6	350	55	83	
统计学院	020208	统计学	22	3	350	55	83	
法学院	030105	民商法学	23	1	325	45	68	
	030107	经济法学	27	2	325	45	68	

续表

学院	专业代码	专业名称	2011年实际录取人数	其中推免生人数	录取分数线（总分）	录取分数线（满分100分）	录取分数线（满分150分）	录取分数线（满分200分）
马克思主义学院	030501	马克思主义基本原理	5		325	45	68	
	030505	思想政治教育	7		325	45	68	
		单考单招	10		300	50	90	
学术型合计			551	79				
专业硕士教育中心	035101	法律硕士(非法学)	12	1	325	45	68	
	035102	法律硕士(法学)	11	1	325	45	68	
	125100	工商管理硕士	149		165	45		90
	035200	社会工作硕士	22	3	325	45	68	
	085224	工程硕士	6		280	40	60	
	025100	金融	13	6	350	55	83	
	025200	应用统计	12	2	350	55	83	
	025300	税务	11	2	350	55	83	
	025400	国际商务	15	3	350	55	83	
	025500	保险	10	2	350	55	83	
	025600	资产评估	11	3	350	55	83	
	125200	公共管理	11		165	45		90
	125300	会计	15	6	350	55	110	
专业型合计			298	29				
合计			849	108				

（孟毅芳）

【举办2011级研究生开学典礼】　9月2日，首都经济贸易大学2011级研究生新生开学典礼在体育馆隆重举行。校长王稼琼，纪委书记杨世忠，工会主席赵凤启，副校长丁立宏、王传生，党委副书记朱玉华，校长助理张衍平、孙昊哲、高闯，研究生部主任张军以及部分院(系)的院长、主任出席了开学典礼。典礼由张军教授主持。王稼琼首先致辞，他在对新同学表示欢迎与祝贺的同时，也向大家提出了殷切的要求与期望。他叮嘱同学们务必要尽可能多地研读经典著作，夯实专业基础；他鼓励同学们要积极主动地与其他专业、其他学科乃至其他学校的同学展开交流，拓展学术视野；他强调同学们将来必须做好学位论文，切实提高科研水平；他告诫同学们一定要恪守学术道德，踏实认真地搞研究、做学问。博士生导师、经济学院党总支书记郎丽华教授代表导师发言，信息学院祁媛同学代表在校生发言，会计学院张悦同学代表新生发言。

（张玉放）

研究生培养工作

【推进国际化人才培养模式改革】　2008年，在北京的数十所大学中，包括学校在内的10所大学被确定为“北京市高等学校中外联合研究生培养基地”。2009年，学校经济学院获批国家级经济学国际化人才培养实验区和北京市经济学国际化人才培养实验区，国家和北京市为此投入巨额资金，资助学校每年选派数十名硕士研究生和博士研究生到欧洲、美国及其他地区的合作院校进修学习，或从事科研活动、参加重要学术会议等。

从2010年开始，根据自愿的原则，研究生在校期间可以选择部分时间在国内学习、部分时间在国外合作大学学习的方式,攻读学校和部分国外合作院校的双硕士学位。经过严格选拔及所赴高校考核,部分学生赴南京大学—约翰斯·霍普金斯大学中美文化研究中心、美国俄亥俄大学、犹他大学进修学习。

首都经济贸易大学2011年赴美国加州大学参加暑期项目人员一览表

序号	学号	专业	姓名	性别	学校
1	22010050344	劳动经济学	王　伟	女	加州大学
2	22010050338	劳动经济学	刘彦君	女	加州大学
3	22009040227	会计学	李西西	女	加州大学
4	22009010020	行政管理	黎　明	女	加州大学
5	22009040250	会计学	徐　箐	女	加州大学
6	22010030190	数量经济学	陈超然	女	加州大学
7	22009030132	产业经济学	贾其容	女	加州大学
8	22009030156	国际贸易学	史　洁	女	加州大学
9	22009030143	产业经济学	袁沛琳	女	加州大学
10	2008031134	经济学	李媛婧	女	加州大学
11	2008031136	经济学	李士瑶	女	加州大学
12	2008031132	经济学	胡海艺	女	加州大学
13	2008031205	经济学	周宇辰	男	加州大学
14	2008031220	经济学	吴天慧	女	加州大学
15	2008112411	金融	张易男	男	加州大学
16	2008112403	金融	苏子雄	男	加州大学
17	2008112123	国际金融	申　珺	女	加州大学
18	2008072206	计算机	曾　光	男	加州大学
19	2008092227	税务	王昱宾	女	加州大学
20	2008016118	社会工作	马润菲	女	加州大学
21	2008031141	经济学	蔡其江	男	加州大学

(杨晓蕾)

首都经济贸易大学2011年赴美国犹他大学参加暑期项目人员一览表

序号	学号	专业	姓名	性别	大学
1	22009050300	劳动经济学	闫　伟	女	犹他大学
2	22010030188	国际贸易学	德凯旋	女	犹他大学
3	22009090408	财政学	蔡丽丽	女	犹他大学
4	22010030119	西方经济学	刘　振	男	犹他大学
5	22010030187	国际贸易学	姚宏丽	女	犹他大学
6	22010050305	劳动经济学	冯海龙	女	犹他大学
7	22010050290	劳动经济学	唐　琳	女	犹他大学

续表

序号	学号	专业	姓名	性别	大学
8	22009100426	法学	张犇逸	男	犹他大学
9	12010030015	国民经济学(博士)	刘春义	男	犹他大学
10	22009180673	MBA	慈　兢	男	犹他大学
11	22010180761	MBA	施海燕	女	犹他大学
12	22010180636	MBA	王明坤	男	犹他大学
13	22009030146	产业经济学	程　光	女	犹他大学
14	22010180733	MBA	庞晓菁	女	犹他大学
15	2008031236	经济学	张　森	女	犹他大学
16	2008031235	经济学	乔　雪	女	犹他大学
17	32009031137	经济学	王一尘	女	犹他大学
18	2008031237	经济学	严旭婕	女	犹他大学
19	2008016110	社会工作	王　晨	男	犹他大学
20	2008016108	社会工作	李思彤	男	犹他大学

（杨晓蕾）

首都经济贸易大学2011年赴美国俄亥俄大学参加暑期项目人员一览表

序号	学号	专业	姓名	性别	学校
1	12009020011	企业管理(博士)	李　沫	女	俄亥俄大学
2	22009010040	行政管理	王　硕	女	俄亥俄大学
3	22009040222	会计学	赵　敏	女	俄亥俄大学
4	22009040239	会计学	穆晨曦	女	俄亥俄大学
5	22010010044	行政管理	郝　宇	女	俄亥俄大学
6	22010020096	企业管理	龙晓蕾	女	俄亥俄大学
7	22010040217	会计学	黄　潇	女	俄亥俄大学
8	22010040242	会计学	赵琛琛	女	俄亥俄大学
9	22010040246	会计学	李　厦	女	俄亥俄大学
10	22010040251	会计学	葛萌竹	女	俄亥俄大学
11	22010040257	会计学	熊佩羽	女	俄亥俄大学
12	22010180622	MBA	杨子杨	女	俄亥俄大学
13	2008013110	公共事业管理	甄赜濛	女	俄亥俄大学
14	2008014210	土地资源管理	马江戎	男	俄亥俄大学
15	2008013118	公共事业管理	马　蓁	女	俄亥俄大学
16	2008091136	注册资产评估师	朱梦瑶	女	俄亥俄大学
17	2008091139	注册资产评估师	杨　雪	女	俄亥俄大学
18	2008014215	土地资源管理	刘思呈	男	俄亥俄大学

续表

序号	学号	专业	姓名	性别	大学
19	2008014117	土地资源管理	吴　震	男	俄亥俄大学
20	2008013113	公共事业管理	王　晶	女	俄亥俄大学
21	2008092239	国际经济与贸易	齐百莹	女	俄亥俄大学
22	2008032205	国际经济与贸易	孟　晨	男	俄亥俄大学
23	2008032214	国际经济与贸易	耿毓泽	男	俄亥俄大学
24	2008032323	国际经济与贸易	冷炤坤	女	俄亥俄大学
25	2008032244	国际经济与贸易	赵妍俏	女	俄亥俄大学
26	2008032242	国际经济与贸易	常竞予	女	俄亥俄大学
27	2008032225	国际经济与贸易	顾晓蕾	女	俄亥俄大学
28	2007061206	传播学	张　丽	女	俄亥俄大学
29	2009061333	传播学	米梦曦	女	俄亥俄大学
30	32009062232	广告	董达威	男	俄亥俄大学
31	32009061228	传播学	李　楠	女	俄亥俄大学

(杨晓蕾)

首都经济贸易大学2011年暑期美国交流优秀学生一览表

序号	学号	专业	姓名	性别	学校
1	2008016110	社会工作	王　晨	男	犹他大学
2	22010050305	劳动经济学	冯海龙	女	犹他大学
3	12010030015	国民经济学(博士)	刘春义	男	犹他大学
4	22009040250	会计学	徐　箐	女	加州大学
5	2008031134	经济学	李媛婧	女	加州大学
6	22010040246	会计学	李　厦	女	俄亥俄大学
7	2008032214	国际经济与贸易	耿毓泽	男	俄亥俄大学

(杨晓蕾)

【开展硕士研究生中期考核】 2011年,根据《首都经济贸易大学关于2010级硕士研究生中期考核工作的通知》要求,本着全面、客观、公正的原则,学校对2010级硕士研究生进行中期考核。参加本次中期考核的研究生共有550人。在各学院考核的基础上,学校坚持标准,严格审核,评选出王亢等42名中期考核优秀的研究生。

首都经济贸易大学2010级研究生中期考核优秀人员名单

学院	学号	专业	姓名	考核结果
城市经济与公共管理学院	22010010002	区域经济学	王　亢	优秀
	22010010003	区域经济学	郗　磊	优秀
	22010010004	区域经济学	周　莹	优秀
	22010010016	区域经济学	张　涛	优秀

续表

学院	学号	专业	姓名	考核结果
信息学院	22010070368	产业经济学(信息经济)	王晓菲	优秀
	22010070373	产业经济学(信息经济)	乔梦瑶	优秀
	22010070374	产业经济学(信息经济)	侯燕玫	优秀
	22010070379	产业经济学(信息经济)	管　健	优秀
	22010070386	管理科学与工程(管理学)	王　安	优秀
	22010070387	管理科学与工程(管理学)	王　倩	优秀
	22010070391	管理科学与工程(管理学)	韩　起	优秀
	22010070392	管理科学与工程(管理学)	何　飞	优秀
法学院	22010100471	民商法学	隗合佳	优秀
	22010100474	经济法学	刘　杨	优秀
	22010100490	经济法学	申燕君	优秀
	22010100495	经济法学	刘　影	优秀
	22010180571	法律硕士(非法学)	李欣慧	优秀
人文学院	22010060363	思想政治教育	吴　跃	优秀
劳动经济学院	22010050332	社会保障	申　睿	优秀
	22010050314	人口学	刘　佳	优秀
	22010050315	人口学	王云云	优秀
统计学院	22010120541	统计学	卢　茜	优秀
	22010120559	统计学	王　琪	优秀
金融学院	22010110535	金融学	陈天敏	优秀
	22010110523	金融学	白　洁	优秀
	22010110534	金融学	赵全妹	优秀
	22010110539	金融学	赵万里	优秀
	22010110536	金融学	吴一凡	优秀
	22010110520	金融学	汪　飘	优秀
	22010110513	金融学	沈文韬	优秀
财税学院	22010090434	财政学	王法立	优秀
	22010090444	财政学	白英英	优秀
	22010090440	财政学	赵紫龙	优秀
	22010090438	财政学	李笑一	优秀
	22010090433	财政学	杨华章	优秀
	22010090448	财政学	许　杰	优秀
	22010090443	财政学	王少阳	优秀

续表

学院	学号	专业	姓名	考核结果
工商管理学院	22010020061	企业管理	万　金	优秀
	22010020081	企业管理	滕怀鹏	优秀
	22010020097	企业管理	曾德麟	优秀
经济学院	22010030145	产业经济学(商业经济)	刘　昀	优秀
	22020030199	数量经济学	杜永潇	优秀

(杨晓蕾)

【继续实行硕博连读制度】 根据教育部及国务院学位委员会的有关文件精神,为进一步提高研究生的培养质量,学校从2008级硕士研究生开始,实行硕博连读制度。对在学校已完成规定课程学习,成绩优秀、创新精神和科研能力突出的在学硕士,可以在不通过硕士学位申请过程和博士生入学考试的基础上实行硕博连读的培养模式,体现了硕士研究生和博士研究生培养过程的连续性、系统性和完整性。

首都经济贸易大学2011年硕博连读录取情况一览表

序号	学号	姓名	所在院(系)	专业	博导
1	12011030036	王　俏	经济学院	数量经济学	王文举
2	12011030020	彭艳芳	法学院	国民经济学	符启林

(杨晓蕾)

【提升研究生科研创新能力】 为了培养和提高在校研究生的科研能力,学校对在校学习期间科研成绩突出、获得创新成果的研究生实行专项奖励制度,设立了科研奖、创新奖等专项奖学金。学业奖学金和专项奖学金的支出金额每年不低于70万元。研究生在校期间,可以进行自选课题研究,学校每年都将投入资金,对不少于100~200项研究生自选课题(其中硕士研究生项目不少于100项)进行资助,每项课题资助经费5 000~8 000元。

首都经济贸易大学2011年博士研究生科技创新项目获批名单

序号	院(系)	专业	项目负责人	项目组成员	项目名称	导师	年级	申请级别
1	经济学院	国民经济学	关浩杰	方毅祖 张宝兵	河南省经济发展方式转变问题研究	张连城	2010级	重点项目
2		数量经济学	王少斌	冯　明 龙军华	基于认识偏差的金融市场风险研究 ——以中国股票市场为例	田新民	2011级	重点项目
3		产业经济学	康凌翔	蒋　锋 马盼盼	宁夏战略性新兴产业发展研究	邹昭晞	2011级	重点项目
4			雷　蕾	蒋　锋 冯　明	商贸流通业发展与北京国际商贸中心建设的研究	祝合良	2011级	重点项目
5		国际贸易学	孙　宇	罗拥华 刘吾刚	基于亚太区域经济一体化的中国RTA路径选择及原产地规则协调与完善	郎丽华	2010级	重点项目

续表

序号	院(系)	专业	项目负责人	项目组成员	项目名称	导师	年级	申请级别
6	经济学院	国际贸易学	段莹莹	刘玉梅 万　月	中国与东盟外贸发展趋势及贸易政策选择实证研究	郎丽华	2011级	重点项目
7		数量经济学	孙　强	王方军	全球贸易、生产网络转变过程中的府际间利益博弈分析	王文举	2011级	重点项目
8		国际贸易学	范　丹	李述晟 于晓云	跨国并购中的无形资源优势转移及其对中国OFDI的启示	刘　宏	2011级	重点项目
9	工商管理学院	企业管理	张军华	田彩英 郭　斌	分析师盈余预测、产权性质与权益资本成本	汪　平	2010级	重点项目
10			袁重生	邓艳芳	基于企业生命周期理论的领导效能实证研究	吴冬梅	2010级	重点项目
11			刘　涛	王耀光 龙军华	比较管理演化分析范式的构建与应用	高　闯	2011级	重点项目
12			刘　芳	阎伟华	家族企业传承模式的影响因素的风险评估	戚聿东	2011级	重点项目
13			王默凡	王耀光	商业银行职员工作倦怠分析	吴冬梅	2011级	重点项目
14			李　枫	王耀光 冯　明	中国上市公司终极股东控制的效率研究	高　闯	2011级	重点项目
15			段木林	刘　芳	基于文化与制度视角的企业管理模式比较分析	戚聿东	2011级	重点项目
16			霍晓萍	康玉梅 王雪梅 卢　媛	资本成本、资本结构与我国上市公司财务竞争力研究	汪　平	2011级	重点项目
17			李桂萍	田彩英 李阳阳	会计准则的国际协调、盈余质量与资本成本	汪　平	2011级	重点项目
18	统计学院	统计学	赵　玮	刘玉梅 杨晓蕾	引入消费者信心指数的消费函数研究	纪　宏	2011级	重点项目
19			张尔俊	刘玉梅 王方军 张兆宇	碳排放约束条件下中国经济发展的路径分析	马立平	2011级	重点项目
20			周广军	田华平 王　茹	社会诚信的统计测量与诚信机制的构建研究	马立平	2009级	重点项目
21			王　薇	李　秋 颜志展	我国中等收入群体现状及其变动的测度与研究	纪　宏	2010级	重点项目

续表

序号	院(系)	专业	项目负责人	项目组成员	项目名称	导师	年级	申请级别
22	统计学院	统计学	曹　洋	田　辉 王方军	北京外来人口社会保障体系统计研究	刘黎明	2011 级	重点项目
23			曹艳峰	曹艳峰 刘玉梅 齐子翔 孙春雷	科研成果评价中的量化问题研究 ——基于学校 CSSCI 引文分析的研究	马立平	2011 级	重点项目
24	城市经济与公共管理学院	区域经济学	周　霞	韩　跃 韩婷婷 霍　晨	首都城乡统一建设用地市场机制研究	王德起	2010 级	重点项目
25			刘海楠	黄恒君 王　亢 郗　磊	北京地区产业用地结构优化研究	王德起	2011 级	重点项目
26			刘　伟	祝　炜 于兴钢 龙军华 李　雅	后工业化时代都市圈空间结构演化机理研究	张　强	2011 级	重点项目
27	劳动经济学院	劳动经济学	刘璐宁	蒋　锋 伍美云	产业升级中技能人才需求监测指标体系研究 ——以北京市某区为例	杨河清	2011 级	重点项目
28			王　箐	袁　霓 贾　辉	通货膨胀对中国就业的影响分析	童玉芬	2009 级	重点项目
29		社会保障	李　佳	龙军华 马盼盼	新型农村社会养老保险长期可持续性研究及实证分析——以河北省为例	吕学静	2011 级	重点项目
30	金融学院	金融学	宋佳娟	丁　一 李　敏	中国版 401K 计划推出问题、 对策及对资本市场的影响研究	蒋三庚	2011 级	重点项目
31	财政学院	财政学	刘东红	闫江奇 黄恒君	“省管县”财政体制下地市级财政能力建设研究	赵　仑	2010 级	重点项目

（张玉放）

首都经济贸易大学2011年硕士研究生科技创新项目获批名单

序号	院(系)	专业	项目负责人	项目组成员	项目名称	导师	年级	申请级别
1	安全与环境工程学院	安全技术及工程	李 杰	李 浩 邹湘凯 张超亮 李梦璐	北京市地铁站台声学特性研究	郭建中	2010级	一般项目
2			陈 兴	李 琳 工静波 刘 倩	基于PyroSim的复杂矿井火灾烟气控制研究	吕淑然	2011级	一般项目
3			史 强	王 维 钱 林	核电厂防火屏障有效性判定模型研究	柴建设	2010级	重点项目
4			杨 凯	王超群 王 浩 左昊天 李 浩 叶正涛 田艳云	基于FDS+STEPS井下火灾时人员逃生仿真研究	吕淑然	2011级	重点项目
5	财税学院	财政学	王少阳	张志杰 李 卫 李 良 虎立伟 林天星 王冉冉 刘金芬 汤寅昊	税收管理社会化路径选择——北京市纳税服务社会化发展视角的分析	蔡秀云	2010级	一般项目
6			周 强	熊宗鹏 张雯婷 荆 滢 任俊旭	房地产调控政策量化比较:从限购到房产税	焦建国	2010级	一般项目
7		资产评估专硕	刘 旭	李 翔 侯 魁 刘 辰 周天驰	房地产抵押贷款评估体系研究	赵 仑	2011级	一般项目
8		税务专硕	李 玲	陈律妍 张 鸢 赵明慧	从"加名税"看我国契税税理与法理的差异	李红霞	2011级	一般项目
9	法学院	法律硕士	孙金秀	许 菲 张 瑞 胡 娜	文物艺术品鉴定法律制度研究	王德山	2010级	一般项目

续表

序号	院(系)	专业	项目负责人	项目组成员	项目名称	导师	年级	申请级别
10	法学院	民商法	张静华	付鑫羽 任乐乐	机动车停车场停车合同纠纷法律问题研究	王德山	2011 级	一般项目
11			张　贺	孟　艳 刘　洋	结伴游中"驴友"意外伤亡的法律责任研究	王德山	2011 级	一般项目
12		经济法	熊宗鹏	刘　影 陈　轩 季玉飞 周易富 任俊旭	北京出租车行业的法律规制及制度创新研究	谢海霞	2010 级	一般项目
13		法律硕士	黄彦婷	贺　丹 赵　天	房屋征收补偿中评估机制问题研究	王德山	2011 级	一般项目
14		民商法	潘学敏	任乐乐 付鑫羽	"重金求子"背后的法律问题研究	米新丽	2011 级	一般项目
15			隗合佳	廖　融 刘　晨 邵正楠	夫妻共有房产的范围及离婚时分割方式问题研究	郑文科	2010 级	重点项目
16		法律硕士	方　霄	李　佳 刘子恺	私家侦探法律问题研究	王德山	2011 级	一般项目
17		经济法	许博梁	邓　微 刘　佳 沈媛媛	中国报废汽车回收拆解法律制度研究	王雨本	2010 级	一般项目
18		民商法	杨　茜	鹿　鹿 郭琳琳	农村留守儿童法律权益保护研究	尚　琤	2011 级	一般项目
19	经济学院	政治经济学	高建峰	梁　曦 李雪城 常永伟	北京市产业集群绩效研究	沈宏亮	2011 级	一般项目
20		西方经济学	丁　玲	向金鹏 伊　楠	理性疏忽条件下的 RBC 模型 ——基于中国数据的实证研究	王　军	2010 级	重点项目
21		政治经济学	曹　星	沈　骥 梁　博	我国财政政策与货币政策的相互影响 ——基于开放经济条件下 DSGE 模型的分析	张锦冬	2010 级	一般项目
22		数量经济学	梁菲菲	黄倚嘉 武海媛	中国城乡居民消费结构变化与预测研究	廖明球	2011	重点项目
23			陈雪飞	杨　婧 蔡再兴	中国汇率变动的博弈计量分析	王文举	2010 级	一般项目

续表

序号	院(系)	专业	项目负责人	项目组成员	项目名称	导师	年级	申请级别
24	经济学院	国际商务	张　赛	张　欢 刘　星 王　娉	中国对外直接投资的逆向技术溢出效应——基于分行业面板数据的实证研究	刘　宏	2011 级	一般项目
25		数量经济学	杨丽霞	胡　颖	中国市场化进程分析——基于熵权——层次分析法的市场化指标量化模型	李　雪	2011 级	一般项目
26		国民经济学	崔　媛	程慕华 周　敏	后危机时代中国经济增长动力研究	张连城	2011 级	一般项目
27			冯　汐	段全英	北京市房地产泡沫测度实证分析	徐　雪	2010 级	重点项目
28		政治经济学	夏　蕾	段全英 乔　浩 韩　婷	北京高科技中小企业融资路径选择与优化研究	徐则荣	2010 级	一般项目
29		产业经济学	陈方雨	张　帅 周　勇	农产品流通成本研究——以北京为例	文　魁	2010 级	重点项目
30		数量经济学	杜永潇	李　卉 韩　端	欧洲债务危机下宏观经济政策的评价与设计	田新民	2010 级	一般项目
31		国际贸易学	陈芳娌	姚宏丽	中国对外直接投资区位选择的研究	赵　涛	2010 级	一般项目
32			刘新宇	任兆鑫 胡　颖	FDI 所有权结构最优化的实证研究——以北京为例	郎丽华	2011 级	一般项目
33	马克思主义学院	马克思主义基本原理	赵春娥	文　静 杨　倩 崔　洁	我国弱势群体利益表达机制研究	谷　军	2010 级	一般项目
34		马克思主义基本原理	张国萍	陈　蕾 代　云 吴　跃	高校马克思主义传播效果研究	梁玉秋	2011 级	一般项目
35		思想政治教育	蒋　琰	郭浩森 王思佳	绅士与君子——两种独立人格精神之比较及对中国当代大学生理想人格教育的启示	石　刚	2010 级	一般项目
36	工商管理学院	技术经济	牛　禹	王凯风 王梦夏 管筱星	北京生活垃圾焚烧吸纳灌木创新商业模式探索研究——基于技术经济学分析	郭卫东	2011 级	重点项目
37		企业管理	禹　丹	桑小月 张　弘 吴建军	机构投资者与公司治理问题研究	柳学信	2011 级	一般项目

续表

序号	院(系)	专业	项目负责人	项目组成员	项目名称	导师	年级	申请级别
38	工商管理学院	企业管理	王文杰	管筱星 王　荟 尚倩倩 吴建军	建立适应性效率指标评价模型 ——针对每日管理模式的检验	高　闯	2011 级	一般项目
39			马燕婷	王　迪 谢九梅 王子威 马燕茹 张晓睿 史文渊	探讨微博营销在品牌推广中的模式	陈立平	2011 级	一般项目
40		旅游管理	陈青霞	夏玲玲 赵永兴 刘国垚	北京夜间旅游大众意愿与行为研究	蔡　红	2011 级	一般项目
41		企业管理	徐艺文	李亚平 张思思	我国高校学生领导力培训体系 建设的现状调查研究	吴冬梅	2011 级	重点项目
42			韦婧婧	李思颖 刘　佳 胡建茹	创业板高新技术企业 IPO 效应实证研究	尹丽萍	2010 硕	一般项目
43			初　娜	邱贝贝 赵　赫 李　雪	管理层培训效果评估的模型研究 ——以酒店业为例	赵慧军	2010 级	一般项目
44			曾德麟	龙晓蕾 王　荟	制度合法性视角下企业可持续 发展战略与绩效关系研究	张映红	2010 级	一般项目
45	金融学院	金融学	郝思源	李　贺 赵双玲 申　璐 郭紫嫣	人民币升值的宏观经济效应及其作用机制研究	谢太峰	2011 级	重点项目
46			汪长春	沈文滔 张亚辉 崔利敏 赵　星 张　涛	人民币升值对北京市进出口贸易的影响与对策	龙　菊	2010 级	重点项目
47			张林杰	李雪明 白　洁 陈小小 卢义红 崔利敏 郭　婧 吴　华	亚洲国家人口年龄结构和经常账户的实证研究	朱　超	2010 级	重点项目

续表

序号	院(系)	专业	项目负责人	项目组成员	项目名称	导师	年级	申请级别
48	金融学院	金融学	李东姣	牟艳艳 梁　曦 陈小小 卢义红	基于KMV模型的我国商业银行房地产信贷风险研究	祁敬宇	2010级	一般项目
49			胡晓辉	梁　曦 陈小小 汪　飘 马　楠	地方融资平台金融风险问题研究	王曼怡	2010级	般项目
50			张　迪	张亚辉 屠倩影 李　宇	我国企业并购融资问题研究	李树生	2010级	重点项目
51			林　博	李慧娟 陶　帅 刘　星 姜　楠	均衡经常账户决定理论模型——基于中国的实证检验	朱　超	2011级	重点项目
52			毛文华	黄　鑫 赵全妹 吴一凡 赖名望 刘美辰 白　敏	中国民间借贷的现状及问题研究——以浙江省为例	巩云华	2010级	一般项目
53			费　腾	孙　玥 张　雪 程　熹 史文渊	北京市碳金融发展对策研究	吴世亮	2011级	重点项目
54	会计学院	会计学	赵琛琛	贾元元 左朝群 王　娇	会计稳健性、投资效率与企业价值的实证研究	付　磊	2010级	重点项目
55			曹瑞兆	王梦雪 王倩倩	北京市高等学校教育成本承受能力分析	杨世忠	2011级	重点项目
56			王　丹	吕　静 张　歆	在美上市中资概念股财务问题研究	李百兴	2011级	重点项目
57			谭　静	胡真真 刘　恺	慈善机构会计信息质量及其效益——来自中国的经验证据	崔也光	2010级	重点项目
58			李静思	童素娟 高　倩	ERP系统实施与管理会计的互补性及业绩影响研究	刘文辉	2011级	重点项目
59			肖　倩	季　君 姜　楠 胡迁菠 刘　洋 张金帅	基于资本成本的我国上市公司股利政策分析	汪　平	2011级	重点项目

续表

序号	院(系)	专业	项目负责人	项目组成员	项目名称	导师	年级	申请级别
60	会计学院	会计学	李　厦	臧婷婷 杨建云 常媛媛	欧债危机背景下企业并购会计案例研究 ——以外贸企业为例	刘　瑛	2010 级	重点项目
61			李　良	张　晨 常媛媛 杨建云	上市公司披露不实信息影响因素与投资者保护研究	马元驹	2011 级	一般项目
62			刘翠翠	郝信梓 韩文文	网络时代在线会计服务研究新思维 ——基于产权和公司治理视角	蔡立新	2010 级	一般项目
63			王永欣	李　燕 杨广宇 李　坤	破产清算企业治理结构研究	栾甫贵	2010 级	一般项目
64			周　婷	赵　冬 贾元元	内部控制缺陷与盈余管理的相关性研究	许江波	2010 级	重点项目
65	统计学院	统计学	郑　冰	郭　婧 董芷含 王　琪 陈　晨 姚宝珍 张琳琳	缺失数据下半参数变系数 EV 模型的统计推断及其运用	刘　强	2010 级	重点项目
66			张海波	杨辰晨 李爽楠 王丛敏 郭　婧 张建伟	基于收入分布曲线拟合的北京市城乡居民收入分配差距问题研究	阮　敬	2010 级	一般项目
67			王　朝	伊　楠 高敬雅 王　琪 杨辰晨	房地产行业的供求价格波动及产业关联分析	于威威	2010 级	一般项目
68			邱振利	林歆誉 魏　厦 杨慧娜 李　越 高　洁	人民币资本项目可兑换下的利益和风险研究及风险防范措施	陈红梅	2011 级	一般项目
69	信息学院	管理学	栗爽真	王　倩 杨　敏	基于云计算的电子商务数据管理模式研究	马　慧	2010 级	一般项目
70			何　飞	牛　华 王　倩	基于系统动力学的网络舆情预警机制仿真	姚翠友	2010 级	一般项目

续表

序号	院(系)	专业	项目负责人	项目组成员	项目名称	导师	年级	申请级别
71	信息学院	信息经济学	侯燕玫	乔梦瑶 赵　瑨 祁　媛 孙　晴	面向 RESTful 服务的 JSF 应用的研究与实现	娄不夜	2010 级	一般项目
72	信息学院	管理学	石　诚	吴盈盈 张乃心	基于蜂群算法的模糊投资组合优化研究	陈　炜	2011 级	一般项目
73	信息学院	信息经济学	康永胜	蔡　玲 张远程 周　研 潘　楠 孙　怡	电子商务环境下基于信任的个性化推荐研究与实践	高　迎	2011 级	一般项目
74	城市经济与公共管理学院	行政管理	赵嘉楠	刘　茜 毕晓庆 张　瑜 鲍雪丽	平衡计分卡在河北赤城县政府绩效评估中的应用研究	蒋泽中	2010 级	一般项目
75	城市经济与公共管理学院	行政管理	薛飞飞	赵　茜 孟祥意 姜　丰	近年来我国特大城市行政区划调整的动机及效果分析	张智新	2010 级	一般项目
76	城市经济与公共管理学院	区域经济学	王少华	刘殿雄 傅泽华	基于金融生态理论探析我国区域金融发展——以天津滨海新区为例	王霖琳	2011 级	一般项目
77	城市经济与公共管理学院	行政管理	陈明陆	于佳佳 张建伟 赖明望 王　琪	城市化进程中的城中村拆迁矛盾问题研究	刘业进	2010 级	一般项目
78	城市经济与公共管理学院	区域经济学	张鑫洋	张梦心 石　颖 王　超	智慧城市指标体系及北京的建设思路研究	谭善勇	2011 级	一般项目
79	城市经济与公共管理学院	区域经济学	徐　丰	陈超然 杨华章	快速城市化地区人口资源与环境协调发展研究——以北京市海淀区为例	彭文英	2010 级	一般项目
80	城市经济与公共管理学院	行政管理	佳娃哈	郝秀梅 孙学娟	中蒙公共政策制定中的公民参与方式比较研究	付小均	2010 级	一般项目
81	劳动经济学院	劳动经济学	王珊娜	钱　程 高　静 夏晓雪 周　勇 肖江文 王丛敏 郭　婧	北京市农民工在服务业的就业状态研究	纪　韶	2010 级	重点项目

续表

序号	院(系)	专业	项目负责人	项目组成员	项目名称	导师	年级	申请级别
82	劳动经济学院	人口社会学	王云云	田 月 师苏娟 袁 秀 谷学真 董芷含	社会转型期我国人口婚配结构与婚姻满意度的实证研究	亓 昕	2010 级	重点项目
83			刘青丽	董芷含 刘传奇 王建宁 刘 佳 师苏娟	内地高校新疆籍少数民族大学生适应性及融合度研究 ——以北京高校的维吾尔族大学生为例	李仲生	2010 级	一般项目
84		劳动经济学	侯雨欣	袁小雯 曾月红	社会转型期我国劳动争议热点问题变化特征研究 ——以川东北 Y 县为例	冯喜良	2010 级	一般项目
85		人口、资源环境经济学	卢新新	许学珍 肖 琳 姚圆圆 钱娜娜	流动人口对北京市交通的影响研究	纪 韶	2010 级	一般项目
86		社会保障	申 睿	赵海珠 万培培 景小靖	社会保障的正义论基础	朱俊生	2010 级	重点项目
87			安春燕	孟天娇 贾志文 曾月红 崔 洁 赵海珠	医疗保险的产品属性及其政府定位	朱俊生	2010 级	重点项目
88			谭 丹	赵海珠 董芷含 李 雅	寻求自由与福利自治的社会保障制度	朱俊生	2010 级	重点项目
89		人口、资源环境经济学	刘长安	武 玉	北京市人口城市化对环境的影响因素研究	童玉芬	2010 级	一般项目
90		劳动经济学	肖 琳	苏丽锋 赵婷婷 万 金 卢新新 李成园 钱 程	提升新生代农民工就业质量的实证研究 ——以北京市为例	纪 韶	2010 级	重点项目

（杨晓蕾）

【奖、助学金制度】 2011 年，为了鼓励学校研究生在校期间努力学习，刻苦钻研，奋发向上，德智体全面发展，根据上级有关文件的精神，结合学校的具体情况，学校制定了《硕士研究生学业奖学金评定办法（试行）》。该办法规定，一等奖学金每人每年 3 000 元，二等奖学金每人每年 2 000 元。一等奖学金按本年级学生总数的10%评定；二等奖学金按本年级学生总数的20%评定。

同时，学校为保证每一个研究生不会因家庭经济困难而荒废学业，每年划拨专项经费用于研究生助学项目。

首都经济贸易大学2011年硕士研究生奖学金获奖学生名单

序号	获奖等级	学号	姓名	学院
1	一等	22010020104	谷学真	工商管理学院
2	二等	22010020061	万　金	工商管理学院
3	二等	22010020097	曾德麟	工商管理学院
4	二等	22010020096	龙晓蕾	工商管理学院
5	二等	22010020062	张　玥	工商管理学院
6	二等	22010020071	刘晓茜	工商管理学院
7	二等	22010020069	李延青	工商管理学院
8	二等	22010020070	祝　楠	工商管理学院
9	二等	22010020065	张　洁	工商管理学院
10	二等	22010020081	滕怀鹏	工商管理学院
11	二等	22010020089	初　娜	工商管理学院
12	二等	22010020075	冯舒婷	工商管理学院
13	二等	22010020057	袁　园	工商管理学院
14	二等	22010020056	张超杰	工商管理学院
15	二等	22010020080	方　晨	工商管理学院
16	二等	22010020085	赵　赫	工商管理学院
17	二等	22010020076	郭琰琰	工商管理学院
18	二等	22010020078	唐凤凰	工商管理学院
19	二等	22010200072	张丽娜	工商管理学院
20	一等	22009020102	赵　华	工商管理学院
21	一等	22009020066	刘椰辰	工商管理学院
22	一等	22009020064	任光谦	工商管理学院
23	二等	22009020068	李登茂	工商管理学院
24	二等	22009020078	徐　冉	工商管理学院
25	一等	22010010009	徐　丰	城市经济与公共管理学院
26	一等	22010010010	鲍晓雯	城市经济与公共管理学院
27	一等	22010010039	于佳佳	城市经济与公共管理学院
28	二等	22010010003	郗　磊	城市经济与公共管理学院
29	二等	22010010005	韩　蕊	城市经济与公共管理学院
30	二等	22010010006	胡　茜	城市经济与公共管理学院
31	二等	22010010007	张少鹏	城市经济与公共管理学院

续表

序号	获奖等级	学号	姓名	学院
32	二等	22010010008	刘　会	城市经济与公共管理学院
33	二等	22010010016	张　涛	城市经济与公共管理学院
34	二等	22010010017	刘　斌	城市经济与公共管理学院
35	二等	22010010020	李　彬	城市经济与公共管理学院
36	二等	22010010037	蔡茜旭	城市经济与公共管理学院
37	二等	22010010038	肖俊文	城市经济与公共管理学院
38	二等	22010010049	赵　茜	城市经济与公共管理学院
39	一等	22009100460	樊雯雯	法学院
40	一等	22009100450	索伊洛达赖	法学院
41	一等	22009100459	王婉妍	法学院
42	一等	22009100418	陈昊博	法学院
43	一等	22009100421	李秀菊	法学院
44	一等	22010100490	申燕君	法学院
45	一等	22010100471	隗合佳	法学院
46	一等	22010100467	李　阳	法学院
47	一等	22010100459	尹　玥	法学院
48	一等	22010180604	方　书	法学院
49	二等	22009100436	王　冠	法学院
50	二等	22009100458	赵秋曼	法学院
51	二等	22009100424	李　晶	法学院
52	二等	22009100420	王　旋	法学院
53	二等	22010100486	熊宗鹏	法学院
54	二等	22010100474	刘　杨	法学院
55	二等	22010100476	陈　轩	法学院
56	二等	22010100495	刘　影	法学院
57	二等	22010100489	张燕宁	法学院
58	二等	22010100478	邵正楠	法学院
59	二等	22010100487	郭晓明	法学院
60	二等	22010100463	张晓霞	法学院
61	二等	22010100455	张　蕊	法学院
62	二等	22010100465	杜金松	法学院
63	二等	22010100472	苏仰平	法学院
64	二等	22010180578	许　菲	法学院
65	二等	22010180574	胡　娜	法学院

续表

序号	获奖等级	学号	姓名	学院
66	二等	22010180581	王小雪	法学院
67	二等	22010180565	苏　燕	法学院
68	二等	22010180577	张　瑞	法学院
69	二等	22010180595	王春艳	法学院
70	二等	22010180575	王洪亮	法学院
71	二等	22010180563	宋小茜	法学院
72	二等	22010180573	隋　婧	法学院
73	二等	22010180564	黄　晴	法学院
74	二等	22010180571	李欣慧	法学院
75	一等	22010110535	陈天敏	金融学院
76	一等	22010110523	白　洁	金融学院
77	二等	22010110534	赵全妹	金融学院
78	二等	22010110539	赵万里	金融学院
79	二等	22010110536	吴一凡	金融学院
80	二等	22010110513	沈文滔	金融学院
81	二等	22010110515	吉琴田	金融学院
82	二等	22010110501	吴　华	金融学院
83	二等	22010110506	李　洋	金融学院
84	一等	22009110479	初　萌	金融学院
85	一等	22009110474	蔡　梦	金融学院
86	一等	22009110488	韩　业	金融学院
87	一等	22009110490	郭心蕊	金融学院
88	一等	22009110497	王雪祺	金融学院
89	一等	22009110496	吴　锐	金融学院
90	二等	22009110481	蔡　爽	金融学院
91	二等	22009110467	王威威	金融学院
92	二等	22009110478	张　辉	金融学院
93	二等	22009110513	安小娜	金融学院
94	二等	22009110507	张晓东	金融学院
95	二等	22009110485	高　萌	金融学院
96	二等	22009110518	袁　璟	金融学院
97	一等	22010080400	赵　静	安全与环境工程学院
98	一等	22010080399	宋　伟	安全与环境工程学院
99	二等	22010080417	马榕翊	安全与环境工程学院

续表

序号	获奖等级	学号	姓名	学院
100	二等	22010080419	钱　林	安全与环境工程学院
101	二等	22010080416	胡亚聪	安全与环境工程学院
102	二等	22010080402	田翰之	安全与环境工程学院
103	二等	22010080412	刘　晨	安全与环境工程学院
104	一等	22009050276	王　曼	劳动经济学院
105	一等	22009050269	王　婷	劳动经济学院
106	一等	22009050323	孙红伟	劳动经济学院
107	一等	22009050300	闫　伟	劳动经济学院
108	一等	22009050291	李丹路	劳动经济学院
109	一等	22009050289	霍文乐	劳动经济学院
110	一等	22009050294	王　帆	劳动经济学院
111	二等	22009050315	孙　茹	劳动经济学院
112	二等	22009050317	查睿萌	劳动经济学院
113	二等	22009050316	尹雯雯	劳动经济学院
114	二等	22009050320	邓秀文	劳动经济学院
115	二等	22009050293	王建宁	劳动经济学院
116	一等	22010050294	魏　婕	劳动经济学院
117	一等	22010050322	谭　丹	劳动经济学院
118	一等	22010050327	潘卓超	劳动经济学院
119	一等	22010050332	申　睿	劳动经济学院
120	一等	22010050316	刘青丽	劳动经济学院
121	一等	22010050319	武　玉	劳动经济学院
122	一等	22010050281	卢新新	劳动经济学院
123	一等	22010180777	魏　欣	劳动经济学院
124	一等	22010180775	李倩云	劳动经济学院
125	一等	22010180780	周　欢	劳动经济学院
126	一等	22010180791	王丽婷	劳动经济学院
127	二等	22010050305	冯海龙	劳动经济学院
128	二等	22010050295	张雅楠	劳动经济学院
129	二等	22010050297	王珊娜	劳动经济学院
130	二等	22010050311	周天绿	劳动经济学院
131	二等	22010050290	唐　琳	劳动经济学院
132	二等	22010050289	周　萌	劳动经济学院
133	二等	22010050347	戴　静	劳动经济学院

续表

序号	获奖等级	学号	姓名	学院
134	二等	22010050353	李立媛	劳动经济学院
135	二等	22010050346	曾月红	劳动经济学院
136	二等	22010050325	马盼盼	劳动经济学院
137	二等	22010050333	段　昆	劳动经济学院
138	二等	22010050344	王　伟	劳动经济学院
139	二等	22010050318	陈　艳	劳动经济学院
140	二等	22010050315	王云云	劳动经济学院
141	二等	22010050278	刘长安	劳动经济学院
142	二等	22010050285	姚圆圆	劳动经济学院
143	二等	22010180784	侯永娟	劳动经济学院
144	二等	22010180805	冯　珊	劳动经济学院
145	二等	22010280796	杨雅瑛	劳动经济学院
146	二等	22010180778	赵　晨	劳动经济学院
147	二等	22010180792	李晓晶	劳动经济学院
148	二等	22010180783	罗荣波	劳动经济学院
149	二等	22010180782	王冬梅	劳动经济学院
150	一等	22009120540	刘　强	统计学院
151	一等	22010120545	王　琪	统计学院
152	一等	22009120542	曾艳芳	统计学院
153	二等	22010120550	李　宇	统计学院
154	二等	22010120551	杨辰晨	统计学院
155	二等	22009120524	武　云	统计学院
156	二等	22009120523	孙娜娜	统计学院
157	二等	22009120537	刘苑欣	统计学院
158	二等	22010120549	张兆宇	统计学院
159	二等	22010120561	郑　冰	统计学院
160	一等	22009070370	张　蕊	信息学院
161	二等	22009070346	王彦涛	信息学院
162	二等	22009070360	柴春景	信息学院
163	一等	22010070368	王晓菲	信息学院
164	二等	22010070376	孙　晴	信息学院
165	二等	22010070369	耿革东	信息学院
166	二等	22010070380	张启伟	信息学院
167	二等	22010070371	李雅辉	信息学院

续表

序号	获奖等级	学号	姓名	学院
168	一等	22010070386	王　安	信息学院
169	二等	22010070384	李　琳	信息学院
170	二等	22010070383	李迎林	信息学院
171	二等	22010070393	杨　敏	信息学院
172	二等	22010070391	韩　起	信息学院
173	一等	22009030180	郭　红	经济学院
174	一等	22009030183	刘　哲	经济学院
175	一等	22009030181	符　旸	经济学院
176	一等	22009030173	刘领坡	经济学院
177	一等	22009030184	詹　亮	经济学院
178	一等	22009030126	宗　珊	经济学院
179	二等	22009030171	许　欢	经济学院
180	二等	22009030169	赵　敏	经济学院
181	二等	22010030200	张胜堂	经济学院
182	二等	22010030192	祁思筠	经济学院
183	二等	22010030152	陈方雨	经济学院
184	二等	22010030178	赵　星	经济学院
185	二等	22010030191	李　卉	经济学院
186	二等	22010030145	刘　韵	经济学院
187	二等	22010030197	蔡再兴	经济学院
188	二等	22010030176	张慧君	经济学院
189	二等	22010030129	张彩琴	经济学院
190	二等	22010030183	刘利利	经济学院
191	二等	22010030180	曹　薇	经济学院
192	二等	22010030115	曹　星	经济学院
193	二等	22010030202	杨　雪	经济学院
194	二等	22010030148	李　薇	经济学院
195	二等	22010030156	张钟方	经济学院
196	二等	22010030175	李亚亚	经济学院
197	二等	22010030155	马妮莉	经济学院
198	二等	22010030137	冯　汐	经济学院
199	二等	22010030123	赖名望	经济学院
200	二等	22010030157	宋　浩	经济学院
201	二等	22010030130	梁　晓	经济学院

续表

序号	获奖等级	学号	姓名	学院
202	二等	22010030159	丁建平	经济学院
203	二等	22010030188	德凯旋	经济学院
204	二等	22010030140	杨石磊	经济学院
205	一等	22009060330	贾正东	马克思主义学院
206	一等	22010060358	杨　倩	马克思主义学院
207	二等	22009060335	高　闪	马克思主义学院
208	二等	22010060365	贾志文	马克思主义学院
209	二等	22010060367	夏　蓓	马克思主义学院
210	二等	22010060363	吴　跃	马克思主义学院
211	一等	22009040230	王　浩	会计学院
212	一等	22009040211	王欣然	会计学院
213	一等	22009040220	何小涛	会计学院
214	二等	22009040240	刘赛顶	会计学院
215	二等	22009040208	范　姝	会计学院
216	二等	22009040249	王昊翔	会计学院
217	一等	22010040271	谭　静	会计学院
218	一等	22010040246	李　厦	会计学院
219	一等	22010040268	杨　爽	会计学院
220	一等	22010040263	肖　楠	会计学院
221	二等	22010040265	李阳阳	会计学院
222	二等	22010040233	赵佳丽	会计学院
223	二等	22010040221	刘　婧	会计学院
224	二等	22010040259	张绚慧	会计学院
225	二等	22010040204	熊芝芝	会计学院
226	二等	22010040243	刘翠翠	会计学院
227	二等	22010040226	王　舫	会计学院
228	二等	22010040249	王永欣	会计学院
229	二等	22010040270	张　楠	会计学院
230	二等	22010040214	毛月娥	会计学院
231	二等	22010040212	陈文晋	会计学院
232	二等	22010040213	李丽娟	会计学院
233	二等	22010040208	王素梅	会计学院
234	一等	22009090401	刘　云	财政税务学院
235	一等	22010090424	刘媛媛	财政税务学院

续表

序号	获奖等级	学号	姓名	学院
236	一等	22010090444	白英英	财政税务学院
237	一等	22010090431	陆思敏	财政税务学院
238	二等	22010090434	王法立	财政税务学院
239	二等	22010090440	赵紫龙	财政税务学院
240	二等	22010090442	张志杰	财政税务学院
241	二等	22010090438	李笑一	财政税务学院
242	二等	22010090436	杨　卓	财政税务学院

（杨晓蕾）

首都经济贸易大学2011年硕士研究生助学金发放名单

序号	学号	姓名	专业
1	22011010001	张鑫洋	区域经济学
2	22011010003	张梦心	区域经济学
3	22011010010	张昂启	区域经济学
4	22011010018	石利斌	区域经济学
5	22011010020	王　烨	区域经济学
6	22011010021	傅泽华	区域经济学
7	22011010022	张　静	区域经济学
8	22011010023	郭玉玲	区域经济学
9	22011010024	郑丽芳	区域经济学
10	22011010025	王梦萦	行政管理
11	22011010026	陈永华	行政管理
12	22011010027	郝兵兵	行政管理
13	22011010028	郭　燕	行政管理
14	22011010029	胡　峰	行政管理
15	22011010030	武海媛	行政管理
16	22011010031	姜　丰	行政管理
17	22011010032	折文娟	行政管理
18	22011010033	孟祥意	行政管理
19	22011010034	冯　冬	行政管理
20	22011010035	骆艳琳	行政管理
21	22011010036	杨　森	行政管理
22	22011020037	高志南	企业管理
23	22011020038	徐艺文	企业管理
24	22011020039	王　迪	企业管理

续表

序号	学号	姓名	专业
25	22011020040	胥振铎	企业管理
26	22011020041	王子威	企业管理
27	22011020042	马燕婷	企业管理
28	22011020043	赵希茜	企业管理
29	22011020044	阎韦华	企业管理
30	22011020045	刘 娟	企业管理
31	22011020046	刘玉霞	企业管理
32	22011020047	王力博	企业管理
33	22011020050	李亚平	企业管理
34	22011020054	刘 敏	企业管理
35	22011020055	韩 笑	企业管理
36	22011020057	桑晓月	企业管理
37	22011020060	常洪亮	企业管理
38	22011020064	徐培培	企业管理
39	22011020066	孙 羽	企业管理
40	22011020068	胡建茹	企业管理
41	22011020071	郑 静	企业管理
42	22011020072	宋宝珠	企业管理
43	22011020073	张思思	企业管理
44	22011020076	吕 英	企业管理
45	22011020078	谢九梅	企业管理
46	22011020079	李 洋	企业管理
47	22011020083	张 弘	企业管理
48	22011020084	吴建君	企业管理
49	22011020085	肖园园	企业管理
50	22011020087	刘 佳	企业管理
51	22011030101	常永伟	政治经济学
52	22011030104	高建峰	政治经济学
53	22011030105	张士钰	西方经济学
54	22011030106	陈茂芳	西方经济学
55	22011030116	张 欢	国民经济学
56	22011030117	唐 薇	国民经济学
57	22011030118	顾 燃	国民经济学
58	22011030123	赵双玲	国民经济学

续表

序号	学号	姓名	专业
59	22011030126	叶　迪	国民经济学
60	22011030127	方红岩	国民经济学
61	22011030131	万培培	国民经济学
62	22011030133	孟天娇	国民经济学
63	22011030134	李燕华	国民经济学
64	22011030135	张顶兰	产业经济学(商业经济)
65	22011030136	黄倚嘉	产业经济学(商业经济)
66	22011030137	高　晨	产业经济学(商业经济)
67	22011030138	戴　丽	产业经济学(商业经济)
68	22011030139	夏　妍	产业经济学(商业经济)
69	22011030140	张德政	产业经济学(商业经济)
70	22011030141	贾巧玲	产业经济学(商业经济)
71	22011030142	张文娟	产业经济学(商业经济)
72	22011030145	刘佳颖	产业经济学(商业经济)
73	22011030146	王千峰	产业经济学(商业经济)
74	22011030147	严嘉琪	产业经济学(商业经济)
75	22011030148	马妍如	产业经济学(商业经济)
76	22011030149	屈世豪	产业经济学(商业经济)
77	22011030151	张　蔷	产业经济学(商业经济)
78	22011030152	马　晨	产业经济学(商业经济)
79	22011030153	王　维	产业经济学(商业经济)
80	22011030154	张晓青	产业经济学(商业经济)
81	22011030155	苏东龙	产业经济学(商业经济)
82	22011030156	苏雪飞	产业经济学(商业经济)
83	22011030157	胡树花	产业经济学(商业经济)
84	22011030158	刘　妮	产业经济学(商业经济)
85	22011030159	张　敏	产业经济学(商业经济)
86	22011030160	李俊莹	产业经济学(商业经济)
87	22011030161	刘新宇	国际贸易学
88	22011030163	宋肖娜	国际贸易学
89	22011030165	季瑶瑶	国际贸易学
90	22011030171	谢丽超	国际贸易学
91	22011030173	李树英	国际贸易学
92	22011030174	董飞鸿	国际贸易学

续表

序号	学号	姓名	专业
93	22011030175	颜紫雁	国际贸易学
94	22011030176	贾光华	国际贸易学
95	22011030180	孙　静	国际贸易学
96	22011030182	张佩佩	国际贸易学
97	22011030185	李雁峰	国际贸易学
98	22011030187	曹瑞耘	国际贸易学
99	22011030188	方晓蕾	国际贸易学
100	22011030189	韩　端	数量经济学
101	22011030190	梁菲菲	数量经济学
102	22011030191	胡　颖	数量经济学
103	22011030192	杨　龙	数量经济学
104	22011030198	李鹏举	数量经济学
105	22011030200	张　赛	国际商务硕士
106	22011030201	李　贺	国际商务硕士
107	22011030202	王　娉	国际商务硕士
108	22011040215	王　丹	会计学
109	22011040216	吕　静	会计学
110	22011040217	张建行	会计学
111	22011040218	申　璐	会计学
112	22011040219	张　悦	会计学
113	22011040220	李静思	会计学
114	22011040221	曹瑞兆	会计学
115	22011040222	胡真真	会计学
116	22011040223	张金帅	会计学
117	22011040224	闫孟函	会计学
118	22011040225	石　颖	会计学
119	22011040226	海　冬	会计学
120	22011040227	许　倩	会计学
121	22011040228	王梦雪	会计学
122	22011040229	李　娟	会计学
123	22011040230	王　川	会计学
124	22011040231	黄丽凤	会计学
125	22011040232	孙　静	会计学
126	22011040233	李宾宾	会计学

续表

序号	学号	姓名	专业
127	22011040234	包　楠	会计学
128	22011040235	常媛媛	会计学
129	22011040236	王淑娜	会计学
130	22011040237	郝来弟	会计学
131	22011040238	童素娟	会计学
132	22011040239	李卓松	会计学
133	22011040240	李　坤	会计学
134	22011040241	孟　浩	会计学
135	22011040242	夏一凡	会计学
136	22011040243	朱　萍	会计学
137	22011040244	李　良	会计学
138	22011040245	陈　铭	会计学
139	22011040246	马晓琳	会计学
140	22011040247	王淑婷	会计学
141	22011040248	陈学成	会计学
142	22011040249	鞠凤娇	会计学
143	22011040250	王加宝	会计学
144	22011040251	高　倩	会计学
145	22011040253	余　露	会计学
146	22011040254	王倩倩	会计学
147	22011040255	张　歆	会计学
148	22011040256	杨华华	会计学
149	22011040257	张　晨	会计学
150	22011040258	杨广宇	会计学
151	22011040259	宇　丝	会计学
152	22011040260	韩文文	会计学
153	22011040261	朱　琳	会计学
154	22011040262	李　虹	会计学
155	22011040263	郭　楠	会计学
156	22011040264	杨建云	会计学
157	22011040265	张苏云	会计学
158	22011040266	陈　香	会计学
159	22011040267	黄　平	会计学
160	22011040268	梁　丽	会计学

续表

序号	学号	姓名	专业
161	22011040269	李星元	会计学
162	22011040270	郝信梓	会计学
163	22011040271	钱　硕	会计学
164	22011040272	季　君	会计学
165	22011040274	裴　阳	会计学
166	22011040275	李前坤	会计学
167	22011040276	姜　楠	会计学
168	22011040277	肖　倩	会计学
169	22011040278	文　静	会计硕士
170	22011040279	李慧君	会计硕士
171	22011040280	禹　娴	会计硕士
172	22011040281	吴　静	会计硕士
173	22011040282	刘　恺	会计硕士
174	22011040284	于佳星	会计硕士
175	22011040285	管丽娜	会计硕士
176	22011040286	宋皑瑾	会计硕士
177	22011040287	陈婧超	会计硕士
178	22011040288	王锦娜	会计硕士
179	22011040290	郑　阳	会计硕士
180	22011040291	孙　雯	会计硕士
181	22011040292	王婧玮	会计硕士
182	22011050294	卓文君	人口、资源与环境经济学
183	22011050295	刘云晨	人口、资源与环境经济学
184	22011050296	张　楠	劳动经济学
185	22011050297	李晨曦	劳动经济学
186	22011050298	赵亚鹏	劳动经济学
187	22011050299	尚晓烨	劳动经济学
188	22011050300	姜　姝	劳动经济学
189	22011050301	李　帆	劳动经济学
190	22011050302	刘贝妮	劳动经济学
191	22011050303	来鹏程	劳动经济学
192	22011050304	冯　烨	劳动经济学
193	22011050305	吴　丹	劳动经济学
194	22011050306	马建磊	劳动经济学

续表

序号	学号	姓名	专业
195	22011050307	刘杉杉	劳动经济学
196	22011050308	辛　愿	劳动经济学
197	22011050309	马绡绡	劳动经济学
198	22011050310	宋千秀	劳动经济学
199	22011050311	张　炜	劳动经济学
200	22011050312	李付俊	劳动经济学
201	22011050313	马冬雪	劳动经济学
202	22011050314	钱　程	劳动经济学
203	22011050315	沈　辰	劳动经济学
204	22011050316	张　静	劳动经济学
205	22011050317	高芳芳	劳动经济学
206	22011050318	董晓菲	劳动经济学
207	22011050319	雷　露	劳动经济学
208	22011050320	程伟娜	劳动经济学
209	22011050321	高　静	劳动经济学
210	22011050322	许爱君	劳动经济学
211	22011050323	范羽佳	劳动经济学
212	22011050324	杨雅楠	劳动经济学
213	22011050325	刘　冬	劳动经济学
214	22011050326	刘　蓉	劳动经济学
215	22011050327	夏晓雪	劳动经济学
216	22011050329	王晓蕾	人口学
217	22011050330	刘　颖	人口学
218	22011050332	刘传奇	人口学
219	22011050333	张晓瑞	社会保障
220	22011050334	王　彤	社会保障
221	22011050335	张译匀	社会保障
222	22011050336	赫新琪	社会保障
223	22011050337	杜　尧	社会保障
224	22011050338	李　曼	社会保障
225	22011050339	刘　艾	社会保障
226	22011050340	徐　迎	社会保障
227	22011050341	王　锦	社会保障
228	22011050342	赵小水	社会保障

续表

序号	学号	姓名	专业
229	22011050343	潘兆恩	社会保障
230	22011050344	吴璐璐	社会保障
231	22011050345	吕晓宁	社会保障
232	22011050346	霍　媛	社会保障
233	22011050347	姚慧龙	社会保障
234	22011050348	王　涵	社会保障
235	22011050349	任　俊	社会保障
236	22011050350	王钒吉	社会保障
237	22011050352	李　锐	社会保障
238	22011050353	李　茜	社会保障
239	22011050354	赵海珠	社会保障
240	22011050355	李海霞	社会保障
241	22011050356	杨巍巍	社会保障
242	22011050357	李媛媛	社会保障
243	22011050358	尹婷婷	社会保障
244	22011050359	段萍萍	社会保障
245	22011050360	师苏娟	社会保障
246	22011050361	王　蕾	社会保障
247	22011050362	袁　秀	社会保障
248	22011050363	王　超	社会工作硕士
249	22011050364	王天琪	社会工作硕士
250	22011050365	高　源	社会工作硕士
251	22011050366	王　媛	社会工作硕士
252	22011050367	王丽霞	社会工作硕士
253	22011050369	曹明阳	社会工作硕士
254	22011050370	张新诚	社会工作硕士
255	22011050371	鲁俊池	社会工作硕士
256	22011050372	蒋广宇	社会工作硕士
257	22011050373	王　科	社会工作硕士
258	22011050374	杨雅琪	社会工作硕士
259	22011050375	杨霁竹	社会工作硕士
260	22011050376	陈倩倩	社会工作硕士
261	22011050377	李益峰	社会工作硕士
262	22011050378	曹　佳	社会工作硕士

续表

序号	学号	姓名	专业
263	22011050379	梁慧聪	社会工作硕士
264	22011050380	张　艳	社会工作硕士
265	22011050381	林康寒	社会工作硕士
266	22011050382	刘世钰	社会工作硕士
267	22011050383	张　颖	社会工作硕士
268	22011060385	安　珊	马克思主义基本原理
269	22011060390	赵　帅	思想政治教育
270	22011060391	代　云	思想政治教育
271	22011070397	张洪辰	产业经济学(信息经济)
272	22011070398	康永胜	产业经济学(信息经济)
273	22011070399	张　浩	产业经济学(信息经济)
274	22011070400	孙　怡	产业经济学(信息经济)
275	22011070401	何倩雯	产业经济学(信息经济)
276	22011070402	何蜜斯	产业经济学(信息经济)
277	22011070404	赵　瑨	产业经济学(信息经济)
278	22011070408	王辰光	管理科学与工程(管理学)
279	22011070409	赵　青	管理科学与工程(管理学)
280	22011070411	陈丽娜	管理科学与工程(管理学)
281	22011070415	周　妍	管理科学与工程(管理学)
282	22011070416	刘　阔	管理科学与工程(管理学)
283	22011070422	夏　颖	管理科学与工程(管理学)
284	22011070424	王　泽	管理科学与工程(管理学)
285	22011080428	赵晨阳	劳动卫生与环境卫生学
286	22011080432	刘　倩	安全技术及工程
287	22011080433	张　蓓	安全技术及工程
288	22011080434	李世龙	安全技术及工程
289	22011080435	杨　凯	安全技术及工程
290	22011080436	王　浩	安全技术及工程
291	22011080438	左昊天	安全技术及工程
292	22011080439	杨凤平	安全技术及工程
293	22011080442	田艳云	安全技术及工程
294	22011080443	李　浩	安全技术及工程
295	22011080446	陈丽清	管理科学与工程(工学)
296	22011080448	齐　征	管理科学与工程(工学)

续表

序号	学号	姓名	专业
297	22011090456	范仙婷	财政学
298	22011090457	佟鑫钰	财政学
299	22011090458	刘　辰	财政学
300	22011090459	毛　雪	财政学
301	22011090460	高　尧	财政学
302	22011090461	张洋洋	财政学
303	22011090462	王冉冉	财政学
304	22011090463	米　昂	财政学
305	22011090464	朱　葵	财政学
306	22011090465	刘金芬	财政学
307	22011090466	虎立伟	财政学
308	22011090470	邱月壮	财政学
309	22011090473	李　松	财政学
310	22011090475	王　晨	财政学
311	22011090476	孟维冉	财政学
312	22011090478	李晓君	税务硕士
313	22011090479	张雯婷	税务硕士
314	22011090489	白姗姗	资产评估硕士
315	22011090490	古梦迪	资产评估硕士
316	22011090491	赫青月	资产评估硕士
317	22011090492	李雪城	资产评估硕士
318	22011090499	杨　雪	资产评估硕士
319	22011100501	付鑫羽	民商法学
320	22011100502	任乐乐	民商法学
321	22011100503	张静华	民商法学
322	22011100504	张睿衡	民商法学
323	22011100505	周兴君	民商法学
324	22011100506	潘学敏	民商法学
325	22011100507	田汉雄	民商法学
326	22011100508	童芳芳	民商法学
327	22011100509	郭琳琳	民商法学
328	22011100510	宁亚楠	民商法学
329	22011100511	孟　艳	民商法学
330	22011100512	张　贺	民商法学

续表

序号	学号	姓名	专业
331	22011100513	刘　洋	民商法学
332	22011100514	孙善伟	民商法学
333	22011100515	杨　丽	民商法学
334	22011100516	马　宇	民商法学
335	22011100517	单富兴	民商法学
336	22011100518	王海啸	民商法学
337	22011100519	彭　艺	民商法学
338	22011100520	雷　正	民商法学
339	22011100521	戴　菲	民商法学
340	22011100522	杨　茜	民商法学
341	22011100523	张　莹	经济法学
342	22011100524	窦振京	经济法学
343	22011100525	舒　歆	经济法学
344	22011100526	李思诺	经济法学
345	22011100527	于钧泓	经济法学
346	22011100528	郑　莉	经济法学
347	22011100529	高　攀	经济法学
348	22011100530	王小晓	经济法学
349	22011100531	崔玉静	经济法学
350	22011100532	王雨辰	经济法学
351	22011100533	吕元龙	经济法学
352	22011100534	祝建鹏	经济法学
353	22011100535	袁澍阳	经济法学
354	22011100536	关龙飞	经济法学
355	22011100537	何　礼	经济法学
356	22011100538	谢　茜	经济法学
357	22011100539	王　巍	经济法学
358	22011100540	张　夏	经济法学
359	22011100541	吴丹青	经济法学
360	22011100542	谢明希	经济法学
361	22011100543	常紫云	经济法学
362	22011100544	李靖怡	经济法学
363	22011100545	林晨晖	经济法学
364	22011100546	王澜霏	经济法学

续表

序号	学号	姓名	专业
365	22011100547	陈嘉森	经济法学
366	22011100548	王　圣	经济法学
367	22011100549	鲍红婕	经济法学
368	22011100550	韩晓晨	法律硕士（非法学）
369	22011100553	张子妹	法律硕士（非法学）
370	22011100562	张晓萌	法律硕士（法学）
371	22011100567	马媛丽	法律硕士（法学）
372	22011110573	孙　玥	金融学
373	22011110574	杜晓旭	金融学
374	22011110575	王开心	金融学
375	22011110576	刘美辰	金融学
376	22011110577	杨　蕾	金融学
377	22011110578	张　晨	金融学
378	22011110579	祁宏亮	金融学
379	22011110580	余　蕾	金融学
380	22011110581	张雅静	金融学
381	22011110582	高　赛	金融学
382	22011110583	刘　妍	金融学
383	22011110584	张梦婷	金融学
384	22011110585	郑军丽	金融学
385	22011110586	张　茵	金融学
386	22011110587	赵明阳	金融学
387	22011110588	张译文	金融学
388	22011110589	苏　雅	金融学
389	22011110590	鄢　琨	金融学
390	22011110591	陈　琪	金融学
391	22011110592	张昳丽	金融学
392	22011110593	郭紫嫣	金融学
393	22011110594	杨艳竹	金融学
394	22011110595	苏　柯	金融学
395	22011110596	董洋琳	金融学
396	22011110597	李婷婷	金融学
397	22011110598	康永亮	金融学
398	22011110599	王　薇	金融学

续表

序号	学号	姓名	专业
399	22011110600	杨乃勇	金融学
400	22011110601	陶　帅	金融学
401	22011110602	仲　硕	金融学
402	22011110603	王　亮	金融学
403	22011110604	王　震	金融学
404	22011110605	张　雪	金融学
405	22011110606	安　佳	金融学
406	22011110607	程　熹	金融学
407	22011110608	张璐璐	金融学
408	22011110609	于　蒙	金融学
409	22011110610	吴盈盈	金融学
410	22011110611	史文渊	金融学
411	22011110612	吴雨微	金融学
412	22011110613	费　腾	金融学
413	22011110614	朱　帅	金融学
414	22011110615	林　博	金融学
415	22011110616	杨　婕	金融学
416	22011110617	魏文玲	金融学
417	22011110618	郑丽花	金融学
418	22011110619	关星辰	金融学
419	22011110620	贾梓纯	金融学
420	22011110621	颜　青	金融学
421	22011110622	王文博	金融学
422	22011110623	孙丽丽	金融学
423	22011110624	李　丹	金融学
424	22011110625	蒋　薇	金融学
425	22011110626	范家曦	金融学
426	22011110627	张　妍	金融学
427	22011110628	陈庆涛	金融学
428	22011110629	赵　媛	金融学
429	22011110630	田　静	金融学
430	22011110631	蒯立华	金融学
431	22011110632	王　昊	金融学
432	22011110633	王　蕾	金融硕士

续表

序号	学号	姓名	专业
433	22011110634	张乃心	金融硕士
434	22011110635	郝思源	金融硕士
435	22011110636	刘　星	金融硕士
436	22011110637	邵　阳	金融硕士
437	22011110638	王　薇	金融硕士
438	22011110639	齐文娟	金融硕士
439	22011110640	郝红娟	金融硕士
440	22011110641	林歆誉	金融硕士
441	22011110642	艾　丁	金融硕士
442	22011110643	李亦白	金融硕士
443	22011110644	孟赛丽	金融硕士
444	22011110645	白　敏	金融硕士
445	22011110646	蒋易霖	保险硕士
446	22011110647	刘　洋	保险硕士
447	22011110649	薛士哲	保险硕士
448	22011110650	范晋云	保险硕士
449	22011110651	周生斌	保险硕士
450	22011110652	陈其强	保险硕士
451	22011110653	贺洋晶	保险硕士
452	22011110654	李环宇	保险硕士
453	22011120660	陈　晨	统计学
454	22011120664	赵俊嬛	统计学
455	22011120668	刘　洋	统计学
456	22011120671	郭文婷	统计学
457	22011120673	王　姝	统计学
458	22011120674	开　翔	统计学
459	22011120675	马紫薇	统计学
460	22011120684	王　茹	应用统计硕士
461	22011120685	杨慧娜	应用统计硕士
462	22011070852	惠　卉	产业经济学(信息经济)
463	22011110853	宿东泽	经济法学

首都经济贸易大学2011年博士研究生助学金发放名单

序号	学号	姓名	专业
1	12011010001	刘　伟	区域经济学
2	12011010002	刘海楠	区域经济学
3	12011010003	齐子翔	区域经济学
4	12011020010	段木林	企业管理
5	12011020015	刘　芳	企业管理
6	12011030018	贺南华	国民经济学
7	12011030020	彭艳芳	国民经济学
8	12011030021	冯　明	产业经济学
9	12011030026	雷　蕾	产业经济学
10	12011030030	范　丹	国际贸易学
11	12011030032	王少斌	数量经济学
12	12011030034	王方军	数量经济学
13	12011030035	胡文玉	数量经济学
14	12011030036	王　俏	数量经济学
15	12011050038	丁　一	劳动经济学
16	12011050043	陈怡安	劳动经济学
17	12011090049	李　敏	财政学
18	12011110051	宋佳娟	金融学
19	12011120056	张尔俊	统计学

【继续实施助研、助教、助管制度】 2011年,为了培养和提高研究生的科研、教学和管理能力,从2009年开始,学校划拨资金,实施研究生助研、助教、助管“三助”制度。通过实行“三助”制度,研究生不仅能够提高自己的工作能力,还可以获得收入。

同时,为了肯定学生干部在努力学习做好科研的同时,积极投身社会工作,组织和参与校园文化建设,开展各种学术、文体活动,主动为广大同学服务,为和谐校园的建设做出的贡献,特设优秀学生干部奖。

首都经济贸易大学2010～2011学年优秀学生干部名单

序号	姓名	学号	学院(部门)
1	张　炎	22009030152	经济学院
2	王文绪	22009030144	经济学院
3	童云菲	22009030170	经济学院
4	沈　骥	22010030120	经济学院
5	刘　莹	22010030147	经济学院
6	赵　星	22010030178	经济学院
7	程　焱	22009070352	信息学院

续表

序号	姓名	学号	学院(部门)
8	乔梦瑶	22010070373	信息学院
9	王建宁	22009050293	劳动经济学院
10	乌兰托娅	22010050326	劳动经济学院
11	冯海龙	22010050305	劳动经济学院
12	金　剑	22009050285	劳动经济学院
13	罗荣波	22010180783	劳动经济学院
14	赵　静	22010080400	安全与环境工程学院
15	李文婷	22009080385	安全与环境工程学院
16	张林杰	22010110507	金融学院
17	刘建设	22009110494	金融学院
18	蔡　梦	22009110474	金融学院
19	吴　羿	2009100435	法学院
20	许博梁	22010100491	法学院
21	王　嘉	22010180583	法学院
22	许德松	22010180585	法学院
23	高　闪	22009060335	马克思主义学院
24	文　静	22010060364	马克思主义学院
25	李呈豪	2200909413	财政税务学院
26	张　凯	22010090426	财政税务学院
27	陈　鹏	22009040215	会计学院
28	孟雪松	22009040196	会计学院
29	周慧鲜	22010040252	会计学院
30	何文君	22010040234	会计学院
31	张一鸣	22009020055	工商管理学院
32	李　伟	22009020067	工商管理学院
33	王振家	22010020090	工商管理学院
34	初　娜	22010020089	工商管理学院
35	文慧娜	22009120533	统计学院
36	李爽楠	22010120559	统计学院
37	赵　宁	22009010006	城市经济与公共管理学院
38	徐　丰	22010010009	城市经济与公共管理学院
39	卜鹏飞	22010010023	城市经济与公共管理学院
40	白涛镇	12010120052	研究生会
41	郭　峰	22009040214	研究生会

续表

序号	姓名	学号	学院(部门)
42	迟余浩	22009030137	研究生会
43	董　琦	22009050263	研究生会
44	蔡　爽	22009110481	研究生会
45	胡乐心	22009010010	研究生会
46	王帅帅	22010020055	研究生会
47	赵　静	22010080400	研究生会
48	龙晓蕾	22010020096	研究生会
49	刘　晗	22010120548	研究生会

（杨晓蕾）

研究生学位工作

【筛查研究生学位论文不端行为】 2011年,为了进一步净化学校的学术环境,提升研究生学位论文质量,学位办公室采用同方知网软件公司的"AMLC学术不端文献检测系统",对2011届研究生学位论文进行了防止学术不端行为筛查。这次筛查对学校研究生学位论文质量的提高起到了重要作用。

（王少华）

【校外匿名评审博士、硕士学位论文】 2011年,根据《首都经济贸易大学学位授予工作细则》的要求,学位办公室组织了2011届研究生学位论文校外匿名评审工作。共送审博士学位论文40篇(人),硕士学位论文405篇(人)。经过评审,共有6名博士研究生、10名硕士研究生不符合授予学位条件,分别占博士生总数的15%和硕士生总数的1.3%。

（王少华）

【举行2011届研究生毕业典礼暨学位授予仪式】 7月4日上午,2011届研究生毕业典礼暨学位授予仪式在校本部体育馆举行,典礼由研究生部主任张连城教授主持。学校党委书记柯文进教授宣读校学位评定委员会决议,校长王稼琼教授做了讲话。

（王少华）

【召开学校学位评定委员会会议】 1月5日,校学位评定委员会举行会议,会议审议,新增选硕士生导师23人,授予博士学位3人,授予硕士学位18人,授予成人本科学士学位34人。6月21日,学校学位评定委员会举行会议。会议审议,授予博士学位34人,授予硕士学位766人,授予学士学位2 126人,新增选硕士生导师13人。9月22日,学校学位评定委员会举行会议。会议审议,同意设置目录内二级学科博士授权点"会计学"和"技术经济与管理",同意设置目录外自主设置二级学科博士授权点"人力资源开发与人才发展";同意授予学士学位21人,同意授予硕士学位4人;通报撤销2011届马克思主义思想基本原理专业毕业生张岩的硕士学位。

（王少华）

【评选优秀博士、硕士学位论文】 2011年,根据《北京市教育委员会关于做好2011年本市优秀博士学位论文评选工作的通知》的文件精神,进一步加强学校高层次创新人才的培养,提高研究生特别是博士生的教育质量,研究生部组织相关专家评议,决定申报王丹博士的学位论文参加评选。经北京市学位委员会组织专家审核评议,该论文被评为2011年北京市优秀博士论文。同时,研究生部组织校内专家对硕士学位论文进行认真评议,经学校学位评定委员会审议,决定授予《中国民营航空企业竞争力研究》等49篇论文为2011届硕士研究生优秀学位论文。

（王少华）

首都经济贸易大学2011年北京市优秀博士学位论文名单

单位	论文名称	姓名	导师
首都经济贸易大学	我国知识工作者过度劳动的理论与实证研究	王　丹	杨河清

（王少华）

首都经济贸易大学2011年硕士研究生优秀学位论文名单

作者	专业	论文题目
张海娟	企业管理	生产一线操作工人计件工资制的优化研究——以××公司包装工序为例
秦　妍	技术经济及管理	长尾理论在中国电子商务企业中的应用
陈振宇	企业管理	中国民营航空企业竞争力研究
高　静	企业管理	会计信息与股票市场反应的实证研究
都　闻	技术经济及管理	智力资本价值确定及与企业绩效关系实证研究
马　昕	企业管理	“80后”员工就职前后职业价值观对比研究
郝　悦	社会保障	北京市“夹心层”群体住房保障问题研究
史丰瑜	社会保障	湖南省L县新型农村合作医疗问题实证研究
郑冬冬	人口、资源与环境经济学	北京市人口—水资源系统协调性分析
李成亮	人口学	苏鲁交界农村地区信仰基督教女性的婚育意愿研究
段　言	劳动经济学	80后大学生员工离职倾向影响因素及管理研究
穆　昕	劳动经济学	举家进城农民工融入城市问题的实证研究——以北京市为例
苏东旭	政治经济学	北京市政府支出对居民消费的影响研究
池周锋	西方经济学	粘性信息与中国通货膨胀动态机制研究
马骄娇	国际贸易学	基于产业内贸易的中韩产业竞争力研究
莫海仁	国民经济	Currency Internationalization Could the RMB Emerge as an International Reserve Currency
柳　艺	数量经济学	Vasicek模型在我国商业银行资产负债管理中的应用
高　扬	产业经济学	我国黄金期货市场运行效率的实证研究
王华强	统计学	实物期权在采矿权投资中的应用研究
王子博	金融学	中国产出缺口与通货膨胀研究(1978～2009)
吴建梅	金融学	我国供应链金融的发展及其风险控制研究
王德宝	金融学	我国农业保险巨灾风险分散机制研究
付　静	金融学	我国管理层收购典型融资模式研究
朱玉文	金融学	流动性与资本市场稳定性研究
张淼淼	金融学	中国碳金融发展模式研究
王　丹	经济法	WTO视野下边境碳调节措施的法律问题研究
苏孟飞	经济法	老鼠仓案中基金管理人民事责任承担问题研究
彭艳芳	经济法	论税收执法风险之立法防范
刘伟奇	财政学	完善我国新型农村社会养老保险制度研究——基于统筹城乡发展的视角
陈　伟	财政学	优化农村消费需求的财政政策研究
杨志华	财政学	外商直接投资与中国税收收入动态关系研究
张晓翠	马克思主义原理	我国征地制度与失地农民权益受损问题研究(提前)
刘　娜	产业经济学(信息经济)	基于mapreduce的数据挖掘算法在全国人口系统中的应用
罗　璇	管理科学与工程	基于数据挖掘技术的专利信息分析及应用研究

续表

作者	专业	论文题目
霍　琳	管理科学与工程	资产交易市场泡沫效应仿真研究
冯丹丹	会计学	基于平衡计分卡的管理会计工具整合研究
赵凌飞	会计学	我国上市公司管理者过度自信与融资行为的实证分析
李雪飞	会计学	我国企业社会责任信息披露影响因素的研究
肖湘子	会计学	奔福德定律在舞弊审计中的研究
朱琳琳	会计学	上市公司内部控制信息披露影响因素实证研究——以深市主板A股上市公司为例
郭惟佳	会计学	新资产减值准则对盈余管理影响的实证研究
桑　峣	安全技术及工程	北京公交驾驶员心理疲劳测评指标变化规律研究
布合力其	安全技术及工程	企业安全文化建设初始规划评估方法
黄超明	行政管理	行政问责制研究
吴春燕	区域经济学	统筹城乡发展视角下北京市土地利用系统协调性研究
黄启蒙	区域经济学	不动产估价中收益法应用研究

(王少华)

其他形式研究生教育

【举办研究生课程进修班】 2011年,按照上级指示精神,研究生部组织全校各院(系)申报举办研究生课程班。4月,学校上报北京市学位办举办在职研究生课程班16个,批复16个。2011年,全校颁发研究生课程进修班结业证书730本。

(张玉放)

【授予同等学力人员硕士学位】 2011年,根据同等学力学位授予条例的规定,申请硕士学位人员共有185人,授予硕士学位169人。

(张玉放)

专业硕士

【概述】 首都经济贸易大学专业硕士教育中心于2008年在原MBA(工商管理硕士)教育中心的基础上组建,负责MBA和MPA等专业硕士学位的人才培养和教学管理工作。中心位于学校红庙校区,地处商务功能齐备、商业氛围浓厚的北京中央商务区(CBD),是CBD地区唯一一所专业学位教育机构。

自2003年招收第一批MBA学员以来,中心秉承"崇德尚能,经世济民"的校训,为社会各界培养和输送了近千名敬业、务实、创新、开放的高层次管理人才。中心所设各类培养项目,依托学校在经济学、管理学两大领域完备的知识资源和专业优势,汇集校内外优秀师资,形成了"理论与实践并重、国际与本土融合"的培养特色。

2011年,专业硕士教育中心毕业生112人,授予学位112人,招生178人,在校生400人。

(张玮)

【完成招生工作】 2011年,专业硕士教育中心共招收167名MBA学员(其中春季单证班学员18名)和11名MPA(公共管理硕士)学员。完成2012年报名和确认工作:MBA报名确认547名,比2011年增加了128人;MPA报名确认125名,比2011年增加120人。

专业硕士教育中心组织开展EMBA项目的市场调研、生源规划、招生管理等工作,为学校EMBA项目的实施进行论证和前期准备。探索EDP(高管培训)项目运作模式,了解培训市场需求和动向,建立和巩固与企业界的合作关系。

(张玮)

【加强国际交流与合作】 2011年,专业硕士教育中心加强了人才培养的国际交流与合作,宣传和巩固已有的国际交流合作项目,进一步开发在校生短期国际交流项目,为学生提供了更多的出国学习及深造的机会。推荐了18名学生赴美国密苏里大学;与莫斯科国际商学院签订了校际合作协议，2012 年 4 月赴俄短期交流团的组织工作已经开展。

（张玮）

【提高教学工作质量】 2011 年，专业硕士教育中心认真落实各年级 MBA 和 MPA 本学年教学计划，根据学员的实际需求，整合学校教室资源和师资力量，确保了各类项目 20 个班级的课堂教学和考试等环节的正常运行。

圆满完成 2011 届 MBA 毕业生学位论文答辩工作，112 名 MBA 毕业生顺利通过学位论文答辩并获得学位。完成 2012 届 MBA 毕业生论文指导教师双选工作、开题及其评审工作。

做好第二课堂制度化工作，为学生们提供与专家学者和商界成功人士面对面交流的机会，促进学生职业发展和综合素质的提高，促进其学业健康发展。2011 年邀请北京大学、北京师范大学、社科院等的知名学者和各类企业的企业家、职业经理人前来举行专题报告，共举办“职业发展与人文素养讲座”15 场，聆听学生 915 人次。

努力以优质的服务凝聚校内外人才和师资力量，进一步加强师资储备与管理工作。2011 年，先后选派 10 名任课教师参加全国 MBA 教育指导委员会组织的“案例开发与案例教学师资培训”、核心课程建设研讨会及其相关的学术会议；遴选第二批职业发展导师（校外人员）12 名；储备新任 MBA 授课教师 20 余名。召开教学工作交流会，认真总结、分享和宣传任课教师、论文指导教师教学工作的经验。

进一步加强核心课程、案例库和校外实习基地等教学基本建设，资助和鼓励任课教师加强实践教学、提高教学质量。本年度对市场营销、运营管理等 8 门课程予以资金支持重点建设；对 MBA 和 MPA 两个专业的本土教学案例开发专门立项；签订校外实习基地 1 家。

组织校内外专家学者和企业界人士共同探讨 MBA 培养目标和培养模式，制订 2011 级 MBA 培养方案和 MPA 培养方案，凝练培养特色，完善课程设置。

（张玮）

【学生工作】 2011 年，专业硕士教育中心完成 2011 级新生入学教育和拓展训练、职业发展意向调查等工作，较全面地掌握了新生思想动态和学习需求，并继续做好学籍管理、评优考纪、党团建设等日常工作。

大力支持和组织学校 MBA 联合会承办中国 MBA 北京联盟第六届主席峰会暨“通胀时代与 MBA 创业论坛”主办工作。学校 MBA 联合会于 9 月 17 日在校本部成功举办了 MBA 北京联盟主席峰会，北京地区 25 所高校 MBA 联合会代表、著名企业家、知名学者，以及中国 MBA 联盟华东、华南、西南、中部等区域联盟代表，新华社、腾讯网、北京电视台等多家媒体 190 余人参加了本次活动。党委书记柯文进教授致开幕词、校长王稼琼教授为本次论坛题词“博学求真、知行融贯”，副校长丁立宏教授出席并为“创业之星”颁奖。本次论坛暨峰会上，学校 MBA 学生程建强荣获“北京 MBA 十佳创业之星”称号；学校 MBA 联合会主席郇春光同学当选为第八届中国 MBA 北京联盟主席，秦羽同学当选为北京联盟秘书长。在 10 月举办的全国 MBA 联盟领袖年会上，郇春光又当选为全国 MBA 联盟的秘书长。

2011 年，专业硕士教育中心组织开展丰富多彩的学生活动，完成 MBA 联合会换届选举工作，调动学生组织的工作积极性，促进学生在读期间的自我管理和组织领导能力的提高。组织 MBA 学员团队赴广州参加了第十二届中国 MBA 发展论坛；参加了第一届中国 MBA 商业伦理辩论大赛；组队参加尖峰时刻案例大赛，并获得二等奖；组织 2010 级学生赴西安进行社会实践考察；组队参加第六届“天职国际杯”京津地区 MBA 足球联赛，以及春季植树活动。

采取有效措施，积极促进 MBA 学生的职业发展和就业工作。根据 MBA 学生 90% 以上是京外生源、96% 左右的学生户口在外地，但就业意向多数在北京的实际情况，从学生入学伊始贯穿整个学习期间，进行了职业倾向测评、选聘校外职业发展导师进行一对一的职业指导，举办校友沙龙活动，进行就业政策解读，及时发布用人单位信息，提供全面周到的系统服务。2011 年 MBA 就业率达到了 97%，圆满完成了学校提出的研究生就业率 90% 的任务，并获得了学校颁发的 2011 届毕业生就业工作最佳进步奖。

初步建立了 MBA 校友会的管理机制，设立了校友基金，建立了校友会门户网站，为扩大校友网络，凝聚校友情感，整合校友资源，发挥校友在参与母校办学中的优势构建平台、打下基础。

（张玮）

【党建工作】 专业硕士教育中心直属党支部成立于 2008 年 12 月。截至 12 月，有党员 38 人，其中教职工党员 9 人，学生党员 29 人；入党积极分子 43 人，2011 年新发展党员 5 人。

2011 年，专业硕士教育中心党支部积极参加争先创优活动，在活动中，党支部成员充分意识到要抓住重点不能流于形式，通过课下逐班了解情况和班级 QQ 群的网络沟通形式，主动联系所带班级，全面了解学生动态，悉心解决他们的困惑，与学生建立朋友般的交流,为他们排忧解惑,使师生关系更加融洽,实现了师生共同进步的和谐局面。在全民终身学习活动中,党支部的党员们在多读书、读好书之余,还通过网络形式开展学习,每位党员根据不同的需求来选择不同的课程。通过学习提高了个人素质和党的理论知识水平,同时紧跟世界形势,做到与时俱进,不落后于时代的步伐。2011 年,专业硕士教育中心的 1 名教职工党员还获得了首都经济贸易大学"优秀党务工作者"称号。

(张玮)

【开展职业发展导师聘任工作】 职业发展工作是专业硕士教育中心的特色工作之一。2011 年,中心聘请企业家、职业经理人、政府官员等商界精英、政界翘楚担任 MBA 和 MPA 学生的职业发展导师(Career Mentor),为学生职业发展提供专业的指导,为学生提供与企业沟通交流的平台。

4 月 29 日,在北京伯豪瑞廷酒店举办第二届 MBA 职业发展导师聘任仪式,副校长丁立宏致辞并为 MBA 职业发展导师颁发聘书。专业硕士教育中心主任张军、MBA 任课教师、12 位 MBA 职业发展导师、获得指导的 35 位 MBA 学生以及 MBA 校友代表和兄弟院校代表出席了聘任仪式。

(张玮)

【积极发展 SMBA 和 SMPA 等非学历教育】 2011 年,专业硕士教育中心进一步扩大了 SMBA 和 SMPA 等非学历教育的招生规模,为统招工作培育了充实的生源。本年 SMBA 招收学生 209 人,SMPA 招收学生 45 人,与西藏拉萨市市委党校合作举办 SMPA 培训班招收学生 63 人,与北京实业开发总公司合作举办 SMBA 内训班招收学生 24 人,并完成 7 门次的课程教学工作。

(张玮)

留学生教育

概　况

首都经济贸易大学自 1986 年开始招收留学生,在留学生教育方面已具有了本科生、硕士和博士研究生、高级进修生、普通进修生等多种层次。2007 年为留学生专门设立了全英文授课的硕士生班,2011 年为留学生专门设立了全英文授课的博士生班,使留学生学历生数量和层次得到提升。学校将留学生工作作为国际化和现代化大学的重要标准之一,提出了"扩大规模、提高质量、突出特色、优化结构"的留学生发展十六字方针。对外文化交流学院下设留学生办公室和对外汉语教学中心,分别负责留学生的招生、管理工作和留学生的教学工作。2011 年,为留学生提供了北京市政府奖学金 210 万元。有 4 名教师被国家"汉办"派遣赴美国的孔子学院从事汉语教学工作。学校正在加大投入,进一步完善和改进留学生的学习环境和生活条件,加强留学生的教学管理,为学校留学生教育的跨越发展打好基础。

(刘荻)

留学生招生、培养

【圆满完成招生工作】 2011 年,学校共计招收各类留学生 679 人,其中汉语进修生 247 人、本科生 139 人、硕士生 54 人、博士生 12 人、校际交流院校学生 38 人,短期进修生 189 人。其中,获得中国政府奖学金 125 人(本科生 47 人、硕士生 46 人、博士生 11 人、普通进修生 21 人),占留学生总人数的 18.4%;获得北京市外国留学生奖学金 115 人(本科生 60 人、硕士生 13 人、博士生 1 人、汉语进修生 41 人),占留学生总人数的 16.9%。

(刘荻)

【加强留学生培养】 2011 年,学校组织留学生赴深圳华为技术有限公司、深圳华侨城集团公司、康佳集团股份有限公司、北京燕京啤酒有限公司、北京现代汽车有限公司等参观实习,并为留学生开设书法和太极拳等选修课。学院每学期还组织留学生参观长城、故宫、颐和园,观看杂技、京剧等。

(刘荻)

2011～2012 学年留学生国别及人数一览表

序号	国籍	人数	序号	国籍	人数
1	阿尔巴尼亚	1	40	老挝	1
2	阿塞拜疆	9	41	立陶宛	2
3	爱尔兰	3	42	利比亚	1
4	埃及	2	43	卢旺达	1
5	埃塞俄比亚	3	44	罗马尼亚	6
6	爱沙尼亚	1	45	马达加斯加	2
7	澳大利亚	2	46	马里	1
8	巴基斯坦	1	47	毛里塔尼亚	2
9	巴勒斯坦	1	48	蒙古	44
10	巴西	5	49	孟加拉	2
11	保加利亚	2	50	秘鲁	2
12	贝宁	1	51	摩洛哥	1
13	比利时	1	52	莫桑比克	1
14	波兰	2	53	缅甸	1
15	博茨瓦纳	2	54	南非	1
16	布隆迪	2	55	尼日尔	1
17	赤道几内亚	1	56	尼日利亚	2
18	朝鲜	7	57	纳米比亚	1
19	德国	4	58	挪威	1
20	东帝汶	1	59	日本	38
21	多哥	6	60	塔吉克斯坦	4
22	多米尼克	1	61	泰国	4
23	俄罗斯	11	62	汤加	4
24	厄瓜多尔	1	63	土耳其	1
25	法国	10	64	土库曼斯坦	4
26	斐济	1	65	乌干达	2
27	芬兰	2	66	乌克兰	1
28	刚果(布)	3	67	乌兹别克	12
29	刚果(金)	3	68	委内瑞拉	3
30	哥伦比亚	1	69	西班牙	1
31	古巴	1	70	亚美尼亚	4
32	哈萨克斯坦	37	71	伊朗	1
33	韩国	49	72	越南	31
34	吉尔吉斯斯坦	10	73	印度尼西亚	3
35	吉布提	1	74	赞比亚	1
36	加蓬	1	75	乍得	1
37	柬埔寨	1	76	智利	1
38	喀麦隆	8	77	中非	2
39	科特迪瓦	4			

注释:表内学生为 2011 年 9 月在校生数字。

（刘荻）

【评选留学生奖学金】 对外文化交流学院2011～2012年度应参加奖学金年度评审的有60人,实际参评66人。按照国家留学基金委员会“留金来〔2003〕4003号文件”和《首都经济贸易大学外国留学生奖学金年度评审标准和实施细则》,学校于2011年4月25日召开留学生所在学院和参评学生会议。经过对外文化交流学院以及相关学院及任课教师对留学生在学习成绩、学习态度、考勤情况、行为表现、奖惩情况等方面的认真考评,同意61名留学生通过评审,建议2011～2012年度继续给予奖学金。有5位学生因考试不及格及缺勤超过2/3,建议中止或取消奖学金。评审情况上报国家留学基金委员会,并接到同意的批复。

(刘获)

2011年中国政府奖学金年度评审合格名单

序号	登记号	国籍	护照用名	当前院校	评审意见
1	2007031T06	阿塞拜疆	Ahmadbayli Farhad	首都经济贸易大学	通过
2	2008031006	阿塞拜疆	Guliyev, Mahammad	首都经济贸易大学	通过
3	2008031T02	阿塞拜疆	Alyev, Elmar	首都经济贸易大学	通过
4	2008031T04	阿塞拜疆	Misirov, Mehman	首都经济贸易大学	通过
5	2009031001	阿塞拜疆	Heydarov, Sarkhan	首都经济贸易大学	通过
6	2009230T14	埃塞俄比亚	Yirga, Birikiti Dmtsu	首都经济贸易大学	通过
7	2008230T07	埃塞俄比亚	Tefera, Yaregal Yilma	首都经济贸易大学	通过
8	2006894T06	赞比亚	Nsingo Nkosana	首都经济贸易大学	通过
9	2007768T25	多哥	Gnougougou Doman	首都经济贸易大学	通过
10	2009768T16	多哥	NAKPAKPERE BANTE	首都经济贸易大学	通过
11	2007212002	多米尼克	Prince Dahlia Alllura	首都经济贸易大学	通过
12	2010YXS259	俄罗斯	Dorzhiev Zhamso	首都经济贸易大学	通过
13	2008178T23	刚果(布)	Mantouari Oumba, Harmony Dominique	首都经济贸易大学	通过
14	2007HWS022	古巴	Hernandez Pena, Lena	首都经济贸易大学	通过
15	2007HWS023	利比亚	Eleeeabi Ali	首都经济贸易大学	通过
16	2010398059	哈萨克斯坦	Pirmakhanov Saken	首都经济贸易大学	通过
17	2010398062	哈萨克斯坦	Nurkenova Madina	首都经济贸易大学	通过
18	2008SCO104	哈萨克斯坦	Lessova, Laura	首都经济贸易大学	通过
19	2006417T07	吉尔吉斯斯坦	Yusupov Rasul	首都经济贸易大学	通过
20	2006417T17	吉尔吉斯斯坦	Januzakova Aigerim	首都经济贸易大学	通过
21	2009SCO036	吉尔吉斯斯坦	Orozobekov Tair	首都经济贸易大学	通过
22	2006120001	喀麦隆	Doumbe Eric	首都经济贸易大学	通过
23	2009120T11	喀麦隆	Mohamed Habib Frank	首都经济贸易大学	通过
24	2008384T22	科特迪瓦	Djedje, Laurence Andree Chancelle	首都经济贸易大学	通过
25	2008384T14	科特迪瓦	Guegue Bate Florence	首都经济贸易大学	通过

续表

序号	登记号	国籍	护照用名	当前院校	评审意见
26	2009496009	蒙古	Adiyabat Tumensaran	首都经济贸易大学	通过
27	2010YXS260	蒙古	Gansukh Javkhlan	首都经济贸易大学	通过
28	2009YXS089	蒙古	Batjargal Munkhtsatsral	首都经济贸易大学	通过
29	2010496022	蒙古	Khurelvaatar Uyanga	首都经济贸易大学	通过
30	2008496023	蒙古	Zuch Ishtsog	首都经济贸易大学	通过
31	2008508T15	莫桑比克	Pecado, Eny Jurema Vieira	首都经济贸易大学	通过
32	2009072T07	博茨瓦纳	Ditlou Mothusi	首都经济贸易大学	通过
33	2009764T09	泰国	Benchangkaprasert Pongsathorn	首都经济贸易大学	通过
34	2007776T14	汤加	Alatini Anatangi	首都经济贸易大学	通过
35	2008776T05	汤加	Vunipola, Esafe Katoa	首都经济贸易大学	通过
36	2010800T09	乌干达	Birungi Lydia	首都经济贸易大学	通过
37	2009704T14	越南	Quach Gia Hue	首都经济贸易大学	通过
38	2010756T03	马里	Samake Djeneba	首都经济贸易大学	通过
39	2009563004	尼日尔	Ahamadou Yacouba Mamane Bachir	首都经济贸易大学	通过
40	2009266T08	加蓬	Ndoti – nembe, Noemie Andrea	首都经济贸易大学	通过
41	2010140002	中非	Dema – Denamguere Patricia – Nina	首都经济贸易大学	通过
42	2010140T11	中非	Befio Paulin Epaphrodite	首都经济贸易大学	通过
43	2008180T16	刚果(金)	Nsekela Bitenu Noella	首都经济贸易大学	通过
44	2008646T02	卢旺达	Umwali Belyse	首都经济贸易大学	通过
45	2008418011	老挝	Chantalakeo Duangchai	首都经济贸易大学	通过
46	2009051004	亚美尼亚	Armen Gevorgyan	首都经济贸易大学	通过
47	2010051009	亚美尼亚	Khachatryan Tigran	首都经济贸易大学	通过
48	2009226T06	赤道几内亚	Owono Mba Ayang Florentino	首都经济贸易大学	通过
49	2010280032	德国	Geissler Theresa	首都经济贸易大学	通过
50	2010170001	哥伦比亚	Ku Castro Camila Andrea Delpilar	首都经济贸易大学	通过
51	2010104001	缅甸	Thu Bo Bo Lwin	首都经济贸易大学	通过
52	2010516T07	纳米比亚	Nambinga Victoria	首都经济贸易大学	通过
53	2009795017	土库曼斯坦	Durdyev Mergen	首都经济贸易大学	通过
54	2009795018	土库曼斯坦	Kerimov Bakhtyyar	首都经济贸易大学	通过
55	2010566003	尼日利亚	Stober Emmanuel Olusegun	首都经济贸易大学	通过
56	2010566T23	尼日利亚	Agya Adi Atabani	首都经济贸易大学	通过
57	2010036T23	澳大利亚	Williams Patrick	首都经济贸易大学	通过

续表

序号	登记号	国籍	护照用名	当前院校	评审意见
58	2010036T28	澳大利亚	Hudson Nicholas	首都经济贸易大学	通过
59	2007478T02	毛里塔尼亚	Sidi Bsahim Bouh Ould Babe	首都经济贸易大学	通过
60	2009604T05	秘鲁	Vega Salas William Gonzalo	首都经济贸易大学	通过
61	2007076005	巴西	Viotti Chiari Paula	首都经济贸易大学	通过

(刘荻)

【留学生学历生毕业情况】

外国留学生毕业预报表(2011)

序号	姓名(护照用名)	性别	国籍	专业	层次	奖学金生 自费生
1	武俊英(Vu Tuan Anh)	男	越南	国际经济与贸易	本科生	自费生
2	武光明(Vu Quang Minh)	男	越南	国际经济与贸易	本科生	奖学金
3	阮贵青(Nguyen Quy Thanh)	男	越南	国际经济与贸易	本科生	自费生
4	胡氏寅(Ho Thi Dan)	女	越南	国际经济与贸易	本科生	自费生
5	阮碧玉(Nguyen Bich Ngoc)	女	越南	国际经济与贸易	本科生	自费生
6	黄高德王(Hoang Cao Duc Vuong)	男	越南	国际经济与贸易	本科生	自费生
7	胡如意(Ho Nhu Y)	男	越南	国际经济与贸易	本科生	自费生
8	提玛(Timur Mendigaliyev)	男	哈萨克斯坦	国际经济与贸易	本科生	自费生
9	阿紫(ARIUNBOLD AZJARGAL)	女	蒙古	国际经济与贸易	本科生	自费生
10	甘诺敏(Gankhuyag Nomin Erdene)	女	蒙古	国际经济与贸易	本科生	自费生
11	中村友厚(Tomohiro Nakamura)	男	日本	国际经济与贸易	本科生	自费生
12	高田健辰(Kenshin Takada)	男	日本	国际经济与贸易	本科生	自费生
13	何珊妮(Harry Shermanie)	女	多米尼克	国际经济与贸易	本科生	奖学金
14	安天伟(Arnett Matthew)	男	巴哈马	国际经济与贸易	本科生	奖学金
15	欧南嘉(Onanga Mouetoua)	女	刚果(布)	国际经济与贸易	本科生	奖学金
16	娜迪(Ngoy Tshimbu Nadine)	女	刚果(金)	国际经济与贸易	本科生	自费生
17	图安克(Riak Malutoth Tudel Dong)	男	苏丹	国际经济与贸易	本科生	奖学金
18	莫米海(Mihai Moise)	男	罗马尼亚	国际经济与贸易	本科生	自费生
19	莫阿列(Alexandru Moise)	男	罗马尼亚	国际经济与贸易	本科生	自费生
20	爱力克(Doumbe Doumbe Eric)	男	喀麦隆	国际经济与贸易	本科生	奖学金
21	卡娜(Dongmo Kana Jeanne Nathalie)	女	喀麦隆	国际经济与贸易	本科生	奖学金
22	拉赫曼(S. M. Shafiqur Rahman)	男	孟加拉	国际经济与贸易	本科生	自费生
23	石川悦达(Ishikawa Etsutatsu)	男	日本	国际经济与贸易	本科生	奖学金

续表

序号	姓名(护照用名)	性别	国籍	专业	层次	奖学金生 自费生
24	格罗泽夫(Grozev Miroslav Plamenov)	男	保加利亚	国际经济与贸易	本科生	自费生
25	阮世英(Nguyen The Anh)	男	越南	国际经济与贸易	本科生	自费生
26	德利根(Lhagvasuren Dulguun)	女	蒙古	国际经济与贸易	本科生	奖学金
27	阿尔其(Novikov Artem)	男	俄罗斯	国际经济与贸易	本科生	奖学金
28	克利维斯(Meci Krivis)	男	阿尔巴比亚	国际经济与贸易	本科生	自费生
29	哈娜(Hana Menddaci)	女	法国	国际经济与贸易	本科生	自费生
30	陆敏豪(Men - hau LUC)	男	法国	国际经济与贸易	本科生	自费生
31	阿曼达(Amanda Cohen)	女	法国	国际经济与贸易	本科生	自费生
32	马焙(Bell Mbea)	男	喀麦隆	International Trade	硕士生	奖学金
33	莫海仁(Mohamed Habib Frank)	男	喀麦隆	National Economics	硕士生	奖学金
34	戴克(Diarra Malick)	男	马里	National Economics	硕士生	奖学金
35	龚伟力(Vega Salas William Gonzalo)	男	秘鲁	Industrial Economics	硕士生	奖学金
36	江艾山(Joseph Adelman)	男	密克罗尼西亚	National Economics	硕士生	奖学金
37	毕雪健(Hlabi Ntsibohane Abiel)	男	莱索托	International Trade	硕士生	奖学金
38	高世明(Nicusor - Sever - Cosmin Florea)	男	罗马尼亚	Political Economics	硕士生	奖学金
39	小苏(Zandanragchaa Shur)	女	蒙古	国际贸易	硕士生	自费生
40	黎氏青云(Le Thi Thanh Van)	女	越南	企业管理	硕士生	自费生
41	陈蕊(Nalinrat Payabchaikul)	女	泰国	国际贸易	硕士生	自费生
42	陆丝娜(Gastela Sylviene Orthansia)	女	马达加斯加	国际贸易	硕士生	奖学金
43	吉娜(Ntsame Nkombenyondo Gina Laetitia)	女	加蓬	财务管理	硕士生	奖学金
44	吴氏凤(Ngo Thi Phuong)	女	越南	企业管理	硕士生	自费生
45	苏如世(Erfani Ara Soroush)	男	伊朗	MBA	硕士生	自费生

（刘荻）

【加强对外汉语教学师资队伍建设】　2011 年,对外文化交流学院对外汉语教师 17 人(副教授 1 人,讲师 16 人)。其中,具有博士学位的教师 2 人,具有硕士学位的教师 13 人,具有学士学位的教师 2 人。在具有硕士学位的 13 人中,有 6 人正在职攻读博士学位。从教师所学专业来看,涵盖汉语语言、中国文化、汉语教学与测试、经济管理等多学科。从年龄结构来看,40 岁以下的教师有 14 人。全年共发表论文 18 篇,承担科研项目 1 项。学院教师队伍结构进一步改善。

（李林立）

对外文化交流学院师资队伍情况一览表

姓名	李林立	牛杰	刘文政	栾育青	许晓华	赵睿	常晓宇	辛玉彤	杨颖	魏鹏程	万凯艳	崔淑燕	覃俏丽	周磊	郭凌云	姚京晶	王默凡
学历	本科	硕士研究生	本科	硕士研究生	硕士研究生	硕士研究生	硕士研究生	硕士研究生	硕士研究生	硕士研究生	硕士研究生	硕士研究生	硕士研究生	硕士研究生	博士研究生	博士研究生	硕士研究生
专业	中文	语言学	对外汉语	课程与教学论	汉语言文字学	汉语言文字学	课程与教学论	思想史	汉语言文字学	语言学与应用语言学	语言学与应用语言学	课程与教学论	中国古代文学	课程与教学论	中国古代文学	语言学与应用语言学	企业管理
职称	副教授	讲师	讲师	讲师	讲师	讲师	讲师	讲师	讲师	讲师	讲师	讲师	讲师	讲师	讲师	讲师	讲师

（李林立）

【合理设置汉语进修生课程】 2011年,对外文化交流学院按照训练听、说、读、写四项技能的基本要求,科学设置留学生课程。必修课由口语课(会话课)、听力课、阅读课、写作课和综合课组成,其中,综合课是听、说、读、写四项技能的综合训练课。从课程安排来看,综合课、口语课和听力课从初级水平到中级水平再到高级水平,连贯设置,高级阶段的听力课是实况听力课,有效保证了教学和学习的连续性,有利于提高学生的汉语水平。学院还开设了选修课,一类是汉语类的,主要目的是对必修课的内容进行补充、扩展、提高;另一类是非汉语类的,主要是让学生了解中国文化,培养他们对中国文化的兴趣,进而加深对中国的了解。

汉语进修生课程设置一览表

	课程一	课程二	课程三	课程四	课程五	课程六	课程七	课程八
初级一	汉语综合1	汉语口语1	汉语听力1	写汉字				
初级二	汉语综合2	汉语口语2	汉语听力2					
初级三	汉语综合3	汉语口语3	汉语听力3	初级汉语阅读				
中级一	汉语综合4	中级汉语听说1		报刊阅读1				
中级二	汉语综合5	中级汉语听说2		报刊阅读2	汉语写作1			
高级一	汉语综合6	高级口语1	实况听力1	报刊阅读3	汉语写作2			
高级二	汉语综合7	高级口语2	实况听力2	报刊阅读4	汉语写作3			
一对一	汉语综合	汉语会话						
短期班	汉语综合	汉语会话						
选修课(汉语类)	初级视听说	中级视听说	初级经贸汉语	中级经贸汉语	唱歌学汉语	听故事学汉语	汉语正音	
选修课(非汉语)	书法	中国菜	太极拳	京剧	瑜伽	民族舞	古代诗歌	中国文化
其他	HSK辅导							

（李林立）

体　育　教　育

概　况

首都经济贸易大学体育教学任务由体育部承担。体育部成立于2009年,前身为体育教学部,下设教学教研室、群体与训练教研室、体质测试中心、场馆中心、行政办公室。负责全校体育教学,体育科研,运动队训练、竞赛,群众体育活动及体育场馆管理工作。2011年,体育部有在岗教职员工42人,其中教师28人,行政、教辅人员14人。教师中教授3人、副教授8人,具有博士学位教师4人,具有硕士学位教师12人。2011年,体育部以学科建设为重点,探索建立相对稳定的学科发展方向,建立一支知识结构、年龄结构以及专业技术职称结构较为合理,团结协作,学术思想端正的教师队伍。

（贺慨）

体育教学

【进一步巩固教学质量】 体育部按照学校整体发展规划,把巩固教学质量作为教学重点工作,于3月25日召开了新学期体育教学工作准备会,对新学期的教学工作进行了布置并提出目标和要求。为提高教师专业业务水平与教学教法,3～5月、9～10月,分别进行了10次集体备课,对武术、场地障碍与拓展和体育专项项目进行了统一技术动作与教法的教学研讨,并于5月和11月进行了期中教学检查。

（黎臣　贺慨）

【获评贯彻实施《学校体育工作条例》"优秀学校"】 2011年,学校接受了北京市教委和北京市大学生体育协会每两年一次的北京市各高校贯彻落实《学校体育工作条例》情况的检查和评估。检查内容包括学校体育相关的领导组织机构和管理、基础硬件建设情况、课程教学、课外体育活动、体育工作效果及影响等方面。检查过程中,学校得到了上级部门的高度评价,最终,被评为贯彻实施《学校体育工作条例》"优秀学校",主管体育工作的副校长王文举被评为北京市贯彻实施《学校体育工作条例》"优秀校长"。

（黎臣　贺慨）

【召开"体育课教学、教法及课程建设"研讨会】 1月16日,体育部召开了"体育课教学、教法及课程建设"研讨会,主要针对目前的课程设置、教学、教法及教学进一步延伸等事项进行探讨,邀请了体育部退休老教师参会。

（黎臣　贺慨）

【召开场地障碍课程设置研讨会】 11月28日,体育部召开了体育部课程建设资源体系建设——场地障碍设置研讨会。2011年体育部获批了校级基础课程建设项目,核心内容是一年级学生的场地障碍与拓展课程体系的建设。在10月19日分教研室研讨的基础上,教学教研室把对相关项目提出的意见与建议进行了汇总整理,在本次研讨会上进一步进行了交流与讨论,为进一步确立调整与建设方案提供参考资料。通过教学教研室的整体介绍与组织,与会教师充分发表了自己的意见与建议,为进一步改进一年级学生场地障碍与拓展课程的器材设置,不断提高场地器材的安全性、实用性,不断提高学生的身心素质,推动教学质量逐步提高,贡献了科学的、可行的参考信息及指导方案,本次研讨会达到了预期目标。

（黎臣　贺慨）

【参加全国财经类院校体育教学学会第二十四届年会及高校教学研讨会】 12月,体育部组织部分教师参加了全国财经类院校体育教学学会第二十四届年会及高校教学研讨会,与各财经类院校的代表广泛、深入地交流了目前高校教学发展的趋势及热点,获得了参考信息,为学校相关体育工作的开展拓展了思路。

（黎臣　贺慨）

科研工作

【科研成果喜获丰收】 2011年,体育部获教育部人文社会科学研究项目1项,省部级科研项目1项,北京市教委项目1项,首都经济贸易大学校级科研课题2项;公开发表学术论文38篇,其中核心5篇、权威B 2篇、CSSCI 2篇,论文有5人分获一、三等奖;出版学术著作5部;主办12次学术会议,其中2次为国内学术会议。

(丁丽华　贺慨)

【举办体育科研课题申报方法及教学工作研讨会】 5月5日,体育部举办了体育科研课题申报方法、教学工作研讨会及野外生存训练。本次研讨会的主要内容是对当前教学中存在的问题进行分析,并为解决教学中出现的问题进行深入的讨论与分析,为体育部领导班子的决策提供较为科学可行的实施预案。在研讨会结束后,为了保持和不断提高教师的教学技能,全体教师参加了野外生存模拟训练,有针对性地进行了野外生存的专项训练及经验交流。

(丁丽华　贺慨)

实验室建设

【开展学校师生体质健康测试工作】 2011年,体育部体质健康实验室大力拓宽实验室功能,落实"实施教职工健康工程,组织好教职工体检、体能测试和健康监测工作"的精神要求,积极开展学校教职工体质健康测试工作。测试项目为身体成分测试、骨密度测试、动脉硬化测试、国民体质健康测试等项目,并出具测试报告和运动指导,为教职工体质监测起到了引导作用。同时,应国家教育部的要求,体质健康测试中心开展了针对全校本科生的体质健康测试工作,共测试9 037人,合格率为97.8%,名列北京高校前列。

(孙扬　贺慨)

【开设多门实验课程,取得良好教学效果】 2011年,为了增强学校学生的综合素质,提升学生的健康意识和增加学生的健康知识,体育部针对二年级学生开展了以身体成分测试为主的实验课;在实验室现有的条件下,在部分同学中开展了以心肺复苏为主的急救知识普及实验课程,教学效果良好。

(孙扬　贺慨)

【拓展实验室功能,开展合作研究】 2011年,体育部实验室与丰台区新村社区卫生服务中心开展了二期的课题合作,为丰台花乡总部基地200多名员工进行了体质健康测试工作,取得了良好的社会效益。

(孙扬　贺慨)

【承办第二届体质健康论坛】 12月,由北京市大体协主办、学校体育部承办的第二届体质健康论坛顺利举行,会议邀请了北京市大体协领导及国内外40多所兄弟院校的体育部代表,共有100多位代表参加了会议。会议圆满成功,得到了兄弟院校的一致好评,扩大了学校实验室在北京高校中的影响。

(孙扬　贺慨)

高水平运动队建设

3月,在学校体育馆进行了首次高水平运动员体育成绩测试工作。在学校招生办公室、纪检监察处等部门的共同参与下,完成了本项工作。9月,首批16名高水平运动员进入学校学习。12月,接受北京市教委和北京市大学生体育协会高水平运动队评估检查,上级部门对学校在高水平运动队管理、训练和后勤保障等方面给予了肯定,最终获得了2011年北京市普通高等学校高水平代表队建设检查评估三等奖。

(贺慨)

体育竞赛管理

【体育竞赛成绩显著】 2011年,学校运动代表队参加了全国、北京市各类比赛20余次,取得了良好成绩。12月6日,体育部在学校游泳馆承办首都高校游泳锦标赛,为学校对外宣传扩大了影响。

2011年首都经济贸易大学运动队获奖情况

运动队	比赛名称	获奖情况
游泳队	首都高校游泳冠军赛 乙组	男子团体总分第一名 女子团体总分第二名 男女团体总分第一名
	首都高校游泳锦标赛	乙组男子团体总分、女子团体总分、男女团体总分第一名 甲组A组团体总分第四名

续表

运动队	比赛名称	获奖情况
田径队	首都高等学校第四十九届学生田径运动会	男子乙组团体总分第八名 男女团体总分第八名 体育道德风尚奖
	首都高等学校第八届越野攀登赛	最佳组织奖
	首都高校第三届秋季学生田径运动会	团体总分第四名 最佳贡献奖
	第十二届全国大学生田径锦标赛	金牌、银牌各一枚
篮球	2011 年首都大学生篮球联赛(大学)	乙组男子第六名
	第十四届 CUBA 中国大学生篮球联赛	女子乙组第三名 男子甲组第五名
棒垒球队	2011 年首都高校棒垒球锦标赛	垒球乙组第一名
	2011 年第七届中国大学生垒球锦标赛	垒球乙组第三名
乒乓球队	2011 年首都高校乒乓球锦标赛	乙 A 组女团第四名 甲 B 组男团第三名 体育道德风尚奖
体育舞蹈队	首都高等院校第三届体育舞蹈比赛	乙组团体三等奖
轮滑队	北京市大学生第二届轮滑赛	女子大学组团体总分第二名 男女团体第四名
足球队	2011 年北京市大学生足球锦标赛	第三名

（王长友　贺慨）

【广泛开展群众性体育活动】 2011 年,体育部共组织学校群众性大型体育活动 10 次,参加学生人数达 12 214 人次,形成了“周周有比赛,天天要锻炼”的良好局面,极大地丰富了学生的业余文化生活,提高了学生锻炼的积极性与主动性,为终身体育奠定了基础。

2011 年首都经济贸易大学群众体育活动统计表

项目	时间	场次	参加人次
“五四”杯足球赛	3 月 2 日 ~4 月 20 日	31	1 116
第三届学生团体操比赛	4 月 7 日 ~4 月 21 日	2 天	3 520
“水泥克星”男子组篮球赛	5 月 10 日 ~6 月 8 日	68	1 632
学校女子排球联赛	6 月 1 日 ~29 日	31	744
学校乒乓球比赛	5 月 17 日 ~6 月 1 日	14	112
“院系杯”迎新篮球赛	9 月 28 日 ~10 月 28 日	136	3 264
“爱院杯”足球联赛	10 月 12 日 ~11 月 28 日	31	1 112
高校跳绳选拔赛	11 月 28 日	半天	294
12・9 长跑接力赛	12 月 7 日	半天	140
“同心鼓”比赛	12 月 14 日	半天	280

（王长友　贺慨）

【召开体育运动大会】 4月23日,首都经济贸易大学2011年体育运动大会在体育场隆重召开。3月16日,学校召开第一次筹备委员会,体育运动委员会主任、副校长王文举,副书记杨军,纪委书记赵凤启到会讲话并布置了相关工作,学校各院(系)和各职能部门领导参加了本次会议。4月1日,运动会报名截止,开始编排秩序册。4月15日,召开第二次筹备委员会,落实体育大会准备工作,成立体育大会组织委员会。4月23日上午8:10分,体育运动大会准时开幕,参加开幕式的有学校领导、北京市大学生体育协会领导和兄弟院校体育部主任。4月23日下午,体育运动大会圆满闭幕,学校领导对获奖单位进行了颁奖。

(贺慨)

继 续 教 育

概 况

首都经济贸易大学成人高等学历教育创办于20世纪80年代初,经过30余年的发展,已形成一套完整的全方位发展的成人高等教育和继续教育体系。2011年,成人高等学历教育和继续教育总规模已达1万余人。成人高等学历教育有函授、业余、脱产等多种办学形式,层次有高中起点本科、专科起点本科及高中起点专科等,先后开设了会计学、工商管理、人力资源管理等15个专业。学生修业期满,成绩合格,由首都经济贸易大学发给国家承认的毕业证书;本科毕业生符合国务院学位委员会成人高等教育学士学位条件者,可授予相应的学士学位。

为满足社会的不同需求,继续教育学院还举办了各类职业培训,以适应当今经济发展的需要。为确保教学质量,继续教育学院坚持不断深化改革,坚持依法办学规范管理,重视加强教学基本建设,建立健全了一整套规章制度。经过多年的不懈努力,逐步办出了自己的特色,取得了丰硕的教学成果,赢得了良好的办学声誉,在教育部和北京市教委的教学质量评估中多次被评为"优秀"。

2011年是"十二五"规划的开局之年,继续教育学院全体教职员工在学校党委的带领下,深入贯彻实施党的十七大精神,主动适应北京市建设"国际城市"的社会经济发展需要,按照学校"加快发展,争创一流,大力提高学校核心竞争力"的总体目标要求,坚持"打造团队文化,增强服务意识,规范制度管理,狠抓教学质量,确保办学效益,科学发展转轨"的指导思想,以改革创新总揽全局,以继续教育创新为主线。坚持以人为本,有重点地适度发展,先好再快,优化结构,提高质量,充实内涵,在稳定成人高等教育的办学规模和确保育人质量的基础上,扎实推进向广义终身继续教育模式和体制转轨,使继续教育走上快速、健康、持续发展的轨道。

截至12月,继续教育学院成人高等学历教育在籍学生8 944人,各类继续教育共培训学员3 000余人次,就读学生人数共计11 000余人。其中,成人高等学历教育业余6 309人(高起本664人,专升本2 706人,高起专2 939人),脱产108人(高起本97人,高起专11人),函授2 527人(专升本389人,高起专2 138人)。

2011届春季毕业生人数为2 302人。其中,业余1 686人(高起本90人,专升本848人,高起专748人),脱产52人(高起本42人,高起专10人),函授564人(专升本119人,专科445人)。

2011届夏季毕业生人数为750人。其中,业余118人(专升本44人,高起专74人),脱产1人(高起本1人),函授631人(专升本84人,专科547人)。

2011届共有475名学生获得学士学位,约占本科毕业生人数的40%。

(宋岩)

招生工作

2011年,报考首都经贸大学继续教育学院的学生共有2 598人,为计划招生数的153%。其中,高起本报名人数为410人,专升本为1 625人,高起专为563人。业余实际招生人数为1 627人(高起本195人,专升本869人,高起专563人);函授实际招生人数为 1 152 人(专升本 146 人,专科 1 006 人)。

(刘薇　王树明)

业余教育

【合理开设专业】 2011 年,继续教育学院业余学习形式共开设 15 个专业。其中:高中起点本科设有会计学专业;专升本设有会计学、金融学、人力资源管理、工商管理、国际经济与贸易及信息管理与信息系统 6 个专业;高中起点专科设有会计、工商企业管理、国际经济与贸易、金融管理与实务等 8 个专业。

(刘薇)

【顺利完成考试工作】 2011 年,继续教育学院全年共组织了 5 次课程考试,累计设立考场约 870 个(含考查课);共组织成人本科学士学位英语统一考试两次,报名人数为 2 922 人;会计证考试报名人数为 135 人。

(薛咏梅)

【教学工作有序进行】 2011 年,继续教育学院进行了 167 个专业班的课程安排,开设课程 580 门次,共完成了 26 651 课时的教学任务。

2011 年,继续教育学院组织安排了 40 个专业班 4 556 课时的论文撰写,其中本科论文 3 724 课时,专科论文 832 课时。

(丁永才)

【开展教学大纲编写工作】 9 月,继续教育学院完成学校成人高等教育教学大纲的编写工作,涉及 12 个学院(系),共计 16 个专业,144 门课程,约 230 万字,是学校成人学历教育质量建设中的标志性成果。

(司新丽)

【组织召开教学工作会】 12 月 7 日,继续教育学院组织召开 2011 年教学工作会,学院全体人员、学校各院(系)主管教学的副院长及教学秘书参加了会议。此次教学工作会针对成人学历教育的现状、院(系)在师资安排及教师教学工作中的难点和对策等议题展开讨论,与会代表积极发言,为学校成人高等教育的发展献计献策。

(丁永才)

函授教育

【站点及专业概况】 2011 年,学校设有 8 个函授站点,分布在湖南、甘肃、广东、河北、辽宁、海南六省及西藏自治区,函授在校生规模保持在 2 300 人左右。

函授教育共开设 13 个专业,其中,专升本设有会计学、人力资源管理和工商管理 3 个专业,高中起点专科设有会计、工商企业管理、人力资源管理、市场营销等 10 个专业。

(王树明)

【西藏函授站建站】 2011 年,为支援西藏自治区的经济发展和人才培养,由中共拉萨市委党校提出申请,根据教育部和西藏自治区的相关文件精神,结合学校和西藏自治区的具体情况,经过认真协商,学校与中共拉萨市委党校达成了合作办学意向。经西藏自治区教育厅批准,首都经济贸易大学在中共拉萨市委党校设立函授站,自 2011 年秋季开始招生,并本着“依法办学,保证质量”的基本宗旨,为西藏自治区的经济发展和人才培养做出贡献。

(王树明)

【召开函授工作会】 7 月 9 ~ 14 日,学校第二十一次函授教育工作会议在兰州市召开。副校长王文举、郝如玉到会并作了重要讲话,继续教育学院刘雄院长、杨贡书记,继续教育学院有关同志及湖南、珠海、甘肃、河北、海南、辽宁 6 个函授站的 20 名代表参加了会议。此次会议全面总结了 2011 年的函授教育工作,研究新形势下函授教育的发展方向和改革措施,并部署下一年度的函授教育有关工作,对学校函授教育的发展具有重要的指导作用。

(王树明)

继续教育

【举办职称考试辅导班】 2011 年,继续教育学院举办了北京市政工师职称考试,开办了高级英语和中级计算机辅导班,学员共计 580 人。

(王树明)

【参加全国继续教育工作会议】 12 月 24 日,全国继续教育工作会议在北京召开,会议由教育部主办,北京市教委承办。大会由教育部部长袁贵仁主持,中共中央政治局委员、国务委员刘延东出席大会并做了重要讲话。学校继续教育学院院长刘雄作为正式代表参加了大会。大会分组会议还就中央领导讲话进行了认真学习,就当前我国继续教育形势与问题进行了广泛深入的探讨,并对教育部制定的国家继续教育中长期规划草案进行了讨论。此次会议对于学校继续教育的发展具有极为重要的指导意义。

(司新丽)

【加强科研工作】 2011 年,继续教育学院启动“科研管理办法”,由学院组织相关科室申请获批 2011

年校级教改立项课题,课题名称为《成人高等教育教学质量存在的问题、成因和解决途径》,对提高成人高等教育教学质量具有明确的研究意义。

(司新丽)

【开展国际交流与合作】 5 月,英国爱德思国家职业学历与学术考试机构正式认证学校具备开办 BTEC(HND)国际商务等五个专业方向课程的资格,使学校成为国内首批承办 BTEC(HND)经济类课程的院校。该项目由继续教育学院承办,开办以来,BTEC 中心凭借雄厚的师资力量,科学完善的管理,得到了英方专家的首肯,在课业评估质量、教学资源配置、内部质量审核三个方面得到了最高评价,成为国内首家“三 A”中心。2011 年 BTEC 中心在读生人数为 208 人,2011 届生源中有 98% 的学生取得了 HND 职业资格证书,雅思通过率为 95% 。

(李淑珍)

继续教育学院 2011 年专业设置一览表

学习形式	培养层次	专业	学习形式	培养层次	专业
业余	高中起点本科	会计学	脱产	高中起点本科	会计学
	专科起点本科	金融学	函授	专科起点本科	工商管理
		会计学			会计学
		国际经济与贸易			人力资源管理
		工商管理		高中起点专科	工商企业管理
		人力资源管理			国际经济与贸易
		信息管理与信息系统			会计
	高中起点专科	会计			计算机应用技术
		金融管理与实务			金融管理与实务
		市场营销			经济信息管理
		经济管理			人力资源管理
		物流管理			商务管理
		计算机应用技术			市场营销
		工商企业管理			物流管理
		国际经济与贸易			

(宋岩　王树明)

继续教育学院 2011 年招生情况一览表

学习形式	培养层次	专业名称	计划数	实际招生人数
业余	高中起点本科	会计学	195	195
	专科起点本科	工商管理	110	111
		国际经济与贸易	110	111
		会计学	215	277
		金融学	55	56
		人力资源管理	260	276
		信息管理与信息系统	55	38

续表

学习形式	培养层次	专业名称	计划数	实际招生人数
业余	高中起点专科	工商企业管理(团结湖)	120	82
		国际经济与贸易(团结湖)	55	29
		会计	195	229
		会计(团结湖)	50	36
		金融管理与实务	55	35
		经济管理	55	28
		市场营销	60	67
		物流管理	55	22
		计算机应用技术	55	35
		合计	1 700	1 627
函授	专科起点本科	工商管理	75	23
		会计学	100	51
		人力资源管理	125	72
	高中起点专科	工商企业管理	30	27
		国际经济与贸易	20	23
		会计	310	282
		经济信息管理	30	26
		人力资源管理	90	59
		商务管理	80	79
		市场营销	50	28
		物流管理	290	482
		合计	1 200	1 152

(刘薇　王树明)

继续教育学院 2011 届(春季)毕业情况一览表

学习形式	培养层次	专业	毕业生人数
脱产	高中起点本科	会计学	42
	高中起点专科	会计	10
		合计	52
业余	高中起点本科	会计学	90
	专科起点本科	金融学	52
		会计学	254
		国际经济与贸易	86
		工商管理	105
		人力资源管理	258
		信息管理与信息系统	42
		广告学	51

续表

学习形式	培养层次	专业	毕业生人数
业余	高中起点专科	会计	286
		金融管理与实务	37
		市场营销	37
		经济管理	36
		经济信息管理	31
		物流管理	73
		工商企业管理	133
		国际经济与贸易	89
		商务管理	6
		计算机应用技术	20
		合计	1 686
函授	专科起点本科	工商管理	30
		会计学	41
		人力资源管理	48
	高中起点专科	工商企业管理	20
		国际经济与贸易	23
		会计	229
		人力资源管理	27
		物流管理	146
		合计	564

（宋岩　王树明）

继续教育学院2011届(夏季)毕业情况一览表

学习形式	培养层次	专业	毕业生人数
脱产	高中起点本科	会计学	1
		合计	1
业余	专科起点本科	金融学	2
		会计学	13
		国际经济与贸易	6
		工商管理	2
		人力资源管理	13
		信息管理与信息系统	6
		广告学	2

续表

学习形式	培养层次	专业	毕业生人数
业余	高中起点专科	会计	32
		金融管理与实务	2
		市场营销	7
		经济管理	4
		经济信息管理	2
		物流管理	7
		工商企业管理	16
		国际经济与贸易	2
		计算机应用技术	2
		合计	118
函授	专科起点本科	工商管理	12
		会计学	57
		人力资源管理	15
	高中起点专科	工商企业管理	23
		国际经济与贸易	33
		会计	181
		经济信息管理	44
		人力资源管理	31
		市场营销	48
		物流管理	187
		合计	631

（宋岩　王树明）

第五篇

学科建设与科学研究

5 月 11 日,首经贸召开后备学科带头人和中青年骨干教师座谈会

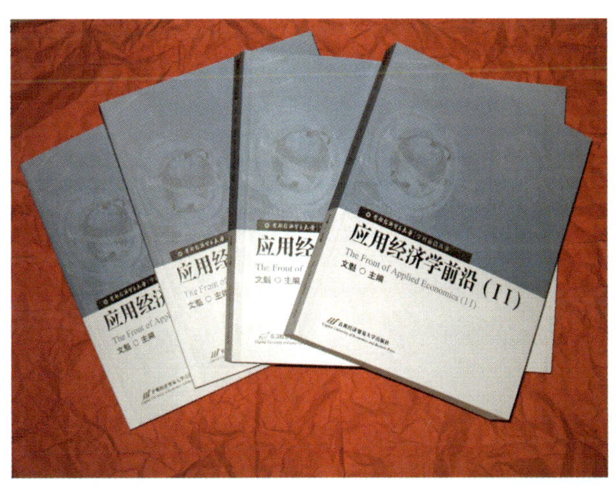

12 月,《应用经济学前沿(Ⅱ)》正式出版,该书集录了学校 62 名学者的有关应用经济学学科前沿问题的 51 篇论文

2011 年出版的《学科建设》刊物

2011 年，首经贸举办首都圈发展高层论坛

10 月 14 日，校领导听取各学科申报国家重点学科工作进展汇报

1 月 13 日，CBD 发展研究基地"二期建设项目"
验收汇报会在首经贸召开

5 月 25 日，首经贸大学生发展信心指数发布：对未来发展较有信心

特别关注

把减税的实惠落实给人民

——访全国人大财经委副主任委员郝如玉

文／本刊记者 梁国栋

全国人大财经委副主任委员郝如玉

4月20日，十一届全国人大常委会第二十次会议初审了国务院提交的个人所得税法修正案草案。根据草案规定，个税的工薪所得费用扣除额调整为3000元，税率结构调整为7级累进税率。与以往相比，此次修改不仅提高了个税起征点，还适当调整了级距和税率。

接下来，立法机关将会根据委员们的审议意见对该草案进行进一步的修改。那么，作为一部社会关注度高、牵扯面广的法律，个人所得税法修改的难点何在？又该如何破解？为此，本刊专访了财税专家、全国人大财经委副主任委员郝如玉。

记者：本次修改并未单纯着眼于上调个税“起征点”，在您看来这其中原因是什么？

郝如玉：我们首先看一下“起征点”。“起征点”是我国个人所得税制度中，对于工薪所得税前费用扣除额的俗称。之所以在个税中设置“起征点”，主要是考虑到保护居民的“基本生存权利”，要在工薪所得中扣除一部分必要的“生计费用”，维持居民的基本生活条件。

其实，上调起征点有利有弊。将其作为调节收入手段的显著优点有两个：一个是直接，它直接降低了纳税人的税负；另一个就是透明，纳税人可以明显感受到自己税负的减轻。正是由于其直接、透明的特点，纳税人不仅可以从中获得实实在在的利益，而且可以从中看到政府改革的信心，感受到政府解决民生问题、应对通胀的决心和毅力，从而增强社会凝聚力。

上调“起征点”也有负面作用。首先，随着起征点的提高，纳税人会不断减少，这不仅有悖于税收公平、普遍的基本原则，也会给居民纳税意识的提升带来一定的负面影响。在我国居民纳税意识需要提高的情况下，如果有更多的居民被排除在征税范围之外的话，居民纳税意识的培养就会更加困难。其次，这会对居民收入的调节产生一定的“累退”作用，是对缩小贫富差距的反向调节。从上调“起征点”的收入负面调节作用来看，其受益最大的是高收入群

08 | 中国人大 2011年4月25日

6 月 25 日，《中国人大》杂志 2011 年第 8 期对副校长郝如玉做了专访

6月11~12日，中国经济增长与周期高峰论坛(2011)在京举办，经济学院院长张连城教授发布全国30个省会城市的生活质量指数

12月3日，文化与传播学院召开学科建设大会

10月22日，首经贸举办人文北京与文化创新主题论坛

学 科 建 设

概 况

2011 年,首都经济贸易大学学科建设工作充分利用实施学校中长期规划和“十二五”规划开局之年的有利时机,按照学校党委提出的“打基础,上水平”的工作思路,召开了第二届学科建设与科学研究大会,进一步推动全校学科建设向着注重内涵、特色鲜明的方向发展。工商管理和管理科学与工程专业获得博士学位一级学科授权,理论经济学、法学、外国语言文学、马克思主义理论、公共管理专业获得硕士学位一级学科授权,审计学专业获得硕士专业学位授权。全年召开三次学科建设专题会议,成立了学校申报国家重点学科领导小组,开展有关申报的准备工作,向北京市教委上报了《首经贸组织申报 2012 年国家重点学科工作有关情况的报告》,发展规划处组织有关专业人员对国内现有应用经济学学科点建设,以学科发展方向、学科特色打造、学科人才队伍、科研项目和成果、人才培养质量等方面为主要内容,结合校内外发展环境、优劣势情况等开展了比较性的研究工作。开展了评选 2010 年度和 2011 年度后备学科带头人和中青年骨干教师的考核工作。除完成上述较重大事项工作外,还开展了市教委和校内学科建设年度专项资金预算与分配,有关学科建设方面的规章制度的修订等日常管理工作。

（林昱）

学科建设工作

【考核、评选后备学科带头人和中青年骨干教师】 从 3 月 7 日开始,由发展规划处负责组织,开展了评选 2010 年度和 2011 年度后备学科带头人和中青年骨干教师的考核工作。各学院(系、部)按照后备学科带头人和中青年骨干教师的基本标准,认真组织本单位的考核和评选工作,召开学术分委员会会议,认真评议本单位参加考核和评选的人员。全校 2010 年度的 16 名后备学科带头人和 30 名中青年骨干教师全部参加了考核。

4 月 21 日,学校学术委员会召开考核和评选专题会议,会议审议考核的结果是:2010 年度校级后备学科带头人考核优秀 2 名,合格 11 名,基本合格 3 名;2010 年度校级中青年骨干教师考核优秀 10 名,合格 16 名,基本合格 4 名。考核结果以书面的形式通知被考核者和导师。会议审议评选的结果是:2011 年度新增后备学科带头人 5 名,中青年骨干教师 14 名。

2011 年,学校继续开展校级后备学科带头人和中青年骨干教师的评选,两年共评选出后备学科带头人 21 名,他们是:彭文英、朱俊生、柳学信、王少国、周明生、李婧、许江波、王海林、姚翠友、朱超、李新、王竞达、杨全社、蔡红、谢海霞、朱梅红、刘强、沈敏荣、李百兴、王军、齐明珠;两年共评选出中青年骨干教师 44 名,他们是:张杰、朱海燕、杜军、高迎、邱月、刘辉、于威威、阮敬、王庆、刘丽玲、王霖琳、叶堂林、张祖群、张晗、范合君、董烨然、边文霞、陈炜、李宗圣、许联锋、包健、张世君、施慧洪、周晔、任韬、廖彦罡、王显勇、张慧宇、于鹏、张智新、陈蕾、范围、牟俊霖、肖周燕、翟春娟、崔佳颖、刘智勇、赵鹏、张玉春、尚华艳、张丽玮、任冬梅、杨静、刘润楠。

（林昱）

【召开第二届学科建设与科学研究大会】 3 月 23 日,学校第二届学科建设与科学研究大会在博学楼学术报告厅召开,市教委副主任付志峰、科学技术与研究生工作处处长赵清,学校领导、校长助理,校部机关各部门及教辅单位负责人、各院(系)院长(主任)、副院长(副主任)、科研秘书、教师代表、获奖人员参加会议。校长王稼琼作了题为《贯彻落实科学发展观,努力开创学科建设工作新局面》的报告。报告共分三部分,分别为:两年来学校学科建设取得的成绩、目前学校学科建设存在的主要问题、今后学校学科建设工作的主要目标和任务。

王稼琼在报告中指出,两年来,学校始终把学科建设作为推进学校全面发展的第一要务,把重点学科建设作为学科建设的核心任务,以师资队伍建设为重要支撑,目标明确、措施得力,学校在学科建设方面取得了丰硕的成果,主要表现在学科授权点数量大幅增加、学科特色进一步彰显、重点学科建设成果丰硕等三个方面。面对成绩,我们必须清楚地认识到学校与国内一流财经大学相比还存在较大差距,今后的学科建设的主要目标是增强以经济学、管理学为主干、文法理工相互支撑、协调发展的学科体系的综合实力;若干学科处于国内先进水平,部分优势重点学科跻身国内领先行列,学科整体布局更为合理,结构更加完善,学科体系发展方向的国际化特色越发突出。学科建设的主要任务:一是不断加强学科队伍建设,建设结构合理的高素质学科队伍,实施学科领军人物成就计划,加强对中青年学术骨干和后备学科带头人的培养,实施海内外人才引进计划,加大对学科学术团队的支持力度,改善学科队伍发展的制度环境;二是进一步调整和完善学科布局,从数量和质量上加强学位点的建设,要力争在学科授权点数量上有进一步发展,现有学位点要更加注重内涵建设,加大对重点学科和特色学科的建设力度,大力支持新兴学科和交叉学科的发展,进一步凝练学科方向,推进学科群建设,加快科学研究基地和科技创新平台建设;三是完善学科建设管理机制,明确校、院(系)在学科建设与发展方面的管理职能,完善有关学科建设的各项管理制度,建立健全学科评估机制;四是切实加大学科建设所需资源的投入力度;五是努力营造有利于学科成长的文化氛围。总之,要本着"立足北京、服务首都、面向全国、走向世界"的宗旨;坚持把内涵建设、提升质量作为发展的根本战略,增强学科实力,促进发展,早日把学校建成国内一流、国际知名的财经大学。

(林昱)

【组织申报国家重点学科工作】 4月19日,学校第十一次党委常委会决定成立"首都经济贸易大学国家重点学科建设与申报领导小组"。组长:柯文进、王稼琼;副组长:丁立宏、文魁、高闯、张连城。成员:王文举、王传生、戚聿东、祝合良、王曼怡、邢琪、杨河清、纪宏、张强、谢太峰、赵仑、郎丽华、杨一平、付磊。领导小组的主要职责 :(1)负责国家重点学科建设与申报过程中学科方向的凝练;(2)负责国家重点学科建设与申报的组织工作;(3)负责国家重点学科建设与申报过程中学科带头人的引进和学科梯队建设工作;(4)负责标志性成果的取得;(5)负责相关学科科研基地和平台建设;(6)负责标志性人才培养工作;(7)其他相关工作。学校组织申报国家重点学科的初步计划是确保劳动经济学现有的国家重点二级学科,应用经济学要力争成为国家重点一级学科。

4月26日,学校在博纳楼五层第六会议室召开了学科建设专题会,会议主题之一是启动学校申报国家重点学科的准备工作。全体校领导和各学院(系、部)院长(主任)、党总支书记及部分职能部门负责人、学科负责人参加了会议,会议由副校长丁立宏主持。丁立宏首先宣布了学校党委常委会关于成立"首都经济贸易大学国家重点学科建设与申报领导小组"的决定。随后,对学校下一步学科建设规划、国家重点学科建设与申报小组的职责以及学校的有关政策进行了说明。发展规划处处长祝合良传达了北京市教委关于国家重点学科建设与申报工作的重要指示,并分析了国内财经类高校重点学科建设的情况。校长王稼琼对学校今后学科建设提出了两点要求:一是各院(系)要根据学校的两个规划,抓紧修改完善各自的学科建设"十二五"规划,把学科建设落实到位;二是学科建设要明确重点目标,凝练学科方向,要把工作重点放在"出特色、上水平"上。党委书记柯文进对学校国家级重点学科的建设和申报工作提出了三点要求:一是各院系和有关职能部门要从思想上高度重视国家级重点学科建设和申报工作;二是要集中全校资源,分层实施,坚持"有所为、有所不为";三是在建设和申报过程中要注意研究、比较各学科与国家级重点学科的差距以及同类院校相关学科的发展建设情况。柯文进希望全体教职工积极行动起来,稳步推进各项工作,力争使学校学科建设不断迈上新台阶。

5月6日,按照北京市教委学位办的要求,发展规划处组织起草并向市教委上报了《首经贸组织申报2012年国家重点学科工作有关情况的报告》。申报国家重点学科工作由教育部每5年组织一次,2012~2013年将开展新一轮申报国家重点学科的工作。

(林昱)

【表彰对申报学位点有重大贡献的单位和个人】 4月26日,在博纳楼五层第六会议室召开了学科建设专题会,会议主题之一是表彰2010年在学位授予点申报工作中做出重大贡献的单位和个人。副校长丁立宏宣读了学校党委关于对在2010年学位授予点申报工作中做出重大贡献的单位和个人进行奖励的名单。受表彰的单位有工商管理学院、信息学院、马克思主义学院、外语系、研究生部;受奖励的个人有张连城、高闯、戚聿东、杨一平。校长王稼琼对在2010年学位授予点申报过程中表现突出的相关院(系)和职能部门的工作予以了充分肯定。

(林昱)

【完成学科建设市教委和校内专项分配】 5~6月,发展规划处按照学校财务处的统一要求,完成了2011年北京市教委专项学科建设539万元、2011年校内专项学科建设395万元、校内专项支持申报国家重点学科190万元等三项重大经费的预算分配方案及批复后办理相关使用手续的工作。每项经费均实行项目负责人制，统一由学校财务处编制项目号码并印制项目支出经费报销本，经费报销本由发展规划处具体负责组织下发给各学院和项目负责人。自2008年开始，北京市教委设立教委专项学科建设经费，同年学校也开始设立校内专项学科建设经费，北京市教委和学校对经费使用有非常明确的规定，要求专款专用，不得随意扩大支出范围，年终进行绩效考核。

（林昱）

【完成2012年市教委专项学科经费申报】　6月9日，根据学校财务处《关于开展2012年财政专项申报工作的通知》的要求，发展规划处向各学院（系、部）下发了《关于申报2012年市教委学科建设专项的通知》。截至29日，各学院均按时完成了项目申请书、项目支出明细表、项目可行性报告、项目评审报告等申报材料的编写，发展规划处统一汇总后报送至学校财务处。全校2012年教委专项学科建设预算项目共申报了27个，项目经费总计666.993 3万元，同时还完成了学校《2012年至2014年教委专项学科建设经费项目库报表》的编写。

10月，按照市教委的要求，发展规划处组织各学院（系、部），按时向市教委专项项目审核专家组报送了有关申报项目的支撑材料。申报教委专项学科建设下一年度经费工作，均是在上一年的6月开始，至10月结束。学校已是连续4年组织此项工作。

（林昱）

【市教委副主任付志峰听取学校申报国家重点学科准备情况】　6月15日下午，市教委副主任付志峰专程来学校听取申报国家重点学科工作准备情况的汇报，会议由副校长丁立宏主持。校长王稼琼首先汇报了学校前段时间申报国家级重点学科工作开展的基本情况，并阐明了下一阶段工作的整体思路。随后，劳动经济学杨河清、数量经济学王文举、区域经济学祝尔娟、国民经济学张连城、统计学纪宏、工商管理高闯等六位学科负责人，分别从学科基本情况、学科研究方向、科学研究、人才培养、学术交流以及支撑条件等方面对所在学科的情况作了汇报，并认真地分析了所在学科与国内院校相关学科相比较存在的优势与不足，同时提出了具体改进措施。付志峰在听取汇报后，对学校申报国家重点学科前期的准备工作予以了充分的肯定，就下一步的申报工作提出了四点要求：一是通过申报准备工作，增强学科队伍的使命感，促进学科建设；二是无论是一级还是二级学科，都要做好充分的横向比较，明确自身的优势与不足；三是国家重点学科的申报一定要集中优势，不能求多，克服侥幸心理，各有关学科要相互支持，资源共享；四是国家重点学科必须要以科研为导向，重视国家级课题的申报以及高水平论文的发表。付志峰表示，市教委将对首都经济贸易大学申报国家重点学科的工作给予充分的支持，希望首都经济贸易大学在新一轮申报国家重点学科中能够实现新的突破。

（林昱）

【完成"国内应用经济学科建设分析报告"】　"国内应用经济学科建设分析报告"历时近两个月，于12月19日完成。该报告由发展规划处的高等教育研究专业人员朱宁洁、郭剑川主笔，按照学校申报领导小组的要求，对国内现有应用经济学学科点建设，以师资队伍、学科方向、人才培养、科研成果、学术交流和支撑条件等方面为主要内容，结合校内外发展环境、优劣势情况等开展了比较性研究工作，在收集、整理和分析大量的资料和信息的基础上形成了分析报告。报告共计7 300字，主要分为国内应用经济学国家重点学科建设现状、部分财经类高校应用经济学学科建设比较和分析、结论等三大部分。报告为学校组织应用经济学科申报国家重点学科提供了重要的文字和数据依据。报告指出，拥有一级学科博士点是申报国家重点学科的基础条件，全国共有49所高校和中国社会科学院拥有应用经济学一级学科博士点，在教育部公布的应用经济学一级和二级国家重点学科名单中，除了已经拥有一级国家重点学科的中国人民大学、中央财经大学、厦门大学和南开大学这4所高校，共计22所高校拥有二级国家重点学科，在第一、第二批获得应用经济学一级博士点的22所高校中，除了南京大学，其他21所高校都或多或少地拥有应用经济学国家级重点学科。这说明，一些院校的应用经济学都具有一定的实力，是此次国家一级重点学科申报的潜在竞争者。报告指出，各高校在学科方向、师资规模等方面的差距并不是很大，但是在标志性人物、国家级科研项目、高水平论文、国家级教学成果等核心竞争力方面还是有明显差异的，学校的层次越高或经济学在国内地位越高，这种优势也就越明显。财经类高校近些年在应用经济学科建设上下了很多功夫，有明显的进步，例如，在长江学者申报、国家教学名师培育、权威论文发表、国家自然科学基金等国家级课题申报、国家精品课程申报、优博论文培育方面做了大量工作，取得了显著效果。首都经济贸易大学应用经济学通过多年来的建设,已经取得显著的成绩,师资规模、学科设置等方面有一定的优势,在财经类高校中属于应用经济学的第一方阵。但是,与全国高校相比,目前学校的应用经济学建设,尤其是在核心竞争力方面仍需努力。

(林昱)

【编辑完成2011年《学科建设》】 12月20日,《学科建设》2011年第3期(总第25期)完成编辑并在校内发行。本期刊登的主要内容有《首都经济贸易大学学科建设"十二五"发展规划》及经济学院、劳动经济学院、统计学院、工商管理学院、城市经济与公共管理学院、马克思主义学院等6个学院的"十二五"时期发展规划。《学科建设》自2004年10月创刊开始,至2011年12月已发行7年,每年出3~4期。《学科建设》由时任校长文魁倡议创办,并亲笔题写刊名,办刊的主旨是推动学校学科理论的建设与发展,刊登或转载校内外有关学科建设方面的文章,发行范围主要包括学校领导、校部各处级职能部门、各学院(系、部),每期发行总量150份。

(林昱)

【《应用经济学前沿(Ⅱ)》出版】 12月,文魁教授主编的《应用经济学前沿(Ⅱ)》由首都经济贸易大学出版社出版,该书共计76.1万字,为787毫米×1 092毫米1/16开本。该书分为劳动经济学前沿、数量经济学前沿、国民经济学前沿、产业经济学前沿、金融学前沿、财政学前沿、国际贸易学前沿、统计学前沿等8部分,集录了校内62名学者的有关应用经济学学科前沿问题的51篇论文。论文作者包括:劳动经济学的凌云、黎煦、王阳、刘丽、王丹、潘虎、牟俊霖;数量经济学的王文举、田新民、廖明球、胡晖、张舸、王利、白卫国;国民经济学的张连城、李靖、徐奇渊、杜军、任景波、周明生、马方方;产业经济学的邹昭晞、戚聿东、柳学信、祝合良、张弘、董烨然;区域经济学的李茂勋、陈飞、邬晓霞、李青淼、刘水杏;金融学的谢太峰、李树生、魏晓丽、刘大明、蒋三庚、王雪祺、朱超、张小红;财政学的焦建国、包健、禹奎、陈汉明、赵琼、李蕾、秦宝宏、陈蕾、何晴、黄芳娜;国际贸易学的康增奎、郎丽华、刘宏、汪洋、王明荣、赵家章、王佃凯;统计学的朱梅红、于威威、张娟、陈红梅、宋捷。作为应用经济学学科丛书,计划每年出一册,已是连续第二年出版。

(林昱)

【学科申报】 2011年,学校学位授予、学科建设工作开展顺利、有序。共获批统计学等4个博士一级学科点、工商管理等5个博士二级学科点、理论经济学等8个硕士一级学科、审计学1个专业硕士学科点。

首都经济贸易大学2011年获批博士一级学科点目录

序号	专业名称
1	统计学
2	管理科学与工程(工学)
3	管理科学与工程(管理学)
4	工商管理

首都经济贸易大学2011年获批博士二级学科点目录

序号	专业名称
1	工商管理
2	会计学
3	旅游管理
4	技术经济及管理
5	劳动关系

首都经济贸易大学2011年获批硕士一级学科点目录

序号	专业名称
1	理论经济学
2	法学
3	外国语言文学
4	统计学
5	安全科学与工程
6	公共管理
7	行政管理
8	社会保障

首都经济贸易大学2011年获批专业硕士学科点目录

序号	专业名称
1	审计

（张玉放）

科　学　研　究

概　况

2011年，学校科研工作继续保持良好的发展势头。在2010年的基础上，学校的科研项目、科研经费、核心期刊论文、出版专著均在数量上有所增长、水平上有所提高。学校在教育部"新世纪优秀人才"申报工作中实现了零的突破。

科研项目方面，2011年度学校教师获批的纵向、横向项目，获得的项目经费均比2010年有所增加。学校在高层次科研项目申报方面继续保持较好势头，全校共获批国家社会科学基金项目5项，国家自然科学基金项目2项，教育部人文社会科学研究一般项目13项。经济学院李婧教授当选教育部"2011年新世纪优秀人才"，标志着学校中青年学者科研实力的重大提升。

科研成果方面，学校教师出版的专著、编著、译著、教材继续增加，在核心期刊上发表的论文数量占发表论文总数的比重达到52.7%。学校教师关注社会民生，积极主动地研究国家经济和社会发展中的重大理论和实践问题，切实加强学术成果转化和推广，提高科学研究优秀成果的影响力。学校教师的部分科研成果获得中央及省部级以上领导批示，科研服务社会的效益得以显现。

学校整体学术氛围浓厚，举办了中国经济增长与经济周期高层论坛等一系列颇具影响力的学术会议。各单位举办了一批高质量的学术讲座，吸引了众多的学生和青年学者，效果良好。科研处编辑出版了3期《科学研究》，对学校内外的学术活动及时进行了宣传和报道。

此外，学校科研处还在2011年重点进行了科研管理制度的修订和完善。在征求学校教授和科研管理人员意见的基础上，经校长办公会通过，《首都经济贸易大学校级科学研究项目管理办法》、《首都经济贸易大学科研奖励管理办法》等一系列制度正式实施。

（张嘉艳）

科研项目和科研经费

2011年,学校共获得各类科研项目265项,批准经费达2 020.12万元。其中,纵向项目107项,批准经费595.37万元;横向项目158项,批准经费1 424.75万元。

获批各类国家级项目7项,批准经费137万元。其中,国家社会科学基金年度项目5项,批准经费75万元;国家自然科学基金项目2项,批准经费62万元。

获批各类省部级项目38项,批准经费244.37万元。其中,教育部人文社会科学研究一般项目13项,批准经费106.2万元;教育部留学归国人员科研启动项目1项,批准经费3万元;北京市哲学社会科学规划项目16项(含北京市教育委员会社科重点项目3项),批准经费81万元;北京市自然科学基金项目5项,批准经费39万元;其他省部级项目3项,批准经费15.17万元。

获批各类委办局级项目62项,批准经费214万元。其中,北京市教育委员会科研计划面上项目17项,批准经费106万元,北京市教育科学"十一五"规划重点项目1项,批准经费5万元;首都经济贸易大学校级项目35项,批准经费50万元;其他委办局级项目9项,批准经费53万元。

(刘延杰　文玮)

2011年首都经济贸易大学纵向科研项目一览表

序号	项目名称	承担单位	负责人
	国家社会科学基金年度项目(一般项目)		
1	我国社会保障公平的非均衡发展研究	劳动经济学院	吕学静
2	自主技术标准化对中国装备制造业经济增长贡献测度研究及实证分析	工商管理学院	郭卫东
3	中国现行社会福利保障制度下城镇贫困人口的统计研究	统计学院	刘黎明
	国家社会科学基金年度项目(青年项目)		
4	再论聋人手语的语言地位——基于手语符号任意性的实验研究	外语系	刘润楠
5	社会资本视角下的我国区域协调发展战略研究	经济学院	赵家章
	国家自然科学基金年度项目(面上项目)		
6	地价梯度与产业梯度耦合机制及城市群产业用地结构优化研究	城市经济与公共管理学院	王德起
	国家自然科学基金年度项目(青年科学基金项目)		
7	混合交通流多模式模型整合与协调优化研究	信息学院	尚华艳
	教育部人文社会科学研究一般项目(规划基金项目)		
8	新媒体法律规制研究	文化与传播学院	郑文明
9	国际组织在我国的法律地位	法学院	谢海霞
10	国有非上市企业执行新会计准则问题研究	会计学院	石彦文
11	"十二五"时期农民工城市就业问题及路径研究	劳动经济学院	王　静
12	基于高新技术企业信息化风险的人机治理模式研究	会计学院	王凡林
13	经济波动、宏观调控与产业升级的关联度分析	经济学院	周明生
14	全球金融监管重建与中国宏观金融审慎监管的建立	金融学院	祁敬宇
15	理性疏忽框架下的经济周期理论研究	经济学院	王　军
16	基于消费者信心的消费行为影响因素实证分析与经济仿真研究	统计学院	任　韬
17	我国新农村建设中支农资金的配置效率研究	金融学院	龙　菊
	教育部人文社会科学研究一般项目(青年基金项目)		
18	中小学校长领导力模型构建与发展实证研究	劳动经济学院	陈小平

续表

序号	项目名称	承担单位	负责人
19	高水平射击运动员专项认知眼动特征的研究	体育部	廖彦罡
20	我国审计市场“桑梓情结”之因果与对策研究	会计学院	于　鹏
	教育部留学归国人员科研启动项目		
21	多元合作治理视野下的市场监管主体结构优化与政府能力建设研究	城市经济与公共管理学院	刘智勇
	北京市哲学社会科学年度项目（重点项目）		
22	生态经济结构视角下北京产业升级与区域产业协调发展研究	工商管理学院	邹昭晞
23	首都经济圈的目标定位及战略重点研究	经济学院	文　魁
	北京市哲学社会科学年度项目（一般项目）		
24	北京市零供企业和谐发展、流通效率与社会福利研究	经济学院	董烨然
25	东京新宿 CBD 现代服务业集聚模式及知识创新研究	工商管理学院	陈立平
26	京津区域金融一体化发展研究	金融学院	谢太峰
27	首都经济圈经济发展水平及地区差异变化的仿真研究——基于财政支出政策效应空间变异性分析	统计学院	马立平
28	以云技术及评价推动北京信息资源配置效率提升的研究	信息学院	马　慧
29	CBD 高端企业总部集聚效应研究	经济学院	周明生
	北京市哲学社会科学年度项目（青年项目）		
30	低碳约束下北京外贸商品结构优化研究	经济学院	王明荣
31	目标管理模式下北京市实现碳强度目标的机制与路径研究	工商管理学院	范合君
32	全球经济再平衡背景下经常账户适度性与逆转冲击效应研究	金融学院	朱　超
33	移民影响下北京多元文化形成的历史机理及对建设世界城市的启示	城市经济与公共管理学院	李青淼
34	北京高校实施三维度绩效预算问题研究	会计学院	许江波
	北京市自然科学基金年度项目（面上项目）		
35	清洁电缆材料的制备及其热解动力学和火灾蔓延特性研究	安全与环境工程学院	钮英建
36	基于 SNS 网络的北京市城市老年人服务体系研究	劳动经济学院	吕学静
37	北京城市公用事业市场化改革与财政补贴机制研究	工商管理学院	柳学信
38	北京依托首都圈建设世界城市的路径研究	城市经济与公共管理学院	祝尔娟
	北京市自然科学基金年度项目（预探索项目）		
39	北京经济发展过程中的低收入群体分享增长成果问题研究	统计学院	阮　敬
	其他省部级项目		
40	构建我国企业首席财务官制度研究	会计学院	崔也光
41	境外非政府组织资金监管研究	财政税务学院	蔡秀云
42	公共服务视角下的城市社区社会组织发展研究——从政府选择到社会选择的实现路径	财政税务学院	蔡秀云
	北京市教育委员会科研计划项目（重点项目）		
43	地方公共产品供给指数研究——以北京市为例	财政税务学院	赵　仑

续表

序号	项目名称	承担单位	负责人
44	北京建设世界城市与京津冀一体化发展研究	城市经济与公共管理学院	祝尔娟
45	北京低碳产品规划和低碳产业发展研究	工商管理学院	于启武
北京市教育委员会科研计划项目(面上项目)			
46	中国财政资源的可支配度研究	财政税务学院	曹静韬
47	京津冀一体化进程中的地方政府合作协调机制研究	城市经济与公共管理学院	张智新
48	农产品贸易救济体系的相关法律问题研究	法学院	谢海霞
49	政府规制风险的行政法研究	法学院	赵　鹏
50	创新驱动的自主技术标准化对装备制造业经济增长贡献研究	工商管理学院	郭卫东
51	大部制下中国垄断产业规制体系构建与机制设计研究	工商管理学院	范合君
52	北京市高新企业信息化风险治理模式研究	会计学院	王凡林
53	后金融危机时代人民币汇率变化趋势和对策研究	金融学院	方　兴
54	北京市收入差距对经济效率的影响及适度水平研究	经济学院	王少国
55	促进我国就业增长的战略研究	劳动经济学院	牟俊霖
56	媒介产业化法律规制研究——以北京市为例	文化与传播学院	郑文明
57	世界城市建设进程中的北京传统节庆与仪式	文化与传播学院	彭利芝
58	北京市体育设施建设现状与发展对策研究	体育部	贺　慨
59	复杂经济数据下测量误差模型的估计理论与方法	统计学院	刘　强
60	北京高校后勤新型服务保障体系研究	会计学院	杨世忠
61	北京市地铁工程建设应急管理评估体系研究	安全与环境工程学院	陈大伟
62	信息资源碳足迹能力的认证模式及其质量工程技术的研究	信息学院	马　慧
北京市教育科学“十一五”规划项目(重点项目)			
63	当前我国大学生多元识读能力现状、问题及对策研究	外语系	张义君
其他委办局级项目			
64	融合传统文化与心理教育开展大学生思想政治教育实践和机制研究	文化与传播学院	郭锦鹏
65	运用团体心理辅导开展大学生思想政治教育工作的探索	文化与传播学院	王　玉
66	高校大学生思想政治教育工作体系内部优化整合研究	工商管理学院	柯文进
67	首都现代产业体系研究	城市经济与公共管理学院	周　伟
68	文化创新能力和文化体制改革	马克思主义学院	陈　宁
69	资源约束下北京市区域产业布局优化研究	经济学院	汪　洋
70	国家“十二五”科技人才发展规划制定工作	经济学院	王稼琼
71	《中长期科技人才发展规划》研究制定	经济学院	王稼琼
72	国际金融反恐合作的法律制度研究	法学院	王剑波
首都经济贸易大学校级科研项目			
73	面向机械安全设计的产品风险评价系统研究及开发	安全与环境工程学院	王　庆
74	地方政府土地财政问题研究——以北京市为例	财政税务学院	史兴旺

续表

序号	项目名称	承担单位	负责人
75	面向“世界城市”的北京城市社区治理模式研究	城市经济与公共管理学院	谭善勇
76	北京市文物、艺术品产业发展与拍卖法律制度研究	法学院	王德山
77	人民币汇率形成机制改革研究	工商管理学院	兰纪平
78	基于治理视角的我国企业信息技术控制有效性研究	会计学院	王海林
79	北京市金融后台园区建设的对策研究	金融学院	施慧洪
80	服务贸易对服务业发展的拉动机制研究——以北京市为例	经济学院	王佃凯
81	监管权力配置模式与公共治理有效性研究	经济学院	沈宏亮
82	北京市人口—经济—环境协调发展研究	劳动经济学院	肖周燕
83	元大都书会作家群研究与北京“玉京”文化广场创意	文化与传播学院	吴伟凡
84	“90后”大学生人际交往心理调查研究	文化与传播学院	徐　辉
85	不平衡数据的分类及其在金融领域的应用研究	统计学院	朱梅红
86	高新技术企业技术威胁动态监测预警机制研究	信息学院	张丽玮
87	模糊环境下基于差分进化算法的投资组合选择研究	信息学院	陈　炜
88	基于碳纳米材料的制备及其细胞毒理研究	安全与环境工程学院	任冬梅
89	随机生产环境下产品组合生产决策模型与优化	安全与环境工程学院	杨　静
90	基于协同演化博弈的社会网络稳定性研究	安全与环境工程学院	李　伟
91	促进北京市科技创新的财政政策研究	财政税务学院	黄芳娜
92	世界城市建设背景下北京市政综合管理体制改革研究：基于纽约、伦敦、东京的比较分析	城市经济与公共管理学院	刘智勇
93	电视广告语言特点研究	对外交流学院	万凯艳
94	社会保险基金管理运营法律制度研究	法学院	王显勇
95	我国会计师事务所合并的动机及效果研究	会计学院	王　霞
96	流动性与金融系统稳定性研究	金融学院	周　晔
97	京津冀地区区域保险发展与经济增长关系实证研究	金融学院	王雅婷
98	上市公司关联交易监管的执法选择性研究	经济学院	赵　娟
99	循环经济与北京对外贸易可持续协调发展的研究	经济学院	于晓云
100	公共就业服务顾客满意度调查研究——以北京市朝阳区为例	劳动经济学院	陈小平
101	毛泽东民主政治思想与中国特色社会主义民主制度的理论构建及实践创新研究	文化与传播学院	成林萍
102	户外广告创意与城市美化建设研究	文化与传播学院	许敏玉
103	文化创意产业背景下的电影营销研究	文化与传播学院	吴三军
104	当代英美马克思主义的道德观研究	文化与传播学院	刘　隽
105	尤金·奥尼尔的悲剧创作与无意识的探讨	外语系	杨述伊
106	数字化三维虚拟校园的技术研究与实践	信息学院	申　蔚
107	北京文化创意产业信贷风险评估与对策分析	信息学院	邱　月

（刘延杰　文玮）

【李婧入选"2011 年新世纪优秀人才支持计划"】 11 月 17 日,教育部科技司公布了最新的"新世纪优秀人才支持计划"入选者名单,经济学院李婧教授当选教育部"2011 年新世纪优秀人才"。这是学校近年来科研事业发展中取得的又一重大成绩,实现了学校在教育部"新世纪优秀人才"申报工作中零的突破。

"新世纪优秀人才支持计划"是 2004 年教育部设立的资助计划,主要目的是进一步加强高等学校青年学术带头人队伍建设,加速培养造就一大批拔尖创新人才,大力增强高等学校原始性创新能力,持续提升高等学校的学术水平和人才培养质量。2011 年计划资助期限为 3 年(2012 年 1 月至 2014 年 12 月),自然科学类资助强度为 50 万元,哲学社会科学类为 20 万元。从 2011 年新世纪优秀人才在高校的分布情况来看,全国共有 7 所财经类院校的 22 名学者入选,北京市属高校中共有 5 所院校的 11 名学者入选。

附:李婧教授简介

李婧,女,1971 年生,经济学博士,教授。研究领域:开放宏观经济学、汇率制度与国际收支、人民币国际化。英国杜伦大学和伦敦大学访问学者。2006 年被北京市委、市政府授予北京市优秀青年知识分子称号。代表作:论文《解析人民币钉住美元制》、《弱势美元背景下的中国资本账户开放》,专著《中国资本账户自由化与汇率制度选择》等。主要社会兼职有中国社会科学院国际金融研究中心特约研究员、中国经济学会英国分会会员、北京市国际金融学会理事等。

(张嘉艳)

科研成果

2011 年,首都经济贸易大学教师出版专著 61 部,编著或教材 59 部,工具书或参考书 17 部,译著 5 部;发表论文 812 篇,其中权威 A 论文 6 篇,权威 B 论文 97 篇,核心期刊论文 325 篇;向有关部门提交研究报告 10 篇。学校有 1 项研究成果获得省部级以上奖励。

(郭光新)

首都经济贸易大学 2011 年出版专著一览表

序号	著作名称	第一作者	所属单位	出版单位	出版时间
1	协同演化社会系统的博弈动力学	李　伟	安全与环境工程学院	化学工业出版社	2011.10.1
2	环境学	李洪枚	安全与环境工程学院	知识产权出版社	2011.6.21
3	一些力学系统的可积性与积分方法	于威威	统计学院	首都经济贸易大学出版社	2011.6.1
4	财政支出项目绩效考评问题研究——以北京市财政支出项目绩效考评为例	崔也光	会计学院	经济科学出版社	2011.12.12
5	绿色北京,环境优化	彭文英	城市经济与公共管理学院	经济科学出版社	2011.12.1
6	网络会计理论与实务相关问题研究	蔡立新	会计学院	吉林出版集团有限责任公司	2011.11.1
7	京津冀产业发展升级研究——重化工业和战略性新兴产业现状、趋势与升级	祝尔娟	城市经济与公共管理学院	中国经济出版社	2011.11.1
8	企业破产重整价值评估研究	栾甫贵	会计学院	立信会计出版社	2011.11.1
9	寻归荒野(增订版)	程　虹	外语系	三联书店	2011.10.20
10	软件产业演进与知识产权关联研究——兼论软件知识产权成果评价体系的完善	陈　蕾	财政税务学院	经济科学出版社	2011.10.16

续表

序号	著作名称	第一作者	所属单位	出版单位	出版时间
11	北京中心城人口疏解与新城发展机制研究	赵秀池	城市经济与公共管理学院	经济科学出版社	2011.10.16
12	高新技术项目技术风险评估	张丽玮	信息学院	科学技术文献出版社	2011.10.15
13	企业内部控制与评价	王竞达	财政税务学院	台海出版社	2011.10.10
14	后危机时代的金融监管研究	祁敬宇	金融学院	首都经济贸易大学出版社	2011.10.10
15	后现代主义诗歌翻译:创作与再现	刘重霄	外语系	首都经济贸易大学出版社	2011.10.9
16	中国公共部门领导力素质模型实证研究	陈小平	劳动经济学院	中国人事出版社	2011.10.5
17	翻译策略之归化异化与目的论	索绪香	外语系	外文出版社	2011.10.1
18	动态资产定价与投机泡沫	李　雪	经济学院	中国经济出版社	2011.10.1
19	仁的价值与时代精神——大变动时代的生存之道	沈敏荣	法学院	人民出版社	2011.10.1
20	中国国家区域援助政策体系研究	邬晓霞	城市经济与公共管理学院	首都经济贸易大学出版社	2011.10.1
21	企业内部控制能力评价研究	王海林	会计学院	首都经济贸易大学出版社	2011.10.1
22	历代法制	张小乐	文化与传播学院	辽海出版社	2011.9.29
23	欠薪与讨薪:工地政体与劳动过程的实证研究	亓　昕	劳动经济学院	首都经济贸易大学出版社	2011.9.22
24	北京市资金流动监测预警系统研究	巩云华	金融学院	首都经济贸易大学出版社	2011.9.1
25	缩小我国贫富差距的理论与对策研究	郝如玉	财政税务学院	经济科学出版社	2011.9.1
26	社会资本与中国区域经济差异研究	赵家章	经济学院	首都经济贸易大学出版社	2011.9.1
27	世界贸易组织规则下我国农业保护政策研究	叶堂林	城市经济与公共管理学院	中国经济出版社	2011.8.15
28	销售与收款内部控制——理论·实务·案例	许江波	会计学院	大连出版社	2011.8.1
29	出口信用保险与企业价值提升	付　磊	会计学院	经济日报出版社	2011.8.1
30	旅游与文化地理学随笔	张祖群	工商管理学院	民族出版社	2011.6.15
31	岗位分析与岗位评价(第2版)	陈　庆	工商管理学院	机械工业出版社	2011.6.15
32	日本战后思想史研究	陈都伟	外语系	海南出版社	2011.6.15
33	发达国家的人口变动与经济发展	李仲生	劳动经济学院	清华大学出版社	2011.6.15
34	关于测量误差模型的统计推断研究	刘　强	统计学院	首都经济贸易大学出版社	2011.6.8
35	多目标线性规划分类方法业绩分析与改进研究	朱梅红	统计学院	首都经济贸易大学出版社	2011.6.1
36	价值链会计分析研究——对会计管理的战略思考	李百兴	会计学院	首都经济贸易大学出版社	2011.6.1
37	排球运动员专项认知眼动特征的研究	廖彦罡	体育部	北京体育大学出版社	2011.5.31

续表

序号	著作名称	第一作者	所属单位	出版单位	出版时间
38	中国产业竞争力研究——基于经济全球化的视角	佘镜怀	工商管理学院	经济管理出版社	2011.5.22
39	软件质量保证与质量管理研究	郭　宁	信息学院	中国商务出版社	2011.5.17
40	企业信息化能力成熟度研究	杨一平	信息学院	人民邮电出版社	2011.5.6
41	医患关系的经济学研究	张　琪	劳动经济学院	中国劳动社会保障出版社	2011.5.1
42	保险问题博弈分析与经济动态仿真	王文举	经济学院	科学出版社	2011.5.1
43	企业人力资源多样化:女性发展问题研究	赵慧军	工商管理学院	首都经济贸易大学出版社	2011.5.1
44	“十一五”期间中国企业人力资源管理热点、重点与难点研究及展望	周施恩	劳动经济学院	首都经济贸易大学出版社	2011.4.28
45	高端访谈:11 位企业高管的人力资源管理真经	周施恩	劳动经济学院	首都经济贸易大学出版社	2011.4.28
46	北京市服务企业顾客信任度与顾客选择行为研究	赵　冰	工商管理学院	经济管理出版社	2011.4.26
47	中国贸易便利化改革的成本与利益分析	杨　莉	工商管理学院	经济管理出版社	2011.4.15
48	高级商业经济理论	董烨然	经济学院	经济科学出版社	2011.4.15
49	组织优先	崔佳颖	工商管理学院	机械工业出版社	2011.4.15
50	垄断行业改革报告	戚聿东	工商管理学院	经济管理出版社	2011.4.10
51	新竞争环境下战略成本管理研究——基于价值链的视角	李百兴	会计学院	经济科学出版社	2011.3.31
52	诽谤的法律规制——兼论媒体诽谤	郑文明	文化与传播学院	法律出版社	2011.3.23
53	高等教育教材出版研究	杨　玲	出版社	首都师范大学出版社	2011.3.1
54	创意城市与城市品牌	王　晖	城市经济与公共管理学院	中国物资出版社	2011.2.19
55	中国公司交叉上市的资本成本效应研究	邹　颖	会计学院	经济管理出版社	2011.1.12
56	中国古代流通经济法制史论	尚　琤	法学院	知识产权出版社	2011.1.4
57	中央商务区(CBD)楼宇经济发展研究	张　杰	城市经济与公共管理学院	首都经济贸易大学出版社	2011.1.1
58	国有上市公司信息披露监管的选择性执法分析	赵　娟	经济学院	首都经济贸易大学出版社	2011.1.1
59	北京金融中心建设研究	谢太峰	金融学院	知识产权出版社	2011.1.1
60	基于价值管理的国有企业分红制度研究	汪　平	会计学院	经济管理出版社	2011.1.1
61	北京市房地产业的社会经济效应	刘水杏	城市经济与公共管理学院	中国建筑工业出版社	2011.1.1

首都经济贸易大学2011年发表权威A期刊一览表

序号	论文题目	第一作者	所属单位	所有作者	发表/出版时间	发表刊物/论文集
1	建筑业欠薪机制的形成与再生产分析	亓　昕	劳动经济学院	亓　昕	2011.9.20	社会学研究
2	经济稳定与持续繁荣的宏观分析——中国经济增长与周期(2011)国际高峰论坛综述	周明生	经济学院	周明生	2011.8.20	经济研究
3	Fuzzy Portfolio Selection Problem with Different Borrowing and Lending Rates	陈　炜	信息学院	陈　炜 杨一平 马　慧	2011.7.4	SCI
4	Estimation of the Linear EV Model with Censored Data	刘　强	统计学院	刘　强	2011.6.16	SCI
5	Testing Equality of Correlations of Two Paired Binary Responses from Two Treated Groups in a Randomized Trial	裴艳波	统计学院	裴艳波 Tang,ML(外) Wong,WK(外) Tang,NS(外)	2011.5.19	SCI
6	Asymptotic Normality for the Partially Linear EV Models with Longitudinal Data	刘　强	统计学院	刘　强	2011.5.15	SCI

首都经济贸易大学2011年发表权威B期刊一览表

序号	论文题目	第一作者	所属单位	所有作者	发表/出版时间	发表刊物/论文集
1	在线会计服务中的产权问题	蔡立新	会计学院	蔡立新 崔也光	2011.12.23	会计研究
2	克里斯托夫·西姆斯理性疏忽理论评介	王　军	经济学院	王　军	2011.12.18	经济学动态
3	市场开放对服务贸易竞争力的影响——基于中国服务业市场开放的分析	王佃凯	经济学院	王佃凯	2011.12.10	财贸经济
4	推进城市化和城乡统筹建设中的几个观念探析	刘业进	城市经济与公共管理学院	刘业进	2011.12.7	中国行政管理
5	临空经济与区域经济发展的耦合作用机理——以首都第二国际机场兴建为例	赵　文	城市经济与公共管理学院	赵　文	2011.11.10	经济社会体制比较
6	中央企业董事会建设研究	徐　炜	工商管理学院	徐　炜	2011.11.5	经济管理
7	公务员情绪智力与工作绩效关系及开发实证研究	陈小平	劳动经济学院	陈小平 肖鸣政(外)	2011.11.1	中国行政管理

续表

序号	论文题目	第一作者	所属单位	所有作者	发表/出版时间	发表刊物/论文集
8	社会性规制的市场结构效应:文献综述及启示	沈宏亮	经济学院	沈宏亮	2011.10.15	经济社会体制比较
9	高校绩效预算:三维度模式及推行策略	许江波	会计学院	许江波 李春龙(外)	2011.10.14	财政研究
10	中央对手方机制防范系统性金融风险研究	李　新	金融学院	李　新 周琳杰(外)	2011.10.10	财贸经济
11	中国垄断产业规制体系的特殊性和模式设计	范合君	工商管理学院	范合君 戚聿东	2011.10.1	经济管理
12	中国企业“走出去”和创新体系路径融入	邹昭晞	工商管理学院	邹昭晞	2011.9.15	改　革
13	金融危机后中国对外直接投资的海外利益研究	刘　宏	经济学院	刘　宏 汪段泳(外)	2011.8.16	经济理论与经济管理
14	中国自然垄断产业竞争模式选择与设计研究——以电力、电信、民航产业为例	范合君	工商管理学院	范合君 戚聿东	2011.8.14	中国工业经济
15	未来20年中国农村劳动力非农化转移的潜力和趋势分析	童玉芬	劳动经济学院	童玉芬 朱延红(学) 郑冬冬(外)	2011.7.29	人口研究
16	北京市优质公共资源配置与人口疏解研究	赵秀池	城市经济与公共管理学院	赵秀池	2011.7.29	人口研究
17	中国经济发展中的两个反差——中国30个城市生活质量调查报告	张连城	经济学院	张连城 张自然(外) 袁富华(外) 赵家章	2011.7.18	经济学动态
18	美国劳动经济学研究动向——基于对《劳动经济学期刊》的分析结果	朱宁洁	发展规划处	朱宁洁	2011.7.18	经济学动态
19	我国垄断行业改革进展、问题与未来方向——“深化垄断行业改革与反垄断高层论坛”会议纪要	柳学信	工商管理学院	柳学信	2011.7.15	中国工业经济
20	我国治理城乡收入差距的对策研究评析与补充	王少国	经济学院	王少国	2011.7.10	经济社会体制比较
21	基于“节能减排”的投入产出模型研究	廖明球	经济学院	廖明球	2011.7.5	中国工业经济

续表

序号	论文题目	第一作者	所属单位	所有作者	发表/出版时间	发表刊物/论文集
22	内部治理与资本成本的关系研究	闫华红	会计学院	闫华红	2011.6.30	财政研究
23	美国金融机构破产前高管薪酬特征分析	王哲兵	会计学院	王哲兵 韩立岩(外)	2011.5.28	审计研究
24	非营利组织的税法认定及其所得课税	丁　芸	财政税务学院	丁　芸	2011.5.1	税务研究
25	我国破产会计研究的回顾与评价	栾甫贵	会计学院	栾甫贵	2011.4.15	会计研究
26	路径依赖、效率特征与政府规制的边际改进	沈宏亮	经济学院	沈宏亮	2011.3.1	改革
27	过度投资与企业价值	蒋东生	经济学院	蒋东生	2011.1.15	管理世界
28	国有企业特点对实施新会计准则的影响——基于对北京市部分国有企业的研究	刘文辉	会计学院	刘文辉	2011.1.1	财政研究
29	Vehicle Routing Problem with Stochastic Demands and Simultaneous Delivery and Pickup Based on the Cross - entropy Method	王传生	信息学院	王传生 邱　月	2011.12.1	EI
30	我国经济走势与宏观调控	张连城	经济学院	张连城	2011.11.28	人民日报理论版
31	A Fuzzy Model for R&D Project Portfolio Selection	王传生	信息学院	王传生 陈　炜	2011.11.26	EI
32	Analysis of the Present Situation of the Children's Sporting Market	廖彦罡	体育部	廖彦罡 蒋　薇	2011.11.18	EI
33	Research on Governance of Potential Safety Hazard in Da'an Mine Goaf	吕淑然	安全与环境工程学院	吕淑然 吕树进(外)	2011.10.28	EI
34	Applying BP Neural Network Model to Forcecast Peak Velocity of Blasting Ground Vibration	吕淑然	安全与环境工程学院	吕淑然 吕树进(外)	2011.10.28	EI
35	The Discussion about the Safety Management of the Mine Tailings Pond Near the Mine Stope	吕淑然	安全与环境工程学院	吕淑然 吕树进(外)	2011.10.28	EI
36	Discuss on the Teaching of College Physics on Non - science and Engineering Major Students	李　伟	安全与环境工程学院	李　伟	2011.10.20	ISSHP

续表

序号	论文题目	第一作者	所属单位	所有作者	发表/出版时间	发表刊物/论文集
37	A Novel PIV Interrogation Algorithm	许联锋	安全与环境工程学院	许联锋 陈刚(外)	2011.10.20	EI
38	Synthesizing Different Preference Information by Fuzzy Programming Method	杨　静	安全与环境工程学院	杨　静	2011.10.20	EI
39	Vehicle Routing Problem with Stochastic Demands and Simultaneous Delivery and Pickup	王传生	信息学院	王传生 邱　月	2011.10.19	EI
40	Research On Generic Multi Agent Simulators	张　军	信息学院	张　军 Tong Shaopeng(学) Chen Wei(学)	2011.9.26	EI
41	Reflection on E - government Development in China	杨艳红	信息学院	杨艳红　姚翠友	2011.9.24	EI
42	Data Collection System Based on SaaS Architecture	张丽玮	信息学院	张丽玮	2011.9.24	EI
43	Multi - Machine Hot Standby Architecture Based on Tuxedo	张丽玮	信息学院	张丽玮	2011.9.9	EI
44	Research on Enterprise Application Integration Based on Web	武　装	信息学院	武　装 Yan Li(学)	2011.8.21	EI
45	Color Image Enhancement Based on Rough Set and Adaptive Genetic Algorithm	武　装	信息学院	武　装	2011.8.20	EI
46	The Integrated Application of Improved Methods on the Chaos Identification in Microcosmic Simulation Traffic Flow	卢　宇	工商管理学院	卢　宇	2011.8.14	EI
47	Research on the Relation Expression for District Collaborative Design	马　峻	安全与环境工程学院	马　峻	2011.8.13	EI
48	Living Conditions and Related Countermeasures on Migrant Women	王　静	劳动经济学院	王　静	2011.8.10	EI
49	Chinese Internet Enterprise Innovation Strategy - Micro - Innovation	尹丽萍	工商管理学院	尹丽萍 Wei Jinjin(学)	2011.8.8	EI

续表

序号	论文题目	第一作者	所属单位	所有作者	发表/出版时间	发表刊物/论文集
50	An Empirical Study on Impacts of Brand Cognition on Brand loyalty	刘建梅	工商管理学院	刘建梅 Xue Yongji(外) Duan Jun(外)	2011.8.8	EI
51	Evidential Synthetic Evaluation Model	段新生	会计学院	段新生	2011.8.8	EI
52	The Establishment and Application of Labour Market Monitoring and Evaluation Model	王　静	劳动经济学院	王　静	2011.8.6	EI
53	Study on the Index – evaluation System of Local Public Goods Supply:A case of Beijing	刘　辉	财政税务学院	刘　辉	2011.8.6	EI
54	The Foudation and Latest Development Trend of Financial Regulation	祁敬宇	金融学院	祁敬宇	2011.8.1	EI
55	Study on Fuzzy Multi – attribute Decision – making Based on Entropy Weight	杨　静	安全与环境工程学院	杨　静	2011.7.30	EI
56	Optimal Conditions for Oxidative Degradation of Bisphenol A by Horseradish Peroxidase in Aqueous phase	李洪枚	安全与环境工程学院	李洪枚 James A Nicell (外)	2011.7.28	EI
57	我国经济结构调整面临新机遇——“中国经济增长与周期论坛(2011)”述要	李　婧	经济学院	李　婧	2011.7.28	人民日报
58	PSO – based Possibilistic Portfolio Model with Transaction Costs	陈　炜	信息学院	陈　炜 姚翠友 邱　月	2011.7.27	EI
59	A New Model of Driving Decision: Considering the Deceleration Limitation	尚华艳	信息学院	尚华艳 彭　愚(外) 陆化普(外)	2011.6.30	EI
60	Study on Environment Factors Affecting B2B E – marketplace Adoption in China:From E – readin-ess Perspective	翟春娟	工商管理学院	翟春娟	2011.6.27	EI
61	Didcussion on Satus and Countermeasures of C2C E – commerce in China	杨艳红	信息学院	杨艳红	2011.6.27	EI

续表

序号	论文题目	第一作者	所属单位	所有作者	发表/出版时间	发表刊物/论文集
62	B2B E - marketplace Adoption in China: From the Perspective of Innovation Diffusion Theory and Network Externalities	翟春娟	工商管理学院	翟春娟	2011.6.25	EI
63	Safety Analysis and Research on Risk Assessment Model of Spacecraft Assembly	陈文瑛	安全与环境工程学院	陈文瑛 万毕乐(外) 孙　刚(外)	2011.6.12	EI
64	Research on District Collaborative Design Based on Relation Expression	马　峻	安全与环境工程学院	马　峻	2011.6.10	EI
65	Assessing Age-related Performance Decrements in User Interface Tasks	周晓磊	信息学院	周晓磊 Zhao Shengdong (外) Mark Chignell (外) Ren Xiangshi (外)	2011.6.6	EI
66	On China's Energy Saving and Emission Reduction and International Law Analysis about Global Climate Change	郭锦鹏	文化与传播学院	郭锦鹏	2011.5.26	EI
67	Class Dependent Face Recognition with 3D Deformable Model	白晓明	信息学院	白晓明 Wang Chengzhang (外)	2011.5.21	EI
68	An Efficient Attribute Reduction Algorithm Designed with Heuristic Function	高　静	信息学院	高　静 韩智东(外)	2011.5.14	EI
69	Application of the Cause - Consequence Diagram Model for Quantify Grinding Machine System Safety capability	陈文瑛	安全与环境工程学院	陈文瑛 柴建设	2011.5.10	EI
70	Research on Public Investment, Private Investment and Economic Growth in the Global Financial Crisis: A Preliminary Model	刘　辉	财政税务学院	刘　辉 焦建国 翟春娟	2011.5.10	EI
71	Designing and establishing food logistics safety system in China	柳学信	工商管理学院	柳学信	2011.5.8	EI

续表

序号	论文题目	第一作者	所属单位	所有作者	发表/出版时间	发表刊物/论文集
72	Government Procurement Game and Procurement Corruption	柳学信	工商管理学院	柳学信	2011.5.8	EI
73	An Empirical Study on the Relationship Between the Characteristics of the Accounting Information Systems (AIS) Planning and the Credibility Thereof	王凡林	会计学院	王凡林 杨世忠	2011.5.8	EI
74	The Causes and Present Situation of Liquidity Problems in China	杜　军	经济学院	杜　军 Ren Jingbo(外)	2011.5.7	EI
75	An Economic View on Beijing's Construction of A World City	杜　军	经济学院	杜　军 Ren Jingbo(外)	2011.5.7	EI
76	Service Innovation and "Services Science"	于晓云	经济学院	于晓云	2011.5.6	EI
77	Belief Function Model of Private Equity Fund Performance Measurement	段新生	会计学院	段新生	2011.5.6	EI
78	Properties of Traffic Flow Under a New Boundary Condition	梅超群	统计学院	梅超群 黄海军(外) 刘业进	2011.4.19	EI
79	Influence of Right-turn Vehicles on Traffic Flow at Signalized Intersections	尚华艳	信息学院	尚华艳	2011.4.15	EI
80	The Research of Internet Public Opinion's Tracking Algorithm	卢　山	信息学院	卢　山 姚翠友	2011.4.1	EI
81	Relation Expression and System Design for District Collaborative Design	马　峻	安全与环境工程学院	马　峻	2011.3.30	EI
82	Quantitative Analysis on the Relationship between Beijing's Financial Input in Education and the Economic Growth	马立平	统计学院	马立平 Chen Shouli(外)	2011.3.22	ISSHP
83	From the Strategic's Perspective of Knowledge Management	宋　云	工商管理学院	宋　云	2011.3.22	ISSHP
84	Influence over Resources Caused by Beijing Population Growth and Suggested Resolutions	王　静	劳动经济学院	王　静	2011.3.22	ISSHP

续表

序号	论文题目	第一作者	所属单位	所有作者	发表/出版时间	发表刊物/论文集
85	Operation Philosophy and Prospect of Chinese and Western Macro-control Power	金晓晨	法学院	金晓晨	2011.3.19	ISSHP
86	The Impact of Cooperator's Losses on Cooperative Behavior in Coevolutionary Social Networks	李　伟	安全与环境工程学院	李　伟	2011.3.19	ISSHP
87	Weight the Indices to Measure Performance of PE Fund with the AHP Model	段新生	会计学院	段新生	2011.3.19	ISSHP
88	通货膨胀周期及其影响因素分析	张连城	经济学院	张连城	2011.3.17	人民日报理论版
89	Application of Isokinetic Instrument and Recover from Illness the Training Instrument in the Knee Joint of College Female Basketball Athlete	马明非	体育部	马明非	2011.3.1	ISSHP
90	The Changing Experience of Chinese University's Organizational Structure of PE Management	吴春霞	体育部	吴春霞	2011.3.1	ISSHP
91	The Definition and Solution to the Correlation in District Collaborative Design	马　峻	安全与环境工程学院	马　峻	2011.2.21	EI
92	中国农民工就业状态的调研	纪　韶	劳动经济学院	纪　韶	2011.2.16	经济理论与经济管理
93	荒野情结——写在《寻归荒野》增订版之前	程　虹	外语系	程　虹	2011.2.7	读书
94	治理模式、规制变迁及其下一步:由5类垄断产业破题	范合君	工商管理学院	范合君 戚聿东	2011.1.15	改革
95	让政府预算在阳光下运行:预算公开透明的思考	李红霞	财政税务学院	李红霞	2011.1.5	财政研究
96	人民币国际化:国际反应及评价	李　婧	经济学院	李　婧	2011.12.18	经济学动态
97	国际贸易中的隐含碳排放核算及责任分配	王文举	经济学院	王文举 向其凤(学)	2011.10.17	中国工业经济

首都经济贸易大学2011年获省部级科学研究优秀成果奖一览表

序号	成果名称	成果形式	获奖完成人	获奖日期	获奖等级
1	公共服务视角下的城市社区社会组织发展研究	研究报告	蔡秀云　姚东旭　刘　辉 禹　奎　郎大鹏　张立彦 赵　琼　李　蕾　史兴旺	2011.11.30	二等奖

【评选学校第八届科研标兵】 2011年,学校开展第八届"科研标兵"评选,10名在科学研究方面表现突出的教科研人员当选。该评选根据《首都经济贸易大学科研奖励管理办法》,按照公平、公正、公开的原则,依据科研管理信息系统的数据,对全校教研人员的科研情况进行排序,选出前13名作为候选人,其中,前两届"科研标兵"获得者不参加评选。经过学校科研处评选、校长办公会审议通过并公示,产生最终评选结果。"科研标兵"评选工作开始于2004年,每年评选一次,迄今共评出81名科研标兵。

首都经济贸易大学第八届"科研标兵"名单见下表。

(杨建华)

首都经济贸易大学第八届"科研标兵"名单

序号	单位	姓名
1	劳动经济学院	朱俊生
2	劳动经济学院	杨河清
3	经济学院	李 婧
4	金融学院	蒋三庚
5	会计学院	付 磊
6	劳动经济学院	纪 韶
7	城市经济与公共管理学院	张 杰
8	金融学院	方 兴
9	城市经济与公共管理学院	祝尔娟
10	财政税务学院	丁 芸

【8部著作获得2011年出版资助】 学校出版基金委员会于6月17日和11月24日召开了首都经济贸易大学学术著作出版资助评审会。两次评审共收到参评著作20部,经过分组审读,大会讨论,无记名投票,最后按出版基金资助管理办法规定,共有8部学术著作获出版资助。

(王爱玲)

首都经济贸易大学2011年出版资助著作名单

序号	著作名称	作者	单位
1	复杂数据下测量误差模型的估计理论与方法	刘 强	统计学院
2	时间序列的聚类方法及其应用研究	张贝贝	统计学院
3	交互作用分析学——一种能有效提升沟通效率的心理学理论	杨 眉	马克思主义学院
4	论企业集团的有机组织:边界与架构的构建与重整	张学平	工商管理学院
5	北京遗产旅游与文化创意产业协同研究	张祖群	工商管理学院
6	北京金融史	祁敬宇	金融学院
7	政府监管政策绩效评估研究	王 蕾	城市经济与公共管理学院
8	法律精神与核心价值观研究	沈敏荣	法学院

【郝如玉教授个人所得税法修订建议受到全国人大领导重视】 4月20日,全国人大常委会开始审议个人所得税法修订草案,全国人大财经委副主任委员、首都经济贸易大学副校长郝如玉教授提出的建议《个人所得税法修订难点的解决策略:确定减税总额,多调级距、税率,少调起征点》,受到了全国人大

领导的重视,作为常委会的参阅材料发送全体常委。同时,全国人大机关刊物《中国人大》杂志 2011 年第 8 期对郝如玉副校长做了专访。

(张嘉艳)

【赵秀池课题研究成果获郭金龙市长批示】 3 月 14 日,城市经济与公共管理学院赵秀池副教授主持的课题研究成果,通过北京市社会科学界联合会上报给市领导参阅后,得到郭金龙市长的批示。2010 年初,通过招投标程序,赵秀池副教授任北京市社科联重点决策咨询课题——“加快促进优质公共资源均衡配置,促进城市中心区人口和功能疏解”的首席专家,带领课题组开展研究。课题组在大量的资料整理、问卷调查、实地访谈等工作基础上,认真分析研究,于 2010 年 11 月完成了研究报告。2011 年年初,课题报告由社科联上报给郭金龙市长,并得到市长批示。随后,北京市住建委的隋振江主任、李荣庆主任、魏方同志也先后做出了有关批示。据悉,赵秀池副教授课题报告中的许多观点已经纳入北京市“十二五”规划和“北京市人民政府关于进一步推进首都交通科学发展,加大力度缓解交通拥堵工作的意见”中。

(张嘉艳)

学术活动

2011 年,学校科研处与各院(系)积极合作,举办了各种形式和规模的学术论坛、学术会议、学术讲座等共计 287 场次。其中,国际会议 3 次,全国性会议 17 次。通过举办这些论坛和会议,学校的科研实力进一步提升,影响力和知名度持续提高。各院、系、部继续组织学术讲座,吸引了众多的研究生和青年学者。此外,学校教研人员还积极参加了校内外各类学术活动。

首都经济贸易大学 2011 年各院、系、部大型学术活动一览表

序号	会议名称	主办单位	会议时间	参加人	备注
1	2011 年第一季度两岸四地消费者信心指数发布会	首都经济贸易大学、中国人民大学、中央财经大学、台湾辅仁大学、香港城市大学、澳门科技大学	2011 年 4 月 12 日	学校相关部门及部分院(系)领导,清华大学、北京大学、中科院、香港城市大学等两岸四地 10 余所高校及科研院所的嘉宾,新华社、香港文汇报、台湾中天电视台等 20 多家媒体	国内学术会议
2	在华外国专家测评与绩效管理	首都经济贸易大学、国家外国专家局国外人才信息中心	2011 年 5 月 6 日	首都经济贸易大学劳动经济学院、国家外国专家局国外人才信息中心国内代表 30 人	国内学术交流
3	建设中国特色社会主义法律体系学术研讨会——后体系时代的法学研究与创新	首都经济贸易大学	2011 年 5 月 27 日	来自政府机构、相关高校和法律实务部门专家学者	国内学术会议
4	深化垄断行业改革与反垄断高层论坛	首都经济贸易大学、中国工业经济杂志社、山东大学反垄断与竞争政策研究中心、哈尔滨商业大学、浙江财经学院、江西财经大学	2011 年 5 月 28 日	国务院发展研究中心、中国社会科学院、国务院发展研究中心、中国人民大学、北京大学等来自国内高校和科研院所的 70 余名专家学者	国内学术交流

续表

序号	会议名称	主办单位	会议时间	参加人	备注
5	中国经济增长与周期论坛暨中国城市生活质量指数发布会（2011）	中国经济增长与周期研究中心、中国社会科学院经济研究所、首都经济贸易大学、香港经济导报社	2011年6月11日	来自国家统计局、国家发改委、国务院发展研究中心、中国社会科学院、商务部、北京大学、中国人民大学、北京师范大学、厦门大学、湖南大学、宁波大学、国际货币基金组织、美国加州大学戴维斯分校等宏观经济管理部门和高等院校的领导和专家	国内学术交流
6	区域金融发展论坛	首都经济贸易大学、北京市国际金融学会	2011年6月16日	中国人民银行、中国工商银行、中国农业银行、中国银行、中国建设银行、中国人民大学、首都经济贸易大学等来自北京市金融业界及学界的180余位嘉宾	国内学术交流
7	2011商品流通国际论坛	首都经济贸易大学	2011年6月18日	来自国务院政研室、国务院发展研究中心、中国社会科学院、中国人民大学等国内高校、中国主要省市商业经济学会的代表、中日韩三国知名流通研究机构及重点流通企业的领导、专家学者100余人	国际学术交流
8	第八届中国数据挖掘与商业智能研讨会暨海峡两岸应用统计研讨会	首都经济贸易大学、中国人民大学和中华资料采矿协会	2011年7月1日	来自耶鲁大学、中国人民大学、中央财经大学、台湾辅仁大学、厦门大学、台湾中央研究院、零点调查公司、麦肯锡咨询中心等高校和研究机构的专家学者	国内学术交流
9	科学研究与学科建设前沿研讨会	首都经济贸易大学安全与环境工程学院	2011年7月12日	国内4所院校教授、3所研究机构教授，共70名专家学者	国内学术会议
10	中国现场统计研究会第十五届学术年会	首都经济贸易大学	2011年8月25日	全国各高校研究统计学的专家学者和博士研究生	国内学术会议
11	兼职研究生导师聘任仪式暨法学人才培养机制研讨会	首都经济贸易大学	2011年9月23日	来自政府机构、相关高校和法律实务部门专家学者	国内学术会议

续表

序号	会议名称	主办单位	会议时间	参加人	备注
12	2011第三季度两岸四地消费者信心指数新闻发布会	首都经济贸易大学	2011年10月17日	学校相关部门及部分院(系)领导,清华大学、北京大学、中国科学院、香港城市大学等两岸四地10余所高校及科研院所的嘉宾,新华社、香港文汇报、台湾中天电视台等20多家媒体	国内学术交流
13	第六届中国雇主品牌论坛	首都经济贸易大学、国际人力资源协会、中国雇主品牌论坛理事会	2011年10月21日	劳动经济学院、国际人力资源协会中国雇主品牌论坛理事会	国内学术交流
14	“人文北京与文化创新”主题论坛	首都经济贸易大学、北京市社会科学界联合会、中国社会科学院清史研究室	2011年10月22日	首都经济贸易大学、北京市社会科学界联合会、中国社会科学院、北京师范大学的专家学者	国内学术交流
15	2011城市国际化论坛	首都经济贸易大学、北京市社会科学界联合会	2011年10月22日	来自美国、韩国、蒙古国以及北京、武汉、厦门、中国台湾等地的36所高等院校、研究机构、政府部门、社会团体110多位代表	国际学术交流
16	第一届资产评估新发展国际论坛	首都经济贸易大学	2011年10月28日	来自美国、英国、日本、中国、新加坡、中国香港和台湾等地的130多位评估专家学者以及9家媒体单位代表	国际学术交流
17	2011年北京国际法学会年会	北京国际法学会主办,首都经济贸易大学承办	2011年11月12日	来自政府机构、相关高校和法律实务部门的100多位代表和嘉宾	国内学术会议
18	中国宏观经济形势研讨会	首都经济贸易大学	2011年11月16日	学校相关部门及部分院(系)领导,北京大学、中国人民大学等高校及中国社会科学院等科研机构的嘉宾,50余名国内宏观经济研究领域的著名专家	国内学术交流
19	北京高校第二届运动与体质健康学术研讨会	首都经济贸易大学、北京市教委、清华大学、武汉大学、苏州大学	2011年12月15日	国内31所著名高校、科研院所、企业近120名专家学者	国内学术会议
20	学校体育工作条例评估研讨会	首都经济贸易大学、北京大学、农业大学、中国人民大学、林业大学、工商大学	2011年12月18日	北京市高校、科研院所、企业近80名专家学者	国内学术会议

(张嘉艳)

科研管理

【概述】 2011年,学校科研处继续坚持以人为本,建立科学、合理、操作性强的科研工作流程,依靠技术管理路线,强化服务意识,搭建成长平台,营造起公平、透明、充满活力的学术氛围和推动学校整体科研水平可持续提升的激励与约束机制。

(张嘉艳)

【新修订的两项科研管理办法正式实施】 6月1日,学校2011年第7次校长办公会审议并通过了《首都经济贸易大学校级科学研究项目管理办法》和《首都经济贸易大学科研奖励管理办法(试行)》两项科研管理办法。与原管理办法相比,新的校级科学研究项目管理办法规定,从2011年起,校级科研项目的遴选和确定工作由各院(系)学术委员会进行;新的科研奖励管理办法对奖励政策进行了调整,加大对高水平学术项目和成果的支持、奖励力度,鼓励教师多出高质量的学术成果,提升学校的科研水平。

(张嘉艳)

【获第二次全国R&D资源清查工作先进集体荣誉称号】 12月5~6日,北京市2011年度普通高校科技/社科统计年报工作会议召开,会议对第二次全国R&D资源清查工作先进集体和先进个人进行了表彰。首都经济贸易大学获得第二次全国R&D资源清查工作先进集体荣誉称号,科研处杨建华同志获得先进个人荣誉称号。

为做好第二次R&D资源清查工作,学校高度重视,由主管校长领导和负责,对清查工作提出了明确要求。学校由科研处牵头,制定了详细的工作方案,对相关院、系、处上报的数据进行认真的审核、评估和汇总,并及时、准确上报,圆满完成了此次R&D资源清查工作,受到了教育部和北京市教委的充分肯定。

(张嘉艳)

科 研 基 地

概 况

2011年,学校继续稳步推进两个北京市哲学社会科学研究基地——CBD研究基地和经济社会发展政策研究基地的建设。两个研究基地在充分利用研究资源、开展科研活动、促进成果应用转化、加强人才培养、服务首都经济发展等方面取得了显著成效。CBD发展研究基地二期建设顺利通过验收,逐步在全国范围内打出品牌,并积极加强国际合作交流;北京市经济社会发展政策研究基地充分发挥基地"大本营、孵化器、试验田和主产地"的重要作用,无论是在基地建设,还是培养人才、服务社会等方面都取得了显著成效,使基地建设步入稳定健康发展的轨道。

(张嘉艳)

CBD发展研究基地

【CBD发展研究基地二期建设顺利通过验收】 1月13日,北京市哲学社会科学CBD发展研究基地二期建设验收汇报会在首都经济贸易大学基地会议室召开。北京市哲学社会科学规划办公室主任王祥武、北京市教育委员会科研处处长赵清、北京市哲学社会科学规划办公室副主任李建平、规划处处长刘娟及来自中国人民大学的4位专家,首都经济贸易大学校长王稼琼教授、副校长丁立宏教授、科研处处长王曼怡教授、CBD基地执行负责人蒋三庚教授等出席会议。

与会领导和专家在听取基地汇报后一致认为,3年来CBD基地建设务实进取,沿着组建团队—课题带动—凝聚人才—培养骨干的思路不断发展,定位好、成果实,交流广、层次高,团队合理、水平领先。年度报告成系列,已逐步打出品牌,同时希望今后加强国际合作交流等工作,进一步扩大研究基地的影响,取得更大成绩。

(李艳杰)

【积极承担政府委托研究项目】 2011年,研究基地充分发挥科研引导优势,承担了10余项部委、北京市政府、机构委托的研究项目。基地研究人员承担了《北京商务中心区"十一五"发展白皮书》、《开发金融支持北京区域经济发展研究》、《北京市转变经济发展方式内容及路径研究》、《北京市科技金融发展研究》、《北京科技商务区(TBD)发展规划研究》、《当前建设用地审批存在问题与改革方向研究》、《基于集约节约用地约束下的城市产业用地布局研究》、《城市"三旧改造"再开发战略研究》等研究报告、研究项目和研究成果多已转化为政府部门决策。

(李艳杰)

【联合承办城市国际化论坛】 10月22日,CBD发展研究基地与首都经济贸易大学国际问题研究所、城市经济与公共管理学院、北京市经济社会发展政策研究基地共同承办了"2011年城市国际化论坛"。来自美国、韩国、蒙古国以及北京、武汉、厦门、天津、河北、中国台湾等地的70余所高等院校、研究机构、政府部门、社会团体的200多位代表参加了论坛,以"全球化进程中的大都市治理"为主题进行了深入探讨。

(李艳杰)

【《CBD发展资讯》影响持续扩大】 2011年,研究基地主办的内部参考杂志《CBD发展资讯》第十二期(文化创意)、第十三期(商贸服务业)、第十四期(软环境建设)、第十五期(特大城市)刊印发行。杂志从地方政策、热点分析、理论探讨、经验借鉴、成果简介等多方面围绕每期主题进行聚焦,传递资讯。《CBD发展资讯》已成为CBD理论交流与传播的重要平台。

(李艳杰)

【加强对外交流与联系】 6月,CBD研究基地执行负责人蒋三庚教授应邀到广州天河CBD进行学术交流。交流考察期间,广州天河区主要领导、天河CBD领导与蒋三庚教授进行了座谈,就天河CBD发展问题深入探讨。10月,基地负责人应邀参加南京市研究报告评审会,南京市委常委、副市长赵晓江等领导听取汇报并就南京市经济发展与基地负责人进行了讨论。基地研究人员积极参加"CBD国际金融发展论坛"、"2011年中国区域经济学年会"等各种论坛、研讨会,发展了基地对外联系,增强了基地品牌影响力。

(李艳杰)

【获批立项北京市社科规划项目】 2011年,研究基地获批北京市哲学社会科学规划项目《东京新宿CBD现代服务业集聚模式及知识创新研究》和《CBD高端企业总部集聚效应研究》。这些项目的研究将进一步凝练研究基地的研究方向,对培育CBD研究人才、深化研究有着重要作用。

(李艳杰)

【组团赴多所大学研究基地进行考察学习】 10~11月,研究基地学习考察组先后赴中国人民大学、对外经济贸易大学、浙江工商大学、重庆工商大学等高校的教育部研究基地进行调研和考察学习。学习考察组对各研究基地的组织机构、运行机制、平台搭建、科学研究、人才培养等方面进行了深入调查研究,为今后加强基地建设取得了宝贵经验。

(李艳杰)

【基地顺利进行课题招标】 9月,为加强研究基地建设,北京市哲学社会科学CBD发展研究基地、北京市经济社会发展政策研究基地联合展开专项课题招标工作。经研究基地专家评审组认真评审,有五项课题获批为2011年度研究基地内部课题。

(李艳杰)

【基地2010年度研究报告出版发行】 1月,《中央商务区(CBD)楼宇经济发展研究——2010年北京CBD研究基地年度报告》由首都经济贸易大学出版社出版。该书是CBD研究基地张杰博士的专著,全书共分8章,主要内容是对CBD楼宇经济的相关理论、发展要素、模式比较、发展类型、建设路径等方面进行研究分析。该书共计27.7万字,在社会上引起很好反响。

(李艳杰)

北京市经济社会发展政策研究基地

【基地自设课题进行公开招标】 为了更好地"服务首都经济社会发展",北京市经济社会发展政策研究基地决定面向全校各院(系)的教师,对2011年自设课题进行公开招标。重点围绕"十二五"时期北京市经济转型、产业升级、建设世界城市等经济社会发展中的重大理论和现实问题,引导教师进行应用性、对策性研究,为北京市政府决策提供咨询服务。通过个人申报、专家评审,最后确定了5个基地自设课题,主要包括《北京与河北"环首都经济圈"战略对接研究》、《北京建设中国特色世界城市与促进新城发展研究》、《北京市低碳城市建设目标与政策体系》、《京津冀区域治理研究》、《首都经济圈临空经济耦合作用研究》,每项课题资助2万元。这些项目起止时间为2011年6月至2012年6月。

同时,配合学校申报教育部重点研究基地的研究需要,北京市经济社会发展政策研究基地和CBD研究基地联合公开招标一批"特大城市"的基地项目,通过个人申报、专家评审,最后确立了5个项目,分别是:《特大城市形成发展规律研究》、《特大城市承载力研究》、《特大城市辐射力研究》、《特大城市现代产业体系研究》、《特大城市金融国际化研究》。

经过半年的研究已经全部结项，并通过专家鉴定，形成了一批有关特大城市的研究成果。

（祝尔娟）

【“首都圈生态文明建设”学术创新团队成立】 4月16日，由北京市经济社会发展政策研究基地彭文英教授率领的“首都圈生态文明建设”学术创新团队在西国贸大酒店举行了团队成立暨研究专家论证会。国务院发展研究中心资源与环境政策研究所副所长谷树忠研究员、中国科学院地理科学与资源研究所经济地理与区域发展研究室副主任张文忠研究员、北京师范大学地理学院张科利教授和赵烨教授、首都师范大学资源环境与旅游学院王晓燕教授、海淀区发展和改革委员会副主任刘建民博士、首都经济贸易大学区域经济学科带头人张强教授及团队成员参加了会议。

（祝尔娟）

【赴“珠三角地区”考察学习】 4月21～26日，祝尔娟教授带领基地13名教师和学生对深圳、广州、珠海、佛山、肇庆等城市进行了学习考察。深圳市委党校经济发展研究所所长袁晓江教授全面、系统地向老师们介绍了珠三角的经济转型、产业升级以及区域一体化进程。广东省委党校经济学部副主任白国强教授重点介绍了珠三角一体化、产业升级、产业集聚、产业转移、节能减排、技术创新、港口群建设、粤港合作等问题，并与大家进行了互动交流。该团队还考察了佛山、肇庆和珠海3个城市。在珠海参观了韬博平板照明有限公司生产车间，听取了公司负责人关于照明设备生产工艺流程、产品特点、市场前景以及经营理念等的详细介绍。通过对5个城市的学习考察和交流座谈，大家对珠江三角洲的发展实力、经济转型、产业升级、区域产业分工与空间布局、中小城市实力与发展势头、深港一体化、广佛一体化以及敢闯敢试的创新精神等有了近距离接触、深切感受和深入认识，也从中获得了对加快京津冀地区发展的许多重要启示。

（祝尔娟）

【获批立项北京市社科规划及自然科学基金项目】 2011年，北京市经济社会发展政策研究基地获批2项北京市级科研项目。它们分别是由文魁教授牵头、以首都圈研究团队为主力申报的北京市社科规划重点项目《首都经济圈的目标定位及战略重点研究》及由祝尔娟教授主持的北京市自然科学基金项目《北京依托京津冀建设世界城市的路径研究》。

（祝尔娟）

【召开“京津冀蓝皮书主创人员会议”】 10月22日，北京市经济社会发展政策研究基地召开了京津冀蓝皮书主创人员会。为了进一步深化首都圈理论研究、推出标志性学术成果，由首都经济贸易大学牵头，在北京政策研究基地组织、社会科学文献出版社大力支持下，召开了蓝皮书主创人员会。首都经济贸易大学副校长丁立宏、蓝皮书主编文魁教授和社会科学文献出版社副总编周丽出席会议，京津冀三地专家学者30多人参加会议。《京津冀发展报告》是一部对京津冀历年发展状况和发展态势进行综合分析和前瞻性预测的蓝皮书，作者为京津冀三地的大学、科研院所和政府研究机构的专家学者。该书既有前沿的理论研究，又有现实发展的实证分析、空间分析以及政策分析，对长期关注和研究京津冀的理论工作者和地方政府决策部门具有重要的参考价值。会上大家充分讨论了首都蓝皮书的编写大纲。

（祝尔娟）

【编印《首都圈发展动态内参》】 11月1日，北京市经济社会发展政策研究基地编印《首都圈发展动态内参》。该内参的主要栏目包括政府视角、媒体追踪、学术争鸣、北京经济社会发展政策研究基地成果介绍等内容，随时把握区域发展最新动向，了解最新思路与观点，为京津冀各级政府以及研究人员提供研究参考。

（祝尔娟）

【举办首都圈发展高层论坛】 12月3～4日，由首都经济贸易大学主办、北京政策基地协办的“2011年首都圈发展高层论坛”在北京隆重举行。来自京津冀三地的专家学者围绕“推进京津冀区域一体化”这一主题，结合最新研究成果，重点分析了京津冀区域一体化的宏观背景和发展进程、产业空间结构演化趋势、京津冀梯度差和区域一体化中的突出问题，并对首都经济圈的范围界定、打造首都经济圈、推进环首都绿色经济圈、加快河北沿海发展带等发展战略提出了具体的战略构想和政策建议。祝尔娟教授主持了开幕式，副校长丁立宏致开幕词，文魁教授做大会总结发言。《21世纪经济报导》、《经济观察报》、《中国财经报》、国家经济地理网、和讯网等媒体到会采访并转播。

（祝尔娟）

科 研 机 构

概 况

2011 年,学校各研究机构在本学科学术带头人的领导下,从事研究与开发活动。各研究机构立足北京、放眼全国,紧密联系中国的社会实际开展国内外合作研究,以应用经济和管理学研究为基础,积极地开展各种学术研究和社会服务。首都经济贸易大学科研管理中心已经发展为集教学、科研于一体、拥有自身重点和特色的多学科领域研究机构,参与国家级研究中心领域重大课题的规划与设计,承担国家社科基金、教育部人文社科、国家软科学基金及国家自然科学基金等重大相关研究项目的学术中心。

(姜红)

研究院

【社会计算研究院成立】 10 月 17 日,首都经济贸易大学社会计算研究院正式成立,并举行揭牌仪式。社会计算研究院是我国高校建立的首家在现代社会经济科学、统计计算和计算机技术快速发展的背景下,利用云计算系统对网络、社会经济、人民生活、社会热点问题等调查数据进行整理、分析、建模、计算,以研究社会经济理论、解释社会经济现象、预测社会经济走势为目的的研究型机构。它的成立既为我国社会经济学专家和学者提供了一个良好的科研环境,也为高校的国际化人才培养开创了一个崭新的模式,对提升我国社会计算科学的国际知名度以及促进我国社会经济计算研究领域的发展具有重大意义。研究院下设 3 个研究中心和 1 个实验室:社会经济调查研究中心、云计算研究中心、数据挖掘研究中心和经济仿真实验室。研究院名誉院长由全国人大常委会副委员长蒋正华教授担任,郝如玉担任研究院顾问,纪宏任研究院院长。

(张嘉艳)

【中国经济实验研究院成立】 11 月 16 日,首都经济贸易大学中国经济实验研究院成立大会正式召开。党委书记柯文进与全国人大常委、财经委副主任郝如玉一起为研究院揭牌。中国经济实验研究院是在我国经济改革和经济发展的关键时期建立的。随着中国改革的深入,改革所面临的形势将更为艰巨和复杂,中国改革必须从“摸着石头过河”的“实践试错”向着利用现代手段进行政策模拟和评估的“实验试错”转变。中国经济实验研究院旨在推动经济实验研究,繁荣经济科学,为推进我国的经济体制改革,提高经济增长质量,促进经济发展服务。成立中国经济实验研究院的目标是把研究院建设成为这一领域具有国际一流水平的高度开放的研究机构。研究院由郝如玉担任名誉院长,张连城担任研究院院长,中国社会科学院经济研究所副所长张平教授任专家委员会主任、首席经济学家。

(张嘉艳)

学　术　刊　物

概　况

首都经济贸易大学学术刊物包括《首都经济贸易大学学报》、《经济与管理研究》、《当代经理人》、《人口与经济》4 本。其中,《首都经济贸易大学学报》、《经济与管理研究》、《当代经理人》由学校杂志总社编辑出版。办好这 3 本杂志的宗旨是:发表高水平的学术文章,为学校的教学科研与学科建设服务,充分展示学校在经济学、管理学和其他学科领域的研究成果;同时,为社会提供创新的经济管理学术思想,为繁荣国家的新闻出版事业服务。《人口与经济》由首都经济贸易大学人口经济研究所承办出版,主要发表人口学以及与人口学相关联的交叉学科相关文章,复旦大学、上海交通大学、武汉大学等 70 余所大学将其认定为权威期刊,在全国 7 000 余种学术期刊中排名 338 位,具有较高的学术影响力。

（宛恬伊　方志）

《首都经济贸易大学学报》

【概述】 《首都经济贸易大学学报》创刊于 1991 年,是由首都经济贸易大学主办的以经济和管理为主的学术期刊,是全国中文核心期刊、中国人文社会科学核心期刊和中文社会科学引文索引(CSSCI)扩展版来源期刊。2011 年,《首都经济贸易大学学报》选题突出学术性和创新性,注重前瞻性与现实性相统一,强调规范分析与实证分析相结合。《首都经济贸易大学学报》定位一个“全”字,即办成一本全面反映中国财经院校教学科研和学科建设成果的学术期刊,为财经院校师生和教育管理人员提供交流平台。《首都经济贸易大学学报》办刊重点是全面反映学校经济学、管理学和其他学科的教学科研成果,特别是国家级和省部级研究项目的代表性成果;办好“理论综述”和“经济史”两个重点栏目。

（杂志总社）

【出版与发行情况】 2011 年,《首都经济贸易大学学报》共出版 6 期,刊载文章 112 篇,校内稿件占 25%。期刊全年稿件录取率为 11%。《首都经济贸易大学学报》期均发行量为 880 册。

（周斌　宛恬伊）

【《首都经济贸易大学学报》被评为中文核心期刊】 12 月,北京大学图书馆发布《中文核心期刊要目总览(2011 年版)》,《首都经济贸易大学学报》入选,在综合性经济科学类核心期刊中位列 24 名。

（宛恬伊）

【《首都经济贸易大学学报》影响因子】 12 月 22 日,中国科学文献计量评价研究中心与清华大学图书馆在北京联合发布《中国学术期刊影响因子年报(人文社会科学)》(2011 年)。《首都经济贸易大学学报》综合指标如下:

综合总被引	285
综合影响因子	0.295
综合他引影响因子	0.291
综合即年指标	0.076

（宛恬伊）

【《首都经济贸易大学学报》转载情况】 2011 年,中国人民大学《复印报刊资料》全文转载《首都经济贸易大学学报》发表的文章 7 篇,索引收录 84 条。

（周斌　宛恬伊）

《经济与管理研究》

【概述】《经济与管理研究》创刊于1980年,1998年起由首都经济贸易大学与中国工业经济学会联合出刊,是中文社会科学引文索引(CSSCI)来源期刊、全国中文核心期刊和中国人文社会科学核心期刊。《经济与管理研究》选题关注国计民生、阐述政策热点、跟踪发展前沿、捕捉思想创见。2011年,《经济与管理研究》定位一个"专"字,即办成一本在全国经济管理专业领域有重要影响的学术期刊,为经济管理理论研究人员和经济管理部门工作人员提供最新的专业知识。办刊重点是保持核心期刊地位,不断提高在全国经济类和管理类学术期刊中的竞争力,逐步提高文章的转载率和引用率;办好"产业经济"和"企业管理"两个重点栏目,努力将这两个栏目打造成名栏。

(杂志总社)

【出版与发行情况】 2011年,《经济与管理研究》共出版12期,发表文章201篇,校内稿件占13.4%。期刊全年稿件录取率为2.7%。《经济与管理研究》期均发行量为3 700册。

(魏小奋　宛恬伊)

【《经济与管理研究》被评为中文核心期刊】 12月,北京大学图书馆发布《中文核心期刊要目总览(2011年版)》,《经济与管理研究》入选,在工业经济/邮电通信经济类核心期刊中位列13名。

(宛恬伊)

【《经济与管理研究》影响因子】 12月22日,中国科学文献计量评价研究中心与清华大学图书馆在北京联合发布《中国学术期刊影响因子年报(人文社会科学)》(2011年)。《经济与管理研究》综合指标如下:

综合总被引	706
综合影响因子	0.634
综合他引影响因子	0.623
综合即年指标	0.118

(宛恬伊)

【《经济与管理研究》转载情况】 2011年,中国人民大学《复印报刊资料》全文转载《经济与管理研究》发表的文章32篇,索引收录210条。《经济与管理研究》已成为中国人民大学《复印报刊资料》重要转载来源。在508种"经济学"学术期刊中,《经济与管理研究》转载量位列20名,综合指数位列26名;在410种"应用经济学"学术期刊中,《经济与管理研究》转载量位列21名,转载率位列27名,综合指数位列26名。

(魏小奋　宛恬伊)

《人口与经济》

《人口与经济》作为人口学界核心期刊,2011年全年刊登人口学、人力资源以及社会保障等栏目优秀文章100余篇,其中多篇文章被他人引用。2010年4月,中国人民大学人文社会科学学术成果评价研究中心所作的"2010年度《复印报刊资料》转载学术论文指数排名"中,《人口与经济》在社会学类195种期刊中转载率位列第17名。2011年,《人口与经济》编辑部继续加强与国内相关领域作者的学术交流,在2010年创刊30周年纪念及学术研讨会的基础上,2011年出版中英文会议论文集各1本。此外,《人口与经济》编辑部进一步完善编辑出版流程,并于2011年首次成立了期刊编辑委员会。校长王稼琼担任首届期刊编委会的主任,杨河清、童玉芬教授担任编委会副主任。2011年,《人口与经济》编辑部完成法定代表人以及出版地址等的变更项目,校长王稼琼继前校长文魁之后担任期刊的法定代表人。

(方志)

《当代经理人》

《当代经理人》杂志的前身系《北京财贸学院学报》、《北京经济瞭望》。《北京财贸学院学报》于1980年创刊,后更名为《北京经济瞭望》,2003年更名为《当代经理人》。

《当代经理人》的办刊宗旨是为首都经济贸易大

学的管理学学科建设服务,特别是为专业硕士教育服务。2011 年,《当代经理人》定位一个“实”字,即办成一本反映中国经济管理实践中的热点问题,面向职业经理人阶层和 MBA 教育,为其提供管理实践经验交流和管理教育交流的学术期刊。办刊重点是及时反映国有企业、民营企业和外资企业职业经理人关注的热点问题以及 MBA 教育的前沿问题;办好“企业家”和“MBA 教育”两个重点栏目。

（杂志总社）

第六篇

人才队伍建设

12 月 7 日，财政部企业司司长刘玉廷和中国资产评估协会副会长兼秘书长刘萍受聘为首经贸客座教授

9 月 13 日，国务院特殊津贴获得者、国家级教学名师娄成武教授受聘为首经贸讲座教授

9 月 7 日，金融学院举行中国银监会会计部主任李怀珍兼职教授聘任仪式

9 月 14 日，原中国人民银行营业管理部主任，现国家外汇管理局纪委书记杨国中教授聘任仪式暨学术报告会举行

11 月 25 日，全国十优法官张勇受聘为首经贸法学院校外导师

6 月 23 日，首经贸举行 2011 年新教工培训开班典礼

2011 年，新教工入职培训合影

5 月，首经贸 OTA 组织教师到天津进行学术考察

人才队伍基本情况

概　况

2011年是学校启动实施“十二五”建设规划的开局之年，也是学校全面贯彻落实第三次党代会和中长期事业发展规划的第一年，学校人才工作以教师国际化为抓手，加大高层次人才引进力度，着重加强学科带头人培养，着力提升师资队伍水平。学校制定了师资队伍中长期发展规划和人才队伍建设“十二五”规划，继续深化人事制度改革，规范内部管理体制和运行机制，在人才引进、人才培养、人才使用、人才激励、人才服务、人才促进等方面进行了有益的探索，为学校的学科建设、教学改革、科研提升提供了有效的人力资源支持和保障。

人事处是学校人才队伍建设的职能管理部门，主要负责教师、管理人员、其他专业技术人员、工勤技能人员4支队伍的建设以及学校的机构设置与编制管理，法人证书与组织机构代码管理，劳资、福利、社会保险、合同、人事信息、人事档案等行政管理工作。此外，人事处还是教师促进中心的挂靠部门，负责教师促进中心的日常行政管理工作。

2011年围绕学校中心工作，人事处加强了管理制度建设，出台了《首都经济贸易大学人事代理制度暂行规定》（首经贸政发〔2011〕6号）和《首都经济贸易大学海外高层次人才引进工作暂行办法》（首经贸政发〔2011〕7号），进一步规范了学校用人制度，理顺了运行机制，提高了学校的人事管理水平。加大了海外高层次人才的引进力度，全年共引进兼职高级技术人员24人，其中讲座教授5人、兼职（客座）教授19人，接收应届毕业生及军转干部43人。应用经济学博士后流动站进站2人，出站1人，在站博士后中，1人获得科研活动经费资助A类资助，资助金额5万元。进一步加大专任教师培训力度，全年共资助14位教师参加国外项目的培训，组织45位专任教师参加北京市哲社培训项目，组织33位教师参加多媒体课件设计与制作专题培训，组织43位教师参加新教工入职培训，组织42位人事秘书参加医疗制度改革专题培训。

教师促进中心通过组织主题午餐会、学术活动、户外沙龙、巅峰课堂、一对一个别帮助五大品牌活动，帮助教师实现个人与学校的共同成长，不仅受到了学校教师的欢迎，而且也引起了北京市乃至全国教育界的关注。

截至2011年12月31日，学校在编人员新入职43人，因退休、调出、在职死亡等原因减少67人，增员和减员人员结构分析见下表。

（邢琪）

首都经济贸易大学2011年教职工增员情况分布表

2011年新增人员43人	类别
增员的系列分布	专任教师24人
	管理人员15人
	其他专业技术人员4人
增员的学历分布	获得博士学位24人
	获得硕士学位13人
	获得本科学历6人
增员的来源分布	选留毕业生28人
	其中：本校8人
	海外留学2人
	211院校17人
	其他1人
	调入4人

首都经济贸易大学2011年教职工增员情况一览表

部门	姓名	性别	出生年月	学历	学位	最后学历毕业院校	接收方式	岗位类别
教育技术中心	陈　康	男	1982年5月	研究生	博士	北京理工大学	调入	专技
党政办公室	陈　宁	女	1964年11月	研究生	硕士	中国人民大学	调入	管理
离退休工作处	王　楠	男	1981年8月	本科	无	空军工程大学	军转接收	管理
统计学院	刘智聪	男	1979年12月	研究生	博士	中国科学院	博士后出站	教师
劳动经济学院	张航空	男	1982年4月	研究生	博士	中国人民大学	接收应届毕业生	教师
劳动经济学院	盛龙飞	男	1983年2月	研究生	博士	中国人民大学	接收应届毕业生	教师
信息学院	范　烺	男	1982年8月	研究生	博士	英国卡迪夫大学	博士后出站	教师
信息学院	胡　磊	男	1983年5月	研究生	博士	北京大学	接收应届毕业生	教师
会计学院	阎　竣	女	1979年3月	研究生	博士	华中农业大学	博士后出站	教师
会计学院	王　伟	男	1982年1月	研究生	博士	中央财经大学	博士后出站	教师
金融学院	谢　飞	女	1985年3月	研究生	博士	北京航空航天大学	接收应届毕业生	教师
金融学院	徐　昕	男	1979年9月	研究生	博士	中国人民大学	博士后出站	教师
外语系	罗晓萌	女	1986年10月	研究生	硕士	英国华威大学	接收应届毕业生	教师
外语系	杜　娟	女	1977年12月	研究生	博士	北京外国语大学	接收应届毕业生	教师
工商管理学院	黄苏萍	女	1985年2月	研究生	博士	中国人民大学	接收应届毕业生	教师
城市经济与公共管理学院	潘　娜	女	1982年1月	研究生	博士	中国人民大学	接收应届毕业生	教师
体育部	舒　心	男	1981年4月	研究生	学士	北京工业大学	调入	教师
财政税务学院	郭晓丹	女	1985年6月	研究生	硕士	首都经济贸易大学	接收应届毕业生	管理
组织部	柳　艺	女	1986年7月	研究生	硕士	首都经济贸易大学	接收应届毕业生	管理
教务处	陈海沐	女	1987年3月	研究生	硕士	北京交通大学	接收应届毕业生	管理
研究生部	王延娜	女	1984年10月	研究生	硕士	对外经济贸易大学	接收应届毕业生	管理
法学院	王漪鸥	女	1985年1月	研究生	硕士	首都经济贸易大学	接收应届毕业生	管理
金融学院	常　彪	男	1986年8月	研究生	硕士	首都经济贸易大学	接收应届毕业生	管理
文化与传播学院	潘镜宇	女	1982年5月	研究生	硕士	首都经济贸易大学	接收应届毕业生	管理
团委	孟雪丽	女	1985年1月	研究生	硕士	北京化工大学	接收应届毕业生	管理
继续教育学院	陈　思	男	1982年4月	研究生	硕士	首都经济贸易大学	接收应届毕业生	专技
校医院	王艳萍	女	1978年11月	本科	无	北京大学医学部	调入	专技
财务处	王　琼	男	1984年11月	研究生	硕士	首都经济贸易大学	接收应届毕业生	专技
会计学院	赵懿清	女	1982年9月	研究生	博士	中国人民大学	接收应届毕业生	教师
法学院	李璐玲	女	1981年8月	研究生	博士	清华大学	接收应届毕业生	教师
劳动经济学院	刘　潇	女	1983年11月	研究生	博士	中国人民大学	接收应届毕业生	教师
文化与传播学院	毛　琦	女	1977年7月	研究生	博士	中国艺术研究院	调入	教师
文化与传播学院	谭宇菲	女	1981年6月	研究生	博士	中国人民大学	接收应届毕业生	教师
文化与传播学院	李培涛	男	1979年12月	研究生	博士	北京师范大学	接收应届毕业生	教师
外语系	姚成贺	女	1981年5月	研究生	博士	南京大学	接收应届毕业生	教师

续表

部门	姓名	性别	出生年月	学历	学位	最后学历毕业院校	接收方式	岗位类别
城市经济与公共管理学院	崔高鹏	男	1982 年 5 月	研究生	博士	北京师范大学	接收应届毕业生	教师
劳动经济学院	徐　静	女	1983 年 2 月	研究生	博士	香港大学	接收应届毕业生	教师
城市经济与公共管理学院	张云雪	女	1986 年 11 月	研究生	硕士	贵州财经学院	接收应届毕业生	管理
科研处	李艳杰	女	1977 年 12 月	研究生	博士	首都经济贸易大学	接收应届毕业生	管理
保卫处	魏少辉	男	1982 年 6 月	本科	无	石家庄机械化步兵学院	军转接收	管理
信息学院	闵渝玲	女	1976 年 10 月	研究生	硕士	武汉通信指挥学院	军转接收	管理
后勤管理处	彭应铨	男	1973 年 12 月	大学毕业	无	天津运输工程学院	军转接收	管理
资产管理处	马晓宁	男	1979 年 2 月	大学毕业	无	解放军后勤工程学院	军转接收	管理

首都经济贸易大学 2011 年教职工减员情况一览表

2011 年减少人员 67 人	类别
减员的系列分布	专任教师 15 人
	管理人员 32 人
	其他专业技术人员 5 人
	工勤人员 15 人
	博士后研究人员 0 人
减员的原因分布	离退休 58 人
	调出校外 9 人
	其中：教师 4 人
	管理 5 人
	辞职、辞退、自动离职 0 人
	在职死亡 0 人

（纪长青　麻艳如）

教师队伍结构

“十一五”期间，学校坚持培养与引进并重，师德教育与业务提高并进的方针，通过制定和实施一系列措施，教师队伍的总体水平明显提高，人才结构进一步优化。

截至 2011 年 12 月 31 日，学校在职教师 632 人，其中教授 138 人，副教授 291 人，讲师 196 人，助教 7 人。45 岁以下教授占教授总数的 25.4%，45 岁以下的中青年教师占教师总数的 56.0%；具有博士学位的教师 285 人，占教师总数的 41.1%；博士生导师 47 人，硕士生导师 276 人；教师学缘构成中有 75.7% 来自外校。

截至 2011 年 12 月 31 日，学校在职管理人员 349 人，副局级 2 人，正处级 23 人，副处级 25 人，正科级 77 人，副科级 68 人，科员（办事员）134 人。其中 45 岁以下管理人员占管理人员的 58.5%，具有硕士以上学位的管理人员达到 39.3%。

（李凤磊　纪长青）

其他专业技术人员队伍结构

截至2011年12月31日,学校在职其他专业技术人员167人。其中,高级30人,中级94人,初级32人;45岁以下其他专业技术人员占55.7%;具有硕士以上学位的其他专业技术人员达到29.3%。

(纪长青)

工勤技能人员队伍结构

截至2011年12月31日,学校在职工勤技能人员251人。其中,高级工136人,中级工41人,初级工6人,普工64人。

(纪长青)

人 才 引 进

应届毕业生接收

根据编制、空岗情况和接收大中专毕业生的相关规定,经校长办公会讨论通过,2011年学校接收应届毕业生43人。其中,教师岗位23人,党政管理岗位16人,其他专业技术岗位4人。在接收的应届毕业生中,具有博士后研究经历的5人,具有博士学位的23人,具有硕士学位的14人;211或985类院校毕业生22人,海外留学归国人员3人。

(麻艳如)

军转干部接收

为做好军转干部接收工作,2011年学校申报招聘岗位5个,最终接收军转干部5名。

首都经济贸易大学2011年接收军转干部一览表

接收单位	拟补充岗位名称	学历层次	专业研究方向	人数	接收人员
保卫处	治安管理	本科及以上	治安管理或安全管理	1	魏少辉
离退休工作处	离退休管理	本科及以上	管理类相关专业	1	王　楠
资产管理处	设备管理	本科及以上	计算机与信息技术	1	马晓宁
后勤管理处	节能管理员	本科及以上	电气工程专业	1	彭应铨
信息学院	办公室	本科及以上	行政管理或计算机相关专业	1	闵渝玲

(麻艳如)

博士后管理

2011年,进入博士后流动站工作1人,办理出站手续1人。截至2011年12月31日,学校博士后流动站招收博士后在站4人,企业联合培养博士后2人。

(麻艳如)

教 师 培 养

人才项目

【北京市“新世纪百千万人才工程”】 经专家评审委员会评审，经济学院李婧教授以“跨境贸易人民币结算和放松资本管制问题研究”项目获2011年北京市“新世纪百千万人才工程”培养经费个人资助，资助金额共计5万元。

（麻艳如）

【北京市属市管高等院校人才强教深化计划】 根据《北京市属市管高等院校人才强教深化计划》（简称“人才强教深化计划”）文件规定，2011年学校入选北京市人才强教深化计划讲座教授项目2个，创新人才项目2个，创新团队项目4个，中青年骨干人才项目24个。2011年人才强教项目名单见下表。

2011年人才强教项目名单

项目类别	项目编号	姓名	性别	学历	学位	从事专业	备注
讲座教授	PHR20110322	逄锦聚	男	研究生	硕士	经济学	
讲座教授	PHR20110323	吴喜之	男	研究生	博士	统计学	
创新团队	PHR201106140	王　军	男	研究生	博士	西方经济学	
创新团队	PHR201106141	彭文英	女	研究生	博士	土地资源利用、保护与规划	
创新团队	PHR201106142	刘　娟	女	研究生	硕士	统计学	
创新团队	PHR201106143	吕淑然	男	研究生	博士	矿山安全工程与技术	
骨干人才	PHR201108319	张祖群	男	研究生	博士	旅游管理	
骨干人才	PHR201108320	陶　峻	女	研究生	博士	电子商务	
骨干人才	PHR201108321	赵　冰	女	研究生	博士	企业管理	
骨干人才	PHR201108322	梅超群	女	研究生	博士	应用数学	
骨干人才	PHR201108323	聂高琴	女	研究生	博士	保险数学	
骨干人才	PHR201108324	张智新	男	研究生	博士	行政管理	
骨干人才	PHR201108325	陈都伟	男	研究生	博士	日语、日本文化	
骨干人才	PHR201108326	石海毓	女	本科	硕士	英语	
骨干人才	PHR201108327	黎　臣	男	研究生	硕士	体育教学	
骨干人才	PHR201108328	孙　杨	男	研究生	硕士	体育教育	
骨干人才	PHR201108329	王显勇	男	研究生	博士	经济法学	
骨干人才	PHR201108330	成林萍	女	研究生	硕士	思想政治理论课的教学研究	
骨干人才	PHR201108331	彭利芝	女	研究生	博士	中国文学、文化学	
骨干人才	PHR201108332	许敏玉	女	研究生	博士在读	广告学	
骨干人才	PHR201108333	陈　炜	男	研究生	博士	计算机科学与技术	
骨干人才	PHR201108334	包　健	女	研究生	博士	财政学	

续表

项目类别	项目编号	姓名	性别	学历	学位	从事专业	备注
骨干人才	PHR201108335	刘　辉	男	研究生	博士	财政学	
骨干人才	PHR201108336	边文霞	女	研究生	博士	劳动经济学人力资源管理	
骨干人才	PHR201108337	施慧洪	男	研究生	博士	金融学	
骨干人才	PHR201108338	王雅婷	女	研究生	博士	金融保险学	
骨干人才	PHR201108339	王少国	男	研究生	博士	政治经济学	
骨干人才	PHR201108340	杜　军	女	研究生	博士	经济学	
骨干人才	PHR201108341	董烨然	男	研究生	博士	产业经济学	
骨干人才	PHR201108342	李凤磊	男	研究生	硕士	法学	
创新人才	PHR201106212	王曼怡	女	研究生	博士	金融学	
创新人才	PHR201106213	张　琪	女	研究生	硕士	社会保障	

（麻艳如）

【外聘高级专家】 截至2011年12月31日，学校共聘任顾问教授1人，兼职教授5人，讲座教授3人，特聘教授1人。2011年外聘高级专家名单见下表。

2011年外聘高级专家一览表

类别	单位	姓名(中文)	性别	备注
顾问教授	首都经济贸易大学	李百炼	男	
兼职教授	金融学院	李怀珍	男	
兼职教授	金融学院	杨国中	男	
兼职教授	金融学院	丁小燕	女	
兼职教授	金融学院	刘　超	男	
兼职教授	工商管理学院	刘德言	男	
讲座教授	城市经济与公共管理学院	娄成武	男	
讲座教授	统计学院	马双鸽	男	
讲座教授	统计学院	刘玉峰	男	
特聘教授	工商管理学院	郭咸纲	男	

（麻艳如）

【李百炼博士受聘仪式暨座谈会】 10月22日，首都经济贸易大学举行聘任美国北卡州立大学副校长李百炼博士为学校顾问教授仪式暨座谈会。出席聘任仪式及座谈交流会的有校长王稼琼、经济学院院长张连城、党总支书记郎丽华、人事处处长邢琪、科研处处长王曼怡、研究生部主任张军、党政办公室副主任黄立伟、对外文化交流学院副院长张旭红。

校长王稼琼向李百炼教授颁发了顾问教授聘书。李百炼表示很高兴能够受聘于首都经济贸易大学这所北京市属重点大学，建议首都经济贸易大学的发展应该走特色建设道路，表示一定会为首都经济贸易大学的国际化发展、人才引进与人才培养工作尽心尽力。

李百炼教授，1957年12月出生，毕业于北京林业大学，北美知名华人校长，现任美国北卡州立大学副校长，主管国际事务，北卡州立大学环境资源学院教授，北京林业大学讲座教授，并被中国教育部特聘为“长江学者”讲座教授。他同时是国务院侨办海外专家咨询委员。

（麻艳如）

进修与培训

【在职攻读硕、博士学位】　依据《首都经济贸易大学党政管理人员进修培训管理办法》（首经贸大发〔2005〕26号）以及关于教师在职攻读硕士、博士学位的暂行规定（1998年4月6日），学校鼓励教职工在职攻读学位。2011年，全校教职工在职取得博士学位24人，取得硕士学位8人（包括同等学力硕士学位），在读博士学位22人，在读硕士或研究生同等学力18人。

（周丹）

【岗前培训及教师资格认定】　根据教育部教人司〔1998〕34号文件的精神，依据北京市高等学校师资培训中心相关文件规定，学校组织教职工33人参加了第61和第62期岗前培训。培训总学时为136学时，授课方式为网络授课、面授和自学，培训课程为高等教育学、高等教育心理学、高等教育法规概论、高等学校教师职业道德修养和大学教学技能。经过北京市统考，31人成绩合格，取得结业证书。

根据北京市教委关于委托有关高校认定教师资格的通知（京教人〔2001〕38号）精神，学校于9月28日至10月17日进行教师资格认定工作，2011年学校为19人申请了高等学校教师资格证。

（周丹）

【美国多米尼肯大学短期进修项目】　2010年5月20日，人事处发布关于2010年选派教师赴美国多米尼肯大学短期进修的通知。根据项目计划2010年拟选派12名，分两批派出。计划派出时间为2010年9月（第一批）、2011年1月（第二批）。经选拔，2011年4名教师获得进修资格。汇总情况见下表。

2011年1月美国多米尼肯大学短期进修人员汇总表

序号	所在部门	姓名	性别	出生日期	职称	学历	学位	从事专业
1	金融学院	王雅婷	女	1973年11月	副教授	研究生	博士	金融学
2	会计学院	赵天燕	女	1965年7月	副教授	研究生	硕士	会计学
3	体育部	栾丽美	女	1975年8月	讲师	研究生	硕士	体育教育
4	外语系	王春花	女	1966年3月	副教授	研究生	学士	英语

（周丹）

【“双语教学”培训项目】　根据北京市高师培训中心《关于举办第九期市属高校骨干教师“双语教学”能力培训班的通知》（高师培〔2010〕03号）精神，经国家外专局（外专培核字〔2010〕30265号）和（外专培核字〔2010〕30266号）核准，学校选派5名教师赴美国和加拿大进行为期120天的“双语教学”培训。汇总情况见下表。

2011年学校“双语教学”国内深化培训班人员汇总表

序号	所在部门	姓名	性别	出生日期	职称	学位	专业	培训学校
1	法学院	王显勇	男	1976年12月	副教授	博士	经济法学	美国明尼苏达大学
2	城市经济与公共管理学院	张　杰	男	1973年8月	副教授	博士	企业管理	美国明尼苏达大学
3	外语系	马　丹	女	1977年12月	讲师	硕士	英语语言文学	加拿大不列颠哥伦比亚大学
4	外语系	王立华	女	1971年11月	讲师	硕士	外国语言学及应用语言学	加拿大不列颠哥伦比亚大学
5	外语系	葛卫红	女	1975年5月	讲师	硕士	外国语言学及应用语言学	加拿大不列颠哥伦比亚大学

（周丹）

【教师国内访问学者项目】 根据《北京市属高等学校人才强教深化计划》、《北京市属高等学校人才强教计划项目管理办法》等文件的精神，在北京市高校师资培训中心的资助下，2011 年学校选派了 2 名教师做国内访问学者，名单见下表。自 2005 年开始，学校先后派出 20 余名骨干教师赴北京大学、中国人民大学、北京理工大学、中国政法大学、中国传媒大学等国内知名高校访问学习。

2011 年国内访问学者名单

姓名	性别	民族	年龄	学历	学位	职称	学校	专业	导师
祁敬宇	男	汉	42	研究生	博士	副教授	北京外国语大学	日本社会学	周维宏
吴三军	男	汉	38	研究生	博士	副教授	中国传媒大学	广告学	丁俊杰

(周丹)

【教师国外访问学者项目】 经北京市教育委员会批准，北京市高等学校师资培训中心 2011 年计划选派 60 人赴美国、加拿大、澳大利亚、日本、奥地利、英国和韩国访学研修，其中 6 个月访学项目选派 40 人，12 个月访学项目选派 20 人。3 月 17 日，根据北京市高校师资培训中心《关于选派 2011 年国外访问学者的通知》(高师培〔2010〕025 号)，学校 6 名教师获得资助，名单详见下表。

2011 年国外访问学者一览表

序号	姓名	性别	最后学位	出生年月日	专业	职称	申请国家	申请院校	申请访学时间	研究方向
1	董烨然	男	博士	1977.9.26	产业经济学	副教授	美国	Michigan State University	6 个月	产业组织理论、微观经济理论、博弈论
2	黎　煦	男	博士	1973.9.22	政治经济学	副教授	美国	Michigan State University	12 个月	劳动经济学、人力资源管理
3	宋　湛	女	博士	1974.8.4	劳动经济学	副教授	美国	Michigan State University	6 个月	劳动经济学
4	张　昕	女	博士	1974.6.27	土地资源管理	副教授	美国	University of New Hampshire	12 个月	土地与房地产经济学
5	赵　冰	女	博士	1976.7.20	企业管理	副教授	加拿大	University of British Columbia	12 个月	跨国经营消费者行为服务营销
6	李云鹏	男	博士	1971.9.13	管理科学与工程	副教授	英国	Bournemouth University	6 个月	管理科学与工程

(周丹)

【教师发展基地研究项目】 为进一步推进教师发展基地研修项目取得实效，激励教师认真学习，不断提升教育教学能力和科研能力，根据北京市教委《关于开展北京市属高校教师发展基地研修工作的意见》(京教人〔2011〕3 号)，2011 年市属高校共选拔了 86 名中青年骨干教师到北京大学等 5 个教师发展基地研修，学校 8 位教师获得研修资格，名单见下表。

北京市属高校教师发展基地研修教师推荐人选一览表

序号	姓名	性别	民族	年龄	最高学历	最高学位	职称	录取院校	专业
1	王少国	男	汉	39	研究生	博士	教授	北京师范大学	发展经济学
2	杜　军	女	汉	38	研究生	博士	副教授	中国人民大学	宏观经济运行
3	姚翠友	女	满	39	研究生	博士	副教授	中国人民大学	管理科学与工程
4	边文霞	女	汉	38	研究生	博士	副教授	中国人民大学	管理研究方法
5	崔佳颖	女	汉	35	研究生	博士	副教授	北京师范大学	应用心理学
6	刘业进	男	汉	37	研究生	博士	副教授	中国人民大学	公共经济学
7	李　伟	男	汉	33	研究生	博士	讲师	北京师范大学	理论物理
8	廖彦罡	男	汉	32	研究生	博士	讲师	北京师范大学	体育人文社会学

（周丹）

【哲学社会科学骨干研修班项目】 根据《中组部、中宣部、中央党校、教育部、总政治部关于印发〈2010～2014年哲学社会科学教学科研骨干研修工作规划〉的通知》精神以及市委组织部、市委宣传部、市委教育工委、市财政局、市委党校关于《北京市哲学社会科学教学科研骨干研修工作规划(2010～2014年)》的文件要求,2011年学校选派教师参加中央级研修班4名,参加北京市级研修班43名,名单见下表。

2011年哲学社会科学教学科研骨干研修班人员一览表

姓名	性别	民族	专业	部门	职务	培训级别
周宇宏	女	汉	政治经济学	文化与传播学院	教授	中央级
徐　雪	女	汉	国民经济学	经济学院	教授	中央级
郭媛媛	女	汉	中文	文化与传播学院	教授	中央级
石　刚	男	满	哲学	文化与传播学院	教授	中央级
焦志勇	男	汉	法学	法学院	教授	市级
兰　英	女	汉	产业经济	经济学院	副教授	市级
董寒青	女	汉	统计学	统计学院	副教授	市级
刘　隽	女	汉	哲学	文化与传播学院	讲师	市级
邵丽丽	女	汉	教育管理	学生处	干部	市级
刘俊虹	女	汉	数学	城市经济与公共管理学院	总支书记	市级
张　红	女	汉	管理学	工商管理学院	总支书记	市级
王明会	男	汉	金融学	劳动经济学院	总支书记	市级
李红霞	女	汉	财政学	财政税务学院	教授	市级
张慧欣	女	汉	统计学	统计学院	副教授	市级
刘燕梅	女	汉	大学英语	外语系	副教授	市级
刘　颖	女	汉	税务	财政税务学院	副教授	市级
叶堂林	男	汉	区域经济	城市经济与公共管理学院	总支书记	市级
宋　云	女	汉	企业管理	工商管理学院	副教授	市级
赵秀池	女	汉	城市经济、房地产经济	城市经济与公共管理学院	副教授	市级
王西麟	男	汉	市场营销	工商管理学院	副教授	市级

续表

姓名	性别	民族	专业	部门	职务	培训级别
李　刚	女	汉	会计	会计学院	副教授	市级
冯瑞河	男	汉	金融学	金融学院	副教授	市级
李　婧	女	汉	国民经济	经济学院	教授	市级
张杉杉	女	汉	心理学	劳动经济学院	副教授	市级
马明非	女	回	体育	体育部	副教授	市级
蒋立珠	男	汉	大学英语	外语系	讲师	市级
张祖群	男	汉	旅游管理	工商管理学院	副教授	市级
李文中	男	汉	金融学	金融学院	讲师	市级
周　华	男	汉	数量经济学	经济学院	副教授	市级
王佃凯	男	回	国际贸易	经济学院	副教授	市级
吕新萍	女	汉	社会学	劳动经济学院	教授	市级
徐　炜	男	汉	企业管理	工商管理学院	副教授	市级
梁淑美	女	汉	会计	会计学院	教师	市级
周　晔	男	汉	金融学	金融学院	副教授	市级
杜　军	女	汉	国民经济	经济学院	副教授	市级
刘丽玲	女	汉	教育学	劳动经济学院	副教授	市级
谢海霞	女	汉	法学	法学院	总支书记	市级
程显秋	女	汉	教育学	图书馆	总支书记	市级
高建平	男	汉	思想政治管理	统计学院	总支书记	市级
解小娟	女	汉	企业管理	外语系	总支书记	市级
冯　博	男	汉	思想政治教育	学生处	副处长	市级
孙明春	男	汉	思想政治教育	宣传部	干部	市级
袁　菁	女	汉	社会学	工商管理学院	辅导员	市级
武永春	女	汉	区域经济	城市经济与公共管理学院	副教授	市级
刘建梅	女	汉	市场营销	工商管理学院	讲师	市级
王　苹	女	汉	金融学	金融学院	副教授	市级
王　伟	男	满	体育	体育部	副教授	市级

（周丹）

【新教工入职培训】　为了帮助2011年新教工熟悉学校、融入学校，完成从学生到教师的角色转换，学校于2011年6月23～28日举办了为期6天的以"自我认知，共同成长"为主题的2011年新教工培训。校长王稼琼、副校长王传生出席了开班典礼，并与新教工进行了面对面的沟通和交流。开班典礼由人事处处长邢琪主持。王稼琼代表全校师生欢迎新教工的加入，并对新教工提出三点要求：第一，要把未来的职业生涯规划好；第二，要树立崇高的职业道德和师德；第三，要讲积累、多请教、定好位。王传生表示，各位新同仁将在首都经济贸易大学开启各自人生的新起点，学校的发展需要新鲜的血液，首都经济贸易大学的未来要靠大家的共同努力。邢琪提出，新教工入校要过三关，即教学、科研、角色转换三关。学校组织培训的目的也在于此，要求新教工要认真培训，认真总结，尽快融入到学校的大家庭中来。全体新教工进行了6天集中式封闭培训，培训内容包括认识学校、认识自我、提升自我、规划自我四个方面。

（周丹）

【人事秘书培训】　5月12～13日，学校组织了为期1天的人事秘书培训，各院系、各职能部处主管人事工作的领导和人事秘书70余人参加了会议。会议由人事处处长邢琪主持。人事处副处长李玫玉首先介绍了学校2011年进人情况，并对《首都经济贸易大学海外高层次人才引进工作暂行办法》进行了解读。人事处副处长李凤磊就学校近期实行的人事代理制度进行了解读，并就高级专家提高退休费计发比例工作以及人员返聘的相关政策进行了解释，同时对学校2010年底实行的绩效工资调整工作作了说明。邢琪介绍了学校在"十一五"期间人才引进工作所遇到的问题以及目前学校师资队伍建设遇到的困难，针对这些问题和困难，提出了人才引进工作中的一些设想，并对目前正在制定的师资队伍"十二五"规划中的重要指标进行了解读。随后，与会人员对相关的人事政策展开了充分的交流和研讨，并提出了一些合理的建议。

副校长王传生在总结发言中对学校实行人事代理政策的迫切性、重要性和关键环节进行了补充说明，并指出，"引育一流人才、建设一流团队、打造卓越师资队伍"是学校人才队伍建设最迫切的任务。

（周丹）

人才使用情况

【教师职务聘任】 2011年，学校教师职务聘任情况见下表。

2011年晋升教授职务人员一览表

序号	单位	现聘岗位名称	应聘人姓名	性别	任职时间
1	安全与环境工程学院	劳动卫生与环境卫生学	李洪枚	男	2011.12.30
2	信息学院	工程管理	姚翠友	女	2011.12.30
3	城市经济与公共管理学院	行政管理专业骨干课程主讲教师	赵韵玲	女	2011.12.30
4		土地资源管理核心课程主讲教师	赵秀池	女	2011.12.30
5	工商管理学院	技术经济及管理硕士点研究方向	柳学信	男	2011.12.30
6	会计学院	会计学	许江波	男	2011.12.30
7	金融学院	金融市场理论(保险)与实务	李　新	男	2011.12.30
8		金融理论与政策	祁敬宇	男	2011.12.30
9	经济学院	国民经济学	周明生	男	2011.12.30
10	体育部	竞技体育教学项目	贺　慨	男	2011.12.30
11	外语系	跨文化交际	孙　丽	女	2011.12.30
12	文化与传播学院	汉语言文学	朱　琳	女	2011.12.30

2011年晋升副教授职务人员一览表

序号	单位	现聘岗位名称	应聘人姓名	性别	任职时间
1	安全与环境工程学院	安全技术及工程	陈文瑛	女	2011.12.30
2		安全技术及工程	李　伟	男	2011.12.30
3		管理科学与工程	杨　静	女	2011.12.30
4	信息学院	计算机应用	高　静	女	2011.12.30
5		工程管理	尚华艳	女	2011.12.30
6		工程管理	张丽玮	女	2011.12.30
7	城市经济与公共管理学院	行政管理	刘智勇	男	2011.12.30

续表

序号	单位	现聘岗位名称	应聘人姓名	性别	任职时间
8	工商管理学院	主讲课程建设	翟春娟	女	2011.12.30
9		主讲课程建设	李　佳	女	2011.12.30
10	劳动经济学院	人力资源开发与管理	杨　波	女	2011.12.30
11	金融学院	金融理论与政策	李文中	男	2011.12.30
12	财政税务学院	财政	黄芳娜	女	2011.12.30
13		税务	曹静韬	男	2011.12.30
14		财政	史兴旺	男	2011.12.30
15	城市经济与公共管理学院	区域经济	邬晓霞	女	2011.12.30
16	经济学院	国际贸易学	赵家章	男	2011.12.30
17		国际贸易学	于晓云	女	2011.12.30
18		西方经济学	赵　娟	女	2011.12.30
19		产业经济学	汪　洋	女	2011.12.30
20	劳动经济学院	劳动关系与员工关系管理	范　围	男	2011.12.30
21	体育部	单项体育教学项目	廖彦罡	男	2011.12.30
22	外语系	翻译学	石海毓	女	2011.12.30
23		应用语言学	干阳阳	男	2011.12.30
24	文化与传播学院	广告学	母晓文	男	2011.12.30
25		艺术	杨　伶	男	2011.12.30
26	劳动经济学院	人口与经济	曾宪新	女	2011.12.30
27	法学院	法学	赵　鹏	男	2011.12.30
28		法学	王剑波	男	2011.12.30
29	统计学院	统计学(经济分析)	陈红梅	女	2011.12.30

2011 年晋升思想政治教育专业技术职务人员一览表

序号	单位	姓名	性别	晋升职务名称	任职时间
1	学生处	常雪亮	女	讲师	2011.12.30
2	学生处	朱静敏	女	讲师	2011.12.30
3	学生处	何　倩	女	讲师	2011.12.30
4	文化与传播学院	季岩砚	女	讲师	2011.12.30
5	工商管理学院	袁　菁	女	讲师	2010.12.30
6	工商管理学院	徐兰杰	女	讲师	2011.12.30
7	信息学院	于滨滨	男	讲师	2011.12.30
8	城市经济与公共管理学院	杨　曦	男	讲师	2011.12.30
9	劳动经济学院	姜蓓蓓	女	讲师	2011.12.30

2011 年晋升其他专业技术职务聘任人员一览表(正高级)

序号	单位	空岗名称	姓名	性别	任职时间
1	出版社	编审	杨　玲	女	2011.12.30

2011 年晋升其他专业技术职务聘任人员一览表(副高级)

序号	单位	空岗名称	姓名	性别	任职时间
1	审计处	高级审计师	刘红梅	女	2011.12.30
2	图书馆	副研究馆员	张　艳	女	2011.12.30
3			刘　卓	女	2011.12.30
4	财务处	高级会计师	王京芳	女	2011.12.30
5	杂志总社	副编审	周　斌	男	2011.12.30
6			魏小奋	女	2011.12.30

2011 年晋升其他专业技术职务聘任人员一览表(中级)

序号	单位	空岗名称	姓名	性别	任职时间
1	教育技术中心	工程师	洪　昊	男	2011.12.30
2	劳动经济学院	编辑	冯　乐	女	2011.12.30
3	财务处	会计师	陈学森	男	2011.12.30
4	外语系	实验师	尹　朦	女	2011.12.30

2011 年晋升教育管理专业技术职务人员一览表

序号	单位	职务名称	姓名	性别	任职时间
1	科研处	副研究员	姜　红	女	2011.11.22
2	教育技术中心	助理研究员	李巍伟	女	2011.9.29
3	会计学院	助理研究员	柳志强	男	2011.9.29
4	科研处	助理研究员	张嘉艳	女	2011.9.29
5	发展规划处	助理研究员	李春媛	女	2011.9.29
6	教务处	助理研究员	孙　亮	男	2011.9.29
7	教务处	助理研究员	吴牡兰	女	2011.9.29
8	教务处	助理研究员	欧新潭	男	2011.9.29
9	继续教育学院	助理研究员	刘　薇	女	2011.9.29
10	继续教育学院	助理研究员	宋　岩	女	2011.9.29
11	党政办公室	助理研究员	王婧瑶	女	2011.9.29
12	宣传部	助理研究员	万陈芳	女	2011.9.29
13	劳动经济学院	助理研究员	孙　乐	女	2011.9.29
14	保卫处	助理研究员	宋　颖	女	2011.9.29
15	保卫处	助理研究员	冯俊鹏	男	2011.9.29

（蒋升萍）

人才激励

【调整最低工资标准】 1月1日,为落实北京市人力资源与社会保障局《关于调整北京市2011年最低工资标准的通知》(京人社劳发〔2010〕300号)的文件要求,学校将最低工资标准由每小时不低于5.5元、每月不低于960元,提高到每小时不低于6.7元、每月不低于1 160元。

(刘丽丽)

【考核管理】 11月,学校年度考核工作正式启动,根据《关于做好2010年度非处级教职工考核工作的通知》的要求,学校非处级在职教职工1 399人进行了考核。经校长办公会通过,考核结果为参加考核1 314人,未参加考核85人,其中优秀196人,合格1 032人,基本合格1人,不合格0人。考核优秀人员名单见下表。

2011年非处级人员考核优秀名单

序号	部门	姓名
1	党政办公室	郭亚利　田瑜
2	党委组织部、统战部、党校	卢萌
3	党委宣传部	万陈芳
4	纪委办公室、监察处	蔡丹
5	学生工作部(处)武装部	何倩　朱静敏
6	保卫处(部)	冯俊鹏　贾学森　孙静　王振利　杨如义　张贺忠　郑民功
7	离退休工作处	史智利
8	发展规划处	朱宁洁
9	教务处	崔峰　刘伟华　孙亮
10	科研处	文玮
11	研究生部	方文心
12	人事处	纪长青
13	财务处	陈学森　王京芳　闫新芳
14	审计处	牛桂英
15	资产管理处	许翔　闫洁　周文立
16	基建处	刘亚平
17	后勤管理处	马刚　王亚玲
18	工会	周利民
19	团委	郭英
20	城市经济与公共管理学院	陈飞　冯浩　彭文英　王霖琳　徐君　杨曦　章浩　周琳
21	工商管理学院	兰纪平　王振江　魏有亮　吴冬梅　吴少平　杨震　张祖群　赵迎秋　周永强
22	经济学院	李婧　廖明球　王军　王少国　赵家章　赵娟　赵灵翡
23	会计学院	段新生　付明岩　蒋燕辉　李刚　李文　梁淑美　王霞　袁光华　袁小勇
24	劳动经济学院	范围　纪韶　姜蓓蓓　亓昕　童玉芬　杨旭华　詹婧　赵耀

续表

序号	部门	姓名
25	文化与传播学院	何雅珍　李毅　王冲　吴伟凡　杨伶　杨同庆
26	信息学院	陈炜　高静　高迎　霍桂勤　马燕曹　魏雅卿　徐天晟　赵丹亚
27	安全与环境工程学院	陈蒲晶　陈蔷　王春祥　王庆　文华
28	财政税务学院	曹静韬　刘辉　马颜平　王竞达
29	法学院	李长城　李晓娟　刘润仙　王德山　吴晖
30	金融学院	黄璐　李新　梁军　王苹　王雅婷
31	统计学院	李峰　陶桂平　王冰　张娟　张全　张玉春
32	外语系	蒋立珠　刘润楠　曲文洁　索绪香　王文豹　吴琨　徐丽群　张春玲　张宏峰
33	马克思主义学院	何绍铭　刘娟　徐辉　闫恒　张晓萍
34	体育部	高寒　李刚　刘婷　檀兵五　杨华　杨振英
35	对外文化交流学院	雷静　李成明　姚京晶　周磊　朱燕红
36	继续教育学院	高铭　宋岩
37	专业硕士管理办公室	周丹
38	教育技术中心	李巍伟　张俊祥
39	图书馆	曹艳峰　刘卓　马秀英　王瓔　张哲　周洁　朱德章
40	杂志总社	魏小奋
41	校医院	刘爱平　宋涛　谭洁　王浩然
42	后勤管理处	蔡宝菊　蔡丰良　付俊　高鹏　高秋月　宫敬文　郭录升　郭庆乐　胡爱霞　李俊刚　刘宝全　刘增廉　马广贞　苗鸿培　牛秀芳　秦福生　石明歧　苏荣红　孙文祥　田丽荣　王本志　王军成　王正春　肖东明　叶金莉　尹秀英　张桂平　赵瑞华
43	首经贸资产管理有限公司	李玉山　薛捷　刘桂玲　刘铁　张鹰　王者平　党书志　韩春荣　李强　祁康　张国平

（李凤磊）

【人事档案管理】　2011 年,共接收人事档案 55 份,转出档案 17 份。人事档案室共管理人事档案 3 067 份,其中,在职人员档案 1 671 份,退休人员档案 1 241份,离休人员档案 151 份,其他人员档案 193 份,死亡人员档案 300 份。

完成红庙校区档案标准化 540 卷。截至 2011 年 12 月 31 日,全校干部档案 740 卷(不包含处级档案)完成了标准化。标准化干部档案的过程中将 95 卷归入退休人员档案,14 卷归入问题档案。接待干部档案查询、公证盖章 414 卷。接收各部门、单位交来的学历学位、工资表、奖励、国内访问、医疗保险表、2009 年考核表、讲师和教授及各类职称表、入党各类材料 940 件 3 000 多页。

（施振东）

教师促进中心

【教育部高等教育司司长张大良一行来校考察 OTA】　4 月,教育部高等教育司司长张大良一行到学校考察教师促进中心(OTA)工作。汇报会由校长王稼琼主持,出席汇报会的还有高等教育司司长助理、综合处处长宋毅、综合处调研员李智，学校党委书记柯文进、副校长王文举、人事处处长邢琪等。汇报会后，张大良司长一行参观了远程视频教室、个别访谈室和学术交流室。

（郭敏）

主题活动

【午餐会】 2011 年，学校 OTA 举办了“东西方研究范式比较”、“高水平论文发表策略” 和“微软校园正版化推广”、“大学教师胜任力”、“与教学名师面对面”、“老师，您还在‘教’吗？——大众化教育背景下的导师角色再探讨”6 场主题午餐会。

（郭敏）

【学术活动】 5 月 7 日，学校 OTA 组织 60 余名教师前往天津滨海新区进行了学术考察，通过考察活动，了解滨海新区的总体发展思路和改革举措，增强教师的身心健康，促进不同院系、不同学科老师之间的沟通交流，促进老师的社会实践活动。

9 月 21 ~ 22 日，由东北师范大学主办，首都经济贸易大学 OTA、中国海洋大学、北京理工大学、江南大学、南京师范大学协办的“2011 高校教师发展国际研讨会”在东北师范大学召开。来自美国、英国、日本、加拿大等国家和中国台湾、香港等地区，来自北京大学、清华大学、中国人民大学、南京大学、首都经济贸易大学、北京理工大学、中国海洋大学等 121 所中方高校，来自教育部、国家行政学院、吉林教育厅等 15 个其他单位的专家学者共 351 人参加了本次研讨会。大会共收到论文和研究报告 70 篇。学校 OTA 5 位志愿者参加了此次会议，提交论文 4 篇。OTA 主任吴冬梅教授所作的“首都经济贸易大学 OTA 的发展与创新”大会报告引起大会代表的高度重视，纷纷表示要到学校 OTA 来考察交流。

（郭敏）

【巅峰课堂】 6 月 14 日，学校 OTA 举办了“从人力资本向货币资本打响的第一枪 ——国美事件多视角剖析” 首场巅峰课堂。该课堂以国美事件为案例，由学校长期关注国美事件的会计学院蔡立新副教授、工商管理学院吴冬梅教授、劳动经济学院边文霞副教授和法学院沈敏荣副教授，分别从财务视角、人力资源视角、信息经济学视角和法学视角共同对“国美公司控制权之争”案例进行剖析。

（郭敏）

【户外沙龙】 5 月 8 日，学校 OTA 举办了约 60 名教师参加的“春天里，让我们飞一会儿”户外团队拓展活动。这是继 5 月 7 日天津滨海新区学术考察之后的后续活动，通过活动凝聚团队合作精神，增强教师的身心健康，促进不同院系、不同学科老师之间的沟通交流，体验课余生活的乐趣，达到放松身心的目的。

（郭敏）

【接待工作】 学校 OTA 在深化高等教育改革，提升教育质量，建立现代大学制度，淡化行政色彩方面做了一些积极的探索，受到了国内外的广泛关注。《人民日报》2011 年 3 月 31 日要闻版特发表记者专访《首都经济贸易大学教师促进中心——大学中的大学，让老师走向卓越》。教育部高等教育司、北京市教委、上海交通大学、北京师范大学、厦门大学、北京理工大学、江西师范大学、东北师范大学、烟台大学、广东商学院、浙江工商大学以及北京市属高校人事处处长及人事干部等领导及专家来学校教师促进中心考察交流，并给予了高度评价，认为首都经济贸易大学这一具有特色的教师促进模式具有较大的推广价值。学校 OTA 全年接待上级领导及兄弟院校考察约 90 人次。

（郭敏）

第七篇

对外交流与合作

1 月 10 日,党委书记柯文进会见阿斯隆理工学院代表团

孔子学院学生与老师在一起

6 月 13 日,都柏林城市大学商学院院长皮尔斯·伯纳德教授一行访问首经贸工商管理学院

3 月 6 日，爱尔兰阿斯隆大学教授来首经贸劳动经济学院进行交流

3 月 6 日，日本流通经济大学香川教授率学生访华团来首经贸进行学术交流

10 月 24 日，台湾逢甲大学陈森松教授为本科生授课

8 月 25 日，首经贸会计学院与澳大利亚迪肯大学洽谈合作办学

9 月 9 日，首经贸举办“首届中日流通企业发展论坛”

4 月 18 日,爱尔兰都柏林城市大学代表团来首经贸进行友好访问

7 月 28 日,首经贸经济学院与美国伊利诺大学芝加哥分校(UIC)商学院签订教育合作协议

国际交流与合作

概　况

2011 年,学校与来自美国、澳大利亚、加拿大、英国、爱尔兰、法国、德国、瑞典、俄罗斯、韩国及中国台湾地区等 19 所高校签署校际合作交流协议。学校重点接待了来自北美洲、大洋洲、欧洲、亚洲及中国台湾地区代表团共计 22 批次,如美国南佛罗里达大学、克利夫兰州立大学、天普大学、加拿大劳伦斯大学、爱尔兰阿斯隆理工学院、都柏林城市大学、希腊雅典经济贸易大学、日本流通经济大学、韩国东首尔大学、澳大利亚迪肯大学等。

根据校际交流合作协议,全校的学生交流项目取得新的进展。2011 年与美国、爱尔兰以及中国台湾等国家和地区的高等院校进行学生交换项目,不仅在学生的派出数量上有了新突破,而且国外大学的层次有所提高,在学校吸引力上也有了新突破。学校全年共派出赴国外学习学生百余名,再创新高;同时,向北京市教委申请学校学生赴境外学习项目奖学金,为学生交换项目又增加了一个新亮点。

在国家汉办的支持下,学校与美国克利夫兰州立大学合作开办孔子学院,对于传播中华文化、扩大汉语影响都有着深远的意义。2011 年,为克利夫兰州立大学所属国际学校 140 名学生提供了汉语教学服务,同时为其幼儿园至小学三年级学生提供了汉语教学服务;为克利夫兰州立大学课程与基础系开设"汉语教学中的教育技术"课程,教学对象为 18 名岗前培训及在职的本土中文教师;与克利夫兰州立大学教育领导力中心合作开设"比较与国际教育"课程。学校在美国建立的孔子学院功能得到扩展,教育资源共享已有实质性进展。

(雷静)

友好合作院校

2011 年,学校的合作交流层次得到了突破性的提高。国际合作交流处指导学校及学院开展的国际交流工作,除经济学院开展的各项学生交流项目外,还重点为工商管理学院、金融学院、城市经济与公共管理学院、统计学院、会计学院、劳动经济学院、外语系等院(系)与国外建立友好合作关系提供指导,使其顺利开展了学生派出等相关项目,进一步扩大了校、系两级交流项目的规模与层次。接待了来自美国、日本、法国、爱尔兰、英国、韩国、澳大利亚等国家以及中国台湾地区友好院校的参观访问,就合作办学、学者交流、学生交流、双学位等项目交换了意见,使已有项目得以深入和发展,建立了新的合作关系,签署了新的合作协议。详情见下表。

2011 年与首都经济贸易大学签订校际交流协议的院校一览表

国家或地区	学校名称	签署日期
美国	密歇根大学	2011.2.3
中国台湾	台湾彰化师范大学	2011.3.20
加拿大	圣·弗朗西斯·西维尔大学	2011.4.14
爱尔兰	都柏林城市大学	2011.4.18
法国	布雷斯特布列塔尼高等学院	2011.5.10
爱尔兰	阿斯隆理工学院	2011.6.27
美国	伊利诺大学芝加哥分校	2011.6.28
瑞典	布鲁斯大学	2011.6.29

续表

国家或地区	学校名称	签署日期
英国	伦敦城市大学商学院	2011.7.5
美国	辛辛那提大学	2011.7.29
英国	北安普顿大学	2011.7
澳大利亚	迪肯大学	2011.8
美国	南佛罗里达大学	2011.9.13
美国	加州大学尔湾分校	2011.10.4
韩国	泰成高等学校	2011.10.19
德国	国际管理学院	2011.10
俄罗斯	莫斯科国际高等商学院	2011.10
美国	天普大学	2011.11.1

(雷静)

2011 年首都经济贸易大学主要友好院校一览表

国家或地区	学校名称	合作项目
美国	波士顿大学	学校学生派出学习一年
	加州大学河滨分校	
	北方州立大学	
	帕克大学	
	克里夫兰州立大学	孔子学院
	多米尼肯大学	教师派出培训
	密歇根大学	合作研究、教师培训等
	俄亥俄大学	学生短期交流
	犹他大学	
	哥伦比亚大学	
	加州大学圣地亚哥分校	
加拿大	圣弗朗西斯泽维尔大学	2+2
	劳伦森大学	CGA
阿根廷	布宜诺斯艾利斯大学	学生交换
英国	约翰·莫瑞斯大学	劳动经济学院合作
	北安普顿大学	
爱尔兰	都柏林城市大学	双学士项目,学术研讨
	爱尔兰阿斯隆大学	学生交换
德国	多特蒙德国际管理学院	学生交换
	福特旺根应用科学大学	
瑞典	韦克舍大学	学生交换
芬兰	赫尔辛基工商大学	学生交换,教师讲学

续表

国家或地区	学校名称	合作项目
法国	内戈西亚大学	学生交换并双学士
	图卢兹一大	学生派出
日本	流通经济大学	教师培养
	大阪经济大学	日本学生来学校短期学习
	铭城大学	学生交换
	爱媛大学	
	奈良女子大学	学术研讨
韩国	岭南大学	学生来学校学习,进行学术研讨
越南	越南商业大学	学术探讨、学生来华
	河内开放大学	学生来华
	鸿庞大学	
澳大利亚	迪肯大学	合作办学
中国台湾	静宜大学	学生派出一学期
中国香港	香港理工大学	干部培训

(雷静)

友 好 往 来

与北美洲的校际交流

【美国北方州立大学来访】 3月7日,校长王稼琼会见了美国北方州立大学校长 James Smith、特别发展部主任 Connie Ruhl - Smith、商学院院长 Willard Broucek、留学生主管 Stacey Schmidt 以及国际商务学术协调官 Jennifer Wegleitner 一行5人。双方回顾了两校正在合作开展的学生交换项目、首都经济贸易大学学者参加该校主办的国际商务研讨会项目,双方对项目进展情况表示满意。王稼琼就"2+2"、"3+1"双学位项目的可行性与 James Smith 校长交换了意见,双方商定就项目细节进行研究并签署项目协议书。王稼琼还就教师交流、课程合作等与史密斯校长进行了探讨,双方商定将逐步扩大合作领域,为两校师生提供更多的交流机会。

(黄晶晶)

【美国波士顿大学来访】 3月22日,副校长王文举会见了美国波士顿大学大都会学院项目负责人张竹园女士。双方就合作事宜交换了意见,尤其在研究生层次将寻求更好的合作方式。双方均表示愿意续签协议,为在校学生提供更多更好的学习机会。此前,张竹园女士为有意赴该校学习的同学召开了说明会,详细介绍了波士顿大学的相关情况以及申请赴波士顿大学学习的流程。

(黄晶晶)

【美国加州州立大学来访】 4月18日,国际交流部副主任张旭红、项目负责人黄晶晶接待了美国加州州立大学圣贝纳迪诺校区中国项目负责人张西文女士。双方就两校建立长期友好的合作伙伴关系展开了深入会谈,并就"2+2"、"3+1+1"等项目交换了意见,双方商定将于近期实质开展相关合作项目。

(黄晶晶)

【美国佐治亚大学来访】 6月17日,副校长王文举会见了美国佐治亚大学新闻与大众传播学院的贝克教授。贝克教授此行的主要目的是访问文化与传播学院。此前,针对学生、教师、学术研究等问题,文化与传播学院领导与贝克教授进行了深入、广泛的探讨,初步达成一些合作意向。

(黄晶晶)

【美国南佛罗里达大学代表团来访】 9月13日,校长王稼琼会见了南佛罗里达大学商学院院长罗伯特·福赛斯、国际部主任杰奎琳·奈尔森及金融系助理教授宣蕾一行。会谈中,双方分别介绍了两校的基本情况及办学特色,真诚表达了继续推进双方合作的良好愿望。双方签署了合作谅解备忘录。

(黄晶晶)

【加拿大劳伦森大学来访】 10月21日,加拿大劳伦森大学(Laurentian University)校长兼校董事会副主席 Dominic Giroux 一行来学校访问,副校长王传生率会计学院院长付磊和副院长李百兴会见了加拿大客人。陪同 Dominic Giroux 校长来访的还有劳伦森大学管理学院院长 Peter Luk 教授、金帆专业科技培训中心加拿大办事处负责人梁金池先生、加拿大注册会计师协会(CGA)北京代表处负责人丁媛女士。双方认为,目前在会计专业的合作取得了很好成绩,今后要扩大合作的范围,可涵盖经济、管理、信息科学、安全工程等学科专业。双方同意今后两校要进一步加大在互派学生、教师互访、合作研究等方面的力度,把合作内容做实,避免形式主义。Dominic Giroux校长代表劳伦森大学向学校颁发了“全球最佳合作伙伴”的证书,王传生代表学校向加拿大客人赠送了礼品。

(黄晶晶)

【美国天普大学来访】 11月1日,美国天普大学(Temple University)校长安·哈特(Ann Hart)女士一行到学校进行交流访问。学校党委书记柯文进、副校长王文举、法学院院长等接待了美国客人。柯文进为美国客人介绍了学校基本情况和已经开展的国际化合作,重点阐述了学校在国际化人才培养方面的基本方略和主要成果,介绍了学校本科生和研究生出国学习的模式、外国留学生的培养机制、教师国际学术交流的成就等。哈特介绍了天普大学在中国已经开展的15个国际化合作项目,并表达与法学院开展正式合作的美好期待和愉悦心情。经双方友好协商,柯文进代表学校与哈特女士正式签订合作与交流备忘录,法学院与美国天普大学法学院的教学科研交流合作项目据此启动。

(黄晶晶)

【美国克利夫兰州立大学来访】 6月18日,副校长王文举会见了美国克利夫兰州立大学教育与人类服务学院代理院长迪克·赫维茨先生和孔子学院院长陈丽卿女士。王文举介绍了学校的基本情况、学科结构、学院设置及国际化发展战略,并充分肯定了学校与克利夫兰州立大学合作开办的孔子学院已取得的成绩,指出孔子学院的开办为两校培养了国际化人才,促进了两校间教师交流和学生交流,符合当今社会发展趋势。迪克·赫维茨先生也表达了对首都经济贸易大学的感谢,并希望两校的合作能长久持续下去。陈丽卿详细介绍了孔子学院拟开办教育学硕士项目,该项目毕业生不仅可获得教育学硕士学位,而且可获得美国认可的汉语教师资格证书。

(黄晶晶)

与澳洲的校际交流

【澳大利亚迪肯大学代表团来访】 8月25日,校长王稼琼会见了澳大利亚迪肯大学代表团一行。代表团成员包括迪肯大学校长简·登·霍兰德教授、副校长罗宾·巴克曼女士、副校长斯托弗·格雷教授、副校长马克辛·杜克教授、国际交流办公室主任格蕾琴·希拉贝尔女士、教育学院副院长戴安·迈耶教授,以及迪肯大学中国办事处主任孙琎先生和迪肯大学中国办事处高级市场经理李佳女士。在会谈中,两校校长分别介绍了两校的基本情况及办学特色,真诚表达了继续推进双方合作的深度和广度的良好愿望。

(黄晶晶)

与欧洲的校际交流

【爱尔兰阿斯隆理工学院来访】 1月10日,校党委书记柯文进会见了爱尔兰阿斯隆理工学院校长卡荣·欧凯森、国际部主任玛丽·辛普森、该校驻中国办公室主任孟京以及驻中国办公室助理卡尔·特利一行。双方就本科生3+1双学位项目、在校学生赴该校攻读学分项目、硕士研究生双学位项目、共同培养博士研究生项目、教师交流项目、邀请该校高级学者来学校讲学项目、该校学生来首都经济贸易大学进行为期两个月学习的短期项目等进行了商讨,就项目设计、入学条件、学位要求、课程衔接、项目费用、住宿等深入广泛地交换了意见,并达成了共识。双方商定,在已经签署的框架协议基础上,双方于近期商讨并签署项目执行协议书。

(黄晶晶)

【爱尔兰都柏林城市大学来访】 4月18日，对外文化交流学院副院长张旭红在红庙校区会见了前来学校访问交流的爱尔兰都柏林城市大学商学院院长伯纳德·皮尔斯教授和该院博士生导师高玉慧博士等客人。双方就两校自2011年起在国际商务及语言领域开展一年交换生项目展开了热烈而友好的会谈并签署了合作协议。为促进两校的合作成功，都柏林城市大学将免收此项目交换生一年的学费。

（黄晶晶）

【雅典经济贸易大学来访】 4月19日，校长王稼琼会见了应邀来访的希腊雅典经济贸易大学校长格雷戈里·布拉斯塔卡斯。两位校长分别介绍了两校的学科设置、教学科研状况、国际合作与交流、学生培养模式等基本情况，双方就教师交换、学生交换、合作科研等方面的合作与交流广泛地展开了探讨，初步达成了合作共识。副校长杨世忠、国际交流部副主任张旭红、研究生部副主任周明生参加了会见活动。

（黄晶晶）

【荷兰乌得勒支应用科技大学来访】 5月3日，国际交流部副主任张旭红在红庙校区会见了荷兰乌得勒支应用科技大学吉伯特·西尔维乌斯教授。双方就合作事宜广泛而深入地交换了意见，重点探讨了学生交流等事宜，并达成初步共识，均有意向在近期签署合作协议。留学生办公室副研究员朱红及国际交流部项目负责人雷静参加了会谈。

（黄晶晶）

【爱尔兰阿斯隆理工学院来访】 6月27日，校长王稼琼会见了爱尔兰阿斯隆理工学院校长卡荣·欧凯森、国际部主任玛丽·辛普森、该校驻中国办公室主任孟京以及驻中国办公室助理卡尔·特利一行。会谈中，双方总结了两校合作两年来的成绩，谈及劳动经济学院已成功派出10名交换生赴阿斯隆理工学院学习，且均顺利完成了学习计划；明确了两校在软件工程、商学本科专业上的互认，并指出在会计本科专业上也能互认部分的课程。关于学生交换项目，王稼琼谈到，希望双方互相派出学生交流学习。卡荣·欧凯森非常赞同王稼琼的观点，并答复将在春季学期派学生到首都经济贸易大学学习。双方还就教师交流、合作研究等方面深入广泛地交换了意见，并达成了共识。

（黄晶晶）

【意大利米兰圣心天主教大学来访】 9月19日，国际交流部副主任张旭红、国际交流部项目负责人黄晶晶、对外文化交流学院留学生办公室朱红，在红庙校区会见了意大利米兰圣心天主教大学（Università Cattolica del Sacro Cuore）亚历山大·贝伦赛立（Alessandro Baroncelli）教授。双方首先介绍了两校的基本情况，包括学校的历史、发展规模、目前所开展的项目等。亚历山大教授表达了希望能和首都经济贸易大学建立合作关系、开展项目并派学生来首都经济贸易大学学习的愿望，并就此详细地询问了有关学费、生活、住宿等相关事宜。双方详细地就学位项目及非学位长短期项目交换了意见。双方希望两校能在传统的交换生项目、教师交流项目上发展新的、更有利于学生的项目。

（黄晶晶）

【莫斯科国际商学院来访】 10月11日，校长王稼琼、副校长丁立宏一同会见了莫斯科国际商学院副教育校长 Alla Mihailova 教授、亚洲和太平洋地区中心主任 Natalia Pecheritsa 教授、中国区代表庞先生及 Artem Finaev 先生一行。会谈中，双方分别介绍了两校的基本情况及办学特色，真诚表达了推进双方合作的良好愿望。就进一步拓展两校在互换留学生、联合研究以及参加国际学术交流会等领域的合作。Alla Mihailova 非常赞同此观点，并表示愿意与首都经济贸易大学展开更深入的交流。双方签署了校际协议。

（黄晶晶）

【法国拉罗谢尔商学院来访】 10月19日，法国拉罗谢尔商学院国际交流部代表凯米拉·彬露女士来访，国际交流部副主任张旭红介绍了首都经济贸易大学的历史沿革、学校概况、学科结构、学院设置、学生交流和教师交流等基本情况，特别谈到与法国高校的一些合作。凯米拉介绍了该校商科的本科项目和硕士项目，并详细阐述了这些项目的入学条件、学费等基本情况，希望首都经济贸易大学学生能赴该校进行学习。张旭红表示，愿意与拉罗谢尔商学院进行合作，特别是在交换学生方面可以更深入地交流。双方均表达了进一步合作交流的愿望，并商定在不久之后签订两校合作协议书。

（黄晶晶）

【中欧高校科学管理比较研究与合作研讨班在首都经济贸易大学开班】 11月1日，由首都经济贸易大学、中国国际人才交流基金会和瑞士圣加伦马利克管理中心联合主办的中欧高校科学管理比较研究与合作研讨班在首都经济贸易大学举办。瑞士圣加伦马利克管理中心主席弗雷德蒙德·马利克教授围绕欧洲大学科学管理和中国大学科学管理比较研究这一主题，与学校师生展开广泛深入的研讨。国家外国专家局科教文卫专家司司长赵立宪、北京市教育委员会主任姜沛民、中国国际人才交流基金会主任王海洋及副主任刘昇、国内部分地方重点高校领导、部分市属高校领导和相关部门负责同志出席开幕式。王稼琼向马利克教授颁发首都经济贸易大学特聘教授证书。马利克以《大学完美运转的理想管理系统》和《逻辑与运转:关于组织和管理者的马利克思想和管理系统》为主题,别具一格地展开了专题讲座。此次研讨班搭建起一个与欧洲教育管理理论深入接触和交流的平台。研讨班培训为期两天,就《马利克管理系统解读及其在高校中的应用》、《关于未来高校优化运转管理的途径、方法和工具(选择)》等主题展开专题讲座和研讨。

(雷静)

【学校特聘教授马利克拜会教育部副部长郝平】 11月3日,在校党委书记柯文进的陪同下,学校特聘教授、瑞士圣加伦马利克管理中心主席弗雷德蒙德·马利克教授及其合伙人、国际仿生学中心董事会董事卡尔·海因兹·欧乐教授一行四人前往教育部拜会了副部长郝平。郝平对马利克管理中心与首都经济贸易大学和中国国际人才交流基金会共同主办中欧高校科学管理比较研究与合作研讨班表示赞赏。当郝平获悉首都经济贸易大学拟通过“高端外国专家项目”与马利克教授及其团队开展实质性合作后,建议学校与马利克管理中心合作建立研究机构,以推动和加强双方的合作。教育部国际合作与交流司副巡视员徐永吉参加了会见活动,并向马利克先生一行介绍了中外合作办学的相关政策及我国中外合作办学的实施情况。徐永吉指出,中外合作办学旨在引进国外优质教育资源、加强中国高等教育能力建设,希望马利克及其管理中心能够进一步运用其管理理论及思想,为教学、科研和社会服务。

马利克教授是瑞士圣加仑马利克管理中心主席、圣加伦大学教授、全方位优化管理(OEC)博士、多个欧洲著名企业及全球市场领先企业的董事会成员。他不仅是学者,而且还是企业家和经理人。作为圣加仑马利克管理中心的创始人,他担任多家国际知名机构的董事会和顾问委员会成员,国内外企业有关综合管理、战略、结构、人力资源发展和职业培训方面问题的咨询顾问,诸多企业领导层的培训讲师。马利克教授长期致力于管理学理论研究和教学工作。2009年,他的整体化管理系统获得奥地利共和国科学与艺术十字荣誉勋章;2010年,他的组织管理控制论获海因茨冯福斯特奖(德国控制论协会)。他的代表作《管理成就生活》于2011年10月被评为全球所有时代100部最重要的商业书籍之一。近年来,马利克教授将他的管理理论应用于高等学校的管理工作,并取得了一系列的应用成果。

(雷静)

与亚洲的校际交流

【日本流通经济大学来访】 3月28日,校长王稼琼会见了日本流通经济大学国际交流中心主任松田先生以及经济学教授朱思琳先生。双方希望合作能继续顺利进行,并商定将逐步扩大合作领域,为两校师生提供更多的交流机会。两校还续签了合作协议书和备忘录,合作内容包括教师交流、学生交流、学术信息交换以及其他教育研究方面的交流等。

(黄晶晶)

【韩国东首尔大学来访】 4月25日,校长王稼琼会见了韩国东首尔大学理事长柳龙夫、事务局局长李德龙、学生处处长洪汀锡、中国经营系学科长柳昌承一行。王稼琼与柳龙夫首先介绍了两校的基本情况,同时就双方的合作与交流事宜广泛交换了意见,双方重点就2+2项目、学生暑期项目等进行了探讨,商定将于今年暑期开始进行第一批短期学生项目。双方还签署了两校合作框架协议书。

(黄晶晶)

【日本众议院议员古川元久来访】 7月11日,日本众议院议员古川元久率代表团来访,国际交流部副主任张旭红和劳动经济学院吕学静教授在红庙校区会见了代表团一行。张旭红介绍了首都经济贸易大学的历史沿革、学科结构、学院设置、学生和教师交流等基本情况,还特别谈到与日本流通经济大学的合作。吕学静教授与代表团成员详细探讨并对比了中国与日本在失业人员的社会保障、就业促进等方面的政策及发展。

(黄晶晶)

【韩国中学校长代表团来访】 10月19日,校长王稼琼会见了以韩国泰成中高等学校校长安正厚先生、中国语教育院(孔子课堂)韩方院长李玉姬女士率领的韩国中学校长代表团一行。王稼琼向代表团介绍了首都经济贸易大学的情况,并特意提出首都经济贸易大学作为北京市市属重点高校,得到了北京市政府、北京市教育委员会、教育部和国家汉办等上级主管部门的大力支持,学校软硬件设施优良,并且可以为优秀的韩国留学生提供奖学金支持,欢迎韩国中高等学校输送更多优秀毕业生来首都经济贸易大学学习。

(黄晶晶)

学生交流交换项目

2011 年，学校共派出 100 多名学生赴以上各国和地区学习。其中，24 名学生赴美国加州大学河滨分校学习，16 名学生赴北方州立大学学习，5 名学生赴波士顿大学学习，1 名学生赴帕克大学学习。此外，在派出学生赴海外学习一至两学期的基础上，经过充分调研，去年还着力筹备学生短期赴海外项目。在 2011 年初，学校派出本科生 58 名分别赴美国加州大学圣地亚哥分校(3 个星期)和哥伦比亚大学(2 个星期)学习和交流。目前，学生派出工作已经逐步进入制度化、程序化管理，在学生推荐、选拔以及项目出现的问题反馈等方面逐渐走向成熟。另外，根据学校廉政风险工作的要求，对学生派出工作中容易出现的问题均作出了预案，保证学生派出工作的公开、公正、公平。学生派出工作还与留学生的引进工作形成了紧密的连接：一是为留学生的生源开辟了新的渠道；二是增加了留学生的新层次；三是在留学生生源国结构方面产生了一些变化。详情见下表。

2011 年学生赴美国加州大学圣地亚哥分校和哥伦比亚大学统计一览表　(单位：人)

序号	院(系)	加州大学圣地亚哥分校	哥伦比亚大学	合计
1	经济学院	7	8	15
2	工商管理学院	3	4	7
3	会计学院		1	1
4	华侨学院	1		1
5	金融学院	2	1	3
6	财政税务学院	3	2	5
7	外语系	6		6
8	文化与传播学院	3	3	6
9	城市经济与公共管理学院	6	1	7
10	劳动经济学院		2	2
11	信息学院	1	1	2
12	统计学院	1	1	2
13	安全与环境工程学院	1		1
总计		34	24	58

(雷静)

2011 年首都经济贸易大学秋季学期派出学生一览表　(单位：人)

序号	学院	北方州立大学	帕克大学	加州大学河滨分校	波士顿大学	合计
1	经济学院	1				1
2	工商管理学院	1		3	2	6
3	法学院	2		3		5
4	会计学院	1			1	2
5	华侨学院			2	1	3
6	金融学院	4		6		10
7	财政税务学院			3	1	4
8	文化与传播学院	4				4

续表

序号	学院	北方州立大学	帕克大学	加州大学河滨分校	波士顿大学	合计
9	城市经济与公共管理学院	1	1	1		3
10	劳动经济学院			2		2
11	信息学院			2		2
12	安全与环境工程学院	2		2		4
总计		16	1	24	5	46

(雷静)

与美国克利夫兰州立大学共建海外孔子学院

概　况

2011 年,学校与美国克利夫兰州立大学合作的孔子学院在克利夫兰学区进一步扩大了影响力,学校派遣的 3 名教师在孔子学院和学区受到欢迎。另外,通过孔子学院渠道学校接受留学生 14 名,实现了孔子学院领域留学生生源的双向流动。

(雷静)

汉语教学活动情况

2011 年,克利夫兰州立大学孔子学院主要完成了以下几项教学活动:为校园国际学校 140 名学生提供汉语教学服务;2011 年春季和秋季两个学期,分别为校园国际学校幼儿园至小学三年级学生提供汉语教学服务;2011 年春季学期,为克利夫兰州立大学课程与基础系开设“汉语教学中的教育技术”课程(EDF 560,3 学分,研究生课程),教学对象为 18 名岗前培训及在职的本土中文教师;与克利夫兰州立大学现代语言系合作开设两门本科课程:“汉语专题与会话”课(CHN 202/ CHN 393, 1 – 4 学分)、“汉语专题与会话”课(CHN 393, 1 – 4 学分);2011 年夏季,与克利夫兰州立大学教育领导力中心合作开设“比较与国际教育”课程(EDB 609,中美比较教育,3 学分,研究生课程),含 2 周暑期在中国学习文化比较,学员 13 人,大多为当地幼儿园至十二年级的学校教师;2011 年夏季,与上海华东师范大学合作,开设 3 学分的在线学习课程“汉语语言学”,学习人数 7 人,此课程作为克利夫兰州立大学孔子学院新开设的教师资格证书与教育硕士项目的补充课程。

首都经济贸易大学在美国克利夫兰州立大学设立的孔子学院成功开办,其在国外的影响力也不断上升, 2011 年接收来首都经济贸易大学学习的国家汉办孔子学院奖学金留学生 13 人。

(雷静)

文化活动情况

【文化活动】 2 月 21 日,孔子学院在克利夫兰州立大学举办“是否有一种优秀的子女教育方式?——来自大克利夫兰地区社区的观点”专题讨论会,讨论主题是蔡美儿的畅销新书《虎妈战歌》所描写的子女教育方式。10 月 28 日,邀请普林斯顿大学 Jerome Silbergeld 教授为克利夫兰州立大学师生及社区居民作了《从山歌到银色的月光:中国电影中的音乐》报告。11 月 8 日,孔子学院中方院长刘文政为克利夫兰州立大学英语系部分学生做孔子“己所不欲,勿施于人”的主张与《圣经》中相似言论的比较的讲座。11 月,孔子学院与克利夫兰州立大学中国学生学者联合会合作,约 800 人参加了由克利夫兰州立大学国际办公室举办的“国际日”活动。

(雷静)

【其他活动】 4 月 9 日,克利夫兰州立大学孔子学院培训的中文学生参加了在俄亥俄州立大学举办的美东地区大学生“汉语桥”预赛,该大赛共有 23 名来自9所大学的学生参赛。克利夫兰州立大学孔子学院选派的2名参赛学生分获初级组一、二等奖。这2名学生于4月23日在纽约举办的决赛中获得初级组二等奖。7月15日至8月1日，在克利夫兰州立大学孔子学院参与的"汉语桥"美国高中生夏令营活动中，来自俄亥俄州东北部的24名学生和2名陪同老师参观了北京和天津实验中学。7月8日至8月1日，在克利夫兰州立大学孔子学院参与的克利夫兰州立大学美国高中生夏令营活动中，来自俄亥俄州东北部的6名学生和2名陪同老师访问北京。6月28日至7月4日，克利夫兰州立大学孔子学院派出2名教师代表到北京参加汉办举办的"长城汉语"培训班。6月19～26日，组织俄亥俄州东北部4名中小学校长、2名学校行政官员到北京参加2011年汉办"汉语桥"校长代表团活动。12月27～28日，克利夫兰智能解决方案公司创始人及总裁 Anand Julka 先生、克利夫兰州立大学孔子学院院长陈丽卿博士2人与首都经济贸易大学校长王稼琼及学校主要领导以及相关部门和学院代表会晤并讨论了加强首都经济贸易大学与克利夫兰州立大学间合作与交流关系，以及进一步发挥克利夫兰州立大学孔子学院作用的有关事宜。

（雷静）

【创新项目】　2011年创新项目名称："课程与教学论教育硕士：学前班至十二年级中文教育（初级执照）"。开创本项目的目的是为汉语流利者提供学习学前至十二年级课堂教学技巧并获得俄亥俄州教师资格证的机会。该项目总学分为34学分，为合格者颁发硕士学位及俄亥俄州教师资格证。该项目可以为学员在美国公立学校学前至十二年级学生教授汉语及中国文化提供就业机会。该项目既能颁发硕士学位，又能颁发学前至十二年级教师资格证。该项目从2011年春季学期开始招收学生。

克利夫兰州立大学孔子学院负责该项目的招生、面试、遴选、注册以及通过网站、研讨会等方式进行项目推广和日常管理工作，与本地教育机构密切合作，帮助俄亥俄州本地学校提供合格的汉语师资。

（雷静）

【俄亥俄州中国日及年度中国新年庆祝活动】　1～2月，克利夫兰州立大学孔子学院与当地几家中文学校、中国文化协会、俄亥俄州华人社区，包括克利夫兰州立大学校园国际学校、克利夫兰州立大学教育学院、俄亥俄州当代中文学校、西湖中文学校、克利夫兰当代中文学校、克利夫兰中文学校、克利夫兰州立大学美籍华人教师职员协会、克利夫兰州立大学中国学生学者联合会、克利夫兰州立大学台湾学生协会等在俄亥俄州中国日当天共同组织中国文化活动，同时参与组织年度中国新年庆祝活动。此类活动吸引了14 000多位来自克利夫兰、哥伦布、代顿、雅典、辛辛那提以及匹兹堡（宾夕法尼亚州）的参与者，人数比2010年有所增长。哥伦布市长 Michael Coleman 和维斯特维尔市长 Kathleen Cocuzzi 分别在哥伦布和维斯特维尔市宣告2011年2月12日为"2011年中国日"，并邀请所有社区居民参与这些活动，从而加深对中国文化的了解。

（雷静）

【"教师感谢日"庆祝活动】　9月12日，克利夫兰州立大学孔子学院在主教学楼大礼堂举行了第四届年度教师感谢日活动。参加者人数超过500人，参加者主要是来自俄亥俄州东北部学校的中文教师与学生，还有来自这些学校和学区的行政官员。

（雷静）

因公出国（境）

【概述】　2011年，学校因公出国以及赴港澳台地区进行学术交流活动共计116人次，出访团组42个。其中，参加国际会议7人次，参加教育展14人次，各类培训48人次，进修及学习研修8人次，访问学者9人次，国外讲学1人次，访问考察及合作交流14人次，学术交流15人次，其中校级代表团8个。出访国家和地区包括：美国、马来西亚、希腊、土耳其、法国、蒙古、芬兰、加拿大、瑞士、英国、新加坡、意大利、澳大利亚、俄罗斯、匈牙利、日本、墨西哥、哥斯达黎加及中国香港、台湾等20个国家和地区。

学校因公出国（境）派遣工作继续以培训学校有重点学科及重点建设学科院系的教师为主。教师培训、进修、访问学者及讲学共62人次，占2011年学校总出国（境）人数的53%。

2011年，继续向香港理工大学派遣学校教学单位领导干部共38人次进行培训和学术交流。

（董淑英）

【重要出访活动】　3月8～19日，副校长杨世忠等3人随中国教育部赴希腊、土耳其参加中国教育展；4月13～23日，副校长王传生等3人随教育部赴美国参加留学中国教育展；5月9～18日，副校长丁立宏等4人赴法国克莱蒙高等商学院、芬兰 Cesim 公司友好访问；6月14～28日，党委书记柯文进随国家外专局出访瑞士，执行高校领导赴瑞士培训项目；7月10～17日，校长王稼琼等4人赴台湾地区参加2011年两岸财务与资讯学术会议；11月21～28日，副校长王文举等4人赴澳大利亚迪肯大学访问并签署合作交流协议;4月11～15日,副校长郝如玉随北京银行赴土耳其考察访问;11月28日至12月6日,党委副书记朱玉华等3人随中国教育部赴俄罗斯、匈牙利参加中国教育展;10月8～16日,学校工会主席赵凤启等2人随教育部留学服务中心赴日本参加中日大学教育展。详情见下表。

(董淑英)

首都经济贸易大学2011年教师出国(境)进修统计一览表　　(单位:人次)

访问学者	进修	培训	合计
9	4	48	61

2011年首都经济贸易大学因公出访一览表

出访团组	出访内容	邀请单位	出访地	出访人数	出访天数
王雅婷等赴美国小组	进修	美国多米尼肯大学	美国	4	90
张衍平等赴马来西亚小组	教育展	教育部	马来西亚	2	6
杨世忠等赴希腊、土耳其小组	教育展	教育部	希腊/土耳其	3	12
王新波赴美国小组	讲学	法国 ADVANCIA – NEGOCIA 大学	法国	1	36
郝如玉随团赴土耳其小组	访问	北京银行	土耳其	1	5
王传生等赴美小组	教育展	教育部	美国	3	11
刘荻赴蒙古小组	教育展	教育部	蒙古	1	6
丁立宏等赴法国、芬兰小组	访问	法国克莱蒙高等商学院/芬兰 Cesim 公司	法国/芬兰	4	10
周晔等赴美国、加拿大小组	会议	美国马萨诸塞大学安姆斯特分校、加拿大曼尼托巴大学	美国/加拿大	2	9
刘宇等赴香港小组	培训	香港理工大学	中国香港	20	14
张全等赴台湾小组	会议	台湾逢甲大学	中国台湾	3	7
杨河清等赴瑞典、英国小组	访问	瑞典鲍尔斯大学、英国北安普顿大学	瑞典/英国	3	12
付磊等赴台湾小组	会议	台湾彰化师范大学	中国台湾	2	8
柯文进赴瑞士小组	培训	国家外国专家局	瑞士	1	15
张旭红赴美国小组	培训	国家外国专家局	美国	1	21
王稼琼等赴台湾小组	会议	台湾岭东科技大学	中国台湾	4	8
黎熙赴美国小组	访学	美国密歇根州立大学	美国	1	366
田新民赴美国小组	访问	美国加州大学圣地亚哥分校	美国	1	25
解永秋赴美国小组	访学	美国斯特兰顿大学	美国	1	93
朱海燕赴美国小组	会议	美国管理学会	美国	1	5
陶峻赴美国小组	培训	美国麻省大学	美国	1	367
纪宏等赴台湾小组	会议	台湾辅仁大学	中国台湾	4	8
许江波赴新加坡小组	培训	新加坡 ACCA	新加坡	1	8

续表

出访团组	出访内容	邀请单位	出访地	出访人数	出访天数
阮敬等赴美国小组	访学	美国佛罗里达中央大学	美国	2	367
辛玉彤赴新加坡小组	会议	新加坡华文教研中心	新加坡	1	4
沈敏荣赴意大利小组	会议	意大利罗马第二大学	意大利	1	16
张昕赴美国小组	访学	美国新罕布什尔大学	美国	1	367
牛东来赴美国小组	访问	美国地方财政芝加哥贸易集团	美国	1	8
王文举等赴澳大利亚小组	访问	澳大利亚迪肯大学	澳大利亚	4	8
朱玉华等赴俄罗斯、匈牙利小组	教育展	教育部	俄罗斯/匈牙利	3	9
赵风启等赴日本小组	教育展	教育部	日本	2	9
房永明等赴香港小组	培训	香港理工大学	中国香港	18	14
柳学信赴新加坡小组	会议	新加坡国际精英商学院联合会	新加坡	1	5
宋湛赴美国小组	访学	美国纽约城市大学	美国	1	184
董烨然赴美国小组	访学	美国范德堡大学	美国	1	367
顾奋玲赴台湾小组	访问	台湾政治大学	中国台湾	2	123
赵冰赴美国小组	访学	美国纽约城市大学	美国	1	367
杨一平等赴美小组	培训	国家外国专家局	美国	2	21
段霞随团赴墨西哥、哥斯达黎加小组	访问	北京市社会科学界联合会	墨西哥、哥斯达黎加	1	10
王立华等赴加拿大小组	培训	高师培训	加拿大	3	120
张杰等赴美小组	培训	高师培训	美国	2	120
卢山等赴台湾小组	交换学生	台湾静宜大学	中国台湾	2	153
穆怀伦等赴台湾小组	交换学生	台湾静宜大学	中国台湾	2	137

港澳台交流与合作

概　况

经教育部批准，1997 年学校获得面向港澳台地区招收本科生资质，2008 年获得招收研究生资质。随着学校港澳台侨学生招生规模扩大、学术交流项目和学生交流项目的增加，学校港澳台工作面临新的挑战。2011 年，学校重新对港澳台侨学生管理制度进行了修订和完善，港澳台侨学生管理工作逐步走入正轨。学校支持教师积极参加在港澳台地区举办的各类学术活动，学校与港澳台地区的学术和学生交流工作日益活跃。学校教师定期赴台讲学、积极参加在台举办的学术会议，应邀参加台湾地区学校重大的庆典活动等；台方教授来学校参访、参加学术会议等交流活动甚广。

2011 年，港澳台工作取得较大进展，扩大了招收港澳台侨学生的规模，增加了港澳台学生交流项目。根据 2010 年港澳台侨学生管理中出现的问题，为避免再次出现学生通行证逾期问题，学校积极与北京市公安局加强联系和沟通工作,为学生讲解注意事项,并开展了学生管理制度修订工作,完善了相关规章制度,确保了港澳台侨学生管理工作顺利开展。

台湾地区校际交流

【台湾台中技术学院来访】 1月1日,副校长王文举会见了台湾台中技术学院副校长谢俊红一行9人。会谈中,双方分别介绍了两校的基本情况及办学特色,真诚表达了希望两校间开展学术交流活动和友好合作的良好愿望。王文举指出,学校与台湾台中技术学院在专业对接上有着良好的合作基础,今后应进一步拓展两校在教师交流、学生交流以及合作研究等领域的合作。

(朱红)

港澳台侨学生

【招生情况】 9月,学校招收港澳台侨新生18人,其中,本科生14人,硕士生2人,博士生2人。2011年港澳台侨学生在校生总计51人,其中,本科生40人,硕士生2人,博士生9人。学校港澳台博士生总人数在北京市属高校中名列前茅。

从2010年开始,港澳台侨学生住宿开始享受与内地学生同等待遇。港澳台侨学生既可以选择单独住宿,也可以与学校内地学生同住学校学生公寓。学校对港澳台侨学生宿舍进行了安全检查和设施维修维护。

2011年,学校港澳台办公室在新生报到现场挂牌,为港澳台新生报到提供咨询服务。详情见下表。

2011年港澳台侨在校生所属地区及院(系)分布人数统计一览表 (单位:人)

序号	院(系)	香港	澳门	台湾	华侨	合计
1	经济学院	6		4		10
2	工商管理学院		4			4
3	法学院	1				1
4	会计学院	2		3	1	6
5	华侨学院		1			1
6	金融学院	5		4		9
7	财政税务学院	2				2
8	外语系	1				1
9	文化与传播学院	1		1		2
10	城市经济与公共管理学院	1				1
11	劳动经济学院	1		2		3
12	信息学院			1		1
13	统计学院			10		10
总计		20	5	25	1	51

(朱红)

【港澳台侨学生管理制度】 为进一步规范学校港澳台侨学生招生和培养工作,根据教育部、国务院台办、国务院港澳办、公安部联合发布的《关于印发〈关于普通高等学校招收和培养香港特别行政区、澳门地区及台湾省学生的暂行管理规定〉的通知》(教外港〔1999〕22号),和北京市教育委员会《关于普通高等学校港澳台学生修读政治课事项补充规定的通知》,在对北京大学、清华大学、中国人民大学、对外经济贸易大学等高校进行调研的基础上,根据市教委、教育部相关规定,结合学校实际情况,2008年年底起草了《首都经济贸易大学关于港澳台侨本科生修读公共基础课程的暂行规定》,2009年11月该规定经校长办公会讨论通过。经过2010年和2011年两年的试行,效果良好。2011年对《首都经济贸易大学关于招收和培养港澳台地区及华侨学生的管理规定》进行了内容补充和修订。2012 年拟进行进一步修订和完善。

为加强对港澳台侨学生在校身份管理，学校与公安部门和政府管理部门协商配合，完成了港澳台侨学生信息上报工作并更新了信息上传设备。

（朱红）

【奖学金评审工作】 教育部对港澳台侨学生设有学生奖学金。2011 年，学校港澳台侨学生奖学金的评审工作在公平、公正、公开、透明的原则下进行。经学生本人申请、学校推荐、北京市教委及教育部审核，2011 年学校共有 7 名港澳台侨学生获得学生奖学金，详情见下表。

首都经济贸易大学获得 2011 年教育部港澳台侨学生奖学金名单一览表

奖学金等级	台湾	香港	澳门	华侨
博士一等奖	洪哲裕			
本科生一等奖		曾文君　林倩倩		
本科生二等奖	陈昭桦　汪瑞瑄	黄贵彩	吴镇伟	

（朱红）

【交换生项目】 学校从 2009 年开始向台湾静宜大学派遣交换生学习，学习时限为一学期。截至 2011 年 12 月，学校与静宜大学学生互换项目已经运行 3 年，效果很好。2011 年学校共派遣 4 名学生赴静宜大学进修学习，详情见下表。

2011 年赴静宜大学交换生名单及学生所属院(系)一览表

所属院(系)	春季	秋季
统计学院	杜文英　穆怀伦	卢　山
金融学院		齐丝葩

（雷静）

第八篇

学校管理

学校中长期发展规划纲要和“十二五”规划解读本

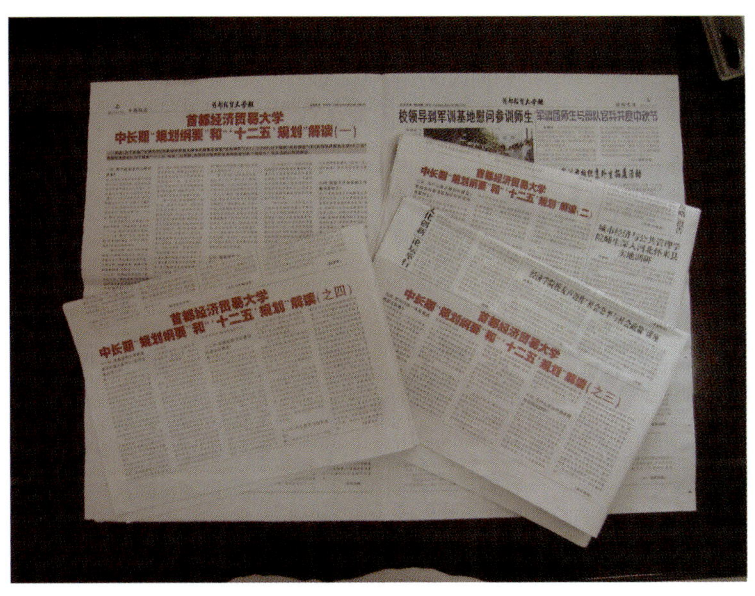

9 月 15 日 ~11 月 5 日，首经贸校报 4 次连载学校中长期发展规划纲要和“十二五”规划解读

4月7日，首经贸与北京小学丰台万年花城分校签订合作协议

6月9日，首经贸与北京十二中签订共建协议

4 月 13 日，首经贸正式启动《首都经济贸易大学年鉴(2011)》编纂工作

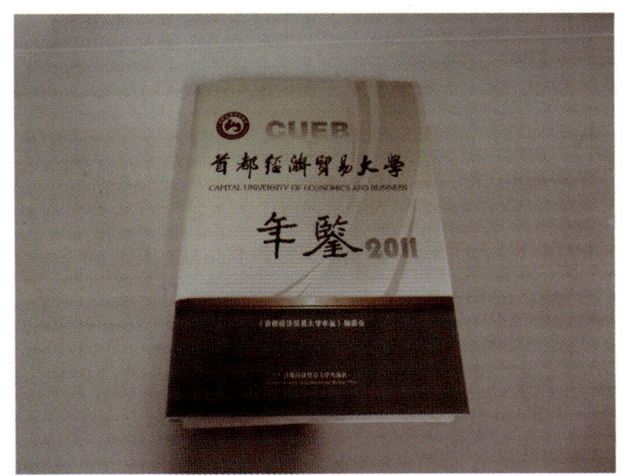

12 月，《首都经济贸易大学年鉴(2011)》正式出版发行

首都经贸大学报

大学生实习期满发生工伤 未签合同遭公司拒赔

2011 年，法律事务室在首经贸校报开设了“校园看法”栏目

11 月 29 日，财务处召开专项执行进度推进会

12 月 22 日，财务处召开首经贸财务工作会议

10 月 18 日，首经贸被评为 2008～2010 年内部审计先进集体

12 月 15～16 日，首经贸召开国有资产工作会

8 月 30 日，北京市副市长洪峰来首经贸调研征地工作

11 月 3 日，保卫处组织开展消防演练与培训

4 月 27 日，后勤分工会举办"后勤人的苦与乐"摄影作品比赛活动

9 月 26 日，劳动经济学界泰斗任扶善教授返校

10 月 12 日，首经贸邀请 78 级校友李庚作报告

5 月 11 日,劳动经济学院举行校友基金奖学金暨优秀学生颁奖典礼

10 月 18 日,首经贸邀请著名经济学家、校友卢迈作报告

发　展　规　划

概　况

2011年是实施学校中长期事业发展规划和“十二五”时期发展规划的第一年。规划工作的重点是全面推进两个规划的实施,组织学校各部门和各学院参照学校“十二五”规划,完成本单位的“十二五”规划文本的定稿。宣传部和发展规划处联合在学校网页和校报开辟专栏进行“十二五”规划的宣传报道。9月15日,发展规划处编写了《首都经济贸易大学“规划纲要”和“‘十二五’规划”解读本》,作为组织教职员工学习学校中长期事业发展规划纲要和“十二五”时期发展规划的范本。各单位结合自身的实际情况,组织党员、干部和师生员工广泛开展学习宣传“两个规划”的活动。按照北京市教委“十二五”规划工作通知的要求,5月31日,将《首都经济贸易大学“十二五”时期发展规划》文本报送至北京市教委发展规划处。

（林昱）

学校规划

【教代会审议通过学校中长期发展规划纲要和“十二五”规划】　4月20日,学校召开第二届工代会八次会议暨教代会九次会议,主要内容之一是审议学校中长期发展规划纲要和“十二五”规划。校领导和工会、教代会代表以及列席代表、特邀代表共计170余人出席。校长王稼琼和副校长丁立宏在会上对《首都经济贸易大学中长期事业发展规划纲要》和《首都经济贸易大学“十二五”时期发展规划》分别进行了详细解读。会议分成7个代表团对两个“规划”进行分组讨论,讨论通过了两个“规划”。

（林昱）

【学校制定实施中长期事业发展规划纲要(2011～2020)】　《首都经济贸易大学中长期事业发展规划纲要(2011～2020)》制定并实施,这是学校建校以来首次制定和实施有关学校事业发展的中长期规划。规划文本共有9 100字,主要内容包括:序言、指导思想与工作方针、战略定位与战略目标、战略任务与战略举措、战略保障与资源配置、规划纲要实施等章节。规划明确提出,到2020年,学校发展的总体战略目标是:立足北京、服务首都、面向全国、走向世界,努力把学校建设成为现代化、国际化、多科性、有特色的国内一流、国际知名的财经大学。未来10年学校发展将分两步走:第一阶段(2011～2015):通过夯实基础,搭建平台,深化改革,创新机制,理顺关系,为下一阶段的快速发展创造条件;到2015年,学校整体办学实力明显提高,2个左右的国家级特色重点学科和5个左右的国家级特色专业达到国内一流水平。第二阶段(2016～2020):通过强化基础和实施一系列的顶尖计划,实现学校的大发展;到2020年,把学校全面建设成为国内一流、国际知名的财经大学。

（林昱）

【学校制定实施“十二五”时期发展规划】　《首都经济贸易大学“十二五”时期发展规划》制定并实施。规划文本共有2.12万字,主要内容有:前言、“十二五”时期学校发展规划的背景分析、指导思想与战略目标、主要建设内容、主要保障措施、结束语等。规划确定的“十二五”时期学校发展的战略目标是:到2015年,学校的整体办学实力明显提高,部分学科专业达到国内一流水平,人才培养质量稳步提高,师资队伍水平显著提升,基础设施和公共服务体系明显改善,国际化办学水平国内领先。学校“十二五”时期事业发展的主要指标详见下表。

学校“十二五”时期事业发展的主要指标

	主要指标	2010 年已有	2015 年计划达到
学科专业建设	一级学科博士学位授权点	3 个	6~7 个
	一级学科硕士学位授权点	7 个	11~12 个
	专业硕士授权点	12 个	14 个
	博士后流动站	1 个	3 个
	国家级重点学科	1 个二级学科	1 个一级学科或 2~4 个二级学科
	国家级基地	0 个	1 个
	国家级特色专业	4 个	5 个
	北京市级专业群	0 个	2 个
	北京市级紧缺专业	0 个	3 个
人才培养	在校全日制本科生人数	9 623 人	10 000 人
	在校研究生人数	2 268 人	3 800 人
	在校留学生人数	778 人	1 250 人
	国家级教育教学成果奖	0 项	1~3 项
	北京市教育教学成果奖	7 项	10 项
	北京市级拔尖人才培养实验区	0 个	3 个
	北京市国际视野拓展计划项目	0 个	3 个
	本科毕业生就业率	95% 以上	95% 以上
	本科毕业生深造率(考研与出国率)	18.3%	30% 以上
科学研究	国家级项目	29 项	40~45 项
	省部级以上科研奖励	60 项	70 项
	权威期刊论文	437 篇	500 篇
	科研项目经费	7 483.3 万元	1 亿元
师资队伍	专任教师人数	628 人	900 人
	国家千人计划	0 名	1~2 名
	北京市海聚工程人选	0 名	5~10 名
	国家级教学名师	0 名	1~2 名
	北京市教学名师	7 名	10 名
基础建设	征地面积	117.5 亩	297 亩
	重点项目建设面积	8.8 万平方米	20 万平方米

(林昱)

【印发学校中长期发展规划纲要和“十二五”规划解读本】 9 月 15 日,发展规划处编写了《首都经济贸易大学“规划纲要”和“十二五”规划解读本》,发至各处级单位,作为组织教职员工学习学校中长期事业发展规划纲要和“十二五”时期发展规划的范本。解读本共计 1 万字,设 14 个专题,分别是:①两份规划是什么样的关系?②两份规划是如何形成的?③规划的指导思想是什么?④在规划中,学校提出了什么样的战略目标?其支撑点在哪里?⑤如何解释“国内一流,国际知名”?⑥“十二五”规划中的《学校事业发展主要指标表》所列出的指标都代表了什么意思？⑦学校人才培养的工作重点是什么？⑧为什么要开展学科建设？学校学科建设的目标和建设内容是什么？⑨学校科学研究的发展思路是什么？⑩如何打造一支高效的教职工队伍？⑪为什么会出现高等教育国际化趋势？⑫实施现代大学制度建设的意义是什么？如何去做这项工作？⑬实现校园文化建设的意义在哪里？⑭什么是学习型党组织？

（林昱）

党政管理

概况

2011年，学校党政管理紧紧围绕学校中长期事业发展规划纲要和“十二五”时期发展规划的各项要求，深入研究新形势下高等教育教学管理的特点，从建设国内一流财经大学的需要出发，制定了党政办公室“十二五”时期发展规划，明确了党政办公室未来5年的发展定位和方向；紧紧围绕学校中心工作，充分发挥参谋助手作用，为领导决策提供服务；切实履行综合协调职能，确保学校重大活动的顺利开展；全面推进民主办学、依法治校工作，为学校发展创造良好的氛围；认真开展档案工作，为学校改革发展提供服务保障；进一步加强党政办公室自身建设，提升工作能力和服务水平。

（商筱辉）

督查督办

【制定党政办公室“十二五”时期发展规划】 2011年，党政办公室主动适应新的形势和要求，集中全体同志的智慧，制定完成了党政办公室“十二五”时期发展规划，确定了以“四化三型”建设推动党政办公室各项工作的总体思路。“四化”即提升办公室工作的科学化、精细化、信息化和规范化水平；“三型”即创建学习型、创新型和服务型办公室。

（商筱辉）

【做好决策会议服务工作】 党政办公室进一步做好党委全委会、党委常委会、校长办公会等决策会议的服务工作，并加大决策督查力度，推动决策的贯彻落实，以会议决策的督查督办为重点，及时批复，并定期跟踪会议决策执行情况。全年共服务党委全委会6次，党委常委会29次，制发会议决策批复并督查督办57件；服务校长办公会15次，制发会议决策批复并督查督办54件。接受并处理已登记文件281件，其中校内来文28件，校外来文253件。详情见下表。

2011年校长办公会主要议题一览表

时间	会议	主要议题
1月17日	第1次校长办公会	讨论研究生生活补贴问题，审议高水平运动队管理办法，讨论教师聘任结果，通报非处级人员和教学单位科研考核结果，研究学生校级评优表彰问题，研究开除学籍处分问题，研究调整征地建设领导小组问题，研究校园网收费问题，审议校园卡管理办法等
3月9日	第2次校长办公会	听取学校会议中心进展情况汇报，讨论城市学院院名调整问题，听取学科建设与科学研究大会筹备情况汇报，讨论“十二五”规划修改情况，讨论博士生导师遴选工作，研究“双轨制”人才引进及教师考核办法修订工作

续表

时间	会议	主要议题
3月31日	第3次校长办公会	审议年鉴编纂工作方案,研究与北京小学万年花城分校、北京市十二中共建问题,审议《关于实行人事代理的暂行规定》,审议《海外高层次人才引进工作暂行办法》
4月7日	第4次校长办公会	讨论2011年进人问题
4月28日	第5次校长办公会	审议2011~2012学年教学日历,研究国家和北京市教学名师申报工作,讨论2011年第二批进人问题,讨论校级后备学科带头人和中青年骨干教师问题,审议《年鉴编纂暂行办法》,审议《合同管理办法》
5月19日	第6次校长办公会	审议延长学籍及学位授予期限的补充规定,讨论2011年第三批进人问题等
6月1日	第7次校长办公会	审议校级科学研究项目管理办法、科研奖励管理办法,讨论2011年进人问题,审议校园宣传环境管理规定
6月10日	第8次校长办公会	讨论2011年6月延退问题,审议校级精品课程、双语教学示范课程和教改立项评审结果,听取专业硕士建设及专项经费使用情况汇报等
7月7日	第9次校长办公会	研究北京市教育行业信息安全检查工作,讨论高层次人才引进问题,听取OTA提升计划汇报,讨论出版公司投资人变更问题,研究化解基本建设债务风险问题,通报学校防汛工作情况等
9月19日	第10次校长办公会	讨论人才引进问题
9月29日	第11次校长办公会	审议校级学术新人计划设置试行办法,讨论2012年进人问题
10月25日	第12次校长办公会	研究2011年教师职务聘任工作,通报学校55周年校庆工作,通报"中欧高校科学管理比较研究与合作研讨班"筹备工作情况
11月22日	第13次校长办公会	研究"学评教"表彰问题,审议优秀教学及教学管理人员奖励办法和本科生辅修专业管理办法,传达全国高等学校哲学社会科学工作会议精神
12月7日	第14次校长办公会	审议"十二五"规划各分规划,研究教育部人文社会科学重点研究基地申报工作,讨论教师延退问题,讨论落实优秀海外留学人员待遇问题,通报2011年事业单位收入分配有关工作情况,讨论校园绿化美化问题,通报2012年元旦及寒假放假安排
12月30日	第15次校长办公会	讨论2012年管理岗位、其他专技岗位进人问题,研究2011年教师职务和其他专业技术职务聘任问题,讨论学校与北卡州立大学国际合作问题,审议学校第三届教学名师、优秀主讲教师评选结果,研究优秀新生转专业的制度修订问题,讨论开设大学生心理健康课程问题

(高菲　徐彦红　刘红)

2011年党委常委会主要议题一览表

时间	会议	主要议题
1月17日	第2次党委常委会	研究干部问题,听取2010年处级干部考核情况汇报
2月15日	第3次党委常委会	研究学校中长期事业发展规划纲要、"十二五"时期发展规划及学校2011年工作要点,通报开学前相关工作安排
2月23日	第4次党委常委会	研究思想政治理论课建设问题、校领导工作分工及联系院系问题、干部问题

续表

时间	会议	主要议题
2月28日	第5次党委常委会	研究近期学校安全稳定工作
3月4日	第6次党委常委会	研究干部问题
3月11日	第7次党委常委会	审议干部离任经济责任审计结果,审议2011年组织、统战工作要点、宣传思想政治工作要点及校院两级理论中心组学习安排,审议2011年纪检监察工作要点,研究2011年学校为师生办实事工作,研究干部问题
3月17日	第8次党委常委会	研究北京市级先进基层党组织、优秀党务工作者、优秀共产党员推荐工作,研究干部问题
3月29日	第9次党委常委会	研究2011年工会、教代会年会筹备工作,研究2011年校内预算问题,审议学校"十二五"规划,研究干部问题
4月12日	第10次党委常委会	研究文化与传播学院机构调整问题,研究"七一"表彰工作和干部问题
4月19日	第11次党委常委会	讨论学科建设有关问题,研究干部问题
4月28日	第12次党委常委会	审议《关于进一步加强关心下一代工作委员会建设的意见》,研究校领导工作分工及联系院系问题,研究干部问题
5月6日	第13次党委常委会	研究马克思主义学院、文化与传播学院干部问题及启动经费问题,研究高层次人才引进问题
5月19日	第14次党委常委会	研究工会、教代会换届问题,研究思想政治理论课建设工作专项督察问题,传达京教工〔2011〕26号、27号、29号文件精神
5月25日	第15次党委常委会	传达《北京市开展清理和规范庆典、研讨会、论坛活动工作的实施意见》,研究公务用车专项治理工作,研究讨论2009~2011年校级优秀共产党员、优秀党务工作者、先进基层党组织评选问题,研究干部问题,通报"七一"前夕党委书记讲党课问题
6月1日	第16次党委常委会	通报2009~2011年校级优秀共产党员、优秀党务工作者、先进基层党组织表彰工作,讨论北京市哲学社会科学规划领导小组推荐人选,研究近期学校安全维稳工作,研究干部问题
6月10日	第17次党委常委会	研究校级师德建设先进单位、师德标兵评选问题,研究干部问题
7月7日	第18次党委常委会	听取"双代会"代表选举情况、分工会换届情况汇报,审议校级师德建设先进单位、师德标兵评选结果,研究干部问题,通报暑假期间学校相关工作安排
8月22日	第19次党委常委会	审议2011年上半年主要工作情况和下半年重点工作安排
8月31日	第20次党委常委会	传达京宣发〔2011〕21号文件精神,传达北京市安全稳定工作会议精神
9月19日	第21次党委常委会	研究第三届"双代会"换届工作,听取关于召开第三次团代会筹备工作汇报,审议学校人大代表换届选举领导小组名单及推荐丰台区、朝阳区人大代表候选人建议名单,传达北京教育系统深入开展创先争优活动第三阶段的意见精神,审议开展"提高办学质量促发展、服务人民群众树形象"活动方案,审议部分处级领导干部离任经济责任审计结果
9月29日	第22次党委常委会	审议党委领导班子任期目标报告书

时间	会议	主要议题
10月14日	第23次党委常委会	研究领导干部贯彻《廉政准则》问题,讨论“双代会”筹备工作,研究2012年预算问题,研究干部问题
10月27日	第24次党委常委会	讨论第三届“双代会”筹备工作和第三次团代会筹备工作,通报学校配合丰台区、朝阳区做好政协换届工作情况
11月10日	第25次党委常委会	审议第三次团代会选举结果,审议《关于认真学习宣传贯彻党的十七届六中全会精神的通知》,研究学校55周年校庆工作,研究成立“中国经济实验研究院”问题,讨论第三届“双代会”筹备工作,审议上报教工委“北京市生活困难党员帮助专项资金”补助人选,研究干部问题,通报市委巡视组来校巡视工作情况
11月22日	第26次党委常委会	审议第三届“双代会”选举结果,研究党风廉政建设问题,讨论处级干部聘任工作时间调整问题
12月9日	第27次党委常委会	研究2011年处级干部考核问题,审议处级单位、处级干部年度考核工作办法,研究干部问题,研究校领导工作分工及联系院系问题
12月16日	第28次党委常委会	讨论学校出席党的十八大代表候选人初步人选推荐提名工作
12月21日	第29次党委常委会	研究2011年财务工作表彰问题,听取学校2011年度干部选拔任用工作情况的报告,审议学校领导班子2011年述职报告,研究学校出席党的十八大代表候选人初步人选推荐名单
12月28日	第30次党委常委会	研究法学院院长聘任问题

(高菲　徐彦红)

保密工作

【组织召开保密工作会】 6月,学校保密委员会召开会议,保密委主任赵凤启结合保密工作的大量案例和学校保密工作实际,传达了中共北京市委保密委员会2011年工作要点文件,并从高度重视信息化发展对保密工作带来的影响和挑战、严格落实保密工作责任制、广泛开展保密法制宣传教育活动、加强重点人员的保密教育培训等方面对学校的保密工作提出了要求。党政办公室副主任商筱辉代表学校保密委员会办公室对学校2011年的机要保密工作进行了总结,并提出了今年机要保密工作的4项重点任务。学校保密委员会成员参加了会议。

(高菲)

【组织参观保密警示教育展】 9月,学校保密委员会办公室组织学校专兼职保密员到国家博物馆参观保密警示教育展。此次展览是中央保密局主办、北京市保密局等单位承办的专业保密展览,展示了近年来处理的部分涉密案件以及信息化条件下的窃密手段。学校42位专兼职保密员参观了展览,进一步增强了保密意识和开展保密工作的自觉性。

(高菲)

信息工作

【概述】 2011年,党政办公室进一步提升信息服务水平,拓宽信息搜集渠道,加强办公室信息综合处理能力。充分挖掘和利用网络信息平台资源,紧跟学校工作重点要点,积极向北京市教委和北京市委教育工会汇报学校事业发展取得的新成绩、教育改革取得的新进展以及服务社会等方面的新成果,共上报信息17期(约1.5万字)。进一步提高校内刊物《信息参考》的信息质量,全年围绕国家中长期教育规划纲要实施一周年、人才队伍建设、研究生培养等主题出刊4期,总计15万余字。继续做好文稿的撰写工作,积极参与领导调研,着力把握全局工作动态,不断强化精品意识,提高以文辅政的能力和水平,2011年共撰写各类报告、讲话24篇,总计12.8万字。

(田瑜　王婧瑶)

【创办《信息周报》】　2011年，党政办公室继续加强信息搜集和调查研究工作，并重点在信息搜集的时效性和针对性上下工夫，创办了校内刊物《信息周报》，每周向校领导报送教育部、北京市教委等教育主管部门的政策信息及其他兄弟高校的好经验、好做法，全年共编辑31期，搜集、筛选各类信息302条，约9万字。

（王婧瑶）

【党务公开、校务公开网站正式上线运行】　2011年，按照教育部《高等学校信息公开办法》（2010年第29号令）的要求，党政办公室进一步加强学校信息公开平台建设。1月，学校党务公开、校务公开网站正式上线运行。党务公开网站共开设图片新闻、重大改革与决策、思想建设、领导班子建设、干部队伍建设、基层组织建设、反腐倡廉建设、统战老干部建设、群团工作、院（系）务公开、党务公告、规章制度12个栏目，全年共发布信息72条。校务公开网站共开设图片新闻、校务公告、规章制度、院（系）务公开、重大改革与决策、人才队伍建设、财务管理、资产管理、基本建设与维修、教学管理、科研管理、学生管理、招生与就业、对外交流与合作、校园安全、后勤保障16个栏目，全年共发布信息145条。

（田瑜）

综合接待

【概述】　2011年，党政办公室继续做好大型活动的综合协调工作，圆满完成了区县人大换届选举、第三届“双代会”、建校55周年校友联谊活动、中欧高校科学管理比较研究与合作研讨班、市委第六巡视组进校巡视等一系列重要活动的组织协调工作，通过细化工作流程、明确工作任务，初步形成了办公室内部以及办公室与校内有关部门之间有效的沟通协调机制，确保了学校重大活动的顺利开展。继续加强与上级主管部门、兄弟院校以及其他合作单位的沟通和联系，全年共接待上级领导来校调研17次，兄弟院校来访24所，合作单位来访9次，总计270余人次。党政办公室把做好接待工作作为提升学校形象的重要内容，规范接待工作的每一个微小环节，力争达到“领导放心、来宾满意、同行赞誉”的工作目标。

（黄立伟）

【福建省委教育工委考察团到学校考察交流】　6月10日，福建省委教育工委常务副书记、省教育厅党组副书记、副厅长郑传芳带领福建省22所本科高校党政主要领导到学校交流考察。北京市委教育工委副书记唐立军、高等教育处处长黄侃、组织处副处长李丽辉等陪同考察。学校党委书记柯文进主持座谈会，校长王稼琼向考察团介绍了学校的办学定位和战略目标，以及学校在人才培养模式改革、服务首都经济社会发展、多渠道引进和培养教师的主要经验和做法。考察团成员重点就学校教师促进中心的运行模式、实行“双轨制”加强师资队伍建设等问题进行了深入讨论。

（黄立伟）

【学校举办中欧高校科学管理比较研究与合作研讨班】　11月1～2日，由首都经济贸易大学、中国国际人才交流基金会和瑞士圣加伦马利克管理中心联合主办的中欧高校科学管理比较研究与合作研讨班在学校举办。国家外国专家局科教文卫专家司司长赵立宪、北京市教育委员会主任姜沛民、中国国际人才交流基金会主任王海洋及副主任刘昇、国内部分地方重点高校和市属高校领导及相关负责同志出席开幕式。学校党委书记柯文进主持开幕式。校长王稼琼向瑞士圣加伦马利克管理中心主席弗雷德蒙德·马利克教授颁发首都经济贸易大学特聘教授证书。

在为期两天的中欧高校科学管理比较研究与合作研讨班上，瑞士圣加伦马利克管理中心主席弗雷德蒙德·马利克教授和瑞士圣加伦马利克管理中心合伙人、国际仿生学中心董事会董事卡尔·海因兹·欧乐教授围绕欧洲大学科学管理和中国大学科学管理比较研究这一主题，就马利克管理系统（MMS）及高校优化运转管理的方法和工具进行了专题讲座，并与学校师生广泛深入地研讨了中国与欧洲的科学和教育管理。

（黄立伟）

【学校与北京市第十二中学、北京小学万年花城分校签订共建协议】　2011年，为贯彻落实党委为师生办实事的承诺，学校党委书记柯文进代表学校分别与北京市第十二中学、北京小学万年花城分校签订共建协议，在人才选拔、文化交流、教学科研等方面开展实质性合作。

（王婧瑶）

【学校与北京环卫集团签订战略合作框架协议】　11月10日，为进一步推进校企合作，校长王稼琼代表学校与北京环卫集团签订战略合作框架协议，标志着双方正式建立起战略合作关系。双方将在企业发展战略、环卫服务、运行管理、投融资、人才培养和技术研发与管理等方面开展全方位合作。

（王婧瑶）

【处理群众来信来访工作】　党政办公室高度重视信访工作，认真处理来信、接待来访、倾听师生员工和人民群众的意见、建议和要求。严格按照《信访条例》建立健全信访案件登记、转送、督办和反馈制度,畅通信访渠道,加快信访件的办结时间,提高初信初访的办结率。2011 年,党政办公室安排校领导接待日 36 次,反映问题 27 个,全部进行了答复;受理群众来信来访 50 件,其中初信初访件 46 件,重访 5 件,办结 49 件,办结率为 98%。加强与上级主管部门的工作汇报与沟通,拜访了北京市教育委员会信访办公室,就学校反映比较集中的信访问题进行了交流探讨。

(黄立伟 高二起)

公文处理

【概述】 2011 年,党政办公室继续做好公文处理工作,公文质量和运转效率得到进一步提高。全年共制发校内公文 71 份,其中,首都经济贸易大学党发文件 26 份,首都经济贸易大学政发文件 30 份,首都经济贸易大学大党政办发文件 15 份;制发上报文件 82 份,其中,首都经济贸易大学大文文件 50 份,首都经济贸易大学党文文件 5 份,首都经济贸易大学大函文件 27 份;制发《首都经济贸易大学 2011 年文件汇编》。

(田瑜)

【稳步推进自动化办公系统建设工作】 2011 年,党政办公室在设计完成自动化办公系统中校内公文、校内请示、上级来文三个办公模块的基础上,对办公流程和权限管理等进行了细化,形成了较为合理实用的办公系统。2011 年 1 月起自动化办公系统在校部机关内部进行试运行,截至 12 月 31 日,共有 67 份校内文件和 28 份校内请示通过自动化办公系统完成了网上流转程序,实现了无纸化办公。

(田瑜)

统计工作

【概述】 2011 年,党政办公室注重发挥统计工作的重要作用,初步建立学校发展情况监测机制,为学校合理调配资源提供可靠的数据支撑。完成《高等教育基层统计报表(2011 ~ 2012 学年初)》年报、《公共机构能源统计消耗表》季报和年报、《非工业重点耗能单位主要能源和水消费》月报和年报、《北京市高校绩效考评信息系统》4 种统计报表的调查、整理、分析和上报工作。

(田瑜)

【学校荣获北京市教育事业统计工作优秀集体一等奖】 在 9 月 5 ~ 6 日召开的 2011 ~ 2012 学年教育事业统计工作会上,市教委根据专家对各区县、各高等院校和中等专业学校及其统计人员 2010 ~ 2011 学年度教育事业统计工作质量的评估意见,评选出了 50 个优秀集体和 50 名优秀个人进行表彰。学校荣获北京市教育事业统计工作优秀集体一等奖,党政办公室田瑜同志荣获北京市教育事业统计工作优秀个人一等奖。

(田瑜)

档案管理

【概述】 截至 2011 年 12 月,学校综合档案室管理的库藏档案(文书档案、教学档案、科研档案、部分会计档案)共计 49 641 卷,14 034 件,排架长度 588 米;照片档案 5 916 张,光盘 296 盘。现有计算机 8 台,打印机 4 台,复印机 2 台,传真机 1 台,服务器 2 台及照相、摄像、扫描等技术设备。五节档案柜 122 组,组合文件柜 24 个。

(刘江霞)

【档案的查询利用】 2011 年,在档案查询利用服务方面,综合档案室接待校内办公查借阅档案 108 人次,523 卷(件);社会其他机构、个人因私(往届毕业生)提供档案查询利用 716 人次,1 430 卷(件)。出具各类档案证明 132 份;复制档案材料 218 份;进行学历、学位鉴定 105 件;学历、学位、学习成绩材料认证 302 人次。完成建校 55 周年档案利用服务工作,协助各单位做好校庆相关材料的准备,为学院提供历史沿革的相关材料和档案记录,为校友提供相关记录。

(刘江霞)

【档案信息的开发】 截至 2011 年 12 月,综合档案室完成《北京教育年鉴》条目(45 条)编写组稿工作,上报到市教委北京教育史志办,同时报送给《北京丰台年鉴》。编写北京档案志 、高校档案工作相关条目和内容 15 000 字,上报至北京市档案局。编写学校"大事记"文稿,并存档。完成《首都经济贸易大学年鉴》(2011)的统稿、编辑、印刷、出版工作,完成 2011 年档案工作统计表,报送北京市档案局。修订《首都经济贸易大学档案管理办法》、《档案利用服务规定》、《档案管理工作流程图》。

(刘江霞)

【档案信息的数字化】 2011 年,学校档案信息化工作有了突破性进展。全校利用"南大之星"档案管理系统和数据扫描技术、数据库技术等,完成了2011年纸质档案目录信息化工作和部分档案全文信息化工作。各单位兼职档案员负责本年度本组织机构档案的形成、积累、整理、归档、录入等工作。综合档案室完成了学校历史档案的信息化工作,为档案的保护、档案的查询利用工作打下了良好的基础。

(刘江霞)

【召开学校档案工作培训会】 4月14日,学校召开档案工作会,各立档单位兼职档案员40余人参加了会议,综合档案室主任郭亚利作工作报告。报告共分4个部分:(1)“十一五”期间学校档案工作基本情况;(2)2010年档案工作回顾;(3)2011年档案工作计划;(4)“十二五”时期学校档案工作发展规划。并对归档工作中的问题进行了说明,党政办公室副主任商筱辉参加会议并讲话。

(刘江霞)

【完成《首都经济贸易大学年鉴(2011)》编纂出版工作】 12月,《首都经济贸易大学年鉴(2011)》正式出版。这是学校的首部年鉴,全书共15个篇目,以教育教学、学科建设与科学研究、人才队伍建设、对外交流与合作、学校管理、党建与群团工作等为主要框架,采取分类编纂的方法,反映了学校各单位、各部门的基本面貌。全书共93.4万字,主题图片57幅,篇目图片109幅,由首都经济贸易大学出版社公开出版发行,经销全国新华书店。《首都经济贸易大学年鉴》为16开本(787mm×1 092mm)精装书,采用铜版纸印刷,印数700册。书前及篇目中配有彩色插页,采用全目录检索。

(刘江霞)

法律事务

【概述】 2011年,法律事务室积极推动学校法律事务工作,发挥法律事务室在学校管理中的积极作用。进一步完善学校合同管理制度,规范合同管理工作流程,完善学校法律纠纷处理机制,就学校的房屋纠纷、人事纠纷等法律事务开展了相关工作,参与协调或解决诉讼仲裁案件6件,提供法律咨询10余次,有效防范了法律风险,维护了学校合法权益,提升了依法治校的水平。

(王婧瑶)

【制定实施《首都经济贸易大学合同管理办法》】 2011年,党政办公室制定实施了《首都经济贸易大学合同管理办法》,规范了合同管理工作流程,为进一步实施依法治校,维护学校合法权益提供了制度保障。全年共审核各类合同共计590份,有效防范了各类法律风险。

(王婧瑶)

【在校报开设“校园看法”栏目】 2011年,法律事务室在学校校报开设了“校园看法”栏目,开辟了校园法制宣传教育的新阵地。“校园看法”栏目收录了与学校师生员工的学习、工作、生活密切相关的典型案例,进行法律分析,提出风险防范建议。全年共出版6期,约1万字。

(王婧瑶)

财 务 工 作

概 况

围绕学校“十二五”规划和年度工作重点,2011年,财务处从“财”和“务”两方面开展财务工作。“财”的方面,首先是筹集“财”,即多渠道筹措资金,为学校的事业发展提供充分的财务保障;其次是管好“财”,即在日常的财务管理工作中,充分贯彻“增收节支、突出重点、注重绩效、规范运行”的理财方针,管好用好学校资金。“务”的方面,主要是将财务处定位为服务部门,将学校各部门、教师和学生作为财务工作的服务对象,深入了解服务对象的需求,不断增强财务服务意识和改进工作方法。对于财务工作所承担的财务监督和管理职能,在坚持原则的同时,注意寓管理于服务之中,通过理顺流程、加强财务信息化和提供更充分的信息服务使财务管理工作“水到渠成”,为广大师生提供更好的服务。

(滑跃)

年度收支及各项经费情况

【学校收支情况】 2011 年,学校收入总额 72 748 万元,与 2010 年相比增长 11.98%。其中,财政拨款 56 522万元,占 77.70%。支出总额 69 935 万元,其中,基本支出 41 600 万元,占 59.48%;项目支出 23 041万元,占 32.95%。详情见下图。

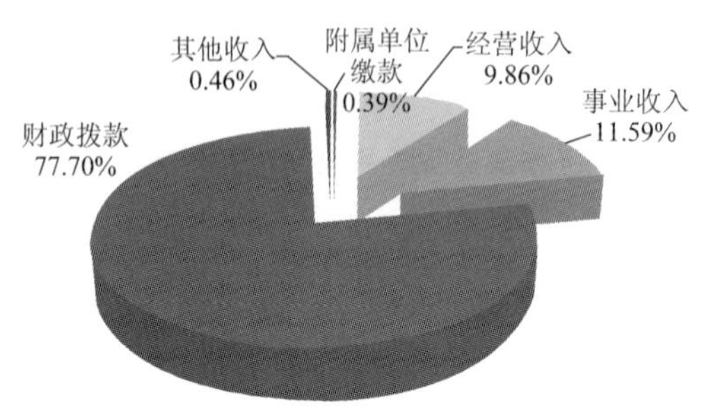

首都经济贸易大学 2011 年收入构成图

(滑跃)

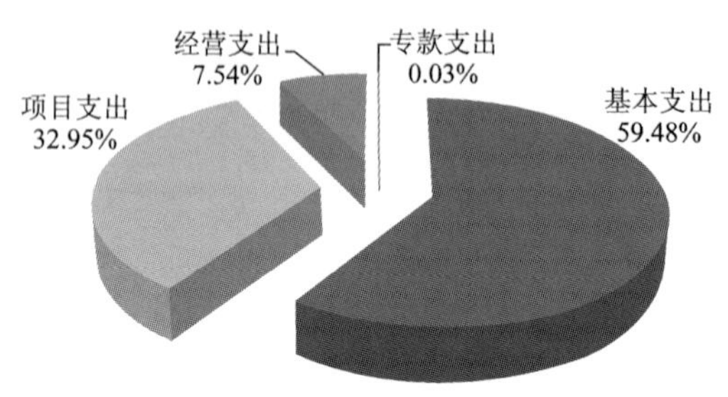

首都经济贸易大学 2011 年支出构成图

(滑跃)

【项目经费情况】 2011 年,学校财政专项经费投入 22 436 万元。其中,教学类项目投入 2 109 万元,占比为 10.02%;科研及学科与研究生教育类项目投入 2 715 万元,占比为 12.90%;人才强教类项目投入 1 144万元,占比为 5.43%;学校公共服务保障体系建设方面(包括信息化建设、设备购置、图书馆建设等项目)投入 3 869 万元,占比为 18.37%;基础设施改造与环境建设方面(含基本建设类化债项目和教育事业费支持基本建设项目)投入 11 214 万元,占比为 53.27%。详情见下图。

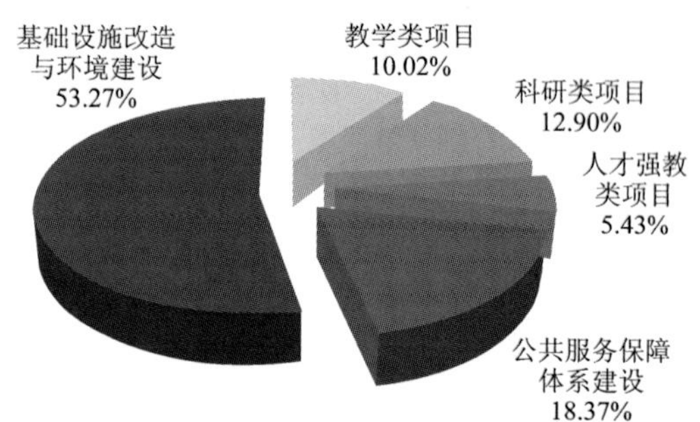

首都经济贸易大学 2011 年项目经费结构图

(滑跃)

【教学经费情况】 2011 年,全校投入教学项目财政专项经费(含上年结转)2 769 万元。其中,实验室项目经费投入 1 136 万元,专业建设类项目经费投入 864 万元,教育教学类项目经费投入 769 万元。2011 年学校按照标准足额安排本科生和研究生的教学质量提高经费,总额共计 1 977 万元。

(滑跃)

【科研经费情况】 2011 年,学校投入科研项目财政专项经费(含上年结转)3 613 万元。其中,学科与研究生教育类项目经费投入 1 735 万元,科研计划类项目经费投入 217 万元,科研基地类项目经费投入 1 661 万元。2011 年,学校按照科研质量提高经费定额标准足额安排,总额共计1 291 万元。

(滑跃)

【学生资助经费情况】 2011 年,学生资助经费提取和拨款共计 1 353.52 万元,与 2010 年相比增加 249.97万元。学生资助经费使用 1 174.37 万元,比 2010 年增加 166.9 万元。

2011 年全校受助学生达 10 867 人次。其中,使用学费提取经费发放校内奖学金 210.56 万元,获奖学生 5 634 人;通过勤工助学资助学生 660 人,共计 132 万元;为 47 人提供特困补助,支出 2.2 万元;财政拨款资助发放国家奖学金、国家励志奖学金、国家助学金和其他助学金 817.26 万元,获奖学生 4 472 人;其他社会资助学生 54 人,金额 12.36 万元。

(滑跃)

财务状况

【资产结构与增减变动】　2011年年末，全校资产总额153 061万元，与2010年年末158 953万元相比减少5 892万元，减少3.7%。

（滑跃）

【负债结构与增减变动】　2011年年末，全校负债总额19 808万元，比2010年年末减少了35.81%。主要原因是使用基建化债项目经费偿还贷款。2011年年末，学校资产负债率为12.9%，与2010年年末的19.2%相比减少6.3%。从流量角度来看，2011年非限定性净收入与2010年持平，债务风险应在可控范围之内。

（滑跃）

【净资产结构与增减变动】　2011年，学校经营结余增加一般基金1 899万元；项目经费购置固定资产增加固定基金3 333万元；其他净资产增加218万元。

（滑跃）

财务管理工作

【加大专项资金管理力度】　2011年，北京市教委加强了零余额账户结余资金管理，要求采取切实措施加快2010年财政专项结余资金的消化执行进度。按照北京市财政关于2010年零余额账户结余资金管理的精神，财务处进一步加强了对学校专项资金，特别是2010年财政专项执行进度的督促。除了通过召开专题会议、归口管理部门督促和提供执行进度信息服务等措施外，在2011年5月组织开展了2010年财政专项用款计划的申报和审核工作，通过滚动预算和强化责任，进一步加快专项的执行进度，尽可能降低2010年专项资金的期末结余。截至2011年6月30日，财政收回专项结余时，全校结转的2010年财政专项执行进度已达到97%。

（滑跃）

【控制经费支出】　编制2011年校内预算以“开源节流、有保有压、突出重点、以点带面”为基本方针，加强预算编制的精细化和科学化，推进零基预算。学校职能部门业务经费预算原则上要在2010年预算数的基础上压缩5%，严格控制公务招待费、市内交通费、办公用品费等项目支出，优化支出结构。同时，为进一步贯彻北京市财政、北京市教委关于结余资金的政策要求，结合学校的实际情况，综合采取“快”、“统”、“责”、“服”等措施优化预算编制工作，进一步提高预算编制效率。

（滑跃）

【加强预算控制】　2011年，财务处继续运用“项目支出本+科目+比例或控制金额”的方式对学校各项经费进行精细化管理，将财政专项、校内专项以及业务经费全部纳入以精细化预算、科目控制、软件固化为特点的预算管理模式，并针对运行中发现的问题进行分析和纠正，进一步增强了预算控制的科学性，预算执行的管理风险进一步降低。按照“预算到边”的原则，在精细化预算的基础上，依据相关经费管理制度，充分利用财务软件的功能对各类经费实施强有力的预算控制。

（滑跃）

【完成银行账户迁移工作】　财务处从2011年年初与工商银行万年花城支行、北京银行丰台支行进行了沟通，并多次实地调研。7月，经北京市教委、北京市财政局批准，正式将学校基本账户迁至工商银行万年花城支行，财政零余额账户、非税收入上缴账户迁至北京银行丰台支行，工商银行系统贷款关系由原朝阳支行迁至丰台支行，学生助学贷款承办行迁至北京银行丰台支行。

（滑跃）

【完成绩效考评工作】　9月，财务处与人事处、教育技术中心等项目单位通力合作，顺利完成3个项目的绩效考评工作。2011年，全校共有3个项目接受北京市教委专项资金绩效考评，其中，人事处人才强教深化项目2项和教育技术中心信息化建设项目1项，涉及金额总计605万元。在市教委综合绩效评价中，学校获得三等奖200万元绩效拨款奖励，拨款奖励已列入学校2012年预算。

（滑跃）

【“一卡通”二期消费功能顺利开通】　10月，根据学校“一卡通”工作的推进要求，财务处与教育技术中心配合，先后引进两家银行接洽“一卡通”圈存业务。北京工商银行的圈存业务经过测试已可正常使用，北京银行的接入方案已得到初步实施，预计2012年可正式投入使用。“一卡通”消费功能的开通将有助于进一步提升学校的信息化管理水平。

（滑跃）

【召开全校财务工作会】　12月，学校召开一年一度的财务工作会。北京市财政局教科文处副处长李红娜、首都经济贸易大学校领导及相关财务工作领导参加了会议。会上，校长王稼琼提出了四点要求：一是加强预算管理，完善三年项目库，提高预算准确率，降低项目审减率；二是加强对专项资金和引导经费执行进度的管理,在2012年做到每个月一沟通一督促;三是切实提高绩效管理水平,把绩效管理作为专项资金管理的重要内容;四是规范和完善财务制度,特别是建立健全二级单位财务管理制度,严格执行财经纪律,继续保持财经纪律面前"零容忍"。北京市财政局教科文处副处长李红娜就预算管理工作对与会会计人员进行培训。学校领导为获得奖励的单位颁发证书,2011年获得预算绩效评价特别贡献奖的单位有人事处和教育技术中心;获得财务综合优秀奖的单位有资产管理处、科研处、保卫处、发展规划处、会计学院、统计学院、安全与环境工程学院、信息学院和体育部;获得财务综合鼓励奖的单位有图书馆、后勤管理处、基建处、外语系和马克思主义学院。

(滑跃)

审 计 工 作

概 况

2011年是"十二五"开局之年,学校审计工作以科学发展观为指导,进一步落实教育部提出的"为规范财务会计工作服务,为提高教育资金使用效益服务,为教育改革和发展服务"的内部审计工作目标,把服务理念贯穿于各项审计工作的始终,积极探索内部审计的"转型"与发展,切实发挥内部审计的"免疫系统"功能,在保障学校财务预算及相关经济业务的健康、良好运行的同时,努力推进向现代内部审计迈进的步伐。

审计处秉承对"风险提示点"进行持续跟进的工作思路,在资金效益审计方面进行了有益的探索。在业务建设方面,预算执行及决算审计操作体系不断完善,经济责任审计顺利开展,基建工程全过程跟踪审计稳步运行;在队伍建设方面,积极参加中国内审协会组织的经济效益审计和管理审计培训及中国教育审计协会组织的领导干部经济责任审计培训,及时掌握财务审计理论与实践最新动态,不断提高审计人员的业务素质。

(刘红梅)

学校预算执行与决算审计

【开展2010年财务决算审计】 3月,审计处对学校2010年财务决算进行了审计,审计金额6.5亿元,对决算报告的真实合法性进行复核,抽查了部分资金量较大单位的预算执行结果,对其资金使用效益进行了评价。其中,此次效益审计重点抽查了6个部门的业务经费、校内专项和财政专项,审计金额8 181万元,主要基于财务信息分析了各项资金的支出结构及专项的执行进度,对其财务风险进行了提示。

(刘红梅)

【加大预算编制审计力度】 5月,审计处以防范风险为中心,加大了对预算编制的审计力度,不仅对预算编制情况进行了客观的评价,而且继续在2011年预算编制审计报告中作出风险提示——针对审计中发现的2011年软性专项经费在执行中可能存在的财务风险作出了风险提示,并以防范风险为导向,提出了建立机制、健全制度、规范行为等具体措施。

(刘红梅)

【重点开展预算执行审计】 2011年,审计处重点审计了校内专项中的修缮工程,对十几项修缮工程的造价及操作流程的真实合法性进行了审计,并出具审计意见。全年,审计处进行修缮审计18项,送审金额4 846 286.8元,审减金额267 769.3元,审减率为6%,有效控制了学校运行成本。此外,通过对修缮工程进行内部控制测评,及时发现了工程管理及相关经济业务潜在的财务风险,并提出了相应的规范措施。

(刘红梅)

经济责任审计

4月,审计处委托北京中咨新世纪会计师事务所有限公司对8名负有经济责任的处级领导干部进行了经济责任审计。根据审计计划,此项审计工作经过前期动员、现场工作、核实材料、征求意见、经济责任审计联席会、党委常委会讨论等一系列程序,9月份圆满完成,审计金额达1.3亿元;9月,委托北京中咨新世纪会计师事务所有限公司对6名负有经济责任的处级领导干部进行了经济责任审计,审计金额0.9亿元。两次审计除了以审计报告的形式对14名处级干部进行了客观评价外,同时指出了学校财务管理中尚存的一些问题,并以《管理建议书》的形式从制度建设、预算执行、会计核算、固定资产管理、二级学院管理和会计委派制等方面提出了“预防和治疗”的措施和建议。

(刘红梅)

基建项目全过程跟踪审计

【完成4号学生宿舍楼项目的竣工结算审计】 截至2011年12月,学校校园规划中的4号学生宿舍楼已处于竣工结算阶段,4号学生宿舍楼报送金额2 027万元,审减金额170万元,审减率为8.4%,有效降低了基建成本。

(陈卫清)

【进行后勤服务楼、工科实验楼项目的全过程跟踪审计】 截至2011年12月,后勤服务楼、工科实验楼两个基建工程已通过招投标形式委托社会中介机构进行跟踪审计,两个工程总概算2 200万元,全过程跟踪审计正在进行中。跟踪审计不仅要对工程前期手续的真实、合规性进行审计,对施工阶段的工程款的支付、洽商变更、辅助配套工程进行审核,对竣工阶段的结算与决算进行审计,还要对学校在基建工程管理过程中的内部控制的建立和执行情况进行审计,以达到降低基建投资成本、完善基建运行机制的目的。

(陈卫清)

【完成会议中心、第二食堂项目的全过程跟踪审计的招标工作】 6月,经校内招标,确定了北京中平建造价咨询有限公司为会议中心、第二食堂项目全过程跟踪审计的中标单位。学校法律事务所已从可研报告开始介入会议中心工程的跟踪。

(陈卫清)

审计宣传

4月,在以前年度各项审计结果的基础上,审计处广泛宣传经费风险管理,配合学校党风廉政建设月活动,先后为后勤各中心主任、财务经办人、全校各层次项目负责人、各院(系)财务经办人作了《后勤经费风险管理》、《专项经费风险管理》的专题报告。结合近两年学校审计中发现的专项经费管理中存在的常见问题,用大量的数据、图表和案例对专项经费管理中存在的风险、导致这些风险及问题产生的原因以及如何防范风险等向与会人员作了详细讲解,以提高其防范风险的意识。

(刘红梅)

审计理论与实践研究

在总结财务、审计实践经验的基础上,审计处对审计理论与实践进行了研究,为进一步提高审计工作水平奠定了基础。

围绕学校审计工作,孙士霞同志申报的2010年校内党建课题《效益审计问题研究》获全校党建课题三等奖;刘红梅撰写的《内部审计的独立性与组织模式的构建》在《首都经济贸易大学学报》2011年第1期发表。

2011年,审计处人员参与了校内党建课题项目研究:夏颖作为负责人的课题《我校专项经费问题研究》、刘红梅作为负责人的课题《学校二级单位内部监督机制的构建——基于预算执行与决算审计角度》,两课题已于年底结题。

(刘红梅)

资　产　管　理

概　况

2011 年,资产管理处根据学校的工作要求,坚持以人为本的理念,强化服务意识,更新管理理念,加强内部制度建设和资产管理,修订和完善了《政府采购规定》、《招投标规定》、《采购流程图》、《资产管理规定》及校办产业内控管理制度,提升了资产管理的制度化、规范化水平。

(柴兴娥　马凤伟)

综合事务工作

【召开资产管理工作会】　12 月 15 ~ 16 日,资产管理处组织召开了 2011 年资产管理工作会。校长助理、资产管理处处长孙昊哲,资产管理处副处长赵长顺,各单位设备管理员及资产管理处全体人员等 69 人参加了会议。会上,副处长赵长顺组织参会人员认真学习了《北京市财政局关于调整北京市市级行政事业单位日常办公设备配置和最低使用年限标准的通知》。参会人员对资产管理的发展和建设提出了合理化的建议。会议的召开提升了资产管理的影响和重要性。校长助理孙昊哲从资产管理方面,就如何当好学校的管家和履行好自己的职责,如何理好财、管好物的效益手段,提出了 2012 年的努力方向。对学校在 2011 年的设备管理中表现突出的 5 个单位的优秀管理员——对外文化交流学院秦书杰、体育部王云、科研处王爱玲、研究生部赵铁生、宿舍管理中心董继红进行了表彰。优秀资产管理员代表还在会上进行了经验交流发言。

(柴兴娥)

设备管理工作

【完善资产信息管理系统】　2011 年,配合市教委和久其软件开发公司,对学校固定资产账目实施动态监测和数据转换,并与财务处对接工作。针对新软件的使用,资产管理处组织全校设备管理员进行了软件培训,对新购置资产的登记、验收、查询、调剂、变更和处置等进行了讲解和演示,为完善资产动态管理系统、推动资产动态管理运行奠定了基础。

(马凤伟)

【完成部分物资报废和回收等工作】　2011 年,完成学校红庙校区礼堂、操场、阶一、阶二、安全与环境工程学院的物资设备、家具的报废和清查期间报废物资的回收工作,合理安排红庙校区物资的清点、报废、移交及搬迁等资产存放工作,并完成了京城学院大教室报废汇总和上报工作。

(马凤伟)

【定期做好资产管理系统数据的备份、录入等工作】　2011 年,定期做好资产管理系统数据备份,确保数据安全。完成了设备家具入账 1 979 条,22 462 718.73 元,设备出库、单位调拨 2 247 条,金额 3 787 514.45 元。

(马凤伟)

【加强设备维修】　在联想公司与学校建立联想维修工作站的基础上,2011 年,资产管理处与联想授权厂家签订学校电脑类维修保养承包协议,为学校设备的售后维保的快速、及时、准确提供优质服务。5 月,先后对全校教室及图书馆、学生宿舍使用的空调进行系统维修保养。全年接收维修单 750 份,维修费用 75 万元。

(许翔)

【财政专项执行情况】　2011 年,资产管理处完善了专项申报、招投标、设备采购、设备维修维护、协议采购以及相关配套管理措施和工作流程。

4 月,完成了 2011 年政府协议采购供货商综合打分和排名工作,并进行了网上公布。按照学校招投标工作流程,完成了 12 个专项的招标、签订合同、项目实施、验收、上账及付款手续,涉及金额 2 241.774 54 万元。完成了财政增加项目 3 项,金额 152.669 5 万元。

根据政府设备采购实施的新要求、新变化,采购办公室完成了协议采购执行金额 521.399 7 万元,完成了校拨经费设备购置 58.952 1 万元。

(许翔)

房地产管理

2011年,完成了育仁里、南苑、金台里等9处住宅的权属登记工作,完成了金台里综合楼、秦皇岛培训中心权属登记工作。红庙校区的权属登记工作正在办理中。与人事处、财务处共同完成了全校1 848名教职工的住房补贴复核工作。2011年,根据市教委、市房改办、市财政局的统一部署,已启动对500名离退休人员的住房补贴发放,已经发放1 200人次,金额近6 000万元。完成了2010~2011年度供暖费报销、收取及承租公房房租的支付和收取工作。完成了西城区红莲南里22号楼市政供暖改造工作。

(闫洁)

经营性资产管理

2011年,完成了财政部企业财务会计决算、国有资产统计局和市教委企业统计等各项数据报表的填报,完成了企业财务会计决算报表、企业固有资产统计报表、市教委企业统计报表的填报;完成了校办企业"小金库"的复查工作。筹备首都经济贸易大学资产管理有限公司的董事和监理会的召开。

(黄立军)

红庙校区资源调配

4月,对红庙校区南小楼、1号楼、4号楼、礼堂和图书馆等地办公的单位进行了综合调配,为南小楼、1号楼、4号楼、礼堂4栋楼的抗震加固工程施工以及阶梯教室的装修改造工程做好准备,同时,为各单位在施工期间的教学管理秩序做好了协调工作。

(云喆)

招投标管理

2011年,起草学校各类招标工作的有关规定及相应管理办法,健全招投标的管理及制度建设等基础性工作。受理全校各部门的招标申请并提交招投标工作领导小组讨论批复,2011年共批复招标项目45项,涉及金额2 098万元。对自行组织招标和委托代理招标的项目分别编制招标文件、组建评标委员会。对学校内部自行招投标的项目建立档案,对所有委托招投标和政府采购招标项目备案。整理档案资料23盒共209件,完善投标档案管理。

(韩芳)

校　园　建　设

概　况

2011年,学校继续开展西北侧和南侧预留地征地工作;完成了工科实验楼和后勤服务楼前期手续办理工作;着手开始学术研究中心楼立项工作和第二学生食堂前期手续办理工作。截至12月,共完成基础设施改造单体工程5项,分别是:体育馆周边环境治理工程、综合楼地下及安全与环境工程学院实验室通风空调工程、第三食堂装修改造工程、综合楼五层多功能厅改造工程、红庙校区南门三层办公楼抗震加固工程。在施基础设施单体工程6项,分别是:同声传译实验室装修改造工程、体育场看台西侧网球场改造工程、中水回用工程、专业硕士教育中心装修改造工程、红庙校区1号楼抗震加固工程、红庙校区礼堂抗震加固工程。

(姚丽)

征地工作

1月,北京市发改委向市规划委发出了用地规划征求意见函、向区国土局发出了土地预审征求意见函。3月,取得了用于征地的"十二五"时期办学规模批复,总规模为13 800人;市规划委用地处经办人员到学校进行实地调研。4月,学校将用地规模、建筑规模、申请提高容积率、提高控制高度和降低绿地率等有关申请材料上报市规划委用地处。5月,市规划设计院受市规划委的委托完成了控制规划的初步论证工作。7月,丰台区政府将学校征地项目列为区重大项目并要求定期汇报推进情况。8月,副市长洪峰来学校调研征地工作并做出重要指示。9月,丰台区委常委、常务副区长李昌安带领区政府有关部门来学校就征地问题现场办公,听取有关情况汇报并就推进拆迁安置规划工作提出明确指导意见。10月,配合市规划委和规划院完成第二次用地规划论证工作。11月,市教委批复同意学校的规划用地方案和回迁安置方案。12月,丰台区政府以函件的形式就学校的回迁安置方案报市规划委;市规划委分别召开规划动态维护预备会和正式会议,原则通过了学校的征地规划方案和回迁安置方案。

(姚丽)

新建工程前期工作

工科实验楼建筑面积3 098平方米,总投资1 071万元;后勤服务楼建筑面积4 000平方米,总投资1 191万元。两个项目前期工作同时进行。5月,市发展改革委员会批复项目立项。7月,完成施工和监理单位资格预审工作。8月,完成规划复函和土地预审等相关手续工作。9月,取得项目规划许可证并完成概算评审工作。11月,完成施工和监理企业招标工作。12月,完成合同备案和施工许可证办理工作并开工建设。

学术研究中心楼建筑面积25 138平方米,总投资12 200万元。6月,丰台区规划分局批复规划调整方案,由原来的大学生公寓调整为现在的学术研究场所,同时,完成了项目可行性研究报告工作,并向北京市教委申请立项。

第二学生食堂建筑面积6 000平方米,总投资2 396万元。4~6月,完成可行性研究报告并上报市教委申请立项,市教委向市发改委提交立项函,市发改委批复提前进行项目设计招标。7~12月,完成了设计单位招标资格预审工作、设计招标工作、土地预审工作、环境影响评价工作、规划复函工作。

(姚丽)

财政专项工程

体育馆周边环境治理工程,面积3 940平方米,总投资113.17万元。该工程于8月1日开工,10月29日竣工并交付使用。

综合楼地下及安全与环境工程学院实验室通风空调工程,建筑面积1 000平方米,总投资84.96万元。该工程于9月20日开工,12月9日竣工并交付使用。

综合楼五层多功能厅改造工程,建筑面积284.55平方米,总投资99.56万元。该工程于4月10日开工,12月31日完工。

第三食堂装修改造工程,总投资42.96万元。该工程于7月15日开工,8月20日竣工并交付使用。

红庙校区南门三层办公楼抗震加固工程,建筑面积591.6平方米,总投资260.77万元。该工程于5月3日开工,9月20日竣工并交付使用。

同声传译实验室装修改造工程,建筑面积590平方米,总投资86.89万元。该工程于12月31日开工。

体育场看台西侧网球场改造工程,建筑面积4 100平方米,总投资161.86万元。该工程于9月30日开工,12月31日完成了地面基层施工。

中水回用工程,总投资320.65万元。该工程于11月20日开工,截至12月31日完成该工程20%的施工任务。

专业硕士教育中心装修改造工程,建筑面积3 550平方米,总投资278.41万元。截至12月31日,该工程完成了工程招投标工作。

红庙校区1号楼抗震加固工程,建筑面积10 907平方米,总投资2 740万元。该工程于5月1日开工,截至12月31日,完成了结构加固和二次砌筑工程。

红庙校区礼堂抗震加固工程,建筑面积3 550平方米,总投资579.88万元。截至12月31日,该工程完成了工程招投标工作。

(姚丽)

基本建设工作会

1月13~14日,校长助理张衍平、基建处处长房永明参加市教育系统基建工作会,会议就更好地筹划"十二五"时期市教育系统基本建设事业发展,进一步加强业务型领导干部的思想政治素质、业务能力和服务水平,增强党性锻炼,提高拒腐防变能力,推动市属高校和区县教委管理干部进一步掌握基本建设工程校园规划、项目申报、工程审计、项目设计、施工管理有关政策法规，认真做好我市教育系统基本建设工作进行了培训。

2月23日，学校征地建设工作领导小组在博纳楼407会议室召开第一次会议，会议由校党委书记、征地建设工作领导小组组长柯文进主持。会议认为，随着我市城市南部地区开发速度的加快，建设用地成本将越来越高，难度也将越来越大。为落实学校第三次党代会以及学校中长期事业发展规划的要求，加快征地建设是学校抢抓机遇、加快发展的重要任务。2011年征地建设的阶段性目标是力争在今年年底前完成征地相关手续的办理工作。

3月7日，学校征地建设工作领导小组第二次会议在博纳楼407会议室召开，校长助理张衍平就校园规划调整有关事宜进行了说明。基建处处长房永明汇报了落实征地建设领导小组第一次会议所议事项的落实情况，并重点汇报了工作计划的安排。

4月14日，学校征地建设工作领导小组第三次会议在博纳楼407会议室召开，基建处处长房永明汇报了近期征地工作的进展情况及下一步工作安排。财务处处长崔也光、审计处处长夏颖就《首都经济贸易大学征地前期费用暂行管理办法》（讨论稿）的有关内容作了说明，会议讨论并通过了该项管理办法。

8月30日，北京市副市长洪峰来学校考察校园规划用地情况，并主持召开了市属高校三年规划推进会，讨论首都经济贸易大学和首医大两校校园规划和建设工作。党委书记柯文进、校长王稼琼等校领导陪同洪峰一行察看了学校南侧及西北侧两处共297亩待征地，并简要介绍了学校的相关规划。会上，市教委副主任何劲松汇报了市属高校三年规划的进展情况。市发改委汇报了三年规划建设项目审批情况。丰台区委常委、常务副区长李昌安、市财政局副局长师淑英、市规划委副主任刘玉民、市国土局副局长刘辉分别表示将积极配合，大力协助两校建设。洪峰针对两校在市属高校三年规划的实施进程相对缓慢的现状提出了要求。校方、政府、区以及乡镇政府三方要注重协调、沟通。校方要做好各个项目的衔接以及前期工作的推进；政府各部门要改进工作方式，积极配合、主动服务；区以及乡镇政府要提高认识，加大征地拆迁力度。高校校园建设要做好长远规划，做到"规划一步到位，建设分步实行"。

9月15日，丰台区委常委、常务副区长李昌安携区建委重大办、规划委、土地局、房管局、花乡政府及樊家村村委会的相关人员来到学校，就学校的征地工作的进展及推进工作进行调研和指导。会议原则同意学校新征南侧用地的东南角划出1.8公顷作为回迁安置用地，用于45 000平方米回迁房建设；学校要协调区土地局、区规划分局加快做好征地手续办理工作；原则同意首都经济贸易大学拆迁标准与天坛医院标准相近；协调做好人员安置问题。

（姚丽）

安全稳定工作

概　况

2011年，保卫处（部）在学校党委和行政的领导下，认真贯彻党的十七大精神和党中央、市委关于维护稳定的指示精神，深入推进"平安校园"建设，以科学发展观统揽维护学校安全稳定的工作全局，担负着校园政治保卫、治安管理、防火安全、交通安全、户籍管理、科技创安、安全宣教、保安校卫队管理等工作任务，着力解决影响校园安全稳定的各类问题，全力做好校园安全稳定工作，确保学校校园安全稳定。

（赵广）

维护校园稳定

【强化安全稳定责任】 2011年，学校保卫处与各单位的主要负责人签订了《安全稳定责任书》。举行了三次校园维稳工作研商会议，进行了两次校园安全稳定工作排查。对学校不稳定因素进行排查并制定安全稳定工作预案，按照"维护政治稳定信息先行"的工作规律，建立政保情报信息网络，分别建立政保信息员、学生事务信息员、教职工通讯员等工作队伍，对信息员进行定期培训，广泛搜集不同群体、不同时期的情报信息，做好各重点时期的维稳工作。

（郭丽萍）

【努力化解矛盾纠纷】 认真落实教育部及北京市教工委的工作要求,制定工作预案,周密部署实施,确保敏感时期校园的政治稳定。9月1日至11月20日,学校集中组织开展影响安全稳定各类问题隐患排查整治专项行动,全面摸排影响学校安全稳定的各类问题隐患,切实做到"底数清、情况明",统筹协调校内校外各方力量,大力推进矛盾纠纷化解和安全隐患整治工作,着力创建平安和谐校园环境。

(郭丽萍)

【完善校园维稳工作预案】 9月,为做好"文明城市"验收及国庆期间的安全稳定工作,对学校不稳定因素进行排摸,特别是对排摸出的重点制定应对的工作措施,并针对群体事件作好预判,制定工作预案,确保"文明城市"验收及国庆期间校园安全稳定。

(赵广)

【健全信息研判工作制度】 2011年,每月召开一次情况信息研判会议,有紧急特殊情况随时召开会议,全面汇总、梳理影响校园安全稳定的新情况、新问题,进行综合分析、预测研究判断,提出决策建议。

(赵广)

治安管理工作

【完成校园治安管理服务工作】 2011年,接报警服务工作方面,共接各类校内警情333起。其中,遗失物品警情184起,物品失窃警情64起,物品损毁警情17起;共查破各类案件96起,查破率为28.8%。通过校园安全技防系统提供警情线索204起,向公安机关提供证据资料21份。大学生活动审批管理方面,共审批学生活动申请934件。其中,市内活动659次,室外活动275次;大型活动安保工作方面,共承担校内重大活动27次,出动安保力量1 000余人次,对于重大活动,制定安全预案,上报安全预案,认真组织实施,精密布置各项安保工作要求,尤其是在建党90周年和55周年校庆活动中,认真部署,确保庆祝活动圆满顺利开展。户籍管理工作方面,办理新生户籍迁入875人。其中,博士研究生10人,硕士研究生378人,本科生557人。办理2011届毕业生户籍迁出403人。截至2011年年底,学校历年滞留学生户籍累计为96人。

(冯俊鹏)

【校园及周边环境治理】 2011年,保卫处结合学校周边地铁工程开工等情况,与各部门密切协作,制定、调整相应的工作方案,维护校园秩序。集中开展校园治安、消防、交通等各类安全隐患排查整改专项行动,全面清理整治校园乱停乱放、非法小广告等严重影响校园秩序和环境的问题,营造美观、和谐的校园环境;加强和改进安全生产管理工作,坚决防止重特大安全事故的发生。严格按规范改进危化物品、易燃易爆、放射性物品等的安全管理条件,完善管理制度,对防控品进行专项检查,消除各类安全隐患。发挥主体作用,积极主动协调,争取有关部门支持,配合属地政府和有关部门做好学校周边社会秩序的综合治理工作,自觉参与"平安北京"创建工作,重点打击校园公共场所盗窃、入室盗窃、车辆盗窃、诈骗和打架斗殴等严重影响校园安全感的侵财和人身伤害类治安刑事犯罪活动。

(冯俊鹏)

【科技创安项目建设与管理】 2011年,保卫处向上级主管部门申请用于学校建设改造安全与消防设施的专项项目共4项,专项资金总额345.03万元,项目资金的总体执行进度为99.16%。建设项目涉及消防报警、紧急疏散、安防监控等安全防范领域。通过项目的建设与管理,从技术层面消除了学校重点防火部位目前存在的消防安全隐患,加强学校人员聚集场所的安全管理及应急疏散能力,使学校的相关安全管理工作符合国家及北京市有关法律要求及行业要求,从而推动了学校创建安全校园、和谐校园工作,各项目的实施符合立项时的绩效要求,达到了预期目标。

(赵广)

【维护校园治安秩序】 2011年,每个月对校园发案情况进行认真分析总结,归纳案件发生的共性及案发的特点,制定针对措施,专门召开专题案件会议,通过进一步加大校内巡逻的范围和案发地段的监控力度,防止各类财物丢失案件发生。在各方共同努力下,在校内图书馆抓获盗窃学生笔记本电脑案1人,协助公安机关抓获偷包案1人,相关人员已移交公安机关处理,有力地维护了校园安全。

(冯俊鹏)

消防安全工作

【加强校园消防安全"四个能力"建设】 2011年,学校深入开展火灾隐患排查和整治工作,继续加强制度建设,贯彻北京市公安局消防局社会单位消防安全"四个能力"建设,积极开展形式多样的消防安全宣传教育活动,向全校各单位下发了"四个能力"建设达标验收细则,印发5 000本"四个能力"建设手册,5 000张提示卡下发到所有单位。利用校园网、板报、图板宣传画等形式开展防火安全教育，提高广大师生员工对消防基础知识的认识和了解，掌握最基本的灭火方法，使师生员工强化消防意识，共同参与消防工作，杜绝火灾隐患。

（白亚林）

【组织开展消防演习与培训】　2011 年，学校共组织全校性消防演练 2 次，参与人数达 3 400 余人，其中学生人数占培训总人数的 80%，使同学们学会火灾报警方法，学会使用灭火器扑灭小火，学会火灾自护自救的方法，提高学生的消防安全意识，提升学生在校园人员密集场所对消防应急突发事件的应对能力和自我救护技能。11 月 3 日，保卫处对学校义务消防队员进行消防安全基础知识与火灾扑救的培训。11 月 4 日，保卫处与图书馆联合在图书馆阅览楼组织学生进行了公共场所的火灾疏散演习。11 月 9 ~ 11 日，学校校本部和红庙校区分别进行了“消防安全知识”宣传，组织宿舍学生进行消防疏散演练，最大限度地普及了消防安全知识。

（白亚林）

【对消防设施进行专业维护保养】　2011 年，保卫处与消防设施专业维护保养机构签订协议，根据消防法规要求定期检查校园消防设施安全状况，并对检查出的消防安全隐患及时排除，修复相关设施设备。全年及时清除各类火灾隐患、疏通消防通道 3 处，检修消火栓，更换消防安全标识灯、安全出口灯、应急照明灯、增添消防疏散标志近 2 000 个，年度检测换装灭火器 3 100 余具。

（白亚林）

【召开学校冬春季火灾防控工作专题会】　11 月 15 日，学校召开了冬春季火灾防控工作专题会。副校长王传生出席会议并对学校冬春季火灾防控工作进行了部署，学校各单位安全负责人参加了会议。会议由保卫处处长林卫主持，保卫处副处长赵广首先传达了市委教育工委、市教委相关会议及文件精神，重点传达了市委教育工委常务副书记刘建关于做好冬春季高校安全防火工作的五点意见。学校副校长王传生对学校冬春季火灾防控工作做了具体部署，要求全校各单位务必提高防火安全意识，在全校范围内全面开展消防安全隐患自查工作，及时发现并消除本单位的消防安全隐患。学校各有关部门要通力合作，加强校内施工单位、校园重点防火部位的安全管理，确保校园消防安全。会上，保卫处处长林卫进一步强调各单位、各部门要高度重视冬春季防火工作，要落实责任，切实做好校园安全稳定工作。

（白亚林）

交通安全工作

【强化交通安全制度建设】　2011 年，按照北京市政府的指示，配合地区交通安全委员会的工作，在“两会”期间，保卫处削减 30% 机动车上路，减少了社会道路交通压力，为保证国家重大活动顺利进行做出了贡献；与校内 900 多名机动车驾驶员签订交通安全责任协议书；制定并严格执行《首都经济贸易大学校园机动车管理办法（试行）》，从制度上入手，规范校内交通管理。

（白亚林）

【改善校园交通状况】　3 月，校内建设 4 号学生公寓，为了保证师生员工道路安全，拓宽了 2 号公寓旁边的南门，设置人车分流防护栏，同时打通了一条体育场到北区的人行道路，缓解交通压力，保证人车分流，保证师生员工出入安全。6 月，学校西门前道路扩道改建，使学生在进出校园时存在隐患。为方便学校学生通行，保卫处积极向校领导请示，与校内相关部门沟通，确保西门外学生步行天桥顺利开工和正常使用。

（白亚林）

【委托专业公司管理校园停车资源】　2011 年，为进一步规范并加强学校机动车管理，应对学校校园内机动车日进出流量猛增的势头，减少社会车辆穿行和在校园停放的现象，确保校园交通安全，学校委托具有专业停车管理经营资质的公司，办理校园停车场有关手续，使用税务专用发票，在国家和北京市有关法规的框架范围内进行停车位、道路交通、标牌、标线规划、车辆标志办理和收费管理。自 4 月 1 日起，学校采用收费手段进一步规范并加强学校机动车管理。该项管理遵循依法管理、方便师生的原则，与学校的发展和建设相适应，在保障学校正常的教学科研生活秩序的前提下，确保校园道路交通有序、安全、畅通。通过规范管理，改善了学校校园内的机动车停车秩序，校外车辆进出数量明显下降，较好地解决了校内停车资源被长时间占用的现象。

（赵广）

安全教育与队伍建设

【加强校园安全宣传教育】　2011 年，加强学生的安全意识和自我保护的能力，继续推进大学生安全教育课程建设。组织包括预防网络诈骗、远离毒品、新生安全教育等专题讲座。组织学生观看《国家安全法》教育宣传光盘,张贴《国家安全法》教育宣传画。继续开设大学生安全教育课,全校选课学生总计220人,总体成绩和教学效果良好,学生对课程的满意度达到95%。主办首届校园安全DV短剧大赛活动,充分调动了学生参与宣传校园安全的积极性和创造性,收到了良好的校园安全宣传教育效果。加大自我防范的宣传教育力度,通过在校园遗失物品的高发地区张贴安全提示以及通过对具体案情的分析,归纳各类侵财案件发生的共性及案发的特点,提升教职员工和学生们的安全防范意识。

(赵广)

【大学生治安服务队管理建设】 2011年,充分动员学生力量,落实学校勤工助学的政策,成立了由30名勤工助学的学生组成的大学生治安服务队,制定工作计划,确立工作制度,动员大学生治安服务队通过校园广播站、宣传栏等宣传媒介向在校学生宣讲安全知识,从全方位、多层次、多角度扩大宣传的力度,最大限度地普及安全防范知识,使大学生治安服务队在完成学校组织的大型活动中以及维护校园治安秩序中发挥了积极作用。

(冯俊鹏)

【校园安保基层基础队伍建设】 2011年,制定了全年的工作、学习计划和方案,对校园安保工作人员进行了全面、深入的培训教育工作。共开展校内各级安全培训4期,消防员培训及演练4期,消防工作上岗培训2批,保安队员培训1期,进一步提高校园安保人员的素质。编制《保安勤务手册》,共组织学校保安进行专项培训6次,强化对保安队员业务能力的培训。学校保安中队荣获北京市保安服务总公司文保分公司集体三等功。

(赵广)

后 勤 服 务

概 况

2011年,后勤管理处以提高服务质量、工作效率为重点,扎扎实实做好各项服务工作,较好地完成了学校赋予的各项工作任务。继续以巩固学习实践科学发展观活动成果为抓手,不断强化党支部的组织建设;以党风廉政责任制和民主集中制为重点,加强后勤班子的作风建设,确保惩治和预防腐败体系建设工作的有效落实。圆满完成了后勤分工会、教代会的改选换届和区县人大代表选举工作。

(王桂芳)

节能降耗

【同比降耗】 2011年,学校的节能工作单位建筑面积用电量同比下降2.65%,供暖燃气单位建筑面积用量同比下降4.72%,校园用水总量比北京市下达的用水定额节约6万立方米,回收水电费总计190万余元。

(车丕勇)

【硬件建设】 3~11月,完成游泳馆水控系统的安装,实行用水的定额管理措施;完成教学楼、图书馆电开水器更新改造,淘汰原有高能耗开水器,更新使用低能耗电磁开水器15台;对校本部校园路灯进行控制改造,实现路灯智能化管理,在公共卫生间安装红外光照感应器330个,杜绝长明灯浪费现象;完成1、2、3号教学楼分时供暖控制改造,实现夜间无人使用时进行低温循环供暖,节约能源。

(车丕勇)

专项工程

【完成财政专项工程】 7~11月,完成财政专项工程:部分楼宇电话电缆增容布线改造工程;红庙校区4号楼消防改造工程;红庙校区9号楼、12号楼屋面防水及8号楼屋檐雨水管改造工程;红庙校区环境整治工程;红庙校区热力南站二次线小室改造工程;赛欧学生公寓2号楼卫生间及洗漱间维修改造工程;赛欧学生公寓3号楼卫生间及洗漱间维修改造工程;体育馆木地板及体育场看台内跑廊维修改造工程;体育馆室外墙攀岩场地工程;完成校本部1号、3号宿舍楼屋面防水工程;校本部1号学生宿舍楼上下水改造工程、校本部2号学生宿舍楼上下水改造工程；完成校本部路灯维修更换改造工程、能源监控平台；完成校本部锅炉房及赛欧公寓供暖开关改造工程。

（滕景新）

【完成校内专项工程】 3～12月，完成校内专项工程：校本部北大门工程办公室粉刷；校本部北大门西边警卫室窗台不锈钢防护栏；第三餐厅用电线路改造工程；校本部2号学生宿舍楼及第三餐厅后供水管线抢修；完成了行政楼三层休息厅不锈钢隔断；博纳楼三层电气装修改造；赛欧配电室及收发室屋面防水工程；校本部白宫第五排卫生间整修；完成了校本部垃圾楼、文印室屋顶防水工程；校本部活动房移位工程；校本部浴室屋顶防水工程；校本部敏行楼屋顶防水工程；完成了综合楼地下室墙面整修（矿山实验室）；红庙校区机房装修改造；红庙校区图书馆电缆更新工程；校本部五号楼电站重建工程；校本部五号楼东侧图书馆阅览室静电地板安装；赛欧公寓电暖气新做电源工程；红庙校区南新楼地下室自来水改造工程；红庙校区车棚简易房拆除及外墙粉刷、隔断工程；红庙校区5号楼下水抢修；红庙校区1号楼东拐楼自来水抢修；红庙楼区2号楼5、6层粉刷工程；校本部2号学生宿舍楼地下室装修改造工程。

（滕景新）

党建工作

【召开廉政风险防范教育专题会】 4月28日，举办了“后勤廉政风险防范教育专题培训会”。对后勤全体中层干部及财务经办人员30余人进行了廉政风险防范教育培训。

（王桂芳）

【参加义务植树活动】 4月2日，校长助理孙昊哲、后勤处处长焦勇、后勤机关干部以及10余名来自学校志愿者服务团和各院（系）的同学们一起参加了在丰台区北宫国家森林公园举行的“弘扬生态文明 共建绿色家园”义务植树活动。参与此次植树活动的还有丰台区委、区人大、区政府、区政协及区直机关部分领导及驻区部队。

（王桂芳）

【开展主题党日活动】 5月20日，后勤党总支组织在职党员来到盘山革命烈士陵园举行入党宣誓仪式，重温入党誓词。全体党员向在抗日战争中牺牲的革命烈士敬献了花圈。宣誓仪式在庄严的《国际歌》中拉开了帷幕，全体党员举起右拳，面对党旗，在总支书记刘学伟的领誓下进行了宣誓。秦福生、史文军同志分别代表新老党员进行了发言。

（王桂芳）

【开展工会活动】 3～5月，后勤分工会在编职工及临时聘用员工积极开展了后勤职工趣味运动会、首届“后勤人的苦与乐”摄影作品比赛、北京植物园参观、鹫峰登山等活动，后勤分工会在编职工及临时聘用员工积极参加了上述活动。

（王桂芳）

【完成“双代会”选举工作】 5月，根据学校工会《关于分工会换届选举和“双代会”代表遴选工作的通知》要求，后勤分工会于5月底开始进行分工会换届选举和第三届“双代会”代表的遴选工作，大会严格履行换届选举的工作程序，采用无记名投票的方式进行差额选举，选举产生了新一届后勤分工会主席1名、副主席1名和工会委员5名以及后勤第三届“双代会”代表12名。

（王桂芳）

餐饮服务

【获2001～2011年北京高校“伙联采”、“农校对接”工作先进学校称号】 10年来，餐饮中心积极参加高校“伙联采”和“农校对接”，从源头把住食品质量关，减少中间环节，降低运行成本。在北京高校后勤研究会伙食专业委员会召开的年会上，我校与北京大学、清华大学等19所高校被评为“2001～2011北京高校‘伙联采’、‘农校对接’工作先进学校”。

（赵洁）

【收回第三餐厅三层经营权】 北大师生缘餐饮公司自2005年9月起与我校友好合作，与学校签订第三餐厅三层的经营协议，协议于2011年8月到期。根据市教委关于规范高校合作经营餐饮企业的有关通知精神及后勤管理处的指示，经餐饮中心主任办公会讨论决定，学校不再与北大师生缘餐饮公司续签合作经营协议。经友好协商，双方均妥善处理交接事宜，实现了平稳过渡，顺利交接。

（赵洁）

【餐饮中心组织评比活动】 自11月1日起，餐饮中心开展为期两个月的以“微笑服务之星”评比活动、“餐厅安全卫生环境”评比活动、“职工厨艺大比拼”活动、“年度优秀员工”评比活动、“优秀班组”评比活动为主要内容的“创先争优，争做服务标兵”活动。

（赵洁）

【升级餐饮中心物流信息系统】 为进一步提升餐

饮中心信息化水平,完善原有物流信息系统功能,餐饮中心与天津南开太阳高技术发展有限公司签订升级协议,并于12月25日实现对原有物流信息系统的升级。

(赵洁)

公寓管理

【举办“节能减排我先行”活动】 4月21日,学生公寓管理中心召开了“节能减排我先行”活动总结表彰大会,此次活动共评选出先进个人33人,先进管理组2个。会上向获奖人员颁发了荣誉证书。

(董继红)

【开展学生书画展评比活动】 4月28日,校内4号楼进行了学生书画展评比活动,副校长杨世忠及后勤管理处、学生公寓管理中心领导以及部分学生参与了打分,评出一等奖10名、二等奖20名、三等奖38名。此次参展作品将全部张贴在宿舍楼内,为宿舍增添一抹亮丽。

(董继红)

【举办第六届“炫彩家缘”宿舍文化节】 11月29日,第六届“炫彩家缘”宿舍文化节颁奖晚会暨闭幕式在大学生活动中心落下帷幕。本次活动评选出了优秀宿舍、先进个人以及最受欢迎的楼长、值班员、保洁员。学生处处长金京虎、后勤党总支书记刘学伟、保卫处副处长赵广、学生公寓中心主任孙和平等人出席了活动,并为获奖人员颁奖。

(董继红)

【顺利完成学生退宿及新生入住工作】 6月28日至7月1日,2008级研究生和2007级本科生毕业离校办理退宿手续,学生公寓共计完成研究生440人、本科生2 200人的退宿工作。8月27~28日,2011级本科生、研究生报到注册,公寓中心全体职工完成了本科生2 654人、研究生849人、专升本12人以及部分博士研究生的住宿安排工作。

(董继红)

【承办北京市高校寓专会年会】 10月12~14日,由北京市教委后勤处主办、学校学生公寓管理中心承办的“北京市高校公寓专业委员会本年度年会”在温都水城召开。此次会议已是学校学生公寓连续三次承办寓专会年会。

(董继红)

物业管理

【水电维修】 报修过程不推诿、不扯皮,维修过程积极主动热情,师生服务满意率达到100%,及时维修率达到98%。2011年共计组织各类安全自检12次,全体职工安全培训3次,电工、水工、锅炉工、楼管员等主要岗位安全培训4次。全年维修电器:更换节能、日光灯管1 527根,灯泡697个,开关429个,插座387个,空气开关28块,电表27块,安装线槽板3 200余米,电气线路4 100余米。水暖类:更换和维护保养地截门529个,更换各种水嘴、喷头、对丝、三通、活接、丝堵、阀门等水暖件3 398件,管线417米,疏通上下水1 198余次,修补路面575平方米,更换井盖22套。课桌椅维修:1号、3号教学楼教室桌椅448套。

(李建国)

【文印工作】 2011年,共计制作条幅64条,总计574米,印刷、装订补考试卷、清考试卷、期末考试卷33 977份,印刷、装订调查问卷、宣传材料、党建材料、会议材料16 127份,印刷、装订教学材料、申报课题材料、文件、简报15 312份,印刷、简装475本,印刷、精胶装文件汇编、教学计划2 995本,印刷调查表、登记表、统计表39 608张,电脑打印输出1 096张,复印:A4纸5 141张,B4纸6 223张,工程大图纸370张。

(李建国)

【文件收发工作】 2011年,重要机密文件及时送件上门,全年共计收发包裹单398张;汇款单603张;挂号信11 630件(普通信件无法统计);输送火车票订单1 200张;报纸杂志:报纸——80种400份,杂志——196种598份,印刷品——840份;机要文件:接收——1 090件,发出——243件,教师快件:1 500件。

(李建国)

【电话通讯】 2011年,完成红庙校区1号办公楼、礼堂装修改造,各系处办公室向图书馆楼、4号教学楼、8号楼食堂三层办公区搬迁的电话移装工作。两校区学生宿舍维修201电话269部,安装迁移办公电话195部,维修电话线路故障217部次;为学校各院(系)53个办公室电话办理了增加国内外长途、来电显示、转移呼叫等功能业务手续,分理全年1~10月电话费;配合财务处将学校电话费用银行托收合同号进行调整合并。

(李建国)

【校园管理】　2011年,校园楼宇、环境绿化和保洁工作除日常养护工作外,全年完成了学校党代会、教代会、校庆、运动会、招生咨询会、建党90周年汇演、新生报到、毕业典礼等大型活动的供电保障,校园的花卉、环境布置工作,服务全校机关、部门、学院的会议活动共计100余次。

（李建国）

【绿化校园】　2011年,合理使用绿化经费改造现有绿地,推进绿色校园建设,共计补种藤本月季8 000余棵,绿篱黄杨7 000余棵,改造篮球场、中水、西门等处草坪5 000余平方米,绿地甬路800余平方米,学校西门栽种银杏、红枫等树木和绿篱、花卉1 000余株,监管原绿化工程施工方补种银杏、玉兰等树木200余株。完成校本部10万平方米公共环境的卫生清理与保洁,做到垃圾日产日清,消除火灾隐患,保证校园防火安全。

（李建国）

【禁烟控烟】　2011年,投入4万余元经费设立"禁烟警示性标牌",全面落实禁烟控烟工作,通过北京市爱国运动卫生委员会对高等学校建设无烟校园工作督导检查,现已基本符合有关规定标准的要求。

（李建国）

【完成工程项目】　全年工程项目详情见下表。

全年工程项目一览表

序号	工程项目名称	工程日期
1	校本部院内雨水管线工程	2011年7月20日~8月10日
2	校本部5号楼顶太阳能电池板重建工程	2011年8月2日~8月10日
3	校本部浴室屋顶防水工程	2011年8月15日~9月1日
4	校本部垃圾楼、文印室屋顶防水工程	2011年8月15日~9月1日
5	敏行楼屋顶防水工程	2011年8月15日~9月1日
6	校本部锅炉房南侧自来水管线抢修工程	2011年9月13日~9月26日
7	赛欧公寓供水管线抢修工程	2011年10月4日~10月11日
8	汇贤府餐厅消防主管道抢修工程	2011年11月12日~11月30日
9	汇贤府餐厅南侧消防管沟工程	2011年11月20日~12月5日
10	赛欧公寓电暖气新做电源	2011年12月10日~12月30日

（李建国）

【红庙校区物业管理】　2011年,红庙校区物业管理服务中心为教学科研提供服务,继续完善校园后勤服务体系,完成上级布置的各项服务保障工作。1~10月,分两次对4号教学楼的天然气管线进行拆除,并安装电磁能开水器;在工程办的领导下,中心协助保障红庙校区工程施工安全、质量、工期;4月,配合1号楼抗震加固,对东拐楼博士研究生宿舍室内设备进行搬移;完成了更换上水管线、疏通下水管线、清掏化粪池及楼顶杂物工作。

（张秀贤）

运输服务

【运输任务量情况】　2011年,运输服务中心在本年度的工作中,行驶里程约92万公里。承担了学校军训等专项运输任务,出车约200辆次,运送约3 000人;承担学校工商管理学院、安全与环境工程学院学生金工实习的用车任务,出车60辆次,运送学生3 000多人;接送研究生外教20余次;献血用车50余次;教务处安排学生实验课200余辆次;体育部学生比赛用车100余辆次;学校招生咨询用车50余辆次;新生接站用车6辆次,接新生200余人;学校学生处、团委组织的重大活动、节假日活动200余次。全面保障了学校各项活动用车。

（张娜）

【调整部分班车路线】　2011年,运输中心承担了学校16路教职工上下班班车的任务。根据教职工的提议,调整了定福庄班车路线,方便了学校教职工的上下班。

（张娜）

所获奖励

红庙校区家委会获朝阳区呼家楼街道第六次全国人口普查先进集体称号;宫敬平同志获朝阳区呼家楼街道第六次全国人口普查先进个人称号;赵瑞华同志获呼家楼街道颁发的"2011 年度人口和计划生育先进个人"及"2011 年度信访排查调处工作优秀信息员"称号;刘学伟同志被评为高校后勤研究会第十二届理事会先进个人;宫敬平同志被朝阳公安局评为先进治保积极分子;后勤管理处获学校"2011年度财务综合鼓励奖";后勤党总支获北京高校后勤思想政治先进单位称号;后勤管理处获北京市教委颁发的"北京高校后勤物业管理先进学校称号;孙和平、王桂芳获"北京高校后勤思想政治工作先进个人"称号;焦勇、蒋胜利、栾永平获"北京高校后勤物业先进个人"称号;周传忠、侯志成获"北京高校后勤接待先进个人"称号;栾永平同志被评为"2011 年度呼家楼安全稳定工作先进个人";首都经济贸易大学获 2001 ~2011 北京高校"伙联采"、"农校对接"工作先进学校称号;朱立龙同志获北京市人民政府、首都绿化委员会颁发的"首都绿化美化积极分子"称号;李建国、蒋胜利获丰台区绿化委员会颁发的"丰台区绿化美化积极分子"称号;校本部物业中心获得北京市人民政府、首都绿化委员会颁发的"首都全民义务植树先进单位"及"丰台区绿化美化先进单位"称号;后勤管理处在"北京高校后勤 2011 年度表彰暨总结工作会"上荣获"北京高校后勤先进党组织"和"北京高校物业管理先进单位"两个集体奖项,荣获"北京高校后勤思想政治工作先进个人"、"北京高校后勤物业管理先进个人"、"北京高校后勤接待工作先进个人"等称号。

(王桂芳)

总结交流

【赴湖南长沙参会】 4 月 16 日,纪委书记杨世忠率学校"北京市高校后勤'十二五'发展规划"课题组成员赴湖南长沙参加了 2011 年全国高校后勤改革发展推进工作交流研讨会。

(王桂芳)

【参加全国高校后勤信息化建设交流会】 6 月 18 ~19 日,全国高校后勤信息化建设工作现场交流会在西安唐城宾馆举行。学校纪委书记杨世忠率后勤管理处处长焦勇、教育技术中心主任傅星及后勤相关人员一行 6 人参加了此次会议。教育部发展规划司后勤改革处处长朱宝铜作了关于落实《教育规划纲要》,加快推进高校后勤信息化建设的工作思路和工作部署的工作通报。教育部科技司信息化处处长张拥军和中国高教学会教育信息化分会秘书长顾涛分别作了推进教育信息化建设工作的专题报告。与会代表在会上还就高校后勤信息化建设的经验、成果进行了交流,并参观了陕西师范大学后勤管理平台和能源管理检测系统。

(王桂芳)

【召开年终工作会】 11 月 23 ~24 日,后勤管理处召开年终工作会。会议对本年度后勤工作进行了总结,党委常委、校长助理孙昊哲对一年来后勤工作进行了点评,并对下一步工作作了指示。财务处处长崔也光、学生处处长金京虎、团委书记张彤、保卫处副处长赵广与后勤各级管理干部进行了工作交流。

(王桂芳)

校　友　工　作

校友活动

【任扶善教授返校】 9 月 26 日,已 96 岁高龄的学校劳动经济学院前身劳动经济系原系主任、劳动经济学界泰斗任扶善教授返校,与 30 余名"文革"前毕业的劳动经济系老校友一起开怀畅谈,祝贺学校成立 55 周年。劳动经济学院院长杨河清主持学校成立 55 周年暨"文革"前毕业的劳动经济系老校友返校座谈会。

(魏书宋)

【《杜拉拉归来》话剧表演】 9 月 26 日,在首都经济贸易大学建校 55 周年之际,劳动经济学院的校友徐明老师带领着他的团队——《杜拉拉归来》话剧组，从人力资源管理视角为母校的师生们带来一台精彩的舞台剧，为校庆55周年献礼。

（魏书宋）

【校友李庚作报告】 10月12日，经济学院邀请到了学校商经系企业管理78级2班的校友、中华文化促进会旅游中心首席专家、首都旅游集团研究院首席研究员、国家旅游标准技术委员会委员、北京文化发展基金会首席专家、2008年北京奥运会重大旅游项目暨庆典策划专家李庚，为经济学院的同学们作了一场具有教育意义的专题报告。报告会于12日下午2点在博学楼学术报告厅举行。此次活动拉开了学院庆祝建校55周年的序幕。

（魏书宋）

【校友卢迈作“社会公平与社会政策”讲座】 10月18日，学校校友、中国发展研究基金会秘书长、著名经济学家卢迈研究员回校作报告。报告开始前，校党委副书记朱玉华与卢迈进行了亲切会谈，并对卢迈关心母校发展和学院建设表示感谢。经济学院党总支书记郎丽华主持了本次报告会。报告的主题是“社会公平与社会政策”，讲座内容与我国当今社会形势密切相关，报告所关注公平问题也是经济研究所重点关注的方面。卢迈还将他在中国发展研究基金会的两个实验项目与大家进行了分享和探讨。这两个项目分别是关于农村儿童营养的研究和关于贫困儿童早期教育的研究。这两个课题报告给学校学生留下了深刻的印象，它让大家看到，中国为了实现社会公平仍然有很长的路要走。

（魏书宋）

【谭向东作“博学笃行，精进人生”报告】 11月16日，海航实业董事长、学校客座教授、金融学院校友谭向东回到母校为金融学院学生作了以“博学笃行，精进人生”为主题的精彩报告。在专题报告进行之前，学校党委书记柯文进亲切会见了谭向东，谭向东向柯文进赠送了他的学术新作，金融学院院长谢太峰、党总支书记王红玲参加了会谈。报告会由谢太峰主持。

（魏书宋）

【校友陈耘回校】 10月19日，城市经济与公共管理学院在慎思楼120教室举办了校友讲座活动。讲座的主讲人为学校校友、陈氏太极拳传人的陈耘先生。校庆办公室负责人李金国、城市经济与公共管理学院副院长张国山、分团委书记杨曦等参加了讲座，学院众多同学前来聆听。虽然太极拳和中华养生之术与现在年轻大学生的学习和工作确实有些遥远，但陈耘幽默风趣且十分结合现实生活的演讲却吸引住了在场的同学们。他深入浅出地介绍了中华武术乃至整个中医学、养生学的基础知识，使同学们受益匪浅。陈耘寓教于乐、学以致用，他通过与一名练习过散打的同学简单过招，教会了在场同学一些简单的太极拳的防身技巧，既满足了男生对于武术招式的好奇心，也为在场女生提供了一些在公共场合的防身策略。

（魏书宋）

【校友侯向峰回校讲座】 10月26日，信息学院邀请校友侯向峰为学院学生作了题为《SAP在企业中的应用与职业发展》的专题讲座。在此次讲座中，冯向峰向在座同学详细介绍了ERP的产生与发展、ERP的管理理念以及ERP相关应用的模块划分，同时还向同学们着重介绍了SAP相关的职业发展，与大家一起探讨了如何做出对于自己最有利的职业选择以及相关职业的发展路线。同学们也就感兴趣的问题进行了现场提问，侯向峰一一作了详细解答。

侯向峰是信息学院毕业的研究生，现为三一集团IT总部工程师。毕业之后他一直关心母校和学院的发展，积极保持与学院的联系。此次讲座，侯向峰除了向在场同学提供了专业指导以外，还以自身学习、工作的经历为学院学弟学妹传授了学习经验、工作体会以及如何进行职业规划。

（魏书宋）

【城市经济与公共管理学院召开“欢迎老校友回家”座谈会】 11月20日，城市经济与公共管理学院召开了“欢迎老校友回家”座谈会。中共北京市委副秘书长崔述强，北京市新闻出版局副局长杨静慧，北京印刷学院院长曲德森，北京市教育工委老干部处处长张健，中国广告协会副秘书长刘忠学，校长助理戚聿东，原教务处处长梅建功，校友会秘书长魏书宋等与学院老师们进行了交流。座谈会由院长段霞主持，学院总支书记刘俊虹和赵韵玲、张国山、刘智勇、赵秀池、宋晓颖等老师参加了此次座谈会。

（魏书宋）

【校友欢聚活动】 10月16日，统计学院校友会在博学楼贵宾接待室举办了校友欢聚活动。原统计学系校友、副校长丁立宏教授，统计学院院长纪宏教授，党总支书记高建平，党总支副书记周广军，分团委书记李娟婷，辅导员郭航以及学院1979级至2007级校友代表和在校学生代表参加了欢聚活动。

同日，毕业十周年的金融学院1997级货币银行班30位校友返校。在原来上课的教室——明辨楼406教室召开了重聚后的“班会”。金融学院党总支书记王红玲、院长助理朱超、1997级货币银行班班主任李淳和学院辅导员常彪参加了这个特别的“班会”。

10月22日,会计学院88612班学生在红庙校区学生食堂三层会议室举行了“二十一年再聚首”庆祝建校55周年活动。会计学院院长付磊、党总支副书记王银江参加活动并分别讲话。学校审计处处长、88612班毕业生夏颖主持了此次活动。

10月27日,法学院庆祝建校55周年“感恩母校,追忆学生时代点滴;畅想未来,师生共谋发展”校友座谈会在博纳楼527会议室举行。12名法学院毕业生作为嘉宾应邀参加了本次会议。

10月29日,为庆祝首都经济贸易大学建校55周年,工商管理学院在大学生活动中心举办了校友联谊会。应邀参加联谊会的主要是来自入校30年(81111班)、20年(20111班)、10年(200101114班)及毕业20年(87111班)、10年(970111班、970121班)的校友们。

11月20日,在学校庆祝建校55周年之际,外语系于博纳楼五层第六会议室组织召开了以“人心汇聚,共谋发展,外语系吹响集结号”为主题的校友座谈会。外语系2003级至2007级所有各届毕业生校友代表回到母校,参加座谈会,2009级至2011级的在校本科生代表参与座谈和互动。

11月26~27日,来自全国各地的学校原工商行政管理专业和行政管理专业的校友代表,国家工商行政管理总局、北京市工商行政管理局的部分官员,中国工商管理学会和部分高校的专家学者齐聚首都经济贸易大学,庆祝学校行政管理专业创建30周年。

12月10日,1981级财政班的同学回校举行了“生命中的印记——永远的81财政”为主题的返校纪念活动。财税学院教师、1981级财政班校友刘颖统筹组织安排了这次主题纪念活动,得到了学校校友会和财政税务学院的大力支持。

12月18日,原财贸学院部分80年代的院团委、学生会干部在旧校址欢聚。

(魏书宋)

重大事件

【召开校友会第一届理事扩大会】 4月27日,校友会召开第一届理事扩大会。校友会第一届理事会理事、监事会监事,各院(系)负责校友工作的领导参加了会议,扩大会由校友会副会长赵凤启主持。会议审议了校友会第一届理事会工作报告(草案)、财务报告(草案)、监事会工作报告(草案),协商推荐了校友会第二届拟任理事、常务理事、监事候选人,研究了选举办法、代表产生办法及名额分配等事宜。副校长丁立宏、校长助理孙昊哲出席了会议。

(魏书宋)

【颁发第四期“鑫恒·泰泽励志助学金”】 5月25日,学校在博纳楼第六会议室举行了第四期“鑫恒·泰泽励志助学金”颁发仪式,与会师生以“坚持不懈”为主题进行座谈。党委副书记陈宁、校工会主席兼校友会副会长赵凤启、党委宣传部部长赵喜玲、学生处处长金京虎、学生处副处长王金宝以及会计学院党总支副书记王银江、劳动经济学院党总支副书记刘文东、法学院党总支副书记张益铭等相关领导、老师出席了颁发仪式,仪式由校友会秘书长魏书宋主持。由于报名人数较多,作为资助人,同时也是学校校友的北京鑫恒铝业有限公司联席董事长李涵和北京泰泽律师事务所合伙人申黎,决定从本期起新增10个名额,扩大资助范围。原来受资助的2007级工商管理学院硕士研究生翟文超,在其工作后的第一年即履行道德协议,出资2 000元资助学校一名困难学生,成为第一个“反哺”此项助学金的校友。

(魏书宋)

【捐赠长椅留念活动】 6月1日,劳动经济学院2011届本科党员毕业生在学校敏行楼东侧举办了为学校捐赠长椅留念活动。学校校友会秘书长魏书宋,劳动经济学院党总支副书记刘文东,学生辅导员李楠,分团委书记姜蓓蓓,劳动经济学院2011届全体党员毕业生和本科在校生代表参加了捐赠活动。

(魏书宋)

【召开55周年校庆工作布置和校友工作专题会】 9月7日,学校召开了55周年校庆工作布置和校友工作专题会。校长王稼琼在会上指出,校友是宣传队、播种机,各单位要高度重视55周年校庆工作和校友工作。校工会主席、校友会副会长赵凤启和副校长王传生就做好55周年校庆的各项筹备工作进行了部署,王传生主持会议。

(魏书宋)

【“上海阎宝航社会公益基金会志优助学金”捐赠仪式】 10月24日,“上海阎宝航社会公益基金会志优助学金”捐赠仪式在学校博纳楼第六会议室隆重举行。上海阎宝航社会公益基金会理事长阎明光,副理事长靳革,理事、志优助学金专项基金负责人、学校1984届经济学专业校友王磊,校党委书记柯文进,校工会主席、校友会副会长赵凤启,校长助理孙昊哲,党委宣传部、学生处、校友会的负责人,受助学生所在院系党总支书记、副书记以及受助学生参加了捐赠仪式。赵凤启主持捐赠仪式。基金会计划每年捐助20

名学生,用5年时间完成捐助,捐助总额为25万元。

（魏书宋）

【举行建校55周年校友联谊会】　11月20日,庆祝学校以“凝心聚力、共谋发展”为主题的建校55周年校友联谊会在校本部体育馆隆重举行。150余名校友返校参加校友联谊会。党委书记柯文进主持校友联谊会并致辞。校长王稼琼向与会校友介绍了学校在学科建设、科学研究、人才培养、教学管理和国际交流等方面的发展情况。1978级经济学专业校友、北京市政协副主席熊大新,1977级经济学专业校友、住房与城乡建设部政策研究室主任陈淮,1978级劳动经济专业校友、北京市政府教育督导室主任线联平先后发言。会上,1983级金融专业校友海航集团董事局董事兼海南航空实业控股有限公司执行董事长谭向东为母校送上了生日礼物,原首都经济贸易大学教授李福田为母校献诗——《校友和母校》。全体校领导,新老校、院、系领导和有关部门的负责人,老教师、老教授、博士生导师等出席了联谊会。联谊会由1978级商业经济专业校友袁家方和2001级土地资源管理专业校友季岩砚主持。

（魏书宋）

第九篇

党建与群团工作

12 月 8 日，首经贸党委理论中心组（扩大）
学习党的十七届六中全会精神

11 月，首经贸安装校园导视牌 16 块

3 月 27 日，聚合大讲堂邀请原首经贸安全与环境工程学院院长，
现任国家环境保护部核与辐射安全中心副主任柴建设
为首都市民讲解“核与辐射安全”

1 月 7 日，首经贸纪委组织纪委委员和各部门纪检委员进行专题培训

5 月 26 日，首经贸纪委组织党政正职领导干部进行廉政教育专题培训

12 月 9 日，安全与环境工程学院学生李贺营和王耀杰光荣入伍

4 月 7 ~ 29 日，首经贸举办第三届模拟面试大赛

2 月 25 日，首经贸召开老干部工作领导小组会

1 月 19 日，校长王稼琼慰问首经贸市级劳模钱恒

党委副书记朱玉华看望离休老干部高润生

离休老干部郑月彬实现自己62年来的入党夙愿

7月15日，校工会组织中青年教师赴内蒙古鄂尔多斯开展社会实践活动

8月23日，校工会召开2011年工会干部培训会

4月26日，校工会慰问市级劳模王利、杨眉、段霞、戚聿东

5月10日，首经贸组织学生干部学习胡锦涛总书记在清华大学百年校庆上的讲话

10 月 17 日，校团委机关召开学生干部聘任大会

11 月 7 日，首经贸第六届社团文化节开幕

12 月 14 日，首经贸第三届学生会主席先锋论坛举行

11 月 22 日，校团委举办第八期学生干部培训班

5 月 4 日，首经贸举办“五四”总结表彰会

5 月 11 日，学生合唱团举行“畅响·2011”合唱音乐会

5 月 21 日，首经贸教师参加 2011 北京合唱节合唱比赛

5 月 31 日，学生民乐团举行“抚韵·水调歌头”专场音乐会

6 月 24 日，首经贸召开纪念建党 90 周年党外代表人士座谈会

组 织 工 作

概 况

2011年，党委组织工作坚持以邓小平理论和“三个代表”重要思想为指导，深入贯彻落实科学发展观，紧紧围绕学校工作的大局，着眼于推进全校组织工作的科学化、规范化和精细化，抓全局，抓重点，抓大事，较好地完成了学校交办的各项工作，进一步加强了全校领导班子建设、干部队伍建设、基层组织建设和党员队伍建设，不断提高学校党建工作的制度化、规范化和科学化水平，为学校事业全面发展提供坚强的组织保证。

党委组织部是学校党委的职能部门，负责学校组织、干部、党校、统战以及党建研究会工作。党委组织统战部共有编制8个，在职在岗6人。

（冯华威）

基层党组织建设与党员队伍建设

【基本情况】 截至2011年12月31日，学校共有党总支19个，直属党支部5个，党支部162个，本科生党支部20个，研究生党支部32个，教工党支部78个，离退休党支部32个；共有党员3 062人。其中，正式党员2 573人；少数民族党员200人，占党员总数的6.5%；女性党员1 802人，占党员总数的58.9%。在岗教职工党员772人，占全校教职工总数的55.7%；本科生党员622人，占本科生总数的6.5%；研究生党员922人，占研究生总数的37.2%。

（冯华威）

【继续深入开展创先争优活动】 按照中央和北京市委的总体部署，以庆祝建党90周年为主题，继续深入开展创先争优活动。紧紧围绕落实第三次党代会精神和学校“十二五”规划，深入推进“三个工程”建设，即在领导班子和干部队伍中实施“领航工程”，在基层党组织中实施“聚力工程”，在党员中实施“先锋工程”。以党建创新项目的形式推进“三个工程”的试点工作。指导各基层党组织充分根据本单位实际情况，开展“党员先锋岗”、“教书育人先锋岗”、“科研攻关先锋岗”、“管理服务示范岗”、“党员志愿服务”等活动。全面落实创先争优领导点评工作。校领导对各党总支（直属党支部）工作进行了点评，市委教育工委常务副书记刘建对学校党委工作进行了点评。学校以“提高办学质量促发展、服务人民群众树形象”为主题，结合学习贯彻党的十七届六中全会精神，制定了创先争优活动第三阶段工作方案，并认真落实执行。

（冯华威）

【开展庆祝建党90周年系列活动】 2011年，分层次，采取多种形式加强党史党性教育。党委书记柯文进作了“学习贯彻胡锦涛总书记讲话精神 进一步加强党的建设 推动学校事业科学发展”专题报告，邀请北京高校创先争优活动先进事迹宣讲团进行事迹宣讲，成立了校内理论宣讲团，24个党总支（直属党支部）全部完成了专题党课学习。同时，组织全校700余名党员参观了北京市庆祝建党90周年展览、北京市教育系统庆祝建党90周年展览，以及各类表彰大会等。主办了以“光辉的历程，伟大的成就”为主题的学生党员演讲大会。开展了“共产党员献爱心”捐助活动，全校共捐款59 627.5元。集中看望慰问了生活困难党员、生病干部党员以及老党员、老干部。开展了先进集体和先进个人的评选表彰活动，共评选出先进基层党组织30个，其中党总支6个，党支部24个，优秀共产党员111名，优秀党务工作者24名，并进行了表彰。会计学院党总支被评为北京高校先进基层党组织，张连城、杨眉被评为北京高校优秀共产党员，李民被评为北京高校优秀党务工作者。召开了以“坚定信念做贡献，牢记宗旨当表率”为主题的庆祝建党90周年座谈会，先进基层党组织代表、党员代表、党务工作者代表、党代表以及各党总支（直属党支部）书记40余人参加会议。牵头学院多个部门共同策划，隆重召开了学校庆祝建党90周年大会暨文艺演出，集中展现了各级党组织和广大党员的风采，进一步凝聚了师生共同推动学校发展的人心。获奖情况见下表。

首都经济贸易大学2009～2011年先进基层党组织名单

序号	先进基层党组织
1	工商管理学院党总支
2	经济学院党总支
3	会计学院党总支
4	法学院党总支
5	统计学院党总支
6	外语系党总支
7	城市经济与公共管理学院党总支公共管理系党支部
8	工商管理学院党总支企业管理系教工党支部
9	工商管理学院党总支2010级研究生党支部
10	经济学院党总支低年级学生党支部
11	经济学院党总支经济学系党支部
12	会计学院党总支教工第二党支部
13	会计学院党总支本科生党支部
14	劳动经济学院党总支教工第二党支部
15	劳动经济学院党总支本科生党支部
16	原人文学院党总支研究生党支部
17	原人文学院党总支行政传播学党支部
18	信息学院党总支本科生党支部
19	安工与环境工程学院党总支退休党支部
20	财政税务学院党总支学生第二党支部
21	法学院党总支基础法国际法党支部
22	金融学院党总支2010级研究生党支部
23	统计学院党总支本科生党支部
24	外语系党总支教工第一党支部
25	校部机关党总支党政办公室党支部
26	校部机关党总支教务处党支部
27	图书馆党总支第三党支部
28	后勤党总支学生公寓党支部
29	离休党总支第三党支部
30	校办产业党总支出版有限责任公司党支部

首都经济贸易大学2009～2011年优秀共产党员、优秀党务工作者名单 （按姓氏笔画排序）

单位(党总支、直属党支部)	优秀共产党员	优秀党务工作者
城市经济与公共管理学院	付小均　张泽琳　张堜　谭善勇	杨曦
工商管理学院	王莹　刘婵　吴昊　张超杰　李新红　范合君　胥铎 柴玉娟　郭卫东　蔡红　魏有亮	张红

续表

单位(党总支、直属党支部)	优秀共产党员	优秀党务工作者
经济学院	张莹 肖江文 郎丽华 柳艺 徐雪 黄倚嘉 童芸菲 蔡智秾	马力
会计学院	任景华 张悦 徐菁 栾甫贵 曹瑞兆 黄毅勤 谭静	王银江
劳动经济学院	乌兰托娅 仇勇 朱俊生 张琪 杨爱平 杨雪 姜蓓蓓 穆昕	刘文东
原人文学院	吴西亮 李久林 李丽娜 季岩砚 武可人 贺心颖	韩小青
信息学院	王婷 卢山 郝海波 高静 程焱	郭宁
安全与环境工程学院	陈文瑛 姜亢 钮英建 富蕾	李金国
财政税务学院	吴爽 李红霞 李思然 蔡秀芸	王珂
法学院	王婉妍 米新丽 李英 陈思齐	谢海霞
金融学院	王雅婷 刘建设 巩昂 祁敬宇 吴建梅 张铎	王红玲
统计学院	马紫薇 任韬 李娟婷 臧婷	周广军
外语系	张义君 徐丽群	解小娟
校部机关	云喆 王少华 王洪源 王曼怡 王福扬 卢萌 刘玉梅 刘红 张彤 杜菊红 赵广 容全堂 崔也光 曾庆梅	邸燕茹 吴烨 王金宝
图书馆	李健 陆辉	巩伟
后勤党总支	于丽霞 王国福 张新锋 李祝 蒋胜利	王桂芳
离休党总支	于涤 李召朝 侯善魁 赵桂青 崔玉秀	李环
校办产业	王利人 王德林 张建军 杨玲 周嘉硕 郭斌	王学方
体育部	顾毅明 廖彦罡	
对外文化交流学院	魏鹏程	刘建平
继续教育学院	宋岩	王树明
专业硕士教育中心	惠卉	何丽
校医院	田冬明	赵文汉

(冯华威)

【开展主题党日活动】 2011年,指导各级基层党组织围绕教学、科研、管理、服务学生成长成才等方面全面深入开展创先争优活动、庆祝建党90周年贯彻落实胡锦涛总书记在庆祝建党90周年大会上的讲话精神,贯彻落实胡锦涛总书记在清华大学百年校庆上的讲话和党的十七届六中全会精神、大力推进校园文化建设、加强党员作风建设,鼓励党员在本职岗位上或承担党内工作中发挥先锋模范作用等四个方面主题开展主题党日活动,不断推进基层党建创新。

(冯华威)

2011 年主题党日活动获奖名单

获奖等级	活动名称	获奖单位
一等奖	普党史记录创先争优足迹　感党情书写献身信仰决心	经济学院党总支低年级学生党支部
	党的光辉照我行	信息学院党总支退休党支部
二等奖	践行承诺　服务师生	金融学院党总支
	祖国在我心　红歌伴我行	信息学院党总支学生党支部
	岁月峥嵘忆往昔　创先争优庆华诞	安全与环境工程学院党总支
三等奖	红色传“城”走进新农村　蒸蒸日“上”感受新生活	城市经济与公共管理学院党总支 低年级学生党支部
	红色税收宣传　走进社区	财政税务学院党总支学生第二党支部
	凝聚文化之魂　共铸传播基石	文化与传播学院党总支
	描绘彩虹画卷　献礼九十周年——建党 90 周年彩虹系列活动	统计学院党总支本科生党支部
优秀奖	颂党恩、抒豪情、添光彩、乐晚年	后勤党总支退休第一党支部 图书馆党总支退休党支部(红庙校区) 校部机关退休第三党支部
	先锋做表率,党员服务暖人心 聚力谋发展,师德建设促育人	法学院党总支
	缅怀革命先烈　坚定革命信念	离休党总支
	学党史知党情　重温党的光辉历程	对外文化交流学院直属党支部
	加强会计学科专业特色建设	会计学院党总支教工第一党支部
最佳组织奖		信息学院党总支

(冯华威)

【党员发展工作】　按照“坚持标准、保证质量、改善结构、慎重发展”的方针,继续加强党员发展工作,严格把控发展流程,保证发展质量。2011 年共发展党员 451 人,其中学生党员 440 人,教职工党员 11 人。发展的学生党员中,在本科生中发展党员 349 人,在研究生中发展党员 89 人。

(冯华威)

【党员教育、管理、监督和服务工作】　2011 年,在全校范围内组织指导各级党组织深入学习《中国共产定普通高等学校基层组织条例》。依托党校继续做好党员教育培训、党支部书记培训和党总支书记培训。继续做好党费收缴工作,按季度向工委上缴党费,对基层党组织使用党费开展工作认真审核。共收缴党费 314 054.55 元,支出党费 262 375.32 元。其中,上缴工委 35 025.92 元,学校各级党组织开展党的活动使用 227 349.4 元,培训党员使用 56 880.90 元,订阅购买用于开展党员教育的报刊、资料和音像制品和设备 85 028.5 元,表彰先进基层党组织、优秀共产党员和优秀党务工作者使用 75 300 元,补助生活困难党员 10 140 元。优化党员活动经费和党员教育经费的使用,继续落实党员年人均 100 元活动经费和党员年人均 100 元教育培训经费,确保基层党组织工作和党员教育培训工作正常、有序开展。完成党员组织关系接转,其中转出 696 人,转入 300 人。

(冯华威)

【做好党代会提案各项工作】　2011 年,根据学校第三次党代会的部署,学校党委专门成立了党代表提案工作办公室挂靠在组织部,并由专人负责。提案工作委员会召开两次会议专门研究党代会代表提交的提案,并进行审查和立案。提案工作办公室对提案办理进行督促和检查。第三次党代会代表提案立案 9 项,作为建议处理的提案 26 项,作为意见处理的提案 20 项,共涉及 23 个部门。本年度已经处理完毕的立案的提案 3 项,作为建议处理的提案 8 项,作为意见处理的提案 11 项,涉及 8 个部门。

(冯华威)

【党建研究】　继续做好学校党建与管理科研课题立项、指导、检查、评审等工作。完成 2011 年度党建理论研究课题和党建实践创新项目的申报和立项指导，党建课题共立项23项，党建项目共立项8项。完成2010年度党建管理课题评审工作，评选出一、二、三等奖，并将获奖课题成果汇编成册。召开2010年度基层党建创新项目专题研讨会，对基层党组织申报的7个党建创新项目进行了交流和研讨。申报并获批北京高校党建研究会课题1项。被北京高校党建研究会评为“2008～2010年度学会工作先进单位”。

（冯华威）

领导班子和干部队伍建设

【基本情况】　截至2011年12月31日，全校共有处级中层干部130名，平均年龄45.47岁。其中，正处级57人，平均年龄48.95岁，副处级73人，平均年龄42.58岁；党员干部122人，占91.73%，非党干部11人，占8.27%。

干部基本情况统计表

	总人数	男		女		专职		兼职	
		人数	比例(%)	人数	比例(%)	人数	比例(%)	人数	比例(%)
总　计	130	75	57.69	55	42.31	74	56.92	56	43.08
正处级	57	33	57.89	24	42.11	31	54.39	26	45.61
副处级	73	42	57.53	31	42.47	43	58.90	30	41.10

干部学历情况统计表

	总人数	博士		硕士（研究生学历）		大学		大专及以下	
		人数	比例(%)	人数	比例(%)	人数	比例(%)	人数	比例(%)
总　计	130	37	28.46	56	43.08	34	26.15	3	2.31
正处级	57	16	28.07	25	43.86	16	28.07	0	0.00
副处级	73	21	28.77	31	42.47	18	24.66	3	4.11

干部职称情况统计表

	总人数	高级		副高级		中级及以下	
		人数	比例(%)	人数	比例(%)	人数	比例(%)
总　计	130	44	33.85	39	30.00	47	36.15
正处级	57	25	43.86	20	35.09	12	21.05
副处级	73	19	26.03	19	26.03	35	47.95

干部年龄情况统计表

	总人数	56～60岁		46～55岁		36～45岁		35岁及以下	
		人数	比例(%)	人数	比例(%)	人数	比例(%)	人数	比例(%)
总　计	130	19	14.62	47	36.15	44	33.85	24	18.46
正处级	57	13	22.81	23	40.35	21	36.84	2	3.51
副处级	73	6	8.22	24	32.88	23	31.51	22	30.14

（柳艺）

【北京市委巡视组开展巡视工作】　按照市委统一部署，北京市委巡视组于11月29日至12月底到学校开展巡视工作。市委巡视组的主要任务是对校领导班子及其成员特别是党政主要领导干部进行监督检查,重点检查了解的内容有:一是贯彻执行党的路线方针政策和决议、决定的情况,特别是贯彻落实邓小平理论、"三个代表"重要思想以及科学发展观的情况;二是执行民主集中制的情况;三是落实党风廉政建设责任制和廉政勤政的情况;四是开展作风建设的情况;五是选拔任用干部的情况。主要工作方式有:听取情况汇报、个别谈话、召开座谈会、列席有关会议、调阅有关资料、走访调研、受理反映局级领导班子及其成员问题的来信来访等。11月29~30日,分别听取2009~2011年学校党委工作汇报、纪委工作汇报和党委组织部工作汇报。11月30日至12月8日,个别谈话总计165人参加,涉及校领导、中层正职、教授、两委委员、党代表、党外代表人士等。12月14日、16日,分别召开离退休人员座谈会、中青年骨干教师座谈会、红庙校区部分干部座谈会。

(柳艺)

【做好市委巡视组驻校巡视期间的联络协调和接待服务工作】 按照学校党委工作安排,组织部负责承担市委巡视组入校前和入校后的联络协调和接待服务等工作,自11月29日至12月30日,市委巡视组驻校巡视工作期间,组织部积极协调落实巡视组的有关工作要求,做好巡视组驻校工作期间的食宿、交通等相关工作,先后负责组织了170人参加的巡视工作动员会,组织安排了涉及180人次的个别谈话,组织了离退休人员、中青年骨干教师、红庙校区部分干部等涉及30余人参加的座谈会等。

(柳艺)

【干部任用条例工作检查】 根据市委巡视组巡视工作要求,12月28日下午,市委组织部干部监督处、市委第六巡视组联合组成检查组对学校近3年来贯彻执行《干部任用条例》情况进行了检查。会上,检查组成员听取了组织部部长刘宇所作的《首都经济贸易大学2008~2011年学校干部选拔任用工作情况报告》,调阅了干部选拔任用工作有关文书档案和近3年提拔任用干部的人事档案等材料。通过检查,检查组认为学校党委贯彻落实《党政领导干部选拔任用工作条例》严格,在干部选拔任用工作中,做到了把握标准严格,工作程序规范,干部制度健全,基础材料完整,对学校进一步贯彻落实《党政领导干部选拔任用工作条例》提出了意见和建议。

(柳艺)

【干部选拔任用】 2011年,学校党委按照干部管理权限,先后对40名处级干部进行了职务调整,其中提拔任职干部10人,交流任职干部9人,免职及免职退休3人,其他由于机构调整等涉及职务调整的干部13人。

(柳艺)

【干部教育培训】 2011年,进一步加大干部培训工作力度,积极选派干部参加校外的有关培训,认真组织开展各种形式的校内培训。其中有2名校级领导干部到市委党校参加为期一个半月的脱产培训,1名校级领导参加市委组织部组织的境外挂职锻炼培训,1名优秀年轻处级干部参加市委组织部、市委教育工委组织的北京高校优秀年轻处级干部培训班。依托学校党校组织开展校内培训,累计培训处级干部达100余人次。

(柳艺)

2011年首都经济贸易大学处级以上领导干部参加校外有关培训一览表

培训时间	培训人员	职务	培训内容	办学单位
9月1日~10月20日	柯文进	党委书记	第71期区县局级干部进修一班	市委组织部、市委党校
5月9日~6月24日	王稼琼	校长	第70期区县局级干部进修一班	市委组织部、市委党校
9~10月(为期2个月)	王文举	副校长	赴英国汇丰银行挂职培训	市委组织部
6月20~23日	商筱辉	党政办公室副主任	北京高校优秀年轻处级干部培训班	市委组织部、市委教育工委

(刘威)

【干部挂职锻炼】 2011年,继续加大干部培养锻炼力度,积极选派干部参加各种形式的挂职锻炼。根据中央组织部和团中央第十二批博士服务团的工作部署,推荐校长助理戚聿东同志为第十二批博士服务团成员,按照中央组织部的统一安排,戚聿东同志赴云南省服务锻炼,挂职云南省财政厅党组成员、副厅长职务,挂职时间1年。按照市委组织部"三个一百"工程的统一部署,选派杂志总社副社长焦建国进行挂职锻炼,挂职岗位为中国人民银行营业管理部金融研究室副处长,挂职时间1年。按照市委教育工委关于挂职工作要求，选派党政办公室干部高菲到北京市委教育工委、市教委机关进行挂职锻炼，挂职岗位为北京市教委政策研究与法制工作处处长助理，挂职时间1年。

（刘威）

【干部考核】 2011年，完成了校级领导干部考核和处级领导干部考核工作。其中，校级领导干部10人参加考核，2人获优秀嘉奖，8人考核结果为合格。处级干部130人参加考核，23人考核结果被评为优秀，107人考核结果为合格。处级干部考核优秀人员名单详见下表 。

首都经济贸易大学2011年处级干部考核优秀人员名单

单位	姓名	单位	姓名
校长助理	张衍平	组织统战部	刘　威
纪委办公室、监察处	李　民	学生工作部(处)	冯　博
离退休工作处	李　环	教务处	张　琪
人事处	李玫玉	财务处	王晓婷
审计处	夏　颖	基建处	房永明
后勤管理处	李双印	城市经济与公共管理学院	宋晓颖
经济学院	张连城	会计学院	付　磊
劳动经济学院	冯喜良	文化与传播学院	任伯杰
信息学院	丁志艳	统计学院	纪　宏
体育部	贺　慨	对外文化交流学院	刘建平
继续教育学院	刘　雄	图书馆	汪　平
杂志总社	于启武		

（柳艺）

党校工作

【干部教育培训】 2011年，进一步加大干部培训工作力度，积极选派干部参加校外的有关培训，积极组织开展各种形式的校内干部培训。重点做好党总支书记培训工作，围绕庆祝建党90周年，举办了党总支书记、党委职能部门负责人专题培训及研讨座谈，60余人次参加了培训。继续开展处级干部赴香港理工大学培训工作，5月16～20日，举办了学生事务管理专题研修班，各院（系）主管学生工作的党总支副书记、学生处、保卫处、研究生部、团委相关负责人共20人参加培训。10月24～28日，举办了最新高校管理及科研研习班，部分院（系）、职能部门教学、科研、管理工作负责人共19人参加了培训。认真完成处级干部在线学习，所有干部均完成了规定学时的学习。

（刘威）

【党员教育培训】 2011年，认真贯彻落实北京市关于党员教育培训工作精神，进一步加强党员教育培训工作。着重做好党支部书记培训工作，组织学校6名教师党支部书记分别参加了北京市第四期及第五期优秀党支部书记培训，积极探索网络教育新形势，组织全校所有教职工党员完成在线学习12学时。不断深化党员教育培训工作，充分利用党课、社会实践、主题党日活动等形式，开展多层次、多类型的教育活动。

（刘威）

【入党积极分子培训】 加强入党积极分子队伍建设，2011年共培训学员2 649人，其中高级党校学员1 168人，初级党校学员1 481人。

（刘威）

【建设北京市干部教育培训基地】 根据市委组织部的工作安排，共举办了两期“首都经济发展”专题研讨班，其中3月份举办的北京市领导干部专题研讨班，成为2011年北京市干部教育培训第一个专题研讨班，共有来自市各委办局及郊区县局级领导干部40余人参加。5月份举办的北京市广大基层干部专题研讨班，共有65名来自北京市各委办局、各区县、廊坊市的基层干部参加。培训班围绕北京市制定实施"十二五"规划、建设"三个北京"、构建"世界城市"、区域经济发展、城市运行管理等课题,深入联系基层干部的工作实际,举办了9场专题讲座,受到了学员的广泛好评和市委组织部的高度评价。

(冯华威)

【党建研究】 继续做好学校党建与管理科研课题立项、指导、检查、评审等工作。完成2011年度党建理论研究课题和党建实践创新项目的申报和立项指导,党建课题共立项23项,党建项目共立项8项。完成2010年度党建管理课题评审工作,评选出一、二、三等奖,并将获奖课题成果汇编成册。召开2010年度基层党建创新项目专题研讨会,对基层党组织申报的7个党建创新项目进行了交流和研讨。申报并获批北京高校党建研究会课题1项。被北京高校党建研究会评为"2008~2010年度学会工作先进单位"。

(刘威)

其他工作

【人才工作】 完成市委组织部2011年优秀人才资助项目的申报、中期管理及结题工作,本年度全校共有8名教师获资助,资助金额27万元。对2004~2011年优秀人才培养资助工作的开展情况进行全面总结,并协助上级完成了对学校该项工作的调查。

2011年北京市优秀人才培养资助人员名单

序号	姓名	职称	学位	工作单位	项目名称
1	刘智勇	讲师	博士	城市经济与公共管理学院	城市可持续发展与政府能力建设研究:基于北京市发展现状的分析
2	祁敬宇	副教授	博士	金融学院	全球金融监管重建与大国金融的发展
3	陶　峻	副教授	博士	工商管理学院	知识密集型服务企业成长及其影响因素研究
4	许江波	副教授	博士	会计学院	高校实施绩效预算问题研究:以北京市属市管高校为例
5	翟春娟	讲师	博士	工商管理学院	北京市电子商务扩散机理及其创新机制研究
6	曹静韬	讲师	博士	财政税务学院	促进首都经济创新驱动发展的财税政策研究
7	陈小平	讲师	博士	劳动经济学院	北京市国际人才集群化发展体系建设实证研究
8	赵家章	讲师	博士	经济学院	北京市企业"走出去"与转变经济发展方式研究——基于生产率的视角

(刘威)

宣传思想工作

概　况

2011年,学校宣传思想政治工作以中国特色社会主义理论、党的十七大、十七届五中全会、十七届六中全会精神为指导,以迎接建党90周年、学习贯彻学校第三次党代会精神和中长期事业发展规划、"十二五"规划、校庆55周年为契机,深入贯彻落实科学发展观,提升社会主义核心价值体系引领能力。思想理论工作方面,积极推进学习型党组织建设,深化党的思想理论建设与理论武装工作;新闻宣传工作方面,对内进一步加强宣传思想阵地建设,围绕学校中心工作开展新闻宣传,提高新闻宣传和舆论引导能力,对外积极宣传学校各项改革发展成就,树立学校良好社会形象;校园文化建设工作方面,以"文化育人”理念为指引，继续培育和提炼“骆驼精神”，完善校园形象识别系统（UIS），为学校发展营造良好的文化氛围。宣传思想文化工作为学校各项事业的发展提供了强大的精神动力、思想保证、舆论支持与和谐氛围。

（付蓓）

思想理论工作

【积极推进学习型党组织建设】　2011年，依据《中共首都经济贸易大学委员会关于推进学习型党组织建设的意见》，党委宣传部积极整合资源，调动各级党组织和全体党员学习的积极性。组织院（系）党总支书记召开学习型党组织建设专题研讨会，深入调研，了解需求，整合校内资源，加强研究，总结和推广成功经验。下发了《首都经济贸易大学2011年院系理论学习中心组、党员、教职工思想教育学习计划》，将党史党情、学校“两会”精神、第三次党代会精神、兄弟院校国际化办学先进经验、十七届六中全会精神作为本年度的学习重点。由党委宣传部报送的“深入学习实践科学发展观活动首场专题报告会”荣获2010年度北京市教工委“宣讲家杯”高校优秀报告（党课）一等奖。

党委宣传部还充实了教工理论学习资料室的图书音像资料，面向各基层党组织正式开放，为基层党组织的理论学习提供资源和条件保障。策划推出了受众为学校教工，集理论学习、思政教育、校园文化、交流反馈、宣传部职能为一体的宣传部宣教网站。与科研处共同选派了学校50名教师参加2011年北京市哲学社科教研骨干研修班的学习。

2011年，学校各级党组织根据党委的要求，结合本单位的实际情况，组织开展了丰富多彩、形式多样的院（系）中心组、党员、教工学习教育活动共287场，不断用马克思主义中国化最新成果武装广大教工头脑。此外，各单位通过组织高水平的主题讲座，提高师生的思想理论水平，如学生处的“成长课堂”、OTA的系列午餐会、劳动经济学院的通识讲座、工商管理学院的“视野讲坛”、经济学院的“名家进校园”、马克思主义学院的“红色经典沙龙”、城市学院的“公共管理名家讲坛”等等，在校内外初具品牌效应。

（付蓓）

【发挥党委理论学习中心组的引领示范作用】　3月，宣传部制定了详细的年度校院两级中心组学习计划，发挥党委中心组理论学习的引领示范作用，组织校党委理论中心组学习及参观考察活动共计16次，包括研讨学校中长期事业发展、学习研讨北京市和学校年度重点工作、以国际化推动大学的发展与创新、学习“两会”精神、学习党风廉政建设责任制、自学党史第二卷、走访考察革命圣地西柏坡、学习胡锦涛在庆祝清华建校百年大会上的讲话精神、观看庆祝中国共产党成立90周年大会、十七届六中全会精神学习等，并依据选题内容确定中心组学习人员的扩大范围，以最大限度地发挥党委理论中心组学习对促进学校及相关部门、院（系）实际工作的作用。2011年编发中心组学习材料5期、中心组学习简报1期，发放理论学习书籍2次。

（付蓓）

【开展建党90周年系列主题教育活动】　2011年，为纪念建党90周年，学校党委开展了“学习党史，坚定理想信念”、“走访革命圣地，重温红色岁月”、“红色文化月”等主题教育活动：在全校广泛开展“学习党史、坚定理想信念”活动，向各党总支、直属党支部发放中共党史读本及学习文件，由各党总支、直属党支部采取集中学习研讨、讨论交流等形式组织本单位师生员工广泛学习；与思想政治理论课教研中心等部门在学校学生中开展纪念建党90周年征文活动；积极组织全校思想政治教育教师开展“学习党史，坚定信念”主题网络博文比赛；联合马克思主义学院开展北京市纪念建党90周年理论研讨会的论文征集和发言专家推荐工作。在北京市委宣传部组织的纪念建党90周年宣传工作评比表彰活动中，学校党委宣传部荣获“先进集体”荣誉称号，由党委宣传部组织报送的庆祝建党90周年巡回宣传活动宣传员李久林教授获得优秀宣讲员二等奖。

（付蓓）

【组织学习、宣传、贯彻党的十七届六中全会精神】　2011年，党的十七届六中全会召开后，学校及时向各党总支、直属党支部、各单位下发《中共首都经济贸易大学委员会关于认真学习、宣传、贯彻党的十七届六中全会精神的通知》，下发十七届六中全会精神学习材料4次，邀请原国家发改委文化传媒中心主任、现中国传媒大学产业研究院学术委员会主任齐勇锋教授，为党委理论学习中心组成员和各单位正职领导，结合高校情况深入解读十七届六中全会精神。

（付蓓）

【加强教工信息调研工作】　2011年，宣传部制作完成了8期《教工信息》和《教工信息反馈》，为学校畅通言路、化解矛盾起到积极作用。上报市教工委学校2011年春季开学教工思想动态调研报告、学校“两会”期间师生思想动态调研汇报、学校师生学习《北京日报》署名文章的进展情况与思想动态报告、学校组织师生观看学习胡锦涛总书记在庆祝中国共产党成立 90 周年大会上讲话情况的报告等材料。

(付蓓)

新闻宣传工作

【做好各项信息上报工作】 2011 年,党委宣传部向市教工委报送了《铸就师魂——首都师德楷模先进事迹系列丛书(大学卷)》申报材料、学校组织师生观看胡锦涛总书记在庆祝中国共产党成立 90 周年大会上讲话情况的报告、纪念建党 90 周年系列活动相关材料、学校纪念中国共产党成立 90 周年宣传工作总结、学校申报北京市纪念中国共产党成立 90 周年宣传工作先进集体材料、中共首都经济贸易大学委员会申报北京市建设学习型党组织工作示范点材料、北京市"四个一批"人选情况变动等材料。转发了"汉口银行杯"全国"双推"漫画大赛的通知,下发了关于开展 2011 年全民终身学习活动周活动的通知和实施方案,并上报总结材料。拟定了关于开展第 14 届全国推广普通话宣传周活动的方案,在校园网发出《推广普通话和规范汉字,弘扬中华优秀文化传统》的倡议书。组织学校师生参加"北京精神"表述语评选活动,组织学校百人工程学者和师生参加第五届北京市中青年社科理论人才"百人工程"学者论坛征文活动和论坛活动,推荐王瑞昌教授做北京精神"厚德"的主题发言。党委宣传部还积极配合校纪委开展党风廉政建设宣传月活动,上报 2011 年宣传部党风廉政建设责任制自查报告,加强党风廉政建设。

(付蓓)

【加强新闻宣传阵地建设】 2011 年,党委宣传部进一步加强宣传思想阵地建设,围绕学校中心工作,发挥校内媒体各具特色的传播功能,不断完善重大活动宣传报道机制,各媒体推出形式多样、内容丰富的专题报道。

党委宣传部保持与网络公司和学校网络中心的联络,加强网络信息发布的监督和检查,及时排除校园网运行中出现的故障,保证校园网的正常运行。组建了首都经济贸易大学新媒体协会,加大了在社会网站中对学校学生进行舆情引导的力度。校报编辑部进一步强化"三审三校"责任制,规范编、审、发工作流程。在版面设计、图片处理等方面不断探索,在报道内容和方式上更加注重策划和深度报道,校报宣传效果进一步提升。10 月,学校电视台由之前单一《校园新闻》栏目中分离出《校园动态》和《学术直通车》两个新栏目,使栏目构成更加细分和多元化,更加适应了以在校生为主体的受众群需求。逐步落实 2011 年广电设备购置项目,进一步加强了广播、电视、校报等校园媒体的软硬件建设。

2011 年,在党委宣传部老师的悉心指导和培训下,学生记者团成员的主动策划意识、采写的速度和质量不断提升,形成了学生记者采写稿件——师傅修改——学生编辑修改——老师修改的流程。为加强对学生记者队伍的指导,负责老师带领电视台学生记者骨干赴北京大学电视台、中国传媒大学电视台进行参观考察,借鉴学习兄弟院校电视台成熟的管理经验与运行制度。2011 年,学校电视台成为首都教育新闻中心指定的北京 8 所高校记者站之一。

(万陈芳)

【围绕学校中心工作开展好宣传报道】 2011 年,校报共编辑、出版报纸 24 期,开设了我们心中的好老师、校园看法、学海拾贝、听老党员讲故事、考研、北京精神等专栏,策划了主题党日专刊、"七一"专刊及"5·25"心理日、学校第三次党代会精神解读、学科建设、中长期"规划纲要"和"'十二五'规划"解读、心理健康日、党风廉政建设、"双代会"、校庆等专版。精心组织了校报 400 期系列宣传活动,特别是 400 期纪念刊,共 12 个版,以重新编排之前 200 期的精彩报道的独特视角,再现了校报引领校园舆论的氛围。新闻经纬网共发布新闻 2 054 条,制作了庆祝建校 55 周年、庆祝建党 90 周年、学科建设、学校第三次党代会精神解读、2011 迎新军训、聚焦规划、北京精神解读等 7 个专题网站,适时更新了创先争优、党建与思想政治工作、献血工作等专题网站内容。电视台制作播出视频新闻 120 余条,报送首都教育新闻网新闻 6 条,上传并通过网络平台播出《校园新闻》4 期和视频新闻 15 条。在文化与传播学院传媒实验教学中心的配合下,电视台顺利完成了庆祝建党 90 周年大型联欢会和校庆 55 周年联谊会两次全校性大型活动直播、专题片制作、现场拍摄及后期光盘制作。此外,还制作了党代会精神解读、庆祝"七一"、"凝心聚力、共谋发展"等主题宣传橱窗共 39 块,主题背板 4 个,实体条幅 30 条,印发宣传材料 5 种。学校校报在 2011 年度"北京新闻奖"(高校新闻系列)评选活动中,6 篇作品分获一等奖 2 项,二等奖 2 项,三等奖 2 项。

(万陈芳)

【完成学校重大活动的宣传报道任务】 2011 年,围绕学校重点工作,如庆祝建党 90 周年、校庆 55 周年系列活动、第三次党代会精神解读、创先争优、中长期发展规划和"十二五"规划的制定、新学位点获批、学科建设与科研工作大会、心理健康日、欧洲管理学大师马利克来校讲学、党风廉政建设等，校报、新闻网、电视、橱窗等媒体实行全方位联动，强化全局意识和宣传整合意识，充分发挥各自优势，共同策划宣传报道。特别是重大活动的宣传报道机制不断健全完善，网络、视频新闻在当天甚至是即时发布，大大增强了宣传效果，提高了新闻宣传的舆论引导力。

2011 年，宣传部在做好本部门承担的各项主题教育活动的同时，将建党 90 周年系列活动作为上半年新闻宣传报道的重点，通过事前、事中和事后宣传，广泛动员师生参与活动，宣传党的历史、传统和知识，弘扬党的优良传统和作风，传播先进典型的感人事迹。围绕建党 90 周年系列活动，在新闻网和校报上发布新闻 156 条，制作专题网站 3 个，出版校报专刊 2 期，发布视频专题新闻 7 条，制作橱窗 15 块、条幅 25 条，策划了"先进基层党组织和优秀党员、优秀党务工作者风采"、"走进'七一'、走近先进"、"听老党员讲故事"等系列专题报道，配发了"让群星在首都经济贸易大学建设一流大学的舞台上熠熠生辉"等评论员文章，起到了深化活动主题、营造良好氛围、凝聚人心的作用。

（万陈芳）

【对外宣传学校改革发展成就】　2011 年，宣传部积极加强与社会媒体之间的交流合作，挖掘学校学科建设、教学科研、师资队伍中的闪光点，以及学校改革发展的重要举措、服务首都建设的重大成果等。"媒体经贸"栏目共转载本年度社会媒体对学校的新闻报道 608 篇。其中，教师促进中心、两岸四地消费者信心指数发布、城市生活质量指数发布、管理大师马利克来校演讲、校园开放日等广受媒体关注，人民日报、新华社、北京电视台、北京日报、香港文汇报等进行了深入报道。丁芸、王静、王稼琼、吕学静、朱俊生、朱勇国、朱超、刘业进、刘欣葵、刘颖、纪宏、李婧、杨世忠、杨河清、吴少平、沈敏荣、张连城、张智新、陈及、陈立平、郑海航、赵仑、赵秀池、郝如玉、段霞、洪亚敏、袁家方、徐坤、高闯、黄津孚、戚聿东、庹国柱、焦建国、曾庆梅、谢太峰、蔡立新、蔡秀云等专家学者（按姓氏笔画排序）广受媒体关注，经常接受媒体采访，解答相关专业问题。

2011 年，宣传部完成了《北京教育》杂志四封彩色宣传和对校长王稼琼、教师蔡立新的专访，组织新华社、中国日报、北京电视台等 6 家社会媒体对管理大师马利克来校演讲进行了采访报道。3 月 31 日，《人民日报》第 5 版刊发题为《大学中的大学，让老师走向卓越》的头条新闻，对学校 OTA 取得的成效进行深入报道，引起广泛的社会关注。学校在相关负面事件发生后，及时启动应急预案，积极开展媒体公关，避免了不良社会影响。

（付蓓）

【发挥"聚合大讲堂"服务北京的作用】　3 月 27 日，就日本 3·11 大地震造成核泄漏一事，"聚合大讲堂"第 16 讲暨 2011 年形势政策报告第 1 讲邀请了学校安全与环境工程学院原院长、现任国家环境保护部核与辐射安全中心副主任的柴建设教授，在首都图书馆为学校师生及首都市民作核与辐射安全的报告，帮助大家正确了解核与辐射的基本知识及安全防护措施。

（万陈芳）

校园文化工作

【完善校园形象识别系统（UIS）】　2011 年，宣传部继续开展校歌征集系列活动，经过评审专家的二轮评审和集体评议，确定校歌歌词入围作品 10 件和校歌曲谱入围作品 5 件。继续配合资产管理处实施校园导视系统专项，经反复核校确定学校新版校园平面图、校园导视牌和门牌中英文内容，安装校园导视牌 16 块、办公室门牌 300 多块。对形象画册进行了策划和筹备工作，为配合形象画册的出版，举办了"印象首都经济贸易大学"摄影展，共收到 50 余名师生的摄影作品 400 余幅，经二轮评审后评出优秀作品共 60 幅。

（付蓓）

【加强校园宣传环境的管理与维护】　2011 年，宣传部根据学校发展，经考察兄弟高校、会同相关部门研讨、广泛征求意见、上校长办公会通过等程序，对校园环境管理规定进行了重新修订，安装了海报、条幅杆 16 对，以更科学地管理和美化校园环境，审批校园宣传品张挂审批单 130 多份。

（付蓓）

【推动红色文化活动的开展】　2011 年，宣传部以建党 90 周年为契机，开展系列主题教育，大力宣扬红色文化、传统文化。配合学校建党 90 周年系列活动，开展"学习优秀共产党员"、有关党史的形势政策报告、看红色经典读物、观红色经典影片、看经典曲剧《歌唱》等主题教育活动。通过专题网站、专题片、专题册、橱窗等形式，对市级和校级先进基层党组织和优秀党员、党务工作者的事迹进行深入宣传，对效果突出的主题党日活动进行展示，通过在全校师生中评选表彰、宣传学习先进典型的活动，形成了党员带群众、党内带党外、用身边人教育身边人的良好氛围,充分激发了基层党组织和广大党员的积极性和责任感,营造了创先争优的良好氛围。

(付蓓)

【凝练校友文化】 2011年是学校建校55周年,党委宣传部将学校和各单位开展的形式多样的校庆活动作为下半年的宣传工作重点,在校报、广播、电视、新闻网上进行了专题报道,采访优秀校友,宣传学校和校友取得的成就。党委宣传部还联系各院(系)收集整理校友文化资料,挖掘各院(系)校友工作亮点,策划制作了校庆橱窗展。11月20日,150多名校友返校参加庆祝建校55周年校友联谊会,党委宣传部承担了全面报道任务和现场直播任务,整合文传学院的力量,完成了各项宣传报道任务,凝聚了校友力量,激励了在校学子,营造了喜庆氛围。

(付蓓)

【完成校园文化建设相关规划】 2011年,宣传部经广泛征求意见、深入调研,起草了《首都经济贸易大学"十二五"时期发展规划》中的"校园文化建设"部分、《首都经济贸易大学"十二五"时期校园文化建设规划》和《首都经济贸易大学"十二五"时期宣传思想规划》。

(付蓓)

【获得2011年首都精神文明单位称号】 2011年,宣传部根据首都文明办的要求,参加市教工委组织的高校首都精神文明创建工作先进单位的申报。经评审,共评出清华大学等29所高校作为教育系统首都文明单位及标兵,首都经济贸易大学名列其中。在2011年北京高校宣传教育工作会议上,党委副书记杨军作关于学校校园文化建设工作的经验交流,发言稿在市教工委宣教网刊发。

(付蓓)

纪检监察工作

概　况

2011年,学校纪委贯彻落实上级和学校党委有关会议精神和工作部署,按照"标本兼治、综合治理、惩防并举、注重预防"的要求,以服从服务于学校发展为主题,以建立惩治和预防腐败体系为主线,扎实开展教育,着力完善制度,积极强化监督,不断推进党风廉政建设和廉政风险防控管理工作,全面加强反腐倡廉建设,为学校健康稳定发展保驾护航。

本届纪委由2010年学校第三次党代会选举产生,由马慧、冯华威、刘学伟、李民、杨世忠、邸燕茹、张红、夏颖、解小娟等9人组成,杨世忠任纪委书记。学校纪委下设纪委办公室、监察处,共有编制6个,在职在岗6人。

(蔡丹　王泽羽)

党风廉政建设责任制

【召开2010年党风廉政建设总结表彰大会】 1月6日,学校纪委召开2010年党风廉政建设总结表彰大会。校领导柯文进、杨世忠、赵凤启,各党总支、直属党支部书记,校部机关各部门主要负责人,校纪委委员及各党总支、直属党支部纪检委员参加会议。赵凤启对2010年学校党风廉政建设工作进行了全面总结。党委书记柯文进讲话。科研处长王曼怡、后勤管理处党总支书记刘学伟、工商管理学院党总支书记张红分别就本单位开展党风廉政建设及廉政风险防范管理工作进行了交流发言。校领导分别向荣获2010年党风廉政建设先进单位称号的科研处、经济学院、校医院等3个单位和荣获2010年廉政风险防范管理工作先进单位称号的工商管理学院、信息学院、审计处、后勤管理处、基建处等5个单位颁发获奖证书。

(蔡丹　王泽羽)

【召开党风廉政建设大会】 3月30日,学校纪委召开主题为"贯彻党风廉政建设责任制,落实领导干部廉政准则"的党风廉政建设大会。中央纪委法规室副主任谭焕民围绕如何学习贯彻《中国共产党党员领导干部廉洁从政若干准则》(以下简称《廉政准则》)作专题报告,党委书记柯文进作题为"围绕中心,服务大局,为推动学校'十二五'事业发展提供保证"的重要讲话,纪委书记杨世忠主持会议,校领导,党委理论学习中心组成员,校纪委委员,全校副处级以上领导干部，各党总支、直属党支部纪检委员，各单位负责财务的人员及部分单位科级工作人员参加会议。

（蔡丹　王泽羽）

【开展党风廉政建设责任制专项检查】　11～12月，学校纪委开展全校贯彻党风廉政建设责任制及推进惩防体系任务完成情况大检查，检查内容为全校各处级单位贯彻执行《廉政准则》情况、廉政风险防范管理推进情况和惩防体系制度建设情况。全校43个处级单位按照要求进行自查并上交自查报告。同时，学校纪委组织检查组对6家单位进行了重点抽查，通过听取汇报、查阅有关会议记录和相关制度、走访重点岗位、进行民主测评等方式，具体了解这些单位反腐倡廉建设工作的落实情况。

（蔡丹　王泽羽）

【组织开展《廉政准则》贯彻执行情况专项检查】　10月，学校纪委组织开展《廉政准则》贯彻执行情况自查自纠和督查整改。全校19个党总支、5个直属党支部对贯彻执行《廉政准则》情况进行了自查自纠，119名处级党员领导干部填写并上交了《北京市党员领导干部遵守〈廉政准则〉承诺书》。

（蔡丹　王泽羽）

宣传教育

【开展党风廉政宣传教育月活动】　5月26日，学校纪委启动2011年党风廉政宣传教育月活动。本次宣传教育月活动的主题是“以人为本、执政为民”，重点是学习《廉政准则》和新修订的《关于实行党风廉政建设责任制的规定》。在为期1个月的活动中，学校纪委举办了党政正职负责人培训、专项经费项目负责人及财务经办人培训2场专题培训，组织了1场副处级以上党员领导干部党纪条规知识测试。同时，各处级单位也围绕教育主题，结合自身特点开展了“廉政文化进校园” 系列活动，如学生处、校团委联合举办以“敬廉崇洁做诚实守信的大学生”为主题的签名活动，后勤管理处召开“廉政风险防范教育专题培训会”，信息学院召开“以党风廉政建设促进学院发展大会”，文化与传播学院召开“党风廉政专题教育培训会”，金融学院组织全体教师集中观看了警示教育片《背叛与忏悔》等。

（蔡丹　王泽羽）

【举办党政正职负责人廉政教育专题培训会】　5月26日，学校纪委举办党政正职负责人廉政教育专题培训会。校领导，校长助理，校纪委委员，全校各处级单位党政正职负责人参加培训。纪委书记杨世忠主持会议，党委书记柯文进作题为“防范管理风险，提高领导干部执政能力”的重要讲话。纪委书记杨世忠以“熟念三字经，用好手中权”为题阐述了他对廉洁办学的思考。纪委副书记、监察处处长李民介绍了北京高校领导干部违法违纪典型案例，并对学校信访举报情况进行了通报。与会人员集中观看了警示教育片《背叛与忏悔》，并进行了讨论交流。

（蔡丹　王泽羽）

【举办项目负责人、财务经办人专题培训会】　5月27日，学校纪委举办项目负责人、财务经办人专题培训会。全校各单位专项经费项目负责人、财务工作经办人员，各党总支、直属党支部纪检委员参加培训。纪委书记杨世忠主持会议，审计处处长夏颖作“专项经费风险管理”专题报告，财务处处长崔也光作“推进学校财务管理——廉政建设的重要手段”专题报告。纪委副书记、监察处处长李民介绍了北京高校项目负责人、财务经办人违法违纪典型案例，并对学校信访举报情况进行了通报。纪委书记杨世忠以“循廉洁办学之道，建一流财经大学”为题作总结发言。

（蔡丹　王泽羽）

【开展党纪条规知识测试】　6月，学校纪委在全校副处级以上党员领导干部中组织开展以《廉政准则》和《关于实行党风廉政建设责任制的规定》为主要内容的党纪条规知识测试，全校43个处级单位的100多名副处级以上党员领导干部参加了测试。

（蔡丹　王泽羽）

制度建设

【依托课题开展调查研究】　2011年，学校纪委组织纪委委员和专职纪检监察干部申报1项市级课题和2项校级党建课题，并依托课题开展深化廉政风险防控管理工作的探索和研究，以期最终形成制度文件。一是组织课题组成员先后到绍兴文理学院、上海东华大学、首都医科大学和北京建工学院开展调研和交流，就兄弟高校在预防腐败网络监管平台、财务信息网络监管、二级学院管理和专项经费管理等方面的先进经验和有益做法进行了深入学习和考察。二是结合党风廉政建设责任制检查工作，到学校一些职能部门和学院进行调研，对好的做法和经验进行总结和推广，对存在的有代表性的问题进行深入研究并力图解决。

（蔡丹　王泽羽）

监督工作

【招生监察】 坚持“全程参与、全程监督”的原则,对本科生招生及硕士、博士研究生招生、考试工作的全过程实施监督。首次开展对高水平运动员招生录取工作的监督,从现场测试、专家打分、文化课测试、成绩核对、集体决策到录取名单公示,监察处予以全程监督并进行了现场录像,在特长生招生监察工作方面积累了经验。

(李民　王泽羽)

【招投标监督】 截至 12 月 19 日,对学校基建、修缮工程项目、大宗物资采购和实验室建设等招标活动进行现场监督 56 次,涉及金额约 1.22 亿元。

(田宏)

【其他事项】 协调有关职能部门对“小金库”、教育乱收费等违反财经纪律的行为进行专项检查和治理;对财务、专项经费、校办企业、后勤等重要岗位和关键环节继续进行监督检查;参与学校处级领导干部选拔任用、年终考核、谈话等工作;对教师职务聘任、评优等重大事项进行监督;开展校内各类论坛、庆典、研讨会的清理工作。开展校、处级领导干部兼职及从事其他营利性活动情况自查及统计工作,全校 10 名校领导,114 名处级领导干部参加了自查。监察处处长列席校长办公会 12 次。

(李民　王泽羽)

信访工作

【基本情况】 2011 年,学校纪委共收到各类举报信件 48 件。其中,上级批转 14 件,学校自收 34 件;实名 26 件,匿名 22 件;内容主要涉及招标采购、经费使用、房管、学术、职称评定、聘用管理、招生考试。组织召开信访工作专题会,分别召集职能部处负责人、纪委委员、信访件较多的部门负责人等从不同层面专题研讨如何加强和改进信访工作。

(吴烨)

自身建设

【举办新一届纪委委员、党总支纪检委员专题培训会】 1 月 7 日,学校纪委召开新一届纪委委员、党总支纪检委员专题培训会。校领导杨世忠、赵凤启,校纪委委员,各党总支、直属党支部纪检委员参加培训。赵凤启对纪委工作进行了全面介绍和深入解读。李民解读了《中共中央纪委、教育部、监察部关于加强高等学校反腐倡廉建设的意见》(教监〔2008〕15 号文件),传达了上级会议精神,并对纪委委员、纪检委员的工作职责作了简要介绍。杨世忠就如何开展纪委工作对与会人员提出要求和希望。

(蔡丹　王泽羽)

【召开三次纪委全委会】 3 月 24 日,学校纪委召开全委会传达上级会议及文件精神,结合学校实际审议了 2011 年党风廉政建设任务分工计划,并就纪委委员深入院(系)、部处级单位开展调研工作进行了研讨。9 月 1 日,校纪委召开全委会传达了 2011 年上半年北京市教育系统信访工作的整体情况,研究确定了下一步工作的任务和重点,明确要求和方向。12 月 13 日,校纪委召开全委会传达市领导在全市深入推进廉政风险防控管理工作大会上的讲话精神和《北京市关于贯彻落实党风廉政建设责任制的实施办法》、《北京市关于进一步加强廉政风险防控管理的意见》文件精神,课题组负责人分别通报了《我校专项经费管理问题研究》、《论我校二级学院管理体制的建设——从院务公开谈起》两项课题的进展情况,3 个校内检查组分别汇报了党风廉政建设责任制抽查工作的情况。

(蔡丹　王泽羽)

【建立健全内部工作制度和机制】 启动了纪检监察信息的编发工作,全年编发《纪检监察信息》2 期。在部门内部设立了宣传教育、制度建设、监督检查和信访受理等专门工作组;建立纪委委员和纪检监察干部联系各学院、各重点部门的工作制度。定期组织本部门干部开展理论学习、业务研讨,专职纪检监察干部共参加各级各类业务培训 12 人次。

(蔡丹　王泽羽)

学　生　工　作

概　况

2011 年,学生工作处(部)、武装部紧紧围绕学校中心工作,认真落实中央、北京市委和学校关于大学生思想政治教育工作与国防教育工作的各项精神和要求,围绕大学生发展辅导体系建设这一主线,深入开展社会主义核心价值体系教育和日常思想政治教育工作、心理素质教育工作、经济困难学生资助工作、就业指导与服务工作、国防教育与征兵工作、学生事务管理工作,同时积极推进学校大学生发展督导体系建设,不断深化辅导员队伍建设,着力提升学校大学生思想政治工作水平。

(冯博)

大学生发展辅导体系建设

【举办毕业典礼与开学典礼】　7 月 2 日上午,2011 届本专科学生毕业典礼在校本部体育馆举行。学校领导、14 个院(系)院长、党总支书记、学生工作系统全体干部以及 2007 级 2 000 多名学生及部分学生家长参加毕业典礼,典礼由党委副书记陈宁主持。典礼上,党委书记柯文进宣读批准毕业及学士学位授予决定,校长王稼琼致辞,副校长丁立宏宣读优秀毕业生授予决定,党委副书记朱玉华宣读对担任村党支部书记助理、村主任助理、志愿服务西部学生的表彰决定。毕业生代表、会计学院毕业生张悦、劳动经济学院尚晓烨代表毕业生发言;校领导为优秀毕业生颁发荣誉证书和奖杯,并为获得学士学位的毕业生授予学士学位。

8 月 31 日, 2011 级本专科学生开学典礼在校本部体育馆举行。学校领导、14 个院(系)院长、党总支书记、学生工作系统全体干部以及 2011 级 2 643 名学生参加开学典礼。开学典礼由党委副书记陈宁主持,校长王稼琼致辞,教师代表、城市经济与公共管理学院院长段霞,在校生代表、2008 级金融学院学生杨露茜分别发言,新生代表、工商管理学院 2011 级学生陈婷雯宣读了倡议书并带领全体新生宣誓;之后,陈婷雯向党委书记柯文进递交了全体新生签名的新生誓词长幅,典礼的最后由校领导向新生代表赠送了七份特别的礼物。

(邵丽丽)

【开展新生教育活动】　10 月,学生工作处面向 2011 级全体新生班级开展新生班级最佳集体活动大赛评比。大赛分为申报班级活动计划、实施计划、总结答辩和颁奖 4 个环节,活动截止时间为 2012 年 6 月 1 日,总结答辩环节由学生工作处思想政治教育办公室负责,届时将初评出 10 个班级参加答辩,最终将由 5 个班级获得奖杯和班级活动基金。截至 12 月 18 日,共有 12 个院系的 58 个班级报名参加此次活动。

(邵丽丽)

【加强学生信息报送与反馈】　3 月 11 日至 12 月 21 日,来自全校 14 个院系的 72 名本科生及研究生信息员报送了 13 期(172 ~ 184 期)近 800 条信息,内容涉及教学与教学管理、食堂与宿舍、图书馆与网络、校园管理以及其他学生关心的五大类问题。其中,大部分问题在学校各部门的通力协作下均得到有效改善或解决。

(邵丽丽)

【开展纪念建党 90 周年主题教育活动】　3 月 18 ~ 31 日,为纪念建党 90 周年,在学生中广泛开展了“学党史、知党情、跟党走”主题教育活动,学生工作处牵头,各院(系)组织学生党员和学生骨干参观了“中国国家博物馆《复兴之路》基本陈列”。同时在校内开展了普及性党史知识竞赛,先后有 10 000 余名本科生和研究生参加,并有 500 人获得了竞赛奖励。在此基础上,以学校法学院学生为主组成的代表队参加了首都高校大学生党史知识竞赛,在获得东南高校赛区冠军后,在全市总决赛中荣获二等奖。7 月 1 日,学生工作处组织了纪念建党 90 周年主题升旗仪式,为纪念建党 90 周年系列活动画上圆满句号。

(滕秀杰)

【继续举办“成长课堂”】　成长课堂是学生工作处组织举办的,通过邀请社会知名人士和专家学者开展讲座,以服务学生成长成才为主要目的的主题教育活动。4 月 13 日至 12 月 14 日,学生工作处先后组织开展 16 场“成长课堂”主题讲座,具体内容见下表。

2011 年成长课堂主题讲座一览表

时间	地点	讲座主题	主讲人
4.13	博学楼阶八	《红楼梦》与“红学”	胡小伟 ——中国社会科学院文学研究所古代文学研究室研究员
4.20	博学楼阶八	追寻远去的长城	郑严 ——《万里长城》、《中国长城博物馆》杂志编辑部主任
4.27	博学楼阶八	大学生人际交往	林永和 ——北京工商大学心理素质教育中心主任
5.11	博学楼阶八	社会转型与文学生态	张胜友 ——全国政协委员,中国作家出版集团党委书记兼管委会主任
5.12	博学楼阶九	困境中的自救与互救	四五 ——著名青年作家
5.18	博学楼阶八	“盗梦空间”——解读催眠、梦和潜意识	姬雪松 ——北京大学第六医院副主任医师
5.25	博学楼阶八	大学生与家庭	霍莉钦 ——北京大学硕士生导师、北京心理学会常务理事
6.8	博学楼学术报告厅	中国共产党与中国社会主义现代化的艰辛开创	庞松 ——中央党史研究室研究员
10.19	博学楼阶十	“十条诫令”和美国文化渗透	张国庆 ——中国社会科学院美国研究所知名学者,著名国际问题专家
10.26	博学楼阶十	思考大学,让青春绽放光彩	施钢 ——心理学专家,中国农业大学教授
11.9	博学楼阶十	让成长中有价值的烦恼多起来	王旭明 ——原教育部新闻发言人,现任教育部语文出版社社长
11.23	博学楼阶十	奥运背后的故事	李湛军 ——北京大学东西方文化研究中心研究员
11.30	北大百年讲堂	中国大学生创业大讲堂公益行动	明善、郭广昌、李叔福等十位知名民营企业家
12.14	学术报告厅	来自亚丁湾的报告	周桂良 ——国防大学教授,大校

(滕秀杰)

【开展毕业生教育活动】 2011 年,学生工作处继续组织举办《我的大学生活》主题创作大赛活动,共收到参赛作品 148 份,经过评选评出获奖作品 40 份。2011 年《我的大学生活》主题创作大赛评选结果见下表。

2011 年《我的大学生活》主题创作大赛评选结果一览表

散文类作品

奖项	作品题目	院（系）	作者
一等奖	回首四年——心中的引导者和方向	外语系	韩晓晨
二等奖	三食	劳动经济学院	杨国超
	过有节制的生活	劳动经济学院	刘　佳
三等奖	我的大学	工商管理学院	于　欣
	我的大学生活	会计学院	王　丹
	我的大学	金融学院	秦　彬
	在这个故事里我没有方向	经济学院	梁菲菲
优秀奖	我的大学生活	工商管理学院	徐艺文
	破茧而出，乘风而去	经济学院	张小倩
	我大学生活的“一刻钟”	经济学院	刘新宇
	我的大学生活	金融学院	王开心
	我的大学我的梦——追忆似水年华	信息学院	王　薇

诗歌类作品

奖项	作品题目	学院	作者
一等奖	同路青春	经济学院	唐　薇
二等奖	我的大学生活	会计学院	曹瑞兆
	那一天，那一刻	经济学院	苏　杭
三等奖	再回到那个地方	城市经济与公共管理学院	丁旭辰
	时光婉约驻足在注 2 的流年	会计学院	注会二班
	沁园春・我的大学时光	信息学院	康永胜

电子作品

奖项	作品题目	学院	作者
一等奖	610 不只是一个宿舍	法学院	路海空　张一帆
二等奖	两点一线的主旋律	经济学院	张　欢
三等奖	梦想起航	工商管理学院	2007 旅游管理
	美好回忆	劳动经济学院	2007 人力

摄影作品

奖项	作品题目	学院	作者
一等奖	我的大学生活	经济学院	祝　巍
二等奖	我的大学生活（8 号作品）	城市经济与公共管理学院	姚希萌
	首都经济贸易大学操场上 + +滚筒外的跑道 + + +是最美的风景	工商管理学院	2007 工商管理实验班

续表

奖项	作品题目	学院	作者
三等奖	我的大学生活(34 号作品)	会计学院	孙　森
	我的大学生活(37 号作品)	会计学院	孙　森
	经贸金秋	金融学院	陈　浩

DV 作品

奖项	作品题目	学院	作者
一等奖	最后一课	法学院	容　非
二等奖	什么也不说　祖国知道我	法学院	容　非
	追梦人	法学院	容　非
三等奖	面具	法学院	容　非
	梦想	经济学院	杨　琦
	我们的青春风采	劳动经济学院	2007 劳关团支部

绘画类

奖项	作品题目	学院	作者
一等奖	篆刻	经济学院	王子源
二等奖	我的大学收获(书法)	经济学院	李　贺
	书法	劳动经济学院	刘　艾
三等奖	我的大学生活	金融学院	张　翼　谈月竹
	铅笔画	经济学院	洪　珊
	开到荼蘼	经济学院	夏　妍

(滕秀杰)

大学生心理健康教育

【开展个体咨询】 2011 年,大学生发展辅导中心继续坚持心理咨询室值班制度,外聘 1 位教师,校内 6 名兼职教师和 2 位专职教师于每天下午定期开展心理咨询工作,对来访学生共进行了 509 次咨询。

(王红)

【开展全校新生心理普查】 10 月 17 ~ 21 日,学生工作处对全校 3 133 名本科生和研究生新生进行了心理普查,普查通过网络完成。根据 UPI 总分≥25、自杀倾向作了肯定回答和 SCL - 90 任一因子分≥3 的标准来筛选,加上院(系)反映需要参加访谈的学生,共有 208 名学生参加了持续 15 分钟的个体访谈。经过访谈,共有 86 人存在程度不等的心理困扰,需要接受心理咨询辅导。涉及自杀和心理疾病的 18 人,有严重心理问题的 45 人,一般心理问题的 23 人。同时,还完成了 275 名 MBA 新生复试期间的心理测评工作和对 103 名辅导员招聘对象的心理测评工作。

(王红)

【开展心理危机排查】 3 月和 10 月,学生工作处先后开展了两次危机排查工作,共有 66 名学生存在不同程度的心理问题需要密切关注。2011 年,学校共有涉及劳动经济学院、金融学院等 9 所院(系)的 14 名学生发生了心理危机事件,均得到了及时和妥善的处理。

(王红)

【举办系列大学生心理健康教育活动】 4 ~ 6 月,学生工作处开展了“大学生心理健康节”活动。以“亲近你我,给力幸福”为主题,邀请霍莉钦、林永和、姬雪松教授进行了"大学生与家庭"、"大学生人际关系"、"催眠、梦与潜意识"三个主题的心理健康知识讲座。开展了"职业生涯规划"、"人际交往"、"成长烦恼与家庭探源"三个主题的团体心理辅导。举办了"活在幸福的当下—给心灵减压"、"幸福你我他—我快乐 · 我做主"、"幸福一家人——感恩父母"、"童趣游园会"四个主题的大型心理活动，累计覆盖3 000余人次。同时，积极组织院（系）和指导心理学社参与北京市组织的各项活动，在"我和父母：说出你的爱"的征文比赛和"情抒你我，笑动心灵"——大学生笑容传递温暖比赛中荣获一等奖；在"北京高校心理情景剧"比赛和"亲近你我，传递信任"——班级"抱抱团"活动评比中荣获三等奖。

2011 年，学生工作处继续加强心理学社建设工作，指导心理学社完成了统计学院 2011 级新生、心理学社新生、会计学院和安全与环境工程学院学生的素质拓展训练组织工作，指导心理学社举办了一场大型心理活动和"关爱流浪动物"公益活动，指导心理学社出版了 6 期报纸。

（王红）

【心理健康教育建设工作】　2011 年，校级精品课程《健康人格心理学》和《人际沟通分析学》，全年选修学生人数约 800 人，《人际沟通分析学》被纳入北京大学暑期课程。在文化与传播学院、财政税务学院 2010 级学生中试点开设了普及性公共选修课"心理卫生"，学生对课程的总体评价优秀率达到 96%。2011 年，学生工作处完成了新建心理咨询中心的方案设计、设备申报和场地装修中期可行性报告、评审报告、规划细则等资料的整理及项目的申报并获批。其中，设备类购置费用 60 余万元，装修费改造费用 30 余万元。

（王红）

辅导员队伍建设

【完成辅导员招聘、考核工作】　2010 年 11 月至 2011 年 2 月，学生工作处共收到辅导员应聘简历 156 份。2011 年 2 ~ 4 月，学生工作处先后组织开展了笔试、小组面试和最终面试三个环节的选拔工作，共有 11 人进行最后的角逐，并最终确定录用 5 名毕业生进入学校辅导员队伍。新调入辅导员为：张云雪，贵州财经学院思想政治教育专业硕士；潘镜宇，首都经济贸易大学思想政治教育专业硕士；王漪鸥，首都经济贸易大学法学专业硕士；常彪，首都经济贸易大学国际金融专业硕士；孟雪丽，北京化工大学民商法专业硕士。根据工作实际需要，张云雪调入城市经济与公共管理学院工作；潘镜宇调入文化与传播学院工作；王漪鸥调入法学院工作；常彪调入金融学院工作；孟雪丽调入校团委工作。

根据学校专职辅导员岗位考核相关要求，在本人申报、各院（系）推荐的基础上，经学校评议，14 名同志获 2011 年度学校辅导员岗位考核优秀，分别为：城市经济与公共管理学院杨曦，工商管理学院魏有亮，经济学院高琼，会计学院付明岩，劳动经济学院李楠，文化与传播学院季岩砚，信息学院周从周，安全与环境工程学院陈蒲晶，财政税务学院刘辉，法学院张益铭，金融学院蔡斌，统计学院郭航，外语系胡文，校团委张彤。

（邵丽丽）

【辅导员培训、科研情况】　5 月 13 日，学生工作处组织全校辅导员在大学生活动中心一层举行重点案例讨论与交流的辅导员小聚活动，全体辅导员分为 4 个组，每个组选择一个日常工作中困难的案例，集体协商，讨论解决方案，最后分小组汇报。小聚活动由学生工作处副处长冯博主持，校党委副书记陈宁作了精彩点评。

2011 年，学生工作处组织全体辅导员参与了"大学生发展辅导体系建设"、"新生辅导"、"形势政策教育"、"就业指导"、"心理健康教育体系建设"、"网络思想政治教育"、"大学生安全教育"、"辅导员队伍建设"等 8 项专题的研究工作，开展了相关的课题研讨和研究工作，对于进一步提高辅导员专业化水平起到了促进作用。

（邵丽丽）

【加强班主任队伍建设】　2011 年，学校共有 314 个行政班（其中含延长学籍学生班）。其中，本专科生按照招生专业自然班成立，硕士、博士研究生按照 30 个人核算一个行政班的方法核算，各学院自行选择班主任及每个班主任的带班数量，共有 193 位班主任通过了遴选。学校按照每个行政班级每月 80 元核发班主任费，每年发 10 个月，全年累计发放 251 200 元。

（邵丽丽）

学生事务管理

【开展先进集体及先进个人评选】　5 月 23 日，学生工作处在全校毕业生中开展"2011 届北京市优秀毕业生"评选工作，共评选出石颖等 125 名优秀毕业生。

11 月 4 日，学生工作处在全校开展 2010 ~ 2011

学年度校级“三好学生”、“优秀学生干部”和“先进班集体”的评选工作,经过个人申报、院(系)初选、学校审核等环节,共评选出2010级贸易经济2班等24个先进班集体,殷立元等262名优秀学生干部,肖萍等370名三好学生。

12月13日,学生工作处组织开展了2010~2011年度北京市“三好学生”、“优秀学生干部”、“先进班集体”和“优秀毕业生”的评选工作,经过个人申报、院(系)初选、学校评议等环节,评选出石颖等125名优秀毕业生、2009级工商管理(管理会计)1班等6个先进班集体、杨露茜等6名优秀学生干部和李骁等18名三好学生。获奖名单见下表。

2011年先进班集体、先进个人评选一览表

奖励名称	奖励等级	获奖名单
三好学生	北京市级	李骁等18人
	校级	肖萍等370人
优秀学生干部	北京市级	杨露茜等6人
	校级	殷立元等262人
先进班集体	北京市级	2009级工商管理(管理会计)1班等6个班级
	校级	2010级贸易经济2班等24个班级
优秀毕业生	北京市级	石颖等125人

(李华)

【开展各类奖学金评选】 3月,学生工作处组织全校开展2010~2011学年第一学期人民奖学金评选工作,共有477人、945人、1 756人分别获得一、二、三等人民奖学金,奖励总金额为1 181 450元。

9月,学生工作处组织全校开展2010~2011学年第二学期人民奖学金评选工作,共有373人、739人、1 340人分别获得一、二、三等人民奖学金,奖励总金额为917 250元。

10月,学生工作处组织开展了其他各类奖学金评选工作,经个人申报、院(系)初选、学生工作处审核等环节,共有23人获得国家奖学金,奖励总金额184 000元;329人获得国家励志奖学金,奖励总金额1 645 000元;14人获得松下(Panasonic)育英基金奖学金,奖励总金额19 600元;32人获得三菱东京UFJ银行奖学金,奖励总金额108 800元。各类奖学金评选结果见下表。

2011年各类奖学金评选结果一览表

奖励名称	奖励等级	获奖名单
国家奖学金	国家级	初梓豪等23人
国家励志奖学金	国家级	丁久芳等329人
松下育英基金奖学金	校级	赵琳芳等14人
三菱东京UFJ银行奖学金	校级	马学颖等32人
人民奖学金(两次评选合计)	校级一等	李豪等850人
	校级二等	张文敏等1 684人
	校级三等	尉欣月等3 096人

(李华　李俊)

国防教育

【开展国防教育活动】 元旦及春节前夕，学生工作处（武装部）走访慰问了国防大学、北京市学生军训工作办公室、中国人民解放军93 617部队和大兴区、丰台区人民武装部。1月，学生工作处（武装部）开展校内复转军人及军属慰问工作，并发放了纪念品。

5月12日，为纪念“5·12”汶川地震三周年，学生工作处（武装部）组织全校学生党员、学生骨干举行升国旗仪式。

12月9日，学生工作处（武装部）组织全校党员、入党积极分子、学生骨干参加纪念“一二·九运动”76周年升国旗仪式。学校国旗班班长谷月进行了国旗下的演讲，号召青年学生铭记历史，爱国荣校，努力学习。

12月14日，学生工作处（武装部）邀请国防大学教授、军事战略专家周桂良来学校做《来自亚丁湾的报告》报告，全校400余名学生党员、学生骨干、军事爱好者参加了报告会。

（李华）

【开展军事技能训练和军事理论课教学工作】 9月2～16日，学校2 243名2011级本科生，在大兴高校学生军训基地进行了为期15天的军事技能训练和军事理论学习。承担本次训练和教学任务的是北京军区66370部队和国防大学第三教研室。全体参训学生组成一个军训团，整个军训团编15个连队。学校共派出带队教师及后勤保障人员共47人，其中学生工作处3人，团委1人，保卫处3人，校医院4人，餐饮中心和校车队各1人，各院系35人。院系带队教师中，研究生18人，教师17人。

（李华）

【顺利完成征兵工作】 2011年，根据北京市卫戍区及丰台区人民武装部的冬季征兵命令，学校于10～12月进行冬季征兵工作。经过征兵动员、学生报名、资格审查、体检及政审等程序，劳动经济学院石清华，文化与传播学院王森，安全与环境工程学院李贺营、王耀杰，法学院洪隽，统计学院车进原，华侨学院赵立军、方亮、陈凯、丁建10名同学光荣入伍。

（孔令深）

学生资助

【助学贷款情况】 9月5日，学生工作处与北京市小额贷款协会共同为学校67名学生办理了信用助学贷款，贷款总额335 000元。

9月20日，学生工作处与北京银行联系，为全校94名同学办理了助学贷款，贷款合同总金额536 100元。

（何倩　隗合佳）

【助学金发放情况】 10月27日，学生工作处组织各院系开展国家助学金评选工作，经个人申报、院系初评、学生工作处审核等环节，共评出一等助学金647人，助学金总金额2 911 500元，二等助学金719人，助学金总金额1 653 700元。5～7月，学生工作处发放饮水洗澡补助等共计208 865元，惠及全校1 129名困难学生；发放伙食补助1 366人，共计409 800元。学校为来自新疆的困难同学共发放生活补助58 800元，并举办了少数民族同学受助生的联谊会；学校为家庭困难同学在节日期间留校的，发放节日补助。

（何倩　隗合佳）

【一次性困难补助发放情况】 2011年，为帮助解决家庭经济困难学生的突发事件，学校为这类同学提供特殊补助，主要包括住院治疗诊疗费补助等7 000元。

（何倩　隗合佳）

【继续开通“绿色通道”】 8月27日，为保障学生入学无忧，使经济困难的新生不会因交不起学费而无法入学，学校对家庭经济确实困难的新生开通“绿色通道”，暂免收其学费，确保其顺利报到、注册、入学，入学之后再根据具体的家庭经济状况，分别采取相应的措施予以资助。共有144名学生通过“绿色通道”入学。

（何倩　隗合佳）

【校内勤工助学】 2011年，学校针对学生的具体情况，分别开放了适合同学进行勤工助学的岗位600余个，分布在学校机关、院系办公室、图书馆、学生公寓管理中心等部门，并考虑到申请学生专业，尽可能使工作事务对应所学专业，使勤工助学的学生能够有机会获得更多工作经验。在勤工助学学生的招聘过程中，按照公正、公开、公平的原则，事前在校园网络公布勤工助学岗位需求表和个人申请表，采用部门面试等后续遴选方法对报名同学进行录用面试，此外，对勤工助学学生定期进行绩效考核，包括出勤、工作完成情况等各项指标，并依据考核情况发放酬金。

（何倩　隗合佳）

【学生资助工作社团建设】 5～10月，“驼峰社”开展了多样性的学生资助活动，组织部分申请“鑫恒·

泰泽"助学金的同学参观了国家博物馆和自然博物馆,还先后组织了《创新与实践》讲座、东亚银行面试讲座等10余场活动,参加了"希望工程激励行动·BC计划"项目,组织开放固定自习室,保证学生良好的学习环境。

(何倩　隗合佳)

就业工作

【毕业生就业情况】 2011年,学校毕业生总人数3 027人(就业工作学生数据均不含港澳台侨学生、留学生),本科生就业率为98.86%,签约率为95.65%;专科生就业率为96.69%,签约率为96.69%;研究生就业率为95.40%,签约率为79.08%(截至2011年8月25日)。优秀毕业生125人,村官16人,支援西部22人。

2011年,学校共有本科毕业生2 275人。其中,签订三方协议1 654人(占72.70%),攻读研究生232人(占10.20%),出国留学290人(占12.75%),其他就业(签劳动合同、单位用人证明、自由职业)73人(占3.21%)。2011届已落实就业去向的1 654名毕业本科生中,进入国家机关工作31人(占1.87%),进入事业单位工作83人(占5.01%),进入国有企业工作697人(占42.14%),进入三资企业工作106人(占6.41%),进入其他企业(民营、私营企业)716人(占43.29%),去基层13人(占0.79%),参军8人(占0.48%)。2011届已落实就业去向的毕业本科生中,签约银行357人(占21.6%),签约会计师(税务师)事务所73人(占4.41%),签约"北京外企服务集团"54人(占3.26%),北京村官13人(占0.79%),支援西部支边22人(占1.33%)。

2011年,学校共有专科毕业生121人。其中,签订三方协议103人(占85.12%),接本12人(占9.92%),出国留学2人(占1.65%)。2011届已落实就业去向的121名毕业专科生中,进入事业单位工作6人(占5.82%),进入国有企业工作20人(占19.42%),进入三资企业工作6人(占5.82%),进入其他企业(民营、私营企业)71人(占68.93%)。

2011届本专科毕业生就业情况一览表(资料截止日期:2011年8月25日)

院(系)	人数	签约	考研	出国	就业	签约率	就业率
会计学院							
会计学	42	37	2	3	0	100.00%	100.00%
会计学(注册会计师专门化)	88	64	13	9	2	97.73%	100.00%
会计学(国际会计)	33	21	4	6	2	93.94%	100.00%
财务管理	24	19	3	1	1	95.83%	100.00%
合　计	187	141	22	19	5	97.33%	100.00%
工商管理学院							
工商管理	36	30	3	3	0	100.00%	100.00%
工商管理(实验班)	28	12	4	12	0	100.00%	100.00%
电子商务	29	24	1	3	0	96.55%	96.55%
市场营销	41	37	1	1	0	95.12%	95.12%
旅游管理	37	27	1	8	0	97.30%	97.30%
物流管理	25	18	2	3	1	92.00%	96.00%
合　计	196	148	12	30	1	96.94%	97.45%
统计学院							
统计学	32	21	3	5	3	90.63%	100.00%
统计学(经济分析)	69	45	10	12	2	97.10%	100.00%
合　计	101	66	13	17	5	95.05%	100.00%

续表

院(系)	人数	签约	考研	出国	就业	签约率	就业率
法学院							
法学(经济法)	99	69	15	9	4	93.94%	97.98%
合　计	99	69	15	9	4	93.94%	97.98%
经济与公共管理							
行政管理	39	27	3	1	5	79.49%	92.31%
城市管理	23	17	1	2	2	86.96%	95.65%
土地资源管理(房地产与物业管理)	75	61	1	3	3	86.67%	90.67%
公共事业管理	29	22	1	0	2	79.31%	86.21%
行政管理(电子政务)	36	24	5	2	4	86.11%	97.22%
社会工作	24	20	4	0	0	100.00%	100.00%
合　计	226	171	15	8	16	85.84%	92.92%
财政税务学院							
税务(注册税务师)	37	22	4	6	5	86.49%	100.00%
税务	80	53	8	11	8	90.00%	100.00%
财政学(注册资产评估师)	36	24	3	7	0	94.44%	94.44%
合　计	153	99	15	24	13	90.20%	98.69%
金融学院							
金融学(国际金融)	85	58	8	19	0	100.00%	100.00%
保险	41	27	5	9	0	100.00%	100.00%
金融学	75	59	6	10	0	100.00%	100.00%
合　计	201	144	19	38	0	100.00%	100.00%
安全与环境工程学院							
安全工程(注册安全工程师)	21	18	3	0	0	100.00%	100.00%
环境工程	22	14	3	3	2	90.91%	100.00%
工程管理	16	11	2	2	1	93.75%	100.00%
工业工程	19	11	4	1	3	84.21%	100.00%
合　计	78	54	12	6	6	92.31%	100.00%
外语系							
英语(经贸英语)	82	57	6	19	0	100.00%	100.00%
合　计	82	57	6	19	0	100.00%	100.00%
信息学院							
信息管理与信息系统	106	83	13	4	5	94.34%	99.06%
计算机科学与技术	48	33	5	6	4	91.67%	100.00%
合　计	154	116	18	10	9	93.51%	99.35%
经济学院							
经济学	75	61	10	4	0	100.00%	100.00%

续表

院(系)	人数	签约	考研	出国	就业	签约率	就业率
国际经济与贸易(国际班)	1	1	0	0	0	100.00%	100.00%
国际经济与贸易	116	85	8	20	3	97.41%	100.00%
贸易经济	76	62	6	7	1	98.68%	100.00%
经济学(实验班)	32	15	9	8	0	100.00%	100.00%
合　计	300	224	33	39	4	98.67%	100.00%
劳动经济学院							
人力资源管理	44	32	10	2	0	100.00%	100.00%
人力资源管理(实验班)	29	22	4	3	0	100.00%	100.00%
劳动与社会保障	37	31	4	2	0	100.00%	100.00%
劳动关系	29	18	8	3	0	100.00%	100.00%
人力资源管理(国际人力资源管理)	37	30	5	2	0	100.00%	100.00%
合　计	176	133	31	12	0	100.00%	100.00%
文化与传播学院							
传播学	99	71	10	12	6	93.94%	100.00%
广告学	53	44	2	3	4	92.45%	100.00%
合　计	152	115	12	15	10	93.42%	100.00%
华侨学院							
工商管理(管理会计)	91	60	5	26	0	100.00%	100.00%
信息管理与信息系统(信息技术管理)	79	57	4	18	0	100.00%	100.00%
合　计	170	117	9	44	0	100.00%	100.00%
本科生合计	2 275	1 654	232	290	73	95.65%	98.86%
华侨学院	121	103	12	2	0	96.69%	96.69%
专科生合计	121	103	12	2	0	96.69%	96.69%
本专科生合计	2 396	1 757	244	292	73	95.70%	98.75%

2011 年,学校共有毕业研究生共 631 人,其中,硕士研究生 595 人,博士研究生 36 人。其中,签就业协议 485 人(占 76.86%),考取博士研究生 8 人(占 1.27%),出国 6 人(占 0.95%),其他就业(签劳动合同、单位用人证明、自由职业)103 人(占 16.32%)。2011 届已落实就业去向的 485 名毕业研究生中,进入国家机关工作 10 人(占 2.06%)、进入事业单位工作 101 人(占 20.82%)、进入国有企业工作 223 人(占 45.98%)、进入三资企业工作 29 人(占 5.98%)、进入其他企业(民营、私营企业)112 人(占 23.09%)、去基层 5 人(占 1.03%)、参军 5 人(占 1.03%)。2011 届已落实就业去向的毕业研究生中,签约银行 96 人(占 19.79%),签约科研设计单位 42 人(占 8.66%),签约机关事业单位 39 人(占 8.04%),签约高等学校 23 人(占 4.74%),北京村官 1 人(占 0.21%),支援西部、支边 11 人(占 2.27%)。

2011 届研究生毕业生就业情况一览表(资料截止日期:2011 年 8 月 25 日)

院(系)	硕士人数	签约	考博	出国	就业	签约率	就业率
会计学院	62	57	0	0	4	91.94%	98.39%
工商管理学院	66	46	1	1	17	72.73%	98.48%

续表

院(系)	硕士人数	签约	考博	出国	就业	签约率	就业率
统计学院	15	9	0	0	6	60.00%	100.00%
法学院	39	31	1	0	5	82.05%	94.87%
经济与公共管理	41	29	0	0	6	70.73%	85.37%
财政税务学院	25	19	0	0	4	76.00%	92.00%
金融学院	59	54	0	0	5	91.53%	100.00%
安全与环境工程学院	23	21	0	0	2	91.30%	100.00%
信息学院	30	24	1	0	4	83.33%	96.67%
经济学院	54	42	1	2	7	83.33%	96.30%
MBA	108	68	0	2	35	64.81%	97.22%
劳动经济学院	63	51	3	1	4	87.30%	93.65%
文化与传播学院	10	5	1	0	4	60.00%	100.00%
硕士生合计	595	456	8	6	103	78.99%	96.30%
院　系	博士人数	签约	升学	出国	就业	签约率	就业率
工商管理学院	14	14	0	0	0	100.00%	100.00%
统计学院	2	1	0	0	0	50.00%	50.00%
金融学院	2	2	0	0	0	100.00%	100.00%
经济学院	10	5	0	0	0	50.00%	50.00%
劳动经济学院	6	5	0	0	0	83.33%	83.33%
财政税务学院	2	2	0	0	0	100.00%	100.00%
博士生合计	36	29	0	0	0	80.56%	80.56%
硕博合计	631	485	8	6	103	79.08%	95.40%

2011届北京地区高校应聘村党支部书记助理、村主任助理毕业生名单

姓名	性别	专业	服务区县
姜　萌	女	传播学	北京市朝阳区
朱九旭	男	法学(经济法)	北京市怀柔区
林晓政	女	社会工作	北京市门头沟区
王珊珊	女	环境工程	北京市房山区
钱明楠	男	安全工程(注册安全工程师)	北京市房山区
王　振	男	城市管理	北京市顺义区
刘　洋	男	环境工程	北京市昌平区
吴振宇	男	公共事业管理	北京市房山区
于泽明	男	社会工作	北京市大兴区
苏　森	女	土地资源管理(房地产与物业管理)	北京市密云县

续表

姓名	性别	专业	服务区县
闫永杰	男	社会工作	北京市延庆县
林　茹	女	国际经济与贸易	北京市延庆县
白　洋	男	社会工作	北京市房山区
韩　亮	男	计算机应用技术	北京市大兴区
刘　强	男	旅游管理	北京市大兴区
李春然	女	经济法学	北京市海淀区

北京地区高等学校2011届毕业生支援西部名单

姓名	性别	专业	支援地区
李圣洁	女	税务	新疆乌鲁木齐市
刘　学	男	工商管理(管理会计)	西藏自治区
何安淇	女	土地资源管理(房地产与物业管理)	新疆乌鲁木齐市
杨　凡	女	税务	内蒙古自治区
许鹏举	男	劳动与社会保障	内蒙古包头市
付　磊	男	工商管理(管理会计)	内蒙古鄂尔多斯市
张小飞	男	劳动与社会保障	内蒙古赤峰市
高　扬	男	统计学(经济分析)	内蒙古自治区
粟慧璇	女	信息管理与信息系统(信息技术管理)	广西平乐县
张　欢	男	传播学	四川省达州市
张釜源	男	传播学	四川省巴中市
张　红	女	税务	贵州省
张潆文	女	英语(经贸英语)	云南省昆明市
林弋丁	女	英语(经贸英语)	云南省昆明市
黄玥文	女	英语(经贸英语)	云南省昆明市
张玉立	女	会计学(注册会计师专门化)	云南省昆明市
字春美	女	英语(经贸英语)	云南省凤庆县
关　昱	男	工业工程	陕西省
南鹏霞	女	英语(经贸英语)	四川省成都市
李　晨	男	工商管理(管理会计)	青海省西宁市
师　慧	女	法学(经济法)	青海省西宁市
朱　云	女	行政管理	新疆乌鲁木齐市市辖区

(崔颖)

【开展多层次就业服务】 2011年,学生工作处开展了3个层次的职业生涯与就业辅导活动:一是11场针对全校学生的"职点课堂"系列讲座,内容涉及生涯规划、求职技巧、创业指导、职业素养、出国留学等领域,在校生中共有1 950人次参加了讲座。问卷调查显示,85%的学生对讲座内容和主讲人感到满意。二是针对求职就业存在一定困难的毕业生举办小型求职技能工作坊,全年受众150人,受众满意度达到100%。三是针对求职极其困难的学生开展个体咨询,全年受众32人,平均每人咨询2小时以上,来访者满意度达到100%。

2011年,学生工作处就业指导教师常雪亮为信息学院、经济学院、财政税务学院设计并实施了个性化的职业规划与求职择业主题班会,收到良好效果。深入院系开展职业生涯规划主题班会是就业办公室为增强就业指导服务效果的一种新方法。该方法首先可以提前收集全班学生的问题,并针对这些问题设计班会内容,大大提高就业指导服务的针对性和深入性;其次可以拉动不主动参与就业指导讲座的学生参与进来,弥补大型讲座的不足;最后,在小班辅导中可以融入求职技能训练等互动内容,大大提升了指导效果。

3月16日~5月11日,学生工作处举办了"周周招聘会"系列活动。"周周招聘会"系列活动总共包括8场招聘双选会其中包含5场专场类双选会以及3场大型综合类双选会。累计参会单位超过342家,招聘岗位超过1 200个,参加的同学约6 000余人次。当年的"周周招聘会"系列活动完善了"双选会网上预约"系统,从流程和保障上进行了改进,在参会单位的数量和质量大大增强的基础上,保证了参会单位的参会到场率。增加了学生选择用人单位和职位的机会,为学校2007级毕业生提供了更广泛的就业渠道和更多有效的就业信息;同时,网上预约也提高了我们的工作效率,为探索规范、高效、保质、保量的校园招聘宣讲会模式打下了良好的基础,也有助于学生的成功就业。

11月2日~12月8日,学生工作处面向2008级毕业生召开了4场综合性大型校园双选会,中国电力工程有限公司、中国技术进出口总公司、中国中纺集团公司、中国国际医药卫生公司、汇丰银行等270家企事业单位参加。4场双选会用人单位合计收到超过10 000份简历,并对其中3 000余人次进行了面试。经过统计,2011年共计举办专场招聘宣讲会106场,其中包括中国电信、海航旅业、德勤、毕马威、北京银行、光大银行、沃尔沃等71家重点用人单位专场宣讲会。通过就业信息网发布招聘信息近4 000条。

2011年,学生工作处建立了家庭经济困难和就业困难群体毕业生信息数据库,开展"一对一"服务,及时了解学生目前的就业情况、心态和想法,为他们优先推荐工作;举办团体辅导工作坊和进行个体咨询,帮助他们明确就业动机、调整就业心态、提高就业技巧;举办专场宣讲招聘会,关注女生、京外统分毕业生、远郊区县毕业生、家庭经济困难等就业困难群体,同时为家庭经济困难毕业生发放了求职经济补贴。

2011年职点课堂一览表

时间	主题	主讲人
3月17日	好玩的职业生涯设计	关长海 ——北京高校毕业就业促进会秘书长,国家职业规划师
3月31日	用英语撬动职场	韩冰玉 ——北京新东方学校TOEIC语法、SAT语法、TOEFL语法核心教师
4月7日	简历:成功求职第一步	郭程冰 ——传播心理学博士,求职辅导专家,资深职业培训师
4月12日	面试指导	杨晶 ——资深人力资源经理,国家职业指导师,美国中央城大学MBA
5月17日	如何打造你的职业品牌——职业化5项修炼	李忠秋 ——全球职业规划师,CCDM中国职业规划师,国家职业指导师
10月20日	学业、就业、出国,如何一网打尽?	杨萃先 ——过来人高级讲师、CCTV、智联招聘职场节目嘉宾
10月25日	大学生高薪就业之路	何树德 ——赢鼎教育北京分公司总监、高级讲师

续表

时间	主题	主讲人
11月8日	学业、职业、事业——走出迷茫，规划自己的精彩未来	王迈 ——过来人国际教育集团有限公司首席执行官
11月15日	求职,从大一开始	杨晶 ——资深人力资源经理,国家职业指导师
11月22日	面试没什么大不了	赵明鑫 ——国家二级人力资源管理师,英才网联职业发展顾问
12月15日	就业离不开营销——我的职业我做主	白大平 ——创训管理咨询(上海)有限公司创始人、总裁兼首席顾问

2011年“周周招聘会”系列活动一览表

时间	参会企业数量	类型	地点
3月16日14:00~16:00	27	保险证券专场	大学生活动中心一层
3月23日13:30~16:00	66	全校大型双选会	体育场看台下体育馆内
3月31日14:00~16:00	31	研究生专场	大学生活动中心一层
4月13日13:30~16:00	70	全校大型双选会	体育场看台下体育馆内
4月20日14:00~16:00	30	广告传媒IT专场	大学生活动中心一层
4月27日14:00~16:00	28	女生专场	大学生活动中心一层
5月5日14:00~16:00	21	法律、房地产专场	大学生活动中心一层
5月11日13:30~16:00	69	全校大型双选会	体育场看台下体育馆内

(庄首建　常雪亮　朱静敏)

【举办系列就业主题活动】 3月28日~4月28日，学生工作处举办了“毕马威杯”首都经济贸易大学第二届模拟面试大赛。本届大赛的理念为“化蝶”。在3月28日~4月13日的初赛阶段,全校共有420名学生投递简历报名参赛,学生工作处特聘简历指导专家根据选手的能力、经验和求职态度筛选出70名选手晋级复赛。在4月21日晚举行的复赛中,70名晋级复赛的选手按照求职意向分为会计师事务所、银行、销售、管理等7组,分别由来自毕马威华振会计师事务所、中国银行、北京银行、绫致时装等企业的人力资源经理担任评委,通过一对一面试的方法决出14名最佳选手晋级总决赛。在4月28日晚举行的总决赛中,14名选手通过无领导小组讨论和多对一面试的比赛,最终6名选手胜出,获得了由毕马威华振会计师事务所、中国银行、王府井百货的暑期实习,总决赛评委分别由毕马威华振会计师事务所合伙人田继文女士、中国建设银行人力资源部经理刘本先生、北京外企人力资源服务有限公司(FESCO)人力资源总监温沁山先生、北京铜牛集团有限公司人力资源部长谢民生先生、北京同仁堂健康药业股份有限公司人力资源总监谢健乔女士担任。为了让更多学生受益,除了参赛选手能够获得针对性的指导和建议之外,学生处还特别聘请了简历指导专家为全部420名选手批改简历,并在大赛期间举办了简历指导和面试指导专题讲座。

11月8日~12月8日,学生工作处举办了第三届“就业服务月”活动。本届就业服务月先后举办了4场大型校园双选会,提供岗位7 000个,为学校2012届毕业生平均每个人提供2个就业机会;举办了4场职点课堂讲座活动,参加人数600余人次;举行了8场面试工作坊,总计共有160名来自金融、经济、财政税收、工商管理、劳动经济等学院的应届毕业生得到了有针对性的深入指导,参加的同学对活动内容和培训师的满意度达到100%。

11月29日,学生工作处举办了学校第二届职业生涯规划大赛。来自城市经济与公共管理学院、信息学院、财政税务学院、华侨学院、工商管理学院的6位选手通过PPT、视频等方式向大家展示了自己的职业生涯规划，就业办副主任庄首建、就业指导教师常雪亮、朱静敏担任大赛评委。最终，来自城市经济与公共管理学院的武昳譞同学脱颖而出，获得了大赛的冠军。

11月，学生工作处举办了学校首届实习征文大赛。来自9所学院的三、四年级学生将自己在网站、猎头公司等各类企事业单位从事实习的经历和感悟写入了征文，最终来自外语系的周缘等6位同学因在实习中表现出了较强的工作能力和学习能力，并以良好的文字表达能力分获大赛的一、二、三等奖，他们获得了由北京同仁堂健康药业、北京外企人力资源服务中心两家企业提供的实习机会。

“毕马威杯”首都经济贸易大学第三届模拟面试大赛获奖名单

	姓名	学院	专业与年级
一等奖	边林立	金融学院	金融学2008级
二等奖	朱增跃	经济学院	国际经济与贸易2008级
	张玮玮	会计学院	注册会计师2008级
三等奖	王　元	会计学院	财务管理2008级
	马　轩	工商管理学院	工商管理2008级
	李　然	城市经济与公共管理学院	行政管理2009级

首都经济贸易大学第二届职业生涯规划大赛获奖名单

	姓名	学院
一等奖	武昳譞	城市经济与公共管理学院
二等奖	张舜伟	信息学院
	郑　帅	财政税务学院
三等奖	马朝颜	华侨学院
	杨　青	城市经济与公共管理学院
	李　彤	工商管理学院

首都经济贸易大学首届实习征文大赛获奖名单

	姓名	学院年级	专业
一等奖	徐江龙	信息学院2008级	计算机科学与技术
	周　缘	外语系2009级	经贸英语
二等奖	费超寻	经济学院2009级	贸易经济
	蔡　婧	劳动经济学院2009级	人力资源管理
三等奖	孟　静	经济学院2009级	国际经济与贸易
	张丛森	经济学院2009级	国际经济与贸易

（庄首建　常雪亮）

【开展毕业生就业情况统计分析】 10月，学生工作处完成了2011届毕业生就业情况统计及分析；完成了全校以及分专业、分学历、分生源地区毕业生就业、深造的比例以及具体就业去向分布统计分析工作；并进行了2009届至今的逐年对比，分析了全校以及各专业毕业生的就业优势和不足，深入了解了毕业生就业渠道未来的潜力增长点和待拓展之处，最终形成了《毕业生就业工作报告》共18份，其中包括全校总报告以及17所院系的分报告。同时还完成了2011届本专科、研究生求职状况与就业质量调研,分专业、分学历、分性别调研了毕业生初次就业的起薪、专业对口性、工作满意度等方面,并且分析了毕业生的求职过程和结果,分层次了解了毕业生就业中存在的困难,最终形成了《毕业生求职状况与就业质量抽样调查报告》共18份,其中包括全校总报告以及17所院系的分报告。并在10月份就业总结大会上向校领导、各院系一把手、教务处、研究生部等相关部门发布了当年就业情况和就业质量调研结果,调研报告得到了校领导、相关部门及各院系院长、主管学生工作的副书记的一致认可和好评,为招生、专业设置、人才培养提供了参考依据,形成了良好的互动机制。

(常雪亮　朱静敏)

【加强就业工作队伍培训】　11月,学生工作处启动了"加强就业工作队伍建设,建立就业培训体系"工作。11月25日,学生工作处邀请了北京市教委特聘高级咨询师、北京赢鼎教育机构高级副总裁吴梓镜老师为各院系的就业工作人员进行了"如何促进大学生的个人职业规划"的主题培训。12月30日举办了就业政策与流程培训,由毕业生就业办公室签约服务部朱静敏主讲。就业工作人员培训体系包含两部分:一是陆续安排院系辅导员参加人力资源与社会保障部、北京市教委举办的各项职业指导人员资格认证培训,截至11月,已有57人获得中级职业指导师认证、9人获得高级职业指导师认证、5人参加KAB创业教育项目讲师培训、2人获得全球职业规划师认证、1人获得职业信息分析师认证,累计74人次;二是邀请著名的职业指导培训师进校为辅导员进行内训。

(常雪亮　朱静敏)

【积极拓展京外就业市场】　2011年,学校本科生非京生源招生人数达到了当年学校招生人数的30%,为了更好地解决外地生比例逐年增加,同时留京形势越来越严峻的问题,在校领导的支持下,毕业生就业办公室派出了5队小组,走访了山东、山西、江苏、浙江、河南5个就业重要省市的人才及重点单位,为开拓京外市场走出了重要一步,积累了宝贵经验。

(常雪亮　朱静敏)

【多渠道、个性化发布招聘信息】　2011年,为了让毕业生能够充分使用学校发布的招聘信息,使就业信息的发布渠道更加多元化、人性化,学生工作处通过就业信息网实现了"根据用人单位的招聘要求按照专业类别将就业信息发送到相关毕业生的个人账户中",让就业信息发布的针对性更强、使用率更高,进一步提高了毕业生找到合适工作的成功率。

(常雪亮　朱静敏)

【完成就业信息化建设二期专项验收】　2011年,学生工作处完成了就业信息化建设二期专项的验收工作。通过招投标对"示范性就业指导中心"专项的软件采购项目经费落实,督促实施,圆满验收,圆满完成了专项建设工作。

(常雪亮　朱静敏)

【就业社团建设初见成效】　1月4日,由学校学生处毕业生就业办公室直接指导的就业与职业发展协会,在北京市高校毕业生就业促进会举办的"2011年度北京高校职业类学生社团年会"上荣获"2011年度北京高校职业类优秀学生社团"称号,协会指导教师常雪亮荣获"2011年度北京高校职业类社团优秀指导教师"称号,协会会长周宁波同学被评为"2011年度北京高校职业类学生社团优秀学生干部"。

11月,在北京高校毕业生就业指导中心举办的全国大学生职业生涯规划大赛北京地区选拔赛中,学校城市经济与管理学院2009级学生柏松、工商管理学院2010级学生董世佳获得优秀奖。

(崔颖　常雪亮)

离退休工作

概　况

2011年,离退休工作处按照北京市老干部局、市教工委老干部处和学校党委的总体要求,深入贯彻落实科学发展观,围绕中心,服务大局,开拓创新,扎实工作。全面落实老干部的政治生活待遇,加强离退休人员党支部建设和思想政治建设,坚持以人为本,求真务实,围绕政策,扎实工作,建立和完善各项工作制度，使老干部工作逐步走向制度化、规范化。

截至12月31日，新增退休人员58人，病故20人（其中，离休干部7人，退休人员13人），离退休人员共1 417人。其中，离休老干部113人，退休人员1 304人（其中，干部902人，工人402人）。离休党员92人、群众21人。最高年龄97岁，离休干部平均年龄近83.93岁，进入了"高龄、高发病期"。

（沈锢）

思想政治建设和党支部建设

【开展党支部书记培训】　5月11日，离退休工作处举办学校离（退）休党支部书记培训班，处长李环通报工作要点，学校马克思主义学院匡长福副教授讲解中国共产党党史研究的几点体会，观看了离休干部党总支、信息学院党总支开展的主题党日活动录像。5月12日参观位于乐亭县的李大钊纪念馆，重温入党宣誓仪式并敬献了花篮。

（王楠）

【加强离退休人员理论学习】　2011年，离退休工作处为每位离退休校级老领导购买发放《中国共产党党史》一、二卷并组织学习、征文和座谈活动。为离休干部购买发放《党史知识》900题，为离休老干部和离退休老领导及部分退休人员发放六中全会文件和《从怎么看到怎么办》等学习材料，并以专题辅导、交流座谈等形式进行了深入的学习。5月30～31日，在香山饭店举办局级离退休领导学习班，进行学习党史座谈。

（王楠）

【开展形式多样的主题党日活动】　作为纪念建党90周年系列活动之一，4月15日，离休干部党总支组织离休老党员前往陶然亭公园高君宇烈士墓开展"缅怀革命先烈，坚定革命信念"主题党日活动，为烈士扫墓、献花，重温入党誓词，缅怀革命烈士。

各离退休党支部在"七一"前夕以纪念中国共产党成立90周年为主题，普遍开展了主题党日活动。其中信息学院退休党支部组织的"党的光辉照我行"荣获北京高校离退休主题党日活动二等奖。机关退休二支部、图书馆退休支部、后勤退休二支部联合组织的"集结在党旗下"荣获北京高校离退休主题党日活动三等奖、学校主题党日活动一等奖。

（王楠）

【加强党支部交流】　7月28日，小庄社区党委召开"忆党史、讲传统、颂党恩、跟党走、送温暖、话发展"庆祝建党90周年座谈会，学校有17名离退休人员参加座谈会并发言。

10月9日，后勤（东）、图书馆、校医院退休支部组织党员到密云参观国家天文台北京卫星观测站，进行科普知识教育，让大家感受祖国高端科学的发展。

（王楠）

【做好党员发展工作】　7月1日，离休干部第三支部召开党员发展大会，离休老干部郑月彬在建党90周年之际实现自己62年入党夙愿。郑月彬16岁参加中国人民解放军，曾渡江赴朝作战，转业后到学校担任基建处处长。

（王楠）

【举办"我学习，我参与，颂祖国，促发展"知识竞赛】　4月13～27日，老教协西区分会为纪念中国共产党成立90周年，举办"我学习，我参与，颂祖国，促发展"知识竞答活动，主要内容为《十二五规划纲要》和《政府工作报告》，老教协300余人参加了此项活动。

（王楠）

【继续开展创先争优活动】　2011年，离休干部党总支开展"学身边"的先进活动，请三支部书记李召朝和五支部书记崔玉秀介绍他们开展《创先争优》活动的做法和体会，使大家深受启发和教育。

（王楠）

【《桑榆颂》编辑出版2期】　3月11日，召开《桑榆颂》编委会。会议决定第5期要在中国共产党成立90周年之际，各栏目要通过不同形式、不同层面来歌颂党的功绩，弘扬党的传统，表彰离退休老党员的先进典型。

9月26日，召开《桑榆颂》编委会。主编苗凯就第6期的内容和情况进行了说明，对一些栏目的内容、资料、稿件来源等提出了要求和建议。处长李环到会并对提出的问题进行解答。

《桑榆颂》第四期张光洪撰写的《红庙佚事》刊登在北京晚报3月13日第24版。《桑榆颂》杂志于2009年创办，每期8万字，印数1 500册，现已出版6期。

（王楠）

政治待遇和生活待遇

【召开离退休工作部署会】　2月24日，离退休工作处召开工作部署会。于涤、张六琥、臧吉昌、谢子民等老教协、关工委领导小组成员23人参加，会上处长李环对2011年离退休工作进行部署并提出工作建议，离休干部党总支书记苗凯和会长于涤分别传达了文件。

(王楠)

【学校老干部领导小组召开会议】 2月25日,学校召开老干部工作领导小组会。党委书记柯文进、校长王稼琼、党委副书记朱玉华、纪委书记杨世忠及领导小组成员出席会议,朱玉华传达了北京市第24次老干部座谈会的精神及刘淇、王安顺在座谈会上的工作报告。领导小组听取了离退休工作处的工作汇报,并针对老同志提出的意见和建议,研讨如何进一步做好学校离退休人员的管理服务工作。

(王楠)

【向老干部通报学校工作情况】 4月7日,党委副书记朱玉华召开会议向原校级老领导、全体离休干部通报学校近期工作情况。朱玉华向大家通报了2011年学校党委工作的指导思想、工作方针以及工作重点。

10月12日,学校党委副书记朱玉华代表学校党委向原校级老领导、全体离休干部通报学校情况,朱玉华向大家通报了学校发展中取得的一些主要成绩以及下半年学校推进的几项重要工作。

(王楠)

【召开征求意见座谈会】 3月17日,学校举办原校级领导座谈会,研讨学校"十二五"规划,退休老领导陈日新、于涤、苏志平、马博宣、董久昌、谢子民、臧吉昌、徐长新、李致和等应邀参加。会上校长王稼琼、副校长丁立宏、副书记朱玉华同老同志们一起就学校的发展规划进行了研讨。

5月30日,学校举办原校级领导读书会,于涤、苏志平、马博宣、张理泉、谢子民、臧吉昌、张六虢、李致和参加。党委书记柯文进、副书记朱玉华看望了大家。柯文进就学校当前几件大事向老领导进行了通报,老领导围绕建党90周年谈了自己的感想。

10月28日,学校召开校庆55周年离退休领导座谈会。学校老领导陈日新、董久昌、马博宣、苏志平、张六虢、李致和等应邀参加。会上,党委书记柯文进、校长王稼琼分别就学校的发展思路和办学定位,以及学校在"打基础,上水平"的基本方针指引下需要做好的基础性工作等方面进行了介绍。与会老领导在肯定学校发展建设的同时,对加强学生德育,在全校范围内营造尊师重教的氛围提出了一些意见和建议。

(王楠)

【召开离退休工作总结会】 12月23日,离退休工作处召开离退休工作总结座谈会。校党委副书记朱玉华、学校关心下一代委员会委员以及离退休老同志代表共43人参加了会议。离退休工作处处长李环汇报2011年工作并通报了2012年工作要点。听取了老同志对学校离退休工作的意见和建议。朱玉华做了总结发言,他在肯定离退休工作的同时,对离退休管理工作提出了新的要求。

(王楠)

【深入开展走访慰问活动】 2011年,春节、"七一"等节日党委书记柯文进,校长王稼琼,工会主席赵凤启,党委副书记朱玉华分别带队,离退休工作处、校长办公室参加,看望慰问了贾桂峰、吕桓甲、高润生、蒋哲夫、钱恒等老领导、老教授,并送去慰问品和学习文件。学校各学院在春节等重大节日也组织了不同形式的慰问活动。

(王楠)

【继续发放特困补助】 2011年,根据学校各院系、部门上报的离退休人员的特殊困难情况,对100余名有困难的离退休老同志进行了特困补助,发放困难补助费15万元;帮助离退休人员解决特殊困难,看望生病住院的老同志,全年走访慰问离退休老同志600余人次,发放慰问品约30余万元。

(王楠)

【发放离退休工作实用手册】 2011年,离退休工作处策划编辑了《首都经济贸易大学离退休工作实用手册》,内容包括组织设置、服务内容、社团活动、机构名单、规章制度、联系咨询和温馨提示;《首都经济贸易大学离退休工作实用手册》印制了1 700册并发放到每个离退休人员手中。

(王楠)

老干部工作队伍建设

【召开退休工作经验交流会】 5月5~6日,学校召开离退休工作经验交流会。校党委书记柯文进、副书记朱玉华及各部门主管离退休工作领导、工作人员参加了会议。处长李环做了"健全完善离退休工作机制,全面做好离退休管理服务工作"的汇报,学校机关党总支、金融学院党总支、后勤管理处党总支、信息学院党总支、安全与环境工程学院党总支先后进行了经验交流发言,并对怎样做好离退休管理服务工作进行了探讨。柯文进提出了3点要求,要求大家全面落实责任制,切实做好学校的离退休工作。

(王楠)

【加强业务培训】 2011年,离退休工作处开展了以"加强学习,增强素质,提高能力"为主题的学习培训活动,根据实际情况,采取以会代训的形式,召开5

次会议组织集体学习，重点学习中组部《关于进一步加强新形势下离退休人员工作的意见》、京组发〔2010〕14号《关于加强离退休人员工作队伍建设的意见》、《首都经济贸易大学离退休工作领导责任制》等法规类型文件，努力提高执行政策、运用政策的能力和水平。

（王楠）

【深入开展调研活动】　2011年，在离休干部整体进入“双高期”，退休人员队伍不断加大的情况下，离退休工作处进行了深入的调查研究，召开6次座谈会，并印制调查问卷听取老同志对管理工作的意见建议，根据实际情况进行专题研究，进一步转变工作方式、工作内容和工作方法，进一步发挥老同志的作用。

（王楠）

文体活动

【社团组织情况】　2011年，学校成立有北京市乐龄金帆艺术团首都经济贸易大学分团，下设合唱团、民乐队、健身舞蹈队等15个社团队（组）。

（王楠）

【参加建党90周年纪念活动】　4月26日，呼家楼地区为庆祝建党90周年举办“忆光辉历程　展今朝风采——红色大舞台”汇演。校（东区）乐龄合唱团部分成员代表社区表演了自编自演的、独具特色的情景演唱《仰望星空》、《大杂院小胡同》。

5月24日，学校老干部合唱团参加呼家楼地区建党90周年红色大舞台合唱大赛，荣获三等奖。

6月18日，学校老干部合唱团参加北京市老干部局组织的“颂歌献给党”——首都老干部纪念中国共产党成立90周年歌咏大会。

6月25日，学校乐龄金帆艺术团参加教育系统老同志纪念建党90周年文艺演出。

6月27日，诗词鉴赏组参加“诗诵寄心语，声声念党恩”——呼家楼地区红色大舞台朗诵比赛。

6月29日，由离退休工作处全体工作人员与合唱团成员50余人参加学校党委组织的建党90周年“在灿烂的阳光下”盛大文艺演出和纪念活动。

（王楠）

【开展摄影诗歌书画活动】　7月10日，受中国社区网络电视台指派，摄影组容全堂参加了在人民大会堂召开的“2011中国社区服务先进经验报告会”开幕式，第十届全国人大常委会副委员长顾秀莲出席大会并讲话。

爱晚古典诗词赏析社编辑的《献芹集》第二集出版，诗集汇集了学校25位离退休老同志不同体裁，自编、自创诗词歌赋22首。

老教协（东区）书画社编印了《老年书画作品选集》，以集稿复印成册的办法汇报展示学习的成果。

学校老教协西区摄影组有13位成员受邀担任中国社区通讯员，李树琮、容全堂、李全福、尹红军、周秀荣等同志在中国社区网络电视台均发表了文章或上传了摄影作品，其中，李树琮、容全堂个人发稿量在全国排行榜上位列前十名。

（王楠）

【组织春秋游】　5月16～18日，离退休工作处分批组织全校退休人员800多人到顺义国际鲜花港春游。9月20～22日分批组织全校退休人员800多人到怀柔响水湖秋游。2011年，学校退休人员参加春秋游活动约1 700人次。

（王楠）

关工委工作

【召开关工委工作会议】　4月，离退休工作处召开了关心下一代工作委员会工作会议，研究学校关工委的主要工作和制定做好各项工作的措施，通过了《首都经济贸易大学关于进一步加强关心下一代工作委员会建设的意见》（简称《意见》）。《意见》包括加强关工委工作的必要性，关工委的性质、工作宗旨和工作方针，关工委的主要任务、工作机构与队伍建设以及工作措施等内容，进一步规范和明确了学校关工委工作的方法和目标。《意见》经4月28日第12次党委常委会讨论通过，印发至学校各党总支、直属党支部学习并执行。

（王楠）

【召开建党90周年座谈会】　6月17日，学校关工委召开“忆党史、颂党恩、跟党走”纪念建党90周年座谈会。会议由学校党委副书记朱玉华主持，于涤、苏志平等关工委领导和学生代表共40余人参加。

（王楠）

【参加党建管理课题研究】　11月25日，校关工委成员开会，研究讨论离退休工作处参加学校党建研究的课题《首都经济贸易大学关工委工作机制研究》的编写调研工作。

（王楠）

老教育工作者协会工作

【召开老教协常务理事工作会】 3月,学校老教育工作者协会东、西区分会分别召开常务理事工作会,总结2010年工作,通报了2011年工作计划,并就老教育工作者协会与社区工作、如何以科学发展观为指导开展老教育工作者协会工作这两个议题进行了研究和讨论。

4月22~26日,学校老教协召开常务理事会,于涤会长主持会议,讨论申报北京老教育工作者协会"学习型、创新型、服务型优秀协会"事宜,与会者一致同意申报,材料分别由东、西二个分会起草,最后由专人汇总。会上对苗凯起草的《首都经济贸易大学教育工作者协会章程》进行了讨论并提出修改意见。

(王楠)

【举办系列报告会】 2011年,老教协组织举办系列报告会,3月10日,俞坤一老师结合朝阳区争创全国文明城区,讲解"垃圾的分类、回收和再利用"。4月11日,俞坤一老师结合南海事件、钓鱼岛事件,讲解"捍卫国家核心利益,加速国防现代化"。8月10日,卢海峰老师解读"胡锦涛在建党90周年上的讲话"。9月15日,李福田老师讲解"老年人对人生的十大感悟"。11月7日,迟建华老师解读"党的十七届六中全会精神"。

(王楠)

【举办趣味运动会】 5月19日举办老教协西区趣味运动会,本届运动会参赛运动员共计241人,占西区全体会员数的59%,安排了11个趣味性较强的运动项目。决出一等奖7名(4个项目参赛人员较少没设一等奖),二等奖13名,三等奖16名。

(王楠)

【召开表彰大会】 11月25日,老教育工作者协会西区分会召开2011年度"老有所为"会员表彰大会,共有95位离退休会员受表彰。会长张六琥作了年度工作总结,并向受到表彰的积极分子颁发了证书。

(王楠)

【教学督导成员名单】 详情见下表。

教学督导成员一览表

序号	姓名	性别	出生日期	职称	联系院(系)
1	张六琥	男	1938.6	教授	城市经济与公共管理学院、马克思主义学院。督导组顾问
2	艾春岐	男	1948.4	教授	经济学院、劳动经济学院。督导组组长
3	盛定宇	男	1942.12	教授	信息学院、安全与环境工程学院
4	胡茂桐	男	1947.7	研究员	文化与传播学院、体育部
5	贾墨月	女	1944.11	教授	金融学院
6	吴念时	女	1945.9	副教授	工商管理学院、法学院
7	孟芳娥	女	1952.11	副教授	财政税务学院
8	刘仲文	女	1950.1	教授	会计学院
9	沈大庆	男	1950.4	教授	统计学院
10	熊选琴	女	1956.2	副教授	外语系、华侨学院

(王楠)

表彰情况

2011年,离休干部党总支三支部和安全与环境工程学院退休党支部被北京市教工委评为北京市教育系统先进党支部、先进党员"双先"集体。

离休干部党总支三支部、五支部和安全与环境工程学院退休党支部被选为校先进党支部。

离退休工作处报送的调研报告《离退干部服务管理工作的改革与创新问题研究》获2011年度北京市老干部工作部门优秀调研报告一等奖。

信息学院退休党支部组织的"党的光辉照我行"荣获北京高校离退休主题党日活动二等奖。机关退休二支部、图书馆退休支部、后勤退休二支部联合组织的"集结在党旗下"荣获北京高校离退休主题党日活动三等奖、学校主题党日活动一等奖。

杜菊红、容全堂、王洪源、王福扬、王德林、郭斌、于涤、李召朝、候善魁、赵桂清、崔玉秀、唐有富被评为学校优秀共产党员。

离退休工作处处长李环被评为学校优秀党务工作者。

《桑榆颂》荣获2011年度北京高校离退休老干部工作优秀期刊。

首都经济贸易大学乐龄艺术合唱团、08民族乐队、太极舞蹈健身队、书画研究会、摄影组5个社团，被评为北京市老教育工作者协会优秀文化活动社团。

首都经济贸易大学爱晚古典诗词赏析社、手工编织组、口琴队3个文化活动社团被评为北京市老教育工作者协会优秀基层文化活动社团。

（王楠）

统　战　工　作

概　况

2011年，学校统战工作以市委统战部、市委教育工委2011年统战工作要点为指导，以学习贯彻十七届五中、六中全会精神为重点，以纪念建党90周年和辛亥革命100周年为契机，重点做好党外代表人士工作、民主党派工作、民族宗教工作、港澳台侨等工作，助力学校“十二五”规划和“中长期事业发展规划”的开局，充分发挥了统战工作的重要作用。

（刘威）

党外代表人士工作

【概述】 2011年底，学校有党外代表人士21人，其中包括各级人大代表、政协委员，学校民主党派基层组织负责人。

（刘威）

【党外代表人士队伍建设】 学校党委重视党外代表人士队伍建设，2011年，结合区县人大政协换届工作，对学校党外代表人士进行了合理的调整和补充。根据学校党委的工作要求，在丰台区、朝阳区人大代表、政协委员人选的提名工作中，学校统战部与区委统战部、民主党派区级组织等相关部门积极沟通协调，认真配合做好人选提名推荐、综合评价、测评考察、任前公示等环节的工作。换届前学校共有区县人大代表、政协委员共11人，换届后达到了14人。截至2011年底，学校党外代表人士队伍的知识结构、年龄结构等更加趋于合理，学校的党外代表人士队伍建设得到切实加强。

各级人大代表、政协委员名单

序号	姓名	党派	职务	职称	社会兼职
1	郝如玉	无党派	副校长	教授	全国人大常委、全国人大财经委副主任 北京市人大常委、北京市人大财经委委员 北京市党外知识分子联谊会副会长
2	洪亚敏	无党派	原城市学院副院长 不动产所所长	教授	北京市政协常委
3	文　魁	中共党员	原校长	教授	北京市政协委员
4	张　强	无党派	原城市学院院长、 首经所所长	研究员	北京市政协委员
5	赵　仑	无党派	原财政税务学院院长	教授	北京市人大代表
6	柯文进	中共党员	党委书记	教授	丰台区人大代表
7	刘　颖	九三学社	财政税务学院教师	副教授	丰台区人大常委 九三支社主委(西)

续表

序号	姓名	党派	职务	职称	社会兼职
8	马洪波	无党派	城市经济与公共管理学院教师	副教授	丰台区政协常委
9	刘文辉	无党派	会计学院副院长	教授	丰台区政协常委
10	武晋军	农工党	经济学院教师	副教授	丰台区政协委员 农工支部主委
11	杜　军	民盟	经济学院教师	副教授	丰台区政协委员
12	郎大鹏	九三学社	财政税务学院教师	副教授	丰台区政协委员
13	张　军	无党派	研究生部主任	教授	丰台区政协委员
14	郭媛媛	无党派	文化与传播学院副院长	教授	丰台区政协委员
15	封　岩	九三学社	经济学院教师	副教授	朝阳区人大代表 九三支社(东)主委
16	田新民	致公党	经济学院副院长	教授	朝阳区政协常委
17	于启武	九三学社	杂志总社社长	研究员	朝阳区政协委员
18	范子奇	民盟	杂志总社编辑	编　辑	朝阳区政协委委员 民盟支部(东)主
19	王　静	九三学社	劳动经济学院教师	教授	朝阳区政协委员
20	巩云华	民盟	金融学院教师	教授	朝阳区政协委员

首都经济贸易大学民主党派基层组织负责人名单

党派	主委	所在单位及职务
民盟支部(东区)	范子奇	杂志总社编辑
民盟支部(西区)	龙　菊	金融学院副院长
“九三”支社(东区)	封　岩	经济学院教师
“九三”支社(西区)	刘　颖	财政税务学院教师
农工支部	武晋军	经济学院教师
民建支部	冯瑞河	金融学院教师
民革支部(朝阳高校)	张伟毅	体育部教师

(刘威)

【党外代表人士作用发挥】 2011年,学校党外代表人士继续发挥参政议政、民主管理和民主监督的作用,积极参加学校年度工作要点、学校中长期事业发展规划、学校“十二五”规划等征求意见座谈会、研讨会等,在认真研究,系统分析,深入研讨的基础上,党外代表人士对学校学科建设、人才培养、校园建设等提出了多项建设性意见和建议,为学校改革和事业发展做出了积极贡献。

2月,召开了由人大代表、政协委员及民主党派基层组织参加的党外代表人士座谈会,征求对学校2011年年度工作要点的意见和建议。党委副书记朱玉华详细介绍了工作要点制定的背景和依据,简要解读了工作要点的8个方面,党外代表人士针对一些具体问题进行了认真研讨,提出了很好的意见和建议。

3月,召开由党外人士参加的“十二五”规划专题研讨会。会上,发展规划处处长祝合良对“十二五”规划的制定过程和内容作了系统介绍,并对其中一些重要目标进行了详细解读。党外人士围绕着学科特色、中青年教师发展平台、国际化人才培养工作和加强民主监督等问题展开了探讨。党委副书记朱玉华到会听取意见。

6月，召开纪念中国共产党成立90周年党外代表人士座谈会，副校长郝如玉、党委副书记朱玉华参加。座谈会上，党外代表人士积极发言，围绕“重温辉煌历程、共谋事业发展”，回顾和总结了广大统一战线成员，始终坚持与中国共产党同心同行的辉煌历程，并结合学校实际，从人才培养、学科建设、校园建设、管理服务等方面对推动“十二五”规划的落实提出了很好的意见和建议。全国人大常委、财经委副主任、市人大常委、副校长郝如玉结合自己的成长经历，重点介绍了参政议政的经验和体会。朱玉华副书记充分肯定和高度评价了过去几年学校党外人士曾经为北京市和学校的发展所做的贡献。党外代表人士一致表示将继续与学校党委保持“在思想上同心同德，在目标上同心同向，在行动上同心同行”，立足教学、科研、管理工作实际，充分发挥自身特长和专业优势，积极为学校的各项事业发展作出贡献。

8月，党外代表人士参加学校下半年工作部署会；11月，部分区县人大代表和政协委员以及民主党派代表、无党派代表人士代表等参加市委第六巡视组进驻学校开展巡视工作的动员会；12月底，部分党外代表人士代表参加学校校级领导班子年度考核述职工作会。

（刘威）

【党外干部队伍建设】 学校党委高度重视党外干部队伍建设，在干部选拔任用工作中注重党外干部的合理配备，2011年，提拔任用党外处级干部2人，其中1人由副职提任为正职。同时，学校党委重视党外干部的培养教育工作，通过专题的理论学习、业务培训等进一步提高党外干部的政治理论水平，开阔视野，丰富阅历。全年学校先后选派7名党外干部参加校内外的脱产学习培训。其中，副校长郝如玉参加了全国无党派重点人士培训班，张军（时任专业硕士教育中心主任）参加市委教育工委举办的2011年北京高校党外代表人士培训班，范延英（教务处副处长）参加北京高校干教育中心举办的北京高等教育管理培训班等。此外，推荐4名党外处级干部参加了学校举办的第五期赴香港理工大学的专题学习培训班。

首都经济贸易大学处级以上党外干部名单

姓名	性别	党派	职称	职务	职级
郝如玉	男	无党派	教授	首都经济贸易大学副校长	副校级
张　军	男	无党派	教授	研究生部主任	正处级
赵慧军	女	无党派	教授	专业硕士教育中心主任	正处级
汪　平	男	民建	教授	图书馆馆长	正处级
于启武	男	九三学社	教授	杂志总社社长	正处级
范延英	女	农工党	助理研究员	教务处副处长	副处级
柳学信	男	九三学社	副教授	工商管理学院副院长	副处级
田新民	男	致公党	教授	经济学院副院长	副处级
刘文辉	女	无党派	教授	会计学院副院长	副处级
郭媛媛	女	无党派	教授	文化与传播学院副院长	副处级
牛东来	男	无党派	教授	信息学院副院长	副处级
龙　菊	女	民盟	教授	金融学院副院长	副处级
高志欣	男	农工党	副主任医师	校医院院长	副处级

（刘威）

民主党派基层组织建设工作

2011 年,学校有 7 个民主党派,基层组织 7 个,即民盟支部2 个,九三支社2 个,农工支部1 个,民革支部1 个、民建支部 1 人。民主党派成员合计 153 人。党委统战部注重各民主党派的建设,组织民主党派基层组织班子成员集体学习参观,组织民主党派年终团拜,为加强民主党派成员之间学习交流搭建了良好的平台。本年度,农工支部进行了支部换届。

民主党派成员情况汇总表

党派名称	支部(支社)	成员数	2011 年新加入成员数
民　盟	2	55	1
九　三	2	36	0
农　工	1	25	0
民　革	1	15	0
民　建	1	15	0
民　进	0	3	0
致　公	0	4	0
合　计	0	153	1

民主党派基层组织领导班子成员名单

党派	主委	副主委	委员
民盟支部(东区)	范子奇	刘伟华	余刘军　巩云华　翟明慧
民盟支部(西区)	龙　菊		王文鸾　马秀英
“九三”支社(东区)	封　岩		于启武　崔　玲　王　静　李乃蓉
“九三”支社(西区)	刘　颖		张　懿　王树才
农工支部	武晋军	孟　超	梁　军　杨晓芳
民建支部	冯瑞河		
民革支部(朝阳高校)	张伟毅	李茂龄	别凤喜

(刘威)

民族宗教、港澳台侨工作

按照中央及北京市民族宗教工作有关精神,切实发挥学校民族宗教领导小组作用,进一步完善民族宗教工作体制机制,充分发挥各部门合力,认真落实民族宗教工作相关政策。

注意关注少数民族教工及学生的工作学习和生活。9 月,即开斋节前夕,学校及时发布关于为回民等少数民族教工放假的通知,并将节日补助送到少数民族教工和学生的手中,表达节日的问候和祝福。古尔邦节期间,党委副书记朱玉华,党委常委、校长助理孙昊哲,学生处、后勤管理处、统战部等部门负责人,亲自到学校清真餐厅,与来自新疆地区的 40 余名少数民族学生共同欢度节日。此外,与学生处、有关院系积极配合,做好新疆和田地区少数民族高校毕业生在校的学习生活等有关工作。

认真落实港澳台侨相关政策,积极做好港澳台侨等相关工作。2011 年度,与人事部门沟通,认真落实北京市委《关于归国华侨离退休人员临时生活补贴标准的通知》精神。坚持定期组织归侨侨眷活动。6 月,为庆祝建党 90 周年,重温历史足迹,追忆艰辛历程,坚定党的领导,统战部组织归侨侨眷、无党派人士、民主党派成员等60余人参观了国家博物馆展出的《复兴之路》大型主题展览。

推荐长期从事对台工作的对外文化交流学院直属党支部书记、台办主任作为对台工作特别贡献奖人选，并受到国台办的表彰。

（刘威）

统战干部队伍建设

学校重视统战干部队伍自身建设，积极选派统战干部参加各种形式的学习培训，通过统战业务的专题学习交流，进一步提高统战干部的统战理论和业务水平，为进一步做好学校的统战工作奠定基础。3月，选派新转任的组织统战部部长参加北京社会主义学院举办的北京市统战系统第二期处级干部培训班；7月，选派学校统战干部，港澳台工作办公室负责人等参加2011年北京高校统战干部培训班。

（刘威）

重大事件

【学校在首都西南区域经济发展工作中获协作奖】
作为“首都西南区域经济发展论坛”的收官之作，7月5日，首都西南区域经济发展工作总结大会召开。市委副书记、市政协主席王安顺出席并讲话，市委常委、统战部部长牛有成，副市长夏占义，市政协副主席沈宝昌出席会议。大会表彰了近年来为促进首都西南区域发展做出突出贡献的先进集体和先进个人。学校张强的《首都生态涵养发展区率先实现城乡一体化新格局探讨》、孙翠兰的《加快北京市南城和西南部地区发展的思路、模式及对策》和杜军的《西南五区可持续发展在北京建设世界城市中的地位与作用》被评为首都西南区域经济发展论坛活动优秀调研成果。首都经济贸易大学被授予协作奖。校党委副书记朱玉华，城市经济与公共管理学院张强、孙翠兰和经济学院杜军应邀参加会议。

（刘威）

【刘建平获“对台工作特别奉献奖”】　6月27日，中共中央台湾工作办公室、国务院台湾事务办公室在人民大会堂3楼小礼堂召开全国对台工作先进集体、先进个人表彰大会。中共中央政治局常委、全国政协主席贾庆林，国务委员戴秉国，中共中央台湾工作办公室、国务院台湾事务办公室主任王毅等出席会议并为对台工作先进集体和先进个人代表颁奖。大会由王毅主持。学校港澳台办公室副主任刘建平获“对台工作特别奉献奖”。此次表彰大会是新中国成立以来对台工作系统首次组织的评比表彰活动。活动经胡锦涛同志亲自批示，中央党政军各有关部门、人民团体和各省、自治区、直辖市对台工作机构负责人600余人参加。在庆祝中国共产党成立90周年之际，表彰大会的举行对提升对台工作者的光荣感和责任感，在今后工作中更好地发挥创造性起到了积极的促进作用。

（刘威）

【刘颖当选为丰台区第十五届人民代表大会代表】
11月15日，北京市丰台区选举委员会公布了丰台区第十五届人大代表选举结果，学校财政税务学院副教授刘颖当选为北京市丰台区第十五届人民代表大会代表。刘颖作为学校九三支社（西区）主委，是经各政党、各人民团体联合提名为丰台区人大代表候选人，并在丰台区西罗园街道第二选区参加了选举，在选区经与选民见面、发表演讲、回答提问等环节，获得了选民的高度认同，顺利当选为丰台区第十五届人民代表大会代表。

（刘威）

【封岩当选为朝阳区第十五届人民代表大会代表】
11月，经朝阳区选举委员会审查，确定小庄选区2011年11月8日投票选举结果有效，学校经济学院副教授封岩当选为朝阳区第十五届人民代表大会代表。

（刘威）

【学校朝阳区政协委员参加政协北京市朝阳区第十二届委员会第一次会议】　12月16～19日，中国人民政治协商会议北京市朝阳区第十二届委员会第一次会议在北京21世纪饭店召开。学校教师于启武、田新民、巩云华、王静、范子奇作为北京市朝阳区第十二届政协委员参加了会议。在本次会上，田新民当选为政协常委。

（刘威）

【学校丰台区政协委员参加政协北京市丰台区第九届委员会第一次会议】　12月16日至20日，中国人民政治协商会议北京市丰台区第九届委员会第一次会议在京丰宾馆召开。学校教师刘文辉、马洪波、武晋军、杜军、郎大鹏、张军、郭媛媛作为丰台区第九届政协委员参加了会议。在本次会上，刘文辉、马洪波当选为政协常委。会议期间，学校新一届丰台区政协委员积极认真地发表讨论和上交提纲，大家一致表示，将在本届为学校发展和丰台区的发展做出贡献。

（刘威）

【民盟支部(东区)主委范子奇荣获中国民主同盟先进个人称号】 5月,中国民主同盟在北京召开了成立70周年纪念大会。中共中央政治局委员、国务委员刘延东出席大会并代表中共中央致贺词。会上,民盟中央对在思想建设、组织建设、参政议政、社会服务等方面作出突出成绩的民盟512个地方和基层组织、1 059名盟员给予了表彰,并分别向其授予先进集体和先进个人称号。其中,民盟北京市委有24个基层组织和51名个人受到表彰,首都经济贸易大学杂志总社编辑、民盟支部(东区)主委范子奇作为民盟北京市委推荐人选,因贡献突出被授予"中国民主同盟先进个人"荣誉称号。

(刘威)

工会、教代会工作

概　况

2011年,校工会在北京市教育工会和学校党委的领导下,在校行政的大力支持和广大教职工的共同努力下,以邓小平理论和"三个代表"重要思想为指导,全面落实科学发展观,深入贯彻党的十七届五中全会、中国工会十五届五次执委会和北京市教育系统工会工作会议精神,认真学习、落实学校第三次党代会精神,紧紧围绕学校改革和发展的全局工作和中心任务,以科学发展为主题,以构建和谐校园为主线,以庆祝建党90周年为契机,以加强工会自身建设为动力,以推进学校民主政治建设、维护教职工合法权益、促进劳动关系和谐为重点,认真地开展各项工作,为推动"十二五"规划良好开局贡献了力量。

(苏静)

丰台区、朝阳区人大代表选举工作

【成立选举工作领导小组】 2011年,根据市、区人大常委会关于区镇两级人民代表大会代表换届选举的精神,学校校本部和红庙校区分别作为丰台区新村街道和朝阳区呼家楼街道的选区,参加丰台区和朝阳区人民代表大会代表的换届选举,选举工作于9至11月进行。

9月19日学校第21次党委常委会研究决定成立由党委副书记陈宁、朱玉华为组长的学校选举工作领导小组,并成立由学校工会常务副主席李民为主任的学校选举工作领导小组办公室,史简具体负责学校本部的选举组织工作,何丽具体负责学校红庙校区的选举组织工作。

(周利民)

【制定选举工作方案】 9月,学校选举工作领导小组根据人大代表选举工作的相关要求制定了《首都经济贸易大学参加丰台区、朝阳区人民代表换届选举工作实施方案》,指导整个选举工作。整个选举工作分为宣传动员、选民登记、酝酿确定候选人和投票选举4个阶段。

(周利民)

【柯文进、封岩当选区人大代表】 11月8日,学校参加丰台区人民代表换届选举投票的选民共计9 071人,投票率达99.33%。学校党委书记柯文进当选第十五届丰台区人大代表。

学校红庙校区选民参加朝阳区人民代表换届选举工作,严格按照所在选区各项流程开展选举工作,经济学院副教授封岩当选第十五届朝阳区人大代表。

(周利民)

民主管理工作

【召开第二届工代会、教代会年会】 4月20日,学校召开第二届工代会八次会议暨教代会九次会议。170余名正式代表、列席代表和特邀代表参加了大会。校长王稼琼、副校长丁立宏分别就《首都经济贸易大学中长期事业发展规划纲要》和《首都经济贸易大学"十二五"时期发展规划》向大会进行了报告。校长工作报告、学校财务工作报告、工会教代会工作报告和教代会提案工作报告(简称四个工作报告)以书面形式提交大会审议。大会审议并通过了《首都经济贸易大学中长期事业发展规划纲要》、《首都经济贸易大学"十二五"时期发展规划》、四个工作报告和大会决议。

（周利民）

【开展第三届"双代会"代表遴选和基层分工会换届选举工作】 5～6月，校工会组织开展学校第三届"双代会"代表遴选工作和基层分工会换届选举工作。为确保工作顺利完成，校工会成立了由工会主席赵凤启为组长、工会常务副主席李民为副组长的专门工作领导小组。制定了《首都经济贸易大学第三届"双代会"代表产生办法》和《首都经济贸易大学分工会换届选举办法》。

6月30日，第三届"双代会"代表遴选和基层分工会换届选举工作完成。遴选出第三届"双代会"代表130名，其中：教师代表79名，占总代表数的61%；管理人员代表36名，占总代表数的27%；教辅人员代表9名，占总代表数的7%；工勤人员代表6名，占总代表数的5%。经过换届选举，共选举产生了24个分工会、1个直属工会小组，工会兼职干部102名。

（周利民）

【召开第三届"双代会"】 11月17～18日，学校召开第三届"双代会"。北京市教育工会主席张青山、学校领导、部分兄弟高校工会代表、工会教代会代表以及列席代表、特邀代表参加了大会。党委书记柯文进代表学校致开幕词，北京市教育工会主席张青山代表上级工会致词，北京协和医学院工会常务副主席范晓明代表兄弟高校工会致词。校长王稼琼在会上作了《改革创新 科学发展 努力建设国内一流财经大学》的工作报告，工会主席赵凤启在会上作了《全面履行职能，充分发挥作用，为实现学校"十二五"规划目标而奋斗》的工作报告。

大会选举产生由13名委员组成的第三届教代会执行委员会、20名委员组成的第三届工会委员会和5名委员组成的第三届工会经费审查委员会。教代会、工会委员会下设提案工作委员会、三育人工作委员会、民主管理与职工权益保障工作委员会、劳动人事争议调解委员会、女教职工工作委员会、文化建设工作委员会、青年工作委员会。

（周利民）

【召开第三届"双代会"一次会议】 11月18日，学校第三届教代会执行委员会第一次全体会议选举杨世忠为教代会执行委员会主席，李民、米新丽为教代会执行委员会副主席。学校第三届工会委员会第一次全体会议选举杨世忠为工会委员会主席，李民为工会委员会常务副主席，刘颖、赵涛为工会委员会副主席（兼职）。学校第三届工会经费审查委员会第一次全体会议选举夏颖为工会经费审查委员会主任，李红霞为工会经费审查委员会副主任。

（周利民）

工会建设工作

【召开第二届工会扩大会议】 3月23日，校工会召开了工会委员扩大会议。会上以无记名投票的方式选举李民同志为两代会委员、工会常务副主席，工会主席赵凤启对2011年工会工作进行了部署。

（苏静）

【开展工会宣传和研究工作】 4月8日，校工会召开了工会通讯员总结表彰会，各分工会通讯员参加了会议。工会主席赵凤启对通讯员的努力工作表示感谢，并对工会宣传工作作了总结。会议对"先进宣传员"陈都伟等5名老师颁发了荣誉证书。工会主管宣传的苏静老师从工会网站、《首都经济贸易大学教工》期刊投稿等方面介绍了工会目前的宣传情况，并提出了具体要求。

4月13日，校工会召开理论研究课题布置会。各分工会主席、工会专职干部、理论研究会成员参加会议。会议由校工会主席赵凤启主持。赵凤启总结了2010年工会理论研究课题情况，宣布了评审结果，并对2011年工会课题申报工作作了说明。

9～10月，校工会门户网站进行了改版，优化了栏目，调整了页面，充分利用网络平台，吸引更多的教职工关注工会工作动态；4月，编印了教代会年会画册《首都经济贸易大学2010工作回顾》；11月，编印了《探索 实践 提高 完善——首都经济贸易大学第二届工会、教代会工作回顾》。全年出版了《首都经济贸易大学教工》4期，及时报道校工会及分工会的工作动态。

（苏静）

【举办新年联谊会】 12月28日，校工会举办2012年新年联谊会。党委书记柯文进、纪委书记、工会主席杨世忠、副校长王文举、校领导赵凤启、副校长王传生以及学校各单位党政领导、教代会执委会委员、校工会委员、分工会主席、分工会委员、优秀工会工作者、优秀工会积极分子，共计260余人参加了此次活动。柯文进代表学校党委和行政向全校工会会员致以新年的祝福和衷心地感谢。赵凤启、杨世忠分别致辞。杨世忠宣读了《关于表彰2011年度优秀工会工作者和优秀工会积极分子的决定》，校领导为获奖者代表颁发证书。

（苏静）

教职工素质工程

【表彰先进单位和个人】 4月,校工会举行了“五一”爱岗敬业普通劳动者宣传教育活动,制作了宣传专刊对全校45名爱岗敬业普通劳动者的先进事迹进行宣传。

教师节前夕,学校召开庆祝2011年教师节暨先进单位、先进个人表彰大会。大会对获得第六届国家级高等学校教学名师奖、第七届北京市高等学校教学名师奖、北京市教育工会教育先锋先进集体和先进个人、首都经济贸易大学2009~2011年度师德建设先进单位、师德标兵、从事教育工作满30年教职工以及首都经济贸易大学第八届青年教师教学基本功比赛获奖者进行了表彰,校领导向获奖单位及个人颁发了奖牌和荣誉证书。

(朱慧鹏)

【举办青年教师教学基本功比赛】 5月,工商管理学院朱海燕、体育部陈思代表学校参加第七届北京青年教师教学基本功比赛(文史类)。最终,她们荣获第七届北京青年教师教学基本功比赛三等奖,为学校争得了荣誉。副校长王文举、工会常务副主席李民出席比赛开幕式。

6月,校工会举办第八届青年教师教学基本功比赛,共有来自17个分工会的25名选手参加了比赛。副校长王文举、工会主席赵凤启、教务处处长张琪、人事处处长邢琪、学生处处长金京虎、校工会常务副主席李民出席比赛活动。经过比赛,最终评出了一等奖2名,二等奖4名,三等奖10名以及单项奖3名。

(朱慧鹏)

【开展文体活动】 5月,校工会举办羽毛球男女混合团体赛,经过角逐,后勤集团第1代表队夺得冠军,信息学院代表队获得亚军,机关代表1队获得季军。

“七一”前夕,校工会举办“纪念中国共产党成立90周年教工书画摄影作品展”。此次展览由校工会主办、教工书画摄影协会承办,共有120余名教职工参加,提交200余幅书画摄影作品。

(朱慧鹏)

【组织社会实践】 7月,校工会、教务处联合组织学校中青年教师赴内蒙古鄂尔多斯进行社会实践活动。来自14个单位的30名教师参加了此次活动。通过参观、座谈等,中青年教师了解了鄂尔多斯市的总体情况以及鄂尔多斯集团的发展历程。社会实践活动后,校工会召开了以“践行知行合一 促进学校文化发展”为题的中青年教师社会实践总结交流会,最后出版了论文集《FDI与可持续发展问题研究》。

(朱慧鹏)

【组织联谊活动】 10月,校工会与北京电视台举办了单身职工联谊活动。学校工会常务副主席李民、北京电视台工会副主席孟传妍出席,学校10余名单身教职工参加了此次活动。本次联谊活动为学校单身职工提供了良好的机会,使他们在活动中加深了友谊,增进了了解。

(朱慧鹏)

暖心工程

【开展送温暖活动】 1月,校工会开展送温暖活动,走访看望生病、困难等教职工4人,为21名生病及生活困难教职工发放慰问金及慰问品;12月,校工会为16名患癌症的教职工发放灵芝补品,为1名在职去世职工申请首都教职工爱心基金救助金5 000元。春节及“五一”节前夕走访慰问市级劳动模范、先进工作者10余人次。

校工会全年为1 510名教职工发放生日贺卡及生日蛋糕卡,为6 096人次发放节日(元旦、五一、国庆节)慰问品及防暑降温物品。发送节日慰问短信8 000余条。

(韩邦利)

【组织休养活动】 6月,校工会组织老教职工、工会系统先进、爱岗敬业普通劳动者及2009~2011年度学校优秀共产党员优秀党务工作者166人赴北戴河休养。

(韩邦利)

【协助做好其他工作】 4月,校工会协助校医院为1 500余名教职工进行体检。6月,校工会协助学校做好与北京小学万年花城分校和丰台第十二中学的共建工作,解决学校教职工子女入学困难问题。

(韩邦利)

女工工作

【举办庆“三八”游艺活动】 2011年1月8日,校工会举办了庆“三八”游艺活动。纪委书记、工会主席赵凤启和学校女性处长、院长、党总支书记、分工会主席和分工会女工委员等400余人参加了活动。

(李力夫)

【办理女职工特殊疾病互助保险】 5月、12月，校工会为全校女教职工办理了《在职女职工特殊疾病互助保险》的续保及投保手续。截至12月，总参保人数达到623人。

（李力夫）

获奖情况

5月，学校工会财务被北京市教育工会评为“2010年度财务竞赛考核”一等奖。5月，学生工作处毕业生就业办公室荣获北京市教育工会“教育先锋先进集体”，经济学院张连城、校医院谭洁荣获北京市教育工会“三育人”先进个人。12月，学校荣获“2010年北京市教育工会工作先进单位”。

（苏静）

共青团工作

概　况

2011年，学校共青团在校党委和团市委的正确领导下，认真履行团的基本职能，围绕学校党政中心工作，以“固本强基，提升水平，锐意进取，奋发有为”为主题，不断开创学校共青团工作的新局面，团结带领广大青年学生为把首都经贸大学建设成为国内一流财经大学贡献青春和力量。

2011年，校团委认真贯彻落实学校第三次党代会精神，全面完成第二次团代会提出的工作任务，结合共青团“十二五”规划的目标要求，突出思想引领、成长服务、基层团建、校园文化四大主线，按照年初确定的工作要点，顺利推进并圆满完成了以纪念建党90周年为核心的系列主题教育活动，第三次团员代表大会，共青团倾听活动等三大重点工作；团的日常工作稳步推进，并在宣传阵地建设、暑期社会实践、学生骨干培养等领域有创新、有亮点，有突破；同时配合党委组织部圆满完成了庆祝建党90周年文艺演出工作，完成学校交办的校庆55周年校友联谊会等几项专项工作并取得良好效果，促进学校共青团工作平稳、快速、创新发展，努力实现了“十二五”时期共青团事业发展的良好开局。

2011年，共青团首都经济贸易大学委员会有14个分团委、1个基层共青团组织、2个直属团支部，团委机关下设办公室、组织部、宣传部、文体部、社会实践部、社团管理中心、大学生活动中心、志愿者工作部8个职能部门，并指导校研究生会、校学生会的日常工作。截至12月，全校共青团员共计11 133人。

（郭英）

专项工作

【完成庆祝建党90周年文艺演出活动】 2011年，根据校党委的工作安排，学校庆祝建党90周年文艺演出由党委组织部主办，校团委承办。接到工作任务后，校团委组建了工作班子，策划制定了演出方案，确定了总导演。在总导演陈润源的带领下，团委在8周的时间内，完成了演职人员选拔、节目排练、文案创作、视频剪辑、音乐制作、服装租赁、合练彩排等工作，最终演出获得圆满成功。演出结束后，团委还协助组织部完成相关经费的支付，光盘、慰问信发放等工作。

（郭英）

【完成校庆55周年校友联谊会相关工作】 11月，校团委临时接受了校庆55周年校友联谊会场地布置、会务组织和志愿服务等工作任务。校团委克服时间紧等不利条件，整合资源、齐心合力，最终完成了体育馆2 400平方米包括舞台、背板、用餐区的设计和布置工作，完成了250余名志愿者的招募、培训和管理以及校友大合影等工作。

（郭英）

【完成2011届毕业生西部计划选拔工作】 4月，学校大学生志愿服务西部计划全面启动，在此后一个多月的时间里，团委严格按照北京市项目办的要求推进各项工作。除在第三餐厅前进行宣传活动,方便同学们了解志愿服务西部计划的相关政策以外,团委还利用校园网、楼宇电视、校园广播、学生工作处就业信息短信平台以及海报等多种形式进行宣传。学校西部计划项目办根据要求对3名报名同学进行资格审查和初选,推荐城市经济与公共管理学院2007级行政管理专业的宁欣同学参加北京市西部计划项目办的面试。最终,宁欣同学被确定为回原籍云南省服务的西部计划志愿者。

(郭英)

思想政治教育

【开展纪念建党90周年系列主题教育活动】 校团委通过组织开展以纪念建党90周年为核心的系列主题教育活动,不断提升共青团引导青年的能力。校团委邀请国际关系学院孙志明教授到学校举行了形势政策教育专场报告会《当前国际形势——从中东局势动荡谈起》,并与思政教研中心、学生工作部、宣传部联合组织开展了纪念建党九十周年征文活动。校团委、校学生会还举办了喜迎建党90周年红色诗词朗诵比赛,各院系参赛选手凭借慷慨激昂的朗诵,歌颂了中国共产党90年风雨历程的丰功伟绩,抒发了对党和国家的无限深情。此外,学校200余个基层团支部组织开展了以“学党史、知党情、跟党走”为主题的团日活动,在2个月中,共组织各种主题教育活动82场,覆盖了学校近90%的团员青年。

(郭英)

【全校共青团系统广泛开展倾听活动】 2011年,为深入贯彻落实团市委关于开展共青团倾听活动的工作要求,创新共青团组织联系服务青年的工作载体和工作机制,学校共青团组织在全校共青团系统广泛开展倾听活动,旨在倾听青年心声,反映青年意愿,凝聚青年智慧,服务青年成长。倾听活动自3月份推行以来,面向全校各个层面的青年学生、基层共青团干部展开,校团委牵头举行倾听活动5场,话题分别为青年学子直面“两会”、“十二五”规划、共青团干部基层团建工作研讨、学生干部对于基层团组织建设的建议、社团心声和暑期社会实践等。此外,上半年校团委还确定了安全与环境工程学院、财政税务学院、信息学院、会计学院、劳动经济学院5个试点院系在基层共青团层面开展倾听活动。在倾听活动取得了大量的经验和成果的基础上,下半年在全校14个院系分团委全面开展倾听活动。截至12月,各院系分团委已按照要求组织了不少于2次具有本院系特色的、结合团员青年实际的倾听活动。

(郭英)

【配合学校纪委完成党风廉政教育宣传月活动】 5月,为配合学校党风廉政宣传月活动,校研究生会、校学生会联合向全校青年学生发出《敬廉崇洁 做诚实守信的大学生》的倡议书,并在第三餐厅门口进行宣传和签名活动,倡议书在校园网首页刊登。

(郭英)

组织建设

【召开学校第三次团代会】 11月5日,首都经济贸易大学第三次团代会召开。大会全面回顾和总结了学校第二次团代会以来共青团工作的情况,分析和研究了学校共青团面临的新形势、新任务,科学谋划了共青团未来工作的发展蓝图,选举产生了共青团首都经济贸易大学第三届委员会。

校领导对团代会、共青团工作和团员青年进行了寄语。党委常委会两次召开会议,专题听取了团代会筹备情况汇报、审查通过了团委委员候选人名单并对《工作报告》提出了不少中肯的建议。

(郭英)

【专职团干部队伍建设】 2011年,校团委以夯实团建基础为保障,着力加强和改进共青团的自身建设,加强共青团的基层基础建设和专职团干部队伍建设。12月,校团委组织全体专职团干部召开了工作研讨会,对第三次团代会提出的未来工作规划展开研讨。针对第三次团代会提出的全力搭建思想育人、组织育人、实践育人、文化育人和服务育人的“五育人”工作平台,大家集思广益,就“五育人”工作平台的实现路径、活动载体、项目及具体形式,提出了很多宝贵而富有建设性的建议。

2011年,有4位新同志加入专职团干部队伍。

(郭英)

【学生干部培养】 2011年,本着提高大学生骨干理论素养、实际工作能力及业务素质的宗旨,校团委在全面梳理和整合资源的基础上,推出了年度学生干部理论系列培训讲座。每年度的理论培训都根据当年的理论热点精心设计题目,务求体现出鲜明的时代性和现实性的特点。

2011年,校团委积极探索建立分层次、多角度、全方位的学生骨干教育培养机制。11月,校团委举办了第八期学生干部培训班。培训班学员包括校团委机关各部门,院系分团委,校院两级研究生会、学生会，社团以及全校2011级团支部书记等各个领域的学生干部，共计297名。培训由三讲理论课程《中国大学生应当具有高度的文化自觉和文化自信》《如何当好学生干部》和《当前中国周边安全环境与对策思考》，并对新任团支书进行了专题培训。培训班还根据学生干部所负责的工作有针对性地进行校际交流、博物馆参观等活动，理论与实践相结合的培训方案使培训取得了良好的效果。

为规范团委机关学生干部的换届工作，2011年10月组织了校团委机关学生干部聘任大会，团委机关全体老师和新老两任学生干部参加了大会。会上，不仅为上届学生干部颁发了任职证明，还为新任干部颁发了聘任证书，新老学生干部都在会上进行了发言，大会对于加强学生干部队伍建设、增进同学们集体荣誉感起到了很好的作用。

为更好地发挥校级学生干部的引领带动作用，校团委在2011年校学生会换届时，继续对校学生会部长级干部的学习成绩做出明确要求。同时，利用例会时间，不断加强对学生会干部的思想建设、作风建设和能力建设。校研究生会、校学生会组织学生干部学习了“两会”精神，学习胡锦涛总书记在清华大学百年校庆上的讲话精神，组织了第三届学生会主席先锋论坛。

（郭英）

【基层团组织建设】　2011年，为配合团中央“共青团组织数据采集系统”的团员统计工作，校团委分别在2月、6月、12月三次进行团员数据采集系统的数据采集工作，加强了对基层团员信息的全面掌握。

为了进一步加强学校共青团的基层组织建设，表彰先进、树立典型，校团委对获奖的先进集体和个人，除在学校海报栏进行宣传外，还利用学校共青团系统“五四”总结表彰会进行展示，通过推动团支部职能化建设，激励基层团支部争先创优，推动学校共青团整体工作水平的提高。

2011年，根据学校学科和院系调整情况和工作需要，新建文化与传播学院分团委和马克思主义学院直属团支部，撤销原有人文学院分团委，更名原城市学院分团委为城市经济与公共管理学院分团委。

（郭英）

【完成《共青团工作制度汇编》修订工作】　3月，校团委启动了《共青团工作制度汇编》修订工作，对学校共青团系统长期以来的规章制度进行整理与修订。制度修订工作结合学校共青团工作实际，采取整理、修订、新建等做法，使共青团的工作更加规范化和系统化。本次制度建设共整理与修订制度21份，其中修订2份，新建6份，内容涉及工作制度、团务管理、团的自身建设、学生组织管理、学生活动管理等共青团工作内容。

（郭英）

【接待内蒙古自治区赤峰市宁城县团委交流考察】
6月20日，宁城县团委书记张海娟、团委副书记李晓辉、团委副书记（挂职）于滨滨来到学校交流考察。校党委副书记陈宁亲切会见了宁城县团委一行，学生工作处处长金京虎、信息学院党总支副书记丁志艳、团委副书记张彤、团委组织部部长李晓鸥一同参加了会见。陈宁对宁城县团委一行的到来表示热烈的欢迎，并听取了于滨滨挂职期间工作情况的汇报。她代表学校向宁城县团委对于学校挂职干部的培养表示感谢，并热忱希望两地团委之间多多开展交流与合作。随后，双方团委召开了座谈会并签署了《合作备忘录》。

（郭英）

【接待丰台团区委一行来学校交流考察】　11月22日，丰台团区委书记王松涛、副书记陈兴华、白凌和团区委干部杨光一行四人来到我校，与校团委全体人员行了交流座谈。张彤首先对学校的基本情况及共青团特色优势工作进行了简要介绍。王松涛、陈兴华分别表达了愿与学校团委加强合作交流的意愿，并介绍了丰台团区委机构设置和重点工作开展的情况。团委相关负责同志也介绍了学校志愿者、社会实践和大学生就业创业见习等工作的开展情况。座谈会结束后，丰台团区委一行还参观了团委办公场所及大学生活动中心。

（郭英）

宣传工作

【团委宣传部工作】　2011年，团委宣传部围绕共青团的工作重点，制订宣传工作计划，开展形式多样的思想政治宣传教育活动；抓好团的宣传队伍建设，负责向校党委、团市委以及相关单位的对外宣传工作；主持召开各院系分团委宣传部委员例会，具体指导帮助基层的宣传工作，及时总结推广基层团组织的工作经验，负责宣传团员青年中各类先进人物和先进集体，并负责整理和报送有关材料；负责办好《共青团通讯》、《求学》和《我的大学》，指导学生记者团开展工作，负责或配合大型活动、节日、纪念日等做好宣传工作；负责共青团橱窗、共青团有关网页的管理、更新工作；负责保管或使用团委宣传器材、报刊、杂志、兄弟院校和院系交流刊物；负责团的重要活动及会议的摄影、摄像、录音以及影像材料的整理存档工作。

校团委继续发挥《共青团通讯》、《求学》、《我的大学》、共青团网站等媒体的作用,扩大宣传的覆盖面;立足本职、拓宽视野,以宣传队伍建设为抓手,以合作交流为契机,使宣传阵地影响力不断扩大。

(郭英)

【宣传工作成果】 2011 年,校团委综合运用海报、视频短片、画册、展板等宣传手段,努力营造全校团员青年健康成长的舆论氛围。校团委宣传部共出版《共青团通讯》8 期、《求学》4 期、《我的大学》2 期,围绕"两会"、"日本地震"、"建党 90 周年"、"北京古建筑"、"新媒体"、"毕业生"、"团代会"、"校园背包客"等时事政治、热点话题制作了专版与专刊;设计制作主题大海报 10 期,涵盖共青团工作回顾、先进集体与个人表彰,庆祝建党 90 周年系列图片展、社团招新、团代会专题、社会实践风采展示、"一二·九"运动回顾、学生干部风采等;制作了《我们的2010——共青团首都经济贸易大学委员会2010年度工作回顾》视频短片、《见证青春——共青团首都经济贸易大学第三次代表大会纪念画册(2005 ~ 2011)》;配合学校庆祝建党 90 周年文艺演出、完成55 周年校庆宣传品制作等任务。在团委网站上建立"第三次团代会"专栏。

2011 年,学校团委信息报送工作在团市委的排名有了新的突破,报送信息被团市委网站采用 71 条,27 条被上报团中央,报送量在全市 78 所高校中位列第 6 名,在全市 276 个区县局级团委中位列第 27 名。校团委书记张彤同志获得"2011 年度北京市共青团信息工作先进个人"荣誉称号。

(郭英)

【拓宽宣传工作的辐射面】 2011 年, 校团委通过畅通团刊的发行渠道等途径,拓宽宣传工作的辐射面。在面向各院系基层团组织发放团刊的基础上,精心设计了团刊的发放形式,通过设置团刊自取展架、策划活动等形式拓宽宣传工作辐射面。3 月,举办了团刊"读者周"活动,在教学楼大厅摆放刊物的自取展架,并设意见本,发放团刊总计 6 000 余本(份),取得了良好的宣传效果;策划"读者周"爱心捐书活动,募集 100 余本读物,捐赠给北京农民工子弟学校;10 月,借助筹备团代会与迎接记者节的背景,为了彰显学校团员青年的青春风采,团委宣传部策划了"见证 青春"摄影大赛,得到了广大同学关注与积极参与。

(郭英)

社会实践

【开展大学生就业创业见习计划】 2011 年,学校共青团组织以促进大学生就业创业为龙头,将服务青年工作落到实处。新增见习基地 7 家,目前已确定与学校所开设专业相关的政府机构、企事业单位共计 30 家,提供岗位合计 206 个。2011 年寒、暑两个假期,就业创业见习的报名工作得到了学生的大力支持,团委收到并整理出 350 余份报名邮件,共计 300 余名同学报名各个实习岗位,经过面试,最终有 125 人走上见习岗位。岗位确定后,团委为每位参加见习的学生办理人身意外伤害保险,解除后顾之忧。

2011 年,团委与中关村科技园区丰台园科技创业服务中心共同举办了两期"企业家进校园"活动。4 月,凡客诚品公司的李萌女士和李银飞先生以"我与凡客共奋进"为话题,讲述了凡客公司自 2007 年以来的发展趋势、产品故事、企业文化等内容,为同学们提供了一个与企业对话、走向社会的平台。11 月,北京金奔腾科技有限公司副总裁杜国辉先生,给同学们带来了他的创业经历,并提出了很多中肯的意见。

(郭英)

【组织暑期社会实践】 2011 年暑期,校团委围绕共青团北京市委员会、中共北京市委宣传部、首都精神文明建设委员会办公室、中共北京市委教育工作委员会、北京市教育委员会和北京市学联联合开展首都大学生暑期社会实践活动的要求,组织暑期社会实践队伍 64 支,数量是 2010 年的 3 倍,累计参与人次达到 600 余人次,参加社会实践时间累计达到 9 000小时以上,实践地点不仅遍布京内各区县,还涉及全国近 10 个省市、自治区和直辖市,甚至是加拿大、美国和香港地区。实践时间集中在 7 月中旬到 8 月中旬,所有暑期社会实践团均有教师随队指导,部分院系的党总支副书记、专业教师也参与指导工作。团市委批复北京市重点团队 2 支,分别为"走进京郊:走近村官探索社会主义新农村建设"(华侨学院);"中美大学生消费行为差异"(统计学院)。此外暑期社会实践活动还得到了《人民日报》、《北京晚报》、《中国青年报》、千龙网等多家社会媒体的广泛关注,产生了一定的社会反响。暑期社会实践结束后,在成果转化阶段,团委不仅组织了以"彩虹之旅"为主题的社会实践成果汇报会,还编辑出版了近 40 万字的《暑期社会实践成果集》。

12 月,首都经济贸易大学被评为"2011 年首都大学生暑期社会实践先进单位”;《北京护城河水质调查分析》等40份调研报告荣获“2011年度首都高校社会实践优秀成果”,优秀成果数量位列全市高校第三名(第一名中国人民大学102份,第二名中国石油大学(北京)64份);“走进京郊,走进村官,探索社会主义新农村建设暑期实践团”等12支团队被评为“2011年度首都高校社会实践优秀团队”;常彪、胡文、周广军、王冲、张强5名教师荣获“2011年度首都高校社会实践先进工作者”荣誉称号;居希宏·居来提、韩天艺、张然、土骁骥、刘森、蒋芸、郭英、陈蒲晶、付明岩、王佳然10名同志被评为“2011年度首都高校社会实践先进个人”。

(郭英)

志愿服务

【开展志愿服务工作】　2011年,志愿服务工作继续延续上一年度的“关爱空巢老人活动”。同时,学校志愿者团还继续推动“关爱农民工子女——支教在行动”活动,目前已与学校附近20所打工子弟小学取得联系,开展了如支教、物品捐赠、文艺演出和出行辅导等一系列志愿服务活动。通过前期校园宣传、志愿者招募、书本衣物募捐等方式,在校内产生了较大的反响,得到了各院系志愿服务分团和广大同学的大力支持。

(郭英)

【开展摄影比赛】　6月,校志愿者服务团主办的“志愿者精神摄影大赛”圆满结束。本次比赛充分展现了学校学生在志愿活动中的美好瞬间,同时加深了各院系志愿服务分团的交流和沟通。在原有志愿服务基地的基础上,志愿者团新建立了汽车博物馆、国家盲人图书馆等两个志愿服务基地,为学校志愿者工作开拓了新的领域。11月,校志愿者团还举办了高校志愿者团交流会,邀请到了20多所高校代表和校内各分团代表进行交流和研讨,为校内外志愿者合作交流奠定了基础。

(郭英)

研究生会和学生会工作

【指导和管理研究生会、学生会工作】　2011年,校团委充分发挥研究生会、学生会的桥梁纽带作用,全面加强自身建设,提升项目化、品牌化、信息化工作水平。重视研究生的思想引领和成长服务,加强对院系二级研究生会的工作指导和支持,为研究生搭建学术交流平台、资源共享平台、情感交流平台和就业服务平台,全面提升团学组织在研究生中的凝聚力和影响力。

9月和11月,校团委指导校研究生会和校学生会分别完成了换届和中期调整工作,选举产生了新一届主席团和各部部长、副部长。换届和中期调整工作,严格按照学生会章程进行,做到了公开、公正、公平。

(郭英)

【发挥桥梁纽带作用】　2011年,研究生会、校学生会充分发挥桥梁纽带作用。通过各种手段收集同学们的诉求反馈给学校相关部门,在广大同学和学校相关部门之间起到“上情下达、下情上达”的联系,积极引导学生以理性、合法、有序的形式表达利益诉求,积极配合学校做好维稳工作。校院两级学生会共组织召开了8次院系学生会主席联席会议。全年与教育技术中心召开了校园网络座谈会,与后勤管理处学生公寓管理中心召开了宿舍座谈会,与饮食服务中心召开了食堂座谈会、与经贸超市召开了超市座谈会等。

(郭英)

学生社团

【社团管理工作】　2011年,学校学生社团按性质分为理论与学术、志愿与实践、文学与艺术和体育与休闲四大类,社团数量达到68个(2011～2012学年度第二学期学生社团注册统计数据),这些社团几乎覆盖了同学们日常生活的各个方面,90%以上的同学可以在其中找到自己的兴趣所在。据统计,学校各社团会员数平均在70人左右,参与各类社团的人数将近5 000人,占学校一、二、三年级总人数的70%以上。各社团每学期组织活动达600余场次,平均每天近10场次,极大丰富了同学们的学习生活。

社团管理工作的重点是建立行之有效的学生社团日常活动的管理和监督机制。在坚持百花齐放的前提下,有针对性地对学术性、实践类社团给予政策倾斜,加强对社团负责人的引导与培训,提升学生社团的整体工作水平。

社团管理中心还通过学生投票与信息报送积分相结合的方式,评选出2010年度首都经济贸易大学校级十佳社团,并举办了“校级十佳社团”展示活动暨颁奖仪式,为全校社团提供了一个展示、交流、学习的平台,为繁荣校园文化起到了积极作用。

2011～2012学年度第二学期学生社团注册名单

理论与学术(23个)

保险学会	传统文化社	博赏书社
法学会	工商管理学会	股市沙龙
起点计算机协会	会计论坛	金融学会
华侨学院"动力"英语协会	万国语社	事业启航协会
劳动关系研学会	第三课堂	外语系英语沙龙
统计实践与研讨协会	心翼心理学社	军事爱好者协会
金融工程学会	人力资源协会	金融学院理财学会
首都经济贸易大学辩论协会	英语协会	

文学与艺术(14个)

M－PLEX(街舞社)	艺馨书画社	新视角DV社
色彩空间	国标舞社	浥草文学社
摄影协会	现代音乐社	四一二工作室
恒月动漫社	零纪年动漫社	E－shine(舞蹈社)
新媒体协会	凤凰汉服社	

志愿与实践(16个)

红色志愿者协会	明达驿站	红十字会分会(青春红丝带社团)
黑森林根与芽社	就业与职业发展协会	周末Hometown
玛雅传媒	社工在行动	学生生涯发展协会
劳动与社保学社	企业之星成长社团	模拟联合国社团
绿芽环保协会	经济学院学生发展辅导协会	房地产协会
驼峰社		

体育与休闲(15个)

八球地带台球社	径山武道社	空手道社
风行者轮滑社	澜轩棋牌社	跆拳道
星愿天文社	羽毛球协会	游泳社
魔术社	腰旗橄榄球社	阳光网球社
灰斑马推理社	合气道	排球协会

(郭英)

【组织"模拟APEC"大会首都经济贸易大学赛区初赛】 5月30日,2011年中国大学生模拟APEC大会首都经济贸易大学赛区初赛在文化活动中心101室正式拉开帷幕。来自学校各院系共10余名同学报名参赛。每位同学将进行3个环节的考验,即英语自我介绍、英语即兴问答和才艺展示。此次初赛的所有程序及标准均按照大会组委会的统一标准进行(包括程序、评分表、评委等),结果将上报组委会审查。最终选出了4名代表晋级最终的决赛,即2011中国大学生模拟APEC大会,并有机会角逐最终赴美国夏威夷参会的机会。

（郭英）

课外学术活动

【11项作品在第六届“挑战杯”竞赛中获奖】 4月，第六届“挑战杯”首都大学生课外学术科技作品竞赛校内作品遴选工作在全面启动。在团委的精心组织下，在金融学院、经济学院、统计学院分团委的大力支持下，学校共有43项作品报名参赛，其中，哲学社科类作品36项、自然科学类作品5项、科技发明类作品2项，是学校历年参赛作品最多的一次。为保证推荐最优秀的作品参与比赛，团委启动了校内遴选工作，本次遴选工作分为两个阶段，第一阶段邀请了12名学校具有副教授以上职称的专业评委，采取“双匿名”和“双随机”的方式进行评审，初审通过了22部作品。经过第二阶段的陈述答辩，共推荐12部哲学社科类作品、1部自然科学类作品、2部科技发明类作品代表我校参加第六届“挑战杯”首都大学生课外学术科技作品竞赛。最终，学校共有11项作品获奖，其中，二等奖2名，三等奖9名。

学校在第六届“挑战杯”首都大学生课外学术科技作品竞赛中获奖名单

序号	作品名称	类别	学院	学历	第一作者	获奖等级
1	缩短上市公司定期报告的初步研究	哲学社科	会计学院	大学本科	郭芳伊	二等奖
2	SNS网站对首都大学生人际传播模式的影响——基于北京市市属高校“人人网”使用状况调查的实证研究	哲学社科	文化与传播学院	大学本科	许苧文	二等奖
3	北京市资源节约情况的调查研究	哲学社科	统计学院	大学本科	孙娜娜	三等奖
4	关于北京市公共自行车服务系统优化的研究	哲学社科	经济学院	大学本科	陈雅莉	三等奖
5	能源会计信息披露初探	哲学社科	会计学院	大学本科	张　悦	三等奖
6	环境会计视角下企业环境绩效评价指标的研究	哲学社科	会计学院	大学本科	王紫超	三等奖
7	公司高额现金持有、现金持有量与经营绩效：基于国际金融危机时期中国上市公司面板数据研究	哲学社科	工商管理学院	大学本科	沙叶舟	三等奖
8	北京市物价情况对居民生活水平的影响分析	哲学社科	经济学院	大学本科	王希琳	三等奖
9	我国国际旅游收入影响因素的实证研究	哲学社科	统计学院	大学本科	高　雅	三等奖
10	北京市后海按周围环境区域划分水质调查报告	自然科学	安全与环境工程学院	大学本科	刘　云	三等奖
11	手机易购——超市直通车	科技发明	华侨学院	大学本科	桑索萨	三等奖

（郭英）

【完成第二届“北京大学生创意创业邀请赛”组织工作】 2011年，校团委按照团市委、市学联的工作要求，完成了第二届“北京大学生创意创业邀请赛”的组织工作。本次大赛学校共有40支参赛队报名，200余人参赛，经过校内初赛、决赛，推荐“骆驼比价网”、“LOGO电子废弃物回收处理有限责任公司”、“悦宠阁”、“爱生活创意工作坊”、“一来二去主题餐厅”5个项目入围北京市决赛。最终，“骆驼比价网”项目获得北京市三等奖，“一来二去主题餐厅”项目获得入围奖。

（郭英）

校园文化

【继续推进学生艺术团建设】 2011年，校团委以学生艺术团建设为依托，推动校园文化繁荣发展，巩固校园文化品牌活动，不断推进校园文化建设。按照年初制定的工作要点，学校团委进一步加强了艺术团日常排练管理，重点做好负责人培养、文艺骨干培训、艺术团制度建设等工作。上半年,民乐团举办了"抚韵·水调歌头"庆祝校学生民乐团成立5周年专场音乐会、管弦乐团活跃于学校各类活动的演出舞台,校合唱团举办了"畅响·2011"合唱音乐会。

(郭英)

【校园文化活动繁荣开展】 2011年,校团委继续增强"校园四大节"的影响力和品牌效应,为青年学生施展才华、成长成才搭建平台。着力打造具有学校特色的校园文化活动,激励广大青年学生对学校大学精神文化的认同感和自豪感。

校团委上半年成功举办了研究生学术文化节和第九届学术文化节。4月,学校研究生会举办了主题为"探求学术真知,活跃校园文化"的研究生学术文化节,包括学术讲座、博士生学术沙龙、研究生辩论赛、研究生论文大赛、模拟炒股大赛、趣味运动会、篮球赛、周末文化广场等活动,累计参与学生2 500多人次。5月,校学生会举办了主题为"党旗领航促学风,奋发成才做表率"的第九届学术文化节,包括8项主要活动,累计参与学生7 500多人次。其中,"舞动青春风采,彰显激情活力"拉拉操、团体健身操比赛更是充分展现出首都经济贸易大学学生朝气蓬勃、充满活力和积极向上的精神面貌。

下半年成功举办了社团文化节和文化艺术节。11月,社团管理中心主办了第六届社团文化节。本届社团文化节在前五届的基础上,尝试了很多创新,添加了许多新的元素,分别由开幕式、4场专场演出、4场主题讲座、"驼铃杯"新生辩论赛等若干主题活动和闭幕式组成。本次社团文化节还加入了观众互动环节,通过收发选票的形式评选出本届社团文化节最受欢迎社团活动。本次文化节共收到了2 000多张观众选票,最后由心理学社、四一二话剧社和事业启航协会举办的活动获得了本届社团文化节最受欢迎活动奖。在为期两个月的以"提升艺术素养 繁荣校园文化"为主题的文化艺术节中,研究生会举办了十佳歌手大赛、周末文化广场等活动,学生会举办了迎新晚会、第九届校园偶像大赛、主持人大赛以及"炫彩家缘"颁奖晚会等活动,累计参与学生8 500多人次。特别是其中"忆峥嵘岁月 唱时代赞歌"纪念"一二·九"运动76周年新生歌咏比赛更是学校各学院高度重视,参演人数和观众人数达到了1 500人。

(郭英)

【与留学生交流】 2011年,校团委继续尝试和探索与学校留学生群体进行交流,通过双方共同关心的话题,开展共同参与的活动,为和谐校园增添一道别样的风景。11月,校团委与对外文化交流学院组织学校留学生参加了西城区广内街道2011年北京空竹文化节暨第二届中国"广内杯"空竹邀请赛,留学生们在街道空竹专家的训练下,只用了两天时间,就能玩出3~4种花样,得到了《北京晚报》、首都之窗等多家媒体的关注。12月,对外文化交流学院300余名留学生与部分本科生在校本部文化活动中心一层多功能厅举办了新年联欢会。

(郭英)

【加强学生活动中心日常管理】 2011年,学生活动中心本年度进一步加强对学生活动的日常管理,完善学生活动审批和场地使用等各项规章管理制度,对学生活动中心的同学进行了专业的指导和培训,提高他们的业务水平,提升学生活动中心办活动的水平,发挥学生活动中心在繁荣校园文化方面的积极作用。

2011年,学生活动中心为各级团学组织提供小型多媒体教室11间,大型多媒体教室2间,综合性活动场地2间,并负责所有活动场地的管理和设备的使用,共为各级团学组织提供了1 000余场次的服务工作。

(郭英)

第十篇

院系工作

4 月 21 日，城市经济与公共管理学院举办第六期主题读书会

5 月 25 日，城市经济与公共管理学院同实习基地代表座谈

11 月 15 日，土地资源管理系和首都经济研究所党支部组织党员利用专业知识为南锣鼓巷居委会居民进行社会服务

12 月 7 日，城市经济与公共管理学院获得纪念“一二·九”运动 76 周年新生歌咏比赛三等奖、最佳指挥奖

3 月 7 日，工商管理学院篮球赛开赛

3 月 26 日，工商管理学院文化节举行

6 月 16 日,工商管理学院举办纪念建党 90 周年红色工商史研讨会

6 月 27 日,工商管理学院举办教育教学成果汇报暨研讨会

11 月 28 日,工商管理学院组织商务谈判大赛

3 月 11 ~ 12 日，经济学院主办全国商业决策模拟挑战赛中国区总决赛

5 月 25 日，经济学院党总支开展"学党史 知党情"学习活动

6 月 23 日，经济学院召开国际商务（MIB）专业硕士兼职导师聘任仪式暨培养方案研讨会

7月1日，经济学院低年级学生党支部“普党史　感党情
以实际行动献礼建党90周年”主题党日活动
获学校主题党日评选活动一等奖

11月1日，经济学院邀请悉尼大学经济学博士、澳大利亚社会
科学院院士黄有光教授解读“宇宙是怎样来的”

11月23日，经济学院设立“经济学院学生创新成果和优秀人才”
专项奖励基金以及“院长奖章”

11 月 23 日，经济学院举办创新成果与优秀人才表彰大会暨“院长奖章”颁奖典礼

5 月 31 日，会计学院举办“光辉的历程，伟大的成就”庆祝建党 90 周年演讲大会

7 月 5 日，会计学院党总支组织师生参观北京高校纪念中国共产党成立 90 周年主题展览

11 月 9 日，会计学院“响亮会计——会计改革走向与大学生个人发展”论坛互动现场

12 月 3 日，首经贸主办 2011 海峡两岸大学会计辩论邀请赛

2 月 22 日，劳动经济学院举办新生辩论赛

3 月 15 日，校友、全国著名就业专家莫荣研究员(左一)来劳动经济学院讲学与王稼琼校长(中)亲切交谈

3 月 17 日，劳动经济学院与北京中外企业人力资源协会举行社会实践基地签约仪式

10 月 16 日，劳动经济学院组织启铭课堂讲座——可口可乐公司人力资源经理演讲

11 月 22 日，劳动经济学院举办“首都之外、劳经之内”外地生倾听活动

12 月 10 日，首经贸劳动经济学院学生在北京地区首届劳资集体谈判模拟大赛中获奖

12 月 30 日，劳动经济学院举行 2012 年元旦晚会

6 月 2 日，文化与传播学院举行第三届"金驼杯"实践技能大赛

6 月 16 日，贝克教授同文化与传播学院教师进行座谈

7 月 8 日，文化与传播学院举行建院大会

10 月 19 日，文化与传播学院承办首经贸第三届人文知识竞赛

10 月 22 日，文化与传播学院人才培养“班导师”、“工作室”、“训练营”计划启动仪式举行

10 月 22 日，文化与传播学院研究所成立

11 月 2 日，文传杯校庆海报设计展开幕

4 月 17 日，信息学院党总支举行“倡导低碳生活，同享和谐家园”主题党日活动

7 月，信息学院志愿者到四川支教

10 月，全国信息技术应用水平大赛在首经贸举行

10 月 18 日，信息学院党总支召开创先争优专题工作会

5 月 10 日,“安工安全月”活动走进四合庄小学,
图为安工同学和小同学合影

5 月 17 日,安全与环境工程学院在校园内举办防火安全主题活动

7 月 11 日,安全与环境工程学院召开学科专业建设
研讨暨期末工作总结会

12 月 16 日，安全与环境工程学院志愿者到打工子弟小学唱响环保之歌，图为“激励行动”学员展示用可回收废品制作的礼服

12 月 28 日，安全与环境工程学院教师舞蹈队参加校工会迎新年文艺演出

10 月 27 日，财政税务学院举办税务专业硕士校外导师聘任暨师生见面会

9 月 21 日，法学院与丰台法院签订实习基地协议

9 月 23 日，法学院举行校外兼职导师聘任仪式

10 月 11 日，法学院与西城法院签订共建协议

11 月 12 日，法学院承办北京国际法学会年会

3 月 10 日，金融学院在中国工商银行北京分行建立实习与就业基地

8 月 9 日，金融学院暑期社会实践活动被《人民日报》等多家媒体关注

9 月 28 日，中国保监会北京保监局局长丁小燕指导金融学院研究生

12 月 15 日，金融学院与北京保险行业协会签订教学实习基地协议

4 月 9 日，统计学院学生在鸿业兴园社区开展志愿服务

10 月 8 日，统计学院教师党支部赴燕翎队抗日纪念馆参观

11 月 12 日，统计学院在玉渊潭公园组织社会实践活动

6 月 9 日，外语系举行学科建设研讨会

6 月 16 日，外语系举行教学研讨会

11 月 17 日，外语系学术报告会暨客座教授聘任仪式举行

12 月 23 日，外语系举办“和谐·发展·表率”党员研讨会

胡敏教授“用英语点亮人生”大型公益报告会在首经贸举行

6 月 22 日，马克思主义学院纪念建党 90 周年系列活动之一，
由李久林教授为学院全体党员讲党课

9月7日，马克思主义学院召开暑期学习汇报会

11月26日，首经贸举行思想政治理论课研讨会

马克思主义学院国际关系教学部集体备课

12 月 11 日,华侨学院承办 CIMA 2012 商业精英国际挑战赛华北区总决赛

12 月 13 日,华侨学院举办第八届英语口语演讲大赛

12 月 29 日，华侨学院与北京外企服务集团有限责任公司（FESCO）
签订大学生就业实习基地协议

2011 年，华侨学院志愿者参加全球青年发展峰会

城市经济与公共管理学院

概　况

城市经济与公共管理学院创建于 2005 年，由原公共管理系、城市经济系、首都经济研究所、不动产研究所等系所组建而成。学院兼具经济学和管理学两大学科交叉优势，人才培养规模、科研课题数量和研究经费在全校居于前列，形成了为首都服务的鲜明特色和独特优势。

学院设有 3 系 2 所，分别是：公共管理系、土地资源与房地产管理系、城市与区域经济系、首都经济研究所、不动产研究所，拥有 3D 虚拟现实和数字城市 2 个实验室，17 个校外挂牌实习基地，与北京市政府共建首都经济社会发展研究基地，与天津滨海新区共建都市圈产学研一体化基地。

学院现有在籍学生 1 057 人，其中，本科生 908 人，硕博研究生 149 人。近年来学生考研率、出国率呈现持续稳定上升的发展态势，本科生历年一次就业率均保持在 92% 以上。

（宋晓颖）

师资队伍建设

城市经济与公共管理学院拥有一支结构合理兼具学术研究、应用研究和实践经验的师资队伍，除拥有两大学科领域内的知名教授、学者外，还有大量教学科研青年骨干教师、海外名校归国博士，拥有博士学位和海外学习经历的教师达到 50% 以上，发展后劲十足。2011 年，学院有教职工 61 人，其中，专职教师 52 人。专职教师中，教授 11 人，副教授 25 人，讲师 16 人，博士生导师 4 人，硕士生导师 31 人。

学院拥有一批与各级政府、行业协会和企业合作密切的专家队伍，2 人为北京市政协委员和北京市政府顾问，1 人为区政协委员，1 人为首都城市环境建设专家团专家和西城区委区政府顾问。近年来，学院教师积极兼任各级各类学术团体职务、参与社会团体活动以及热心公益、奉献志愿者爱心的各种社会服务过程，扩大了学院学术影响力，为学院赢得了良好声誉，同时也提高了教师队伍以智力服务社会的能力，较好地体现了服务首都、奉献首都的参与意识和服务能力。学院每年开展“城市之星”评选活动，2011 评选的“城市之星”是：科研之星——祝尔娟，教学之星——叶堂林，关爱之星——付小均，服务之星——魏福芹，感动之星——李青淼。

（宋晓颖）

学科建设

学院工商行政管理（行政管理专业前身）和房地产经营管理（土地资源管理前身）本科专业均为全国首批开设。1994 年获硕士学位授予权，2006 年获区域经济学博士学位授予权。

拥有北京市属高校中唯一一个区域经济博士授予权，区域经济学科层次齐全，学科覆盖面广，是全校具有特色和优势的学科之一。区域经济学为北京市重点学科，行政管理学为北京市重点建设学科。

2011 年，公共管理一级学科获批 MPA 办学点，同时与财政税务学院合作申报并获批资产评估专业硕士办学点。

（宋晓颖）

教学工作

【概述】 2011 年，城市经济与公共管理学院教学工作的基本思路是稳定专业数量与规模，理顺教学组织关系，更好体现专业定位和特色；增加教学交流，以专业建设交流、学科建设、学术交往带动教学水平提升；通过课程组机制，借助教学组织关系的调整，转换和优化教学运行机制。

学院积极支持校内外教学研讨和师资引进，扩展教师专业知识，更新观念，提高水平，探索专业发展方向和建设目标，坚定了“经济行政”和“房地产经营”等特色方向，并形成了一些改革的思路和想法。暑期，学院组织教师参加重点课程建设与教学研讨培训班、学科专业建设培训班、实验室建设研讨会、研究方法培训班等,增加了教师与院校间同行的交流。学院在宁波召开的公共管理专业人才培养方案研讨会上的发言受到关注,学院提出的人才培养方案受到欢迎。

(宋晓颖)

【组织论文答辩】 5月14日,城市经济与公共管理学院2007级本科毕业生在博学楼进行论文答辩。本次答辩共有5个专业,220名学生参加,实到218人,2名同学因未按程序完成论文写作与指导,被取消答辩资格。

(宋晓颖)

【举办城市经济与公共管理学院同实习基地的座谈会】 5月25日,城市经济与公共管理学院同实习基地的座谈会于博学楼贵宾室拉开帷幕。本次会议由城市经济与公共管理学院主办,土地资源与房地产管理系承办。由院党总支书记刘俊虹以及土地资源与房地产管理系系主任赵秀池共同主持本次会议。参与本次会议的有学院的王德起教授、谭善勇副教授、刘水杏副教授、徐虹老师等以及中体奥林匹克花园集团、思源地产、世联地产、杜鸣评估公司、宝信联盟投资顾问公司、东方慧博人力资源咨询公司、首佳评估公司、国盛评估公司、东方天元担保公司等十几家实习基地的代表及部分学生代表。

(宋晓颖)

【召开教学专项资助及经费使用管理讨论会】 为增进教师对专项教学经费性质和使用原则的了解,推进教学专项工作的落实,提高教学专项经费的使用效益。6月12日,学院在香山卧佛山庄召开教学专项资助及经费使用管理讨论会。学院党总支书记刘俊虹、副院长张国山、系所主任、教授教师代表及教学秘书,共12人参加了会议。

(宋晓颖)

【举办首都经济贸易大学MPA核心课程备课】 6月17日,城市经济与公共管理学院在大兴外研社国际会议中心举办首都经济贸易大学MPA核心课程备课。专业硕士教育中心主任张军教授、MBA教学指导委员会副秘书长刘英骥教授、研究生部副主任周明生博士和来自学校法学院、外语系及城市经济与公共管理学院的部分教师参加会议。中国行政管理学会常务理事、北京师范大学政治与国际关系学院教授、博士生导师施雪华,中央民族大学MPA教育中心执行主任、教授高鹏怀作为特邀专家莅会。会议由城市经济与公共管理学院院长段霞教授主持。

(宋晓颖)

【召开2010~2011学年第二学期工作总结会】 7月6日,城市经济与公共管理学院召开2010年至2011年度第二学期工作总结会。城市经济与公共管理学院院长段霞、党总支书记刘俊虹、副院长刘欣葵、副书记宋晓颖以及学院全体教师出席会议。会议由党总支书记刘俊虹主持。

(宋晓颖)

【举行大类培养基础课程建设负责人竞聘会】 10月12日,城市经济与公共管理学院举行了大类培养基础课程建设负责人竞聘会。会议由教学副院长张国山副院长主持。城市经济与公共管理学院院长、书记以及学院相关老师参加了此次会议,有近30位教师参加了活动。

(宋晓颖)

【成立公共管理专业学位研究生(MPA)教育指导委员会】 为了加强对学校公共管理专业学位研究生教育教学的管理,12月8日,首都经济贸易大学公共管理专业学位研究生(MPA)教育指导委员会正式成立,举行了成立暨第一次会议。学校MPA教指委主任委员、副校长丁立宏出席会议并讲话,副主任委员、城市经济与公共管理学院院长段霞主持会议。

(宋晓颖)

科研工作

【概述】 学院拥有独特的首都研究资源,科研课题数量和经费额在全校居于前列。学院研究团队的组织与建设已具有一定规模。以首都圈研究中心、都市郊区及新农村建设平台、首都圈生态文明建设研究平台、首都公共管理研究中心、首都国际化研究平台等科技创新平台项目为依托,打造学术研究团队,创造了高质量标志性成果。有几十名教师分别参加了国际、全国、地区性学术会议及学术考察、交流,扩大了学院影响力,推动了学院科研工作。

(宋晓颖)

【举办第六期主题读书会】 4月21日,城市经济与公共管理学院举办了第六期主题读书会。本次读书会的主题为“饥饿与民主:阿玛蒂亚·森的精神世界”,读书会由城市经济与公共管理学院张智新副教授和刘业进副教授主持。读书会邀请了中国政法大学法学院副教授、美国印第安纳大学博士王建勋副教授。王建勋副教授师从著名经济学家、2009年诺贝尔经济学奖得主埃莉诺·奥斯特罗姆教授。工商管理学院张祖群副教授、劳动经济学院部分研究生,城市经济与公共管理学院30多名研究生、本科生参加此次研讨会,会上探讨了阿玛蒂亚·森福利经济学理论、身份认同与暴力理论及其启示意义等内容。

（宋晓颖）

【组织“长三角”四城市调研】 4月21~26日，为了了解长三角城市与区域经济发展的最新进展，考察“长三角”几所大学城市与区域经济学科发展以及专业建设情况，以便进一步加强学校城市与区域经济学科及相关专业的建设，城市经济与公共管理学院城市与区域经济系王德起、谭善勇、武永春、王霖琳、李茂勋5位老师到“长三角”四城市：杭州、上海、苏州、南京进行了调研考察活动。

（宋晓颖）

【考察“珠三角”五城市】 4月21~26日，城市经济与公共管理学院祝尔娟教授等一行14人对深圳、广州、珠海、佛山、肇庆等城市进行了学习考察。

在广州市，广东省委党校经济学部副主任白国强教授重点介绍了珠三角一体化、产业升级、产业集聚、产业转移、节能减排、技术创新、港口群建设、粤港合作等问题，并进行了互动交流。白国强指出，未来的珠三角将重点建设深圳前海、珠海的横琴岛以及广州的南沙区，将其作为与港澳合作的三大平台，作为推动珠三角未来发展的3个增长点。

团队还考察了佛山、肇庆和珠海三个城市。在珠海参观了韬博平板照明有限公司生产车间，听取了公司负责人关于照明设备生产工艺流程、产品特点、市场前景以及经营理念等详细介绍。通过5个城市的学习考察和交流座谈，大家对珠江三角洲的发展实力、经济转型、产业升级、区域产业分工与空间布局、中小城市实力与发展势头、深港一体化、广佛一体化以及敢闯敢试的创新精神等有了近距离接触、深切感受和深入认识，也从中获得了许多对加快京津冀地区发展的重要启示。

（宋晓颖）

【赴川参加中国地理学会2011年学术年会】 4月29~30日，中国地理学会“城市与区域管理专业委员会”组委会在四川南充市举办2011年学术年会。由中国科学院科技政策与管理科学研究所研究员王铮教授、北京大学政府管理学院副院长李国平教授主持的此次年会，汇集了来自北京大学、中国人民大学、中国科学院南京地理与湖泊研究所、中山大学、吉林大学、华东师范大学、东北师范大学、西南大学等20多所高校的专家及博士生、研究生代表。城市经济与公共管理学院张强教授、彭文英教授应邀率队赴川参会。彭文英教授做了精彩发言，硕士研究生胡乐心做了题为《绿色北京的低碳发展途径》的大会主题报告。

（宋晓颖）

【参加奥斯特罗姆学术报告会及第七届华人哈耶克学会年会】 5月8~9日，“自主治理、多中心与发展：奥斯特罗姆学术报告会”暨第七届华人哈耶克学会年会在中国人民大学逸夫会议中心举行。学院刘业进副教授、张智新副教授应邀出席会议，行政管理专业研究生孙学娟、陈明陆、刘茜、毕晓庆、程赫、王子尚等一同参会学习。

（宋晓颖）

【举办“第三部门与公共治理学术研讨会”】 5月22日，在中央发出“加强和创新社会管理，建立健全中国特色社会主义社会管理体系”的号召之际，由首都经济贸易大学主办，城市经济与公共管理学院和科研处承办的第三部门和公共治理学术研讨会在首都经济贸易大学举行。来自美国、加拿大以及包括台湾地区在内的中国10多个省的80多名学者及第三部门实践工作者参加会议，就第三部门发展及其对中国乃至全球公共治理的影响等问题展开研讨。会议得到中外同行专家的高度肯定，有学者认为，此次研讨会主题鲜明、视角独到、层次较高，内容前瞻，首开国内对这一领域进行规模性研讨的先河。由于该领域国际国内一流学者的参与，此次研讨会对促进中国第三部门的研究和实践发展具有里程碑意义。

（宋晓颖）

【推出《中国首都圈发展报告》】 5月，由首都经济贸易大学和北京大学倡议，联合中国社会科学院、中国科学院、中国人民大学、南开大学、中央财经大学、北京师范大学等全国多家科研院校，联手推出了《中国首都圈发展报告》，计划从2011年起，每年编著出版一册，以记录首都圈发展研究的最新成果以及实践发展的最新进展。国家“十二五”规划纲要首次将“打造首都经济圈”作为支持东部地区率先发展、推进东部三大区域经济发展的战略重点纳入国家区域发展总体战略，中国首都圈发展问题再次成为国内外理论界与实际部门密切关注的热点和重点。

（宋晓颖）

【举办公共管理名家讲座第五讲——地方自治】 6月13日，城市经济与公共管理学院举办了“公共管理名家讲座第五讲——地方治理”活动。讲座活动主要是由学院徐君副教授组织，巴西圣保罗基督教会大学拉迪斯劳·多波教授主讲，学院祝尔娟教授、刘业进副教授参加研讨和并做评议，城市经济与公共管理学院10多名研究生参加此次讲座，共同探讨了地方自治的重要性以及巴西经验对我国地方自治的启示。

（宋晓颖）

【考察天津滨海新区】 10月14~15日，在首都经济贸易大学城市经济与公共管理学院院长段霞及“天津滨海新区国际化”课题组组长祝尔娟教授带领下，首都经贸大学“天津滨海新区国际化”课题组成员及部分学生一行22人，赴天津滨海区新区进行为期两日的调研。通过调研，“滨海新区国际化”课题组取得了大量第一手的资料，为日后进行课题研究打下良好基础。

（宋晓颖）

【举办“2011首都圈发展高层论坛”】 12月3～4日，以“推进京津冀区域经济一体化”为主题的2011首都圈发展高层论坛在北京凯悦莱温泉会议中心隆重举行。此次论坛由首都经济贸易大学主办，首都经济贸易大学城市经济与公共管理学院、科研处、北京市经济社会发展政策研究基地、北京市CBD研究基地承办，北京大学首都经济发展研究院、中国人民大学区域经济与城市管理研究所、天津滨海综合发展研究院、社会科学文献出版社、中国经济出版社、国家经济地理网支持协助。来自北京、天津、河北三地的政府有关部门领导、高校院所专家学者以及首都经济贸易大学城市经济与公共管理学院、经济学院、金融学院、工商学院部分师生百余人相聚在首都北京，围绕大会主题，重点研讨了京津冀地区“十二五”时期的发展趋势、经济转型与产业升级、空间结构演化与优化、资源环境承载力、打造首都经济圈、建设天津滨海新区、环首都绿色经济带、河北沿海发展带等重大问题，共商推进京津冀区域经济一体化的发展大计。《21世纪经济报道》、《经济观察报》、国家经济地理网、中国新闻网等媒体到会采访并转播。

（宋晓颖）

【举办“2011城市国际化论坛”】 10月22～23日，由首都经济贸易大学、北京市社会科学联合会、中国城市发展研究会、全国高校国际政治研究会、亚太城市发展研究会联合发起，首都经济贸易大学、北京市社会科学联合会联合主办的“2011城市国际化论坛”在北京举行。来自美国、韩国、蒙古国以及北京、武汉、厦门、中国台湾等地的36所高等院校、研究机构、政府部门、社会团体110多位代表参加了此次论坛。《光明日报》、《北京日版》、《求是》杂志等12家媒体杂志社到会，新浪财经全程网络转播。

（宋晓颖）

【参加中国房地产学术研讨会暨高等院校房地产学者联谊会】 10月29～30日，“中国房地产学术研讨会暨高等院校房地产学者联谊会2011年年会”在中央财经大学学术会堂召开，来自60多所高校的160余人出席本次年会，会议入选论文90余篇。学院教师赵秀池、徐虹，博士研究生周霞、硕士研究生李清雅出席了会议，赵秀池和徐虹还提交了会议论文。

（宋晓颖）

【课题研究成果获郭金龙市长批示】 学院土地资源与房地产管理系系主任赵秀池副教授主持的课题研究成果，通过北京市社会科学界联合会上报给市领导参阅后，得到郭金龙市长的批示。

（宋晓颖）

学生工作

【概述】 2011年，城市经济与公共管理学院的学生工作围绕“以学生为本、为学生服务”的工作理念，以“学生成长成才”为宗旨，以“增强学生的学院归属感，形成学院工作鲜明特色”为目标，继续推进大学生发展辅导体系建设。在组织活动方面，以生涯发展为目标，以班级辅导生为着力点，以“爱心之城”外地生联谊活动为主线，以“观察员小聚”为平台，以“城市心语”为辅助，举办多次主题辅导和互动交流活动，得到了学生的认可和积极参与。在校园文化方面，打响了“城市”招牌，取得了一定成绩。

学院开展了以“大学生活初体验”为主题的新生班主题交流活动，在学生中建立了学习互助小组，共同学习，共同进步；建立了学生党员联系宿舍制度，创建了学生党员进宿舍工作日志；指导分团委、学生会组织进行了学生干部换届工作，进一步完善了学生干部选拔机制；在就业工作方面学院2011届毕业生就业率达到92%以上，且考研率和出国率都保持稳定并呈现出上升的态势，圆满完成了预定目标。

（宋晓颖）

【获学校“喜迎建党”诗歌朗诵大赛冠军】 5月3日，由校团委举办的“喜迎建党”诗歌朗诵大赛在大学生活动中心隆重举行，学院代表队以优异的表现勇夺桂冠，他们的精彩表演也赢得了全校师生的赞叹。

（宋晓颖）

【获纪念“一二·九”运动76周年新生歌咏比赛三等奖、最佳指挥奖】 2011年12月9日是纪念“一二·九”学生爱国运动76周年的日子，为缅怀先烈，发扬爱国精神，首都经济贸易大学校于12月7日晚在华侨学院礼堂举办了一年一度的“一二·九”合唱比赛活动。在这次比赛中，学院合唱团将他们的实力、素质展现得淋漓尽致，最终获三等奖和最佳指挥奖两项大奖。

（宋晓颖）

【运动会获奖】 2011年4月21～22日城市经济与

公共管理学院参加了首都经济贸易大学2011春季运动大会。学院同学通过不懈的努力，终于取得第八届运动会女子总分第三名、男子总分第三名、团体总分第三名的好成绩，并且获得了第三届团体操表演赛第五名、运动会精神文明奖与2010～2011学年群体活动比赛成绩优秀奖。

经过训练，学院团体操在预赛中获得了优异的成绩，并在预赛后的后续训练中又进行了完善，将队形改变成象征奥运的五环和象征蓬勃朝气的冉冉升起的太阳，结尾则是象征城院的"CITY"造型惊艳全场，最终取得了团体操第五名的好成绩。

运动会中的比赛项目较多，由于比赛前进行了运动员的预选，保证了所有参加比赛的同学都是院内最优秀的，经过运动员们的不懈努力以及老师同学们的无私帮助，学院取得了优异的成就：男子跳远第一名、女子铅球第一并打破校记录、男子4×400接力第二名、男子三级跳远第二名、女子实心球第二名、男子200米第二名、女子跳高第三名、男子200米第四名等。

（宋晓颖）

【举办品牌活动】　5月，学院第七届"耀韵·澜城"城市文化节成功举办。本次"耀韵·澜城"城市文化节为期3周，活动共分7个板块，分别由学院学生会各部门组织承办。7个板块分别是"城市足迹"旅行故事与摄影记录大赛、"城市涂鸦"涂鸦大赛、"演绎城市"配音大赛、"精彩城市"红五月合唱节、"城市风采"2011年校园女生大赛、"活力城市"城院趣味运动会和"城市旋律"城市文化节闭幕式。通过这一系列活动纪念建党九十周年，反映了北京城市变化，弘扬了北京城市文化，展现了城市人文风貌，将所学知识运用到现实需要之中，突出以"城市"为主题，将学生所学知识与实践相结合，拓宽学生知识广度，培养学生全方位能力，达到了实现学生全面发展的目的。

（宋晓颖）

【举办"青春城约"经验分享会】　为了让广大的大一新生更好地了解城市经济与公共管理学院的现有专业，学生生涯发展协会举办了"青春城约"经验分享会。该分享会共3场，主要包括对公共事业管理、城市管理、区域经济、土地资源管理、行政管理、电子政务等所学专业的介绍；分享人还对各自所学专业以及就业走向谈了自己的看法；学长、学姐们还提出了5条建议：①认清差异；②勤于阅读；③拓宽知识面；④写论文时要清晰，有条理并具有说服力；⑤尊重宽容他人，而且要进行自我批评。分享人幽默、生动的语言以及生动的亲身经历使整个会场笑声掌声不断。各场分享会均持续了将近两个小时，为学校老生与新生之间搭建了互动平台，交流经验，增进感情，使2011级同学们对未来的学习方向更加明确。

（宋晓颖）

【开展主题团日教育活动】　2011年，学院分团委以中国共产党建党90周年、辛亥革命100周年这两个伟大的历史纪念活动为契机，开展了两次爱国主题团日教育系列活动，如党史知识竞赛、庆祝建党90周年主题团日分享会，组织团干部集体观看建党90周年纪录片和电影《辛亥革命》，庆祝辛亥革命100周年主题团日分享会等活动，提升了学院共青团团组织的政治文化引导能力。

4月26日，学院分团委组织各班团支部举办了中国共产党党史知识竞赛。这次竞赛旨在响应建党90周年纪念活动，让同学们深入了解中国共产党发展历程，学习中国共产党先进思想理念。这次活动由各团支部自行展开学习，并选派3名代表参加分团委举办的知识竞赛，采用闭卷答题的方式，检验各支部学习成果。本次活动的举办有利于同学们深入了解中国共产党，回顾建党90年来的风雨历程，学习共产党的优秀理念，做一名优秀的新时代青年大学生。

5月3日，以纪念五四运动92周年为契机，学院分团委组织本院同学认真了解五四爱国运动的时代背景与意义，学习五四运动的影响，继承和发扬五四运动的精神，号召同学们以执著的信念、优良的品德，传承五四精神，奋力开创中国特色社会主义事业新局面。

5月5日，学院分团委2010～2011学年度第二学期庆祝建党90周年主题"团日分享会"成功举办。学院党总支副书记宋晓颖老师，分团委副书记，以及学生会各部部长、分团委各部部长和班导生等受邀出席了此次分享会。作为主题"团日"系列活动的最后一项也是最为重要的一项活动，此次分享会受到了各直属团支部的高度重视，会议反响良好。

5月9日，在学院分团委的组织下，分团委副书记、各部正副部长及全体干事集体观看了回顾建党90周年风雨历程的纪录片，了解党的光辉奋斗史，接受爱国主义红色精神的洗礼。

10月31日，学院分团委为纪念辛亥革命100周年组织各部部长和全体干事观看电影《辛亥革命》，接受爱国主义洗礼。

11月23日，学院分团委组织部开展以"辛亥一百"为主题的2011级"团日风采展示"分享会，2011级各团支部以PPT及宣讲的形式分享开学以来团支部开展过的所有活动和对辛亥革命这一伟大历史事件的认识。2011级各班班主任、分团委副书记、学生会主席团和各部部长出席。

(宋晓颖)

【组织建设】 学院分团委坚持以“党建带团建”的工作原则,加强与学院党总支和学生党支部的密切联系,与党组织保持无缝衔接,进一步完善对普通团员进行初级党校学习,初党毕业生向高级党校推荐、高党毕业生推优入党的各项入党工作,切实完成共青团组织作为党的后备队,向党组织输送政治、学习、工作各方面过硬的优秀青年的光荣任务。

继续加强学生干部的培训工作,依托学校干部理论培训班机制,强化学生干部理论学习能力,依托分团委、学生会内部的素质拓展活动,强化学生干部实践能力。

(宋晓颖)

【举办2011级班导生工作坊】 1~11月,学院共举办7次“班导生工作坊”。在党总支副书记宋晓颖的指导下,班导生对前期的班级工作进行了总结,并举办了“自我认知与人际沟通”、“亲情管理”、“压力调节”、“心理调节”、“友情管理”、“爱情管理”、“情绪管理”等一系列主题辅导。通过参加这一系列活动,大家均表示受益匪浅。为了调动大家的积极性和参与性,每期辅导同学都精心准备、设计游戏环节,并借助宋老师的引导,让每一位班导生融入其中。活动期间,辅导同学还注意了理论的灌输,在感悟游戏的同时,向大家详细地介绍了各个主题的定义,并请同学分享了自己的感受,最终达到了“助人自助,自助助人”的目的。

(宋晓颖)

【宣传工作】 2011年,学院院属社团城院通讯社的刊物《城市星光》作为城院团学组织的主要宣传阵地,宣传报道学院组织的各类活动,较好地完成了宣传教育工作。2011年,学院分团委宣传部围绕共青团的工作重点,开展形式多样的思想政治宣传教育活动,并与学生会宣传部展开合作,对团学组织的各项活动以制作海报、画册、视频等方式进行宣传,达到了很好的预期效果。

(宋晓颖)

【组织社会实践】 2011年暑假,学院分团委响应校团委的号召,在学院老师的指导下,以拓展同学视野,提升对所学知识的应用能力为目标,派出本科生、研究生共3个社会实践团40余人,前往顺义、朝阳区豆各庄、房山3个市郊地区进行调研实践。

7月9~11日,学院暑期社会实践一团赴顺义区北务镇仓上村进行社会实践考察活动。学院原院长张强教授和分团委书记杨曦老师参加并指导活动。活动通过收集背景资料、发放调查问卷、实地考察、与当地党员干部座谈等方式,并结合同学所学的专业知识,最终形成了《北务镇仓上村社会经济发展情况调查报告》调研报告。活动得到了仓上村党支部和村委会的大力支持。

7月12~13日,学院暑期社会实践二团赴朝阳区北豆各庄村开展社会实践考察活动,此次调研活动的主题是城中村周边地区基础设施匹配问题。同学们通过收集背景资料、发放调查问卷、实地考察等方式,结合所学知识,形成了《朝阳豆各庄城中村与周边地区基础设施匹配问题调查报告》。

为了对门头沟与房山生态涵养区村民收入现状有真实、全面、深入的了解,学院区域经济学研究生在院系领导和老师的支持和指导下,利用暑期时间,在门头沟区西部深山区的雁翅镇、斋堂镇、清水镇,以农户、村干部、镇和区有关部门为主要调研对象进行社会实践与调研。2011年6月28~30日进行了第一次实地调研,组织座谈会4场,分别与区政府、三镇镇政府领导以及代表村村支书进行了交谈,获取了三镇继生态涵养计划落实之后的经济发展状况,并收集了大量数据资料;7月18~19日进行了第二次实地调研,共组织座谈会3场,调研涉及6个村的村干部以及13户村民家庭代表;调研内容是生态涵养政策的落实,斋堂、清水、雁翅三个镇的产业发展状况及村民就业收入等情况,并最终形成《门头沟生态涵养区村民收入现状调查报告》。

(宋晓颖)

【完善志愿服务工作】 2011年,学院分团委进一步完善志愿者服务工作,提升团组织的志愿服务能力和实践成才引领能力。分团委志愿者工作部举行了三次较大型的自主志愿活动,并且建立了丰台区万泉寺打工子弟小学这一长期合作的志愿服务点。

4月27~29日,学院分团委志愿者工作部两次来到北京市丰台区万泉寺打工子弟小学开展志愿服务活动,协助小学举办以“放飞梦想”为主题的航空航天模型比赛活动,展示了学院的优良传统和过硬的团队素质,受到在校师生一致好评。活动后,万泉寺小学张校长特意找到志愿者们,感谢志愿者为这次活动所付出的辛勤劳动,并与时任志工部部长达成了将万泉寺小学长期支援合作试点。志愿者们展示了过硬的团队素质,为首都经济贸易大学争得了良好的口碑和荣誉。

11月11~13日,学院分团委志工部一行8人来到京都信苑饭店,为中外企业文化交流峰会进行志愿服务。中外企业文化交流峰会由中国企业文化协会主办,我国五百强企业,尤其是大中型国企的高管很多都参加了此次峰会。此次峰会请到了前全国人大常委会副委员长成思危、何鲁丽等国家领导人、中电掌门李小琳等著名商业精英进行讲话。同学们通过此次活动增长了见识、提高了综合素质,志愿服务的能力也得到了极大锻炼。

11 月 24 日,学院分团委志工部响应学校义务献血的号召,组织学院同学进行献血活动,全院同学积极参加,志工部 4 位部长作为献血现场的组织协调者,顺利地完成了任务。

12 月 15 日,学院分团委一行 8 人在分团委副书记的带领下,来到了位于前门大栅栏的煤东社区进行了一场别开生面的以“低碳减排,绿色生活”为主题的环保低碳宣传活动。在社区工作人员的帮助及分团委同学们的共同努力下,此次活动取得了圆满成功,在为社区居民宣传普及环保低煤知识的同时,也展示了首都经济贸易大学大学生的风采,得到了社区领导及居民的一致好评。

(宋晓颖)

对外交流

学院积极开展与印第安纳普度大学、马里兰大学、香港大学、台南大学等境外高校的院际交流与合作办学,配有双语教学和专业英语教学等课程,通过课程、专业、学科以及师资队伍国际化水平的提升,培养具有国际化视野、通晓国际规则和专业知识结构的国际化人才。学院与美国、韩国和中国香港、台湾地区的政府部门和高等院校建立了学术交流和培养机制,积极推动本科生和研究生国际交换项目。积极引进优质国际教育资源,以特聘教授、访问讲学等多种形式聘请海外学者,实现国际化人才的本土培养。

(宋晓颖)

党建工作

【概述】 2011 年,学院共有 9 个党支部,其中,教师党支部5 个,学生党支部3 个,退休党支部1 个,党员151 人,教工党员 55 人(其中,在职党员 36 人,退休党员 19 人),学生党员 36 人,入党积极分子 650 人,新发展党员 22 人。

(宋晓颖)

【参加“十二五”规划纲要学习辅导报告会】 4 月 7 日,学院分团委杨曦书记带领副书记张泽林,组织部部长黎新悦,宣传部部长姜汉 3 位同学与各院师生代表一行数十人来到人民大会堂,作为首都高校师生代表,与首都各界群众代表共 3 000 余人一起参加了由中央宣传部,中央直属机关工委,中央国家机关工委,教育部,解放军总政治部,中共北京市委联合主办的“十二五”规划纲要学习辅导报告会。六大机关的领导及代表均出席会议。

(宋晓颖)

【召开学生党支部会议】 4 月 25 日,学院低年级学生党支部在新行政楼召开新学期工作会议,会议由党支部书记宋晓颖老师主持,全体党员参加。会议上,宋晓颖书记首先总结了上学期党支部的各项工作与取得的成绩,并就本学期重点工作进行了部署与说明,以参与学校围绕建党九十周年开展的各项活动、党支部主题党日活动、发展党员等工作为主要内容。随后,宋晓颖书记指出在党员发展工作中存在的问题,同学们都表示在以后的工作中将不断学习,以更严谨的态度对待工作。

(宋晓颖)

【举办党员学习活动】 2011 年是中国共产党建党九十周年,城市经济与公共管理学院按照学校党委的统一要求,在 5 月 11 日下午,召开全院党员学习大会,对全体党员进行了一次深入的党性教育。

(宋晓颖)

【召开红色工商史研讨会】 6 月 16 ~ 17 日,国家工商行政管理总局在井冈山召开建党 90 周年红色工商史研讨会。学院副院长、工商行政管理研究所所长张国山副教授应邀参加。国家工商行政管理总局党组副书记、副局长刘玉亭参加会议并作重要讲话。总局办公厅、人事司、工商学会、研究中心、中国工商报社的主要领导参加会议,人民日报社、新华通讯社、中国工商报社、《工商行政管理》杂志社、中国消费者报社等新闻单位参加会议并对会议进行了报道。

(宋晓颖)

【组织教师党员观看《红色娘子军》音乐会】 6 月 19 日,城市经济与公共管理学院党总支组织全体教师党员一行 30 人到国家大剧院观看《红色娘子军》中国国家芭蕾舞团交响乐团音乐会,使教师党员在重温红色经典、接受革命传统教育的同时,感受到了高雅艺术的魅力。

(宋晓颖)

【召开庆祝建党 90 周年教学教法经验分享会】 6 月 29 日,学院党总支召开以“德艺双馨、创先争优”为主题的教学教法经验分享会以庆祝建党 90 周年。校党委副书记朱玉华、校 OTA 赵耀老师应邀出席,城市经济与公共管理学院院长段霞、副院长张国山、党总支副书记宋晓颖等党员教师、青年教师、部分学生代表出席会议。会议由学院党总支书记刘俊虹主持。

(宋晓颖)

【区域经济师生访问“京西第一党支部”】 京西第一党支部纪念馆位于门头沟区雁翅镇田庄村。据介绍,1932 年 9 月,在中共北平市委的支持下,崔显芳等党员在田庄高小建立了京西山区中共第一党支部——田庄高小党支部,培育出京西山区第一批中共党员,点燃了燎原京西的火炬。参观当日,师生党员们站在纪念馆前,面对党徽雕塑,面向鲜红党旗,重温入党誓词,受到了深刻的党史教育和爱国主义教育。

(宋晓颖)

【学习胡锦涛庆祝七一重要讲话】 7 月 1 日,根据学校要求,城市经济与公共管理学院党总支通知全体教师到校收看中央纪念建党 90 周年大会直播,并要求各支部组织讨论。7 月 1 日,学院的教师们在大学生活动中心和校工会两个地点收看并认真学习胡总书记的重要讲话,部分学生党员和入党积极分子在学院办公室收看电视直播。

(宋晓颖)

【开展“共产党员献爱心”捐款活动】 在学校“共产党员献爱心”捐款活动中,城市经济与公共管理学院通过各种形式,筹集捐款共计 3 460 元,现已将全部款项上交校党委组织部。其中,城市与区域经济系党支部 500 元,公共管理系党支部 1 150 元,首经所党支部 600 元,土地资源管理系党支部 400 元,行政党支部 600 元,学生党支部 210 元。

(宋晓颖)

【学生党支部党员值班日活动】 11 月,学院低年级学生党支部在博纳楼 212 会议室举办了 4 次党员值班日活动。

党员值班日活动是学院低年级学生党支部长期开展的特色活动,通过党史学习、专题讨论、热点座谈等形式,对各班入党积极分子进行针对性教育和有效的互动交流。

活动中,党员与入党积极分子用制作海报的形式,画出对党的热爱。采用社会实践与理论学习相结合的方式,让更多的积极分子深入了解党史,不断加深对党的认识。

(宋晓颖)

【为南锣鼓巷居委会居民进行社会服务】 为了理论指导实践、知识服务社会及增强党员教育的实践性,学院土地资源管理系党支部和首都经济研究所党支部,以“构建和谐社会,服务科学发展”为主题,以“受教育、做贡献、长才干”为宗旨,吴庆玲、叶堂林、王晖、赵秀池、周伟、邬晓霞、徐虹等共 7 位党员于 11 月 15 日到北京市东城区南锣鼓巷居委会,与居委会党支部和部分居民代表就旧城有机更新、菊儿胡同危房改造、胡同历史文化保护和当地居民实际居住状况和住房需求等内容对南锣鼓巷进行座谈和实地调查。

(宋晓颖)

工商管理学院

概　况

工商管理学院设有6个系：战略管理系、组织管理系、市场营销系、旅游管理系、物流管理系、电子商务系，其中，战略管理系为2011年新设；9个研究中心，即企业组织与企业家研究中心、企业发展研究中心、公司研究中心、旅游研究中心、中国产业经济研究中心、工商管理案例研究与开发中心、世界管理思想史研究中心、中国市场营销研究中心、中国卖场研究中心。

工商管理学院2011年3月成功获批工商管理一级学科博士学位授予权。至此，学院已经拥有了工商管理一级学科博士学位授予权、工商管理一级学科硕士学位授予权、工商管理5个本科专业，以及工商管理硕士（MBA）专业学位授予权，形成了结构合理、层次分明、重点突出、特色鲜明的工商管理学科体系。

2011年，工商管理学院有教职工71人，其中，专职教师62人，行政管理9人，2011年学院共有学生1 152人，本科生927人，研究生225人。

（范合君　李娟婷）

师资队伍建设

工商管理学院现有专职教师62人，其中，教授18人，副教授31人。教师中，博士学位比例达61%。学院拥有博士生导师6人，硕士生导师32人。学院教师中有国务院特殊津贴获得者6人，全国优秀教师1人，北京市有突出贡献专家1人，北京市学科带头人2人，北京市优秀青年知识分子1人，北京市优秀教师2人，北京市优秀青年骨干教师7人，北京市跨世纪理论人才“百人工程”3人，北京市新世纪社科理论人才“百人工程”3人，北京市级学术创新团队2个，北京市级教学创新团队1个，北京市级科研创新平台5个，北京市高层次人才1人，北京市拔尖创新人才1人，北京市创新人才1人，北京市中青年骨干教师7人，形成了一支以“三好教师”（教学好、科研好、实践好）为特色的实力雄厚的师资队伍。

（范合君　柳学信）

学科建设

2011年是工商管理学院学科建设实现飞跃的一年。经过多年的扎实工作与不断努力，2011年3月，首都经济贸易大学工商管理学院成功获批工商管理一级学科博士学位授予权。至此，学院已经拥有了工商管理一级学科博士学位授予权、工商管理一级学科硕士学位授予权、工商管理等5个本科专业，以及工商管理硕士（MBA）专业学位授予权，形成了结构合理、层次分明、重点突出、特色鲜明的工商管理学科体系。其中，企业管理学科为北京市重点学科，工商管理专业为北京市级品牌专业、北京市级特色专业。学院所有专业均被权威专业机构评为全国优势学科单位。

为了进一步加强工商管理学科的内涵建设，学院对原有教学科研机构进行了重组。现设组织管理系、战略管理系、市场营销系、旅游管理系、物流管理系、电子商务系6个系，设有企业组织与企业家研究中心、企业发展研究中心、公司研究中心、旅游研究中心、中国产业经济研究中心、工商管理案例研究与开发中心、世界管理思想史研究中心、中国市场营销研究中心、中国卖场研究中心9个研究中心。

（范合君　柳学信）

教学工作

【教学成果获奖】　2011年，张学平教授荣获北京市教学名师；朱海燕获第七届北京青年教师教学基本功比赛文史类三等奖；张梦霞教授荣获校级教学名师；崔佳颖副教授获校级优秀主讲教师。2011年，继续加大实践育人力度，大力指导和鼓励学生参加竞赛。在“天工大杯”全国高校未来商务谈判精英邀请赛（中文）中，杨震副教授带领的商务谈判队获全国第四名,并荣获“优秀团队奖”,孙喆川同学获“最佳谈判手”称号;工商管理学院荣获GMC中国赛区二等奖和最佳组织奖的表彰;在首都大学生物流大赛中,有两个团队分获一等奖和三等奖。学院积极组织本院学生参加大学生科研与创新项目,共有18项获立项资助,其中12项为重点项目;学院十分重视实验教学,已与阿里巴巴、北京同天科技有限公司、北京乐运国际物流、北京时代商联商业咨询有限公司等20多家实习单位建立了实质性的培训、实习与就业基地;组织暑假学生校外实习200多次;学院与曙光集团合作,推进大学生创业和就业。

(张学平)

【精品课程】 课程建设是提高教学质量的基础保障之一,工商管理学院一贯重视课程建设。2011年度增加了双语课程的数量,已达8门;鼓励教师积极参与网络课程建设,现在绝大多数课程上传了基本内容;《公司治理》被评为市级精品课程。

(张学平)

【教材建设】 2011年,学院共出版教材和教辅材料5本,《管理学》获市级精品教材立项。

教材与教辅材料一览表

教材名	作者	出版社
中国企业经营管理案例(第三辑)	张梦霞　余镜怀　翟春娟	经济管理出版社
企业战略分析(第四版)	邹昭晞	首都经济贸易大学出版社
管理沟通(2011年版)	赵慧军　崔佳颖　凌志东	人民教育出版社
现代广告学(修订第五版)	韩光军	首都经济贸易大学出版社
岗位分析与岗位评价(第2版)	陈　庆	机械工业出版社

(张学平)

【教学研究】 2011年,学院5位教师完成了其负责的教改立项,其中,范合君老师的《互动分享式实践教学在我校课堂教学中应用的可行性及其设计研究》获得校级优秀教改结项课题。汪秀英老师的《蓝景丽家——全新企业形象的策划》及余镜怀老师的《基于软件运营(SaaS)模式的电子商务系统构建——金算盘软件股份公司案例研究》两篇管理案例在中国年度最佳教学案例奖表彰会上获得表彰。杨震老师、王振江老师、涂健民老师的基于学生能力培养的研究及在教学中的应用受到学生的广泛赞誉。

教学研究项目一览表

项目名称	负责人	项目类别
互动分享式实践教学在我校课堂教学中应用的可行性及其设计研究	范合君	重点项目
首都经济贸易大学工商管理专业国际化人才培养模式研究	徐　炜	一般项目
校园电子商务与大学生创业教学互动探索研究	郭卫东	一般项目
文化创意产业复合型管理人才培养模式探索	张　晗	一般项目
中美电子商务专业人才培养模式的比较研究	郭蔚珠	青年项目

(张学平)

【本科招生与培养工作】 工商管理学院本科设有工商管理、物流管理、电子商务、旅游管理、市场营销5个专业。2011年,学院进行教育教学和人才培养模式改革,主要体现在以下各个方面,其一是实施了工商管理类大类招生,落实了按学生兴趣志愿个性化培养的教育方针。为此,学院制定了大类招生分流管理暂行办法,以指导后续分流和培养工作;其二是推进国际化培养模式改革,在2011年所招学生中,外语、数学和综合测试为标准选拔优秀学生组建工商管理实验班,按照国际化培养目标,有针对性地进行培养,提高学生的可持续成长能力。学院组织制定了学院大类招生、转专业、推优保研、实验班学生选拔等工作实施方案和运行管理规则,保障了涉及学生重大切身利益的事务依法合规进行。此外完成学院旅游管理专业辅修专业的培养方案设计。

（张学平）

【博士、硕士研究生培养】　工商管理学院设有企业管理博士点和企业管理、技术与经济管理、旅游管理3个硕士点，其中，企业管理硕士点分为企业组织与公司治理、企业战略与国际化经营、市场营销与品牌管理、财务管理与资本运营、组织行为与人力资源管理6个方向。设有企业组织与企业家研究中心、企业发展研究中心、公司研究中心、商务管理研究中心、旅游研究中心、中国产业经济研究中心、工商管理案例研究与开发中心7个研究中心。

为提升学院研究生的科研和实践能力，学院制定了《工商管理学院研究生科研成果奖励办法》、《工商管理学院研究生学术创新资助办法》，并邀请国内外著名企业家和学者共组织了16次讲座。

2011年，学院博士研究生招生人数为8人。硕士研究生招生人数为61人，其中包括留学生2人。2011年获博士学位人数8人，获硕士学位人数为66人，就业率为98.48%，比较好的去向包括银行4人、证券公司2人、德勤会计师事务所2人、中青旅1人、西门子1人、中国船舶1人、石家庄人民医院1人等。此外，2011年约有150名在职研究生毕业，其中，14名在职研究生获得硕士学位，提升了在职人员的管理水平。

（张学平）

科研工作

2011年，学院获得国家社科项目1项，北京市自然科学基金项目1项，北京市哲学社会科学规划立项项目3项，北京市教委项目2项。学院举办"首届中日流通企业发展论坛"等国际学术会议1次，举办"深化垄断行业改革与反垄断高层论坛"、"首都企业改革与发展研究会2011年会暨企业管理规范化、信息化、国际化研讨会"等全国性学术会议2次。2011年，学院共出版专著17部，发表论文89篇，其中权威17篇，有多篇被新华文摘及人大复印资料全文转载。2011年学院教师获得第四届"蒋一苇企业改革与发展学术基金奖"优秀论文奖2项，中国工业经济学会第三届青年优秀成果奖一等奖1项。

省部级以上项目一览表(部分)

姓名	课题名称	课题级别
郭卫东	自主技术标准化对中国装备制造业经济增长贡献测度研究及实证分析	国家社科基金
柳学信	北京城市公用事业市场化改革与财政补贴机制研究	北京市自然科学基金面上项目
邹昭晞	生态经济结构视角下北京产业升级与区域产业协调发展研究	北京市哲学社会科学规划立项重点项目
范合君	目标管理模式下北京市实现碳强度目标的机制与路径研究	北京市哲学社会科学规划立项青年项目
陈立平	东京新宿CBD现代服务业集聚模式及知识创新研究	北京市哲学社会科学规划立项一般项目
郭卫东	创新驱动的自主技术标准化对装备制造业经济增长贡献研究	北京市教委项目
范合君	大部制下中国垄断产业规制体系构建与机制设计研究	北京市教委项目
于启武	北京市推动绿色消费机制和效益研究	世界银行项目

（范合君　柳学信）

学生工作

【概述】　2011年，工商管理学院学生工作始终以提高广大学生的综合素质和创新意识为宗旨，本着"格物致知、明体达用"的育人理念，以"心智模式"培养为工作特色，结合学院的实际情况，营造学术氛围，丰富学生活动形式，尊重学生自主选择，全方位多角度开拓学生视野，提升专业知识水准，增强就业及自主创业能力，提高学生们的思想觉悟和知识水平，促进全院师生之间的沟通交流，力争培养出思想过硬、能力卓越、全面发展的优秀大学生。

（袁菁）

【发展辅导】　工商管理学院关注着每一位学生的个人发展。新生入学当天，学院召开大学生生涯规划的讲座为新生答疑解惑，帮助他们在刚进入大学校园时了解未来的学业以及职业发展道路，合理有效地规划自己的大学生涯。作为大类招生的试点学院,率先尝试"新生班主任 + 年级辅导员"的学生工作队伍配置,深入班级,了解学生思想动向、学习现状和生活情况,为新生尽快适应大学新生活保驾护航。工商管理学院不定期邀请校外专家针对当前大学生的发展选择为学生进行指导。学院的"班主任 + 班导师"的班级管理模式,为建立有效的师生沟通平台提供保障,老师密切关注着学生的发展,并针对专业发展予以及时指导。此外,新老生交流会、毕业生交流会也成为学院的品牌活动,为学生架起了互助互动的桥梁。

(袁菁)

【心智模式培养】 "心智模式"是工商管理学院学生培养的特色模式。2011 年,学院高度注重学生心灵健康成长,继续摸索和推进学院心智模式教育。5 月 25 日,"绿萝花心灵成长工作坊"正式成立,隶属于学院分团委统一管理,成为学院心智模式培养的实施平台。该工作坊旨在倡导大学生关爱自我、了解自我、接纳自我,关注自己的心理健康及心灵成长,进而关爱他人、关爱社会。"绿萝花心灵成长工作坊"特邀了校内外心理专家 8 人,打造了实力雄厚的特约导师团队,为学生提供咨询和辅导。截至年底,已组织学生前往校外工作室体验活动一次,组织系列团体辅导 5 次,组织青春期性教育讲座 2 次,并购置了一批图书,成立了"关爱心灵图书角"。跟踪新生心理普查工作,重点关注贫困学生、单亲学生、外地学生等重点群体的心理状况。开展深度访谈,帮助学生进行学业生涯规划,针对大一新生适应性问题、大四学生毕业心情、转专业学生压力问题、学生干部时间分配问题等完成深度访谈 20 余例。追踪心理疾病学生,与学生家长密切联系,关注学生治疗恢复情况。

(袁菁)

【奖助学金评定】 2011 年,工商管理学院本科生获得奖学金和荣誉称号情况为:获国家奖学金 2 人,三菱东京 UFJ 银行奖学金 4 人,松下育英奖学金 1 人,校级人民奖学金 439 人次。北京市三好学生 2 人,北京市优秀学生干部 1 人,校级三好学生 34 人,校级优秀学生干部 16 人,校级优秀班集体 1 个,校级优秀共青团员 37 人,校级优秀共青团干部 11 人,校级红旗团支部 1 个,玛雅传媒获得学校十佳优秀社团,在家庭贫困学生资助工作中,共发放 32 个励志奖学金(5 000 元/人),9 个爱心成就未来奖学金(3 000元/人),63 个一等国家助学金(4 500 元/人),72 个二等国家助学金(2 300 元/人),为 24 名贫困学生提供勤工助学岗位,为 30 名 2011 级新生每人发放电信手机一部。

学院研究生获奖情况:获校级一等奖学金 4 名、二等奖学金 2 名,校级优秀学生干部 4 名、优秀党员 1 名。研究生科技创新项目获批 41 项,其中,企业管理专业 27 项,旅游管理专业 6 项,技术经济及管理专业 8 项。

(袁菁)

【志愿服务】 志愿服务作为锻炼大学生社会实践能力与奉献精神的活动形式,在工商管理学院一直受到高度的重视。学院以分团委下属的蓝丝带志愿者团为依托,积极组织院内学生参加各项社会志愿活动,在服务社会、回报社会的同时也培养了学生们的乐于奉献、我为人人的精神。2011 年,蓝丝带志愿者团主要承办了金羽翼 798 义卖活动、西城区图书馆志愿活动、北京友谊医院志愿活动、鸟巢水立方引导员志愿活动等,受到了社会各界的广泛认可。

(袁菁)

【学生社团及品牌活动】 工商管理学院学生组织经过多年的发展,目前呈现出"一体两翼"的格局。"一体"即为分团委,"两翼"分别为学生会和其他大小学生社团。学院学生社团丰富多彩,包括蓝丝带志愿者服务社团、绿萝花心灵成长工作坊、工商管理学会、明达驿站、企业之星、玛雅传媒、工商管理学院辩论队、舞蹈队、合唱队、话剧社、篮球队、足球队、橄榄球队等,在学术、文化、体育等不同领域开展了各式各样的学生活动,不断丰富学生的学习生活,在不同的平台为每个学生提供了一个展示自我、发展自我的机会。

工商管理学院各学生组织都有其特色的活动。分团委的分享会、倾听会为学生之间以及学生与学院之间搭建沟通的桥梁,团日活动极大提高了学生们的思想觉悟。蓝丝带志愿者团的志愿活动增强了同学们的社会实践能力,在奉献爱心的同时锻炼自己。学生会各部门特色活动也非常多,其中,体育部每学年都组织的院内的"展望杯"足球联赛、篮球比赛,生活部的跳蚤市场、巢文化节给同学们搭建了展示自己的舞台。工商管理学会的各种商务谈判活动极大提高了学生在职场上的专业技能。明达驿站社团为同学们开阔视野,拓展人脉,提供与金融行业前辈深入交流、与志同道合的同学相互切磋学习的机会,打造更为有效的职业通道。企业之星社团在世界 500 强企业的赞助下,自主策划并实施公益性的商业社会实践项目,为学生们提供宝贵的实践机会。

工商管理学院 2011 年学生组织特色活动一览表

主办组织	活动名称
分团委	“菜鸟与达人”同伴教育分享会、倾听会、新生班级风采大赛、主题团日活动
蓝丝带志愿者服务团	金羽翼 798 义卖、水立方国际泳联短池游泳世界杯系列赛、走进衡水敬老院志愿者活动、友谊医院志愿服务活动
学生会	“展望杯”足球联赛、篮球比赛、师生趣味运动会、巢文化节、毕业生交流会、毕业晚会等
工商管理学会	四对四新生辩论赛、首都经济贸易大学第六届模拟商务谈判大赛、第二届北京大学生创意创业邀请赛、GMC 国际企业管理挑战赛
绿萝花心灵成长工作坊	团体发展辅导、个体深度辅导、心理调试讲座
明达驿站	中信建投 & 毕马威讲座、“贝恩咨询”学长交流会、外汇黄金投资讲座、现货交易讲座、“职来职往”节目录制
企业之星	手工艺品义卖活动、赛扶世界杯中国站创新公益大赛
研究生会	工商管理学院掌舵者杯辩论赛

工商管理学院 2011 年学生主要获奖情况一览表

奖　项	获奖学生及团队	奖励时间
国家奖学金	初梓豪(2008 级工商管理实验班) 叶胜然(2009 级工商管理实验班)	2011.10
三菱东京 UFJ 银行奖学金	邓新宇(2008 级工商管理实验班) 史震远(2009 级工商管理实验班) 周茜阳(2010 级工商管理班)	2011.10
松下育英奖学金	张　卢(2008 级工商管理实验班)	2011.10
北京市级三好学生	李　莎(2008 级市场营销班) 王　璐(2008 级物流管理班)	2011.10
北京市级优秀学生干部	肖霄(2008 级电子商务班)	2011.10
GMC 国际企业管理挑战赛北京市一等奖	傅　正(2008 级电子商务班) 徐艺文(2011 级硕士研究生班) 耿榕浩(2010 级市场营销班) 王子威(2011 级硕士研究生班)	2011.12
GMC 国际企业管理挑战赛北京市最佳组织奖	工商管理学会	2011.12
全国高校市场营销大赛全国总决赛三等奖、京津晋赛区二等奖	路　旭(2009 级市场营销班) 侯美丽(2010 级市场营销班) 贾碧珉(2010 级工商管理实验班)	2011.11
全国高校市场营销大赛(京津晋赛区)三等奖	刘勤智(2009 级市场营销班) 雒　京(2010 级市场营销班)	2011.11
2011 年希望工程激励行动 9999 元公益奖金	林　姗(2009 级旅游管理班)小组 朱良森(2009 级旅游管理班)小组	2011.6
2011 赛扶中国大学生创新公益北京区域赛优秀团队奖	企业之星成长社团 (首都经济贸易大学赛扶团队)	2011.6
一二·九同心鼓比赛第一名、长跑接力第二名	工商管理学院学生会	2011.12
校运动会团体第二名、女团第一名、男团第二名、团体操第四名	工商管理学院学生会	2011.5

(袁菁)

【就业工作】 工商管理学院2011届本科毕业生人数为196人,其中,考研12人,出国30人,签就业协议148人。就业率为97.45%,考研率为6.12%,出国率为15.31%。

工商管理学院2011届研究生人数为66人,其中,考博1人,出国1人,就业率为98.48%,考博率1.52%,出国率1.52%。

(袁菁)

对外交流

在教师交流方面,张梦霞教授入选“中加学者交流项目”访问学者,于2011年4月赴加拿大蒙特利尔大学从事为期一年的国际学术合作研究。同时,学院选派多名教师到美国天普大学、美国马萨诸塞大学、加拿大蒙特利尔大学、美国纽约城市大学、美国斯克兰顿大学、爱尔兰都柏林城市大学等国外高校进行学术交流。

邀请美国斯克兰顿大学管理学院教授Satya P. Chattopadhyay博士来学院进行学术交流,为学院研究生和本科生讲授了32学时的《可持续发展》课程。邀请爱尔兰都柏林城市大学Theo Lynn教授来学院讲授了32学时的《网络电子市场营销》课程。同时,由来自日本三菱商事、日本花王、日本狮王、日本烟草、日本NIPPON ACCESS等二十余位日本著名大型流通企业的高层主管到学校考察交流。

在学生交流方面,2011年学院选派了3名学生到美国北方州立大学学习1年,选派3名学生到美国加州大学河滨分校学习1年。同时,与美国斯克兰顿大学成功举办了“第二届CUEB - US国际模拟商务谈判”,双方各选派10名学生进行了面对面的商务谈判比赛,取得了良好的效果。同时,爱尔兰都柏林城市大学代表团30余人一行来到工商管理学院的学生进行了学术交流。

工商管理学院部分学者出访情况一览表

出访时间	出访学校	出访学者	讲学/讲座内容
2011.12 ~ 2012.6	美国天普大学	李云鹏副教授	旅游电子商务
2011.9 ~ 2012.9	美国马萨诸塞大学	陶峻副教授	服务营销
2011.4 ~ 2012.4	加拿大蒙特利尔大学	张梦霞教授	市场营销学
2011.10 ~ 2012.10	美国纽约城市大学	赵冰副教授	市场营销
2011.10 ~ 2011.12	美国斯克兰顿大学	解永秋副教授	商标翻译中的文化因素
2011.7 ~ 2011.10	爱尔兰都柏林城市大学	李平生教授	旅游管理

国外学者来访情况一览表

来访时间	来访学校	来访学者	讲学/讲座内容
2011.9 ~ 2011.10	美国斯克兰顿大学	Satya P. Chattopadhyay 教授	可持续发展
2011.6	爱尔兰都柏林城市大学	Theo Lynn 教授	网络电子市场营销

(范合君　柳学信)

党建工作

【概述】 2011年,工商管理学院共有党员271人,其中,学生党员185人,教职工党员48人,离退休党员38人。学生党支部8个,教职工党支部5个,行政党支部1个,离休党支部3个。

2011年,工商管理学院党总支紧紧围绕工作大局,以迎接建党90周年为契机,围绕“十二五”规划的落实和企业管理国家级重点学科建设的中心工作,集中党员智慧,深化“创先争优”工作,推进领导班子作风建设和基层党支部的党内民主建设,坚持基层党建工作的规范化,摸索建立长效机制,努力提高服务与管理效能。

(潘镜宇　李娟婷　金京虎)

【教职工党建】 2~11月,工商管理学院党总支安排学院领导班子成员和全体党员分别进行中心组学习;督促领导班子成员完成处级干部40学分在线学习和党员的12学分在线学习;组织党员教师进行廉政准则的学习，汇集党员的"一句话感言"，在学院党建网站上进行交流；组织部分中青年教师赴延安学习考察，进行革命传统和延安精神教育，并与延安大学管理学院教师进行了高校教育和管理工作交流。

以促进学风建设和学习型、服务型党支部建设为目标开展"创先争优"活动，围绕中心抓活动，实施"三个工程"——"领航工程"、"聚力工程"、"先锋工程"引导广大党员按照"五带头"的要求，成为推动学校科学发展的"主力军"。

企业管理系教工党支部、2010级研究生党支部获得"先进基层党支部"称号（同时获得校级先进）；范合君、郭卫东、魏有亮等22名党员获得"院级优秀共产党员"称号；范合君、郭卫东、魏有亮等11名党员获得"校级优秀共产党员"称号；工商管理学院党总支荣获"首都经济贸易大学先进基层党组织"；张红同志获得"校级优秀党务工作者"称号。

10月，学院严格按照工作程序，强化组织工作，顺利完成丰台区人大代表换届选举和北京市十八大党代表候选人初步人选的推荐提名工作。大力支持学院分工会和二级教代会工作，顺利完成学院分工会换届选举和新一届教代会代表遴选工作。

开展较大规模的暑期学生骨干工作培训，激励学生干部和党员不断提高思想境界和综合素质，不断改进和充分体现在学生中的纽带作用和服务功能，在学院"心智加专业"培养模式建设中大胆实践，取得丰硕成果。

（潘镜宇　李娟婷　金京虎）

【学生党建】 工商管理学院共有8个学生党支部，本科生支部5个，研究生支部3个。

工商管理学院长久以来不断加强学生党支部的民主建设，多次组织学生党员开展民主生活会，展开批评与自我批评，不断完善自身与支部建设。电子商务学生党支部围绕"创先争优"开展民主生活会，把握创先争优机会，使每名党员深度审视自己，努力改善自身，提高自身价值。

开展"主题党日"活动，通过丰富多彩的党日活动，激发基层党组织和广大党员的争创热情，增强基层党组织的创造力、凝聚力和战斗力。在纪念辛亥革命100周年之际，每个学生支部均组织学生党员观看了《辛亥革命》这部具有教育意义的电影。让每名党员都深深体会到革命成果来之不易，增加了学生党员的爱国情操。物流管理学生党支部开展了"一帮一"党日活动，建立了一帮一学习小组。此活动架起了物流管理专业学生与党员和教师之间的桥梁，使党员密切联系群众，发挥了党员在学习方面的先锋带头作用。市场营销与物流管理学生支部联合举办了"关爱空巢老人"送温暖活动。送去了党总支对空巢老人的慰问和关爱，并建立了关爱空巢老人的长效机制。

（潘镜宇　李娟婷　金京虎）

【党校工作】 工商管理学院与经济学院一直合作承办高级党校的工作。秉着坚持标准、保证质量的原则，认真开展积极分子高级党课的各项培训工作。不断加强积极分子的理论学习，加强思想建设，提高党性修养。在实践学习方面，与蓝丝带社团结成对子，组织参加各项志愿活动，提高先锋模范带头作用。针对参加高级党课的入党积极分子进行严格的结业考核。对课堂出勤、课上表现、社会实践党课研讨以及结业考试合格者，给予发放结业证书。2011年，高级培训班共培训112人，107人顺利结业，其中，19名学员在各方面表现突出，被授予"优秀学员"光荣称号。

（潘镜宇　李娟婷　金京虎）

工会工作

2011年，在工商管理学院党总支的领导下，学院工会以服务教工、凝心聚力为宗旨，积极开展趣味性、娱乐性、竞技性活动，加强教职工之间的交流，提高了教职工的身体素质，增进了教职工身心健康，创造了学院和谐的工作环境。

截至2011年6月，学院完成工会的换届工作，并对工会成员进行分工，更换了部分学院二级教代会的代表。11月，组织学校教代会代表参加学校第三届教代会，并针对教职工关心问题提出了3个议案。

学院党总支十分关心离退休教职工的思想和生活，主动听取他们的意见，为他们排忧解难，发挥他们的积极作用。年终组织新年团拜会，邀请老同志回学院参观等，让老同志感受到了温暖，部分老同志以不同的方式发挥特长，贡献余热。

（宋克勤）

重大事件

【获批工商管理一级学科博士学位授予权】 3月，工商管理学院成功获批工商管理一级学科博士学位授予权。至此，学院已经拥有了工商管理一级学科博士学位授予权、工商管理一级学科硕士学位授予权、工商管理等5个本科专业，以及工商管理硕士

(MBA)专业学位授予权,形成了结构合理、层次分明、重点突出、特色鲜明的工商管理学科体系。

(范合君)

【多名教师获得科研奖励】 工商管理学院教师获"蒋一苇企业改革与发展学术基金奖"优秀论文奖。第四届"蒋一苇企业改革与发展学术基金奖"颁奖典礼于2011年11月26日在南宁举行。学院教师获得两项论文类奖,分别为戚聿东教授和柳学信副教授合作的论文《深化垄断行业改革的模式与路径:整体渐进改革观》(《中国工业经济》,2008年6月),以及学院张晗副教授和中国人民大学徐二明教授合作的论文《企业知识吸收能力与绩效的关系研究》(《管理学报》,2008年11月)。

(范合君)

【斯克兰顿大学Satya教授为学院学生做讲座】 斯克兰顿大学Satya教授为学院学生做讲座。2011年9月21日下午,美国斯克兰顿大学管理学院Satya P. Chattopadhyay教授为学院工商管理实验班的学生发表了以可持续发展为主题的讲座。

(范合君)

【举办"首届中日流通企业发展论坛"】 首都经济贸易大学工商管理学院与日本经济产业省下的流通经济研究所主办,中国连锁杂志社协办的首届《中日流通企业发展论坛》于9月9~10日在首都经济贸易大学西校区成功召开。来自日本三菱商事、日本花王、日本狮王、日本烟草、日本NIPPON ACCESS等20余位日本著名大型流通企业的高层主管,中日流通领域研究专家,国内大型流通企业代表,在京部分媒体代表和在校部分研究生参加了此次论坛。

(范合君)

【承办深化垄断行业改革与反垄断高层论坛】 5月28日,深化垄断行业改革与反垄断高层论坛在北京亮马河大厦成功召开。本次大会由首都经济贸易大学、中国工业经济杂志社、山东大学反垄断与竞争政策研究中心、哈尔滨商业大学、浙江财经学院、江西财经大学联合主办,首都经济贸易大学工商管理学院具体承办。此次论坛为垄断行业改革的研究搭建了交流的平台,专家学者贡献了大量的新视角、新内容、新观点、新方法,为中国经济改革与发展献计献策,对于加快推进和深化我国垄断行业改革而言意义重大。

(范合君)

【举办第二届"CUEB - US国际模拟商务谈判比赛"】 5月25日,美国斯克兰顿大学管理学院Satya博士一行11人应邀对学院进行了友好访问,并与学院由杨震副教授带队的国际商务谈判队进行了第二届"CUEB—US国际模拟商务谈判比赛"。

(范合君)

经　济　学　院

概　况

经济学院始建于1974年,现下设经济学系、国际经济与贸易系和国民经济系3个教学单位,建有首都经济贸易大学经济研究所、世界贸易组织(WTO)研究中心、中国经济增长与经济周期研究中心、中国流通研究中心、数量经济研究中心、中国品牌研究中心等科研单位。同时,还建有一个经济系统分析和模拟实验室以及信息资料中心。

截至2011年12月,经济学院在校本科生1 225人,硕士研究生、博士研究生348人,攻读学位的国际留学生150余人,教职工58人。

(高琼)

师资队伍建设

截至2011年12月,经济学院在职教职工共58人,其中教授16人,副教授27人,讲师6人;其中,博士生导师10人,硕士生导师35人。经济学院的教师不仅有较高的学术水平和知识积淀,而且在社会上兼任着重要职务,他们兼任或曾经兼任过的职务有:世界经济协会副主席、全国政协委员、北京市政府顾问、中央部委顾问、北京市人大代表、市政府参事等,同时还有多名教师担任着国内各种重要学术团体的负责人和理事。

此外,经济学院聘请一些国内外著名的经济学家和学者作为学院的名誉教授和兼职教授。学院现有名誉教授:1999年诺贝尔经济学奖获得者、美国哥伦比亚大学罗伯特·蒙代尔教授,2005年诺贝尔经济学奖获得者罗伯特·奥曼教授,2005年诺贝尔经济学奖获得者、美国哥伦比亚大学迈克尔·伍德福德教授。中国著名的国际贸易组织谈判专家龙永图教授也是学院聘请的兼职教授之一。

(高琼)

学科建设

经济学院设有经济学、国际经济与贸易、贸易经济3个本科生专业;设有政治经济学、西方经济学、世界经济学、经济思想史、经济史、数量经济学、国际贸易学、产业经济学(商业经济)和国民经济学9个学术型硕士研究生专业和硕士学位授权点,以及国际商务专业硕士学位授权点;设有数量经济学、国民经济学、产业经济学、国际贸易学和国防经济5个博士研究生专业和博士学位授权点;同时,设有一级学科应用经济学博士后流动站。

(高琼)

教学工作

经济学院一直积极改革教学模式,更新教学内容,改进教学方法,并对课程设置进行了较大的改革和调整,使教学质量不断提高,并取得了重要的成绩。为适应世界经济一体化和对外交流的需要,学院开设了10余门全英语授课的专业课程和多门中英文双语授课的课程,为更多的中国学生进入到外国大学学习和外国学生到经济学院就读创造了条件。为落实质量工程要求,积极推进教学模式改革,2005年以来,学院设立了经济学专业实验班和国际经济与贸易专业国际班。实验班实行导师制;课程设置上重点增加经济学基础理论、数学和外语的教学;教学方式上,重视讨论式、研究式教学,同时增加实验课教学;实验班的培养目标是使多数学生能够继续在本院或到国内外知名大学攻读研究生学位。国际班注重学生英语水平的全面提高,并强化学生国际交往能力的培养;国际班的主要课程设置与经济学院的国外合作大学接轨;部分课程实行全英文授课。

经济学院人才培养改革的目标是:重在培养具有创新意识、批判性思维和国际视野的应用型、复合型人才,使学生不仅有扎实的经济理论基础、较高的外语水平和专业知识,有较强的适应能力、实践能力和创新精神,并且具有较高的综合素质。经济学院在国内外建立了30余个与各专业对口的社会实践基地,并在大学三年级实行了小学期制,在小学期,学院有组织地安排学生到国内外的实践基地进行锻炼,加强学生实践能力的培养;鼓励学生参加形式多样的学科竞赛,培养他们的创新能力和独立思考能力;鼓励学生参加国际交流项目,拓宽学生的国际化视野。

(高琼)

科研工作

经济学院具有雄厚的科研力量。多年来,经济学院的教师完成了国家"七五"、"八五"、"九五"、"十五"、"十一五"、"十二五"规划社会科学基金和自然科学基金课题以及教育部、北京市教育委员会以及国务院有关部委、企事业单位委托的科研课题数十项。近年来,经济学院的教师出版了50多部专著和教材,在权威刊物、核心刊物上发表了1 000余篇学术论文,取得了丰硕的研究成果,并有多项科研成果获得了教育部普通高校人文社会科学和北京市哲学社会科学优秀科研成果奖,同时还有多项科研成果获得了其他省部级奖励。2011年,新获批纵向项目17项,其中,国家级项目1项,省部级项目7项,其他项目9项。2011年发表论文143篇,其中,权威期刊33篇,核心期刊37篇。

(高琼)

学生工作

【思想政治教育】 经济学院高度重视学生的思想政治教育工作,通过多种途径切实加强学生思想教育的针对性和实效性。加强"两课"教育,培养学生的马列主义理论和思想道德修养;举办形势报告会和专题报告会,拓宽学生视野,提高学生分析鉴别能力;开展丰富多彩的校园文化活动和"文明修身"等活动,寓教育于活动之中,陶冶学生情操;开展学习英雄模范人物活动,激发学生学英雄、敬英雄的情感,提高自己的思想道德;充分发挥学生党员在专业学习、社会工作、公益活动等方面的模范带头作用,为广大学生建设和谐校园树立一种良好的导向示范作用;进一步丰富经济学院学生党支部及分团委博客的内容,以此为载体,搭建学生思想政治教育的广阔平台。

经济学院关注学生思想动态。自2010年学院在各班级、党支部、团支部以及宿舍楼设立信息员,关注学生关心的社会热点问题以及学生读书学习、就业创业、交友婚恋、权益维护等青年热点问题,及时、准确把握学生动态。截至2011年12月,学院共有信息员23名。学院开展"倾听"工作,2010年起,每周三下午由专职辅导员对约谈学生进行个体辅导,内容涉及心理、大学生发展、就业等多方面问题。

(高琼)

【主题教育活动】 经济学院通过主题团日、主题党日活动,加强对学生思想、学习、能力、人格的培养,组织有针对性的能够引领广大青年学生的主题教育活动。3月,学院开展"铭记党史,认识两会,探讨维稳"主题团日活动;7月,党支部走进中国人民抗日战争纪念馆,开展"学党史,知党情,以实际行动献礼建党九十周年"主题党日活动,通过担任志愿讲解员,开展党员教育。

(高琼)

【学风建设】 经济学院紧抓学生的课堂出勤率、国家英语四六级一次通过率、奖学金获奖率、优秀学生干部和三好学生比率、党员学生比率、学位授予率、考研率、就业率等"八率",以此来促进学风建设,成效显著;定期召开班主任、辅导员工作研讨会及学生干部座谈会,进一步畅通信息渠道,以便及时发现问题,解决问题;完善班主任、学生辅导员、任课教师、学院领导共同进行学生学习情况监督检查制度,进一步完善学院周考勤通报制度。6月,学院召开了2010~2011学年第二学期学风建设座谈会,党总支书记郎丽华,人文学院、统计学院、信息学院和经济学院的2008、2009、2010级主要任课老师和各班班主任参加了座谈会。

(高琼)

【志愿服务工作】 经济学院为每名学生建立了志愿者服务档案,在便于管理的同时,完成志愿服务活动的常态化、社会化。在学期初针对新生进行志愿活动的宣传并对志愿者进行人员注册,发放《志愿者手册》,用于对志愿者所参加的志愿服务进行记录与证明,使志愿活动系统化、正规化。2011年,学院依托分团委志愿者工作部,坚持每周三下午到利智幼儿园开展志愿服务活动,为残疾儿童献出自己的爱心,打造学院品牌志愿服务活动。4月26日,学院开展以"携手励志校园,关注弱势群体,弘扬志愿精神"为主题的志愿者分享会,邀请北京十大劳模李金明、特教机构周先念老师、校红十字会的负责人和学院志愿者代表和同学们分享志愿服务经历,呼吁人们关注弱势群体,弘扬志愿精神。

（高琼）

【大学生发展辅导工作】 5月11～12日,经济学院学生发展与辅导协会举办了经济学院2011年毕业生分享会,分享会共分为考研、出国、求职3个专场,帮助学生及早树立发展目标以及更好地规划大学生涯。2011年12月8日,举办2010级学生举行专业认知会,经济学院马方方教授、刘宏教授、张弘教授为经济学、国际经济与贸易和贸易经济3个专业的同学就本专业基础认知和发展状况做了详细讲解。

（高琼）

【学生管理工作】 经济学院秉承"办学以学生为主"的理念,把握新生入学、军训、毕业等关键节点,依托各类奖学金的评定、各种评优活动以及班级活动的开展,通过奖、贷、勤、惩等日常工作加强学生管理工作。为促进学风建设,激励学生全面发展,学院按照学校相关文件要求进行各类奖学金的评选工作,公平、公正、公开地开展奖励评审。随着学校外地学生比例上升,学院内经济困难学生的人数不断增加。为加强对经济困难学生的教育,在学生管理过程中细化经济困难学生资助工作。10月,按照学校有关规定开始经济困难学生的认定工作,截至12月,共登记本科生、研究生经济困难学生186名,建立信息库,如实记载经济困难学生的个人情况和家庭经济情况。同时通过国家助学金的评定、勤工助学岗位申请以及各类补助的发放,帮助学生缓解经济困难。为使学院学生管理工作逐步科学化、专业化,学院建立、规范了学生管理电子档案,档案中包括学生的学籍、学习、奖惩、社会实践、志愿服务,校园活动等信息。

（高琼）

【学科竞赛】 在良好学风、院风的带动下,经济学院学生积极参加各类学科竞赛活动,以此来提高创新能力和就业能力,并在国际数学建模比赛、全国及北京市各类学科竞赛中取得了优异成绩。2011年,经济学院53名学生参加了2011年全美大学生数学建模和交叉学科建模比赛(MCM/ICM)。最终经济学院在比赛中取得2个一等奖,7个二等奖,9个三等奖的骄人成绩,所有参赛选手全部获奖。经济学院代表队参加全国大学生数学建模竞赛,获得全国二等奖1项、北京市二等奖5项,共计6个奖项。

在第三届"尖峰时刻"全球商业决策模拟挑战赛中国区总决赛中,由经济学院孟晨、赵娜、曹安潇组成的代表队获得全国二等奖。在首届"经世济民"高校商学院财经专题辩论赛中,经济学院辩论队先后与中国农业大学、清华大学、对外经济贸易大学等高校的经济学院辩论队展开激烈辩论,并取得大赛亚军的优异成绩。

2011年省部级学科竞赛获奖名单

竞赛名称	获奖奖项	获奖名单
全美大学生数学建模和交叉学科建模比赛	一等奖	高思宇　陈超敏　魏　衫
全美大学生数学建模和交叉学科建模比赛	一等奖	荣　誉　刘　伟　刘子恬
全美大学生数学建模和交叉学科建模比赛	二等奖	刘　星　李　昂　冯彦钧
全美大学生数学建模和交叉学科建模比赛	二等奖	冉思思　李忆婷　张伯蕊
全美大学生数学建模和交叉学科建模比赛	二等奖	赵　昕　刘　昭　李霏霏
全美大学生数学建模和交叉学科建模比赛	二等奖	徐　律　宋　纯　孙天任
全美大学生数学建模和交叉学科建模比赛	二等奖	汪潇逸　陈雅莉　王　迪
全美大学生数学建模和交叉学科建模比赛	二等奖	孙默涵　王卫平　孟　晨
全美大学生数学建模和交叉学科建模比赛	二等奖	刘　璐　赵欣冉　毛凌宇
全美大学生数学建模和交叉学科建模比赛	三等奖	王金龙　周　璇　左　天
全美大学生数学建模和交叉学科建模比赛	三等奖	雷　维　张鑫喆　杨　雯
全美大学生数学建模和交叉学科建模比赛	三等奖	韩　端　董慧君　涂海波
全美大学生数学建模和交叉学科建模比赛	三等奖	安　然　姚乐阳　任钰琪
全美大学生数学建模和交叉学科建模比赛	三等奖	陈静翕　黄逾白　戴　丽
全美大学生数学建模和交叉学科建模比赛	三等奖	罗　克　宋久阳　樊　斌

续表

竞赛名称	获奖奖项	获奖名单
全美大学生数学建模和交叉学科建模比赛	三等奖	吴雪霏　马紫宸　赵京晶
全美大学生数学建模和交叉学科建模比赛	三等奖	赵泽宇　祁　宇　祁　辉
全美大学生数学建模和交叉学科建模比赛	三等奖	杨　昊　张　茵
全国大学生数学建模与计算机应用竞赛	全国二等奖	李佳南　吴　琼　钱　坤
北京市大学生数学建模与计算机应用竞赛	北京市二等奖	雷　维　赵骁腾　由　帅
北京市大学生数学建模与计算机应用竞赛	北京市二等奖	谢思晨　刘雪洁　王　荀
北京市大学生数学建模与计算机应用竞赛	北京市二等奖	马博伟　白　天　李雨琪
北京市大学生数学建模与计算机应用竞赛	北京市二等奖	王一楠　刘　爽　甄　滢
北京市大学生数学建模与计算机应用竞赛	北京市二等奖	唐　梦　刘冬丽　孟　泽
第六届"挑战杯"首都大学生创业计划竞赛	银奖	荣　誉　刘子恬　孙默涵
全国商业模拟挑战大赛	全国二等奖	孟　晨　赵　娜　曹安潇

（高琼）

【就业工作】 学院每周三开辟毕业生就业咨询日，解答学生在求职过程中遇到的问题，帮助学生树立正确的求职观念，建立信心，正确对待就业中所面临的现实问题，鼓励毕业生多渠道就业，到基层就业；广开就业渠道，积极主动提供全方位服务；广泛动员全院教师、校友从各方面主动收集就业信息，有针对性地对不同专业的毕业生予以推荐，重点帮助就业有困难的学生，从指导他们制作个人简历、如何顺利通过笔试、面试到最后与用人单位签订三方协议；高度重视毕业生的心理健康教育。将特殊学生群体作为特别关注对象，对就业中受到挫折、经济上存在困难、心理上存在障碍的学生，重点做好心理辅导与帮扶工作。11 月 10 日、11 月 14 日，学院分别召开 2012 届研究生、本科生就业指导大会，推动 2012 届就业工作顺利开展。截至 2011 年 8 月 25 日，经济学院 2011 届本科生就业率 100%，研究生就业率 96.3%。

（高琼）

【2011 年省部级优秀评选获奖情况】 详情见下表。

2011 年省部级优秀评选获奖情况一览表

奖项名称	获奖班级或个人
北京市优秀班集体	2009 级贸易经济 1 班
北京市三好学生	赵达(2008 级期货贸易班)
	赵欣冉(2009 级经济学实验班)
北京市优秀共青团员	李弘思(2008 级贸易经济班)
北京市优秀共青团干部	齐百莹(2008 级国际经济与贸易 2 班)
首都高校先锋杯优秀团支部	2009 级贸易经济 1 班

（高琼）

对外交流

【概述】 经济学院坚持"办学以学生为本，治院以教师为本"的理念，以民主的工作作风、宽松的人文环境、严谨的治学理念、和谐的人际关系和开放的办学思想为指导，积极推进开放办学，扩大国际交流，开展多种形式的师生对外交流活动，为培养国际化人才奠定了坚实的基础。

经济学院国际合作项目一览表（截至 2011 年底）

序号	交流项目
1	法国图卢兹一大保送本科生攻读硕士研究生项目
2	法国 Novancia 高等商学院（原内阁西亚－阿德旺西亚学院）学期交换项目和 2＋1＋1 本科双学位项目
3	法国克莱蒙高等商学院（Groupe ESC Clermont）本科生、研究生暑期交流项目和研究生双学位项目
4	法国布雷斯特高等商学院本科生双学位项目
5	瑞典林奈大学 2.5＋0.5＋1 双学位项目和学期交换生项目
6	芬兰赫尔辛基应用科学大学本科生和研究生学期交换项目
7	芬兰 Seinajoki 应用科学大学本科生学期交换项目
8	德国应用科学大学本科生和研究生学期交换项目
9	美国俄亥俄大学本科生和研究生暑期学习项目
10	美国犹他大学本科生和研究生暑期学习项目
11	阿根廷布宜诺斯艾利斯大学学生交流项目
12	美国加州大学圣地亚哥分校暑期学习项目
13	美国北卡州立大学暑期科研项目
14	美国伊利诺伊大学芝加哥分校研究生项目

（高琼）

【学期交流】　截至 2011 年底，经济学院已经选拔并派出 71 名本科生到合作院校进行学期交换学习。互换交流学生招生主要面向大三学生，采取自愿报名和学院选拔相结合的方式，选拔程序民主、公开、透明。一方面，以学生平时的思想品德和学习成绩为依据；另一方面，学院成立由合作大学代表或本校对外交流学院代表、经济学院老师组成的英语面试小组进行面试，并在学院范围内进行张榜公示初选结果。最终，在综合学生各方面情况的基础上确定交流名单。交换生在国外学习期间免交国外学费，回国后，学校承认其在就读院校所获学分。2011 年，学院选派 8 名经济学院本科生到合作院校进行学期交换学习。

经济学院 2011 年学期交流名单

序号	姓名	班级	交流项目	派出时间	国家
1	张　鑫	2008 级经济学 2 班	学期	2011.1	瑞典
2	李怡然	2008 级经济学 1 班	学期	2011.1	瑞典
3	冯大同	2008 级贸易经济 1 班	学期	2011.1	瑞典
4	赵丽婷	2008 级国际经济与贸易 2 班	学期	2011.1	瑞典
5	吴　琼	2008 级国际经济与贸易 1 班	学期	2011.1	德国
6	李　喆	2008 级国际经济与贸易 2 班	学期	2011.1	德国
7	李　思	2008 级国际经济与贸易 1 班	学期	2011.1	法国
8	王一辰	2009 级经济学 1 班	学期	2011.7	美国

（高琼）

【双学位交流项目】　截至 2011 年 9 月，经济学院共派出 40 名学生赴法攻读双学位。申请该项目的经济学院学生需要首先完成大学一、二年级的本专业学习，同时接受正规语言培训机构 125 学时的法语培训。学院在学生自愿报名的基础上于第四学期进行选拔，选拔通过后学生将于三年级学期初赴法国内阁西亚－阿德旺西亚学院学习，一年后学生返回学校完成大学第四年的学习。交换生在国外学习期间免交国外学费，除完成规定课程并获得相应学分，还需在当地参加为期2~3个月的企业或项目实习，即可获得法方学位申请资格。学生返校后，通过学分冲抵，在达到首都经济贸易大学经济学学士学位要求的同时，亦可获得法国内阁西亚－阿德旺西亚学院经济学学士学位。

此外，鉴于经济学院派出学生的优异表现，瑞典林奈大学学位委员会在认可首都经济贸易大学的学分的基础上，对符合该校学位授予条件的首都经济贸易大学交流学生授予林奈大学学位。

经济学院2011年赴法参加双学位交流项目学生名单

序号	姓名	班级	交流项目	派出时间	国家
1	焦　洋	2009级贸易经济1班	双学位	2011.9	法国
2	赵墨丹	2009级贸易经济2班	双学位	2011.9	法国
3	周晓雯	2009级贸易经济1班	双学位	2011.9	法国
4	杨佳玉	2009级经济学1班	双学位	2011.9	法国
5	李　璇	2009级经济学1班	双学位	2011.9	法国
6	蔡萌雨	2009级国际经济与贸易国际班	双学位	2011.9	法国
7	崔　旭	2009级国际经济与贸易国际班	双学位	2011.9	法国
8	吕　晨	2009级经济学1班	双学位	2011.9	法国
9	刘思宇	2009级经济学2班	双学位	2011.9	法国

（高琼）

【假期交流】 6月，经济学院共派出36名学生前往美国犹他大学、美国俄亥俄大学、美国加州大学圣地亚哥分校进行学习，包括课程学习、企业参观、社会实践等学习实践活动。由学院指定带队教师对外出交流学生的学术学习和实践沟通进行指导和帮助。

经济学院2011年赴美参加暑期交流项目学生名单

序号	姓名	班级	交流项目	派出时间	国家
1	齐百莹	2008级国际经济与贸易2班	暑期交流	2011.6~2011.8	美国
2	孟　晨	2008级国际经济与贸易2班	暑期交流	2011.6~2011.8	美国
3	耿毓泽	2008级国际经济与贸易2班	暑期交流	2011.6~2011.8	美国
4	冷炤坤	2008级国际经济与贸易3班	暑期交流	2011.6~2011.8	美国
5	赵妍俏	2008级国际经济与贸易2班	暑期交流	2011.6~2011.8	美国
6	常竞予	2008级国际经济与贸易2班	暑期交流	2011.6~2011.8	美国
7	顾晓蕾	2008级国际经济与贸易2班	暑期交流	2011.6~2011.8	美国
8	李媛婧	2008级经济学1班	暑期交流	2011.6~2011.8	美国
9	李士瑶	2008级经济学1班	暑期交流	2011.6~2011.8	美国
10	胡海艺	2008级经济学1班	暑期交流	2011.6~2011.8	美国
11	周宇辰	2008级经济学2班	暑期交流	2011.6~2011.8	美国
12	吴天慧	2008级经济学2班	暑期交流	2011.6~2011.8	美国
13	蔡其江	2008级经济学1班	暑期交流	2011.6~2011.8	美国
14	张　森	2008级经济学2班	暑期交流	2011.6~2011.8	美国
15	乔　雪	2008级经济学2班	暑期交流	2011.6~2011.8	美国
16	严旭婕	2008级经济学2班	暑期交流	2011.6~2011.8	美国

（高琼）

【保研直通车】　截至2011年9月,经济学院共派出　57名学生赴图卢兹一大攻读硕士研究生。

经济学院2011年保送赴法攻读硕士研究生一览表

序号	姓名	班级	交流项目	派出时间	国家
1	臧　玉	2007级经济学实验班	保研直通车	2011.9	法国
2	曲　丹	2007级国际经济贸易1班	保研直通车	2011.9	法国
3	韩　丽	2007级国际经济贸易2班	保研直通车	2011.9	法国
4	肖　慧	2007级国际经济贸易国际班	保研直通车	2011.9	法国
5	杨　柳	2007级经济学实验班	保研直通车	2011.9	法国

（高琼）

党建工作

【概述】　截至2011年底,经济学院现有党员241人,其中,在职教师党员31人,离退休教师党员16人,学生党员194人。教职工党支部3个,学生党支部6个,离退休党支部1个。

经济学院党总支在学校党委领导下,始终坚持以邓小平理论、"三个代表"重要思想为指导,深入贯彻落实科学发展观,开展以学习实践科学发展观为主题的创先争优活动。以提高党员素质、增强党组织凝聚力、提高教育教学质量、培养学生全面成长成才为目标,积极开展工作,充分发挥基层党组织的政治核心作用和战斗堡垒作用,有力地保障了学院教学、科研、管理、服务工作以及本科教学评估和党建评估等工作的顺利完成,走出了一条具有经济学院特色的党建之路。学院党总支连续4次被评为"首都经济贸易大学先进基层党组织"。

（高琼）

【党员发展与培养】　经济学院认真遵照《中国共产党发展党员工作细则(试行)》的要求,遵循"坚持标准,保证质量,改善结构,慎重发展"方针,严格履行发展党员的有关程序,加大入党积极分子的培养和考察力度,学院党总支不断完善推优入党流程,制定了详细的纲要。

马列主义研究促进会的理论阵地作用是发展党员工作的有益补充。学院党总支依托马列主义研究促进会,通过举办一系列活动,包括观看时事教育影片、举办党的知识讲座、入党交流会等活动,普及党的基础知识,加强入党积极分子的教育与培养。2011年学院共发展党员40名,其中,在读硕士生14名、在读本科生26名。

（高琼）

【基层党组织的思想建设和组织建设】　经济学院党总支以思想建设、组织建设和作风建设为重点,通过加强干部的理想信念教育和宗旨观念教育,切实提高学院各级干部的理论修养、党性修养和品德修养。进一步完善学院理论学习中心组学习制度,不断增强学习实效。经济学院教师主要讲授经济学理论和政策,与国家和国际经济发展的现实联系密切。结合这一特点,学院党总支采取灵活多样的学习方式,把教学、科研和党的理论的学习紧密结合起来,不拘于形式而重在实效。5月25日,经济学院党总支在博学楼第二阶梯教室举办"学党史、知党情"主题讲座。学院党总支书记郎丽华、副书记马力、全体党员以及教师积极分子参加了讲座。原人文学院匡长福教授作了《党的发展历程》的主题报告。

（高琼）

【深入开展创先争优活动】　在深入开展创先争优活动中,经济学院党建工作形成了鲜明特色。一是党政一盘棋:党政一把手密切合作,互相支持、相互尊重,对学院整体工作保持思想沟通和行动一致。院务会成员分工合作,工作协调,形成一个政治坚定、团结奋进、勤政廉洁的坚强领导集体。二是导师制:学院的老教师、老党员充分发挥他们在教学科研岗位上的无私奉献精神,担任年轻教师的导师,从教学、科研、生活等方面关心青年教师的成长,以毕生的经验悉心指导和帮助他们,让青年人逐渐成为教学、科研主力,用集体的智慧和团队的力量实现学院的新发展。三是党建辅导员制度:为了更好地发挥学生党员在全体学生中的引领作用,学院建立了党建辅导员制度,学生党员担负起了联系、引导低年级学生的责任。自2005年建立党建辅导员制度以来,党员辅导学生2 100余人次。四是创先争优的帮带机制:为提高教师整体教学质量,学院党总支有计划地组织青年教师进入师德模范老教师课堂学习,分享老教师的教学经验。贾金思老师、王利老师退休后仍然坚持在教学第一线,通过进课堂、座谈研讨等方式帮助查找青年教师在提高教学水平、育人水平方面的不足,帮助他们提高教学水平和教学质量。

(高琼)

【主题党日活动】 经济学院党总支一直探索新形势下党员学习、实践的特点与规律,以主题党日活动为主要平台,加强党员的理论学习,保证党员的社会实践,以点带面,增强党支部的凝聚力,扩大党支部的影响力。多年来,学院的主题党日活动已经形成了一定的活动效应,不仅带动着校内的学生党员与入党积极分子,还把影响扩大到了社会的其他基层党组织以及群众,真正达到了"以活动创佳绩,以活动促发展"的效果,同时学院提出"一个党员,一面旗帜,一个团队,一片诚心"的口号,建立了党员志愿服务长效机制。

2011 年,经济学院低年级学生党支部与中国人民抗日战争纪念馆合作,通过担任志愿讲解员这种特殊形式学习党史、传授党的光荣传统,以实际行动开展"创先争优"活动。7 月 1 日,支部全体成员来到中国人民抗日战争纪念馆,面向观众讲解 14 年抗战历史,讲解词 20 000 余字,当天共接待观众 5 000 余人次,上海东方卫视也关注到了此次活动,并进行了采访,志愿讲解结束后,在党总支副书记、学生低年级党支部书记马力的带领下,支部召开了"普党史、知党情、以实际行动献礼建党 90 周年"民主生活会,此次主题党日活动,党员参与率达到 100%。通过此次活动,学院与中国人民抗日战争纪念馆建立了合作关系,将其作为党史教育基地,长期开展党员、积极分子教育活动。此次主题党日活动获得学校主题党日活动评选一等奖。

(高琼)

【党校工作】 经济学院作为独立承办高级党校的学院,一直从提高理论性、针对性和实效性的角度加强对积极分子的培训力度,按照坚持标准、保证质量的要求,开展学院积极分子高级培训班各项工作,并对学员进行了严格的考核。对于课堂出勤、课上表现、社会实践、党课研讨以及结业测试均合格者,准予结业并发放结业证书。2011 年高级培训班共培训 137 人,137 名学员顺利结业,其中,19 名学员在各方面表现突出,授予优秀学员称号。

(高琼)

重大事件

【中国经济增长与周期高峰论坛】 由中国经济增长与周期研究中心、中国社会科学院经济研究所、首都经济贸易大学、香港经济导报社等单位联合主办的中国经济增长与周期高峰论坛(2011)于 2011 年 6 月 11 ~ 12 日在北京举行。中国经济增长与周期高峰论坛已经连续成功举办了 5 届,主题分别为"经济增长与金融稳定"(2007)、"经济增长与通货膨胀"(2008)、"世界经济动荡与中国经济可持续发展"(2009)、"中国经济增长路径的转换与政策选择"(2010)。本届论坛的主题是"后危机时代中国经济可持续繁荣暨中国城市生活质量指数发布会",与会专家学者来自国家统计局、国家发改委、国务院发展研究中心、中国社会科学院、商务部、北京大学、中国人民大学、北京师范大学、厦门大学、湖南大学、宁波大学、国际货币基金组织、美国加州大学戴维斯分校等宏观经济管理部门和高等院校。人民日报、香港经济导报、中国证券报等国内著名媒体报刊对会议进行了综合报道,中国网、中国证券网全程直播了会议实况。与会专家与学者对中国经济运行的基本特征、未来宏观经济形势及面临的主要问题、内外经济环境、成功实现经济转型的动力和面临的主要约束进行了充分探讨。论坛上,中国经济增长与周期研究中心发布了全国 30 个省会城市的生活质量的调研报告,公布了生活质量指数。

(高琼)

【中国城市生活质量指数发布】 6 月 11 日,中国社科院经济所和首都经济贸易大学联合发布首个《中国城市生活质量指数报告》,经济学院张连城教授代表中国经济增长与周期研究中心发布了全国 30 个省会城市的生活质量的调研报告,并公布生活质量指数。报告表明,经济增长速度和居民的生活质量水平存在一定的反差。这一调研结果进一步说明了,保证居民分享经济增长的收益,提高经济增长质量,保证宏观经济政策有效施行的必要性和紧迫性。

(高琼)

【国际商务专业硕士兼职导师聘任仪式暨培养方案研讨会】 6 月 23 日,经济学院在北京会议中心第六会议室举办了"国际商务(MIB)专业硕士兼职导师聘任仪式及培养方案研讨会",副校长丁立宏、研究生部主任兼经济学院院长张连城、专业硕士教育中心主任张军、发展规划处处长祝合良、研究生部副主任周明生、经济学院领导班子成员和相关研究生导师以及首批受聘的专业硕士兼职导师代表参加了会议。首批接受聘任的国际商务(MIB)兼职导师分别来自北京对外经贸控股有限公司、中储粮油脂有限公司、商务部、中粮集团、北京超市发集团、中纺粮油进出口有限责任公司等政府、企事业单位,聘任仪式由经济学院党总支书记郎丽华教授主持。

丁立宏代表学校师生对兼职研究生导师加入到首都经济贸易大学行列表示欢迎，并对学校硕士、博士培养的现状作了简要介绍，对专业硕士教学培养工作提出了新的要求，张连城教授介绍了国际商务(MIB)专业硕士申报过程及其重要意义，他希望校内外导师齐心协力，将国际商务专业硕士办成国内有竞争力的特色品牌。

会议就国际商务(MIB)专业硕士培养目标、培养方式和教学计划进行了认真讨论，与会的导师们还对培养方案的讨论稿提出了若干有价值的建议。为办好国际商务专业硕士，经济学院还将充分利用与欧美15所高校已经建立起来的学生交流网络体系，统筹海内外师资力量、课程设置和实习基地，满足学生攻读中外双学位的要求，努力使学生熟悉国际商务环境，适应全球化时代海内外企业和机构的职场要求。

(高琼)

【举行中国经济实验研究院成立大会暨宏观经济形势研讨会】 11月16日，首都经济贸易大学中国经济实验研究院成立大会暨宏观经济形势研讨会在博学楼一层学术报告厅举行，校党委书记柯文进，校长王稼琼，副校长郝如玉、王文举、丁立宏和党委副书记朱玉华出席大会，学校相关部门及部分院系领导，北京大学、中国人民大学等高校及中国社会科学院等科研机构的嘉宾，50余名国内宏观经济研究领域的著名专家，新华社、香港经济导报等20多家媒体参加了大会，成立大会由经济学院党总支书记、常务副院长郎丽华教授主持。

柯文进宣布了《关于成立中国经济实验研究院的决定》，并和全国人大常委、财经委副主任郝如玉一起为研究院揭牌，研究院由郝如玉担任名誉院长，经济学院院长张连城担任研究院院长，中国社科院经济研究所副所长张平教授任专家委员会主任、首席经济学家。成立大会后，中国宏观经济形势研讨会举行，中国社会科学院学部委员、著名经济学家杨圣明教授、中国人民大学经济学院胡乃武教授、中国人民大学经济学院院长杨瑞龙教授、商务部流通产业发展司副司长吴国华、北京师范大学经济与工商管理学院分党委书记沈越教授、北京大学国民经济核算与经济增长研究中心主任蔡志洲教授、中国社科院经济研究所宏观经济室主任张晓晶研究员、宁波大学商学院副院长陈昆亭教授、首都经济贸易大学经济学院副院长田新民教授分别作主题发言。

(高琼)

【第三届商业模拟挑战赛中国区总决赛】 3月11～12日，由经济学院主办的第三届“尖峰时刻”全国商业决策模拟挑战赛中国区总决赛在学校举行，决赛分为上机模拟和案例分析两部分，上机模拟主要通过操作由Cesim公司提供的平台软件来进行决策比拼，案例分析则是通过选手对给定案例的综合分析和对现场评委的应答反应来进行角逐。

此次全球商业模拟挑战赛中国区决赛有来自中国人民大学、中山大学、东南大学等23所高校的17支本科生团队和23支MBA团队参加，比赛共设特等奖，一、二等奖，最佳创意奖，最佳风采奖，最佳团队合作奖，企业家青睐奖等7个奖项。经过两天的比赛，最终深圳大学参赛队伍“小鱼大梦”和中山大学岭南学院参赛队伍“Dream Builder”分别摘得此次大赛本科组、MBA组的桂冠。本科组冠军将代表我国参加在欧洲举行的PEAK TIME全球赛事，MBA组冠军将前往北欧学院进行为期一个月的学术交流活动。经济学院孟晨、赵娜、曹安潇获得全国二等奖。

(高琼)

【李婧教授参加第二届国际经济政治经济学论坛】 11月5日，由国际关系学院、中国社科院世界经济与政治研究所、北京大学国际关系学院国际政治经济学系、北京大学东北亚区域一体化研究中心共同主办第二届国际经济政治经济学论坛暨“货币政治与国际关系”研讨会在国际关系学院学术交流中心召开，经济学院李婧教授应邀提交了论文并做了题为“人民币国际化：国际反应及评价”的演讲。

李婧教授在演讲中全面分析了国际社会各界对人民币国际化相关问题的研究成果和核心论点。此次研讨会分为4个议题：G20与国际货币体系改革、欧美债务危机的前景与国际格局、大国间的货币博弈、货币国际化与世界经济格局。与会专家和学者从货币政治视角观察了国家、国际关系和世界格局的新变化，以及人民币国际化与国际格局的演进与变化，探索了货币政治与国际关系的演变与发展前景。

(高琼)

【经济学家、校友卢迈作“社会公平与社会政策”讲座】 10月18日，学校校友、中国发展研究基金会秘书长、著名经济学家卢迈研究员回校作报告。报告开始前，校党委副书记朱玉华与卢迈进行了亲切友好会谈，并对卢迈关心母校发展和学院建设表示感谢，经济学院党总支书记郎丽华主持了本次报告会。报告的主题是“社会公平与社会政策”，报告内容与我国当今社会形势密切相关，报告所关注公平问题也是经济研究所重点关注的方面，卢迈老师的报告引起了现场本科、研究生及留学生浓厚的兴趣。

(高琼)

【校友李庚作报告】 为庆祝建校55周年,10月12日,经济学院邀请学校商经系企业管理1978级2班的校友、中华文化促进会旅游中心首席专家、首都旅游集团研究院首席研究员、国家旅游标准技术委员会委员、北京文化发展基金会首席专家、2008年北京奥运会重大旅游项目暨庆典策划专家李庚,为经济学院的同学们作专题报告,拉开经济学院庆祝建校55周年序幕。报告会在博学楼学术报告厅举行,出席此次报告会的有经济学院党总支副书记马力、经济学院专职辅导员赵灵翡,经济学院全体本科新生。

(高琼)

【六小龄童"西游记与传统文化"主题讲座】 9月19日,著名的艺术家、"章氏猴戏"与西游记文化的传承者,章金莱老师(艺名:六小龄童)走进首都经济贸易大学大学生文化活动中心,为经贸学子作《六小龄童"西游记与传统文化"》主题报告。

章老师结合当代社会的文化认知,提出作为一名中国人,应该深度研究、挖掘西游文化的内涵,弘扬中国传统文化中的精髓。章老师谈到,在从事事业时,应努力保持"人无我有,人有我好,人好我精,人精我绝,人绝我化"的积极进取精神。一部《西游记》,拍了17年,拍摄过程中经历了许多常人无法想象的困难。正是这种锲而不舍、永不言弃的意志,成就了中国影视史上的不朽经典。最后,章老师手持金箍棒进行了出神入化、精妙绝伦的表演。场下经久不息的掌声与欢呼声,传递着同学们对"美猴王"的钦佩与喜爱。

(高琼)

【黄有光走进经济学院"名家进校园"】 11月1日,经济学院邀请到了悉尼大学经济学博士、澳大利亚社会科学院院士、澳大利亚Monash大学的黄有光教授为同学们解读"宇宙是怎样来的"。黄有光教授向同学们详细地讲述了柏拉图的古典设计论及其最终被达尔文的进化论取代的过程,并简要介绍了在有限的漫长时间内发生低级生命进化到人类乃至更高级物种的可能性。参加此次讲座的有经济学院党总支书记郎丽华、党总支副书记马力、专职辅导员高琼。

(高琼)

【2010~2011学年学风建设座谈会】 6月3日,经济学院在博学楼贵宾室召开2010~2011学年第二学期学风建设座谈会,经济学院党总支书记郎丽华,人文学院、统计学院、信息学院和经济学院的2008、2009、2010级主要任课老师和各班班主任参加了座谈会。会上沟通了课堂授课和班级管理等方面的情况,共同探讨了有关严肃考勤考纪和加强学风建设的措施,经济学院党总支副书记马力主持了本次座谈会。经济学院十分注重学风建设工作,树立良好的班风、院风、学风是经济学院不懈追求的目标和方向,座谈会是加强师生了解的有效渠道,通过学生—老师,老师—老师的不同座谈方式,学院期望能为教与学的相互促进提供便捷的平台,并在相互沟通和灵活变通中及时调整工作重心,因时制宜,循序渐进地推进学风建设工作。

(高琼)

【开展"学党史 知党情"学习活动】 为迎接中国共产党建党90周年,2011年5月25日下午,首都经济贸易大学经济学院党总支在博学楼第二阶梯教室举办"学党史、知党情"主题讲座。经济学院党总支书记郎丽华、副书记马力、全体党员以及教师积极分子参加了讲座。人文学院匡长福教授作了《党的发展历程》的主题报告。本次党课是经济学院党总支迎接建党90周年系列活动之一,希望通过学习党史,进一步引导全体党员强化党员意识,自觉弘扬党的优良作风,以党章、党纪规范自身言行,在做好本职工作的同时,学习掌握并正确看待中国共产党的历史,理解党的大政方针政策,在思想上和行动上紧跟党中央的步伐,为国家富强和人民幸福做出一个党员应有的贡献。

(高琼)

【学生在全美大学生数学建模和交叉学科建模比赛中获奖】 为进一步提升教育教学质量,迎接国际化挑战,经济学院53名学生参加了2011年全美大学生数学建模和交叉学科建模比赛(MCM/ICM)。本次比赛于美国时间2011年2月11~14日举行,最终经济学院所有参赛选手在本次全美大学生数学建模和交叉学科建模比赛中全部获奖。其中,一等奖2项,二等奖7项,三等奖9项。

(高琼)

【2010~2011学年对外交流成果汇报会】 为进一步提高经济学院的办学水平,加快国际化办学进程,为经济学院同学提供更多接受国外教育的机会,经济学院与国外多所大学建立了合作交流关系,并已连续派出了数百名学生前往欧美10多所高校学习。2011年12月7日,经济学院在博学楼学术报告厅进行了2010~2011学年对外交流成果汇报,学生工作处处长金京虎、对外文化交流学院副院长张旭红、经济学院院长张连城、经济学院党总支书记郎丽华、经济学院党总支副书记马力、专职辅导员赵灵翡参加了报告会。

(高琼)

会 计 学 院

概 况

2011 年是学校实施“十二五”发展规划的开局之年，在学校党委的领导下，首都经济贸易大学会计学院坚持以学科建设为龙头，以提高本科人才培养质量为目标，不断深化教学改革，优化教学管理，强化了内涵建设，提高了科研水平，国际化建设初见成效。在领导班子和全院师生员工的共同努力，学院各项工作成绩显著。

（孙庆福）

师资队伍建设

截至 2011 年 12 月，会计学院共有专业教师 58 名，其中，教授 11 名，副教授 32 名，讲师 12 名。新增硕士生导师 1 名，晋升副教授 2 名，引进博士 3 名。教师中有包括北京市教学名师付磊教授、北京市优秀教师马元驹教授等一批优秀教师。

2011 年，会计学院加大师资队伍建设力度，通过开展各类培训，组织学院教师赴台湾东吴大学、政治大学和美国北方州立大学进修。

5 月 24 日，美国宾夕法尼亚州立大学（Penn State Lehigh Valley）Michael J. Krajsa 教授和 Nichola D. Gutgold 博士到访会计学院，为会计学院师生就沟通艺术与科学（Communication Art and Science）及个人品牌建设（Branding Yourself）两个专题进行了课堂讲授和教学展示，对启发会计学院教师开展案例教学和互动式教学等教学模式发挥了良好的作用。

（孙庆福）

学科建设

【博士、硕士学位授予权取得突破】 2011 年，会计学院在学科建设上取得重大突破，国务院学位委员会发布〔2011〕8 号文件《关于下达 2010 年审核增列的博士和硕士学位授权一级学科名单的通知》，学校获准新增管理科学与工程和工商管理 2 个博士学位授权一级学科的基础上，实现齐全的会计学学位授予权与专业设置，会计学专业被评为北京市重点学科、北京市特色专业。拥有会计学博士学位授予权，会计学硕士（学术型）、会计学硕士（专业型）、审计学硕士（专业型）授予权。

（孙庆福）

【召开学科建设研讨会】 3 月 2 日，会计学院学术委员会召开学科建设研讨会，讨论在会计学科建设取得进步的新形势下，如何进一步提高学科建设的水平，保证学科持久发展。会议从科研、人才引进与后备力量培养、本科与研究生教育、国际化办学等诸多方面，客观地总结了会计学科建设的情况，并将学校会计学科建设与校内其他学科、外校会计学科建设的情况进行了全面、深入的比较。

（孙庆福）

教学工作

【强化实践教学环节】 2011 年，会计学院为会计学、财务管理专业开设了 8 门专业实验课。每门实验课在实验内容的选定、实验程序的安排、实验过程的组织等方面，均进行了精心设计与策划。学院结合专业发展及人才培养的新特点，对实验教学内容进行了改革和创新，构建了相对独立的实践教学体系。

（孙庆福）

【开设会计学辅修专业】 作为学校首批开设的 3 个辅修专业之一，会计学院制定了会计学辅修专业人才培养计划，制定了辅修专业的报名、教学、考试、成绩管理等相关的管理制度，切实做好辅修专业开设前的各项准备工作，辅修专业的学生于 2011 年上半年开始上课，学生已经顺利完成一年的学习。

（孙庆福）

【完成全校范围的优秀新生转专业工作】 会计学、财务管理专业属于学生比较青睐的专业，符合转专业条件的学生较多，为了保证学生质量，会计学院制定了接收条件,对申请的学生进行了数学和英语测试,经过选拔,最终接受全校不同院系的14名学生到学院学习,首次完成了优秀新生转专业工作。

(孙庆福)

【完成优秀本科毕业生免试攻读硕士研究生的推荐工作】 根据学校《推荐应届优秀本科毕业生免试攻读硕士学位研究生的实施办法(试行)》(2011年学生手册)的要求,本着公开、公平、公正原则开展此项工作。顺利完成了优秀毕业生免试攻读硕士研究生的推荐工作。会计学院首先制定了推荐工作程序,成立了推免工作领导小组,组织学生报名,进行资格审查,组织笔试和面试、学院公示公告,推荐和选拔了9名学生免试攻读硕士学位研究生。

(孙庆福)

【开展精品课程和双语课程建设】 2011年,在教师们的努力下,学院课程建设取得了较好的成绩。杨世忠老师主持的《成本管理会计》课程、邹颖老师主持的《专业英语Ⅱ(理财学)》课程被评为校级精品课程;贺宏老师主持的《财务会计学》课程被评为校级双语示范课程。

(孙庆福)

【组织教改项目、精品教材申报】 2011年,尤小雁老师主持的"财务会计案例教学研究"获得学校2011年重点教改课题建设立项;赵天燕老师主持的"我校讨论式教学和课外辅导制度的研究"、杨鹊老师主持的"会计实习基地建设研究"获得2011年校级教改一般项目立项;王霞老师主持的"国际化教育中专业教育与语言教育的关系处理研究"获得2011年青年项目立项。2011年《会计学》和《会计软件应用》教材被评为校级精品教材。

(孙庆福)

【召开教学国际化研讨会】 4月28日,会计学院召开了教学国际化研讨会。研讨会回顾了会计学院教学国际化建设的历程和近期的工作,提出了今后进一步推进教学国际化的设想和要求。研讨会还提出了会计学院下一步扩大教学国际化的思路,包括扩大与迪肯大学合作培养硕士研究生的范围,开展与澳洲会计师公会的教学合作,开展与台湾彰化师范大学的教学与科研合作等。研讨会还认为,应该采取多种方式,将在国际化教学中取得的经验推广到一般课程中,最终达到通过教学国际化提高会计学院整体教学水平的目的。

(孙庆福)

【召开专业建设研讨会】 6月30日~7月1日,会计学院召开注册会计师方向专业建设研讨会。学院领导班子成员、审计学教研室教师和全体班主任参加了会议。会议由副院长刘文辉主持。会计学院院长付磊教授结合学科发展情况对注册会计师方向的专业建设工作进行了总结。他指出,为加快注册会计师专门人才的培养,1994年以来,财政部共在22所高等院校开设了注册会计师专业方向,首都经济贸易大学会计学院是最早开设该专业的高校院系之一。经过多年发展和不断的努力,已经为社会输送了一批批优秀的毕业生。注册会计师方向已经成为许多莘莘学子的首选专业。经过多年的实践,学院在注册会计师方向的教育教学方面取得了显著的成绩,但也要清醒地看到存在的问题,要认真总结注册会计师方向的办学经验,根据行业建设对注册会计师教育的新要求,进一步提高办学质量,把注册会计师方向办成学校优势突出的品牌专业。

(孙庆福)

【举办本科教学评估自评研讨会】 10月16日,会计学院举办了本科教学评估自评讨论会。会计学院院长付磊、党总支书记解小娟、党总支副书记王银江参加会议,副院长刘文辉主持会议。会计学院各教研室主任、相关教师、实验室人员、分团委书记等分别汇报自己承担的本科教学评估自评部分相关观测点的自评报告与资料准备,相互交流对评估标准的认识、对学院教学工作的评价、对学院办学特色的思考。

(孙庆福)

【会计专业硕士合作办学项目第五期招生】 10月18日,首都经济贸易大学与澳大利亚迪肯大学(Deakin University)合作的、旨在共同培养获得迪肯大学会计学专业硕士和澳洲会计师公会会员资格的项目第五期开始招生。这是经教育部批准的唯一会计专业硕士合作办学项目。本项目国际领先,国内首创,全部课程采用澳方的教学计划与教学方法,使用原文教材,所有课程由澳方教师和经澳方认定资格的中方教师讲授,学完项目全部课程并通过考试者,由迪肯大学颁发会计专业硕士学位证书(Master of Professional Accounting),并可申请取得澳洲会计师公会初级会员资格(Associate Membership,CPA)。

(孙庆福)

【香港会计师公会代表团到校考察】 10月24日,香港会计师公会代表团到首都经济贸易大学进行为期一天的校园考察,该考察是"香港会计师公会首都经济贸易大学会计学专业课程认证"的一部分。此次到学校考察的香港会计师公会代表团一行5人:评审小组主席谢建朋,评审小组委员王熙凤,评审组秘书游树瑛、刘逸虹、郑伟明。谢建朋主席为香港会计师公会资深会员并担任香港科技园公司副总裁,王熙风为香港会计师公会执行总监。评审小组就课程结构、教学及学习资源、课程涵盖的范围、授课模式与课时、授课语言、教学手段及方法、学业评估方法、通用技能或软技能的培训、学生素质保证机制、教师资历和高校教学经验、教师的职责范围和工作量、教师的出版物发表、学生咨询及专业服务等工作的时间安排、教师的研究活动及相应要求、教师培训及进修、教师继续职业教育活动、教师对香港会计师公会专业资格课程(QP)的认识、教师在内地大学执教的职业前景等问题,与会计专业、财务管理专业核心课程管理及教学团队的教师进行了座谈。评审小组在与会计学10多名学生代表的座谈。在与师生座谈后,评审小组深入课堂观摩了会计学院老师的授课。随后,评审小组考察了学校图书馆、电算机室等教学设施;查阅了会计学院历年的试卷及答案等教学资料。最后,评审小组向会计学院班子成员做了评估认证的意见反馈,同意通过对学校这两个专业课程的认证。

(孙庆福)

科研工作

截至2011年12月7日,会计学院已经完成权威论文14篇,核心论文58篇,横向课题科研到账经费115万元。组织全体教师积极申报各级纵向课题和资助。获批1项国家社会科学基金青年项目课题、4项教育部课题、1项市委组织部项目、2项市教委项目、1项校级重点项目和1项校级青年项目。纵向科研经费48万元。组织全院教师外出参加各种科研会议200余人次。召开院学术委员会,研讨会计专业博士的培养规格和课程设置及招生情况。推荐博士生导师和研究生导师。2011年,会计学院共有5名教授获批博士生导师,并获批审计硕士培养权。

7月10日,会计学院举办会计硕士校外兼职导师聘任仪式。校纪委书记杨世忠教授、副校长丁立宏教授、研究生部主任张军以及副主任牛志伟参加了本次聘任仪式。聘任仪式由会计学院副院长李百兴主持。会计学院领导班子成员及研究生导师、研究生代表参加了此次仪式。此次受聘的20多名导师来自会计师事务所、企业、政府机构等不同类型组织,所从事工作领域包括会计、财务和审计,所聘导师在这些领域都有着丰富的实践经验和较高的理论水平,大多具有硕士以上学历。

7月11日,会计学院召开研究生专题工作会,会议内容分为两大部分:一是讨论会计硕士(Mpacc)专业的教学大纲;二是围绕提高研究生论文质量探讨研究生教学和培养管理工作。会计学院全体研究生导师和院班子成员参加了会议。会议从贴近会计硕士培养特点,即注重实践应用能力培养方面,强调新教学大纲要实现案例与理论讲授相结合的教学模式,讲授内容应多围绕实际问题展开,同时确定教学大纲的规范模式。会议还对会计硕士各门课程的教学大纲内容进行了审查并提出了修改意见。

2011年度会计学院科研情况一览表

作者	成果名称	类别
蔡立新	我国中央企业利润分配政策研究	核心期刊
蔡立新	网络会计理论与实务相关问题研究	专著
曹　健	基于财务管理专业实践教学建设的若干思考	论文集
陈　郡	航空业上市公司运用衍生金融工具避险的方法与途径	一般期刊
崔也光	企稳回升:来自北京市上市公司2009年财务分析数据	核心期刊
董力为	后金融危机时代的金融企业风险与控制	核心期刊
董力为	我国资产减值会计准则的“宽进严出”模式探讨	核心期刊
段新生	Belief Function Model of Private Equity Fund Performance Measurement	权威B期刊
段新生	Evidential Synthetic Evaluation Model	权威B期刊
段新生	Weight the Indices to Measure Performance of PE Fund with the AHP Model	权威B
段新生	高科技中小企业私募股权融资探析	核心期刊
段新生	上市公司代理成本与负债融资关系的实证研究	核心期刊

续表

作者	成果名称	类别
段新生	创业板 IPO 的 VC/PE 投资回报分析	核心期刊
段新生	中国创业投资及私募股权投资的投资回报实证分析——基于创业板 IPO 数据	核心期刊
段新生	私募股权投资市场效应实证分析——基于中小企业板上市公司数据	核心期刊
段新生	会计成人教育的特点及实施对策	一般期刊
段新生	Study on the Performance Evaluation System of RMB PE Fund	一般期刊
段新生	私募股权基金业绩评价指标权重确立的 AHP 模型	一般期刊
段新生	Weight the Indices to Measure Performance of PE Fund with the AHP Model	论文集
段新生	有限合伙制私募股权投资基金的治理问题研究	论文集
段新生	Study on the Governance Evaluation of PE Fund in China	论文集
付　磊	出口信用保险与企业价值提升	专著
付　磊	企业组织理论研究	专著
付　磊	企业改革的企业基础	核心期刊
付　磊	企业财务信息化的风险源分析	一般期刊
顾奋玲	上市公司审计师变更信息披露问题研究	核心期刊
顾奋玲	内部控制审计规范的变迁及完善	核心期刊
顾奋玲	2010 年度会计师事务所创先争优综合评价分析及行业发展研究	研究报告
贺　宏	国际化会计人才培养的中外比较	核心期刊
贺　宏	股份支付准则对上市公司业绩影响	核心期刊
黄毅勤	会计从业资格考试辅导教材——会计基础	其他专业出版物
黄毅勤	外部治理机制与企业过度投资——来自中国 A 股的经验证据	核心期刊
黄毅勤	会计实训中的职业能力培养	一般期刊
黄毅勤	以学生为主角,教与学互动——财务会计实训改革的体会	论文集
蒋燕辉	社会转型期的企业会计公共关系探讨	核心期刊
蒋燕辉	关于构建和谐税企关系的理性思考	核心期刊
李百兴	新竞争环境下战略成本管理研究——基于价值链的视角	专著
李百兴	价值链会计分析研究	专著
李百兴	创业板 EPS 信息对短窗期股价动态影响研究	核心期刊
李百兴	推进我国碳会计发展	一般期刊
李百兴	企业环境问题频发的经济学思考	一般期刊
李春燕	非会计专业的会计教学探讨	核心期刊
李春燕	从内部控制视角透视“顺驰地产”的兴衰	核心期刊
李春燕	股权激励的权益工具公允价值的确定	核心期刊
李　刚	2011 年度会计专业初级技术资格考试初级会计实务模拟试题(B)及参考答案	核心期刊
李　刚	2011 年度会计专业中级技术资格考试中级会计实务模拟试题(B)及参考答案	核心期刊
李　刚	2011 年度会计专业中级技术资格考试财务管理模拟试题(B)及参考答案	核心期刊

续表

作者	成果名称	类别
李　刚	上市公司利用资产减值进行盈余管理研究	核心期刊
李　刚	2011 年《高级会计实务》模拟试题及参考答案	核心期刊
李　刚	非会计专业会计教学要融入会计电算化知识	核心期刊
李　文	怎样备考《税务代理实务》	一般期刊
梁淑美	ERP 环境下的会计业务流程重组	核心期刊
刘文辉	会计学基础(修订第三版)	北京市精品教材
刘文辉	国有企业特点对实施新会计准则的影响	权威 B 期刊
刘文辉	基于能力培养与会计实践教学改革的调查问卷分析	核心期刊
刘文辉	会计学专业实践教学的现状与思考——基于对会计从业人员调查问卷的分析	论文集
柳志强	财经类高校会计专业人才培养模式探讨	一般期刊
柳志强	高校会计专业实践教学改革创新模式探讨	一般期刊
栾甫贵	企业破产重整价值评估研究	专著
栾甫贵	基础会计(第三版)	其他专业出版物
栾甫贵	我国破产会计研究的回顾与评价	权威 B
栾甫贵	企业破产重组收益的性质及确认	核心期刊
栾甫贵	破产清算内部控制:内部控制的新领域	一般期刊
栾甫贵	会计教育国际化的理念及其战略选择	论文集
栾甫贵	企业破产重整价值评估理论与实践	研究报告
马元驹	管理会计模拟实验教程	国家规划教材
马元驹	审计意见、盈余管理与我国上市公司年报披露的及时性	核心期刊
马元驹	镶嵌在会计徽标中的公平正义——以我国注册会计师协会的徽标为例	核心期刊
马元驹	关于会计伦理教育的思考和建议	核心期刊
马元驹	关于会计准则正当性的思考	一般期刊
汪　平	基于价值管理的国有企业分红制度研究	专著
汪　平	股权资本成本性质与估算技术分析	核心期刊
汪　平	交叉上市的资本成本效应之实证研究	核心期刊
汪　平	资本成本、EVA 评价、国企分红及其他	一般期刊
王凡林	The Development Process and Realization of Knowledge Management	权威 B
王凡林	IT 治理行为与公司绩效关系研究——基于现场调查的数据分析	核心期刊
王凡林	IT 治理机制下的企业内部控制问题与建议	核心期刊
王凡林	会计信息化过程的发展规律及路径选择	核心期刊
王凡林	An Empirical Study on the Relationship between the Characteristics of the Accounting Information Systems(AIS) Planning and the Credibility Thereof	权威 B
王国生	财务会计(修订第三版)	本科生以上使用教材
王国生	快速掌握新《医院会计制度》	其他专业出版物

续表

作者	成果名称	类别
王国生	小企业会计准则(征求意见稿)与会计制度的比较	核心期刊
王国生	《小企业会计准则(征求意见稿)》的思考	核心期刊
王海洪	建设以计算机审计为主要手段的审计实验室	核心期刊
王海洪	电子商务会计模式的探讨	核心期刊
王海洪	高校会计信息化人才培养研究	论文集
王海林	企业内部控制能力评价研究	专著
王海林	财会基础	其他专业出版物
王海林	Research on Framework of Value Chain Management Information System	权威 B
王海林	Research on Budget Control of Supply Chain Management	权威 B
王海林	信息技术环境下企业内部控制建设的思考	核心期刊
王海林	企业财务系统升级 ERP 刍议	核心期刊
王　荣	国有企业会计管理的优化策略研究	核心期刊
王　荣	新时期企业会计监督研究	核心期刊
王　荣	浅析电子商务对企业管理的影响	核心期刊
王淑梅	我国企业参与金融衍生品交易的现状与问题分析	一般期刊
王淑梅	化解地方债务风险重在建机制	一般期刊
王　霞	2010 年年报审计瞄准五大关键词	一般期刊
王哲兵	美国金融机构破产前高管薪酬特征分析	权威 B
许江波	销售与收款内部控制——理论·事务·案例	专著
许江波	高校绩效预算:三维度模式及推行策略	权威 B
许江波	上市公司内部控制信息披露影响因素实证研究——基于深市主板 A 股上市公司 2009 年数据分析	核心期刊
许江波	中国高校预算管理现状调查与思考	核心期刊
闫华红	2011 年注册会计师考试应试指导及全真模拟测试——财务成本管理	参考书
闫华红	财务报表分析(高等职业教育会计学专业系列教材)	其他专业出版物
闫华红	Discussion on the Internal Control and Collaboration of Enterprise Indirect Purchasing	权威 B 期刊
闫华红	Teaching and Learning in the Case Teaching of Financial Management	权威 B 期刊
闫华红	内部治理与资本成本的关系研究	权威 B
闫华红	我国上市公司内部治理结构的问题分析	核心期刊
闫华红	2011 年度会计专业技术资格考试财务管理模拟试题(A)及参考答案	核心期刊
闫华红	2011 年注册会计师考试辅导——《财务成本管理》	核心期刊
闫华红	可持续增长下的财务战略研究——基于高新技术企业的实证数据	核心期刊
闫华红	《财务与会计》科目命题特点与学习方法	一般期刊
闫华红	国有企业非效率投资行为检验的理论解释与对策研究	首都经济贸易大学校级重点科研项目

续表

作者	成果名称	类别
闫华红	2012年会计专业技术资格考试应试指导及全真模拟测试——中级财务管理	参考书
闫华红	2012年会计专业技术资格考试应试指导及全真模拟测试	参考书
阎　竣	私营中小企业主性别与融资约束的实证研究	核心期刊
杨　鹃	民营中小企业财务困境研究	核心期刊
杨世忠	管理咨询(修订第二版)	国家规划教材
杨世忠	谈谈辅助生产费用分配中的计划成本法	一般期刊
叶　青	2011年全国注册税务师执业资格考试税法Ⅱ应试指南	参考书
叶　青	2011年全国注册税务师执业资格考试税法Ⅰ应试指南	参考书
叶　青	2011年度注册会计师全国统一考试税法经典题解	参考书
叶　青	2011年注册会计师考试辅导——《税法》	核心期刊
叶　青	2012年全国会计专业技术资格统一考试《经济法基础》应试指南	参考书
尹世芬	涉外企业会计	其他专业出版物
尤小雁	行政因素对国有企业股权投资的影响分析	核心期刊
尤小雁	商誉处理难点解析	核心期刊
尤小雁	对会计本科教育存在问题的思考	核心期刊
尤小雁	子公司权益法与成本法转换难点浅析	财会通讯
袁光华	绩效考核和激励制度对员工努力的影响	核心期刊
袁光华	基于集成数据库系统的预算管理软件	核心期刊
袁晓勇	新医院会计制度新旧比较与转换操作实务	其他专业出版社
张凤环	基于公司内部治理结构的上市公司会计信息质量问题研究	核心期刊
张凤环	汇率调整,机电产品进出口承压几何	一般期刊
赵天燕	现金流量表中三大现金流量净额正负数评析	核心期刊
邹　颖	中国公司交叉上市的资本成本效应研究	专著
邹　颖	资本成本:公司理财行为的技术起点	核心期刊
邹　颖	资本成本:概念的演进、困惑与思考	核心期刊
邹　颖	中国公司交叉上市特征探析	核心期刊

(孙庆福)

学生工作

【概述】　会计学院立足强化组织自身引领能力建设,引导和服务广大学生的成长成才,积极探索学生思想政治教育工作机制,认真履行学生管理的基本职能,以组建和完善“政治文化价值体系”、“学业文化价值体系”、“生活文化价值体系”、“艺术文化价值体系”、“志愿服务价值体系”5大价值体系建设和功能发挥,实现服务“两个全体青年”的目标要求,提升党团组织在学生发展过程中的引领能力。

(孙庆福)

【思想政治教育】　2011年,会计学院进一步完善“政治文化价值体系”,通过开展“学党史　知党情　跟党走”主题团日教育活动,“光辉的历程,伟大的成就”庆祝中国共产党建党90周年主题演讲大会,五四精神与中国命运、辛亥革命与中国命运主题讨论和纪念一二·九运动等活动,提升学院共青团团组织政治文化引领能力。

5月4日,会计学院分团委组织各团支部开展"五四精神与中国命运"为主题的主题团日活动,通过讨论与思考民主与科学的文化内涵,引导学生如何继续发扬五四精神,担当中国未来发展的历史责任。

5月31日,由学校党委组织部主办,会计学院党总支、分团委、红色志愿者协会承办的"光辉的历程,伟大的成就"——庆祝中国共产党建党90周年主题演讲大会在学术报告厅成功举办,校党委副书记陈宁,校党委副书记朱玉华参加此次主题演讲大会。此次演讲大会以庆祝中国共产党成立90周年为契机,通过回顾党的光辉历史与伟大成就,引导青年学生继承革命传统、弘扬爱国主义精神,推进社会主义核心价值体系教育,"学党史　知党情　跟党走"切实有效地增强了学校学生党员的党史党性教育及理想信念教育,激发广大学生党员的爱党热情,提高学生党支部的战斗堡垒作用和学生党员的先锋模范作用。此次活动的组织模式特色体现出聚力支部向聚力工程转变,将创先争优活动的竞争态势转化为统筹协调、共赢提升的活动模式。演讲大会的14个主题分别由14个学院具体设计与演绎,在各自的特色竞争中更加注重整体的合作,各学院学生党支部自身在积极打造"聚力支部"的同时,通过广泛交流、积极合作,自觉主动地融入到打造首都经济贸易大学学生党员整体形象这一更高层次的聚力工程中,将凸显竞争态势的创先争优活动演化成各党总支注重合作的自我教育,自我提升,自我激励的教育模式。这一统筹协调、共赢提升的活动模式也是在学生党员群体中深入开展"创先争优"活动的有效尝试。

10月10日,会计学院分团委以辛亥革命100周年为活动契机,组织各团支部开展"辛亥革命与中国命运"为主题的主题团日活动,通过讨论与思考爱国精神,引导学生如何树立与发扬爱国精神,在中华民族的伟大复兴过程中勇于担当。

(孙庆福)

【组织建设】 会计学院分团委坚持以"党建带团建"的工作原则,依托党建管理课题《学生党支部创先争优量化考核指标体系》,在继续完善推优入党机制的基础上,通过在支部间开展量化考评的方式,构建党支部之间的竞争关系,进而形成创先争优的党支部内部和党支部之间完整的、科学的、系统的党支部创先争优机制,开展学生党员创先争优活动。

继续加强学生干部的培训工作,依托学校干部理论培训班机制,强化学生干部理论学习能力,依托分团委、学生会内部的素质拓展活动,策划书大赛活动,强化学生干部的实践能力。

结合团员评议工作,通过表彰先进,开展增强团员意识教育活动。在2010年度,会计学院共有王赛楠等9名同学获得校级优秀共青团干部荣誉称号;吕静等36名同学获得校级优秀共青团员荣誉称号;2009级会计学2班团支部、2008级国际会计班团支部被评为校级红旗团支部。

(孙庆福)

【宣传工作】 2011年,会计学院分团委《团学快讯》作为共青团组织的主要宣传阵地。宣传报道学院组织的各类活动,较好地完成了宣传教育工作。2011年,学院分团委宣传部围绕共青团的工作重点,开展形式多样的思想政治宣传教育活动,与学生会宣传部合作,重点完成了"光辉的历程,伟大的成就"——庆祝中国共产党建党90周年主题演讲大会,2011年海峡两岸大学会计辩论邀请赛的摄影、摄像、录音以及影像材料的整理存档工作。2011年,分团委宣传部、学生会宣传部共上交新闻稿件132篇,并于2011年7月获得总分三等奖的成绩。

(孙庆福)

【社会实践】 2011年,会计学院积极参与暑期社会实践活动。6月,先后选派了2支赴外埠暑期社会实践团队。《关注国计民生,保障粮食安全——针对粮食问题》赴吉林省梅河口市进行调研,本实践项目旨在通过参观国有粮库、深入水稻种植基地、走访粮食加工企业,使团队成员能够对我国的粮食储备、加工状况以及耕地使用情况形成较为系统深刻的了解,并且通过后续查阅材料和加工整理,找出目前我国在粮食安全方面存在的土地、耕地减少,农业科技含量较低,水利配套设施陈旧,粮食浪费等问题,并针对以上问题提出解决方案。《后金融危机时代大中型外贸企业发展现状调查》赴苏州进行调研,本实践项目旨在考察国家应对金融危机一系列措施具体的落实情况及政策时效性的调查研究。探索民营企业发展之路。

2011年度会计学院分团委、学生会活动一览表

时间	名称	地点	主办人
3月5日	雷锋日宣传	三食堂外	分团委宣传部

续表

时间	名称	地点	主办人
3 月 14 日	第二届校园安全 DV 短剧大赛	明辨楼	学生会安全部
3 月 14 日	中美加国际留学讲座	慎思楼	学生会外联部
3 月 17 日	ACCA 知识讲座	慎思楼	会计学院办公室
3 月 23 日	院乒乓球比赛	乒羽馆	学生会体育部
3 月 27 日	跨考国际求职与择业讲座	慎思楼	学生会外联部
4 月 7 日	策划书大赛	慎思楼	会计学院办公室
4 月 12 日	团体操	运动场	学生会文艺部　体育部
4 月 15 日	记者培训	慎思楼	分团委宣传部
4 月 18 日	话剧周晚会	大学生活动中心	会计学院计懿话剧社
4 月 28 日	运动会及开幕式	运动场	学生会体育部
5 月 9 ~ 20 日	混篮比赛	篮球场	学生会体育部
5 月 10 日	啦啦操	三食堂外活动舞台	会计学院文艺部
5 月 11 日	赢鼎教育求职与择业讲座	慎思楼	学生会外联部
5 月 18 日	校乒乓球比赛	乒羽馆	学生会体育部
6 月 4 日	星彩晚会	大学生活动中心	会计学院学生会
9 月 9 日	教师节宣传	三食堂外	分团委宣传部
9 月 14 号	中美加国际留学外展	三食堂外	学生会外联部
9 月 15 日	新老生篮球赛	篮球场	学生会体育部
10 月 12 日	院系杯篮球赛	篮球场	学生会体育部
10 月 19 日	趣味运动会	运动场	学生会体育部
10 月 19 日	会计学院新生辩论赛	慎思楼	会计学院辩论队
10 月 25 日	会计学院棋牌大赛	慎思楼	会院学生会生活部
10 月 27 日	通讯稿写作培训	慎思楼	分团委宣传部
11 月 14 日	手拉手活动	慎思楼	学生会体育部
11 月 17 日	校拔河比赛	运动场	学生会体育部
11 月 21 日	第三届校园安全视频大赛颁奖晚会	明辨楼	学生会安全部、办公室
11 月 29 日	院内跳绳比赛	运动场	学生会体育部
11 ~ 12 月	诚信报刊亭	慎思楼	分团委组织部
12 月 1 日	校跳绳比赛	乒羽馆	学生会体育部
12 月 3 日	海峡两岸辩论赛	博学楼	学生会、分团委
12 月 4 日	海峡两岸辩论赛颁奖典礼	华侨礼堂	会计学院学生会
12 月 7 日	一二·九长跑接力	运动场	学生会体育部
12 月 8 日	同心鼓比赛	运动场	学生会体育部

（孙庆福）

【志愿服务】 2011年,会计学院进一步完善"志愿服务价值体系",通过开展志愿服务,提升团组织的志愿服务能力和实践成才引领能力。

按照学校志愿服务原有资源和长效机制的研究成果,为达成进一步加强志愿者队伍建设,完善志愿者注册制度、健全志愿者信息资料库和志愿者服务团运行机制,努力做到大学生志愿服务活动的常态化、社会化的志愿服务的目标要求。2011年,主要依托自然博物馆和奥体中心两个基地开展志愿服务工作。

3月12日至6月15日,学生们参加了首都时代桥歌华有线举办的,各种体育赛事以及演唱会的服务活动,其中包括滚石30周年大型鸟巢演唱会,老鹰乐队全球巡演,rain亚洲巡演,2011年北京马术比赛,特百惠亚洲地区北京年会等。活动中,学生们深切地体会到服务别人的不易,树立了正确的价值观和责任意识,受到组织方面和观众等的好评。

3~12月,会计学院志愿者团与北京自然博物馆达成协议,帮助其探索角进行对小朋友的讲解与帮助,其中有简单的自然知识的义务讲解,教授小朋友动手的能力等,活动期间受到博物馆方面的赞扬,志愿者们也能够深入到最基层参与社会实践以及动手活动。

5月20日,会计学院派代表队伍探望了松堂敬老院的孤寡老人们,同学们准备了多姿多彩的活动表演给老人们,老人们也积极地与志愿者们互动,参与到了活动之中,在活动中同学们与老人们建立了深厚的感情,为以后的活动提供了便利的基础。

9月30日,志愿者团与鸟巢方面达成协议,参与到了鸟巢日常讲解活动中,活动主要是对于鸟巢雕塑以及展品的讲解和维护,同学们在交流中培养了彼此的默契,为新一代志愿者团的氛围营造打了好的基础。

10~12月,志愿者团联系到了大兴区龙海学校,为当地的老师们讲解计算机使用的基础知识,由于龙海学校是一所打工子弟小学,设施以及条件相对较差,周六日老师们和学院的同学利用自己的休假时间相互学习了计算机基础知识,老师们对同学们耐心的讲解都交口称赞,学校方面对学校志愿者团的表现非常满意,现已经着手进行新的课程讲解,即将进行的包括低年级课程以及美术、音乐方面的课程。

11月2日,会计学院志愿者团代表首都经济贸易大学参与了位于清华大学佳苑组织的志愿者沙龙,在活动中,学校志愿者与前辈们交流了经验,从中获益颇多。

会计学院志愿者服务团2011年度活动一览表

时间	名称	地点	主办人
3月12日~6月15日	赛事演唱会支援服务活动系列	万事达中心、鸟巢、工体、水立方	歌华时代桥北京有限公司
3月~12月	北京自然博物馆探索角义务讲解	北京自然博物馆	首都经济贸易大学会计学院志愿者团
5月20日	关爱松堂老人	松堂敬老院	首都经济贸易大学会计学院志愿者团
9月30日	鸟巢公益讲解	鸟巢	鸟巢组织方
10月~12月	计算机支教	大兴龙海学校	世界教育组织
11月2日	佳苑志愿者沙龙	清华大学	首都师范大学

(孙庆福)

【学生社团】 会计论坛创建于2001年,属于学术型社团。会计论坛隶属于会计学院分团委,多次被评为首都经济贸易大学十佳社团。会计论坛的宗旨是"做人·做事·做学问"。论坛的目标是发扬和推广会计学科,承办各种学术领域的竞赛、讲座,为对会计感兴趣的同学搭建学术导向型交流平台,成为连接校园内外会计行业及相关活动的重要纽带。2011年,会计论坛主要承办了以下一系列活动:QP个案分析比赛经验交流会、ACCA校园宣讲会、澳洲会计师公会宣讲会,并协助德勤会计师事务所举办校园招聘会;举办会计学院传统活动"新生知识竞赛",举办中新国际茶话会,并且积极参与团委组织的社团文化节宣传,还有普华和毕马威会计师事务所的招聘活动辅助宣传工作。

红色志愿者协会是以充分调动党员与积极分子的政治热情,曾强积极分子的社会实践能力,提升会计学院学生的精神面貌,为广大积极分子提供一个思想讨论、交流学习感想的园地的社团,拥有着12

年的建团历史，为首都经济贸易大学十佳社团之一。其组织结构分为：宣传部、组织部、理论部、网络部。红色志愿者协会成员们团结一心，积极负责，以敬业的态度、专业的精神对待每一次工作；以对红色经典的热忱确保每一次工作的激情与质量。4 月 10 日，红色志愿者协会组织入党积极分子去卢沟桥抗日战争纪念馆，参观历史遗迹，接受教育，深切地体会红色经典的源来，加强马克思主义的教育。4 月 20 日，红色志愿者协会组织入党积极分子去毛主席纪念馆，瞻仰毛主席的遗容，了解我国革命历程，了解我国伟大领袖的事迹，并体会出马克思主义在我国的运用，从中获得更多的启发，更好地为祖国的事业做出自己的一份努力。5 月 15 日，红色志愿者协会组织邀请党委宣传部部长赵喜玲老师为入党积极分子做关于入党积极分子的端正入党动机的专题讲座，从理论上纠正同学们对入党的一些错误理解，让他们以正确的心态来加入中国共产党，为中国共产党注入新鲜的血液。11 月 20 日，红色志愿者协会组织入党积极分子参与社团文化节的活动。

（孙庆福）

【课外学术活动】　5 月，通过筹办第十届会计学术文化节，学院分团委通过与澳大利亚会计师公会的全面合作，推动了澳大利亚会计师公会对学院主干课程的课程认定工作，为学院毕业生申请澳大利亚会计师公会会员资格及职业培训提供了便利途径，探索出共青团工作对于推进国际化办学的着力点。

12 月 4 日，由首都经济贸易大学主办、会计学院承办的“2011 海峡两岸大学会计辩论邀请赛”成功举办。此次大会，由共青团组织全程筹办，起草各类文件及赛程安排、赛时工作人员的培训、比赛裁判的培训及赛会手册的编制及所有会务工作。此次大赛共有海峡两岸的 16 所大学参赛，其中，大陆高校 14 所，分别为首都经济贸易大学、中国海洋大学、江西财经大学、中央财经大学、湖南财经大学、中南财经政法大学、上海财经大学、安徽财经大学、东北财经大学、北京工商大学、西南财经大学、中山大学、暨南大学、中国人民大学；台湾高校 2 所，为 2011 年台湾地区高校会计专业辩论赛的冠军台湾大学和亚军东吴大学。此次大赛的成功举办得到中国会计报、中国会计学会、中国审计杂志、中国审计学会、中国注册会计师协会、加拿大注册会计师协会、台湾会计发展研究基金会、会计之友杂志、安永华明会计师事务所、毕马威华振会计师事务所、财务与会计杂志、京都天会计师事务所、普华永道中天会计师事务所、德勤华永会计师事务所、澳大利亚注册会计师公会及学校各部门的大力支持。

2011 年，会计学院《缩短上市公司定期报告的初步研究》获得第六届“挑战杯”首都大学生课外学术科技作品竞赛二等奖，《能源会计信息披露初探》、《环境会计视角下企业环境绩效评价指标的研究》获三等奖。

（孙庆福）

党建工作

【概述】　根据学校党委 2011 年工作要点的整体要求，在学校和学院“十二五”规划的开局之年，会计学院党总支党建工作紧紧围绕学院中心工作开展，在积极推进学科、专业和国际化发展的同时，深入开展创先争优活动，以纪念中国共产党成立 90 周年为主线，开展系列主题教育活动。为学院教学、科研和学生发展、和谐学院建设提供坚强的组织保证。

（孙庆福）

【完善党组织工作职能】　组织党员认真学习落实《北京高校基层组织工作条例》，贯彻落实学校第三次党代会会议精神，进一步强化各党支部的工作职能，发挥支部和党员在学科、专业建设中的模范带头作用。

2011 年，会计学院党总支获评为北京市高校先进基层党组织、首都经济贸易大学 2009 ~ 2011 年“先进基层党组织”，教工第二支部获评首都经济贸易大学 2009 ~ 2011 年“先进基层党组织”并获 2010 年首都经济贸易大学“主题党日”活动三等奖。栾甫贵、黄毅勤、任景华、张悦、曹瑞兆、徐菁、谭静 7 名党员被评为优秀共产党员，党总支副书记王银江被评为优秀党务工作者。

开展“提高办学质量促发展，服务人民群众树形象”的工作部署，“以提高办学质量为核心，以提升服务意识为重点，以践行诚信为载体”的治学理念，推动全院师生的诚信、互信、立信和自信文化建设，不断提升会计学院的创造力和影响力。成功组织了“响亮会计”主题党日活动。

组织召开创先争优活动第一、二阶段工作总结会，完成主管领导点评工作。

（孙庆福）

【强化学院领导班子建设】　继续开展领导班子能力建设和作风建设。通过加强思想教育，不断提高领导干部的思想政治素质；初步形成了科学研讨学院发展长效机制；坚持和完善了民主生活会制度，进一步完善了沟通机制，充分发挥二级教代会对党员干部权力运行的监督；不断完善内部控制、内部审计以及财务相关制度建设,实施院领导接待日工作制度,及时聆听群众意见,建立正规的信息收集反馈渠道,消除误解,达成共识,促进学院各项工作和谐发展。

(孙庆福)

【构建高水平学习型党组织】 以庆祝中国共产党成立90周年活动所形成的经验和党的建设成果为主要载体,深入开展针对党员的学习实践活动。通过明确主题,完善学习管理制度,形成督促党员干部学习的长效机制。完善党员干部日常学习、自主学习、集中培训等制度,通过建立规范的教育学习制度,推进学习型党组织建设。以构建较高水平的学习型党组织作为庆祝建党90周年的工作成果。

(孙庆福)

【组织建设】 进一步完善了“三会一课”、民主评议党员、党日活动等教育管理制度。以总支和支部为单位开展多种形式的党员教育活动,如教工支部成功举办“响亮会计”、学生党支部成功举办“海峡两岸大学生会计辩论赛”的主题党日活动,深入开展党员在线学习活动等。

深入开展党员志愿服务、结对帮扶等活动,建立健全党员联系群众制度。在海峡两岸大学生辩论赛准备阶段党员教师积极参与,给予学校辩论队专业支持。教师节期间党总支和工会走访高龄退休教师,送去学校和学院的温暖。

按照“坚持标准、保证质量、改善结构、慎重发展”的方针,做好发展党员工作。加强对入党积极分子的教育培训,进一步规范党员发展工作流程,并通过申报党员发展质量调查,查找目前党员发展工作中的不足,健全党员发展质量保证机制,着力提高党员发展质量。以端正入党动机为重点,把理想信念教育贯穿于党员发展工作始终,认真做好高级党校的培训工作。

(孙庆福)

【廉政风险防范工作体系】 坚持落实“三重一大”实施细则和院务公开制度。坚持院务会制度,在新教师引进、教师职务聘任、教师境外培训、重大财务支出等方面,坚持集体讨论决定,严格按程序办事。

规范岗位职责,推进惩防体系制度建设和一岗双责,实施动态管理模式进行风险防范。学院党政负责人认真履行一岗双责工作要求,将廉政风险要求作为各项具体工作业务的前提条件。特别是在各风险项目和风险点的梳理基础上,使一岗双责的工作要求得以具体化,操作性也更强。

贯彻落实《廉政准则》。组织党员干部学习《廉政准则》,组织副处级以上党员干部完成《廉政准则》的问题答卷,并签订承诺书。认真履行各项经费使用规定,坚决杜绝小金库、教育乱收费和公款出国出境旅游情况出现,强化经费使用监管。

(孙庆福)

工会工作

根据校工会的统一部署,上半年完成学院分工会的改选工作,认真做好以往工作经验的总结以及新、旧班子的交接,保证分工会工作的平稳过渡、各项制度的长期性和延续性,为下半年学校工会及教代会的换届工作打好基础。

进一步落实和完善教代会制度,推进二级教代会规范化建设。及时了解教职工最迫切、最关心、最需要解决的问题,及时向学院党政领导反映教职工的意见和建议,推进教代会提案工作常态化,做好桥梁纽带作用,促进学院各项工作开展。

深入开展师德、职业道德建设活动。以围绕学院中心工作建功立业为主线,引导学院教职工立足岗位,比教学、比管理、比服务、比科研成果,争创一流业绩;王凡林老师被评为校师德标兵,王霞老师在青年教工基本功比赛中获二等奖。

配合校工会开展的中青年教师暑期社会实践活动,通过考察社会、研究课题等形式,为中青年教师提供了沟通交流、开阔视野、增长才干的平台;关爱女教工的身心健康,做好“三八”节庆祝活动和女教工互助保险工作。

继续推进和创新暖心工程。要做好教职工生日慰问活动,同时,结合分工会的特点开展形式多样的、温馨感人、丰富多彩的文体活动,增强学院的凝聚力;教师节期间慰问退休老教工。组织在职教工秋游活动。改善了教工之家的环境和条件。

加强宣传工作,扩大工会的影响力。要不断完善信息工作通讯队伍,建立信息工作及时宣传、上报机制,积极向校工会投稿,发挥分工会在传递信息、交流经验、服务教职工等方面的作用。截至目前,学院工会投稿排名第一。

(孙庆福)

重大事件

【会计学专业通过香港会计师公会课程认证】 10月24日,香港会计师公会代表团到首都经济贸易大学进行为期一天的校园考察,该考察是“香港会计师公会首都经济贸易大学会计学专业课程认证”的一部分。此次到学校考察的香港会计师公会代表团一行5人:评审小组主席谢建朋,评审小组委员王熙风,评审组秘书游树瑛、刘逸虹、郑伟明。谢建朋主席为香港会计师公会资深会员并担任香港科技园公司副总裁,王熙风为香港会计师公会执行总监。评审小组就课程结构、教学及学习资源、课程涵盖的范围、授课模式与课时、授课语言、教学手段及方法、学业评估方法、通用技能或软技能的培训、学生素质保证机制、教师资历和高校教学经验、教师的职责范围和工作量、教师的出版物发表、学生咨询及专业服务等工作的时间安排、教师的研究活动及相应要求、教师培训及进修、教师继续职业教育活动、教师对香港会计师公会专业资格课程(QP)的认识、教师在内地大学执教的职业前景等问题,与会计专业、财务管理专业核心课程管理及教学团队的教师进行了座谈。评审小组在与会计学10多名学生代表的座谈。在与师生座谈后,评审小组深入课堂观摩了会计学院老师的授课。随后,评审小组考察了学校图书馆、电算机室等教学设施;查阅了会计学院历年的试卷及答案等教学资料。最后,评审小组向会计学院班子成员做了评估认证的意见反馈,一致同意通过对学校这两个专业课程认证。

(孙庆福)

【举办"响亮会计——会计改革走向与大学生个人发展"论坛】　11月9日,由中国会计报主办,首都经济贸易大学会计学院承办的"响亮会计——会计改革走向与大学生个人发展"论坛,在首都经济贸易大学博学楼学术报告厅举行。"响亮会计"是财政部中国会计报在全国高校巡回举办的一个系列论坛。参加本次论坛的嘉宾有财政部会计司副司长刘光忠先生,北京环境卫生工程集团有限公司财务总监谌卫东先生,北京城乡建设集团总会计师孙宝珩先生,京都天华会计师事务所首席市场总监姜可梅女士,ACCA专业事务经理张海鹏先生,会计学院院长付磊教授。中国会计报的李京主持了本次论坛。论坛分两阶段展开。第一阶段,嘉宾就主题阐述观点。第二阶段,嘉宾与参会师生就论坛主题开展互动。

(孙庆福)

【党委书记柯文进到会计学院调研】　11月24日,校党委书记柯文进在党政办副主任黄立伟的陪同下来到会计学院调研。在肯定会计学院总体工作的同时,柯文进要求会计学院进一步加强学科建设,提高教育教学质量,特别是要加强博士点建设,组建博士指导团队,培养出高质量的博士人才。会计学院党总支书记解小娟、副院长刘文辉、副院长李百兴、党总支副书记王银江分别向柯书记汇报了学院党建工作、本科教育教学工作、研究生与科研工作、学生工作,并就教师队伍建设、进一步推进国际化办学步伐、高水平应用型复合型人才培养等问题进行了讨论。柯文进在调研中表示,会计学院的总体工作思路符合学校的"十二五"规划,各方面的发展也很快,特别是博士授予点的获批与会计学专业硕士、审计学专业硕士授予点的获批,使会计学院有了更大的发展空间。在此基础上,会计学院必须大力加强学科建设,进一步提升教育教学质量,拓展国际化办学的思路与方式,形成良好的运行机制,适应我国会计行业发展的新形势,培养出高水平的复合型、应用型、国际化财会审人才。

(孙庆福)

【举办2011海峡两岸大学会计辩论邀请赛】　12月3~4日,由首都经济贸易大学主办、会计学院承办的"2011海峡两岸大学会计辩论邀请赛"成功举办。纪委书记杨世忠、副校长王文举、校长助理孙昊哲、台湾会计发展研究基金会顾问谢国松出席大赛开幕式。此次大赛共有海峡两岸的16所大学参赛,其中,大陆高校14所,台湾高校2所。截至2011年12月,"海峡两岸大学生会计辩论赛"已成功举办10届,对加强海峡两岸会计专业领域学生间和校际间的学术交流和文化交流,营造校际间学生的学术研究风气与氛围,强化会计专业人员求思、求是的行业精神起到了重要作用。本届辩论赛辩题为"会计凭证的合规性比真实性更重要"、"审计过程比审计结果更重要"。大赛分为小组赛、半决赛和决赛3个环节,采用奥瑞冈三人制辩论规则,由全国50多位专家学者担任裁判。经过为期两天共28场次的激烈角逐,最终西南财经大学获得冠军、中国海洋大学获得亚军、中南财经政法大学获得季军、江西财经大学获得殿军。

(孙庆福)

劳动经济学院

概　况

首都经济贸易大学劳动经济学院由首都经济贸易大学原劳动经济系和人口经济研究所合并，于2000年组建而成。劳动经济系的前身是由原国家劳动部部长李立三同志倡议，于1954年创立的中央劳动干部学校。1984年以前劳动经济系是全国唯一劳动经济学科点，该系是我国最早建立劳动经济专业(1955年)、人事管理专业(1984年)，第一批建立人力资源管理专业(1993年)、劳动与社会保障专业(1998年)的单位，也是最早(1981年)获得劳动经济硕士学位授予权的单位，并且于2000年在全国第二个获得了由国务院学位办批准的“劳动经济学”专业博士授予权。

人口经济研究所成立于1980年，是我国早在1973年为配合国际人口研究，根据周恩来总理的指示，在首都经济贸易大学的前身——北京经济学院成立的我国第一个人口研究室的基础上发展起来的。

劳动经济学院办学层次丰富，学科体系完整。现设有应用经济学博士后流动站1个；劳动经济学、人力资源开发与人才发展、劳动关系3个博士点；7个硕士学位授权点(劳动经济学、社会保障学、人口学、人口资源与环境经济学、人力资源开发与人才发展、劳动关系、社会工作专业硕士)；6个本科专业及专业方向(人力资源管理、国际人力资源管理、人力资源管理实验班、劳动与社会保障、社会工作、劳动关系)；劳动经济学院有5个教学系、7个研究所(中心)。学院承办的国家核心刊物《人口与经济》具有很高的学术影响，复旦大学、上海交通大学、武汉大学等70余所大学将其认定为权威期刊，在全国8 000余种学术期刊中排名338位。

2011年，经过多年的积累和精心申报，劳动经济学院又成功地在全国第一个建立了人力资源开发与人才发展博士点和硕士点。在全国第一批建立了劳动关系博士点及硕士点。

劳动经济学院与美国密歇根大学、日本早稻田大学、日本爱媛大学、日本流通经济大学、大阪经济大学、英国北安普顿大学、伦敦城市大学、爱尔兰阿斯隆理工大学、都柏林城市大学、加拿大蒙特利尔大学、台湾国立中正大学、香港城市大学相关院系均有密切的学术交流，包括互派访问学者到对方学校进修学习。与此同时，劳动经济学院还与这些学校签署了合作办学协议，每年派出几十名学生(含本、硕、博)和青年教师到上述各大学留学、进行联合培养。

(吴博棣)

师资队伍建设

【师资队伍结构】 劳动经济学院拥有一支符合学院发展、适应教学和学科(专业)建设需要、结构优化、素质良好、富有活力、勇于创新的教师队伍。多人担任中央政府或北京市政府部门的顾问或享受国务院颁发的政府特殊津贴。学院的人力资源管理课程教学团队被评为国家级教学团队。学院拥有多名国内相关专业领域的知名教授、学者，他们同时还担任着中国劳动学会、人力资源开发研究会、中国社会保险学会、中国人力资源教学与实践研究会、劳动科学教育分会劳动学会分会等全国性学术团体的副会长、常务理事等重要职务。

学院近年来还聘请了以诺贝尔经济学奖获得者爱·斯宾塞教授为首的10余位国外著名学者，以萧灼基为首的50余位国内著名专家学者担任客座、兼职教授以及博士、硕士生导师。

(吴博棣)

【教师进修】 学院一贯重视教师队伍建设，通过参加国际学术会议、到国内外知名大学和研究机构进修学习等多种途径开阔教师的学术视野和提高学术研究能力。在学校和学院的支持下，2011年内共有2位教师在国外相关大学的进修学习任务。

劳动经济学院 2011 年国外进修学习的教师名单

学习时间	姓名	事项	地点
2011.11(6 个月)	宋　湛	访问学者	美国纽约城市大学
2011.9(12 个月)	黎　煦	访问学者	美国密歇根州立大学

（冯喜良）

学科建设

【概述】 劳动经济学院有博士点 3 个：劳动经济学、人力资源开发与人才发展、劳动关系。硕士点 7 个：劳动经济学、社会保障学、人口学、人口资源与环境经济学、人力资源开发与人才发展、劳动关系、社会工作专业硕士。本科专业 4 个：人力资源管理、劳动与社会保障、劳动关系、社会工作。其中，劳动经济学为国家重点学科和北京市重点学科，劳动与社会保障为北京市重点建设学科。

（杨河清）

【国家重点学科及其他国家级成果】 劳动经济学院始终重视学科、专业、教师队伍建设和发展。自 2007 年以来，劳动经济学科、劳动与社会保障专业和人力资源管理专业先后获批国家级重点学科和国家级特色专业。人力资源管理课程群教学团队被评为国家级优秀教学团队，杨河清教授获得国家级教学名师称号。

劳动经济学院学科、专业、队伍建设成果（国家级）一览表

项目	名称	获批时间
国家特色重点学科	劳动经济学	2010 年
国家重点学科	劳动经济学	2007 年
国家特色专业	劳动与社会保障专业	2008 年
国家特色专业	人力资源管理专业	2009 年
国家级优秀教学团队	人力资源管理课程群教学团队	2009 年
国家精品课程	社会保障学	2009 年
国家精品课程	劳动经济学	2009 年
国家级教学名师	杨河清	2011 年

（杨河清）

【北京市重点学科及其他市级成果】 劳动经济学院的学科、专业、教师队伍建设在取得国家级成果的同时，还获得了多项北京市级成果。2008 年劳动经济学免答辩成为北京市优秀重点学科；2008 年劳动与社会保障获批为北京市重点建设学科，同年，该专业成为北京市特色专业（该专业 2002 年被评为北京市品牌专业），2009 年人力资源管理专业获批为北京市特色专业，人力资源管理课程群教学团队入选北京市优秀教学团队。2004 年“人力资源管理”、2005 年“劳动关系”、2007 年“劳动经济学”、2009 年“社会保障学”获批成为北京市精品课程。2011 年杨河清教授获得国家级教学名师称号。

（杨河清）

教学工作

【教学研究】 2011 年，劳动经济学院承担校级教学改革项目共 5 项，其中重点项目 1 项。

劳动经济学院 2011 年校级教学改革项目一览表

项目名称	负责人	级别
我校专业硕士培养模式及培养特色研究——以社会工作硕士专业学位为例	冯喜良	校级重点
高校人力资源管理专业的教学模式研究	张杉杉	校级一般
我校学生职业发展需求下的实验教学平台建设研究——基于劳动经济学院实验室建设的探讨	吴　江	校级一般
本科生转专业制度实施过程中弱势专业的保护研究	范　围	校级一般
我校大学生实习体系的评价与建构研究——基于学生、学校和实习单位的三方调查分析	杨旭华	校级青年

（赵建新）

【本科招生工作】 劳动经济学院本科设有人力资源管理专业、国际人力资源管理(专业方向)、人力资源管理试验班(专业方向)、劳动与社会保障专业、劳动关系专业、社会工作专业。本科各专业在全国大学中排名一直名列前茅,其中,人力资源管理专业在全国196所设此专业大学排名中高居第二。劳动经济学院2011年各专业录取分数线见下表。

劳动经济学院 2011 年各专业录取分数线

专业		2011 年		
		最高分	最低分	平均分
人力资源管理	文史类	599	560	572
	理工类	597	536	549
劳动与社会保障	文史类	589	542	558
	理工类	537	528	532
劳动关系	文史类	553	537	543
	理工类	537	521	526

（冯喜良　赵建新）

【硕士研究生培养】 劳动经济学院硕士研究生共设有7个专业,分别是劳动经济学专业、社会保障专业、人口学专业、人口资源与环境经济学专业、人力资源开发与人才发展专业、劳动关系专业以及2009年在全国第一批设立的社会工作硕士专业学位。

劳动经济学下设4个研究方向:劳动力市场与收入分配理论研究、人力资源开发与管理研究、劳动关系与劳动法研究、劳动经济计量研究。

社会保障专业下设6个研究方向:社会保障理论与制度模式研究、老年社会保障研究、健康与医疗保障研究、就业保障研究、社会保障统计与精算研究、社会工作与社会福利研究。

人口学专业以研究人口发展、人口与社会、经济、环境等相互关系的规律性与数量关系及其应用为中心,下设4个研究方向:人口与区域规划研究、人口社会调查研究、人口经济学研究、人口寿命与保险研究。

人口资源与环境经济学专业以全新的理念,研究经济与社会发展中的一些根本问题,并结合中国国情,探讨其实现的途径,下设3个研究方向:资源与环境经济研究、人口经济活动研究、可持续发展理论研究。

2011年,劳动经济学院共招收硕士研究生91人,其中,劳动经济学专业35人,社会保障专业29人,人口学专业4人,人口资源与环境经济3人,社会工作硕士专业学位20人;2011年毕业硕士研究生达到99人。

（冯喜良　武明芳）

【研究生学术论坛】 为了促进研究生自主开展学术交流活动,达到开阔视野、启迪智慧、提高创新能力的目的,营造敢于探索、勇于创新的学术氛围,劳动经济学院从2004年开始,已连续举办8届“劳动经济学院研究生学术论坛”，为学院以及其他兄弟院校的研究生提供了创新思维和相互交流的平台。

2011年12月30日，劳动经济学院学科建设暨第八届研究生学术论坛在北京西国贸会议中心召开。学院部分老师、博士生、研究生、部分本科生以及天津财经大学、北京物资学院等兄弟院校师生近300人参加了此次研究生学术论坛。在主会场开幕式上，校研究生部副主任周明生教授、北京物资学院唐华茂老师分别作了精彩发言，劳动经济学院院长杨河清教授作了精彩致辞，之后张丽丽、梁娜和王欣3位学生代表进行了学术发言。主会场开幕式之后，劳动经济学、社会保障与社会工作、人口学·人口资源与环境经济学3个分会场研讨拉开帷幕，同学们分别展示各自的研究成果并与在场老师就选题的意义及如何研究论证、如何选择研究方法等问题进行了深入细致的分析探讨。闭幕式上，劳动经济学分会场老师代表朱勇国教授、社会保障与社会工作分会场老师代表陈红教授、人口学·人口、资源与环境经济学分会场老师代表齐明珠教授分别对各自分会场情况进行汇报总结。此次论坛共评出一等奖3名、二等奖6名、三等奖6名、优秀奖7名。

（冯喜良）

【博士研究生培养】　劳动经济学专业于2000年获得博士学位授予权，自此，劳动经济学院成为全国高校劳动经济专业仅有的两家以二级学科申报获得博士学位授予权的单位之一。

劳动经济学专业下设4个方向，分别为劳动力市场与收入分配、人口与劳动计量、人力资源管理和社会保障。现有博士生导师5名，分别是文魁教授、杨河清教授、黄荣清教授、童玉芬教授和吕学静教授。文魁教授为首都经济贸易大学前任校长，主要研究方向为劳动经济和经济理论，特别是劳动力市场及劳动工资的研究。杨河清教授现任劳动经济学院院长，主要研究方向是劳动经济、人力资源管理、社会保障、人才学和金融证券。黄荣清教授曾任劳动经济学院副院长、首都经济贸易大学人口经济研究所所长、《人口与经济》杂志主编，主要研究方向是人口统计分析、人口抽样调查、地域分析等。童玉芬教授现任人口经济研究所所长、《人口与经济》杂志主编，主要研究方向是人口与可持续发展、劳动力流动、劳动计量。吕学静教授现任社会保障研究中心主任，主要研究方向是社会保障、劳动力就业和人力资源管理等。

劳动经济学院于2011年共招收博士生10人，授予学位人数为10人。毕业博士生就业形势良好。

（武明芳　冯喜良）

【在职研究生培养】　劳动经济学院自1997年开始招收劳动经济学人力资源管理方向的在职研究生课程班学员。十几年来，学院在北京地区分别与北京市科学技术委员会人才交流中心、北京市海淀区华宏管理培训中心、北京普慧达管理顾问有限责任公司、北京博奥信远科技有限公司、北京启文培训学校进行了联合培养。同时也与新疆大学、山东经济管理学院、河南省凯诺培训中心、山西省大同高联继续教育学校、河南省出版职工中等专业学校、大庆石油高级技校培训中心等多家外省市大学、培训机构建立了长期合作关系，共同培养在职研究生。经过多年努力，学院共招收培养在职研究生课程班学员4 600余人，其中450余人获得国家教育部认定的经济学硕士学位。

（吴博棣）

科研工作

【在研项目】　2011年，劳动经济学院教师共获得科研经费50万元，其中，国家社科基金项目1项，具体承担课题见下表。

劳动经济学院教师2011年承担的主要研究课题一览表

序号	项目名称	负责人	经费(万元)	项目来源
1	我国社会保障公平的非均衡发展研究	吕学静	15	国家社科基金
2	中国城镇化进程中的人口与环境关系研究	童玉芬	7	教育部重点项目
3	中小学校长领导力模型构建与发展实证研究	陈小平	7	教育部人文社科
4	“十二五”时期农民工城市就业问题及路径研究	王　静	9	教育部人文社科
5	北京市失业人员再就业培训现状、问题与对策研究	王　静	12	北京市社科基金

（武明芳　冯喜良）

【学术成果】 劳动经济学院教师2011年收录于权威类期刊的论文详见下表。

劳动经济学院教师2011年发表的重要研究论文一览表

序号	论文题目	第一作者	发表、出版时间	发表刊物/论文集	刊物类型
1	Living Conditions and Related Countermeasures on Migrant Women	王　静	2011.8	EI	权威B
2	集体协商谈判制度须以劳工三权为基础	王　晶	2011.10	战略与管理	权威B
3	未来20年中国农村劳动力非农化转移的潜力和趋势分析	童玉芬	2011.7	人口研究	权威B
4	Influence over Resources Caused by Beijing Population Growth and Suggested Resolutions	王　静	2011.3	ISSHP	权威B
5	中国农民工就业状态的调研	纪　韶	2011.2	经济理论与经济管理	权威B

（武明芳　冯喜良）

【学术会议】 为加强与国内外同行的交流，进一步促进劳动经济学学科建设，2011年，劳动经济学院主办了3场全国性学术会议，具体情况见下表。

劳动经济学院2011年主办的主要学术会议情况一览表

序号	会议名称	日期	类型	主办单位
1	第六届中国雇主品牌论坛	2011.10.21~22	全国性会议	劳动经济学院、国际人力资源协会、中国雇主品牌论坛理事会
2	在华外国专家测评与绩效管理	2011.5.6~7	全国性会议	劳动经济学院、国家外国专家局国外人才信息中心
3	首届“实践教学在就业创新指导中的应用”研讨会	2011.4.26~28	全国性会议	劳动经济学院、中青创想教育科技(北京)有限责任公司,北京方宇博也科技有限公司

（冯喜良　武明芳）

学生工作

【学生社团】 2011年劳动经济学院组织本科生社团活动共计14项，2011年劳动经济学院研究生会共计举办了12项活动，包括6个讲座类活动(国外专家讲座2场，国内专家4场)；3个院内支持性活动，包括心理普查、人民代表大会选举工作协调和奖学金评定；1项高校交流活动，即与河南财经学院进行学术交流；1项体育竞技类活动，组织劳动经济学院同学参与首都经济贸易大学研究生会主办的篮球竞技比赛并获得第二名；举办了1次特色活动，即第八届研究生学术论坛。

（李楠）

【学生活动】 2011年劳动经济学院分团委共举办参加了38项活动，其中大型志愿服务活动4项，如奥林匹克森林公园耐克10千米志愿者服务活动、北京工体中超球赛志愿者服务、五棵松星光大道六周年志愿者服务等，共计175人参与了志愿服务；常规志愿者服务活动9项，如6个专业志愿者站点活动、义务献血活动等，共计265人参与了志愿服务。劳动经济学院学生会共举办参加了54项活动，其中竞赛类项目31个(校级各类竞赛21项，院级10项)，共 185 人次获奖,33 个团体奖项(其中校级比赛 8 人次获奖,18 个团体获奖,啦啦操和团体操比赛获得学校亚军)。举办的特色活动有:睿智达人秀——劳经知识竞赛、劳经英语风采大赛、“一字劳经”学院文化创意大赛、“书香门第百家争鸣”电视节目、启铭课堂系列讲座等。学校大学生科研创新项目共立项 29 项,其中重点项目 15 项,一般项目 14 项,参与人数 122 人。

(姜蓓蓓)

【学生获奖】 2011 年研究生获奖情况:研究生一等奖学金获奖者 18 人,研究生二等奖学金获奖者 23 人。

2011 年本科生获奖情况:获国家奖学金 2 人,国家励志奖学金 26 人,北京市三好学生 1 人,北京市优秀学生干部 1 人,北京市优秀共青团员 2 人,北京市优秀共青团干部 1 人,北京市先锋杯优秀基层团支部 1 个。2011 年度首都大学生暑期社会实践优秀成果 3 个,2011 年度首都大学生暑期社会实践先进个人 1 人。校级三好学生 29 人,优秀学生干部 14 人,先进班集体 2 个,红旗团支部 2 个,优秀共青团干 8 人,优秀共青团员 32 人,优秀学生宣传员 2 人。首都经济贸易大学人民奖学金一等奖学金 105 人,二等奖学金 171 人,三等奖学金 240 人。

劳动经济学院自设学院奖学金三项,包括 HRA 奖学金、“中村浩一郎”资助项目和校友基金奖学金。

HRA 奖学金是 2006 年起由北京中外企业人力资源协会出资在首都经济贸易大学劳动经济学院设立的奖学金,用于奖励品学兼优的在校生,旨在鼓励学生加强专业学习,毕业后投身于人力资源管理工作。奖学金总额第一期为 10 000 元,奖励 10 人,后增加至 20 000 元,共计奖励 20 人,每人 1 000 元。到 2011 年已发放六期,共有 110 人获得此项奖励和荣誉。

“中村浩一郎”资助项目由李仲生老师联系,日本企业家中村浩一郎先生个人出资于 2009 年设立,根据《首都经济贸易大学劳动经济学院“中村浩一郎”奖学金管理暂行办法》进行评选。包括奖学金和赴日考察经费资助两个项目:奖学金项目资助总额每年 25 000 元,共计奖励 10 人;赴日考察经费资助总额根据实际花费确定,用于资助学生赴日期间的食宿费用。2011 年,共有 10 人获得该奖学金,8 人获得赴日交流资助机会。

校友基金奖学金是 2004 年学院 50 年院庆时由陈耕、刘金云、王燕、宋晓梧、朱元培、易伟、杨河清、袁伦渠、潘金云、陈宇、刘大为、周小庄 12 位校友自愿捐助设立。2009 年学院 55 周年院庆时,潘金云校友和 2005 级人力实验班进行了二次捐助,主要用于学院本科生的表彰和奖励。奖学金包括:学生干部奖、优秀学生奖、专业学术奖、社会实践奖、体育优胜奖、文艺活动优秀奖、特殊贡献奖、优秀班集体奖、优良学风奖、最佳新秀班级奖、最佳表现班级奖、优秀部门奖、优秀社团奖、优秀宿舍奖等奖项。到 2011 年已发放七期,2011 年度共有 295 人次、5 个班级、4 个学生组织获得该奖项。

(姜蓓蓓　李楠)

【就业工作】 自 2007 年以来,劳动经济学院学生就业率连续五年保持全校学院第一。毕业生选择出国深造、考取研究生比例不断提高。毕业生就业去向遍及各类党政机关、企事业单位,就业数量保持稳定,就业质量不断提升,毕业生专业对口率达到 90% 以上。

国资委下属中央在京企业,世界 500 强外资、合资企业,各大国有银行及外资银行,高新技术企业,知名民企人力资源部都有劳动经济学院毕业生从事招聘、考核、薪酬、培训、保险、员工关系处理等各项工作。学院的专业品牌、良好声誉以及校友的社会美誉度,特别是毕业生良好的知识结构、能力水平、专业素质、人格素养是毕业生就业的重要保证。

(姜蓓蓓)

对外交流

【对外交流】 近年来,劳动经济学院不断加强国际间的交往,与美国密歇根大学、加州大学洛杉矶分校、日本流通经济大学、大阪经济大学、早稻田大学、爱媛大学、加拿大多伦多大学、圣·文森特大学、香港城市大学、香港理工大学、英国曼彻斯特大学、利物浦约翰莫瑞斯大学、北安普顿大学、爱尔兰都柏林城市大学、爱尔兰阿斯隆理工大学等境外大学的相关院系建立了紧密的学术交流与协作关系,并聘请了以诺贝尔经济学奖获得者爱·迈克尔·斯宾塞教授为首的美、日、英等国及香港地区大学的 13 位专家学者担任名誉或兼职教授。

2011 年以来,劳动经济学院继续大力建设和拓宽国际交流平台,出国出境参加国际会议、学术访问 7 人次。其中,赴美国 2 人次,赴爱尔兰及英国 3 人次,赴维也纳 1 人次,赴香港地区 1 人次。美国、日本、爱尔兰、克罗地亚、瑞典等国家的相关院校教师来院访问约 10 人次;来访学生约 10 人次。通过互访,劳动经济学院与加拿大蒙特利尔科学艺术学院劳动关系系草签合作协议书,计划 2012 年正式签订交流协议;与此同时,在签署备忘录和继续协商的基础上,与瑞典布鲁斯大学签订正式的合作协议,并且已接收对方两名交换生在校学习,学习效果良好;此外,劳动经济学院还与英国伦敦城市大学商学院签订合作协议。另外,劳动经济学院在2011年先后接待英国剑桥大学、北安普顿大学等5位老师来院讲学。

(孙乐)

党建工作

【概述】 2011年,学院党总支设有委员5名,分别担任书记、副书记、组织委员、宣传委员、纪检委员、统战委员、青年委员。

设有10个党支部,含教工党支部3个,退休党支部1个,本科学生党支部2个,硕士研究生党支部3个,博士生党支部1个。共有党员290名,其中退休支部党员29名、教职工党员41名。群团组织包括分工会、分团委、本科生学生会、研究生会、烙金文化传播中心、劳经人联合会、人力资源协会、社保学社、劳关研学会、魔术社等。

(王明会)

【党组织建设】 2011年,劳动经济学院总支坚持"围绕中心抓党建,抓好党建促发展"的工作方针,以开展"创先争优"第三阶段活动和庆祝建党90周年为契机,以服务师生为抓手,夯实基础工作,充分发挥党组织的政治核心作用和战斗堡垒作用,为推动学院发展提供了组织保证。

开展党史、党性教育,庆祝建党90周年。劳动经济学院党总支组织开展了以学习党的基本知识、基本理论、发展历史等为内容的党员教育活动。一是聘请人文学院李久林教授为全院教师和学生党员讲授中国共产党的发展历史。二是为庆祝建党90周年,为教师党员购买电影票,观看影片"建党伟业"。组织学生党员开展纪念征文、知识竞赛、演讲比赛、主题实践等丰富多彩、生动活泼的教育活动。三是开展"寻找党的足迹活动",组织部分党员和群众赴河南参观晋冀鲁豫抗日根据地旧址和红旗渠,瞻仰焦裕禄烈士陵园的主题党日活动。四是督促教师党员通过教师党员在线学习平台完成12学时的学习任务。通过系列教育和学习活动的开展,使广大党员对党的伟大历程、光辉成就和宝贵经验有了更加清醒的认识,加强了广大党员的理想信念教育和革命传统教育,增强了党员的责任感和使命感。

组织开展创先争优第三阶段活动。劳动经济学院党总支制定了创先争优第三阶段活动计划,针对不同群体党员的特点开展活动,引导教工党员爱岗敬业,淡泊名利、科学严谨,争做育人标兵。人口经济研究所党支部组织团队申请重大课题,劳动经济学院多位党员学科带头人和中青年教师在教书育人、科学研究中成绩突出,为劳动经济学院争得了荣誉。教师党员带领学生党员开展读经典书籍活动,引导学生勤奋好学、诚实守信、全面发展,争做成才表率。

组织完成了人大代表选举工作和学校出席党的十八大代表推荐工作。全院师生共900多人参加了投票选举,履行了作为一个公民的责任。全体党员和各党支部认真按照学校党委要求,完成了推荐出席党的十八大代表人选工作,参与率高达99%。

组织开展了校庆55周年系列活动。劳动经济学院邀请了文化大革命前毕业的老校友返校,共同庆祝学校55周年,返校的校友达30多人,校友们回顾了当年学习的经历,与老师共述师生情,增强了校友对学校的感情。

配合党委组织部完成劳动经济学院领导班子调整工作。

深入抓好党风廉政建设工作。一是进一步完善了劳动经济学院"三重一大"事项坚持由党政联席会议讨论的议事规则和办事制度。二是在原有风险防范体系基础上,进行了认真查找和梳理,完善了风险防范机制。三是组织劳动经济学院领导班子成员和项目负责人、财务经办人员参加学校组织的党风廉政建设和财经纪律教育培训,组织班子成员学习了《中国共产党党员领导干部廉洁从政若干准则》并参加答题活动,签订了遵守廉政准则承诺书。四是加大党务公开力度。在党员发展各个环节,即从推优、民主测评、上党校学习到确定发展对象,全部公开透明,全部公示。

(王明会)

【学生党建】 2011年,劳动经济学院共有学生党支部7个,其中本科生党支部2个,硕士研究生党支部4个,博士生党支部1个。各党支部根据劳动经济学院学生特点,积极开展学生党建工作。

一是规范学生党员发展程序,严格做好入党积极分子的考察和培养。95名学生参加学校高级党校学习顺利结业,展学生党员30名,22名预备党员按期转正。二是开展"主题党日"、"党员谈心日"、"一二·九歌咏比赛"等活动,提高学生党支部的凝聚力,发挥学生党员的模范带头作用。三是加强学生党支部的建设,提升学生党员干部整体素质和水平。四是按照学校和学院要求,做好党员教育与管理工作。5 月配合劳动经济学院毕业生工作开展了一次主题为“足迹·感恩·起点”党日活动,进行毕业生离校前的爱校教育,学习优秀楷模,增加党员意识,在教育育人活动中进一步发挥先锋作用,积极吸引学生中的优秀分子向党组织靠拢,做好青年学生的培养培育工作;按照支部工作条例,组织党员开展活动,并做好相关的记录总结,提高党员活动规范化的水平。五是以帮贫助困为切入点,开展集体谈话和个别学生的谈话的方式,加强对学生的思想教育。六是加强心理健康教育,配合学校心理健康咨询中心作好学生的心理健康相关工作。七是活动育人,拓展符合大学生特点的活动形式结合学校文化艺术节,将三个专业性社团和一个艺术性社团进行提质建设,鼓励学生进行专业性实践和论文写作、参与科研课题,营造浓厚的学术氛围,突出培养学生的科研能力。同时加强对劳动经济学院学生会、分团委等学生组织的日常工作指导,减少学生活动的数量,提高学生活动的质量,促进高水平学生活动的举办。通过以上活动的开展,使劳经学院学生活动获得了多项荣誉。在第七届首都经济贸易大学运会上,第五次获得精神文明奖,获得团体总分第五名,男子团体第七名;获得首都经济贸易大学第二届团体操大赛第二名;就业率排名第四次获得全校第一和一等奖的成绩;获得首都经济贸易大学首届人文知识竞赛第一名;女排获得冠军,男足获得第四名,第二届啦啦操获得第二名;劳动经济学院选手荣获纪念建党 90 周年演讲比赛第二名。

（王明会　姜蓓蓓）

工会工作

1 月,在北京科技大学、北京市教育工会举办了首届“北京市高校青年教师优秀教学科研成果展”上,来自北京市 50 所院校的 200 余名青年教师展示了自己近 5 年来的教学科研成果,劳动经济学院青年教师朱俊生教授的论文《农民对合作医疗的需求研究:支付能力和支付意愿》入选参展并得到了好评。根据首都经济贸易大学工会的统一工作部署,在劳动经济学院党总支的组织安排下,通过民主选举的办法,选举产生了劳动经济学院新一届分工会委员会及工会主席,并推选出劳动经济学院第三届“双代”会代表人选。劳动经济学院一名青年教师参加了由校工会组织的中青年教师赴内蒙古鄂尔多斯集团的教学实践活动。在学校第八届青年教师教学基本功比赛中,劳动经济学院分工会选送了 2 名教师参加,两位教师分别获得了三等奖和优秀奖。根据校工会的工作安排和名额分配,劳动经济学院分工会选送了 2 名校级“三育人”先进个人和 1 名“爱岗敬业”标兵。劳动经济学院分工会主席和党政领导在春节之前一起对劳动经济学院离退休老教师、患病教师及生活困难教师分别进行了上门慰问;劳动经济学院分工会主席以筹委会委员身份参加了首都经济贸易大学第三届“双代”会的各次筹备会议;劳动经济学院“双代”会代表参加了学校第三届“双代”会会议,并积极参与了提案工作。

（余刘军）

实验室建设

2011 年,劳动经济学院实验室进行以下几方面的建设。由于原有的服务器无论在功能方面还是使用年限方面都到了报废期限,亟须进行更新,因此,在劳动经济学院专项经费的支持下对原有的 3 台服务器进行淘汰,新购置 IBM 刀片服务器组一套,共计 12 台,从而全面满足科研和教学的需要。此外,新购置 SPSS19.0 数量统计分析软件一套、数据库 oracle 11g 软件一套、地理信息系统软件一套,目的是为劳动经济学院研究生和本科生教学提供工具。2011 年,劳动经济学院张杉杉老师和何波老师赴成都参加了经济与管理教学示范中心联席会组织的关于经济管理类实验课程建设与组织研讨会,听取了兄弟院校专家的经验介绍,为提升劳动科学实验课程建设带来了更多宝贵的信息。

（何波）

重大事件

劳动经济学院2011年重大事件一览表

时间	具体内容
1月	劳动经济学院接受英国首相行动计划2项目授牌,刘丽玲老师代院长杨河清接受授牌
2月	河南财经政法大学樊明教授率领15名学生到学院进行主题为"中国粮食政策"的学术交流
3月	刘丽玲老师参加在港举行的"Going Global 2011"国际教育会议
	徐斌和魏华颖老师出席爱尔兰使馆举办的"爱尔兰教育"新标识发布会
	劳动与社会保障系举行第二次学生读书研讨会。香港大学社会工作与社会行政学系博士生郭瑜担任本次讨论会主持人,并作主题为"香港老年社会福利服务与香港求学经验分享"的交流讲座
	劳动经济学院召开重点学科建设与科研工作会议
	童玉芬教授"中国人口城乡结构变动与环境可持续发展"科研课题获批2010年教育部重点基地重大项目
	李琦博士后圆满完成工作计划通过出站评审
4月	日本城西大学张纪浔教授到劳动经济学院进行题为"日本大地震对日本经济的影响"的报告
	劳动经济学院成功举办社会保障学科建设与发展专题研讨会
	中国人事科学研究院院长、著名人才学专家吴江研究员到劳动经济学院进行主题为"建设世界人才强国"的报告
	劳动经济学院举办社会保障学科建设与发展专题研讨会
	由首都经济贸易大学主办的首届"实践教学在就业创业指导中的应用"研讨会召开
5月	由首都经济贸易大学劳动经济学院、国家外国专家局国外人才信息研究中心联合主办的"在华外国专家测评与绩效管理"研讨会在京召开
	劳动经济学院举办"加—中产业关系与劳动就业"学术研讨会
	中华全国总工会民主管理部郭军部长到学院进行题为"构建和谐劳动关系的重要理念——企业社会责任"的讲座
	童玉芬教授承担的教育部重点基地重大项目"中国人口城乡结构变动与环境可持续发展"启动
6月	人力资源管理系举办"人才管理、雇主品牌建设及企业社会责任热点问题"研讨会
	周施恩副教授主持完成并出版了被誉为具有"中国首部人力资源管理断代史研究"性质的专著《"十一五"期间中国企业人力资源管理热点、重点与难点研究及展望》
	吕学静教授出席第六届中欧社会保障高层圆桌会议
	吕学静教授参加全国"人口老龄化与城市化下的社会保障制度建设"研讨会
	劳动经济学院代表团访问瑞典布罗斯大学并签署合作协议
	劳动经济学院代表团访问英国北安普顿大学和伦敦都市大学并签署合作协议
	劳动经济学院首批援藏讲师团载誉而归
8月	劳动经济学院亓昕老师和刘潇老师参加"第七届社会政策国际论坛"
	劳动经济学院举办2011级新生入学教育
9月	英国北安普顿大学伊莎贝拉·罗宾森教授到学院进行主题为"战略人力资源管理"的讲座
	英国北安普顿大学伊莎贝拉·罗宾森教授到学院进行主题为"战略人力资源管理的贡献"的讲座

续表

时间	具体内容
12月	杨河清教授在第四届中国劳动论坛上做主题为“构建和谐劳动关系，需要多学科的协同研究——和谐劳动关系：不同学科视角的差异”的大会主旨演讲
	欧美同学会青年委员会会长陶庆华教授到劳动经济学院进行主题为“国际人才竞争”的讲座
	剑桥大学达尔文学院院长、威廉・布朗教授（William Brown）、ACAS英国劳动争议调解与仲裁委员会委员格鲁・迪克斯（Gill Dix）、日本中央劳动标准委员会前主席花见教授到劳动经济学院讲学
	日本爱媛大学副校长矢田部龙一、国际交流促进机构副机构长细川洋治、陈捷教授等一行三人到劳动经济学院进行访问

（冯喜良　吴博棣）

文化与传播学院

概　况

文化与传播学院成立于2011年4月,是首都经济贸易大学最年轻的学院之一。文化与传播学院脱胎于原人文学院,主要由“三系一部一中心”——广告学系、传播学系、汉语言文学系和艺术教研部、传媒教学实验教学中心组成。文化与传播学院属教学型办学单位,现在拥有3个本科专业:广告学、传播学和对外汉语,拥有在校本科生650人。学院坚持“立足北京,服务北京”的办学宗旨,依托学校丰厚的经济管理学资源和学院独特的多学科融合优势,培养通晓外语和国际惯例,具有人文情怀、创新意识、合作精神和实践经验的国际型、复合型、应用型传媒广告业人才和对外汉语专门人才。

(石刚)

师资队伍建设

【概述】 学院拥有一支在各自学科领域有较深造诣的中青年学者构成的高素质教师队伍。现有教师34人,其中教授5人,副教授17人,讲师12人,75%以上教师具有博士学位或硕士学位。

文化与传播学院硕士生导师一览表

姓名	专业	讲授课程
石　刚	哲　学	马克思主义基本原理
郭媛媛	传播学	媒介传播与社会文化
刘建一	工商行政管理	工商行政管理
杨同庆	工商行政管理	广告经营管理
郑文明	法　学	传媒法

文化与传播学院在职正高职人员一览表

姓名	专业	所讲课程
石　刚	哲　学	马克思主义基本原理
杨同庆	工商行政管理	广告学概论、广告监督管理
郭媛媛	中　文	传媒产业动态与个案研究
张小乐	汉语言文学	写作学、应用写作
朱　琳	汉语言文学	外国文学、应用写作

文化与传播学院在职副高职人员一览表

姓名	专业	所讲课程
吴伟凡	中　文	大学语文
赵建梅	中国语言文学	大学语文
彭利芝	中国古代文学	大学语文、中国文学

续表

姓名	专业	所讲课程
李景强	文　学	跨文化传播
陆彦明	马克思主义理论	媒介经营与管理
王　昕	广电艺术学	视听语言
吴三军	广播电视艺术学	摄影与剪辑
郑文明	马克思主义理论	传播法律与规则
刘建一	贸易经济	广告创意与策划
李　毅	企业管理	视觉形象设计
杜文娟	工商行政管理	广告心理学
杨景越	工商行政管理	广告学概论
张　蕾	艺　术	色彩构成、广告美术
宫双华	艺　术	硬笔书法、书法艺术
母晓文	艺　术	广告策划
杨　伶	声　乐	音乐欣赏

文化与传播学院 2011 年人才引进一览表

姓名	所属系部	毕业院校
李培涛	汉语言文学系	北京师范大学
毛　琦	广告学系	中国艺术研究院
谭宇非	广告学系	中国人民大学

（郭媛媛　何雅珍）

【考核聘任】 在 2011 年的教师聘任工作中，学院成立由付琳、石刚、郭媛媛、任伯杰、张小乐、宫双华、杨同庆 7 人组成的聘委会，对教师申报材料进行院内审核。学院教师朱琳被聘为教授四级，母晓文被聘为副教授三级，杨伶被聘为副教授三级，季岩砚被聘为讲师三级。

（郭媛媛　何雅珍）

【教师获奖情况】 详情见下表。

文化与传播学院 2011 年教师获奖情况一览表

系部	教师姓名	所获奖项
广告学系	刘建一	首都经济贸易大学 2010 ~ 2011 年度师德标兵
广告学系	母晓文	2011 年教师基本功比赛第三名
传播学系	王　冲	2011 年教师基本功比赛第三名

（郭媛媛　张小乐）

教学工作

【概述】 9 月，文化与传播学院成立“学委会”，为更好地加强学院的教与学相关联系、开展活动提供了组织支持。

10 月，文化与传播学院召开“学科建设大会”，李景强、朱琳、杜文娟老师就专业理论教学教法，张小乐、李毅、吴三军、杨伶和张艳君老师就专业实践教学方式方法进行主题发言。

11 月，教学期中检查时，在院班子的带领下，学院新进教师毛琦、谭宇非、李培涛走进传播学系李景强、汉语言文学系彭利芝、广告学系许敏玉等老师的课堂，学习教学经验。

2011 年，文化与传播学院出版实践教材 1 部，成功申报校级教改立项项目 2 项、“本科课外实践与创新活动”项目 1 项、“综合性实训项目”2 项、“大学生科研创新计划”18 项。传媒实验教学中心指导学生制作 76 条新闻在校电视台播出。

（郭媛媛　何雅珍）

【专业建设】 4～5 月，文化与传播学院按照学校教务处的安排，广告学专业、传播学专业、对外汉语专业分别进行了专业自评、专家评议和校内评议，以进一步确定专业发展的方向及个性。

（郭媛媛　何雅珍）

【实践教学】 2011 年，首次在新生开设“工作室”、“训练营”培训项目。“工作室”制度是为了让传播、广告系的学生获得专业技能更好的培养，也为了更好地整合学院以传媒实验教学中心为主的实践教学硬件、软件资源，尤其是更多地利用和发挥传媒实验教学中心 4 个专业教辅人员的专业能力，在经过一些调研以后，文化与传播学院 2011 年针对 2011 级新生成立 4 个专业技能培养的“工作室”：“平面设计工作室”、“后期制作工作室”、“摄影工作室”和“摄像工作室”。“训练营”计划：2011 年，文化与传播学院针对 2011 级新生成立专业素养培育 4 个“训练营”——“声乐训练营”、“舞蹈训练营”、“书法训练营”和“绘画训练营”。充分利用学院的教学资源，让艺术教学部的老师充分发挥他们各自的才干，从而帮助学院对外汉语师资的培养，使对外汉语系的学生获得专业素养培育。

第三届“金驼杯”专业传媒实践技能综合展示。5 月，2008 级传播学系 3 个班以视频播放和现场表演两个部分，在传播实验教学中心演播厅进行了第三届“金驼杯”传媒实践技能综合展示活动（双语）。由北京市社科联科研处主任李志东、中央美术学院艺术设计学院副院长王川、解放军艺术学院教授雁翎、中央电视台财经频道编导齐文星学校教务处处长张琪、工会主席李民、学生处副处长金京虎等组成的专家团队，对 3 个班级的视频制作及现场表现评比、打分，2008 级传播学 2 班最后捧得“金驼杯”。

（郭媛媛　何雅珍）

【招生工作】 详情见下表。

文化与传播学院 2011 年招生计划一览表

专业	招生人数			
传播学	在京招生 68		京外招生 14	
	文 36	理 32	文 12	理 2
广告学	在京招生 47		京外招生 8	
	文 32	理 15	文 6	理 2
对外汉语	在京招生 20		京外招生 5	
	文 20	理 0	文 5	

文化与传播学院 2011 年录取分数一览表

文化与传播学院本科二批文史类各专业录取分数

专业	学历	学年	2011 年		
			最高分	最低分	平均分
传播学	本　科	4	577	521	537
广告学	本　科	4	570	514	528
对外汉语	本　科	4	601	515	528

文化与传播学院本科二批理工类各专业录取分数

专业	学历	学年	2011 年		
			最高分	最低分	平均分
传播学	本　科	4	552	475	495.9
广告学	本　科	4	560	484	515

（郭媛媛　何雅珍）

【国际交流】 2011 年,文化与传播学院 4 名同学经过学院和学校选拔,参与了学校的对外交流学习项目。

文化与传播学院 2011 年交换生名单

专业	姓名	交换学校及专业
传播学	崔　进	美国北方州立大学传播学
传播学	王　鸣	美国北方州立大学传播学
传播学	张　腾	美国北方州立大学传播学
广告学	李思思	美国北方州立大学艺术和广告设计

（郭媛媛　何雅珍）

【教学研究】 2011 年,文化与传播学院共申请学校教改立项 4 项,其中重点项目 1 项、一般项目 2 项、青年项目 1 项。

文化与传播学院 2011 年校级教改立项列表

性质	名称	负责人
重点项目	大类培养模式与通识教育课程体系的构建	石　刚
一般项目	开辟素质教育新途径——图形创意设计教学方法的改革	张　蕾
一般项目	应用型人才培养中教师创新与实践能力探究	李　毅
青年项目	基于人才市场需求的双语教学模式研究——以广告专业为例	许敏玉

（郭媛媛　何雅珍）

【推优保研】 根据学校推优保研相关规定,经学院推优保研工作领导小组依据综合成绩及面试成绩核算,确定 6 名同学获得 2011 年推优保研候选人资格。

文化与传播学院 2011 年推优保研学生一览表

班级	姓名	保送院系
2008 级传播学专业 2 班	张　洋	首都经济贸易大学劳动经济学院
2008 级传播学专业 1 班	郑玉立	首都经济贸易大学劳动经济学院
2008 级传播学专业 2 班	张　晨	首都经济贸易大学金融学院
2008 级广告学 2 班	叶梦洁	首都经济贸易大学工商管理学院
2008 级广告学 1 班	刘　畅	首都经济贸易大学劳动经济学院
2008 级传播学 2 班	郭玉姣	首都经济贸易大学金融学院

（郭媛媛　何雅珍）

科研工作

【概述】 2011 年,文化与传播学院教师发表核心刊物及以上论文共 21 篇,成功申报教育部项目 1 项、委办局级项目 5 项、校级项目 2 项、横向项目 1 项,出版著作 1 部、译著 1 部、其他著作 2 部。

（郭媛媛）

【重点研究基地体系建设】 2011 年,文化与传播学院申请“人文北京与文化创新研究基地”的立项,获学校批准。成立“首都文化艺术研究所”等 4 个研究所。2011 年 9 月,在已有的广告研究所之外,文化与传播学院新成立“首都文化艺术研究所”、“京文化研究所”、“文化传播研究所”和“文化产业发展研究所”。研究所的成立,为集中学术研究方向、凝练研究队伍、加强学术成果积累等建构了组织体系与平台。

(郭媛媛　郭锦鹏)

【重大科研项目】 6~7月,在一个半月的时间内,文化与传播学院17名教师共同参与并完成了北京市人大常委会政策咨询课题"文化体制改革与文化创新能力建设"课题,成果为北京市人大"国家文化中心建设"专题调研报告所采用。

(郭媛媛　郭锦鹏)

【科研成果】 2011年文化与传播学院科研成果见下表:

文化与传播学院2011年期刊、专著一览表

期刊

文章	作者及排序	刊物名及发表时间	期刊级别
后危机时代中小外贸企业转型之路	李毅,一	企业经济,2011.12.14	核心
论企业视觉要素的视觉化管理	李毅,独	商业时代,2011.12.9	核心
中华老字号品牌传播策略研究	许敏玉,一	中国经贸导刊,2011.12.8	核心
新媒体平台下广告业市场模式的革新与发展	母晓文,独	商业时代,2011.11.10	核心
公共文化体系建设的制度保障	杨伶,独	红旗文稿,2011.10.25	核心
成长之痛	朱琳,独	外国文学动态	核心
北京:比较视野中的"文学中的城市"研究	朱琳,独	解放军艺术学院学报,2011.10.10	核心
广告产业的公信力探微	母晓文,独	新闻爱好者,2011.10.6	核心
环境媒体广告——户外广告创意新思路	许敏玉,一	江苏商论,2011.10.3	核心
北京广告产业发展特点与关键	杨同庆,杜文娟	经济与管理研究,2011.9.6	核心
美国版权的合理使用与广播电视新闻报导	郑文明,独	新闻界,2011.8.10	核心
中国广告产业传播模式的多维选择与定位	母晓文,独	中国报业,2011.7.31	核心
广告文化诉求运用的误区分析	许敏玉,独	商业时代,2011.7.27	核心
On China's Energy Saving and Emission Reduction and International Law Analysis about Global Climate Change	郭锦鹏,独	EI,2011.5.26	权威B
广告产业环境变化与发展的思考	杨同庆,杨景越	企业经济,2011.3.21	核心
从空中楼阁到人间胜景——红楼主题公园发展管窥	彭利芝,独	红楼梦学刊,2011.3.15	核心
和谐美学与中国电影产业化	王昕,独	现代传播:中国传媒大学学报,2011.2.15	核心
以育人为核心,以经典为素材——对近年普通高校艺术教育研究的综述和思考	杨伶,独	高校理论战线,2011.2.15	核心
浮动汇率制下外贸企业发展策略研究	李毅,独	商业时代,2011.1.30	核心
小说真实与电视剧真实——从曹雪芹美学观念看新版电视剧《红楼梦》的"忠实化"传播路径	王昕,独	中国电视,2011.1.15	核心
广告创意新趋势——行动体验广告	许敏玉,独	江苏商论,2011.1.3	核心
后危机时代中小外贸企业转型之路	李毅,一	企业经济,2011.12.14	核心
论企业视觉要素的视觉化管理	李毅,独	商业时代,2011.12.9	核心
中华老字号品牌传播策略研究	许敏玉,一	中国经贸导刊,2011.12.8	核心
新媒体平台下广告业市场模式的革新与发展	母晓文,独	商业时代,2011.11.10	核心
文化应在传承中建设在发展中创新	郭媛媛,第二	前线,2011.11.5	核心

专著

专著名	作者及排序	出版社	备注
诽谤法研究	郑文明,独	法律出版社,2011.3.23	无资助专著
历代法制	张小乐,独	辽海出版社,2011.9.29	无资助专著

（郭媛媛　郭锦鹏）

【学术会议】　10月22日,文化与传播学院、马克思主义学院与北京市社科联、中国社会科学院清史研究室合作举办“人文北京与文化创新主题论坛”。论坛主题为“历史与现实的对话——人文北京与文化创新能力建设”。由主论坛和两个分论坛组成。主论坛分上下两个半场。上半场中,首都经济贸易大学党委书记柯文进、北京市社科联党组副书记崔新建、《前线》杂志总编刘陈德、首都经济贸易大学杂志总社社长于启武、中国社科院名誉院士郭松义分别围绕主题发言;下半场,中国社会科学院历史所副所长杨珍、北京师范大学文学院教授毛峰、中国社会科学院历史所清史研究室主任吴伯娅、首都经济贸易大学马克思主义学院教授王瑞昌和首都经济贸易大学文化与传播学院广告系主任刘律一做了主题演讲。分论坛主题分别是“历史与现实中的政策研讨”和“历史与现实的文化创新研讨”。两个论坛共有17名学者发言。在历史和现实对比形成的研究时空中,不管是理论研究还是实践的分析,学者们的阐述实现了对论坛主题较为全面和深入的讨论与阐释。

（郭媛媛　郭锦鹏）

【大学生科研创新】　2011年,文化与传播学院本科生共申报大学生科研创新项目20项。

文化与传播学院2011年大学生科研创新项目一览表

	名称	负责人
1	微博对首都大学生政治参与度的影响	邓思同
2	新媒体冲击下北京地区都市报广告的发展初探	安　南
3	社交网植入商业广告模式初探	陈世航
4	大学生对于名人代言广告的接收效果调查与评估	黄芥之
5	中国社交网站对大学生社会化的影响——以人人网为例	杨蕊竹
6	在新媒体语境下的报纸盈利模式探寻	方乐迪
7	关于北京高校校园广告的宣传模式及其效果的研究	杜　鹃
8	北京地区都市报业品牌化发展初探	杨　曼
9	广告对购买行为和决策心理的影响	董雨浓
10	“人人网”对北京市属高校大学生人际传播的影响	许苎文
11	我国部分少数民族中有关新生儿风俗习惯的研究	李　伟
12	首都在校大学生媒介接触行为调查	魏雪乔
13	大学生对于纸质报刊与电子报刊认知度及阅读情况的研究	周昭文
14	北京地区公交移动传媒(公交巴士、地铁)的受众调查研究	张　晨
15	中国传统文化在广告创意中的运用与结合	谭祾溢
16	探析《百科探秘》节目收视率对其媒介经营者与管理者的影响	王　妍
17	韩剧对中国大学生金钱价值观的影响	郑玉立
18	北京市车载移动电视广告研究	勾文杰
19	营销中的情感化广告	李林芳
20	有关北京老字号现状的研究调查报告	张凯斯

（郭媛媛　何雅珍）

学生工作

【概述】 文化与传播学院本科生有自然班21个,涵盖了广告学、传播学、汉语言文学3个专业,分别为传播学专业12个自然班,广告学专业8个自然班,对外汉语专业1个自然班,拥有专职辅导员3人,班主任14人,目前在册本科学生约650人。2011年,文化与传播学院学生工作办公室在学院党委的领导下,开展了丰富多彩的学生活动,在第二课堂活动中将思政教育与专业实践紧密结合,全面推进文化与传播学院学生工作开展。

(任伯杰)

【思想政治教育】 2011年,结合本科生专业素质培养,文化与传播学院开展了丰富多彩的主题教育活动。2011年9月,举办2011级新生开学典礼暨第一届"文传之星"颁奖典礼;2011年9月,举办,"艺文传声"迎新晚会;2011年10月,举办"文传杯"校庆海报设计大赛;2011年11月,举办"2011我的实习"大型访谈活动。活动的举行,将专业培养与素质教育、思想政治教育紧密结合起来,取得了较好的效果。

(任伯杰　季岩砚　潘镜宇)

【就业工作】 2011年,文化与传播学院2011届本科毕业生人数为152人,其中考研12人,出国15人,签就业协议115人,其他就业10人。截至2011年8月25日,就业率为100%,签约率为93.42%,考研率为7.89%,出国率为9.87%。

(任伯杰　潘镜宇)

【共青团分团委工作】 2011年,文化与传播学院分团委坚持以"党建带团建",进一步完善文化与传播学院推优入党制度,分别用5项量化指标全面考察候选人,为党员发展提供量化依据。

4月,文化与传播学院分团委开展第一届"先锋杯"红旗团支部展示评比活动。2009级传播3班团支部获得红旗团支部称号。

10月,文化与传播学院分团委对2011级新任团支部书记作了名为"如何做一名优秀的团支部书记"培训,分别从工作职责、主要应开展的工作及团干部应具备的素质等方面进行了讲解。

2011年,文化与传播学院分团委举办了丰富多彩的主题教育活动。

文化与传播学院2011年分团委主题团日活动一览表

序号	主题团日名称	举办活动团支部
1	"纪念建党九十周年,重温复兴之路"主题团日活动	2008级传播学2班团支部
2	组织组织观看《辉煌"十一五"》大型图片展;举办节约用水座谈会;地震知识讲座	2009级传播学3班团支部
3	组织学生观看爱国主义电影《横空出世》	2009级传播学1班团支部
4	组织全体团员参加"九一八"80周年纪念活动	2010广告学2班支部
5	开展以"爱国"为主题的座谈活动	2010级传播3班团支部
6	组织全体团员赴天津参观周恩来邓颖超纪念馆	2011级对外汉语团支部
7	开展"我是团员我光荣"主题教育活动	2011级广告2班团支部

(任伯杰　季岩砚)

【学生会工作】 文化与传播学院学生会是本科学生的群众组织,在学院党总支和学院分团委的指导下开展工作,2011年,文化与传播学院学生会组织学生参与了学校举办的运动会团体操比赛、运动会体育活动、一二·九歌咏比赛等,并取得了优异的成绩,获得团体操比赛第七名、运动会最佳组织奖、女团第6名、男女团总分第8名、一二·九新生歌咏比赛三等奖。在学生会的组织下,学院本科生开展了丰富多彩的学生活动,丰富了学生的课余生活,锻炼了学生的实践能力。

文化与传播学院2011年学生会、分团委活动一览表

时间	名称	地点	主办人
3月14日	心照部宣	大学生活动中心	学生会宣传部
3月27日	走进城管	丰台城管大队	学生会社会实践部

续表

时间	名称	地点	主办人
4月27日	体育联谊	操场	文化与传播学院与城市经济与公共管理学院学生
4月27日	美食大赛	三食堂	学生会生活部
4月28日	乒乓球比赛	操场体育馆	学生会体育部
5月11日	文明出行日	玉渊潭公园	学生会社会实践部
5月25日	五院联谊	5号教学楼	学生会
9月9日	“喜从盒来”教师节抽奖	全校老师办公室	学生会
9月14日	新生篮球赛	篮球场	学生会
9月29日	学生会破冰活动	操场	文化与传播学院学生会
10月1日	联合国环境规划署中国儿童环保教育计划会议	朝阳公园	分团委志愿者服务团
10月12日起	新生辩论赛	3号教学楼	学生会学习部
10月25日	“艺文传声”迎新晚会	大学生活动中心	学生会文艺部
10月27日	通讯稿培训	3号教学楼	学生会编辑部
11月9日	羽毛球比赛	操场	学生会体育部
11月9日	新老生交流会	5号教学楼	文化与传播学院编辑部
11月9日起	驼铃杯辩论赛	3号教学楼	院辩论队
11月9~10日	国际泳联世界杯短池游泳系列赛	国家游泳馆	分团委志愿者服务团
11月11日	第二届人文论坛	北京交通大学	学生会(参与者)
11月11日	排队日宣传	校西门公交车站、食堂、超市	学生会
11月15日	联合国环境规划署秘书长会议	钓鱼台宾馆	分团委志愿者服务团
11月24日	北京建筑工程学院篮球交流赛	北京建筑工程学院	学生会体育部
11月29日	“蹭课召集令”活动	各个教学楼	学生会
11月底~12月初	劳动经济学院、法学院足球队友谊赛	操场	文化与传播学院、劳经学院、法学院
11月12日	蒲公英希望中学支教	大兴蒲公英中学	学生会社会实践部
12月3日	首都高校志愿者联谊会	北京大学	分团委志愿者服务团
12月7日	一二·九合唱比赛	华侨学院大礼堂	分团委、学生会
12月13日	文化讲座	地下传媒中心	学生会

（任伯杰　季岩砚）

【志愿献血工作】　2011年，文化与传播学院积极参加学校组织的志愿献血活动，上站60人，实际献血43人。

文化与传播学院2011年志愿献血学生名单一览表

班级	姓名	献血量	说明
文化与传播学院2011级传播一班	张雪璟　马旭　唐逢彬　蒽建年　戴露婷	200ml	
文化与传播学院2011级传播二班	蔡悦	200ml	

续表

班级	姓名	献血量	说明
文化与传播学院2011级传播三班	郭新悦　王哲然　于畅　赵宇辰　刘丹　向青青　胡远蓉　黄洋洋　危薇　鄄思　王超　曹琼月　朱莉	200ml	
文化与传播学院2011级广告一班	路辰　孙宜雯　郭静	200ml	
文化与传播学院2011级广告二班	黄丁媛　吴晶晶	200ml	
文化与传播学院2011级对外汉语	张昊强	200ml	
文化与传播学院2010级传播一班	端一冕　艾尔菲拉·阿克拉木	200ml	均为第二次献血
文化与传播学院2010级传播二班	马紫璇　张梦濛　刘鹏　古雨晨　刘乔　金梦	200ml	
文化与传播学院2010级传播三班	黄伟尧	200ml	第二次献血
文化与传播学院2010级传播三班	黄玠棠	200ml	
文化与传播学院2010级传播三班	赵鸽	200ml	第二次献血
文化与传播学院2010级广告一班	梁辰　刘泽艺	200ml	
文化与传播学院2009级传播三班	李享	200ml	第二次献血
文化与传播学院2009级传播三班	项治　李延鑫	200ml	均为第三次献血
文化与传播学院2009级广告二班	陈可淘　严德娟	200ml	均为第二次献血

（任伯杰　季岩砚）

【志愿服务】 2011年,在学院党总支的领导下,学院分团委开展了多项志愿服务工作。

文化与传播学院2011年志愿服务工作一览表

时间	志愿服务活动内容
2011年4月13日	参加了丰台区城管大队题为“春风行动”的主题活动,部员们作为城管志愿者参与了城管的执法活动
2011年5月22日	大兴蒲公英希望中学,作为志愿者为蒲公英中学记者团、校刊做志愿服务工作
2011年10月1~7日	担任联合国环境规划署中国儿童环保教育计划——朝阳公园志愿者讲解工作
2011年11月15日	担任联合国环境规划署秘书长会议——钓鱼台现场志愿者
2011年11月9~10日	担任国际泳联世界杯短池游泳系列赛(北京站)——竞赛志愿者
2011年12月3日	参加了首都高校志愿者联谊会

（任伯杰　季岩砚）

【文传新视点】 《文传新视点》前身为《人文快讯》,是文化与传播学院院报,主要负责院内部的活动宣传,执行主编、编辑等由学院分团委同学担任,报纸全部由院内学生自主出版,集学生的关注点于报纸本身,谈论当下热点话题。报纸发行方式为每月一期,由文化与传播学院分团委主办。

（任伯杰　季岩砚）

【学生社团】 学涯发展协会。文化与传播学院学涯发展协会是一个旨在帮助大学生进行职业生涯规划,促进大学生成长与发展的学生组织。协会成立于2009年,以“启蒙职业规划意识,科学安排好学习实践,促进职业生涯发展”为宗旨,本着“自我教育、自我管理、自我服务、非营利性”的原则,倡导“职业早规划、事业快发展”的思想,帮助本院学生树立正确的职业价值观,培养良好的就业意识和科学的择业观。

恒月动漫社。恒月动漫社创建于 2010 年 5 月 20 日,是面向首都经济贸易大学动漫爱好者的隶属于文化与传播学院的全校性学生社团,下设 COS 部、技术部、研究部与外联部 4 个部门。自创立以来,在四部门的通力协作下,本社先后组织包括校园和外景 COSPLAY、动漫团舞汇演、动漫新番和剧场版放映、同人本创作等一系列的活动,并获得好评。2011 年上半年参加"佰人团"发起的《帝都高校好人本》的创作,并设计以首都经济贸易大学萌化女生为形象的经贸娘;现阶段也在筹划并进行创作本社第一册同人本。2011 年下半年先后参与首都经济贸易大学文化与传播学院和城市经济与公共管理学院的迎新晚会节目的彩排和表演,反响热烈。2011 年下半年先后为首都经济贸易大学 M - PLEX 街舞社晚会和首都经济贸易大学"社团文化节"闭幕晚会进行公关服务和协助工作,积累了大量经验。恒月动漫社的宗旨是努力让首都经济贸易大学喜欢动漫的同学们从动漫中获得本应得到的最原始最简单的快乐,并深信不疑。"恒月"二字意为"亘古不变、永远闪耀"。

四一二工作室。四一二工作室是以排演话剧(包括大量原创剧目)为主的专业话剧团队,为丰富校园文化生活,满足校园中热爱话剧的同学们组织的原创社团,拥有着十年的建团历史,为首都经济贸易大学十佳社团之一。其组织结构分为:决策组、导演组、演员组、编剧组、音效组、灯光舞美组以及摄影宣传组。四一二工作室的成员们团结一心,积极负责,以敬业的态度、专业的精神对待每一次工作,以对话剧的热忱确保每一次工作的激情与质量。

(任伯杰　季岩砚)

【暑期社会实践】 按照校团委的要求,在文化与传播学院分团委的号召下,学院学生积极参与,于 2011 年 7 ~ 8 月先后选派了 7 支暑期社会实践团队,社会实践调研范围遍及北京市八大城区。

文化与传播学院 2011 年分团委暑期社会实践项目一览表

	项目	小组成员
1	微博对人们生活的影响	董馨怡　王晓彤　李鲍骄阳　张安吉　贺梦潇
2	北京市初中以上阶段的学生电脑使用情况调查报告	刘乔　白莹　马紫璇　单良晨　张梦濛
3	大众传媒与隐私保护	马晓婉　李玫萱　瞿晖　曹泓菁　薛瑞琪　张丽　侯静
4	大众传媒对公众舆论的影响	于乐　李羚珊　赵莹　殷晶晶　张晶　贺金龙
5	户外广告对公众的影响	赵明璇　谢良会　杨馥榕　张梦兰　陈博
6	公共移动新媒体对人们生活影响	巢晶　邹砚男　刘芷滢　郝筱萌　刘玺和　刁晨
7	大型超市食品促销的售点广告对消费者消费行为的影响	孙瑶等

(任伯杰　季岩砚)

【心理健康教育】 2011 年,文化与传播学院针对新生特点,开展了两项有代表性的心理健康教育活动。

1. 家长课堂。9 月,文化与传播学院特邀著名心理学教授杨眉老师,在新生家长范围内开展了"新生家长课堂"教育活动,杨眉老师从新生的心理发展特点入手,结合新生入校后的遇到的实际问题,向家长讲授了新生入学后家长应该进行相应的辅助性工作。

2. 新生心理讲座。9 月,文化与传播学院特邀著名心理学教授杨眉老师为学院 2011 级全体新生进行了新生辅导讲座,杨眉教授从新生入校后将会遇到的实际问题出发,告诉学生在面对问题如何正确地面对和处理问题,取得最好的解决效果。

(任伯杰　季岩砚　潘镜宇)

【荣誉奖励】 文化与传播学院 2011 年学生获奖情况汇总如下。

文化与传播学院 2011 年学生获奖情况一览表

奖项	获奖学生及团队
国家奖学金	郑玉立　于森
三菱东京 UFJ 银行奖学金	杨蕊竹　段榔
松下育英奖学金	祖文静
北京市三好学生	李　婧
北京市优秀团干部	顾芳琪
北京市优秀班集体	2009 级传播三班
北京市红旗团支部	2009 级传播三班
其他	张洋、许宁文获得第六届“挑战杯”首都大学生课外学术科技作品竞赛二等奖

2011 年度文传之星评选情况一览表

学习之星	苏艺
干部之星	张昊
志愿之星	张莉莎
党员之星	谷晓娜
运动之星	孙雪　姚烨　李骁騉　付雪斌　邓茗幻　邹燕楠

（任伯杰　季岩砚）

党建工作

【概述】 文化与传播学院党总支成立于 2011 年 4 月,是学校最年轻的党总支之一。党总支现有 5 个党支部,其中,教师党支部 3 个,本科生党支部两个。截至 2011 年底,共有党员 69 名,其中,在职教师党员 25 人,占在职教师人数的 55.56%;退休教师党员 13 人,占退休教师总数的 48.15%;本科生党员 31 人,占本科生总数的 4.8%。2011 年新发展党员 14 名,预备党员转正 16 名。学院在职教职工中民主党派成员 2 人,均为农工民主党成员。

成立伊始,年轻的文化与传播学院党总支根据学校党委的统一部署,从学院实际出发,以学院建院工作为切入点,抓住机遇,统一思想,凝聚人心,共谋发展,充分发挥党总支的监督保障和政治核心作用,以学院建院大会为核心,以制度建设和规范化建设、学院 CI 设计为重点,以学院班子的精诚团结为保障,在全力推动学院教学、科研、管理、服务等工作顺利完成的基础上,精心策划开展一系列的卓有成效的工作,为年轻的文化与传播学院未来的健康快速发展提供了坚强的思想保障,奠定了坚实的工作基础,努力开拓一条具有文化与传播学院特色的党建道路。在学校党委组织部组织的 2011 年主题党日评选活动中,学院党总支申报的主题为“凝聚文化之魂,共铸传播基石”主题党日活动获得三等奖。

（付琳）

【党员发展】 2011 年,文化与传播学院积极开展了党员培养、发展工作,126 名本科生提交入党申请书,106 名本科生参加初级党校培训,48 名本科生参加高级党校培训,发展本科生党员 14 名。

（季岩砚）

【组织建设】 4 月,文化与传播学院党总支与组织部和马克思主义学院党总支密切配合,进行了新成立党总支各方面工作的梳理和核对,着手开始进行党务工作档案的整理和建立工作。

6 月 15 日,文化与传播学院党总支举办了 2011 年度党风廉政专题教育培训会,邀请纪委办公室、监察处处长李民进行财经纪律宣讲。学院党总支书记付琳,副院长石刚、郭媛媛,党总支副书记任伯杰及各系部主任、党支部书记等参加了此次培训会。

7 月 1 日,文化与传播学院党总支组织党员集体收看建党九十周年大会的现场直播,认真学习胡锦涛总书记的讲话,并在收看以后互相讨论,发表感想。

7 月 8 日,文化与传播学院党总支组织教师党员、学生党员和部分积极分子集体观看大型爱国主义教育影片《建党伟业》。通过影片的观看,师生党员们更加深刻全面地了解了中国共产党的历史,更加深感党艰难缔造伟业的不易。

11月2日,文化与传播学院党总支举办了2011年度财务管理专题培训会,邀请到财务处处长崔也光进行财务管理培训。崔也光结合学校实际工作情况,从加强资金公有意识、会计实务、专项资金管理、报销程序等方面问题进行了分析讲授。培训将学院领导班子、各系部负责人、重点岗位的工作人员以及专项的负责人都纳入到培训体系中,通过专题培训,老师们深刻地体会到对于文化与传播学院这样新组建的学院,一定要抓住组建初期这样的关键时点,在全院教师头脑中树立起党风廉政建设和严格财务管理的观念,建立起严密的制度体系和科学合理的管控体系,才能防微杜渐,确保未来学院的健康快速发展。

11月14日,学院党总支就学院争先创优第二阶段工作情况向校党委书记柯文进作了汇报,接受书记点评。柯文进指出:文化与传播学院党总支与行政密切配合,实现了学院拆分成立的平稳过渡和协调发展,党总支在第二阶段创先争优工作中能够切实围绕学院中心工作,开展内容丰富、形式多样、注重创新、突出实效的各项活动,取得了一定效果。学院成立半年来,各项工作有条不紊、有序发展,保持了良好的发展态势。下一步,希望学院总支能够与行政一起,抓住十七届六中全会提出文化大发展重要机遇,进一步酝酿凝练推进学院未来发展思路,明晰办学定位,并在此基础上进行学科建设、科研活动和学生培养,凸显学院特色,为学院健康发展、服务社会奠定坚实的基础。

11月23日,文化与传播学院党总支举办"党总支书记与学生党员面对面"活动,党总支书记付琳、党总支副书记任伯杰、分团委书记季岩砚、辅导员潘镜宇与20余名学生党员就"为什么选择加入中国共产党"和"入党后个人的进步以及对周围同学的辐射作用和影响"两个主题进行了面对面的交流。

12月3日,文化与传播学院就贯彻落实党的十七届六中全会精神进行了专题研讨。学院副院长石刚、广告学系主任刘健一、传播学系副主任郑文明、汉语言文学系朱琳、广告学系杨景越分别代表学院5个研究所,围绕贯彻落实党的十七届六中全会精神,更好推进文化与传播学院文化产业创新研究工作,更好地服务国家,服务首都,做了主题发言。教师党员一致认为,文化产业发展前景广阔,作为文化与传播学院的教师,应当准确把握时代脉搏,为解决文化产业发展过程中的理论难题提供支持。今后,文化与传播学院将在学校党委、行政的领导下,结合学院实际情况,在相关科研工作中,开阔眼界、不断创新,实事求是,立足实际,为北京社会文化建设做力所能及的工作。

组织教师、学生党员参加党纪条规知识的学习和测试。除了学院领导班子成员参与学习和答卷,学院党总支还决定扩大学习范围,将学院各系部主任副主任、党支部书记、工会主席和部分学生党员纳入到学习的范围。通过学习和测试,对引导广大教师树立廉洁从教意识,培养学生党员养成崇廉敬德优良品质,具有十分重要的意义。

完成《廉洁从政若干准则》(简称《廉政准则》)的自查。《廉政准则》通知下发以来,文化与传播学院党总支高度重视《廉政准则》的学习宣传和贯彻落实工作,立即做出部署,将学习贯彻《廉政准则》作为学院班子党风廉政建设学习的重点。在学院院务会上进行了专题的学习,通过召开领导班子座谈交流会等形式,每一个班子成员都对照要求认真逐条进行自查自纠,同时做出廉政承诺,每一位班子成员均认真填写《北京市党员领导干部遵守〈廉政准则〉承诺书》,确保自查面达到100%。做到集中学与自学相结合,系统学与重点学相结合,学习理论与解决现实问题相结合,不断增强学习效果,切实抓好廉政自律工作,使学习贯彻落实《廉政准则》取得实实在在的成效。

文化与传播学院党总支申报主题党日"凝聚文化之魂,共铸传播基石"获学校2011年度主题党日评选三等奖。4月,文化与传播学院成立。学院党总支根据学校党委的统一部署,从学院实际出发,以学院建院工作为切入点,抓住机遇,统一思想,凝聚人心,共谋发展,积极发挥党总支的监督保障和政治核心作用,以学院建院大会为核心,以制度建设和规范化建设、学院CI设计为重点,以学院班子的精诚团结为保障,精心策划开展一系列的卓有成效的工作,为年轻的文化与传播学院未来的健康快速发展提供了坚强的思想保障,奠定了坚实的工作基础。学院党总支以此为主题申报的主题党日"凝聚文化之魂,共铸传播基石"活动获得学校2011年度主题党日评选三等奖。

(付琳　任伯杰)

工会工作

【工会成员】　2011年,分工会主席为张小乐、女工委员季岩砚、文体委员王冲,下设行政、传播、广告、汉语言文学、艺术5个工会小组,组长分别为王端、王冲、李毅、彭利芝、王阳阳。

(张小乐)

【工会活动】 5月30日,文化与传播学院青年教师基本功比赛在5号楼626教室举行,来自新闻传播系、广告系、中文系、艺术教研部的7位青年教师参加了比赛。通过评选来自广告学系的母晓文老师、传播学系王冲老师代表学院参加2011年6月上旬举办的"首都经济贸易大学第八届青年教师教学基本功比赛活动"。

10月21日,文化与传播学院分工会举办了"文化与传播学院2011年秋季健康长走活动"。本次活动不仅使教工们愉悦了身心,而且充分体现了文化与传播学院团结和谐的氛围。大家纷纷表示,将以更大的热情投入到未来的工作中,为学院和学校的发展做出贡献!

12月2日,学院分工会在汤山假日酒店卡拉OK厅这里举办了教职工K歌大赛。文化与传播学院的党政领导及教职工30多人共同参与。本次活动为学院教职工提供了一个展示才华的平台,使大家放松了身心,增进了了解,同时也充分展现了年轻的文化与传播学院团结进取、和谐向上的精神风貌。

(张小乐)

【师德建设】 文化与传播学院重视教职工师德建设,将师德建设作为教职工队伍建设的一项常规工作,坚持长期开展师德建设活动,形成党政工齐抓共管、互相配合的良好格局。6月,广告系刘建一老师被评为首都经贸大学2010~2011年度师德标兵。

(张小乐)

传媒实验教学中心

【概述】 文化与传播学院传媒实验教学中心隶属文化与传播学院,实验室使用面积超过2 000平方米,各种高中端设备近千套,总价值超过3 000万元。中心现有面积为300平方米的高清演播室,虚拟演播室,大洋高清非线性编辑机房,专业摄影棚,专业录音棚,苹果平面设计实验室,报刊编辑实验室、国际传媒实验室等9大实验室,形成了开放式的,集广播电视、节目制作、新闻传播、播音主持、摄影艺术、信息管理、网络应用、媒体教学、平面设计、广告开发于一体的多功能综合性实验教学基地,以满足文化与传播学院传播学和广告学专业学生的实践教学需求,并为其他相关专业的人才培养搭建一个开放式的应用模拟型的教学实践平台。地点:首都经济贸易大学博纳楼地下一层;办公电话:010-83952074

(张艳君)

【实践教学】 2011年,文化与传播学院实验教学中心在完成学院本科教学实践工作的基础上,完成了多项项目改造,分别为:3月,听音室和3D影院建设完工。12月,广告摄影棚实验室建设完成。12月,实验室通风工程建设完工。完成2010年校内重点教改立项——教学实践辅助系统。

传媒实验教学中心2011年实践教学活动列表

时间	教学实践活动
2011年1月	与中国教育电视台共同承办北京市语言文字委员会语言知识竞赛决赛,录制的节目在中国教育台播出
2011年3~4月	承办"人文讲堂"两期
2011年6月	承办第三届金驼杯传媒技能大赛
2011年6月	福建教工委参观实验室
2011年6月	美国乔治亚大学贝克教授参观实验室
2011年9月	台湾玄奘大学陈毓麒教授一行参观实验室
2011年11月	转播建校55周年庆典
2011年12月	承办北京电视台"爆笑2011"节目录制,节目在北京电视台播出
2011年12月	转播学校2011年"12·9"新生歌咏比赛
2011年12月	学生工作室成立并开始培训工作
2011年	为摄影工作室组织两次摄影讲座,主讲人是新华社高级摄影记者刘文兵和北京青年报图片总监程铁良

(张艳君)

信　息　学　院

概　况

信息学院（School of Information）成立于1999年，前身是1978年2月建立的北京经济学院经济数学系。1987年1月，经济数学系改名为经济信息管理系，1996年1月，经济信息管理系改名为信息管理系，1999年学校决定将信息管理系与计算中心合并成立信息学院。

学院现拥有管理科学与工程一级学科博士授予点，管理科学与工程、产业经济学（信息经济）2个硕士学位授予点；信息管理与信息系统、计算机科学与技术、工程管理3个本科专业。学院下设信息管理与信息系统、管理科学与工程、计算机科学与技术3个系，具有管理科学与工程北京市实验示范中心、数字创新平台实验室、信息管理实验室、软件工程实验室、网络实训实验室、微机硬件与系统实验室、虚拟仿真实验室、SAP实验室等。

2011年，信息学院教师共发表论文70篇。其中权威A6篇，权威B18篇，国内核心期刊6篇，一般期刊40篇。发表著作12部，包括国家规划教材3部，专著3部，教材等6部。2011年，学院教师共申报纵向项目46项，包括国家级项目9项，省部级项目20项，市级项目11项，校级项目6项。2011年，共获批项目9项，包括国家自然科学基金项目1项，北京市哲学社科规划项目1项，北京市自然科学基金2项，北京市教委社科计划面上项目2项，校级规划项目1项，校级一般项目2项，学院教师承担横向项目1项。

（姚翠友）

师资队伍建设

2011年，学院在职教职员工58人，其中，专职教师42人，实验室及办公室人员16人。在专职教师中，教授8人，副教授18人，讲师16人；具有博士学位的教师24人，具有硕士学位的教师10人，3名教师正在攻读博士学位。

师资队伍建设是提高教学水平的关键，学院一直坚持引进与培养相结合的方针。2011年，根据人事处的相关政策，聘请讲座教授2名，新引进教师2名。学院2名教师被评为首都经济贸易大学优秀主讲教师；1名教师被评为校级教学名师；2名教师获批学校中青年骨干教师。

（姚翠友）

学科建设

【博士点获批】 3月，信息学院管理科学与工程获批一级学科博士学位授予点。在学校领导的支持下，参加北京市答辩。参加答辩的老师包括校长王稼琼，副校长王传生，院长杨一平，学院总支书记马慧、原安全工程学院院长柴建设。该博士点包含4个方向，即信息化评价分析与软件质量控制、决策技术与优化方法、安全系统工程理论与应用、项目与投资管理。信息学院张军教授、杨一平教授获批博士生导师。

（姚翠友）

本科教学工作

【校外实习基地的建设】 2011年，学院与北京人大金仓信息技术股份有限公司、北京西普阳光教育科技有限公司、北京欧朋兰博企业投资管理有限公司签订了实习基地合同，建立了3个校外实习基地。共派出50余人到校外基地进行实习。同学们通过校外实习，得到了专业技能的锻炼，积累了实践经验。

（霍桂勤）

【教学改革成果立项及精品课程建设】 2011年，学院获批4项教学改革成果立项《三维虚拟教室的开发及教学应用研究》、《网络安全实践教学改革研究》、《应用型本科人才培养质量评价体系研究》、《计算机硬件课程CPI教学方法的探讨研究》。其中,两项校级一般项目和两项校级青年项目,获批一项校级精品课程《程序设计基础》。

(霍桂勤)

【探索创新型复合型人才培养模式】 2011年,信息学院开始实行管科类的大类招生。工程管理专业由原来的二批专业升为一批专业,同时将信息管理与信息系统专业和工程管理专业合并为大类招生,将两个专业的第一年课程实行通识教育,一年后根据学习成绩进行分班,产生一个信管专业国际化班和信管专业班以及一个工程管理班。这种招生模式的改变即拓宽了学院专业面又让学生在专业上有更多的选择空间。

(霍桂勤)

【本科生培养方案的修订】 由于信息学院2011年实行大类招生,客观上要求重新修订本科生培养方案。经过多次研讨和论证,对各专业培养计划在课程设置、理论教学、实践教学、学时安排等方面进行了全面修订;在课程体系方面做了整合删改。学院新制定了信息管理与信息系统(国际化班)专业培养方案重新修订了信息管理与信息系统专业和工程管理专业的培养方案,同时还制定了信息管理与信息系统专业辅修培养方案。

(霍桂勤)

【高招咨询工作】 2011年,信息学院实行招生咨询工作的目标化管理,学院领导高度重视,教学副院长主抓,成立了以系主任为主的招生咨询小组,咨询小组参加了校内外多场高招咨询宣传活动,努力扩大学院的社会影响力,提升学院新生的素质和水平。

(霍桂勤)

【毕业实习和毕业设计工作】 2011年,信息学院对2011届毕业设计各环节进行合理设置和精心安排。首先,制定了信息学院毕业设计工作的补充规定,成立了毕业设计工作领导小组,在指导教师和评阅人资格,教师职责及学生选题、开题、评阅、答辩等方向做了明确规定,同时制定了工作计划和日程安排。其次,对学生毕业设计进行过程质量控制,实行指导教师负责制,前8周学生进行实习调查和研究,写出实习报告,之后在导师指导下做毕业设计进行系统开发。第三、严格评阅人制度,规范答辩过程。学院对评阅人进行分组后,统一时间对论文进行评阅,这样既保证了评阅效率又保证了评阅质量,评阅后学院对全部论文进行答辩,全院共分了14个答辩小组,每个答辩小组3~5人,严格按照答辩规程对学生进行答辩,要求学生答辩时要有程序演示盘,每人答辩20分钟严把答辩关,以此进一步检验学生对专业理论知识的掌握和实践开发的能力。最后,将答辩完毕的毕业设计进行收集、统计、评价,归档。

2011届本科生论文共计155篇,成绩为优占论文总数的1.5%,良好占论文总数的54%,中占论文总数的35%,及格占论文总数的35%。年底前已经对2012届毕业生毕业论文工作进行了安排和部署,要求学生与指导教师见面,对论文进行开题。

(霍桂勤)

【期中教学检查工作】 期中教学检查工作是每个学期的例行工作,信息学院通过组织召开教师、学生座谈会,听课打分、发调查问卷等形式进行互查和自查。院领导到课堂听课,对任课教师的教学态度、教学方法、教学手段、教学过程、教学效果、教书育人等方面进行全面检查;对教学大纲、授课计划和教学进度情况进行考核和评估。同时对各门课程的教学进度、学生学习、课堂纪律、考勤等进行检查。通过检查听取各方的意见和建议,发现教学运行过程中出现的问题和不足。

(霍桂勤)

【本科生保研工作】 2011年,信息学院根据《首都经济贸易大学推荐应届优秀本科毕业生免试攻读硕士学位研究生的实施办法(试行)》要求及2012年推荐优秀应届本科毕业生免试攻读硕士学位研究生推免工作流程,本着公开、公平、公正原则对推免申请学生进行选拔。

学院首先制定2012年推荐优秀应届本科生免试攻读硕士学位研究生工作安排,成立2012届毕业生推免工作领导小组和答辩小组,统计核实申请学生的学习成绩和综合素质成绩,同时将学生成绩进行公示,最后对申请学生进行答辩,学院如期公示最终结果。

(霍桂勤)

【考试工作】 每学期的期末考试、重考、全校选修课考试和全国大学英语四、六级考试是教学运行过程的重要环节,也是检验学生学习成果的重要环节。每学期期末考试要考60多门课程,全国大学英语四、六级考试一年两次1 000多人次参加考试,考试场次多,因此每学期的考试工作都要按照学校要求组织进行。从成立考试领导小组、试卷命题、考场安排、主监考安排到阅卷、成绩录入、试卷归档每个环节都做到严谨认真,确保万无一失。

(霍桂勤)

【网络教学平台的使用和推广】 2011年,信息学院教师完成了《关于网络教学平台的申报任务书》填报工作,对网络教学平台的使用提出了具体要求,要求各系将归属课程全部上网,同时要充分利用网上教学平台进行教学,与同学互动。

(霍桂勤)

【大学生创新项目申报】 2011 年，学院获批校级大学生创新项目 15 项，包括 5 项重点项目和 10 项一般项目。

（霍桂勤）

【2010 级优秀学生 20%转专业工作】 3 月，信息学院按照教务处关于转专业相关规定和流程，本着公开、公平、公正的原则对 2010 级学生选拔、公示，最后报到教务处，圆满完成了此项工作。

（霍桂勤）

【专业实习和认知实习工作】 2011 年度实习共有两个年级，2008 级学生进行专业实习，2009 级学生进行认知实习，实习学生共计 300 多人。信息管理与信息系统专业共分了 5 个实习小组，计算机专业共分了 2 个实习小组，进行了不同专业方向的实习，实习完毕每位同学上交 3 000 字实习报告一份。信息学院对本次实习进行了周密的组织和安排，实习效果良好。

（霍桂勤）

【2011 届学生毕业审核】 2011 年，信息学院共对本届 158 名学生的学历、学位进行了认真和严格的审核，2011 届有毕业资格学生 151 名，获得学士学位的学生 147 人，毕业无学位 4 人，结业 3 人，延长学籍 4 人。

（霍桂勤）

【组织全国计算机设计大赛并获奖】 2011 年，信息学院组织了国信蓝点全国计算机设计大赛和承办了第三届全国大学生创业大赛。

国信蓝点全国计算机设计大赛初赛已经结束，学院参赛同学取得了优异成绩，共有 16 名同学在北京赛区选拔赛获奖。其中，2008 级计算机二班的许心诺同学获得一等奖，并取得入围全国总决赛的资格。2008 级信息管理二班的刘翥婷同学获得二等奖，龚润泽等 7 名同学获得三等奖，王晓振等 7 名同学获得优秀奖。

（霍桂勤）

【聘请校外专家开专题讲座】 2011 年，信息学院给 2009 级学生开设了信息科学技术学科前沿课，每周聘请校外专家开专题讲座。共开设 14 次，学生通过讲座了解到信息科学技术前沿知识，对信息科学技术的发展现状有了更深刻的了解。

（霍桂勤）

研究生工作

【召开研究生工作研讨会】 2011 年，为切实提高研究生科研水平，让全院师生多关心学院、学校的发展，信息学院召开了 2 次研究生工作研讨会。3 月 27 日中午，信息学院在南粤苑会议室举办了主题为“心系学院　共谋发展”的毕业研究生交流会；9 月 7 日，信息学院召开研究生座谈会，学院班子成员、研究生班主任以及各年级各专业研究生代表参加了此次座谈会。研究生代表程焱同学宣读了倡议书。信息学院总支书记马慧强调了学院的相关管理制度，尤其是联络安全风险制度，希望大家共同携手努力，推动学院科学发展。

（闵渝玲）

【聘请校外专家开专题讲座】 6 月 20 日，学院组织 2010 级研究生参加在博纳楼第六会议室举办“张昭焚教授聘任仪式暨学术报告会”。张昭焚教授从创意、创新、创业 3 个角度并结合企业创业的生动案例向同学们讲解了创新的重要性以及如何获得核心竞争力。

（闵渝玲）

【完成研究生调剂复试工作】 4 月，信息学院组织 15 名教师对 32 名研究生进行复试。此次复试为等额复试，最终 32 人全部录取。

（闵渝玲）

【开展招生咨询及培养方案修订工作】 4～5 月，信息学院为配合招生，布置研究生导师撰写本专业研究生方向的简介、所授课程简介、大纲及本人介绍等撰写工作。5 月，完成 2012 年研究生招生简章撰写工作及 2011 级研究生培养方案修订工作。9 月，学院完成研究生部组织的校园招生咨询工作。2011 年，学院共参加全国研究生招生咨询会 2 场，发放宣传资料 500 份。一志愿报考学院研究生人数为 75 人，其中，管理科学与工程专业 34 人，为历年最多。

（闵渝玲）

【开展学术不端检测工作】 3 月，信息学院开展 2008 级研究生论文学术不端检测工作，29 名同学全部通过检测。

（闵渝玲）

【期中教学检查及答辩工作】 完成研究生部布置的期中教学检查工作；研究生评奖评优工作；研究生导师考核工作。5 月，完成 2008 级研究生毕业答辩工作，30 人全部顺利毕业。其中，产业经济学 5 人，管理科学与工程 24 人，2009 级提前毕业 1 人，完成毕业研究生论文档案、学籍档案移交工作；11 月，完成 2009 级研究生毕业论文中期答辩组织工作和 2012 年研究生命题组织工作；12 月，完成 2010 级研究生开题答辩、中期考核工作组织。

（闵渝玲）

【申报研究生创新项目】 11月，信息学院积极组织研究生申报创新项目，共申报创新项目15项，经评审获批5项。

（闵渝玲）

科研工作

【申报项目及科研成果】 2011年，信息学院教师积极申报各类纵向项目，共申报项目46项，包括国家级项目9项，省部级项目20项，市级项目11项，校级项目6项。2011年度获批项目共9项，其中包括杨一平教授北京市自然科学基金项目《信息化属性的低碳经济发展路径及策略研究》、马慧教授北京市哲学社科规划项目《以云技术及评价推动北京信息资源配置效率提升的研究》、马慧教授北京市自然科学基金项目《基于碳管理能力认证的北京市信息资源碳排放目标实现路径的研究》及尚华艳副教授国家自然科学基金项目《混合交通流多模式模型整合与协调优化研究》，还包括北京市教委社科计划面上项目2项，校级规划项目1项，校级一般项目2项。学院教师承担横向项目1项。学院教师共发表论文70篇。其中，SCI检索6篇，EI、ISTP等检索20篇，核心期刊6篇。发表著作12部，包括国家规划教材3部，专著3部，材等6部。

（郑宁）

信息学院2011年出版主要著作一览表

序号	作者	著作名称	出版社
1	杨一平	企业信息化能力成熟度研究	人民邮电出版社
2	马　慧	软件质量管理与认证方法	清华大学出版社
3	姚翠友	网站建设与网页制作	中国水利水电出版社
4	牛东来	现代物流信息系统（第2版）	清华大学出版社
5	牛东来	中国信息系统学科课程体系2011	清华大学出版社
6	赵丹亚	Excel 2010应用大全	人民邮电出版社
7	郭　宁	软件工程实用教程（第2版）	人民邮电出版社
8	郭　宁	软件质量保证与质量管理研究	中国商务出版社
9	郑小玲	Excel 2003/2007表格设计与制作技能实训教程	印刷工业出版社
10	高　静	计算机原理与汇编语言程序设计	科学出版社
11	张丽玮	高新技术项目技术风险评估	科学技术文献出版社
12	李欣午	基于内部劳动力市场二元结构的企业人力资本投资研究	高等教育出版社

信息学院2011年纵向项目一览表

序号	项目负责人	项目名称	项目分类	项目级别
1	马　慧	以云技术及评价推动北京信息资源配置效率提升的研究	北京市哲学社科项目	省部级
2	马　慧	信息资源碳足迹能力的认证模式及其质量工程技术的研究	北京市教委社科计划面上项目	委办局级
3	尚华艳	混合交通流多模式模型整合与协调优化研究	国家自然科学基金（青年科学基金项目）	国家级
4	陈　炜	模糊环境下基于差分进化算法的投资组合选择研究	首都经济贸易大学校级重点项目	校级
5	张丽玮	高新技术企业技术威胁动态监测预警机制研究	校级重点项目	校级
6	申　蔚	数字化三维虚拟校园的技术研究与实践	校级青年项目	校级
7	邱　月	北京文化创意产业信贷风险评估与对策分析	校级青年项目	校级

（郑宁）

【举办学术讲座】 2011年，信息学院组织了两场学术讲座。4月27日，信息学院邀请到第二外国语大学党委书记冯培教授，为全院师生做了一场题为"组织变革与团队管理"的讲座。11月23日，信息学院邀请到中国人民大学商学院管理科学与工程系教授、博士生导师王刊良，为全体教师及研究生作了题为"信息系统研究的几点思考"的学术讲座。

（郑宁）

学生工作

【招生工作】 在2011年的招生工作中，信息学院严格按照学校招生相关要求，由主管教学副院长牵头，分管学生工作老师进行相应配合，完成招生材料的编整、校对及印刷工作。在4月的校园开放日中，信息学院领导班子成员及系主任都悉数到场，解答考生及家长的各项问题，并现场发放学院自制的招生简介，7月，信息学院由副院长和党总支副书记按学校招生办要求进行考生的录取工作。

（周从周）

【就业工作】 信息学院就业工作由学生工作办公室牵头，各毕业班班主任及系主任进行相关工作的配合。2011年，信息学院有本科毕业生154人，为做好毕业生就业工作，学院制定了详细的毕业生工作计划，在2010年开学伊始便着手进行，学院党总支和领导班子成立了专门负责毕业生就业工作小组，统筹安排毕业生就业工作，并召开了数次毕业生就业大会，对历年学院毕业生就业去向做了介绍，学院还建立了公共邮箱，向毕业生发布招聘信息和就业岗位百余个，院就业办公室还不定期的逐个打电话核实毕业生的最新就业情况，并对毕业生进行就业技巧和方法指导。截至8月25日，学院签约率为93.51%，就业率为99.35%。

（周从周）

【学生社团】 信息学院"起点"计算机协会是隶属于信息学院管理的学院专属社团组织，社团下设社长1人、副社长1人、并由外联部、组织部、宣传部、实践部4个部门组成。社团成立以来立足于打造与院系专业相关的各项学科活动。2011年，信息学院起点计算机协会举办了电脑义诊、暑期社会实践、电子竞技大赛、清华智能体大赛、辩论赛、photoshop系列讲座等多项活动，完成了专业与活动的良好结合，提高了学院同学对专业学习的兴趣，加强了同学们的团队凝聚力和集体荣誉感，锻炼了同学们与人合作、协调交流的能力，在将自己的想法付诸实践的过程中收获了组织活动的经验，形成了社团良好发展的氛围。

7月，信息学院"起点"计算机协会组织学院学生干部到内蒙古赤峰进行暑期社会实践调研，对手机上网情况进行研究，实践主要是以问卷调查和走访调查的形式开展的。调研团以两人一组的形式分别执行调研任务。在调研过程中，大家分别到宁城县天义镇包咕噜村的村委会和农业大棚、天义镇天北社区、塞飞亚集团、契丹街以及宁城县打双庙展开问卷调查。被访问的人群覆盖了养殖户、社区居民、集团职工以及商业街行人等各行各业的不同年龄段的人群，最终形成一份调研报告。由于团队出色的表现，被评为"2011年度首都大学生暑期社会实践优秀团队"。

（周从周）

【学生活动】 信息学院分团委贯彻校团委一体两翼建设要求，下设学生会、志愿者工作部及起点计算机协会，学生会主要承接学校的大型活动及学院相关各项学生活动。2011年，信息学院学生会完成了一二·九合唱比赛、校运动会、啦啦操比赛、团体操比赛等大型校级比赛任务，并组织同学在新生篮球赛、五四杯足球赛、一二·九长跑比赛、大绳比赛、朗诵比赛、辩论比赛中荣获了诸多荣誉。在学院活动上，信息学院学生会2011年先后组织了新生迎新晚会、我爱我家IT节等晚会活动，并协助学院完成了院长座谈会、专业辅导会、新老生交流会以及各类专业讲座活动。在信息学院每年一届的IT节活动中，信息学院还组织了计协3周年庆祝晚会、童趣运动会、白色情人节晚会、多米诺骨牌挑战等各项活动，拉近了学院和同学间的距离，加强了同学们的集体荣誉感和组织活动的能力。

（周从周）

【实践基地】 信息学院在理论教育的同时更注重培养同学们的社会实践能力，先后与大兴孤儿院希望之家、第三客运分公司团委、北京西站城管、翠微西里社区、万年花城北京小学分校建立了很好的合作关系，并签署了共建实践基地协议书。2011年，信息学院志愿者工作部又开辟了海淀残联、石景山社区福利院、流浪猫狗救助站等实践基地，利用周末时间带领同学们到对应实践基地进行实践活动，奉献爱心。

（周从周）

【党员发展】 2011年，信息学院本科生党总支和研究生党支部严格党员培养考察发展程序，做好组织发展工作，在组织发展过程中，信息学院学生党支部一直遵循"坚持标准、保证质量、改善结构、慎重发展”的16字方针,按照党员发展工作的程序,认真履行手续,贯彻质量第一,质量、数量兼顾的原则,以学校初级党校、高级党校培养为契机,划分“党员责任区”,将党员分派到各个班级组织相应的积极分子定期进行小结、交流、评议、考核活动,以入党积极分子PPT展示为平台,坚持“成熟一个,发展一个”,共计发展学生党员30名。

(周从周)

党建工作

【召开创先争优专题工作会】 10月18日,信息学院党总支召开创先争优专题工作会,校党委副书记朱玉华、信息学院领导班子、各系(室)主任、支部书记以及部分党员参加了此次会议。党总支书记马慧教授对创先争优活动的前期工作进行了总结,对下一阶段工作进行了布置。信息学院党总支在创先争优活动中根据各阶段活动主题,按照活动总体目标,围绕学校学院中心工作,把各项活动与教学改革、招生就业、学科建设、专业建设等具体工作相结合,开展了“3+x”模式的创先争优系列活动。其中“3”代表学院创先争优活动必须包括3个方面的工作,即深入基层、提高服务质量、提高贡献率,“x”即学院各党支部在此基础上根据本支部情况开展的特色活动。

朱玉华对信息学院创先争优前两个阶段的工作进行了点评并对创先争优第三阶段活动开展提出了要求。朱玉华认为,信息学院在创先争优工作中能够切实围绕学院中心工作,开展了内容丰富、形式多样、注重创新、突出实效的各项活动,效果明显,成绩突出。第三阶段活动的开展注意与学院中心工作和实际工作更好地结合,为进一步促进学院、学校发展提供强大的政治保障和思想保障。

(郑宁)

【创先争优志愿服务活动】 6月22日,信息学院开展了专业咨询与创先争优志愿服务活动。党委副书记朱玉华,信息学院全体教师党员以及部分师生参加了此次活动。学院全体党员宣读了志愿活动倡议书,号召信息学院全体党员师生一起行动起来,当好“宣传员”、就学院学科建设、学科发展等专业问题向大家做好宣传,不定期开展专业咨询志愿活动,解答各种疑问,为师生提供交流服务的平台;当好“示范员”,在创先争优活动中按照“五带头”的要求,在日常工作生活和重大活动、关键时刻彰显党员先进性,成为推动学院科学发展的“主力军”,起到表率示范作用;当好“安全员”,为学院师生解决实际问题,增强师生凝聚力,树立良好的院风,积极开展激励、关怀、帮扶活动,为建立和谐稳定的校园环境贡献信息学院党员的一份力量;当好“联络员”,听取大家对学院专业建设、学科建设、党建工作的意见建议并反馈给学院,根据大家的建议和意见努力改进工作。会后,学院领导班子和各系主任带头在4号楼大厅开始了咨询活动,向前来咨询的学生解答了学科建设,专业建设,考研就业等各类问题,实验室的老师还在现场为师生检测修理了办公电脑,学院将把此项志愿服务活动作为长效机制长期开展下去,为师生提供交流服务的平台。

(郑宁)

【召开支部书记点评会】 11月9日,信息学院召开支部书记点评会。党总支书记马慧、副书记丁志艳及各支部书记参会。各支部书记就“创先争优第三阶段”各支部准备开展的特色工作进行了说明。党总支书记马慧一一进行了点评,并对工作重点进一步部署,同时强调,在下一步工作中,各支部不能搞两张皮,要切实结合学校、学院、专业、教师、学生工作,充分发挥党员作用,提高党员服务意识,把创先争优工作落到实处。

(郑宁)

【开展主题党日系列活动并获奖】 近几年来,信息学院党总支和直属党支部积极开展主题党日活动,以主题党日为契机,加强党员和积极分子思想道德建设,提高团队凝聚力和战斗力。4月6日,退休党支部在学校离退休处及学院党总支的支持下,组织“党的光辉照我行——老有所学、老有所教、老有所为、老有所乐”主题党日活动。5月7日,研究生和本科生党支部联合开展了“祖国在我心,红歌伴我行”主题党日活动。

在学校2011年组织的主题党日评比中,信息学院退休党支部主题党日活动在学校主题党日评选中荣获一等奖,在北京市主题党日评选中荣获二等奖。学生党支部主题党日活动在学校主题党日评选中荣获二等奖,信息学院党总支获最佳组织奖。

(郑宁)

【观看电影《建党伟业》】 6月29日,信息学院党总支组织全体教师观看电影《建党伟业》。在中国共产党建党90周年到来之际,学院教师通过观看影片,重温了在那个风雨飘摇,动荡不安的年代里的激动人心的历史,再次感受革命先辈在那段峥嵘岁月里的热血与激情,感受他们对共产主义事业崇高的信仰和不懈的追求。谨祝党的九十华诞生日快乐,更祝我们伟大的祖国明天更美好。

(郑宁)

【党风廉政与师德建设】　4 月 29 日，信息学院召开以党风廉政监察促进学院建设发展大会。校纪委副书记李民、财务处专项负责人马京华出席会议，信息学院领导班子及各系主任以及部分项目负责人参加会议。马京华就教委和校内专项的项目执行细节、立项要求、项目进度、支出管理办法等方面进行了介绍，向与会人员强调了项目执行过程中的财经相关纪律。李民在发言中强调，学校处在高速发展阶段，专项资金的增加、师资队伍建设的加大都要求学院在经费使用过程中注重细节，保持三重一大、院务公开的意识规则建立，在决策过程中要经集体研究决定。李民还对招投标、风险防范等内容做了重点说明。最后，信息学院党总支书记马慧和院长杨一平先后发言。号召全院教师继续深入学习风险防范相关制度，统一思想、明辨是非，共同为学院学校的建设发展贡献力量。

信息学院获 2011 首都经济贸易大学党风廉政先进集体及“师德先进单位”称号。

（郑宁）

工会工作

【参加羽毛球团体赛】　4 月，信息学院代表队参加了由校工会主办、教工羽毛球协会承办的首都经济贸易大学教工羽毛球男女混合团体赛，在党政领导的大力支持下，学院工会认真组建参赛队伍，并进行赛前练兵。信息学院代表队以五战四胜积 4 分的成绩获得本次男女混合羽毛球团体赛的亚军。

（卢山）

【召开学院教职工大会】　6 月 1 日，信息学院分工会换届和“双代会”代表遴选工作圆满完成。信息学院在图书馆一层机房召开全院教职工大会，对校工会批复的学院分工会委员候选人和“双代会”代表候选人进行正式选举。选举产生了新的信息学院分工会和信息学院第三届双代会代表。

（卢山）

实验室建设

【概述】　信息实验教学中心创建于 1999 年（信息学院合并了学校的计算中心和网络中心）。由信息学院信管专业实验室和计算中心公共基础实验室组成。实验中心的主要工作任务是保证学院专业课上机教学、学校公共基础课上机教学的正常进行，管理维护学院及实验中心的国有资产及设备，保证实验室及设备的使用安全及整洁卫生。目前实验中心共 14 个实验室，包括 6 个实验中心公共基础实验室和 8 个信息专业实验室。实验室总面积 2 000 多平方米，共有各种微机设备 1 000 多台，专职技术管理人员 11 人。实验中心的工作方针是：开放管理、科学规范、注重实训、资源共享。

（郝海波）

【实验中心协助完成“全国大学生创业大赛北京赛”】　5 月中旬，在学院院长的带领下，实验中心积极配合完成金蝶公司主办由信息学院承办的“全国大学生创业大赛北京赛”任务。本次大赛旨在激发大学生创业热情，运用无风险的商业实战软件模拟商战，为同学们积累商业知识，为毕业就业创业积累经验。

（郝海波）

【实验中心协助承办“全国信息技术应用水平大赛”】　9 月中旬，在教育部和市教委的指导下，信息学院还承办了《全国信息技术应用水平大赛》，由信息实验中心负责具体组织执行工作，在多方力量的协助配合下，使这次比赛圆满完成。此次比赛为学校学生提供了一个展示自己信息技术水平的平台，考察了学生的动手能力，提高了学生的就业竞争力。

（郝海波）

【实验中心完成北京市教委专项《ERP-SAP 实训平台》建设】　12 月，教委专项《ERP-SAP 实训平台》完成建设，使信息学院学生能够很好地学习和使用 SAP 软件，通过 SAP-ERP 实训平台，将给学过 ERP-SAP的学生带来很好的就业机会。SAP-ERP 实训平台的建立，覆盖了学校信息管理与信息系统、企业管理、财务管理、人力资源等多个学科，使学校的众多学科又有一个实训平台，提升学院的专业特色和办学特色。

（郝海波）

安全与环境工程学院

概　况

安全与环境工程学院(School of Safety and Environmental Engineering)专业教育始创于1954年建立的北京劳动干部学校。学校于1956年正式开学,隶属劳动部。到1958年,北京劳动干部学校升格为北京劳动学院(现首都经济贸易大学),设置“劳动保护系”,开始了安全工程类本科专业教育,成为我国最早设置安全工程类本科专业的办学点。劳动保护系在1982年和1983年先后获得了劳动卫生与环境卫生学硕士学位授予权和安全技术及工程硕士学位授予权。1985年,劳动保护系更名为安全工程系。2005年8月,安全工程系又发展成如今的安全与环境工程学院。

安全与环境工程学院下设安全工程系、环境工程系、工业工程系、基础课学科部和实验中心几个教学单位。前3个专业系分别承担本系的专业课程教学工作;基础课学科部主要承担全院本科生的工科公共基础课和专业基础课程教学工作;实验中心承担全院学生的实验教学工作。学院还设有安全生产培训中心、安全评价中心和安全与环境科学技术研究所等。其中,安全评价中心具有国家甲级安全评价资质,安全生产培训中心是国家安全生产监督管理总局认定的国家二级培训单位,这几个机构承担着北京市和其他省市大量安全生产领域的评价、咨询和教育培训等技术服务工作,面向社会开展安全生产相关服务工作。

(陈蒲晶)

师资队伍建设

截至2011年12月,安全与环境工程学院有教职工38人,专职教师28人,其中教授7人,副教授15人,讲师6人;专职教师中,有博士15人,硕士10人。

2011年,安全与环境工程学院新增博士生导师2人,新增硕士生导师2人。晋升教授1名,副教授3名,完善了培养目标要求的教师结构体系,以符合学校现状和可持续发展的需要。在授课教师中,配备了一定比例的具有工程经历的专职教师,在3个学科方向均聘请了企业或行业专家作为安全与环境工程学院的兼职导师(管理科学与工程新外聘导师1个,安全技术及工程新外聘导师4个,劳动卫生与环境卫生学新外聘导师2个)。

(怡枫　陈蒲晶)

学科建设

安全与环境工程学院现有二级学科博士点1个:管理科学与工程;一级学科硕士点2个:管理科学与工程(工学),安全科学与工程;二级学科硕士点1个:劳动卫生与环境卫生学;工程硕士授权点1个:安全工程。

(王勇毅　陈蒲晶)

教学工作

2011年9月,安全与环境工程学院招生114人,其中,本科生87人,硕士研究生27人。在校生共403人,其中,本科生328人,硕士研究生75人。

2011年,安全与环境工程学院教师李茂龄的《物理与人文》,任冬梅的《普通化学与实验》,郝鹏鹏的《大气污染控制工程Ⅱ》,李洪枚的《环境工程微生物学》,杨静的《基础工业工程与实验》与《工效学》,岳忠的《锅炉压力容器安全》,《设施规划与物流》,《热工基础》(课程代码为080243A)与《热工基础》(课程代码为080733B),杨玲的《化工原理》与《简明火灾安全科学》,刘志敏的《机械设计基础》与《公共安全概论》,文华的《电工学Ⅰ》,《电工学Ⅱ》与《电路与模拟电子技术》课程申报并获准参加学校网络课程建设项目。

李洪枚的《水污染控制工程》课程,在学校精品课程评选中被评为校级精品课程。

马峻的校级教育教学改革项目《创新性多专业协同实验教学模式研究》，经专家评审鉴定，已予以结项。

2011 年，学校对在 2010 ~ 2011 学年两个学期本科生网上评教活动中，得分名列前茅的 30 名教师授予首都经济贸易大学 2010 ~ 2011 学年“学评教”优秀教学效果奖，安全与环境工程学院的李宗圣老师获此殊荣，并取得了第六名的好成绩。

按照《首都经济贸易大学优秀教学人员奖励办法》，经校评审专家组无记名投票，评选出学校第三届 10 名校级教学名师奖获得者和 20 名优秀主讲教师奖获得者，安全与环境工程学院钮英建获得教学名师奖，李宗圣获得优秀主讲教师奖荣誉。

2011 年，安全与环境工程学院学生申报“大学生科研与创新训练项目”4 项，其中重点项目 3 项，一般项目 1 项。学生们的积极参与，对加强本科生科研创新能力的培养，以及探索以问题和课题为核心的研究性教学模式，倡导以学生为主体，调动学生学习主动性等都有积极意义。

按照《首都经济贸易大学推荐应届优秀本科毕业生免试攻读硕士学位研究生的实施办法（试行）》的规定，2011 年，安全与环境工程学院达到免试推荐条件的学生有 4 人，根据学校下达的 3 人推优名额，最终安全工程的刘舒怡和环境工程的段文焱 2 位同学获得推优资格。

为积极响应北京市 2011 年冬季征兵工作的要求，安全与环境工程学院学生 2009 级安全工程专业学生李贺营和 2009 级工业工程专业学生王耀杰通过各项考核，光荣入伍。

（别凤喜　陈蒲晶）

科研工作

【概述】　2011 年，安全与环境工程学院科研经费 490.8 万元，其中，纵向经费 6.8 万元，横向经费 484 万元。纵向科研项目新立项 3 个，其中，北京市自然科学基金项目 1 个，北京市教育委员会项目 2 个；横向科研项目新立项 67 个，其中，清华大学委托科技项目 1 个，北京市安监局委托科技项目 2 个，企事业单位委托科技项目 64 个。发表被三大检索（EI、SCI、ISTP）收录的论文共 19 篇，在国内核心期刊共发表论文 11 篇，发表一般期刊 8 篇，出版学术专著 12 部。

安全与环境工程学院申报的纵向课题有钮英建的北京市自然科学基金委员会项目：清洁电缆材料的制备及其热解动力学和火灾蔓延特性研究，杨静的北京市教育委员会项目：随机生产环境下产品组合生产决策模型与优化，王庆的北京市教育委员会项目：面向机械安全设计的产品风险评价系统研究。

姜亢、王勇毅获第五届安全生产科技成果奖二等奖。

（文华　陈蒲晶）

【院际交流和对外交流活动】　2011 年，安全与环境工程学院召开了来自台湾中华大学、清华大学教授参加的海峡两岸科学研究论坛，学院部分老师参加了该论坛；部分教师参加了国内 4 所院校教授、3 所研究机构教授，共 70 名专家学者参与的科学研究与学科建设前沿研讨会一次；参加了德国斯图加特史太白技术转移中心主任、教授等校内外专家学者参与的安全中国研讨会一次；聘请北京市科学技术研究院、北京市劳动保护研究所专家讲座 1 次；聘请日本横滨国立大学堀雅宏教授等举行福岛地震与应急救援专家讲座 1 次。初步统计，学院教师参加重要的国内学术交流会议 16 次。

（文华　陈蒲晶）

学生工作

【概述】　2011 年，安全与环境工程学院学生工作在近几年工作取得的成果的基础上，强化和推动思想政治教育工作，继续规范团学组织整体化建设，加大学生干部培养、选拔、培训、考核力度，努力做好团推优工作。结合专业特色，深入开展社会实践活动、校园文化活动、科技创新活动和志愿者活动，将理论运用到实际，为全院同学提供了培养和锻炼综合素质与能力的平台，充分展现出学院学生奋发向上的精神面貌和“聚是一团火，散作满天星”的团队凝聚力。2011 年，安工学院学生工作主要从思想教育、知识强化、技能培养和情感凝聚四个方面展开。

（陈蒲晶）

【思想政治教育】　2011 年，在思想政治教育方面，安全与环境工程学院以纪念建党 90 周年为契机，深入开展了主题教育活动。包括依托本科生党支部开展“身边的党课——与信仰对话”纪念建党 90 周年党史党情系列党课；开展“学党史、知党情、跟党走”纪念建党 90 周年主题团日活动；开展“一团一品”主题团日活动评比；建设素质学分制度，加强广大团员的团员意识和集体责任感。

（陈蒲晶）

【知识强化】　2011 年，在知识强化方面，安全与环境工程学院以学风建设为核心,全面推进提高学生的专业能力,督促学生夯实专业基础、挖掘自身专业潜能,提高学生的专业认同。学院开展了一系列敦促学生专业学习的活动,包括推荐6支队伍参加北京市挑战杯项目的申报,最终一部作品入选并获得挑战杯三等奖;开展"走近名师,品读大学"系列讲座,通过名师交流类活动,帮助低年级学生了解了专业历史、开拓专业思路、提前接触名师,同时对高年级学生未来职业发展提供了一些指导和帮助;积极发挥院刊的引导作用,在院刊《等待花开》中进行了改革,删除以往的生活知识版块,增加了对学院在各个方面表现突出的同学进行访谈的采访稿,为学生树立各个方面的典型;探索提高学生专业认同的方法,同时根据每个年级的学生不同程度的发展问题,针对4个学年开展了不同的发展指导;开展《北科院科技创新奖学金》的颁奖活动,为学生打开专业探索之门,提高理论素养;规范考勤制度和缺勤公示制度,及时纠正学生散漫、对自己不负责等不良习惯;开展求职就业系列讲座,帮助毕业生顺利毕业。

(陈蒲晶)

【技能培养】 2011年,在技能培养方面,安全与环境工程学院以暑期社会实践为中心,不断提高学生的社会服务意识和公民意识,开展的活动包括志愿者之夜活动,通过对志愿者工作的讨论、志愿服务礼仪指导、观看志愿者电影等活动,提高了志愿者的志愿服务意识及志愿服务水平,增加了志愿者对服务工作的认同,同时大大加强了志愿者团内部组织建设;开展主题为"与安工同行,共建校园防火安全"的安全月活动,号召全校同学树立消防安全意识;在陶然亭公园和学校三食堂门口开展"筷子在行动"宣传活动,号召减少使用一次性筷子等一次性用品;申报了6项暑期社会实践活动,均保质保量完成,极大锻炼了同学们社会实践的技能;开展城市乐水行以及志愿者团激励项目——打工子弟小学唱响绿色环保之歌两个重点活动来提升学生的社会实践能力;承接了"汽车博物馆"的接待任务,极大地提高了同学们的社会服务技能;开展九院联谊辩论赛,引导同学们不断用辩证的思维看待生活,提高自己的公民意识。

(陈蒲晶)

【情感凝聚】 2011年,安全与环境工程学院以共青团倾听为重心,分层分类不断增进与学生的心灵交流。2011年,安全与环境工程学院分团委作为校团委共青团倾听试点单位,加强了共青团倾听的覆盖面和时效性,同时继续以人为本的情感取向,与学生进行实在的心灵交流,同时,不断拓展倾听的人群和方法,依托学生干部,开展"生活指导师制度",倾听大一新生的心声,解答新生的疑问,汇总大多数同学的意见和建议,为分团委今后的工作提供依据。

(陈蒲晶)

【学生社团】 星愿天文社是安全与环境工程学院分团委指导的学生组织。成立于2007年10月1日,原名为"首都经济贸易大学天文爱好者协会"。社团旨在普及天文知识,为首都经济贸易大学广大天文爱好者提供交流天文信息的平台,并在天文知识方面为之提供力所能及的帮助。社团以科普宣传为主要手段,联合校内外天文观测者、爱好者,让更多的同学了解浩瀚无垠的宇宙世界,帮助同学树立正确的人生观、世界观,丰富自己的知识,扩展自己的视野。社团现在与北京师范大学、北京航空航天大学、对外经济贸易大学、北京化工大学、北京工业大学、北京工商大学、中国传媒大学、北京交通大学等大学以及北京天文馆一起合作,举办了很多有意义的活动。2011年,星愿天文社组织了丰富多彩的活动,包括参加北京师范大学天文社20年社庆、组织社员观看《银河系漫游指南》、组织海坨山观星活动、进行太阳黑子的观测活动以及组织千嶂里观星活动。为天文爱好者搭建了学习天文、了解宇宙的平台。

(陈蒲晶)

【学生获奖】 2011年,安全与环境工程学院本科生1人获国家奖学金,20人获国家励志奖学金,6人获关心下一代奖学金,1人获Panasonic育英基金奖学金,1人获三菱东京UFJ银行奖学金,1人获"北京市三好学生"荣誉称号,1人获"北京市优秀基层团干部"荣誉称号,1人获"北京市优秀团员"荣誉称号,2008级安全工程团支部获"北京市先锋团支部"荣誉称号,13人获"校三好学生"荣誉称号,9人获"校优秀学生干部"荣誉称号,2010级工业工程班获"校级先进班集体"荣誉称号,3人获"校优秀团干部"荣誉称号,14人获"校优秀团员"荣誉称号,2010级工业工程团支部获"校先锋团支部"荣誉称号,2人获"校优秀宣传员"荣誉称号。

社会实践方面,2011年,安全与环境工程学院2人获"暑期社会实践优秀团员"荣誉称号;安全与环境工程学院四项大学生课外调研成果《北京护城河水质调查分析》、《北京市民食品安全意识调查评估》、《东直门交通枢纽引导服务系统研究》、《新农村文体设施调查》获得"首都高校社会实践优秀成果奖";"北京市民食品安全意识调查评估团"获得"首都高校社会实践优秀团队"荣誉称号;"打工子弟小学唱响绿色环保之歌"实践项目荣获"第三届北京青少年节能环保创意作品大赛"活动类二等奖;"北京市后海按周围环境区域划分水质调查报告”荣获第六届“挑战杯”首都大学生课外学术科技作品竞赛三等奖。

安全与环境工程学院 2011 年学生获奖情况汇总表(北京市级以上)

奖项	获奖学生及团队	奖励时间
国家奖学金	朱嶒枫(2008 级工业工程班)	2011.10
北京市级三好学生	郝彤彤(2010 级工业工程班)	2011.12
北京市级优秀学生干部	翟　蕊(2008 级安全工程班)	2011.12
北京市级优秀团员	沈　雪(2008 级安全工程团支部)	2011.4
北京市级优秀基层团干部	杨　柳(2008 级安全工程团支部)	2011.4
北京市优秀团支部	2008 级安全工程团支部	2011.4
北京市优秀毕业生	古梦迪(2007 级工程管理班) 吴慧斐(2007 级环境工程班) 张　莹(2007 级环境工程班)	2011.6
第六届“挑战杯”首都大学生课外学术科技作品竞赛三等奖	团队成员:刘云　张莹　徐爽　慕艳茹(2007 级环境工程班) 指导教师:许联锋	2011.6
第三届“北京青少年节能环保创意作品大赛”活动类二等奖	团队主要成员: 霍兴旺(2010 级工业工程班) 陈一飞(2009 级工业工程班) 伍嫣然(2010 级安全工程班) 苏谊(2010 级工业工程班) 指导教师:陈蒲晶	2011.12
首都高校社会实践先进个人	居希宏・居来提(2010 级工业工程班)	2011.9
首都高校社会实践优秀成果奖	北京护城河水质调查分析——负责人:贾楠(2008 级环境工程班) 北京市民食品安全意识调查评估——负责人:居希宏・居来提(2010 级工业工程班) 东直门交通枢纽引导服务系统研究——负责人:贺超(2008 级安全工程班) 新农村文体设施调查——负责人:管业勤(2010 级工业工程班)	2011.9
首都高校社会实践优秀团队	团队成员: 居希宏・居来提　郝彤彤(2010 级工业工程班) 苏洋旸　程璐(2010 级环境工程班) 张文敏(2010 级安全工程班) 指导教师:任冬梅	2011.9

(陈蒲晶)

【北科院科技创新奖学金】　北科院科技院创新奖学金是北京市科学技术研究院北京市劳动保护科学研究所和首都经济贸易大学安全与环境工程学院进一步开展“研”和“学”的结合,激励学生学习与从事科学研究活动的积极性和创造性,加强学生科研创新能力的培养,全面提高学生的培养质量,奖励优秀学生的学术业绩,共同为北京市培养安全、环境和管理科学与工程方面的高级人才的重要内容。2011 年有 10 名同学获得该奖学金,奖学金额度共计 5.1 万元。

(陈蒲晶)

【学生就业】　安全与环境工程学院 2011 届本科毕业生人数为 78 人,其中,考研 12 人,出国 6 人,就业

60人,截至2011年8月25日,就业率为100%。其中,安全工程(注册安全工程师)专业人数为21人,考研3人,就业18人;环境工程专业人数为22人,考研3人,出国3人,就业16人;工业工程专业人数为16人,考研2人,出国2人,就业12人。安全与环境工程学院2011届研究生人数为23人,全部就业,截至2011年8月25日,就业率为100%。

(陈蒲晶)

党建工作

【党员队伍建设】 2011年,安全与环境工程学院党总支下设4个党支部,分别为教工党支部、本科生党支部、研究生党支部和退休党支部。共有党员119人,其中教工党支部党员24人,本科生党支部党员21人,研究生党支部党员44人,退休党支部党员30人。入党积极分子72人,新发展党员27人。

(怡枫 陈蒲晶)

【主题党日活动】 2011年,为庆祝中国共产党建党90周年,深入落实创先争优精神,安全与环境工程学院党总支开展了以"岁月峥嵘忆往昔,创先争优庆华诞"为主题的系列党日活动,学院党总支4个党支部均围绕主题举办了丰富多彩、创意十足的党日活动。两项主题党日活动在校党日评比当中获奖。

2011年初,退休党支部开展"卢沟晓月忆当年"主题参观活动,老党员们来到卢沟桥,参观了中国人民抗日战争纪念馆,"七三一"细菌部队和南京大屠杀的现场复原陈列记录下日本侵略者的滔天罪行;人民战争专题馆展示出波澜壮阔的全民族抗日救亡运动和浴血奋战场景;抗日英烈馆铭刻下抗日英雄们血染的风采。老党员们在参观中追忆过去的艰辛、感恩当下的幸福。

5月,教工党支部开展"弘扬井冈山精神,创造和谐低碳生活"实践活动,安工学院党员教师来到了中国第一个农村革命根据地——井冈山革命根据地,重走红军路,追忆井冈山精神。每个党员受到了强烈的震撼和深刻的教育,朴素的民族热情也被深深唤醒。鉴于当前老区农民环境意识普遍淡薄,为革命老区的可持续发展带来了困难,安工学院教工党员向革命老区人民宣传低碳环保知识,赠送低碳环保、保护生态环境的书籍和自印资料,用实际行动为老区人民做些实事,受到了老区人民的普遍欢迎。

5月,研究生党支部开展"复兴之路"参观活动,研究生党员在首都博物馆相继参观了千年巨变、峥嵘岁月、中国新生、伟大转折、世纪跨越、继往开来等六大主题,深刻感受到中国民族振兴之路的艰难曲折和中国人民在中国共产党领导下所取得的伟大成就,同学们在心得中纷纷写到,要在以后的学习和生活中不断丰富自己的才干,不负党的信任、人民的重托,在未来的道路上继续开拓进取,做值得信赖的接班人。

2011年,本科生党支部开展"身边的党课——与信仰对话"纪念建党90周年党史党情系列党课,"身边的党课"主讲人均为安工学院本科生党支部党员小组,分四次讲授《中国共产党历史》,活动充分调动了党员的主观能动性,激发了他们学习党史、研究党史的热情。本科生党支部还召开"创先争优,从我做起"党员公开承诺会,党员公开承诺分为公开承诺、践行承诺和考核承诺3个部分,党员们能够从长成才、文明守纪、关心集体、服务师生、奉献社会等方面起到表率作用,用自己的实际行动为党的生日献礼。

(陈蒲晶)

【党总支获奖情况】 2011年,安全与环境工程学院党总支退休党支部获首都经济贸易大学"先进党支部"荣誉称号;陈文瑛、姜亢、钮英建、富蕾荣获首都经济贸易大学"优秀共产党员"荣誉称号;李金国荣获首都经济贸易大学"优秀党务工作者"荣誉称号;安全与环境工程学院党总支申请一项党建实践创新项目;安全与环境工程学院本科生党支部申报的"感知时代,科技畅想"党日活动荣获首都经济贸易大学2011年主题党日评选优秀奖;安全与环境工程学院党总支申报的"岁月峥嵘忆往昔,创先争优庆华诞"系列党日活动荣获首都经济贸易大学2011年主题党日评选二等奖。

(陈蒲晶)

【党风廉政建设】 2011年,在学校党委和纪委的重视领导下,安全与环境工程学院党风廉政建设工作取得新进展,并根据新情况重点放在落实文件、一岗双责、防范工作细节上,认真落实责任制,落实《中国共产党党员领导干部廉洁从政若干准则》,贯彻执行民主集中制,落实"三重一大"、经费使用情况等。在推进学院一级惩防体系建设上,对重要部门岗位人员签订了风险责任书,组织、编写、制定防范风险流程图和风险考核评估表等。认真做好二级学院管理、院务公开、制度建设、专项经费管理、提升服务水平等工作。

(陈蒲晶)

工会工作

【概述】 2011年,安全与环境工程学院分工会共有会员38人。6月2日，按照学校工会的工作安排，安全与环境工程学院举行了院分工会的换届选举，选举王庆、丘波澜、刘志敏为院分工会委员。其中，王庆为分工会主席兼组织委员，刘志敏为分工会福利委员兼宣传委员，丘波澜为分工会女工委员兼文体委员。

（王庆　陈蒲晶）

【工会主要活动】 2011年，安全与环境工程学院分工会组织了丰富多彩的活动。1月16日，举行了一年一度的喜迎新年联欢晚会；3月8日，分工会委员精心准备，为全院女教职工奉献了一场难忘的游艺活动。10月7~8日，分工会组织全院教职工至京郊野三坡、百里峡秋游。10月，分工会组织退休教职工到平谷秋游，采摘新鲜水果。活动给退休教师提供了一次难得的交流机会。

（王庆　陈蒲晶）

【工会获奖情况】 2011年，安全与环境工程学院分工会加强教职工的思想政治工作，做好“三育人”、女工与青年教师工作。姜亢、钮英建被评为学校“三育人”先进个人，怡枫被评为学校“爱岗敬业先进工作者”，李茂龄、陈文瑛、怡枫、胡宗元被评为学校“工会积极分子”，丘波澜被评为校“先进工会工作者”。

（王庆　陈蒲晶）

实验中心工作

【概述】 安全与环境工程学院教学设施齐全，实验室建设到位，现有基础实验室、安全工程实验室、环境工程实验室、工业工程实验室、矿山实验室5个实验室。5个实验室下又含17个分室，其中基础实验室6个、安全工程实验室3个、环境工程实验室8个。

实验室有专职实验人员6人，兼职教师8人(讲或带部分实验)。其中高级职称7人，中级职称5人，初级职称2人。

实验室承担本科生教学计划中包括基础课、专业课在内的11门课(基础课7门，专业课4门)共48个实验，其中基础课实验31个，专业课实验17个。计划实验学时共计135个学时，其中基础课实验94学时，专业课实验41学时。实验室同时承担研究生和高职班实验。实验中心所有实验室面向安全与环境工程学院全体本科生和研究生所开的课程实验，2011年课程实验1 632学时，每名本科生所做课程实验的平均学时数为60学时。同时，实践中心还为学生提供实践平台和各类实践活动，提升学生实践能力。

2011年底，安全与环境工程学院工科实验楼破土动工，预计2012年下半年交付使用，待工科实验楼建好，新的实验设备全部到位后，安全与环境工程学院实验室无论从实验数量还是实验质量上，都将有一个大幅的提升。

（贾明飞　陈蒲晶）

【管理科学与工程北京市实验教学示范中心工业工程实验室】 工业工程重点实验室主要开展的研究方向为：人因工程、物流工程、生产系统、现场安全管理等方向。

实验室仪器设备总值达270万元，其中，万元以上仪器设备40余部。特色科研设备主要包括：立体仓库、自动分拣系统、装配线等。2010年，工业工程实验室建设通过了技术验收。

2011年，工业工程实验室发表EI论文7篇，培养硕士研究生3人。代表性的成果有：校教改项目“复杂产品生产规划综合实验”。聘请外国专家讲学2次，指导本科生科研创新项目3项。

（马峻　陈蒲晶）

【北京市安全生产支撑中心——矿山实验室】 北京市安全生产支撑中心——矿山安全实验室由北京市安监局与首都经济贸易大学共同建设，其主旨是积极配合北京市安全监管监察机构对矿山在用设备、仪器仪表的检测，矿山事故的鉴定分析；承担北京市矿山监察机构检测仪器的维修、检验、安全培训等其他相关工作。矿山安全实验室具备配合北京市矿山安全监管监察机构进行必要的技术验证与抽检的能力；具备开展重大事故及一般事故调查、技术鉴定和分析的能力；具备承担关键在用设备安全性能检测的能力；提高了重大事故及一般事故的结案率以及在用设备的安全性能检测率。

矿山安全实验室建设地点位于首都经济贸易大学博学楼地下一层，建筑面积达260m^2，为保障矿山实验室设备的正常运转和相应检验检测工作的开展，学校专门投入资金180万元用于实验室内水电、通风、照明、通信改造，矿山实验室设有4个专业实验室，总计房屋16间。经过建设与改造，实验室环境条件达到矿山实验室开展检验检测工作的要求。项目批复预算经费123.4万元，实际支出123.4万元，购置设备19台(套)。目前，实验室共有设备35台(套)，固定资产原值达300余万元。

（胡宗元　陈蒲晶）

安全生产培训中心

首都经济贸易大学安全生产培训中心成立于

2003 年,是经国家安全生产监督管理总局认定、具有国家二级安全生产培训资质的培训机构。中心自成立以来,在北京市乃至全国范围内积极开展了各种类型的安全生产相关培训工作,主要包括注册安全工程师、注册助理安全工程师、安全评价师、企业安全生产管理人员培训等。

安全生产培训中心依托于首都经济贸易大学安全与环境工程学院,师资力量雄厚,有专兼职教师十余名,其中,取得国家安全生产培训教师资质的教师 5 名。教师中有教授 4 名、国家安全生产专家 1 名,北京市安全生产专家 2 名。这个教师团队在安全生产培训领域已经取得了良好的品牌效应。

安全生产培训中心力求不断改善安全生产培训质量,努力提高安全生产培训在预防生产安全事故中的支撑作用,争取为我国安全生产水平的不断提升而努力。

2011 年,安全生产培训中心认真领会、贯彻国家安全生产监督管理总局制定的《安全生产培训机构从业行为规范》,自觉严格规范从业行为,提高安全生产培训质量,依据有关法律、法规、规章和规定,加强对安全生产培训机构的日常管理。中心积极开展注册安全工程师、注册助理安全工程师执业资格考试考前培训项目的准备工作,为相关培训工作的实施奠定了良好的基础。此外,中心依据国家安全生产监督管理总局颁布的《二级安全生产培训机构认定标准》,进一步完善了中心的管理文件,修订了有关制度。

(钮英建　陈蒲晶)

安全评价中心

1998 年 3 月,根据《建设项目(工程)劳动安全卫生预评价单位资格认可与管理规则》(劳动部第 11 号令)的要求,首都经济贸易大学安全工程系劳动安全卫生评价中心在首都经济贸易大学成立,成为我国第一批获得劳动安全卫生预评价资格的单位。

2003 年 4 月,在安全工程系劳动安全卫生评价中心基础上成立具有独立法人资质的北京经儒安环科技发展有限公司;2006 年 4 月,北京经儒安环科技发展有限公司注销,成立首都经济贸易大学安全评价中心。

2011 年,安全评价中心有员工 33 人,其中,专职国家注册安全评价人员 31 人。31 位专职安全评价人员中,一级安全评价师 15 人,二级安全评价师 12 人,三级安全评价师 4 人。安生评价中心有 11 人是注册安全工程师,硕士以上学历 18 人,其中,博士 11 人。专业结构配套,人员素质较高。安全评价中心聘请我国机械、化工、燃气、电力、冶金、建材、防火防爆等领域的高级工程师、研究员、教授作为技术专家。

2011 年,安全评价中心开展评价项目 70 余项,合同额达 200 多万元。

(董丽娟　陈蒲晶)

安全与环境科学技术研究所

首都经济贸易大学安全与环境科学技术研究所成立于 1996 年,属于不占编制的研究业务机构。研究所内部组织管理按项目管理方式进行,所级管理人员由安全与环境工程学院的人员兼任。

安全与环境科学技术研究所成立以后,本着“立足北京,面向全国,创新探索,实践服务”的宗旨,为首都经济贸易大学安全与环境工程学院开展科研工作起到了积极的作用,承担了许多面向政府和企业的重大科研课题,如“北京经济技术开发区安全生产标准化研究”、“北京市安全文化建设纲要编制”、“安全生产行业标准《企业安全文化建设导则》制定”、“大庆石化总厂安全文化建设方案研究”等,取得了较好的社会效益和经济效益。

2011 年,安全与环境科学技术研究所的科研人员主要致力于安全科学基础理论研究、企业安全文化建设体系实施、安全管理虚拟现实系统开发等研究领域,取得了较大的成绩,社会影响力不断增强。

(毛海峰　陈蒲晶)

中国职业安全健康协会工业防毒专业委员会

中国职业安全健康协会(英文缩写 COSHA)成立于 1983 年,其前身是中国劳动保护科学技术学会,由全国职业安全健康与安全生产工作者及有关单位与相关人员自愿结成的,经民政部批准登记成立的,全国性、公益性、专业性和非营利性的社会组织。中国职业安全健康协会是推动和发展我国职业安全健康与安全生产事业、保护劳动者安全健康的重要社会力量,是中国科学技术协会的团体会员。中国职业安全健康协会理事会现设有 17 个专业委员会、8 个分会、9 个工作委员会和 6 个代表处。

工业防毒专业委员会成立于 1983 年,是原中国劳动保护科学技术学会中组建最早的专业委员会之一，现挂靠在首都经济贸易大学安全与环境工程学院。专业委员会的主要业务是组织开展研究有毒有害物质的危害及其综合防治、检测技术与装备；组织会员的学术活动和培训；提供技术服务和咨询，推广新技术成果；开展职业危害相关标准规划工作与标准制修订工作等。

第四届工业防毒专业委员会主任由姜亢教授担任，副主任委员由柴建设教授、孙庆云研究员（所长）、江彤研究员（所长）和陈百年先生担任；郭建中副教授、孟超副教授、陈蔷副教授是秘书处主要成员。

近30年来，专业委员会在学术交流和面向企业、社会、政府的三个面向服务工作中做出了许多贡献，如出版第一版“三同时”讲义、组织编撰“全国主要行业防尘防毒治理规范”、执行“防尘防毒《八五》科技攻关规划草案”及科研课题的论证工作，组织出版了多本本领域的专著和教材、音像教材等，参与原劳动部、国家安全生产监督管理总局科技奖有关职业卫生科技成果的评审工作，完成了多项省部级科研课题。专业委员会接受企业或科研机构的邀请，多次参加职业卫生工程技术成果的评审、防尘防毒工程治理、工程验收以及各种防毒工程相关的研讨会、鉴定会等学术活动。近年来，工业防毒专业委员会组织成员参与了十多项职业健康相关国家标准或行业标准的制修订工作，负责国家安全生产监督管理总局十一五防尘防毒标准化规划的编制工作等。工业防毒专业委员会的技术活动和业务水平受到了社会各界的好评和关注。

（姜亢　陈蒲晶）

财政税务学院

概　况

首都经济贸易大学财政税务学院前身为首都经济贸易大学财政系,于1978年成立。2006年10月,在原有财政系基础上于成立了财政税务学院,并聘请原北京市常务副市长翟鸿祥为学院名誉院长。财政税务学院目前已有30年多年的办学历史,并在长期的办学实践中形成了自身鲜明的办学特色和优势。财政学目前是北京市重点学科,财政学专业是北京市特色专业和北京市品牌专业。财政税务学院现有财政学、资产评估(注册资产评估师)、税务(含注册税务师)三个本科专业,并拥有财政学硕士点和博士点,拥有税务硕士和资产评估硕士两个专业硕士点,形成了本科、硕士研究生、博士研究生多层次、高水平的办学模式。财政税务学院下设财政系、税务系、资产评估系,设有财政政策研究所、税制改革研究所、资产评估研究所等研究机构,并拥有"注册资产评估师和注册税务师"模拟实验室。

目前,财政税务学院在校学生中,本科生600余人,硕士研究生80余人,博士研究生12人。

"十一五"时期是财政税务学院历史上发展最快的时期之一。在过去的5年中,财政税务学院在学科建设、专业建设、师资队伍建设、人才培养、科学研究、服务社会等各个方面都取得了辉煌成绩,圆满完成了"十一五"规划的各项任务,实现了预期的目标。"十二五"期间,财税学院将努力提升学科建设水平,巩固学院在北京市属高校中的领先地位,按照国家级重点学科的标准建设财政学科,凝练学科方向,形成学科特色,构筑本学科的核心竞争优势,不断探索并力争在相关交叉学科与新兴学科领域取得突破。

(姚东旭　李红霞)

师资队伍建设

2011年,财政税务学院有教职工33名,其中,专任教师27名。教授及副教授共17名,占全部教师的63%;教师中有博士学位者21人,占全部教师的77.8%,拥有硕士以上学位的教师占全部教师的89%;教师中年龄50岁以上2人,40至50岁9人,40岁以下16人,师资队伍结构合理,年富力强。

现有任课教师中有1人担任全国人大常委、全国财经委副主任、全国人大税收立法领导小组组长;有北京市人大代表2名,1人担任丰台区政协副主席,1人担任中国注册税务师协会副会长,1人担任北京市财政学会副会长,1人担任北京市预算学会副会长,1人担任北京市税务学会副会长,1人担任全国高校财政学教学研究会常务理事、秘书长,3人担任中国财政学会常务理事,1人担任中国发展战略学研究会经济战略委员会委员,1人担任中国财税法教育研究会理事,1人担任中国行政管理学会公共管理研究中心特约研究员。此外,还有多人分别担任北京市地方税务学会常务理事和北京市财政学会常务理事等。

(姚东旭　李红霞)

学科建设

首都经济贸易大学财政税务学院目前拥有二级学科博士学位点1个:财政学;二级学科硕士点1个:财政学;专业硕士点2个:税务硕士和资产评估硕士;并拥有财政学、资产评估和税务三个本科专业,2008年,财政学获批北京市重点学科。在专任教师中,博士生导师5人,硕士生导师16人。此外,财政税务学院有多位知名学者,郝如玉教授担任全国人大常委、全国财经委副主任、全国人大税收立法领导小组组长;郝如玉教授和赵仑教授为北京市人大代表;首都经济贸易大学首名获"北京市高等院校名师"称号的赵仑教授就在财政税务学院;原北京市常务副市长翟鸿祥为财政税务学院名誉院长。财税学院三个本科专业各具特色和优势:

财政学专业已有30多年的办学经验,并形成了突出的特色和优势。本专业要求系统掌握财政学专业的基本理论和基础知识,注重财政宏观经济管理理论与税收实务相结合,充分体现创新理念和先进的财政管理思想,注重对学生现代财经管理能力、实际操作能力及综合素质的培养。

资产评估专业以市场对资产评估人才的需要为基础,以雄厚师资为依托,培养注册资产评估师专门人才。该专业系北京市首家获批的资产评估本科专业,在全国同类高校中设立最早,具有明显的先入优势,连续6年招生录取分数和毕业生一次就业率在全校名列前茅,是"三师一体"特色战略的重要支撑力量。

税务专业以市场涉税鉴证业务发展为基础,依托雄厚的税务师资,全方位培养涉税鉴证专门人才和税务管理人才,突出实用性办学特色。

2011年,税务专业与资产评估专业本科实现一批招生,吸收了一批优秀生源,充分体现其特色和优势。财政学专业2011年虽然放在二批招生,但录取分数在全校二批招生专业中名列第一,比北京市二本线高出100多分。本科学生就业率一直在95%以上,研究生就业率能够达到100%,用人单位对学院毕业生给予了高度肯定。

（姚东旭　李红霞　王珂）

教学工作

【概述】 2011年,财政税务学院在教学上继续贯彻北京市教委教学质量工程实施意见精神,以提高教学质量为中心,加强日常教学管理,注重实效,努力推进教育教学改革,注重师资队伍培养,取得了丰硕的成果。

（李红霞　王竞达　关静）

【学评教】 不断推进精益课堂建设,促进教师之间相互学习与交流,教学效果显著改进。2011~2012第一学期全院平均分数达到93.15分,位列全校第二名;2011~2012第二学期学评教全院平均分数达到91.99分,在全校名列第一,取得了历史最好成绩。2010~2011年,刘颖、李红霞、张春平进入全校学评教前30名,这是学院进入学校前30名人数最多的一次。

（李红霞　王竞达　关静）

【精品课程建设】 2011年,财政税务学院有《财政学》、《资产评估》及《中国税制》3门课荣获批北京市精品课程,8门课获批校级精品课程。2011年,《国有资产管理》、《资产定价基础》(双语)被评为首都经济贸易大学精品课程。

（李红霞　王竞达　关静）

【精品教材建设】 2011年,财政税务学院共有三本教材被评为北京市精品教材,有4本教材被评为北京市精品建设教材。2011年,《资产评估》和《中国税制》被评为北京市精品教材。

（李红霞　王竞达　关静）

【网络课程建设】 2011年学院所开课程已有25门课挂在教学网络平台上,实现了与学生的网上沟通,为课堂教学提供了辅助条件。2011年,学院又向学校申报了20多门网络课程建设,争取2012年将所开课程全部放入教学网络平台。

（李红霞　王竞达　关静）

【组织青年教师讲课比赛】 2011年,学院组织了40岁以下青年教师讲课比赛,其中,曹静韬教师荣获学院一等奖,刘辉、陈汉明、陈蕾和何晴4位教师荣获学院二等奖。曹静韬老师代表学院参加学校组织的青年教师基本功比赛,荣获学校二等奖。

（李红霞　王竞达　关静）

【进一步落实名师讲堂计划】 2011年,学院聘请校外名师进行讲学,中央财经大学王雍军教授就现阶段政府预算改革与完善给学生进行讲座,中国人民大学朱青教授在税收宣传月期间,就税收改革问题进行了精彩的演讲;中国农业银行董事程风朝、中评协副秘书长杨松堂、厦门大学纪益成教授、北京注册会计师协会评估部毛群女士、中和资产评估有限公司董事长杨志明先生、中天衡平国际资产评估有限公司董事长王诚军博士等就资产评估前沿问题进行了名家系列讲座;天津财经大学李炜光主讲的题目是"税收的宪政逻辑",拓宽了学生视野,提高了教师的专业水平。

（李红霞　王竞达　关静）

【组织本科专业评估研讨会】 11月11日,按照学校教务处的安排,学院召开专业评估研讨会,邀请首都经济贸易大学副校长王文举、教务处处长张琪和北京工商大学经济学院财政系主任姜竹作为评审专家,对学院三个系的专业建设自评报告进行评审,各位专家对各专业自评报告给予了高度评价,并提出了修改建议。

（李红霞　王竞达　关静）

【落实本科导师制】 2011年,学院在2009级财政班实行"导师制",对学生进行专业辅导、心理健康及就业指导,得到了老师们的大力支持,也受到学生们的热烈欢迎。2011年下半年,学院继续扩大实行导师制的班级,将导师制做好做实,让更多的学生从中受益。

（李红霞　王竞达　关静）

【加强"学术型"研究生硕士点、博士点建设】 2011年,完善硕、博研究生培养方案,加强硕士、博士研究生导师队伍建设。新增硕士研究生导师2名,新增博士研究生导师3名;加强硕士、博士研究生课程建设,完善课程体系,新增研究生英语专业课,加强研究生教材建设。高度重视学术型硕士研究生和博士研究生的选拔与培养,提高拔尖创新人才的培养质量,积极为争取获得“全国百篇优秀博士论文”的导师和学生创造条件。

(蔡秀云　郭晓丹)

【探索并完善“专业硕士”培养机制】 2011年,在完善学术型硕士培养机制的同时,以获批税务和资产评估两个专业硕士点为契机,大力探索专业硕士研究生培养的路径与方法,分别召开税务和资产评估专业硕士培养论坛和校外导师聘任会,力争在激烈的竞争中尽快脱颖而出,打造品牌,形成竞争优势。

(蔡秀云　郭晓丹)

【提高人才培养的规模和质量】 2011年,积极扩大博士和硕士研究生规模,稳步扩大研究生招生规模,努力探索研究生创新能力培养渠道;同时以建党90周年为契机,加强研究生思想政治建设,提高研究生的综合素质;继续大力推进研究生教育创新工程,探索和建立提高研究生培养质量的内在动力机制,提高人才培养质量。

(蔡秀云　郭晓丹)

【建设适应国际化的教师队伍】 2011年,通过培养与引进相结合,全面优化财政税务学院的师资队伍,支持教师到国外高水平大学进修或从事访问研究,通过引进海归教师,同时有计划地选拔中青年教师出国进修,提高师资队伍的国际化水平。

(蔡秀云　郭晓丹)

【重视推进学术国际化的“走出去”工作】 2011年,积极推进学术国际化的“走出去”工作,支持教师参加高水平国际学术会议,努力与国际学术界建立稳定、广泛的联系,鼓励教师在国外学术期刊上发表高水平学术论文,进一步提高学院的国际学术影响力。

(蔡秀云　郭晓丹)

【推进本科生、研究生的国际交流工作】 2011年,积极推进国际交流,培养具有国际化视野的高素质人才。推进本科生、研究生的国际合作培养与学术交流工作,重点同美国、欧洲以及中国台湾、香港地区的高校建立校际交流关系,支持研究生自主举办“海峡两岸公共服务的政府财政责任”研究生财税学术论坛(4月21日举办,台湾政治大学、中央财经大学、财政部财政科学研究所、中国人民大学等多所大学的博士、硕士研究生参加),扩大学生的国际化视野。

(蔡秀云　郭晓丹)

科研工作

【重大科研项目】 2011年,财税学院发动广大教师积极申报各级各类研究课题(项目)。截至12月,学院教师共承担省部局级和企事业单位各类项目16项,其中,获批3项省部级课题,完成省部级以上研究报告5部,主持、参与局级以上纵向课题7项。鼓励教师积极开展横向课题研究,全年到校课题经费近120万多元。

财政税务学院鼓励教师提高科研成果质量,积极参加科研评奖活动,2011年主要获得3项奖励:一是北京市哲学社会科学“十一五”规划项目优秀成果;二是获得国家发展和改革委员会优秀研究成果三等奖(排名第三);三是获得2011年北京市侨联系统理论研究和调查研究优秀成果(建言献策类)一等奖。

(蔡秀云　郭晓丹)

【著作和期刊论文】 截至2011年12月,学院教师共编著各类著作13部,其中,出版专著3部,出版高质量的精品教材3部。全年财政税务学院教师公开发表权威、核心期刊论文30余篇,其中4篇是英文论文,出版专著2部。

(蔡秀云　郭晓丹)

学生工作

【学生事务管理工作】 坚持“科学化、精细化”的工作理念,做好学生事务管理工作。2011年,财政税务学院学生工作继续秉承“精细化、科学化”的工作理念,继续关注大一新生、家庭经济困难学生和外地生三类重点群体,继续按照“分类指导、区别对待”的原则做好学生事务管理工作。

抓好新生专业教育,引导其在入校时理解专业内涵、明确人生目标、理清学涯规划;做好新生“班级破冰”,借助新老生交流会、同伴教育等活动帮助其在人生新起点上树立“以班为家、以学院为荣”的归属感和自豪感;实施“新生素质拓展”,带领他们尽快融入新的环境、新的团队;坚持大一新生辅导员谈话制度,利用每天中午午休时间,由辅导员与10名左右新生座谈,了解他们的意见和建议,解答他们的问题,指出他们面临的形势与任务,帮助其明确自身肩负的责任。

积极发挥学院外地生协会的作用,以协会为纽带，关注外地生在学校生活中遇到的困难与问题，关心外地生在京生活中的吃、穿、住、用、行等点滴；通过中秋联欢、周末游园等方式，帮助外地生在短时间内认识北京、了解北京，认识自己、了解自己。

通过学院权益部、班主任老师、专业任课教师三者的共同作用，关注家庭经济困难学生的日常表现，及时发现、解决问题。

做好“财税学”、“财税分团委”、“税众箴品”等栏目在人人网的推广与日常更新工作，透过学生视角，表述人生感悟，记录生活点滴，借助新兴媒体，做好新时期的人文关怀和启迪工作。

（王珂　刘辉）

【团学组织工作】 2011 年，坚持“走出去与请进来”的工作思路，做好团学组织的日常运行。2011 年，团学组织日常运行中，继续坚持“走出去与请进来”的工作思路，着重从以下几方面入手，寻求新的突破：

深化“四校联谊”的广度与深度，通过组织“朝阳地税杯”税收知识展示大赛、“税收宣传月”系列活动，以点带面，营造良好的学术氛围，引领先进的学习热潮的同时，借鉴人大、中财等兄弟院校、兄弟专业的指导书目、网络公开课程、学生笔记等资源，细化对学生日常学习的引导，注重对学生学习风气的塑造；尝试通过团学组织定期交流、互访等，比较借鉴兄弟院校、兄弟院系团学组织运行的有益经验。

与首都发展功能定位相结合，围绕“科技北京、绿色北京、人文北京”这一主题，做好“财税文化之旅”品牌的深化与拓展工作。

通过组织暑期社会实践团、红十字献血志愿者、地铁天安门站区志愿服务队等活动，突出学院志愿服务的特色与品牌。

（王珂　刘辉）

【学生党支部主题党日活动】 坚持以“创先争优”为主线，以“迎接建党 90 周年”为契机，抓好学生党支部主题党日活动。2011 年是中国共产党 90 华诞，学生支部以“迎接建党 90 周年”为契机，开展了“唱红歌、读红书、学党史”等一系列活动。其中，最具特色的是“走进社区——红色税收宣传”主题党日活动。在中国共产党走过的 90 年里，中国的红色税收史也发生了翻天覆地的变化。通过回顾红色税收发展史，一方面体现了党自身对什么是社会主义、如何建设社会主义的尝试和追求；另一方面也体现了党对执政兴国第一要务的探索与转变；同时还体现了党在发展经济、改善民生上实现了“五个统筹”、“五个文明”的改革和创新。因此，学生支部以党的发展历程为脉络制作展板，一一介绍了与此伴随而生的税收发展，并于 4 月 13 日来到万年花城小区进行红色税收宣传。

（王珂　刘辉）

【就业工作】 2011 年财政税务学院在学生就业工作中，坚持育人与服务相结合，坚持“就业渠道解析与比较——简历制作与指导——面试类型与要点——就业信息发布与推荐”循序渐进，分步推动，坚持在与专业任课教师、用人单位、就业指导中心充分沟通与交流基础上的就业信息“第一时间掌握、第一时间发布、第一时间推荐”，努力做好学生就业工作。经过努力，截至 9 月中旬，学院实现学生实际一次就业率 98%，毕业率 99.5%。

（王珂　刘辉）

对外交流

【召开“政府间财政关系”研讨会】 3 月 28 日，学院与日本国立富山大学“政府间财政关系”研讨会在学校博纳楼第六会议室召开。富山大学经济学部垣田直树教授、中村和之教授，富山大学远东地域研究中心山本雅资准教授、经济学部龙世祥教授，中央财经大学财政学院杨华副教授，中国社会科学院财政与贸易经济研究所陈凡博士，学院领导、青年骨干教师等出席研讨会。

（蔡秀云　郭晓丹）

【联合举办海峡两岸“公共服务的政府财政责任”学术研讨会】 3 月 28 日，学院和台湾政治大学联合举办了海峡两岸“公共服务的政府财政责任”学术研讨会。出席研讨会的有台湾政治大学社科财政学系主任林其昂教授、周德宇副教授、胡伟民助理教授、杨永助助教，学院党总支书记姚东旭教授、副院长李红霞教授、副院长蔡秀云教授、党总支副书记王珂，学校杂志总社副社长焦建国教授，税收研究所执行所长丁芸教授，税务系主任刘颖副教授、副主任赵书博教授，财政系副主任郎大鹏副教授等。台湾政治大学社科财政学系和学校财税学院师生 20 余人参加了会议。

（蔡秀云　郭晓丹）

【举办以“中国城市土地租让相关问题研究”为题的学术报告】 5 月 18 日，学院邀请美国著名经济学家安德森（John E. Anderson）教授举办了一场以“中国城市土地租让相关问题研究（The Chinese Municipality Land Leasing Problem）”为题的学术报告。安德森教授是美国尼布拉斯加大学工商管理学院副院长、美国财政和税收领域的著名经济学家，美国总统经济顾问委员会高级经济学家，美国政府公共政策制定的研究咨询专家,对美国各州的立法和职能部门的工作提供了颇多建设性指导意见。

(蔡秀云　郭晓丹)

【举办第一届资产评估新发展国际论坛】　10月28~29日,由首都经济贸易大学主办、美国评估师协会(ASA)和英国皇家特许测量师学会(RICS)协办、具有十年资产评估本科教育历史的首都经济贸易大学财政税务学院承办的第一届资产评估新发展国际论坛在北京新北纬大酒店举行。论坛旨在把握资产评估业务拓展机遇,积极促进资产评估国际交流。来自美国、英国、日本、中国、新加坡以及中国香港、台湾等国家和地区的130多位评估专家学者以及9家媒体单位代表参加了本届论坛。同时,本届论坛在筹备期间征集论文的基础上,选编形成了涵盖资产评估新发展相关研究领域的《资产评估新发展论文集》,并拟将其交付出版社正式出版。

(蔡秀云　郭晓丹)

【美国评估师协会副主席来校讲座】　10月30日,在财政税务学院的诚挚邀请下,美国评估师协会副主席Daniel R. Van Vleet先生来校,为学校师生作了题为"企业价值评估和以财务报告为目的的评估"的讲座。财政税务学院党总支书记姚东旭,副院长李红霞,资产评估系主任王竞达副教授,张晓慧、陈蕾博士等参加了讲座,财税学院部分学生聆听了讲座。同时,Daniel R. Van Vleet先生还受聘成为学校的兼职教授。

(蔡秀云　郭晓丹)

【签订合作办学协议书】　在对外交流方面,学院在2010年与美国俄亥俄州立大学签订了合作办学协议书。2011年,在协议书的基础上进一步与美国俄亥俄州立大学和美国明尼苏达大学交流探讨合作办学的相关事宜。另外,财政税务学院在2011年与加拿大西维尔大学签订了合作办学协议书,以拓展教学科研方面对外交流的领域和渠道。同时,学院教师还多次受邀参加许多大型国际学术研讨会议,并提交了多篇优秀前沿学术论文。

(蔡秀云　郭晓丹)

2011年学术交流情况一览表

学术交流类别	校办学术会议		学术会议			受聘讲学		社科考察		进修学习		合作研究		
	本校独办数	与外单位合办数	参加人次：合计	参加人次：其中：赴境外人次	提交论文（篇）	派出人次	来校人次	派出人次	来校人次	派出人次	来校人次	派出人次	来校人次	课题数（项）
国际学术交流	1	0	35	无	30	0	0	0	0	0	0	0	0	0
国内学术交流	0	0	48		32	5	22	7	9	5	0	57	16	16
与港澳台地区交流	0	0	0	0	0	0	0	0	0	0	0	0	0	0
合　计	1	0	83	0	62	5	22	7	9	5	0	57	16	16

(蔡秀云　郭晓丹)

党建工作

财政税务学院党总支共有5个党支部,其中,教师党支部2个,学生党支部3个。2011年是"十二五"规划的开局之年,也是学校第三次党代会隆重召开后的第一年。财政税务学院党总支以邓小平理论和"三个代表"重要思想为指导,全面贯彻落实科学发展观,牢牢把握"围绕中心、服务大局"的基本思路,在学校党委的领导下,以学习型党组织、创新型党组织建设为重点,以"创先争优"活动为主线,以迎接建党90周年为契机,开拓创新,锐意进取,使学院在学科建设、科学研究、教育教学、师资队伍、人才培养等方面迈上一个新的台阶。

加强领导班子自身建设,提高领导班子的领导能力和办学水平。按照学校党委的要求,完善和落实学院中心组学习制度,全面提升领导班子成员的思想政治素质、理论政策水平和驾驭全局、把握方向的能力。完善学院工作体制和运行机制,完善“三重一大”制度,发挥学院党组织的政治核心和监督保证作用,把领导班子建设成为领导学院科学发展的坚强集体。

加强党支部和党员队伍建设,充分发挥党支部的战斗堡垒作用和党员的先锋模范作用。大力加强支部建设,建立规范的支部活动制度,引导党支部把党组织的活动与本单位的中心工作紧密结合起来,围绕中心工作大力开展形式生动、内容丰富的主题实践活动和主题党日活动。加强党员教育和管理,建立健全党员目标管理制度、党员联系服务群众制度和民主评议党员制度。做好在青年学生和教学科研骨干中发展党员的工作。

加强党风廉政建设,增强党组织和领导班子的先进性和纯洁性。健全和完善民主集中制的各项具体制度,完善并严格执行议事决策规则和程序。建立健全岗位责任制,落实领导干部一岗双责。加强宣传教育,筑牢拒腐防变的思想防线。

努力探索新时期思想政治工作的新特点和新途径,做好党员群众的思想政治工作。结合学院党外人士数量多、影响大的特点,努力做好统战工作,团结广大党员群众,团结党外知识分子。积极化解矛盾,维护稳定,保持学院宽松和谐的氛围,推进学院事业的可持续发展。

学院党总支切实加强学院领导班子建设,进一步加强学院理论中心组学习,发挥领导班子成员的引领和示范作用。2011 年,以学习贯彻《中国共产党领导干部廉洁从政准则》为契机,继续坚持民主集中制原则和“三重一大”制度,进一步完善学院领导班子的工作机制和相关制度,进一步增强民主意识与大局意识;2011 年,以学习、宣传《中国共产党普通高等学校基层组织工作条例》为抓手,进一步完善学院的组织生活制度和民主生活会制度,坚持党政联席会制度,完善党务和院务公开制度,进一步加强支部在基层工作中的战斗堡垒作用,逐渐增强支部在新形势、新任务下的创造力、凝聚力和战斗力。

(姚东旭　王珂)

工会活动

2011 年,财政税务学院分工会完成了换届工作,并组织了丰富多彩的活动,发挥了工会组织的作用,不断创新活动形式,营造积极进取与和谐的氛围。

进一步落实和完善教代会制度,推进教代会规范化建设的基本要求。在维护职工权益方面,注意倾听职工的意见和建议,鼓励教职员工积极为学校以及学院的发展献计献策,并将收集上来的意见、建议通过工会和教代会提交给学校有关部门,很好地体现了工会组织的枢纽型特征,发挥了工会的桥梁和纽带作用。关心职工生活,组织看望离退休老教师、生病职工、困难职工、新生下一代的职工,将温暖送到每位教职员工身边,让教师感受到工会组织的关怀,增强了凝聚力。

学院分工会与学院共同组织学院的青年教师教学基本功比赛,组织教学观摩,倡导教职员工在教书育人、服务育人、管理育人方面相互学习,将工会活动与教学和管理工作有机结合起来,请在“三育人”方面表现突出的教师介绍经验,并在教师中推广这些宝贵经验,形成良好的育人氛围。

创新工会活动形式,创新包括为退休职工量身定做纪念短片,歌颂在平凡岗位上兢兢业业、默默奉献的普通人,激励教职员工爱岗敬业。创新活动还包括组办“猜猜我是谁”的照片竞猜活动,将教职工幼年时的照片展示出来,让大家将照片上的人与现实中的人对号入座,加深了教师之间的了解,营造了快乐和谐的氛围。财政税务学院分工会还组织了丰富多彩的活动,定期为职工过生日,还组织了登山、采摘樱桃、三八节座谈会、广西旅游度假、棋牌比赛、节日欢庆、团拜等活动,努力打造团结、和谐、进取的集体。

(刘颖　马颜平)

实验室及实习基地建设

财政税务学院拥有“注册资产评估师和注册税务师仿真模拟实验室”,拥有 81 台电脑。2011 年,财政税务学院加大了实验室建设力度,对税务和资产评估教学软件进行更新,安装了广东致仪公司的税收相关课程的教学软件,包括税务稽查实训教学系统、企业税务实训教学系统和企业电子报税实训系统等。目前,学院主要开设了《税收实务》、《电子税务》、《税务稽查》等实验课程,并编写了《财政实践教材》和《税收实践教材》。财政税务学院作为培养财政、税收和资产评估高级专业人才的摇篮,应当培养符合市场需要的应用型人才和创新型人才,需要学生具备较强的实践操作能力。实验室开设实验课的目的,就是争取让学生不出校门也能掌握实际部门业务操作程序,熟悉业务活动的各个环节,以便学生毕业后能更快地适应工作岗位的要求。

注重社会实践教学是学院办学的一大特色,社会实践教学在学院学生培养计划中处在一个十分重要的位置,尤其是专业实习和毕业实习,学院非常重视。学院与北京市国税局、地税局合作,建立了长期稳定的实习基地,还与注册会计师、评估师事务所等中介机构密切联系。截至2011年11月,学院已经与30个实习基地签订了实习协议,实习基地对吸纳毕业生就业起到了重要的作用。

(李红霞　禹奎)

重大事件

【吴俊培教授受聘成为学校客座教授】 4月13日,受学院邀请,武汉大学原常务副校长、著名财政学专家吴俊培教授受聘成为学校客座教授。校长王稼琼教授、财政税务学院党总支书记姚东旭教授、副院长李红霞教授、副院长蔡秀云教授以及学校研究生、本科生等200余人参加了会议。会后,吴俊培教授为学生作了题为"努力开创和谐社会的财政理论"的学术报告。

(蔡秀云　郭晓丹)

【举办2011年合作调研开题会】 9月14日,财政税务学院与北京市丰台区地方税务局在丰台区地方税务局会议室举办2011年合作调研开题会,研讨2011年合作研究的《从税源角度谈如何优化区域经济结构》等7个相关课题。

(蔡秀云　郭晓丹)

【召开中国税收筹划研究会第五次年会】 10月9～10日,由首都经济贸易大学倡议发起组办的中国税收筹划研究会在河北经贸大学召开了第五次年会。中国税收筹划研究会常设机构在首都经济贸易大学财政税务学院。许善达任研究会名誉会长,郝如玉任研究会会长。全国40多所高校和注册税务师事务所及相关学者专家为研究会理事。本届年会将会议主题定位为"税务筹划实务与注册税务师教学方法国际研讨会"。会议汇集了来自中国人民大学、中央财经大学、西南财经大学、中南财经政法大学、吉林财经大学等国内30余所知名大学和十几家中介机构及企业的60余位专家、学者,还邀请了来自于美国、韩国、芬兰、哈萨克斯坦、刚果(布)以及中国香港的数所国际著名大学的10余位专家、学者。

(蔡秀云　郭晓丹)

【举办"税基评估理论发展"专题讲座】 10月30日,财政税务学院在博学楼举办了题为"税基评估理论发展"的专题讲座,主讲人是厦门大学资产评估研究中心主任纪益成教授。纪益成教授详述了1988年资产评估行业以国有资产管理的形态出现,到如今发展成为一门专业的、独立的学科的发展史,表达了对资产评估行业的高度期待和对学院资产评估系学生成为资产评估行业中流砥柱的信心。

(蔡秀云　郭晓丹)

【李炜光作题为"税收的宪政逻辑"的讲座】 11月16日,学院邀请了天津财经大学财政学科首席教授李炜光为学校师生作题为"税收的宪政逻辑"的讲座。财政税务学院党总支书记姚东旭,副院长李红霞、蔡秀云,学校杂志社副社长焦建国,税务系主任刘颖,财政系主任杨全社,财政系副主任郎大鹏,实验室主任禹奎,曹静韬、何晴等老师以及财政税务学院300多名学生参加了讲座。讲座结束后,同学们提出了很多与宪政税收有关的问题,李炜光教授都一一进行了解答,并向提问的同学赠送了自己的专著《李炜光说财政》。

(蔡秀云　郭晓丹)

【中国资产评估协会副会长兼秘书长刘萍博士一行莅临学校】 11月11日,中国资产评估协会副会长兼秘书长刘萍博士一行三人莅临学校考察指导工作。校长王稼琼教授、学院学术委员会主席赵仑教授、党总支书记姚东旭教授、副院长李红霞教授、副院长蔡秀云教授、党总支副书记王珂、资产评估系主任王竞达副教授等老师出席了考察座谈会。在听取王稼琼校长的介绍后,刘萍对学校的发展状况、学科优势和资产评估专业建设取得的成绩给予了充分肯定,并提出了对学院学科建设的几点希望。

(蔡秀云　郭晓丹)

法　学　院

概　况

首都经济贸易大学法学院及法学学科经过几代法律人自强不息的开拓建设，已经发展成为在全国具有较大影响力的法学教学研究机构，为北京市乃至全国培养了大量的法律人才。法学学科设立于1983年，从1984年开始招收本科学生，1993年开始招收经济法专业硕士研究生。目前，法学院具有法学一级学科授予权和法律硕士授予权，在法理学、民商法学、经济法学、国际法学、宪法与行政法学等学科招收法学研究生，同时招收法律硕士研究生及法律经济学方向博士研究生。法学学科拥有一支学历层次较高、社会影响力较大的教师队伍。在法学院悠久的办学历史中，曾出现过关乃凡、陈克聪、龚建礼、沈雯辉、戴凤歧等老一辈著名法学家，具有较强的影响力。法学院现有教师30余人，众多教师担任各类学术团体的重要学术职务。

法学学科体系较为完整，拥有法学文秘（高职）；法学本科，经济法学、民商法学、法律硕士等硕士专业，以及法律经济学方向博士专业。其中，经济法学为北京市重点建设学科，底蕴深厚，颇有影响；民商法学特色鲜明，重点突出，发展势头良好。各学科建设较为完善，均有知名教授作为学科带头人，学术团队精诚团结，梯队完整。

法学学科充分利用北京市的地缘优势，立足首都，为北京市的经济、法制建设服务。例如，法学学科与北京市丰台法院、北京市海淀法院、北京市朝阳法院、北京市西城法院、北京市司法局等多家单位签订了实习基地协议，定时组织学生实习，培养学生理论联系实际的能力。同时，法学学科积极服务全国，充分借鉴、整合全国的法学研究教育资源，为我所用。因此，法学学科教学效果良好，学科人才培养富有成效。法学院培养的学生，政治素质高，专业基本功过硬，是具有法学、经济学知识特点的应用型、复合型高级人才，深受用人单位好评，他们为首都乃至全国的法制建设作出了应有贡献。目前，法学院学生就业去向主要为公务员、金融部门、大中型企业法务部门、公检法司等国家机关和律师事务所等，一次性就业率保持在90%以上。

法学学科教学质量优异，多部教材获得校、市级精品教材建设立项，多门课程被评为校精品课程，并获得校重点建设课程立项、教学改革研究立项多个。多人次在市级、校级教学竞赛中获奖，并入选市级、校级中青年骨干教师。与此同时，法学学科科研实力显著提高，获批“经济执法风险防范研究中心”、“经济法研究中心”等北京市科研平台。多次举办各类高层次学术会议，主持、参与国家级课题，省部级课题，局级、校级以及社会横向委托科研项目多个。全院教师出版学术专著多部，在《人民日报》（理论版）、《当代法学》、《政治与法律》、《法律科学》、《法学》、《法学杂志》、《法律适用》等权威及专业期刊发表论文近百篇，其中，不少学术成果被立法机关和政府机关所采纳，社会效益明显。法学院教师撰写的论文、专著获得政府或学术团体各种奖项的数量和层次也不断提高。

（张世君）

学科建设

2011年，法学院成功获批法学硕士授权一级学科，以此为基础，经过充分讨论，法学院在原有经济法、民商法两个硕士点的基础上，增加了法理学、行政法学、国际法学3个二级法学硕士点，从而将法学硕士点增加为5个，为学科今后的整体发展和进一步提高打下了良好基础。2011年，法学院对法学硕士、法律硕士的招生简章和培养计划进行了全面修订，对学院未来硕士研究生的培养创新与改革措施进行了前瞻性分析。师资资源重新挖掘，师资力量重新配置，课程进行全面调整，强化了法学院的专业特色。

2011年，法学院顺利接收法律硕士专业，并强化管理，提升教学质量。法律硕士专业原由学校专业学位教育中心管理，2011年初，根据学校统一部署，交由法学院管理。在人员少、任务重的基础上，法学院统一部署，派出教师及有关管理人员，出色地完成了接收工作。接收后,根据学生远离校本部、比较分散的情况,认真加强管理,尤其是加强教学质量的管理。法学院抽调全院最优秀的硕士生导师给法律硕士生授课,加强实践环节的教育,与社会各界联系,遴选了一批具有丰富法律实务经验的兼职研究生导师,为学生实习提供了方便,学生们普遍感到比较满意。

(张世君)

教学工作

【人才培养模式改革】 4 月 15 日,学院主办了"法学院本科人才培养模式改革研讨会",邀请学校和教务处领导、校外专家、实习基地领导与会,分别于 3 月 22 日、4 月 15 日、9 月 14 日和 11 月 4 日召开了 4 次研讨会,聘请了校外专家和实习基地负责人,和学院教师一起围绕学院人才培养定位和特色、国际化人才培养、应用型人才培养以及专业建设评估等内容展开了充分研讨。研讨会达成了诸多共识,如分类培养、高年级分班授课、加强英语教学、授课过程中适当加入司法考试内容、加强与实务部门的联系以及延长实习时间等,为下一步学院人才培养模式改革作了准备。

为推进国际化人才培养进程,法学院采取了多项措施:重视现有双语课程的建设工作,组织申报双语示范课程;召开了国际化人才培养研讨会;与英国利物浦大学进行接洽,就互派交换生等事宜进行了商讨;与美国天普大学签订了合作谅解备忘录,就本科 4.5 项目达成了共识。

(米新丽)

【本科教学质量工程建设】 组织了精品课程、双语示范课程和实验课程的申报工作。2011 年,学院共组织了 6 门课程(民法总论、经济法、竞争法、国际法、国际经济法以及诊所课程)申报学校精品课程、双语示范课程以及实验课程。其中 2 门课程(国际法、经济法)获批校级精品课程、1 门课程(国际经济法)获批学校双语示范课程。迄今为止,学院已有 6 门校级精品课程、2 门校级双语示范课程。

组织了北京市级精品教材建设项目的申报工作,有 2 本教材被学校推荐参评北京市精品教材。

组织了学校教改立项的申报工作,学院有 2 个项目获批校级教改立项。2010 年学院获准立项的 5 个校级项目今年有 4 个按时结项,其中一项被鉴定为校级优秀。

米新丽教师获第七届北京市教学名师奖,实现了学院在市级教学项目上零的突破。金晓晨老师被评为校级教学名师。

(米新丽)

【教育教学成果奖培育和专业建设评估】 初步完成了教学成果奖培育和本科专业建设评估的自评工作。根据学校的工作布置,在学院党总支书记谢海霞老师的组织领导下,在班子其他成员和各教研室主任的大力支持下,对多年来的教学成果进行了梳理和凝练,初步形成了以"法学专业多层次人才培养模式改革与创新"为题的教学成果,并向学校进行了汇报。在专业建设评估方面,按照学校下发的专业建设评估指标体系,组织教研室主任和全体教师,初步完成了专业建设评估的自评工作,形成了自评报告。

(米新丽)

【开设辅修(双学位)班】 开设辅修(双学位)是学校培养复合型人才的一项重要举措,法学院作为率先开展此项工作的试点院系之一,对该项工作给予了高度重视。在借鉴中央财经大学、对外经济贸易大学以及中南财经政法大学等兄弟院校辅修(双学位)的人才培养方案的基础上,结合学校的实际情况,通过召开全院大会、学术委员会和教学指导委员会会议,对辅修(双学位)的人才培养方案进行了充分论证,在确保其合理性、科学性的基础上,按时向学校提交了方案,正式开设了辅修(双学位)班,迄今已经上课两学期,从运行反馈情况来看,效果很好。

(米新丽)

【实践教学工作】 2011 年,学院进一步开拓了实习基地,与丰台区人民法院续签了实习基地协议,与丰台区人民法院花乡法庭签订了双向交流合作协议,与西城区人民法院签订了实习基地协议。组织并圆满完成了认知实习、专业实习以及毕业实习等各环节的工作,进行了优秀实习团队和优秀实习生的评选和表彰。

组织完成了 2007 级毕业论文的指导、评阅和答辩工作,向学校推荐的优秀毕业论文中,有 2 篇获得校级优秀毕业论文。

组队参加了第三届北京市大学生模拟法庭竞赛。委派由李长城老师、刘迎泽老师、赵鹏老师和张兴老师组成的指导团队予以指导。在老师们的悉心指导下,经过同学们的刻苦训练,在比赛中战胜北京师范大学代表队,荣获二等奖。

组织了大学生科研与创新计划的指导、结项和立项工作。2010 年,学院获准立项的 16 个项目经答辩全部顺利结项,其中有 4 项被评为优秀。2011 年,学院又有 18 个项目获批学校大学生科研与创新计划立项。

（米新丽）

【推优保研工作】 根据《首都经济贸易大学推荐应届优秀本科毕业生免试攻读硕士学位研究生的实施办法（试行）》和《首都经贸大学法学院推荐2012届优秀应届本科毕业生免试攻读硕士学位研究生工作办法》，组织了推荐2012届优秀应届本科毕业生的遴选、面试和推荐工作。整个工作公开、公正、透明，圆满完成了该项工作。

（米新丽）

【日常教学管理】 严格执行学校和学院教学管理制度，狠抓教学质量；落实院领导班子下课堂制度，院领导班子成员做到了每周值日1～2天，随机听课，并就了解到的问题及时解决。

根据学校的安排，认真组织了期中教学检查工作；四、六级考试监考工作；期末考试监考、阅卷工作。先后给学生做了"新生入学教育"、"大学生科研与创新计划的申报"、"人才培养方案解读"、"毕业论文的写作"等多次专题讲座。

（米新丽）

【学籍管理工作】 认真做好各项学籍管理工作和毕业审核与学位审核工作。2011年，学籍管理工作有一些新情况，通过教学秘书、班主任等同志的共同努力，确保把新变化通知到每一位同学，保证了学籍管理工作的顺利进行。

（米新丽）

【招生工作】 修订学院招生宣传材料，梳理学院发展历史，强调学院专业特色，丰富宣传内容，并经由全体班子成员讨论通过。在录取环节，按照北京市制定的招生录取程序，根据学校的安排，认真进行了阅档工作，保证了录取工作的顺利进行。

（米新丽）

科研工作

【科研成果】 2011年，法学院教师不断推出相关科研成果，在各类学术刊物上公开发表学术论文38篇，其中，权威期刊1篇，CSSCI期刊论文10篇，中文核心期刊论文10篇，普通刊物论文17篇。全年出版著作3部，分别为沈敏荣：《仁的价值与时代精神——大变动时代的生存之道》，人民出版社2011年10月出版；刘润仙、郑文科、翟业虎：《民法总论》，对外经济贸易大学出版社2011年9月出版；尚琤：《中国古代流通经济法制史论》，知识产权出版社2011年1月出版。2011年度，法学院继续出版自办学术集刊《首都法学论坛》（第3卷），组稿工作顺利，已完成稿件校对工作，进入出版印刷阶段。同时，开始《首都法学论坛》（第4卷）的组稿工作。

在课题申报方面，2011年，学院组织了各类课题的申报工作，包括申报国家社科基金，教育部人文社会科学研究项目、北京哲学社会科学基金项目、北京市社科青年人才项目、北京市教委人文社会科学研究计划、首都经济贸易大学校级科研项目等各类课题。最终，谢海霞副教授获批教育部规划课题1项、农业部部级课题1项、局级项目1项；王剑波博士获博士后基金项目1项；赵鹏博士获北京市教委面上项目1项；王德山副教授、王显勇副教授各获校级课题1项；张世君副教授获横向课题1项。

（张世君）

【学术讲座】 2011年3月30日，法学院邀请清华大学法学院著名商法学家朱慈蕴教授来院举办题为"公司章程与公司自治"的学术讲座。4月20日，商务部条法司行政法律处李文柱处长应法学院之邀，来学院作主题为"商务依法行政"的讲座。9月14日，辽宁师范大学法学院的艾尔肯教授应邀到法学院举办题为"《侵权责任法》中医疗损害责任的理解与适用"的学术讲座。11月16日，法学院兼职研究生导师，北京市人民检察院一分院徐焕检察官应法学院邀请，为学院师生作了主题为"不公开审理程序的运用和公民隐私权的保护"的讲座。11月23日，台湾中国文化大学法律学系主任林恒志教授应法学院邀请，为学院师生作了主题为"台湾司法发展的历程"的讲座。11月25日，全国优秀法官，丰台区人民法院刑事审判第一庭庭长张勇法官受聘为学院兼职导师，并作了题为"刑事法官的社会责任和职业道德"的学术报告会。11月30日，全国人大法工委民法室副主任扈纪华女士应邀作了题为"民事诉讼法修改中的前沿问题"的学术讲座。

（张世君）

【学术活动】 4月2日，由中央财经大学法学院主办，北京大学法学院、中国人民大学法学院、对外经济贸易大学法学院及北京交通大学人文社会科学学院联合协办的"北京市金融服务法学研究会成立大会暨金融服务法的创新与发展论坛"在中央财经大学学术会堂举行，法学院张世君副教授、王德山副教授分别当选为常务理事和理事。7月7日，"中国科学技术法学会2011年年会暨《科技与法律》创刊二十周年纪念大会"在山西省太原市中北大学举行，翟业虎副教授参会并作发言。11月6日，在首都师范大学国际文化大厦召开了"北京市法学会教育法学研究会成立大会暨学术研讨会"，法学院焦志勇教授当选为副会长,米新丽教授、刘润仙副教授以及赵鹏老师当选为常务理事。11月12日,法学院翟业虎副教授参加了北京航空航天大学法学院和台湾政治大学法学院联合主办的"首届两岸民商法前沿论坛暨当前民商事理论创新与立法前瞻研讨会",并在会上作了题为《中国竞业禁止立法的不足与完善研究》的报告。

(张世君)

【举办各类学术研讨会】 5月27日,法学院在西国贸大酒店文汇阁会议室成功举办"建设中国特色社会主义法律体系学术研讨会——后体系时代的法学研究与创新"。各位教师就中国特色社会主义法律体系形成后对我国法学教育科研工作的影响进行了学术评估。特别是结合法学院2011年获批法学硕士一级学科的巨大成绩,就法学院以后法学研究与创新的方向进行了深入交流,就可否形成新的学科方向、研究领域和科研平台进行了深度探讨。

9月23日,首都经济贸易大学法学院"兼职研究生导师聘任仪式暨法学人才培养机制研讨会"在博纳楼527会议室举行。校党委副书记朱玉华、研究生部主任张军、法学院全体领导以及部分教师出席此次会议。多名来自行政机关、司法机关、检察机关、仲裁机构、律师事务所等领域的优秀法律实务专家代表全体受聘导师应邀参加本次会议。本次聘任仪式对法学院专业型硕士和学术型硕士的培养起到了良好的推动作用,同时也成功地宣传了首都经济贸易大学法学院,有力提升了法学院的社会影响力。

11月12日,北京国际法学会2011年年会在北京世纪金源大饭店隆重开幕。本次年会由首都经济贸易大学法学院承办,来自政府机构、相关高校和法律实务部门的一百多位代表和嘉宾出席了开幕式,大会获得圆满成功。

(张世君)

【国际交流】 11月1日,美国天普大学(Temple University)校长安·哈特(Ann Hart)女士一行到学校进行交流访问。学校党委书记柯文进、副校长王文举、法学院全体领导给予了盛情接待。经过宾主双方的友好协商,柯文进代表学校与天普大学校长哈特女士正式签订了合作与交流备忘录,法学院与美国天普大学法学院的教学科研交流合作项目据此启动。11月30日,美国塔尔萨大学法学院院长Janet Levit,副院长Cheryl Matherly女士一行来学院访问交流,双方进行了愉快的交流,并就建立合作事宜表达了各自的美好祝愿。9~12月,法学院派遣王显勇到美国明尼苏达大学进行短期学习交流。前述各类对外交流活动,法学院领导给予了高度重视,各项接待工作井然有序,就众多问题达成高度一致,取得了预期效果。特别是与天普大学签订的合作与交流备忘录,提升了法学院在国际上的影响力,有力推进了法学院国际化人才培养机制的建设,并对法学院未来的国际合作与发展奠定了更加坚实的基础。

(张世君)

学生工作

【概述】 法学院学生工作由学院学生工作办公室在学院党总支的领导下具体负责,办公室人员由学院党总支副书记、分团委书记、兼职辅导员和班主任构成,共计9人,其中,专任教师3人。2011年,全院共有学生753人,其中,研究生269人(含法律硕士62人)、本科生448人、专科生36人,学生党员99人(数据截至2011年12月)。

2011年,学院继续深入开展大学生发展辅导体系建设工作,在本科生和研究生中分别建立了辅导员+班主任+专任教师+高年级学生助教的新生班级辅导工作队伍,较好地完成了专业学习水平提升与综合素质培养的工作。学院为提高学生服务与管理水平,还对学生工作队伍进行了系列培训,有力地提升了队伍的工作水平。

(张益铭)

【大学生思想政治教育】 2011年,学院学生工作队伍重点围绕深入落实科学发展观、加强青年大学生理想信念教育这一主题开展大学生思想政治教育。学院特别借助全社会开展庆祝建党90周年活动的良好契机,在学院中开展了"学党史、知党情、跟党走"的主题教育活动,并代表学校组队参加了首都大学生庆祝建党90周年党史知识竞赛,荣获东片区第一名和北京市二等奖。

(张益铭)

【共青团工作】 2011年,法学院分团委系统全面完成了学校"十一五"规划和党代会、团代会提出的目标,认真履行共青团的基本职能,以"巩固成果,推动创新,夯实基础,提升水平"为主题,按照"抓基础,促建设,抓建设,促发展"的工作理念,不断深化思想引领和成长服务,着力加强和改进共青团自身建设,圆满完成了共青团的自身建设、组织法学院各年学生进行实践实习活动、参加并贯彻落实共青团首都经济贸易大学第三次代表大会提出的方针与目标、举办庆祝建校55周年校友座谈会等重点工作。同时,分团委进一步整合资源、开拓创新,在学生组织管理、学生干部理论培训、社会实践等领域取得了新的突破，工作呈现出重点突出、特色鲜明、持续发展、勇于创新的良好局面。法学院分团委下设办公室、组织部、宣传部、志愿者工作部4个职能部门，共有21个基层团支部，并指导法学院研究生会、法学院本科生学生会、法学会的日常工作。

2011年，共青团在志愿服务领域继续加大工作力度，组织40人完成志愿献血，累计完成志愿服务时数2 890小时。在社会实践领域组织了7支暑期社会实践小队，共计129人分赴北京各区，完成了调研报告《论审前志愿服务制度的构建》。

（张益铭）

【就业工作】 2011届本科毕业生共计99人，就业率97.98%；研究生毕业生39人，就业率94.87%。

（张益铭）

【学生获奖情况】 北京市优秀班集体1个，北京市红旗团支部1个。国家奖学金1人，松下育英奖学金1人，三菱奖学金2人，人民奖学金280人，励志奖学金17人；市级优秀学生干部1人，市级优秀共青团干部1人，校级优秀学生干部10人，校级优秀共青团干部4人，校级三好学生18人，校级优秀共青团员23人。

（张益铭）

【竞赛类获奖情况】 见下表。

竞赛类获奖情况一览表

种类	级别	名称	获奖情况	参赛选手
专业类	全国	第四届全国高校法律英语大赛	冯思然获论文一等奖，郭晓明获论文三等奖，韩晓晨获演讲三等奖	
	市级	北京市第三届模拟法庭大赛	二等奖	曹建宇　孔祥稳　王朦　王雪红　辛润　任潮
	市级	北京市第三届研究生模拟仲裁大赛	未获名次，孔祥稳获最佳代理人奖	任乐乐　张睿衡　杨丽　孔祥稳
	市级	北京二十校辩论赛	代表校辩论队参赛，获季军	张翰　孔祥稳
	校级	首都经济贸易大学第八届超越杯全校辩论赛	冠军	张翰　徐弘毅　孔祥稳　辛润　叶呈嫣等
非专业类	市级	首都大学生庆祝建党90周年党史知识竞赛	二等奖	宋磊　张莹　吕佩云　窦振京
	校级	首都经济贸易大学第三届人文知识竞赛	最佳组织奖，王喆　王鑫月　林培全　牟思璐　黄琰获三等奖，王鑫月获优秀选手奖	
学院传统赛事	院级	法学院新生辩论赛		2010、2011级新生

（张益铭）

党建工作

法学院党总支下辖党支部9个，其中，在职教师党支部2个，退休教师党支部1个，本、专科生党支部2个，研究生党支部4个；共有党员131人，其中，教师党员24人，退休党员8人，学生党员99人，全年发展党员32人。

2011年，法学院党总支积极推进学习型党组织建设，进一步完善党总支中心组学习制度，提高领导班子的理论水平，重点学习了《国家中长期发展规划纲要》和中共党史，并结合学院的情况，进行了深入的研讨。学院党总支部分成员主持参加的党建课题获得了2011年党建课题一等奖。学院党总支以纪念中国共产党成立90周年为契机，开展了主题党日、法律咨询服务、本科生见面日等多种活动。

2011 年,法学院党总支被评为优秀党总支,法理学、国际法党支部被评为优秀党支部,另有 1 人被评为优秀党务工作者,有 4 人被评为优秀党员。

为了认真落实党风廉政建设责任制,进一步完善财务管理的预防机制、决策机制、监督机制,做到学院的资金使用安全、有效、符合学院的发展方向和利益,学院党总支在学院深入开展党性、党风、党纪方面的主题教育,按照学校纪委的要求,开展了党风廉政宣传月活动,要求财务负责人、专项负责人、课题负责人严格执行领导干部廉洁自律各项管理规定,要求主管负责人和具体负责人依据相关制度严格执行财务纪律,同时结合实际工作主动查找学院财务管理中的问题,并提出解决方案,做到预防风险在先,严格管理落实,监督有效。

学院党总支结合学院一级硕士点的建设工作,积极筹划学院未来三年的人才发展战略,完成 1 名青年教师的引进工作,留校 1 名研究生担任辅导员工作,并按照学校的安排,积极选拔后备学科带头人和中青年骨干教师。

学院党总支继续发挥党外人士在参政议政和学院发展中的作用,做好少数民族学生工作,开展离退休支部春季、秋季的主题党日活动。

(张益铭)

工会工作

【召开法学院民主生活会】 2011 年上半年,为了更好地开展工作,院领导组织召开了民主生活会。除了法学院领导班子成员、教授代表参加外,工会干部和职工代表也作为法学院民主生活会的重要成员列席参加。领导班子成员在民主生活会上的发言内容主要有:加强领导班子自身建设,实行民主集中制的情况;艰苦奋斗、清正廉洁、遵纪守法的情况;坚持群众路线,改进领导作风,深入调查研究,密切联系群众的情况等,职工代表在会上可就领导班子中存在的问题提出意见和建议,并进一步提出改进措施,对法学院以后的健康发展具有一定的积极作用。学期末,工会组织教职工对学院领导班子贯彻落实科学发展观情况进行评议,对院领导的工作起到了监督和促进作用。

(周平)

【参加学校第三届双代会】 法学院职工代表参加学校举行的第三届双代会,积极行使民主权利,认真履行职责,就教学、职工福利等多方面提出提案。米新丽老师当选校民主管理与监督会员会主任,周平老师当选为劳动争议调解委员会主任。

(周平)

【对院务公开及财务公开提出建议并进行监督】 分工会在学院党总支的领导下,组织全体教师对法学院涉及教职工切身利益的事情进行讨论。分工会参加了 2011 年教师聘岗、职称评聘、重大财务支出、重大专项资金投入、大型资产处置、学科规划设计、学院发展方向调整等"三重一大"事项决策。

(周平)

【参加校工会组织的课题研究】 2011 年,校工会领导部署了工会调研课题,法学院李长城和郑文科两位老师积极参加校工会领导主持的"高校非事业编制人员权益维护的手段与途径"课题的研究,其研究成果获得了北京教育工会优秀论文评选二等奖。

学院分工会会员充分发挥专业特长,为全院广大师生提供法律咨询和帮助,在 2011 年为全院教职工解决各类法律纠纷 40 余件。

(周平)

【参加青年教师基本功大赛】 5 月,法学院举办了青年教师基本功大赛,40 周岁以下的老师全部参加了比赛。法学院全体教师参加了青年教师讲课的全过程,每位参赛教师的备课都很充分,在组织教学、与学生互动方面做得不错,使用多媒体也非常熟练。基本功大赛对每位教师教学水平的提高、对法学院的学科建设起到了一定的促进作用。青年教师赵鹏代表学院参加了学校举办的第八届青年教师教学基本功比赛,获得一等奖,并将于 2013 年代表学校参加北京市青年教师教学基本功比赛。

(周平)

【关心教职工的生活】 法学院分工会在关心教职工生活方面发挥了积极的作用。除了关注在职职工的生活,也给已经退休的教职工送去关心。

2011 年初,学院领导和工会干部给退休的教职工举行了新年团拜会,听他们畅谈退休后的丰富生活,同时,他们也认为学院分工会为大家提供了一个很好的见面交流的机会。为了丰富退休教师的业余生活,体现学院工会对退休教师的关心,5 月,学院分工会组织退休教师进行春游和采摘樱桃活动;10 月,组织退休教师进行秋游和采摘苹果的活动;6 ~ 12 月,学院张益铭、王剑波和张世君三位老师小孩相继出生,学院领导和工会干部买了礼品前去看望。

工会给两位新参加工作的女教工上了女工"四病"互助保险,给已经到期的女教工继续上了"四病"互助保险。

12 月,学院院长符启林老师聘任期满,分工会购买了礼物,并为符启林老师开了欢送会,感谢他为法学院做出的贡献。

为了让学院新同事尽快熟悉环境、融入法学院，分工会在9月份开学之初举行了迎新茶话会，使新同事感受到了法学院的温暖。

考虑到有些教室扩音设备不理想，工会为每位老师配备了便携式扩音器，使教学效果得到进一步提升。

（周平）

金 融 学 院

概 况

2011 年,金融学院设有金融投资系、国际金融系、保险系三个系;建有金融政策与发展研究中心、金融理财研究中心、证券与期货研究中心、农村保险研究中心、区域金融研究中心五个研究中心;拥有一个数字化金融实验室;现有金融学、金融学(国际金融)、金融工程和保险学四个本科专业和专业方向,拥有金融学学士、硕士和博士学位授予权。金融学专业是北京市品牌专业和北京市特色专业。金融学院被认定为北京市金融人才培养支持基地。学院现有在籍学生 993 人,其中,本科生 790 人,硕、博研究生 203 人。

(张杰　王民)

师资队伍建设

2011 年,金融学院有专职教师 32 人,其中,教授 10 人,副教授 16 人,博士生导师 4 人,63% 以上的教师拥有博士学位,多名教师具有双语教学能力。金融学院拥有享受国务院政府特殊津贴的专家,北京市跨世纪理论人才"百人工程"成员,北京市优秀中青年骨干教师,首都经济贸易大学教学名师、科研标兵、优秀主讲教师等十余人。为充分利用校外学术资源,金融学院还聘请了一批具有较高理论造诣、丰富实践经验与国际影响的兼职教授。他们中既有国内外知名大学和科研机构的专家、学者,又有大型跨国集团的总裁,还有国内金融机构的高层管理人士。2011 年,金融学院新聘教授李新、祁敬宇,副教授李文中,讲师徐昕、谢飞。新聘兼职教授中国保监会北京监管局局长丁小燕,中国人民银行营业管理部主任杨国中,中国邮政储蓄银行常务副行长吕家进,中国银监会会计部主任李怀珍。

(王民)

教学工作

【概述】 2011 年,金融学院 2010 ~ 2011 学年第二学期开始实施金融学专业辅修培养方案,有 118 人报名参加辅修学习,学院专为辅修开设 13 门专业课,4 门备选课程。6 月,金融学院有 135 人参加全国大学生英语四级考试,通过 109 人;有 199 人参加全国大学生英语六级考试,通过 124 人;12 月,金融学院有 63 人参加全国大学生英语四级考试,通过 50 人;有 136 人参加全国大学生英语六级考试,通过 81 人。根据教学计划和学校的有关规定,金融学院安排 2009 级本科生各专业于 2011 年 6 月 20 日 ~7 月 10 日进行为期 3 周的认知实习、2008 级本科生各专业于 2011 年 6 月 20 日 ~7 月 10 日进行为期 3 周的专业实习。2011 年,金融学院成功申报了 23 项大学生创新项目,其中,9 项重点项目,14 项一般项目,学院 20 名教师作为指导教师,有 100 名学生参与项目。

(梁军)

金融学院 2011 年大学生创新项目一览表

序号	项目名称	项目类型	指导教师	项目负责人	项目成员
1	我国货币政策对资本市场的影响分析	重点	王　苹	许一夫	李曙光　李媛
2	证券公司代理保险业务研究	重点	李文中	吴丽思	刘毅　田梦　李美英
3	北京市房地产信贷政策与执行	重点	祁敬宇	项碧雯	马迪　李煜　于娜
4	"新三板"市场及其对北京金融中心建设影响的研究	重点	李　新	朱　钰	贺骏　杨雅琦　常亦昕
5	对我国能源金融的发展及其风险管理的研究	重点	施慧洪	张子剑	田晴　潘玲 曹钟天　李韩宇

续表

序号	项目名称	项目类型	指导教师	项目负责人	项目成员
6	信用卡在我国商业银行个人中间业务中的应用及前景	重点	冯瑞河	郭 晶	马文劼 郭晶
7	产业结构调整背景下的创业投资运用——创业投资项目选择理论研究	重点	黄 璐	王盛辉	廖英鹏 刘灵琪 李典飞 高立志
8	大学生创业贷款模式创新研究	重点	谢太峰	陆 帅	许来 邓瑞文 石昊天 李朗
9	投资基金的投资风格比较	重点	巩云华	易 祯	刘伊婷 王倩 崔莉 张亚楠
10	“新三板”市场对中小企业融资过程中的问题与解决途径	一般	吴世亮	王 骁	李典飞 周跃 常骏 陈虹宇
11	大学生投资平台构想与设计	一般	冯瑞河	王 子	蒋宇豪 申洋 万奥宇 耿通博
12	上市国有商业银行选择境外战略投资者对银行改革发展的影响	一般	吴世亮	石梦娇	张洋 盛梦辰 曹策 余璐
13	关于火车人身意外强制险的研究	一般	殷 德	蒋静含	孙巧巧 魏坤蕊 张程语 张洁冰
14	商业银行个人理财业务	一般	梁万泉	朱晓舟	曲选光 姚继萌 吴思思 杨晓升
15	人民币汇率改革方向研究	一般	刘民俐	吴梦萱	张婷婷 吴晓坤 曾旻 徐聪
16	北京市房地产信贷政策与执行	一般	王苹	李伟康	王子番 贺泓林 王丹丹 方海宁
17	“碳金融”在中国发展前景研究	一般	刘妍芳	岳 洋	蒋梦一 沈博雅 彭程
18	价值投资理论在中国股票市场的可行性分析	一般	龙 菊	艾 鹏	靳森 程男 刘伯航
19	金融政策对于北京市进出口贸易的影响	一般	黄静茹	赵东旭	高锐 冯宇辉
20	北京社会保证探究	一般	张欲晓	范 莹	郑一凡
21	技术分析对外汇价格预测的有效性研究	一般	朱 超	石昊天	李孟 陈星宇 李翔远
22	探索中国商业银行个人理财业务的新型经营模式	一般	高杰英	董 瀚	李晨 向丹枫 李楠 王斑
23	我国创业板泡沫问题及解决方案	一般	龙 菊	王牧晨	张雪韬 王晶京 高蕾 陈琬玥

（梁军）

【专业建设】 4月16日，金融学院领导、金融投资系全体教师召开了“金融工程专业国际化人才培养与学科建设研讨会”。与会教师和专家就金融学院金融工程专业学生的基本情况、教学计划的课程设置、如何国际化以及如何进行学科建设等方面问题进行了讨论。

4月29日,金融学院召开了国际金融中心建设与金融人才培养研讨会,金融学院领导班子和国际金融系全体教师参加了会议。会议由国际金融系主任黄璐主持。会议围绕国际金融专业的人才培养,特别是国际金融专业的定位问题进行了研讨。

6月18日,金融学院召开了专业硕士兼职导师聘任仪式及培养方案审定会。副校长丁立宏、校长助理戚聿东、研究生部主任张连城、专业硕士教育中心主任张军、科研处处长王曼怡、研究生部副主任牛志伟、金融学院党总支书记玉红玲,金融学院全体研究生导师和首批受聘的专业硕士兼职导师参加了会议。会议由金融学院院长谢太峰主持。

(金融学院)

【专家讲座】 3月1日,海航集团董事局董事、海航资本控股有限公司董事长、金融学院兼职教授谭向东先生莅临首都经济贸易大学为金融学院2008级、2010级本科生和部分研究生百余人讲授《飞机租赁实务》讲座。他结合海航集团近年来飞机租赁的实际情况,为大家分析了世界当前飞机租赁领域的市场情况。他以海航集团业务发展和自身从业经历为主线讲解了资本市场运作和对当今社会热点经济问题的看法。

10月24日上午10点,博学楼625教室,台湾逢甲大学风险管理与保险学系陈森松博士来金融学院讲学。陈森松博士现任逢甲大学风险管理与保险学系的系主任,精通人寿保险、保险法和企业风险管理等。陈森松博士应保险系的邀请,就“华夏文化的风险史观——兼论475BC的蜕变”做专题演讲。保险系教师殷德、郭杨、王雅婷、雒庆举、徐昕及部分保险专业研究生、本科生聆听了演讲,保险系已退休知名专家庹国柱教授和首都经济贸易大学劳动经济学院副院长朱俊生参加了讲座。

(金融学院)

【教学实习基地共建】 3月10日,中国工商银行北京丰台支行与首都经济贸易大学金融学院共建学生实习与就业基地授牌仪式在首都经济贸易大学举行。中国工商银行北京分行领导汪晓芳莅临仪式,金融学院主持工作的院长谢太峰为其授牌。中国工商银行北京丰台支行行长尹承德、金融学院党总支书记、副院长王明会、金融学院党总支副书记玉红玲及中国工商银行北京分行人力资源部负责同志出席。

12月15日,在中国职工之家举行北京保险行业协会共建“教学实习基地”签字仪式。本次签字仪式共有五家在京设有保险专业的院校参加,分别是:中央财经大学、首都经济贸易大学、北京工商大学、北京工商大学嘉华学院、北京财贸干部管理学院,加之此前已签协议的对外经济贸易大学,共有6家大专院校与北京保险行业协会共建教学实习基地。首都经济贸易大学金融学院院长谢太峰和金融学院保险系主任张小红共同出席了此次签字仪式。

(金融学院)

科研工作

【概述】 2011年,金融学院教师承担横向研究课题12项,纵向研究课题10项,出版学术著作8本,发表了核心期刊的论文21篇,CSSCI期刊论文12篇。

金融学院2011年教师承担的横向研究课题一览表

序号	合同名称	负责人	合同状态	项目来源
1	关于金融系统人才素质培养探讨	王曼怡	进行	企事业单位委托项目
2	科技金融产品创新研究	巩云华	进行	地、市、厅、局等政府部门项目
3	科技金融服务工作机制研究	巩云华	进行	地、市、厅、局等政府部门项目
4	北京市残疾人就业对策研究	巩云华	进行	企事业单位委托项目
5	我国国有企业开展期货投资问题研究:“十一五”经验与“十二五”对策	李　新	进行	地、市、厅、局等政府部门项目
6	首都金融业“十二五”时期发展问题研究	巩云华	进行	地、市、厅、局等政府部门项目
7	北京市转变经济发展方式内容及路径研究	蒋三庚	进行	企事业单位委托项目
8	借助中央科技资源促进首都经济发展的模式和效果研究	巩云华	进行	地、市、厅、局等政府部门项目

续表

序号	合同名称	负责人	合同状态	项目来源
9	北京CBD"十一五"发展白皮书	蒋三庚	进行	企事业单位委托项目
10	《社会保险法》的实施对寿险业的影响	李文中	进行	企事业单位委托项目
11	全国财富管理中心建设研究	巩云华	进行	地、市、厅、局等政府部门项目
12	北京市经济技术开发区产业金融创新研究	朱　超	进行	地、市、厅、局等政府部门项目

金融学院2011年教师承担的纵向研究课题一览表

序号	项目名称	负责人	项目级别	项目来源单位
1	全球经济再平衡背景下经常账户适度性与逆转冲击效应研究	朱超	省部级	北京市社科规划办
2	京津区域金融一体化发展研究	谢太峰	省部级	北京市社科规划办
3	我国新农村建设中支农资金的配置效率研究	龙菊	省部级	教育部
4	全球金融监管重建与中国宏观金融审慎监管的建立	祁敬宇	省部级	教育部
5	北京市优秀人才资助计划	祁敬宇	委办局级	北京市委组织部
6	后金融危机时代人民币汇率变化趋势和对策研究	方兴	委办局级	北京市教育委员会
7	筹建我校金融博物馆实施方案研究	祁敬宇	校级	校组织部
8	京津冀地区区域保险发展与经济增长关系实证研究	王雅婷	校级	首都经济贸易大学
9	流动性与金融系统稳定性研究	周晔	校级	首都经济贸易大学
10	北京市金融后台园区建设的对策研究	施慧洪	校级	首都经济贸易大学

金融学院2011年教师出版的学术著作一览表

序号	著作名称	参编作者	出版单位	著作类别
1	后危机时代的金融监管研究	祁敬宇　王刚(外)	首都经济贸易大学出版社	专著(社科类)
2	北京市资金流动监测预警系统研究	巩云华	首都经济贸易大学出版社	专著(社科类)
3	管理系统工程方法论及建模	王新平(外)　祁敬宇	机械工业出版社	国家规划教材(社科类)
4	全球化下的金融监管	祁敬宇　祁邵武(外)	首都经济贸易大学出版社	其他专业出版物(社科类)
5	金融监管案例评析	祁敬宇　祈绍斌(外)	首都经济贸易大学出版社	其他专业出版物(社科类)
6	金融学(2011年版)	冯瑞河　王德河	中国金融出版社	校内本科生以上使用的一般教材(社科类)
7	国际汇兑实务	黄璐　唐伟霞　周晔	首都经济贸易大学出版社	校内本科生以上使用的一般教材(社科类)
8	北京金融中心建设研究	谢太峰　高伟凯(外)　高杰英　朱超　黄静茹	知识产权出版社	专著(社科类)

金融学院2011年教师发表的核心期刊和CSSCI论文一览表

序号	论文题目	刊物类型	所有作者	发表刊物/论文集
1	试析北京CBD的品牌塑造与提升	核心期刊	蒋三庚 李艳杰	北京工商大学学报·社会科学版
2	特大城市金融业发展研究——基于产业集聚的视角	核心期刊	王曼怡 孙雅琳(外)	人民论坛
3	浅析我国农村金融监管的定位与实现机制	核心期刊	祁敬宇	商业时代
4	论机动车第三者责任保险中"第三者"的界定	核心期刊	李文中	保险研究
5	我国村镇银行现状、问题及发展思路	核心期刊	梁万泉	改革与战略
6	人民币汇率与我国外汇储备关系的实证分析	核心期刊	谢太峰 刘妍(学)	金融理论与实践
7	关于农民金融权利问题的思考	核心期刊	祁敬宇	商业时代
8	海外私募股权基金发展经验与启示	核心期刊	李新	商业时代
9	京津地区金融合作的具体思路	核心期刊	梁万泉	特区经济
10	金融危机后美国金融监管体制变革措施评析	核心期刊	祁敬宇	商业时代
11	广西北部湾地区金融促进经济增长多重机制分析	核心期刊	施慧洪	商业时代
12	服务业分类理论及对广西北部湾服务业发展的启示	核心期刊	施慧洪	商业时代
13	我国证券市场保荐人制度存在的问题及改革思路	核心期刊	梁万泉	改革与战略
14	谈我国私人股权投资信托发展现状及存在的问题	核心期刊	吴世亮	商业时代
15	农村土地流转存在的问题和改革思路	核心期刊	梁万泉	特区经济
16	构建我国债券市场风险预警指标体系	核心期刊	李新	中国财政
17	货币供应量、信贷规模与我国通货膨胀的关联性	核心期刊	王曼怡	金融与经济
18	知识产权视角下贸易、FDI与技术传播关系文献综述	核心期刊	周晔	商业时代
19	国际版两种发行模式的比较及建议	核心期刊	梁万泉	浙江金融
20	我国碳金融发展面临的困境及出路	核心期刊	谢太峰 吴一凡(学)	金融理论与实践
21	金融后台的内涵外延兼论对外包的质疑	核心期刊	施慧洪	商业时代
22	广西北部湾经济区主要产业园区的产业投资分析与金融提升	CSSCI	施慧洪	东南亚纵横
23	我国金融衍生品市场发展的若干思考	CSSCI	刘妍芳	宏观经济管理
24	欧元区产生的启示与人民币汇率制度选择	CSSCI	谢太峰 吕家进(外)	经济与管理研究
25	广西北部湾经济区主要产业投资计划及企业资金紧张的对策分析	CSSCI	施慧洪	东南亚纵横
26	我国产业区域融合发展现状及政策走向	CSSCI	周晔	宏观经济管理
27	基于钻石理论的金融功能区建设研究	CSSCI	王曼怡 王楠(学)	国际经济合作
28	广西北部湾经济区金融业与产业联动的环境建设分析	CSSCI	施慧洪	东南亚纵横
29	国际大都市发展的新趋势	CSSCI	周晔	城市问题
30	储蓄率、经常项目顺差与人口结构变迁	CSSCI	朱超 周晔	财经研究
31	危机后我国金融结构的国际比较——银行主导型还是市场主导型	CSSCI	高杰英	四川大学学报(哲学社会科学版)
32	中央对手方机制防范系统性金融风险研究	CSSCI 权威B	李新 周琳杰(外)	财贸经济
33	The Foundation and Latest Development Trend of Financial Regulation	权威B	祁敬宇	EI

(王民)

【参加学术会议】　10月29日至30日，第八届中国金融学年会在山东大学举行。金融学院朱超副教授应邀参加第八届中国金融学年会报告论文并担任年会“国际金融”分会场主持人。朱超代表合作者周晔、张林杰报告了共同完成的论文《人口结构效应存在储蓄投资行为与外部平衡吗？——来自亚洲的经验证据》。

11月8日，金融学院高杰英副教授应邀参加了北京市社会科学界联合会、北京市中国特色社会主义理论体系研究中心、《中国特色社会主义研究》杂志社联合举办的以“创新驱动与首都‘十二五’发展”为主题的2011首都论坛。高杰英撰写的论文《北京市科技创新融资渠道效果的实证分析》被择优收录至《创新驱动与首都“十二五”发展——2011首都论坛文集》。

12月9～11日，第十一届中国经济学年会在上海财经大学召开，金融学院朱超和谢飞两位老师应邀赴会并做分会场发言。本届中国经济学年会从强调学术创新之角度反复斟酌遴选，经过三轮匿名评审，共评选出300篇优秀论文参加2011年第十一届中国经济学年会。其中，首都经济贸易大学入选2篇。围绕本届年会主题“世界变局下的中国经济转型”，80多所大学的经济学院院长（系主任）、专家学者以及特邀嘉宾共600余人与会。谢飞本次参会交流的论文题目是《投机还是实需：国际商品期货价格的影响因素分析》。论文以经济全球化、新兴国家快速发展和大宗商品价格波动为背景，进行相关理论与实证分析。朱超的论文则从人口结构变迁的角度来解释了我国国际金融失衡问题。

（金融学院）

【开展学术交流】　1月7日，中国保险学会会长罗忠敏、中国保险学会秘书长兼《保险研究》主编张文渊、《保险研究》副主编郝焕婷，以及《保险研究》编辑部副主任梁晶等一行四人莅临首都经济贸易大学金融学院，就中国保险学会如何更好地与金融学院建立密切联系和相互交流等事宜与学院领导和保险系教师座谈。金融学院主持工作的副院长谢太峰教授、学院党总支副书记玉红玲、劳动经济学院朱俊生教授以及保险系的全体教师参加了座谈会。

（金融学院）

【召开学术会议】　11月10日，金融学院召开中青年学者科研提升计划学术报告会。保险系副主任王雅婷副教授、周晔副教授、国际金融系副主任刘妍芳副教授、区域金融研究中心主任施慧洪副教授、金融理财研究中心主任高杰英副教授5位学者先后报告了自己近期的研究成果。金融学院全体教师参加了报告会。会议由院长助理朱超主持。

（金融学院）

学生工作

【概述】　金融学院学生工作本着提高学生综合素质，培养优秀金融人才的宗旨，坚持以人为本、德育为先的学生工作指导原则，秉承引领服务的工作作风，设计开展了一系列活动和竞赛，有效丰富了同学们的课余生活，锻炼了他们的社会交往和沟通合作等方面的能力。

金融学院现有金融协会、股市沙龙、保险学会、金融工程学会（9月份由原信用协会改组）、理财学会、绿芽环保协会（9月份由碳金融协会改组）6个学生社团，以“金融季”品牌活动为载体开展了金融知识与技能大赛、模拟股市大赛、金融口语大赛、学术论文大赛、保险知识大赛、现金流大赛、“金鹰盛典”颁奖晚会等一系列形式多样的学术及文体活动，同时，出版了《红雨伞》、《金融快讯》等刊物。

学院还为学生创造大量校内外实践及科技文化活动机会，并对在校内外科技文化活动中取得优秀成绩的学生给予奖励，激发了全院学生参加科技文化活动的热情。2011年，金融学院组织4组同学参与美国大学生数学建模竞赛，获一等奖1队，三等奖3队；10组同学参加全国数学建模比赛。2011年的暑期社会实践活动得到了多家媒体的关注，并被《人民日报》、《中国青年报》报道。2011年，学院有6名同学或集体荣获北京市三好学生、优秀团员、优秀班集体、红旗团支部等市级荣誉称号。

（高敏丽　常彪）

【学生活动】　4月22日，首都经济贸易大学“第八届”春季运动会拉开帷幕。金融学院取得女子团体第四、总成绩第七的好成绩，并获颁精神文明奖。

5月23日，灯光闪耀，人潮涌动，以“舞动青春风采　彰显激情活力”为主题的首都经济贸易大学第九届学术文化节拉拉操、团体健身操比赛在第三餐厅西侧广场拉开帷幕。金融学院拉拉队在比赛中取得了全校第三的优异成绩。

5月30日，金融学院学生会在明辨楼220隆重举办“金鹰盛典”颁奖晚会暨金融学院第十届学术文化节闭幕式。万联证券市场部总监于军，学生处处长金京虎老师，党政办公室副主任、2010级国际金融1班班主任黄立伟老师，校团委副书记张彤老师，校团委组织部长、2010级金融学1班、2班班主任李晓鸥老师，以及金融学院党总支书记玉红玲老师，2010

级保险班班主任常雪亮老师,部分兄弟院系学生会代表出席了颁奖晚会。

9 月 28 日,金融学院在大学生活动中心举行了"'时代精英 · 金必辉煌'——2011 金融学院迎新晚会"。校团委组织部部长李晓鸥、校团委宣传部部长郭英、校团委社团管理中心主任孟雪丽,金融学院院长谢太峰、金融学院党总支书记玉红玲、金融学院办公室主任李淳、2011 级国际金融 1 班班主任高菲、2011 级金融学 1 班班主任梁军、2011 级保险班班主任徐昕、金融学院学生会主席团全体成员、各部门部长和来自各个兄弟学院的同学们观看了整场演出。

12 月 7 日,首都经济贸易大学第九届文化艺术节"忆峥嵘岁月　唱时代赞歌"纪念"一二 · 九"运动 76 周年新生歌咏比赛在华侨学院礼堂拉开帷幕。金融学院新生合唱团在比赛中荣获二等奖和"最佳伴奏奖"。参赛 A 组曲目是《黄河大合唱》,B 组曲目是《走向复兴》。

(常彪)

【模拟面试】 10 月 25 日,金融学院在明辨楼五层成功举行了"模拟面试"活动。本次活动邀请了德勤华永会计师事务所、中国平安财产保险公司、中国建设银行北京分行、广发银行北京分行、中美大都会人寿保险有限公司和招商银行北京分行 6 家单位参加。

(常彪)

【第二届"金融之星"表彰大会】 12 月 14 日,金融学院在博学楼报告厅举办第二届"金融之星"表彰大会,学生处副处长冯博、校团委副书记李晓鸥、金融学院院长谢太峰、副院长龙菊、院长助理朱超出席大会,金融学院 2010、2011 级本科生和研究生及获奖同学代表参加了大会。大会由金融学院党总支书记玉红玲主持。本届授予李凌宇等 27 名同学 2010 ~ 2011 学年度"金融之星"荣誉称号。

金融学院 2010 ~ 2011 学年度"金融之星"荣誉称号获得者一览表

本科生

年级	姓名	申请奖项	奖励备注	颁奖单位
2008 级	李凌宇	学习优秀奖	国际金融专业第一名	
	吕叶荻	学习优秀奖	金融学专业第一名	
	张雪	学习优秀奖	保险专业第一名	
2009 级	张如欣	学习优秀奖	国际金融专业第一名	
	张洋	学习优秀奖	金融学专业第一名	
	吴丽思	学习优秀奖	保险专业第一名	
2010 级	邓瑞文	学习优秀奖	国际金融专业第一名	
	田晴	学习优秀奖	金融学专业第一名	
	曹钟天	学习优秀奖	保险专业第一名	
	赵岩杰	学习优秀奖	金融工程专业第一名	
2008 级	刘航	学习进步奖	学年度学分绩点提升 1.0 以上(含)	
2008 级	刘航	公益服务奖	北京市红十字会初级救援员志愿者,JA 青年成就志愿者	北京市红十字会
	徐悦	公益服务奖	World Economic Forum Volunteer Work	国际组织
2009 级	付凯悦	公益服务奖	2010 上海世博会北京馆志愿者	北京市参与 2010 年上海世博会工作协调小组办公室
	曲选光	公益服务奖	KFKO Volunteer, RDTC Volunteer	国际组织
	张洋	公益服务奖	打工子弟爱心会志愿者	打工子弟爱心会
	王梓尔	公益服务奖	首都防艾宣传志愿者,首都经济贸易大学红十字会执委会成员	北京市卫生局　北京市红十字会

续表

年级	姓名	申请奖项	奖励备注	颁奖单位
2008级	王宇庚	科研创新奖	《人口与经济》独立作者,《今日财富》独立作者	
	高尚	科研创新奖	《商情》《管理学家》《北京电力高等专科学校学报》均为独立作者	
2008级	朱元	才艺新锐奖	2010年高教社杯全国大学生数学建模竞赛北京赛区甲组北京二等奖	中国工业与应用数学学会
	廖英鹏	才艺新锐奖	第三届北京大学生艺术展演二等奖	金融学术研究会中财
	郝双艳	才艺新锐奖	中财首届"金融精英赛"三校总决赛第一名 高等院校第二届秋季学生田径运动会女子接力第五名	北京市教育委员会 北京市体育局
	徐悦	才艺新锐奖	美国大学生数学建模竞赛(ICM)一等奖	国际组织
	王宇庚	才艺新锐奖	美国大学生数学建模竞赛(ICM)一等奖	国际组织
2009级	靳森	才艺新锐奖	第三届北京大学生艺术展演二等奖	北京市教育委员会
	曲选光	才艺新锐奖	第三届北京大学生艺术展演二等奖	北京市教育委员会
	张洋	才艺新锐奖	第三届北京大学生艺术展演二等奖	北京市教育委员会

研究生

	姓名	申请奖项	奖励备注	颁奖单位
2009级	刘同山	科研创新奖	《金融与经济》独立作者,《江苏商论》独立作者,《金融与经济》第一作者	
	王楠	科研创新奖	《南方金融》独立作者,《国际经济合作》第二作者,《人民论坛》第二作者	
	裴然	科研创新奖	《新金融》独立作者,《金融与保险》独立作者	
	姜金蝉	科研创新奖	《商业时代》第一作者	
	张晓东	科研创新奖	《经济研究参考》第二作者,《商业时代》第二作者,《商业时代》第二作者	
2010级	王思瑶	才艺新锐奖	2011年北京市高校游泳冠军赛自由泳、混合泳、接力赛均第一,个人自由泳第四	北京市大学生体育协会

(常彪)

【无偿献血】 6月9日和6月20日,金融学院分团委副书记常彪先后共带领32名同学到北京市红十字血液中心无偿献血,其中,29人为成分献血。11月24日,常彪组织28名同学到校大学生活动中心参加由首都经济贸易大学红十字会与北京市血液中心组织的无偿献血活动。

(常彪)

【招生工作】 2011年金融学院本科生招生人数合计194人,金融学80人,金融学(国际金融学)52人,保险31人,金融工程31人。2011年,国际金融方向纳入金融学专业大类招生,新生报到后根据学生志愿分为金融学和金融学(国际金融)两个专业或专业方向,其中,金融学80人,国际金融学52人。

2011年,金融学院招收金融学硕士研究生82人,其中,学术硕士61人,金融专业硕士11人,保险专业硕士10人,博士研究生4人。

金融学院2011年各专业录取分数线统计一览表

2011年金融学院各专业招生录取分数线统计												
专　业	一批一志愿						一批二志愿					
	文史类			理工类			文史类			理工类		
	最高分	最低分	平均分	最高分	最低分	平均分	最高分	最低分	平均分	最高分	最低分	平均分
金融学	616	569	582	620	561	579	632	617	623	627	615	621
保险	552	536	541	553	534	542				607	607	607
金融工程				606	550	563				622	608	615

（张杰　王民）

【转专业与就业工作】 2011年,金融学院各专业接收转专业学生17人。其中,转入金融学6人,金融学(国际金融)6人,保险2人,金融工程3人。2011届本科毕业生总计201人,出国39人,考研20人,签约142人,出国率为19.40%,考研率为9.95%,签约率和就业率均为100%。签约人员中:银行64人,保险公司8人,证券公司4人,会计师事务所16人,政府机构(含事业单位、公务员)5人,其他企业45人。2011届研究生总计59人,签约54人,签就业去向表5人。签约率为91.53%,就业率为100%。签约人员中:银行31人,证券公司3人,保险公司6人,会计师事务所5人,政府机构(含事业单位)3人,其他企业6人。

（张杰　高敏丽）

对外交流

2011年,金融学院继续积极强化与国外有关高校的合作交流与培养,不断创新学生的培养模式,与加拿大圣西维尔大学和美国辛辛那提大学商学院采取“2+2”的合作办学模式,学生在首都经济贸易大学学习2年后,可选择到圣西维尔大学或者辛辛那提大学商学院学习2年,双方互认学分,满足毕业条件可同时取得双方大学的学位。此外,金融学院学生工作办公室还与美国辛辛那提大学商学院、澳大利亚巴拉瑞特大学就假期游学活动和“2+2”合作培养意向进行了接洽并起草了相关协议,与辛辛那提大学商学院成功签署了合作备忘录并组织安排第一批假期游学人员赴美参访。2011年,金融学院有1名学生参加圣西维尔大学“2+2”项目。

金融学院每年都会组织学生参加美国北方州立大学、帕克大学、波士顿大学、加州河滨分校的交换生项目。2011年,金融学院参加加州河滨分校交换项目的学生有6名,参加北方州立大学交换项目的学生有5名。

（张杰）

党建工作

【概述】 2011年,首都经济贸易大学金融学院党总支有基层党支部9个,其中,学生党支部5个,教工党支部3个,退休党支部1个;党员204名,其中,正式党员152名,在职教工党员24名,离退休党员13名,学生党员167名。金融学院党总支2010级研究生党支部获首都经济贸易大学先进基层党支部;祁敬宇、王雅婷、刘建设、巩昂、吴建梅、张铎获首都经济贸易大学优秀共产党员。金融学院党总支获首都经济贸易大学主题党日活动二等奖。

（高敏丽）

【党日活动】 5月28日,金融学院学生第二党支部举行了以“庆祝建党九十周年——回顾复兴之路”为主题的党日活动,党支部全体党员共50人参观了中国国家博物馆。

11月10日,金融学院党总支召开了“践行承诺,服务师生”专题研讨会,金融学院全体教师、本科生和研究生党支部党员代表、入党积极分子代表等参加了本次研讨会。研讨会由金融学院党总支委员王雅婷主持。

（高敏丽）

【纪念建党90周年征文活动】 2011年3月,为隆重纪念中国共产党90华诞,回顾总结中国共产党成立90年来的光辉历程和宝贵经验,深化对中国共产党是我们各项事业领导核心的理解,进一步坚定在中国共产党领导下走中国特色社会主义道路的信心和决心,首都经济贸易大学思想政治理论课教研中心、学生工作部、宣传部、团委决定联合举办征文活动。

经过专家评审,首都经济贸易大学“纪念建党九十周年征文”活动评出一等奖1名,二等奖2名,三等奖9名。金融学院有4篇文章获三等奖,分别如下:张志威、王文娟:《中国共产党对外交往的历史与经验研究》;高培真:《社会主义核心价值体系建设研究》;王璐:《关于创建学习型党员队伍的思考》;李冬:《加强和改进高校党的建设研究》。

（高敏丽）

【党课学习】 5月18日下午,为迎接中国共产党建党90周年,金融学院党总支按照学校党委组织部相关通知的精神,开展了党课学习活动。本次党课特邀请首都经济贸易大学人文学院刘宁元老师为金融学院全体党员上了一堂主题为"从党的性质到党的建设"的党课。

（高敏丽）

工会工作

4月,金融学院组织教职工参加校工会主办的校羽毛球比赛,并取得了良好的成绩。6月,分工会进行了换届选举,新的分工会委员有王苹、李文中、蔡斌。在暑假期间,金融学院分工会组织部分青年老师赴西藏参加会议,并考察西部地区经济金融发展状况。祁敬宇、朱超、唐伟霞等老师在暑假期间积极参加校工会组织的社会实践并撰写论文。为进一步活跃金融学院的文化气氛,组织教职工积极参加校工会举办的各种文体活动,如学校的交谊舞训练班、校合唱队的活动,组织教师进行健康体能的测试,通过测试让教师了解自己的健康情况。10月,分工会举办了金融学院第一届教工摄影展。

（王苹）

实验室建设

2011年,金融实验室主要承担了金融学院及部分外学院的实验课程、金融学院特色班及金融理财学会、股市沙龙等学生社团活动。承担的主要课程有《征信与数据库管理》、《证券投资分析》、《公司金融》、《国际结算》、《网络金融》、《货币银行学》、《非寿险精算》、《金融市场学》、《信托投资学》、《金融企业会计》、《商业银行经营》等课程的实验教学。

（张杰）

统　计　学　院

概　况

首都经济贸易大学统计学院(College of Statistics of Capital University of Economics and Business,以下简称统计学院)组建于2006年,其前身是北京经济学院统计学专业,1956年北京劳动干部学校统计学专业建立,1962年开始招生,1974年与中国人民大学计划统计系合并,合并时简称中国人民大学计划统计学系东区,1978年恢复招考后,成立组建北京经济学院工业经济系统计学专业,并开始招收计划统计学专业本科生,1984年成立计划统计系,1986年更名为统计学系,并获得统计学专业硕士学位授予权,1996年组建首都经济贸易大学统计学系,1998年招收数量经济学宏观经济系统分析博士研究生,2005年招收概率论与数理统计学本科生,2005年成为北京市品牌专业建设学科,2006年获得统计学博士学位授予权,并组建统计学院,2008年统计学专业被评为国家级特色专业和北京市特色专业,并开始招收应用数学专业(金融数学方向)本科生。2010年获得应用统计硕士授予权。

2011年,统计学院下设经济统计、概率论与数理统计和应用数学三个系和数字化调查研究中心、信息化教学研究中心、中国消费者景气指数中心、统计与数学建模研究中心4个研究中心。学院开设经济统计学、概率论与数理统计、应用数学3个本科专业,拥有统计学博士学位、应用统计硕士及统计学硕士学位授予权。

(纪宏　王冰)

师资队伍建设

统计学院现有教职员工49人,专职教师42人。其中,教授8人,副教授27人,博士生导师3人,兼职博导5人,硕士生导师21人,其中,具有博士学历的教师达60%以上,享受国务院特殊津贴教师2人,北京市学科带头人及北京市优秀青年骨干教师7人,同时还聘请了海外讲座教授4人(马双鸽、刘玉峰、籍传恕、谢邦昌)、国内兼职教授4人(吴喜之、孙六权、于丹、陈敏),已经形成了专业方向配置合理、结构优良的师资梯队。统计学教学团队是北京市优秀教学团队。2011年10月,学院派出阮敬和任韬两位老师到美国佛罗里达大学进行为期一年的研究交流。2011年7月,从中国科学院数学与系统科学研究院引进博士后一名。2011年,刘娟教授荣获校级教学名师荣誉称号,孙激流和聂力两位老师荣获校级优秀主讲教师称号。

(高建平　王冰)

学科建设

【概述】 2011年3月,学院获批统计学一级学科专业博士授予权,为学院的学科建设和发展奠定了良好基础。学院下设5个二级学科及方向,包括:社会经济统计学、数理统计学、金融统计学、应用统计学与职业病与卫生统计,每个二级学科方向都有3到4个稳定的研究方向,且各具特色。

2011年,学院在收入分配、社会调查、数据挖掘、统计计算与系统仿真等领域的研究居国内领先水平,在国际上有一定影响。“收入分布及亲贫困增长理论研究”,“低收入及最低生活保障线研究”,“两岸四地消费者信心指数的测度与研究”,“北京市居民生活幸福指数”等8大指数的研究、调查与发布,“分布式环境下数据处理与仿真研究”等一批研究成果在学术界和社会各界产生重要影响,得到政府有关部门的重视。

学院制定的“十二五”期间的学科建设目标是:经济与商务统计学保持国内一流水平,不断缩小与国际同类学科先进水平的差距,个别研究方向达到国际先进水平;数理统计学、金融统计学、数据挖掘达到国内同类学科一流水平,个别研究领域达到国际同类学科一流水平;学科总体水平处于国内同类学科前列,带动和提升相关学科和专业的发展。

(马立平)

【研究生培养】 2011年,学院研究生培养工作的思路是:进一步加强研究生教学规范建设,优化研究生培养方案,完善研究生教学质量保障体系,着力推进研究生创新教育体系建设。

学院重视和鼓励研究生进行科研活动和科技创新及积极参加多种专业知识的竞赛活动,通过各种活动培养研究生团队合作、克服困难、解决问题的能力。2011 年,学院有 6 组博士研究生和 4 组硕士研究生获得学校研究生科技创新项目的资助。

2011 年,学院毕业研究生 23 人(博士生 3 人,硕士生 20 人)。招研究生 36 人(博士生 5 人,硕士生 31 人)。在校研究生 102 人(博士生 29 人,硕士生 73 人)。2011 年首次招收统计应用硕士。

2011 年博士生科技创新项目名单

序号	院(系)	专业	项目负责人	项目组成员	项目名称	导师	年级	申请级别
1	统计学院	统计学	赵　玮	刘玉梅　杨晓蕾	引入消费者信心指数的消费函数研究	纪　宏	2011 级	重点项目
2	统计学院	统计学	张尔俊	刘玉梅　王方军　张兆宇	碳排放约束条件下中国经济发展的路径分析	马立平	2011 级	重点项目
3	统计学院	统计学	周广军	田华平　王　茹	社会诚信的统计测量与诚信机制的构建研究	马立平	2009 级	重点项目
4	统计学院	统计学	王　薇	李　秋　颜志展	我国中等收入群体现状及其变动的测度与研究	纪　宏	2010 级	重点项目
5	统计学院	统计学	曹　洋	田　辉　王方军	北京外来人口社会保障体系统计研究	刘黎明	2011 级	重点项目
6	统计学院	统计学	曹艳峰	曹艳峰　刘玉梅　齐子翔　孙春雷	科研成果评价中的量化问题研究——基于我校 CSSCI 引文分析的研究	马立平	2011 级	重点项目

2011 年硕士生科技创新项目名单

序号	院(系)	专业	项目负责人	项目组成员	项目名称	导师	年级	申请级别
1	统计学院	统计学	郑　冰	郭　婧　董芷含　王　琪　陈　晨　姚宝珍　张琳琳	缺失数据下半参数变系数 EV 模型的统计推断及其运用	刘　强	2010 级	重点项目
2	统计学院	统计学	张海波	杨辰晨　李爽楠　王丛敏　郭　婧　张建伟	基于收入分布曲线拟合的北京市城乡居民收入分配差距问题研究	阮　敬	2010 级	一般项目
3	统计学院	统计学	王　朝	伊　楠　高敬雅　王　琪　杨辰晨	房地产行业的供求价格波动及产业关联分析	于威威	2010 级	一般项目
4	统计学院	统计学	邱振利	林歆誉　魏　厦　杨慧娜　李　越　高　洁	人民币资本项目可兑换下的利益和风险研究及风险防范措施	陈红梅	2011 级	一般项目

(马立平　侯滨)

教学工作

【概述】 统计学院承担全校基础数学和统计学两个方向近 5 000 余名学生的公共基础课教学任务。2011 年,学院教师为本科生开设 77 门次课程,其中,全校公共选修课 2 门次;开设研究生课程 39 门,其中,硕士研究生课程 33 门、博士研究生课程 6 门。

在完成日常课程授课任务的基础上,学院推出了一系列举措来巩固教学成果,推进教学改革,提高教育教学质量。

首先,强化教学计划和大纲的修订,加强学生综合素质的培养。学院组织部分教师到国内部分高校、科研单位进行调研,专门召开"学科建设研讨会",进一步明确统计学创新人才的定位和方向,以培养"基础厚、口径宽、适应广、能力强、素质高"的应用型人才为目标,构建以综合素质为核心,以知识教育为主线,以能力培养为重点,以创新精神养成为突破口,基础教学与专业教育相结合,知识传授与技能培养相结合,制(修)订了本科、硕士和博士各专业的培养计划,修订后的培养计划进一步优化了课程体系,着重突出本科专业建设、教学内容的更新和教学方法的改革,加强了对学生综合素质和实践能力的培养。

其次,加强"质量工程"建设。2011 年,通过全院教师的共同努力,有效地推动了学院的教育教学改革的步伐,加强"质量工程"建设,增添了学院的办学活力,教学成果斐然。

(刘娟 张劲松)

【本科招生】 为加强统计学专业的国际化培养,使统计学专业的人才培养模式进一步与国际接轨,开设国际统计班。2011 年,统计学专业学生采取大类培养模式。新生入校时不分专业方向,统一完成一、二年级的公共基础课和学科基础课程的学习,从二年级的第二学期开始,本着学生自愿并择优选取的原则,将统计学专业分为三个班,即授予理学学士的国际统计学班,授予理学学士的数理统计学班和授予经济学学士的统计学班(即原经济分析方向)。

2011 年,统计学院共有本科在校学生 512 人,招收 2011 级本科生 132 人(其中,京内招生 68 人,京外招生 64 人)。

(刘娟)

【大学生科研创新项目】 统计学院积极鼓励学生在掌握一定基础理论和专业知识的基础上,运用科学分析方法,开展科学研究活动,探求事物的本质和规律。2011 年,共成功组织申报大学生科研创新项目 18 项,6 个项目被列为重点项目。

2011 年大学生科研创新项目一览表

序号	学院	指导教师	项目负责人	项目组成员	项目名称
1	统计学院	马立平	韩　冰	汪子悦　曲如清　张帅　顾宇	大学生饮食健康调查
2	统计学院	施慧洪	胡文龙	许薄晨　赵翰辰　常威　张凯	当代大学生网购消费状况调查
3	统计学院	张　娟	朱安琪	刘雪媚　潘思筠　刘娅晨　刘博文	使四惠地铁站高峰期站台滞留乘客人数合理的计算模拟分析
4	统计学院	马立平	孟　昊	唐潇鹤　王睿　钱伊乔	中美大学生消费差异
5	统计学院	宋　捷	谢荻帆	沈晓彤　张伟庆　杨会	北京市烟花公放问题的研究
6	统计学院	聂　力	余欣恬	胡佩　齐静	关于首都经济贸易大学学生忽视所学专业外的基础知识的调查研究
7	统计学院	常　虹	杜　飞	魏晓彤	从北京地铁四号线看公共交通设施创新型投融资以及经营模式
8	统计学院	刘　娟	易　宸	高元　张馨宁　郑文成	地铁十号线二期的开通对樊家村周边地区的影响探究
9	统计学院	刘　娟	王　璐	杨一楠　强钟　李艳　曹珺萌	关于当代大学生心理健康问题的分析与建议
10	统计学院	宋　捷	刘　鑫	曹文嘉　李雨晴　贾晨辰　马将军	对大学生健康常识及健康状况的探究
11	统计学院	刘　辉	刘辰辰	王怡然　陈子弦　白楚剑　贺文琦	《离岛免税政策》对海南旅游业的发展前景研究

续表

序号	学院	指导教师	项目负责人	项目组成员	项目名称
12	统计学院	聂高琴	张天恒	韩兆鑫　郭子琦　张骐	首都经济贸易大学学生意外补充医疗保险研究与分析
13	统计学院	张玉春	江世超	汪伯洋　崔佩蕾　陈鑫　赵震	大学生网购行为分析研究
14	统计学院	董烨然	陈莉媛	万莉鑫　董晓宇　杨楠　王昱罂	商品价格与流通渠道是否有关
15	统计学院	张玉春	杨雅迪	唐梦雯　王心予　贺文琦　单天悦	北京市财经类院校大学生发展信心现状及指数分析的调查研究
16	统计学院	张　娟	赵一依	邢栋　简颖　张蕴琦	我校废旧电池的污染、回收与解决办法
17	统计学院	张贝贝	郭嘉琪	韩旭　李胜楠	家财险地震风险研究
18	统计学院	白习凤	李仕达	孟清源　叶煜锋　贺志兵	物价变动与国民幸福指数的关系

（刘娟）

【组织参加全国大学生数学建模竞赛】　2011 年 9 月，与教务处合作共同承办组织参加全国大学生数学建模竞赛，经过大赛组委会 3 个多月的评审复审，共有 13 个组获得国家级以及市级奖，其中，全国二等奖 1 组，北京市一等奖 2 组，北京市二等奖 10 组。

2011 年全国大学生数学建模竞赛获奖名单

奖项	队员 1	队员 2	队员 3
全国二等奖	李佳南	吴　琼	钱　坤
北京一等奖	杨晓升	成璐莹	赵文姝
北京一等奖	王盛辉	曹骏飞	孙冠怡
北京二等奖	雷　维	赵骁腾	由　帅
北京二等奖	谢思晨	刘雪洁	王　荀
北京二等奖	马博伟	白　天	李雨琪
北京二等奖	王一楠	刘　爽	甄　滢
北京二等奖	唐　梦	刘东丽	孟　泽
北京二等奖	卢　山	张　骐	刘　彤
北京二等奖	王心予	李璠宇	唐梦雯
北京二等奖	郝若淼	王　今	孙栋培
北京二等奖	张　丹	戎烟平	吕　牧
北京二等奖	贾冬迪	廖英鹏	张　洋

（陈江荣）

【数学公共基础课实施分类分级教学】　针对 2010 级经济管理类的所有学生的线性代数课程和 2011 级的微积分 1 课程进行分级教学。将线性代数课程共分为 4 个提高班、2 个加强班、8 个普通班，共 14 个教学班；将微积分 1 课程共分为 4 个提高班、1 个加强班、8 个普通班，共 13 个教学班。

在分级教学的同时，对提高班和加强班分别增设习题辅导课，受到学生的肯定与欢迎。微积分 1 课程的优秀率和良好率提高了 5%，不及格率下降了 8%；线性代数课程的优秀率和良好率提高了近

10%,不及格率下降了20%。

(刘娟)

科研工作

【基本情况】 2011年,学院到校科研经费32.2万元,其中,纵向经费30.2万元,横向经费2万元。纵向科研项目新立项6个,其中,国家社会科学基金项目1项,教育部人文社会科学项目1个,其他部级项目4个。刘黎明教授的项目《中国现行社会福利保障制度下城镇贫困人口的统计问题研究》获得国家社科基金资助,任韬副教授的项目《基于消费者信心的消费行为影响因素实证分析与经济仿真研究》获得教育部社会科学基金资助。在国内期刊、学术会议上发表学术论文64篇,其中,核心期刊发表论文15篇,权威期刊发表论文8篇,其中,SCI收录3篇,EI收录7篇,高水平文章数量在学校院系序列中居于前列。

统计学院2011年主要科研立项一览表

序号	项目名称	承担人	职　称	项目来源	项目类别
1	首都经济圈经济发展水平及地区差异变化的仿真研究	马立平	教　授	北京社科规划办公室	省部级
2	基于消费者信心的消费行为影响因素实证分析与经济仿真研究	任　韬	副教授	教育部社会科学司	省部级
3	中国现行社会福利保障制度下城镇贫困人口的统计问题研究	刘黎明	教　授	国家社科基金委	国家级
4	复杂经济数据下测量误差模型的估计理论与方法	刘　强	副教授	北京市教委	委办局级
5	北京经济发展过程中的低收入群体分享增长成果问题研究	阮　敬	副教授	北京市自然科学基金	省部级
6	不平衡数据的分类及其在金融领域的应用研究	朱梅红	副教授	首都经济贸易大学	校级

统计学院2011年论文检索情况一览表

序号	姓名	成果名称	检索
1	宋　捷	Stratified Normalization LogitBoost for Two－class Unbalanced Data Classification	EI
2	于威威	Case Study of Ground Lateral Flow on Piles Foundation Due to Soil Liquefaction	EI
3	于威威	A Thermomechanical Damage Model for Dissipative Natural Soils with Generalized Non－Linear Strength Theory	EI
4	于威威	Ground Adaptability Characterization for Tunneling in Complex Geotechnical Conditions and Risk Mitigation	EI
5	于威威	Exact Solution of the Plane Flow with Unsteady Vortex and Brownian Motion	EI
6	朱梅红	Random Subspace Method for Improving Performance of Credit Cardholder Classification	EI
7	刘　强	Estimation of the Linear EV Model with Censored Data	SCI
8	裴艳波	Testing Equality of Correlations of Two Paired Binary Responses from Two Treated Groups in a Randomized Trial	SCI
9	刘　强	Asymptotic Normality for the Partially Linear EV Models with Longitudinal Data	SCI
10	梅超群	Properties of Traffic Flow under a New Boundary Condition	EI

(侯滨)

【学术交流】 在学术交流方面,学院教师参加了多个学术会议并作了大会发言。5月16日,张慧欣副教授赴台湾台中逢甲大学参加了2011年海峡两岸应用统计学术研讨会暨台湾智慧科技与应用统计学会年会及学术研讨会,并做了《关于斐波那契数列》的发言。7月1日,张贝贝博士参加由首都经济贸易大学主办的第八届中国数据挖掘与商业智能研讨会暨海峡两岸应用统计研讨会,从统计应用的各个前沿方向及领域进行了数据挖掘和商业智能的报告。8月21日,刘黎明教授赴爱尔兰首都都柏林参加了第58届国际统计学年会[The 58th World Congress of the International Statistical Institute (ISI)],并做了"Mineral Rights Investment Risk Management Model and Software Implementation"的发言,国际统计学年会是全世界统计学界最高水平的会议,学院教师能够参加会议并作主旨发言,表明学院在高质量科研成果方面取得了长足进步。8月30日,刘强副教授参加了北京市第十六次统计科学讨论会,并介绍了自己的科研成果,题目是《带有删失数据的线性EV模型的统计推断》。

(侯滨)

【学术活动】 2011年,统计学院组织的科研学术活动详见下表:

2011年统计学院举办的科研学术活动一览表

序号	时间	主办单位	会议名称
1	2011年1月14日	统计学院	2010年两岸四地消费者信心指数第四季度新闻发布会
	2011年1月	统计学院	2010年北京城镇居民幸福指数与八大社会指数发布会
2	2011年4月12日	统计学院	2011年两岸四地消费者信心指数第一季度新闻发布会
3	2011年7月1日	统计学院	第八届中国数据挖掘与商业智能研讨会暨海峡两岸应用统计研讨会
4	2011年7月1日	统计学院	2011年两岸四地消费者信心指数第二季度新闻发布会
5	2011年8月25日~27日	统计学院	现场统计研究会第15届年会
6	2011年8月26日~29日	统计学院	全国应用统计专业学位研究生教育指导委员会暨培养单位院长(系主任)工作会议
7	2011年10月17日	统计学院	两岸四地消费者信心指数第三季度新闻发布会
8	2011年12月10日~11日	统计学院、中国科学院数学与系统科学研究院、中国科学院晨兴数学中心、云南大学统计学院	2011年度统计学术研讨会
9	2011年12月28日	统计学院	公共基础课数学类课程分级教学经验交流总结会

(马立平 侯滨)

学生工作

【概述】 统计学院学生工作紧密围绕学校和学院中心工作,以"加强思想引领、增强社会责任、强化实践锻炼、促进青年成才"为指引,以实现学生"自我组织、自我管理、自我服务"为目标,不断加强组织建设,拓宽服务途径,创新工作方法,提高工作质量,搭建起较为完善的学生发展辅导体系。下设有学生会、分团委、统计研讨与实践协会、统乡缘等学生组织。

(周广军)

【实习就业】 加大就业辅导,开拓实习基地:通过面试技巧专场讲座、班级模拟面试、学院模拟面试大赛等形式丰富面试经验;建立一对一帮扶,传递就业信心,扶持就业困难群体;与国家统计局民意调查中心建立实习基地,增强就业实战能力。截至 8 月 25 日,2011 届 101 位本科毕业生中考研 13 人,出国 17 人,签就业协议 66 人,其他就业 15 人;考研率为 12.87%,高于全校考研率(10.20%);出国率为 16.83%,高于全校出国率(12.75%);就业比率为 70.30%,低于全校的就业比率(75.91%)。

(周广军)

【思想政治教育】 抓住关键节点开展主题思想教育活动:通过"我与祖国共奋进"主题团会和"党史"知识竞赛等活动纪念建党 90 周年和辛亥革命 100 周年;以"诗歌朗诵、文艺表演"形式举办第三届"飞扬激情年华 争当五四先锋——学习先锋、志愿先锋、科研先锋、才艺先锋和体育先锋"来纪念"五四"青年节,同时评选"感动统院人物"。

开展新生五个一教育——新生入学第一天、第一周、第一月、第一学期。活动包括学院开学典礼、家长沟通会、新生破冰会、大学生成长天地、大学生德能建设、专业介绍、心理教育情景剧、外地生联谊、素质拓展、新老生交流、院系杯篮球、足球、迎新晚会等一系列文化活动,用最短的时间消除了新生的陌生感,增强了新生的学院认同感和凝聚力。

(周广军 李娟婷)

【学生社团】 统计研讨与实践协会创办于 2006 年,主要以促进学术交流、培养学生实践能力为目的。为了让更多的学生了解统计、热爱统计,切身参与到统计活动之中,2011 年 5 月,统计研讨与实践协会主办了统计学院第六届统计周活动,主要涵盖 5 大活动:首届大学生学生峰会、第三届统计建模大赛、2011 年首都经济贸易大学大学生发展信心指数发布、软件培训和"统领前程——清晰你的未来"考研出国经验交流会。

本届统计周活动注重加强宣传力度和活动影响力,特别邀请中国人民大学、中央财经大学、北京工商大学等 6 所兄弟院校参加首届"统计·经济"大学生学术峰会,搭建起学生进行学术交流的平台,增进院校间的学术交流,拓宽学生的学术视野。同时,成功举办了第二届首都经济贸易大学大学生发展信心指数新闻发布会,为在校生的未来规划提出了合理化建议,为学校人才培养提供借鉴。统计周活动期间还举办了统计建模比赛和各类统计知识讲座,增强了学生的职业精神、创新能力和合作意识。

(郭航)

【学生活动】 为丰富校园文化,促进青年成才,统计学院开展了丰富多彩的文娱活动,如组织学院迎新晚会、院系杯篮球、足球赛、熠统舞林化妆舞会、DV 大赛、台球大赛、英语竞赛、"大话天下"新闻评述大赛、院服设计大赛,参加学校运动会、"一二·九"合唱比赛等。精心筹办学院第二届毕业生晚会,增强毕业生的归属感,为他们的大学生活画上圆满的句号。

(郭航)

【学生社会实践】 继续开展暑期社会实践:组织大二、大三学生深入城区及区县参加统计学院组织的 2011 年北京市社会生活指数调查(共发放调查问卷 8 000 份,收回有效问卷 6 987 份);完成一年四个季度的海峡两岸四地消费者信心指数调查(进行电话调查 25 000 个,有效电话调查 1 209 个);选派 13 支学生团队深入北京城区、远郊、京外及境外,参加暑期社会实践,通过实地调查,撰写专业报告,其中,《中美大学生消费行为差异》实践团荣获北京市级暑期社会实践优秀团队。《北京市禁烟令实施情况调查》、《平谷有机农产品市场调查》、《北京市 2011 公共服务满意度调查》荣获北京市级暑期实践优秀成果奖。

(王银 李娟婷)

【学生志愿服务】 2011 年,统计学院志愿者服务分团委继续在丰台区新村街道附近社区和 8 所流动小学开展授课、宣讲、调查等志愿服务活动;协助北京市妇联在流动人口学校开展"让我玩"活动;在鸿业兴园社区举行趣味运动会,帮助空巢老人;在学校图书馆继续开展志愿服务活动;继续开展坚持近 5 年的博文流动人口学校支教活动并新建支教基地——新发地小学;组织开展 161 + 活动,即"一个点子,六个家庭,同一个梦想",旨在关注流动人口子女学习状况的同时,关注他们与家庭、社会之间的感情和心理需要。

(李娟婷)

【组织学习学校第三届团代会报告】 为了帮助广大共青团员进一步深入领会学校第三届团代会工作报告精神,把握共青团工作思路,2011 年 11 月 7 ~ 11 日分别组织学院分团委、学生会、协会 3 个层面的学习研讨活动。

(李娟婷)

【学生获奖】 2011 年本科学生获奖情况如下:获国家奖学金 1 人,北京市三好学生 1 人,北京市优秀班集体 1 个,北京市"先锋杯"优秀团干部、优秀团员、优秀团支部、校级三好学生 20 人,校级优秀学生干部 11 人,国家励志奖学金 23 个,三菱东京 UFJ 银行奖学金 2 人,松下育英奖学金 1 人。学院五四先锋 17 人、感动统院人物 10 人。

学生获奖情况一览表

奖项	名单
国家奖学金	高雅
北京市三好学生	杨雅迪
北京市优秀班集体	2010 级统计学班
北京市“先锋杯”优秀团干部	姚远
北京市“先锋杯”优秀团员	王心予
北京市“先锋杯”优秀团支部	2008 级统计团支部
2011 全国大学生统计建模大赛三等奖	王存一　王玮　王茹
北京市级暑期社会实践优秀团	《中美大学生消费行为差异》
北京市级暑期社会实践优秀成果	《北京市禁烟令实施情况调查》 《平谷有机农产品市场调查》 《北京市 2011 公共服务满意度调查》
2011 大学生创意创业大赛二等奖	刘亢亢　车进原　刘彤　王怡肖　王蕾
2011“尖峰时刻”商业模拟挑战赛二等奖	易宸　孟昊　赵瀚晨　许薄辰
2010 ~ 2011 学年 NIKE“让我玩”体育公益项目优秀志愿者	沈晓彤　郭嘉琪　李艳君　吕震　王思　王煜嬰　周子童　车进元　陶毅　韩兆鑫　丁爽斯
统计学院第三届“登统计之峰,造建模之极”统计建模比赛	一等奖:王朝　王琪　郑冰　赵颖　高敬雅 二等奖:张晗　蔡鑫佳　杨春　王飞鸿　王蕴华　陈靓　杨莹　吴昂 三等奖:张海波　杨辰　张溥　李成园　刘萱　徐伊依　王存一　王玮　孙栋培　张羽扬　刘颖蔚　刘亢亢　朱晓瑞
DV 大赛	一等奖:靳佳 二等奖:刘晓晔 三等奖:刘曦
纪念“辛亥革命一百周年”主题活动展示	一等奖:刘晓晔 三等奖:靳佳
统计学院五四先锋	科研先锋:张兆宇　高雅　刘萱 体育先锋:沈晓彤　陈国戎　吕震 文艺先锋:孟昊　王玉嬰　李响 学习先锋:金太阳　杨莹　张琰 志愿先锋:李仕达　王思　罗元圆　郭嘉琦　于心甜
统计学院十大感动人物	臧婷　姚远　宁维　辛鑫　宋戈　杨雅迪　侯天与　李胜楠　吉星　张海娟

（郭航）

对外交流

2011年,在人才培养和科技创新方面,学院积极向国际和国内先进水平看齐,开展了一系列国际培训和学术交流活动,取得了良好的效果。

学院与美国、加拿大、瑞典、中国台湾、中国香港的多所大学建立了合作项目,每年都选派优秀本科生和研究生到这些大学进行短期或长期的学习交流活动。

为进一步扩大和增强学生的国际视野,提高学院的国际化水平,分4个批次组织学院本科生和研究生21人次参加了美国伊利诺伊大学、密歇根大学、加拿大西维尔大学进行国际交流,同时组织3名本科学生赴台交流一个学期。

统计学院学生2011年国际(地区)交流统计表

序号	时间	交流国家/地区	交流学校	学校组织部门	带队教师	学生名单 (年级·本/硕/博)
1	2011.6.28~2011.8.29	美　国	伊利诺伊大学	统计学院	马立平 张玉春	吴　昂(09级本科统计学)
						宋　戈(09级本科经济分析)
						周姗琪(09级本科经济分析)
						卢辰旸(09级本科经济分析)
						潘思筠(09级本科统计学)
						唐潇鹤(09级本科经济分析)
						钱伊乔(09级本科经济分析)
						王　睿(09级本科经济分析)
						张兆宇(10级硕士统计学)
2	2011.6.19~2011.8.29	美　国	密歇根大学	统计学院	刘　娟 朱梅红	韩天一(08级本科统计学)
						张羽扬(08级本科统计学)
						刘颖蔚(08级本科统计学)
						王飞鸿(08级本科统计学)
						王蕴华(08级本科统计学)
						潘思羽(08级本科经济分析)
						刘　林(08级本科经济分析)
						蒋　斌(08级本科经济分析)
						吴　巍(08级本科经济分析)
						张　骥(09级本科统计学)
3	2011.9~2012.1	中国台湾	静宜大学	对外交流学院	/	卢　山(09级本科经济分析)
4	2011.2.16~2011.6.26	中国台湾	静宜大学	对外交流学院	/	穆怀伦(09级本科统计学)
						杜文瑾(09级本科统计学)
5	2011.9~至今	加拿大	西维尔大学	统计学院		赵忠旭(09级本科金融数学)
						单乐天(09级本科经济分析)

党建工作

【概述】 2011 年，统计学院党总支始终坚持以邓小平理论、“三个代表”重要思想为指导，以科学发展观统领全局，全面落实学校和学院“十二五”发展规划，努力做到“围绕中心抓党建，抓好党建促发展”，围绕教学科研中心工作，保障“三重一大”集体讨论决策制度、党政联席会制度和党务、院务公开制度的贯彻执行，保证教学、科研管理工作的顺利进行。

（高建平　周广军）

【加强领导班子建设】 学院党总支十分注重加强领导班子建设，并努力打造一个懂业务、善管理、团结协作、清正廉洁、开拓进取的领导班子。围绕学院发展、党建先进校评选和创先争优等工作，不断完善学院党政联席会议、院务会议和学术委员会的议事规则，明确职责任务。按照集体领导、个人分工、民主集中、会议决定的原则，认真履行“三重一大”、院务公开和一岗双责，加强对党政工作的领导，充分发挥班子的整体作用，在稳步提高教学质量、狠抓师资队伍建设、逐步强化竞争机制、以学位点建设促进学科队伍建设方面做了大量工作。

（高建平　周广军）

【创建学习型党总支】 坚持和完善院党总支中心组理论学习制度，通过有计划、有要求、有重点发言的理论学习研讨，不断提高学院党政领导的理论修养和政策水平；在全体党员中组织纪念建党 90 周年和辛亥革命 100 周年活动以及党员谈心日等活动，收到良好的效果。丰富思想教育手段，利用校内人人网和飞信等信息沟通渠道，引导党支部积极创新理论学习方式和党员组织生活，切实提高了学院党员干部和教师的政治理论水平。

（周广军　李娟婷）

【发挥党员模范带头作用】 学院党总支高度重视党员教育工作，每年都将党员教育规划纳入党政工作要点。在进行党员教育时做到了两个结合：一是理论与实际相结合。在抓好理论学习的同时，注重引导和发挥党员的模范带头作用。通过组织“党员谈心日”活动，搭建党员与入党积极分子的思想交流平台，辐射党员的先锋模范精神。学生党支部共组织 18 场次，近 200 多人次参与其中。二是专业与实践相结合。教师党支部根据学院自身特点，发挥学术优势，充分发挥教师党员的骨干作用，连续 5 年成功发布北京市社会生活八大指数，并协助组织“海峡两岸四地消费者信心指数”和“北京市社会生活指数”的调查和发布，带领本院学生开展北京市大学生科研创新项目，不仅推动专业建设，而且收到了良好的社会效应，受到媒体和社会的广泛关注，为北京市的社会经济发展贡献了力量。

（周广军　李娟婷）

【规范入党程序】 学院党员发展工作制度健全，程序规范，手续完备，既保证了数量，又注重了质量。首先，院党总支坚持有计划、有部署、有考核的加强入党积极分子队伍建设，切实加强共青团推优工作，确定入党积极分子名册，并在高级党校培训阶段，加强辅助教育工作。其次，注重积极分子培养的连续性、针对性和实践性。积极做好新入学入党积极分子的档案审核，编入相应党支部并登记，及时指派新的培养联系人，同时做好毕业生入党积极分子的材料整理和归档工作。最后，制定并完善《统计学院入党推优量化标准》，创新党员发展评分体系，将党员发展定性和定量相结合，确保发展工作的纯洁性、严肃性和先进性，保持积极分子培养的连续性。同时，根据每位积极分子的个性，采取压担子、提要求的方法分配适当的工作，从而达到在实践中锻炼和考察的目的。通过主题党日活动和党员谈心日等平台，一批优秀入党积极分子涌现出来。2011 年，共有 26 名学生加入党组织，10 名学生党员完成转正。

（周广军　李娟婷）

工会工作

2011 年，统计学院充分做好工会工作，发挥二级教代会的功能作用，团结广大教职员工，促进了学院各项工作的开展。

学院工会坚持以服务教工、凝心聚力为宗旨，开展了一系列趣味性、娱乐性、竞技性活动，加强教职工之间的交流，提高了教职工的身体素质，增进了教职工身心健康，学院工作环境和谐融洽。如组织到郊区采摘，举行桥牌比赛、棋类比赛等活动。

学院工会十分关心离退休教职工的思想和生活，主动听取他们的意见，为他们排忧解难，发挥他们的积极作用。例如，每年年终聚餐都会邀请老同志参加，邀请老同志回学院参观等，让老同志感受到了温暖。很多老同志以不同的方式发挥特长，贡献力量。在办理医保信息录入工作中，工会坚持不漏一人、万无一失、方便快捷的原则，抽调两名同志进行作业，圆满完成了这项工作，得到了在职和退休教师的肯定。

(吴启富)

硬件设施建设

学院教学科研设施齐全,除共享本校的网络系统、图书资料及其他各种教学资源外,还拥有国家级经济与管理实验教学示范中心、北京市经济数据处理与计算机仿真实验室、北京市经济社会发展政策研究基地,具备充分的科研平台,现已成为与国际接轨的、统计学学习与科技创新的平台,为教学科研和人才培养提供了良好的条件。

2011 年,学院充分利用实验室和教学示范中心的良好平台,强化实验教学工作,注重学生实训,开展各类大学生科技创新活动,极大地提高了大学生的实际操作水平,培养了创新精神。目前,两个实验教学示范中心已成为特色鲜明的、培养统计学高素质人才的主要基地。下一步实验室建设的目标是争取成为国家级重点实验室。

实验室情况一览表

序号	实验室名称	人员配备(人)	仪器设备(台或套)	仪器设备值(万元)
1	数字化调查实验室	1	48	100
2	数学与统计建模实验室	1	55	220
3	北京经济数据处理与计算机仿真实验室	2	70	1 100
4	数字化金融实验室	1	42	50
5	数据挖掘实验室	2	45	120
6	经济与管理实验教学示范中心	2	45	220
总　计	—	9	305	1 810

(王银)

重大事件

【两岸四地消费者信心指数发布会】 4 月 12 日,由统计学院参与发起的两岸四地消费者信心指数 2011 年第一季度新闻发布会在澳门科技大学举行。统计结果表明,2011 年第一季度,大陆、香港、澳门和台湾四地消费者信心指数分别为 93.1、81.8、83.6 和 73.4。总体来看,2011 年第一季度包括美国、欧盟在内的世界各主要经济体的消费者信心指数均出现下降,两岸四地消费者信心指数则以平稳状态开局。

统计报告显示,2011 年第一季度两岸四地消费者信心的第一个特点为:物价涨、房价涨,消费信心总指数不涨。第二个特点为:就业信心升、生活信心升,消费信心总指数不升。第一季度,两岸四地就业信心分指数上升明显,生活信心分指数虽有升有降,但总体有回升苗头。但由于上升幅度不大,不能完全抵消下降因素所带来的影响,致使消费信心总指数在本季度没有提升。统计报告指出,维持就业和生活信心,继续关注物价、房价,是 2011 年两岸四地消费信心上升的关键。

此次消费者信心指数的调查和编制由两岸四地的首都经济贸易大学统计学院、中央财经大学统计学院、中国人民大学中国调查与数据中心、香港城市大学管理科学系统计咨询中心、澳门科技大学可持续发展研究所和台湾辅仁大学统计资讯系共同完成。

澳门科技大学副校长陈乃九教授、中国人民大学中国调查与数据中心副主任彭非教授、香港城市大学管理科学系曹国辉博士和台湾辅仁大学统计资讯系谢邦昌教授分别就各地的消费者信心指数作了主题演讲,并回答了媒体提问。发布会后,对外经济贸易大学台港澳经济研究中心主任华晓红教授结合当前国际经济环境对两岸四地消费者信心指数进行了点评。

(马立平)

【举办首届大学生学术峰会】 5 月 11 日,统计学院邀请中国人民大学、中央财经大学、北京工商大学及学校经济学院共同参加统计协会举办的首届大学生学术峰会。会议期间,各兄弟院校及学校经济学院项目组、统计学院项目组均展示了各自的科研作品。从中国人民大学的绿色经济测度体系到中央财经大学的流动性调控研究,从学校经济学院的北京市公共自行车服务系统优化到统计学院的新能源交通工具市场化的研究，每一个项目都凝聚着各高校学子的智慧与对学术研究的向往。成果展示之后，统计研讨与实践协会与各兄弟院校学生社团一道，在学术类社团建设方面进行了交流。

（郭航）

【发布2011年首都经济贸易大学大学生发展信心指数】　5月25日，以“信心温暖你我　放飞美好未来”为主题的2011年首都经济贸易大学大学生发展信心指数发布会在博纳楼第六会议室成功召开，此次新闻发布会由统计学院统计研讨与实践协会、统计学院研究生会主办。

大学生发展信心指数新闻发布会从初期调查、中期分析到后期发布都由学生自己主持，是完全由学生自己打造的新闻发布会。参与组织发布会的同学独立思考，主动求知，勇于实践，严谨分析，独立完成调查设计和数据分析，并较之2010年在分类指数选取和统计方法应用上作出了很大改进。通过调查，2011年首都经济贸易大学学生对自己未来的发展比较有信心，总指数为123.11。从各分项指数来看，得分排在前三项的依次为：家庭对个人的支持力，指数为152.71；学生干部经验，指数为145.51；个人性格及行为习惯，指数为142.23。

（李娟婷　郭航）

【学生作品获奖】　6月10日，由共青团北京市委员会、北京市教育委员会、北京市科学技术委员会、北京市科学技术协会、北京市学生联合会联合举办的第六届“挑战杯”首都大学生课外学术科技作品竞赛评审结果揭晓，统计学院学生高雅的作品《我国国际旅游收入影响因素的实证研究》获得三等奖。

（李娟婷）

【召开第八届中国数据挖掘与商业智能研讨会暨海峡两岸应用统计研讨会】　7月1日，由首都经济贸易大学主办的第八届中国数据挖掘与商业智能研讨会暨海峡两岸应用统计研讨会在西国贸大酒店举行。与会专家、学者来自耶鲁大学、中国人民大学、中央财经大学、台湾辅仁大学、厦门大学、台湾中央研究院、零点调查公司、麦肯锡咨询中心等高校和研究机构。与会专家、学者对中国目前数据挖掘的现状及其在商业领域中的应用进行了充分讨论。

耶鲁大学公共卫生学院副教授马双鸽介绍了统计在金融领域中的应用。辅仁大学谢邦昌教授，台湾中央研究院李隆安教授、程尔观教授，中央财经大学张忠元教授和学校统计学院教师张贝贝博士从统计应用的各个前沿方向及领域进行了数据挖掘和商业智能的报告。会议还围绕数据挖掘理论研究，商业、经济、金融等领域的数据挖掘，数据挖掘在生物医药、交通、能源等领域的应用，应用统计与市场调查等主题进行了分组讨论。

（李娟婷　侯滨）

【成立首都经济贸易大学社会计算研究院】　首都经济贸易大学社会计算研究院是在现代社会经济科学、统计计算和计算机技术快速发展的新形势下，根据国际学术前沿和国际化人才培养的需求，经首都经济贸易大学党委批准，于2011年10月正式挂牌成立。

首都经济贸易大学社会计算研究院（以下简称为社会计算研究院）以强大科学计算与经济计算为依托，广泛开展社会经济领域中的应用研究，建立国内外、校内外、院内外一流专家为一体的科学研究交流平台。社会计算研究院以推动我国社会科学和数据科学研究发展为目的，为我国社会经济发展提供了理论及数据支持，为建构和谐社会服务。

社会计算研究院下设三个研究中心和一个实验室，即社会经济调查研究中心、云计算研究中心、数据挖掘研究中心和经济仿真实验室。

目前，社会计算研究院是拥有32节点计算机集群硬件系统、统计分析与数据挖掘云计算系统、数据门户系统的全国高校首家“数据处理与计算机仿真平台”实验室，拥有全国规模最大的正版数据分析软件和开发工具库，拥有40条线路的CATI数字化调查研究中心、数学与统计建模实验室等，为开展大规模的社会调查，深入的计算研究、经济系统分析及数据处理，提供了强有力的硬件设施保障与支撑。

在社会计算研究院筹建期间，已经开展并完成了一些有关人与社会交流的社会计算研究的探索工作——2009年初，牵头进行“信心中国”海峡两岸四地CCCI指数及发布；2006年，在全国首次开展“幸福首都”北京市城镇居民社会生活指数及发布；2009年，推行“统计分析与数据挖掘云计算系统”等。

（裴艳波　侯滨）

【举行2011年第三季度海峡两岸四地消费者信心指数新闻发布会】　10月17日，2011年第三季度两岸四地消费者信心指数新闻发布会举行。国家统计局副局长许宪春，学校党委书记柯文进教授，全国人大常委、全国人大财经委副主任委员、副校长郝如玉教授，副校长丁立宏教授、王传生教授，国家统计局科研所副所长石方川，北京统计应用研究所所长丁文斌，北京市人大常委会副秘书长黄石松，中国科学院数学与系统科学研究院副院长陈敏教授，学校经济学院院长张连城教授等领导出席会议。清华大学、北京大学、中国科学院、香港城市大学等两岸四地十余所高校及科研院所的嘉宾,新华社、香港文汇报、台湾中天电视台等 20 多家媒体参加了大会。大会由统计学院院长纪宏教授主持。两岸四地消费者信心指数从 2009 年初由首都经贸大学统计学院牵头进行调查及发布,至今已连续发布了 10 个季度。两岸四地发言人金勇进、卢兴普、刘成昆、谢邦昌分别发布大陆以及香港、澳门、台北 2011 年第三季度消费者信心指数。新闻发布会最后,新闻发言人回答了与会专家、学者和媒体的提问。

(侯滨)

【获 2011 年全国大学生统计建模大赛三等奖】 2011 年 10 月,由统计学院王存一、王玮、王茹三位同学组成代表队,在阮敬副教授的指导下,三位同学发挥团结拼搏、刻苦钻研、不畏强手的精神,以作品《北京气候变迁的时序聚类统计分析》获得 2011 年全国大学生统计建模大赛三等奖。此次大赛是由中国统计教育学会主办。

(郭航)

【校友返校共庆建校 55 周年】 10 月 16 日,统计学院校友会在博学楼贵宾接待室举办了校友欢聚活动。原统计学系校友、副校长丁立宏教授,统计学院院长纪宏教授,党总支书记高建平,党总支副书记周广军,分团委书记李娟婷,辅导员郭航以及学院 79 级至 07 级校友代表和在校学生代表参加了欢聚活动。会上,周广军阐述了成立"统计学院校友会"的目标以及校友会的宗旨,并且组织大会成员对统计学院校友会理事会进行了调整,按照统计学院校友会章程,选举纪宏院长为会长,92 级校友王庆泽为副会长。

(周广军)

外　语　系

概　况

外语系自2003年6月正式成立以来，共招收9届本科生，现有商务英语专业和英语（经贸翻译）两个本科专业，这两个专业2011年起开始招生。2011年破格获批了外国语言文学一级学科硕士点。

外语系现有教职工61人，其中，专职教师54人。教师中有教授4人，副教授19人；有博士9人，在读博士5人，教师均毕业于国内外知名高校并具有硕士以上学位。每年聘请多名外籍教师为本系学生开设相关课程。外语系下设：英语专业教研室、大学英语教研室、研究生英语教研室、小语种教研室、语言实验中心。语言实验中心包括：同声传译实验室、音像编辑及传输实验室、语音实验室等17个实验室。

外语系拥有以人为本的教学理念、多元化国际间的培养模式、优秀的师资队伍和先进的教学设备。依托学校经济学、管理学学科优势，注重复合型应用人才的培养，在培养学生具备扎实英语语言功底的基础上，注重学生经济贸易和管理等专业知识的学习与实践能力的培养，使学生在知识结构上具备复合型的竞争实力。

近两年来，外语系教学、科研不断提升。有7名教师获得北京市优秀中青年骨干教师称号；5名教师荣获学校优秀主讲教师（王学伟、林立、熊选琴、孙丽、高秋萍）；获批国家社会科学基金项目1项、教育部人文社科项目1项（刘润楠），北京市级科研项目3项，校级科研项目6项；校级教改项目30项；获校级教学成果奖4项；大学英语课程、综合英语课程被确定为学校精品课程；经贸翻译、阅读等课程被确定为学校重点建设课程；跨文化商务沟通、大学英语多元识读教程、经贸翻译综合教程等教材被评选为学校精品教材。外语系作为国内最早进行英美自然文学的研究者之一，将英美自然文学研究的精髓带入国内，并通过文学这一载体，对人与自然和谐的主题进行推广和传播。以学科带头人程虹教授为主的一支优秀骨干教师队伍具有较强的开拓创新能力和引领前沿研究的视野，并取得了丰硕的成果。程虹教授出版的专著《寻归荒野》是国内第一部就自然文学进行系统介绍及评论的著作，为我国英美自然文学的研究和发展作出了积极贡献。

外语系每年都选派中青年教师赴美国、英国等英语母语国家进行学术交流活动，不断提高交流层次。外语系已与美国多所大学建立了合作项目，每年选派20名学生赴美国迪克森州立大学、北方州立大学、加州大学河滨分校、帕克大学等高校进行为期一年的学习交流活动。

（刘文东）

师资队伍建设

外语系一直注重师资队伍建设，近几年来，加大了对高层人才的引进，注重教师的职业生涯规划。目前，外语系教师承担学校公共英语课程、专业英语课程和研究生英语课程，其中，研究生英语课程分为硕士英语课程和博士英语课程。外语教师与经、管、法等专业教师的融合构成了一支学历层次较高、知识结构合理的师资队伍，为学校培养复合型外语人才提供了质量保障。

2011年，外语系接收英语博士1名，日语博士1名，海归硕士1名，对改善外语系师资队伍的学历结构、职称结构和专业结构发挥了一定作用。2011年，有1名教师晋升教授，2名教师晋升讲师，1名教师晋升实验师中级职称。

（刘文东）

学科建设

【硕士点建设】　2011年，外语系外国语言文学一级学科硕士点成功获批。外语系领导班子非常重视硕士点建设工作，投入了大量的时间和精力，组织精干班底，先后到北京外国语大学英语学院、对外经济贸易大学英语学院、首都师范大学外国语学院进行调研。为外语系研究生培养方案与招生简章的论证积累必要的材料。

外语系多次邀请校外专家参与学科建设主题交流会。6月9日,邀请北京外国语大学副校长金莉教授为全体教师作有关外国语言文学一级学科硕士点建设的报告。9月29日,外语系组织召开了硕士研究生培养方案研讨会。对外经济贸易大学英语学院院长、博士生导师王立非教授,中央民族大学外国语学院院长、博士生导师郭英剑教授,首都师范大学外国语学院院长、博士生导师封一函教授3位知名专家应邀参加研讨会。外语系领导班子成员与学术委员会大部分成员以及部分专业教师参加了会议。

外语系多次召开系学术委员会、党政联席会和教师代表会,广泛听取来自校内外专家的意见和建议,反复论证。经过4次认真的讨论和修改,原则通过了《首都经济贸易大学外语系硕士研究生培养方案》与《首都经济贸易大学外语系硕士研究生2012年招生简章》。初拟招收商务英语、跨文化交际和英语语言文学3个方向的硕士研究生。

6月,外语系开始外国语言文学一级学科硕士点的招生宣传工作,先后组织专门人员赴山东、云南和河南进行招生宣传。11月,外语系开始外国语言文学一级学科硕士点招生初试命题工作,截至网络报名结束,共有17名考生报考。

(张宏峰)

【本科专业设置】 目前,外语系设有2个专业:商务英语专业和英语(经贸翻译)专业。外语系于2003年建立了英语(经贸英语)专业,并于同年进行招生。为了适应新形势的发展,特别是北京世界城市的建设,外语系于2010年顺利申报了商务英语专业。

商务英语专业:专业特色是系统掌握英语语言文化知识体系,具有扎实的英语语言功底和从事国际经济贸易及涉外经济活动所需要的专业知识、基本技能和较强的实际工作能力。主干课程有:综合英语、英语听力、英语口语、英语阅读、基础写作、笔译、口译、经贸翻译、国际商务英语、国际贸易与实务、商务礼仪、管理学、国际市场营销等课程。专业选修课有:语言学概论、英美文学、英语国家概况、跨文化交际、会计学、商务谈判、经济学、国际商法。就业去向:主要面向国家机关、国家企事业单位、各级对外经济与贸易部门、金融机构、外资企业、咨询公司等。

英语(经贸翻译)专业:专业特色是具有深厚的英语语言文化基础,扎实的英语语言功底;具有用英语进行口译、笔译的国际交流能力;掌握国际商务翻译基本知识和基本技能;熟练掌握计算机应用技术;英语水平达到英语专业教学大纲规定的要求。主干课程有综合英语、英语口语、英语听力、英语阅读、英语写作、商务英语写作、国际商务英语、英语文体学、翻译理论基础、翻译技巧与实践、经贸翻译、口译基础、交替传译、同声传译。专业选修课程:语言学概论、英美文学、文学翻译、科技翻译、英语国家概况、跨文化交际、经济学原理、管理学、国际贸易与实务、商务谈判。就业去向:主要面向国家机关、国家企事业单位、各级对外经济与贸易部门、金融机构、外资企业、翻译公司、咨询公司等。

(刘重霄)

教学工作

【专业教学】 组织外语系学生参加全国英语专业四、八级及口语考试。在全国英语专业四、八级考试中,通过率高于同期全国高校的平均水平。

对毕业生进行论文指导。2011年6月,完成了外语系2007级毕业生的论文指导、答辩及评审工作。认真抓好毕业生论文实践教学工作,开展了论文开题前的专家讲座、题目审核、导师协调、师生见面等工作,特别强调要保持师生的沟通,强调导师和学生的责任感和使命感,认真完成工作,保证论文的质量。共有81名学生参加本科毕业论文答辩,有46名教师担当答辩评委,3名学生荣获校级优秀毕业论文。

开展大学生科研创新训练计划项目申报工作,共立项10项。

大学生科研创新计划项目一览表

项目名称	指导教师	项目负责人	项目成员
美剧对英语学习的影响及应采取的对策	杨述伊	李卓杭	王其珍　刘梦迪　谭诗桦
大学联谊活动对大学生人际交往的影响研究——以首都经济贸易大学为例	张义君	张司邈	王艺萌　郑彬　吴丽清　李聪
商务英语教学模式研究——以对外经济贸易大学为例	刘润楠	王文婷	陈梦炜　文淑娜　石乐

续表

项目名称	指导教师	项目负责人	项目成员
文化背景知识在语言学习中的重要性	张宏峰	崔俊雄	李什　李梦娇　陈雷诺　蒋熙然
如何利用语言及文化的共通性实现英语的辅助教学	张宏峰	孟思彤	孟枭颖　尹翠艳　王盛楠　杨盼
契约精神对于中国当代大学生社会行为的影响	杨述伊	陈啸雨	马宇琪　杜斯衔
关于降低外教与学生因文化差异产生交流障碍的研究	郝钦海	王瑞琦	王玥　皮红爽　孟曦
关于财经类高校外语院系培养复合型人才的课程对比的研究	刘重霄	陈可萌	张祎梦　周潇潇　赵训臣　王璐
美剧中的文化元素与英语学习者人文意识培养的研究	王春花	张存欣	王雪阳　黄桂彩
各高校英语专业早读的现状及改善策略	刘　欣	郑　铮	代文成　王韵含

（陈蓉）

【公共教学】　继续深化英语(经贸翻译)专业和商务英语专业人才培养模式的改革,加强复合型、应用型人才的培养模式的探索。针对英语(经贸翻译)专业和商务英语新专业的课程设置和人才培养特色,采取边建设、边改进的策略,在现有基础上,进一步征求各方面的意见和建议,不断补充和完善原有人才培养体系。为了提高外语系的语言学习氛围,培养学生的语言认知能力,针对2011级外语专业新生举办了单词竞赛,并取得了圆满成功。为了提高学生的语言应用能力,举办了一年一度的外语系话剧节,2010级、2011级两个年级6个班全部参加了这个活动。该活动既是锻炼学生语言输出能力的训练形式,也是培养学生创造性思维的有效途径。举办英语专业教学研讨会,针对晨读、题库建设、专业四、八级提高策略、教材建设等问题进行了积极探讨,广泛征求大家的意见,提出了引进雅斯等国际化考试的设想。

继续深化公共外语教学改革,进一步开展国际化英语教学模式探索与尝试。为了提高学生的语言应用能力,在学校教务处及其他部门的大力支持下,外语系组织了全校性的大学生英语写作与单词拼写竞赛,承办了"北京市第三届英语演讲比赛"和"外研社杯全国英语演讲比赛"首都经济贸易大学校区选拔赛。这些活动的开展增强了学校英语学习的氛围,改善了英语学习环境。针对2008级毕业生和2011级国际班学生举办了大学英语四级辅导班,以提高大学英语四级通过率。截至2011年5月,首都经济贸易大学2007级学生(不包含外语系学生)参加四级考试的总人数为2 072人,通过人数为1 925人,通过率为92.9%。为了响应北京市教委关于"大学生英语应用能力测试"项目的实施,学校积极参与,献言献策,确定了具体的参与人员,制定了详细实施方案。

加强与兄弟院校的沟通,深化研究生英语教学改革的研究与探讨。积极参与研究生英语教学研究会的各项活动,承办"北京市研究生英语演讲比赛"首都经济贸易大学校区选拔赛,参加研究生英语教学研究会年会,并到深圳大学等高校进行了研究生英语教学改革与模式的调研,提出了学校进行研究生英语教学改革的设想。

加强教学管理,提高教学质量。为了更好地提升英语教学质量,在学校人事处等单位的大力支持下,外语系整合各种资源,进行了不同期限、不同层次的师资培训,将最新的教学理念和方法融入教学实践中。继续加强日常教学管理,坚持统一管理、发挥专长的指导思想,强调集体备课的重要性,加强教师之间的沟通和交流;召开期中教学检查座谈会,加强教师和学生之间的沟通,及时解决教学中存在的问题。

（刘重霄）

【课程建设】　目前,外语系有6门课程被确定为学校重点建设课程。2011年,继续深化建设《经贸翻译》、《综合英语》、《大学英语》等校级精品课程。2011年,共有11名教师申报了首都经济贸易大学网络教学综合平台的建设,进一步加强了学生和教师的沟通。

（申巍）

科研工作

【科研项目】 2011 年,外语系科研项目新立项 3 项,其中国家社会科学基金项目 1 项,北京市教育科学规划项目 1 项,校级项目 1 项。

外语系 2011 年新立项科研项目一览表

项目名称	项目负责人	项目来源
再论聋人手语的语言地位——基于手语符号任意性的实验研究	刘润楠	国家社会科学基金项目
当前我国大学生多元识读能力现状、问题及对策研究	张义君	北京市教育科学规划项目
尤金·奥尼尔的悲剧创作与无意识的探讨	杨述伊	首都经济贸易大学科研项目

(申巍)

【发表论文和出版著作】 2011 年,外语系教师发表学术论文 33 篇,出版专著 7 部。

外语系 2011 年发表论文一览表

论文题目	第一作者
荒野情结——写在《寻归荒野》增订版之前	程　虹
关于导游专业英语教学的思考	方俊青
英语专业英美文学课教学策略	方俊青
从美国人的对华态度看中国的文化外交	方俊青
以科学精神传播人文思想——阿西莫夫作品风格浅析	于阳阳
英语写作教学与研究的社会文化视角	高秋萍
英语网络新闻标题特征及其翻译策略	蒋立珠
建设语料库提高大学英语写作技能	蒋立珠
美国当代自然文学的经典之作——评《心灵的慰藉——一部非同寻常的地域与家族史》	蒋立珠
教师心理契约管理策略研究	解小娟
新形势下英语专业教育改革的思考	刘　欣
边际效用递减理论在习语翻译中的应用——谈归化与异化的均衡点	刘重霄
翻译中的文化差异识别与解决策略	刘重霄
Don't take wisdow for granted	刘重霄
中国教育考核规则僵化性研究——基于国家文化视角	刘重霄
中国高校规则的僵化性现象分析	刘重霄
高校英语专业课程设置三维博弈模型构建研究	刘重霄
企业文化跨国移植的一般管理理念与权变策略	刘重霄
国有企业文化中领导人“官本位”主义研究	刘重霄
法语新闻标题中的“文化隐迹语”	栾　婷
人类生存的根基——美国生态作家爱德华·艾比笔下的自然	石海毓
论柏拉图德性之维中的人格精神思想	孙　丽

续表

论文题目	第一作者
An Exploration on Designing College English Listening Class	王宏玉
大学英语教学中的计算机辅助语言教学	尹　朦
大学生英语自主学习能力的培养	尹　朦
苏霍姆林斯基的研究性学习法在英语教学中的应用	张宏峰
高等教育更应注重对学生进行形成性评价	张宏峰
诗歌《写给我的死亡纪念日》译析	张宏峰
曲折后的前进——最近十年来中国华兹华斯批评史述评	张宏峰
开端·曲折·前进——20世纪中国华兹华斯批评史述评	张宏峰
试论文化信息的翻译策略及跨文化启示	张慧宇
英语专业学生多元识读能力实证研究	张义君
试论文化信息的翻译策略及跨文化启示	赵海燕

（申巍）

外语系2011年出版著作一览表

著作名称	第一作者
日本战后思想史研究	陈都伟
寻归荒野(增订版)	程　虹
新思维大学英语	刘燕梅
后现代主义诗歌翻译:创作与再现	刘重霄
经贸翻译综合教程	刘重霄
翻译策略之归化异化与目的论	索绪香
全新版大学英语综合教程学习手册	王文豹

（申巍）

【《外语系科研奖励办法》的修订】　为鼓励外语系广大教师从事学术研究的积极性,提高本系教学科研的综合实力,经过系学术委员会和教代会反复研究讨论,对《外语系科研奖励办法》进行了修订,加大了对在外语类核心期刊、CSSCI来源期刊的奖励力度,增设了对参与申报与成功获批省部级科研立项、国家级科研立项与横向项目支持和奖励细则。

（张宏峰）

【图书捐赠】　美国布朗大学圣·阿蒙德教授(Barton Levi St. Armand)经由外语系程虹教授,向学校赠送图书生态及美国文学文库近千册。圣·阿蒙德教授捐赠的图书多为其私人藏书,包括英美文学经典作品、生态批评文学理论前沿著作、文学理论的核心刊物等,图书共计988册。这是学校乃至目前国内"外国文学"研究领域的一批独具特色的赠书,近50本图书附有作者亲笔签名,有些作者签名甚至可以追溯到19世纪末和20世纪初,十分珍贵,汇聚了科目齐全、历久弥新的经典自然文学原著,这些图书将是学校和国内其他高校、科研机构研究美国自然文学以及生态批评文献方面的重要资料。该批图书将将极大地促进外语系外国语言文学一级硕士点的建设与学校的学科建设。该批图书中的部分精品图书还参加了学校图书馆10月中旬举办的"图书宣传月"活动。

（张宏峰）

【学术讲座】　6月9日,外语系邀请了北京外国语大学王克非教授,为全体教师作了有关在语料库的视角下英汉对比翻译的学术讲座,收到了良好效果。

10月20日,应学校外语系和图书馆之邀,为了进一步提高美国布朗大学圣·阿蒙德教授所捐图书的使用效率,充分发挥其学术、科研价值,程虹教授在博纳楼五层第六会议室做了有关生态文学与美国文学库的专题报告。

11 月 17 日,外语系在诚明楼五层会议室召开客座教授聘任仪式,聘请美国太平洋大学陆洁教授为首都经济贸易大学外语系客座教授。聘任仪式由系主任张义君教授主持,王传生副校长出席聘任仪式,为陆洁教授颁发了聘任证书并致辞。聘任仪式结束后,陆洁教授为外语系全体教师作了关于中美课程设置比较方面的学术报告。

12 月 22 日,外语系举办了“中英文化的碰撞”学术讲座,主讲人是北京外国语大学英语学院副院长,博士生导师张剑教授,外语系全体教师和大四部分学生聆听了报告。

(张宏峰)

学生工作

【奖助学金评定】 2011 年,外语系学生获国家奖学金 1 人,三菱东京 UFJ 银行奖学金 1 人,国家励志奖学金 11 人,学校松下育英基金奖学金 1 人;获国家一等助学金 19 人,国家二等助学金 23 人。

外语系学生 2011 年所获奖助学金情况一览表

奖项	获奖名单
2010 ~ 2011 学年度普通高等学校国家励志奖学金	冯静宜　佟佳　杨丽娇　文淑娜　尹翠艳　张海峻　高长勇　陈亚光　姚英博　陈梦炜　龚新洁
2010 ~ 2011 学年度普通高等学校国家一等助学金	刘宇竟　李姗　杨盼　冯雪　肖群　高广新　马会东　张会娟　陈梦炜　池培　李海升　冯静宜　李明月　隗宇宁　文利芳　文淑娜　尹翠艳　王铭莎　何方
2010 ~ 2011 学年度普通高等学校国家二等助学金	许世超　万姗　周涵　杨龙崴　李聪　佟佳　姚英博　常笑楠　杨毅　张海骏　陈亚光　高长勇　骆雪云　王雅娴　李瑛　颜润　龚新洁　肖驰　赵晓霞　杨丽娇　刘玲　商宇晴　杨亚莉
2010 ~ 2011 学年度普通高等学校国家奖学金	胡继禹
北京地区高等学校优秀学生三菱东京 UFJ 银行奖学金	王童康
首都经济贸易大学松下育英基金奖学金	高雅泓

(胡文)

【社会实践基地】 为了加强复合型、应用型人才的培养,提高学生的实践应用能力,外语系先后与 SOHO 中国有限公司、北京外企服务总公司、北京中外企业人力资源协会、中纺粮油进出口有限公司、中国设备进出口有限责任公司、环球时报等单位签署了实习协议,为学生的实践活动提供了平台。

(胡文)

【学生活动】 见下表。

学生活动一览表

时间	活动内容
4 月 6 日	外语系学生参加学校团体操比赛,成功进入前八名。
5 月 12 日	外语系文化节,活动分为英语演讲比赛、英语辩论赛、系徽设计、英语歌曲比赛、英语电影展等多个环节。
5 月 16 日	为纪念五四运动,外语系学生会举办了“五四杯”五子棋比赛。
5 月 17 日	外语系学生会举办跳蚤市场,为跨年级同学的物品交流提供了便利的服务。
5 月 24 日	外语系学生参加校团委组织的啦啦操比赛,获得第一名。

续表

时间	活动内容
6月10日至25日	外语系分团委组织纪念建党90周年的主题思想教育系列活动。
7月8日至20日	外语系志愿者协会组织赴甘南藏族自治州化旦尖措孤儿学校进行为期十多天的志愿支教。
10月8日	外语系组织了全校英语演讲比赛,比赛分为预赛、复赛和决赛。
10月10日	外语系学生会组织了新老生交流会,同学们就大学生活的安排和将来的就业前景展开了探讨。
10月15日	外语系学生参加院系杯篮球赛,让系内同学们的凝聚力得到了空前的增强。
10月19日	外语系学生会举办了"心系外语,与你相聚"迎新晚会。
10月29日	外语系志愿者协会将暑期甘肃支教成果在校内进行展示,举办了专场报告会。
11月2日	外语系学生会联合其他院系举办了九院联谊辩论赛,充分锻炼了同学们演讲方面的才能。
11月9日	外语系学生参加了院系杯跳绳比赛。
11月21日	外语系学生会举办了"心系外语,与你相聚"英文话剧节。
11月24日	为宣传11月25日的感恩节,外语系分团委宣传部绘制2张题为感恩节的海报。
11月24日	外语系学生会举办了新生拔河比赛,2010级新生各班通过这次比赛,班级凝聚力得到了良好的体现。
11月25日	外语系学生会组织举办了感恩节答谢恩师活动,得到了广大老师的好评。
11月28日	举办了棋牌赛,2010、2011级的学生参加了本次比赛。
11月30日	为宣传12月1日世界艾滋病日,分团委宣传部绘制2张以世界艾滋病日为题的海报。
12月7日	外语系学生参加了校体育组举办的"一二・九"长跑接力活动。
12月7日	外语系学生参加校"一二・九"歌咏比赛。

（胡文）

【招生就业】　2011年,外语系招收经贸翻译本科专业学生31名、商务英语本科专业62名。经贸翻译专业文史类在京录取分数最高分573分,最低分540分,平均分558分;理工类在京录取分数最高分556分,最低分535分,平均分543分。商务英语专业文史类在京录取分数最高分565分,最低分518分,平均分528分;理工类在京录取分数最高分555分,最低分505分,平均分518分。

外语系近年毕业生签约率均在98%以上,2011年,毕业生一次签约率100%,名列学校第一位。就业的同学大部分进入外资企业、各大国有银行、大型企事业单位等。从2011年就业整体情况来看,外语系毕业生素质全面、专业能力过硬,受到用人单位好评。

（胡文）

【继续深造学习】　2011年,外语系学生选择在国内读研深造的同学,有的选择在首都经济贸易大学继续学习,还有些同学考取了清华大学、中国人民大学、北京外国语大学、对外经济贸易大学等高校。韩笑晨、张顶兰同学获得本校保研资格,李腾腾同学保研到首都师范大学。对出国读硕的学生进行调查,大部分学生都能顺利转换专业学习。目前,外语系学生出国读研选择的专业主要包括:人力资源管理、会计、市场营销、传播学、国际贸易等。

（胡文）

【《看世界》系报创刊】　外语系系报《看世界》正式创刊,第一期于2011年12月27号正式刊印,正式发行。外语系整合系刊《系里系外》编辑力量,结合外语系专业的特点,在《系里系外》的基础上创办《看世界》,报纸分为系内系外、国内国外、域内域外几大模块,面向全校发行,定位于宣传平台、看世界窗口两个内容。旨在通过"原创——读者推荐——编辑精选",为广大首都经济贸易大学同学打开一扇门,推开一扇窗,请您看世界。通过"大浪淘沙,细沙之中淘金沙",为大家奉献精品。

（胡文）

【“学生促进中心”挂牌成立】 11月20日,在召开首都经济贸易大学55周年校庆校友联谊会的当天,外语系筹备的“外语系学生促进中心”挂牌启动,成立大会在博纳楼第六会议室举行。在校本科生、研究生代表,部分校友代表参加了成立大会,出席大会的还有外语系党总支书记兼副主任刘文东老师,副系主任刘重霄老师、办公室主任徐丽群老师、教师代表杨述伊老师和分团委书记胡文老师。外语系学生促进中心是学校首个以学生全面成长促进为主要职责的、由基层教学单位成立的学生发展促进服务中心。刘文东向大家发布了“心系外语,与您相聚”微博平台,发布了中心工作室、办公室、自习室工作平台,发布了预约电话和网站、邮箱等信息。

(胡文)

【卓琳同学获“国际交流大使”称号】 外语系2010级经贸英语专业3班学生卓琳同学获得赴日文化交流活动“国际交流大使”称号。卓琳同学于2011年5月在报名参加了MISS CAMPUS第四届校园女生大赛,在首都经济贸易大学站的比赛中从30余名选中脱颖而出,获得第一名,在7月中旬以“Miss首都经济贸易大学”的称号前往上海参加了全国总决赛,与来自北京、上海、杭州三地复旦大学、上海交通大学、浙江大学、北京林业大学、中国政法大学、外交学院等多所高校的校园女生第一名共同角逐十项大奖。决赛现场吸引了全国25所高校近千名师生,众多国内知名媒体前来观看并参与报道。决赛阶段,在自我介绍、个人才艺表演、笔记本DIY等环节比拼的过程中,卓琳同学在充分展现首都经济贸易大学学生风采的同时,也传达了首都高校的人文气质和学术精神,彰显了当代中国高校女生自信、睿智而又内外兼修的风貌,获得了来自日本著名企业、国际小姐、业内专家等在场评委的认可,最终获得北京赛区第一名,并独揽MISS CAMPUS大奖和“国际交流大使”两项大奖。此次大赛由腾讯网担任官方指定微博,人人网作为官方指定主页。

卓琳同学作为“国际交流大使”受邀在11月与另外4所高校的校园女生赴日本出席东亚地区大学女生之间的交流访问。

(刘文东)

对外交流

外语系与美国、英国等国家的教育机构建立长期联系,定期选派教师出国学习交流,提高教学人员的整体层次。在教学任务十分紧张的情况下,外语系克服困难,积极创造机会和条件,坚持把对教师的培养放在首位。目前,外语系已选派23名教师先后赴英、美等国学习、做访问学者,2011年,选派了方俊青、葛卫红、马丹、王立华、王春花、王鹏6位老师出国学习。出国培训开阔了教师眼界,提高了自信心,有效地促进了教学科研活动。

外语系与美国北方州立大学、狄克森州立大学建立了学生交流项目。2011年选派了李培璐、李彤、张祎、朱婉欣、朱玉茹5名学生出国交流学习。

(胡文)

党建工作

外语系党总支现有4个党支部,其中,教职工党支部2个,退休党支部1个,学生党支部1个;共有党员64人,其中,教职工党员30人,退休党员14人,学生党员20人。

2011年,外语系党总支紧紧围绕系中心工作,在一级学科建设、新专业建设、贯彻落实学校中长期发展规划和外语系十二五发展规划的制定方面发挥了重要作用。党总支坚持以学校《2010~2012党建规划》为纲领,通过开展“创先争优”活动和建校五十五周年活动,促进“人心汇聚,共谋发展”,在推进廉政风险防范管理工作和惩防体系建设方面圆满完成了学校党委的要求,进一步加强和规范了组织建设,增强了党员意识。

积极推进廉政风险防范管理工作和惩防体系制度建设。以制定廉政风险防控流程图为重点,以签订重点岗位责任书为载体,扎实推进了党风廉政建设、制度建设和风险防范体系建设,较好履行了一岗双责、三重一大、校务公开、风险防范、惩防体系制度建设。

通过开展创先争优活动和建党90周年系列活动,评选出优秀党务工作者1名,优秀共产党员2名,优秀基层党支部1个。完成了丰台区人大代表选举工作。完成了丰台区党的十八大党代表组织推荐工作。

加强党员发展和教育,注重青年教师的发展工作。在注重发展学生党员的同时,加强在青年教师中发展党员;注重对新党员的教育,保持党员的先进性。2011年,青年教师马丹加入党组织,成为一名中共预备党员。

5月,由外语系党总支发起,外语系分工会具体实施,组织举办了“青年教师教学基本功比赛”,外语系领导班子高度重视、认真落实,将本次比赛纳入党员创先争优活动和教学质量工程建设。根据学校“青年教师教学基本功大赛”的要求，组织1971年1月1日以后出生的所有教师都参加了教学交流，每位教师准备了50分钟的课件，进行了15分钟的演示。经过精心的组织，全系24位青年教师全部参加了比赛。评委则由所有的超龄教师组成；评分标准根据学校“青年教师教学基本功大赛”的规则制定，包括语音语调、教案、课堂设计、互动、教态5个方面。外语系青年教师认真准备了PPT讲稿，内容丰富生动，重点突出，并植入了音乐和视频，设计的课堂互动自然亲切、引人入胜。通过本次比赛，教师们充分展示了他们扎实的专业功底和良好的职业素质。

在庆祝建党90周年之际，6月27日，外语系党总支组织党员奔赴石家庄市西柏坡村，在革命圣地追寻先烈们的光辉足迹，接受革命传统教育并重温入党誓词。此次西柏坡之行，广大党员同志追随先烈们的足迹，重访革命圣地，大家收获的不仅是震撼，更收获了信心与决心。

加强党组织自身建设，发挥党组织的政治核心作用。2011年12月23日，外语系党总支主办的“和谐、发展、表率”党员研讨会成功举办。外语系全体教师党员参加会议。研讨会由刘文东主持。刘文东代表党总支向全体教师党员汇报了自2010年4月以来“创先争优”活动的整体工作和各项任务完成情况。他向与会党员介绍了外语系工作现状、机遇和面临的挑战，还以学校“创先争优”工作的整体部署和外语系发展前景需要两个角度为背景，介绍了召开本次研讨会的目的和意义，对“和谐，发展，表率”主题进行了解读。研讨会后，全体党员共同签署教师党员承诺书，并在党旗下再一次郑重宣誓，同时，将“学生促进中心”作为创先争优第三阶段外语系“提高办学质量促发展，服务人民群众树形象”的重要举措。

深入开展“创先争优从我做起”主题党日活动。以“外语系学科建设和十二五规划制定”为主题，落实“四个工程”建设，倡导党员在外语系发展中发挥主导作用，要求中老年教师党员引领学科建设方向，要求中青年党员争做教学科研排头兵。在党员教师的积极带动下，外语系教学科研工作发生了可喜的变化，青年党员脱颖而出。刘润楠老师成为外语系第一个获得国家社科基金课题的青年党员。

加强对工会的领导，推进暖心工程建设，组织春游、秋游，采摘活动，春季运动会，新年联欢会，退休老师节日慰问等多种活动，促进和谐发展良好氛围的建设。

（刘文东）

工会活动

2011年，外语系分工会认真执行、落实校工会的各项任务。在外语系党总支的领导和行政领导的支持下，在广大教职工的积极参与下，分工会较好地完成了各项任务。一是开展评选活动并进行表彰。2011年，工会组织青年教师基本功大赛，栾婷荣获学校一等奖，潘速荣获二等奖，外语系获组织奖。王文豹老师荣获2011年校级师德标兵称号，外语系还荣获了师德标兵先进单位称号。王宏玉老师被评为2011年度外语系分工会优秀干部。赵静、潘速、栾婷、申巍、孙丽、胡文等老师被评为2011年度工会积极分子，分工会委员尹朦、陈都伟老师被评为外语系“先进工会工作者”。

进一步丰富“教工之家”生活，完善“教工之家”文件资料和档案的建设。外语系“工会之家”为老师提供了学习的便利，内有各种杂志、期刊和宣传材料供教师借阅、学习。

组织了丰富多彩文化活动，努力构建和谐的氛围。系分工会组织春季踏青和秋游采摘活动，组织了趣味运动会，有跳绳、掷沙包、运球跑和踢毽等项目；还有每年一度的联欢活动。2011年，分工会积极组织教职工开展辞旧迎新联欢会。

分工会注重关心、关注教职工，让教职工感受到外语系“家”的温暖。2011年，分工会主席陪同外语系党政领导在春节来临之际登门拜访看望退休的老教师；为退休、离岗的教师举行欢送会，并赠送纪念品；努力创造条件，改善在职教师集体活动和休息的条件；逢春节、端午节、中秋节，分工会为教职工送上节日慰问品，并利用网络平台向全系教职工表达问候与祝福；对生病的教职工方俊青老师及时进行了探望；对父母病故的教职工表示亲切的慰问；为女教职工及时办理保险；关注大龄女教职工。

（王宏玉）

实验室建设

外语系实验室正处于调整时期，正在将现有的模拟语音室升级改造为数字语音室。改造工程共分为三期：一期于2008年在原有模拟语音实验室报废的基础上，建成了3间数字语音实验室；二期实验室建设于2011年2月完成，共建成了7间数字语音实验室、1间数字录播语音实验室和1间中心控制室、外语系自主学习互动网络平台;三期预计建成 2 间数字语音实验室、1 间多功能自主学习实验室、1 间数字同声传译实验室和 1 间情景模拟实训室。

新建成的数字语音实验室同时可以当做计算机网络教室和多媒体教室。每个学生单元由"PC + 终端"组成,系统采用 PC 网络与终端网络"双网络"结构设计,两网分离,独立运行。"PC 网络系统"主要用于自主学习,"终端网络系统"主要用于课堂教学。教师可在"PC 网络系统"和"终端网络系统"之间随意切换,也可授权学生在两套网络系统之间自由切换。教师授课时可以完全在终端网络平台上进行,学生 PC 无须开启。

资源建设是外语教学环境建设的核心,而课程资源又是资源建设中的重点。外语系网络电子学习资源大于 300G,功能模块有多媒体资源库建设、资料点播、自主学习、作业完成、听说训练、师生互动交流、资源管理、作业管理、信息管理等。2011 年,外语系进一步完善了网络教学资源平台,外语系的教师和学生在任何可以上网的场所都可以通过个人账户登录此平台。教师们可以将上课的课件和下课后布置的作业发布到平台上,学生们可以随时温习,而且可以将完成的作业发送到网络服务器上;平台上有班级论坛,方便教师和学生们一对一、一对多、多对多的沟通。平台的完善不仅使教师和学生可以随时享用大量的外语学习电子资源,而且为他们建立了快捷、有效的沟通模式。

11 月 12 日,外语系承接了全国翻译专业资格(水平)考试,该考试是全国统一的、面向社会的、国内最具权威的翻译专业资格(水平)认证;是对参试人员口译或笔译方面的双语互译能力和水平的认定。在外语系共安排了 11 个考场,分别为 3 个英语二级考试、3 个俄语二级考试、3 个俄语三级考试、2 个同声传译考试。此次考试是外语系数字语音实验室第一次承接大型的专业资格水平考试,主要考点在听力和口语,所以对新建的实验室是一个严峻的考验。考试之前,外语系成立了专门的考务小组,考务组成员各自分配了职责和任务,大家齐心协力,完成了考试任务。

三期语音实验室改造工程将于 2012 年上半年完成,届时外语系将建成 15 间数字语音实验室,可以很好地满足大学英语教学改革关于加强自主学习以及网络化教学改革创新的迫切要求,有利于提高学生学习的自主性、开发学生的潜能,有利于学生创新能力和创新思维的培养。

(尹朦)

华　侨　学　院

概　况

2011 年,华侨学院全体师生与时俱进,锐意进取,在教育教学、对外交流等多方面再上新台阶,并取得令人振奋的成绩。毕业生一次性就业率再次名列全校第一,就业质量位居前茅。毕业生中,有 30% 的学生选择了出国攻读硕士学位,约有 40% 学生进入了世界前 50 位大学继续深造;在国内举行的各种大学生英语比赛中,华侨学院学生代表学校多次获取殊荣;在 2011 年举办的“大学生商业奥运会”(CIMA 商业精英国际挑战赛)中,在有北京各著名高校均参与的华北赛区荣获亚军;在北京市大学生挑战杯中,学院代表队荣获自然科学类三等奖,该奖项是学校唯一自然科学类获奖团队;在全国大学生英语四级考试中,华侨学院学生一次性通过率再次名列全校第一;在校生及毕业生境外交流交换,名校深造的比例始终位居学校前列。

(陈洪海)

师资队伍建设

【概述】 截至 2011 年 12 月 31 日,华侨学院共有教职员工 59 人,其中,包括专任教师 39 人,教学管理人员 20 人。2011 年,学院新入职教职员工 17 人,离职员工 14 人。39 名专任教师中,外籍教师 7 人,占教师总数的 17.9%,具有海外硕士学历的 22 人,占教师总数的 56.4%,国内硕士以上学历 10 人,占教师总数的 25.6%。教学管理人员 20 人,具有本科以上学位的管理人员达到 90%。

(张莉)

【教师培训】 2011 年 1 月、2 月、7 月、8 月共在两个学期开始和结束时组织华侨学院教师集中培训 4 次。1 月的培训主题是哈佛大学桑德尔教授哲学公开课研讨。2 月的培训主题是教学法研讨。7、8 月的培训主题是华侨学院如何建立特色学科、特色专业,华侨学院教师如何坚守教学工作纪律的底线——不迟到、不讲汉语、不照本宣科、不照读 PPT。

每周三下午 1 点至 3 点,教学促进办公室组织学院全体教帅进行集中培训。每位授课教师随机抽取一个主题,准备一周时间,做模拟教学(Demo Teaching)。在秋季学期结束时,经教师投票评比和学院教学和学术委员会评估,评选出表现优秀的教师并予以表彰和奖励。

根据教育部教人司〔1998〕34 号文件的精神,依据北京市高等学校师资培训中心相关文件的规定,2011 年 3 月和 9 月,学院组织教职工 15 人参加第 61 期和第 62 期岗前培训。培训总学时为 136 学时,授课方式为网络授课、面授和自学,培训课程为教育学、高等教育学和心理学、高等教育法规概论、高等学校教师职业道德修养和大学教学技能。经过北京市统考,15 人成绩全部合格,取得结业证书。

(张莉)

【听课、审查试卷工作】 2011 年,华侨学院教学促进办公室通过教室听课、中控室观看视频等方式,共听课 736 人次,涉及 38 位教师;参与 15 名教师应聘试讲;参与春季学期、秋季学期期中、期末试卷、EPT 试卷审查,共审查试卷 396 份。

(张莉)

【工商管理系教师通过 CIMA - CPGA 培训考试】 11 月,工商管理系 3 名教师参加 CIMA - CPGA 培训考试,并顺利通过。华侨学院鼓励在职教职工继续学习,攻读学位,并提供 ACCA、CIMA 等课程的培训考试机会,让在职教职工充分利用学院开拓的优势教育资源进行自我提升。

(张莉)

教学工作

【教学部门概况】 华侨学院依托学校的多学科背景,集中学校的优势教育资源和师资力量,经过 10 年的国际教育经验积累,以“高质量的国际教育本土化”的整体优势开创了国内高校极具特色的本科教育。

华侨学院本科部开设工商管理(管理会计)和信

息管理与信息系统(IT项目管理)两个专业。工商管理(管理会计)专业开设工商管理(管理会计)普通班、ACCA双学位证书实验班和CIMA证书实验班,信息管理与信息系统(IT项目管理)专业开设商务管理信息系统证书实验班和金融信息管理证书实验班。

学院高职部开设国际经济与贸易、财务管理、计算机应用技术和旅游管理4个专业。

(肖志强　刘丽)

【COMMANDOS团队获得2012CIMA商业精英挑战赛华北赛区亚军】 12月11日,在华侨学院组织承办的2012CIMA商业精英挑战赛华北赛区决赛中,时晓燕老师带领的团队COMMANDOS(徐琳、沈宇彤、秘妍、任欢)获得亚军。其中,沈宇彤获得"最佳商业潜质个人奖"。此外,欧阳晓娇老师、贾辉老师指导的小组也闯入华北区的前20名。

(肖志强　刘丽)

【ACCA考试通过率位居全球领先】 12月,2010级ACCA证书实验班学生参加全球统考,时晓燕老师担任的F6单科通过率达到91%,远超全球平均通过率,居全国同类方向班领先水平。贾辉老师担任的F9单科通过率超过全球平均通过率。欧阳晓娇老师担任的F5单科通过率达到75%,超过全球平均通过率。

(肖志强　刘丽)

【华侨学院成为Oracle Academy成员】 3月23日,华侨学院成为Oracle Academy成员,并举行了挂牌仪式。

Oracle公司是全球最大的信息管理软件及服务供应商,成立于1977年,总部位于美国加州Redwood shore,是世界领先的信息管理软件开发商,因其复杂的关系数据库产品而闻名。

(肖志强　刘丽)

【微软证书实验班全体通过资格认证考试】 6月24日,2008、2009级微软证书实验班的27名同学参加了在微软指定考试中心举办的SQL Server 2008系统实现和维护(70-432)的资格认证考试,全体通过。

(肖志强　刘丽)

【教学辅助部门概况】 教学促进办公室的主要职责是组织教师学习、进修,监督、指导教师的教育教学活动,以保证学院教育教学的正常开展。

注册办公室的主要职能包括:教学计划制定,选课、辅修、转专业等管理,考务管理(含四、六级考试),教务信息管理,教学评估,成绩单、在读证明等管理与打印,大学生科研创新,教材评估、教材预订等,学籍管理,毕业论文与毕业实习以及毕业审核,日常教学通知发放和教室安排及调度等。

学习指导中心(Learning Center)的宗旨是服务学生和辅助教师教学。学习指导中心的工作包括:安排任课教师课外辅导时间;鼓励高年级同学为低年级同学提供同伴支持,结成学习小组或单独辅导;组织学术讲座,举办英语角、电影俱乐部和新生英语口语大赛,为学生提供锻炼口语的环境和机会;设置图书馆,为学生提供专业书籍、英语杂志等。

国际合作项目办公室是旨在开拓学院国际教育合作领域,为学生提供课程咨询、交换学分以及为学生办理出国交流、交换、实习、留学等相关事宜的专门联络、管理和指导部门。

网络信息中心负责建设、维护学院局域网、管理学院教室的多媒体设备和监控设备。

(李险峰)

【举办华侨学院第八届英语口语大赛】 12月13日,2011年华侨学院第八届英语口语大赛决赛拉开帷幕。外语系党总支书记刘文东、华侨学院副院长孙英、CCTV-10英文节目主持人董默涵、华侨学院院长助理陈洪海等作为评委出席。经过淘汰赛、初赛的角逐,8名选手进入决赛。在本次比赛中,参赛选手需要完成名人演讲,回答评委提问以及才艺展示3个环节。最终来自华侨学院的2号选手寇怡成为最大的赢家,一举夺下最佳语音奖、最佳表演奖以及一等奖的荣誉。

(李险峰)

【国际合作项目办公室接待国外院校来访】 2011年,学院国际合作项目办公室共接待包括英国、美国、加拿大等国的6所国外院校来访,双方就目前学生的学习情况作了细致交流,国外院校对本院学生的表现表示高度认可和赞扬,同时就学生交流交换项目、学分互认项目、假期实习等合作模式达成进一步合作意向。来访详情如下:3月14日,普利茅斯大学来访;3月15日,佩丁大学来访;4月6日,格林威治大学来访;4月17日,普利茅斯大学来访;4月25日,北安普顿大学来访;11月23日,维多利亚大学来访。

(李险峰)

【特色管理制度】 日报考勤和学业预警制度:为帮助学生适应英语教学环境,华侨学院实行严格的课程考勤制度。任课教师每节课点名,课后上报考勤,由专职教师汇总。每月按班进行汇总,对旷课达到规定节数的同学给予书面警告,情节严重者给予校内处分。

晚自习监管制度:学院秉承严格管理、个别对待、逐步放开的管理理念,实行晚自习监管制度。学院规定,大一新生每周日至周四 18:30～20:30 在学院教室晚自习,专职辅导员对晚自习进行监管,任课教师提供课程辅导。

任课教师 Learning Center 坐班辅导制度:学生可在 Learning Center 预约教师,任课教师利用课余时间,为学生提供一对一辅导。每位教师每周保证不低 4 课时的 LC 预约辅导。

(李险峰)

【教育成果概况】 经过十余年教、学、研的探索实践,华侨学院英文本科教育在国内高校获得了"高质量的国际教育本土化"赞誉,毕业生在深造、就业方面处于优势地位,可参与国外就业竞争。华侨学院采用英文原版教材,为学生提供领域内最前沿的知识;重视学生实践能力的培养,为学生提供多领域的见习、实习机会。

12 月 29 日,华侨学院与北京外企服务集团有限责任公司(FESCO)签订了大学生就业实习基地协议。

(李险峰)

【2011 暑期境外社会实践活动】 2011 年,华侨学院暑期社会实践活动类型多样,主要包括香港暑期社会实践、加拿大维多利亚大学商学院的"国际大学生商务管理暑期课程班"(简称 ISIBM)项目、香港中文大学的国际暑期项目(ISS: International Summer School)等。

(李险峰)

【四级考试一次通过率达 95.5%】 在 2011 年 6 月全国大学英语四级考试中,华侨学院第 5 次取得全校第一的骄人成绩。全院共 154 人参考,其中,425 及 425 分以上(通过)147 人,550 及 550 分以上(优秀)43 人,通过率为 95.5%,优秀率为 28%,一次通过率比 2010 年高出 2.5%。姜嘉南、张玉婷和田由位列全校四级成绩前十名。

(李险峰)

【大批学生进入国外院校就读】 63 名学生通过交流生、交换生、暑期培训项目、2+2、1+3 等项目成功被国外大学录取。英国 10 人,分别被牛津布鲁克斯大学、格林威治大学、北安普顿大学等录取。美国 45 人,分别就读于波士顿大学、加州大学河滨分校、伊利诺依大学、爱荷华州立大学、密歇根大学、北密歇根大学、西北密苏里大学、费利西安学院等学校。加拿大 8 人,就读于维多利亚大学和西蒙飞沙大学。

(李险峰)

【学院组织承办 CIMA2012 商业精英国际挑战赛华北赛区决赛】 2011 年 9～12 月,首都经济贸易大学华侨学院与 CIMA 英国皇家特许管理会计师公会联合主办中国华北地区享有"大学生商业奥运会"之称的 CIMA2012 商业精英国际挑战赛决赛。

CIMA 商业精英挑战赛的比赛形式主要是案例分析,每个参赛队伍按比赛要求按时上交指定案例的分析成果,然后再按照既定流程由各位评委对递交成果进行对比分析,通过参赛队伍的现场作答、表现,进行激烈的探讨和严格的筛选,最终将选出 6 支队伍进入华北区决赛,对于获得前三名的参赛队,将有 2 000 元至 5 000 元人民币不等的现金奖励,并颁发奖杯和荣誉证书,冠军参赛队将代表华北地区高校参加全国乃至全球总决赛。如果参赛队伍在比赛中有出色表现,还将有机会参加职业训练营,或是提供 500 强企业的就业机会。

华侨学院时晓燕老师、欧阳晓娇老师和贾辉老师所带领的三支队伍冲进了华北赛区前二十名,时晓燕老师指导的小组取得了华北赛区第二名的优异成绩,极大地提高了华侨学院的专业和社会认知度。

(李险峰)

【桑索萨等同学在挑战杯比赛中荣获季军】 在第十二届"挑战杯"全国大学生课外科研大赛北京赛区的比赛中,08 级信管系桑索萨、李钊、姜志龙、童晨宇同学在高志斌等老师的带领下获得了三等奖,为华侨学院争得了荣誉。

(李险峰)

【姜嘉南获得"外研社杯"全国英语演讲比赛北京赛区优胜奖】 作为首都经济贸易大学第六届英语演讲比赛冠军,华侨学院 09 级信息管理与信息系统(IT 项目管理)专业姜嘉南同学代表首都经济贸易大学参赛,通过自己优秀的临场表现,最终获得北京赛区初赛优胜奖。

"外研社杯"全国英语演讲赛是由外语教学与研究出版社、教育部高等学校大学外语教学指导委员会和教育部高等学校英语专业教学指导分委员会联合主办的,我国最高级别大学生英语演讲比赛之一,具有很高的权威性。2011"外研社杯"(原"CCTV"杯)全国英语演讲比赛北京赛区初赛在中国人民大学举行,来自北京市各高校的 57 名优秀选手分别代表各高校参赛。

(李险峰)

【院级优秀科研创新项目】 在 2011 年大学生科研创新项目中,信管系李钊同学组申报的项目《校园 E－Learning 信息平台整合》、李思佳组申报的项目《对于网购现状的实证分析及前景讨论》、经管系张然组申报的项目《后金融危机时代大学生就业稳定性的调研对策研究》和崔旸组申报的项目《关于完善北京市转移支付制度建设的研究》被评为院级优秀项目。

(李险峰)

学生工作

【思想政治教育】 3月27日,华侨学院举行了主题为"提高思想觉悟,创建和谐团委"的思想交流会。对团员进行思想教育,在纠正错误思想的同时提高团员们的思想认识高度。

5月4~19日,为迎接建党90周年,华侨学院主办"创优良学风,做优秀学子"系列活动,活动以集体签名、班会、板报等形式展开。倡导优良学风,鼓励学生争做优秀学子。5月19日,在华侨学院大厅组织同学在"创优良学风,诚信应考"横幅上签字,并赠送特制书签,号召同学们诚实守信,抵制作弊。

12月5日,华侨学院在学院内部组织开展了以"北京精神与青年责任"为主题的班会和征文活动,同学们对北京精神和青年责任的内涵有了深刻的理解和认识。

华侨学院积极倡导"无偿献血,无上光荣"及"健康学生在校期间献血一次",2011年,同学们积极踊跃报名参加无偿献血,纷纷加入到献血的队伍中。报名的同学超过百人,超过半数同学成功地进行了成分献血。第一批34人次,第二批18人次。通过无偿献血,教育同学们要树立回报社会、帮助他人的思想。

(于芳)

【学生获奖】 2011年,华侨学院获得校级先进班集体2个,分别为2009级工商管理(管理会计)一班和2010级工商管理(管理会计)一班。杨凯明(2010级工商管理1班)和岳鹏鹏同学(2010级信息管理与信息系统2班)荣获国家级奖学金8 000元。邵丽陆同学(2010级6班)荣获神州学人一等奖5 000元。唐子尧(2010级5班)、郎亚萍(2010级6班)和郑玲玲(2010级6班)荣获神州学人二等奖3 000元。王晔(2010级5班)荣获神州学人三等奖2 000元。罗韦等14名同学荣获国家励志奖学金5 000元。李晓丹(2009级1班))获松下育英奖学金1 400元。李钊(2008级3班)、王彦君(2008级2班)获东京银行奖学金3 400元。王怀虎等23人获首都经济贸易大学三好学生称号。葛智尧等17人获首都经济贸易大学优秀学生干部称号,2010级工商管理(管理会计)专业3班李维庭获得市级三好学生称号。

(于芳)

【运动会勇创佳绩】 在4月份举行的学校运动会上,华侨学院获得勇于拼搏奖和最佳体育部长奖,取得了男子团体总分第四名、女子团体总分第五名、团体总分第六名的好成绩。

(于芳)

【学生就业】 华侨学院连续两年保持就业率和签约率全校第一。毕业生继续深造比率一直在全校第一位。华侨学院2011届本科毕业生共计170人,其中,考研9人,出国44人,签三方协议117人,截至8月25日,就业率100%,签约率100%,毕业后继续深造比率为31.2%。

毕业生就业单位遍及各类国企、机关事业单位、各大国有银行及外资银行、世界500强外资及合资企业等,就业质量不断提升,2011届毕业生进入各大银行工作的有24人,国企及机关事业单位52人,四大会计师事务所9人。

(于芳)

【特色学生活动】 12月13日,华侨学院举办第八届新生英语口语大赛。新生英语口语大赛是华侨学院的特色活动,本次大赛首次面向全校新生开放,是报名参赛人数最多、参赛选手水平最高的一届比赛,共有来自会计学院、金融学院、统计学院、法学院、华侨学院及外语系6个院系的120多名新生报名参赛,最终8名选手晋级决赛。决赛过程要用英文完成演说并用英文形式展示自己的才艺。

12月22日,华侨学院举办圣诞晚会。华侨学院作为全英文授课学院,有深厚的国际化氛围,一年一度的圣诞晚会上,同学们与外教一起互动娱乐,与外籍老师共庆节日,同学们在忙碌的学习中放松了身心,同时锻炼了口语,提高了交流、沟通能力。

(于芳)

【社会实践活动】 7月12~15日,全球青年发展峰会论坛志愿服务活动,6名志愿者在为期4天的服务时间里,与200余名外国友人、300余名国内各高校学生代表沟通良好,志愿服务出色,并获得了联合国教科文组织颁发的志愿者证书。

7月25日,华侨学院暑期实践活动"走进京郊,走近村官,探索社会主义新农村建设"正式实施。华侨学院一行10人,走进顺义区。深入实地走访,探索实际问题,积累学习经验。11月16日,华侨学院在博学楼报告厅参与学校举办的暑期实践活动展示会。作为北京市大学生社会实践的重点项目团队,华侨学院的暑期实践团向与会嘉宾和观众展示实践活动的过程和心得体会,展示了华侨学子的魅力与风采。

7月29日~8月13日,华侨学院与香港中华青年交流中心共同举办了香港暑期社会实践项目,16

名同学参与了此次社会实践活动。在这次活动中，同学们接触到香港工商业、慈善机构的工作环境，并体验了香港生活，开阔了视野。

12 月 11 日，华侨学院组织承办 2012 年 CIMA 商业精英国际挑战赛华北赛区决赛。通过大力宣传，全国各大高校共计 400 余支队伍报名参赛，发送微博 300 余条。承办工作得到主办方、参赛队伍和到场嘉宾的一致好评。华侨学院代表队获得华北赛区第二名。

（于芳）

党团工作

【概述】 党员工作发展小组成立于 2010 年 5 月，经过一年的发展，组织队伍逐年壮大，下设组织部和宣传部两个部门，分别设部长和副部长各一名，共有干事 14 人。2011 年，华侨学院共发展党员 10 人，预备党员 3 人，本学年递交入党申请书 274 份，参加初党考试 274 人，发展高党 50 人。

共青团组织下设办公室、组织部、宣传部和新闻部，设有书记一名，副书记一名，各部部长副部长各一名，干事若干名。

（陈思）

【组织党员、入党积极分子开展活动】 在华侨学院领导的支持和帮助下，2011 年华侨学院党员发展小组组织队伍逐渐壮大，积极吸收培养入党积极分子，深入开展“创先争优”活动，积极学习和贯彻落实党的重要方针政策和精神，党务工作顺利开展、成果丰硕。

全院入党积极分子以班级为单位学习建党 90 周年相关知识，并且组织学院同学参加学校组织的迎接建党 90 周年主题知识竞赛活动，荣获最佳组织奖。

华侨学院积极组织入党积极分子深入开展“创先争优”活动，5 月，组织第十五期高党同学，在学院注册办进行为期一周的志愿服务。协助注册办老师整理资料。2011 年春季运动会期间，学院入党积极分子积极参与，承担维护看台观众秩序、负责看台卫生保洁和饮用水搬运等志愿服务工作。

4 月，组织全体党小组干事参加博学楼组织的《形式与政策》教育讲座。5 月 23 日，组织学院全体入党积极分子学习胡锦涛总书记在清华大学 100 周年校庆上的讲话精神。5 月 31 日，参加了“光辉的历程，伟大的成就”——庆祝建党 90 周年演讲大会。6 月 8 日，在博学楼参加由中共中央党史研究员进行的主题为《中国共产党与中国社会主义现代化的艰辛开创》的成长课堂活动，让入党积极分子认识新中国艰苦创业的历史以及当前社会主义现代化所取得成就的不易，以革命先辈为榜样，努力学习党的理论知识，在实践中为党的发展而奋斗。

7 ~ 8 月，社会实践团开展了北京郊区老年人社会保障现状的社会实践调查并完成《北京郊区老年人社会保障现状》的调查报告，使党员更加深入地了解党的政策以及社会主义现代化给人民带来的福利。

9 ~ 12 月，党员发展小组参与组织 CIMA 商业精英国际挑战赛华北赛区总决赛，包括前期的资料宣传、宣讲会的会场布置以及后期决赛的相关工作。联络宣传 30 余所院校。10 月 18 日，负责“CIMA 经验分享会”的会场布置，对华北赛区微博进行宣传、维护。12 月 11 日，比赛当日负责会场支持及会场整理及各项活动的准备工作，使大赛获得圆满成功。

12 月 9 日，参加纪念“一二・九”运动 76 周年升旗仪式活动以及《当前国际战略形势》讲座。了解当前国际国内形势与政策，增强爱国意识，培养爱国精神。

（陈思）

【共青团活动】 3 月 27 日，华侨学院共青团组织举行了主题为“提高思想觉悟，创建和谐团委”的思想交流会，交流会上，大家针对国内外时事进行了探讨和辩论。该活动有助于团员之间相互交流，积极纠正了个别团员的思想错误，帮助学院学生树立忠诚于党、积极向上的思想价值观，思想交流会得到了学生的积极响应和参与。

5 月 28 日，华侨学院共青团组织为配合北京市公安局“大走访”调查，协助校团委征集同学们对首都治安状况的调查，在各班班会上下发相关调查问卷，调查同学们对治安状况的建议与意见。该活动主要是向广大市民传递北京市公安局尊重民意、倾听民声、亲民爱民、着力解决群众最关心问题的决心。在活动过程中，每位参与“大走访”调查的同学都积极配合，认真填写调查问卷。最终将调查结果统计、上交，顺利完成配合北京市公安局“大走访”调查的工作任务的同时，也让大家更加关注社会安全问题。

6 月 10 日，华侨学院共青团组织办公室与党员发展工作小组共同举办学习胡锦涛总书记在清华百年校庆上的讲话座谈。

6 月，华侨学院共青团组织开展“学党史　知党情　跟党走”主题教育活动。在各班班会上以歌咏比赛的形式开展，其中比较优秀的几个歌咏作品有《金色的镰刀，鲜红的旗帜》、《九十年艰辛历程，九十年光辉岁月》以及《颂建党九十周年》等。

11月12日,华侨学院志愿者团前往英智老年公寓进行志愿服务活动,陪老人聊天唱歌、帮老人按摩等,志愿者们的表现积极出众,耐心有礼貌,赢得了老年中心各位老人及工作人员的高度赞扬。

12月,共青团组织开展了以“北京精神与青年责任”为主题的班会和征文活动。同学们在活动过程中不仅认识到北京精神的内涵,并且学习到如何践行北京精神。

12月15日,华侨学院组织了以“学习第三次团代会精神”为主题的共青团组织思想交流会。华侨学院为深刻贯彻落实第三次团代会精神,共青团组织组织以“学习第三次团代会精神”为主题的共青团组织思想交流会,通过对团代会精神和工作报告的学习来提高各位团员干部的思想水平,端正工作态度。

(陈思)

对外交流

华侨学院在开展英文统招本科教育的同时,积极开展全英文授课的国际教育。目前已和美国、英国、加拿大、澳大利亚、中国香港、中国澳门等国家和地区的多所知名大学建立了友好的合作关系。合作内容包括学分互认、定向培养、教师交流、学生交流交换、假期实习等合作模式。特别是近年来学院广泛的与中国香港、中国澳门等地的知名大学深入合作,为经济基础一般的学生也增加了境外学习、实习的机会。学院2011年组织17名学生和1名老师参加香港地区的文化交流和实习活动,学生收获颇丰。

(张莉)

重大事件

【教学促进办公室每周三组织教师集中培训】 每周三下午1~3点,教学促进办公室组织学院全体教师进行集中培训。每位授课教师随机抽取一个主题,准备一周时间,做模拟教学(Demo Teaching)。在秋季学期结束时,经教师投票评比及学院教学和学术委员会评估,评选出表现优秀的教师,并予以表彰和奖励。

(赵静)

【教学促进办公室组织教师培训】 1月、2月、7月、8月共在两个学期开始和结束时组织学院教师集中培训4次。1月的培训主题是哈佛大学桑德尔教授哲学公开课研讨。2月的培训主题是教学法研讨。7、8月的培训主题是华侨学院如何建立特色学科、特色专业,华侨学院教师如何坚守教学工作纪律的底线——不迟到、不讲汉语、不照本宣科、不照读PPT。

(赵静)

【学院举办教学技能比赛】 7月12~13日,第二届华侨学院教学技能比赛(考试)成功举办。20名教师报名参加了比赛。教师们都精心准备了教案和PPT,用流利的英语、娴熟的专业知识展示了自己独特的教学风格。比赛达到了培训全院教师、提高教学技能和增进教学交流的目的,取得圆满成功。最后英语系的张薇老师、经管系的时晓燕、律媛媛和贾辉老师获得比赛的前三名。

(赵静)

【教学促进办公室组织学院教师参加OTA教师培训】 3月9日,参加工商管理学院教授张梦霞主讲的中法研究方法比较主题午餐会;5月7日,参加校OTA组织的天津滨海新区参观考察;9月14日,参加高校教师胜任力研讨主题午餐会;11月9日,参加与教学名师面对面主题午餐会;12月21日,参加“你还在教吗?”主题午餐会。

(赵静)

【教学促进办公室参与专业评估】 10~12月,教学促进办公室参加教育部对首都经济贸易大学专业评估准备会,帮助准备了教学督导、教师培训等大量原始资料,并撰写本院系的自评报告。

(赵静)

【孙英、陈洪海受邀参加ACCA相关活动】 5月19~20日,“第二届中国高校国际化人才培养与ACCA教学研讨会”在南京审计学院举行;10月29日,由ACCA北京代表处主办的第6届“ACCA职业发展日”在北京国际饭店举行,华侨学院副院长孙英和院长助理陈洪海受邀参加上述会议。作为ACCA英国特许公认会计师公会中国区合作培训中心及分考点,华侨学院开设了工商管理(会计方向)ACCA双学位实验班。

(赵静)

【CIMA考试通过率达100%】 9月,2009级CIMA证书实验班学生100%通过《管理会计基础》(C01)的全球考试。

(赵静)

【外语系教师来院开展英语教学交流学习活动】 10月13日,首都经济贸易大学外语系党总支书记刘文东、系副主任刘重霄等一行7人与华侨学院副院长孙英、院长助理陈洪海等开展英语教学交流学习活动。通过院系之间的沟通交流，增进了彼此的了解，促进了教学的良性发展，有力地推动了本科英语教学，切实为学校的国际化人才培养战略作出了努力。

（赵静）

【学院接受学校专业评估】 11 月 24 日，华侨学院工商管理（管理会计）专业和信息管理与信息系统（IT 项目管理）专业接受了来自首都经济贸易大学专业评审小组的评审。会议主要听取了评审小组对学科建设和专业评估的意见，讨论了华侨学院两个专业如何总结陈述并形成自身专业特色的问题。

（赵静）

【多媒体教室二期建设完成】 8 月，华侨学院进行多媒体教室建设（二期）工程，对华侨学院 20 间教室进行了多媒体教室建设：配置了投影仪、投影幕、电话、控制台、功放机、拾音器等多媒体设备，投入费用共计 1 656 775 元。

（赵静）

马克思主义学院

概　况

马克思主义学院成立于2011年4月,其前身是2002年成立的人文学院。人文学院是由原理论部、社科部、德育部、艺术教研室合并组建的,主要承担全校的思想政治理论课教学工作。人文学院在发展中壮大,增设了新闻传播系,吸收了广告学系和汉语言文学系。2009年,教育部下发了加强思想政治理论课教学的相关文件,学校根据上级文件精神,组建了思想政治理论课教学研究中心。

2011年,鉴于马克思主义一级学科发展的需要,学校成立了以党委副书记杨军、副校长王文举为组长的马克思主义学院筹备领导小组。经学校党委常委会讨论通过,4月12日,学校党委正式下发《中共首都经济贸易大学委员会关于成立马克思主义学院的决定》(首经贸党发〔2011〕6号),将思想政治理论课教学研究中心从人文学院中独立出来,成立马克思主义学院,专门承担全校的思想政治理论课教学工作及马克思主义理论学科建设工作。为加强对思想政治理论课的领导,经5月19日党委常委会第14次会议讨论通过,调整了思想政治理论课建设工作领导小组,组长为校党委书记柯文进和校长王稼琼,副组长为党委副书记陈宁和副校长王文举,成员由学校宣传部、学生处、教务处、科研处、研究生部、人事处、财务处、马克思主义学院等相关部门领导组成。

截至2011年12月,马克思主义学院有教职工37人,其中,专任教师34人。有研究生30人。

学院下设6个教学部,包括马克思主义基本原理教研室、中国特色社会主义理论体系概论教研室、中国近现代史纲要教研室、思想道德修养与法律基础教研室、形势与政策教研室和心理咨询中心。主要承担马克思主义一级学科硕士点的建设和相关的理论研究工作;全校本科生、硕士研究生思想政治理论课的教学工作以及心理学、逻辑学、中国传统文化、经济学说史、当代世界格局与中国安全等多门选修课的教学工作。在“十二五”期间,学院将通过人才引进和培养,不断加强马克思主义基本理论研究,为申报一级学科博士点奠定坚实的基础。

(吴西亮)

师资队伍建设

【教职工队伍情况】 2011年,马克思主义学院在岗在编教职工37人,其中,专任教师34人。专任教师中,教授7人,占全体教师21%;副教授18人,占全体教师53%;讲师9人,占全体教师26%。博士6人,占全体教师18%;硕士17人,占全体教师50%;本科11人,占全体教师33%。党员教师有27人,占全体教师73%。

(李丽娜　吴西亮)

【教师培训】 刘隽参加北京第2期哲学社会科学骨干研修班培训。张晓萍到清华大学做访问学者一年。3月,周宇宏参加中宣部、教育部等6部委在中央党校举办的全国哲学社会科学骨干研修班。7月,李丽娜、周宇宏参加北京市举办的硕士生导师骨干培训班。

(李丽娜　吴西亮)

【北京高校思想政治理论课建设督查组来学校检查工作】 5月20日,以市委教育工委委员、教育纪工委书记周燕为组长的北京高校思想政治理论课建设督查组来学校检查、指导工作,督查组成员包括:北京联合大学党委副书记周志成,市委教育工委联络员、原教育纪工委书记高云华,中国农业大学思政学院党总支书记李桦、市委教育工委宣教处干部王大虎。督查组听取了首都经济贸易大学关于思想政治理论课建设情况的专题汇报,查阅了相关工作材料,与教师和学生代表分别进行了座谈,现场考察了马克思主义学院的办公场所。

学校在博纳楼第六会议室召开思想政治理论课建设情况汇报会,督查组就学校思想政治理论课的建设情况进行了提问,并认真查阅了相关工作材料,分别与学校教师代表和学生代表就课程设置、教改立项、教学效果、经费保障等问题进行了座谈。督查组还实地考察了学院办公场所和思想政治理论课的各个教研室，详细询问了学院的成立和发展情况。

（李丽娜　吴西亮）

教学工作

【教学获奖与课题立项】　2011 年，学院杨眉教授荣获学校第三届教学名师称号。张晓萍老师承担的“思想政治理论课考评体系改革探索”获得校级教改立项。

（刘娟）

【召开思想政治理论课教学研讨会】　6 月 24～25 日，马克思主义学院召开了以“提高思想政治理论课的教学质量和教学效果”为主题的思想政治理论课教学研讨会。党委副书记陈宁出席了会议。马克思主义学院领导班子及全体教师参加了会议。

李久林副院长介绍了教学工作的基本情况。与会老师就“如何提高教学质量和教学效果”展开了研讨。各教研室的代表周迈、谷军、成林萍、王颖、汪朝晖、杨眉先后进行了教学示范，把他们比较好的教学理念、教学方法展现给大家。

陈宁指出，关于思想政治理论课，必须梳理清楚三个问题：一是统一思想、统一认识；二是要清楚需要我们怎么做的问题；三是要清楚我们面临的机遇和挑战。大家要继续发挥团队的力量，把思想政治理论课建设好。

（刘娟）

【召开思想政治理论课研讨会】　11 月 26 日，马克思主义学院在北京温都水城会议中心组织召开了思想政治理论课研讨会。教育部社科中心主任冯刚，教育部社科司副司长徐维凡，北京第二外国语大学党委书记冯培，中国人民大学校长助理、哲学院院长郝立新，北京市委教育工委宣教处处长王达品等出席了会议。

冯刚重点阐述了“思想政治理论课的地位和发展前景”。徐维凡作了加强马克思主义理论一级学科建设有关问题的讲话。冯培作了“如何当好一个思想政治理论课教师”的发言。郝立新以“思想政治理论课教师的应有素质”为题进行了发言。王达品围绕“北京市委教育工委对北京高校思想政治理论课的要求”作了发言。

（刘娟）

【组织纪念毛泽东诞辰 118 周年红歌会】　12 月 22 日，马克思主义学院在大学生活动中心组织了纪念毛泽东诞辰 118 周年红歌会。该活动由匡长福副教授组织发起，这也是由他参与教授的《中国近现代史纲要》课实践教学重要的内容和形式。本次活动是第三届红歌会活动，共有统计、外语、金融、经济、安工和工商 6 个院系 18 个班的 700 多名三年级学生表演了 22 个节目。演唱的曲目有《保卫黄河》、《义勇军进行曲》、《让我们荡起双桨》、《为了谁》，还有外语系的英文朗诵《为人民服务》、《纪念白求恩》等。其中，金融学院 09 级同学采用真人加卡通道具演出的表演博得了全场观众的热烈掌声，把晚会推向了高潮。马克思主义学院院长李丽娜、副院长李久林等观看了红歌会。

从 2009 年至今已连续 3 年组织的“纪念毛泽东诞辰红歌演唱会”，是学校教师对实践教学的积极探索，收到了比较好的效果。在第二届红歌会上，北京中国近现代史研究会会长、首都师范大学李松林教授在致词中充分肯定了红歌会这一实践教学的好形式，北京大学仝华教授观看了红歌会后也给予了较高的评价，匡长福副教授在 2010 年北京中国近现代史研究会年会上也专门就学校举办红歌会作了专题汇报。

（刘娟）

【组织纪念中国共产党成立 90 周年党史知识竞赛】　12 月 26 日下午，纪念中国共产党成立 90 周年党史知识竞赛决赛在学校大学生活动中心举行。学校党委宣传部部长赵喜玲，学生处处长金京虎，马克思主义学院院长李丽娜、党总支书记韩小青、副院长李久林等出席了本次活动。

中国共产党成立 90 周年党史知识竞赛是首都经济贸易大学思想政治理论课的系列红色实践活动之一。经济学院二队的 3 名女选手获得了本次知识竞赛的冠军。财政税务学院、工商管理学院一队获得二等奖，金融学院二队、劳动经济学院一队、工商管理学院二队获得三等奖。工商管理学院获得本次比赛的最佳组织奖。

党史知识竞赛使同学们对党的历史、党的光辉实践、党的光辉历程、党的丰功伟绩、党的历史经验有一个系统的了解；使同学们牢固树立坚持中国共产党的领导、坚定走中国特色社会主义道路的信心，继承和发扬党的光荣传统和优良作风，振奋精神，全面发展，不断促进学校创先争优活动的深入开展。

这次知识竞赛由马克思主义学院、教务处、党委宣传部、学生处和校团委联合举办，是学校加强大学生的思想政治教育实践活动的重要举措，对于在大学生中广泛深入开展群众性爱国主义教育活动具有重要意义。

（刘娟）

科研工作

【联合举办“人文北京与文化创新”主题论坛】 10月22日,由首都经济贸易大学、北京市社会科学界联合会、中国社会科学院清史研究室共同主办,首都经济贸易大学马克思主义学院、文化与传播学院承办的“人文北京与文化创新”主题论坛在北京顺鑫度假村隆重举行。

论坛主题为“历史与现实的对话——人文北京与文化创新能力建设”,由主论坛和两个分论坛组成。首都经济贸易大学党委书记柯文进、北京市社会科学界联合会党组副书记崔新建、《前线》杂志总编刘陈德、首都经济贸易大学出版总社社长于启武、中国社科院名誉院士郭松义、中国社会科学院历史所副所长杨珍、北京师范大学文学院教授毛峰、中国社会科学院历史所清史研究室主任吴伯娅、首都经济贸易大学马克思主义学院教授王瑞昌和首都经济贸易大学文化与传播学院广告系主任刘建一作了主题演讲。

下午的分论坛主题是“历史与现实中的政策研讨”和“历史与现实的文化创新研讨”。“人文北京与文化创新”主题论坛的研讨内容,将历史纵深感和文化的时代发展结合起来,具有强烈的时代感。本次论坛的成功举办将使两个学院研究方向愈发得以确立与强化,并带领相关研究走向深入。

(刘娟)

【召开座谈会学习党的十七届六中全会精神】 10月26日,马克思主义学院召开座谈会,认真领会党的十七届六中全会精神。会议由总支书记韩小青主持,全院教师及学院的部分研究生参加了座谈会。

李丽娜院长首先对十七届六中全会精神进行了解读,重点分析了十七届六中全会召开的国内外背景,与大家分享了全会公报中的一些新提法以及由此对马克思主义学院学术研究提出的新课题。她认为,全会提出的文化建设任务对马克思主义学科的研究提供了广阔的空间,这对马克思主义学院的发展是一个很好的机遇,教师们应该认真学习领会、思考,并结合自己的专业方向搞好相关课题的研究。

学院的教师们非常踊跃地就相关问题分享了自己的看法。老师们认为,十七届六中全会提出的文化建设任务是非常必要和及时的。经济上强大的国家,如果没有文化的支撑,也一定无法持续。因此,发展国家的文化软实力,是国家经济发展之后的必然选择。思想政治理论的教学与研究,应该围绕如何在纷繁复杂的社会文化环境中,传播马克思主义、构建人类精神家园、实现社会主义的文化创新以及对社会现实矛盾的解释与解决等方面,贡献我们的聪明才智。

(刘娟)

【绿洲学园读书会】 绿洲学园读书会是由马克思主义学院教师发起的课外学术研修园地,旨在为有志研读、研讨中西学术经典、提升思想和文化素养的首都经济贸易大学师生,特别是马克思主义学院的师生,提供课外自由交流的空间,以研习包括马克思主义经典在内的中西学术思想名著。间或主办学术讲座、研讨会、游学、游艺等活动。首都经济贸易大学校标为骆驼,绿洲为骆驼游栖之地,故名“绿洲学园”。主持人为马克思主义学院教师王瑞昌、周迈。

9月22日至12月22日,“绿洲学园”读书会聚会9次,完整研读了柏拉图的名篇《苏格拉底的申辩》的英译本(Apology,G. M. A. Grube 译)。

(王瑞昌)

马克思主义学院2011年发表论文一览表

论文类型	论文题目	第一作者	发表/出版时间	发表刊物/论文集
期刊论文	走向规约的道德语言	刘　隽	2011.12.23	辽宁广播电视大学学报
期刊论文	大学生价值观调查分析与教育引导探究	王小莹	2011.12.15	学校党建与思想教育
期刊论文	毛泽东与《湘江评论》	成林萍	2011.12.01	兰台世界
期刊论文	90后大学生的自我状态分析	徐　辉	2011.11.15	中国人民大学书报资料中心·高等教育
期刊论文	文化应在传承中建设　在发展中创新——2011“人文北京与文化创新”主题论坛综述	李丽娜	2011.11.11	前线
期刊论文	信仰——企业家的另一种财富	李丽娜	2011.11.09	当代经理人
期刊论文	蒋庆先生政治儒学的形成	王瑞昌	2011.10.01	《儒生》(第一卷)

续表

论文类型	论文题目	第一作者	发表/出版时间	发表刊物/论文集
期刊论文	"休谟法则"刍议	刘 隽	2011.09.27	伦理学研究
期刊论文	我国流行文化研究述评	王 颖	2011.09.15	山西大学学报(哲学社会科学版)
期刊论文	团体咨询教学方式在心理健康课程教学实践中的应用	徐 辉	2011.09.15	北京教育·德育
期刊论文	第一代中央领导集体对中国特色社会主义政治制度的贡献	杨春风	2011.09.01	理论探索
期刊论文	论中国特色社会主义政治制度的形成发展及特色优势	杨春风	2011.09.01	马克思主义研究
期刊论文	从案例教学看中国 MBA 教育 20 年	王靖华	2011.08.30	当代经理人
期刊论文	湖湘文化对青年毛泽东价值观的影响	李久林	2011.08.30	北京工业大学学报社会科学版
期刊论文	北京综合院校藏族大学生心理健康状况调查分析与思考	徐 辉	2011.08.15	中国藏学
期刊论文	地方国库现金管理模式选择和实施路径	周宇宏	2011.08.05	中国财政
期刊论文	人际沟通分析学在心理健康课程中的应用与效果检验	杨 眉	2011.08.01	西华大学学报
期刊论文	学习与异性相处从小学开始	徐 辉	2011.07.15	中国人民大学书报资料中心
期刊论文	毛泽东对中国现代化的历史性贡献	李久林	2011.06.11	中国特色社会主义研究
期刊论文	浅谈西方对华文化渗透的新路径	匡长福	2011.05.20	思想理论教育导刊
期刊论文	中共历史上的四次"三反"运动	王文鸾	2011.05.20	人民论坛
期刊论文	1928~1937 年北平妇女经济状况扫描	刘宁元	2011.05.05	北京党史
期刊论文	90 后大学生的自我状态分析	徐 辉	2011.05.05	中国青年研究
期刊论文	瞿秋白与五四运动	王文鸾	2011.05.05	前线
期刊论文	科学司法上台阶 和谐构建促稳定 黑龙江司法行政跨越新时代	宋恩平(第二作者)	2011.05.02	瞭望:新闻周刊
期刊论文	落实科学发展观 推进我国低碳经济的发展	刘丹萍	2011.05.01	学术交流
期刊论文	民族精神对构建社会主义和谐社会的意义	李久林	2011.04.30	人文北京建设研究
期刊论文	加快推进我国城乡一体化发展进程的思考	崔 玲	2011.04.30	商业时代
期刊论文	我国企业现行工资薪酬对经济增长的影响	崔 玲	2011.04.10	中央财经大学学报
期刊论文	新时期中国共产党的民族精神观初探	李久林	2011.04.10	北京行政学院学报
期刊论文	论都市报进入成熟期后的经营策略	王靖华	2011.04.01	新闻界
期刊论文	邓小平的纠错创新实践及其启示	杨春风	2011.03.11	常熟理工学院学报
期刊论文	缩小中国城乡收入差距的可行性措施研究	谷 军	2011.02.20	发展研究
期刊论文	构建老有所养新模式	王 峻	2011.02.10	中国人力资源社会保障

续表

论文类型	论文题目	第一作者	发表/出版时间	发表刊物/论文集
期刊论文	管理情绪的6个方法	杨　眉	2011.02.01	大众医学
期刊论文	如何寻找自己的优势潜能	杨　眉	2011.01.11	中国青年报
期刊论文	瞿秋白主编党报党刊的现实启示	王文鸾	2011.01.10	新闻爱好者
期刊论文	农村集体建设用地流转法律制度亟待完善	王小莹	2011.01.10	农村经济
文章	卡扎菲已死　专制时代未结束	李丽娜	2011.10.27	环球时报
文章	警惕求职的非“211”歧视	王靖华	2011.08.17	中国教育报就业时评版
文章	学者、战士、真诚的人——艾思奇	王靖华	2011.05.30	中国教育报理论版
文章	李大钊:身体力行的真理传播者	李丽娜	2011.05.16	中国教育报
文章	真理,如何离大众更近些——关于当前马克思主义大众化传播问题的调查思考	王靖华	2011.02.22	光明日报调研版

(刘娟)

马克思主义学院2011年科研获奖一览表

奖励名称	第一完成人	成果名称	获奖完成人	获奖日期	获奖等级
北京市高等教育学会“十一五”高教研究规划课题优秀成果	王颖	首都高校大学生法律素质的现状分析及对策研究	王颖	2011.12.25	三等奖
2010年年会论文一等奖	王小莹	大学生价值观调查分析与教育引导	王小莹	2010.12.22	一等奖

(刘娟)

马克思主义学院2011年纵向课题一览表

项目名称	负责人	项目级别	项目分类	项目来源单位
毛泽东民主政治思想与中国特色社会主义民主制度的理论构建及实践创新研究	成林萍	校级	校级科研项目	学校
“90后”大学生人际交往心理调查研究	徐　辉	校级	校级科研项目	学校
当代英美马克思主义的道德观研究	刘　隽	校级	校级科研项目	学校
高校大学生思想政治教育工作体系内部优化整合研究	柯文进	委办局级	北京市教育工作委员会项目	北京市教育工作委员会
运用团体心理辅导开展大学生思想政治教育工作的探索	王　玉	委办局级	北京市教育工作委员会项目	中共北京市委教育工作委员会

(刘娟)

马克思主义学院2011年出版著作一览表

著作名称	著作类别	出版单位	第一作者	参编作者
和谐社会软环境研究	其他专业出版物(社科类)	中国经济出版社	杨军	杨军(外)　周宇宏　谷军　刘丹萍　何绍铭　杨春风　吴西亮　梁玉秋　白习凤　王小莹　王颖　成林萍　张晓萍　宋恩平　李久林　匡长福

续表

著作名称	著作类别	出版单位	第一作者	参编作者
首都大学生思想政治教育研究丛书	其他专业出版物（社科类）	北京出版社	陈占安	陈占安(外)　程美东(外)　张晓萍
《〈毛泽东思想和中国特色社会主义理论体系概论〉实践教学指导手册》	其他专业出版物（社科类）	北京出版社	陈占安　程美东	陈占安　程美东(外)　陈占安(外)　何绍铭
全国各类成人高等学校招生考试丛书《政治》	其他专业出版物（社科类）	人民教育出版社	成人高考《政治》编写组	成人高考《政治》编写组(外)　张晓萍
人文北京建设探究	其他专业出版物（社科类）	中国经济出版社	李丽娜	
政治(2011 年版)	其他专业出版物（社科类）	人民教育出版社	成人高考《政治》编写组	成人高考《政治》编写组(外)　李久林　张晓萍　石刚
中国低碳经济年度发展报告	其他专业出版物（社科类）	石油工业出版社	中国人民大学气候变化与低碳经济研究所	中国人民大学气候变化与低碳经济研究所(外)　刘丹萍
社会主义的现代解析	其他专业出版物（社科类）	社会科学文献出版社	谷军	谷军　李启英　季岩砚　张晓萍　宋恩平　周宇宏　梁玉秋　刘丹萍
不可不知的社会保险知识	其他专业出版物（社科类）	中国民主法制出版社	王小莹	王小莹　栾兆安(外)
新中国 60 年学界回眸——国际关系学发展卷	其他专业出版物（社科类）	北京出版社	段霞	段霞　杨闯(外)　汪朝晖
马克思主义大众化传播研究	其他专业出版物（社科类）	北京出版社	冯培	冯培(外)　王靖华　李丽娜　郭媛媛　陆彦明　张楠(学)
媒介经营与管理	市教委精品教材（社科类）	北京大学出版社	谢新洲	谢新洲(外)　王洪波(外)　王靖华
中国律师文书制作及范本指引	其他专业出版物（社科类）	中国民主法制出版社	王小莹	王小莹　周翔(外)

（刘娟）

学生工作

【对研究生开展入学教育】　8 月 31 日，马克思主义学院在诚明楼四层会议室针对 2011 级研究生开展入学教育。学校党委副书记陈宁应邀出席了研究生见面会并致辞，全体研究生导师以及 2011 级全体研究生参加了见面会。陈宁副书记在致辞中对新同学的到来表示热烈的欢迎，她详细介绍了学院的教师队伍和专业发展，并对新生寄予高度期望；她希望同学们在研究生期间，培养自己的学习自主意识和深入研究能力，在学习中不断调整心态、培养兴趣，确立自己的成长点。

李丽娜院长就学院研究生培养的现状、目前学院的导师队伍、研究生的毕业去向等几个问题向学生们作了说明。

（刘娟）

【研究生参观调研文化创意产业】 11月20日,马克思主义学院直属团支部举行了研究生实践活动,调研参观中国电影博物馆和“798”创意艺术园区。在中国电影博物馆,同学们首先参观了位于主展区的反腐倡廉主题影展。下午,大家参观了来自世界各地艺术家的精彩艺术作品,反战主题的工艺美术展、校园主题的室内设计展、富有中国传统魅力的山水写意画等,都令人目不暇接、流连忘返,“798”创意艺术院区内的许多艺术作品和创作视角使同学们深受启发,大家在亲身感受各种形式艺术熏陶的同时,也更加深切地体会到创新对新时期文化发展的重要性。此次实践活动开阔了在校研究生的文化视野,强化了青年学生对我国新时期文化发展进程的认识,增强了弘扬中华民族优秀文化的历史使命感和责任感,对研究生爱国主义教育意义深远。

(刘娟)

【学生社会实践获奖】 12月31日,北京市教委公布了2011年度首都高校思想政治理论课学生社会实践优秀论文评选结果,该年度全市共有27所高校的105个团队或个人提交了105篇社会实践论文,其中35篇论文脱颖而出,分获一、二、三等奖。马克思主义学院2010级马克思主义基本原理专业研究生杨倩撰写的《欠发达村庄农民政治参与影响因素研究——沂南县农民政治参与调查报告》获得二等奖,这也是马克思主义学院学生第二次获得此奖项,反映了学院在思想政治理论课教学与实践领域取得了一定的成果。

(刘娟)

党建工作

【党员队伍建设】 马克思主义学院党总支现有基层党支部7个,其中,在职教师党支部4个,退休教师党支部2个,研究生党支部1个。共有党员84人,其中,在职教师党员27人,退休教师党员37人,学生党员20人。

马克思主义学院党总支委员会成员名单及分工情况:韩小青任党总支书记,李丽娜任党总支统战委员,张晓萍、王峻任党总支组织委员,苏世兰任党总支宣传委员,吴西亮任党总支纪检委员、青年委员。

(吴西亮)

【同文化与传播学院党总支联合举办“学习党史,坚定信念”党课学习专题报告会】 为纪念中国共产党建党90周年,6月22日下午,马克思主义学院党总支办了“学习党史,坚定信念”党课学习专题报告会。本次报告会由马克思主义学院李久林教授主讲,报告的题目是“学习共产党的光辉历史”。马克思主义学院院长李丽娜、党总支书记韩小青,文化与传播学院副院长石刚、副书记任伯杰以及教师党员和学生党员参加了本次学习。

(吴西亮)

工会工作

2011年,马克思主义学院分工会开展了丰富多彩的工会活动,活跃了学院教职员工的业余生活。马克思主义学院党总支和分工会组织哲学教学部走访慰问刘隽老师;组织全院教职工参加“走进温都水城,感受魅力水文化,探讨京郊农村城市化新模式”为主题的活动。

(刘娟)

第十一篇

教学辅助工作

6 月 29 日，教育技术中心成员参观北京规划展

12 月 24 日，教育技术中心工作人员参加 EMC 教育行业用户研讨会

5 月，图书馆进行分工会换届选举和第三届“双代会”代表选举

1 月 15 日，图书馆首届“服务之星”颁奖

5 月 10 日，党委书记柯文进等到图书馆进行专题调研

4 月，首经贸组织教职工进行体检

首经贸教职工参加 2011 ~2012 年无偿献血公益活动

首经贸学生参加第三届温暖冬季无偿献血公益活动

9 月 1 日，首经贸组织新生进行体检

校医院进行防火教育活动

北京起重工具厂参加2011年中国重机协会手动葫芦分会联谊会

北京起重工具厂参加全国手拉葫芦行业主机厂北京研讨会

教育技术工作

概　况

教育技术中心是学校教育技术工作的归口管理部门，也是校内信息技术的管理与支持部门，负责全校信息化的规划、管理、运维与服务。具体业务职能包括网络与信息系统的建设与运维、电教设备的部署与维护、全校信息化建设项目的归口管理、校园“一卡通”的管理等。教育技术中心自 2008 年 3 月成立以来，在学校的网络与信息化基础设施建设、校园信息化整体规划与资源整合方面迈出了实质性的步伐。

2011 年，教育技术中心在前期信息化建设成果的基础上，贯彻“安全、稳定、快速”的工作目标，着力提高学校信息化基础设施的安全运行水平，扩大信息化应用的成果，努力提高网络及信息系统的运行质量，为学校的教学、科研、管理、宣传与服务等业务提供高质量的信息服务。

（傅星　沈毅直）

信息化基础设施建设

【两校区旧机房安全加固】 教育技术中心在新主机房竣工并完成旧机房设备迁移后，继续申报了 2011 年财政专项，对两校区旧机房进行安全加固，用作主机房的配套设施。

（赵宇）

【数据备份与容灾系统建设】 数据备份与容灾系统建设项目充分利用学校红庙校区的资源，建立异地容灾中心，提高主校区重要信息系统的抗灾能力。通过项目的实施，教育技术中心初步建立起学校数据备份与容灾的统一管理机制；在红庙校区建立异地容灾中心，实现校本部中心数据库、办公等数据到容灾中心的镜像。

（马亚玲）

【交换机升级及监控部署】 交换机升级及监控部署项目的主要内容包括对校园网接入层、汇聚层交换机进行例行的升级改造，加强对网络病毒及非正常网络行为的控制，提升校园网的安全性和稳定性；监控设备部署的内容则是增加对全校各楼宇设备间的实时监测，以实现对网络故障的提前预警与及时响应。

（洪昊）

校园网络及信息系统的安全工作

6 月，北京市教委、北京市公安局联合下发了《关于北京市高校深入开展网络与信息系统安全检查工作的通知》。根据该文件精神，教育技术中心召开了由主管安全和主管信息化的校领导参加的全校会议，布置相关工作。针对学校网络信息安全工作中普遍存在的安全意识不足、安全技能欠缺、部门信息化应用中安全水平差距较大的特点，教育技术中心以信息系统等级保护工作为契机，加强信息安全的宣传和培训，并将网络、信息系统的安全监测与告警作为中心的例行工作。

（傅星）

扩大信息化应用成果

【校园一卡通系统二期工程】 在 2010 年校园“一卡通”一期工程的基础上，2011 年，教育技术中心申报了“一卡通”二期工程专项资金。本期项目的目标是扩大“一卡通”对全校信息化应用的支持范围，新增的应用主要包括：实现学校各食堂、浴室、开水房及校内超市的消费支付；实现学生入校数字化一体化管理平台。此外，本期项目还重点解决了“一卡通”系统与中心数据库的数据同步问题。“一卡通”作为整合校内各业务部门信息化应用的介质，其二期工程的竣工标志着学校信息化应用达到了新的水平。

（张俊祥）

【校园正版化项目】 校园正版化项目（Campus Agreement）是微软公司为广大教育用户提供的软件

正版化的优惠方案。学校在购买 CA 合约之后,校产计算机及教师个人的计算机可以合法地使用合约中所授权的软件,还可以自动免费地升级到相关软件的最新版本。本项目在校园网内部署包括正版软件管理运营平台、认证服务器、补丁服务器在内的正版化服务系统,以方便校内用户下载使用。全面实现正版化是预防电脑病毒,降低 IT 运维成本,实现计算机安全管理,全面提高学校信息化及科学管理水平的重要手段。

(陈康)

加强信息化归口管理工作

从 2008 年开始,教育技术中心承担了全校信息化专项资金的归口管理工作,主要内容包括信息化项目立项的技术评审、协助申报部门完成项目申报工作、获批项目的招标和合同的审核工作,以及项目的最终验收工作。2009 年,学校根据信息化建设工作的需要,进一步将涉及软件类项目纳入教育技术中心的归口管理范围。为使有关工作规范有序地展开,教育技术中心起草并提交校长办公审议会通过了《首都经济贸易大学软件购置管理办法》、《首都经济贸易大学信息化项目归口管理办法(试行)》等文件,提高了全校的信息化专项使用的管理水平。

2011 年,教育技术中心负责实施的 2010 年信息化专项"首都经济贸易大学无线网及交换机升级改造"项目被列为北京市教委重点绩效考评项目。经过相关项目人员的努力工作,该项目被专家评定为"优秀"。

(陈熙)

教育技术中心 2011 年主要信息化建设成果一览表

项目分类	项目名称	主要工作内容	效益
信息化基础设施	两校区旧机房安全加固	对两校区的旧机房进行安全加固,实现对主机房功能的配套	完善机房系统功能,提高安全性
	数据备份与容灾系统建设	在红庙校区建设异地灾备系统,确保重要信息系统的运行安全	提高系统抵御灾害的能力
	交换机升级及监控部署	提高网络系统的安全性,改善网管的监控手段,提高服务质量	提高网络抵御病毒的能力
信息安全	校园网络及信息系统的安全工作	通过信息系统等级保护以及对用户的信息安全培训,提高安全水平	提高网络及信息系统的安全性
信息化应用	校园一卡通系统二期工程	在一期工程的基础上扩大校园卡的应用范围,提高卡务管理水平	相关业务为用户提供更多便利
	校园正版化项目	正版软件管理运营平台、认证服务器、补丁服务器等实现校内下载	方便校园网用户,提高安全性
信息化归口管理	"无线网及交换机升级改造"绩效考评	完成教委组织的绩效考评工作	获得"优秀"

(傅星)

图书馆工作

概　况

首都经济贸易大学图书馆始建于 1956 年,其前身是原北京经济学院图书馆(1956 年建馆)和北京财贸学院图书馆(1978 年建馆),1995 年两校合并。目前,馆舍建筑面积为 3.57 万平方米,按教学区分为校本部馆(包括西馆和教学阅览楼)和东馆。图书馆共设有 7 个部门,分别为馆办公室、资源建设部、图书借阅部、阅览部、信息服务部、技术保障部和东馆部，开展有流通、阅览、参考咨询、原文传递、馆际互借、读者培训、打印、复印等服务工作。

校本部图书馆馆藏量为98余万册，连同东馆馆藏，已达161万余册；中文现刊2 400余种，外文现刊260余种，中外文数据库资源以及新东方网络学习等视频资源40余个。开馆时间为早8:00，各报刊阅览室至22:00；各图书借阅室至20:30，除春节期间闭馆外，全年开馆。图书馆藏书全部为开架借阅，并设有总服务台，承担图书借、还、续借、处理超期事宜、咨询等与图书借阅相关的业务手续。

图书馆网站：http://lib.cueb.edu.cn/，网站为读者提供了图书馆的基本信息、新闻、数据库检索、馆藏书目查询、培训讲座信息、常用软件下载、视频点播以及毕业生学位论文提交系统等，资源丰富。

（巩伟）

文献资源建设

【加大文献经费投入】　为与学校的发展和办学规模相适应，图书馆不断增加购书经费投入，多途径、有计划、有重点地收集国内外各种类型的文献资料。2011年度中文图书新增48 115册，外文原版图书新增5 199册。截至2011年12月，馆藏中文图书达1 533 000册，英文图书总量达87 000册。

为了加快图书分编速度，使新书尽快与读者见面，图书馆积极调整工作对策，对中、外文新书的编目、加工工作实行外包，新书随到随编，彻底解决了新书积压的问题。

（张蕾）

【举办图书馆第五届外文新书展】　10月11日，图书馆第五届外文新书展拉开帷幕。图书馆连续三周邀请不同的进出口公司到馆展出与学校开设专业相关的最新原版图书。书展期间，学校广大师生纷纷前来参观并推荐图书。图书馆通过认真核查，共筛选出师生推荐的外文原版图书800册左右，并在最短时间内完成了这些图书的编目、加工，使师生们及时借阅到了自己所选的图书。

（张蕾）

【中、外文期刊回溯建库工作】　2011年，图书馆对2010年馆藏中文过刊进行了集中回溯，读者通过图书馆公共检索系统，能够检索到最新期刊的订购、到馆情况以及全部中文过刊的藏阅情况；2011年完成馆藏全部外文过刊信息录入工作，外文过刊回溯建库工作即将收尾；外文期刊实现按学科分类管理、排架；2011年完成西馆全部共400余种外文过刊及现刊的分类、取号，并实现全部外文新、过刊的按学科分类排架和管理。

（张蕾）

【外文原版图书回溯建库工作】　2011年，图书馆完成全部原东馆9 928册英文原版图书的集中回溯工作；由于历史原因，图书馆日、俄文以及小语种外文图书的管理工作一直处于手工处理状态，为此，2011年图书馆对馆藏外文过刊、日、俄文以及小语种图书的回溯建库工作进行了前期调研、考察，最终确定了本馆外文（含小语种）书、刊的条码及索书号选取方案。2011年底，日、俄文及小语种书刊回溯建库的前期准备工作已经完成。

（张蕾）

【清点东馆藏书】　由于历经多次搬迁和馆舍调整，东馆的馆藏变化较大。为了搞清实际馆藏状况，并为新馆建设作准备，2011年，图书馆对东馆的馆藏情况进行了全面统查。通过数据库统计以及逐架逐册手工清点，最终全面理清了东馆现有图书藏量。其中，基藏库藏书483 911册，经济借阅室25 768册，社科借阅室39 476册，MBA借阅室7 052册，加之部分未整理书籍，东馆的全部图书馆藏在55万～56万册之间，占图书馆全部馆藏的一半左右。通过这次手工盘库，图书馆对馆藏量有了掌握，为将来的新馆建设和架位预留提供了一手数据。

（杨阳）

文献信息与读者服务

【提升服务质量】　2011年，图书馆为满足读者需要，根据学校学科建设的要求，大幅度增加了中文现刊的种类，在图书馆研究阅览中心和新刊阅览室分别新增中文现刊300余种。阅览部及时准确地进行了设备到位、架位调整和架标更换，保证了所有期刊如期供读者阅览。

图书馆加强了书库管理工作和读者服务工作。6月7日开始，图书和随书光盘不再分开管理，光盘随书上架，方便读者借阅。9月，经济图书借阅室和社会科学图书借阅室正式外包给北京书尚图书有限公司。10月，保存本图书借阅室正式对研究生和教师开放借阅。

（王春晖　马艳林）

【增加开馆时间】　为了最大限度地满足读者阅览、科研、学习需求，图书馆延长了开馆时间。自11月1日起，图书馆研究阅览中心、现刊阅览室、过刊阅览室、电子阅览室提前1小时开馆,开馆时间从早七点至晚十点,周开馆时间达到105小时,并且实现了节假日及寒暑假的全面开放。

(王春晖)

【设立“生态及美国文学文库”】 9月,美国布朗大学圣·阿蒙德教授(Barton Levi St. Armand)委托外语系程虹教授,向我校赠送图书近千册,于9月14日正式陈列于图书馆阅览部所辖古籍阅览室,赠书人圣·阿蒙德教授亲自将这批赠书定名为“生态与美国文学文库”。“生态与美国文学文库”所有图书于2011年10月图书馆宣传月期间正式向读者展出。

圣·阿蒙德教授(Barton Levi St. Armand)捐赠的图书多为其私人藏书,包括英美文学经典作品、生态批评文学理论前沿著作、文学理论的核心刊物等,图书共计988册。这是首都经济贸易大学乃至目前国内外文学研究领域的一批独具特色的赠书。近50本图书附有作者亲笔签名,有些作者签名甚至可以追溯到19世纪末和20世纪初。这批图书汇聚了科目齐全、历久弥新的经典自然文学原著,将成为首都经济贸易大学和国内其他高校、科研机构研究美国自然文学以及生态批评文献方面的重要资料。

(王春晖)

【庆建校55周年图书馆宣传月活动】 10月11日,图书馆宣传月启动,作为向学校55周年校庆的献礼。启动仪式上,校长王稼琼为“首都经济贸易大学校友文库”揭牌。“校友文库”由校友会副会长赵凤启亲笔题字,图书馆和校友会共同建立,旨在全面收集全校教师及校友的著作,展示首都经济贸易大学文化、学术风采,现场有柴建设、李福田、李婧、亓昕四位教师代表将自己的著书捐献给了图书馆。作为首批献书的教师代表,由校领导为他们颁发了证书。“校友文库”将作为图书馆特殊馆藏永久保存。仪式上,图书馆馆员和数据库培训师们介绍了馆藏资源,宣传了图书馆的各项服务。宣传月活动将持续一个月,开展了讲座、特别还书周、短信提醒、开放库本图书借阅、读者之星评选等活动。宣传月期间,图书馆首次展出首都经济贸易大学教师专著及论文近1 200余册,同时接受了广大校友的作品捐赠。此项展出将作为“首都经济贸易大学文库”建设的开始,并将成为图书馆的特色馆藏永久保存。

(陆辉　王春晖)

数字图书馆

【加强软硬件环境建设】 截至2011年12月,数字图书馆搭建了良好的软硬件环境,引进先进的管理系统ALLEPH500和资源整合系统METLIB。拥有各类在用服务器15台,包括惠普刀片服务器5台,SUN高端服务器2台,可利用存储容量为80TB,并且采用较先进的惠普EVA8000存储系统。

图书馆积极采用新技术、提供新服务,不断扩大个性化信息服务方式,截至2011年12月,图书馆已经建成数字图书馆门户系统、读者自助借还系统、读者自助打印复印系统、读者短信提醒系统、触摸屏电子读报系统、在线咨询系统、邮件咨询系统,满足了读者的个性化需求。

(陆辉)

【推进数字资源建设】 数字图书馆资源建设日趋完善,与学校教学科研需求匹配合理,截至2011年12月,图书馆拥有各类数据库资源共计45个(包含70余个子库),其中,中文数据库27个(包含30余个子库),外文数据库17个(包含30余个子库)。数据库资源建设紧密联系学校学科建设和发展的实际,覆盖经济、管理、法学、人文艺术、信息技术、环境工程、外语、数理科学、教育传播等学校重点专业和特色学科,文献类型涉及期刊论文、电子图书、学位论文、会议论文、报纸、统计数据、研究报告、多媒体资源、工具书年鉴标准等全部常用类型,通过对图书馆新运行的数字图书馆门户搜索引擎访问量分析,排名前十的关键字有一半左右是财经统计方面的搜索,说明在经济管理领域,首都经济贸易大学的资源建设颇具规模和特色。

继续加强数字图书馆数字资源整合。通过数字图书馆门户网站的监控数据统计显示,截至2011年2月,各类数字文献下载总量超过120万次,检索次数超过每年40万次,日均站访问量超过650人次,数字图书馆门户网站访问总量已经突破220万人次。

逐渐建立起读者培训工作体系。通过开展新生入馆教育、信息素质学分讲座、预约培训、主题讲座以及与各院系合作开展培训等多种形式提高读者信息素质,更好地服务教师的教学与科研活动。2011年开展各类培训场次超过50次,累计培训人次超过2 000人。图书馆还开设了图书馆资源与服务利用相关的选修课,年度累计受众人数超过200人。庆建校55周年图书馆宣传月活动,发放资料3 000余份,接待读者咨询1 000余人,开展各类培训30余次。

为了深化和提升图书馆信息服务水平和层次,图书馆参与中心的调研和筹建工作,制定了中心章程、工作流程和基本的制度规范,初步探索出了符合学校需求的科研信息服务模式，目前已经取得阶段性成果，截至2011年底，完成研究咨询课题5项，完成教师各类检索申请20余项。

积极参加对外交流与合作。作为BALIS成员馆，图书馆积极参与BALIS原文传递和馆际互借宣传和实施，截至2011年12月，图书馆完成原文传递任务60多项，注册读者200多人，获得BALIS原文传递三等奖。

（陆辉）

【加强信息化建设】 图书馆技术部协助学校教育技术中心，参与了学校“校园一卡通”项目工程的实施，在“校园一卡通”项目的第三方接口问题上提出了合理的解决方案，完成了“校园一卡通”项目与ALEPH 500图书馆管理系统、门禁系统的对接。4月，图书馆加强了与BALIS的合作。开展了馆际互借和原文传递服务。技术部和BALIS积极联系，及时沟通，为联合目录提供接口服务，并予以相关配置，为原文传递系统开放用户名和密码，为此项工作的顺利开展提供了技术保障。

（刘海翼）

图书馆自身建设

【校领导到图书馆进行新馆调研】 5月10日，党委书记柯文进、副校长王传生、校长助理张衍平、校长助理孙昊哲、基建处处长房永明到图书馆进行专题调研，详细了解了图书馆新馆建设规划情况。

（巩伟）

【推进东馆改造】 随着学校的整体西迁，在学校红庙校区管委会的布置和领导下，对东馆的馆舍进行再分配。图书馆东馆给予了全力配合，在馆舍的清退及重新布局、馆藏的搬迁、资产的清理、施工期间的安全管理方面，东馆在正常的借阅和阅览工作下按时保质地完成了任务。

（杨阳）

【加强馆际交流与合作】 11月8～11日，图书馆总支书记程显秋老师、技术部主任、采编部主任、东馆部主任和研究馆员赴广东考察。考察的中心内容包括广东高校图书馆新馆建设的经验，以及各馆在管理理念和服务创新方面的探索。此次重点考察了中山大学图书馆、中山大学大学城分馆及深圳大学图书馆，与各馆的领导进行了座谈与交流。

北京市网络图书馆2011年预算申报及招标工作培训于6月17～18日举行，共有来自32位北京市属高校图书馆的80余名代表参加，图书馆张桂岩副馆长和资源建设部张蕾同志参加了本次培训。

4月7～13日，北京高校网络图书馆组织市属高校图书馆馆长一行30余人赴南京大学、南京师范大学、浙江大学、浙江理工大学南方四院校图书馆考察学习，历时一周，图书馆副馆长张桂岩参加了此次考察活动。

（巩伟）

党建、工会工作

【完成图书馆“双代会”选举工作】 5月31日，图书馆分工会换届选举和第三届“双代会”代表选举大会召开。根据学校选举办法要求，最后选出“双代会”代表4人，工会委员5人。

（巩伟）

【开展主题党日活动】 图书馆党总支主动适应新形势，不断探索新的工作方法，围绕建设学习型党组织，深入贯彻落实科学发展观，加强党员作风建设，积极组织和开展2011年“主题党日活动”。结合建党90周年，7月12～13日，图书馆党总支组织党员到革命圣地西柏坡参观学习。“走进革命圣地，重温历史”是活动的主题，也是图书馆党总支组织全体党员以“认真学习党史”为主题的系列活动之一。

为纪念在中国共产党的领导下，伟大祖国改革开放30多年来取得的辉煌成就，感受祖国特别是社会主义新农村的巨大变化，图书馆第一退休党支部与校部机关、后勤等党支部联合，组织和开展如下参观考察系列活动：①回顾党的历程，学习党的历史，组织专题学习讨论会。②组织党员与怀柔北沟村村支书等座谈，参观村容村貌。③组织进行红歌文艺演出，歌唱庆祝我党90华诞。④走访、慰问五保户、困难党员，赠送慰问品。图书馆第二退休党支部，6月组织开展了赴天津参观周邓纪念馆的主题党日活动。

（巩伟）

【开展首届“服务之星”评选活动】 图书馆于2011年宣传月期间，在服务窗口开展了首届“服务之星”的评选活动。根据读者公开投票评选，图书馆评选委员会通过，郭静美、颜丽红、阮唯真、马艳林、高志敏5位同志荣获图书馆首届“服务之星”称号。

（巩伟）

【图书馆分工会活动丰富多彩】 2011年上半年，在校工会的统一部署下，完成了新一届工会委员的换届改选工作。2011年下半年，完成了第三届“双代会”的筹备工作、提案工作以及大会要求的各项议事议程。充分发挥工会的纽带和桥梁作用,工会积极开展了羽毛球比赛、游泳比赛、合唱、交谊舞等丰富多彩的有益于职工身心健康的各项文体活动。

(杨阳)

【重视离退休及统战工作】 12月12日,召开了"图书馆离退休及民主党派人士代表馆情通报暨征求意见座谈会"。座谈会上,汪平馆长首先对2011年的校情馆情进行了通报,党总支书记程显秋作了补充介绍,办公室主任对学校有关离退休工作的政策进行了传达和说明。与会者围绕学校和图书馆的各项工作及未来发展,对《关于首都经济贸易大学未来新馆建设的建议》提出了意见和建议。

(巩伟)

校医院工作

概 况

首都经济贸易大学校医院(以下简称校医院)是一所学校投资的全民所有制非营利性医疗机构,承担学校的基本医疗服务、预防保健、慢病管理、公费医疗和医疗保险事务管理、计划生育、学校红十字会和全校献血工作、健康教育以及学校公共卫生服务和公共卫生突发事件应急处置等项工作。校医院分别在校本部和红庙校区下设两个门诊部,均为北京市基本医疗保险定点医疗机构。截至2011年12月,校医院总建筑面积2 255平方米,固定资产1 018件(价值近1 111万元),万元以上设备91件(价值近954万元)。现有员工34人(含外聘人员),其中卫生技术人员27人(包括副主任医师4人,中级职称医务人员16人,初级职称医务人员7人),行政人员7人。具有本科以上学历人员16人,大专学历人员13人,中专学历人员4人。全部医务人员都接受过专业或执业培训,并取得相应专业资格证书和执业资格证书。校医院设内、外、妇产、口腔、中医5个普通门诊,设预防保健、理疗、医学检验、医学影像、护理8个业务科室。

(王浩然)

医疗业务管理

【医疗工作概况】 校医院承担学校近13 000名学生及3 000多名教职工(含离退休教职工)的医疗保健工作。除日常24小时门诊外,还承担和组织各种体检、保健、学校传染病及突发公共卫生事件的防控工作。2011年,全年门诊36 752人次,急诊1 203人次,各项化验检查14 496人次,X光检查6 157人次,其他各类检查约1 100人次。

校医院门诊能正确诊断、处理内外科常见病、多发病、慢性病,对急、危病人能迅速作出初步诊断及处理;充分利用现有条件开展外科门诊手术,对常见皮肤疾病进行激光或冷冻治疗;开展口腔科、妇科常见病多发病的诊断和治疗;开展中药与多种治疗(理疗、针灸等)相结合;可进行各项常规检查,血液生化检查,幽门螺杆菌的检查及糖化血红蛋白的测定;可进行X光透视、数字化X光拍片及食道胃肠造影等业务以及心电图、动脉硬化检测等项目检查。

(王晓红)

【完成国家"十一五"科研课题】 6月,校医院完成了由北大医院牵头,多单位合作参与的国家"十一五"科技攻关课题的两项子课题:"冠心病早期诊断和综合治疗技术体系的研究"之"动脉粥样硬化临床前期病变(PCA)干预研究"及"动脉粥样硬化临床前期病变(PCA)队列构建"的研究。

(王晓红)

【继续开展教职工健康工程】 建立与完善教职工健康档案。使用2011年开发的体检软件,校医院完成教职工体检结果录入、分析及个体化建议,实现了全体教职工体检结果校园网上查询。

继续开展健康评估及心脑血管疾病发病风险的系统评估(该系统在全市高校中率先使用)。以教工体检数据为依据,结合教工个人健康信息,进行个体健康评估及心脑血管发病风险的评估,有针对性地提供个性化的生活方式的指导。评估结果实现校园网查询及打印。

开展知己健康管理。根据教工体检结果及健康评估,对部分慢病患者及亚临床人群开展膳食、运动、生活方式等个性化干预指导，扩大知己管理的范围，使更多的教职工自觉地把健康理念转化为健康行为。

（王晓红）

【预防保健】 4月，校医院组织全校职工（含离退休人员）2 110人参加由专业医疗体检队进行的11项检查项目的医疗体检，反馈职工体检结论2 086份。根据每位职工的体检结果进行身体健康评估，为其提供常见病、多发病的发病率及发病风险分析，提供健康保健方案。全年完成各类新生本科生入学体检、学生运动会体检和职工调入体检3 600余人，本科毕业生毕业体检2 200余人。

9月，按照北京市卫生局和教委联合下发"关于加强脊髓灰质炎防控工作的紧急通知"要求，对从新疆等地区来京就读学生和教职工进行摸底排查，并配合朝阳区第二医院和丰台区新村社区服务中心对学校两校区符合接种的123人进行了脊灰疫苗的强化免疫。配合丰台区结核病防治所，对新生进行PPD（结核菌素试验）监测2 200余人，监测率大于90%。按照北京市免疫预防接种的要求，对外地生接种麻疹疫苗160人，白破疫苗182人，保证学校全年无一例脊灰病例发生，无传染病的流行和爆发以及其他公共卫生危害事件。

利用宣传画报和网络等卫生宣教形式，开展了结核、流感、乙肝、艾滋病、肠道传染病以及脊髓灰质炎、水痘等传染病防治内容的卫生宣教。让师生员工加强自我防病意识和能力，减轻疾病对自身和公共环境造成的危害。

（苏文霞）

学校医疗政策与社团管理

【公费医疗与医疗保险工作】 2011年是学校教职工享受公费医疗政策的最后一年，多种原因使学校医疗费用大幅增加，校医院与财务处配合，在公费医疗报销中加强对费用较高病人的审核力度，严格各项报销制度，使学校的总体费用增长控制在规定的范围内，并得到市医疗保险中心的支持，为学校节约了经费。

1月，组织、落实离休统筹人员纳入社保卡就医的转轨工作，校医院与学校离退休工作处共同开展政策辅导，制定管理办法，协调、解决各种问题，并于9月底实现全部离休统筹人员持卡就医。

7月，为落实市级公费医疗单位改革，校医院与学校人事处、财务处在全校范围内共同进行医保政策知识培训和技术辅导十余次。年底前完成了校医院内部医疗管理（HIS）系统的升级改造工作，对全体医务人员进行了医疗保险政策的业务培训，为公费医疗人员纳入职工基本医疗保险，实现持卡就医实时结算做好各项准备工作。

全年为新入校学生办理了意外伤害保险2 100人，协助华侨学院办理"一老一小"基本医疗保险670人。为校办工厂自有退休职工审核医药费用，为学校享受工伤医疗保险待遇的人员办理医药费报销事宜。

（赵文汉）

【计划生育工作】 计划生育办公室（以下简称计生办）负责学校人口与计划生育工作。计生办围绕"持续稳定低生育水平，统筹解决人口问题"这一主线指导、开展工作。全年开展的工作和活动主要有：

党委书记柯文进与学校各单位主管领导签订2011年计划生育责任书。组织学校红十字会的学生15人参加了呼家楼街道主办、计生办及朝阳医院协办的"营造幸福家庭，关注家庭健康"活动启动仪式。

"六·一"儿童节开展了主题为"幸福家庭、成长快乐"的儿童摄影展，近200人参展。

发放独生子女费、托补费、奶费共计100 843元。发放独生子女父母退休后一次性奖励费42 000元，办理生育服务证30人。慰问孕、产妇15人。

因学校人口和计划生育工作以特色打开局面，以活动带动宣传，荣获呼家楼街道2010年人口与计划生育工作先进集体及药具管理先进集体两项荣誉称号。

（张艳华）

【红十字会活动】 学校红十字会（以下简称红会）有会员700人（2011年新会员180人）。红会以人道、博爱、奉献精神为宗旨，以爱心行动感召学生，为学生搭建社会实践平台，成为学生开展心理健康教育的实践场所。

5月，在学校大学生活动中心举办了主题为《弘扬红十字精神，落实我们的责任》的第六届首都高校红十字会高峰论坛。市红十字会领导和60余所市属高校红十字会学生会长、代表参加了会议，红会作了题为《志愿服务　责任在肩》的重点发言。

红会全年举办各种公益活动50项（有影响力的特色活动10项）。其中，参加献血，开展自救互救技术培训，组织会员进社区服务居民，到孤儿院做义工，手语讲座，预防艾滋病的同伴教育等活动更受同学的关注和参与。红会组织的"大爱微行，温暖你的冬天"防止艾滋病宣传活动获北京市红十字会评选的"优秀活动组织奖"。

12 月,红会通过年终考核,再次被评为北京市红十字会先进单位,校团委孟雪丽老师获得北京市红十字会先进个人称号。

(赵文汉)

【献血工作】 11 月 24 日,北京市第三届《温暖冬季无偿献血启动仪式》在学校举行,市血液中心主任刘江、市卫生局领导、市政府相关部门领导、学校校长助理孙昊哲、原纪委书记赵凤启出席了启动仪式。北京电视台、北京日报、北京晚报等多家媒体对启动仪式进行了报道。

在学生处、校团委和各院系的宣传动员组织下,全年有 818 名学生报名献血。其中,成分献血 161 人,捐献全血 498 人,造血干细胞捐献登记 71 人,学校因此获得北京市献血办公室的表彰。

12 月,在全市献血工作经验交流会上,赵文汉老师作了题为《2011 年首都经济贸易大学献血工作汇报》的重点发言。经评比,学校再次获得北京市献血先进单位光荣称号,外语系栾婷老师获得北京市献血先进个人称号。

(赵文汉)

党建、工会工作

【支部建设】 校医院直属党支部(以下简称党支部)有党员 28 人(在职党员 15 人,其中,预备党员 1 人)。全年收缴党费 6 676 元(其中在职党员 4 936 元,退休党员 1 740 元),"七一"爱心捐款 660 元,组织退休党员活动支出 1 174 元,为在职党员购买学习书刊支出 2 800 元。

党支部认真开展学习实践科学发展观教育和创先争优活动。根据校医院的特点制定党员学习计划,采用网上答题、党史知识问卷答题等多种形式,组织党员学习了杨善洲同志的先进事迹,结合建党 90 周年活动组织党课学习,围绕《中国共产党伟大力量源泉是什么》、《我们在新时期如何为党旗增添光彩》、《从怎么看到怎么办》等题目召开党员座谈会,提高了党员的大局意识和创先争优的自觉性。全年召开支委会 6 次,党员大会 3 次,组织党员学习 10 次,党课教育 1 次,外出参观 2 次。

3 月 25 日,党支部在全院大会公布了发挥党员作用、热心服务师生员工、以身作则、虚心听取群众意见、为群众作表率的 5 点承诺,并在保健科、内科、护理部设立了模范党员刘小白、服务育人标兵谭洁、优秀党员田冬明 3 个党员先锋岗,为提升医院的整体服务水平树立了榜样。

党支部坚持把创先争优活动和校医院的中心工作结合起来,要求党员在工作中体现出党组织和党员的先进性。在一线工作的党员们都能在保证完成日常工作的同时,以高度的责任精神,严谨的工作态度在门急诊值班、新生体检、军训、传染病预防、医疗保险政策宣传、HIS 系统升级、科室调整等工作中默默奉献,医院正气蔚然成风。

(赵文汉)

【工会工作】 校医院分工会在校工会和医院领导的支持下完成了全年的工作计划。购置脚踏健身车两部,建立了分工会活动室,举办丰富多彩的活动 10 次,如温泉度假、桃花节游览、寒假期间组织职工前往云南等地参观学习。既丰富了职工的业余文化生活,又提高了校医院的团结协作能力。

5 月,召开全体职工大会,推选出李峥、谭洁、王浩然 3 人为新一届校医院分工会委员;推选出谭洁、王浩然为学校第三届教职工代表大会暨工会会员代表大会代表。

11 月,经学校第三届教职工代表大会暨工会会员代表大会选举,谭洁当选为第三届教代会执委会委员,王浩然当选为第三届工会委员会委员。

(王浩然)

校办企业工作

概　况

首都经济贸易大学校办企业是学校直接或间接投资兴办的企业总和。自 2009 年以来,学校认真贯彻落实全国高校科技产业工作会议精神和《教育部关于积极发展、规范管理高校科技产业的指导意见》文件要求,进一步加强和规范对经营性国有资产的管理,全面推进学校校办企业改制工作。截至 2011

年12月31日，校办企业资产总额6 305万元，净资产3 780万元。

学校国资委通过对学校企业进行全面梳理，科学、系统地掌握了校办企业的基本状况，逐步剥离出结构失调、定位不清、经营不善的校办企业，关停并转了北京雄鹰出租汽车公司、北京金实力工贸公司、北京格兰综合经营部、北京精益商贸中心、北京金财税书店、北京市惠乐园艺新技术公司，并对企业职工进行了重新安置。

改革学校以事业单位法人的身份直接办企业的体制，重新确立国有经营性资产的责任主体前提下，依法理顺学校与企业的产权关系，明确学校企业出资人代表，建立起科学、规范的校办产业管理体制，规避学校直接经营企业的经济和法律风险，建立并运行现代企业制度，完善以股东会、董事会、监事会为基本框架的企业法人治理结构，处理好改革、发展与稳定的关系。

（云喆）

校办企业组织框架

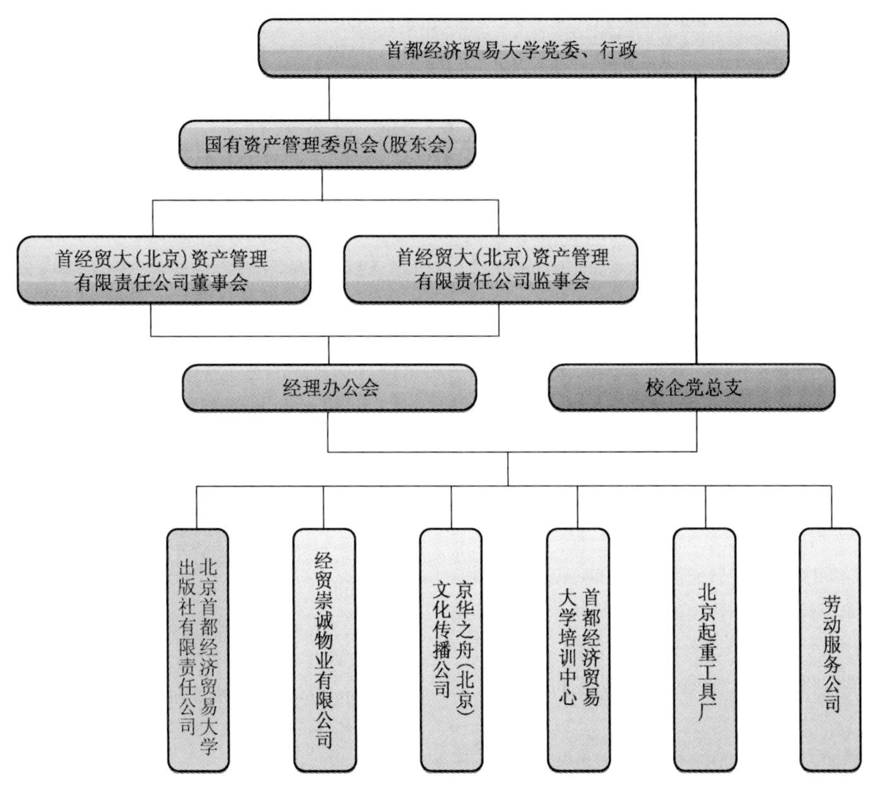

（云喆）

校办企业发展战略

【企业发展指导思想】　学校企业发展的指导思想是，牢固树立和认真落实科学发展观，坚持以“积极发展、规范管理、改革创新”为指导方针，积极引导和推进校办产业在规范管理的基础上健康发展。根据学校党委的统一部署，按照“规避风险、整合资源、建章立制、强化经营、创新思路、稳步发展”的要求，结合企业发展状况和市场经济的现实需求，要坚持有所为、有所不为，选择学校产业具有一定基础和优势领域，重点在文化传媒产业、教育产业、物业服务产业上有所突破，实现跨越式发展。

（云喆）

【企业发展总目标】　“十二五”期间学校企业发展的总目标是，依托学校的学科优势、人才优势、地缘优势和资源条件，经过不懈的努力，积极推进学校产业管理体制的改革和创新，确保国有资产保值增值，规避学校经营企业的风险；要加快原有校办企业改制步伐,全面推进现代企业制度建设。

(云喆)

【企业主要任务及具体指标】 "十二五"期间,学校校办企业发展要坚持走产学研结合的道路。以转化学校教学成果并实现产业化为目的,充分发挥学校人力资源、经济学、会计学、统计学等学科特色和优势,创办具有综合性学科的文化教育特色和智力资源优势的产业;重点孵化安全工程等具有自主知识产权的企业;要突破学校周边房地产开发经济模式,走出较大规模、较大效益的物业开发路子。

(云喆)

校办企业党建工作

【概述】 学校为加强对校办企业的统一领导,优化组织结构,于2009年成立校办产业党总支委员会,同时撤销校办工厂党总支和出版社直属党支部,建立4个党支部,即校办工厂党支部、校办工厂退休党支部、出版社党支部、资产经营公司综合党支部,现有党员118人。其中在职党员41人,退休党员77人。

2009年12月,校办产业党总支召开全体党员大会,选举产生新一届校办产业党总支委员会委员:张建军、周义军、朱志平、白荟民、王学方,张建军任党总支书记。

近年来,校办产业党总支在学校党委的统一领导下,始终坚持以科学发展观为指导;坚持"围绕中心,服务大局"的工作理念;坚持"发展、创新、和谐、稳定"的工作思路,不断探索新时期校办企业基层党建工作的新途径、新方法,坚持党的方向,夯实党的基础,塑造党的形象,把校办产业党建工作落实到实处。

【组织宣传教育活动】 一是把党员干部思想教育和理论学习放在首要位置来抓,不断创新学习形式,注重学习实效,广泛利用自学、集中学习、参观展览等多种形式,组织开展了科学发展观、创先争优、反腐倡廉和十七届五中全会精神等多个方面的教育学习,取得了良好的效果。二是结合党风廉政建设,积极组织党员干部观看反腐教育展览,教育党员干部"警钟长鸣"。

(庞志平)

【探索基层支部工作创新】 校办产业党总支有效发挥作用的关键在于找准企业基层党支部工作与生产经营的结合点、着力点,形成了各分公司党支部工作创新发展的良好局面。一是与工作目标上相结合,把中心工作的重点、热点和难点,特别是针对校办企业组建以来出现的一些新问题作为支部工作的重点、覆盖点和探索点,使战斗堡垒作用渗透到生产经营的全过程,为做好中心工作提供保证。二是与工作内容上相结合,把党组织生活与企业的中心工作,与党员的自身工作、学习、生活结合起来,积极引导党员岗位成才、岗位奉献、岗位示范等活动。三是与工作形式上相结合,坚持原则性和灵活性相结合,在落实上级的工作部署时,要结合实际,坚持党内主题活动与中心工作相结合,积极寻求党内活动与生产经营的有效对接;坚持相对集中活动与分散活动相结合,从实际出发,尽可能使活动小型化、进而效果最大化;坚持继承传统与开拓创新相结合,把现代教育手段运用到党支部开展的活动中来。

(庞志平)

【党总支工作】 党总支工作是聚集在满足企业中心工作所急、群众所需、支部所能的结合点上,既要坚持过去行之有效的好传统、好办法,更要不断丰富内容、创新形式,不断增强工作的说服力、吸引力和感染力。

以创建学习团队为载体,激活学习内在动力,提高党员干部的综合素质。一是发挥党支部民主生活会和党支部政治学习的辐射作用,并以此为主干带动党员和员工自学,逐步形成争做学习型党员、学习型职工,培育学习型支部,创建学习型企业的联动效应。二是积极关心分工会的工作,支持分工会开展丰富多彩的文化活动,建立"职工之家",召开职工代表大会,献爱心、送温暖。三是落实学校在编党员与非在编党员的培训、使用、待遇一体化管理机制,解决学习的动力问题。

以企业文化建设为载体,突破原有僵化模式,促进企业、职工的和谐发展。企业文化建设是党支部围绕中心任务、突破传统思想政治工作手段的全新载体。各分公司党支部根据企业的整体部署和要求开展各项文化活动,以企业文化建设推进企业和职工的和谐发展。

以争先创优为载体,实施工作目标管理,健全党员作用发挥激励机制。党支部结合党员不同岗区的实际,确定党员履行岗位职责和发挥先锋模范作用的关键指标体系,积极开展争先创优先进集体和个人的评选工作,激发党员奋发有为的进取意识。

(庞志平)

首经贸大(北京)资产管理有限责任公司

【概述】 为统筹规划校办企业的发展,由首都经济贸易大学出资设立了首经贸大(北京)资产管理有限责任公司。首经贸大(北京)资产管理有限责任公司是法人独资有限责任公司,公司按照产权清晰、权责分明、校企分开、管理科学的现代企业制度运营,肩负起以下3项职责:一是代表学校管理、营运所投资企业的股权和经营性资产,确保国有资产保值增值;二是统一规划校办企业的发展,促进高新技术成果的转化,孵化科技企业,创办具有文化教育特色和智力资源优势的企业;三是统筹管理,整合资源,推进学校产业化工作。

公司以"依托高校优势,发展教育相关产业,服务经济社会"为宗旨,以资本为纽带,代表学校对所属企业行使三项权力(投资收益权、重大决策权、经营管理权),走产、学、研融合发展之路。求真务实,开拓创新,实现公司可持续发展,提升学校社会服务功能。

公司下设北京首都经济贸易大学出版社有限责任公司、北京起重工具厂、北京经贸崇诚物业管理有限公司、京华之舟(北京)文化传媒有限公司4个全资子公司,监管首都经济贸易大学培训中心、劳动服务公司。截至2011年12月,公司注册资金1 000万元,资产总额6 305万元,净资产3 780万元。

【资产管理公司组织机构名单】 资产管理公司组织机构名单如下:

股东会(国有资产管理委员会)

主　任:柯文进　王稼琼

副主任:孙昊哲　杨世忠

委　员:刘宇　张红　邢琪　夏颖　许江波　刘学伟　房永明　焦勇

董事会

董事长:孙昊哲

董　事:孙昊哲　邢琪　夏颖　刘学伟　焦勇　庞志平　云喆

监事会

主　席:赵风启

监　事:李民　许江波

校企负责人

党总支书记:庞志平

总经理:云喆

【清理整顿工作】 2011年,为认真贯彻落实全国高校科技产业工作会议精神和《教育部关于积极发展、规范管理高校科技产业的指导意见》文件的要求,推进学校企业改制工作,加强和规范对经营性国有资产的管理;资产公司配合学校审计处、资产处对一些老的、经营不善的校办企业的经营状况、相关账目、债权债务进行了清理,关停并转了北京雄鹰出租汽车公司、北京金实力工贸公司、北京格兰综合经营部、北京精益商贸中心、北京金财税书店、北京市惠乐园艺新技术公司。

(云　喆)

【制度建设】 2011年,为了进一步加强管理,保障公司健康有序地发展,公司狠抓制度体系建设。根据实际情况,并借鉴先进的管理理念,拟定了包括内控制度、财务制度、人力资源管理制度、合同管理制度、"三重一大"实施细则、董事会、监事会议事规则、总经理办公会议事规则等一系列管理制度及议事规则。在实际工作中采用科学有效的管理方法,在加强业务工作的计划性、执行力的同时,注重细节管理,加强与内外部单位的联系与沟通,使公司的管理水平上升到一个新的层次和高度。

(云　喆)

【审计工作】 2011年,为确保财务信息的真实、准确和透明,真实反映国有资产保值、增值情况,加强总公司对子公司的监管,完成市教委、财政部的上报要求。12月,公司聘请会计师事务所对所属子公司进行了年终审计工作。

(云　喆)

【其他工作】 2011年9月,完成市教委关于校办企业"小金库"专项治理复查工作,公司没有私设小金库情况。12月,完成出版社改制工作,北京首都经济贸易大学出版社有限责任公司正式成为首经贸大(北京)资产管理有限责任公司全资子公司。

(云　喆)

出版社有限责任公司

【概述】 首都经济贸易大学出版社创立于1987年,原名北京经济学院出版社(1996年改为现名),2010年完成企业转制,更名为北京首都经济贸易大学出版社有限责任公司,是一家以出版高等教育教材及学术精品为主要特色的大学出版社。建社以来,出版社坚持为高校教学、科研服务的出版方针,以出版经济管理类教材、教学参考书为主,同时出版政治、经济、法律等社会科学类专业读物、学术专著、工具书,并有选择地翻译出版国外的学术著作精品。经过20余年的发展,出版社业已形成了以出版社科类图书,特别是经济类、管理类教材和学术精品为主体的品牌优势,先后有百余种图书获得包括"中国图书奖"在内的国家及省部级各类奖项。其中,《诺贝尔经济学奖获奖者学术精品自选集》、《中国当代中青年经济学家论著文库》、《高等院校经济与管理核心课经典系列教材》等图书在学术界、出版界及高校享有较高声誉。截至2011年,出版社累计出书2 100余种,总资产从创立初期的60万元增至2 800余万元,先后出资百余万元资助学校的学术著作出版。因坚持正确的出版方向,所出版图书获得明显的社会效益和经济效益。

(周义军)

【出版学术专著】 出版社立足于服务高校科研活动,支持教师将科研和学术研究成果转化为学术专著,以利于科研成果的传承与传播。2011年,共出版学术著作40种,占全年新书总品种的52%,学术出版物内容涵盖经济、管理、金融、法律、文化传播等各个领域,是出版社的重要产品线之一。出版社将为本校教师科研服务放在首位,40种学术专著中有30种作者为学校教师及科研人员,占出版社全年出版学术专著总数的75%。

首都经济贸易大学出版社2011年学术图书出版一览表

序号	书名	作者	备注	
1	马克思主义法学思想理论及其现实意义	侯廷智		
2	中国企业伦理——理论和现实	温宏建		首都经济贸易大学出版基金资助
3	中日经济统计评论	纪宏	本校教师	
4	贸易安全政策与实践研究——补贴与反补贴研究	何海燕		北京市社会科学理论著作基金资助
5	法苑撷英	任小平　张明　宋倩		
6	北京财政支出的经济效果评价研究——理论研究与实证分析	马立平	本校教师	北京市社会科学理论著作基金资助
7	国有上市公司信息披露监管的选择性执法分析	赵娟	本校教师	首都经济贸易大学出版基金资助
8	社会形态嬗变与人的发展进程研究	杨文圣　焦存朝		
9	转型期中国劳动力市场灵活安全性研究	王阳	本校教师	
10	中央商务区(CBD)楼宇经济发展研究	张杰	本校教师	
11	海上保险追偿法律与实务	邹志洪		
12	多目标线性规划分类方法业绩分析与改进研究	朱梅红	本校教师	
13	原味推广——中国企业人力资源管理精英实操集锦	周施恩	本校教师	
14	“十一五”期间中国企业人力资源管理热点、重点与难点研究及展望	周施恩　冯海龙	本校教师	
15	高端访谈——11位企业高管的人力资源管理真经	周施恩	本校教师	
16	全球化下的金融监管	祁敬宇 祁绍斌	本校教师	
17	教育教学改革研究与实践	王文举　王佳生　赵慧军	本校教师	
18	关于测量误差模型的统计推断研究	刘强	本校教师	
19	一些力学系统的可积性与积分方法	于威威	本校教师	
20	基本关系与双林格尔—霍尔代数	陈江荣	本校教师	
21	价值链会计分析研究	李百兴	本校教师	

续表

序号	书名	作者	备注	
22	社会资本与中国区域经济差异研究	赵家章	本校教师	首都经济贸易大学出版基金资助
23	欠薪与讨薪:工地政体与劳动过程的实证研究	亓昕	本校教师	首都经济贸易大学出版基金资助
24	社会主义和谐社会经济基础研究	侯廷智		北京市出版工程
25	北京市资金流动监测预警系统研究	巩云华		
26	中国国家区域援助政策体系研究	邬晓霞	本校教师	首都经济贸易大学出版基金资助
27	中国农民工养老金的价值与选择	潘虎	本校教师	
28	中国知识工作者过度劳动问题研究	王丹	本校教师	
29	人格与人事决策理论在人力资源管理中的应用	唐军	本校教师	
30	孙中山民生思想研究	王杰		国家出版基金资助,北京市出版工程
31	CBD 文化研究——2011 年北京 CBD 研究基地年度报告	蒋三庚　尧秋根	本校教师	
32	后危机时代的金融监管研究	祁敬宇　王刚	本校教师	首都经济贸易大学出版基金资助
33	新世纪中国十大并购	全球并购研究中心		
34	企业人力资源多样化:女性发展问题研究	赵慧军	本校教师	北京市出版工程,首都经济贸易大学出版基金资助
35	物业税改革对房地产市场的影响研究	巴曙松等		北京市出版工程
36	科学研究与社会服务前沿论锋	丁立宏	本校教师	
37	内蒙古西部地区发展问题研究	童年成	本校教师	
38	应用经济学前沿(Ⅱ)	文魁	本校教师	
39	诺贝尔经济学奖获奖者学术思想举要	王文举	本校教师	北京市出版工程
40	中国工伤保险制度研究	郭晓宏	本校教师	北京市出版工程

（杨玲）

【北京市哲学社会科学理论著作出版基金资助图书出版】　作为承担“北京市哲学社会科学理论出版著作出版基金资助项目”的 10 家出版社之一,出版社认真组织和审定申报书稿,对于已获批准图书,出版社及时将审定意见反馈给作者,并就内容与作者反复沟通,以保证图书质量。本年出版已获批北京市哲学社会科学理论出版著作出版基金资助图书 2 种,分别为《贸易安全政策与实践研究——补贴与反补贴》、《北京财政支出的经济效果评价研究——理论研究与实证分析》。

（杨玲）

【校学术出版基金资助图书出版】　校学术专著出版基金成立于 1991 年,由校领导牵头,出版社出资建立。作为校出版基金的出版单位和资助单位之一,本校教师的 69 本专著获得资助出版。2011 年,学校共有 8 种图书获得校出版基金资助。本年度出版社出版已获批校基金资助图书 7 种,分别为温宏建老师的《中国企业伦理——理论和现实》、赵娟老师的

《国有上市公司信息披露监管的选择性执行》、赵家章老师的《社会资本与中国区域经济差异研究》、亓昕老师的《欠薪与讨薪:工地政体与劳动过程的实证研究》、邬晓霞老师的《中国国家区域援助政策体系研究》、祁敬宇和王刚老师的《后危机时代的金融监管研究》、赵慧军老师的《企业人力资源多样化:女性发展问题研究》。

(杨玲)

【出版精品教材】 服务高等教育教学需要,坚持精品教材出版是大学出版社的办社宗旨和主要任务之一。大学教材在我社的产品结构中占据主要地位。截至2011年,因形成以经济学和管理学两个一级学科为核心,涵盖经济与管理主要专业的核心课程,覆盖"经济学"、"市场营销"、"工商管理"、"人力资源管理"、"金融学"、"物流管理"、"国际经济与贸易"、"财务管理"、"商务管理"、"广告学"、"信用管理"、"统计学"、"社会保障专业"、"财政与税收"、"会计学"、"商法经济法"等学科门类的主干课程教材建设体系,涉及研究生、大学本科和高等职业教育等各个层次的教材出版体系。出版社先后为各院系十余个专业出版了系列教材或主干教材,为630多位教师出版各类图书550余种。2011年,结合高校教学改革的探索和应用型人才培养的需要,出版社加大了实训类教材、基础课和通识课程体系的建设和高职高专教材系列与培训用书的建设,出版了《酒店管理英语》、《物流运输实务》、《国史通识讲义》、《汉字与中国文化》、《大学生就业指导与职业生涯规划》等多种教材。

(杨玲)

【《首都经济贸易大学年鉴(2011)》顺利出版】 12月,首都经济贸易大学年鉴出版。该书是首都经济贸易大学历史上的第一部《年鉴》,也是出版社首次承担本校的年鉴出版工作。在有关校领导的大力支持下,出版社领导亲自主抓,集中优质编辑力量,打破常规出版流程,加班加点,与学校年鉴编辑部办公室协同配合,保证了年鉴的顺利出版。

(杨玲)

【专著和教材获得大学版协和中国书刊发行协会奖项】 2011年,在由中国大学出版社协会主办,教育部社科司指导下进行的"第二届中国大学出版社图书奖"评选活动中,出版社出版的《中华人民共和国经济思想史纲》、《合作经济理论与中国农民合作社的实践》获中国大学出版社图书奖第二届优秀学术著作一等奖;《中国失业预警——理论视角、研究模型》获中国大学出版社图书奖第二届优秀学术著作二等奖;《区域经济学》获中国大学出版社图书奖第二届优秀教材奖一等奖;《文化学概论新编》获中国大学出版社图书奖第二届优秀教材奖二等奖。作为在全国大学出版社中具有较高影响力的评奖活动,出版社多种图书的获奖充分显示了社会对我社图书的认可。

2011年,在由中国书刊发行业协会发起的年度优秀畅销品种评选中,出版社出版的《英语国家概况》一书被评为"2011年度全行业优秀畅销品种",体现了市场对出版社图书的认可。

首都经济贸易大学出版社2011年获奖图书一览表

序号	获奖图书书名	荣获奖项	策划编辑
1	中华人民共和国经济思想史纲	中国大学出版社图书奖第二届优秀学术著作一等奖	周嘉硕　杨　玲
2	合作经济理论与中国农民合作社的实践	中国大学出版社图书奖第二届优秀学术著作一等奖	田玉春
3	中国失业预警——理论视角、研究模型	中国大学出版社图书奖第二届优秀学术著作二等奖	薛　捷　杨　玲
4	区域经济学	中国大学出版社图书奖第二届优秀教材奖一等奖	尹　煜
5	文化学概论新编	中国大学出版社图书奖第二届优秀教材奖二等奖	彭　芳
6	英语国家概况	中国书刊发行业协会2011年度全行业优秀畅销品种	孟岩岭

(赵杰)

【《孙中山民生思想研究》荣获国家出版基金项目】 11月,国家出版基金项目《孙中山民生思想研究》一书出版。该书为出版社第一部获得国家出版基金项目资助的图书,也是2011年4家市属大学出版社唯一获得此项资助的图书。全书对孙中山民生主义进行了重新审视,将民生主义置于"理想性"的学术框架中,透过浓重的理想色彩,剖析其阶段性、兼容性及普适性的"可行性"含义,通过阐释其学术意义,升华其现代价值。10月9日,在新闻出版总署召开的纪念辛亥革命100周年座谈会上,该书作为优秀成果进行公开展示。

（杨玲）

【改制后运行的第一年】 2011年是出版社完成转制后在新的管理体制和运行机制下运行的第一年,运行效果良好;该年度出版社同时完成了新旧领导班子的转换。

继2010年出版社完成了新公司的工商和税务登记注册后,2011年度完成了改制所需的如下实质性工作:一是把制度建设作为工作的重中之重,全方位制定或修订了数十项管理制度。新的制度本着"创新体制、转换机制、面向市场、壮大实力"的原则,力求推进出版社建立和完善符合经济管理规律、符合市场运行规律、符合高校出版社办社宗旨和自身特点的管理体制与运行模式,创建有效的激励、监督、约束、竞争机制,从而使出版社更快更好地发展。上述制度实施顺畅,效果良好。二是全员签订了各类劳动用工合同。改制后的出版社由事业单位转换为企业单位,随之而来的是社内各类员工的身份及其与出版社的关系发生相应变化,为规范劳动用工制度,明确员工与出版社或学校之间的关系,科学合理地进行劳动人事暨人力资源的管理,出版社制定了相应的劳动人事管理办法,启用了新的用工制度,主要依身份不同,与各类员工签订了不同种类的用工合同。新的用工制度下,在员工工资、福利、绩效奖金等方面淡化了身份色彩,做到了公平与效率兼顾。

（周义军）

【多种形式促进出版经营】 根据全国图书市场的新形势和出版社图书发行的具体情况,将非教材的市场类图书作为新的增长点,在工作力度和政策上进行适度倾斜,取得了良好效果;在营销活动中,有针对性地开展广告宣传工作,坚持了可供教材的全品种征订宣传,对重点图书进行了重点宣传,效果较为显著;充分利用网络开展宣传活动,参加了针对终端客户的图书推广活动;教材课件建设取得了突破性进展,已完成近百部教材的课件开发,有力促进了教材销售;在网络数字出版方面也进行了有益的尝试。2011年,出社利润水平继续增长。

（周义军）

【参与图书展会】 1月,全国图书订货会在北京举行,出版社积极参会,推出了一系列优秀市场类图书,如《知道点世界金融》、《知道点世界经济》等。本次订货会一个突出的主题是全方位为数字出版服务,出版社为此派出了大量的编辑和发行人员上会,以期了解更多的数字出版相关领域的知识,为出版社以后的数字化出版做好准备。

5月,出版社参加了在黑龙江省哈尔滨市举办的第21届书博会。北京市新闻出版局组织北京地区的出版社和图书文化公司组成了北京代表团,出版社作为北京代表团成员之一参会。这是全国书市更名为全国书博会之后出版社第一次参会。

10月,海峡两岸图书交易会在厦门召开,出版社积极参与,不仅派代表参加,还准备了本年的最新图书参加了两岸图书馆采购会,效果良好。

11月,出版社参加了第24届全国大学出版社图书订货会,该会在宁波举行。出版社每年的图书产品以教材为主,众多的教材代理商参加了该次会议,会上出版社发行人员和代理商进行了更直接的交流。

（潘秋华）

【向北京市残联捐赠精品图书】 5月10日,为支持北京市残联相关文化活动,出版社向北京市残联捐赠图书195册,码洋5 310元。捐赠图书为《中华人民共和国经济思想史纲》、《美学基础》、《沪深300股指期货与投资策略》等,均为出版社优秀图书。

（潘秋华）

【向新疆和四川地区学校捐赠图书】 7月7日,为支持边远地区教育事业的发展,出版社向新疆喀什师范学院捐赠图书200册,码洋5 098元,向四川省阿坝州理县教育局捐赠图书200册,码洋5 098元,捐赠图书为《投入产出及其扩展分析》、《汇率冲击下的货币错配——理论模型、实证测度与政策选择》等。

（潘秋华）

【编校比赛取得优异成绩】 出版社部分编辑组队在"北京市属出版社青年编辑编校大赛"上获得总分第一的优异成绩,为出版社赢得了声誉。

（赵杰）

北京起重工具厂

【概述】 北京起重工具厂(校办工厂)成立于1956

年,现隶属于首都经济贸易大学资产经营总公司,距今已有50多年的历史。2000年以前,校办工厂主要生产手拉葫芦产品并承担学校金工实习任务;2000年至今,以生产手拉葫芦产品为主,年生产手拉葫芦产品5万台,年产值2 200万。现有在岗职工84人,其中,在岗事业编职工31人,聘用其他身份职工53人。另外,负责管理内退职工35名、退休职工206名,管理五七退养人员22人。

北京起重工具厂是一家具有科研开发与加工制造及检测鉴定能力的手动起重工具制造企业,注册于北京市工商行政管理局,注册资金1 033万元,固定资产1 237万元,是国家首批通过ISO9001质量管理体系认证的企业,2011年又通过了ISO9000:2008认证证书的复核性审查,是一家“守合同、重信用、保质量”的国有企业,主要产品有雄鹰品牌手拉葫芦、手扳葫芦、单轨行车、吊索具及农用大棚卷帘机等。

北京起重工具厂有较强的加工制造能力。其中,起重链条制造设备拥有进口全套德国、意大利的链条编结机、焊接机及校准机;机加工设备齐全,质量控制体系健全,检验测量手段完善。根据市场需求,在不断加大对新产品开发的投入的同时,已形成了手拉葫芦、手扳葫芦、单轨行车、吊索具等产品完备的质量保证体系。产品远销美国、日本、澳大利亚等发达国家,还与哈萨克斯坦、印度等国签订了供货合同。产品国外销售占80%以上,国内大型项目和重点工程占15%。单位的产品长期供应北京强度环境研究所,该所是负责航天项目(神八、神九)的单位。良好的售后服务深受国内外用户的好评,产品在50多年的营销过程中取得了零投诉的成绩。

(王学方)

【生产销售情况】 2011年,校办工厂组织生产手拉葫芦37有662台;生产起重链条18万米。

截至2011年12月,实现销售手拉葫芦总计37 975台,其中,国内销售8 277台,国外销售29 698台。

(王学方)

【人员及工资情况】 截至2011年12月31日,工厂在岗职工共84人。其中,在职在编31人;聘用人员53人(包括退休、内退返聘人员20人;外聘人员11人;外来务工人员22人)。工资总额为398万元,较2010年337.1万元增加60.9万元。其中,在职职工工资支出268万元,较2010年241.6万元增加26.4万元。人均工资8.37万元,较2010年6.9万元人均增加1.47万元,增幅达21.3%;外聘人员工资142万元,较2010年95.5万元增加46.5万元,人均工资2.68万元,较2010年1.74万元增加0.94万元,增幅54%。支付五七退休职工费用75万元,较2010年106万元减少31万元,其中,工资及福利费40万元,较2010年40.4万元减少0.4万元(在2010年1月每人每月增加200元退养费基础上又每人每月增加50元,过节费保持不变,增加降温费50元/人),药费及丧葬费35万元,较2010年65.6万元减少30.6万元,降幅46.64%。五七职工拖欠药费已全部解决,现药费当月发生当月报销,不形成新的拖欠。为了工厂的和谐稳定,工厂齐心协力,竭尽所能,得到了五七退养人员的理解。

(王学方)

【企业财务状况】 资产负债结构:2011年12月末,企业资产总额1 291万元,负债总额1 260万元,均为流动负债,占负债总额的100%,资产负债率97.6%,流动比率0.94,与2010年流动比率1.0有所降低,速动比率0.36,与2010年速动比率0.37持平。

经济效益状况:实现销售收入1 421万元,比2010年同期1 572万元减少151万元,利润总额为-136万元,净资产收益率为-137.37%,总资产报酬率为-0.9%,收益的降低主要是由于材料、人工成本的快速增加和五七排职工费用较大引起的。

往来款项情况:2010年12月,欠私人借款50万元,欠银行贷款0万元,欠零部件款805万元;截至2011年12月,私人借款、银行欠款为全部还清。2011年12月末,工厂负债1 260万元,较2010年末增加69万元,其中,其他应付款430万元,应付账款822万元。

2011年,工厂克服资金困难,为改善工作和办公环境,新购置固定资产27万元,包括车间厂房、中频电源、变压器等。

(王学方)

【行业协会工作】 北京起重工具厂是中国重机协会理事单位,全国手动葫芦协会理事长单位。

5月,由北京起重工具厂成功组织了全国手动葫芦行业主机厂北京研讨会。全国手动葫芦行业28家工厂全部参加了会议。会议围绕“手动葫芦营销”主题对全国手动葫芦市场价格体系进行了充分研讨。全体与会者一直认为,在原材料、人工成本及基本费用普遍涨价的因素影响下,手动葫芦产品要适应整体市场的需求进行价格调整。会议形成了决议《关于调整产品价格的通知函》。

11月,由北京起重工具厂组织,在哈尔滨召开了全国手动葫芦行业年会。参会单位68家,其中,手动葫芦主机厂28家,配套协作厂40家全部参加了会议。会上对全国手动葫芦行业2010~2011年的工作进行了总结,提出了《团结协作　共创未来》的倡议书。

（王学方）

【营销管理】 北京起重工具厂重点与力易得公司建立了全面的供销关系。力易得公司已经对工厂产品进行了全面测试和相关技术分析,各项数据全部符合力易得公司的要求,现已小批量订货。仅此一个市场,将会使工厂销售收入上一个新的台阶。修订了《销售分配政策》,加大了激励机制,取得了显著效果。产品销售数量比2009年增加32%,销售回款较2009年增长21.5%。

（王学方）

【制度建设】 2011年,北京起重工具厂组织召开了全厂职工大会,修订完善了《北京起重工具厂职工考勤管理暂行办法》,修订了《聘任专业技术人员和返聘高级专业技术人员暂行管理方法》。顺利通过了ISO9001:2008版质量管理体系认证的复合性审查。从2010年初开始到9月中旬进行体系认证。

工厂办公室作为认证工作的执行机构,在认证工作中起到了关键而重要的作用。技术质量部在ISO9001:2008版中要求的开发设计内容中补充了大量的技术文件,并保证了厂内各种技术文件档案的统一性、完整性和有效性,保证了体系的认证。

生产管理部由原生产科、供应科、设备科和各类库房组成,涉及认证内容多、范围大,他们多次召开全体职工和各项岗位会议布置工作,工作做得细致、深入,为通过体系认证作出了贡献。

制链车间、总装车间作为生产一线,在完成生产运输任务的同时,对生产场地环境和有关文件进行了大规模整制和修改,作为体系运行的适宜性、充分性和有效性的落脚点,他们用自己的行动为实现质量管理体系的通过画上了完整的句号。

修订了《工车管理办法》,杜绝了公车私用;完善了《业务招待费管理规定》,控制了业务招待费的合理使用。2011年,这两项共节省费用18万元左右。

（王学方）

【党风廉政建设】 在校办产业党总支的领导下,北京起重工具厂党支部积极开展工作。组织召开了工厂领导班子民主生活会,开展批评和自我批评,注意自身学习,切实关注群众反映强烈的问题,促进校办工厂党风廉政建设向规范化、制度化方面,工厂领导班子全体成员严格按照学校"一岗双责"的廉政责任制约束自己,做到了警钟长鸣、奉公守法、廉洁自律、不贪不占,做到了主动抵制有损企业形象的行为的发生。

（王学方）

【工会工作】 北京起重工具厂认真贯彻市委、市教工委及校党委、校工会"厂务公开"的有关规定和要求。分工会在加强工厂民主管理和民主监督过程中,积极参加并协助厂党政领导班子工作,在工厂的党风廉政建设、维护职工的合法权益方面发挥了积极作用;参与制定工厂相关制度工作;对厂级干部的个人收入、业务招待费的使用情况及时统计公示。此外,北京起重工具厂做好构建和谐校园的基础工作,认真为职工办实事,发挥了桥梁和纽带作用。北京起重工具厂工会认真落实校工会开展的"双节送温暖"活动,为弘扬社会新的风气、构建和谐的人际关系做了一些具体工作,得到了退休职工、病休职工和困难职工的好评。在全厂职工的积极参与下,经过提名推荐,有5名同志被评为学校工会积极分子。

（王学方）

北京经贸崇诚物业管理有限公司

【概述】 北京经贸崇诚物业管理有限公司成立于2005年9月,前身为北京都市风书业有限公司。2010年8月,在全国高校后勤社会化改革的形势下,北京都市风书业有限公司完成转制,正式更名为北京经贸崇诚物业管理有限公司,属于首经贸大(北京)资产管理有限责任公司的全资子公司。2011年,在新的管理体制和运行机制下,北京经贸崇诚物业管理有限公司业务逐渐扩展为集教材发售、超市经营、物业商铺租赁、安保服务、校本部部分楼宇物业服务、会议服务等多种项目于一体的综合型物业管理企业。

北京经贸崇诚物业管理有限公司经历了前期筹备、部门组建、业务接手、初期运营等各项工作,公司管理机制逐渐走向成熟。截至12月,从业人员共80余人。公司下设行政部、财务部、教材发售部、超市营业部、物业租赁部、安保部、客服部等部门。

（云喆）

【制度建设】 2011年,崇诚物业把制度建设作为工作的重中之重,全方位制定了一套科学严谨、行之有效的规章制度体系。该体系对内作为纲领性文件,通过有效实施,确保物业服务满足顾客需求和期望,物业服务过程满足环境保护要求和保证员工职业健康安全,不断增强顾客和相关方的满意程度;对外作为证实性文件,通过有效实施,证明公司有能力稳定地提供满足顾客和法律法规要求的服务,有良好的环境表现行为,能控制职业健康安全风险,提高公司信誉。北京经贸崇诚物业管理有限公司规章制度体系建立了《公司管理纲要》、《行政管理规范》、《人力资源管理规范》、《财务资金管理规范》。

为实现超市规范化管理,经贸超市成立之初即制定了各岗位的岗位职责、工作流程、收银账款管理制度、备用金配备标准、库房管理规定、食品安全管理制度、制冷设备管理规定、退换货工作流程等一系列规章制度,制度的实施进一步规范了工作程序,明确了工作职责。

在物业管理方面,公司制定了《物料管理规范》、《品质改进规范》、《客户服务手册》、《保洁服务手册》、《会议服务手册》、《安全保卫手册》、《停车管理手册》、《消防管理手册》等一系列部门工作准则,用以规范公司员工的专业技术和行为,确保公司各项服务均能满足顾客的需求和期望。

7 月,公司接手红庙校区物业、安保工作后,充分调研原安保公司的管理模式及工作流程,结合学校具体情况,并根据《安保法》、《保安服务管理条例》等法律、法规,制定了《安全保卫手册》,规定了新的门卫管理制度、巡逻管理制度、中控室管理制度、班长队长工作职责等操作流程相关制度。

(云喆)

【教材发售】 2011 年,教材发售部为全校师生发放各类教学用书 99 733 册,实现销售数额共计 227 万元,其中,红庙校区发放教学用书 25 045 册,销售额 77 万元,校本部发放教学用书 74 688 册,销售额 150 万元。面对教材发放工作量大、教材存放无固定场地、发放时间高度集中、东西两校区同时发放的工作压力,教材发售部门人员制订了周到翔实的发售计划,做到图书码放到位,发放有序、繁而不乱,手续完备,未出现错领、冒领等情况。

(云喆)

【经贸超市】 2010 年,崇诚物业管理公司完成工商、税务登记变更注册以及各项许可经营项目的申办工作后,公司增加了经贸超市的经营项目。超市地处首都经济贸易大学校本部 11 号楼,营业面积 300 平方米,经营项目涉及覆盖广大校内师生的文体用品、日用百货、粮油食品、休闲食品、电子配件、洗衣等。

2011 年,经贸超市服务师生人数超过 200 000 人次,年营业额达 800 余万元。5 月,为进一步方便师生课余生活,超市于 5 号楼二层设立茶歇室。8 月,超市协同校卡务中心完成校园一卡通改造及校保卫处安保监控系统改造。

(云喆)

【安保工作】 2011 年 7 月,崇诚物业管理公司设立了红庙校区安保部,配合学校保卫处担负起红庙校区内治安维保的重要任务。红庙安保部自运行以来,全体队员统一着装,实行军事化管理,认真贯彻公司和保卫处的各项工作要求,积极配合属地公安、保卫部门做好“严打整治”和清理等各项工作,曾多次圆满完成各项安全保卫任务。2011 年,首都经济贸易大学被授予“朝阳区创建全国文明城区工作突出贡献单位”荣誉称号,红庙校区安保部在此期间响应朝阳区委、区政府创建全国文明城区工作的号召,协同校方及各部门做好校区安全保障等一系列基础工作。

(云喆)

【红庙校区物业租赁服务管理】 根据北京市财政、资产主管部门进一步清理整顿学校房产出租、出借有关工作要求,物业公司接受学校委托,全面承担配套用房的管理和经营工作。2011 年,为进一步理顺学校房产租赁关系,规避法律风险,将学校与商户直接签署的合同变更法律主体,由物业公司承担原学校应承担法律义务。自接管以来,物业公司一方面顶住压力,大力度清理整顿违约、违规商户,保障国有资产保值增值;另一方面积极协同校保卫处、区消防办、呼家楼人防办、呼家楼安监办、市容城管、外来人口管理等部门,对各商户逐月进行用电、用火的安全检查以及外来务工人员的普查登记。对外租商户的检查工作从电路、气路入室,灭火装置、灭火设施、灭火器材的配置、数量及位置,进行逐项检查、检验,做到有问题早发现、早解决。面对突发事件(例如,断水停电、上水管爆裂、暖气管漏、下水管堵、商户垃圾占用校内道路等),确保各单位人员都能及时到位,并进行充分沟通,避免冲突、化解矛盾,使问题快速得以解决,得到了各方面的理解、支持和认可。

(云喆)

【校本部物业服务】 2011 年 8 月,物业公司受学校委托,承担校本部博纳楼、博学楼以及综合阅览楼的客服接待、工程维修、特约服务、保洁服务、考场布置等一系列工作。通过制订培训计划、研究培训方法、确定培训内容,使员工培训率达到 100%、培训合格率达到 95%、培训淘汰率为 5%,提升了员工的工作能力和个人素质。11 月,学校举办了“中欧高校科学管理比较研究与合作研讨班”及“55 周年校庆联谊会”,部门全体员工出色地完成了会场布置、会场保洁、茶歇服务及多媒体操作,保障了会议的顺利召开和圆满落幕,获得了学校领导及广大师生的认可。

(云喆)

【保值增值状况】 2011 年,北京经贸崇诚物业管理有限公司国有资本保值增值率为 110.16%。

(云喆)

京华之舟(北京)文化传媒有限公司

京华之舟(北京)文化传媒有限公司创立于2005年7月,前身为首经贸大(北京)文化传播有限公司,注册资本120万,是首经贸大(北京)资产管理有限责任公司的全资子公司。2009年,文化传播公司进行改组,逐步形成了以传统文化推广、大型会议会展策划、网络技术咨询为主要业务的发展定位。同时,公司积极与学校文化与传播学院合作搭建科研转化平台,逐步实现经济效益与社会效益双丰收。

(云喆)

首都经济贸易大学培训中心

【概述】 首都经济贸易大学培训中心直属于首都经济贸易大学,成立于2005年8月,是由教育主管部门批准成立具有独立法人资格、专业组织开展各类教育培训活动的教育机构。2010年4月,根据《教育部关于积极发展、规范管理高科技产业的指导意见》、《北京市教育委员会关于积极发展、规范管理高科技产业的意见》文件的精神,按照北京市校产管理中心的工作要求,经学校国有经营性资产管理委员会研究决定将学校举办的首都经济贸易大学培训中心管理权收归学校,委托学校资产管理公司代管。

首都经济贸易大学培训中心依托学校雄厚的学科专业和师资优势,良好的教学环境,立足于"服务师生、服务首都"的培训理念,以教学管理为中心,以"培养适应当代经济和社会发展,理论基础扎实、富有创新精神和实践能力的高素质应用人才"为工作目标,努力提高自主创新能力,着力改善办学条件,使培训中心真正成为社会经济管理人才和现代化服务人才培养基地。

(云喆)

【培训工作】 2011年,受学校组织部和市委组织部的委托,承办了北京市领导干部"首都经济发展"第一、二期专题研讨班,共培训学员98名,结合中心的培训理念,实现了"紧密结合首都发展需要,积极利用学校资源,勇于探索新的培训模式,为首都发展提供智力支持"的目标。

(云喆)

【BTEC(HND)项目】 BTEC(HND)中文全称为"英国国家高等教育文凭",由英国教育部授权颁发,覆盖英国全境。学生在完成BTEC课程后,得到具有国际水准、世界承认的学历文凭,毕业后学生可以选择就业或进入英国大学攻读一年,获得学士学位。

项目合作几年来,凭借雄厚的师资力量和科学完善的管理得到了英方的首肯。通过BTEC(HND)学习,学生将掌握现代商务管理、财务管理、工商管理等方面的专业知识,具备适应国际化企业工作的综合素质,通晓国际商业社会的全新规则,成为未来中国人才市场具有竞争力的国际型人才。2011年,在校学生人数164人。

(云喆)

【专升本科项目】 为不同层次学生得到全方位的教育,中心与相关学校引进英国斯塔福德郡大学(一年专升本科课程),为进一步求知的学生提供求学的平台。教材为英国本土教材,授课教师资质由英方认可,英方教师监考、判卷,学生修满学分后可申请颁发和英国本土一样的学士学位证书。2011年招收学生8人。

(云喆)

【奥鹏远程教育】 现代远程教育与其他业余学历教育相比,有着诸多不可比拟的优势,它打破了传统教育在时间、空间上的局限,为渴望求学深造的莘莘学子提供了进一步学习的机会。现代远程教育聘请网络名师、开设专业齐全、国家承认学历、证书电子注册,并且符合条件可授予学士学位。2011年,培训中心通过合作,招收专科、专升本科学生273人。

(云喆)

【其他相关部门咨询业务】 2011年,培训中心与劳动科学研究所就人力资源管理培训达成国家职业技能标准模块开发咨询项目,为大力推行国家职业资格证书制度、更好地规范就业人员的职业行为、全面提高就业能力搭建了平台。

(云喆)

【劳动服务公司】 根据中共中央〔1980〕第64号文件通知以及1981年10月7日国务院关于广开门路、搞活经济、解决城镇就业问题的决定,学校劳动服务公司于1981年11月经市教育局、市劳动局批准成立,是一家以安置返城知识青年及待业青年生产就业的集体所有制企业。现主营旅馆业,从业人员16人。

(云喆)

第十二篇

毕业生名单

2011年7月首都经济贸易大学博士学位获得者名单

专业	姓名
劳动经济学	王红涛　何勤　肖鹏燕　张雄　罗智渊　李文中(6人)
数量经济学	白卫国　匡祥林　刘硕　杨永恒　陶桂平　李群峰　张一清　周斌(8人)
产业经济学	崔焕金　牛立超(2人)
企业管理	韩录　李东升　李兴伟　商迎秋　王婷　薛琳　张孝梅　王秋宇　黄赫　王少华　玉红玲　黄启安(12人)
统计学	李杨　孟尚雄(2人)
金融学	李艳杰　王曼怡(2人)
财政学	郎大鹏　余远方(2人)

（张玉放）

2011年7月首都经济贸易大学硕士学位获得者名单

专业	姓名
安全技术及工程	王希　桑晓　柯鑫　赵薇　陈川　闫昭锋　康健婷　刘洋　梁超　潘罗敏　布合力其　方金铭　王进　陈文艳(14人)
管理科学与工程（工科）	于相宝　蒲萧云　张浩　张立营(4人)
劳动卫生与环境卫生学	勾硕　李娜(2人)
会计学	王晓雯　张洁　刘丽　董秋明　赵维丝　范蕊　任义　郑喆　曹萌萌　罗海鑫　陈为民　周舰　冯丹丹　黄青　李笑雪　朱元靖　邹丽君　林萍　杨文静　关晓妮　田野　英秀秀　郭叶琳　孙玲　张进　宋强强　费鸿乐　左伟　倪真真　任丽萍　刘娜　张晓辉　朱琳琳　刘贵祥　李雪飞　赵丽丽　唐易如　赵志珍　陈曦　钟敏慧　王承莲　陈学森　郭惟佳　吴旭华　王文斐　魏韫璐　张燕　肖湘子　李曼　赵凌飞　孟薇　刘万杰　郭晓琳　荣慧君　冯宁　张继广　陈辉　崔议文　董岩　马可　王建　杨冬梅　粟泽(63人)
区域经济学	曹磊　陈璐　董林　黄启蒙　李礼　李莎　彭美丽　齐德印　王彩萍　吴常春　吴春燕　吴晓展　肖梦　徐霆　薛立　张宏　安静文(17人)
行政管理	刘航　寇明雯　王鹏跃　申现杰　武晓颖　朱晨　王超　刘伟　张帆　袁平原　谷伟伟　安洋　林慧　程赫　赵婷婷　韩亚奇　康晓燕　高红倩　田冲　康坤　黄超明　崔小艳　秦通　周俊峰(24人)
信息经济	杨景　刘娜　杨红　张峻玮　李智超(5人)
管理科学与工程（管理学）	顾亚霏　李德明　朱卫卫　李洪侠　毛鑫　董燕菊　郝宇航　梁光健　霍琳　张婧　仇文君　徐晓力　陈湘翠　罗璇　窦坦磊　薛荣坤　邹锐文　陈竞　陈思　唐凌云　孙唐菲　石越　高太山(23人)
企业管理	王慧　杨柳　张海娟　牛晓娟　杨琳　张黎萌　王婉晴　沈芳　冯岳峰　李广博　刘晓丽　李臻　朱孝洁　陈振宇　董芳　方彩燕　马昕　边文娟　沈卫菊　黄晶　贾楠　柴玉娟　乔陈浩　徐有权　刘丽　张扬佳　孙越　庞加有　李广欣　戴苏斌　沈娟　莫燃　肖静文　吴凡　田震　韦娜　高静　杨健　崔久善　邵磊　董小远　孙兰云　杨永磊　蒋维政　杜昱　杨先先　黎氏青云　崔娜　吴氏凤　谢霏　朱宇　熊谦　王晖　郑维　周彤　曾庆玉　张楠(57人)

续表

专业	姓名
旅游管理	李素馨　李叶　王娴　吕亚静　安宁慈　李亚芳　李慧(7 人)
技术经济及管理	都闻　秦妍　郝德操　郭文静(4 人)
财政学	周震宇　谢宜彤　颜毓娉　谢林　高雪利　杨志华　陈伟　郭晓丹　秦燕　胡靖雯　徐莞　邸璇　吴晓帆　谢思远　郭超　郭蕾　刘钰雄　张建欣　王帆　刘伟奇　朱碧娇　江镓伊　杨莺莺　孙春雷(24 人)
统计学	郝亦朗　汤志华　李建力　张晓珍　商晓伟　齐艳彩　赵倩倩　王莉　王华强　杨静　崔旭靓　姜楠　唐静　刘沛沛(14 人)
金融学	朱玉文　周烨　郑芳媛　赵佼　章杰文　张楠　张森森　张晶　张佳欣　张偲婵　杨丽娜　杨德玲　薛婷　徐雪瑶　吴洋　吴建梅　魏思思　汪涣涣　陈小刚　宋燕　曲璐　芦莹　刘欣　刘楠楠　刘蕾　梁叶　李晓艳　李梦娜　姜姗　郭文玲　付静　邓一枫　崔蕾　曹彦　郑阳　赵新维　张志平　张志杰　许春流　魏胜　王瞳　王琼　王德宝　田现雷　李勇　李彬　康启鸣　金方伟　何兴源　韩爽　关晶晶　范子辰　窦睿智　程惠鑫　常彪　白帆　王子博　朱璐(58 人)
劳动经济学	穆昕　李晓娟　李博伦　夏凡　李敬雅　王代莹　舒倩　何正平　蒋玉　薛志芳　闫琦　郑之良　刘宇　周国丽　王蕊　薛晶　黄丽霞　吴君　陆佳　刘晏卓　王海斌　段言　沈斌　裴书涛(24 人)
人口学	刘晓丽　朱晓　谷龙飞　于群顺　王土　郑丽梅　张婷婷　李成亮　黄飞　关国瑛(10 人)
人口、资源与环境经济学	朱音萍　饶旻　郑冬冬　王银洁　任娟(5 人)
社会保障	刘广兴　汪柏根　李剑　毕金龙　刘亚玮　陈汪茫　廖康　丁艳香　赵俊福　许东黎　郝悦　杜萍　杨瑞　王潇　吴佳　李鸿儒　李阳　史丰瑜　李锦　陈琳　邓雅丁　张瑞明　秦阳　赵娜(24 人)
产业经济学	乔姗姗　刘婷　高扬　李修国　李颖　安仲任　张亮　郑博　孟婷　杨光　郑琳儒　吴戴　龚伟力(13 人)
西方经济学	许子文　刘荣　徐红广　侯超飞　李王　李振萍　宋卫林　池周锋　周畅　王宇晴(10 人)
政治经济学	乔黛　苏东旭　王玺　张靖荣　王双　方沐晗　高世明(7 人)
国际贸易学	赵璐璐　马春节　杨根宝　王九华　朱倩　周现国　方君兰　陈蕊　小苏　郭稳　梁小燕　马骄娇　商建雪　李晶　陆丝娜　马焙　毕雪健(17 人)
数量经济学	刘文魁　焦巍巍　康宏　李新愿　岳洋　王明哲　杨鹏飞　董红岩　柳艺(9 人)
国民经济学	邓利萍　董珊　代帆　田野　戴克　莫海仁　江艾山(7 人)
经济法	李春然　周晓芳　李莹　王乐　梁晔　王丹　叶青　赵丹石　李帅　谷永亮　杜晓成　田园　张绢　万星　王漪鸥　徐鑫琳　杨国平　苏孟飞　丛林　廖明月　周磊　彭艳芳(22 人)
民商法	刘静　谢晓萱　徐娜　赵越　薄琳　陈静　薛艺　朱洪英　张丽　张瑞　宝进　王亚红　李钊　董倩　呼博闻(15 人)
马克思主义基本原理	刘颖　张晓翠　康琳　冯明　陈姿璇　张浩智　武丽丽(7 人)
思想政治教育	韩莉　孙文超　潘镜宇(3 人)

(张玉放)

2011 年 7 月首都经济贸易大学工商管理硕士（MBA）学位获得者名单

专业	姓名
工商管理硕士	姚晓剑　周媛　刘伟　夏峰　刘萍　张昊　聂晓宁　王烨　赵凌云　郭燕　卢光林　段颖涛　雷震秀　范琳　马江　赵静雅　李晨　陈慧　彭娟　王燕庆　李丹　完颜　继宗　王微微　李莉　雷伟伟　唐雅男　何清　李继东　李祎玮　国大军　李敏宽　王佳　闫震　黄成博　周琳　刘志艳　傅京晶　张丽丽　祁慧　吴永重　刘建辉　袁敏　马志强　朱瑞霞　金朝伟　范晓熙　刘芳　张婷　毛娜丽　王刚　倪艳馨　肖大勇　陈飒　白晓峰　谷季萌　邵玉宇　郭晨宏　朱明杰　张兰君　曹勇　孙立芳　郭玉华　康蕊　厉野　侯桢彬　韩昆丽　彭清燕　李颖　齐文娟　杨丽　刘洁鸥　袁宏坤　史国梁　张晓林　张爱丽　王改芹　张东潮　王翠芬　张震　黄波　王雪　胡永振　邓鸥　杨梅　夏凌娟　边思宇　王恒妮　张晓明　程国鹰　张雪梅　郭隆　田红果　闫文江　雷婷　董杰　于竞珂　周苑　朱瑾　苗雨　王丽　王斌利　苏如世　张国臣　刘承延　李淼　冯菁宏　张仁朝　林伟伟　阴　娜　周洋凯（111 人）

（张玉放）

2011 年 7 月首都经济贸易大学同等学力人员硕士学位获得者名单

专业	姓名
金融学	张卫　孙珊　张静　张荻克　王慧　秦黎　徐然　蔡絮　侯宏海　谢博　孟艳菊　李治　刘国龙　谷立威　段兵杰　周妍妍　孙雅静　李军　郭媚（19 人）
国际贸易学	李蕾　陈方　李蕾　于洪丽　张旭　杨燕玲　王阳阳　杨青　刘彦洁（9 人）
产业经济学	赵科宁　卫辰　张红　王大为　杨同庆　李毅　刘薇　母晓文　张良　任丛丛　庄首建　孙涛　闫芳（13 人）
国民经济学	王银江　张秀云　郝纳新　魏有亮（4 人）
政治经济学	王金宝　范晨（2 人）
数量经济学	范嵩（1 人）
会计学	路杨　崔晓曦　姜楠　贾艳菊　施磊　王帅　王雪峰　艾渔洋　燕菲　李言炎　胡疆　张媛　姚丽　王晶　鲁兰　闫立梅　史超　杨磊　张蕾　武爽　程远宏　俞艳　原文涛　陈娜　刘文斌　魏俭　刘素立　李伟　王青　崔佳　代玥　谭茜　石松　贾敏江　王雨晴　张晓楠　刘欣　黄建昇　李素平　周华　李劼　丁晓辉（42 人）
企业管理	梅立岗　王岩　刘盛荣　方松　张涛　吴云清　王越洋　张思远　王然　许娜　赵燕山　饶松　陆宁　纪长青　金莹（15 人）
行政管理	白瑞清　安天　白瑶焕　陈红鹏　丁越　范国志　付磊　龚添　管鸿亮　胡伟　荆霞　李大伟　李岩　刘畅　刘洋　米娜　宁将军　孙凤先　孙琦　王丹　徐华　严一青　占鹏　张涵　张俊　张丽　张涛　赵丛　赵岩　朱喜嘉（30 人）
安全技术及工程	康伯阳　王小雷　燕莉（3 人）
产业经济学	吴悦　陈国栋　杜宁　张宇　张东伟　刘坤怡　吴迪　郝冠南　张阳　郑仕杰（10 人）
财政学	杨海龙　李琳菲　王一夫（3 人）
劳动经济学	金丽佳　王昱读　汪斌　黄朝一　张乾峰　宋盈熹　倪莹　薛黎丽　唐甜　叶红　任县芝　谷同群　梅雯　冯可冉　吕文方　崔颖　吴渤　刘学建（18 人）

（张玉放）

2011 年 1 月首都经济贸易大学博士学位获得者名单

专业	姓名
企业管理	刘红梅　牛志伟（2 人）
统计学	谢邦彦（1 人）

（张玉放）

2011年1月首都经济贸易大学硕士学位获得者名单

专业	姓名
会计学	叶麟(1人)
企业管理	杜树泉(1人)
行政管理	万飞燕(1人)

(张玉放)

2011年1月首都经济贸易大学同等学力人员硕士学位获得者名单

专业	姓名
产业经济学	刘晓雪(1人)
经济法	党卫星　李防(2人)
会计学	张未欣(1人)
企业管理	赵丽蕊　王伟娜　谭宝英　马芸　胡泽萍(5人)
行政管理	王京　付万惠(2人)
劳动经济学	韦国富　薛俊峰　乔文丽　黄薇(4人)

(张玉放)

2011年首都经济贸易大学本(专)科毕业生名单

专业名称	姓名
安全工程 (注册安全工程师)	郝宇　常帅男　唐巍　李小欢　彭思伟　秦晓伟　钱明楠　赵玉龙　高彦鹏　李春洁　刘晨　赵铮　杨凯　胡学新　白天骄　杨凤平　王显达　白雪　王雅娜　张梦瑶　范庆磊(21人)
工程管理	刘岳　魏文斌　杨淼　赵磊　王海豹　卢鹏飞　梅洲　高卫中　乔石磊　古梦迪　刘画音　蒙雯　王帅　王亚男　国家瑞(15人)
工业工程	杜龙　朱鹏飞　周昂　申浩　齐征　杨新波　朱侯　陈晨　刘建　刘天才　解雷　张玥　高扬　陈丽清　江文　练习文　饶昕　关昱(18人)
环境工程	高宇　从林　裴羿宁　李林熠　屈栋　杨艳竹　张梦冉　徐爽　王珊珊　贺彬　朱斌庚　张莹　慕艳茹　刘云　齐鲁　吴慧斐　付安　赵晨阳　何旋　刘洋(20人)
财政学 (注册资产评估师)	姚治　徐洋　常亚飞　李岳峰　李罗　高然　尹凯　张晓飞　孙哲　王琦　王琪　刘辰　付妍　刘婧昱　金晔　孙静　崔梦晗　周璟沅　白姗姗　杨琳琳　曲乐　张莹　王珊　钱珊　白晨　殷晓彤　吴爽　赵晶　吴菲　鲁敏　仉佩佳　李琪　郭梁　杨悦　徐涛　于赫音(36人)
税务	林序　李希楠　张文聪　贡铭　陈星兆　邹昕　佟伟露　马飞　姜添　何世尧　程晓烁　金晶　任杰　杨凡　李鑫　毛雪　李旸　刘竹　王頔　于卉　杜莹　包清　霍玉霞　田静　吴非　齐欣　李妍　毛萘　王宁　柴丹丹　王硕　张辉　李圣洁　刘素娟　董涛　李光明　王思棋　范仙婷　张红　邵妍　曾小乔　魏子旭　陈然　邱月壮　刘洋　赵潇　顾爱智　李松　高尧　孟天行　程一　徐韬　孙晔　蔡莉　啜秋萍　张梦丹　左丹　王越　聂荣　程茵　刘晓一　王晨　杨昌雯　刘雪娣　蒋妍　贾小艾　于洁　刘鑫蕊　王丹　崔帆　安珊　赵鸥　尹璐　卢澄慧　武丹　王一　徐仲杰　苏桐　王一鸣　耳杉杉(80人)
税务 (注册税务师)	秦朝阳　陈腾　王海双　林修博　沈亚琛　翟铭浩　张欣雨　陈希　吴楠　董政　雷特　王加琪　张昕　佟鑫钰　马金凤　爨玮　曹梦　韩颖　张弛　赵明慧　万君舒　张萌　张逸鸥　胡红　王远　宋戈　周哲诺　张天　张雯婷　陈鹏　陈迪　孙广佳　何越　李姝怡　徐颖　赵琦　周昕(37人)

续表

专业名称	姓名
城市管理	姜媛媛 陈泊豪 张龙鑫 王洋 吴谚濮 韩冬 王振 王腾 傅抒予 王燕 郭浩森 张西蒙 陆伶楠 孙梦帆 邵婷婷 李兴辰 郎东芳 李洁雯 姚希萌 马倩 解晓龙 王辰(22 人)
公共事业管理	赵艳楠 牛亚领 李沛霖 张雨桐 李伯宁 陈龙 杨一凡 何凤超 李根 赵伟男 王艳龙 周末 刘鹏利 吴振宇 黄海滨 赵一娇 周洁 李青 刘瑶 郭晓晔 马晨 张璐 刘璨 闫妍 张昀 李帅 孟赛丽 任品 乌米提·吐尔洪(29 人)
社会工作	徐旭 才启超 柯汉嘉 吴迪 于泽明 刘学 闫永杰 李楠 卢泳行 孙江涛 袁扬 张伟佳 林晓政 程锦 孟洁 侯丽娜 刘媛媛 杨霁竹 王超 马燕婷 白洋 刘晨雨 赵梓喻 秦辰(24 人)
土地资源管理(房地产与物业管理)	张宏超 张一 朱雨辰 李帅妮 胡威 王建行 李尚泽 王海峰 李辰 肖云龙 钟霄 刘涛 刘攀 郅京涛 刘晶 张然 刘伟鹏 闫思宏 项梅 陶涛 许可薇 何勃慧 母子圆 田茜 蔡枫 万雨菲 高曼曼 赵薇 张攀 刘柳 许悦 孙萌 耿西西 娄山巍 白新颖 龚茂远 程尊铮 郭旺 张帅玺 孙晓枫 付晨炜 李霖 杨若晨 陈拓 王佳 王向超 周岩 刘航 刘大漳 宋博雅 王渊 何安淇 韦祎 靳英吉 苏森 刘白舸 孙劭祎 干培民 石诗韵 李辰玥 武萌 孙海华 张佩珊 崔蕾 于路菲 彭思斯 钟珊 于佳 吉欢 张鑫洋 季媛 蒋尚 褚玉丹(73 人)
行政管理	马佳怡 韩翾 曹山明月 门昊 沈毅 张良 杨健雄 陆明 陈雨 杨光 栾天 王梦萦 廉欢 郑雅文 杨阳 王宁 刘畅 彭鹏 李青清 孙颖 张晓瑞 张夕 刘璐 韩小兰 刘安然 王晶 马晨蕊 张蕊 段蕙蕾 蒋立 邵晨钟 李轶芳 克迪热亚·吐拉吾东 宁欣 张锦 努尔艾力·努尔买买提 卢宇 朱云 孙楣涵(39 人)
行政管理(电子政务)	王竹青 张孟楠 王国兴 顾铮 战恒彬 李峥 姚志东 杨阳 姚琳 冯烨 祝新欣 郑然 李茜 闫小方彗 侯萌 王婷 董梦倩 贾静涛 金雪 才彧 鲍红婕 郑虹 黄汐沦 石萌 贾西雅 倪昭 王昱 夏路 袁欣 贾佳 李洋 石颖(32 人)
法学(经济法)	侯世强 陈思洋 钱睿聪 路海空 白知语 马睿 宋磊 田汉雄 刘铮 李健 张新宇 周梦圆 侯羿 宋博海 贾楠 张莹 霍晶 马晓西 于晓洁 李楠 杨文儒 韩紫微 才雨萌 付鑫羽 宁亚楠 刘畅 王佳宜 万芊 范鑫荃 杨兴辰 穆麟 宋宇翔 许春妮 杨夔 刘超 迪力努儿·火加尼牙孜 王泓博 刘皓 靳北辰 赵振宇 何方 张沛 丁祎 韩露 张一帆 陈卓 王凯 解悦 谢岳嵩 牛志刚 翟羽佳 陈茜 杜萌 杜颖 曹梦妮 李默 李梦晨 王澜霏 吴颖 贾义欣 窦振京 张晓萌 杜颖 龙珊 尹中艳 袁丽 潘华 初丽娟 师慧 汪佳楠 李彧 彭飞 侯玥锴 周皓 范永亮 戚璟 石超 吕元龙 王展鹏 朱九旭 任昭名 张行 章琳娜 刘一枫 陈宏 霍云 王博君 毕明珠 黎辰淼 李晓丹 杨颖 唐蔚霞 刘子侨 张雪 黄洁琳 梦园 卢桂 吕佩云 买里亚木 叶瀚(100 人)
电子商务	张维 高宇维 冯伟 石旭 杨明宇 吕伯 凌辰 佀文 李昊博 王华东 徐攀 史振元 杨师然 罗唯倩 张洁 卢思思 黄雨楠 刘静 高可心 张若梦 任禺阳 刘佳芸 刘鑫童 张子龙 张任之 郁阳阳 杨力平 朱文杰(28 人)
工商管理	杨涵辉 奚洋 郭华彬 孙宇 张驰 胥振铎 赵乐 曾明 葛思威 卢伟 李钊 陈希 庞婧 张强 宋韵 王梦娅 邓舒文 关涵秋 田媛 张媛 魏子玫 郭琦 田磊 王洪伟 宋筱喆 张菁 杨蕊 卫瑶丹 程呈 韩瑞颐 翟雪君 戴福林 曹莹 盖姝馨 杨文娇 孙晓佳(36 人)
工商管理(实验班)	杨铁 高向辰 李越 刘恺 陈帅 吕冰 祝思禹 沙叶舟 李洋 王刁宇 李晓璐 赵昊辰 杨娜 王梦姣 赵希茜 郝罡 刘柳 阎韦华 孙英男 龚雨晴 李梦蕾 许然 徐睿浛 高艺霖 徐艺文 周雨鑫 郑凯夫 郭昀松(28 人)

续表

专业名称	姓名
旅游管理	张子晗　谷木　刘媛　韩子龙　洪瀚　何川　王子杰　吴江平　杨元　鲁阳　马思洋　崔旭　张志　陶静昕　郝璐　田辉　高志南　张福初　李玢　杨浩　孙旭楠　冯一叶　李玥琪　多鑫妍　李洋　王志辉　张茜　刘美玲　张蔚然　李楠　姜兰　贾国玮　赵越　刘紫微　栗海阔　陈璐　冯琛(37 人)
市场营销	寇非　于欣　王子威　张振嘉　哈旭龙　徐靖凯　朱大昆　李振　赵梦洋　黄弓　张翔宇　于航　王师　常雅彬　张晓梅　高硕　马冬妮　王雪　高婧　赵欢　王卉　马昕　胡洁　王雅珍　仇凤皎　张萱可　柳畅　姜潮　李怡然　张晨　黄雅楠　戴婧　沈婷　张欣　汪雪　李航　孟梦　吴昊　吴炎欣　刘传东(40 人)
物流管理	田宇　王梓川　白辰　徐富辰　张雄飞　刘龙　郭沫　崔志宇　尼君　王怀宇　王岩　高帅　刘明明　高小羽　向芸菲　张榕　李唯　吕石　杨晓彤　王婵　刘婵　贾亚辰　张岚　邓雪瑶　刘颖(25 人)
工商管理 (管理会计)	杨安　黄沛林　袁涵　陆迪　王珩　边鑫　曹越　陈曦　赵旭阳　刘学　牛琦　辛婷　张冰瑶　吴佳希　高为　冯栋林　李美霖　郭子佳　张筱然　王文琦　齐良姝　袁珺　李婧娜　王欣慧　曹晓雨　郑兴　田婧　彭景徽　王鎏熠　刘婉　袁超　孔丹　范熙萌　李京玲　鲍非　赵宕涵　徐琛　李晨　王兆胜　闫孟函　曾雅倩　姚菲菲　邢澄　郑好　赵晨洳　陈赛　王超　马浚超　付慧伟　张煦　单小贺　徐思源　吕凌翔　张黎明　刘凤宝　王蕴奇　海冬　刘京娜　胡超　乔骄　赵瑄　张譞　王猛　张鹤　艾明　王烨　汪诗尧　何流　孟维　李晓君　张笑晨　艾虹媛　李叶　梁耀元　张溪　杜瑞　李梦　武倩　夏静　张晶晶　朱洁颖　靳洁　曲莎　郭炜烨　王志宇　付磊　吴静　孙妍　张慧　林嘉源　石霄霏　何佳易(92 人)
信息管理与 信息系统 (信息技术管理)	马明辉　崔翔　扈博　张浩　朱思成　裴周乐　王敬彪　索晓洁　王科　王阳光　李海文　王金贺　郝子健　赵天元　王宇辰　焦惟已　云超　刘琨　丁伟　杨威　卢天晴　刘潇忆　胡静文　刘蕊　陈谕宣　袁媛　宁桐　李言　张丹　孙怡　李荣菲　邹丽娜　刘禹含　于鑫伟　梁冬冬　李强　杨晔　孟颖姝　卓文威　丁兆华　张博俊　刘金川　张循　禹冬　李大蔚　张智毅　谢文　朱霏　郑颖春　张超　张雷　马震宇　范超　王灿　苑宝亮　谌智　龚丹迪　王晴　宛雯　夏梦宇　金艾　王恬　张峥　白雪　杨美娟　李帅　李梦　李可欣　邹硕　王然　马鹏举　刘会　傅思宇　蔡佶　粟慧璇　贺自星　张萍萍(77 人)
财务管理	吴光辉　杨一丁　田彦举　姜岳　张绪航　贾文韬　孟浩　赵晨希　周旭　闫茉子　邓文娇　赵楠　尹迅锋　国晓辰　杨旭　谭勐　刘晓宁　崔萌　吴尚根　奚程　陈斯暘　杨扬　高燕青　雷佳(24 人)
会计学	闫晋京　杨帆　衣丰　支晗昭　李超　曹磊　吕静　徐婧　宋明星　鲍喆　孙燕　傅梦婷　周萌　赵文婧　毛莉莉　蒋秋怡　程毅　任婧祎　孙烨　施浩　夏天龙　王超　左志宇　尤志明　张津玮　李梦坛　马悦　杨杰　李知潭　李月　翟天萌　赵文静　郑雪　穆宇红　刘梦蕊　李萃　袁姣　刘春艳　王欢　陈雪　康乃馨　姜彦丽(42 人)
会计学 (国际会计)	赵斯冲　胡彬　唐尧　刘思瑶　王婧玮　杨萌　赵晶　李雪男　邓雯娟　周帕潤　史文渊　高佳宝　王紫超　袁冬芊　何静怡　姚如凤　李中夏　徐帆　贾路青　邢锡娟　张楚婷　施雯　贺子彦　于梦　文静　吴琼　苏莲　宛晶晶　贾思佳　马玥　王文昭　韩磊　田晨　庞子航　刘勃(35 人)
会计学 (注册会计师专门化)	吴峻藤　庄天培　杨立娜　李柳阳　孟超　秦司　聂晓林　李文杰　宋海慈　韩笑　孙森　肖程　郭昂　曹瑞兆　申璐　杨广宇　李振飞　毛雪　李雪征　王丹　刘明曈　许倩　杨阳　刘祎　杨媛媛　包楠　李环宇　陈曦　王紫千　王悦　杨霄　王若卉　张林飞　夏涛　高远　岳健乐　张利达　金鑫　高峰　李静思　苏雅　梁卉　杨微　张文鹏　李雪君　朱雨萌　白雪　孟凡月　陈琦　邱昕　彭程程　曹玉冰　边静　何欢　张天骄　吕楠　张玉立　张悦　栾涛　胡辰龙　赵晓龙　黄天墨　李雁翔　季旭　赵菲　李虹　张研　党婕　胥洁　贾颖　魏琳　赵翠洋　隗佳　王帆　刘梦　单芃稷　朱婧韬　于声　王烨　宇丝　孙晓　唐琨　耿会学　刘玮　王晓雯　苏晨　任新鹏　谭苗苗(88 人)

续表

专业名称	姓名
保险	杨小冬　姚亦明　刘逸杰　李浩　刘晓希　宁翰文　章程　曹雨　任思宇　李旭　郑喆　王海蛟　安佳　李双　高雅洁　刘美辰　马盟　谈月竹　贾小慧　张剑萍　张妍　苏飞鹭　赵奕童　张翼　严雪琦　吴丹　贺迪　赵宜娜　赵昕　刘媛　严梦竹　张乔昕　陈露微　高玮　吉光羽　汪汝恒　胡晗　王开心　陈宁　徐静　杜晓旭(41 人)
金融学	李啸潇　姜烁　刘晓雲　于蒙　陈超琪　要强　耿家启　李奕旻　陈浩　倪潇然　张昕冉　何欢　宋泽宇　王宇飞　陈超　王南　秦彬　王孟晨　张晓奇　李宏彬　刘媛　孙雯　单文爽　梁柯　李彦怡　朱倩　金琳　张冰　李昀蔚　骆昕杨　潘漪　张辰　王杨娇　都晓萌　杨夕露　宋雪婷　纪林　林歆誉　张缇　璩小菁　陈天然　李凡　姚一诺　梁羽辰　蔡楠　杨雷　姜帆　刘诗陶　马良　李晓菲　范正宜　李硕　王英男　吴道扬　刘婋　毛学　刘妍　郭琦　陈宁　陈杰　韩丰　郝思源　张丛薇　张思思　穆晓丽　刘桐　王颖　李晓娟　朱萌　吴双　颜思思　吴杨　李梦芝　丘峰(74 人)
金融学（国际金融）	那涛麟　付家琦　金铸成　高超　韩松　张宇航　马思龙　柴梦乔　訾佳汉　刘昊洋　刘方舟　刘汉思　王飞宇　曹士辰　刘宇宸　李响　张翔宇　费腾　张彦琨　邵阳　殷琳　徐佳　崔小乐　许抒　杨蕾　郝思萌　孙玥　张旭媛　蔡小钰　李晓欧　岳叶　李方圆　王维　胡尊　李佳　张萌　张晶　张晓杰　赵文珊　刘璇　高航　张瑾　纪源　高雪晰　王海荣　卢纬铭　吴林杉　王旸　朱迪蒙　吴明曦　王迪　淮涛　梁一唯　庞太天　吕中源　贾韬　周洋　王晨旭　刘晟扬　张文　刘嘉乐　刘璐莹　张晨　关星辰　贾燕斌　贾少柳　刘沫涵　张铎　罗乐　崔馨　郭德馨　马伊晨　张秋晨　齐天一　宋思羽　憨颖　李惠　董晶姗　王阳阳　李喆　王笑田　李静妍　胡鹏　郭紫嫣　高婧(85 人)
国际经济与贸易	贺亚威　张宇　郭子健　李志英　史晶　赵震　樊少博　李长麟　高鑫　汪勇　齐明　贺明慧　张瑜芳　王梦诗　单海晨　赵曼　王宁　刘楠　牛兆琪　陈瑶　夏军　徐佳乐　王晓彤　齐琳琳　周湛　陈妮　叶春露　左明君　肖大铎　祝巍　林迈　曲丹　赵双玲　宿文捷　李然　邹广平　高佳星　孟璐　赵蕊　张腾　苏杭　方思嘉　张帧　张超　王建河　朱韵波　张哲　胡鑫　张欢　黄洁淋　白楠　苏憬清　韩丽　林茹　刘莎　李笑　秦思佳　张乔　宋爽　肖羽　王慧岩　程瑶　顾韵伟　李静　杨帆　张倩　张楹　胡辰森　陈超　支俊颖　李欢　李梦圆　杨茜　崔新宇　钱珮璐　靳婷　王森　徐达迟　董森　杨韵　鲁婧　王鹤　刘慧　高原　王语嫣　王娉　房思思　马晓宁　吴丹　刘迪琛　侯芳　麻经纬　唐晓晨　张立杰　刘新宇　张依　王奕菲　刘桔盈　张赛　雷迪　徐昕杪　刘昱孜　樊悦　刘正威　刘鑫　季效良　俞玥　钱隆　焦怡萍　刘雍亚　肖慧　张睿　邹玺宇　夏百卉　杨洋(115 人)
国际经济与贸易（国际班）	甄理(1 人)
经济学	金希　邢荷生　张伯伦　张迺聪　李森　李阳　丁银龙　白辰　柴毅　张鹏　马颀　于森　余思南　周辰　贾艺玮　贾凡　张万荣　陈金光　张天羽　蔡广宁　赵雪宁　李然　杨依菲　何婉宁　张雪　岳羽　蒋悦　梁曦　盛莹　李云璁　柳萌　孙楠　张淳　李帅　修昂　李森　刘佳臣　葛辰翔　史可　王莽　关兵　吕浩　祖刚　叶迪　康穹子　张砚峰　唐昊靓　林震远　周辰　周星昊　孙硕　李欣　宋嘉岳　王子源　田冲　文君　解煦昀　郑毅　李洋　付春颖　王迪　温惠　林晨　高晨　蔺宇　赵晶　张秋实　李青　闫冬　王丽　黄倚嘉　梁菲菲(72 人)
经济学(实验班)	李承隆　王昭　高思宇　韩端　段洁　王昊　冯淏　魏杉　田野　蔡双宇　石鑫　刘磊　乔巧　杨柳　贾天恩　孙爽　关辰斯　田静　王娟　胡颖　黄思秋　邹佳雯　辛愿　刘星　鲍捷　涂海波　李昂　陈超敏　臧玉　方甜甜　黄逾白　安然(32 人)

续表

专业名称	姓名
贸易经济	赵玄 苏媛媛 张爱 冯彦钧 成卓 张长云 洛朗 马郝杰 刘阳 连欢 胡娇阳 邹梧辰 冯鑫 王佳奇 夏妍 杜蕊 鲍梦喆 金洁琼 晏霖 李贺 王蕊 陈雯 葛丽娜 高博 王亚会 谷颐媛 纪朦 唐薇 李倩 杨雨山 李婷婷 马新颖 张艳艳 韩旭 王娇 杨冰 荣燕 果实 何佩洁 杨洋 黎泽明 陈俊毅 宋小舟 曾丹青 宋超 李朝 刘易文 郭超 杨琦 代方 郑欣 周欣 洪珊 王琪 戴丽 刘菁 刘晓濛 宋依依 牟丹 张蕊 张晓雯 管筱星 许天红 毛丹 张小倩 王硕 王静婷 吕妍婧 潘晓朦 展佳 温竹君 张赛娜 张辰 刘洋洋 武囡 王帅 林璟雯 赖世颖 卢伟(79 人)
劳动关系	方宁 赵亚鹏 马骏 柏云成 王猛 吴昊 阮炜龙 赵宇 赵建涛 陈帅 尚晓烨 周昱志 顾葳蕤 张宁 魏彤 张小晨 王彤 李南竺 姜姝 李赛男 杜尧 齐静雅 全龙杰 李钧杰 石先进 宁婧茜 张维娟 王蕾 陈建森(29 人)
劳动与社会保障	李歆凯 胡建荣 付饶 张野风 田凯 周爵祺 刘爽 齐烁 张超 高源 刘洋 朱玉婵 马月 邢曼悦 魏晓婵 高艳 高帅 李鹤 刘莉 江月 杨佳丽 于荣荣 刘丹阳 岳川 陈美 杨子倩 王敏 杨伊 王海娇 王功瑾 刘艾 张小飞 吕旭阳 黄亢 许鹏举 王冬青 曹洁(37 人)
人力资源管理	于金昊 邓棣文 王晓庆 王浩 杨尚 吴蒙 白洋 杨国超 刘若曦 林雪阳 邱峰 田振 李渊灏 李砚 王骁 杨雅楠 史良辰 王薇 王婉 陈洋 刘超 马绡绡 张萌 郭珈 王溪溪 李贞媛 薛莉 刘婷婷 叶婧静 苏翘翘 李然 王雅琳 杨蒙 王晓蕾 刘一冉 段菲 韦兆婷 李锐 胡若英 王妮 栾德全 钱程 黄丽凤 王婷(44 人)
人力资源管理(国际人力资源管理)	高翔 王琛 杨骁 商宇 李德海 余愿 詹涤非 王喆 李佳齐 祁欢 刘欣 佟温 葛凤娇 李鸥 肖进 刘辰 吕佳琦 彭丽静 王婧 陈婷 沈辰 郭玲 曹茜茜 王涛 于汶仟 张楠 吴彤 赵萌萌 张珮 孙雪颖 刘羽佳 雷露 曾瓅 高兰 庞达 赵宇明 刘贝妮(37 人)
人力资源管理(实验班)	宇星 岳莹 梁一童 铁鑫鑫 张琦 朱家印 史博 王飞 闫寒 来鹏程 马玉健 高杉 周宇 安蔚 王璐 刘爽 钟珊 于佳殷 冯颖 张雪 刘佳 李金凤 杨雪 王蕾 王筱寒 杨征 龚伟杰(27 人)
传播学	来丹娜 郝昱 张毅 冯玥 高圣杰 陈卓 李成 郭鼐 黄鑫 马健龙 许子剑 孙文文 杜梦 洪悦 吴雷 胡月 张婉 王苍舒 马明星 耿剑 张静莹 王冰 吴霄璇 李濛 张思渤 姜萌 李妍 尼智超 张魏桔 何佳佳 葛坦丰 张釜源 钟琳 陈永虹 郭洋一 李卫星 王杉 吕洋 范晨星 张潇毅 刘畅 胡博 张乃心 李雪 刘馨 赵悦 陈力克 顾羽婷 杜荣 于瞳 张姗 王艳秀 彭春颖 阎旭 宋婉怡 王海洋 于辰 勾雅文 刘菁婧 刘晓玥 张毅锋 刘爽稚 裘佳 沈伯哲 李帆 苏艺 张扬 马君波 赵学禹 迟帅丁 郭昊 崔光月 满一鹏 李睿雄 王燕 姜嵩莹 李明珠 孔莹萱 何芳菲 高玮 刘倩 赵阳 张雪琪 王金爽 于鑫 黄艾琳 郝平 宋丹 王维 李蕊 宋梦雪 王雪姣 刘丹 吴薇 隗然 刘亚姮 李晌 张欢 乔迪(99 人)
广告学	周畅 杨亚军 刘欣 池若漪 周航 赵雨茜 张昕 孙潇 张英敏 刘哲 邱添 吕昂 陶伯阳 马一菲 李宜珊 吴凌志 马源 高静雅 孙烁 王婧婷 焦晨 武月娇 彭晓芸 章洋 杨淳 潘崧 申宝哲 何晨 黄年祺 杨雪林 石萌 于馨然 王天琪 吴昊 隗爱级 朱晓珊 王斯瑶 赵潘 刘晶晶 张妍 郭蕾娣 赵蕾 王小蕊 赵冉 吴桂忠 裴天弛 赵天阳 张宇晨 徐少迟 田磊 李达 王迪 董晓斌(53 人)
统计学	孟宪辰 包赞 李阳 于绥之 崔一辰 闫晓辰 景硕 陈辰 闫墨洋 吴健 胡杰 殷汉 左彤 杨盼 陈醉 李迪 吴珊 李坤 门莉 班宇伦 王琳 秀然 李洋 周妍 王思棋 高瑞 王志强 朱晓瑞 韩香凝 时慧宇 徐一览 都泊桦(32 人)

续表

专业名称	姓名
统计学（经济分析）	胡峰 邓沫雨 宋辰 杨诗颖 杨睿 张腾 李昂 蒋辰 陈川 刘似龙 赵峥 韩玉 李宁 刘金来 谢宜宁 王硕 开翔 那智盈 孙可 杨新桐 刘谦 屠强 刘洋 马紫薇 杨静 张霄潞 张萌 李海伦 乐然 何洁 李艳苹 卢晓晨 王妙辰 孙玥 高扬 肖莎 赵凝蕙 王若蒙 李鸿旸 吴昊 张龙 商梦琦 程文龙 张昊 彭皓 赵毅 周春光 张其帷 焦嬰瀛 徐经纬 顾科 赵子沛 李涔尘 黄韦达 冯旸 黄晨星 沈彤 高菡 程梦茜 王茹 赵梦梦 胡迪 王姝 杨慧娜 苗青 贾梓纯 胡迁菠 赵冲 王晨雨(69 人)
英语（经贸英语）	张健 奚鹏 何萧 肖旻 贾亮 郝婧 卢迪 李立然 毕佳霖 居洋 钱硕 齐欣 郝玉秀 李瑞琪 彭婧 蒋巍巍 韩晓晨 胡彬彬 孟丹 李萌 李欣 董晓楠 徐杨 蔡佳 杨一凡 卢娇娇 翟宇佳 魏清超 李彬 高天 杨伊 赵雯雯 王茜 肖晨 张欣艳 李聪宇 刘祎梅 韩林 边萌 宋千 张冉 张琪 田静 周梦尧 张佳秋子 张雪荻 徐丹 崔阿迪 高雅 刘雪辰 张潆文 林弋丁 字春美 南鹏霞 黄玥文 关子芃 郝维伦 刘予涵 孙可 云虹 李潇 杨雨涵 孙森 高烁琪 张雯 董雪 肖露怡 付雪姣 王硕 刘业 邓雪 谢萌 谢明希 李腾腾 姚丹 付阳 贾梦 王玉芳 王檬 张顶兰 毕宏谦 李婉鸿(82 人)
计算机科学与技术	杜渐 孔小辉 井龙 刘阔 胡玥 孙柳 解黎明 孙建丽 纪芳 丁梓晨 康英英 李丹铭 尚进 王安琪 赵瑨 葛春宇 田鑫 杨磊 祝畅 刘晶军 黄丽芬 戴润譞 袁迪 张君 耿毅 魏壮 张庆凯 赵华健 郑洋 李莎 朱亚平 王辰光 张思思 刘杰 刘莉莉 孙国媛 雷贤 李玲君 牛婷燕 郭滢 孙蒙 张祎 朱然 陈理 杜撰 吴俊(46 人)
信息管理与信息系统	高腾 郭戈 朱默雨 王爵 王泽 王立海 陈松浩 赵辰 刘浩良 秦浩 郭明佳 王紫枫 王临轩 杨晨 张远程 温杰 张爽 沈纯 程行 白璐 崔兆洋 肖瑶 高雪 杜慧 王荣 胡婧 章勤 贺赟 赵玉明 苏乐 王燕洁 史健星 张晓鸥 康永胜 杨宗浩 赵青 张伊乔 刁文彬 刘元铎 张亮 杨帅 黄秋原 卢阳 刘延浩 孙鹏 杜焱 罗丹 王子龙 朱子帅 尹梦雨 李星元 戴晓旭 张卓鑫 黄新月 廖春露 郑舒杨 梁辰 马雨钿 刘雯 王璠 许增吉 孙威 王梦迪 李铭 张严诺 李婧 崔峤 张蓓莉 张洪辰 欧阳惠萍 蒋喆 亓娜 王银伯 高潮 相大龙 边宇涵 张翼 龙非 邵磊 刘苏 荆至林 王顺来 薛菲 肖静 王冰洁 周妍 蒋易霖 王若冰 高倩 边明珂 樊思聪 王泽扬 王旋 阎旭 王薇 李詹宇 刘静 张晨 宋嘉彤 夏颖 张晨 王婷婷 杨伟 纪芸 陈楠(105 人)

（谢飞）

2011 年首都经济贸易大学本（专）科结业生名单

专业名称	姓名
城市管理	陈利梅(1 人)
电子商务	冯华光(1 人)
法学(经济法)	孟庆楠(1 人)
工程管理	周奥博(1 人)
工业工程	蒋鹏程(1 人)
国际经济与贸易	苏运发(1 人)
环境工程	王平平 李天宇 李寰宇(3 人)
计算机科学与技术	李萌 张鹏(2 人)
金融学	王羿超(1 人)
经济学	郄言言 陈铁铮 王子寅(3 人)
旅游管理	芦晨曦(1 人)

续表

专业名称	姓名
贸易经济	刘仲勇(1人)
人力资源管理(实验班)	郑晓虎　勾爽(2人)
市场营销	田耕(1人)
土地资源管理(房地产与物业管理)	胡墨辰　宫政(2人)
信息管理与信息系统	马瑞奇(1人)
信息管理与信息系统(信息技术管理)	汤清　郑海圆(2人)
行政管理(电子政务)	刘思源　赵翰文　李喆　房思瑀(4人)

(谢飞)

2011年首都经济贸易大学本科生学士学位获得者名单

专业名称	姓名
安全工程(注册安全工程师)	郝宇　常帅男　唐巍　李小欢　彭思伟　秦晓伟　李春洁　赵铮　杨凯　胡学新　白天骄　杨凤平　王显达　白雪　王雅娜　张梦瑶　范庆磊(17人)
工程管理	刘岳　魏文斌　杨森　卢鹏飞　梅洲　高卫中　古梦迪　刘画音　蒙雯　王帅　王亚男　国家瑞(12人)
工业工程	周昂　申浩　齐征　杨新波　朱侯　陈晨　刘天才　张玥　高扬　陈丽清　江文　饶昕　关昱(13人)
环境工程	从林　付安　赵晨阳　何旋　刘洋　李林熠　杨艳竹　张梦冉　徐爽　贺彬　朱斌庚　张莹　慕艳茹　刘云　齐鲁　吴慧斐　高宇(17人)
财政学(注册资产评估师)	姚治　徐洋　李岳峰　李罗　高然　尹凯　张晓飞　孙哲　王琦　王琪　刘辰　付妍　刘婧昱　金晔　孙静　崔梦晗　周璟沅　白姗姗　杨琳琳　曲乐　张莹　王珊　钱珊　白晨　殷晓彤　吴爽　赵晶　吴菲　鲁敏　仉佩佳　李琪　郭梁　杨悦　徐涛　于赫音(35人)
税务	林序　李希楠　张文聪　贡铭　陈星兆　邹昕　佟伟露　马飞　姜添　何世尧　程晓烁　金晶　任杰　杨凡　李鑫　毛雪　李旸　刘竹　王頔　于卉　杜莹　包清　霍玉霞　田静　吴非　齐欣　李妍　毛蓁　王宁　柴丹丹　王硕　李圣洁　刘素娟　董涛　李光明　王思棋　范仙婷　张红　邵妍　曾小乔　魏子旭　邱月壮　刘洋　赵潇　顾爱智　李松　高尧　孟天行　徐韬　孙晔　蔡莉　啜秋萍　张梦丹　左丹　王越　聂荣　程茵　刘晓一　王晨　杨昌雯　刘雪娣　蒋妍　贾小艾　于洁　刘鑫蕊　王丹　崔帆　安珊　赵鸥　尹璐　卢澄慧　武丹　王一　徐仲杰　苏桐　耳杉杉(76人)
税务(注册税务师)	秦朝阳　陈腾　王海双　林修博　沈亚琛　翟铭浩　张欣雨　陈希　吴楠　董政　雷特　王加琪　张昕　佟鑫钰　马金凤　爨玮　曹梦　韩颖　张弛　赵明慧　万君舒　张萌　张逸鸥　胡红　王远　宋戈　周哲诺　张天　张雯婷　陈鹏　陈迪　孙广佳　何越　李姝怡　徐颖　赵琦　周昕(37人)
城市管理	姜媛媛　陈泊豪　解晓龙　王辰　张龙鑫　王洋　韩冬　王振　傅抒予　王燕　郭浩淼　张西蒙　陆伶楠　孙梦帆　邵婷婷　李兴辰　郎东芳　李洁雯　姚希萌　马倩(20人)
公共事业管理	赵艳楠　牛亚领　张雨桐　杨一凡　何凤超　李根　赵伟男　王艳龙　周末　吴振宇　黄海滨　赵一娇　周洁　李青　刘瑶　郭晓晔　马晨　张璐　闫妍　张昀　李帅　孟赛丽　任品　乌米提·吐尔洪(24人)

续表

专业名称	姓名
社会工作	柯汉嘉　吴迪　刘学　卢泳行　孙江涛　林晓政　程锦　孟洁　侯丽娜　刘媛媛　杨霁竹　王超　马燕婷　白洋　刘晨雨　赵梓喻(16 人)
土地资源管理(房地产与物业管理)	胡威　张宏超　张一　朱雨辰　李帅妮　王建行　李尚泽　王海峰　李辰　钟霄　刘攀　刘晶　张然　刘伟鹏　闫思宏　项梅　陶涛　许可薇　何勃慧　母子圆　蔡枫　万雨菲　高曼曼　赵薇　张攀　许悦　孙萌　耿西西　娄山巍　白新颖　龚茂远　程尊铮　郭旺　张帅玺　付晨炜　李霖　陈拓　王向超　周岩　刘大漳　宋博雅　王渊　何安淇　韦祎　靳英吉　苏淼　孙劭祎　王培民　石诗韵　李辰玥　武萌　孙海华　张佩珊　崔蕾　钟珊　于佳　张鑫洋　李媛　蒋尚(59 人)
行政管理	韩翾　马佳怡　门昊　沈毅　张良　杨健雄　陆明　陈雨　栾天　王梦萦　廉欢　郑雅文　王宁　彭鹏　李青清　孙颖　张晓瑞　张夕　刘璐　韩小兰　刘安然　王晶　马晨蕊　张蕊　蒋立　李轶芳　克迪热亚·吐拉吾东　宁欣　张锦　努尔艾力·努尔买买提　卢宇　孙楣涵(32 人)
行政管理(电子政务)	王竹青　张孟楠　顾铮　战恒彬　李峥　姚志东　杨阳　姚琳　冯烨　祝新欣　郑然　李茜　闫小方彗　侯萌　王婷　董梦倩　贾静涛　金雪　才彧　鲍红婕　郑虹　石萌　贾西雅　倪昭　王昱　夏路　袁欣　贾佳　李洋　石颖(30 人)
法学(经济法)	侯世强　陈思洋　路海空　白知语　马睿　宋磊　田汉雄　刘铮　李健　张新宇　周梦圆　侯羿　贾楠　张莹　霍晶　马晓西　于晓洁　李楠　杨文儒　韩紫微　才雨萌　付鑫羽　宁亚楠　刘畅　王佳宜　万芊　范鑫荃　杨兴辰　穆麟　宋宇翔　许春妮　杨龑　王泓博　靳北辰　赵振宇　何方　张沛　丁祎　韩露　陈卓　王凯　解悦　翟羽佳　陈茜　杜萌　杜颖　曹梦妮　李默　李梦晨　王澜霏　吴颖　贾义欣　窦振京　张晓萌　杜颖　龙珊　尹中艳　袁丽　潘华　初丽娟　师慧　汪佳楠　李彧　彭飞　侯玥锴　周皓　范永亮　戚璟　石超　吕元龙　王展鹏　任昭名　张行　章琳娜　刘一枫　陈宏　霍云　王博君　毕明珠　黎辰森　李晓丹　杨颖　唐蔚霞　刘子侨　张雪　黄洁琳　梦园　卢桂　吕佩云　买里亚木　叶瀚(91 人)
电子商务	张维　高宇维　冯伟　石旭　杨明宇　吕伯　凌辰　侣文　王华东　杨师然　罗唯倩　张洁　卢思思　黄雨楠　刘静　高可心　张若梦　任禺阳　刘佳芸　刘鑫童　张子龙　张任之　郁阳阳　杨力平　朱文杰(25 人)
工商管理	奚洋　郭华彬　孙宇　张驰　胥振铎　赵乐　曾明　葛思威　李钊　陈希　庞婧　张强　宋韵　王梦娅　邓舒文　关涵秋　田媛　张媛　魏子玫　郭琦　田磊　王洪伟　宋筱喆　张菁　杨蕊　卫瑶丹　程呈　韩瑞颐　翟雪君　戴福林　曹莹　盖姝馨　杨文娇　孙晓佳(34 人)
工商管理(实验班)	杨轶　高向辰　李越　刘恺　陈帅　吕冰　祝思禹　沙叶舟　李洋　王习宇　李晓璐　赵昊辰　杨娜　王梦姣　赵希茜　郝罡　刘柳　阎韦华　孙英男　龚雨晴　李梦蕾　许然　徐睿洺　高艺霖　徐艺文　周雨鑫　郑凯夫　郭昀松(28 人)
旅游管理	张子晗　谷木　刘媛　韩子龙　洪瀚　何川　王子杰　吴江平　杨元　鲁阳　马思洋　崔旭　张志　陶静昕　郝璐　田辉　高志南　张福初　李玢　杨浩　孙旭楠　冯一叶　李玥琪　多鑫妍　李洋　王志辉　张茜　张蔚然　李楠　姜兰　贾国玮　赵越　刘紫微　栗海阔　陈璐　冯琛(36 人)
市场营销	寇非　于欣　王子威　张振嘉　哈旭龙　徐靖凯　朱大昆　李振　赵梦洋　黄弓　于航　常雅彬　张晓梅　高硕　马冬妮　王雪　高婧　赵欢　王卉　胡洁　王雅珍　仇凤皎　张萱可　柳畅　姜潮　李怡然　张晨　黄雅楠　戴婧　沈婷　张欣　李航　孟梦　吴昊　吴炎欣　刘传东(36 人)
物流管理	田宇　王梓川　白辰　张雄飞　刘龙　郭沫　崔志宇　尼君　王岩　高帅　刘明明　高小羽　向芸菲　张榕　李唯　吕石　杨晓彤　王婵　刘婵　贾亚辰　张岚　邓雪瑶　刘颖(23 人)

续表

专业名称	姓名
工商管理（管理会计）	杨安　黄沛林　袁涵　陆迪　王珩　边鑫　曹越　陈曦　赵旭阳　刘学　牛琦　辛婷　张冰瑶　吴佳希　高为　冯栋林　李美霖　郭子佳　张筱然　王文琦　齐良姝　袁珺　李婧娜　王欣慧　曹晓雨　郑兴　田婧　彭景徽　王鎏熠　刘婉　袁超　孔丹　范熙萌　李京玲　鲍非　赵宕涵　徐琛　李晨　王兆胜　闫孟函　曾雅倩　姚菲菲　何佳易　邢澄　郑好　赵晨洲　陈赛　王超　马浚超　付慧伟　张煦　单小贺　徐思源　吕凌翔　张黎明　刘凤宝　王蕴奇　海冬　刘京娜　胡超　乔骄　赵瑄　张譞　王猛　张鹤　艾明　王烨　汪诗尧　何流　孟维　李晓君　张笑晨　艾虹媛　李叶　梁耀元　张溪　杜瑞　李梦　武倩　夏静　张晶晶　朱洁颖　靳洁　曲莎　郭炜烨　王志宇　付磊　吴静　孙妍　张慧　石霄霏(91 人)
信息管理与信息系统（信息技术管理）	崔翔　扈博　张浩　朱思成　裴周乐　王敬彪　索晓洁　王科　王阳光　李海文　王金贺　郝子健　赵天元　王宇辰　焦惟已　云超　刘琨　丁伟　杨威　卢天晴　刘潇忆　胡静文　刘蕊　陈谕宣　袁媛　宁桐　李言　张丹　孙怡　李荣菲　邹丽娜　刘禹含　于鑫伟　梁冬冬　李强　杨晔　孟颖姝　卓文威　马明辉　丁兆华　张博俊　刘金川　张循　禹冬　李大蔚　张智毅　谢文　郑颖春　张超　张雷　马震宇　范超　王灿　苑宝亮　谌智　龚丹迪　王晴　宛雯　夏梦宇　金艾　王恬　张峥　白雪　杨美娟　李帅　李梦　李可欣　邹硕　王然　马鹏举　刘会　傅思宇　蔡佶　粟慧璇　贺自星　张萍萍(76 人)
财务管理	吴光辉　田彦举　姜岳　张绪航　贾文韬　孟浩　赵晨希　周旭　闫茉子　邓文娇　赵楠　尹迅锋　国晓辰　杨旭　谭勐　刘晓宁　崔萌　吴尚根　奚程　陈斯暘　杨扬　高燕青　雷佳(23 人)
会计学	闫晋京　杨帆　衣丰　支晗昭　李超　吕静　徐婧　宋明星　鲍喆　孙燕　傅梦婷　周萌　赵文婧　毛莉莉　蒋秋怡　程毅　任婧祎　孙烨　施浩　夏天龙　王超　左志宇　尤志明　张津玮　李梦坛　马悦　杨杰　李知潭　李月　翟天萌　赵文静　郑雪　穆宇红　刘梦蕊　李萃　袁姣　刘春艳　王欢　陈雪　康乃馨　姜彦丽(41 人)
会计学（国际会计）	赵斯冲　胡彬　唐尧　刘思瑶　王婧玮　杨萌　赵晶　李雪男　邓雯娟　周帕润　史文渊　高佳宝　王紫超　袁冬芊　何静怡　姚如凤　李中夏　徐帆　贾路青　邢锡娟　张楚婷　施雯　贺子彦　于梦　文静　吴琼　苏莲　宛晶晶　贾思佳　马玥　王文昭　韩磊　田晨　庞子航　刘勃(35 人)
会计学（注册会计师专门化）	吴峻藤　杨立娜　李柳阳　秦司　李文杰　宋海慈　韩笑　孙淼　肖程　郭昂　曹瑞兆　申璐　杨广宇　李振飞　毛雪　李雪征　王丹　刘明瞳　许倩　杨阳　刘祎　杨媛媛　包楠　李环宇　陈曦　王紫千　王悦　杨霄　王若卉　张林飞　夏涛　高远　岳健乐　张利达　金鑫　高峰　李静思　苏雅　梁卉　杨微　张文鹏　李雪君　朱雨萌　白雪　孟凡月　陈琦　邱昕　彭程程　曹玉冰　边静　何欢　张天骄　吕楠　张玉立　张悦　栾涛　胡辰龙　赵晓龙　黄天墨　李雁翔　季旭　赵菲　李虹　张研　党婕　胥洁　贾颖　魏琳　赵翠洋　隗佳　王帆　刘梦　单芃稷　朱婧韬　于声　王烨　宇丝　孙晓　唐琨　耿会学　刘玮　王晓雯　苏晨　任新鹏　谭苗苗(85 人)
保险	杨小冬　姚亦明　刘逸杰　李浩　刘晓希　宁翰文　章程　曹雨　任思宇　李旭　郑喆　安佳　李双　高雅洁　刘美辰　马盟　谈月竹　贾小慧　张剑萍　张妍　苏飞鹭　赵奕童　张翼　严雪琦　吴丹　贺迪　赵宜娜　赵昕　刘媛　严梦竹　张乔昕　陈露微　高玮　吉光羽　汪汝恒　胡晗　王开心　陈宁　徐静　杜晓旭(40 人)
金融学	李啸潇　姜烁　刘晓雲　陈超琪　要强　耿家启　李奕旻　陈浩　倪潇然　张昕冉　何欢　宋泽宇　王宇飞　陈超　王南　秦彬　王孟晨　张晓奇　李宏彬　刘媛　孙雯　单文爽　梁柯　李彦怡　朱倩　金琳　张冰　李昀蔚　骆昕杨　潘漪　张辰　王杨娇　都晓萌　杨夕露　宋雪婷　纪林　林歆誉　张缇　璩小菁　陈天然　李凡　姚一诺　梁羽辰　蔡楠　杨雷　姜帆　刘诗陶　马良　李晓菲　范正宜　李硕　王英男　吴道扬　刘媇　毛学　刘妍　郭琦　陈宁　陈杰　韩丰　郝思源　张丛薇　张思思　穆晓丽　刘桐　王颖　李晓娟　朱萌　吴双　颜思思　吴杨　李梦芝　丘峰(73 人)

续表

专业名称	姓名
金融学（国际金融）	金铸成　高超　张宇航　马思龙　柴梦乔　訾佳汉　刘昊洋　刘方舟　刘汉思　王飞宇　曹士辰　刘宇宸　李响　张翔宇　费腾　张彦琨　邵阳　殷琳　徐佳　崔小乐　许抒　杨蕾　郝思萌　孙玥　张旭媛　蔡小钰　李晓欧　岳叶　李方圆　王维　胡尊　李佳　张萌　张晶　张晓杰　赵文珊　刘璇　高航　张瑾　纪源　高雪晰　王海荣　卢纬铭　吴林杉　王旸　朱迪蒙　吴明曦　王迪　淮涛　梁一唯　庞太天　吕中源　贾韬　周洋　王晨旭　那涛麟　刘晟扬　张文　刘嘉乐　刘璐莹　张晨　关星辰　贾燕斌　贾少柳　刘沫涵　张铎　罗乐　崔馨　郭德馨　马伊晨　张秋晨　齐天一　宋思羽　憨颖　付家琦　李惠　董晶姗　王阳阳　李喆　王笑田　李静妍　胡鹏　郭紫嫣　高婧(84 人)
国际经济与贸易	贺亚威　张宇　郭子健　李志英　史晶　王森　赵震　徐达迟　樊少博　董森　李长麟　高鑫　汪勇　杨韵　齐明　鲁婧　贺明慧　王鹤　刘慧　张瑜芳　王梦诗　高原　单海晨　王语嫣　赵曼　王娉　房思思　王宁　刘楠　马晓宁　吴丹　刘迪琛　牛兆琪　陈瑶　夏军　侯芳　徐佳乐　王晓彤　齐琳琳　麻经纬　周湛　陈妮　叶春露　左明君　唐晓晨　张立杰　张頔　刘新宇　张超　王建河　朱韵波　张哲　张依　王奕菲　刘桔盈　胡鑫　张欢　张赛　黄洁淋　雷迪　白楠　苏憬清　韩丽　徐昕杪　林茹　刘莎　李笑　秦思佳　张乔　宋爽　肖羽　王慧岩　程瑶　刘昱孜　顾韵伟　李静　杨帆　樊悦　肖大铎　张楹　刘正威　刘鑫　胡辰森　季效良　祝巍　俞玥　钱隆　焦怡萍　刘雍亚　杨洋　肖慧　林迈　张睿　邹玺宇　曲丹　陈超　赵双玲　支俊颖　宿文捷　李欢　李然　李梦圆　邹广平　杨茜　高佳星　崔新宇　孟璐　钱珮璐　赵蕊　靳婷　张腾　苏杭　方思嘉　夏百卉(114 人)
国际经济与贸易（国际班）	甄理(1 人)
经济学	金希　邢荷生　张伯伦　张迺聪　李森　李阳　丁银龙　白辰　柴毅　张鹏　马颀　余思南　周辰　贾艺玮　贾凡　张万荣　张天羽　蔡广宁　赵雪宁　李然　杨依菲　何婉宁　张雪　岳羽　蒋悦　梁曦　盛莹　李云璁　柳萌　孙楠　张淳　李帅　修昂　李森　刘佳臣　葛辰翔　史可　王莽　关兵　吕浩　祖刚　叶迪　康穹子　张砚峰　唐昊靓　林震远　周辰　周星昊　孙硕　宋嘉岳　王子源　田冲　文君　解煦昀　郑毅　李洋　付春颖　王迪　温惠　林晨　高晨　蔺宇　赵晶　张秋实　李青　闫冬　王丽　黄倚嘉　梁菲菲(69 人)
经济学（实验班）	李承隆　王昭　高思宇　韩端　段洁　王昊　冯淏　魏杉　田野　蔡双宇　石鑫　刘磊　乔巧　杨柳　贾天恩　孙爽　关辰斯　田静　王娟　胡颖　黄思秋　邹佳雯　辛愿　刘星　鲍捷　涂海波　李昂　陈超敏　臧玉　方甜甜　黄逾白　安然(32 人)
贸易经济	苏媛媛　张爱　冯彦钧　成卓　张长云　洛朗　马郝杰　连欢　胡娇阳　邹梧辰　冯鑫　王佳奇　夏妍　杜蕊　鲍梦喆　金洁琼　晏霖　李贺　王蕊　陈雯　葛丽娜　高博　王亚会　谷颐媛　纪朦　唐薇　李倩　杨雨山　李婷婷　马新颖　张艳艳　王娇　杨冰　荣燕　果实　何佩洁　杨洋　黎泽明　宋小舟　曾丹青　宋超　李朝　刘易文　郭超　代方　郑欣　周欣　洪珊　王琪　戴丽　刘菁　刘晓濛　宋依依　牟丹　张蕊　张晓雯　管筱星　许天红　毛丹　张小倩　王硕　王静婷　吕妍婧　潘晓曚　展佳　温竹君　张赛娜　张辰　刘洋洋　武囡　王帅　林璟雯　赖世颖　卢伟(74 人)
劳动关系	方宇　赵亚鹏　马骏　柏云成　吴昊　阮炜龙　赵宇　赵建涛　尚晓烨　周昱志　顾葳蕤　张宁　魏彤　张小晨　王彤　李南竺　姜姝　李赛男　杜尧　齐静雅　全龙杰　李钧杰　石先进　宁婧茜　张维娟　王蕾　陈建森(27 人)
劳动与社会保障	李歆凯　胡建荣　付饶　张野风　周爵祺　刘爽　齐烁　张超　高源　刘洋　朱玉婵　马月　邢曼悦　魏晓婵　高艳　高帅　李鹤　刘莉　江月　杨佳丽　于荣荣　刘丹阳　岳川　陈美　杨子倩　王敏　杨伊　王海娇　王功瑾　刘艾　张小飞　黄亢　王冬青　曹洁(34 人)

续表

专业名称	姓名
人力资源管理	于金昊　邓棣文　王晓庆　王浩　杨尚　吴蒙　白洋　杨国超　刘若曦　林雪阳　邱峰　田振　李渊灏　李础　王骁　杨雅楠　史良辰　王薇　王婉　陈洋　刘超　马绡绡　张萌　郭珈　王溪溪　李贞媛　薛莉　刘婷婷　叶婧静　苏翘翘　李然　王雅琳　杨蒙　王晓蕾　刘一冉　段菲　韦兆婷　李锐　胡若英　王妮　栾德全　钱程　黄丽凤　王婷(44 人)
人力资源管理(国际人力资源管理)	高翔　王琛　杨骁　商宇　李德海　余愿　詹涤非　王喆　李佳齐　祁欢　刘欣　佟温　葛凤娇　李鸥　肖进　刘辰　吕佳琦　彭丽静　王婧　陈婷　沈辰　郭玲　曹茜茜　王涛　于汶仟　张楠　吴彤　赵萌萌　张珮　孙雪颖　刘羽佳　雷露　曾瓅　高兰　庞达　赵宇明　刘贝妮(37 人)
人力资源管理(实验班)	宇星　岳莹　梁一童　铁鑫鑫　张琦　朱家印　史博　闫寒　来鹏程　马玉健　高杉　周宇　安蔚　王璐　刘爽　钟珊　于佳殷　冯颖　张雪　刘佳　李金凤　杨雪　王蕾　王筱寒　杨征　龚伟杰(26 人)
传播学	来丹娜　郝昱　张毅　冯玥　高圣杰　陈卓　郭蒨　黄鑫　许子剑　孙文文　杜梦　洪悦　吴雷　胡月　张婉　王苍舒　马明星　耿剑　张静莹　王冰　吴霄璇　李濛　姜萌　李妍　尼智超　张魏桔　何佳佳　葛坦丰　张釜源　钟琳　陈永虹　郭洋一　李卫星　王杉　吕洋　范晨星　张潇毅　胡博　张乃心　李雪　刘馨　赵悦　陈力克　顾羽婷　杜荣　于瞳　张婳　王艳秀　阎旭　宋婉怡　王海洋　于辰　勾雅文　刘菁婧　刘晓玥　刘爽稚　裘佳　沈伯哲　李帆　苏艺　张扬　马君波　赵学禹　迟帅丁　郭昊　崔光月　满一鹏　李睿雄　王燕　姜嵩莹　李明珠　孔莹萱　何芳菲　高玮　刘倩　赵阳　张雪琪　王金爽　于鑫　黄艾琳　郝平　宋丹　王维　李蕊　宋梦雪　王雪姣　刘丹　吴薇　隗然　李响　张欢　乔迪(92 人)
广告学	周畅　杨亚军　刘哲　邱添　吕昂　陶伯阳　杨淳　潘崧　何晨　黄年祺　杨雪林　石萌　于馨然　王天琪　吴昊　隗爱级　朱晓珊　王斯瑶　赵潘　刘晶晶　张妍　郭蕾娣　赵蕾　王小蕊　赵冉　吴桂忠　裴天弛　张宇晨　徐少迟　田磊　王迪　董晓斌　刘欣　池若漪　周航　赵雨茜　张昕　孙潇　张英敏　马一菲　李宜珊　吴凌志　马源　高静雅　王婧婷　焦晨　武月娇　彭晓芸　章洋(49 人)
统计学	都泊桦　孟宪辰　包赞　李阳　于绥之　景硕　陈辰　闫墨洋　胡杰　殷汉　左彤　杨盼　陈醉　李迪　吴珊　李坤　门莉　班宇伦　王琳　秀然　李洋　周妍　王思棋　高瑞　朱晓瑞　韩香凝　时慧宇　徐一览(28 人)
统计学(经济分析)	胡峰　邓沫雨　宋辰　杨诗颖　杨睿　张腾　李昂　蒋辰　陈川　刘似龙　赵峥　韩玉　李宁　谢宜宁　王硕　开翔　孙可　杨新桐　屠强　刘洋　马紫薇　杨静　张霄潞　张萌　李海伦　乐然　何洁　卢晓晨　王妙辰　孙玥　高扬　肖莎　赵凝蕙　王若蒙　李鸿旸　吴昊　张龙　商梦琦　程文龙　张昊　彭皓　赵毅　周春光　张其帷　焦曌瀛　徐经纬　顾科　赵子沛　李涔尘　冯旸　黄晨星　沈彤　高菡　程梦茜　王茹　赵梦梦　胡迪　王姝　杨慧娜　苗青　贾梓纯　胡迁菠　赵冲　王晨雨(64 人)
英语(经贸英语)	张健　奚鹏　何萧　肖旻　郝婧　卢迪　李立然　毕佳霖　居洋　钱硕　齐欣　郝玉秀　李瑞琪　彭婧　蒋巍巍　韩晓晨　胡彬彬　孟丹　李萌　李欣　董晓楠　徐杨　蔡佳　李婉鸿　杨一凡　卢娇娇　翟宇佳　魏清超　李彬　高天　杨伊　赵雯雯　王茜　肖晨　张欣艳　李聪宇　刘祎梅　韩林　边萌　宋千　张冉　张琪　田静　周梦尧　张佳秋子　张雪荻　崔阿迪　高雅　刘雪辰　张濛文　林弋丁　字春美　南鹏霞　黄玥文　关子芃　郝维伦　刘予涵　孙可　云虹　李潇　杨雨涵　孙森　高烁琪　张雯　董雪　肖露怡　付雪姣　王硕　刘业　邓雪　谢萌　谢明希　李腾腾　姚丹　付阳　王玉芳　王檬　张顶兰　毕宏谦(79 人)

续表

专业名称	姓名
计算机科学与技术	杜渐　孔小辉　井龙　刘阔　胡玥　孙柳　解黎明　孙建丽　纪芳　丁梓晨　康英英　李丹铭　尚进　王安琪　赵瑨　葛春宇　田鑫　杨磊　祝畅　刘晶军　黄丽芬　戴润譞　袁迪　张君　耿毅　魏壮　张庆凯　赵华健　郑洋　李莎　朱亚平　王辰光　张思思　刘杰　刘莉莉　孙国嫄　雷贤　李玲君　牛婷燕　郭滢　孙蒙　张祎　朱然　陈理　杜撰　吴俊(46 人)
信息管理与信息系统	郭戈　朱默雨　王爵　王泽　王立海　陈松浩　赵辰　刘浩良　秦浩　郭明佳　王紫枫　王临轩　杨晨　张远程　温杰　张爽　沈纯　程行　白璐　崔兆洋　肖瑶　高雪　杜慧　王荣　胡婧　章勤　贺夤　赵玉明　苏乐　王燕洁　史健星　张晓鸥　康永胜　杨宗浩　赵青　张伊乔　刁文彬　刘元铎　张亮　杨帅　黄秋原　孙鹏　杜焱　罗丹　王子龙　尹梦雨　李星元　戴晓旭　张卓鑫　黄新月　廖春露　郑舒杨　梁辰　马雨钿　刘雯　王璠　许增吉　孙威　王梦迪　李铭　张严诺　李婧　崔峤　张蓓莉　张洪辰　欧阳惠萍　蒋喆　亓娜　王银伯　高潮　相大龙　边宇涵　张翼　龙非　邵磊　刘苏　荆至林　王顺来　薛菲　肖静　王冰洁　周妍　蒋易霖　王若冰　高倩　边明珂　樊思聪　王泽扬　王旋　阎旭　王薇　李詹宇　刘静　张晨　宋嘉彤　夏颖　张晨　王婷婷　杨伟　纪芸　陈楠(101 人)

（谢飞）

2011 年首都经济贸易大学本科生补授学位名单

专业	姓名
工程管理	赵磊(1 人)
环境工程	裴羿宁　屈栋　王珊珊(3 人)
税务	陈然(1 人)
土地资源管理(房地产与物业管理)	肖云龙　杨若晨　于路菲(3 人)
行政管理	杨阳　朱云(2 人)
法学(经济法)	刘皓(1 人)
电子商务	李昊博(1 人)
信息管理与信息系统(信息技术管理)	朱霏(1 人)
国际经济与贸易	张倩(1 人)
经济学	陈金光　李欣(2 人)
劳动关系	王猛(1 人)
劳动与社会保障	许鹏举(1 人)
传播学	马健龙(1 人)
广告学	李达(1 人)
统计学	吴健(1 人)

（谢飞）

2011 年首都经济贸易大学继续教育学院(春季)毕业生名单

培养层次	专业名称	姓名
高起本	会计学	魏佳 王金燕 卢颖川 瞿哲川 李明月 陈根飞 余丽丽 王京维 何小彬 赵珅 郭瑶 车殿波 武秋翠 潘月莲 商学东 刘英伟 李宪华 马晓莉 张瑜 周建容 李静晨 孙雪晴 田桂艳 王宏伟 车雨蒙 卢娟 夏志杏 宋文婷 钱凤琼 杜倩 左利娟 吴征 潘明双 邱建伟 周佩娜 隋立娜 姜涛 孙俊岩 邱丽 杨志强 佟保利 贾春芳 马巨臣 王欢 耿燕飞 文芳 李文平 谭立华 邱玥 闫小霞 桂海滨 席威 王利东 辛燕 李娟 杨越 张俊娟 张燕平 王丽君 刘中妮 张宇 郝鹏 王景文 任辉 马涛 孙铭 王文胜 牟里虎 毕海妍 姚薇 王轶超 王照军 申琳 李卫青 罗琳 王红 吴雪 褚浩楠 刘法辰 韩蕾 王海舟 牟霏 刘祎 陈涛 李莹 张波 谢苏 蔚巍 葛超 赵丽丽 徐涛 李静 李爽 王目华 赵文晶 陈方达 杨素云 王焱 李宁 崔辰茜 周德海 郝苗 王珊珊 靳烨 吕津津 张超 赫岩 杜琳琳 周然 聂燕美 石燚 佟义然 马霞 施腾飞 王麦特 马兰 李韧翀 王陶正 刘莹 孙雅洁 祁奇 王涛 张苗 张璐 刘铮 赵苒 董靓 魏丽丽 张慧娟 娄苗 司孟源 刘圣雨(132 人)
专升本	工商管理	郭跃杰 赵晨 马跃超 王宇佳 辛雪飞 贾雪颖 靳郝珊珊 王喆 刘岩 吕萍 徐霞 程丹丹 马威 王满伶 李培 孙立娟 张凯璇 任中勋 唐晓晨 马越 朱明 王丹 李征 苗静 刘雪 张彬 闫妍 郭倩 朱宇明 刘萍 段超 孙肖娜 肖婕 李亚涛 张娅 张玉明 马晶晶 王蕊 张正 李远 朱晓冬 吴海燕 姜蓓蓓 罗鹏 王克强 刘妍 陈渤 李想 畅艳玲 陈会峰 梅梦竹 陈希 王维思 李想 李茂虎 徐倩 于非 邢亚男 张莉 侯春波 李丽 刘阳 李涛 李嵩松 于晔 闫晓光 高佳 范菁 孔云卿 李冬 龚炜 刘源缘 张宇 马顺 张媛 董伟 李笑飞 吴燕 霍雨翔 马征 张明雨 贺威 佟盛 孔靓 谢慧 罗春梅 卢金伟 刘艳 何玉兰 郑泉 李心萌 陈重旺 秦肖楠 丁楠 付林 吴静 王琤 王丹 陈玉春 党剑华 达媛媛 王明坤 李奕 丛鑫 陈晓曦 粟丽 何蕊 兰震碧 苏洁 黎斐 黄毅 覃丽丽 廖志文 高国辉 阳红霞 游梦霞 彭丽华 蒋建宁 刘年春 叶茂 熊杰 兰文静 胡小华 曾蓓妮 曹阳 袁既白 熊晓峰 余谢毅 郭宇 张祎 贺刻毅 陈思 曾雄 陈金莲 谢锦光(135 人)
专升本	广告学	王娟娟 闫佳 王晴 刘羿羿 解茜 范雯雯 孙鹏 邱艳 王鸿雷 张彩倩 邬丽娜 王蕊 夏子婧 付雅琼 周丽丽 李来香 边晓玲 刘季伟 王婧昊 杭霓 秦正 尚玉莲 陈潇潇 徐艳清 宋清蕊 莫莉 张雅婷 王博华 张昊 黄海伶 李晋亨 夏萍萍 杨蒙 张帆 刘新伟 袁媛 任娟 庞宇 郭佳 钱丽艳 赵晨 穆淑娥 王金波 徐雁 揭敬松 刘艳红 马肖 金迪 梅之馨 李清怡 周健(51 人)
专升本	国际经济与贸易	李维娜 李喆 胡鹏飞 周亮 刘文浩 华力帆 刘超 姜明 杨超 芦娟 王辰 李玉香 秦晓峰 周红 张雪 王凌云 李恩浩 曹磊 李海菲 张全美 吕恒 孙浩玥 杨硕 印甜 黄晓莉 尹志娇 张磊 王锟 李凯 崔喆萌 姚远 李莉 张立超 李文玲 刘兰兰 李星原 伊丽霞 荫磊 曹艳 李欣博 蓝成菲 曲海平 李刚 王丽琼 王婷婷 王梅 初春 多韦娟 马雷 宋鑫 满文同 黄莹 王晓 张春霞 庞霄 魏彩芳 李向红 王佳 陈曦 曲晓庆 杨静 林姗 王彬 霍凯生 朱昱 张丽娜 秦林 于倩 王建南 石蕾 臧瑞玲 许颖 张莹 刘璐 王宇玫 高鹰 崔莹 罗贵斌 付维佳 张京 沈辉 李函 郭横溢 高宏伟 金剑霞 魏巍(86 人)
专升本	会计学	成纯安 寇凯红 潘永仙 顾艳琴 陆虹 王晓丹 王丽娟 董妍 周冬梅 郑悦 袁净亚 邢凤新 宋文宇 魏东杰 邓锦月 张文娟 杨海燕 刘萍 肖珊 李旭 郝翠君 周昶 许宁 刘蓓蓓 杨晓茁 马昭 何彬 吴桂金 熊媛媛 张珊珊 孟凡超 张珂 杨丽丽 袁亚辉 王庆江 张亚南 池文庆 龚建芬 胡静 梁媛 柳阳 唐艳丽 张丽丽 李娜 关菲 白金玲 芦杰 房立爽 张海凤 吴立冬 张晴 王娟 王蕊 蒋璐捷 王璇 徐娟 赵雅彬 田彬 刘婷 段烁 王鑫 张海波 董琳 李晶晶 高祥军 朱琳 邵燕莹 贾明 张丽玮 郝婷 任瑾 徐阳 张贤 冯佳 左蕊 杨静 王颖 陈玲 肖洁 张红 王梅 甘璐 杨雪 高静 李君 王希 刘雁行 孙晓然 申珅 卢莎莎 马萍 王春丽 马朝艳 郑仲毓 陈岩 梁中原 叶亮 王艳 宋丽娇 刘念 刘伟 王宏

续表

培养层次	专业名称	姓名
		张筱玉　董娜　邢凌晨　陈思羽　冯昱　李杰　杜华颖　周扬　徐辉　刘丽娜　刘娅东　张东燕　郭小强　齐雪平　赵博新　张凤美　程邡　王淑芳　戴欣　崔萃　王露　董海龙　高静　康磊　陈征　班红　王静莉　葛鑫　范秀芳　刘彤　廖军燕　崔倩倩　张樱　曹艳蕊　刘晶　杨爽　郭宇欢　刘海华　彭岱　王静　王磊　李婷婷　尹作彩　徐江涛　杨洁　赵传波　万金思　塔爽　赵丹　穆红伟　张晓丽　李月梅　骆彪　张红敏　董君　尚琳燕　马晓娟　苏雪梅　杨艳　李莉　厉兰　马蒙　覃思聪　王桂坡　张磊　黄莺　刘倩　王希　席晨霞　梁桂娟　王英浩　叶楠　唐小川　沈薇　张立杰　孟欣　安颖娜　靳雨薇　颜爱娥　张昕　赵立群　刘丽　仵华颖　伊雪　董冉　牟黎黎　张亚琴　郭云燕　胡婷　陈静　高利兰　邵琳琳　王颖　张树薇　周悦　李雪　孙君辉　张镔　王春玲　张玉茜　魏彬　朱换停　刘春燕　张国丽　陈学新　陈天云　陈硕　于红娟　朱立华　冯国晖　刘凌　曹璇　郭楠　刘春梅　袁传菊　贾嘉　赵仁艳　李全红　谭维　宋春红　李亚爽　党薇　张颖　杨超　王琳　刘倩　吴琼　刘畅　张萌　陈鹏　雷爽　郭薇　李芳芳　尹亮　沈晶　达佶　张海燕　靳立芹　杨雪　袁丽华　何珊　邓小飞　全爽　童兆昕　孟雯　刘章　舒欣鑫　王磊　王海英　王齐　薛涛　王雷　王元芝　肖喜梅　刘丹　瞿晓鲜　黄成　彭香平　何昌秀　吴碧宇　席莎　杨利　李果　谢观秀　王春华　陈平　黄蓉　邱益华　杜娟　李岩　陈宝珠　吴玉琼　陈红英　赵艳娜　孙新艳　王龙博　杨梦辉　李凯　赵慧贤　杜锦辉　李景彦　张国龙　王晓争　刘静　张峰岳　尚连双　张刚　张敏　赵伟　李春青　杨冰　杜芳芳　田凤娜(295 人)
专升本	金融学	张好好　吴思华　张春雪　杨晓争　荣珮　周丹丹　刘淼　荆翠春　王庆华　于艳华　赵楠　刘海峰　刘瑞莱　尤辉　马焘　张琳　王小贺　王斌　陈婉银　藕满意　苏颖　张晶　崔嘉伟　周诺斯　王双玉　王琳　陈晓曼　王雪兰　武娜　弓婵娟　刘佳　张迪　李雪　王希　孙逸义　沈晶　夏莹莹　魏小玲　叶琳　刘彩云　张偲　赵晶晶　吴琼　蔡晶　李洋　蔡萌萌　姚婧　周俊　赵佳文　霍丽娟　王炳杰　龚萍(52 人)
专升本	人力资源管理	王晨　李黎　许冬生　闫伟　林媛　张玫　刘艳芝　陈谢　李乐　罗杰　张丽　张文敬　刘冰　陈伟　湛明　宋薇　陈浩　景婷　窦晓雪　王楠　高娅楠　付静雯　路晓静　吴红　王俊娟　卢岩　刘静　冀静　刘娜　刘兴姝　景荣　张洁　朱静　赵芳菲　陈晨　杨婷　荣妍　牛蕊　祖高磊　毛玥　郝琳　王媛　刘静　吴雯雯　王佳　张妍　叶鸥　赵威　赵雪敬　李响　段静　吴家祺　梁辰　陈楠　李静　张红丽　贾相平　武修羽　田丽月　李想　王静　英东峰　姜琛　苏蕊　刘文斌　李霞　于淼　朱洪来　毕茜萌　冯静丽　王岳鹏　王欢　段群　魏心田　陈雪　沈竹　薛晓雷　万海燕　潘毅　付彬　李楠　卢翠　周丽丽　张雅楠　王斌　朱琳　赵春景　李硕　刘硕　孙婧　昌湘君　高恺　宛成蕊　吴巍　薛庆梅　张蕾　赵重洋　王娜　孙文文　李志洁　任维利　杨学丽　张瑾　崔晓菲　关静　杨雪　李雪　韩冬　何玉明　赵星惠　张纪娜　陈曦　王娜　孙丽志　武芳芳　史姝姝　乔琛　李欣婷　王维丹　吴轩　左帆　张娣　石宝玉　尹红　薛涵　张颖　于金玲　马超　陈芳　王为　汤琳琳　冯娜　郭杰　陈思聪　谷晓楠　王琳莉　郭文　王雪　刘晓清　刘颖　杨杰　郭晓琳　宋丽君　石彦晶　张晶　张炳倩　周薇　张婷　倪恩杰　石芳　张春玲　胡静　赵鑫　孙莹　王婧　杨柳　李毅桢　蒋叶　刘爱军　裴婧　高珊　麻巾帅　佟杨　刘淑香　祁艳华　安帅　王玥　张雍雍　袁芳　刘锡　李杰　梁建华　唐丽　孙婧文　陈臻　郭宾宾　谢微　秦银平　吴征　谢文月　符云超　谷菲　姜然　张春莹　李丽　苗晶晶　王宇　李莉芝　胡晓勇　霍丹丹　张永生　张小娜　袁芳　郭志会　张杨　曹颖　管宝霞　张金凤　景赛楠　宋扬　李南　刘雪娜　杨凯涵　刘雅静　赵蔓　李利　冯乔　李媛媛　何天盈　杨虹　乔琦　夏志晶　杨艳　相芳　于莹莹　华轲　涂紫微　张卉　柴德芳　平月　任宝海　李娜　宋秋月　冯六杰　马海霞　刘燕　邢雪　袁蕾　闫方　唐培川　战思妮　李金博　王丹　张克云　刘爽　孙月萍　管媛媛　魏星　冯立温　郭明　秦洋　嵇佳佳　程静　孙琇　张晋燕　何香芸　张微微　白蓉　马克　宋婧梅　孟秋　裴雅慧　高晶　郭川　帅楠　王凤苹　张利南　张朔　戴超　邹杉　谭艳　周朝　赵莉　王景华

续表

培养层次	专业名称	姓名
		张桂良 于毅 尹双花 谢萍 卜茂平 彭佳燕 彭晓意 郑治霞 汪艳 罗昭 雷娜 王颢 刘敏烽 周宛 何威 杨艳波 张瑜 文芳 吴玉娇 周静 李娅 孙敏 李晓春 易小洁 肖萍 龚晓 谭红梅 陈旭军 唐华 何惠芬 翁曾来 林尤明 冯小苗 张振明 黎民英 符喜婵 周桃 黎民天 陈衍究 林碧玉 杨妮曼 陈婷(306 人)
专升本	信息管理与信息系统	韩跃 王蕾 孙旭 郭洪谦 白文敏 陈天博 宋晓建 艾海涛 李娜 马超 安岩 刘艳茹 王蓓 张斌 刘飞 侯金定 吕亮 裴道军 宋超 刘全生 程艳迪 刘娟 张月东 程鹏 杨志峰 邢昊 赵雪 高楠 胡刚 葛嘉 杨学磊 宋玉兰 黄金 蔡培 张伟 程姗 李岩 许骞 潘璠 王锦 张务实 付冬蕾(42 人)
高起专	工商企业管理	张帅 吴海丽 王跃 郝景华 王昊 王才 万新华 姜建梅 张小京 刁春雨 李云龙 郑雅楠 李龙亭 韩岩岩 黄岑岑 王淑义 杨基忠 陶金英 郭秀娟 李红伟 李霞 邢晓云 王劲松 崔姗 巴雅南 崔金京 张慧 李君菲 崔军平 李海英 徐丽娟 马睿莹 罗翠 马玉明 赵银萍 陈丽丽 刘晓曼 于晓静 郝晶妮 徐念娇 张东 谢华 赵春媛 崔纯纯 赵卉 司栋昆 田秋华 耿鑫 张丽颖 齐婧雅 舒冬艳 刘正婕 赵龙 常川 张红 田玉哲 康璐 高艳平 杨森 李奥博 李雅卓 王斌杰 王惠悦 赵艳平 李娜娜 刘小兵 关运丽 王强 彭春强 王茜 相乃丽 闫亚平 解静 刘佳 白娜 许海峰 杨雪 赵宁 邓文思 陈佳 武爽 刘贯英 李萍 藏佳旺 林海 宋磊 尹军毅 张剑 刘娜 沈冉 母晓梅 张玲 杨波 李世雄 胡春萌 于森 付伟 郑瑞芬 孙晓榕 陈佳娜 王丹 杜晶晶 刘粉在 孙帆 李思佳 丁超 曹金平 张元元 王灵敏 杜世伟 刘俊君 马宏磊 何莹 果丽 张聪 赵振全 张莹莹 马杉 郭蚕娟 陈琳 赵曼 潘小燕 吴迪 王铁飞 陈海金 王瑾 任彦深 何松松 赵鑫 唐仕波 潘宇 李菊林 晋炜 章宇 刘静 冷跃林 易高明 黄海 严芬芬 黄玲芳 王志明 肖正伟 陶飞盛 梁裕钦 刘皇增 沈婷 荣力 罗萍 窦红胜 杨镇江 郭伟雄 李翠 林艳(153 人)
高起专	国际经济与贸易	辛艺 张明明 陈冲 陈俊 崔莹 张晔 冯婉婷 杨震 漆正英 芮艳丽 朱琳 彭丹 王建伟 孔素林 李云茜 金冉 马文平 许自新 王邈 张舒静 陈思 杨君 姚海侠 蒋仕静 隋可嘉 朱小朋 刘冀 刘健霏 闫德海 玉萍 王磊 郭紫嫣 宋克涛 孙宏鑫 李洪涛 曾文琼 王会利 寇新 李茜 胡春艳 张明曦 郭温光 陈铁军 刘红月 张楠 白龙 罗丹 李爽 王茜 王然 李彪 何骞 毛丽 温婷婷 贾顺峰 张颖 佟瑶 张翠梅 李艳敏 尹晶 刘玲彦 高美芳 王家瑶 渠娜 刘静漪 李冉 侯丽楠 张蕊 王静 何进城 谢泽 高峰 冀明星 李梅 肖丽 杨青音 许亚明 王西 侯仙仙 赵男 张艳 毛伟 卢利颖 黄惠玲 李娟娟 于思羽 徐立利 刘学 黑德龙 黄彩娟 廖秀英 王萍 巫世席 陶国姣 史晓敏 廖芳 曾雄 黄赛花 刘燕 贺植 杨荣洋 卢芬 黄秀平 王美君 何映元 谢飞姗 刘红燕 陈连红 吴美英 莫小妮 姚红丽 姚红艳(112 人)
高起专	会计	贺婷婷 胡璇 任艺 王莹 刘峥 王莹 金秋霞 焦爽 张雨潇 于海娟 马佳阳 白雪 梅文博 郭爽 张梦楠 王潇 胡兴容 杨丽娟 陆勇 胡晓华 青雪梅 郭玲 韩旭 郁静 苟玉凤 杨娟 赵小雷 陈珊珊 王丽欣 李军 亢晓洁 李征艳 杨建红 李伟 胡永华 王帅 杨秋香 葛维乔 王蕾 王琳 曹海燕 王灿 刘冬冬 黄辉 李丹 丁一娜 廉爽 夏静亚 高玲 刘雪 刘才民 刘爽 王丽欣 张静 田婧 段霄 王萌 杨志文 张建霞 朱艳艳 赵占莹 邓海欧 李旋 孙燕 杨阳 傅庆娟 刘丽新 董平 郭翠翠 邓越 朱林 刘英仙 李娟 王爱江 何磁 陈娟娟 田伟 郝凤莲 吴娜 王亚东 郭朋辉 陈雪丽 张海明 兰飞 丛日敏 谢丽娟 周博玮 段玉卉 马丽娜 王琪 盖淳 吕丹 杨彦龙 刘晓庆 姜京茹 甄扬扬 孟婕 韩俊丽 徐亚荣 肖玲 闫春香 杨小燕 吴珍 田飞 谢晓晨 王艳凤 刘建宁 郭亚辉 张芳芳 王金桃 杨彩云 贾方环 谢岩 王军章 姚利明 吴华娟 赵秋菊 杨静 彭雪 王小春 石朋飞

续表

培养层次	专业名称	姓名
		张超　荣姣　高瑞蒙　程倩　常玲　吴洋　王雪　闫亚军　曹亚琪　安静　赵凤晶　贾爽　刘如意　王燕霞　白雪　李丹　单英玉　史旦妮　张颖　李培培　史桂宏　李镇　孟庆玲　王妍　孟云飞　边晓琛　卢瑾　刘明　齐士武　孙瑞娟　陈立超　阚娜娜　陈淑芳　薛新培　陈兰兰　张瑞星　贾萌　盛艳佳　赵琛　金凤娟　史娟　陈丽　张荣良　贺晨　王军英　王辉　杨瑶　王玉俊　侯欢欢　时锐峰　马洋　卢宁　程蒙　项晓烨　刘宝　倪巍　杜林艳　郭海燕　王鑫　宫丽萍　谢爱昆　侯涛　田立娟　李静　郑丽娜　张婉莎　张蒙　窦峥莉　冯兵　田力　宋海彬　朱华英　干欣　王雪　朱楠　王雪梅　张彬　韩灵芝　赵娇娇　王海玲　魏娜　张帅　侯彦钊　贾智铭　李岩　陈明　高凤丽　张静　薛新娜　武蕊　代秋凤　甘美珍　鲍芳　石蕊　毛文慧　陈艳红　马志艳　高磊　谢凡　陈毅楠　张凯　陈翠　陈燕　李静　李秀英　王晓丽　姚丽琴　李冉　王非　李艳琼　梁璀华　许思远　王倩　陈文娟　王海娜　李娜　郑仁芳　潘素梅　于欣欣　张楠　周静　王宁楠　张子龙　赵铭锶　刘建敏　张戈　李思　刘维　仉硕　孙丽　张萌　陈园园　杨琳　温林凤　吴楠　王倩　牛小蕾　周翠平　张立男　魏艳芳　杨登云　刘晓溪　孙翠兰　杨鹏　秦文荣　张迪　周秋兰　高月芹　王菊　刘瑶　张倩　杨建茜　李思　王景军　陈小芳　兰艳凤　刘芬芬　侯子佳　杨艳丽　程静辉　赵然　张晓霞　宋珊　范学佳　葛金爱　张莹莹　沈倩　孙翠　王法翠　段敏霞　解妍温　杜晓凤　朴秀明　谢敏　郭玲珊　罗玉女　柴继鹏　童丽萍　玉甘泉　卓艳红　刘伟　罗国华　李丹　叶伟红　王志英　韦仙乐　陈春眉　黄欧奕　陈彩云　黎干　梁雪玉　卢彩英　林彦娜　谭颖兰　王小芹　郑冰吟　邓玉珍　傅金华　张晓凤　方爱红　郑如玲　杨恒　邓雅杏　李珊　邹艳芳　廖红红　郑娣　黎金爱　邓凤荣　龙建华　胡向玲　欧阳清　代英姿　牛红红　石磊　王立娟　邵建萍　孙红霞　钱明霞　杨雪艳　肖鹏　李媛　李金花　王子培　王小娟　常霞　李宏　李静　苏秀丽　孙草霞　吕瑞　张话谧　包国琳　刘文静　赵燕　何婷　曹玉萍　白彩霞　陶娟　张玉花　李宜玲　牛永花　康瑞利　曾晓丹　汪国红　张佳丽　何梅　狄秀红　郭淑琴　张文婷　吕娜　齐娜　刘旭燕　王春艳　王娟　张晓蓉　何晶晶　孙楠　张婉婷　龙小艳　肖湘　杨乐乐　朱莉萍　常龙　卢芳娥　白雪　孔宜媛　王伟　马丽娟　赵银霞　宋丽花　葛玉珍　张芳燕　任建珍　张雅琦　冯玉兰　李秀兰　杜宁　刘丹　毛倩楠　张丹　马淑云　曹娟　高雅琴　刘欢　任芳芳　张学霞　王婷梅　赵兰兰　薛凯丽　李丹　白玉霞　李双　张惠春　仇娟霞　王争鸣　何斌　杨海霞　刘红艳　蔡娜娜　宇静　常亚男　柳艳霞　何晓燕　崔苗　冯雪红　牛彭　雷高霞　史丽娟　庞艳丽　陈南　荀玉莲　陈静　基海燕　魏玲　白灵　张小爱　王莹　王萍　魏彦霞　何双红　冯莉　芦晋芳　杨彩变　戴娜娜　曹文佳　胡志艳　赵小璐　裴瑞华　马玉洁　许文芹　徐金慧　侯亚萍　李春玲　吕玉兰　马洋　邵淑娅　韩锦婷　谢权国　李全安　蔡建玲　赵雯珺　赵丽　刘雪娟　边雯静　武玉惠　任国北　姜永娥　柏玲　尚娜　欧国芳　陈娟　史盼红　李脊红　司光媛　王赛　吴琴琴　史宝花　霍海云　贾镏荣　李明娟　桑小娇　张红　张富婵　李瑞霞　梁彦荣　龙代　王小红　韩小亮　王玉娟　谭莉霞　王雪　姚艳花　火元英　张兵兵　史小丽　岳兴林　郭小飞　柴巧娇　严润　白海梅　张娜　李洁　马莉霞　郭发平　乔燕　王荟苹　缪智　崔自尧　曾俊涛　王银霞　马娟娟　伏晓敏　耿春娥　唐彩云　陈志瑞　王峰　李倩　翟紫杉　刘克震　王斌　石孝蕾　李勇良　魏佳慧(525 人)
高起专	计算机应用技术	赵俊平　金小培　刘东蕾　李超　张博　杨庆南　朱庆煊　张威　陆吉丰　赵洋　王世伟　付学成　高伟　杨辰　袁满路　郭尚泽　高璐　孙华　万鑫玥　王雪(20 人)
高起专	金融管理与实务	王欣　丁雪莹　刘静　贾帅　张寅翼　何超　索盼　杨晶晶　王威　陈卉　孙琳　刘蕊　李晶　孟繁明　杨帆　王欢　王颖　张海峰　岳聪　陈莲莲　刘召存　秦俊杰　李秀芹　张雪　岳静怡　曹海阔　李友志　何伟　石翠　张宇　苏静　刘志超　王群　谢凤红　夏冬雪　徐昊卿　彭超(37 人)

续表

培养层次	专业名称	姓名
高起专	经济管理	于嘉琦　许环　王东梅　王岳鹏　张青华　王利娜　赵志杰　刘畅　蒋伟艳　路宁　余露　左新青　霍磊　李利　张莹　李鹏　杨懿宁　郭佳　陈曦　何春杰　高沫团　郑涛　瞿静　许佳　赵娜娜　韩明明　蔡小川　郭婷婷　邢胜男　李明　贺莹　吕媛　韩大昭　朴英美　赵晓雪　夏萌萌(36 人)
高起专	经济信息管理	王辉　田雯　李想　吕冬梅　宫宇　冯京京　王晓旭　石玉杰　王香华　李锦娟　冯丽艳　李梦璐　赵艳君　王明玲　程诚　李锦　张学刚　王元元　胡雅楠　白雪莹　侯雪娇　钟伶秀　崔喜妹　郭珊　雷金晓　肖楠　张慧娟　张国潇　刘宇　吕燕青　齐莹(31 人)
高起专	人力资源管理	卜水秀　梁丽丽　李占琴　邱丽　佘玲　管艳丽　廖云　李小艳　何香　谢玉梅　戴惠　易秀娟　李娟　刘肖婵　杨叶娟　张姿　蔡丰荣　段芳　张霞　戴娟　杨浩　文元　邓红婷　史慧　辜克丽　陈莉梅　邓丽丽(27 人)
高起专	商务管理	刘璐　史利明　王牧歌　薛莲　张文君　朱恒(6 人)
高起专	市场营销	李腊梅　杨瑞　范泽莹　曹静波　张辉　王丽丽　张杰　贾亦兴　项文凤　刁显会　游雅轶　赵可意　许辰　芦阳　刘卫敏　陈方　贾爽　刘敬茹　孙雯　靳雪　梁孝峰　任莲君　魏征　曹玲　高瑞景　侯利娜　潘思思　李艳发　窦佳　徐倩　刁显华　任伯欣　孙建英　程琳　王雪松　刘俊旭　刘海波(37 人)
高起专	物流管理	陈雪　陈雪英　王召军　尉雅威　王倩　回珊珊　申瑞莎　卢旭　滑霞　张瑞雪　石玉洁　张艳丽　尹东梅　杜智呈　郭文艳　王凤焕　王文燕　赵佳　王雪　李宜行　范艳鸽　王坚　桂梓　于绍勤　芬春艳　李翠　王旭　贺明耀　肖文婷　桑静　胡凯　王熙　张涛　郭永志　宗丽　邱悦迪　王珊　绳明贺　李微　王艳华　林小华　关静　刘云菲　张秀志　李洋　燕永菊　陈艳　陈燕　刘振申　赵月　王晨春　谭军艳　金鑫　杨楠　于祥　王芳　尹海清　吕妮　曹然　赵静　李磊　殷洋洋　律之玉　赵香粉　王冉　张媛媛　李晓芬　李海英　王宇　李晨阳　李艳丽　李营　李贺　刘阳　谭海萍　徐晓红　唐丽　胡倩　金元　蒋海英　赵靖云　牙启爱　颜平　江有红　吴卓红　王治蔷　曹永立　高红敬　王苗纯　赵梦　林旺　陈敏　朱田　何家权　周艳　李美琼　邝倚云　李创业　蔡瑞妍　胡军荣　郑荣萍　黄明连　陈鹤　熊志敏　李龙妹　牛步申　赵伟利　王顺霞　孟慧慧　欧国红　张禄平　李淑琴　曹婷婷　付亚敏　王吉燕　王彩霞　杜建彪　师兵娟　张英文　程丽辉　谢元春　张淑贤　唐胜斌　方静　章双士　吴尚宁　王丹　冯莎莎　何艳芳　唐蓉　周千清　宋艳萍　王文娟　蔡银燕　张红　马晶　曹红丽　蔡艳　关文玲　牛丽霞　韩璐　魏孔庭　常新甫　孙芳铭　孟剑伟　何花蕊　曾文豪　温东柱　卢海飞　陈雪　党佩莉　卢海旺　荀永琛　李文艳　蔡娜娜　庄克伟　杨永东　李顺清　安文霞　陈璐　杨亚庆　王瑕　周博　陆效菲　李红　吕彦东　王雪娇　张雪桃　高志强　臧圆圆　何国欢　刘喜琴　赵黄荣　潘龙　赵晓燕　张梅　侯亚运　罗成　岳晓　王红东　杨阳　郭俊虎　强科龙　曹利芳　刘伟　何碧凤　张永梅　张妮　肖子奇　徐世龙　黄爱倩　杨来临　周璐璐　王玲　赵娅男　席彩娥　张万祥　单金凤　李姗　吕睿丽　杜莉红　刘丽萍　马继奎　董敬燕　马栋梁　冯愿丽　薛伟豪　李红芳　王红银　朱丽丽　朱利勋　付栋文　袁凯　王峰　杨攀峰　李祥　王月　马健　王立朋(219 人)

(宋岩　王树明)

2011 年首都经济贸易大学继续教育学院(夏季)毕业生名单

培养层次	专业名称	姓名
高起本	会计学	刘超(1 人)
专升本	工商管理	周杰　崔冬洁　朱瑛　刘保　宋谧　赵芳　左丹　唐春辉　陈小卫　孙朋　刘洛阳　马键　王英辉　汪雪萍(14 人)

续表

培养层次	专业名称	姓名
专升本	广告学	杜燊　齐蓓(2人)
专升本	国际经济与贸易	崔茜　王攀　李姝　杜洋　张楠　刘跃(6人)
专升本	会计学	生佳　王媛　李宏珊　李巍　张悦　张翎　李晓珅　张硕　李倩　刘冉　李雅昆　胡宇　赵扬　龙辉文　龙燕玲　夏爱平　邹静　龚密　言弘　陈明　曾中　孔灵　彭菲　姜洪汝　柯胜华　邬锦锋　邓艳妃　毛小萍　冯积建　冯丽云　韩晶　仇立君　史函　相超　张燕红　王兆川　孙迎倩　张再兴　郭杏娟　裘鹏皓　张树华　洪玫　张翔宇　赵彦娇　牛泽馨　许己未　马志灵　冯军晓　晁云阳　于海军　马丽娜　丁倩男　陈远　王晓忱　陈东娜　许美　王丹　赵书宇　林益馨　孙亚红　黄艺兵　任弘鑫　吕娇　张冰　金欢　黄欣怡　张丽菊　刘韬　苑子平　金卓(70人)
专升本	金融学	郁文博　金雷(2人)
专升本	人力资源管理	王钦　郑妍岩　李顺刚　胡金雨　郭可佳　王珊珊　张芬娟　井艳峰　尤娜　张桂　张慧　王怡爽　张峥　彭明　全慧蓉　邝燕妹　陈慧　戴文贞　吴晓芸　唐颜　林英燕　胡小虎　苏丽　徐晓溪　赵燕　王红菊　杨英华　毕娣(28人)
专升本	信息管理与信息系统	兰健　王海博　赵致晗　薛磊　朱云龙　金子鑫(6人)
高起专	工商企业管理	李曼雨　陈艳春　刘旭　罗青　王伟杰　郭北　尹丽萍　刘亚和　高金浩　线兴华　刘莹莹　郭硕　侯军　王颖　王源书　高雨　周炳荣　华晶　梁绮娟　梁雪英　莫妹　黄喜琴　李欢　冯二巧　王鹏　王能力　李志德　杨秀平　梁敏和　赵建海　雷正平　梁自强　王敏　冯伟昌　许美英　杨柱荣　王美华　付能　胡丽霞(39人)
高起专	国际经济与贸易	薄珏　刘思明　刘春梅　张震　刘丹　童婷　康静　庞慧霞　张丽　成海福　曾娜　陈浩　邓日开　朱海斌　吴小凤　龚雪梅　段伶伶　李青凤　刘弘扬　龙超霞　黄元媛　谢美娟　刘涛　何净净　江燕清　黄永全　盛慧飞　陈少萍　胡文华　牛艳玲　黄倩霞　曾小卡　聂祖强　吴群芳　易昔杭(35人)
高起专	会　计	孙佳佳　常鑫　宋贵花　赵学明　丁雪　翟海玉　李砚　武威　张喆　郝欣　王晓旋　杨杨　隗珊珊　林琳　常青　孔雪　马文静　吴尘　赵扬　侯晶磊　魏艳容　董艳　刘畅　蔡小丽　吴明军　李欣　赵英芳　管聪　赵雨南　吕建超　王艳辉　徐小莉　彭珍　申志芳　陈杰　张晖　任艳华　谭桂林　黄奇志　文淑　刘莎莎　徐威威　陈燕　庞智琼　符东燕　尤景燕　邱单　汪小芬　陈小英　唐丽　谢月明　符丽香　曹彩连　方丹芬　朱丽虹　许晓枫　吴志　夏静　罗丹　李艳霞　罗斌蓉　戚日敬　杨文辉　翠林　杨娟　李霞　吴清　彭雨　赵牡丹　唐莉莉　朱春梅　曹玉娟　吴春霞　欧阳晴禹　黄俊燕　梁丽华　唐秀平　谢爱琴　涂秋美　杨美连　刘小文　麦健莹　徐庆　俞琼凡　向小圆　林梅珊　余霞　丁桂华　邓叶青　杨冬梅　穆云琪　王素娇　邱晓碧　尹玲红　郑跃红　罗艳兰　何玲玲　黎素萍　詹丽姗　余亮　连玲英　鲁学娟　王娜　潘婷婷　何耀霞　焦国荣　李菊香　卢文霞　韩爱霞　苗艳艳　马微丽　王丹　王彩丽　赵全兴　李莹莹　王秀珍　何瑜　牛怡敏　陶荣洁　李晴枫　刘娟锋　张婷婷　王娟　芦煜尧　张治家　张兆露　邵柯嘉　李正红　张兰　冯晓丽　马丽　杨义琴　路凯　康蕊　彭秋艳　穆蕊欣　马晶　何晓丽　罗鑫　康秉喆　王英　杨海红　刘雪红　韩爱金　王芮　沈小霞　许晶　邢燕　张淑娟　景俊婷　郭长玫　吴亚娟　刘昆英　冉帼媛　廖小君　邓飞　高嘉　韩丽霞　陈宏　阎琪　张亚娟　张婷　朱海燕　杜亚静　李海良　朱晓蕾　虞瑞萍　禄莹　刘双萍　高跃南　胡金祎　赵芝　孙莉　宋存策　张巧　张蓉　马静　刘进利　曹晓　任秋红　梁伟伟　王崇　韩亚辉　闫冬　胡静娜　张雅利　李芳　曹风彦　路婷婷　刘春英　苑丛丛　李想　刘欢欢　唐明娟　赵凯田　刘璐璐　田朝毅　张丹　王晓阳　刘俊艳　刘晶　付玉影　杜文欢　米旭阳　朱曼曼　周孟元　井如华　赵瑞华　秦丽利　王竟平　吴迪　宋佳鑫　张立军(213人)

续表

培养层次	专业名称	姓名
高起专	计算机应用技术	陈超　李九江(2 人)
高起专	金融管理与实务	张忠政　谢萌(2 人)
高起专	经济管理	肖洋　李伟　李强　胡强(4 人)
高起专	经济信息管理	杜强强　周海侠　崔小娜　贾圆　刘斌　段孟力　刘月明　王丹　宋超群　王晓佩　李澄 齐建惠　翟飞龙　靳文旭　朱晓曼　韩晓豆　陈硕　邢卫娜　权佳佳　马琳琳　卜艳杰 张永红　刘艳伟　栾莉莉　郭贺　张瑜　刘洋　翟文佳　屠丹丹　赵雄波　刘伟伟　王士彬 崔海金　秦文　李晶　葛京　谢娜　王羽佳　赵世会　崔景丽　宋士攀　王影影　李磊 刘晗　梅冉　卢立国(46 人)
高起专	人力资源管理	何东　戴娟　邓小红　刘希　黎国健　黄涛　刘玉燕　饶群　符丽萍　梁锦培　曾莉芳 钱伟　刘春梅　魏雅利　漆宏　邓珠花　张丽娟　吴培丽　张玲　龙丹　杨志　吴俊发 李娇　易淑云　连晓云　王康云　蔡妙丽　林鸿慧　魏子溪　邹慧　邹玲(31 人)
高起专	市场营销	贾小芳　贾玉秀　龚蓉梅　华立杰　李佳　丁晓霄　谢悦　易理国　胡迎春　张喜英 黎春江　王云彦　赵英　陈心愿　闫少龙　马建　贾博雅　韩天姣　曹红娇　张佩佩 李杨　王欣　庞亚会　寇晗雪　侯淑娟　魏广伟　齐海玲　李晓勇　靳亚鹏　许兴兴 黄美艳　吕志南　杨洲　刘海立　朱新朋　刘卫星　魏翰章　张瑜　赵喆　马艳琴 段立超　娄佳宁　郭宏　李健　彭根崇　刘娣　黄晓玲　段玉婷　李仪凡　燕晓彤 张淑敏　徐雷　司丹　王春亮　孟晓娜(55 人)
高起专	物流管理	宋亚超　罗瑾男　梁凯　王亚南　王超　孙静　毛金阳　赵红雨　袁丹　林惠婷　袁沙沙 陈珊　李萍萍　梁容霞　陈姣　陶勤学　吴琴　罗正珍　王欢　丁晶晶　王萍　谢斯 张松姣　黄宇月　杨燮珊　谭丽　关印　吴园园　杨爱　黄社莲　肖翔　张丹　龙娩 邹红道　白贵梅　钟兰花　吴剑锋　何利芳　廖红黎　邝绮兰　凌辉　唐玉良　黄海蛟 魏得清　朱军霞　赵靓瑜　王德诚　梁启梵　毛旭东　李永斌　张秀清　李海洋　张国娟 彭丽娜　杨永健　孟跃年　党江宏　王琦　马诚卉　何红芳　陶雅青　孙雅　廖乘　陈琴 仇玉琦　李志奇　刘逸飞　杨重斌　巴好燕　田雨　杨森　蒋楠　张成博　王凯　胡爱平 张立研　李雨轩　祝欢　任殿磊　衣磊　杨蓝添　王丹　许兴达　杨浩　郭超　徐小丹 程晓玲　王京　杨凯　景志会　刘艳波　曹骏　张丽娜　孙志杰　宗瑞坤　于亚南　杜圣杰 白瑞　成文艳　张青桦　朱明月　宋浩　杨帅　许薇　张敬　于杨　魏鹏程　孙文旭 陈印　吉磊　张万莉　常慧　孙研　胡高爽　张明洋　马强　崔雪　西志强　王亮　李清波 汪业龙　曲明瑞　李晓丹　姜飞　常欢欢　卜文强　焦雨　张晓丽　刘靖瑜　孙志勇 王亚北　夏冬　韩吉庆　张堃　张雷　申雪　张亚然　宋增祥　李斌　王学峰　姜振阳 曹思远　陈放　金亮亮　孙成龙　马健　宋钰晨　冷显桥　徐凯昭　王旭　马永会　韩文帅 雷秋华　张颖　李慧慧　田芳　于作鹏　刘晓棠　郭宏伟　林静涛　周振岩　张海龙 姜彬　张凯文　蔡春鹏　张玉宝　许莹　李晓丹　王健　张颖　王振　贾东　陈紫隆 郑慧　佟雪梅　于叶　吴迪　王国鉴　何雪　敖月　苏海波　任志远　谢慧元　端冬竹 单泽　赵静舒　金龙泽　李亚男　方铮　徐国杰　原艺洋　严壮　李宝爽　修影(194 人)

（宋岩　王树明）

2011年首都经济贸易大学继续教育学院(春季)本科毕业生获得学士学位名单

培养层次	专业名称	姓名
高起本	会计学	卢颖川　武秋翠　潘月莲　李宪华　宋文婷　杜倩　周佩娜　耿燕飞　文芳　李文平　谭立华　邱玥　闫小霞　桂海滨　席威　辛燕　李娟　张俊娟　王丽君　刘中妮　郝鹏　马涛　孙铭　王文胜　毕海妍　姚薇　申琳　李卫青　罗琳　王红　吴雪　韩蕾　牟霏　刘祎　陈涛　李莹　张波　蔚巍　葛超　赵文晶　王焱　李宁　崔辰茜　郝苗　王珊珊　靳烨　吕津津　张超　杜琳琳　周然　石燚　佟义然　施腾飞　王麦特　马兰　李韧翀　孙雅洁　王涛　张璐　董靓　魏丽丽　张慧娟　娄苗　司孟源　刘圣雨(65人)
专升本	工商管理	马跃超　王宇佳　辛雪飞　贾雪颖　靳郝珊珊　刘岩　吕萍　徐霞　程丹丹　孙立娟　张凯璇　马越　朱明　李征　刘雪　闫妍　郭倩　刘萍　段超　肖婕　李亚涛　张玉明　朱晓冬　姜蓓蓓　罗鹏　王克强　陈渤　畅艳玲　陈会峰　梅梦竹　陈希　王维思　徐倩　邢亚男　张莉　侯春波　刘阳　李涛　闫晓光　高佳　范菁　李冬　龚炜　刘源缘　张宇　张媛　董伟　吴燕　马征　佟盛　孔靓　谢慧　罗春梅　卢金伟　秦肖楠　丁楠　吴静　王琤　王丹　王明坤　李奕　丛鑫　曾雄(63人)
专升本	广告学	王晴　刘羿羿　解茜　范雯雯　邱艳　王鸿雷　王蕊　李来香　王婧昊　杭霓　秦正　尚玉莲　陈潇潇　宋清蕊　莫莉　张雅婷　张昊　李晋亨　张帆　庞宇　穆淑娥　揭敬松　刘艳红　马肖　金迪　周健(26人)
专升本	国际经济与贸易	刘文浩　华力帆　刘超　杨超　李玉香　秦晓峰　张雪　曹磊　吕恒　杨硕　印甜　黄晓莉　王锟　崔喆萌　姚远　李莉　刘兰兰　李星原　伊丽霞　荫磊　曹艳　蓝成菲　李刚　王丽琼　王婷婷　初春　宋鑫　黄莹　王晓　庞霄　魏彩芳　曲晓庆　于倩　臧瑞玲　张莹　刘璐　王宇玫　崔莹　张京　郭横溢　高宏伟　金剑霞　魏巍(43人)
专升本	会计学	寇凯红　周冬梅　郑悦　袁净亚　邢凤新　邓锦月　刘萍　郝翠君　周昶　马昭　张珊珊　孟凡超　张珂　张亚南　池文庆　龚建芬　梁媛　柳阳　唐艳丽　张丽丽　关菲　吴立冬　张晴　王娟　王蕊　蒋璐捷　田彬　朱琳　郝婷　冯佳　李君　王希　申珅　卢莎莎　郑仲毓　陈岩　王艳　刘伟　刘丽娜　齐雪平　董海龙　高静　王静莉　廖军燕　张樱　曹艳蕊　刘海华　李婷婷　万金思　尚琳燕　马晓娟　苏雪梅　李莉　厉兰　马蒙　张磊　刘倩　王希　王英浩　叶楠　沈薇　孟欣　安颖娜　靳雨薇　张昕　赵立群　仵华颖　牟黎黎　胡婷　陈静　高利兰　王颖　孙君辉　张镔　张玉茜　李丽　陈学新　朱立华　刘凌　郭楠　宋春红　吴琼　张海燕　靳立芹　杨雪　王海英　王雷　王景华　周静　李娅　冯小苗　(91人)
专升本	金融学	吴思华　王庆华　刘瑞莱　苏颖　崔嘉伟　周诺斯　王琳　王雪兰　武娜　弓婵娟　夏莹莹　魏小玲　赵晶晶　蔡晶　霍丽娟(15人)
专升本	人力资源管理	张玫　李乐　张文敬　陈伟　陈浩　高娅楠　付静雯　吴红　卢岩　刘静　刘娜　刘兴妹　朱静　赵芳菲　杨婷　荣妍　牛蕊　祖高磊　毛玥　王媛　刘静　吴雯雯　王佳　张妍　叶鸥　赵威　段静　梁辰　陈楠　李静　张红丽　武修羽　李想　王静　姜琛　李霞　朱洪来　毕茜萌　冯静丽　王岳鹏　王欢　段群　魏心田　陈雪　薛晓雷　万海燕　潘毅　付彬　李楠　卢翠　周丽丽　张雅楠　王斌　李硕　刘硕　孙婧　昌湘君　高恺　薛庆梅　张蕾　任维利　张瑾　关静　李雪　韩冬　张纪娜　陈曦　武芳芳　史妹妹　乔琛　吴轩　左帆　张娣　石宝玉　尹红　张颖　谷晓楠　王琳莉　王雪　刘晓清　郭晓琳　宋丽君　石彦晶　石芳　赵鑫　刘淑香　安帅　王玥　张雍雍　袁芳　梁建华　谢微　符云超　姜然　王宇　张小娜　宋扬　刘雪娜　杨凯涵　刘雅静　冯乔　李媛媛　乔琦　相芳　涂紫微　张卉　柴德芳　平月　袁蕾　战思妮　李金博　张克云　孙月萍　管媛媛　冯立温　秦洋　孙琇　张晋燕　张微微　孟秋　郭川　王风苹　张利南　谢观秀　孙新艳　杨梦辉　李景彦　王晓争　刘静　尚连双　张刚　李春青(132人)
专升本	信息管理与信息系统	艾海涛　李娜　安岩　刘飞　吕亮　宋超　程鹏　邢昊　赵雪　高楠　葛嘉　宋玉兰　黄金　张伟　李岩(15人)

(王勇)

2011 年首都经济贸易大学继续教育学院(夏季)本科毕业生获得学士学位名单

培养层次	专业名称	姓名
专升本	工商管理	赵芳(1 人)
专升本	会计学	晁云阳　夏爱平　张翔宇　陈远　龚密　牛泽馨　张冰　王兆川　杨冰　黄欣怡　裘鹏皓　王丹　陈明　马志灵　赵书宇　龙辉文　张峰岳　黄艺兵　史函　张敏　金卓　洪玫(22 人)
专升本	人力资源管理	汪艳　张桂良(2 人)

(王勇)

第十三篇

2011 年大事记

1 月

6 日,首都经济贸易大学召开 2010 年党风廉政建设总结表彰大会,参加大会的有校党委书记柯文进,纪委书记赵凤启,副校长杨世忠,各党总支、直属党支部书记,学校各部门主要负责人,校纪委委员、各党总支纪检委员及纪委办公室、监察处全体人员。校领导向获得 2010 年党风廉政建设先进单位的科研处、经济学院、校医院和获得 2010 年廉政风险防范管理工作先进单位的工商管理学院、信息学院、审计处、后勤管理处、基建处颁发了获奖证书。

7 日,中国保险学会会长罗忠敏、中国保险学会秘书长兼《保险研究》主编张文渊、《保险研究》副主编郝焕婷以及《保险研究》编辑部副主任梁晶等一行四人莅临首都经济贸易大学,就中国保险学会如何更好地与首都经济贸易大学金融学院建立密切联系和相互交流等事宜与学院领导和保险系教师座谈。罗忠敏会长表示保险学会今后将在课题研究、资料资讯交流、业界与学界联系等各个方面给予金融学院发展保险专业更大支持。

10 日,吉林财经大学一行 9 人到首都经济贸易大学考察交流并召开座谈会,来访领导有党委书记金硕、校长宋冬林、党委副书记兼副校长郝中华、副校长杨春梅、组织部部长邹永亮、人事处处长王怡、科研处处长张立、教务处处长张振华以及校办主任孙禹林。首都经济贸易大学党委书记柯文进、副校长王文举、丁立宏,党委副书记朱玉华及有关部门领导出席座谈会。双方表示两校应发挥各自优势,在教学、科研、师资队伍建设、国际化战略等方面加深交流,探索创新合作形式以实现共赢。

11 日,市委组织部、市委宣传部、市委教育工委、市教委在北京会议中心召开 2011 年寒假北京高校领导干部会议暨北京高校党建工作会议,会上颁发了 2009 ~2010 年度北京高校党建和思想政治工作成果奖、第六次北京市党的建设和思想政治工作先进普通高等学校奖,首都经济贸易大学荣获党的建设和思想政治工作先进高校提名奖。市委教育工委常务副书记刘建宣读了获奖名单,首都经济贸易大学党委书记柯文进代表学校上台领奖。

13 日,北京市哲学社会科学 CBD 发展研究基地二期建设验收汇报会在首都经济贸易大学东校区基地会议室召开。北京市哲学社会科学规划办公室王祥武主任、李建平副主任、规划处刘娟处长、北京市教育委员会科研处赵清处长,中国人民大学校长助理、中国人民大学出版社社长贺耀敏教授,北京信息科技大学经管学院院长葛新权教授,当代中国研究所文化史研究室主任刘国新研究员,北京工商大学科研处处长王国顺教授四位专家,首都经济贸易大学校长王稼琼教授、副校长丁立宏教授、科研处处长王曼怡教授等出席会议。CBD 研究基地秘书长蒋三庚教授作了二期验收汇报。四位专家进行讨论,王祥武指出,近年来 CBD 研究基地为北京市做了大量工作,研究人员理论与实践紧密结合,研究成果丰富,体现了学术研究基地的特点,希望基地认真总结经验,取得更大成绩。

14 日,两岸四地消费者信心指数 2010 年度新闻发布会暨宏观经济形势研讨会在中央财经大学举行。消费者信心指数的调查和编制由两岸四地的首都经济贸易大学统计学院、中央财经大学统计学院、中国人民大学中国调查与数据中心、香港城市大学管理科学系统计咨询中心、澳门科技大学可持续发展研究所和台湾辅仁大学统计资讯系共同完成。

14 日,根据市委教育工委的要求,北京高校第四片组组织部长研讨会在首都经济贸易大学召开。教育工委组织处吴中华副处长、干部处张波及来自北京科技大学、首都经济贸易大学、北京语言大学、中国地质大学、中国矿业大学、中央美术学院、北方工业大学、北京信息科技大学、北京广播电视大学、北京教育考试院和北京城市学院 11 所高校的组织部长参加了研讨会。本次研讨会主要围绕两个主题进行发言,一是各高校 2010 年组织工作总结及 2011 年组织工作思路,二是贯彻落实三个文件(即《关于进一步加强和改进新形势下高校教师党支部建设的若干意见》、《关于进一步加强和改进在大学生中发展党员工作和大学生党支部建设》和《关于进一步发挥各级党组织和党员在维护高校稳定工作中作用的意见》)精神的做法。

17 日,中共北京市委组织部正式发文批复同意首都经济贸易大学第三次党员代表大会和第三届委员会第一次全体会议、校纪律检查委员会第一次全体会议选举结果。中国共产党首都经济贸易大学第三届委员会委员 21 名(按姓氏笔画为序):丁立宏、王文举、王传生、王明会、王稼琼、邢琪、朱玉华、朱俊生、刘宇、孙昊哲、李丽娜、杨军、杨世忠、张琪、林卫、郎丽华、柯文进、姚东旭、高闯、戚聿东、崔也光;其中,常委 9 名:柯文进、王稼琼、杨世忠、杨军、王文举、丁立宏、王传生、朱玉华、孙昊哲;柯文进同志为党委书记;杨军、朱玉华同志为党委副书记。中国共产党首都经济贸易大学纪律检查委员会委员 9 名(按姓氏笔画为序):马慧、冯华威、刘学伟、李民、杨世忠、邸燕茹、张红、夏颖、解小娟;杨世忠同志为纪委书记;李民同志为纪委副书记。

2 月

21 日,国务院总理温家宝在中南海主持召开座谈会,向党外人士征求对《政府工作报告》和十二五规划纲要的意见。首都经济贸易大学郝如玉以无党派人士、全国人大常委、财经委副主任、首都经贸大学副校长的身份出席了座谈会并发言。郝如玉副校长在发言中向国务院提出 4 个方面的建议:一是改革地方政府激励机制,切实推进科学发展;二是坚持"补低为主、削高为辅",合理调节收入分配;三是借用市场力量供需两头同时抓,推动房地产发展体制改革;四是建议关注基层耕地面积"两本账"的现象。

25 日,市委组织部寒假前在全市范围开展了 2010 年度干部教育培训考核工作,首都经济贸易大学作为高校系统 5 所接受考核的单位之一,经过认真准备,圆满完成了各项检查工作,检查组对首都经济贸易大学干部教育培训工作给予了高度评价。检查组由北京市人力资源与社会保障局教育培训处副处长许金华任组长,成员包括市委教育工委干部处副处长张天文,市委组织部干部教育培训中心及干部教育处有关同志。

3 月

7 日,王稼琼校长会见了美国北方州立大学校长 James Smith、特别发展部主任 Connie Ruhl - Smith、商学院院长 Willard Broucek、留学生主管 Stacey Schmidt 以及国际商务学术协调官 Jennifer Wegleitner 一行 5 人。双方回顾了两校正在合作开展的学生交换项目、首都经济贸易大学学者参加该校主办的国际商务研讨会项目,王稼琼校长就"2 + 2"、"3 + 1"双学位项目的可行性与史密斯校长深入细致地交换了意见,双方商定将于近期就项目细节进行研究并签署项目协议书。王稼琼校长还就教师交流、课程合作等与史密斯校长进行了探讨,双方商定将逐步扩大合作领域,为两校师生提供了更多的交流机会。

14 日,中共北京市委教育工作委员会揭晓了第一届"宣讲家杯"高校优秀报告(党课)获奖结果。由首都经济贸易大学党委宣传部报送的深入学习实践科学发展观活动首场专题报告会,北京市委教育工委副书记、市政府教育督导室主任线联平所作的《坚持科学发展,服务首都建设——关于北京高等教育改革发展的回顾与思考》荣获一等奖。

15 日,2011 年首都经济贸易大学将首次面向全国招收篮球和游泳两个项目高水平运动员。根据教育部《2011 年普通高等学校招收高水平运动员办法》,按照高校招生实施"阳光工程"的精神和要求,学校成立了以校长王稼琼为组长的高水平运动员招生工作领导小组,认真部署首都经济贸易大学首次高水平运动员的招生考试工作。

16 日,首都经济贸易大学党委理论学习中心组(扩大)举行 2011 年第三次集体学习,邀请上海财经大学经济学院院长田国强教授作题为"以国际化推动大学改革、发展与创新"的专题报告。

8 ~ 18 日,纪委书记、副校长杨世忠率对外文化交流学院院长董力为、副院长张旭红随国家留学基金管理委员会代表团参加了希腊雅典"第 13 届希腊国际教育展"暨校长论坛活动以及土耳其伊斯坦布尔、安卡拉"HIT 国际教育展"。杨世忠一行向有意来华及来首都经济贸易大学留学的学生和家长介绍了我国的留学政策及首都经济贸易大学的留学环境,杨世忠一行参加教育展,与相关高校、学生和家长的针对性交流直接扩大了首都经济贸易大学在希腊和土耳其的综合影响力,拓宽了首都经济贸易大学国际合作与交流的地域布局。

22 日,王文举副校长会见了美国波士顿大学大都会学院项目负责人张竹园女士。双方就合作事宜广泛而深入地交换了意见,尤其谈到今后在研究生层次将寻求更好的合作方式,鉴于两校合作非常愉快,双方均表示愿意续签协议,为首都经济贸易大学学生提供更多更好的学习机会。

23 日,第二届学科建设与科学研究大会在博学楼学术报告厅隆重召开,本次大会的主题是"深入贯彻落实科学发展观",全面、系统地总结两年来首都经济贸易大学学科建设和科学研究的实践经验,表彰先进,进一步激发广大教师的工作热忱,使首都经济贸易大学的学科建设和科学研究工作迈上新台阶,铸就新辉煌,为把首都经济贸易大学建设成为国内一流、国际知名的财经大学而努力奋斗。北京市教育委员会副主任付志峰、科学技术与研究生工作处处长赵清出席大会。校领导、校长助理、校部机关各部门及教辅单位负责人、各院系院长(主任)、副院长(副主任)、科研秘书、教师代表、获奖人员参加会议。

25 日,校长王稼琼代表学校与北京环卫集团签署战略合作框架协议,标志着双方正式建立起战略合作关系。今后,双方将在企业发展战略、环卫服务、运行管理、投融资、人才培养和技术研发与管理等方面开展全方位的合作。签字仪式上,北京环卫集团董事长梁广生分别向首都经济贸易大学 MBA 教育指导委员会副秘书长刘英骥教授、会计学院院长付磊教授、劳动经济学院副院长冯喜良教授颁发了聘书,分别聘任他们为北京环卫集团董事会风险委员会委员、审计委员会委员、薪酬与考核委员会委员。

27 日,首都经济贸易大学"聚合大讲堂"第十六讲暨 2011 年形势政策报告第一讲开讲,党委宣传部邀请原首都经济贸易大学安全与环境工程学院院长、现任国家环境保护部核与辐射安全中心副主任柴建设教授在首都图书馆为首都经济贸易大学师生和首都市民作"从日本福岛核电站事故谈核与辐射安全"的报告。首都经济贸易大学党委副书记杨军出席了报告会并担任了本次报告会的嘉宾主持。柴建设在报告会上指出,目前我国整体空气吸收剂量率正常,并未受到日本核泄漏影响。

28 日,根据国务院学位委员会近日下发的〔2011〕8 号文件《关于下达 2010 年审核增列的博士和硕士学位授权一级学科名单的通知》,学校获准新增管理科学与工程和工商管理 2 个博士学位授权一级学科,理论经济学、法学、外国语言文学和公共管理 4 个硕士学位授权一级学科。马克思主义理论一级学科硕士点已获批,文件将另行下发。截至目前,首都经济贸易大学共有一级学科博士学位授权点 3 个,二级学科博士点 15 个,一级学科硕士学位授权点 8 个,专业硕士学位授权点 12 个,研究生教育的办学层次得到进一步完善和提高。

28 日,王稼琼校长会见了日本流通经济大学国际交流中心主任松田先生以及经济学教授朱思琳先生。两校续签了合作协议书和备忘录,商定将进一步扩大合作领域。

30 日,学校召开党风廉政建设工作大会,大会主题为"贯彻党风廉政建设责任制,落实领导干部廉政准则"。参加此次大会的有中央纪委法规室副主任谭焕民,学校领导,党委理论学习中心组成员,校纪委委员,全校副处级以上领导干部等。党委书记柯文进指出,在学校"十二五"发展规划开局之年,要进一步推进首都经济贸易大学党风廉政建设工作。谭焕民对《中国共产党党员领导干部廉洁从政若干准则》进行了解读。

4 月

7 日,首都经济贸易大学与北京小学丰台万年花城分校签订合作协议,首都经济贸易大学党委书记柯文进,纪委书记、副校长杨世忠,后勤管理处党总支书记刘学伟,工会办公室主任周利民,北京小学丰台万年花城分校校长刘显洋、副校长孙宏慧以及行政主任王强参加仪式。柯文进与刘显洋分别讲话并代表首都经济贸易大学和北京小学丰台万年花城分校签订了合作协议。

11 日,北京市教委高教处黄侃处长一行受市教委领导委托,来首都经济贸易大学全面、系统地考察了解首都经济贸易大学 OTA 的运行模式、推广价值以及在推广中可能会遇到的问题,为全市高校教师促进工作的全面推广作前期调研。王文举副校长和王传生副校长陪同考察。

12 日,由统计学院参与发起的两岸四地消费者信心指数 2011 年第一季度新闻发布会在澳门科技大学举行。首都经济贸易大学统计学院院长纪宏出席发布会,首都经济贸易大学统计学院任韬副教授在会上作了 2011 年第一季度两岸四地消费者信心指数总体评析的报告。经统计,2011 年第一季度,中国内地、香港、澳门和台湾四地消费者信心指数分别为 93.1、81.8、83.6 和 73.4。总体来看,2011 年第一季度包括美国、欧盟在内的世界各主要经济体的消费者信心指数均出现下降,两岸四地消费者信心指数则以平稳状态开局。

13 日,学校召开《首都经济贸易大学年鉴(2011 卷)》编辑工作部署会。年鉴编辑部主编赵凤启,副主编邢琪,执行副主编商筱辉、郭亚利以及各单位编辑 40 余人参加了会议。会议的召开标志着《首都经济贸易大学年鉴(2011)》的编纂工作正式启动。

19 日,校长王稼琼会见了应邀来访的希腊雅典经济贸易大学校长格雷戈里・布拉斯塔卡斯。两位校长分别介绍了两校的学科设置、教学科研状况、国际合作与交流、学生培养模式等基本情况,双方就教师交换、学生交换、合作科研等方面的合作与交流广泛地展开了探讨,初步达成了合作共识。格雷戈里・布拉斯塔卡斯作了题为"全球信息社会下的研究生管理教育"的报告。

19 日,北京市校办产业管理中心主任翟士良来首都经济贸易大学调研指导校办产业发展工作。党委常委、校长助理、资产管理公司董事长孙昊哲,资产管理公司副董事长焦勇、总经理安鸿章、副总经理云喆,资产管理办公室黄立军和企业代表北京起重工具厂厂长白慧民参加了调研。

20 日,首都经济贸易大学第二届工代会八次会议暨教代会九次会议在博学楼学术报告厅隆重召开。校领导,工会、教代会代表以及列席代表、特邀代表共计 170 余人参加了大会。校长王稼琼在会上对《首都经济贸易大学中长期事业发展规划纲要》进行了详细解读。副校长丁立宏在会上从"十二五"时期学校发展规划的背景、规划的指导思想与战略目标、主要建设内容、主要保障措施 4 个部分对《首都经济贸易大学"十二五"时期发展规划》进行了详细解读。大会还针对 4 个书面工作报告和两个"规划"分 7 个代表团进行分组讨论。

21 日,市委组织部、市委教育工委到首都经济贸易大学宣布了部分校级领导班子成员的任免决定。市委教育工委常务副书记刘建,市委教育工委委员、干部处处长刘勇,市委组织部宣教政法干部处处长张彤军,市委教育工委干部处副处长高小军出席了会议。张彤军宣布了市委、市政府的任免决定,陈宁同志任首都经济贸易大学党委副书记,免去杨军同志党委副书记职务,调北京信息科技大学任党委副书记,免去纪委书记杨世忠同志兼任的副校长职务。

21 日,教育部高等教育司司长张大良一行到首都经济贸易大学考察教师促进中心(OTA)工作。张司长在考察后表示,首都经济贸易大学 OTA 的非行政化学术共同体组织模式具有示范性。他还表示,首都经济贸易大学 OTA 的宗旨明确、理念先进、特色鲜明、形式多样,OTA 的 5 年努力没有白费,不仅使校内教师受益,而且产生了很好的社会效益。张司长充分肯定了 OTA 实行人力资源管理与人力资源开发相分离,教务运行与教师发展相分离这一管理原则的有效性。

22 日,首都经济贸易大学第八届体育运动大会在体育场上隆重开幕。北京大学生体育协会教学群体部主任张威,中国男篮助理教练、首都经济贸易大学高水平运动队特聘篮球教练李楠,装甲兵工程学院、北京林业大学等首都 10 余所高等院校体育部主任应邀出席开幕式。经过一天的激烈比拼,经济学院以 364.5 分的骄人成绩获得本次运动会团体总分第一名的好成绩,工商管理学院和城市学院分别获得第二名和第三名。获女子团体总分前三名的分别为工商管理学院、经济学院和城市学院;获男子团体总分前三名的分别为经济学院、工商管理学院和城市学院。劳动经济学院、金融学院、经济学院、会计学院、城市经济与公共管理学院和法学院 6 个学院获得了精神文明奖;"勇于拼搏奖"由工商管理学院、信息学院和华侨学院获得;统计学院、人文学院、安全与环境工程学院、外语系和财政税务学院获得了"最佳组织奖"。

13 ~ 23 日,首都经济贸易大学副校长王传生率人事处副处长李玫玉、对外文化交流学院副研究员朱红随教育部留学服务中心代表团参加了在美国旧金山、洛杉矶和纽约三地举办的留学中国教育展暨留美英才招聘会。教育展期间,王传生一行与美国学生和学者面对面交流,为他们提供在华工作和学习、奖学金申请和生活的详尽资讯。此外,王传生副校长会见了专程从宾夕法尼亚州赶到纽约的宾夕法尼亚州立大学马克教授和格瑞兰博士,就首都经济贸易大学与该校的合作与交流、开展学者讲学、合作研究和学生交流项目交换了意见。双方商定 5 月份马克教授和格瑞兰博士访问首都经济贸易大学期间,专门为首都经济贸易大学教师和学生开设教学方法和专业课专题讲座。

25 日,党委副书记朱玉华会见了香港理工大学企业发展院副院长王锡尧先生以及中心项目主任陈佩仪女士。"如何加强国际化"成为交流的核心话题,双方就教师培训、学生交换等方面的合作与交流展开了广泛的探讨,初步达成了合作共识。学校组织统战部部长刘宇、对外文化交流学院书记刘建平、党政办公室副主任黄立伟参加了会见活动。

25 日,王稼琼校长会见了韩国东首尔大学理事长柳龙夫、事务局局长李德龙、学生处处长洪汀锡、中国经营系学科长柳昌承一行。王稼琼与柳龙夫介绍了两校的基本情况,同时就双方的合作与交流事宜广泛交换了意见,双方重点就 2 + 2 项目、学生暑期项目等进行了探讨,商定将于 2011 年暑期开始进行第一批短期学生项目。双方还签署了两校合作框架协议书。

28 日,学校"毕马威杯"第三届模拟面试大赛总决赛圆满结束。来自金融学院的边林立、经济学院的朱增跃、会计学院的张玮玮、会计学院的王元、工商管理学院的马轩、城市经济与公共管理学院的李然 6 位选手通过自我介绍、无领导小组讨论、多对一面试三个环节的比拼脱颖而出,分别获一、二、三等奖。

28 日,由中国黄金协会与首都经济贸易大学共同主办、首都经济贸易大学中国黄金市场研究中心与北京黄金经济发展研究中心共同承办的"2011 黄金市场发展趋势研讨会"在首都经济贸易大学举行。中国人民银行、珠海鹏储投资有限公司等单位的领导、专家和中国黄金协会近 100 家会员单位代表及新华社、经济日报、中国黄金报、中国证券报、证券市场周刊、北京商报、新京报等新闻单位的记者出席了此次研讨会,和讯网对此次活动进行了全程直播。

29 日,由北京市教育委员会主办,首都经济贸易大学教务处承办的北京地区本科院校教学业务会暨高校教师教学发展交流会在首都经济贸易大学举行。北京市教育委员会副主任付志峰,高等教育处处长黄侃、副处长张树刚、金红莲等高等教育处的同仁以及来自北京地区 60 余所本科院校主管教学的校长及教务处处长出席了本次会议。付志峰发表了重要讲话。他首先结合北京地区本科高校的情况,对"十一五"期间北京高等学校教学质量与教学改革工程进行了整体的回顾,继而针对"十二五"期间首都地区高等院校教学质量的提升与教学改革深化工程的建设思路进行了全面的解释和详尽的剖析，强调要进一步突出教学工作的中心地位，以专业建设为龙头，着力提升大学生创新实践能力，增强高等教育社会服务力，为日后各院校教务工作的开展指出了工作要点并指明了发展方向。

5 月

12～13 日，学校召开 2011 年人事工作培训会，就人才队伍建设相关问题及近期人事相关工作进行了专题培训，副校长王传生教授到会并讲话，各院系、各职能部处主管人事工作的领导和人事秘书 70 余人参加了会议，人事处副处长李玫玉首先介绍了首都经济贸易大学 2011 年人才引进情况，并对《首都经济贸易大学海外高层次人才引进工作暂行办法》进行了解读，详细介绍了首都经济贸易大学海外人才的聘用条件、岗位职责和相关待遇。人事处副处长李凤磊就首都经济贸易大学近期实行的人事代理制度进行了解读，并就高级专家提高退休费计发比例工作以及人员返聘的相关政策进行了解释，同时对首都经济贸易大学 2010 年底实行的绩效工资调整工作作了说明。人事处处长邢琪介绍了首都经济贸易大学在“十一五”期间人才引进工作所遇到的问题以及目前学校师资队伍建设遇到的困难，针对这些问题和困难，提出了人才引进工作中的一些设想，并对目前正在制定的师资队伍“十二五”规划中的重要指标进行了解读。

16 日，北京市教育工会公布了 2010 年度财务竞赛考核评比结果，首都经济贸易大学荣获一等奖。

20 日，以市委教育工委委员、教育纪工委书记周燕为组长的北京高校思想政治理论课建设督查组来首都经济贸易大学检查、指导工作，督查组成员包括：北京联合大学党委副书记周志成，市委教育工委联络员、原教育纪工委书记高云华，中国农业大学思政学院党总支书记李桦、市委教育工委宣教处干部王大虎。督查组听取了首都经济贸易大学关于思想政治理论课建设情况的专题汇报，查阅了相关工作材料，与教师和学生代表分别进行了座谈，现场考察了马克思主义学院的办公场所。

22 日，由首都经济贸易大学主办，城市经济与公共管理学院和科研处承办的第三部门和公共治理学术研讨会在首都经济贸易大学举行。来自美国、加拿大以及包括中国台湾地区在内的中国 10 多个省份的 80 多名学者及第三部门实践工作者参加了会议，就第三部门发展及其对中国乃至全球公共治理的影响等问题展开了研讨。

29 日，党委书记柯文进书记会见了美国南佛罗里达大学商学院市场营销系主任密诺·斯坦普教授、原学术副校长大卫·斯坦普教授。双方就教师交流、学生交流、合作研究、本科生双学位项目以及首都经济贸易大学学生赴该校攻读硕士学位等项目广泛地交换了意见，并达成初步共识。双方商定对合作细节及合作形式将进一步展开探讨，争取早日开展项目合作。

7～29 日，2011 年第十六届首都高校棒垒球锦标赛在北方工业大学举行。首都经济贸易大学垒球队荣获北京市冠军，棒球队荣获第八名。棒球队的吕玠儒、朱雁南同学，垒球队的李桑原、刘桐同学获得了体育道德风尚个人奖。金苗同学荣获最佳投手。教练员杨振英老师被评为优秀教练员。

31 日，河南新乡学院副院长郭爱先、陈五海等一行 14 人来首都经济贸易大学参观考察、交流工作。副校长王传生代表校党委、校行政和全校师生员工对新乡学院来校参观指导表示热烈欢迎，并从学校历史、地理位置、学科建设、科学研究、人才培养、教学管理和国际交流等方面介绍了近年来学校建设发展情况，并特别强调了首都经济贸易大学“立足北京、服务首都”的办学宗旨及特色重点学科项目。郭爱先高度评价了首都经济贸易大学“为地方经济发展服务”的办学理念，并指出新乡学院是一所新升本的高校，希望此次来访在“如何做好学校定位”、“怎样突出办学特色”、“如何提高教学质量”、“怎样提高科研工作”及“如何规划学科布局”等方面与首都经济贸易大学展开交流，借鉴学习。

31 日，北京市委教育工委、北京高校党建研究会在北京航空航天大学召开北京高校纪念中国共产党成立 90 周年党建论坛暨北京高校党建研究会第八次会员大会。在此次大会上，首都经济贸易大学被评为“北京高校党建研究会 2008～2010 年度学会工作先进单位”，这是首都经济贸易大学自 2008 年被授予“北京高校党建研究会 2005～2007 年度学会工作先进单位”称号以来取得的又一奖项。

6 月

7 日，由北京市教委组织的 2010 年信息化专项绩效考评专家评审会在首都经济贸易大学举行。首都经济贸易大学 2010 年“信息化建设——校园网交换机升级与无线网络扩建”作为参评项目接受了由财务专家、项目管理专家以及信息化专家组成的专家组的考查。项目最终取得了“优秀”的成绩。

9 日，党委书记柯文进代表学校与北京十二中签署共建协议，今后，双方将在人才选拔、培养和文化交流等多方面开展合作。首都经济贸易大学副校长王文举、工会常务副主席李民、党政办公室副主任商筱辉、财政税务学院刘颖副教授以及北京十二中办公室主任史卫东、人力资源部主任田敏出席了会议。

10日,第八届青年教师教学基本功比赛圆满落幕。来自17个分工会的25名选手参加了比赛。副校长王文举、工会主席赵凤启、教务处处长张琪、人事处处长邢琪、学生处处长金京虎、校工会常务副主席李民出席了比赛活动。最终,法学院赵鹏、外语系栾婷获得本届比赛一等奖;姚京晶等4人获得本届比赛二等奖;于鹏等10人获得本届比赛三等奖。此外,法学院赵鹏获得“最受学生欢迎奖”;外语系栾婷获得“最佳风度奖”;会计学院王霞获得“最佳课件奖”。统计学院、外语系获得“优秀组织奖”。

10日,福建省委教育工委常务副书记、省教育厅党组副书记、副厅长郑传芳带福建省22所本科高校党政主要领导到首都经济贸易大学交流考察。北京市委教育工委副书记唐立军、高等教育处处长黄侃、组织处副处长李丽辉等陪同考察。

17日,首都经济贸易大学代表队继5月26日夺得“学习党史　坚定信念——首都大学生(东南片区组)庆祝建党90周年党史知识竞赛”冠军后,在总决赛中再创佳绩,以第三名的成绩荣获二等奖,为首都经济贸易大学师生纪念建党90周年再献一礼。

17日,首都经济贸易大学王文举副校长会见了美国佐治亚大学新闻与大众传播学院的贝克教授。贝克教授来访的主要目的是访问首都经济贸易大学文化与传播学院。此前,针对学生、教师、学术研究等问题,文化与传播学院领导与贝克教授进行了深入、广泛的探讨,初步达成一些合作意向。

17日,2011年度国家社科基金项目评审结果正式公布。首都经济贸易大学共有5项课题获2011年度国家社科基金资助立项,其中,一般项目3项,青年项目2项,项目资助经费总额为75万元。

18日,王文举副校长会见了美国克利夫兰州立大学教育与人类服务学院院长迪克·赫维茨先生和孔子学院院长陈丽卿女士。王文举首先介绍了首都经济贸易大学的基本情况、学科结构、学院设置及国际化发展战略,并充分肯定了首都经济贸易大学与克利夫兰州立大学合作开办的孔子学院已取得的成绩,指出孔子学院的开展为两校培养了国际化人才,促进了两校间教师交流和学生交流,符合当今社会发展趋势。迪克·赫维茨先生也表达了对首都经济贸易大学的感谢,希望两校的合作能长久持续下去。最后,为了进一步办好孔子学院,双方商讨了理事会换届、中方院长人选以及教师派遣等重要事项。对外文化交流学院党支部书记刘建平、对外文化交流学院副院长张旭红、项目负责人雷静参加了会谈。

20日,信息学院举办了“张昭焚教授聘任仪式暨学术报告会”。校长王稼琼会见了张昭焚董事长,并向其颁发了受聘为首都经济贸易大学客座教授的聘书。参加聘任仪式的还有人事处处长邢琪、对外文化交流学院副院长张旭红,信息学院院长杨一平、党总支书记马慧。

27日,校长王稼琼会见了爱尔兰阿斯隆理工学院校长卡荣·欧·凯森、国际部主任玛丽·辛普森、该校驻中国办公室主任孟京以及驻中国办公室助理卡尔·特利一行。双方总结了两校合作两年来的成绩,谈及劳动经济学院已成功派出10名交换生赴阿斯隆理工学院学习,且均顺利完成了学习计划;明确了两校在软件工程、商学本科专业上的互认,并指出在会计本科专业上也能互认部分的课程。关于学生交换项目,王稼琼谈到,不仅希望首都经济贸易大学能派出更多学生赴阿斯隆理工学院学习,而且也非常欢迎阿斯隆理工学院的学生来首都经济贸易大学交换学习。卡荣·欧·凯森非常赞同王稼琼的观点,并答复将在春季学期派学生到首都经济贸易大学学习。双方还就教师交流、合作研究等方面广泛深入地交换了意见,并达成了共识。最后,根据业已签署框架协议,双方签署了会计学、商学、软件信息工程学领域的研究生项目协议书。

28日,市委教育工委委员李中水、保卫保密处副处长刘强来首都经济贸易大学看望慰问北京高校优秀共产党员杨眉教授。首都经济贸易大学党委副书记陈宁、组织统战部部长刘宇、副部长刘威等陪同参加了慰问活动。杨眉现为首都经济贸易大学马克思主义学院教授,在教学科研一线工作了近30年。她是中国最早认识到心理教育的重要性并努力付诸实践的人之一。杨眉教授1985年开始为学生开设心理健康教育课程《健康人格心理学》,《中国青年报》2001~2010年连载了她的大型心理学课堂实录,为促进和提高中国高校心理教育提供了宝贵经验。杨眉教授处处以身作则,带出了一支优秀的教学咨询团队,在学科及专业建设上发挥了先锋模范作用。27年来,杨眉教授一直从事学生心理咨询与治疗工作,尤其是在危机干预中处理及时妥当,成绩显著。她热心公益事业,坚持向公众推广心理学科普,1992年加入志愿者行列,在非典时期和汶川地震时期均有突出表现。

29日,首都经济贸易大学庆祝建党九十周年大会暨文艺演出在体育馆隆重举行,30个基层党组织和135人受到表彰。会上,校党委书记柯文进指出,要不断加强和改进党的建设,充分发挥各级党组织的领导核心作用和广大党员的先锋模范作用，推动学校各项事业再上一个新台阶。党委副书记朱玉华主持大会。表彰大会结束后，举行了师生文艺演出，共同庆祝党的 90 华诞。

7 月

2 日，首都经济贸易大学在校本部体育馆隆重举行了 2011 届本科生毕业典礼暨学位授予仪式。校领导柯文进、王稼琼、杨世忠、陈宁、赵凤启、丁立宏、王传生、朱玉华及校长助理张衍平、孙昊哲出席毕业典礼。学校相关职能部门领导，各院系院长、党总支书记、学生工作负责人、毕业班班主任及 2 200 余名 2011 届本科毕业生参加了典礼。首都经济贸易大学今年共有 2 261 名毕业生，其中 2 126 名学生顺利拿到学士学位。

4 日，首都经济贸易大学 2011 届研究生毕业典礼暨学位授予仪式在体育馆隆重举行。党委书记柯文进、校长王稼琼、纪委书记杨世忠、副校长王文举、副校长郝如玉、党委副书记陈宁、副校长丁立宏、副校长王传生、党委副书记朱玉华以及校长助理高闯、戚聿东出席毕业典礼。参加毕业典礼的还有各院系相关领导及部分毕业生家长。毕业典礼由研究生部主任兼经济学院院长张连城主持。

5 日，作为“首都西南区域经济发展论坛”的收官之作，首都西南区域经济发展工作总结大会召开。市委副书记、市政协主席王安顺出席并讲话，市委常委、统战部部长牛有成，副市长夏占义，市政协副主席沈宝昌出席会议。大会表彰了近年来为促进首都西南区域发展作出突出贡献的先进集体和先进个人。首都经济贸易大学张强的《首都生态涵养发展区率先实现城乡一体化新格局探讨》、孙翠兰的《加快北京市南城和西南部地区发展的思路、模式及对策》和杜军的《西南五区可持续发展在北京建设世界城市中的地位与作用》被评为首都西南区域经济发展论坛活动优秀调研成果。首都经济贸易大学被授予协作奖。校党委副书记朱玉华，城市经济与公共管理学院张强、孙翠兰和经济学院杜军应邀参加会议。

8 日，文化与传播学院建院大会在博学楼报告厅隆重举行。中国人民大学新闻与社会发展研究中心主任郑保卫教授，首都经济贸易大学党委书记柯文进教授，校长王稼琼教授，纪委书记杨世忠教授，副校长王传生教授，党委副书记朱玉华教授及各主管部门领导、兄弟院系负责人应邀出席大会。朱玉华首先代表学校党委宣布了文化与传播学院的成立决定。宣布撤销人文学院，成立文化与传播学院，学院下设广告学系、传播学系、汉语言文学系和艺术教研部。文化与传播学院副院长郭媛媛在会上发布了学院标识，红、黄、蓝三色彩带组成的学院标识展示了学院全新的文化理念。

11 日，日本众议院议员古川元久率代表团访问首都经济贸易大学，国际交流部副主任张旭红和劳动经济学院吕学静教授在红庙校区会见了代表团一行，代表团成员包括：众议院议员秘书黑松敦、日本驻华大使馆一等秘书富贺见英城、三等书记官斋藤阳子、日本贸易振兴机构北京代表处支援部部长岛田英树。

12 日，吉林财经大学党委书记金硕、山西财经大学党委书记杨怀恩、江西财经大学校长王乔、哈尔滨商业大学党委书记刘德权到首都经济贸易大学座谈交流。北京市委教育工委副书记、市政府教育督导室主任线联平陪同考察。柯文进、杨世忠、王文举、陈宁、丁立宏、王传生、朱玉华等校领导参加座谈会。

8 月

25 日，王稼琼校长会见了澳大利亚迪肯大学代表团一行。代表团成员包括迪肯大学校长简・登・霍兰德教授、副校长罗宾・巴克曼女士、副校长斯托弗・格雷教授、副校长马克辛・杜克教授、国际交流办公室主任格蕾琴・希拉贝尔女士、教育学院副院长戴安・迈耶教授，以及迪肯大学中国办事处主任孙琎先生和迪肯大学中国办事处高级市场经理李佳女士。在会谈中，两校校长分别介绍了两校的基本情况及办学特色，真诚表达了继续推进双方在深度和广度上合作的良好愿望。首都经济贸易大学与迪肯大学已有良好的合作基础，今后将拓展教师交流、学生交流以及合作研究等多领域的合作。

30 日，北京市副市长洪峰来首都经济贸易大学考察校园规划用地情况，并主持召开了市属高校三年规划推进会，讨论首都经济贸易大学和首都医科大学两校校园规划和建设工作。党委书记柯文进、校长王稼琼等校领导陪同洪峰一行查看了学校南侧及西北侧两处共 297 亩待征地，并简要介绍了学校的相关规划。实地考察后，首都医科大学校长吕兆丰和首都经济贸易大学党委书记柯文进分别汇报了学校的基本建设进展情况。洪峰还特别就两校的办学规模以及学生就业等情况进行了解。市教委副主任何劲松汇报了市属高校三年规划的进展情况。市发改委汇报了三年规划建设项目审批情况。丰台区副区长李昌安、市财政局副局长师淑英、市规划委副主任刘玉民、市国土局副局长刘辉分别表示将积极配合，大力协助两校建设。陪同调研的还有市发改委、市教委、市财政局、市规划委、市国土局等相关部门的负责同志、首都医科大学领导及首都经济贸易大学相关领导。

31日,首都经济贸易大学2011级新生开学典礼在体育馆隆重举行。党委书记柯文进,校长王稼琼,副校长丁立宏、王传生,党委副书记朱玉华,校长助理张衍平,党委常委、校长助理孙昊哲,以及各院系院长、党总支书记出席了开学典礼。2 500余名2011级本科新生及120名高职专科生参加了开学典礼。

8月,在北京市委宣传部组织的纪念建党九十周年宣传工作评比表彰活动中,首都经济贸易大学党委宣传部荣获"先进集体"荣誉称号。据悉,首都高校系统89所高校中共有26个单位获此殊荣。

9月

2日,首都经济贸易大学2011级研究生新生开学典礼在体育馆举行。校长王稼琼,纪委书记杨世忠,工会主席赵凤启,副校长丁立宏、王传生,党委副书记朱玉华,校长助理张衍平、孙昊哲、高闯,研究生部主任张军以及部分院系的院长、主任出席了开学典礼。

2日,首都经济贸易大学2011级本科生军训开训典礼在北京市大兴高校学生军训基地举行。校党委副书记陈宁、国防大学第三大学生军训教研室李延荃大校、大兴武装部部长范成林大校、解放军66370部队刘能新中校、首都经济贸易大学学生工作处处长金京虎出席了本次开训典礼。参加开训典礼的还有军训团全体成员。

6日,北京市教委、北京市学位委员会公布了2011年北京市优秀博士学位论文名单,首都经济贸易大学劳动经济学专业博士研究生王丹的博士学位论文《我国知识工作者过度劳动的理论与实证研究》(杨河清教授指导)获此殊荣。这也是首都经济贸易大学获得的第4篇北京市优秀博士论文。

8日,教育部在京召开第六届高等学校教学名师奖表彰大会,中共中央政治局委员、国务委员刘延东和教育部领导为来自全国93所学校的100名高校教学名师颁奖,首都经济贸易大学杨河清教授获第六届国家级教学名师奖。

9日,依据国务院学位委员会近日下达的"关于下达按《学位授予和人才培养学科目录》进行学位授权点对应调整结果的通知"(学位〔2011〕51号),首都经济贸易大学"统计学"获批调整为博士学位授权一级学科和硕士学位授权一级学科;"安全技术及工程"获批调整为"安全科学与工程"硕士学位授权一级学科。

10日,学校在博学楼报告厅隆重召开庆祝2011年教师节暨先进单位、先进个人表彰大会。校党委书记柯文进,校长王稼琼,纪委书记杨世忠,副校长郝如玉,党委副书记陈宁,工会主席赵凤启,副校长丁立宏,副校长王传生,党委副书记朱玉华,校长助理张衍平、孙昊哲、戚聿东等出席大会。获奖先进单位、先进个人代表以及各单位教职工代表参加了大会。会上对获得第六届国家级高等学校教学名师奖、第七届北京市高等学校教学名师奖、北京市教育工会教育先锋先进集体和先进个人、首都经济贸易大学师德建设先进单位、师德标兵、从事教育工作满30年教职工以及首都经济贸易大学第八届青年教师教学基本功比赛获奖者进行了表彰,校领导向获奖单位及个人颁发了奖牌和荣誉证书。

13日,王稼琼校长会见了南佛罗里达大学商学院院长罗伯特·福赛斯、国际部主任杰奎琳·奈尔森及金融系助理教授宣蕾一行。双方分别介绍了两校的基本情况及办学特色,表达了继续推进双方合作的愿望。王稼琼指出,首都经济贸易大学与南佛罗里达大学在专业对接上有着良好的合作基础,今后应进一步拓展两校在教师交流、学生交流以及合作研究等领域的合作。罗伯特·福赛斯非常赞同此观点,并表示愿意与首都经济贸易大学展开更深入、更广泛的交流。为了把合作意向落到实处,双方签署了合作谅解备忘录。

13日,娄成武教授聘任仪式暨学术报告会在博纳楼五层第6会议室举行。东北大学原副校长娄成武教授、首都经济贸易大学校长王稼琼教授、副校长王传生教授、劳动经济学院院长杨河清教授、人事处副处长李玫玉出席会议。会议由王传生主持。王传生宣读了聘任决定。王稼琼向娄成武教授颁发聘书,并佩戴校徽。王稼琼充分肯定了娄成武教授在公共管理领域的学术成就和突出贡献,对他受聘首都经济贸易大学表示欢迎。

14日,金融学院在博纳楼第6会议室举行杨国中兼职教授聘任仪式暨学术报告会,杨国中现任中国人民银行营业管理部主任。校长王稼琼出席聘任仪式,并向杨国中教授颁发了教授聘书。聘任仪式由金融学院院长谢太峰主持,金融学院党总支书记兼副院长玉红玲、院长助理朱超和部分研究生参加了聘任仪式及报告会。

16日,2011级本科生军训团结训典礼在训练场举行。出席典礼的领导有北京卫戍区副司令员石志远少将,首都经济贸易大学校长王稼琼教授,国防大学第三大学生军训教研室主任李延荃大校,北京市学生军训工作办公室主任张培松大校,大兴区委常委、大兴区人民武装部政委张耀邦大校，首都经济贸易大学党委副书记陈宁教授，大兴人民武装部部长范成林大校，大兴人民武装部副部长李青江上校，首都经济贸易大学军训团团长刘能新中校，军训团政委冯博，66370 部队全体承训官兵以及首都经济贸易大学各院系党总支书记，主管学生工作的副书记，2011 级本科生军训团全体学生参加了典礼。

19 日，接国务院学位委员会《关于下达 2011 年新增审计硕士专业学位授权点的通知》（学位〔2011〕56 号），首都经济贸易大学成为全国具有审计硕士专业学位授权资格的首批 32 所高校之一，也是唯一一所获批该专业学位的北京市属高校。

22 日，美国评估师协会（ASA）主席 Jack Washburn 先生及其夫人，以及美国评估师协会中国区委员会主席、北京中天衡平国际资产评估有限公司董事长王诚军博士一行三人来首都经济贸易大学举办讲座。财政税务学院学术委员会主席赵仑教授、副院长李红霞教授、副院长蔡秀云教授以及资产评估系部分教师出席了讲座，副校长王传生教授在博学楼贵宾接待室亲切会见了 Jack Washburn 先生一行三人。王传生介绍了首都经济贸易大学的基本情况、学科优势以及发展规划。Jack Washburn 先生介绍了美国评估师协会的基本情况，并对首都经济贸易大学的发展状况和资产评估专业建设成绩给予了高度肯定。

26 日，现已 96 岁高龄的首都经济贸易大学劳动经济学院前身劳动经济系原系主任、劳动经济学界泰斗任扶善教授返校，与 30 余名文化大革命前毕业的劳动经济系老校友一起开怀畅谈，祝福学校成立 55 周年。

28 日，中国保监会北京监管局局长丁小燕兼职教授暨学术报告会在首都经济贸易大学举行。副校长王传生出席了聘任仪式并发表重要讲话，金融学院党总支书记兼副院长王红玲、院长助理朱超、科研秘书王民、保险系全体教师及部分学生代表参加了聘任仪式，聘任仪式由金融学院院长谢太峰主持。王传生向丁小燕教授颁发了首都经济贸易大学兼职教授聘任证书。聘任仪式结束后，丁小燕教授作了题为“车险管理制度改革”的学术报告。

29 日，2011 年度北京市优秀人才培养资助项目评审结果揭晓，首都经济贸易大学推荐的 8 名中青年教师获得个人项目的资助。北京市优秀人才培养资助工作是市委、市政府支持优秀中青年人才成长，推动各系统、各地区人才工作，促进高层次人才队伍建设的一项重要措施。截至 2011 年 9 月，首都经济贸易大学累计 67 人获得该项资助，资助金额近 200 万元。本年度首都经济贸易大学共推荐申报 29 项，申报人员全部为教学、科研一线的年轻教师，多为首都经济贸易大学近几年来引进的中青年教师，有着较好的专业背景、较强的科研能力和较大的发展潜力，有一些还被列为学校及学院重点学科的业务骨干。

10 月

11 日，校长王稼琼、副校长丁立宏一同会见了莫斯科国际商学院副教育校长 Alla Mihailova 教授、亚洲和太平洋地区中心主任 Natalia Pecheritsa 教授、中国区代表庞先生及 Artem Finaev 先生一行。双方分别介绍了两校的基本情况及办学特色，真诚表达了推进双方合作的良好愿望。双方签署了校际协议。

11 日，在庆祝首都经济贸易大学建校 55 周年暨 2011 年图书馆宣传月的启动仪式上，校长王稼琼为“首都经济贸易大学校友文库”揭牌。“校友文库”由赵凤启亲笔题写，图书馆和校友会共同建立，旨在全面收集全校教师及校友的著作，展示首都经济贸易大学文化、学术风采。宣传月期间首次展出首都经济贸易大学教师专著及论文近 1 200 余册，同时接受广大校友的作品捐赠。此项展出将作为“首都经济贸易大学文库”建设的开始，并将成为图书馆的特色馆藏永久保存。

8 ~ 16 日，工会主席赵凤启以中国教育代表团副团长身份出访日本，出席由教育部留学服务中心、独立行政法人科学技术振兴机构中国综合研究中心、独立行政法人日本学术振兴会及独立行政法人日本学生支援机构联合主办的“第二届中日大学展暨中日大学论坛”。

17 日，首都经济贸易大学社会计算研究院正式揭牌。研究院下设三个研究中心和一个实验室：社会经济调查研究中心、云计算研究中心、数据挖掘研究中心和经济仿真实验室。社会计算研究院的成立既为我国社会经济学专家和学者提供了一个良好的科研环境，也为高校的国际化人才培养开创了一个崭新的模式，对提升我国社会计算科学的国际知名度以及促进我国社会经济计算研究领域的发展具有重大意义。

18 日，北京市审计局在北京会议中心召开了北京市内部审计工作经验交流暨“双先”表彰大会。大会表彰了 128 个“北京市内部审计先进集体”、149 名“北京市内部审计先进工作者”，首都经济贸易大学审计处荣获“北京市内部审计先进集体”，夏颖被评为“北京市内部审计先进工作者”。大会将北京市 11 家单位的经验交流材料汇编成册，其中收录了首都经济贸易大学题为“关口前移,切实发挥内部审计的‘免疫系统’功能”的经验介绍材料。

19 日,王稼琼校长会见了以韩国泰成中高等学校校长安正厚先生、中国语教育院(孔子课堂)韩方院长李玉姬女士率领的韩国中学校长代表团一行。该代表团成员包括新葛高等学校校长申东斌先生、義王高等学校校长申振铉先生及学校运营委员长鱼允贤先生等 8 人。王稼琼指出,中韩两国的教育合作与交流意义重大,对增进两国友谊、促进两国发展起着巨大的作用,希望通过此次访问加深双方之间的相互了解和促进在留学生教育领域的交流与合作。安正厚和李玉姬表示,通过此次访问加深了对中国教育和高等学校的了解,愿意将首都经济贸易大学作为开展韩中教育合作与交流的重要伙伴。最后,双方签署了两校合作交流协议书。

21 日,加拿大劳伦森大学(Laurentian University)校长兼校董事会副主席 Dominic Giroux 一行来首都经济贸易大学访问,王传生副校长率会计学院院长付磊和副院长李百兴会见了加拿大客人。陪同 Dominic Girou 校长到首都经济贸易大学访问的还有劳伦森大学管理学院院长 Peter Luk 教授、金帆专业科技培训中心加拿大办事处负责人梁金池先生、加拿大注册会计师协会(CGA)北京代表处负责人丁媛女士。Dominic Giroux 校长一行此次来访,是为了进一步落实和扩大双方的合作。

22 日,美国北卡州立大学副校长李百炼博士受聘首都经济贸易大学顾问教授仪式暨座谈会在首都经济贸易大学博纳楼 418 会议室举行。校长王稼琼教授出席了聘任仪式并与李百炼教授进行了座谈。经济学院院长张连城、党总支书记郎丽华、人事处处长邢琪、科研处处长王曼怡、研究生部主任张军、党政办公室副主任黄立伟、对外文化交流学院副院长张旭红参加了聘任仪式以及座谈交流会。王稼琼向李百炼教授颁发了顾问教授聘书。

24 日,王文举副校长率会计学院院长付磊、党总支书记解小娟、副院长刘文辉、副院长李百兴和党总支副书记王银江在博纳楼 230 会议室会见了来首都经济贸易大学进行会计学专业课程认证的香港会计师公会评审组。此次香港会计师公会评审组到首都经济贸易大学进行为期一天的校园实地考察,该考察属于“香港会计师公会首都经济贸易大学会计学专业课程认证”的一部分。此次到首都经济贸易大学考察的香港会计师公会代表团一行 5 人:评审小组主席谢建朋,评审小组委员王熙凤,评审组秘书游树瑛、刘逸虹、郑伟明。谢建朋主席为香港会计师公会资深会员并担任香港科技园公司副总裁,王熙凤为香港会计师公会执行总监。评审小组向会计学院班子成员作了评估认证的意见反馈。评审小组主席谢建朋代表评审小组指出,评审小组一致认为会计学院会计专业、财务管理本科教学达到了该公会的评审标准,一致同意通过对首都经济贸易大学这两个专业课程的认证。

27 日,会计学院注册会计师专业方向通过全国教学质量评估。中国注册会计师协会向首都经济贸易大学发出了“关于公布 2011 年度 CPA 专业方向教学质量评估结果的函(会协函〔2011〕89 号)”,将 19 所参评的高校分为三类,上海财经大学等 4 所大学被评为 A 类,首都经济贸易大学和中山大学等 10 所大学列为 B 类;另有 4 所院校被评为 C 类。

28 ~ 29 日,由首都经济贸易大学主办、美国评估师协会(ASA)和英国皇家特许测量师学会(RICS)协办,具有 10 年资产评估本科教育历史的首都经济贸易大学财政税务学院承办的第一届资产评估新发展国际论坛在北京举行。本届论坛旨在把握资产评估业务拓展机遇,积极促进资产评估国际交流。来自美国、英国、日本、中国、新加坡、中国香港、中国台湾等国家和地区的 130 多位评估专家学者以及 9 家媒体单位代表参加了本届论坛。财政部企业司司长刘玉廷、首都经济贸易大学校长王稼琼、副校长丁立宏、国资委产权局评估处处长郜志宇、中国资产评估协会培训部主任赵金娥、美国评估师协会副主席 Daniel R. Van Vleet、英国皇家特许测量师学会亚洲分会主席 Chris Brooke 以及证监会、北京注册会计师协会等相关部门领导出席了本届论坛。

11 月

1 日,由首都经济贸易大学、中国国际人才交流基金会和瑞士圣加伦马利克管理中心联合主办的中欧高校科学管理比较研究与合作研讨班在首都经济贸易大学举办。瑞士圣加伦马利克管理中心主席弗雷德蒙德·马利克教授围绕欧洲大学科学管理和中国大学科学管理比较研究这一主题,与首都经济贸易大学师生展开广泛深入的研讨。国家外国专家局科教文卫专家司司长赵立宪,北京市教育委员会主任姜沛民,中国国际人才交流基金会主任王海洋、副主任刘昇,国内部分地方重点高校领导,部分市属高校领导和相关部门负责同志,首都经济贸易大学校领导和处级领导干部等出席开幕式。王稼琼向马利克教授颁发首都经济贸易大学特聘教授证书。

1 日,王文举副校长在博纳楼 229 会议室会见了中国台湾台中技术学院副校长谢俊红,流通管理系主任陈彦匡、陈荣昌、蔡子安等物流管理系教授一行

9人。在会谈中，双方分别介绍了两校的基本情况及办学特色，表达了希望两校间开展学术交流活动和友好合作的良好愿望。北京市人民政府台湾事务办公室交流交往二处项目主管任炜、首都经济贸易了大学港澳台事务办公室主任刘建平及朱红一同会见了台湾技术学院代表团。

1日，美国天普大学（Temple University）校长安·哈特（Ann Hart）女士一行到首都经济贸易大学进行交流访问。柯文进为美国客人介绍了首都经济贸易大学基本情况和已经开展的国际化合作，重点阐述了首都经济贸易大学在国际化人才培养方面的基本方略和主要成果，介绍了首都经济贸易大学本科生和研究生出国学习的模式、外国留学生的培养机制、教师国际学术交流的成就等。哈特介绍了天普大学在中国已经开展的15个国际化合作项目，并表达了与首都经济贸易大学法学院开展正式合作的期待。柯文进代表首都经济贸易大学与哈特女士正式签订合作与交流备忘录，首都经济贸易大学法学院与美国天普大学法学院的教学科研交流合作项目据此启动。

3日，在党委书记柯文进的陪同下，首都经济贸易大学特聘教授、瑞士圣加伦马利克管理中心主席弗雷德蒙德·马利克教授及其合伙人、国际仿生学中心董事会董事卡尔·海因兹·欧乐教授一行4人前往教育部拜会了郝平副部长。教育部国际合作与交流司副巡视员徐永吉参加了会见活动，并向马利克先生一行介绍了中外合作办学的相关政策及我国中外合作办学的实施情况。徐永吉指出，中外合作办学旨在引进国外优质教育资源、加强中国高等教育能力建设，希望马利克及其管理中心能够进一步运用其管理理论及思想，为教学、科研和社会服务。

5日，共青团首都经济贸易大学第三次代表大会隆重开幕。团市委副书记杨海滨，大学中专工作部部长张秀峰，学校党委书记柯文进，纪委书记杨世忠，工会主席赵凤启，党委副书记朱玉华，校长助理张衍平，党委常委、校长助理孙昊哲等出席了开幕式。清华大学等30多所兄弟院校的共青团负责人，学校部分党政部门、教辅单位和各院系负责同志参加了开幕式。

7日，王稼琼校长会见了美国西敏大学商学院院长王进教授、美国旅美科协犹他分会会长彭伟博士。王稼琼向两位客人介绍了首都经济贸易大学的情况。他希望王进和彭伟能利用他们的海外影响力，促进首都经济贸易大学与海外大学和研究机构建立长期的合作关系，将海外优秀的毕业生和学者推荐到首都经济贸易大学工作，以更好地促进首都经济贸易大学学科建设、人才培养以及师资队伍建设。王进介绍了西敏大学商学院的基本情况和办学特色及其与其他内地高校合作项目的情况。彭伟介绍了海外人才市场的基本情况。他们表示，将通过依托自己所在的学校和在美国的影响力，为首都经济贸易大学的发展提供力所能及的帮助。双方就人才引进与培养、学校国际化问题等进行了进一步的交流。

15日，北京市丰台区选举委员会公布了丰台区第十五届人大代表选举结果，首都经济贸易大学财政税务学院副教授刘颖当选为北京市丰台区第十五届人民代表大会代表。刘颖系首都经济贸易大学九三支社（西区）主委，经各政党、各人民团体联合提名为丰台区人大代表候选人，并在丰台区西罗园街道第二选区参加了选举，在选区经与选民见面、发表演讲、回答提问等环节，获得了选民的高度认同，顺利当选为丰台区第十五届人民代表大会代表。

16日，首都经济贸易大学中国经济实验研究院成立大会暨宏观经济形势研讨会在博学楼一层学术报告厅举行。校党委书记柯文进，校长王稼琼，副校长郝如玉、王文举、丁立宏和党委副书记朱玉华出席了大会。首都经济贸易大学相关部门及部分院系领导，北京大学、中国人民大学等高校及中国社会科学院等科研机构的嘉宾，50余名国内宏观经济研究领域的著名专家，新华社、香港经济导报等20多家媒体参加了大会。柯文进宣布了《关于成立中国经济实验研究院的决定》，并和全国人大常委、财经委副主任郝如玉一起为研究院揭牌。研究院由郝如玉担任名誉院长，经济学院院长张连城担任研究院院长，中国社科院经济研究所副所长张平教授任专家委员会主任、首席经济学家。

17日，经丰台区选举委员会审查，确定新村街道地区选举分会第三选区2011年11月8日投票选举结果有效，柯文进同志当选为丰台区第十五届人民代表大会代表。经朝阳区选举委员会审查，确定小庄选区2011年11月8日投票选举结果有效，首都经济贸易大学经济学院副教授封岩当选为朝阳区第十五届人民代表大会代表。

18日，首都经济贸易大学召开了第三届教职工代表大会暨工会会员代表大会。北京市教育工会主席张青山，部分兄弟高校工会代表，学校领导，工会、教代会代表以及列席代表、特邀代表参加了大会。

20日，庆祝首都经济贸易大学建校55周年校友联谊会在校本部体育馆隆重举行。150余名校友返校参加校友联谊会。全体校领导，新老校、院、系领导和有关部门的负责人，老教师、老教授、博士生导师等出席了联谊会。

25 日,“全国模范法官”、“全国五一劳动奖章”、“全国政法系统优秀党员干警”荣誉称号获得者,丰台区人大代表,丰台区人民法院刑事审判第一庭庭长张勇法官受聘首都经济贸易大学法学院校外导师仪式在博纳楼举行。校党委副书记朱玉华出席聘任仪式。出席此次聘任仪式的还有丰台区人民法院副院长王晓艳、组宣科科长杨薇、干部科副科长吴硕,首都经济贸易大学法学院党总支书记谢海霞、副院长张世君、党总支副书记张益铭。

26~27 日,来自全国各地的首都经济贸易大学原工商行政管理专业和行政管理专业的校友代表,国家工商行政管理总局、北京市工商行政管理局的部分官员,中国工商管理学会和部分高校的专家学者齐聚首都经济贸易大学,庆祝学校行政管理专业创建 30 周年,共同研讨新形势下发扬传统优势、凝练专业特色,进一步改革发展的新思路和新模式。校长王稼琼教授,教育部公共管理学科教学指导委员会主任、原东北大学副校长娄成武教授,首都经济贸易大学原党委书记申建军研究员,首都经济贸易大学原副校长、北京印刷学院院长曲德森教授,首都经济贸易大学副校长王传生教授、校长助理张衔平等领导、专家和学者及首都经济贸易大学师生代表 200 多人出席了纪念大会。

29 日,以杨素荣同志为组长的市委第六巡视组一行 8 人来到首都经济贸易大学开始了为期两个月的巡视工作。巡视组首先参加了学校党委在博学楼贵宾接待室召开的全委扩大会,向大家介绍了巡视组成员的构成情况、巡视工作概况及接下来的巡视工作安排。党委书记柯文进表示,市委第六巡视组来首都经济贸易大学开展巡视工作是对首都经济贸易大学领导班子建设和全校工作的一次检验,是对首都经济贸易大学领导干部的关心、爱护和帮助,也是对我们做好各项工作的极大激励和鞭策。

30 日,在教育部科技司公布的“新世纪优秀人才支持计划”入选者名单中,首都经济贸易大学经济学院李婧教授当选教育部“2011 年新世纪优秀人才”。这是首都经济贸易大学近年来科研事业发展中取得的又一重大成绩,是首都经济贸易大学在教育部“新世纪优秀人才”申报工作中零的突破,代表着首都经济贸易大学中青年学者科研实力的重大提升。

12 月

3~4 日,由首都经济贸易大学主办、会计学院承办的“2011 海峡两岸大学会计辩论邀请赛”成功举办。纪委书记杨世忠、副校长王文举、校长助理孙昊哲、中国台湾会计发展研究基金会顾问谢国松出席大赛开幕式。大赛共有海峡两岸的 16 所大学参赛,其中,中国内地高校 14 所,分别为首都经济贸易大学、中国海洋大学、江西财经大学、中央财经大学、湖南财经大学、中南财经政法大学、上海财经大学、安徽财经大学、东北财经大学、北京工商大学、西南财经大学、中山大学、暨南大学、中国人民大学;中国台湾高校 2 所,为 2011 年台湾地区高校会计专业辩论赛的冠军台湾大学和亚军东吴大学。

5~6 日,北京市 2011 年度普通高校科技/社科统计年报工作会议召开,会议对第二次全国 R&D 资源清查工作先进集体和先进个人进行了表彰。首都经济贸易大学获得第二次全国 R&D 资源清查工作先进集体荣誉称号,科研处杨建华同志获得先进个人荣誉称号。

7 日,学校第九届文化艺术节“忆峥嵘岁月 唱时代赞歌”——纪念“一二·九”运动 76 周年新生歌咏比赛在华侨学院礼堂举行。校党委书记柯文进,校党委常委、校长助理孙昊哲出席活动,首都经济贸易大学相关职能部门领导、各院系主管学生工作的党总支书记、副书记和分团委书记观看了比赛。比赛特别邀请了北京市音乐特级教师、中国音乐家协会会员耿芃、北京市陈经伦中学金帆合唱团艺术总监、首都经济贸易大学合唱团指挥王帅等 7 位专业评委。

7 日,财政部企业司司长、中国资产评估协会副会长刘玉廷博士和中国资产评估协会副会长兼秘书长刘萍博士一行 4 人莅临首都经济贸易大学考察指导。校长王稼琼教授、纪委书记杨世忠教授亲切会见了刘玉廷和刘萍一行 4 人。财务处处长崔也光教授、财政税务学院党总支书记姚东旭教授、会计学院党总支书记解小娟教授、财政税务学院副院长李红霞教授、副院长蔡秀云教授、会计学院副院长李百兴教授等出席了考察座谈会。王稼琼向刘玉廷和刘萍颁发了客座教授聘书。

8 日,为了加强对首都经济贸易大学公共管理专业学位研究生教育教学的管理,首都经济贸易大学公共管理专业学位研究生(MPA)教育指导委员会正式成立,并举行了成立暨第一次会议。学校 MPA 教指委主任委员、副校长丁立宏出席会议并讲话,副主任委员、城市经济与公共管理学院院长段霞主持会议。副主任委员、专业硕士教育中心主任赵慧军宣布了首都经济贸易大学 MPA 教育指导委员会组成人员名单。首都经济贸易大学原党委书记、北京市民族宗教事务委员会原主任申建军,首都经济贸易大学原副校长、北京印刷学院原院长曲德森,首都经济贸易大学研究生部主任张军,城市经济与公共管理学院副院长刘欣葵,洪亚敏教授,王德起教授,劳动经济学院副院长冯喜良等委员出席了会议。

9 日,市委教育工委、市教委、市政府教育督导室在国家会议中心召开北京教育系统“五五”普法总结暨“六五”普法启动大会,大会对北京教育系统“五五”普法工作先进集体和先进个人进行了表彰,首都经济贸易大学荣获北京教育系统“五五”普法先进集体称号。9 日,广西财经学院副校长夏飞一行 6 人到首都经济贸易大学进行访问交流,夏飞副校长此行的目的主要是了解首都经济贸易大学会计硕士(MPACC)的培养情况。校纪委书记杨世忠率会计学院党总支书记解小娟、副院长刘文辉、副院长李百兴、科研处副处长姜红和会计学院科研秘书杨婧在博学楼贵宾接待室会见了夏飞副院长一行。杨世忠首先向客人介绍了首都经济贸易大学的总体情况,并重点介绍了会计硕士在首都经济贸易大学的发展历史。随后,与会的会计学院老师详细介绍了目前首都经济贸易大学会计硕士(MPACC)的招生和培养情况。最后,双方围绕着如何做好会计硕士(MPACC)的培养工作进行了深入的互动交流。

10 日,由市委教育工委、北京电视台(BTV)共同举办的北京电视台首都大学生记者团成立仪式在北京电视台新址隆重举行。经过遴选和考量,来自首都 20 所高校的 45 名同学成为记者团首批通讯员,首都经济贸易大学等 8 所高校成为首批建立记者站的高校。市委教育工委和北京电视台的相关领导为首都经济贸易大学等 8 所首批建站高校颁发了记者站牌,为 45 名记者团首批通讯员颁发了通讯员证。来自首都经济贸易大学的果欣然、刘嘉伟、曹帅 3 名同学成功入选为首批通讯员。

11 日,享有“大学生商业奥运会”之誉的 CIMA2012 商业精英国际挑战赛华北区总决赛在首都经济贸易大学博学楼学术报告厅成功举办。本次比赛由华侨学院联合承办,晋级总决赛的团队共有 6 支,分别来自中央财经大学、对外经贸大学、中国人民大学、东北大学和首都经济贸易大学。

14 日,首都经济贸易大学党委宣传部收到北京市委宣传部、北京市社科联、北京市哲学社会科学规划办联合发文,首都经济贸易大学文化与传播学院副院长石刚教授入选 2011 年度北京市新世纪社科理论人才“百人工程”培养对象。

15 日,北京保险行业协会共建“教学实习基地”签字仪式在中国职工之家举行。本次签字仪式共有 5 家在京的拥有保险专业的院校参加。这些院校是:中央财经大学、首都经济贸易大学、北京工商大学、北京工商大学嘉华学院、北京财贸干部管理学院,加之此前已签协议的对外经济贸易大学,共有 6 家高校与北京保险行业协会签署了共建教学实习基地协议。首都经济贸易大学金融学院院长谢太峰和金融学院保险系主任张小红共同出席了此次签字仪式。

20 日,学校召开国家重点学科申报与建设专题会,对前一阶段国家重点学科申报与建设工作进行总结并对下一阶段的工作进行了部署。校长王稼琼、副校长王文举参加了会议。发展规划处处长祝合良向与会人员通报了北京市教委申报国家级重点学科工作会议精神,并对国内有关高校应用经济学学科建设情况作了说明。经济学院院长张连城结合国家重点学科的申报条件,从学科队伍建设、科学研究、人才培养几个方面进行了介绍。

25 日,北京外国经济学说研究会迎春学术研讨会在首都经济贸易大学博纳楼五层第 6 会议室举行。此次学术研讨会由首都经济贸易大学经济学院、首都经济贸易大学中国经济实验研究院承办,会议的主题为“经济增速下调背景下的经济结构调整”。来自北京大学、清华大学、中国人民大学、中国社会科学院等院校的专家学者 60 余人就会议主题展开了广泛而热烈的研讨。《光明日报》、《中国经济导报》、《经济理论与经济管理》杂志社、《社会科学研究》杂志社等媒体应邀参会并对会议情况作了报道。

第十四篇

附　录

首都经济贸易大学2011年党发文目录

文号	标题
首都经济贸易大学党发〔2011〕1号	中共首都经济贸易大学委员会关于印发2011年工作要点的通知
首都经济贸易大学党发〔2011〕2号	关于印发首都经济贸易大学校领导工作分工及联系院系的通知
首都经济贸易大学党发〔2011〕3号	关于印发《深化创先争优活动庆祝建党90周年工作方案》的通知
首都经济贸易大学党发〔2011〕4号	关于印发2011年党风廉政建设和反腐败工作主要任务分工的通知
首都经济贸易大学党发〔2011〕5号	关于组织评选2009—2011年先进基层党组织、优秀共产党员、优秀党务工作者的通知
首都经济贸易大学党发〔2011〕6号	关于成立马克思主义学院的决定
首都经济贸易大学党发〔2011〕7号	关于成立文化与传播学院的决定
首都经济贸易大学党发〔2011〕8号	关于转发中共北京市委、北京市人民政府关于陈宁等三名同志职务变动的通知
首都经济贸易大学党发〔2011〕9号	关于印发首都经济贸易大学校领导工作分工及联系院系的通知
首都经济贸易大学党发〔2011〕10号	关于印发进一步加强关心下一代工作委员会建设意见的通知
首都经济贸易大学党发〔2011〕11号	关于城市学院党总支调整为城市经济与公共管理学院党总支的通知
首都经济贸易大学党发〔2011〕12号	关于设立马克思主义学院党总支的决定
首都经济贸易大学党发〔2011〕13号	关于设立文化与传播学院党总支的决定
首都经济贸易大学党发〔2011〕14号	关于表彰2009—2011年先进基层党组织、优秀共产党员、优秀党务工作者的决定
首都经济贸易大学党发〔2011〕15号	关于评选首都经济贸易大学2009—2011年度“师德建设先进单位”和“师德标兵”的通知
首都经济贸易大学党发〔2011〕16号	关于表彰2010—2011年“师德建设先进单位”和“师德标兵”的决定
首都经济贸易大学党发〔2011〕17号	关于印发“提高办学质量促发展、服务人民群众树形象”活动实施方案的通知
首都经济贸易大学党发〔2011〕18号	关于开展《中国共产党党员领导干部廉洁从政若干准则》贯彻执行情况专项检查工作的通知
首都经济贸易大学党发〔2011〕19号	关于认真学习宣传贯彻党的十七届六中全会精神的通知
首都经济贸易大学党发〔2011〕20号	关于2011年对全校各单位落实党风廉政建设责任制推进惩防体系任务完成情况进行检查的通知
首都经济贸易大学党发〔2011〕21号	转发中共北京市委关于陈宁同志职务变动的通知
首都经济贸易大学党发〔2011〕22号	转发中共云南省委组织部关于戚聿东同志任职的通知
首都经济贸易大学党发〔2011〕23号	关于印发2011年度处级领导干部考核工作意见的通知
首都经济贸易大学党发〔2011〕24号	关于印发在我校开展“践行‘北京精神’争做时代先锋”主题教育实践活动实施意见的通知
首都经济贸易大学党发〔2011〕25号	关于印发出席党的十八大代表候选人初步人选推荐提名工作方案的通知
首都经济贸易大学党发〔2011〕26号	关于我校第三届教职工代表大会暨工会会员代表大会选举结果的批复

首都经济贸易大学2011年政发文目录

首都经济贸易大学政发〔2011〕1号	关于印发校园卡管理办法(试行)的通知
首都经济贸易大学党发〔2011〕2号	关于调整征地建设工作领导小组成员的通知
首都经济贸易大学政发〔2011〕3号	关于印发高水平运动队管理办法(暂行)的通知
首都经济贸易大学政发〔2011〕4号	关于印发城市学院更名的通知
首都经济贸易大学政发〔2011〕5号	关于做好2011年毕业生就业工作的通知
首都经济贸易大学政发〔2011〕6号	关于印发人事代理制度暂行规定的通知
首都经济贸易大学政发〔2011〕7号	关于印发海外高层次人才引进工作暂行办法的通知
首都经济贸易大学政发〔2011〕8号	关于开展《首都经济贸易大学年鉴》(2011卷)编纂工作的通知
首都经济贸易大学政发〔2011〕9号	关于印发年鉴编纂工作暂行办法的通知
首都经济贸易大学政发〔2011〕10号	关于转发北京市教委关于做好“小金库”专项治理复查工作的通知
首都经济贸易大学政发〔2011〕11号	关于印发校级科学研究项目管理办法的通知
首都经济贸易大学政发〔2011〕12号	关于变更北京首都经济贸易大学出版社有限责任公司出资人的决定
首都经济贸易大学政发〔2011〕13号	关于印发延长学籍及学位授予期限补充规定的通知
首都经济贸易大学政发〔2011〕14号	关于授予石颖等125名同学“优秀毕业生”称号的决定
首都经济贸易大学政发〔2011〕15号	关于对王振、宁欣等12名担任村党支部书记助理、村主任助理、志愿服务西部的同学给予表彰的决定
首都经济贸易大学政发〔2011〕16号	关于批准2011届本科毕业生毕业的决定
首都经济贸易大学政发〔2011〕17号	关于转发学位评定委员会关于授予2011届本科生学士学位的决定
首都经济贸易大学政发〔2011〕18号	关于公布2011年优秀学士学位论文(设计)名单的通知
首都经济贸易大学政发〔2011〕19号	关于公布2011年校级精品课程、双语教学示范课程建设项目的通知
首都经济贸易大学政发〔2011〕20号	关于公布2011年校级教改立项名单的通知
首都经济贸易大学政发〔2011〕21号	关于表彰2011年从事教育工作满三十年教职工的通报
首都经济贸易大学政发〔2011〕22号	关于印发校园网用户账号管理办法(试行)的通知
首都经济贸易大学政发〔2011〕23号	关于印发合同管理办法的通知
首都经济贸易大学政发〔2011〕24号	关于深入开展影响校园安全稳定问题隐患排查整治专项行动的通知
首都经济贸易大学政发〔2011〕25号	关于印发科研奖励管理办法的通知
首都经济贸易大学政发〔2011〕26号	关于印发校园宣传环境管理规定的通知
首都经济贸易大学政发〔2011〕27号	关于表彰2010—2011学年本科“学评教”优秀教学效果奖获奖教师的决定
首都经济贸易大学政发〔2011〕28号	关于印发优秀教学人员奖励办法的通知
首都经济贸易大学政发〔2011〕29号	关于印发本科生辅修专业(双学位)管理办法(试行)的通知
首都经济贸易大学政发〔2011〕30号	关于印发全日制本科优秀新生转专业管理办法(修订试行)的通知

首都经济贸易大学2011年党政办发文目录

首都经济贸易大学党政办发〔2011〕1号	首都经济贸易大学党政办公室关于印发认真做好2011年寒假期间校园安全保卫工作的通知
首都经济贸易大学党政办发〔2011〕2号	首都经济贸易大学党政办公室关于印发2011年党委组织、统战工作要点的通知
首都经济贸易大学党政办发〔2011〕3号	首都经济贸易大学党政办公室关于印发2011年宣传思想工作要点的通知
首都经济贸易大学党政办发〔2011〕4号	首都经济贸易大学党政办公室关于印发2011年院系理论学习中心组、党员、教职工思想教育学习计划的通知
首都经济贸易大学党政办发〔2011〕5号	首都经济贸易大学党政办公室关于印发深入开展创先争优活动2011年工作要点的通知
首都经济贸易大学党政办发〔2011〕6号	首都经济贸易大学党政办公室关于印发调整思想政治理论课建设工作领导小组的通知
首都经济贸易大学党政办发〔2011〕7号	首都经济贸易大学党政办公室关于印发成立公务用车问题专项治理工作领导小组的通知
首都经济贸易大学党政办发〔2011〕8号	首都经济贸易大学党政办公室转发学校国有经营性资产管理委员会关于北京首都经济贸易大学出版社有限责任公司董事长(法人代表)任免决定的通知
首都经济贸易大学党政办发〔2011〕9号	首都经济贸易大学党政办公室关于2011年放暑假的通知
首都经济贸易大学党政办发〔2011〕10号	首都经济贸易大学党政办公室关于印发认真做好2011年暑假期间校园安全保卫工作的通知
首都经济贸易大学党政办发〔2011〕11号	首都经济贸易大学党政办公室关于加强2011年国庆放假期间校园安全保卫工作的通知
首都经济贸易大学党政办发〔2011〕12号	首都经济贸易大学党政办公室关于成立社会计算研究院的决定
首都经济贸易大学党政办发〔2011〕13号	首都经济贸易大学党政办公室关于2011年教师聘任工作安排
首都经济贸易大学党政办发〔2011〕14号	首都经济贸易大学党政办公室关于成立中国经济实验研究院的决定
首都经济贸易大学党政办发〔2011〕15号	首都经济贸易大学党政办公室关于印发2012年放寒假的通知

(刘红)

2011年社会媒体报道首都经济贸易大学稿件(部分)

日期	媒体	标题
2011-01-13	长江网	就业前景最好的高校专业盘点
2011-02-01	北京教育(高教)	教书,育人,立德——记优秀教师蔡立新
2011-03-08	中国教育在线频道	澳门大学参访团访问首都经济贸易大学华侨学院

续表

日期	媒体	标题
2011－03－29	千龙网	首都经济贸易大学大学第二届学科建设与科学研究大会召开
2011－03－31	人民日报	首都经贸大学:大学中的大学,让老师走向卓越
2011－04－12	中国社会科学报	首都经济贸易大学建设国际知名财经大学
2011－04－13	京华时报	首都经济贸易大学增加两个语言专业
2011－05－05	中国广播网	首都经贸举办“喜迎建党90周年红色诗歌朗诵比赛”
2011－05－05	MBA中国网	首都经济贸易大学2011年MBA职业发展导师聘任仪式隆重举行
2011－05－05	中国教育在线	首都经贸大学2011年招办主任访谈
2011－06－01	北京教育(高教)	高水平的师资队伍是提升高等教育质量的关键——访首都经济贸易大学校长王稼琼
2011－06－01	北京教育(高教)	封面、封二、封三、封四学校介绍(图文)
2011－06－02	京华时报	首都经济贸易大学大学生发展信心指数发布
2011－06－19	半岛网	首都经济贸易大学:“城市生活质量指数”应由第三方说了算
2011－06－19	法制晚报	信心指数不宜做报考依据
2011－06－19	中国证券报·中证网	张连城先生发布中国城市生活质量指数
2011－08－17	新京报	大学生发帖求助流浪狗
2011－08－16	北京晚报	这里的孩子令人们感动
2011－08－23	北京青年报	英语六级没过线,学校不发学位证
2011－08－24	千龙网	首都经济贸易大学66支暑期社会实践团队陆续启程
2011－08－24	新浪原创	首都经济贸易大学非洲传统服装秀6日加入西安世园会花车巡游
2011－08－25	北京晚报	首都经济贸易大学支教团赴甘肃支教进行了报道
2011－08－25	新浪教育	首都经贸大学2011年各省录取分数线公布
2011－08－25	帮考网	2011首都经济贸易大学分数线:文536理520分
2011－08－28	北京考试报	首都经济贸易大学2011年成考在京计划招收1800人
2011－08－29	新华社	首都经济贸易大学:免费手机报平安(一)
2011－09－02	中国会计报	首都经济贸易大学:开辟绿色通道化解教育不公
2011－09－17	中国教育网	首都经济贸易大学再获北京市优秀博士学位论文
2011－09－23	千龙网	增强主人翁意识　首都高校师生点击“北京精神”
2011－09－23	中国广播网	通胀时代与MBA创业论坛暨中国MBA北京联盟第六届主席峰会成功举办
2011－09－28	MBA中国网	首都经济贸易大学人文类讲座——非物质文化遗产的传承与保护
2011－10－14	MBA中国网	首都经济贸易大学王稼琼校长会见莫斯科国际商学院代表团
2011－10－18	法制晚报	四地消费者信心中国内地最足
2011－10－19	新京报	老人摔倒该不该扶　八成人怕“惹祸”
2011－10－19	中国商业电讯	首都经贸大学的海格大巴车队
2011－10－19	香港文汇报	两岸四地指数消费者信心齐降　香港跌幅最大

续表

日期	媒体	标题
2011 - 10 - 23	京华时报	居民购房信心止跌回暖
2011 - 10 - 23	网易体育	首都经济贸易大学学生在万网杯街区轮滑追逐赛获得佳绩
2011 - 10 - 26	京华时报	首都经济贸易大学 2011 年 10 月成立社会计算研究院
2011 - 11 - 02	新华社	中国大学管理者向欧洲管理学专家“取经”
2011 - 11 - 03	中国经济网	资产评估新发展研讨会在首都经济贸易大学举行
2011 - 11 - 03	北京晨报	首都经济贸易大学启动顶尖人才引进计划
2011 - 11 - 03	中国日报	中欧高校科学管理比较研究与合作研讨会在京召开
2011 - 11 - 04	新京报	25 所高校领导学欧洲经验
2011 - 11 - 08	光明网	城市发展要高扬文化理念
2011 - 11 - 14	新浪财经	首都经济贸易大学校长王稼琼为第六届中国雇主品牌论坛致辞
2011 - 11 - 17	MBA 中国网	首都经济贸易大学职业发展讲座——职业成功的资本论
2011 - 11 - 17	首都科技网	“风险资本与北京战略性新兴产业发展”研讨会在首都经贸大学召开
2011 - 11 - 18	京华时报	中国经济实验研究院成立
2011 - 11 - 25	MBA 中国网	首都经贸大学 MBA 职业生涯规划讲座
2011 - 11 - 27	北京日报	首都经济贸易大学近 300 师生集体献血
2011 - 11 - 27	经济参考报	中国经济实验研究院成立大会在首都经济贸易大学举行
2011 - 12 - 02	证券日报	首都经济贸易大学主办首届资产评估新发展国际论坛
2011 - 12 - 02	中国资产评估	中国资产评估协会副会长刘萍到首都经济贸易大学调研
2011 - 12 - 03	中国工商报	首都经贸大学庆祝工商行政管理专业创建三十周年
2011 - 12 - 05	金融时报	第一届资产评估新发展国际论坛在京举办
2011 - 12 - 05	中国经济网	资产评估新发展研讨会举行
2011 - 12 - 06	中国 MBAhome 网综合报道	首都经济贸易大学 MBA 主讲教授应邀中国企业文化管理年会
2011 - 12 - 09	中国会计报	海峡两岸会计学子摆擂台
2011 - 12 - 09	中国 MBAhome 网综合报道	首都经济贸易大学赵慧军全新解读 MBA 项目
2011 - 12 - 13	京华时报	首都经济贸易大学学生可在丰台律所实践
2011 - 12 - 13	北京考试报	贸易经济专业:关注商品流通领域
2011 - 12 - 17	MBA 中国网	首都经济贸易大学召开“2011 年度 MBA 教学交流会”

（付蓓）

2006～2009年大事记

2006年

2月

22日,首都经济贸易大学成立一级学科建设指导委员会。该委员会由校领导、教学管理部门负责人及教学院、系教学骨干教师22人组成,设主任1人、副主任1人、秘书长1人、副秘书长1人、委员18人。

28日,首都经济贸易大学承担的《北京商务中心区现代服务业发展问题研究》通过鉴定。该项目于2003年10月获批,2005年12月按时完成。

3月

4日,首都经济贸易大学召开2006年工作布置大会。

7日,首都经济贸易大学应用经济学一级学科博士点获批。新增统计学、产业经济学、国民经济学、金融学、财政学5个博士点,新增技术经济与管理、旅游管理、国民经济学、国防经济学、民商法学、马克思主义基本原理、思想政治教育7个硕士点。获得应用经济学一级学科博士学位授权、工商管理一级学科硕士学位授权以及民商法学(含:劳动法学、社会保障法学)、马克思主义基本原理、思想政治教育硕士学位授予权。

9日,首都经济贸易大学召开教学工作会。

13日,两会代表委员回访首都经济贸易大学。全国人大、全国政协3位两会代表分别是全国政协常委、全国政协外事委员会副主任张国祥,全国政协委员、全国妇联组织部部长马延军,全国人大代表、北京市商务局副局长程红,他们是学校劳动经济系64届、68届和物资管理系88届的毕业生。

14日,首都经济贸易大学2名博士生参加"区校共建——搭建人才金桥"首都高校博士进朝阳实践锻炼活动启动仪式。他们是:CBD研究中心的张杰同学被分配到朝阳区CBD中心挂职锻炼,劳动经济学院的詹婧同学被分配到朝阳区劳动局挂职锻炼。团市委、市委教工委、朝阳区委领导,朝阳区各部门负责同志及部分高校团委书记、团委干部和首批进朝阳活动的35名博士生参加了会议。

15日,首都经济贸易大学法学系以"弘《消费者权益保护法》之精神,扬首经贸大学法系服务社会之意识"为主题的一场大型义务法律咨询活动。

20日,首都经济贸易大学首次举办博士生"哈博论坛"研讨会。研究生部老师、博士生、硕士生及MBA学员等共40多人参加此次研讨会。

21～31日,首都经济贸易大学代表团一行4人,赴台参加"2006年亚太经贸与金融保险国际学术研讨会",并先后访问了大同技术学院、逢甲大学、淡江大学、铭传大学等。

22日,市委教育工委副书记刘建同志及以毕孔彰同志为组长的市委教育工委先进性教育领导小组督导组来首都经济贸易大学对巩固扩大保持共产党员先进性教育活动成果及"回头看"工作进行检查。

31日,首都经济贸易大学举行中国建设银行"爱心基金"助学金颁发仪式。

3月,首都经济贸易大学财政系为培养"三师一体"的人才,建立了"三师一体"现代人才培养模式。

3月,首都经济贸易大学4位教师入选2006～2010年教育部高等学校有关科类教学指导委员会。他们分别是:文魁教授、王文举教授、李晓安教授、王传生教授。

3月,首都经济贸易大学法学系诊所式法律教育中,由学生代理一起交通事故人身损害赔偿案取得一审胜诉。诊所式教育是我国高等院校法学教育一项新的尝试,是首都经济贸易大学与丰台区司法局共建的实践教学活动。

3月,首都经济贸易大学新增设计算机科学与技术、劳动关系2个专业,修业年限均为4年,自2006年开始招生。计算机科学与技术的专业代码为080605,学位授予门类为工学。劳动关系的专业代码为110314,学位授予门类为管理学。

3月,首都经济贸易大学4名研究生获"中美文化研究"奖学金。2005年选送到南京大学中美文化研究中心的4名研究生获得了"中美文化研究"奖学金,其中,经济学院贾琨和腾飞两名同学获得了一等奖学金、郭子一同学获得了二等奖学金,劳动经济学院苏士尚同学获得了三等奖学金。

4月

7～21日,首都经济贸易大学举办处级干部培训班,其内容是关于治校理教等方面知识的培训。

8～9 日，首都经济贸易大学安全与环境工程学院 03 级学生、校红十字会东区学生分会会长王丽丽同学参加了由联合国儿童基金会、中国疾病预防控制中心、共青团中央共同主办的以“携手儿童青少年，携手抗击艾滋病”为主题的青少年爱心大使命名暨青少年爱心大使网络启动仪式等系列活动，并获得由联合国儿童基金会、联合国艾滋病规划署颁发的“爱心大使”称号。

12 日，首都经济贸易大学投资约 450 万的“北京经济数据处理与计算机仿真平台”经北京市教委科研处、北京航空航天大学、北京师范大学及首都经济贸易大学科研处、网络中心、后勤资产管理处、统计学系等相关部门组成的专家验收组验收合格，正式投入使用。

13 日，首都经济贸易大学工商管理学院与美国斯克兰顿大学管理学院签署合作交流协议。美国斯克兰顿大学（The University of Scranton）坎尼亚管理学院（Kania School of Management）院长 Michael O. Mensah 博士一行访问首都经济贸易大学工商管理学院，双方就两院在师资交流、学术合作、学生互换等方面进行了友好会谈并达成一致意见，双方签署了两院开展对等合作与学术交流的合作协议。

17 日，首都经济贸易大学网上教务管理信息系统试运行。学校完成了全校全日制本科课表编排、公共选修课选课、期末考试成绩远程登统、成绩网络查询等管理模式的试运行。

18 日，教育部和北京市教委联合专家组一行 6 人到首都经济贸易大学验收中外合作办学复核工作。

18 日，首都经济贸易大学学生工作处举办“成长课堂”主题系列讲座。

19 日，经首都经济贸易大学党委常委第 21 次会议讨论决定（组干字第 2 号文）任命毛志远为体育教学部直属党支部书记（正处级）；任命张同乐为后勤党总支书记；免去林卫体育教学部直属党支部书记职务（另有任用）；免去张同乐基础课部直属党支部书记职务；免去马景娜后勤服务集团党总支书记职务。

19 日，经首都经济贸易大学党委常委第 21 次会议讨论决定（政干字第 3 号文）任命刘建强为人文学院常务副院长（正处级）；任命马景娜为后勤管理处处长；任命李清森为资产管理处处长。免去刘建强基础课部主任职务。

19 日，经首都经济贸易大学党委常委第 21 次会议讨论决定（政干字第 4 号文）免去刘建强基础课部主任职务；免去李清森后勤服务集团总经理职务；免去毛志远后勤与资产管理处处长职务。

23 日，首都经济贸易大学召开第一次学生代表大会。大会表决通过了《首都经济贸易大学第一次学生代表大会关于学生会工作报告的决议》和《首都经济贸易大学第一次学生代表大会关于制定首都经济贸易大学学生会章程的决议》。大会选举产生了首都经济贸易大学第一届学生会委员会委员 27 名。

27～28 日，首都经济贸易大学举办大学生体育运动会。

4 月，首都经济贸易大学劳动经济学院教师周皓博士、经济学院教师徐则荣博士分别荣获霍英东教育基金会第十届高等院校青年教师奖研究类和教学类三等奖。

4 月，首都经济贸易大学获市哲学社科规划项目立项。学校教研人员共同申报北京市哲学社会科学“十一五”规划项目申请书 106 份，经北京市学科评审组评审，北京市哲学社会科学规划领导小组审批，学校有 22 项获得批准立项，其中，重点规划项目 7 项、规划项目 10 项、“百人工程”项目 1 项、自选项目 2 项、青年项目 2 项。

4 月，首都经济贸易大学校报获北京 2005 年度新闻奖（高校校报系列）多项奖：获得 1 等奖 1 项、特别奖一项及二等奖 7 项。

5 月

11～31 日，首都经济贸易大学外语系举办英语文化节活动。

13 日，首都经济贸易大学教师申蔚获得北京市高等院校计算机基础与多媒体教学大赛一等奖。

15～29 日，首都经济贸易大学举办首届城市文化节活动。该文化节以宣传城市专业，构建“绿色城市，绿色生活”为主题。学校师生 700 人参加活动。

18～20 日，校长办公会确定首都经济贸易大学新的校训、校风、校标方案。新的校训是“崇德尚能 经世济民”，校风是“自强不息 求实创新”，新校标以骆驼、长城、笔架和表示第一的手势组合而成。校长办公会确定首都经济贸易大学的简称及标准色。首都经济贸易大学的简称是“首经贸”，英文“CUEB”；标准色是“首经贸红”。

18 日，首都经济贸易大学修订非学历教育管理（暂行）办法。本办法所指非学历教育是指除成人学历教育之外的各类成人非学历教育，包括研究生层次的非学历教育（如研究生课程进修班）、MBA 高等研修班、国外留学生及中外合作非学历培训、继续教育、远程教育及其他各类培训、进修、研修班、考前辅导等各种形式的办班。该办法规定了招生计划审批与招生工作管理程序;教学与学生管理;经费管理;校内教室安排等共7章27条内容。

20日,首都经济贸易大学与欧美同学会企业家联谊会、北京大学民营经济研究院共同举办创业中国高峰论坛。会议主题为"创新成长——全球化浪潮下的中国企业和领袖精神"。

24日,首都经济贸易大学举办聘请国际著名经济学家、2005年诺贝尔经济学奖获得者罗伯特·奥曼博士为荣誉教授聘任仪式暨学术报告会。演讲主题是"战争与和平"。

25日,北京市人事局教育培训检查组到首都经济贸易大学检查教育培训工作。由北京市人事局教育培训处、北京市建委科教处、北京市公安局教育训练处、北京市卫生局北京医学教育协会、北京工业大学继续教育学院、西城区人事局教育科等单位的同志组成的教育培训检查组对该校2006年度执行《北京市专业技术人员继续教育规定》的工作情况进行了检查。

25日,首都经济贸易大学举办聘请诺贝尔经济学奖获得者、斯坦福大学教授斯宾塞为名誉教授聘任仪式暨学术报告会。演讲主题是"发展中国家的经济发展",在本次演讲中,斯宾塞教授着重介绍了其最新的研究成果。首都经济贸易大学领导、师生2 000人在演讲现场或通过校园内部的现场直播聆听了大师的演讲。

29日,首都经济贸易大学举办首届华北地区高校财政学教学研讨会。此次研讨会的主题是如何推动财政学发展和财政税务学科发展。

31日,首都经济贸易大学举办首届"中国体育营销与企业品牌战略"高层论坛暨迎奥运倒计时800天——"北京2008社区高校行"。

31日,首都经济贸易大学举办"我爱我家"红五月歌咏比赛。首都经济贸易大学领导、18个分工会的教职工900人参加活动。

5月,北京市红十字会、北京市红十字教育工作委员会召开本系统先进集体与先进个人表彰大会,首都经济贸易大学红十字会荣获了2005年北京市红十字会系统先进集体称号。学生分会会长王丽丽同学荣获了2005年北京市红十字会系统先进个人称号,有4位同学获得北京市红十字会高校系统先进个人奖。首都经济贸易大学联合21所高校、两所小学组织制作的《预防艾滋、履行承诺的"飘爱红丝带、行动你手中"121米长卷签名活动》入选北京市红十字会"十佳"优秀组织奖,该长卷代表中国青少年预防艾滋病志愿者的共同心愿已被中国红十字总会转交世界红十字会与红心月会收藏。

4~5月,首都经济贸易大学举办以"认真执行财经纪律、规范管理、从严治教"为主题的党风廉政建设宣传教育月活动。首都经济贸易大学师生3 460人次参加活动。

6月

7日,经首都精神文明建设委员会评比,首都经济贸易大学在"首都精神文明建设"系列奖项的评选中,被授予2005年度"首都文明单位"称号。

9日,首都经济贸易大学召开第二届工会暨教职工代表大会。会议主题是:"团结一心,跨越发展,构建和谐校园"。会议听取首都经济贸易大学题为《坚持科学发展观统领首经贸各项工作为实现首经贸"十一五"发展目标而努力奋斗》工作报告。

12日,首都经济贸易大学举办聘请中国工程院院士、博士生导师汪旭光教授为讲座教授及安全与环境工程学院名誉院长聘任仪式暨学术报告会。

13日,经首都经济贸易大学党委常委第26次会议讨论决定(组干字第3号文)任命李民为金融学院党总支书记;免去李民金融系党总支书记职务。

13日,经首都经济贸易大学党委常委第26次会议讨论决定(政干字第6号文)免去贾墨月财政金融学院院长职务。

13日,经首都经济贸易大学党委常委第26次会议讨论决定(政干字第7号文)任命蒋三庚为金融学院院长,免去蒋三庚金融系系主任职务。

14日,首都经济贸易大学获得4项国家社科基金项目资助立项。其中,一般项目3个,分别是:邹昭晞的《提高利用外资质量问题研究》、孙翠兰的《促进区域经济协调发展的金融理论与金融对策研究》、杨同庆的《和谐与冲突——中国广告发展与监管对策研究》项目;青年项目1个:周皓的《流动儿童教育与社会融合的跟踪研究》项目。

18日,首都经济贸易大学金融学院成立。该院在金融系基础上建立的,拥有金融学博士学位授予点1个,金融学硕士学位授予点1个,金融学科是北京市重点建设学科,金融专业为北京市品牌专业,金融系被认定为北京市金融人才培养支持基地,设有金融学和保险学2个本科专业,有国际金融、理财策划、证券投资、银行行销、保险精算等专业研究方向。教职工46人,其中,专任教师38人,专任教师中教授9人、副教授10人、讲师19人,学生831人,其中,博士生0人、硕士生116人,本科生715人。

6月,经首都经济贸易大学推荐、专家评议、评审委员会评审、北京市教委审核并公示,首都经济贸易大学经济学院张连城教授获得第二届北京市高等学校教学名师奖。

7 月

2 日，经首都经济贸易大学党委常委第 27 次会议讨论决定(组干字第 6 号文)任命沈建林为法学系党总支书记；免去甘秉厚法学系党总支书记职务(保留现待遇)；免去沈建林法学系党总支副书记职务。

2 日，经首都经济贸易大学党委常委第 27 次会议讨论决定(政干字第 8 号文)任命李晓安为法学系系主任。

5 日，首都经济贸易大学校报《首都经济贸易大学报》网络版正式开通。增设了新栏目与内容，包括新闻搜索功能，便于大家浏览、查询、学习交流和意见反馈。校报网络版涵盖了 1999 年至今历期校报的内容。

6 日，首都经济贸易大学 30 名 2006 届本科毕业生应聘北京朝阳、昌平两个区的村党支部书记助理、村委会主任助理。毕业生中男 10 人、女 20 人。他们这种主动要求到农村基层去，到艰苦的地方去奉献知识、贡献力量，受到学校的表彰。

9 日，北京市副市长赵凤桐、北京市教委主任刘利民及市教委有关部门领导来首都经济贸易大学调研。

10 ~ 11 日，首都经济贸易大学召开以“党政工共建和谐校园”为主题的暑期研讨会。市教育工会主席作了《增强工会工作自觉性和责任感，在构建和谐校园中发挥独特作用》为主题的报告。首都经济贸易大学各单位党政领导和分工会主席等 60 人参加会议。

7 月，首都经济贸易大学新建教学阅览楼竣工。教学阅览楼位于新建的第三学生食堂西侧，总建筑面积 33 341.6 平方米，其中，地上建筑面积 30 480.2 平方米。楼内布局为 32 个小教室、16 个中教室、20 个大教室、10 个 200 人阶梯教室、2 个 300 人阶梯教室、6 个 400 ~ 1 000 平方米的阅览室。教学阅览楼于 2005 年 8 月 1 日开工建设。该工程建成后，极大地缓解了首都经济贸易大学教学用房短缺问题。

8 月

21 ~ 22 日，首都经济贸易大学举办处级干部培训班。旨在树立社会主义荣辱观，提高领导干部执政能力。其主要内容是，党委书记申建军和校长文魁分别作题为《关于八荣八耻的思考》和《如何提高领导干部执政能力》的报告。

26 日，北京市委书记刘淇，市委副书记、市长王岐山等领导就节能工作来首都经济贸易大学进行调研，察看建筑节能设计和新技术应用情况。市领导强卫、孙政才、翟鸿祥、吉林，市政府秘书长刘晓晨一同前来调研。丰台区领导和学校领导陪同视察。

8 月 27 日至 9 月 5 日，为期 10 天的第 11 届世界女子垒球锦标赛圆满落幕。首都经济贸易大学作为志愿者的主要组织单位，共提供志愿者 254 名，涉及安保、观众服务、餐饮、人事、环境、技术、竞赛、注册、物流、形象景观 10 个业务口。首都经济贸易大学高菲等 59 名同学获得了第 11 届世界女子垒球锦标赛“优秀志愿者”称号。

29 日，首都经济贸易大学获第十一届国际田联世界青年田径锦标赛志愿者优秀组织奖。该校选拔 45 名志愿者主要从事组委会办公室、财务部、安保交通部办公室、竞赛部办公室、竞赛部场地器材、竞赛部径赛志愿者、竞赛部赛后控制、竞赛部问讯中心、竞赛部 80 中训练场地、接待部机场迎送中心、接待部代表团陪同、群工部、记者团 13 个岗位。

9 月

2 日，北京市委副书记强卫来到首都经济贸易大学，就正在进行的第 11 届世界女子垒球锦标赛志愿者工作及奥运志愿者招募工作进行视察和调研，并慰问了志愿者。

3 日，在第十三届中国广告节优秀作品评审基地——首都经济贸易大学，隆重举行了 2006 中国(国际)创意讲坛。

6 日，国际著名经济学家、诺贝尔经济学奖获得者罗伯特·蒙代尔博士受聘为首经贸名誉教授。蒙代尔是国际著名经济学家，现任美国哥伦比亚大学教授、美国艺术与科学学院院士，1999 年，因为对在不同汇率体系下货币和财政政策的分析，以及对最优货币区比率理论的分析获得诺贝尔奖经济学奖。他作为统一欧洲货币第一批方案的编写者之一，被誉为最优货币区域理论之父，对欧元的创立起了重要的作用。蒙代尔作了题为《国际货币体系的演进及对中国的相关性》的报告。

6 日，首都经济贸易大学召开教师节表彰暨职业道德建设活动动员大会。会议表彰 2005 ~ 2006 年度“教书育人、管理育人、服务育人”先进个人 59 人，先进集体 7 个及从事教育工作 30 年的教职工人。

13 日，首都经济贸易大学聘请著名企业家段永基为兼职教授。段永基教授现任新浪董事长，四通集团董事长。段永基教授毕业于清华大学，后就读于北京航空学院并获硕士学位。在 1982 到 1984 年间，曾在中国航空材料研究中心 621 实验室担任要职。

13 日,经首都经济贸易大学党委常委第 29 次会议讨论决定(组干字第 7 号文)任命孟芳娥为财政税务学院党总支书记;任命高建平为统计学院党总支书记;任命林卫为党委党校副校长(原级)。免去丁芸城市学院党总支书记职务;免去孟芳娥财政系党总支书记职务;免去高建平统计学系党总支书记职务。

13 日,经首都经济贸易大学党委常委第 29 次会议讨论决定(政干字第 9 号文)任命赵仑为财政税务学院院长;任命丁芸为财政税务学院常务副院长(正处级);任命纪宏为统计学院院长;免去赵仑财政系主任职务;免去纪宏统计学系主任职务。

14 日,首都经济贸易大学召开学期教学工作会。

15～18 日,首都经济贸易大学 4 个队获教学建模比赛奖励。首都经济贸易大学有 17 个甲组队及 3 个乙组队参加 2006 年全国大学生数学建模与计算机应用竞赛。其中,1 队获全国甲组一等奖,1 队获北京甲组一等奖,1 队获北京甲组二等奖,1 队获北京乙组二等奖。

23 日,首都经济贸易大学在温特莱酒店举办首届“哈博·首都高校博士生创新论坛”。其主题是“经济转型背景下的创新与发展”。出席本次论坛的有来自北京大学、清华大学、中国人民大学、中国科学院、中央财经大学、中央党校等院校校领导、博士生、硕士研究生共计 80 多人。

27 日,首都经济贸易大学 4 项教育教学改革课题获北京市教委教改立项。王文举教授《财经类院校教育教学改革与全面质量管理体系研究》;王传生教授《网络教学资源平台建设的研究与实践》、丁立宏教授《学科专业整合与财经类人才培养模式的创新》、李平生教授《经济学管理学类本科教育实践教学体系建设研究》。

27 日,首都经济贸易大学举办聘请北京市统计局局长崔述强为兼职教授聘任仪式暨学术报告会。

9 月,首都经济贸易大学获得 3 个科研项目立项。其中,留学回国人员科研启动基金项目 2 项,分别是:李洪枚的《辣根过氧化酶催化氧化 17β－雌二醇的研究》、杜军的《日元汇率升值与日本金融体制改革研究——兼论对人民币汇率形成机制的启示》;北京市教育科学青年专项课题 1 项,刘业进的《大学治理:要素契约和考核》。

10 月

7 日,首都经济贸易大学统计学院成立。该院在统计系基础上建立的,拥有统计学博士学位授予点 1 个,统计学硕士学位授予点 1 个,设有统计学本科专业,有经济分析、投资分析 2 个专业研究方向。教师中有国务院特殊津贴教师 1 名,北京市学科带头人及北京市优秀年轻骨干教师 4 名,已形成了专业方向配置合理、结构优良的师资梯队。教职工 50 人,其中,专任教师 41 人,专任教师中教授 3 人、副教授 20 人、讲师 16 人,学生 606 人,其中,研究生 44 人(博士生 3 人,硕士生 41 人),本科生 562 人。

9 日,首都经济贸易大学开展英语课程听力晨读。外语系新生 30 人参加教学实习。

14～15 日,中华外国经济学说研究会第 14 次学术研讨会在首都经济贸易大学隆重举行。

14 日,首都经济贸易大学建校 50 周年校史展揭幕仪式在大学生文化活动中心举行。校史展的主题是“我们共同走过”,主要采用展板、图片、多媒体等形式,将校史编写成历史回顾、校园文化、校园建设、学科建设、党的建设、国际交流、科学研究、教育教学、继续教育、资深教授、名师风范、人才培养 12 个部分,展示了学校由原北京经济学院和北京财贸学院发展成今天的首都经济贸易大学的历史背景、发展历程及主要办学成就。

15 日,首都经济贸易大学财政税务学院成立。财政税务学院在原财政系基础上建立,现拥有财政学专业博士授予点 1 个,财政学硕士学位授予点 1 个,财政、税务学科是北京市重点建设与发展的学科,财政学专业已经具有了博士与硕士学位授予权。《财政学》课程被评为北京市精品课程,曾获得北京市高等教育优秀教学成果二等奖。设有财政学和税务 2 个本科专业,有税务(注册税务师)、税务和财政学(注册资产评估师)3 个专业研究方向。注重培养学生宏观与微观相结合的能力,使学生既有比较雄厚的宏观经济理论基础,又有较为扎实的微观专业技能,能够适应未来激烈的市场竞争。现有教职工 31 人,其中,专任教师 25 人,专任教师中教授 4 人、副教授 8 人、讲师 13 人,学生 629 人,其中,博士生 1 人、硕士生 39 人,本科生 589 人。

15 日,首都经济贸易大学举行建校 50 周年庆祝大会。原全国政协主席李瑞环、北京市委书记刘淇发来贺信,北京市委常委、常务副市长、校友翟鸿祥,中共北京市委教育工委副书记、北京市教育委员会主任刘利民,中共北京市委教育工作委员会副书记、北京市教育委员会副主任、校友线联平,中共北京市委教育工委副书记刘宇辉领导等院校领导到会祝贺。校庆当天有近 6 000 名校友返校,加上在校教职工和学生 4 000 人,校庆参与的总规模超过 10 000 人。庆祝建校 50 周年,除举办庆祝大会外,学校还举办了“中外名校校长论坛”、建校 50 周年校史展览、50 周年校庆纪念亭揭幕仪式、师生文艺演出等十多项庆祝活动。首都经济贸易大学创建于 1956 年，1958 年升格为北京劳动学院，1963 年改名为北京经济学院，1995 年与北京财贸学院合并更名为首都经济贸易大学。50 年来，首都经济贸易大学为国家培养高级人才近 20 万人。

18 日，首都经济贸易大学举办校庆 50 周年系列活动——“第二届全国中央商务区发展研究高级论坛”。

21 日，首都经济贸易大学举办“首都和谐社会高层论坛”。该论坛分“文化与和谐”与“首都社会和谐”两个主题展开讨论。会议作了题为《从中西文化比较的视角看和谐》、《社会主义新农村的思路设计》、《居民幸福感与社会和谐》、《农村的社会和谐》、《党建与和谐校园建设》、《如何用马克思主义基本原理指导和谐社会建设》等专题报告。

21 日，首都经济贸易大学和北京经济学总会共同举办“经济学科发展研讨会”。会议围绕经济学科建设和发展问题进行深入探讨。

31 日，首都经济贸易大学实施与欧洲 5 所大学互派交流学生培养国际型人才模式。

10 月，首都经济贸易大学教学阅览楼、体育馆、西大门和校庆纪念亭等基建工程相继竣工并投入使用，向 50 周年校庆献礼。

10 月，为庆祝首都经济贸易大学建校 50 周年，学校成立了《校友风采》编委会，编辑出版了《校友风采（第一辑）——首都经济贸易大学 50 周年华诞纪念》，本辑共收录 63 位校友的事迹，编委会主任张凡，副主任张六琥、赵凤启，编委会委员赵喜玲、魏书宋、王银江、孙国平、李叔聪、任伯杰、付蓓，执行主编赵喜玲，校长文魁为本书作序，由首都经济贸易大学出版社出版。

11 月

1 日，首都经济贸易大学举办 2005 年“五个一”科研活动总结表彰大会。

8 日，首都经济贸易大学圆满完成丰台区、朝阳区人大代表选举工作。首都经济贸易大学党委书记申建军当选为丰台区第十四届人民代表大会代表。朝阳区呼家楼人大换届选举分会首都经济贸易大学选区，学校老师卢志明副教授获得最高选票 9 794 票。首都经济贸易大学（东校区）选区有客运五厂、保修五厂、首都经济贸易大学（东校区）、小庄社区、朝阳第二医院、朝阳图书舘、朝阳文化馆等 33 个单位，170 个选民小组，共 10 858 名选民，投票人数 10 581人，参选率为 97.5%。选区正式代表名额为 3 名，代表候选人为 4 名，4 名候选人是呼家楼中心小学主任王琳娜、首都经济贸易大学副教授卢志明、朝阳第二医院主治医师杨瑞华和客运五厂经理宋京生。经过选民投票，卢志明、王琳娜、宋京生选票超过半数。

15 日，首都经济贸易大学实行本科生课程表编排规定。

15 日，中国共产党北京市委员会京委〔2006〕383 号通知：市委决定，冯培同志任中共首都经济贸易大学委员会副书记。

17 日，北京市人民政府京政任〔2006〕163 号通知：市人民政府第 56 次常务会议决定，丁立宏任首都经济贸易大学副校长（试用期一年）。

20 日，由中宣部、中央综治委、公安部和中华见义勇为基金会主办的“第十届见义勇为英雄、先进分子和第二届全国见义勇为工作先进单位、先进工作者表彰大会”在人民大会堂召开，首都经济贸易大学秦占丰同学被追授“全国见义勇为先进分子”荣誉称号。中共中央政治局常委、政法委书记罗干；中共中央政治局委员、书记处书记、中宣部部长刘云山；中共中央政治局委员、书记处书记、国务委员周永康等中央领导接见秦占丰同学母亲。秦占丰同学父母、学校党委书记、党委宣传部、学生处的部分老师及 100 多名学生代表出席表彰会。

22 日，首都经济贸易大学组织部和教务处共同举办教学系统干部培训班。

25 日，首都经济贸易大学金融学院在香山饭店举办“资本市场与专业人才培养研讨会”，中国证监会北京证监局、中国社会科学院财贸研究所、中央财经大学、国内证券公司、基金管理公司以及部分媒体的领导、专家、学者应邀参加了本次研讨会，首都经济贸易大学科研处领导和金融学院部分教师也参加了会议。

25 ~ 26 日，由首都经济贸易大学、中国青年企业家协会、中华留学人员创业协会等 7 家单位联合主办，《当代经理人》杂志社承办的“第九届成长中国高峰年会”成功召开。

26 日，在北京外国语大学参加全国高校第二届“忠旺杯”商务谈判模拟大赛中，首都经济贸易大学代表队获得了参赛优秀奖和最佳组织奖。本次大赛有 15 所大学的 20 支代表队参赛，学校选拔 12 位同学进行了为期 30 天的针对性集训，组成两个队参加比赛。

27 日，首都经济贸易大学教师挂牌、学生自主选课的“学分制”进入了实质性完善阶段。参加挂牌的 5 门基础课的近 70 位主讲教师，占教师总数 600 人的 11.7 %,接受了近 5 000 人次学生的选择。

29 日,首都经济贸易大学经济学院举办"经济论坛"系列学术讲座,并邀请了世界银行亚太区首席代表、中国和蒙古局局长、著名经济学家杜大伟(Mr. David)先生作了关于"良好投资环境有利于构建和谐社会"的主题报告。

11 月,首都经济贸易大学召开考教分离试点工作联席会议。

11 月,首都经济贸易大学荣获北京市教育系统"四五"(2001~2005 年)法制宣传教育先进集体。

11 月,首都经济贸易大学荣获北京市教育系统"四五"(2001~2005 年)法制宣传教育先进集体。

12 月

3 日,首都经济贸易大学志愿者服务团建团 10 周年庆祝大会在文化活动中心一层大厅隆重召开。

6 日,首都经济贸易大学完成成人高等教育招生工作。该校计划在北京地区招生 1 810 人,其中,本科 690 人、专科 1 120 人。涉及 32 个专业,包括了高中起点本科、专科起点本科、高中起点专科 3 个层次。学校成人教育招生首次实行网上远程录取,实际录取 2 023 人,比计划多招 213 人,完成招生计划的11.8%。其中,本科录取 885 人,完成计划 128.3%,专科录取 1 138 人,完成计划的 102%。所有招生专业录取分数均高于北京市分数线,其中,广告学专业最低录取分数高于北京市分数线 93 分。学校成人教育学院加大宣传力度,拓宽宣传渠道,增加宣传的覆盖面和渗透力,社会上共有 4 000 余人踊跃报考首都经济贸易大学,第一志愿上线人数为 2 514人,超出招生计划 704 人,位居北京市高校第 6 名。该校函授教育招生也取得了很好的成绩。2006 年在河北省、河南省、山西省、甘肃省、湖南省、广东省、广西壮族自治区、海南省共录取学生 1 019 人,比去年增长了 232 人,基本扭转了函授教育下滑的趋势,完成了高等函授教育的招生工作。

7 日,首都经济贸易大学团委举办纪念"一二·九"运动 71 周年暨纪念红军长征胜利 70 周年新生歌咏比赛。

7 日,经首都经济贸易大学党委常委第 35 次会议讨论决定(组干字第 8 号文)任命陈季修为城市学院党总支书记。

8 日,首都经济贸易大学举办毕业生校园招聘活动。需求工作岗位 200 个,招聘人数近 600 人。学校毕业生 3 500 人次参加活动。

13 日,首都经济贸易大学团委、校学生会共同主办"唯·音乐"——校园歌手大赛暨第四届文化艺术节、第二届社团文化节闭幕式。学校领导、各院系的主要领导及兄弟院校的学生代表 100 多人参加了文化艺术节。

13 日,首都经济贸易大学研究生部在红庙校区综合报告厅举行 2005 ~ 2006 学年度硕士研究生奖学金颁奖典礼。

29 日,首都经济贸易大学成立招生就业服务中心。该中心是负责首都经济贸易大学全日制本、专科的招生录取,毕业就业,为研究生就业提供信息和咨询的职能部门。中心设主任一名,副主任一名。中心内设招生办公室和毕业生就业办公室。

12 月,首都经济贸易大学完成下半年英语四、六级考试报名工作。首都经济贸易大学采用网络等方式,采集考生照片,签订《诚信考试承诺书》;采集学生的身份证号、系别、专业和学号等信息,其中,英语四级考生 2 746 人,英语六级考生 2 209 人,英语六级试点考生 275 人。首都经济贸易大学共有 5 230 名考生报名参加。

12 月,首都经济贸易大学完成教师职务聘任制改革。经过调查摸底、制定方案、征求意见的准备,该校组织实施完成教师职务聘任制改革。经过个人申请、自述及学科组评议、校聘任委员会表决,首都经济贸易大学聘任结果为:聘教授岗位 96 人,其中,教授三级 A 岗 12 人,教授三级 B 岗 37 人,教授四级岗 47 人;聘副教授岗位 252 人,其中,副高一级岗 62 人,副高二级岗 95 人。讲师 236 人。副教授聘正高职岗位 12 人,中级聘副高 26 人。由原来"职称评定终身"的制度改为以完成岗位任务为目标的职务聘任制度。

2007 年

1 月

5 日,首都经济贸易大学统计学院在温特莱中心召开北京市社会生活指数研讨暨新闻发布会,首都经济贸易大学首次发布北京市 7 项社会生活指数。

6 日,首都经济贸易大学经济学院、中国品牌研究中心联合北京名牌资产评估有限公司等单位共同举办的 2006 中国品牌年度峰会——"自主品牌国际化之路"高层论坛。会议主题为"深度挖掘中国品牌国际化之路,探索中国品牌国际化成长的密码"。来自国家发改委、商务部的领导以及企业界、新闻界和学术界近 200 多名代表参加了此次高层论坛。

7 日,由首都经济贸易大学主办、杂志总社承办、企业管理重点学科协办的《经济与管理研究》、《首都经济贸易大学学报》两刊编委会新春团拜会暨经济学家茶座在全聚德酒店召开。

12 日，首都经济贸易大学召开了 2006 年优秀“主题党日”活动表彰大会。党委副书记冯培、杨军、校纪委书记赵凤启，组织统战部、党政办、党委宣传部主要负责人，各党总支、直属党支部书记以及获奖基层党支部书记出席了大会。

12 日，首都经济贸易大学研究生部、科研处、首都经济研究所联合召开“研究生培养产学研基地建设——新农村建设调研成果研讨会”。与会者代表总结汇报调研情况和取得的成果。会议从研究方法论的角度对今后的工作提出两点要求和三点希望。北京市农工委、昌平区人大、北京市乡镇企业局、延庆县研究室、通州区农村经管站领导、校领导、研究生部、科研处、首都经济研究所等的领导 20 人参加研讨会。

13 日，首都经济贸易大学召开 2006 年党务工作总结会。北京市委教育工委组织处处长高喜军同志出席会议并就新修订的《北京市普通高等学校党建评估的基本标准》和首都经济贸易大学在建设党建先进校过程中需要注意的问题进行了辅导和指导。党委书记申建军，党委副书记冯培、杨军，纪委书记赵凤启，党委组织部统战部部长朱玉华，党政办公室主任王曼怡，党委宣传部部长赵喜玲，纪检监察办公室主任袁宪君，各党总支、直属党支部书记共 35 人参加了会议。

18 日，首都经济贸易大学召开规划研讨会。会议听取了《推进校园和谐文化建设，构建师生美好精神家园》、《品牌构筑与管理是高等教育创新发展的生命线》、《关于校园文化建设的若干思考》主题发言。出席会议的有学校领导及职能部门的负责人、专家学者、媒体主编等 30 多人。

19 日，首都经济贸易大学安全与环境工程学院与北京寰发启迪认证咨询中心在学校联合举办了“第四届企业安全环境质量管理体系论坛”。本届论坛以“安全、环境、质量管理——赢在创新”为主题。

20 ~ 21 日，北京市社会科学界联合会第五次代表大会召开。中共中央政治局委员、北京市委书记刘淇出席会议并作重要讲话。

25 日，首都经济贸易大学人文学院召开硕士点学科专业建设研讨会议，旨在提升科研能力，提高教师自身的素质与水平。

27 ~ 28 日，首都经济贸易大学国际问题研究所和首都国际化进程研究基地在北京妙灵山庄会议中心举办首都国际化进程学术研讨会。

1 月，青少年社会主义荣辱观教育研讨会在首都经济贸易大学举行。

1 月，首都经济贸易大学 12 部教材被评为 2006 年北京高等教育精品教材。

2 月

27 ~ 28 日，首都经济贸易大学召开专题工作会议，研讨 2007 年工作。

3 月

3 日，首都经济贸易大学党委书记申建军在“2007 年北京高校奥运工作推进大会”上作题为“紧抓奥运机遇，开创高校育人工作新局面”的发言。首都经济贸易大学党委副书记杨军以及党委宣传部、学生工作处、团委、教务处、研究生部等部门领导参加了会议。

4 日，首都经济贸易大学外语系 2003 级本科学生首次参加全国英语专业八级考试一次通过率达 90%，高出全国平均通过率（47%）43 个百分点。英语专业八级是对英语专业研究生的毕业要求，是对英语专业本科生的较高要求。英语专业本科生允许在四年级参加一次专业八级考试。

9 日，校团委开设 12 间“诚信考场”对一千多名经贸学子实行无监化考试，进行奥运专业志愿者的校内选拔。此模式是对学生综合素质的全面考核，更是全新的教育引导方式的有益尝试。教育广大同学通过志愿服务活动践行“社会主义荣辱观”，树立奥运志愿者的良好形象。

14 日，统战部组织召开了首都经济贸易大学党外代表人士工作通报会。党委书记申建军向首都经济贸易大学党外人大代表、政协委员、民主党派负责人通报了首都经济贸易大学 2006 年工作完成情况和 2007 年工作要点。会议认为这届领导班子团结务实，创新意识强，对 2007 年工作提出的十六字方针和工作落脚点符合首都经济贸易大学工作实际。

14 日，首都经济贸易大学举办研究生与英杰打工子弟学校联谊活动。

15 日，首都经济贸易大学正式启动研究生产学研基地建设工作。首都经济贸易大学研究生部从 2005 年开始尝试通过研究生产学研基地建设培养研究生，并与北京市农工委、北京市乡镇企业局、北京毕捷电机总厂等多家单位签订了共建协议，先后有 160 名在校研究生参加基地活动，并取得调研成果 70 多篇。

17 日，首都经济贸易大学研究生部在阶二教室召开了本学期学生干部工作会，会议内容是总结上学期学生工作的情况及布置本学期的工作重点。会议使与会学生干部就本学期工作任务和自身发展有了更加明确的认识。研究生党总支书记、分团委书记、研究生会主席及研究生各党支书书记、委员、团支部书记、各班班长及研究生会干部123人参加会议。

20日,首都经济贸易大学召开党委系统工作部署会。

21日,首都经济贸易大学召开本学期招生就业工作会。会议强调本学期就业工作要以开拓市场为主渠道展开,招生工作要在稳定去年录取分数线的基础上提高生源质量;强调在从事就业工作的过程中善于发现与探索就业问题的规律;强调建立毕业生实习基地的重要性并提出就业率要和专业课教师挂钩;提出切实落实"一把手"工程。校领导、学生处、招生就业服务中心、研究生部及各院系主管招生就业工作的领导以及招生就业服务中心全体人员参加会议。

21日,丰台团区委书记会成员来首都经济贸易大学进行"迎奥运,讲文明,树新风"活动交流。丰台团区委区介绍开展"迎奥运,讲文明,树新风"系列活动方案,对北京市设立2 000个城市运行志愿者站点试点工作总体情况进行了说明。双方就城市运行志愿者及社会志愿者的管理模式、奥运主题文化活动的开展等问题进行了探讨。此次交流活动加强了学校团委与丰台团区委的联系,为学校"迎奥运,讲文明,树新风"活动的开展和志愿服务基地的建立搭建了平台,提供了丰富的社会资源。丰台团区委领导,学校团委等部门领导参加了交流。

27日,北京市教委副主任郭广生一行来首都经济贸易大学考察调研。听取该校领导关于学科建设、校园建设、师资状况、学生招生就业等情况的汇报,并对首都经济贸易大学的发展提出了指导性意见。

27日,首都经济贸易大学召开喜迎奥运倒计时500天行动大会。会议以志愿者用行动践行"志愿青春,微笑北京,经贸学子,奥运先锋"志愿服务理念为主题,总结了奥运会、残奥会志愿者集中招募工作的有关情况。

28日,"微笑北京　志愿奥运　共创和谐——2006北京十大志愿者颁奖典礼"在北京二十一世纪剧院隆重举行。首都经济贸易大学安全与环境工程学院学生王丽丽当选为"2006北京十大志愿者"。王丽丽同学长期从事预防艾滋病宣传志愿服务活动,作为受到青少年志愿者们尊重的同伴教育者,为青少年预防艾滋病运动作出了表率。首都经济贸易大学青年志愿者300名代表参加了颁奖典礼。

4月

2日,由香港奥运马术公司举办的2008年奥运会马术场地障碍栏杆设计比赛公布结果,3个组别中共有11名参赛者获奖。首都经济贸易大学2003级广告管理专业二班学生张树颀设计的作品《飞马惊燕》从世界各地2 000多名选手的数千份参赛作品荣获高级组冠军。

8日,首都经济贸易大学奥林匹克教育学校对80名首批学员进行了首次培训。这批学员将作为学校奥运志愿者中的骨干成员接受系统、全面的培训。此次培训课程的主题为"破冰之旅",旨在首都经济贸易大学奥林匹克教育学校首批学员基础上建立骨干志愿者团队,通过各种"破冰"活动增进学员之间的了解,选出小组负责人,同时让学员们在活动中体会奥林匹克教育学校的培训内容和特点,了解团队合作的重要性。

10~17日,首都经济贸易大学举办会计学术文化周活动。活动内容包括会计论坛,其宗旨是"做人、做事、做学问",立足学院,面向经贸大学,关注会计发展,研究热点问题。参加学术文化周活动共有600多人次。

11日,首都经济贸易大学开展迎奥运、讲文明、树新风系列活动。学交各院(系)分团委与宣武区各街道团工委开展"迎奥运、讲文明、树新风"活动对接。

12日,首都经济贸易大学党委召开党员代表大会。学校135名党员代表出席了大会,并对出席北京市第十次党代会的2名代表候选人预备人选进行了无记名投票差额选举,党委书记申建军同志以绝对多数票当选北京市第十次党代会代表。党委副书记杨军根据《中国共产党基层组织选举工作暂行条例》的有关规定主持了大会,纪委书记赵凤启组织了大会选举,市委教育工委组织处王梦然亲临大会并进行指导。

12日,首都经济贸易大学举办推进和谐校园建设专题报告会。教育部思想政治司副司长冯刚作了"推进和谐校园建设"专题演讲。从充分认识建设和谐校园的重要性和紧迫性;突出重点,准确把握建设和谐校园的各项任务;抓好基层,打好基础,用党的先进性建设推动和谐校园建设;从建设和谐校园的大局出发,进一步推进落实大学生思想政治教育工作4个方面详细地阐述了建设和谐校园的重要意义和具体措施。首都经济贸易大学党建研究会成员,校部机关干部,各党总支、直属支部书记、副书记,学生工作系统干部及部分学生代表参加了报告会。

16~30日,首都经济贸易大学举办教工运动会。

此次教工运动会以“迎奥运、树新风、我参与、我健康、我快乐”为主题。来自23个单位1 200多名学生分别参加太极、健美操、军体拳、奥运五环团体操等大型表演。

17日，首都经济贸易大学党委常委第40次会议讨论决定（政干字〔2007〕2号文），任命周义军为首都经济贸易大学出版社总编辑（原级）；免去周嘉硕首都经济贸易大学出版社总编辑职务。

17日，根据27日校长办公会决议，经首都经济贸易大学党委常委第40次会议讨论通过（政发第10号文）决定撤销原法学系建制，成立首都经济贸易大学法学院。

17日，首都经济贸易大学招生就业服务中心邀请了来自北京市东城、宣武、丰台、石景山、顺义、平谷6区县人事局负责大学毕业生就业工作的领导前来参加首都经济贸易大学就业工作会议。本着“走出去，请进来”的理念，加强了与兄弟院校、用人单位以及区县人事局的联系，旨在搭建首都经济贸易大学与就业市场的桥梁。一方面是推荐我们优秀的学生，另一方面也是为北京市的建设做贡献。出席本次会议的有学校领导、学生处、研究生部、招生就业服务中心领导及全体工作人员。

17日，北京奥运志愿者培训试点总结暨奥运培训工作推进大会举行。市委常委、北京奥运会培训工作协调小组组长、北京奥运会志愿者工作协调小组副组长朱善璐，北京奥组委执行副主席、北京奥运会培训工作协调小组副组长、北京奥运会志愿者工作协调小组副组长李炳华出席会议并讲话。首都经济贸易大学是第一批20个“北京奥运会志愿者培训示范基地”之一。

18日，首都经济贸易大学10名优秀学生获“关心下一代”奖励基金奖励。

19日，首都经济贸易大学召开实践教学研讨会。会议以认知实习、专业实习、毕业实习为主题，各院（系）分别汇报了近些年来的实习工作。与会者在充分肯定实习工作必要性的同时，就目前实习中存在的实习经费不足、毕业实习与学生就业的矛盾、与实习对口单位在时间上的衔接问题、安全问题等进行了广泛深入的探讨。

19日，信息学院和校团委联合举办了主题为“外交风云，政由手出”的主题讲座。外交部政策研究部副司长詹永新来首都经济贸易大学演讲。信息学院05、06级本科生以及其他院系部分学生参加。詹永新副司长为同学们系统介绍了目前的国际关系形势、全球化趋势与影响以及我国外交政策等方面的问题，通过一个个鲜活的事例和引人入胜的语言，将他在外交政策和国际形势等方面的研究成果和独特见解与现场同学分享，并解答了同学们提出的关于中日关系、伊朗核问题和中国威胁论等方面的问题。

19日，教务处召开以认知实习、专业实习、毕业实习为主题的实践教学研讨会。

21日，首届北京中青年社科理论人才“百人工程”学者论坛分论坛在首都经济贸易大学召开。该经济管理分论坛的主题为“科学发展与社会和谐”。会议围绕“和谐·创新·发展”的主题做了关于《引领科学消费，推动科学发展》、《以金融创新化解风险和矛盾》、《政府财政全球化是不可避免的一个趋势》《需控制资源环境长期风险》、《构建和谐社会要大力发展保险业》、《后崛起国家之四大定律》等10个主题演讲。

21日，首都经济贸易大学召开农民工子弟与公立校长经验交流会。首都经济贸易大学研究生部为北京市56所农民工子弟学校与公立学校校长搭建经验交流平台。校长们就农民工子女在办学中普遍存在的困难和问题进行了收集、整理和讨论，主要是农民工子弟学校面临着资金紧张、师资水平较低、教师流动性大、学生差异大、流动性强和家庭环境不同等一系列问题。

21～22日，首都经济贸易大学举办以“科学发展与社会和谐”为主题的分论坛。首都经济贸易大学已有27名教师入选“百人工程”培养对象。

25日，在迎奥运2007年首都高校大学生篮球联赛（乙组）冠亚军之争比赛中，首都经济贸易大学女篮以47∶13的优势打赢北京外国语大学女篮获冠军；男篮队以59∶54的优势打赢北京航空航天大学获亚军。此次联赛北京市共有41所高校58支参赛队，历时25天。

26日，在华润饭店召开了“北京教育系统第四次地方志工作会议”。

27日，由学校组织部、纪委、学生处、团委共同组织举办了青年干部培训班。

27日，首都经济贸易大学经济学院辩论队获第四届首都高校经济学院辩论赛亚军。辩论队队长刘博同学获得决赛最佳辩手称号。在此次辩论赛中，经济学院辩论队先后战胜了北京交通大学和中央财经大学，最终荣获亚军。

28日，首都经济贸易大学举办校园开放日暨高招咨询会。首都经济贸易大学城市学院、工商管理学院、经济学院等14个院系以及对外经贸大学、北京工业大、首都师范大学等11个兄弟院校参加了咨询活动。此次咨询会的主要问题主要集中在首都经济贸易大学录取分数线以及招生政策的变化上。

29 日，首都经济贸易大学赛欧公寓通过市教委标准化公寓验收。

4 月，首都经济贸易大学喜获 2006 年“北京好新闻奖(高校新闻系列)”14 项奖项(其中，获一等奖 2 项，二等奖 5 项，三等奖 7 项)。参评的消息、通讯、版面(新闻版)、专栏、新闻标题、新闻图片、网络新闻专栏、网络新闻专题等项目均获奖项。

5 月

3 日，市教委、高校国防教育协会在清华大学举办“首都高校国旗仪仗队升旗仪式检阅式”活动。有 20 多所高校国旗仪仗队的 500 多名仪仗队员参加检阅，首都经济贸易大学国旗仪仗队被评为“北京市高校优秀国旗仪仗队”。

9 日，根据校长办公会讨论通过(党发第 12 号文)下发《中共首都经济贸易大学委员会关于印发进一步加强和改进大学生心理健康教育工作意见的通知》，要求首都经济贸易大学各有关单位认真学习并遵照执行。

10～18 日，首都经济贸易大学教师参加北京高校第五届青年教师教学基本功文史类 B 组比赛获一等奖。首都经济贸易大学两位青年教师——法学系谢海霞获得文史类 B 组比赛一等奖第一名，外语系刘欣老师获得英语类 B 组比赛三等奖。比赛充分展示了学校青年教师良好的业务素质和教学水平。

16 日，首都经济贸易大学召开共青团系统达标创优总结表彰会。

21 日，首都经济贸易大学举办军事体育课程教学观摩活动。现场观摩“军事障碍”和“场地拓展”课程教学。

14 日，首都经济贸易大学荣获 2006 年北京市红十字会系统先进集体称号。首都经济贸易大学红十字会主办的“红十字与奥运同行”系列志愿活动荣获 2006 年度北京市十佳红十字青少年活动组织奖。

5 月 20 日～6 月 13 日，首都经济贸易大学举办研究生学术文化节。该文化节以“营造学术氛围、弘扬志愿精神、构建和谐校园、锻造时代英才”为主题。该校师生 1 600 多人参加活动。

23 日，首都经济贸易大学召开第二届工会暨教职工代表大会三次会议。会议主题是“科学发展、构建和谐、以人为本、质量优先”。会议听取《上下同心 建设幸福工会　齐心协力构建和谐校园》、《关于 2006 年财务工作和 2007 年预算的报告》、《加强民主建设，强化维权职能，构建和谐校园，开创工会，教代会工作新局面》工作报告。学校领导、各院(系)党政领导及市区人大、政协委员代表、民主党派代表、离退休、工会老同志代表及 156 人出席会议。

23 日，首都经济贸易大学开展心理健康教育，举办“5·25 心理健康节”启动仪式。

24 日，首都经济贸易大学召开党风廉政建设工作大会。会议听取了题为“党风廉政建设”工作报告，总结了过去一年学校在党风廉政建设工作方面取得的成绩，并对 2007 年的工作做出了部署。

24 日，首都经济贸易大学 5 名博士入选第二期“首都高校博士进朝阳”博士团。

25 日，“中国男篮备战奥运高校行”在首都经济贸易大学体育馆举行。本场比赛是中国男篮第一轮队内热身赛的收官之战，此前，中国男篮一队和二队分别于辽宁鞍山和江苏江阴进行了两场对抗赛。该校党委书记致欢迎辞，校长为比赛开球，副校长代表该校与中国男篮互赠礼物，向中国男篮赠送了纪念物，中国男篮代表将一个篮球和一面队旗赠予首都经济贸易大学。学校组织 5 支师生拉拉队为双方队员呐喊助威，最后，中国男篮二队 68 比 66 胜中国男篮一队。赛后，现场进行了幸运抽奖和“比比谁更快”的互动游戏，幸运的现场观众得到了由李楠亲笔签名的“经经”、“贸贸”吉祥物以及由王治郅亲笔签名的 T 恤衫。到场观赛的有 40 余家新闻媒体及社会各界人士，学校领导、党政相关等部门及师生出席仪式并观看了比赛。

25 日，北京市教委发展规划处处长彭柏斌等一行 13 人来首都经济贸易大学调研。

25 日，市教委、市财政局、北京信息科技大学、中国人民大学商学院、北京农学院负责绩效考评的同志等组成的专家组莅临首都经济贸易大学，对《科技创新基地建设——首都社会和谐发展研究基地》、《市级品牌专业建设——金融理财策划方案设计及技能培训基地建设》、《科研计划——(中国)都市郊区发展研究中心建设》3 个 2006 年教委专项项目进行现场绩效考评。

29 日，首都经济贸易大学外语系和教务处联合举办第三届英语文化节活动结束。文化节充分体现了“构建语言交流平台，展示英语教学成果，推动语言环境建设，提高语言应用能力”这一宗旨。重点是英语辩论比赛，其目的是促进校园文化建设，活跃英语学习氛围，促进第二课堂英语活动的开展。此次文化节有 370 人参加笔试，共设 12 个奖项，共有 72 人次获奖。学校学生 1 400 人参加活动。

30 日，首都经济贸易大学下发(政发第 16 号文)关于公布 2007 年校级精品课程评选结果的通知。校级精品课程名单是：信息学院杨一平的《管理信息系统》；工商管理学院赵慧军的《组织行为学》；统计学院刘黎明的《数理统计》；工商管理学院蔡红的《旅游学概论》；劳动经济学院纪韶的《就业管理》；华侨学院时欣的《会计学》；会计学院付磊的《高级会计学》；城市学院赵韵玲的《公共政策》；劳动经济学院张琪的《社会保障学》；财政税务学院丁芸的《中国税制》；经济学院张连城的《政治经济学》；金融学院庹国柱、张小红的《保险学》。

30 日，首都经济贸易大学召开毕业生工作专题会。

31 日，首都经济贸易大学召开机要保密工作大会。会议为兼职机要员们讲解机要文件办理流程，并针对每个环节明确了注意事项和保密纪律。全校各部门主管机要保密工作的领导、兼职机要员共 70 人参加了会议。

6 月

6 日，首都经济贸易大学为了构建丰富多彩的校园奥运文化活动，积极推进奥林匹克文化建设，倡导广大师生自觉参与体育健身活动，开展了贯穿全年的奥运文化节活动，并根据“迎、讲、树”活动的要求，将奥运文化节活动分成了“传递微笑、共建文明”、“展示文化、展现风采”和“了解运动、自觉锻炼”3 大板块，并以主题活动充实了各个板块的内容，在校园内营造了浓厚的奥运文化氛围。此外，还多次举办志愿者心得分享会、志愿者论坛和志愿者主题晚会，以丰富的活动形式加强志愿服务工作的影响力和覆盖面。

6 日，首都经济贸易大学 2007 年卡拉 OK 大赛预赛，44 人参加比赛，11 日，24 人参加决赛。

8 日，校长办公会讨论通过关于印发全日制本科学生延长学籍暂行办法的通知，下发《首都经济贸易大学全日制本科学生延长学籍暂行办法》，要求学校各有关单位认真学习并遵照执行。

13 日，首都经济贸易大学财政税务学院教授、财政政策研究所所长蔡秀云教授的论文《对“村务公开民主管理”创新实践的经济学思考》以独到的视角、深厚的功力在理论创新成果中荣获民政部“全国村务公开和民主管理理论创新成果”二等奖。此次全国村务公开民主管理理论创新成果评选活动的评奖结果为：一等奖空缺，二等奖 6 名，三等奖 14 名，优秀奖 62 名。

14 日，丰台区人大新村代表来首都经济贸易大学调研。

16 日，中国注册税务师专业建设与发展研讨会在首都经济贸易大学召开。

20 日，校长办公会讨论通过（政发第 23 号文）下发《首都经济贸易大首经贸园文化建设规划的通知》，要求学校各有关单位认真学习并遵照执行。

20 日，首都经济贸易大学召开首届研究生教育工作大会。会议以“办一流研究生教育，培养一流财经人才”为主题。会议宣布 2005 ~ 2006 年度研究生培养先进单位及优秀研究生导师名单。

22 日，首都经济贸易大学“校园文化”网站正式开通。栏目从大学的精神文化、制度文化、形象文化 3 个层面设置为经贸神韵、发展之道、校园采风、规制方圆、教师风范、学子风华、桃李芬芳、相映生辉、校园风光、网上校史馆等；内容涵盖首都经济贸易大学的精神、校标校训校风、发展规划、校园环境、规章制度、学科特色和知名学人（包括教师、学生、校友）以及师生的活动报道、兄弟院校的最新信息和首都经济贸易大学师生在外界的影响等，将全方位展现首都经济贸易大学的校园文化建设状况，为大家提供一个较为全面地了解首都经济贸易大学的平台。网址：http://www.cueb.edu.cn/101463/；登录方法：点击首经贸主页（http://www.cueb.edu.cn/）右边的“校园文化”栏目即可。

23 ~ 24 日，首都经济贸易大学举办首届“中国经济增长与周期高峰论坛（2007）——金融发展、宏观稳定与经济增长”。由中国社会科学院经济研究所、首都经济贸易大学经济学院与香港经济导报主办，北京市经济学总会与《经济与管理研究》杂志社协办。

26 日，首都经济贸易大学党委书记申建军参加在北京航空航天大学召开的北京高校纪念建党 86 周年暨基层党建工作经验交流研讨会。会上，北京大学、清华大学、北京航空航天、北京理工大学 4 所高校也做了主题发言。北京高校党建研究会理事单位、北京各高校代表 200 余人参加了会议。

29 日，首都经济贸易大学召开纪念建党 86 周年暨党建经验交流大会。

29 日，校工会举办了“爱岗敬业普通劳动者”交流慰问活动。

6 月，首都经济贸易大学共有 3 项国家社科基金项目获准资助立项。金融学院蒋三庚的一般项目《我国主要中央商务区（CBD）现代服务业集聚研究——国际比较与中国特色》；会计学院汪平的一般项目《基于价值管理的国有企业分红制度研究》；人文学院李久林的一般项目《毛泽东在建国后的国际战略思想及其实践效应》。

6 月，首都经济贸易大学台球社参加北京市台球协会举办的北京市高校台球联赛，荣获亚军，创造了首都经济贸易大学参加高校联赛的最好成绩。参赛队员是劳动经济学院的王斌和刘钰、工商管理学院的牟军、法学系的王瀚瑀、城市学院的孙明杰。

7月

1日，首都经济贸易大学师生参加在人民大会堂举行的中国劳动学会第六届会员代表大会。首都经济贸易大学劳动经济学院院长杨河清教授、副院长张琪教授以及2005和2006级近100名研究生参加了本次大会。本次大会宣布了新一届中国劳动学会会员名单。

5月11日至7月5日，首都经济贸易大学图书馆、基建处、宣传部、校医院等各单位党支部组织党员和部分积极分子、预备党员外出参观学习开展主题党日活动。

5日，经学校党委常委第45次会议讨论决定(政干字〔2007〕5号文)，免去李晓安法学系主任职务。

6日，首都经济贸易大学研究生部召开研究生管理体制改革研讨会。

7日，首都经济贸易大学新建教学综合楼竣工。该校综合教学楼位于华侨学院东侧，紧邻学校西大门。总建筑面积12 800平方米，地上5层，地下1层。综合楼有教研室、教室、办公室、综合演播室、人防用房等。建筑立面以陶瓷面砖为主，结合局部玻璃幕墙。地上层高4.5米，地下层高3.6米。教学阅览楼于2006年11月6日开工建设。该工程建成后，将显著改善学校教学和办公用房条件。

12日，首都经济贸易大学49名2007届本科毕业生应聘北京朝阳、通州、平谷3个区的村党支部书记助理、村委会主任助理，参加支教、服务北京基层。毕业生中男17人、女32人。他们这种主动要求到农村基层去，到祖国和人民最需要的地方建功立业、奉献知识、贡献力量的行动受到了学校的表彰。7月7日起，作为首都经济贸易大学41名“村官”、3名支教、5名服务北京基层的毕业生正式奔赴4个区县的45个乡镇正式上任。

24～27日，校工会举办中青年教师暑期社会实践活动。该活动以“走出校门、服务社会、锻炼自我、共建和谐”为主题，从全校各教学单位筛选出的20多名中青年教师赴蒙牛集团进行参观学习。

30日，首都经济贸易大学开通“绿色通道”，确保贫困新生顺利入学。2007级新生已有97名学生通过“绿色通道”顺利报到。

31日，首都经济贸易大学新建大学生公寓竣工。该校大学生公寓地址为北邻首经贸中路，东邻已建成的教学阅览楼，南邻综合教学楼，西邻学校西大门。总建筑面积20 210平方米，其中，地上建筑面积17 654平方米，地下建筑面积2 556平方米。建筑立面以陶瓷面砖为主，结合局部玻璃幕墙，公寓为钢筋混凝土框架——剪力墙结构。地上七层，地下一层，共有房间387间，每间4人，可容纳1 548学生住宿。公寓于2006年11月10日开工建设，该工程建成后，将大大改善学生住宿和课余学习条件。

7月，包括首都经济贸易大学在内的4所高校将获得北京市重点支持。北京市根据市属各高校的学科基础、专业优势、办学特色，将44所市属高校按照“金字塔形”进行了划分，位于“塔尖”的北京工业大学、首都师范大学、首都经济贸易大学和首都医科大学4所市属高校的发展定位是“地方高水平大学”，将获得重点支持。通过支持其提高办学水平、增强科研实力等手段，力争使这4所高校的办学水平在“十一五”期间得到明显提升。

7～8月，首都经济贸易大学完成暑期学生干部培训工作。此次学生干部培训班以“树立大局观念，增强团队意识，切实加强学生工作规范化管理”为主题。在为期5天的培训中，校团委书记作题为“成就事业，成就自己，如何做一名成功的学生干部”专题讲座。首都经济贸易大学校部机关和各院(系)学生工作干部95人参加了培训。

8月

1日，首都经济贸易大学新建人行过街天桥工程投入使用。在该校校区与校区外赛欧公寓之间建设宽3米，主梁长36.5米人行过街天桥，以减少安全事故隐患，保障学生的出行。

3～7日，首都经济贸易大学首次主办召开中国商业经济学会数学研究分会第二届年会。南开大学教授作题为《数学文化与素质教育》、北京大学教授作题为《精品课程建设与统计研究几个主要问题》、中国人民大学教授作题为《科学数学与统计》、首都经济贸易大学教授作题为《经济类院校数学教学与科研的若干问题》的学术报告。

9月

4～5日，北京市教委召开了北京市高等教育事业统计工作会。首都经济贸易大学荣获2006年教育事业统计工作质量评估优秀集体一等奖，党政办公室田瑜同志荣获优秀个人二等奖。

5日，首都经济贸易大学召开庆祝教师节暨师德标兵表彰大会。

7日，首都经济贸易大学迎接市委教育工委党建和思想政治工作达标验收动员大会在华侨学院大礼堂隆重举行，学校全体党员参加大会。

11～15 日，首都经济贸易大学经济学院保送首批赴法攻读硕士学位的研究生。首批赴法研究生共计 17 人，他们将在法国图卢兹第一大学学习研究生课程。秉承首都经济贸易大学“开放办学”的办学指导方针，经济学院在 2003 级学生中首次启动赴法国图卢兹大学攻读硕士研究生项目。

15 日，首都经济贸易大学和美国莱特州立大学联合培养工商管理硕士（MBA）项目正式开学。开学典礼在煤炭大厦举行，首都经济贸易大学工商管理学院院长兼 MBA 教育中心主任戚聿东主持了开学典礼。首都经济贸易大学党委书记申建军、美国莱特州立大学校长 David Hopkins 和煤炭科学研究总院党委书记刘伯安代表合作三方分别致词。首届 34 名 MBA 学员中美 MBA 项目正式上课，第一门课程《财务管理》由美国莱特州立大学商学院金融系主任 Fall Ainina 教授主讲。根据协议，13 门核心课程中有 3 门课程将由首都经济贸易大学教师主讲，另外，首都经济贸易大学为每一门课程的主讲教授都配备了助教。

15 日，首都经济贸易大学举办聘请国家统计局局长谢伏瞻和台湾辅仁大学教授谢邦昌为兼职教授聘任仪式暨统计学院 2007 级研究生开学典礼。台湾辅仁大学谢邦昌教授作了题为《统计前沿科学——数据挖掘》的报告。学校领导、科研处、研究生处的领导及统计学院硕士生导师及 07 级研究生 30 多人参加会议。

15～19 日，全国高校体育教学研讨会特聘请体育教学部主任庄建国教授作为大会嘉宾作题为《高校军事拓展训练课程建议与运用》主题报告，此报告引起参会的 129 所高校的 151 位代表的高度关注，并受到与会专家代表的一致赞誉。

22 日，首都经济贸易大学举办第二届“哈博·首都高校博士生创新论坛”，其主题是“和谐、创新与发展”。

27 日，召开党建和思想政治工作基本标准达标检查验收阶段总结会。党委书证申建军介绍了首都经济贸易大学党建和思想政治工作基本标准达标检查验收的整体情况，并部署下一阶段工作。申建军强调，首都经济贸易大学下一步要着重做好以下 4 方面的工作：一是以实际行动迎接十七大、学习十七大、落实十七大；二是准备申报党建评估第二阶段的相关工作；三是继续完成 2007 年年初和本学期初制定的各项工作任务；四是结合专家提出的意见和首都经济贸易大学自查的问题进行整改。党委书记申建军、副书记杨军、纪委书记赵凤启出席会议。

9 月，首都经济贸易大学通过党建工作评估验收。

10 月

16 日，首都经济贸易大学组织部举办新的党务信息管理系统培训。主要功能为：实现首都经济贸易大学党委机关各部门与各基层党组织之间的信息沟通、文档传递、人员和组织管理，用计算机网络等现代科技手段保证党务管理的科学和有效，党务数据的及时更新和维护，切实提高首都经济贸易大学党务管理的信息化水平，实现管理目标和管理效能的整体提升。

16 日，首都经济贸易大学兼职教授、国家发改委副主任张茅来学校作学术报告并调研。

18 日，首都经济贸易大学学生工作处组织 2007 级本科生班主任培训。此次培训以“制度培训、心理健康教育培训、新生团队建设培训”为主题。

19 日，首都经济贸易大学组织部、机关总支联合举办青年干部培训班。此次培训以“加强党性锻炼，提升工作素质、胜任本职工作”为主题。校部机关 30 名青年干部参加了培训。

24 日，首都经济贸易大学召开 2007 年就业工作总结暨 2008 年就业工作动员会。首都经济贸易大学 2007 年本专科一次就业率为 95.52%，研究生一次就业率为 95.36%。会议总结了 2007 年的就业情况，并对 2008 年的就业工作作了总体安排，分析了就业工作中遇到的问题以及今后的努力方向，表彰了 10 个就业先进院系和 7 名就业工作优秀毕业班班主任。

24 日，首都经济贸易大学召开 2007 年大学生科研与创新训练计划立项暨培训会。会议宣布《关于公布 2007 年大学生科研与创新计划项目的通知》。本次大学生科研与创新训练计划项目评选工作主要面向 2004 级与 2005 级学生，全校共申报项目 96 项，已全部立项，其中，重点项目 36 项，一般项目 60 项。

10 月，由教育部、共青团中央下发的《教育部共青团中央关于表彰全国三好学生、优秀学生干部和先进班集体及其标兵的决定》中，首都经济贸易大学 2004 级注册税务师班被授予“全国先进班集体”荣誉称号，这是北京地区 10 个获奖班集体之一。

26～27 日，首都经济贸易大学举办城市与区域经济学科发展研讨会。会议以“城市与区域经济学科发展”为主题，主管学科发展和科研工作的学院领导、教授作了演讲，谈了对学院区域经济学科的发展方向和路径的构想，对本学科和研究生培养的进一步改革提出了建议。由区域经济领域的资深教授和院长、副院长作重点发言。

11 月

1 日,首都经济贸易大学党委常委第 51 次会议讨论决定(政干字〔2007〕6 号文),任命张强为城市学院院长(原级:正处级);任命祝尔娟为北京市经济社会发展政策研究中心主任(原级:正处级)。免去胡茂桐城市学院院长职务。

1 日,首都经济贸易大学统计学院召开统计学术研讨会。会议以"统计学的发展"为主题。

1 ~ 14 日,学校党委常委第 51、52 次会议讨论决定(组干字〔2007〕2 号文),任命马慧为信息学院党总支书记,试用期一年,自 2007 年 11 月 1 日至 2008 年 10 月 31 日;任命丁芸为财政税务学院党总支书记(原级:正处级)。免去赵忠民信息学院党总支书记职务;免去孟芳娥财政税务学院党总支书记职务。

3 ~ 4 日,首都经济贸易大学会计学院、理财学研究所、《经济与管理研究》杂志编辑部以及北京会计学会、北京总会计师学会联合主办全国财务理论与实践研讨会。此次研讨会由财政部会计司司长、中国会计学会秘书长刘玉廷博士等 34 位专家分别在大会和分组讨论中做主题发言,就我国会计改革、会计基本理论、股东财富最大化、公司治理和内部控制、企业管理信息化、审计市场与会计师事务所建设等问题发表了具有独创性的意见。来自北京大学、中国人民大学等 30 多所高校以及财政部、北京财政局、企业界、各新闻出版单位的专家、教授和实务工作者 200 多人参加研讨会。

6 日,首都经济贸易大学纪委组织处级以上领导干部及各院系处级单位主管财经工作的同志参观了北京市反腐倡廉警示教育基地。首都经济贸易大学党委书记申建军、党委副书记冯培、副校长王文举、纪委书记赵凤启、副校长丁立宏等共计 50 多人参加活动。

7 日,首都经济贸易大学举办第六届青年教师教学基本功比赛,有 22 名选手进入决赛。城市学院的许敏玉老师获得本次比赛的一等奖,并取得了最佳教案奖和最佳风度奖。此次比赛评委由学校著名的专家学者组成,并邀请了部分学生在现场和教师互动并参与评分,最终决出了一等奖 2 名,二等奖 4 名,三等奖 10 名、优秀奖 6 名以及 3 个单项奖和 4 个优秀组织奖。

8 日,北京市经济社会发展政策研究基地在首都经济贸易大学挂牌成立并召开第一次会议。北京市政府研究室主任、研究基地主任唐龙和首都经济贸易大学校长、研究基地首席专家、研究基地专家委员会主任文魁为基地揭牌。

11 ~ 12 日,首都经济贸易大学免费开设两讲《聚合大讲堂》公开课。公开课旨在聚合知识的力量,聚合思维的力量,聚合思想的力量,聚合行动的力量,真正有效地让更多的市民有机会与首都经济贸易大学的教学名师近距离的交流,并通过媒体的宣传,向社会推出本校的名师,以求更好、更多地为首都作贡献。来自新华社等十多个新闻媒体和各个年龄层、社会层的普通市民、学生、企业领导、普通员工及学校师生 500 多人参加了此次公开课。

12 日,首都经济贸易大学通过党建工作评估验收。党建和思想政治工作达标检查获"优秀"。北京市委教育工委《基本标准》达标检查验收检查组于 9 月 20 日至 21 日对学校党建和思想政治工作进行了全面检查。

13 日,首都经济贸易大学为配合北京市教委 12 月开展的普通高等学校北京市重点学科验收和评选工作,加强学校重点学科建设,召开重点学科建设会。研究生部和发展规划处与副校长杨世忠、王文举、丁立宏以及各院(系)主管领导和学科带头人参加了此次会议。各重点学科建设项目负责人及研究生部、人事处、财务处的领导 20 多人参加会议。

16 ~ 22 日,首都经济贸易大学副校长郝如玉在北京市海淀区、财政税务学院院长赵仑在北京市丰台区第十三届人民代表大会第二次会议上分别当选为北京市第十三届人民代表大会代表。

22 日,首都经济贸易大学出版社举办建社 20 周年庆祝活动。活动总结了出版社 20 周年的工作成绩,举办现场辩论会及成果展览,并交流编辑、出版工作经验。另外,在庆典会上,吴建梅等 855 名贫困生获出版社特别礼物,近千名贫困生获总价值 10 万元的图书。学校领导、组织部等相关领导、教授及出版社职工 50 人参加庆典。

23 日,北京市哲学社会科学商务中心区(CBD)发展研究基地特约研究员聘任仪式暨 CBD 基地发展座谈会在首都经济贸易大学举行。会议旨在充分依托和整合首都经济贸易大学科研资源,深入进行商务中心区(CBD)发展研究。聘任仪式上,文魁校长宣读了首批受聘的 13 名特约研究员名单,并为其颁发聘书。该批特约研究员是来自首都经济贸易大学不同专业背景并都参与过商务中心区(CBD)研究的教师。

25 日,首都经济贸易大学奥运志愿者招募和服务成绩显著。首都经济贸易大学采取集中招募与分散招募相结合的原则,集中招募主要在 3 月和 10 月进行,分散招募则贯穿全年。首都经济贸易大学志愿者招募工作于 2006 年 8 月 28 日全面启动,12 月成立了团委志愿者工作部,指导并协调全校志愿者服务工作。其中,2007 年 10 日,媒体报道新学期开学一周,首都高校志愿者新增 5 000 余人,而该校报名人数为 2 589 名,占报名总数一半以上。27 日,首都经济贸易大学举行的"喜迎奥运倒计时 500 天行动大会上",成立了个院系志愿服务分团,完成了校院两级的志愿者工作体系建设。为了让更多的学生在实践中"手教育,长才赶干,做贡献",在巩固和加强原有的志愿者服务项目的同时,该校团委积极与宣武团区委、丰台团区委、地铁团委等兄弟单位联合,不断开拓城市志愿服务领域,开发新的服务项目。截至 11 月 25 日,首都经济贸易大学志愿者服务对象共达到 9 800 余人次。

26 日,首都经济贸易大学举办中日两国师生座谈会。由国际交流委员长土居充夫先生率领的大阪经济大学交流团来首都经济贸易大学访问,并举行中日两国民族音乐表演。此次座谈会加深了两校在学生管理工作领域的理念交换、方法共享,促进两国青年学生对彼此优秀传统文化的相互了解,提升了两国学生的友谊。

24 ~ 26 日,首都经济贸易大学与中国青年企业家协会、中华留学人员创业协会等 7 家单位联合主办召开"第十届成长中国高峰年会暨 2007 中国成长企业 100 强揭晓盛典"。众多经济学家和企业家通过主题演讲和对话的形式具体探讨了"企业家的全球化远见"、"中国企业的成长态势"、"中国加速度与企业竞争力"、"本土企业与跨国公司的竞合"、"本土成长企业的有效融资路径"、"中小企业如何获得私募股权基金的青睐"等企业家关心的话题。全国人大常委会副委员长、全国工商联、联合国副秘书长、联合国高级行政长官、商务部服务贸易司、国家统计局、香港投资推广署及著名经济学家、学者等嘉宾以及企业代表等 1 000 人参加会议。

28 日,首都经济贸易大学举办毕业生校园招聘活动。该活动有 41 家用人单位参加。

30 日,首都经济贸易大学举办第四届"科研标兵"的评选,经校长办公会研究决定下列人员为第四届科研标兵,他们是金融学院庹国柱、劳动经济学院黄荣清、金融学院李树生、工商管理学院郑海航、经济学院王文举、劳动经济学院王静、劳动经济学院童玉芬、安全与环境工程学院李洪枚、安全与环境工程学院吕淑然、经济学院王少国。

11 月,首都经济贸易大学"十一五"时期发展规划获批。北京市教育委员会、北京市发展和改革委员会对首都经济贸易大学"十一五"时期事业发展规划作了批复,原则同意首都经济贸易大学的规划意见,并要求认真组织实施。

12 月

1 日,首都经济贸易大学利比里亚籍留学生马红梅(Ms. Uwechue Marrion)在由北京高教学会外国留学生管理工作研究会和北京市国际交流中心主办的北京市 2007 年外国留学生"来华杯"歌咏比赛决赛中荣获一等奖。比赛历时一个月,共有包括北京大学、清华大学等 36 所驻京高校 191 名外国留学生报名参加比赛。首都经济贸易大学有 6 名来自利比里亚、美国、法国、加蓬的留学生报名参赛。

1 日,首都经济贸易大学合唱团参加首都教师第一届艺术节合唱比赛获银奖。

1 日,首都经济贸易大学教师合唱团召开成立大会。

1 日,张梦霞教授参加"2007 企业国际/全球营销(中国相关)"学术研讨会。会议做了"在华跨国公司的市场进入战略研究"、"全球服务营销理论框架"、"近年来中国企业国际营销"为主题的报告。张梦霞教授所提交的论文"Impact of Brand Personality on PALI:A Comparative Research between Two Different Brands"已经提前被大会推荐在美国管理学领域学术期刊 International Management Review(ISSN 1551 -6849),Vol. 3 No. 3. 2007 上正式发表。

4 日,首都经济贸易大学团委举办纪念"一二·九"运动 72 周年、中国人民解放军建军 80 周年暨喜迎 2008 年北京奥运会新生歌咏比赛。比赛以"追忆历史、激扬青春、共谱和谐、唱响未来"为主题。财政税务学院在比赛中获得一等奖,人文学院和工商管理学院获得二等奖,经济学院、劳动经济学院和金融学院获得三等奖,最佳指挥奖和最佳表演奖两个单项奖分别由财政税务学院的魏子旭和信息学院获得。最佳风貌奖由劳动经济学院获得。

5 日,首都经济贸易大学成立中国大陆高校首家教师促进办公室(Office of Teacher Advancement,简称 OTA)。OTA 秉承服务性、互助性和全球性的价值观,致力于"释放教师潜能、追求卓越教学、提升科研层次,并与国际一流大学的 OTA 开展合作",凸显首都经济贸易大学 OTA 自身的特色。

5 日,首都经济贸易大学举行教师促进工作报告会,加拿大多伦多大学教学促进办公室主任 Bartlett 教授和党委书记申建军、校长文魁、吴冬梅教授为首都经济贸易大学教师描绘了 OTA 和教师职业生涯发展的美好前景。教师促进办公室(OTA)还向与会人员发放编印的《教师职业导航》(2007 年版),这是教师促进办公室筹备期间的重要工作成果。

6 日,首都经济贸易大学 2007 年红十字会工作总结暨 2008 年献血工作研讨会。

12 日,首都经济贸易大学举办教职工摄影展,共收到 100 多位老师共计 1 300 多件作品,展出的是各位参展老师极富代表性的作品,体现了经贸人的形象,展现经贸人的风采。此次摄影展共分为新闻纪实类、人物类、静物类、风光类 4 个主题,展出了具有代表性的共 80 多幅作品。

13 日,首都经济贸易大学对 2006 年党建与管理课题成果进行了认真的匿名评选,经过无记名投票,结果为一等奖 3 名,二等奖 6 名,三等奖 12 名。

18 日,北京市教育委员会、北京市哲学社会科学规划办公室主任陈之昌、副主任李建平、规划处处长刘娟,北京市教委科研处处长叶茂林、副处长赵清、车庆珍老师以及基地工作验收专家到首都经济贸易大学对 CBD 研究基地建设情况进行验收检查。

18 ~ 20 日,首都经济贸易大学获得北京市研究生招生工作突出贡献奖。

18 日,首都经济贸易大学召开工会工作总结会。

21 日,首都经济贸易大学召开北京行为科学学会 2007 年年会暨学术研讨会。此次会议主题是“和谐奥运与社会行为”。会议由北京行为科学学会会长、首都经济贸易大学校长顾问郑海航教授致开幕词,并对学会 2006 ~ 2007 年度的工作进行了总结和展望未来发展。来自中国人民大学、中国科学院、中国社会科学院、中国人民公安大学、北京城市建筑设计总院等单位的专家、学者及关注行为科学研究的师生和各界朋友 80 人参加会议。

24 日,首都经济贸易大学下发关于 10 名教授被增列为博士研究生导师的通知。首都经济贸易大学于 2007 年 11 月启动新一轮博士研究生导师遴选工作,在 6 个学科中有 10 位教授被批准为博士研究生指导教师,他们分别是:数量经济学的田新民、廖明球;区域经济学的张强、祝尔娟、王德起;财政学的赵仑;金融学:李树生;产业经济学的刘英骥、祝合良;统计学的马立平。

28 日,首都经济贸易大学信息学院召开实习工作大会。

29 日,首都经济贸易大学党委常委第 55 次会议讨论决定(政干字〔2007〕8 号文)任命周义军为首都经济贸易大学出版社总编辑兼副社长(正处级),试用期一年,自 2007 年 12 月 29 日至 2008 年 12 月 28 日。

29 日,首都经济贸易大学党委常委第 55 次会议讨论决定(组干字〔2007〕3 号文)免去邵民福首都经济贸易大学出版社直属党支部书记职务。

12 月,首都经济贸易大学多位教授当选市社科联、市侨联委员及市党代会代表、市人大代表。其中,北京市社会科学界联合会第五次代表大会上,文魁教授当选为副主席,郑海航教授当选为监事会副主席,戚聿东教授当选为常委,徐坤教授当选为委员。党委书记申建军同志当选北京市第十次党代会代表。丁芸教授当选为北京市侨联第十三届委员会委员。郝如玉、赵仑当选为北京市第十三届人民代表大会代表。

12 月,首都经济贸易大学报送的《以骆驼精神引领校园文化建设,用发展理念促进学生健康成长》在 2007 年高校校园文化建设优秀成果评选活动中获优秀奖。本次活动共评选出特等奖 4 项,一等奖 10 项,二等奖 20 项,三等奖 42 项,优秀奖 60 项。北京地区共 12 所高校获奖,其中,首都经济贸易大学与北京理工大学、北京化工大学和北京语言大学 4 所高校获得优秀奖。

12 月,校团委宣传部部长郭惟佳被评为 2007 年度北京共青团优秀信息员。2007 年,校团委向团市委、教工委奥运工作网、奥组委官方网站上报信息,不论在信息的报送数量、质量及报送效率方面都表现突出,共向团市委上报信息 571 条,采用 175 条,信息的报送量在北京市高校排名从去年的第 16 名攀升到第 4 名,在全市 277 个区县局级团委中排名第 21 名。

12 月,在 2006 年开展的北京市行政事业单位资产清查工作和 2007 年开展的全国行政事业单位资产清查工作中,首都经济贸易大学获资产清查先进单位荣誉称号。

12 月,首都经济贸易大学研究生部赵铁生获 2007 年度硕士学位全国考试先进考务工作者。

12 月,首都经济贸易大学荣获“北京市党的建设和思想政治工作单项奖”。

2008 年

1 月

3 日,首都经济贸易大学召开 2007 年党建工作交流会。全校 23 个党总支、直属党支部书记汇报了本单位的党建特色工作,并根据党建评估后党建工作存在的问题和不足,介绍了本单位的整改措施和取得的成效。

4 日,首都经济贸易大学召开 2007 年优秀“主题党日”活动表彰大会。

7 日，首都经济贸易大学召开专项资金工作总结暨专项资金管理办法研讨会。会议从 5 个方面总结了 2007 年专项资金工作并做了 2008 年工作报告。校长文魁，副校长杨世忠、丁立宏，校长助理张衍平及首都经济贸易大学专项资金管理相关部门的主要负责人和具体专项资金管理人员共 50 余人参加会议。

8 日，首都经济贸易大学召开后勤工作总结会。

11 日，首都经济贸易大学建立“产学研(滨海)基地”暨“都市圈研究(滨海)基地”。文魁校长和天津滨海新区管委会副主任、滨海综合发展研究院院长郝寿义主任签订合作协议。

12～18 日，首都经济贸易大学召开工会工作总结会。

13 日，在北京市高校首届多媒体教育软件决赛中，首都经济贸易大学多位教师获奖。其中，人文学院段霞、李丽娜、赵钢 3 位教师合作的《当代世界经济与政治》多媒体课程获得网络课程一等奖；人文学院吴坚老师的《逻辑学多媒体课件》获得多媒体课件三等奖；人文学院段霞、赵钢、王晓红的《当代世界经济与政治》和金融学院祁敬宇的《中国金融史》获得多媒体课件优秀奖。

17 日，北京高校党建研究会 2007 年年会暨第七次会员大会召开，首都经济贸易大学被授予“北京高校党建研究会 2005～2007 年度学会工作先进单位”，首都经济贸易大学党委书记申建军当选北京高校党建研究会第七届理事会常务理事，党委副书记冯培当选监事会监事。杨世忠副校长的论文《对健全基层党委民主决策制度的一些思考》获得北京高校党建研究会 2005～2007 年度优秀论文二等奖；由首都经济贸易大学作为副组长单位承担的课题《建立保持高校共产党员先进性长效机制问题研究》获得北京高校党建研究会 2005～2007 年度优秀研究课题。

17 日，经首都经济贸易大学党委常委第 56 次会议讨论决定(政干字〔2008〕1 号文)，任命傅星为教育技术中心主任(正处级)，试用期一年，自 2008 年 1 月 17 日至 2009 年 1 月 16 日。免去钮亚力纪检监察办公室专职纪检员职务。

18 日，首都经济贸易大学统计学院向社会发布 2007 年北京社会生活 7 项指数为：生存环境感知指数最低，仅为 46.1，诚心指数、资源节约指数较 2006 年有所提高，幸福指数、安全感指数、公共服务满意度指数和社会和谐指数与 2006 年基本持平。

19 日，首都经济贸易大学副校长郝如玉在北京市第十三届人民代表大会第一次会议的预备会上当选为主席团成员；同时，郝如玉还当选为北京市人大第十三届一次会议国民经济、社会发展计划和财政预算审查委员会成员。26 日，郝如玉在北京市第十三届人民代表大会第一次会议上当选为北京市第十三届人大常务委员会委员，同时还当选为北京市人大第十三届财政经济委员会委员。

1 月，首都经济贸易大学获批国家社科基金重大项目 1 项、重点项目 3 项。经过全国哲学社会科学规划办组织专家组进行初评、课题组答辩、会议评审等环节，文魁、庹国柱、纪宏、戚聿东 4 位教授分别担纲投标的 4 项课题在国家社科基金重大项目招标工作中获批立项。其中，戚聿东教授作为首席专家申报的《贯彻落实科学发展观与深化垄断行业改革研究》项目最终获得重大项目批准立项(批准号：07&ZD016)。这是学校首次获批国家社科基金重大招标项目。文魁教授担纲的《贯彻科学发展观与完善基本经济制度》、庹国柱教授担纲的《建立覆盖城乡的社会保障制度研究》、纪宏教授担纲的《建立有助于低收入群体的亲贫困增长收入分配制度研究》，经全国哲学社会科学规划领导小组批准，转立为 2007 年度国家社科基金重点项目。这一结果充分显示了学校日益提升的科研实力，也是学校实现跨越式发展的又一丰硕成果。

2 月

2～18 日，首都经济贸易大学获北京奥运会社会志愿者“两会”期间服务活动先进单位荣誉称号，同时，首都经济贸易大学 80 名“两会”期间社会志愿者受到表彰。

2 月，首都经济贸易大学新增数学与应用数学 1 个专业。修业年限均为 4 年，自 2008 年开始招生。数学与应用数学的专业代码为 070101，学位授予门类为理学。

2 月，首都经济贸易大学举办的首届教职工文化艺术节闭幕。此次教职工文化节于 2007 年 9 月 5 日～2008 年 2 月举办。活动主题是：“弘扬时代精神，展示首经贸风采，建设和谐校园”。艺术节期间，通过开展特色鲜明、形式多样、感召力强、参与性广的一系列文化艺术活动，树立了“我参与 我奉献 我快乐”的奥运理念，营造了文明、健康、和谐的校园文化氛围。

3 月

7 日，经首都经济贸易大学党委常委第 57 次会议讨论决定(组干字〔2008〕1 号文)，任命邢琪为党政办公室主任，试用期一年，自 2008 年 3 月 7 日至

2009年3月6日;任命焦勇为保卫部(处)部(处)长,试用期一年,自2008年3月7日至2009年3月6日。免去王曼怡党政办公室主任职务;免去陈静长城旅游学院直属党支部书记职务;免去何洪义保卫部(处)部(处)长职务(保留正处级)。

7日,经首都经济贸易大学党委常委第57次会议讨论决定(政干字〔2008〕2号文),任命王曼怡为科研处处长;任命邢琪为党政办公室主任,试用期一年,自2008年3月7日至2009年3月6日;任命焦勇为保卫处(部)长,试用期一年,自2008年3月7日至2009年3月6日;任命汪平为图书馆馆长,试用期一年,自2008年3月7日至2009年3月6日;任命蒋薇为体育教学部主任,试用期一年,自2008年3月7日至2009年3月6日;免去王文举图书馆馆长职务;免去王文举长城旅游学院院长职务;免去邹昭晞科研处处长职务;免去王曼怡党政办公室主任职务;免去庄建国体育教学部主任职务;免去何洪义保卫处(部)处(部)长职务(保留正处级)。

13日,校团委荣获"北京奥运培训工作先进单位"称号。在北京奥运会、残奥会培训工作推进大会上,首都经济贸易大学团委被授予"北京奥运培训工作先进单位"荣誉称号,首都经济贸易大学奥运志愿服务工作领导小组办公室培训活动组组长、团委组织部部长徐彦红被授予"北京奥运培训工作先进个人"荣誉称号。

14日,北京市市政管委副主任毋秉杰等领导一行4人来首都经济贸易大学,就北京市城市安全急需解决的问题和城市安全研究合作领域等问题与安全与环境工程学院教师代表进行交流,并提出了一些科研合作的初步设想。党委副书记杨军参加了座谈。

15日,法学系举办"3·15消费者权益日"义务法律咨询活动。法学系师生30余人分别来到设立于东城区王府井武警警通支队、宣武区广内街道奥运城市运行志愿者服务站、丰台区桥梁厂二社区的3个站点,开展"3·15"义务法律咨询活动。

16日,经济学院召开经济学特色专业研讨会暨经济学实验班工作会议。会议就经济学专业入选第一批国家级特色专业的情况、首都经济贸易大学经济学专业的主要特色及发展方向等问题进行了研讨。文魁校长在会上指出,要认真做好两件事:一是"实",即按照质量工程要求的目标,把各项工作落到实处;二是"新",即突出本专业特色,在保持特色的基础上还要有所创新。副校长王文举、教务处处长王传生、经济学院领导班子成员及各实验班班主任参加了此次会议。

17日,匈牙利布达佩斯商学院院长爱娃博士一行访问首都经济贸易大学。双方就两校间开展学生交换、教师交流和合作研究方面进行了初步探讨。布达佩斯商学院是匈牙利国内较早设有经济管理专业的高校,该校毕业生所获学分和学历在欧洲受到承认。

17日,人事处举办劳动合同法研讨会,就临时聘用人员的社会保险、劳动合同、同工同酬、加班费的支付、工资标准等问题进行了交流。人事处处长王明会从首都经济贸易大学的相关政策、历史沿革等方面对所提出的问题给予了答复。焦志勇教授分析了劳动合同法对首都经济贸易大学编制外用工管理的影响。后勤管理处、校工会、保卫处、出版社、对外文化交流学院、校办工厂等部门的负责人和相关人员参加了会议。

19日,首都经济贸易大学召开教学工作会议。校领导及各院系院长和教学秘书共60人出席会议。

19日,校长文魁会见美国北方州立大学代表团。双方签署了《首都经济贸易大学和北方州立大学合作备忘录》,标志着双方的友好合作关系进入了新的阶段。

20日,首都经济贸易大学举办国家社科基金重大项目学术研讨会。国家社科基金重大项目"贯彻落实科学发展观与深化垄断行业改革研究"开题报告暨学术研讨会在首都经济贸易大学举行。

25日,首都经济贸易大学法学院、对外文化交流学院与美国大使馆联合举办"美国法律体系"讲座。该讲座由美国 Samuel A. Bleicher 教授主讲。

26日,首都经济贸易大学中国人力资源和社会保障发展研究院成立并举办学术论坛。首都经济贸易大学中国人力资源和社会保障发展研究院依托首都经济贸易大学、国家发展和改革委员会社会发展研究所和首都经济贸易大学劳动经济学院,该研究院设在首都经济贸易大学,日常办事机构设在首都经济贸易大学劳动经济学院。参加本次大会的专家学者有:全国总工会、中央保健委员会委员、中国医疗保险研究会、国务院振兴东北等老工业基地领导、博士生导师;首都经济贸易大学校长;国家发展和改革委员会社会发展研究所、中国人力资源研究会常务副会长、中国人民大学公共管理学院领导及劳动经济学院教师及部分本科生、研究生、博士生参加会议。

26日,金融学院举办德国金融专家学术报告会。金融学院举办的学术报告会特邀德国著名信用管理专家,同时也是首都经济贸易大学客座教授艾文灵博士作以"资信评估标准与资信评估行业的标准化进程”为主题的报告。他就美国的次贷危机、评级机构的作用、信用评级的内涵、结构性融资和资产证券化中的信用评级等问题进行了演讲，提出了全球化对法律的影响问题启发学生继续思考，金融学院教师、研究生和本科生共200余人参加了报告会。

3月29日至12月10日，首都经济贸易大学集聚顶级师资，为市民推出的大型免费公开课“聚合大讲堂”先后在书店、图书馆、政府机关、CBD举办第6至11期。聚合大讲堂在2008年进行了内涵和外延的拓展与延伸，在以往面向广大市民的基础上，实现了首次由政府机关“点菜”，走进房山区工商局和首次面向CBD地区高级管理层推出系列专场的两个突破。聚合大讲堂引起了社会各界的普遍关注，十多家媒体进行了报道。在2008年北京高校宣传教育工作会议上，首都经济贸易大学的“开办免费公开课‘聚合大讲堂’ 解读十七大精神”获“北京高校学习党的十七大精神优秀主题教育活动”表彰。来自社会各界的2 000多名听众参加了讲座。

3月，首都经济贸易大学获2007年高校校园文化建设成果优秀奖。首都经济贸易大学报送的《以骆驼精神引领校园文化建设，用发展理念促进学生健康成长》在2007年高校校园文化建设优秀成果评选活动中获优秀奖。

3月，首都经济贸易大学工会荣获“迎奥运 讲文明 树新风 争做首都文明职工活动”优秀集体荣誉称号。赵涛、翟连琦、陈迈、祁敬宇、刘俊英5位老师获得“迎奥运 讲文明 树新风 争做首都文明职工活动”首都文明职工荣誉称号。

3月，首都经济贸易大学副校长郝如玉教授分别当选全国人大财经委副主任委员和十一届全国人民代表大会常务委员会委员。

3月，首都经济贸易大学07～08学年第一学期本科课堂教学网上评教情况公布。全校教师最高分为97.08分，最低分为64.34分，平均分为86.23分，80分以上的占86.1%，无一人得分在60分以下。

3月，首都经济贸易大学经济学专业获得第一批国家级特色专业，劳动与社会保障专业获得第二批国家级特色专业。

4月

3日，首都经济贸易大学设立“鑫恒·泰泽”励志助学金，助学金总额为30万元人民币，从2008年春季开学开始设立，分10年捐助，每年春季新学期开学前由两捐资单位共同捐助3万元，用于鼓励品学兼优、在经济上确实需要帮助的学生。这些学生将从全校学生中择优选出，按照每名学生每一学年2 000元人民币的标准，资助到其本科毕业或其研究生毕业，受资助学生在校期间还有希望获得两个捐资单位相应岗位的实习机会。共有16名受赠学生领取到了每人2000元的首批助学金，并与两捐资单位签订书面道德协议。

8日，首都经济贸易大学推出首列校长办公会学生事务“直通车”，旨在增进学校与学生之间的交流与沟通，切实解决同学们在日常生活学习中遇到的实际问题。

9日，首都经济贸易大学举办首届多媒体软件大赛决赛。来自5个学院的7名教师入围决赛。最终，一等奖由人文学院吴坚老师的《逻辑学》、经济学院朱京曼老师的《经济学原理》、体育教学部陈思老师的《武术专项理论教学课件》获得，人文学院杨眉老师的《健康人格心理学》、外语系林立等老师的《大学英语教学课程》、外语系刘重霄等老师的《综合英语》、工商管理学院宋云老师的《企业战略管理》获得二等奖。

10日，北京市委教育工委、市教委“平安奥运行动”督查组组长线联平来校听取了首都经济贸易大学关于“平安奥运行动”第一阶段工作汇报，并对首都经济贸易大学下一阶段的工作提出了要求。校党委副书记杨军做了专题汇报，党政办、保卫处等相关职能处室负责人参加了专题会。

12日，首都经济贸易大学举行第二次学生代表大会，北京市学生联合会驻会主席陈颖、北京大学等二十几所兄弟院校学生会代表和该校领导以及200多名学生代表出席了大会。大会全面回顾了两年来首都经济贸易大学学生会工作取得的成绩，提出了未来两年首都经济贸易大学学生会工作的指导思想和工作目标。

12日，第五届首都高校经济学院辩论赛（简称八校辩论赛）在首都经济贸易大学举办。北京工商大学、对外经济贸易大学、首都经济贸易大学和中国人民大学4所高校分别胜出。首都高校经济学院辩论赛于2004年由北京大学经济学院发起，至今已成功举办四届，其成员包括：北京大学、清华大学、中国人民大学、北京师范大学、北京交通大学、首都经济贸易大学、对外经济贸易大学和中央财经大学。

15日，首都经济贸易大学召开2008年工作布置会。

15日，北京市教委京教研〔2008〕3号文件公布了首都经济贸易大学北京市重点学科建设项目验收结果；2个北京市重点学科——劳动经济学和数量经济学被评定为优秀；区域经济学、金融学、产业经济学、经济法学、会计学和企业管理6个北京市重点建设学科被评定为合格。

16日,首都经济贸易大学召开共青团第二届委员会第七次全体会议。会上,团委书记付琳宣读了任命刘辉同志为中国共产主义青年团首都经济贸易大学财政税务学院委员会副书记(主持工作)的决定,表决通过了由常委会提出的团委委员调整建议名单,增补了孔维、冯佳媛、孙菁、刘蕊、宋雪、蒋子敬6名同志为团委委员。团委书记付琳向全委会做了共青团首都经济贸易大学委员会2007年度工作总结并讲解了首都经济贸易大学共青团2008年度的工作要点。

18日,首都经济贸易大学召开2008年党委系统工作部署会。

20日,首都经济贸易大学主办的税收宣传月闭幕仪式在北京税收博物馆举行。本次活动以“携手、交流、共进”为主题,旨在配合北京乃至全国的税收宣传月,在大学内通过讲座等方式增强大家的税收意识,同时也强化了广大同学税收方面的知识,宣传税收文化。

23日,首都经济贸易大学举办关注奥运与理性爱国报告会。主讲人、北京市奥组委新闻中心主任李湛军对目前北京奥运会的筹备情况进行了全面的介绍,并针对目前的反华势力及“当代大学生如何理性爱国”等问题与师生进行了交流。

23日,首都经济贸易大学应用经济学等9个学科点被批准为北京市重点学科。北京市教委京教研〔2008〕4号文件下发了关于公布北京市重点学科名单的通知。具体名单如下:一级学科北京市重点学科:应用经济学;二级学科北京市重点学科:企业管理;一级学科北京市重点建设学科:管理科学与工程;二级学科北京市重点建设学科:政治经济学、经济法学、安全技术及工程、会计学、行政管理、社会保障。

25日,首都经济贸易大学召开党风廉政宣传教育联席会,部署2008年首经贸党风廉政建设宣传教育工作。

30日,首都经济贸易大学2008年奥运文化节隆重开幕。本次奥运文化节活动贯穿全年,包括“We Are Ready”志愿者技能大赛、“青春奥运,动感经贸”2008年啦啦操、团体健身操邀请赛、“拥抱朝阳,奔向奥运”奥运会志愿者系列健身活动、“唱响奥运”奥运文化节之音乐文化季系列活动、“奥运到北京,志愿我同行”系列主题志愿服务活动、“我的奥林匹克故事”奥运志愿者服务回顾展等活动。

4月,首都经济贸易大学3名博士研究生选拔至北京市挂职锻炼。数量经济学专业博士生徐伟康挂职北京市商务局综合处处长助理,企业管理专业博士生李光贵挂职北京首都创业集团有限公司投资银行部经理助理,劳动经济学博士生潘虎挂职北京市国有资产经营有限责任公司北京产权交易所总裁助理。

5月

5日,首都经济贸易大学共青团系统2007年度“达标创优”总结表彰大会举行。

6日,市教委委员、奥运村住宿服务运行团队常务副总经理孙善学到首都经济贸易大学调研奥运村(残奥村)住宿服务工作。党委副书记杨军汇报了首都经济贸易大学相关工作的落实和开展情况及下一阶段的工作安排,表示将按照上级的各项工作要求不折不扣、优质高效的完成各项工作任务,孙善学委员对学校所做的一系列工作表示肯定。

7日,首都经济贸易大学召开第二届工会暨教职工代表大会四次会议。会议听取了校长文魁所做的《抓住机遇谋发展,深化改革促和谐》的工作报告、财务处处长崔也光所做的《关于2007年财务工作和2008年预算的报告》、工会常务副主席万潮所做的《深入贯彻十七大精神,坚持以科学发展观统领工会、教代会工作,为构建社会主义和谐校园再立新功》工作报告和提案工作委员会的提案工作报告。校领导文魁、冯培、杨世忠、杨军、王文举、赵凤启、丁立宏和来自全校的107名代表,40名列席代表和5名特邀代表共同商议首都经济贸易大学的发展大计。

8～11日,首都经济贸易大学田径队参加北京市高校第46届大学生运动会,男团进入八强。劳动经济学院的杨丹丹夺得女子标枪第一名、女子跳高第四名;城市学院的刘媛媛获得女子标枪第二名、女子铅球第七名;会计学院的刘凌波获女子标枪第三名;经济学院的车超夺得男子铅球第二名;康穹子获得男子10 000米第二名、男子1 500米第四名;崔冰浩获得男子400米第三名、男子800米第六名;信息学院的郭得获得男子10 000米第三名、男子5 000米第三名;劳动经济学院的李煜获得男子跳高第五名、跳远第七名;工商管理学院的果树明获得男子标枪第八名;华侨学院的林鹏获得男子跳高第八名;统计学院的舒骁越获得男子5 000米第八名、男子800米第六名。

14日,北京市教委、北京市红十字会、北京市红十字教育工作委员会联合召开了全市红十字教育系统先进集体与先进个人表彰总结大会,首都经济贸易大学红十字会荣获了2007年北京市红十字会系统先进集体称号。

15日,首都经济贸易大学会计学院二年级学生李辰歌荣获2008安永卓越会计奖学金华北区一等奖,并获得5万元奖金。安永卓越会计奖学金旨在资助会计专业大二学生的学业及深造,提高其在专业领域的认知,并鼓励他们选择会计师行业作为终生职业。

15日,首都经济贸易大学召开制度建设工作会,对已经完成的制度建设专项工作进行梳理和总结。出版了新的《首都经济贸易大学制度汇编》(2007年)。制度建设工作推进了学校管理水平和工作效率的提高,制度建设领导小组全体成员出席了此次会议。

17日,首都企业改革与发展研究会换届大会在首都经济贸易大学召开。来自北京市企业界和学术界的60余名理事出席了会议,北京市社会科学联合会学会管理部副主任周彦杰到会祝贺并指导换届工作。经过大会正式选举,首都经济贸易大学校长顾问郑海航当选为首都企业改革与发展研究会会长,北京市商业银行监事长龚莉等12名企业家和学者当选为副会长,首都经济贸易大学工商管理学院院长戚聿东继续当选为秘书长,清华大学公共管理学院教授韩廷春当选为监事长。会议还选举产生了34名常务理事。首都企业改革与发展研究会的前身为1988年8月10日在北京经济学院成立的首都企业家交流协会,1993年改为现名,是北京市社会科学界联合会所属的一级法人社团,挂靠单位为首都经济贸易大学。

17日,首都经济贸易大学郑海航教授等著的《中国企业家成长问题研究》(经济管理出版社2006年8月)荣获第三届蒋一苇企业改革与发展学术基金奖。

21日,首都经济贸易大学召开党风廉政建设工作大会。

5月26日至6月4日,应芬兰哈格——亥力亚(Haaga - Helia)大学、西奈友基(Seinäjoki)应用科学大学的邀请,同时应法国内戈西亚大学、勃根第商学院的多次邀请,首都经济贸易大学以文魁校长为团长的代表团一行4人赴芬兰和法国等4所大学进行了正式友好访问并取得圆满成功。

27日,首都经济贸易大学召开春季教工运动会总结表彰大会,对在4月30日举行的首都经济贸易大学春季教工运动会上表现突出的先进单位和个人进行了表彰。本届教工运动会是历年来报名人数最多、参赛人数最多、设置比赛项目最多、规模最大、组织工作最繁重的一次运动会,共有1 300多名教工报名参赛,有607人获奖,机关一分工会等8个单位获得团体总分前八名。

6月

2日,首都经济贸易大学辩论队获得首都大学生辩论邀请赛季军。双方选手围绕着"对于地震孤儿,物质援助还是心理援助更重要"这一话题展开了精彩激烈的辩论。

4日,首都经济贸易大学师生在5·12四川汶川特大地震发生后踊跃捐款,总数超过百万元。其中,个人捐款60.6万元,交纳特殊党费42.8万多,MBA教育中心捐款5万,总数已超过108.5万,教职工参与捐款的人数1 630人,参与率超过96%。首都经济贸易大学获中国红十字总会颁发的赈灾捐款奖牌。

5至6月中旬,应北京市教工委及北京高教学会心理咨询研究会邀请,首都经济贸易大学参与了"微笑互助 同行奥运"5·25首都大学生心理健康节系列活动,其中包括"感动·感激·感悟"主题征文活动、电影《隐形的翅膀》放映活动、首都高校十佳心理社团评选活动以及系列知识普及宣传、讲座、培训和团体活动。人文学院何煦在"献给自己的成长——观《隐形的翅膀》有感"的主题征文中获得二等奖,金融学院张晨在"献给关爱你的一句话"的主题征文中获得三等奖。

6日,北京物资学院领导及相关负责人来首都经济贸易大学,就学科建设、人事制度改革等问题进行了交流座谈。校长文魁介绍了首都经济贸易大学的基本情况、办学特色及近年来的发展变化,重点介绍了2003年以来首都经济贸易大学在学科建设、人事制度改革等方面的开展情况。党委副书记冯培、杨军,纪委书记赵凤启,党委常委、组织部部长朱玉华等参加了座谈会。

6~10月,教师促进中心(OTA)成功举办3场专题午餐会。来自各个院系的教师等人员到会。

12日,首都经济贸易大学召开干部工作大会。会上,北京市委组织部和教育工委领导宣布首都经济贸易大学党委书记的任免决定。中共北京市委任命柯文进同志为首都经济贸易大学党委书记,免去申建军同志中共首都经济贸易大学委员会书记职务,调北京市民族事务委员会工作。市委教育工委常务副书记张建明同志作了重要讲话。

12日,首都经济贸易大学工会理论研究会正式成立。研究会由校工会以及各院系的专业骨干教师组成,校纪委书记、工会主席赵凤启担任会长。理论研究会通过工会理论研究和工作调研,旨在增强首都经济贸易大学工会工作的系统性、前瞻性和创造性。

13日,北京高校无党派人士主题教育活动学习辅导报告会在首都经济贸易大学举行。中央社会主义学院副院长张峰、北京市教委副主任郭广生分别作了《坚持中国特色社会主义道路》和《北京高等教育的现状及发展思路》的主题报告。北京市民族事务委员会主任、宗教事务管理局局长申建军率市民委、宗教事务管理局理论学习中心组成员,首都经济贸易大学副校长、北京党外高级知识分子联谊会副会长兼教育组组长郝如玉,北京大学国际关系学院教授、北京党外高级知识分子联谊会教育组副组长李义虎,首都经济贸易大学党委副书记冯培,市委统战部党外干部处处长马振声、副处长王素江,60余所高校党委统战部部长与各高校无党派代表人士,以及首都经济贸易大学党委理论学习中心组成员共300余人参加了会议。

14日,首都经济贸易大学领导和部分学者应邀出席第二届北京中青年社科理论人才“百人工程”学者论坛并作主题演讲。戚聿东教授作了题为《中国产业经济学30年:回顾与展望》的主题演讲,受到与会专家学者的好评。首都经济贸易大学党委副书记冯培教授以参与单位校领导和“百人工程”学者双重身份应邀出席。党委宣传部部长赵喜玲以及首经贸跨世纪和新世纪“百人工程”部分学者应邀出席了论坛。

6月15日至7月7日,首都经济贸易大学全面开展教师职业生涯规划工作,各院系部积极组织教师学习首都经济贸易大学教师职业生涯规划宣传手册,填写《教师职业生涯自我评价表》和《教师职业生涯规划表》,各院系部积极组织对每位教师的职业生涯规划进行诊断并提出评估意见,学校与各院系部共同建立教师职业生涯档案。

19日,首都经济贸易大学第三餐厅一层、二层两个食堂通过北京高校标准化食堂验收,餐饮服务质量进一步提升。

19~20日,校工会举办中青年教师暑期社会实践活动,从全校各教学单位遴选出18名中青年教师赴天津经济技术开发区进行参观学习。活动结束后,参加活动的每位教师结合自己的专业提交了一份学术论文。

21~22日,由中国社会科学院经济研究所、首都经济贸易大学、香港经济导报社共同主办的“中国经济增长与周期(2008)”高峰论坛在北京举行。论坛以“中国经济周期与物价稳定”为主题,分析了今明两年我国宏观经济走势和通货膨胀的发展趋势,探讨了我国宏观经济政策的基本取向和政策效应。此次会议聚集了来自中国社会科学院、国家发展改革委员会、商务部、国家统计局、国务院发展研究中心、北京大学、中国人民大学等单位的专家学者及《人民日报》、新浪网等多家新闻媒体的代表90余人。

25日,著名管理学者郭咸纲教授被聘为首都经济贸易大学北京市讲座教授。郭咸纲教授曾获美国德克萨斯大EMBA学位,美国圣·里奥大学管理学博士,悉尼科技大学管理学博士。现为保加利亚索非亚大学中国经济与政治研究中心常务主任。主要研究领域为管理思想史、理论管理学。出版了《西方管理思想史》、《G管理模式》、《企业柔性战略模式》、《企业创新驱动模式》等24部专著,在国内外产生了较大的学术影响。

26日,首都经济贸易大学经济学院分团委书记宋晓颖荣获“北京市十佳辅导员”荣誉称号。来自清华大学、中国人民大学等15所高校的优秀辅导员在北京电视台现场参与了辅导员基本功大赛,公开评选确定10名获奖者并予以表彰。

26日,经首都经济贸易大学党委常委第62次会议讨论决定(组干字〔2008〕2号文),免去刘仲文会计学院党总支书记职务;免去陈荣荣人文学院党总支书记职务。

27日,首都经济贸易大学举行工商管理(MBA)毕业典礼,共有135名2008届MBA毕业生顺利毕业。党委书记柯文进教授,校长文魁教授,校长顾问郑海航教授,副校长杨世忠教授、王文举教授、丁立宏教授等校领导及任课教师出席了毕业典礼。文魁教授代表学校致辞。吴少平教授代表教师发言。丁立宏教授宣读了获得2008届奖学金学员、优秀学员干部及爱心奖学员名单。校领导为获奖学员颁发了奖状。

28日,在北京高校平安奥运伙食工作会议上,首都经济贸易大学饮食中心再获“联采”先进单位。

28日,首都经济贸易大学以“青春　理想　责任”为主题的2008届本科生毕业典礼在校本部体育场隆重举行,共有2 270名学生毕业参加。部分毕业生家长参加了典礼。校党委书记柯文进宣读了批准毕业及学士学位授予决定;校党委副书记冯培宣布了授予2008届106名本科生“优秀毕业生”称号的决定;副校长杨世忠宣布了对2008届38名担任村党支部书记助理、村主任助理、支教、服务北京基层的同学的表彰决定。

30日,以“今日我以母校自豪,明日母校为我骄傲”为主题的2008届研究生毕业典礼暨学位授予仪式在呼家楼影院隆重举行。党委书记柯文进宣读了校学位评定委员会决议；校长文魁及全体校领导先后为18名博士毕业生和552名硕士毕业生颁发了博士学位证书和硕士学位证书；丁立宏副校长宣布了2008届优秀博士论文、优秀硕士论文的获奖者名单；王文举副校长宣布了对2008届5名毕业研究生志愿到西部就业的表彰决定。

6月，首都经济贸易大学团委获得“2007～2008年度首都高校学生社团工作先进单位”荣誉称号，首都经济贸易大学志愿者服务团、红色志愿者协会和红十字会学生分会3个学生社团荣获“2007～2008年度首都高校优秀学生社团”荣誉称号。

7月

1日，奥组委新闻中心主任李湛军来首经贸讲座，主题为“如何应对境内外媒体”。此次讲座是首都经济贸易大学奥运新闻宣传培训的一项重要内容，学校相关部门和各院系的负责同志到场聆听了讲座。

18日，首都经济贸易大学安全与环境工程学院副院长钮英建教授被教育部聘为2008～2010年高等学校安全工程学科教学指导委员会委员。

29日，首都经济贸易大学“产学研（滨海）基地暨都市圈研究（滨海）基地”和“区域发展研究中心”举行揭牌仪式，标志着双方自鉴定合作协议书以来，逐步开展实质性合作研究的开始。文魁校长出席了仪式。

8月

4日，丰台区区长李超刚与首都经济贸易大学党委副书记杨军共同慰问了首都经济贸易大学丰体北门站点的城市志愿者。李超刚对学校志愿服务工作做出了高度评价，并对学校领导及志愿者们对北京奥运会志愿服务工作所做出的努力表示感谢。

4日，党委书记柯文进，校长文魁，党委副书记杨军，党委常委、组织部部长朱玉华，后勤管理处处长马景娜等一行来到首都经济贸易大学奥运村住宿服务团队北京信息科技大学驻地，亲切慰问工作在奥运服务一线的师生。市教委委员、奥运村住宿服务团队常务副总经理孙善学、奥运村住宿服务团队执行副总经理段翔陪同慰问。

5日，党委书记柯文进、校长文魁寄语首都经济贸易大学奥运会志愿者。柯文进书记的寄语是：服务奥运　展学子风采，播撒友谊　扬中华美德。校长文魁的寄语是：志愿者，以实实在在的行动，为崇高伟大的志向，从具体细微小事做起，尽心尽责、自觉自愿的奉献。

6日，团中央书记处常务书记、全国青联主席杨岳来到首都经济贸易大学慰问18名在丰台垒球场服务的华人华侨志愿者和首都经济贸易大学奥运会志愿者。党委书记柯文进、校长文魁、党委副书记杨军陪同慰问。与会领导观看了“我与奥运共成长——首都经济贸易大学奥运会志愿者工作”宣传片，并听取了校团委书记付琳关于奥运会志愿者工作及共青团工作的情况汇报。

13日，北京市委教育工委、市教委“平安奥运行动”督查组组长线联平来首都经济贸易大学检查指导工作。校党委副书记杨军做了专题汇报，并详细阐述了针对上次督查组提出的问题学校通过“平安奥运行动”专项工作的落实情况。线联平对首都经济贸易大学“平安奥运行动”前一阶段及目前工作开展情况给予了充分肯定，并对如何开展下一阶段工作提出了要求。

24日，首都经济贸易大学奥运工作各指挥中心密切协作，圆满完成了奥运会各项工作任务。奥运期间，首都经济贸易大学成立了奥运工作总指挥中心，下设宣传指挥中心、学生管理指挥中心、安保指挥中心、后勤指挥中心和志愿者指挥中心，保证了奥运会期间各项服务工作的顺利进行。在北京奥运会期间，首都经济贸易大学共提供各类奥运志愿者近3 000人，圆满完成奥运期间各项志愿服务工作，创造了赛会期间志愿者“零流失”和住宿服务生“零投诉”的佳绩。

25日，首都经济贸易大学召开党委全委会扩大会议，审议讨论首都经济贸易大学上半年重点工作完成情况及下半年工作要点。

28日，首都经济贸易大学召开中层干部工作布置会。

9月

1日，首都经济贸易大学广播电视网正式开始投入使用。广播电视网包含网络广播电视、网络有线电视直播、网上会议平台3部分，可实现全校师生通过计算机在网络上实时收看同步的有线电视节目，可实现同时组织召开不同的网络会议，为传达首都经济贸易大学精神及培训服务提供了有力保障。

1日，开学第一天，党委书记柯文进、校长文魁到教务处、学生处等部门进行调研，了解教学情况、残奥会期间志愿者教学安排情况、学生第一天上课情况以及新生入学教育情况等具体工作内容。

4日，首都经济贸易大学教师卢志明荣获北京市级师德标兵。北京市教育工会主席张青山来校慰问市级师德标兵,并勉励卢老师再接再厉,在今后的工作中取得更大的成绩。

5日,首都经济贸易大学2008年新生开学典礼在体育馆隆重举行。校长文魁对新生提出两点希望:希望新生谨记并践行骆驼精神,让它成为每位同学前进的动力和获得成功的法宝;希望同学们能够铭记和传承“崇得尚能、经世济民”的校训。

5日,经首都经济贸易大学党委常委第64次会议讨论决定(组干字〔2008〕4号文),免去梁秀萍图书馆党总支书记职务,由副校长王文举兼任图书馆党总支书记;免去苗凯离退休工作部(处)部(处)长职务,由党委副书记冯培负责离退休部(处)工作。

5日,经首都经济贸易大学党委常委第64次会议讨论决定(政干字〔2008〕4号文),免去苗凯离退休工作处(部)处(部)长职务,由党委副书记冯培负责离退休处工作;免去祝尔娟北京市经济社会发展政策研究中心主任职务,由副校长丁立宏兼任北京市经济社会发展政策研究中心主任。

10日,首都经济贸易大学召开庆祝教师节暨师德标兵表彰大会,表彰了北京市师德标兵、师德先进个人,北京市教育创新标兵,北京市“首都文明职工活动”优秀集体、先进个人,首都经济贸易大学2007年教育创新标兵、优秀集体,首都经济贸易大学2007~2008年度“三育人”先进单位、先进个人,向从事教育工作满30年教龄的教职工颁发了证书。校长文魁代表学校致词。党委书记柯文进作了重要讲话。冯培、杨世忠、杨军、王文举、赵凤启、丁立宏等校领导及各单位的党政领导、全校教职工出席了大会。

9月15日至12月24日,首都经济贸易大学开展“生于1978纪念改革开放30周年”系列活动。通过30年·30人、30年·30事、30年·30个活动3大板块,以首都经济贸易大学30年的人和事为缩影,全面展示学校30年来取得的突出成就和展现的精神风貌。开展了“纪念改革开放30周年暨77、78级校友入校30周年”纪念活动及“‘生’于1978——首都经济贸易大学改革开放30周年纪念大会”活动。开办了“聚合大讲堂”纪念改革开放30周年专场讲座,开展了纪念改革开放30周年主题征文活动。

31日,首都经济贸易大学帮助特困生排忧解难,为地震灾区新生送关爱,保证让新生入学无忧,并帮助其顺利完成学业,决不让任何一名考入首都经济贸易大学的灾区新生因家庭经济困难而辍学。

9月,首都经济贸易大学统计学院马立平教授获得第四届北京市高等学校教学名师奖。首都经济贸易大学人文学院教师谷军所讲的《毛泽东思想、邓小平理论和“三个代表”重要思想概论》课程荣获北京高校第一届思想政治理论课教学基本功大赛三等奖。首都经济贸易大学统计学院纪宏教授领导的教学团队和宋克勤教授领导的工商学院工商管理核心课程教学团队被评为2008年北京市优秀教学团队。首都经济贸易大学劳动经济学院杨河清教授负责的《劳动经济学》和文魁教授负责的《政治经济学》被评为2008年度北京高等学校市级精品课程。首都经济贸易大学14门课程被评为2008年校级精品课程。

9月,首都经济贸易大学经济与管理实验教学中心被评为2008年国家级实验教学示范中心和2008年北京高等学校实验教学示范中心。

9月,首都经济贸易大学住宿服务专业志愿者所服务的北京苏源锦江大厦奥运会住宿服务团队被评为优秀住宿服务团队。首都经济贸易大学团委被授予“丰台区北京奥运会残奥会先进集体”称号。

9月,首都经济贸易大学构建大学生发展辅导体系获2个奖项。中共首都经济贸易大学党委申报的“大学生发展辅导体系的建构和实践”获2006~2007年北京高校党的建设和思想政治工作创新成果奖和优秀成果二等奖。

10月

8日,首都经济贸易大学金融学院举办世界银行专家报告会。世界银行曾小东、陈晓雷两位专家做题为“次贷风暴”的主题报告。此次报告以美国日益严重的次贷危机为主题,就美国次贷危机的产生和演变过程、引发危机的原因和特征、次贷风暴对中国的影响等问题进行深入分析,并就美国金融风暴对中国的启示进行深刻阐述。报告结束后,两位专家还与师生进行了交流,认真解答了大家提出的相关问题。

11日,首都经济贸易大学财政税务学院举办全国高校资产评估教学研讨会。会议对于有关成立全国高校资产评估教学研究会的必要性和相关事宜进行了讨论和确定。来自厦门大学、山东经济学院、中南财经政法大学MBA学院、上海师范大学、内蒙古财经学院等高校所属学院、高校的相关领导及资产评估专业的学者等近20人参加了会议。

17日,由首都经济贸易大学、北京行为科学学会共同举办的“全国行为科学学会联席会暨第十九届学术研讨会”在北京科协会议中心隆重召开。北京行为科学学会会长、首都经济贸易大学校长顾问郑海航教授致开幕词。

17 日,北京高校组织部长第四片组在首都经济贸易大学召开学习实践科学发展观主题研讨会。会议由北京科技大学组织部常务副部长孙景宏和首都经济贸易大学组织部长朱玉华共同主持。首都经济贸易大学党委副书记杨军到会对部长们的到来表示欢迎。

17 日,首都经济贸易大学召开反腐倡廉建设专题报告会。首都经济贸易大学党委理论学习中心组成员,学校处级领导干部,各党总支、直属党支部纪检委员,各单位负责财务和专项工作的人员,校部机关各部门及相关重点单位的中级岗以上人员共计200 多人参加了会议。

21 日,首都经济贸易大学奥运会、残奥会志愿者暨丰台垒球场赛会志愿者总结表彰大会举行。首都经济贸易大学奥运会场馆志愿者项目团队,住宿志愿者项目团队,交通志愿者项目团队,城市志愿者项目团队,残奥会交通、住宿志愿者项目团队及志愿者指挥中心组成了 6 个方阵,分别汇报了首都经济贸易大学奥运会、残奥会志愿服务任务的完成情况。大会授予曹露等 846 名同学 2008 年北京奥运会、残奥会志愿服务积极贡献奖;授予施晓钰等 191 名同学 2008 年北京奥运会、残奥会志愿服务突出贡献奖。

22 日,2008 年就业工作总结暨 2009 年就业工作动员会召开。会议总结 2008 年毕业生总体就业情况、出现的问题及对策,并提出 2009 年的就业工作设想。职业发展与就业指导教研室介绍了《求职与择业》课程试点院(系)、教研室的授课教师组成及教学效果等方面的情况。

24 日,首都经济贸易大学后勤指挥中心召开"平安奥运行动"总结表彰大会。党委副书记杨军宣读了后勤指挥中心对奥运期间工作突出的先进集体和先进个人的表彰决定。餐饮、运行浴室、公寓、校园商贸、校医、运输 6 个奥运保障工作组均评为先进集体,学生公寓赛欧 3、4 号楼管理组、维动中心浴室运行班组和餐饮中心暑期供餐服务保障班组评为先进班组,共 22 人评为先进个人,与会领导向先进集体、先进班组和先进个人颁发荣誉证书及奖品。

25 ~ 26 日,由首都经济贸易大学会计学院、会计学院理财研究所、《经济与管理研究》杂志社以及北京会计学会、北京市总会计师协会、中国商业会计学会联合主办的第七届全国财务理论与实践研讨会开幕式及主题报告会在首都经济贸易大学举行。大会分 3 个分会场讨论了财务理论与政策、会计理论与准则、审计与成本管理 3 个方面的问题。本次研讨会得到了全国各地及中国台湾的多个兄弟院校以及政界、企业界 160 多名专家、教授、政府官员和实务工作者的积极响应和支持,共收录了学术论文 84 篇。

10 月 29 日至 11 月 8 日,首都经济贸易大学工会举办教工"全民健身"体育节系列活动。

31 日,首都经济贸易大学召开奥运会、残奥会总结表彰大会。党委副书记杨军总结了首都经济贸易大学奥运工作的经验和启示,党委书记柯文进指出要把奥运经验深入贯彻到学校的各个工作领域中,发扬奥运精神,切实做好下一步工作。党委副书记冯培宣读了表彰决定,学校领导为获北京奥运会、残奥会先进集体、先进个人、优秀志愿者、志愿者先进个人和首都教育系统奥运工作先进集体、先进工作者、优秀学生颁奖。后勤管理处处长马景娜,校团委副书记、会计学院分团委书记孙庆福,金融学院研究生张琳分别代表获奖单位、教师和学生发言。在奥运服务期间因表现优秀、火线入党的新党员进行了入党宣誓。会议由副校长杨世忠主持。

10 月,首都经济贸易大学在 2008 年度首都高校奥运工作表彰评比中喜获多项荣誉称号。首都经济贸易大学获得"北京奥运会、残奥会志愿者工作优秀组织单位"荣誉称号,"北京奥运会、残奥会文明观众、拉拉队工作优秀组织单位"称号。首都经济贸易大学志愿者指挥中心获得"北京奥运会残奥会先进集体"荣誉称号;首都经济贸易大学财政税务学院分团委书记王柯获得"北京奥运会残奥会先进个人"荣誉称号。张琳、李一戈、肖磊、张瑞冉 4 名同学获得"北京奥运会残奥会优秀志愿者"称号。曹靓等 71 名师生获得"北京奥运会、残奥会志愿者先进个人"荣誉称号。研究生部分团委书记张彤、人文学院分团委书记季岩砚获得"首都教育系统奥运工作先进工作者"称号。丁晓力等 40 名同学获得"首都教育系统奥运工作优秀学生"称号。崔昊、冯佳媛等 15 名同学荣获"首都高校奥运工作优秀学生干部"称号;学生会、研究生会、志愿者服务团、财政税务学院 2006 级注册税务师班、工商管理学院学生会 5 个学生集体荣获"首都高校奥运工作先进学生集体"称号;徐彦红、冯博、蔡斌、刘辉、魏有亮 5 位教师获得"首都高校奥运工作优秀学生组织指导教师"荣誉称号。

11 月

5 日,经首都经济贸易大学党委常委第 68 次会议讨论决定(政干字〔2008〕7 号文),任命符启林为法学院筹备组组长;免去冯培法学院筹备组组长职务。

7 日,由首都经济贸易大学劳动经济学院和中国劳动关系学院联合举办的首届中国经济增长与就业国际论坛在中国劳动关系学院中工大厦举行。乌干达等 3 个国家驻华特命全权大使、10 余个国家的公使、参赞到会。原国家人事部常务副部长、全国博士后管理委员会主任程连昌,全国总工会原副主席杨兴福等领导到会致辞、颁发奖状。首都经济贸易大学文魁校长到会并致开幕词。中国劳动关系学院副院长沈琴琴教授致欢迎词。首都经济贸易大学劳动经济学院院长杨河清教授主持了大会开幕式并做了主题发言,经济学院院长张连城教授、劳动经济学院纪韶教授做大会主题发言。大会从 60 多篇学术论文中评选了 10 位优秀论文。首都经济贸易大学劳动经济学院的冯喜良副教授、李仲生教授荣获优秀论文奖。

7 日,首届北京地区部分高校本科教学督导协作交流会在首都经济贸易大学召开。首都经济贸易大学副校长王文举到会并致词。首都经济贸易大学教学督导组组长、原首都经济贸易大学副校长张六琥教授做了重点发言。北京工商大学、北京物资学院、对外经济贸易大学、北京印刷学院、中央财经大学、北京城市学院的督导代表也先后介绍了各学校本科教学督导工作的情况和经验。

10 ~ 11 日,首都经济贸易大学召开资产管理工作会。副校长杨世忠出席了会议。会议对 2008 年的资产工作进行了总结,并对设备管理工作中表现突出的单位进行了表彰。

10 ~ 15 日,由首都经济贸易大学统计学院、中央财经大学统计学院、西南财经大学统计学院和淡江大学统计学系共同举办的第四届“海峡两岸应用统计学术研讨会”在首都经济贸易大学举行。首都经济贸易大学副校长王文举教授、美国宾夕法尼亚州立大学林共进教授、台湾政治大学统计学系系主任刘惠美教授、中国人民大学张波教授分别做了主题报告。本次会议共收到两岸学者提交的应用统计领域相关论文百余篇,其中,优秀论文在《智慧科技与应用统计学报》上刊登,或以论文的形式由首都经济贸易大学出版社出版。

8 日,首都经济贸易大学金融学院联合天津财经大学金融学院、河北经贸大学金融学院、浙江财经学院金融学院共同举办首届“全国地方院校金融论坛”。本届论坛的主题是“区域金融发展与金融中心建设”。校党委书记柯文进教授和副校长郝如玉教授分别致开幕词。与会专家学者深入探讨了我国经济金融如何规避风险,保持区域金融健康、稳定、可持续发展等问题,提出了一系列关于构建区域金融中心的对策。

10 日,首都经济贸易大学申报的《推动科学发展服务首经贸大局,坚持以人为本服务教职员工——创新工会活动方式的几点思考》获得北京市 2008 年工会工作成果奖。

14 日,首都经济贸易大学召开 2008 年区县就业工作会。会议邀请了各区县人事局、人才服务中心的领导。党委副书记杨军在会上介绍了 2008 届毕业生就业率、签约率、签约去向、签约区县分布等情况。与会人员进行了深入交流和讨论。

17 日,学校电视台的成立仪式和校园广播电视网的开通仪式在大学生活动中心隆重举行。

11 月,首都经济贸易大学 2008 年“主题党日”活动评选结果揭晓。本次评选活动共有 41 项“主题党日”活动申报,经申报单位陈述、评选委员会无记名投票评选,评选出一等奖 2 个,二等奖 4 个,三等奖 6 个,组织奖 2 个。

11 月,首都经济贸易大学评选出 2008 年校级优秀教学成果奖。在全校申报的 63 项成果中,共评出 40 项校级优秀教学成果奖,其中,特等奖 5 项,一等奖 15 项,二等奖 20 项。

11 月,首都经济贸易大学被评为首批“北京地区高校示范性就业中心”。

12 月

2 日,经首都经济贸易大学党委常委第 70 次会议讨论决定(组干字〔2008〕5 号文),任命邢琪为党政办公室主任;任命赵喜玲为党委宣传部部长;任命李民为纪委办公室主任;任命刘宇为学生工作部部长兼武装部部长,试用期一年,自 2008 年 12 月 2 日至 2009 年 12 月 1 日;任命林卫为保卫部部长;任命李环为离退休工作处处长,试用期一年,自 2008 年 12 月 2 日至 2009 年 12 月 1 日。免去袁宪君纪检监察办公室主任职务;免去孙昊哲学生工作部(处)部(处)长兼武装部部长职务;免去焦勇保卫部(处)部(处)长职务。

2 日,经首都经济贸易大学党委常委第 70 次会议讨论决定(政干字〔2008〕8 号文),任命邢琪为党政办公室主任;任命李民为监察处处长;任命祝合良为发展规划处处长,试用期一年,自 2008 年 12 月 2 日至 2009 年 12 月 1 日;任命崔也光为财务处处长;任命王曼怡为科研处处长;任命刘宇为学生处处长,试用期一年,自 2008 年 12 月 2 日至 2009 年 12 月 1 日;任命张连诚为研究生部主任;任命史简为人事处处长;任命王传生为教务处处长;任命夏颖为审计处处长,试用期一年,自 2008 年 12 月 2 日至 2009 年 12

月1日；任命孙昊哲为资产管理处处长；任命房永民为基建处处长，试用期一年，自2008年12月2日至2009年12月1日；任命林卫为保卫处处长；任命李环为离退休工作处处长，试用期一年，自2008年12月2日至2009年12月1日。任命董力为为对外文化交流学院院长；任命刘雄为继续教育学院院长；任命张军为专业硕士管理办公室（MBA中心）主任，试用期一年，自2008年12月2日至2009年12月1日。任命焦勇为后勤管理处处长；任命汪平为图书馆馆长；任命高志欣为校医院院长（副处级）；任命付星为技术教育中心主任。免去丁立宏发展规划处处长职务；免去孙昊哲学生工作处（部）处（部）长职务；免去刘英骥研究生部主任职务；免去王明会人事处处长职务；免去杨庆英审计处处长职务；免去李清森资产管理处处长职务；免去张衍平基建处处长职务；免去焦勇保卫处（部）处（部）长职务；免去安鸿章成人教育学院院长职务；免去马景娜后勤管理处处长职务。

9日，首都经济贸易大学第六届文化艺术节——纪念“一二·九”运动73周年暨纪念改革开放30年新生歌咏比赛举行。经济学院代表队获得一等奖，金融学院、外语系获得二等奖，工商管理学院、劳动经济学院和财政税务学院获得三等奖，最佳表演和最佳指挥两个单项奖分别由华侨学院和经济学院的马博同学获得。全校14个院系均选派新生组成合唱队参加了比赛。首都经济贸易大学党委书记柯文进、副校长杨世忠、党委副书记杨军以及学校各部门、各院系相关领导观看了比赛。

15日，经首都经济贸易大学党委常委第72次会议讨论决定（组干字（2008）6号文），任命陈季修为城市学院党总支书记；任命张红为工商管理学院党总支书记；任命郎丽华为经济学院党总支书记；任命金京虎为会计学院党总支书记，试用期一年，自2008年12月15日至2009年12月14日；任命赵耀为劳动经济学院党总支书记，试用期一年，自2008年12月15日至2009年12月14日；任命韩小青为人文学院党总支书记，试用期一年，自2008年12月15日至2009年12月14日；任命马慧为信息学院党总支书记；任命李金国为安全与环境工程学院党总支书记，试用期一年，自2008年12月15日至2009年12月14日；任命姚东旭为财政税务学院党总支书记，试用期一年，自2008年12月15日至2009年12月14日；任命谢海霞为法学院党总支书记，试用期一年，自2008年12月15日至2009年12月14日；任命王明会为金融学院党总支书记；任命高建平为统计学院党总支书记；任命解小娟为外语系党总支书记；任命庞志平为体育教学部直属党支部书记（享受正处级待遇），试用期一年，自2008年12月15日至2009年12月14日；任命刘建平为对外文化交流学院直属党支部书记（保留正处级），任命杨贡为继续教育学院直属党支部书记（保留正处级），任命何丽专业硕士管理办公室（MBA中心）直属党支部书记（保留正处级）；任命程显秋为图书馆党总支书记，试用期一年，自2008年12月15日至2009年12月14日；任命赵文汉为校医院直属党支部书记（副处级），任命李丽娜为机关党总支书记（兼），试用期一年，自2008年12月15日至2009年12月14日；任命刘学伟为后勤党总支书记，试用期一年，自2008年12月15日至2009年12月14日；任命苗凯为离休党总支书记。免去刘雄为劳动经济学院党总支书记职务；免去史简为安全与环境工程学院党总支书记职务；免去丁芸为财政税务学院党总支书记职务；免去沈建林为法学院党总支书记职务；免去李民为金融学院党总支书记职务；免去毛志远体育教学部直属党支部书记职务；免去陈静成人教育学院直属党支部书记职务；免去朱小英机关党总支书记职务；免去何丽研究生党总支书记职务；免去张同乐后勤党总支书记职务；免去于涤离休党总支（东区）书记职务；免去蒋哲夫离休党总支（西区）书记职务；免去王文举图书馆党总支书记职务。

25日，北京市教委体美处刘兆武处长率体育工作专家组一行来首都经济贸易大学进行高等学校贯彻落实《首都经济贸易大学体育工作条例》情况的检查验收。校长文魁首先代表首都经济贸易大学致辞。副校长王文举对近几年实施《首都经济贸易大学体育工作条例》的总体思路和现状等6个方面进行了总结。专家组在听取了体育工作汇报后，从软件和硬件方面对体育教学工作进行了实地检查、评估。到会的领导及评审专家对首都经济贸易大学的体育工作给予了高度评价，并对学校体育工作目前的状况和发展提出了宝贵建议。

26日，在北京市教委召开的北京高校后勤2008年度表彰暨总结工作会上，首都经济贸易大学后勤管理处副处长刘学伟作了题为《以创建标准化为契机不断满足学生服务需求》的典型发言。首都经济贸易大学副校长杨世忠、后勤管理处处长焦勇等一行10人参加了会议。首都经济贸易大学后勤管理处荣获多项殊荣：“北京高校后勤商贸管理先进学校”，运输服务中心荣获“北京高校后勤先进接待单位”，校园管理中心主任侯玉凤荣获“北京高校后勤商贸工作先进个人”，运输服务中心主任孙孝东荣获“北京高校后勤接待工作先进个人”。

27日,首都经济贸易大学学生在第五届全国研究生数学建模竞赛中再创佳绩。首都经济贸易大学共5支队伍参赛,获得全国二等奖3个。获奖名单为:经济学院的参赛研究生洪赟、郑志姣、王浩;统计学院的易楠、闫子英、张青青;经济学院的韩国庆、张薇、胡小俊。这是继去年学校获得2个全国三等奖后,在成绩上又一次取得了突破。研究生部分团委书记张彤老师和获奖研究生代表郑志姣、闫子英、胡小俊同学参加了颁奖典礼。

30日,首都经济贸易大学召开学科建设与科学研究大会。大会以"科学发展,勇于创新"为主旨,全面总结了近年来首都经济贸易大学学科建设与科学研究取得的突出成就,进一步明确了学校未来的学科发展方向。

31日,首都经济贸易大学召开党委全委扩大会议,通报了首都经济贸易大学处级领导干部换届聘任工作情况。本次共任命127名干部。新提任干部49人,占总数的38.58%,其中,正处19人,副处30人;女性干部58人,占总数的45.7%,比上届提高了1.1个百分点;少数民族干部9人,占总数的7.1%,比上届下降1.8个百分点;党外干部12人,占总数的9.4%,比上届上升了1.1个百分点;具有中级及以上职称的干部117人,占总数的92.1%,比上届提高了5.5个百分点;具有研究生学历的干部73人,占总数的57.5%,比上届提高23.7个百分点;45周岁及以下的干部81人,占总数的63.8%;比上届提高24.3个百分点;51周岁以上的干部31人,占总数的24.4%,比上届下降了23.4个百分点。本次干部聘任共任命双肩挑干部61人,占总数的48.0%,其中,校部机关双肩挑干部8人,占总数的6.3%;现任处级干部轮岗27人,提职干部轮岗10人,共轮岗37人,占干部总数的29.1%。本次换届聘任后干部队伍更加年轻化,干部平均年龄43岁;学历层次提高幅度较大,具有研究生学历的干部比上届提高23.7个百分点;党外干部和少数民族干部比例达到要求。

12月,2007年校级教学改革立项项目结题鉴定结果为:首都经济贸易大学共确立35项校级教改课题,经过专家鉴定,有33项教改课题通过结题验收,其中8项为优秀(6个重点项目、2个一般项目),25个为合格(6个重点项目、19个一般项目),2项未能结题。

12月,首都经济贸易大学教务处荣获"北京市普通高等学校先进教务处"称号,教务处处长王传生获北京市普通高等学校优秀教学管理人员称号。

12月,首都经济贸易大学2008年优秀科研成果评审工作圆满结束。本次评奖共收到参评成果67项,经校学术委员会评审,最后投票产生24项优秀成果,其中4项获北京市第十届哲学社会科学优秀成果二等奖,其余20项分别获首都经济贸易大学优秀科研成果一、二、三等奖,其中,一等奖2项,二等奖7项,三等奖11项。

2009年

2月

18日,首都经济贸易大学召开全校中层干部工作布置会。参加会议的有学校领导、全校副处级以上干部120人参加会议。

3月

13日,本科学籍管理规定有新变化。首都经济贸易大学重新修订《首都经济贸易大学学籍管理规定》、《首都经济贸易大学课程修读规定》、《首都经济贸易大学本科考试管理规定》。这次修订最大的变化是恢复了重修制度,目的是加强对重修学生和课程的科学、合理安排,增加学生的修读机会,提高重修质量。同时,为了提高学生的学习积极性、变终端管理为过程管理,按新修订的《首都经济贸易大学学籍管理规定》,对个别不珍惜学习时光、学习成绩太差的学生予以退学处理。

15日,首都经济贸易大学模拟联合国协会3名选手在"2009年北京大学国际模拟联合国大会"(简称AIMUN 2009)上脱颖而出,荣获"最佳代表奖"。人文学院07级传播学专业郭鼐获得联合国环境规划署"最佳代表奖"。经济学院06级经济学专业王晓乐和金融学院06级国际金融专业吴闽共同获得联合国大会第六委员会(法律)的"最佳代表奖"。

19日,经首都经济贸易大学党委常委第81次会议讨论决定(政干字〔2009〕1号文),任命孙昊哲为校长助理。

19日,经首都经济贸易大学党委常委第81次会议讨论决定(组干字〔2009〕1号文),在城市学院党总支书记陈季修病休期间,由校长助理张衍平代理城市学院党总支书记职务。

3月,结合实际学习贯彻科学发展观。首都经济贸易大学坚持立足实际、务求实效的原则,精心设计、精心引导、精心组织"三下三上"式调查研究,为准确查找影响和制约首都经济贸易大学科学发展的突出问题,提出科学的整改落实措施,为确保学习实践活动取得实效奠定了坚实的基础。

4月

1～29日，首都经济贸易大学举办研究生学术文化节。

7日，部属高校介绍首都经济贸易大学“三下三上”式调研做法。《部属高校深入学习实践科学发展观活动简报》第75期专门刊登了标题为“首都经济贸易大学‘三下三上’式调查研究为学习实践活动取得实效奠定基础”的内容。

8日，首都经济贸易大学第二届工会暨教职工代表大会六次会议在图书馆报告厅隆重召开。

中旬，首都经济贸易大学获美国国际大学生数学建模比赛5项大奖。首都经济贸易大学经济学院、金融学院等多名同学组成的参赛队伍在美国国际大学生数学建模比赛（ICM/MCM）中收获4个二等奖、2个成功参赛奖。美国国际大学生数学建模竞赛由美国数学及其应用联合会发起，面向全球所有大学生考验其学习能力和创造力、想象力、联想力和洞察力的一项赛事，大学生数学建模比赛旨在提高学生运用理论知识分析解决实际问题的能力，促进学生综合素质的全面提高。学校一贯重视学生学术能力的培养，并在日常教学中注重锻炼学生理论联系实的能力。此前该校学子就曾多次参加全国数学建模竞赛，并取得3个全国二等奖、4个北京市一等奖和3个北京市二等奖的骄人成绩。

19日，首都经济贸易大学获“首都大学生保护知识产权志愿者知识竞赛”亚军。在“4·26”世界知识产权日前夕，“首都大学生保护知识产权志愿者知识竞赛”总决赛在北京大学举行。首都经济贸易大学代表队由冯思然等5名选手组成，在总决赛中以210分的成绩与北大代表队共同获得了本次知识竞赛亚军。

24日，首都经济贸易大学运动会圆满结束。

28日，首都经济贸易大学学子在微软MOS/MCAS世界大赛（北京赛区）中取得佳绩。首都经济贸易大学信息学院08级信息管理与信息系统2班的李燕和06级信息管理2班的沈梦玥同学脱颖而出，获得了北京赛区EXCEL 2003冠军和第三名的好成绩。

5月

5日，首都经济贸易大学工商管理学院08级学生肖霄在首都高校第47届田径运动会上力挫竞争对手，摘得男子100米、200米两项冠军，实现首都经济贸易大学代表队在该项目上的历史性突破。06级信息学院郭得获得男子10 000米亚军、男子5 000米第三名。06级经济学院车超获得男子铅球亚军；男子铁饼第四名；08级华侨学院杨思奇获得男子标枪亚军等项好成绩。

6日，首都经济贸易大学召开了2009年处级以下非教学人员岗位聘任动员大会。据北京市人事局和北京市编制委员会对编制的刚性规定，首都经济贸易大学教学、管理、工勤等人员之间不能突破比例，而且同一类别之中各级岗位也有严格的比例控制。与2005年的岗位聘任工作相比，本次聘任最大的不同是设置了与国家公务员相对应的科级（主任科员）管理岗位，目的是加强规范管理，疏通管理、其他专业技术和工勤技能人员的上升通道，为下一步的绩效工资改革奠定基础。

6日，北京市教委副主任郭广生、高等教育处处长黄侃、科学技术与研究生工作处处长叶茂林一行三人来到首都经济贸易大学进行专题调研。听取校领导关于本届毕业生就业工作、学科建设、研究生工作以及科研工作汇报。在听取汇报后，调研组对学校各方面的工作给予了充分肯定，指出学校这几年定位准确、思路清晰、作风务实，在内涵发展方面取得了显著成绩。郭广生还建议应抓住机遇，趁势而上，实现在前期发展的基础上，重新审视、重新凝练、重新整合首都经济贸易大学的发展特色，提升首都经济贸易大学的发展水平。

12日，首都经济贸易大学在“五·一二”四川汶川特大地震一周年之际，举行了“汶川地震一周年首都经济贸易大学灾区学生座谈会”。

5月，首都经济贸易大学青年教师在北京高校第六届青年教师教学基本功比赛中获奖。此次比赛由北京市教育工会举办，内容包括教学设计方案、教学演示和总体印象3方面14部分的内容。人文学院许敏玉老师文史组的比赛中获二等奖。法学院张世君的教案获得最佳教案奖。

6月

3日，首都经济贸易大学学生团队获商业精英国际挑战赛全国季军。2009年全球最大的管理会计师组织——CIMA英国特许管理会计师公会在上海科技馆举办了2008～2009CIMA商业精英国际挑战赛中国区总决赛。该校由劳动经济学院王静、金融学院吴丹、会计学院薛青及张悦组成的代表队战胜了中国人民大学，中央财经大学等60多支代表队，以华北区冠军的身份晋级全国总决赛，并最终凭借扎实的专业知识、默契的团队配合喜获全国季军。

3日，首都经济贸易大学会计学院5名学生被澳洲会计师公会聘任为会计学院学生大使，并颁发考试资格全额奖学金。会计学院06级财务管理专业学生周畅、07 级国际会计班学生王紫超、08 级会计学专业学生马楠成为澳公会在首都经济贸易大学的学生大使,会计学院 05 级注会专业学生魏星、05 级国际会计班学生张子华分别获得总价值 22 000 余元的澳洲注册会计师专业资格考试全额奖学金和聘任证书。

9 日,首都经济贸易大学新增法律硕士、社会工作硕士专业学位。国务院学位办公室印发相关通知,批准首都经济贸易大学成为新增法律硕士专业学位研究生培养单位和全国首批社会工作硕士专业学位(Master of Social Work,缩写为 MSW)教育试点单位。首都经济贸易大学也是北京市属高校中唯一一家获批的院校。

9 日,首都经济贸易大学新增 2 个硕士专业学位。国务院学位办公室印发通知,批准该校新增法律硕士专业学位研究生培养单位,成为全国首批社会工作硕士专业学位(Master of Social Work,缩写为 MSW)教育试点单位。自 2003 年 6 月首都经济贸易大学获批为全国第五批 MBA 培养院校以来,2009 年专业学位教育种类又新增法律硕士、社会工作硕士,进一步完善了研究生培养体系和专业学位教育结构。

11 ~ 13 日,首经贸 4 名工商管理学院的学生韩瀚、刘诗雅、崔志宇、尼君代表首都经济贸易大学参加了首届全国大学生创业大赛,并最终获得大赛区域半决赛——北方区比赛团体二等奖。但由于成绩排名靠后,无缘全国总决赛。

20 ~ 21 日,首都经济贸易大学经济学院、中国社会科学院经济所、香港经济导报社共同主办第三届"中国经济增长与周期"论坛。此次论坛的主题是"世界经济动荡与中国经济可持续发展的政策选择"。与会学者对世界经济动荡对中国经济的影响、中国应对危机政策反映、实现经济可持续发展所需要的短期和长期的政策选择、政府干预与市场的边界、中国模式等方面进行了深入探讨。来自国务院发展研究中心、国家发改委、商务部、中国社会科学院、北京大学、中国人民大学、国防大学、上海财经大学、厦门大学、湖南大学、国际货币基金组织和世界银行等研究机构的近百名专家、学者参加了论坛。

4 月 21 日至 6 月 1 日,首都经济贸易大学举办心理健康节活动。以"绿色心情,和谐人生"为主题,在一个月的时间里,先后开展心理健康专家讲座,心理委员培训、团体辅导、漫画摄影作品展,心理电影和纪录片放映,心里情景剧演出等丰富多彩的活动,以此吸引广大同学积极参与活动,在校园内营造关注心理问题,提升心理健康水平的良好氛围。

22 日,首都经济贸易大学 12 部作品在第五届"挑战杯"首都大学生课外学术科技作品竞赛中,有 11 项作品获奖。其中,《中国的产出缺口与通货膨胀研究(1978 ~ 2008)》等 3 项作品获一等奖,《县域金融体系发展模式研究——以北京郊区为例》获二等奖,《北京市通州区政策性农业保险现状及思考》等 7 项作品获三等奖。这是学校参加"挑战杯"首都大学生课外学术科技作品竞赛成绩最好的一次。此次"挑战杯"是由共青团北京市委员会、北京市教育委员会、北京市科学技术委员会、北京市科学技术协会、北京市学生联合会联合举办的。

25 ~ 26 日,首都经济贸易大学召开教师促进工作交流大会。

6 月,首都经济贸易大学《统计学》、《人力资源管理》专业获国家级特色专业。

6 月,首都经济贸易大学劳动经济学院劳动和社会保障专业被国家教育部确认为全国高校特色专业。

6 月,首都经济贸易大学经济学院《国际经济学》获教育部批准为国家级双语教学课程建设项目。

6 月,首都经济贸易大学《社会保障学》、《劳动经济学》获国家级精品课程。

7 月

4 日,经首都经济贸易大学党委常委第 92 次会议讨论决定(政干字〔2009〕2 号文),免去吴冬梅杂志总社社长职务。

11 日,首都经济贸易大学召开高校教师潜能开发国际研讨会。党委书记柯文进、校长文魁、副校长王文举、副校长丁立宏,加拿大多伦多教学促进中心主任 Kenneth Bartlett 教授、加拿大高等教育教与学协会主席、皇后大学教与学中心主任 Joy Mighty 教授、香港理工大学教学发展中心总监何淑冰教授、香港大学教学促进中心主任 Michael Prosser 教授、香港中文大学教学促进与研究中心主任 Carmel McNaught 教授出席会议。北京大学、清华大学、厦门大学、暨南大学、华东师范大学等 13 位与教学促进工作相关的教师及首都经济贸易大学各职能部门负责人等共计 70 余人参加了会议。这是首都经济贸易大学 OTA 首次组织的教师潜能开发国际研讨会。

14 日,经首都经济贸易大学党委常委第 94 次会议讨论决定(政干字〔2009〕3 号文),任命于启武为杂志总社社长,试用期一年,自 2009 年 7 月 14 日至 2010 年 7 月 13 日。

30 ~ 31 日,首都经济贸易大学 CBD 研究中心张杰博士承担的《北京 CBD 功能区现代服务业发展研究》研究报告被鉴定为优秀成果。北京市哲学社会科学规划办公室组织了“十一五”规划项目成果集中鉴定会。

7 月，首都经济贸易大学开展深入学习实践科学发展观活动。学校在全体党员干部中开展了“突出办学特色，加强内涵建设，推动教育创新，促进科学发展”的深入学习实践科学发展观活动。全校师生统一了思想，增进了共识，着力解决了一批重点、难点和涉及群众切身利益的问题。

8 月

28 日，首都经济贸易大学召开中层干部会议，部署 2009 年下半年工作。

8 月，首都经济贸易大学财政税务学院获得 1 项全国村务公开民主管理理论创新成果二等奖（部级）。财税学院教授、财政政策研究所所长蔡秀云的论文《对“村务公开民主管理”创新实践的经济学思考》以独到的视角、深厚的功力在理论创新成果中获得“全国村务公开和民主管理理论创新成果”二等奖。此次全国村务公开民主管理理论创新成果一等奖的评选为空缺。

9 月

2 日，首都经济贸易大学 2009 级新生开学典礼体育场隆重举行。

9 日，首都经济贸易大学 2009 级 53 名博士研究生和 710 名硕士研究生开学典礼在校本部体育馆举行。党委书记柯文进，校长文魁，党委副书记冯培，副校长杨世忠，党委副书记杨军，副校长王文举，纪委书记赵风启，副校长丁立宏，党委常委、组织部部长朱玉华，校长助理张衍平、孙昊哲、崔慧先等领导出席了典礼。仪式由研究生部主任张连城主持。

9 日，首都经济贸易大学在五号教学楼报告厅隆重举行庆祝教师节先进表彰暨师德报告会。

15 日，首都经济贸易大学与中国人民大学签署两校合作共建协议。中央高校与北京市属高校共建协议签字仪式在北京市教委举行。教育部党组成员、部长助理林惠青，北京市委常委、市委教育工委书记赵凤桐，教育部直属高校工作司司长陈维嘉，北京市委教育工委常务副书记刘建等出席。签字仪式由北京市副市长黄卫主持。首都经济贸易大学党委书记柯文进出席并代表首都经济贸易大学与中国人民大学常务副校长袁卫签署两校合作共建协议。

22 日，首都经济贸易大学 2009 年度 1 项国家自然科学基金青年项目获得资助立项。从国家自然科学基金网站获悉，2009 年度首都经济贸易大学有 1 项青年项目获得资助立项，这个项目具体信息是，项目名称：《基于知识密集型服务机构嵌入的产业集群升级模式与机理研究》；项目类别：青年项目；项目负责人：朱海燕；所在单位：工商学院。

27 日，经首都经济贸易大学党委常委第 99 次会议讨论决定（政干字〔2009〕5 号文），任命高闯为校长助理。

28 日，首都经济贸易大学广泛开展了“体验六十年发展，见证几代人贡献”庆祝新中国成立 60 周年主题教育活动。自 6 月党委宣传部举办了“风雨同舟　感受巨变——首经贸与祖国共成长成就展”，开展了“体验六十年发展，见证几代人贡献”人物专访，“体验六十年发展，见证几代人贡献”和“我与祖国共奋进”征文活动，与校工会合办“首经贸师生眼中的祖国 60 年”摄影展，与人文学院合办新中国成立 60 周年系列知识竞赛。9 月 25 日，该校老教育工作者举办了“颂祖国、促发展、唱和谐、乐晚年”欢庆国庆 60 周年文艺汇演。

9 月，首都经济贸易大学多部作品在“我与祖国共奋进”主题征文活动中获奖。由首都国庆 60 周年群众游行第二分指挥部组织的“我与祖国共奋进”主题征文活动中，学校 3 000 多名师生和宣武区各界代表联合组成的“继往开来”第 13 方阵积极响应，共上报了 88 篇征文。其中 2 篇荣获一等奖，12 篇获得二等奖，19 篇荣获三等奖，成为第二分指挥部所有方阵当中获奖总数最多的方阵。

10 月

1 日，首都经济贸易大学师生圆满完成国庆游行和表演任务，并开展一系列纪念新中国成立 60 周年活动。首都经济贸易大学 3 000 余名师生圆满完成了国庆 60 周年庆典群众游行及联欢活动。党委宣传部举办“风雨同舟　感受巨变———首经贸与祖国共成长成就展”、“体验六十年发展，见证几代人贡献”人物专访和“我与祖国共奋进”征文等活动；老教协举办“颂祖国、促发展、唱和谐、乐晚年”欢庆国庆 60 周年文艺汇演等活动。

12 日，首都经济贸易大学教师促进中心（OTA）举办“教与学的对话：首都经济贸易大学本科生的特点及对教学的要求”的座谈会。OTA 主任吴冬梅教授主持了此次座谈会，共 60 多名师生代表共聚一堂，就首都经济贸易大学本科生的特点及对教学的要求等方面进行了深入、翔实的沟通交流。

15 日，经首都经济贸易大学党委常委第 100 次会议讨论决定（政干字〔2009〕6 号文），免去苏安田校办工厂厂长职务。

16日，首都经济贸易大学发布海峡两岸四地消费者信心指数。继4月份首次发布海峡两岸四地消费者信心指数后，在10月份又发布了第三季度海峡两岸四地消费者信心指数。2009年，第一、三季度海峡两岸四地消费者信心指数在首都经济贸易大学发布。新闻发布会由首都经济贸易大学、中央财经大学、香港城市大学、澳门科技大学、台湾辅仁大学海峡两岸四地的5所高校共同主办。

17日，首都经济贸易大学财政税务学院和首都经济贸易大学科研处于北京鸿坤国际大酒店联合举办了“经济危机与政府宏观调控”国际研讨会。来自全国人大财经委员会、国务院发展研究中心以及美国马里兰大学、日本香川大学等的近百位政府官员、研究人员和学者莅会演讲、交流。《光明日报》、《中国经济时报》、《21世纪经济报道》等13家媒体对会议现场采访报道。

24日，首都经济贸易大学劳动经济学院举行55周年院庆。中国劳动学会会长、原国家劳动与社会保障部副部长华福周，原国家人事部常务副部长程连昌，原国家教委副主任刘斌，原国务院振兴东北办副主任宋晓梧(校友)，国家人保部就业促进司司长于法鸣，劳动关系司司长邱小平到会祝贺。中国劳动关系学院、中国人民大学劳动人事学院、北京师范大学经济与工商管理学院、北京理工大学人力资源管理系、北京物资学院等30余所高校代表，中国人力资源开发研究会、中国就业促进会、中国劳动社会保障出版社等单位代表参加庆典。庆典由劳动经济学院党总支书记赵耀主持，她宣读了上百个国家有关部门机构和相关院校几十位业界高层领导和著名专家发来贺电的名单，以及收到兄弟院校送来的花篮和校友赠品的名单。劳动经济学院2000年获得了“劳动经济”专业博士学位授予权，2002年成为北京市首批重点学科单位之一。2003年获批成为博士后流动站设置单位。劳动经济学2007年获批成为国家级重点学科。

26日，首都经济贸易大学在美国克利夫兰州立大学与该校合作建立孔子学院。文魁校长一行赴美国利夫兰州立大学，出席了孔子学院揭牌仪式。美国克利夫兰州立大学孔子学院是首都经济贸易大学的第一个境外合作办学项目。孔子学院不仅承担着促进中国语言文化的传播，而且是两校未来加强合作交流的新平台。

11月

3日，首都经济贸易大学人力资源管理课程群教学团队被评为2009年度国家级教学团队。教学团队建设是“质量工程”的重要组成部分，通过教学团队的建设，可以改革教学内容和方法，开发教学资源，促进教学研讨和经验交流，推进教学工作的传、帮、带和老中青相结合，提高中青年教师的教学水平。同时，通过教学团队的建设，能够探索教学团队在组织架构、运行机制、监督约束机制等方面的运行模式，为兄弟院校培训教师提供了可推广、借鉴的示范性经验。

8日，首都经济贸易大学MBA项目获第三届中国MBA领袖年会颁发的中国MBA十大创新奖。中国MBA领袖年会是由中国MBA联盟发起，是国内较有影响的关注中国MBA发展的年会之一。首都经济贸易大学MBA教育获得了较大的发展，2009年招收了近170名学员。2003年成立了以校长任主任的校MBA教育指导委员会和独立的MBA教育中心，2008年学校又专门成立了专业硕士管理办公室，加强了对专业学位教育的宏观管理和指导，集全校力量办学。

14日，首都经济贸易大学举办城市国际化论坛。此次论坛将城市国际化进程中的安全问题提到首要地位，研究了城市国际化进程中郊区发展与社会安全间的关系，并从战略的角度，就城市安全预警机制的建立与完善进行了多方面的探讨；提出了北京市突发事件应对地方立法的思路。共有10位专家发表主题演讲。

17日，在北京市教委组织召开的2009年北京地区高校毕业生就业工作总结大会上，首都经济贸易大学本专科生就业率达98.68%，荣获“2009年北京地区高校毕业生就业工作先进集体”的光荣称号。截至2009年8月底，首都经济贸易大学本专科毕业生的一次就业率达到了98.68%，比前两年均提高了近3个百分点。

20～22日，召开首届“首都经济贸易大学模拟联合国大会”(CUEBMUN)，来自中国人民大学、中央财经大学、中国农业大学、中国政法大学等8所院校及首都经济贸易大学的共计百余名学生代表应邀参会。

26日，首都经济贸易大学与宣武区举行区校共建签约仪式。区校双方就人才培养、文化交流、课题研究、社会实践等方面达成了合作意向。宣武区委书记、学校党委书记等区校双方有关领导出席了签约仪式。首都经济贸易大学通过与宣武区“区校共建”在为宣武区的发展提供智力支持的同时也会为自身发展注入新的活力。以这次签订“区校共建”协议为契机，吸引更多首都经济贸易大学学子到宣武创业，通过互通有无和全面合作为首都经济发展做出更大贡献。

28 日，首都经济贸易大学金融学院举办“北京金融中心建设”研讨会。来自国家发改委、中国社会科学院、国务院研究发展中心、北京市委研究室以及多所在京高等院校的专家、学者在会上进行了热烈的讨论。本次研讨会的召开有着鲜明的时代意义及实践价值，不仅为北京市金融功能定位提供了各界的理论支持，还为各院校之间加强交流、总结经验、强化金融人才的培养提供了良好的平台。各专家提出了自己的见解，为北京金融中心建设提供了许多意见和建议。

12 月

10 日，首都经济贸易大学召开第二届教职工代表大会第七次会议。党委书记柯文进强调，首都经济贸易大学的发展要靠教师队伍、管理队伍、后勤队伍的建设，任何一支队伍的建设都决定着首都经济贸易大学综合发展的水平，其中，教师队伍尤为重要。本次大会主要讨论并审议《首都经济贸易大学2009 年教师职务聘任工作实施方案（征求意见稿）》和《关于〈首都经济贸易大学绩效工资分配实施办法〉的调整意见》两个方案。校纪委书记、工会主席赵凤启，人事处领导及工会、教代会代表共百余人参加了大会。会议由赵凤启主持。最后，全体代表对两个方案进行了举手表决并一致通过。

14 日，北京教育系统检查组到首都经济贸易大学检查落实党风廉政责任制及推进惩防体系任务完成情况时，给予了高度评价。5 月出台了《首都经济贸易大学关于推进廉政风险防范管理工作的实施意见》，首都经济贸易大学大力推进廉政风险防范管理工作。首都经济贸易大学全面推进廉政风险防范管理工作，各单位基本完成查找廉政风险、制定防控措施、评定风险等级、制作风险防控图等工作。

17 日，经首都经济贸易大学党委常委第 103 次会议讨论决定（组干字〔2009〕4 号文），撤销校办工厂党总支、出版社直属党支部，免去朱志平出版社直属党支部书记职务。

19 ~ 20 日，首都经济贸易大学举办京津冀都市圈发展高层论坛。论坛主题为：“十二五”时期京津冀发展面临的形势与任务。京津冀三地高校、政府和科研机构的专家、学者共同研讨有关京津冀区域发展中的重大理论问题和现实问题，相互交流一年来的新的研究成果，推进京津冀合作理论研究和实践发展。中国社会科学院、中国科学院、国家发改委、北京大学、中国人民大学、南开大学、河北大学、北京市社科规划办、三省市社会科学院、发改委、政府研究室的专家学者以及首都经济贸易大学师生共 120 多人参加了会议。

21 日，首都经济贸易大学完成了 2009 年处级以下非教学人员岗位聘任和教师职务聘任工作。

22 日，首都经济贸易大学张骏生教授荣获“中国人才学研究三十年”贡献奖。2009 年是中国人才学创立 30 周年，中国人才研究会启动了人才学 30 年表彰评选活动，通过全国评选，共有 30 人获得“中国人才学研究三十年”贡献奖。首都经济贸易大学劳动经济学院张骏生教授荣获“中国人才学研究三十年”贡献奖并作为获奖代表出席了大会且参加了创业型人才开发高层论坛，其撰写的论文《我国创业型人才职业生涯规划研究》获论坛论文评审二等奖。张骏生教授是获得此项殊荣的全国仅有的 8 位高校专家之一。

27 日，首都经济贸易大学举办高校社会科学研究与地方经济社会发展高层论坛。来自国内各地高校、社会科学界、研究机构的一线代表及首都经济贸易大学的教授学者们介绍了国内关于哲学社会科学成果转化中的先进经验及值得思考的前沿问题。教育部社会科学司副司长张东刚教授莅临指导。北京大学、清华大学、中国人民大学、北京师范大学、中央财经大学、对外经济贸易大学、北京工业大学、首都师范大学、北京物资学院、云南财经大学、天津财经大学、浙江工商大学、江西财经大学等国内 20 余所知名高校的校长、教授和北京市哲学社会科学规划办公室、外省市社会科学界联合会的专家、学者参加了会议。

29 日，首都经济贸易大学召开 2009 年本科教学工作大会。

12 月，首都经济贸易大学认真贯彻党的十七届四中全会及中纪委四次全会和市委常委扩大会议精神，结合学习实践科学发展观活动，大力加强领导干部作风建设，建立健全惩防体系，明确“一岗双责”，全面落实党风廉政建设责任制。

图书在版编目(CIP)数据

首都经济贸易大学年鉴.2012/《首都经济贸易大学年鉴》编委会编写.—北京:首都经济贸易大学出版社,2012.12

ISBN 978-7-5638-2086-3

Ⅰ.①首… Ⅱ.①首… Ⅲ.①首都经济贸易大学—2012—年鉴 Ⅳ.①G649.281-54

中国版本图书馆CIP数据核字(2013)第035042号

首都经济贸易大学年鉴(2012)

出版发行 首都经济贸易大学出版社
地　　址 北京市朝阳区红庙(邮编 100026)
电　　话 (010)65976483 65065761 65071505(传真)
网　　址 http://www.sjmcb.com
E-mail publish@cueb.edu.cn
经　　销 全国新华书店
照　　排 首都经济贸易大学出版社激光照排服务部
印　　刷 三河市腾飞印务有限公司
开　　本 787毫米×1092毫米 1/16
字　　数 1152千字
印　　张 45
版　　次 2012年12月第1版第1次印刷
书　　号 ISBN 978-7-5638-2086-3/G·323
定　　价 128.00元